utb 52

Eine Arbeitsgemeinschaft der Verlage

Brill | Schöningh – Fink · Paderborn
Brill | Vandenhoeck & Ruprecht · Göttingen – Böhlau · Wien · Köln
Verlag Barbara Budrich · Opladen · Toronto
facultas · Wien
Haupt Verlag · Bern
Verlag Julius Klinkhardt · Bad Heilbrunn
Mohr Siebeck · Tübingen
Narr Francke Attempto Verlag – expert verlag · Tübingen
Psychiatrie Verlag · Köln
Ernst Reinhardt Verlag · München
transcript Verlag · Bielefeld
Verlag Eugen Ulmer · Stuttgart
UVK Verlag · München
Waxmann · Münster · New York
wbv Publikation · Bielefeld
Wochenschau Verlag · Frankfurt am Main

Andreas Lindemann
Jens Schröter
Konrad Schwarz

Arbeitsbuch
zum Neuen Testament

15., vollständig überarbeitete und erweiterte Auflage

Mohr Siebeck

Andreas Lindemann, geboren 1943 in Leer (Ostfriesland); Studium der Ev. Theologie in Tübingen und Göttingen; 1973/1974 Vikariat; 1975 Promotion; 1977 Habilitation; 1978–2009 Professor für Neues Testament an der Kirchlichen Hochschule Bethel; 2007–2018 Direktor der Evangelischen Forschungsakademie; seit 2008 korrespondierendes Mitglied der Niedersächsischen Akademie der Wissenschaften zu Göttingen. Gastprofessuren in Bonn und in Marburg; regelmäßige Lehraufträge an der Universität Bielefeld.

Jens Schröter, geboren 1961 in Berlin; 1982–1989 Studium der Ev. Theologie in Jena, Heidelberg und Berlin; 1992 Promotion; 1996 Habilitation; Professuren in Erfurt (1997–1998), Hamburg (1998–2003) und Leipzig (2003–2009); seit 2009 Professor für Exegese und Theologie des Neuen Testamentes sowie die antiken christlichen Apokryphen an der Theologischen Fakultät der Humboldt-Universität zu Berlin; Gastprofessuren u. a. in Houston, Oslo und Rom.

Konrad Schwarz, geboren 1983 in Leipzig; 2003–2011 Studium der Ev. Theologie in Berlin und Pietermaritzburg (Südafrika); 2011–2012 wissenschaftlicher Mitarbeiter an der Universität Hamburg; seit 2013 wissenschaftlicher Mitarbeiter an der Theologischen Fakultät der Humboldt-Universität zu Berlin; 2018 Promotion.

ISBN 978-3-8252-6209-9 (UTB Band 52)

Online-Angebote oder elektronische Ausgaben sind erhältlich unter www.utb.de.

Die Deutsche Nationalbibliothek verzeichnet diese Publikation in der Deutschen Nationalbibliographie; detaillierte bibliographische Daten sind im Internet über *https://dnb.dnb.de* abrufbar.

© 2024 Mohr Siebeck, Tübingen. www.mohrsiebeck.com

Das Werk einschließlich aller seiner Teile ist urheberrechtlich geschützt. Jede Verwertung außerhalb der engen Grenzen des Urheberrechtsgesetzes ist ohne Zustimmung des Verlags unzulässig und strafbar. Das gilt insbesondere für die Verbreitung, Vervielfältigung, Übersetzung und die Einspeicherung und Verarbeitung in elektronischen Systemen.

Das Buch wurde von epline in Bodelshausen aus der Minion gesetzt und von Hubert & Co. in Göttingen auf alterungsbeständiges Werkdruckpapier gedruckt und gebunden. Der Umschlag wurde von siegel konzeption | gestaltung entworfen. Coverabbildung: Papyrus 52 verso (Rylands Greek P 457), John Rylands Library, Manchester, Foto: John Rylands Library, CC-BY SA 4.0; https://commons.wikimedia.org/wiki/File:JRL19071951.jpg.

Printed in Germany.

Vorwort zur 15. Auflage

Das von Hans Conzelmann und Andreas Lindemann verfasste „Arbeitsbuch zum Neuen Testament" erschien zum ersten Mal 1975, also vor knapp fünfzig Jahren. In den nachfolgenden Auflagen wurde es stetig überarbeitet und dem je aktuellen Diskussionsstand in der neutestamentlichen Wissenschaft angepasst. Die letzte Ausgabe war die 2004 erschienene, von Andreas Lindemann revidierte 14. Auflage. Für die hier vorliegende 15. Auflage wurde das Arbeitsbuch von Andreas Lindemann, Jens Schröter und Konrad Schwarz in allen seinen Teilen grundlegend überarbeitet. Das erwies sich aufgrund der vielfältigen Entwicklungen in den verschiedenen Bereichen, die hier behandelt werden, als notwendig. Dazu gehört die Reflexion über die Methoden in der neutestamentlichen Wissenschaft ebenso wie die Berücksichtigung neuer Einschätzungen zu Charakter und Datierung einzelner Schriften des Neuen Testaments. Auch bezüglich der Geschichte des frühen Christentums und seines historischen Kontextes sowie zum Wirken Jesu im Judentum seiner Zeit haben sich seither Aspekte ergeben, die eine Überarbeitung oder Neufassung der entsprechenden Teile des Arbeitsbuches verlangten.

Der Charakter des Arbeitsbuches bleibt dabei unverändert: Es stellt sowohl die methodischen Vorgehensweisen als auch die zentralen Themengebiete der neutestamentlichen Wissenschaft im Überblick dar und versteht sich als Arbeitsbuch in dem Sinn, dass es die Leserinnen und Leser durch Arbeits- und Lektürevorschläge zur Vertiefung der Inhalte und zur kritischen Auseinandersetzung mit der aktuellen Forschung anregen möchte. Wie in den vorangegangenen Auflagen enthält das Arbeitsbuch dabei keine eigene Darstellung einer „Theologie des Neuen Testaments". Dazu sei auf die einschlägigen Publikationen unter diesem Titel verwiesen.

Das Arbeitsbuch hat von etlichen Vorschlägen zu Präzisierungen und Ergänzungen profitiert, die wir von Kolleginnen und Kollegen, bei der Arbeit mit Studierenden sowie im Gespräch mit interessierten Leserinnen und Lesern außerhalb der Hochschulen erhalten haben. Wir sind gespannt auf weitere Anregungen, die zur Verbesserung des Buches in künftigen Auflagen beitragen.

Unser besonderer Dank gilt allen, die an der Arbeit für diese Neuauflage mitgewirkt haben. Zu nennen sind Sophie Rink, Alexandra Priesterath, Leila Freyer und Sina Drews, die als studentische Mitarbeiterinnen am Berliner Lehrstuhl von Jens Schröter in den verschiedenen Phasen des Publikationsprozesses beteiligt waren. Zu danken ist des Weiteren Matthias Müller für seine vielfach bewährte kenntnisreiche und sorgfältige Arbeit an der Korrektur des Bandes. Susanne Mang vom Verlag Mohr Siebeck danken wir herzlich für die umsichtige herstellerische Betreuung. Nicht zuletzt gilt unser Dank Tobias Stäbler, der die Neuauflage des Arbeitsbuchs von Seiten des Verlags mit Geduld und Interesse begleitet und unterstützt hat.

Bielefeld und Berlin, Pfingsten 2024   Andreas Lindemann,
Jens Schröter und
Konrad Schwarz

Vorwort zur 1. Auflage

Biblische Exegese, zumal des Neuen Testaments, scheint gegenwärtig weniger „gefragt" zu sein. Das mag zum einen daran liegen, daß das Interesse an Geschichte überhaupt geringer geworden ist. Es liegt zum erheblichen Teil aber auch daran, daß die Methoden der Exegese sich inzwischen soweit verfeinert und spezialisiert haben, daß sie nur noch „Eingeweihten" verständlich scheinen. Die Vielfalt der Methoden und vor allem der Ergebnisse erweckt beim Studenten den Eindruck, neutestamentliche Exegese trage weniger zum Verstehen als vielmehr zur allgemeinen Verunsicherung bei.

Es gibt deshalb hier und da die Aufforderung, das Maß an kritischer Arbeit bewußt zurückzuschrauben, um damit wieder mehr „positive" Ergebnisse zu gewinnen. Solches Bemühen aber wäre keine Weiterentwicklung, sondern ein Rückschritt der exegetischen Arbeit. Deshalb wird in diesem Buch ein anderer Weg beschritten: Wir haben versucht, Methoden und Ergebnisse kritischer Exegese so darzustellen, daß die Schritte, die zu diesen Ergebnissen führen, durchschaubar werden und kritisch nachvollzogen werden können – sei es, daß man sie dann übernimmt, sei es, daß man sie ablehnt. In jedem Fall muß beachtet werden, daß Methodenfragen keine Weltanschauungsfragen sein dürfen, sondern daß sich die Richtigkeit einer Methode rational, d.h. allein am Gegenstand auszuweisen hat. Vielleicht kann auf dieser Grundlage wenn schon nicht die Einheit der Theologie so doch möglicherweise die Einheit der neutestamentlichen Exegese sichtbar gemacht werden.

Natürlich kann eine Darstellung der Methoden und Ergebnisse nicht sine ira et studio erfolgen. Auch ein „Arbeitsbuch" hat einen eigenen besonderen Standort. Wir sind davon ausgegangen, daß die historischkritische Auslegung des Neuen Testaments nicht Selbstzweck sein kann, sondern daß sie vor allem zur Klärung dessen beizutragen hat, was christlicher Glaube ist. Insofern ist historische Arbeit von unmittelbarer Aktualität.

Wir danken an dieser Stelle Frau Margitta Stein für das sorgfältige Schreiben des Manuskripts und den Herren stud. theol. Frank Herkommer und Hartmud Plath für die Hilfe bei den Korrekturen.

Herr Dr. Berndt Schaller hat vor allem im Zusammenhang der Darstellung des Judentums wichtige Hinweise gegeben. Dafür gebührt ihm besonderer Dank.

Göttingen, den 14.2.1975　　　　　　　　　　　　　　　Hans Conzelmann
　　　　　　　　　　　　　　　　　　　　　　　　　　　Andreas Lindemann

Inhaltsverzeichnis

Vorwort zur 15. Auflage V
Vorwort zur 1. Auflage VII
Inhaltsverzeichnis IX
Hinweise zur Benutzung dieses Buches XIII
Abkürzungen XV
Glossar XVII

Erster Teil:
Einführung in das Neue Testament 1

§ 1 Das Neue Testament als kanonisches Buch und als historische
     Urkunde 3
§ 2 Der Text des Neuen Testaments 11
§ 3 Die Sprache des Neuen Testaments 21
§ 4 Hilfsmittel für die Arbeit mit dem Neuen Testament 26

Zweiter Teil:
Die Interpretation neutestamentlicher Texte 37

§ 5 Textverstehen als Ziel der Exegese 39
§ 6 Textkritik 46
§ 7 Die Textanalyse 55
§ 8 Die Verarbeitung von Quellen und Überlieferungen in
     neutestamentlichen Texten: Literar- und Überlieferungskritik 97
§ 9 Gattungen im Neuen Testament 117
§ 10 Das Ziel der Exegese: Die eigene Interpretation 171

**Dritter Teil:
Überblick über die Schriften des Neuen Testaments und weitere frühchristliche Schriften** 175

I. Anfänge christlicher Traditionsbildung 177

§ 11 Bekenntnisse, liturgische Formeln, Enkomien und Vergleichbares ... 179
§ 12 Die Jesusüberlieferung 190

II. Die Briefe des Paulus 198

§ 13 Der 1. Thessalonicherbrief 199
§ 14 Der 1. Korintherbrief 206
§ 15 Der Philipperbrief 218
§ 16 Der Philemonbrief 226
§ 17 Der 2. Korintherbrief 230
§ 18 Der Galaterbrief 240
§ 19 Der Römerbrief 252

III. Die pseudepigraphen Paulusbriefe und der Hebräerbrief 266

Zum Phänomen der Pseudepigraphie 266
§ 20 Der 2. Thessalonicherbrief 268
§ 21 Der Kolosserbrief 274
§ 22 Der Epheserbrief 283
§ 23 Die Pastoralbriefe 291
§ 24 Der Hebräerbrief 304
§ 25 Die Entstehung des Corpus Paulinum 313

IV. Die synoptischen Evangelien und die Apostelgeschichte 315

§ 26 Die Evangelien als Jesuserzählungen 316
§ 27 Die synoptische Frage 325
§ 28 Die Logienquelle 336
§ 29 Das Markusevangelium 343
§ 30 Das Matthäusevangelium 356
§ 31 Das Lukasevangelium 368
§ 32 Die Apostelgeschichte 379

V. Das johanneische Schrifttum (Evangelium und Briefe) 393

§ 33 Das Johannesevangelium 394
§ 34 Die drei Johannesbriefe 420

§ 35 Die literarischen Kontexte der neutestamentlichen Evangelien und
die Entstehung der Vier-Evangelien-Sammlung 431

VI. Die Apokalypse 435
§ 36 Die Offenbarung des Johannes 436

VII. Die Katholischen Briefe (außer den Johannesbriefen) 450
§ 37 Der Jakobusbrief 451
§ 38 Der 1. Petrusbrief 459
§ 39 Der Judasbrief und der 2. Petrusbrief 465
§ 40 Die Sammlung der Katholischen Briefe 474

**VIII. Außerkanonische Schriften des frühen Christentums
und die Entstehung des Neuen Testaments** 477
§ 41 Die Schriften der „Apostolischen Väter" 478
§ 42 Antike christliche Apokryphen 486
§ 43 Die sogenannte „Gnosis" 502
§ 44 Die Entstehung des neutestamentlichen Kanons 513

**Vierter Teil:
Der historische Kontext der neutestamentlichen Schriften** 519

§ 45 Neutestamentliche Zeitgeschichte: Begriffsbestimmung und
Abgrenzung 521
§ 46 Quellen 525
§ 47 Politische, kulturelle und wirtschaftliche Faktoren
des hellenistisch-römischen Zeitalters 534
§ 48 Das Judentum in hellenistisch-römischer Zeit..................... 554
§ 49 Pagane Religiosität und Philosophie 572

**Fünfter Teil:
Jesus von Nazaret und die Geschichte des Urchristentums** 587

I. Jesus von Nazaret 589
§ 50 Die Frage nach Jesus als historisches und theologisches Problem 590
§ 51 „Überreste" und „Quellen" 597
§ 52 Zur Chronologie des Wirkens Jesu 607
§ 53 Herkunft, Familie und historischer Kontext Jesu 610

§ 54 Johannes der Täufer
und der Beginn der öffentlichen Wirksamkeit Jesu 618
§ 55 Der Anbruch der Gottesherrschaft im Wirken Jesu 622
§ 56 Jesus in Jerusalem 650
§ 57 Das Wirken Jesu und die Entstehung der Christologie 658

II. Die Entstehung des Christentums 660

§ 58 Die Anfänge 661
§ 59 Quellen 668
§ 60 Zur Chronologie 672
§ 61 Entstehung und Entwicklung der Gemeinde in Jerusalem 677
§ 62 Die Mission der „Hellenisten"
und die Gemeinde von Antiochia 690
§ 63 „Apostelkonzil", „Aposteldekret" und „antiochenischer
Zwischenfall" 700
§ 64 Die Mission des Paulus und seiner Mitarbeiterinnen und
Mitarbeiter 710
§ 65 Die weitere Entwicklung des Christentums bis zur Mitte des
2. Jahrhunderts 731

Abbildungsverzeichnis 743
Stellenregister 745
Sachregister 763

Hinweise zur Benutzung dieses Buches

Das „Arbeitsbuch zum Neuen Testament" ist als Einführung in die Methoden und Inhalte der exegetischen Arbeit am Neuen Testament sowie der Geschichte des entstehenden Christentums konzipiert. Seine einzelnen Teile können deshalb eigenständig für die Arbeit an den jeweiligen Themengebieten herangezogen werden.

Das Arbeitsbuch soll in das Studium des Neuen Testaments einführen und es begleiten. Es kann für die selbständige Arbeit im Rahmen von Proseminaren und Seminaren ebenso wie für Veranstaltungen im Hauptstudium verwendet werden. In der Abschlussphase vor dem Examen kann es einen prüfungsorientierten Überblick über die methodischen Vorgehensweisen und zentralen Themengebiete der neutestamentlichen Wissenschaft geben. Nicht zuletzt eignet sich das Arbeitsbuch für Leserinnen und Leser außerhalb der akademischen Theologie, die sich in die neutestamentliche Wissenschaft einarbeiten oder ein „Update" auf dem gegenwärtigen Stand der Forschung erhalten wollen.

Die einzelnen Teile des Buches können zur Vertiefung und Nachbereitung von Vorlesungen, Seminaren und Übungen verwendet werden. Der Teil „Die Interpretation neutestamentlicher Texte" (Zweiter Teil) ist dabei so konzipiert, dass die wichtigsten exegetischen Methoden in kompakter Weise dargestellt und an ausgewählten Beispieltexten vorgeführt werden. Angesichts der vielfältigen gegenwärtigen Forschungsdiskussionen in diesem Bereich liegt zugleich ein Schwerpunkt darauf, neuere sowie wichtige ältere Forschungsansätze und die entsprechenden Terminologien zu erläutern, deren Kenntnis insbesondere für die Arbeit mit exegetischen Kommentaren und anderer Sekundärliteratur wichtig ist.

Die Einführungen in die neutestamentlichen Schriften (Dritter Teil) informieren auf dem gegenwärtigen Stand der Diskussion über die in der Einleitungswissenschaft behandelten Fragen zu Aufbau, Inhalten, Datierung und Lokalisierung der einzelnen Texte. Besonders hingewiesen sei darauf, dass auch Schriften der sogenannten „Apostolischen Väter" und der antiken christlichen „Apokryphen" sowie Entwicklungen, die zur Entstehung des neutestamentlichen Kanons geführt haben, vorgestellt werden.

In den historischen Teilen (Vierter und Fünfter Teil) wurde darauf geachtet, die aktuellen Forschungen zum Wirken Jesu sowie zur Geschichte des entstehenden Christentums in seinen einschlägigen politischen, religiösen und sozialen

Kontexten darzustellen. Für die Erschließung der relevanten Quellentexte zu diesem Teil sei besonders hingewiesen auf den Band „Texte zur Umwelt des Neuen Testaments" (hg. v. Jens Schröter und Jürgen K. Zangenberg, Tübingen 2013). Die Arbeits- und Lektürevorschläge des Arbeitsbuchs beziehen sich auf jeweils konkret formulierte Themenbereiche und sind grundsätzlich so angelegt, dass die Leserinnen und Leser zu eigenständiger exegetischer Arbeit mit den neutestamentlichen Texten und zu einer kritischen Auseinandersetzung mit neueren Stimmen der Forschung angeregt werden.

Die Literaturangaben beschränken sich jeweils auf eine Auswahl, die sich für einen Einstieg und Überblick zu dem betreffenden Themengebiet eignet. Besonders der Blick in neuere exegetische Kommentare, die bei den einzelnen Schriften gesondert genannt werden, ist für die eigene exegetische Arbeit unerlässlich. In den meisten der genannten Publikationen finden sich Hinweise auf weitere relevante Sekundärliteratur.

Das Arbeitsbuch ist so angelegt, dass es auch ohne Altsprachenkenntnisse verwendet werden kann. Die im Text genannten griechischen Wörter und Wendungen werden in der Regel durch beigegebene Übersetzungen und Erläuterungen erklärt. Als bekannt vorausgesetzt werden lediglich die im Glossar (s. u. S. XVII) genannten, häufig vorkommenden griechischen Wörter.

Abkürzungen

Die Abkürzungen in diesem Arbeitsbuch folgen in der Regel den „Abkürzungen Theologie und Religionswissenschaften nach RGG^4" (UTB 2868, Tübingen 2007) mit folgenden Ergänzungen:

Antike Schriften

Aristoteles, rhet.	*Rhetorica*
Origenes, comm. in Matt.	*Commentarium in evangelium Matthaei*
Origenes, comm. in Rom.	*Commentarii in Romanos*
Plinius der Jüngere, epist.	*Epistulae ad Trajanum*
Tacitus, ann.	*Annales*
Tacitus, hist.	*Historiae*

Bibliographische Abkürzungen

ABIG	Arbeiten zur Bibel und ihrer Geschichte
AcA	CHRISTOPH MARKSCHIES/JENS SCHRÖTER (Hg.), Antike christliche Apokryphen in deutscher Übersetzung, Bd. 1: Evangelien und Verwandtes, Tübingen 2012
B/T	CHARLES K. BARRETT/CLAUS-JÜRGEN THORNTON (Hg.), Texte zur Umwelt des Neuen Testaments (UTB 1591), Tübingen ^{4}1991
BDR	FRIEDRICH BLASS/ALBERT DEBRUNNER, Grammatik des neutestamentlichen Griechisch, bearbeitet von Friedrich Rehkopf, Göttingen ^{18}2001
BG	Biblische Gestalten
EBR	Encyclopedia of the Bible and Its Reception, Berlin/Boston 2009 ff.
EC	Early Christianity
LNTS	Library of New Testament Studies
NA^{28}	Nestle-Aland, Novum Testamentum Graece, hg. vom Institut für Neutestamentliche Textforschung Münster unter Leitung von Holger Strutwolf, Stuttgart ^{28}2012
NTL	New Testament Library
S/Z	JENS SCHRÖTER/JÜRGEN K. ZANGENBERG (Hg.), Texte zur Umwelt des Neuen Testaments (UTB 3663), Tübingen 2013

SAPERE Scripta antiquitatis posterioris ad ethicam religionemque pertinentia
ThKNT Theologischer Kommentar zum Neuen Testament

Sonstige Abkürzungen

p.   pagina
par(r). und Parallelstelle(n)
Q   Logienquelle
V.   Vers(e)

Glossar

Verzeichnis häufig vorkommender griechischer Wörter (mit Umschrift und deutscher Bedeutung)

βασιλεία (τοῦ θεοῦ/ τῶν οὐρανῶν)	basileia (tou theou/tōn ouranōn)	Reich, Königsherrschaft (Gottes/der Himmel)
γνῶσις	gnōsis	Erkenntnis
διάκονος/διάκονοι	diakonos/diakonoi	Diener, Diakon(e)
διδαχή	didachē	Lehre
δικαιοσύνη (θεοῦ)	dikaiosynē (theou)	Gerechtigkeit (Gottes)
δύναμις/δυνάμεις	dynamis/dynameis	Macht/Mächte, Machterweis(e)
ἐκκλησία/ἐκκλησίαι	ekklēsia/ekklēsiai	Gemeinde(n), Kirche(n)
ἐπίσκοπος/ἐπίσκοποι	episkopos/episkopoi	Aufseher, Bischof/Bischöfe
ἔργον/ἔργα	ergon/erga	Werk(e), Handlung(en)
εὐαγγέλιον	euangelion	frohe Botschaft, Evangelium
θεός	theos	Gott
κύριος	kyrios	Herr
νόμος	nomos	Gesetz, Tora
παραβολή/παραβολαί	parabolē/parabolai	Vergleich(e), Gleichnis(se), Parabel(n)
παροιμία	paroimia	Sprichwort, Rätselwort, Gleichnis
παρουσία	parousia	Ankunft, Wiederkunft
πίστις	pistis	Glaube, Treue, Vertrauen
πνεῦμα	pneuma	Geist
πρεσβύτερος/πρεσβύτεροι	presbyteros/presbyteroi	Älteste(r), alter Mann, Presbyter
σημεῖον/σημεῖα	sēmeion/sēmeia	Zeichen
συναγωγή	synagogē	Gemeinschaft, Versammlung, Synagoge
χάρις	charis	Gnade, Anmut, Gunst
χριστιανοί	christianoi	Christ(inn)en

**Erster Teil:
Einführung in das Neue Testament**

§ 1 Das Neue Testament als kanonisches Buch und als historische Urkunde

Literatur: Hans von Campenhausen, Die Entstehung der christlichen Bibel (BHTh 39), Tübingen 1968 (Ndr. 2003) ♦ Gerhard Ebeling, Die Bedeutung der historisch-kritischen Methode für die protestantische Theologie und Kirche, in: ders., Wort und Glaube, Bd. 1, Tübingen ³1967, 1–49 ♦ Harry Y. Gamble, Books and Readers in the Early Church. A History of Early Christian Texts, New Haven 1995 ♦ Thomas Hieke (Hg.), Formen des Kanons. Studien zu Ausprägungen des biblischen Kanons von der Antike bis zum 19. Jahrhundert (SBS 229), Stuttgart 2013 ♦ Ulrich H. J. Körtner, Der inspirierte Leser. Zentrale Aspekte einer biblischen Hermeneutik, Göttingen 1994 ♦ Ulrich Luz, Theologische Hermeneutik des Neuen Testaments, Neukirchen-Vluyn 2014 ♦ Lee M. McDonald, The Formation of the Biblical Canon, Bd. 1: The Old Testament. Its Authority and Canonicity; Bd. 2: The New Testament. Its Authority and Canonicity, London/New York 2017 ♦ Lee M. McDonald/Jack A. Sanders (Hg.), The Canon Debate, Peabody, Mass. 2002 ♦ Konrad Schmid/Jens Schröter, Die Entstehung der Bibel. Von den ersten Texten zu den Heiligen Schriften, München 2019.

1 Zur Entstehung des Neuen Testaments

Das Neue Testament ist eine historisch gewachsene Sammlung von in der Frühzeit des Christentums (ca. 50 bis 150) verfassten Schriften unterschiedlicher literarischer Gattungen. Gemeinsam mit den im Judentum als verbindlich anerkannten Schriften des „Tanach" (als Akronym von תּוֹרָה/tôrāh, „Tora", נְבִיאִים/nᵉbî'îm, „Propheten", כְּתוּבִים/kᵉtubîm, „Schriften"), dem christlichen „Alten Testament", bildet es die für Glauben und Theologie der christlichen Kirchen verbindliche, „kanonische" Grundlage. Das Fach „Neues Testament" verantwortet dementsprechend die historische und theologische Auslegung der neutestamentlichen Schriften. Deshalb gehört es in den Kontext der theologischen Disziplinen und nicht zum Gebiet der Klassischen Altertumswissenschaften oder der Religionsgeschichte der Antike. Die Methoden, derer sich die Interpretation des Neuen Testaments bedient, entsprechen dabei denen der wissenschaftlichen Auslegung anderer Texte.

Die „Heilige Schrift" des frühen Christentums war die jüdische Bibel in Gestalt der im zeitgenössischen griechischsprachigen Judentum als verbindlich anerkannten Septuaginta, die als jüdische Übersetzung der hebräischen Schriften zwischen dem 4. und dem 2. Jahrhundert v. Chr. entstanden war (einzelne Schriften, wie die Weisheit Salomos, entstanden etwas später). Die griechische Übersetzung galt als dem hebräischen Text gleichwertig und wurde dementsprechend als „Heilige Schrift" zitiert. Nach dem ersten Jüdischen Krieg, also nach 70 n. Chr., setzten sich im Judentum die hebräisch verfassten Bücher als verbindlich anerkannte Schriftensammlung durch, zu denen neben „Tora und Propheten" eine dritte Gruppe von Texten unter der Bezeichnung „Schriften" trat. Die vor allem in der Diaspora verwendete Septuaginta verlor im Judentum dagegen ihre Geltung und wurde zum Teil durch andere Übersetzungen verdrängt. Dazu trug nicht zuletzt der Gebrauch durch die Christen bei. Sie änderten nicht deren Wortlaut, entwickelten aber eine eigene Auslegung. An der ursprünglich auch jüdischen Vorstellung, diese Texte seien von Gott selbst „inspiriert" (2Tim 3,16f.), hielten sie fest.

Im Blick auf den Umfang des Neuen Testaments haben sich die 27 in heutigen Ausgaben abgedruckten Schriften durchgesetzt. Allerdings waren einige von diesen bis in die frühe Neuzeit hinein umstritten, was sich noch in Martin Luthers Anordnung der neutestamentlichen Schriften widerspiegelt. Auch der Umfang des christlichen Alten Testaments war lange nicht eindeutig bestimmt – eine gewisse Unschärfe besteht bis in die Gegenwart. Im antiken Christentum wurden die in der griechischen Bibel, der Septuaginta, enthaltenen Schriften als verbindlich anerkannt. In der westlichen Kirche des Mittelalters galt der in Umfang und Anordnung leicht davon abweichende Kanon der lateinischen Vulgata. Die Reformatoren entschieden sich dafür, nur die Schriften der hebräischen Bibel als „Altes Testament" zu übernehmen, allerdings in einer von der jüdischen Tradition erheblich abweichenden Abfolge der einzelnen Bücher. Die nur in griechischer Textfassung bekannten Schriften der Septuaginta (etwa Jesus Sirach, die Makkabäerbücher oder die Weisheit Salomos) nannte Luther „Apokryphen", die „der Heiligen Schrift nicht gleich gehalten und doch nützlich und gut zu lesen sind".

Die Entstehung des Neuen Testaments vollzog sich als ein längerer Prozess. Er begann mit den Sammlungen der Paulusbriefe (s. u. § 25) und der Evangelien (§ 35), etwas später traten die sogenannten „Katholischen Briefe" dazu (§ 40). Umstritten blieben dagegen der Hebräerbrief, der Jakobusbrief, der 2. und 3. Johannesbrief, der Judasbrief und die Johannesoffenbarung. Das weist bereits auf gewisse Unschärfen und Gewichtungen innerhalb des neutestamentlichen Kanons hin.

Im Aufbau des Neuen Testaments setzte sich eine bestimmte Abfolge durch: Am Beginn stehen die Evangelien, gefolgt von der Apostelgeschichte, die den Übergang zum „apostolischen Teil" des Neuen Testaments markiert, der durch die Paulusbriefe sowie durch die Katholischen Briefe gebildet wird. Den Schluss bildet die Offenbarung des Johannes. Eine andere Anordnung wird zum Beispiel durch den Codex Sinaiticus (4. Jh.) bezeugt: Hier stehen die Paulusbriefe direkt hinter den Evangelien, erst dann folgen Apostelgeschichte und Katholische Briefe. Auf diese verschiedenen Anordnungen und die damit verbundenen Entstehungsprozesse des Neuen Testaments wird an späterer Stelle zurückzukommen sein (s. u. § 40).

Die Kapiteleinteilung der biblischen Bücher erfolgte im 13. Jahrhundert. Die bis heute allgemein anerkannte Verseinteilung schuf im Jahre 1551 der Pariser Buchdrucker und Verleger Robert Estienne (Robertus Stephanus).

Die Anordnung der Schriften innerhalb des Neuen Testaments ist weder an der Abfolge ihrer historischen Entstehung noch an ihrer literarischen und theologischen Zusammengehörigkeit orientiert. Sie ist vielmehr das Ergebnis von Entwicklungen des 2. bis 4. Jahrhunderts, in denen sich die genannten Sammlungen herausgebildet haben. Die historische und literarische Perspektive auf die neutestamentlichen Schriften unterscheidet sich damit von derjenigen ihrer „kanonischen" Anordnung und Bedeutung. Das wird zum Beispiel an den johanneischen Schriften (Johannesevangelium und Johannesbriefe) deutlich: Diese Schriften gehören historisch, literarisch und theologisch eng zusammen, im Kanon des Neuen Testaments steht das Johannesevangelium dagegen in der Evangeliensammlung, die Johannesbriefe bei den Katholischen Briefen. Ähnlich verhält es sich beim lukanischen Doppelwerk (Lukasevangelium und Apostelgeschichte). Es stammt von demselben Verfasser und bildet eine zusammengehörige Darstellung von Jesusgeschichte und früher Ausbreitung des Christentums. Im Neuen Testament stehen beide Schriften dagegen nicht hintereinander, sondern gehören unterschiedlichen Teilen an.

2 Zum Charakter der neutestamentlichen Schriften

Die neutestamentlichen Schriften sind nicht als „Heilige Schrift" oder „kanonische" Texte verfasst worden. Sie waren auch nicht für den ständigen Gebrauch in allen christlichen Gemeinden gedacht. Die Briefe des Paulus waren vielmehr Schreiben an Christusgläubige in konkreten Situationen; bei den Evangelien handelt es sich um biographische Darstellungen des Lebens und Wirkens Jesu. Auch die anderen Schriften des Neuen Testaments entstammen spezifischen historischen Situationen, in denen sie Zeugnis von Jesus Christus ablegen wollen.

Die biblischen Schriften werden nicht anders interpretiert als andere literarische Zeugnisse, insbesondere solche der Antike. Dass ein „unmittelbarer Zugang" zur Bibel nicht möglich ist, ergibt sich schon daraus, dass die biblischen Texte in für uns fremden Sprachen geschrieben sind und deshalb übersetzt werden müssen. Angesichts der vielgestaltigen Textüberlieferung und des zeitlichen Abstands zu den antiken Texten muss zudem nach der ältesten zugänglichen

Textgestalt und den historischen Entstehungsbedingungen der Texte gefragt werden, um den Zusammenhang von Text und Situation zu erfassen.

Die biblischen Schriften unterscheiden sich von anderen antiken Zeugnissen vor allem durch ihr Thema: Die Bibel enthält geschichtlich entstandene Dokumente, die den jüdischen und den christlichen Glauben in großer Vielfalt und verschiedenen historischen Situationen darstellen. Sie sind deshalb als historische Zeugnisse der Geschichte Israels, des Judentums und des frühen Christentums auszulegen. Dabei ist im Blick zu behalten, dass sie zu verbindlichen Zeugnissen geworden sind, an denen sich Judentum und Christentum bis in die Gegenwart orientieren.

Ebenso wie andere Texte der Vergangenheit können die biblischen Texte grundsätzlich unter zwei Gesichtspunkten betrachtet werden: Sie werden entweder um ihres Aussagegehalts willen gelesen, verbunden mit der Frage nach ihrer Bedeutung für die Gegenwart der Interpretierenden. Oder sie werden als historische „Quellen" verstanden. In diesem Fall dient ihre Auslegung in erster Linie der Rekonstruktion historischer Situationen und Ereignisse. Beide Betrachtungsweisen schließen sich nicht aus, sondern gehören zusammen: Um einen Text adäquat zu verstehen und für die eigene Gegenwart fruchtbar zu machen, muss man ihn zuvor historisch eingeordnet haben; um ihn als historische Quelle nutzen zu können, muss man seine inhaltlichen Aussagen analysiert und verstanden haben. Es liegt also ein „Zirkel" vor, auch wenn die eine oder die andere Betrachtungsweise im Zentrum des Interesses stehen kann.

Das Verhältnis der beiden Perspektiven zeigt sich im Neuen Testament am deutlichsten in den Evangelien: Sie sind einerseits Zeugnisse für Leben und Lehre Jesu, insofern können sie als *historische Quellen* gelesen werden. Sie sind andererseits Schriften mit einem *theologischen Anspruch*, mit dem sie die Lesenden konfrontieren. Wollte man einen der beiden Aspekte zugunsten des anderen abwerten, würde das zu einer unzulässigen Verkürzung führen. Die Interpretation will einerseits erfassen, was der Autor eines Textes den direkt oder indirekt von ihm angesprochenen Adressaten mitteilen wollte und wie diese den Text zu ihrer Zeit verstehen konnten. Andererseits fragt sie danach, welche Bedeutung seinen Aussagen in einer späteren Situation zukommen kann.

Es muss demnach geklärt werden, welchen Bedingungen das Verstehen unterworfen ist (vgl. dazu unten § 5). Das gilt prinzipiell für alle historischen Zeugnisse, für schriftlich verfasste Texte in besonderer Weise. Text und Lesende begegnen einander nicht unmittelbar, sondern sind durch einen zeitlich oder sachlich bedingten Abstand voneinander getrennt. Es gibt deshalb kein unvermitteltes, „direktes" Verstehen, sondern dieses muss erst hergestellt werden. Dazu sind Kenntnisse der Sprache notwendig, in der der Text abgefasst ist. Des Weiteren müssen die historischen, sozialen und kulturellen Bedingungen studiert werden, unter denen er entstand. Soweit möglich, müssen bei der Interpretation auch Kenntnisse über den Autor und seine ursprünglichen Adressaten, gegebenenfalls auch über deren Verhältnis zum Verfasser des Textes, Berücksichtigung finden. Letzteres ist zum Beispiel bei den Paulusbriefen von Bedeutung, bei den Evangelien ist es dagegen schwieriger zu bestimmen.

Die Interpretierenden müssen aber auch ihre eigene Situation reflektieren. Mit welchen Voraussetzungen gehen sie an den Text heran? Aus welcher Tradition kommen sie? Auf welche Fragen erwarten sie von dem Text eine Antwort? Warum befassen sie sich überhaupt mit dem Text? Die Begegnung zwischen dem auszulegenden Text und denen, die ihn auslegen, findet also nicht in einem „neutralen" Raum statt, sondern ist in vielfältiger Weise determiniert. Textinterpretation ist demnach nicht voraussetzungslos, sondern durch den Standort der Interpretierenden und ihr „Vorverständnis" mitbestimmt, dessen Reflexion eine unsachgemäße Identifikation der eigenen Erwartungen und der Aussagen des Textes zu vermeiden hilft.

Schließlich sind die Bedeutungen zu berücksichtigen, die einem Text im Lauf seiner Auslegungs- und Wirkungsgeschichte zugewachsen sind. Texte sind sehr unterschiedlich interpretiert worden und haben dementsprechend sehr verschiedene, mitunter sogar einander entgegengesetzte Wirkungen gehabt, die eine heutige Auslegung beeinflussen können. Zur Textauslegung gehört deshalb auch eine kritische Reflexion der Wirkungsgeschichte.

3 Das Neue Testament als Sammlung von Glaubenszeugnissen und als Sammlung historischer Quellen

1) Im antiken Christentum und weit darüber hinaus wurden die Schriften des Neuen Testaments als „apostolische Zeugnisse" angesehen. Zwar gab es in Einzelfällen Zweifel an dieser Annahme, sie wurde aber nicht grundsätzlich infrage gestellt. Mit dem Aufkommen der historischen Bibelkritik im 18. Jahrhundert wurde deutlich, dass eine „historische" Begründung der Kanonizität schon deshalb nicht zu halten ist, weil einige der im Neuen Testament enthaltenen Schriften, etwa die Johannesbriefe und der 2. Petrusbrief, später geschrieben wurden als Schriften, die nicht im Kanon stehen, unter ihnen die Didache und der 1. Clemensbrief (vgl. unten § 41). Die Kanonizität der neutestamentlichen Schriften lässt sich aber auch nicht theologisch begründen. Der 2. und der 3. Johannesbrief oder der 2. Petrusbrief können zum Beispiel keine höhere theologische Dignität beanspruchen als etwa die Didache, der 1. Clemensbrief oder die Ignatiusbriefe.

Damit ist der neutestamentlichen Wissenschaft und der christlichen Theologie insgesamt die *Kanonfrage* als historische und theologische Aufgabe gestellt. Der Kanon des Neuen Testaments – und der christlichen Bibel insgesamt – ist selbst das Ergebnis von Entwicklungen im antiken Judentum und Christentum. Die neutestamentlichen Schriften sind dabei erst zu „kanonischen" Texten geworden. Die Beschäftigung mit der Entstehung des Neuen Testaments ist demnach ein integraler Bestandteil der neutestamentlichen Wissenschaft, die herausarbeitet, wie es zur Unterscheidung „kanonischer" von nichtkanonischen oder „apokryphen" Texten gekommen ist.

Die Autorität des neutestamentlichen Kanons ist also keine rein formale. Weder sind bei der Herausbildung des Neuen Testaments alle Schriften als in gleicher Weise autoritativ und bedeutsam angesehen worden (das zeigt bereits ein Blick auf die lange umstrittenen Schriften), noch gibt es eine qualitative Unterscheidung zwischen den Schriften des Neuen Testaments und anderen Texten des antiken Christentums. Die besondere Geltung des Neuen Testaments erklärt sich vielmehr durch die Prozesse seiner Entstehung und seiner Anerkennung in den christlichen Kirchen.

Dieser Befund stellt eine „Theologie des Neuen Testaments" vor die Frage, inwiefern von einer theologischen Einheit der neutestamentlichen Schriften gesprochen werden kann und worin diese gegebenenfalls begründet wäre. Die – vergleichsweise junge – Disziplin „Theologie des Neuen Testaments" (sie entsteht erst im 18. Jahrhundert) hatte zunächst eine Eigenständigkeit der biblischen gegenüber der dogmatischen Theologie und dann eine solche von alttestamentlicher und neutestamentlicher Theologie eingefordert. Seither ist die Vielfalt der neutestamentlichen Schriften immer deutlicher zutage getreten. Die Einheit des Neuen Testaments kann deshalb nur eine Einheit *in dieser Vielfalt* sein. Zugleich ist deutlich, dass eine solche theologische Einheit nicht nur die neutestamentlichen Schriften umfasst, sondern prinzipiell auch außerkanonische Schriften einschließen kann. Diese Fragen und Aspekte werden in diesem Arbeitsbuch zum einen durch die Behandlung der Entwicklungen hin zum Kanon des Neuen Testaments, zum anderen durch die Einbeziehung der Apostolischen Väter und der Apokryphen reflektiert.

2) Die neutestamentliche Wissenschaft bemüht sich darum, die Abfassungsverhältnisse und die historische Bedeutung der Schriften des Neuen Testaments so weit wie möglich aufzuhellen, um die in diesen Schriften enthaltenen Aussagen inhaltlich zu erfassen und zu interpretieren und so zu ihrem gegenwärtigen Verstehen beizutragen. Dabei treten einerseits Aufbau und Inhalte der Texte in den Blick. Andererseits sind die historischen Verhältnisse, denen sie entstammen, zu beachten. Der ersten Aufgabe dient im vorliegenden Arbeitsbuch die Behandlung der neutestamentlichen Schriften selbst, der zweiten die Befassung mit den historischen Kontexten, dem Wirken Jesu und der Geschichte des frühen Christentums.

Für die Interpretation eines Textes sind bestimmte Arbeitsschritte notwendig: Es muss der *Wortlaut* des auszulegenden Textes bestimmt werden; die Bedeutung der verwendeten *Begriffe* muss geklärt werden; der *literarische Charakter* des Textes muss definiert werden; der *historische Ort* des betreffenden Textes muss erklärt werden. Auf dieser Grundlage kann nach dem *Inhalt*, der *Intention* sowie der *theologischen Bedeutung* gefragt werden.

a) Die Feststellung des Wortlauts eines Textes ist Aufgabe der *Textkritik*. Dazu wird die handschriftliche Überlieferung des betreffenden Textes erfasst, und auf dieser Grundlage wird danach gestrebt, die älteste erreichbare Textfassung zu finden, von der sich alle anderen Fassungen ableiten lassen. So soll eine Textfassung gewonnen werden, die am Beginn der handschriftlichen Verbreitung stand und der ursprünglichen Fassung möglichst nahekommt.

b) Das im Neuen Testament verwendete Griechisch ist im Zusammenhang der zeitgenössischen Sprach- und Denkformen zu verstehen. Dafür sind anhand von Lexika und Wörterbüchern Belegstellen zu prüfen und die Verwendung eines Begriffes an der zu interpretierenden Stelle anhand der Sprachverwendung des betreffenden Autors zu bestimmen.

c) Von Bedeutung ist sodann die Bestimmung der *literarischen Gattung* des Textes. Für erzählende Texte wie etwa die Evangelien gelten andere literarische Gesetzmäßigkeiten als für argumentierende Texte wie etwa die Briefe. Es ist ein Unterschied, ob ein womöglich anonym bleibender Autor für eine prinzipiell unbegrenzte Leserschaft schreibt oder ob ein identifizierbarer Verfasser, etwa Paulus, sich direkt an bestimmte Adressaten (z. B. die Gemeinde in Korinth) wendet.

Bei den pseudepigraphen Briefen ist der Befund etwas anders: Der tatsächliche Autor hat bewusst den Namen einer anderen Person gewählt (Pseudonym) und sich damit die Autorität eines anderen Verfassers „geliehen". In diesen Fällen ist nach dem Grund für die Wahl des Pseudonyms zu fragen und die Kommunikationssituation ist unter diesen Voraussetzungen zu beschreiben (vgl. die Einführung zum Phänomen der Pseudepigraphie unten S. 266 f.).

Innerhalb eines Textes können verschiedene Gattungen verwendet werden (z. B. Sprichworte, Gleichnisse, Hymnen). Diese sind jeweils für sich zu bestimmen und es ist danach zu fragen, welche kommunikativen „Spielregeln" mit diesen Gattungen verbunden sind.

d) Die historische Einordnung eines Textes ist die Aufgabe der *Einleitungswissenschaft*. Sie fragt nach der Verfasserschaft und nach den Adressaten, nach der historischen Situation, in welcher der Text abgefasst wurde, und nach dessen literarischer Einheit. Ist ein bestimmter Brief das einzige literarische Zeugnis, das wir vom Autor besitzen? Oder legt es sich nahe, einen Brief unter Einbeziehung anderer Briefe desselben Autors zu interpretieren? Sind die in dem betreffenden Text enthaltenen Angaben über Verfasserschaft und Adressaten historisch zuverlässig, oder sind sie möglicherweise fingiert? Geht der vorliegende Text durchgängig auf denselben Autor zurück, ist er also literarisch einheitlich, oder wurde dieser Text von einem nicht mit dem ursprünglichen Autor identischen „Redaktor" bzw. Herausgeber nachträglich ergänzt, oder wurde er aus unterschiedlichen Texten nachträglich zusammengefügt?

Das Vorgehen der Einleitungswissenschaft bewegt sich daher in einem „Zirkel" oder einer „Spirale": Die für die Exegese erforderlichen Informationen über die Abfassungsbedingungen eines Textes sind zumeist nur aus diesem Text selbst zu gewinnen, andere Quellen existieren nur in sehr wenigen Fällen. Zugleich müssen die so gewonnenen Erkenntnisse dazu verwendet werden, den Text selbst zu erklären. Das Ziel ist dabei, zu einer möglichst präzisen Beschreibung des Textes, seiner Entstehungskontexte und seiner Intention zu gelangen.

e) Für das Verstehen eines Textes bedarf es der möglichst genauen Analyse der konkreten kulturellen, politischen und sozialen Lebensformen in der Zeit, in der er entstanden ist. Die neutestamentlichen Schriften entstanden in der frühen Kaiserzeit der hellenistisch-römischen Welt, in der sich die Gruppen der Christusgläubigen zunächst noch innerhalb des Judentums und dann zunehmend eigenständig entwickelten. Um die entsprechenden Kenntnisse bemüht sich die neutestamentliche *Zeitgeschichte*. Für die Erforschung der allgemeinen politischen Geschichte, der Sozialgeschichte und der Religionsgeschichte stehen zahlreiche literarische und auch archäologische Quellen zur Verfügung. Sie geben aber meist allgemein über die zeitgeschichtliche Situation Auskunft, denn nur in sehr wenigen Fällen bezieht sich eine nichtchristliche Quelle auf einen auch im Neuen Testament erwähnten Vorgang oder auf einen die Geschichte des frühen Christentums unmittelbar betreffenden Sachverhalt (s. u. § 45).

f) In engem Zusammenhang mit der Zeitgeschichte steht die Frage nach der *Entstehung und Geschichte des frühen Christentums*. Die neutestamentlichen Texte sind dabei oftmals nur indirekte Quellen für historische Vorgänge. Die Geschichte des entstehenden Christentums lässt sich aus den Texten daher nur mit Vorbehalt rekonstruieren. Gleichwohl sollen diese Texte ihrerseits vor dem Hintergrund und im Kontext der so rekonstruierten Geschichte verstanden werden. Nur selten besitzen wir, wie im Fall des sogenannten „Apostelkonzils" (s. u. § 63), zwei einander ergänzende und korrigierende Darstellungen, darunter den Bericht eines unmittelbar Beteiligten (Gal 2,1–10; vgl. Apg 15,1–35).

g) Ziel der Exegese neutestamentlicher Texte ist das Verstehen ihres theologischen Inhalts. Die Texte erheben einen theologischen Anspruch, der herausgearbeitet und verdeutlicht werden soll. Auf diese Weise trägt die neutestamentliche Wissenschaft zum Gesamt der christlichen Theologie bei.

§ 2 Der Text des Neuen Testaments

Literatur: BARBARA ALAND, Welche Rolle spielen Textkritik und Textgeschichte für das Verständnis des Neuen Testaments? Frühe Leserperspektiven, NTS 52 (2006), 303–318 ◆ KURT ALAND/BARBARA ALAND, Der Text des Neuen Testaments. Einführung in die wissenschaftlichen Ausgaben und in Theorie wie Praxis der modernen Textkritik, Stuttgart ²1989 ◆ CHARLES E. HILL/MICHAEL J. KRUGER (Hg.), The Early Text of the New Testament, Oxford 2012 ◆ LARRY W. HURTADO, The Earliest Christian Artifacts. Manuscripts and Christian Origins, Grand Rapids, Mich./Cambridge 2006 ◆ D. C. PARKER, New Testament Manuscripts and Their Texts, Cambridge 2008 ◆ STEFAN SCHREIBER, Der Text des Neuen Testaments, in: Martin Ebner/Stefan Schreiber (Hg.), Einleitung in das Neue Testament, Stuttgart ³2019, 54–69. – Weitere Literatur s. u. § 6.

1 Die Überlieferung des neutestamentlichen Textes

Bis zur Erfindung des Buchdrucks gegen Ende des 15. Jahrhunderts wurden die neutestamentlichen Schriften – wie überhaupt die gesamte Literatur – in Handschriften überliefert, die mehr oder weniger vollständig erhalten sind. Verglichen mit der übrigen antiken Literatur ist das Neue Testament aber außerordentlich gut überliefert, denn die Zahl der Handschriften mit neutestamentlichen Texten ist sehr groß. Die Handschriften sind freilich von unterschiedlichem Alter und von unterschiedlicher Qualität. Angesichts dessen ist es die Aufgabe der *Textkritik*, die Überlieferung auf der Grundlage der vorhandenen Handschriften zu ordnen und zu bewerten, um dem ursprünglichen Wortlaut der von den neutestamentlichen Autoren verfassten Texte möglichst nahe zu kommen. Da die Originaltexte (Autographen) nicht erhalten sind, lässt sich dieses Ziel nur annähernd erreichen. Die älteste erhaltene Handschrift muss keineswegs dem Original am nächsten kommen: Eine spätere Handschrift kann auf eine sehr gute, inzwischen verlorengegangene Vorlage zurückgehen, oder ein späterer Schreiber kann durch sorgfältiges Arbeiten und durch den Vergleich mehrerer ihm vorliegender Handschriften die Lesart des ursprünglichen Textes wiederhergestellt haben. Daher sind pauschale Urteile über die Qualität der einzelnen Handschriften zu vermeiden. Neben der Frage nach dem als *Ausgangstext der Überlieferung* angenommenen Text kommt auch der Rekonstruktion der *Textgeschichte* große

Bedeutung zu; jüngere, „sekundäre" Lesarten können bedeutsame Einblicke in theologiegeschichtliche Entwicklungen geben.

Erasmus von Rotterdam gab 1516 in Basel das erste gedruckte griechische Neue Testament heraus; der Text basierte auf acht Handschriften, zu denen Erasmus Zugang hatte, und war eine Beigabe zu einer von ihm neu erarbeiteten lateinischen Übersetzung. Im Jahre 1520 wurde in Spanien mit Erlaubnis Papst Leos X. die sechsbändige „Complutensische Polyglotte" publiziert (sie wurde bereits zwischen 1514 und 1517 fertiggestellt, durfte aber auf Betreiben des Erasmus erst später in Umlauf gebracht werden). Diese mehrsprachige („polyglotte") Bibelausgabe bot unter anderem erstmals zum Alten Testament den griechischen Text der Septuaginta und den Text des Targum Onkelos (eine antike aramäische Übersetzung des Pentateuch) sowie den Text des griechischen Neuen Testaments neben der lateinischen Vulgata. Auf diesen beiden Textausgaben basierten die Bibelübersetzung Martin Luthers und auch die späteren Übersetzungen; aus dieser Fassung entwickelte sich der bis ins 18. Jahrhundert hinein allgemein anerkannte Text des griechischen Neuen Testaments, der deshalb auch als *textus receptus* bezeichnet wird.

Die ersten „kritischen" Editionen, in denen zu einzelnen Bibelstellen die in den Handschriften überlieferten unterschiedlichen Lesarten verzeichnet wurden, stammen von Johann Albrecht Bengel (1734) und von Johann Jakob Wettstein (1751/52). Der pietistische Gelehrte Bengel kann als Begründer der textkritischen Arbeit am Neuen Testament bezeichnet werden; die von ihm aufgestellten Regeln werden zum Teil noch heute angewandt. Die 1962 nachgedruckte Ausgabe von Wettstein bietet neben den Textvarianten zusätzlich eine Fülle von Parallelen aus Texten griechischer, lateinischer und jüdischer Schriftsteller; sie ist deshalb immer noch von Wert für die Exegese (fortgeführt in dem seit 1996 erscheinenden Werk „Neuer Wettstein", s. u. § 4.3).

Im 19. Jahrhundert fand die methodische Textkritik ihren Niederschlag in den großen Ausgaben des Neuen Testaments von Konstantin von Tischendorf (Editio octava critica maior, 3 Bde., Leipzig 1869–1872), Brooke Foss Westcott und Fenton John Anthony Hort (The New Testament in the Original Greek, Cambridge/London 1881) sowie Hermann von Soden (Die Schriften des Neuen Testaments in ihrer ältesten erreichbaren Textgestalt, 4 Bde., Berlin 1895–1913). Diese Ausgaben bieten jeweils eigene Textrekonstruktionen als Haupttext und verzeichnen darunter im sogenannten *textkritischen Apparat* den damals erreichbaren Lesartenbefund der Textvarianten.

Die moderne Standard-Handausgabe des griechischen Neuen Testaments ist das erstmals 1898 erschienene, von Eberhard Nestle herausgegebene „Novum Testamentum Graece". Die frühen Auflagen basierten auf den genannten drei großen Editionen des 19. Jahrhunderts; bei differierenden Lesarten folgte der Nestle-Text der Mehrheitsentscheidung. Die späteren Ausgaben berücksichtigten auch die direkte Handschriftenforschung und fragten an jeder einzelnen Textstelle auf der Grundlage der vorhandenen handschriftlichen Überlieferung nach der ältesten erreichbaren Textfassung. Der seit der 25. Auflage 1963 von Kurt Aland herausgegebene „Nestle" bzw. „Nestle-Aland" wurde für die 26. Auflage (1979) völlig neu bearbeitet; die 27. Auflage (1993) enthielt einen erweiterten textkritischen Apparat und eine neu geschriebene umfangreiche Einführung. Unter Leitung von Holger Strutwolf wurde zuletzt im Jahr 2012 die neubearbeitete 28. Auflage durch das Institut für neutestamentliche Textforschung (INTF) in Münster herausgegeben (Abk. NA[28]); diese Ausgabe nennt eine geringere Zahl von Varianten, wodurch der textkritische Apparat übersichtlicher geworden ist. Außerdem wurden zunächst in den „Katholischen Briefen" strukturelle Veränderungen im Text und im textkritischen Apparat eingeführt, die in zukünftigen Neuauflagen auch in den anderen Teilen erfolgen sollen. Der Apparat des NA[28] verzeichnet die wichtigeren Lesarten der neutestamentlichen Handschriften, die textkritischen Entscheidungen der Herausgeber können unmittelbar überprüft werden und ein eigenes begründetes Urteil wird ermöglicht. Darüber hinaus ist eine griechisch-lateinische („Nova Vulgata") und eine griechisch-deutsche Ausgabe (mit der revidierten Lutherbibel von 2017 sowie der revidierten Einheitsübersetzung von 2016) sowie eine Ausgabe mit einem knappen griechisch-deutschen Wörterbuch erhältlich.

Neben dem Nestle-Aland gibt es in fünfter Auflage das „Greek New Testament" (hg. von Barbara und Kurt Aland u. a., Abk. GNT); hier wird der handschriftliche Befund nur zu wenigen Textstellen geboten (dort dann allerdings praktisch vollständig), und deshalb ist diese Ausgabe für eigenes textkritisches Arbeiten weniger geeignet. Sehr nützlich ist aber der von Bruce M. Metzger verfasste Kommentar (A Textual Commentary on the Greek New Testament, Stuttgart [2]1994), der die Gründe für die Textentscheidungen im GNT nennt und erläutert, gelegentlich auch kritisiert. Im gedruckten Haupttext sind GNT[5] und NA[28] identisch.

Seit 1997 erscheint am INTF außerdem die umfangreiche Reihe „Novum Testamentum Graecum. Editio critica maior". Darin wird die handschriftliche Überlieferung umfassend dokumentiert und der Text auf Grundlage der kohärenzbasierten genealogischen Methode erarbeitet (s. u. § 6.3). Von dieser „Editio critica maior" (ECM) liegen bisher Bd. 1/2 (Markusevangelium), Bd. 3 (Apostelgeschichte) und Bd. 4 (Katholische Briefe) vor, jeweils der Text mit begleitenden Materialien in mehreren Teilbänden.

2 Die neutestamentlichen Handschriften

Literatur: ALAND/ALAND, Text des Neuen Testaments (zu den Papyri: 94–113, zu den Pergamentmajuskeln: 113–137, zu den Minuskelhandschriften: 137–167) ♦ KURT ALAND/CHRISTIAN HANNICK/KLAUS JUNACK, Bibelhandschriften. II. Neues Testament, TRE 6 (1980), 114–131 ♦ Christina M. Kreinecker, Codex, WiBiLex, Januar 2017, https://www.bibelwissenschaft.de/stichwort/46716/.

1) Die Handschriften, die den Text des Neuen Testaments ganz, teilweise oder fragmentarisch enthalten, sind überliefert als Papyri, als (Pergament-)Majuskeln und als Minuskeln. Die ältesten erhaltenen Handschriften(fragmente) stammen aus dem 2. Jahrhundert, die jüngsten aus dem späten Mittelalter.

a) Indizien für die Bestimmung des Alters einer Handschrift sind das *Schreibmaterial* (anfänglich war es Papyrus, später Pergament) sowie die äußere *Schriftgestalt*, vor allem der Wechsel von der ursprünglich verwendeten Majuskelschrift (Großbuchstaben) zur Minuskelschrift (kursive Kleinbuchstaben, eine Art Schreibschrift). In der Antike wurden Bücher in Großbuchstaben geschrieben, ohne Worttrennung und im Allgemeinen ohne Interpunktion und Akzente (*scriptio continua*). Die Alltagsschrift, die sogenannte Kursivschrift mit fortlaufend geschriebenen kleinen Buchstaben, ähnlich unserer Schreibschrift, setzte sich in den Bibelhandschriften erst seit dem 8. bis 10. Jahrhundert durch.

Aufgrund des Schreibmaterials und der Schreibart der Buchstaben sind Datierungen von Handschriften näherungsweise möglich. Auch die für häufig wiederkehrende Wörter gebrauchten Abkürzungen, beispielsweise bei *nomina sacra* (oft markiert durch einen sogenannten Supralinearstrich, d. h. durch einen Strich über den jeweiligen Buchstaben, zum Beispiel $\overline{\Theta\Sigma}$ für θεός, „Gott", $\overline{\Pi\mathrm{NA}}$ für πνεῦμα, „Geist", $\overline{\mathrm{K}\Sigma}$ für κύριος, „Herr", $\overline{\mathrm{I}\Sigma}$ oder $\overline{\mathrm{IH}\Sigma}$ für Ἰησοῦς, „Jesus") erlauben es, eine Handschrift einigermaßen zu datieren.

In der Antike gab es zwei Buchformen, die Rolle und den Codex. Bei der (älteren) *Schriftrolle* sind die einzelnen (Papyrus-)Blätter aneinandergeklebt und dann von beiden Seiten auf zwei Stäbe aufgerollt; der Text wurde üblicherweise in Kolumnen auf die Innenseite der Rolle geschrieben, so dass er beim Lesen von der einen zur anderen Seite ab- bzw. aufgerollt werden konnte. Beim *Codex* sind die Blätter wie beim heutigen Buch gefalzt, in Lagen aufeinandergelegt und geheftet (Einzelheiten s. Kreinecker); anders als bei der Buchrolle wurden die Vor- und die Rückseite eines Blattes beschrieben, weshalb der Codex auch als ökonomischer galt. Die erhaltenen neutestamentlichen Handschriften sind fast ausnahmslos beidseitig beschrieben, selbst das wohl um die Mitte des 2. Jahrhunderts geschriebene, vermutlich älteste Papyrusfragment $\mathfrak{P}^{52}$; sie stammen also aus Codices. Als Unterscheidungsmerkmal für das Alter neutestamentlicher Handschriften kommt die Buchform deshalb nicht in Betracht.

b) Die ältesten erhaltenen Handschriften neutestamentlicher Texte sind die *Papyri*. In der Antike war Papyrus das gewöhnliche Schreibmaterial, weil die aus den Stängeln der in Ägypten wachsenden Papyrusstaude gewonnenen Blätter verhältnismäßig günstig waren. Da sie aber empfindlich gegen äußere Einflüsse sind, haben sich antike Papyri fast ausschließlich im trockenen Klima Ägyptens erhalten.

Ein neutestamentlicher Papyrus wird durch den Frakturbuchstaben 𝔓 (bzw. einfaches P) bezeichnet und mit einer beigefügten hochgestellten Nummer versehen, die sich nicht auf das Alter bezieht, sondern auf die Reihenfolge der Registrierung im INTF in Münster. Bis in die dreißiger Jahre des 20. Jahrhunderts waren nur kleinere Papyrusfragmente bekannt. Später kamen auch umfangreiche, wenngleich nicht vollständig erhaltene Papyrusmanuskripte ans Licht. Zu nennen sind die aus dem 3. Jahrhundert stammenden *Chester-Beatty-Papyri* ($𝔓^{45}$ enthält die Evangelien, $𝔓^{46}$ die Paulusbriefe, $𝔓^{47}$ die Johannesoffenbarung) sowie die sehr gut erhaltenen *Bodmer-Papyri*. Herausragende Manuskripte unter den Bodmer-Papyri sind $𝔓^{66}$, um 200 geschrieben und das Johannesevangelium enthaltend, sowie $𝔓^{75}$, ebenfalls Anfang des 3. Jahrhunderts geschrieben und das Lukas- und das Johannesevangelium enthaltend. Diese (jeweils nach ihren früheren Besitzern benannten) Papyri und auch viele andere kann man in Einführungen oder speziellen Publikationen zur Textkritik und auch im Internet ansehen und so ein Bild von ihnen gewinnen (s. u. Abs. 2e).

Papyrus(fragmente) werden auch heute noch entdeckt; oft befinden sie sich in den Magazinen von Museen, ohne dass sie bisher identifiziert worden wären. So dauert etwa die Erschließung und Auswertung des umfangreichen Fundes aus dem antiken Oxyrhynchos in Ägypten bis heute an. In NA[28] sind 127 neutestamentliche Papyri verzeichnet, wobei es sich oft nur um kleine Textfragmente handelt.

c) Seit dem 4. Jahrhundert wurde die Verwendung von Pergamentcodices immer üblicher, denn jetzt konnten sich christliche Gemeinden das aus Tierhäuten gewonnene teure Pergament eher leisten. Das bedeutet aber nicht, dass diese zumeist jüngeren Pergamenthandschriften textkritisch weniger „wertvoll" wären als die Papyrushandschriften. Schon aufgrund der Sorgfalt, mit der die Texte abgeschrieben wurden, und angesichts der oft sehr guten Erhaltung der Handschriften kommt diesen Codices für die Textkritik ein hoher Wert zu.

Die wissenschaftliche Bezeichnung der *Majuskelcodices* erfolgte zunächst durch lateinische bzw. griechische Großbuchstaben; der nach seiner Entdeckung als herausragend angesehene Codex Sinaiticus erhielt den hebräischen Buchstaben Aleph (א). Daneben und ergänzend gibt es eine fortlaufende Nummerierung der Codices, wobei zur Unterscheidung von den Minuskeln (s. u.) eine Null vorangestellt wird, also 01, 02 usw. bis gegenwärtig 0324. Einige besonders wichtige Majuskelcodices sollte man sich merken:

א (01) Codex Sinaiticus, stammt aus dem 4. Jahrhundert. Dieser Codex, zwischen 1844 und 1859 von Konstantin von Tischendorf im Katharinenkloster am Sinai entdeckt, enthielt ursprünglich die ganze Bibel (Septuaginta und Neues Testament) sowie Teile der Schriften, die zu den „Apostolischen Vätern" gehören (s. u. § 41).

A (02) Codex Alexandrinus, stammt aus dem 5. Jahrhundert. Dieser Codex wurde ursprünglich in der Bibliothek des Patriarchen von Alexandria aufbewahrt. Er enthält die ganze Bibel (im Neuen Testament mit wenigen Lücken) sowie einige Schriften der „Apostolischen Väter".
B (03) Codex Vaticanus, wurde um 350 geschrieben und gehört seit dem 15. Jahrhundert zur vatikanischen Bibliothek. Der Codex enthält die ganze Bibel, jedoch sind Teile des Neuen Testaments verloren (es fehlen vor allem die Pastoralbriefe, der hintere Teil des Hebräerbriefs [ab 9,14] sowie die Johannesoffenbarung); er gilt als die für die Textkritik wichtigste Handschrift.
C (04) Codex Ephraemi rescriptus, stammt aus dem 5. Jahrhundert. Er ist ein Palimpsest, d. h. ein wiederbeschriebenes Buch; da Pergament teuer war, wurde bisweilen der ursprüngliche Text ausradiert und mit einem anderen Text überschrieben – in diesem Fall das Neue Testament mit Werken des syrischen Kirchenvaters Ephraem. Der Codex enthielt ursprünglich die ganze Bibel, weist jedoch erhebliche Lücken auf.

Für die Textgeschichte von Bedeutung sind auch die beiden Codices, die mit dem Buchstaben D bezeichnet werden; wegen der doppelten Verwendung dieses Buchstabens sollte man sich die Namen und/oder die Nummern dieser Codices merken:

D^{ea} (05) Codex Bezae Cantabrigiensis, stammt aus dem 5. Jahrhundert. Er ist zweisprachig und bietet den lateinischen und den griechischen Text der Evangelien und der Apostelgeschichte (mit einigen Lücken). Der Name geht darauf zurück, dass er zeitweise dem Genfer Reformator Theodor Beza gehörte und sich seit dem 16. Jahrhundert in Cambridge befindet.
D^p (06) Codex Claromontanus, aus dem 6. Jahrhundert. Er enthält die Paulusbriefe, befand sich im französischen Kloster Clermont und wird jetzt in der Pariser Nationalbibliothek aufbewahrt.

Die anderen bisher bekannten Majuskelcodices enthalten nur Teile des Neuen Testaments.

Einige der bedeutenden Majuskeln, aber auch verschiedene andere Handschriften des Neuen Testaments wurden mit sorgfältigen Korrekturen versehen, indem beispielsweise über der betreffenden Zeile Text eingefügt wurde. Möglicherweise hatten einige spätere Korrektoren auch Zugang zu anderen Manuskripten als die ursprünglichen Schreiber der Handschrift. Wenn im Text einer Handschrift Korrekturen erkennbar sind, wird die ursprüngliche Lesart im Apparat des Nestle-Aland mit einem Sternchen bezeichnet (z. B. B*). Hochgestellte Ziffern machen darauf aufmerksam, dass eine Korrektur auf einen unterscheidbaren Korrektor bzw. eine Korrektorengruppe zurückgeht (B^1, B^2 usw.). Ein hochgestelltes C (^{c}) bezeichnet allgemein eine Korrektur, ohne dass sie auf einen bestimmten Korrektor bzw. eine Korrektorengruppe zurückgeführt wird. Viele bedeutsame Korrekturen wurden vermutlich in zeitlicher Nähe zur Herstellung der Handschrift eingetragen (z. B. die Korrektorengruppen ℵ¹, B¹ und C¹), während andere erst Jahrhunderte später ergänzt wurden. Die Textausgabe des NA²⁸ enthält Hinweise zur Datierung wichtiger Korrekturen, die es zu beachten gilt (NA²⁸, Einführung, S. 15*).

d) Die etwa dreitausend bekannten, fortlaufend nummerierten *Minuskelhandschriften* stammen meist aus dem 10./11. Jahrhundert oder aus noch späterer Zeit; ihre Bedeutung für die Textkritik ist im Allgemeinen geringer als die der Majuskelhandschriften. Dennoch sind einige von ihnen zu beachten: Als „Königin der Minuskeln" gilt die im 9. Jahrhundert geschriebene Minuskel 33, die dem Text des Codex Vaticanus nahesteht; in den Paulusbriefen hat die aus dem 10. Jahrhundert stammende Minuskel 1739 (zusammen mit 𝔓⁴⁶) eine gewisse Schlüsselstellung. Wichtig sind darüber hinaus zwei Gruppen („Familien") verwandter Minuskeln, die nach den Entdeckern dieser Verwandtschaft „Lake-" bzw. „Ferrar-Gruppe" genannt werden (in NA²⁸ nach der jeweils ersten Minuskel als *f*¹ bzw. *f*¹³ bezeichnet).

e) Eine vollständige Übersicht aller Handschriften, die bei der Herausgabe des NA²⁸ benutzt wurden (mit Angabe ihres Alters und ihres Inhalts), ist im Anhang dieser Ausgabe enthalten (S. 792–814). Eine ausführliche Beschreibung bieten ALAND/ALAND. Eine vollständige Liste aller relevanten Handschriften stellt das INTF in Münster in einer Online-Datenbank zur Verfügung (https://ntvmr.uni-muenster.de/liste). Neben einer kurzen Beschreibung der jeweiligen Handschrift (Größe, Alter, Inhalt etc.) enthält die Datenbank auch Hinweise auf wichtige Publikationen sowie online verfügbare Abbildungen.

f) Neben den griechischen Handschriften sind für die Textkritik auch die alten *Übersetzungen* von Gewicht, da sie zum Teil in frühe Zeit zurückgehen. Am wichtigsten sind die syrischen und die aus Ägypten stammenden koptischen sowie die lateinischen Übersetzungen (Informationen dazu in der Einführung des NA²⁸, 23*–33*, sowie ausführlicher bei ALAND/ALAND 191–221). Bedeutsam sind auch die Schriftzitate in den Werken der *Kirchenväter*; man muss allerdings beachten, dass ein Text hier nicht immer wörtlich und nicht selten auch unterschiedlich zitiert wird; die handschriftliche Überlieferung dieser Werke ist im Allgemeinen weniger gut als die des Neuen Testaments (dazu ALAND/ALAND 179–190.221–226).

Bedeutung haben schließlich auch die *Lektionare*, also die für die Lesung im Gottesdienst bestimmten Perikopensammlungen.

Im Text des Lukasevangeliums und der paulinischen Briefe (ohne die Pastoralbriefe) bietet der zweiteilige „Kanon" Markions (um 150 n. Chr.) zahlreiche Sonderlesarten. Markion war überzeugt, die Texte seien „judaistisch" verfälscht worden und ihr „ursprünglicher" Wortlaut müsse „wiederhergestellt" werden. Markion unterschied zwischen dem

Gott des Alten Testaments als dem unvollkommenen, gerechten Schöpfer der Welt und dem erst durch Christus geoffenbarten „fremden" Gott der Gnade; den alttestamentlichen Schriften sprach er deshalb keinen Offenbarungscharakter zu. Dazu passt, dass bei Markion offenbar das ganze Kapitel Röm 4 fehlt, in dem Paulus von der Glaubensgerechtigkeit Abrahams spricht; an manchen Stellen führen geringfügige Änderungen des Wortlauts zu einer starken Veränderung des Sinns. Nicht alle Lesarten Markions sind „markionitisch", manche werden auch von anderen Handschriften bezeugt. Wir kennen Markions Text nur aus den gegen ihn gerichteten Kirchenväterschriften; insbesondere Tertullian (um 200) bietet in seinem fünf Bücher umfassenden Werk *Adversus Marcionem* reiche Zitate. Eine zuverlässige Rekonstruktion von Markions Text ist nicht möglich; zu den Paulusbriefen s. ULRICH SCHMID, Marcion und sein Apostolos (ANTT 25), Berlin/New York 1995; zu den Evangelien s. DIETER T. ROTH, The Text of Marcion's Gospel (NTTS 49), Leiden/Boston 2015.

2) Als die qualitativ im Allgemeinen „besten" Handschriften gelten die Codices Sinaiticus (ℵ), Vaticanus (B) und Ephraemi rescriptus (C), außerhalb der Evangelien auch Codex Alexandrinus (A). Hinzu kommen wichtige Papyri ($\mathfrak{P}^{46}$, $\mathfrak{P}^{66}$, $\mathfrak{P}^{75}$ sowie mit Einschränkungen $\mathfrak{P}^{45}$). Ihr Text stimmt häufig mit dem rekonstruierten Ausgangstext der Überlieferung überein, der als die früheste erreichbare Textgestalt gilt; wenn man eine Textstelle gegen diese Handschriften lesen will, muss man gute Gründe haben.

Die genannten, als besonders „wertvoll" angesehenen Handschriften wurden vielfach einem „ägyptischen" oder „alexandrinischen Text" zugewiesen. Aber die lange vertretene Annahme, die Textfassungen bestimmter Handschriften seien miteinander verwandt und es lasse sich eine „Genealogie" aufstellen, wird seit einiger Zeit infrage gestellt. Einige Handschriften weisen untereinander große Ähnlichkeiten auf, ohne dass sie deshalb einer „Familie" zuzuordnen wären.

Der Kirchenvater Hieronymus berichtet, in Alexandria sei durch die methodische Arbeit eines Mannes namens Hesychius ein besonders genauer Text geschaffen worden (vgl. ALAND/ALAND 75f.); deshalb sprach man früher auch vom „hesychianischen Text".

Die meisten Handschriften bezeugen den im Gebiet der östlichen Kirche am weitesten verbreiteten *byzantinischen Text*, auch „Reichstext" bzw. *Koine* genannt. Die im Apparat des NA^{28} mit dem Sigel 𝔐 („Mehrheitstext") markierten Handschriften gehören meist zu dieser Textform; in den Katholischen Briefen wird statt dieses Sigels jedoch die Bezeichnung „Byz" verwendet, die sich auf eine kleine Auswahl von Handschriften mit möglichst reinen Formen des byzantinischen Textes bezieht. Der Wert des byzantinischen Textes für die Rekonstruktion des frühen Textes des Neuen Testaments wurde in der älteren Forschung häufig als insgesamt gering eingeschätzt. Die „Editio critica maior" sieht jedoch im byzantinischen Text stellenweise Belege, dass sich darin der frühe Text erhalten haben könnte. Darüber hinaus sind die Lesarten des byzantinischen Textes oft von großer Bedeutung für die Theologiegeschichte der orthodoxen Kirchen, und auch die Bibelübersetzungen der Reformationszeit basieren auf diesem Text (bekannt z. B. Lk 2,14 in der Lutherbibel von 1545: „Und den Menschen ein wolgefallen" [WA.DB 6, 217], statt „bei den Menschen seines Wohlgefallens" in der revidierten Lutherbibel 2017).

Die Codices Bezae Cantabrigiensis (D^{ea} [05]) und Claromontanus (D^p [06]) bezeugen den sogenannten *„westlichen Text"* bzw. „D-Text". Er steht offenbar den lateinischen Übersetzungen nahe, und man nahm deshalb an, er sei im Westen des Römischen Reichs entstanden. Vermutlich stammt er aber aus Syrien und war schon in früher Zeit auch in Ägypten verbreitet, wie 𝔓^{38} und 𝔓^{48} sowie nachträglich korrigierte Lesarten in 𝔓^{46} und 𝔓^{66} zeigen. Die traditionelle Bezeichnung „westlich" ist deshalb missverständlich, mit dem Zusatz „sogenannt" hat sie sich aber – neben der neueren Bezeichnung „D-Text" – eingebürgert. Diese Lesarten weisen, vor allem im D-Text der Apostelgeschichte, erhebliche Besonderheiten auf, nicht zuletzt starke Erweiterungen. In den synoptischen Evangelien besteht eine Tendenz, die Texte der einzelnen Evangelien einander anzugleichen.

3 Tendenzen der neueren Forschung zu den Handschriften und dem Text des Neuen Testaments

Seit den 1990er Jahren hat die Erforschung des neutestamentlichen Textes in mehreren Bereichen neue Schwerpunkte gesetzt. Die vielstimmige Diskussion über die Methoden der Textkritik (vgl. unten § 6) hat zum einen dazu geführt, dass die frühere Orientierung am mutmaßlichen „Urtext" der neutestamentlichen Schriften aufgegeben wurde. Im Mittelpunkt steht vielmehr der Versuch, den Ausgangstext der handschriftlichen Überlieferung zu rekonstruieren, d. h. die früheste erreichbare Textfassung, aus der sich abweichende Lesarten am besten erklären lassen. Zwischen der Abfassungszeit der Texte und dem Ausgangstext der Überlieferung können dabei mehrere Jahrzehnte liegen. Im Zuge der Anwendung der kohärenzbasierten genealogischen Methode wurde in diesem Zusammenhang als Ergebnis festgehalten, dass der früheste erreichbare Text an einigen Stellen nicht eindeutig ermittelt werden kann, sondern jeweils zwei – gelegentlich sogar drei – gleichwertige alternative Lesarten als Ausgangstext der Überlieferung gelten könnten (s. u. § 6.3). Als Reaktion darauf, dass sich der rekonstruierte Text, wie er beispielsweise in NA^{28} vorliegt, in dieser Form in keiner Handschrift findet, wird gelegentlich das Verfahren vorgeschlagen, im gedruckten Text einer Ausgabe des Neuen Testaments durchgehend die Fassung einer bestimmten Handschrift zu bieten, beispielsweise die des Codex Vaticanus (B), und dann die abweichenden Lesarten im textkritischen Apparat zu nennen. Es gibt sogar Editionen, die den *textus receptus*, d. h. die in der Kirche am stärksten rezipierte Fassung, als gedruckten Text übernehmen und die Abweichungen im Apparat notieren. Beide Verfahren haben allerdings zur Folge, dass Lesarten im Text stehen, die sicher oder mit hoher Wahrscheinlichkeit als sekundär gelten können. Zum anderen haben einige Stimmen der Forschung darauf aufmerksam gemacht, dass mutmaßlich sekundäre Textvarianten mehr Beachtung verdienen und bei der Interpretation der Texte berücksichtigt werden sollten, um die mutmaßliche Reihenfolge des Entstehens von Textvarianten zu bedenken (u. a. PARKER 159–161). Bei alternativen Lesarten wird oftmals das Textverständnis in der Zeit der Herstellung der Handschriften bzw. in deren Vorlagen erkennbar, so dass die vielfältige Textüberlieferung selbst als theologiegeschichtliches Zeugnis des antiken Christentums, als „frühe Leserperspektiven" in den Blick tritt (B. ALAND, Textkritik und Textgeschichte). In ähnlicher Weise findet in der neueren Forschung eine verstärkte Zuwendung zu den Einzelhandschriften als besonders bedeutenden materialen Zeugnissen des antiken Christentums statt. In diesem Sinne werden die ältesten christlichen Papyri und die frühen Pergamentcodices in umfangreichen Studien daraufhin untersucht, was sich aus ihrer Gestaltung etwa über die soziale Stellung der Eigentümer schließen lässt und in welchem Verhältnis die bevorzugte Verwendung der Codexform und der *nomina sacra* zur allgemeinen Schreibpraxis in griechisch-römischen und jüdischen Handschriften dieser Zeit steht (u. a. HURTADO 5–7). Die erhaltenen frühen Handschriften geben somit auch wichtige Einblicke in die soziale und religiöse Welt des kaiserzeitlichen und spätantiken Christentums.

§ 3 Die Sprache des Neuen Testaments

Literatur: CHRISTOS C. CARAGOUNIS, The Development of Greek and the New Testament. Morphology, Syntax, Phonology, and Textual Transmission (WUNT 167), Tübingen 2004 ◆ ALBERT DEBRUNNER, Geschichte der griechischen Sprache, Bd. 2 (Sammlung Göschen 114), Berlin 1954 ◆ JÜRGEN DUMMER, Die Stellung der griechischen christlichen Schriften im Rahmen der antiken Literatur, in: ders., Das Korpus der griechischen christlichen Schriftsteller. Historie, Gegenwart, Zukunft (TU 120), Berlin 1977, 65–76 ◆ EDUARD NORDEN, Die antike Kunstprosa vom VI. Jahrhundert v. Chr. bis in die Zeit der Renaissance, Bd. 2, Leipzig/Berlin ³1915 (Stuttgart/Leipzig ¹⁰1995), 451–510 ◆ STANLEY E. PORTER/ANDREW W. PITTS (Hg.), The Language of the New Testament. Context, History, and Development (Linguistic Biblical Studies 6), Leiden 2013 ◆ FRIEDRICH REHKOPF, Griechisch (des Neuen Testaments), TRE 14 (1985), 228–235 ◆ MARIUS REISER, Sprache und literarische Formen des Neuen Testaments. Eine Einführung, Paderborn u. a. 2001 ◆ LARS RYDBECK, Bibel. III.3 Sprache des Neuen Testaments, RGG⁴ 1 (1998), 1424–1426 ◆ ALBERT WIFSTRAND, Epochs and Styles. Selected Writings on the New Testament Greek Language and Greek Culture in the Post-Classical Era, hg. von Lars Rydbeck und Stanley E. Porter (WUNT 179), Tübingen 2005.

1 Allgemeines

Alle Schriften des Neuen Testaments sind auf Griechisch verfasst. Dabei handelt es sich allerdings nicht um die Sprache der klassischen Zeit, als das Griechische in diversen Dialekten – zum Beispiel Attisch, Äolisch und Dorisch – existierte, sondern um die „Koine" als eine „allgemeine" Form des Griechischen. Diese hatte sich im Zeitalter des Hellenismus (s. u. § 45) herausgebildet und war durch die Eroberungszüge Alexanders des Großen (334–321 v. Chr.) im gesamten Mittelmeerraum verbreitet. Als allgemein übliche Verkehrssprache löste sie die Dialekte der klassischen Zeit ab.

Die Koine wurde sowohl als (geschriebene) Umgangssprache verwendet und begegnet dementsprechend in zahlreichen aus jener Zeit erhaltenen Privatbriefen, Geschäftsdokumenten und anderen Gebrauchstexten. Die Koine wurde aber auch als gehobene Literatursprache verwendet, so zum Beispiel von dem jüdischen Religionsphilosophen Philo von Alexandria und dem jüdischen Historiker Flavius Josephus. Einen gewissen Sonderfall stellen die Texte des stoischen Philosophen Epiktet (ca. 55–135 n. Chr.) dar, der die Volkssprache bewusst als literarisches Stilmittel verwendete.

Die meisten Schriften des Neuen Testaments gehören nach antiken Maßstäben nicht zur gehobenen Literatur. Sie lassen sich am besten als „gehobene Volksliteratur" charakterisieren. Da sie von unterschiedlichen Autoren stammen, sind ihr Stil und ihr Sprachniveau verschieden. Die Evangelien, nach dem Urteil des Altphilologen Eduard Norden „völlig abseits von der kunstmäßigen Literatur", sind literarisch sorgfältig gestaltete Erzähltexte (NORDEN 480). Dabei ist das Markusevangelium in einem eher einfachen Griechisch geschrieben, das von den Autoren des Matthäus- und des Lukasevangeliums oftmals stilistisch verbessert wird. Der Autor des Lukasevangeliums und der Apostelgeschichte bietet zudem sehr sorgfältig formulierte Texte. Das zeigt insbesondere der Prolog zum Lukasevangelium (Lk 1,1–4), eine Satzperiode, die nach Eduard Norden „allgemein als die beststilisierte des ganzen N. T. gilt" (Agnostos Theos. Untersuchungen zur Formengeschichte religiöser Rede, Leipzig/Berlin 1913, 316 Anm. 1). Auch in den Reden der Apostelgeschichte sowie in der „Septuaginta-Mimesis", also der bewussten Imitation der Septuaginta, erweist sich Lukas als literarisch versierter griechischer Schriftsteller, der die Stilmittel der antiken Geschichtsschreibung gekonnt einzusetzen versteht. Paulus zeigt in seinen Briefen „ein höherstehendes, bisweilen gewähltes Griechisch". Er folgt den Regeln antiker Epistolographie und verwendet Elemente der zeitgenössischen Rhetorik. Ein sehr gutes Griechisch schreiben die Verfasser des Hebräer- und des Jakobusbriefes, während der Autor der Johannesoffenbarung „am nachlässigsten" formuliert (vgl. BDR, § 3, 4 und 126).

2 Besonderheiten des Koine-Griechisch im Neuen Testament

Das Koine-Griechisch ist vor allem vom klassischen attischen Dialekt bestimmt. Allerdings hat sich die Aussprache gewandelt und abgeschliffen. Charakteristisch ist der Itazismus, also die Tendenz, auch η oder ει als i-Laut auszusprechen. Die Verbformen vermischen sich: das α in den Endungen des Aorist I dringt auch in den Aorist II ein (εἶπαν statt εἶπον), Formen der Verben auf -μι werden an die Formen der Verben auf -ω angeglichen (z. B. ἐτίθουν statt ἐτίθεσαν). In präpositionalen Wendungen und bei Genitivverbindungen fehlt oft der bestimmte Artikel (Röm 1,1: εἰς εὐαγγέλιον θεοῦ, „für das Evangelium Gottes", nicht: „für ein Evangelium eines Gottes"; ὁ υἱὸς θεοῦ heißt „der Sohn Gottes", nicht: „der Sohn eines Gottes"; ebenso υἱὸς θεοῦ, vgl. BDR, § 259). Das geht zum Teil auf den semitischen Sprachgebrauch mit seinen *status constructus*-Verbindungen zurück.

In den neutestamentlichen Schriften treten bestimmte Begriffe stärker hervor, mitunter mit Bedeutungen, die gegenüber dem Gebrauch im sonstigen (nichtjüdischen) Griechisch verändert sind. So sind zum Beispiel Termini wie ἡ πίστις in der Bedeutung „der Glaube" (sonst in der Regel „Treue, Vertrauen") oder ἡ χάρις in der Bedeutung „die Gnade" (sonst meist „Anmut" oder „Gunst") vor allem bei Paulus zu Begriffen mit theologischem Gewicht geworden. Das ursprünglich seltene Wort χάρισμα wird von Paulus und in seinem Umfeld (1Petr 4,10) zur Bezeichnung der von Gott bzw. vom Geist Gottes kommenden „Gnadengabe" verwendet. Das im außerbiblischen Griechisch selten gebrauchte Substantiv ἀγάπη („Liebe") begegnet bei Paulus und in den johanneischen Schriften sehr häufig (ἔρως bzw. ἔρος ist im Neuen Testament nicht belegt).

Der Satzbau hat sich gegenüber dem klassischen Griechisch gelockert. Durchkonstruierte Perioden werden selten, kompliziertere Satzgebilde finden sich fast nur im Hebräerbrief und im lukanischen Doppelwerk. Die Unterschiede im Gebrauch der Präpositionen werden nicht mehr streng beachtet. So werden etwa περί und ὑπέρ nahezu bedeutungsgleich verwendet – die Aussage „Christus ist gestorben ὑπὲρ τῶν ἁμαρτιῶν ἡμῶν" (1Kor 15,3) meint dasselbe wie die Aussage „Er hat gelitten περὶ ἁμαρτιῶν" (1Petr 3,18). Bei Präpositionen wird der Gebrauch der Kasus nicht mehr strikt beachtet: ὑπό mit Akkusativ kann auch lokal verwendet werden (οὐ γάρ ἐστε ὑπὸ νόμον, „ihr steht nicht unter dem Gesetz", Röm 6,14; zum Fehlen des Artikels s. o.). Ähnliches gilt für παρά und πρός: Die Aussage καὶ ὁ λόγος ἦν πρὸς τὸν θεόν in Joh 1,1b heißt nicht: „Und das Wort war auf Gott hin (orientiert)", sondern einfach: „Und das Wort war bei Gott". Εἰς tritt zunehmend an die Stelle von ἐν: Der Satz ἐβαπτίσθη εἰς τὸν Ἰορδάνην ὑπὸ Ἰωάννου (Mk 1,9) heißt: „Er wurde im Jordan von Johannes getauft", nicht: „Er wurde in den Jordan hineingetaucht" (vgl. BDR, § 205ff. und 218). Formelhafte präpositionale Wendungen begegnen unterschiedlich, sagen aber dasselbe: ὕπαγε εἰς εἰρήνην (Mk 5,34) bedeutet: „Geh hin im Frieden", nicht: „Geh in den Frieden", daneben aber auch πορεύεσθε ἐν εἰρήνῃ, „Geht in Frieden" (Apg 16,36). Es gibt auch die im klassischen Griechisch nicht mögliche Verwendung von εἰς bei εἶναι, so in Lk 11,7: τὰ παιδία μου μετ' ἐμοῦ εἰς τὴν κοίτην εἰσίν, „Meine Kinder sind schon mit mir zu Bett."

Der Optativ tritt stark zurück. Die Wendung τί ἂν θέλοι ὁ σπερμολόγος οὗτος λέγειν; („Was mag dieser Schwätzer sagen wollen?", Apg 17,18) ist ungewöhnlich und wird von Lukas nicht zufällig athenischen Philosophen in den Mund gelegt. In erzählenden Texten wird vor allem im Markusevangelium oft das Präsens gebraucht, auch wenn von einem vergangenen Geschehen die Rede ist (*praesens historicum*; dazu BDR, § 321); dafür gibt es aber schon in der klassischen Literatur Parallelen. Nach ἵνα kann mitunter der Indikativ stehen, neben der finalen Bedeutung kann ἵνα an manchen Stellen konsekutive Bedeutung haben. Dass sich Final- und Konsekutivsätze gelegentlich kaum voneinander unterscheiden, kann auch theologische Gründe haben, insofern Gottes Absicht und deren Folgen nicht voneinander zu trennen sind (vgl. etwa die ἵνα-Sätze in Joh 4,36 und in Röm 3,19).

Semitismen, also Anklänge an das Hebräische und Aramäische, sind etwa die pleonastische Setzung des Personalpronomens (Mk 7,25: γυνὴ ... ἧς εἶχεν τὸ θυγάτριον αὐτῆς πνεῦμα ἀκάθαρτον, „eine Frau, deren Töchterchen einen unreinen Geist hatte"). Weitere derartige Phänomene sind die Doppelung von Partizip mit *verbum finitum* zur Wiedergabe des Prädikats (ἀποκριθεὶς εἶπεν), die spezifische Verwendung von Pronomina wie ἐνώπιον und ἔμπροσθεν in der Bedeutung „vor, in Gegenwart von" (für לִפְנֵי/*lifnê*) und die syntaktische Parataxe statt der Hypotaxe.

3 Semitismen und das Problem der Rückübersetzung

Vor allem im Markusevangelium ist die parataktische Aneinanderreihung mehrerer Sätze durch einfaches καὶ (ἐγένετο) sehr häufig. Das entspricht der durchschnittlichen Volkssprache, aber auch dem hebräischen Sprachstil (וַיְהִי/*wājᵉhî*, „und es geschah, dass"). Zumeist gehen derartige Semitismen nicht direkt auf das Hebräische oder Aramäische zurück, sondern verdanken sich dem Einfluss der Septuaginta bzw. anderer jüdischer griechischer Schriften. Solche „Septuagintismen" lassen sich häufig bei Lukas beobachten und dienen dazu, der Erzählung ein „biblisches Kolorit" zu verleihen. Dazu gehört etwa die Wendung ἐγένετο ῥῆμα θεοῦ ἐπὶ Ἰωάννην, „Es geschah das Wort Gottes zu Johannes", in Lk 3,2 (vgl. Jer 1,1 LXX: τὸ ῥῆμα τοῦ θεοῦ ὃ ἐγένετο ἐπὶ Ἰερεμίαν, „Das Wort Gottes, das geschah zu Jeremia"; ähnlich Apg 19,23). Des Weiteren sind Formulierungen wie ἐν ἐκείναις ταῖς ἡμέραις, „in jenen Tagen", καὶ ἐγένετο, „und es geschah", καὶ ἰδού, „und siehe", ἐπῆρεν τὴν φωνήν, „er erhob die Stimme", oder προσετέθη πρὸς τοὺς πατέρας αὐτοῦ, „er wurde zu seinen Vätern versammelt" (im Sinne von „sterben") als derartige biblische Anklänge zu identifizieren.

Bei vielen im Neuen Testament verwendeten Wörtern sind die semitischen Äquivalente und deren Gebrauch zu berücksichtigen. Das Verständnis etwa von Begriffen wie ἀλήθεια oder δικαιοσύνη ist in den neutestamentlichen Texten stärker durch das biblische Verständnis von „Wahrheit" (אֱמֶת/*'æmæt*) bzw. „Gerechtigkeit" (צְדָקָה/*ṣᵉdāqāh*) bestimmt als durch deren griechisches (philosophisches) Verständnis. Νόμος bezeichnet entsprechend dem Sprachgebrauch der Septuaginta in der Regel das biblische Gesetz, die Tora, manchmal auch die ganze Bibel. Ψυχή bezeichnet oft nicht die „Seele" im Sinne der griechischen Anthropologie, sondern „Leben" im Sinne des hebräischen Wortes נֶפֶשׁ/*næpæš* (vgl. Gen 2,7). Δόξα ist nicht mehr klassisch „Meinung" oder „Geltung", sondern „Glanz, Herrlichkeit, Ehre" entsprechend der Septuaginta-Wiedergabe von כָּבוֹד/ *kābôd* durch δόξα.

§3 Die Sprache des Neuen Testaments 25

Schließlich kennen die Autoren des Neuen Testaments Begriffe, die erst in der jüdischen Verwendung der griechischen Sprache als Neologismen zur Wiedergabe hebräischer Ausdrücke geprägt wurden, etwa ἀκροβυστία, „Vorhaut, Unbeschnittenheit", ψευδοπροφήτης, „falscher Prophet", und ὁλοκαύτωμα, „Brandopfer" (hebr. עֹלָה/'ôlāh). Diese Beispiele zeigen, dass die Verwendung des Griechischen im Neuen Testament durch die jüdischen griechischen Texte, vor allem durch die Übersetzung der Septuaginta, vorgeprägt und von dorther beeinflusst ist.

Vermutlich sind etliche der von den neutestamentlichen Schriftstellern verarbeiteten Traditionen ursprünglich in einer semitischen Sprache formuliert und überliefert worden. Aber für ganze Bücher lässt es sich nicht nachweisen, dass sie ursprünglich in einer anderen als der griechischen Sprache verfasst wurden, auch wenn das gelegentlich für das Matthäusevangelium angenommen wurde. Mit Semitismen ist im Übrigen auch dann zu rechnen, wenn ein von Hause aus semitischsprachiger Autor für sein literarisches Werk die griechische Sprache verwendet.

Manche Aussagen im Neuen Testament werden gelegentlich mit der Annahme zu erklären versucht, es liege „Übersetzungsgriechisch" vor: Die Texte seien ursprünglich in aramäischer oder hebräischer Sprache verfasst und dann ins Griechische übersetzt worden. Dabei seien Fehler gemacht worden, die man durch eine „Rückübersetzung" korrigieren könne, um zu der ursprünglich gemeinten Aussage zu kommen. Zweifellos hat Jesus in seiner Verkündigung eine semitische Sprache (vermutlich Aramäisch) gesprochen. Die Jesusüberlieferung muss also ins Griechische übersetzt worden sein. Das geschah vermutlich sehr früh, vielleicht in Jerusalem im Umfeld der „Hellenisten" um Stephanus (vgl. Apg 6,1). Aber weder im Markusevangelium noch in der Logienquelle sind „Übersetzungsfehler" erkennbar, die durch „Rückübersetzungen" korrigiert werden könnten. So ist es nicht möglich, durch eine hypothetische Rückübersetzung eine „Urfassung" einer Aussage Jesu herzustellen.

Das in der Brotbitte des Vaterunser-Gebets in Lk 11,3/Mt 6,11 verwendete Wort ἐπιούσιος ist sonst nirgendwo belegt, so dass eine eindeutige Übersetzung nicht möglich ist (die deutsche Übersetzung „täglich" versucht eine Näherung, vgl. *cotidianum* in der Vulgata). Hieronymus überliefert, das „Hebräerevangelium" (gemeint ist wohl das Nazoräerevangelium; vgl. AcA 1/1, 640) biete hier den Begriff מָחָר/*māḥār*, „morgiges", also „zukünftiges" Brot. Aber diese Information trägt für die Frage nach dem Sinn des Wortes ἐπιούσιος nichts aus, denn das Nazoräerevangelium überliefert nicht die semitische Ursprache der Worte Jesu, sondern es ist eine Übersetzung aus dem Griechischen ins Hebräische.

§ 4 Hilfsmittel für die Arbeit mit dem Neuen Testament

1 Quellenausgaben

1) Als Handausgaben des griechischen Neuen Testaments stehen das „Novum Testamentum Graece" („Nestle-Aland", Abk. NA^{28}) sowie das „Greek New Testament" (Abk. GNT^5) zur Verfügung (vgl. oben § 2.1). Die textkritischen Apparate dieser Ausgaben sind unterschiedlich, im gedruckten Text sind GNT^5 und NA^{28}, wie bereits erwähnt, identisch. Seit 1997 erscheint die die handschriftliche Überlieferung umfassend aufnehmende Reihe „Novum Testamentum Graecum. Editio critica maior" (Abk. ECM, zu den Einzelheiten s. u. § 6.3).

Für die exegetische Arbeit vor allem an den drei ersten (den „synoptischen") Evangelien ist des Weiteren eine *Synopse* unentbehrlich, in der diese Evangelien in parallelen Kolumnen abgedruckt sind. Die von Kurt Aland herausgegebene „Synopsis quattuor evangeliorum" (Stuttgart ^{15}1996) enthält zusätzlich das gesamte Johannesevangelium. Der gedruckte Text sowie der textkritische Apparat in dieser Synopse ist mit Text und Apparat von NA^{28} weitgehend identisch, auch die verwendeten textkritischen Zeichen sind dieselben. Im Anhang enthalten sind unter anderem der koptische Text des Thomasevangeliums mit deutscher und englischer Übersetzung (zum Thomasevangelium vgl. unten § 42.2d) sowie Textauszüge aus der antiken christlichen Literatur mit Bezug zur frühchristlichen Evangelientradition. Zu beachten ist, dass die Reihenfolge der Evangelienabschnitte dem Evangelium folgt, das in der Kopfzeile halbfett hervorgehoben ist. Auf Parallelperikopen wird unterhalb der Überschriften zu den jeweiligen Abschnitten verwiesen. Für die Arbeit an diesen Texten ohne Griechischkenntnisse stehen deutsche Evangeliensynopsen zur Verfügung, zum Beispiel mit dem Text der Lutherübersetzung, demjenigen der Zürcher Bibel oder der Einheitsübersetzung in älteren Revisionen. Empfehlenswert ist auch die „Synopse zum Münchener Neuen Testament" (hg. von Josef Hainz, Düsseldorf ^{2}1998).

2) Eines der wichtigsten Hilfsmittel für die neutestamentliche Exegese ist die *Konkordanz*, die einen Überblick über Vorkommen und Gebrauch der im Neuen Testament belegten Wörter ermöglicht. Das Standardwerk ist hier die umfangreiche, von Kurt Aland herausgegebene „Vollständige Konkordanz zum griechischen Neuen Testament" (2 Bde., Bd. 2 in zwei Teilbänden, Berlin/New York 1983), die auf dem Text von NA^{26} basiert. Beachtenswert ist bei diesem Werk, dass Stellen mit ausgewählten Wortverbindungen durch hochgestellte lateinische

Buchstaben markiert und dadurch schneller auffindbar sind (z. B. βασιλεία τῶν οὐρανῶν mit ᶜ, S. 155f.). Nicht vollständig, aber für die exegetische Arbeit oftmals ausreichend ist die „Handkonkordanz zum griechischen Neuen Testament" von Alfred Schmoller (überarbeitet von Beate von Tschischwitz, auf der Textbasis von NA²⁸ zuletzt Stuttgart ⁹2014). Zu beachten ist unter anderem, dass synoptische Parallelstellen darin nur kurz mit einem Doppelstrich (||) vermerkt werden. Auch exegetische Bibelsoftware enthält häufig, je nach Ausstattungsumfang, eine Konkordanzfunktion (s. u. § 4.4).

3) Die neutestamentlichen Autoren beziehen sich oft auf die Schriften Israels, in späterer, christlicher Diktion: das „Alte Testament". Dabei verwenden sie in der Regel die griechische Übersetzung, die Septuaginta (Abk. LXX; vgl. die historische Einführung unten § 48.6). Als Handausgabe steht hierfür die Edition von Alfred Rahlfs zur Verfügung, durchgesehen und ergänzt in der „Editio altera" von Robert Hanhart (Stuttgart 2006). Seit 1926 erscheint fortlaufend unter dem Titel „Septuaginta. Vetus Testamentum Graecum" eine kritische Ausgabe der Septuaginta, die den Handschriftenbefund umfangreich dokumentiert (bis 2015 im Rahmen der Göttinger Akademie der Wissenschaften, seitdem in Verantwortung der Robert Hanhart-Stiftung Göttingen). Eine mit hilfreichen Anmerkungen versehene deutsche Übersetzung ist 2009 unter dem Titel „Septuaginta Deutsch" veröffentlicht worden (hg. von Wolfgang Kraus und Martin Karrer, Stuttgart 2009, Abk. LXX.D). Die zugehörigen Erläuterungen und Kommentare folgten 2011 in zwei Bänden. Als Konkordanz zur Septuaginta steht das von Edwin Hatch und Henry A. Redpath erarbeitete Werk „A Concordance of the Septuagint and the Other Greek Versions of the Old Testament" zur Verfügung (3 Bde., Oxford 1897–1906). Zudem stellt exegetische Bibelsoftware auch hier zumeist eine Konkordanzfunktion bereit.

Die in der Septuaginta über den hebräischen Kanon hinaus enthaltenen weiteren Schriften (in der lutherischen Tradition als „Apokryphen" bezeichnet, in der römisch-katholischen Tradition als „deuterokanonische Bücher") sowie andere frühjüdische Schriften außerhalb des alttestamentlichen Kanons („Pseudepigraphen") erscheinen in kommentierter deutscher Übersetzung in der Reihe „Jüdische Schriften aus hellenistisch-römischer Zeit" (Abk. JSHRZ, hg. von Werner Georg Kümmel u. a., Gütersloh 1973ff., seit 2005 als „Neue Folge"). Einige Schriften mit Einleitung, Übersetzung und kommentierenden Essays sind auch in der Reihe „Scripta antiquitatis posterioris ad ethicam religionemque pertinentia" enthalten (Abk. SAPERE, Darmstadt/Tübingen 2000ff., bisher Joseph und Aseneth, Sapientia Salomonis sowie Jesus Sirach). Ausführliche Einleitungen und Anmerkungen bietet die von James H. Charlesworth herausgegebene Sammlung „The Old Testament Pseudepigrapha" (2 Bde., Peabody, Mass. ²2011–2013), ergänzt durch die von Richard Bauckham und anderen herausgegebenen „Old Testament Pseudepigrapha. More Noncanonical Scriptures" (Grand Rapids, Mich. 2013). Die von Albert-Marie Denis erarbeitete „Concordance grecque des pseudépigraphes d'Ancien Testament" steht in diesem Textbereich als Konkordanz zur Verfügung (Louvain-la-Neuve 1987).

4) Unerlässlich ist die Kenntnis der nahe Qumran am Toten Meer entdeckten jüdischen Schriften (s. u. die Einführung in § 48.7). Unter dem Titel „Die Texte aus Qumran" liegt eine Auswahl wichtiger Texte in einer hebräisch/aramäisch-deutschen Ausgabe vor (Bd. 1 von Eduard Lohse, München ⁴1986; Bd. 2 von Annette Steudel, Darmstadt 2001). Sämtliche Qumrantexte in deutscher Übersetzung bietet die von Johann Maier bearbeitete Ausgabe „Die Qumran-Essener. Die Texte vom Toten Meer" (3 Bde., München/Basel 1995–1996).

5) Quellentexte zur Umwelt des Neuen Testaments in deutscher Übersetzung sind in der umfangreichen, von Jens Schröter und Jürgen K. Zangenberg herausgegebenen Sammlung „Texte zur Umwelt des Neuen Testaments" zusammengestellt (Tübingen 2013, in diesem Band abgekürzt mit S/Z).

6) Das Studium des Neuen Testaments erfordert häufig auch einen Blick in antike christliche Schriften, die nicht kanonisch geworden sind. Wichtige Textausgaben der „Apostolischen Väter" sowie der antiken christlichen Apokryphen werden im einführenden Überblick zu diesen Schriften genannt (s. u. § 41 bzw. 42). Textausgaben der Schriften, die der sogenannten „Gnosis" zugerechnet werden, sind ebenfalls in der entsprechenden Einführung genannt (§ 43.3).

2 Hilfsmittel für die Übersetzung

1) Grundlegendes Standardwörterbuch für den gesamten Bereich der altgriechischen Sprache ist das von Henry G. Liddell und Robert Scott bearbeitete, von Henry S. Jones mit einem Anhang versehene „Greek-English Lexicon" (Abk. Liddell/Scott oder LSJ, zuletzt Cambridge 1996). Empfehlenswert ist daneben das neuere, übersichtlichere Wörterbuch „The Cambridge Greek Lexicon" (hg. von James Diggle, Cambridge 2021). Unentbehrlich für die Arbeit am Neuen Testament ist das von Walter Bauer erarbeitete Standardwerk „Griechisch-deutsches Wörterbuch zu den Schriften des Neuen Testaments und der frühchristlichen Literatur" in der Neubearbeitung von Kurt und Barbara Aland (Berlin/New York ⁶1988, Abk. Bauer oder BAA).

2) Kein Wörterbuch im eigentlichen Sinne, sondern eine Sammlung monographischer Darstellungen theologisch wichtiger Begriffe des Neuen Testaments ist das von Gerhard Kittel begründete, ab 1954 von Gerhard Friedrich herausgegebene „Theologische Wörterbuch zum Neuen Testament" (9 Bde., Stuttgart 1933–1973, Registerband und Literaturnachträge 1978/79, Abk. ThWNT).

Jeder Artikel des ThWNT gibt einen ausführlichen Überblick über die Verwendung des betreffenden Wortes in der paganen griechischen Literatur, in der Septuaginta und im antiken Judentum, im Neuen Testament und in der sonstigen frühchristlichen Literatur. Häufig beginnen die Artikel (obwohl es um die griechischen Begriffe geht) mit hebräischen Äquivalenten aus dem Alten Testament bzw. dem rabbinischen Judentum. Dieses Verfahren ist methodisch durchaus als fragwürdig anzusehen. Problematisch für ein Lexikon ist auch, dass es sich bei den Artikeln oftmals eher um theologische Abhandlungen als um Erklärungen des Gebrauchs und der Bedeutungen des entsprechenden Begriffs handelt.

Das Werk ist aufgrund seiner umfangreichen Quellenbelege aus der antiken griechischen – paganen, jüdischen und christlichen – Literatur weiterhin nützlich. Zu beachten ist jedoch bei den ersten vier Bänden, dass der Herausgeber und einige der Autoren nationalsozialistische Ideologie propagierten und das antike Judentum stark abwertend dargestellt wird (oftmals mit dem inzwischen obsolet gewordenen Begriff „Spätjudentum"). Forschungsgeschichtlich ist zu berücksichtigen, dass wichtige Quellentexte aus den Funden vom Toten Meer und aus Nag Hammadi, die zu einem differenzierteren Bild des antiken Judentums bzw. der antiken Gnosis geführt haben, großenteils erst nach Erscheinen des Wörterbuchs bekannt geworden sind.

Als weiteres Nachschlagewerk eignet sich das „Exegetische Wörterbuch zum Neuen Testament" aufgrund seiner übersichtlichen Darstellung und der Berücksichtigung aller bedeutungstragenden Wörter, einschließlich der Eigennamen im Neuen Testament (hg. von Horst Balz und Gerhard Schneider, 3 Bde. in einem Band mit Literaturnachträgen, Stuttgart ³2011, Abk. EWNT). Auf einem neueren semantischen und überlieferungsgeschichtlichen Stand ist darüber hinaus das „New International Dictionary of New Testament Theology and Exegesis" (5 Bde., hg. von Moisés Silva, Grand Rapids, Mich. 2014). Weiterhin steht das „Theologische Begriffslexikon zum Neuen Testament" zur Verfügung, das sich auf theologische Begriffe und Themen beschränkt; griechische Wörter sind mithilfe eines Registers auffindbar (hg. von Lothar Coenen und Klaus Haacker, Holzgerlingen ⁴2022, Abk. TBLNT). Für die Arbeit am Neuen Testament wertvoll ist auch das fortlaufend erscheinende Wörterbuch „Historical and Theological Lexicon of the Septuagint" (hg. von Eberhard Bons, Tübingen 2020ff., Abk. HTLS). Besonders für die semantische Analyse interessant ist das von Johannes P. Louw und Eugene M. Nida erarbeitete „Greek-English Lexicon of the New Testament. Based on Semantic Domains" (2 Bde., New York 1988). Statt in einer alphabetischen Sortierung ist dieses Wörterbuch nach semantischen Feldern organisiert, so dass sich bedeutungsverwandte Wörter gut wahrnehmen lassen. Das griechische Wörterverzeichnis im zweiten Band erleichtert den Einstieg. Im Blick auf die Verwendung des im Neuen Testament beggnenden Vokabulars in Papyri und Inschriften ist das von James H. Moulton und George Milligan erstellte Lexikon „The Vocabulary of the Greek Testament. Illustrated from the Papyri and Other Non-literary Sources" (London 1929) weiterhin wertvoll.

3) Ein wichtiges Hilfsmittel für die Exegese und Übersetzung ist die „Grammatik des neutestamentlichen Griechisch" von Friedrich Blass, Albert Debrunner und Friedrich Rehkopf (Göttingen ¹⁸2001, die weiteren Auflagen sind unverändert, Abk. BDR). Dieses Standardwerk ist keine Studiengrammatik mit

Verbtabellen etc.; vielmehr verzeichnet es vorwiegend die Charakteristika der griechischen Sprache im Neuen Testament im Vergleich zum klassischen Griechisch. Die Arbeit mit diesem Buch wird durch die umfangreichen Register (Sachregister, griechisches Wortregister und Bibelstellen) erleichtert.

3 Literatur

1) *Bibellexika* stellen überblicksartig grundlegende Informationen und Erläuterungen bereit, unter anderem zu geographischen Orten und deren Archäologie, Flora und Fauna des östlichen Mittelmeerraums, neutestamentlicher Zeitgeschichte, biblischen Personen sowie den biblischen Schriften. Zu nennen sind hier das „Anchor Bible Dictionary" (hg. von David N. Freedman, 6 Bde., New York 1992, Abk. ABD) sowie das „Neue Bibel-Lexikon" (hg. von Manfred Görg, 3 Bde., Zürich 1991–2001, Abk. NBL). Noch im Aufbau, aber in wichtigen Teilen zunehmend vollständig ist „WiBiLex – Das wissenschaftliche Bibellexikon im Internet" (https://www.bibelwissenschaft.de/wibilex). Ebenfalls im Entstehen ist das umfangreiche Nachschlagewerk „Encyclopedia of the Bible and Its Reception" (bislang 22 Bde., Berlin/Boston 2009ff., Abk. EBR), das neben Erläuterungen zu biblischen Begriffen, Personen, Orten etc. vor allem Ausführungen zu deren Rezeption in der Literatur, bildenden Kunst, Musik, Film usw. bis in die Gegenwart enthält.

2) Eine gute geographische Orientierung zur Geschichte des frühen Christentums ermöglichen die *Bibelatlanten*. Sehr gute Karten zur Geschichte Israels, des Judentums und des frühen Christentums enthält der großformatige „Tübinger Bibelatlas" (hg. von Siegfried Mittmann und Götz Schmitt, Stuttgart 2001). Weiterhin ist „Herders neuer Bibelatlas" zu nennen, der neben Karten entsprechend dem aktuellen Stand der Forschung ausführliche Erläuterungen sowie Photographien von Landschaften und archäologischen Stätten enthält (hg. von Wolfgang Zwickel, Renate Egger-Wenzel und Michael Ernst, Freiburg i. Br. 2023). Ein guter Einstieg ist auch über den preiswerten „Calwer Bibelatlas" möglich (erarbeitet von Wolfgang Zwickel, Stuttgart ^{3}2011). In diesem Zusammenhang ist grundsätzlich anzumerken, dass die auf den Landkarten oftmals eingezeichneten Routen der Paulusreisen aus der Apostelgeschichte rekonstruiert und zum Teil hypothetisch sind. Mitunter stehen sie sogar im Widerspruch zu den antiken Straßenverhältnissen (so u. a. die „Second Journey" in der hinteren Karte des NA^{28}).

3) Die wichtigsten *allgemeinen theologischen Nachschlagewerke*, die auch Überblicksartikel zu den biblischen Schriften, Personen, Themen usw. enthalten, sind: „Religion in Geschichte und Gegenwart" (hg. von Hans-Dieter Betz, 8 Bde. und ein Registerband, Tübingen ^{4}1998–2007, auch als Studienausgabe, Abk. RGG^4), das „Lexikon für Theologie und Kirche" (hg. von Walter Kasper, 11 Bde., Freiburg i. Br. ^{3}1993–2001, Abk. LThK^3) sowie die sehr breit angelegte „Theologische Realenzyklopädie" (36 Bde. sowie Registerbände, Berlin/New York 1976–2005, auch als Studienausgabe, Abk. TRE). Für das Studium des Neuen Testaments wertvoll ist darüber hinaus das umfangreiche altertumswissenschaftliche Lexikon „Der Neue Pauly" (12 Bde. und mehrere Supplementbände, Stuttgart 1996–2002, Abk. DNP).

4) Eine für die neutestamentliche Exegese wichtige Literaturgattung bilden die meist in Reihen erscheinenden *Kommentare* zu den einzelnen Schriften des Neuen Testaments (die Kommentarreihen sind allerdings alle unvollständig). In der deutschsprachigen Forschung an erster Stelle zu nennen ist der „Kritisch-exegetische Kommentar über das Neue Testament" (KEK), begründet 1832 von Heinrich August Wilhelm Meyer; die Bände dieser Reihe bieten ein großes Maß an historischer und theologischer Information. Philologisches und religionsgeschichtliches Material neben der theologischen Auslegung halten die Bände des 1907 von Heinrich Lietzmann begründeten „Handbuchs zum Neuen Testament" (HNT) bereit. Der „Theologische Handkommentar zum Neuen Testament" (ThHK), im Jahr 1928 von Erich Fascher initiiert, bietet eine konzise Kommentierung mit nicht mehr als einem Band je neutestamentlicher Schrift. Seit 1975 erscheint der umfangreiche, zu einzelnen neutestamentlichen Schriften mehrbändige „Evangelisch-katholische Kommentar" (EKK). Besonders bemerkenswert ist darin die zumeist sehr ausführliche Darstellung der Auslegungs- und Wirkungsgeschichte der Texte. Weiterhin zu nennen ist die von namhaften römisch-katholischen Theologen erarbeitete Reihe „Herders Theologischer Kommentar zum Neuen Testament" (HThK oder HThKNT). Der seit dem Jahr 2000 erscheinende „Theologische Kommentar zum Neuen Testament" (ThKNT) berücksichtigt in seiner Kommentierung besonders die christlich-jüdischen Beziehungen. Wichtige englischsprachige Kommentarreihen sind „International Critical Commentary" (ICC), „New International Commentary on the New Testament" (NIC.NT), „New Testament Library" (NTL), „Hermeneia", „The Anchor Bible" (AncB oder AB) und „Word Biblical Commentary" (WBC), zu erwähnen sind ferner die französischsprachigen Reihen „Commentaire du Nouveau Testament" (CNT) und „Commentaire biblique. Nouveau Testament" (CbNT).

In erster Linie für Leserinnen und Leser ohne Griechischkenntnisse gedacht sind die Kommentarreihen „Das Neue Testament Deutsch" (NTD), „Zürcher Bibelkommentare" (ZBK.NT oder ZBK), auf römisch-katholischer Seite „Regensburger Neues Testament" (RNT) und „Die Neue Echter Bibel" (NEB.NT oder NEB) sowie der oft mehrbändige „Ökumenische Taschenbuch-Kommentar zum Neuen Testament" (ÖTBK oder ÖTK).

Eine Auswahl wichtiger Kommentare wird im vorliegenden Arbeitsbuch im Überblick über die neutestamentlichen Schriften jeweils am Beginn genannt (s. u. Dritter Teil).

Angegliedert an einige Kommentarreihen erscheinen Ergänzungsreihen und Sonderbände, die unter anderem die Theologie, Ethik und Ekklesiologie des

Neuen Testaments sowie die Geschichte des frühen Christentums darstellen. Hierzu gehören etwa die „Grundrisse zum Neuen Testament" (GNT, als Ergänzungsreihe zu NTD) sowie die Ergänzungsbände zur Neuen Echter Bibel (NEB. NT.E).

5) Kein eigentlicher Kommentar, sondern eine umfangreiche Zusammenstellung von Parallelmaterial aus der rabbinischen Literatur zu den neutestamentlichen Texten ist der von Paul Billerbeck in den 1920er Jahren veröffentlichte „Kommentar zum Neuen Testament aus Talmud und Midrasch" (4 Bde., München 1922–1928, Abk. Bill., der Titel des Werks nennt Herrmann Leberecht Strack als Mitautor, es ist jedoch die alleinige Arbeit von Billerbeck; ergänzend zwei Registerbände von Joachim Jeremias und Kurt Rudolph, München 1956–1961). Die Materialdarbietung ist sehr breit, allerdings oft unübersichtlich und ohne historische Einordnung, die dazu gegebenen Erläuterungen sind weithin überholt und inhaltlich häufig problematisch. Eine verlässliche, breite Sammlung von Textauszügen der antiken Literatur, die für das Neue Testament religionsgeschichtlich relevant sind, stellt das seit 1996 erscheinende Werk „Neuer Wettstein. Texte zum Neuen Testament aus Griechentum und Hellenismus" dar (hg. von Georg Strecker, Udo Schnelle u. a.). Das vielbändige Werk nimmt die Arbeit von Johann Jakob Wettstein auf, der in seiner Ausgabe des griechischen Neuen Testaments (1751/52) unzählige Parallelstellen aus der paganen, jüdischen und christlichen Literatur der Antike nannte. Inzwischen liegen die Bände des „Neuen Wettsteins" zu fast allen biblischen Büchern vor (außer zum lukanischen Doppelwerk).

6) Die Forschungsergebnisse der neutestamentlichen Wissenschaft werden großenteils im Rahmen von Einzelstudien (Monographien) veröffentlicht, die sich einem bestimmten Thema bzw. ausgewählten Textabschnitten widmen. Die meisten dieser Monographien erscheinen in Publikationsreihen, die jeweils durch ein Team von Herausgeberinnen und Herausgebern geleitet werden. In vielen Reihen werden daneben auch Sammelbände mit Beiträgen mehrerer Autorinnen und Autoren veröffentlicht. Oftmals publizieren diese Sammelbände die Beiträge wissenschaftlicher Fachtagungen.

Im Folgenden wird eine alphabetisch geordnete Auswahl von Reihen mit fachlichem Schwerpunkt auf der neutestamentlichen Wissenschaft gegeben: Abhandlungen zur Theologie des Alten und des Neuen Testaments (AThANT, Theologischer Verlag, Zürich), Arbeiten zur Bibel und ihrer Geschichte (ABG oder ABIG, Evangelische Verlagsanstalt, Leipzig), Beihefte zur Zeitschrift für die neutestamentliche Wissenschaft (BZNW, de Gruyter, Berlin u. a.), Beiträge zur historischen Theologie (BHTh, Mohr Siebeck, Tübingen), Beiträge zur Wissenschaft vom Alten und Neuen Testament (BWANT, Kohlhammer, Stuttgart), Bibliotheca ephemeridum theologicarum Lovaniensium (BEThL, Peeters, Leuven), Biblisch-theologische Studien (BThSt, Neukirchener Verlag, Neukirchen/Vandenhoeck & Ruprecht, Göttingen), Forschungen zur Religion und Literatur des Alten und Neuen Testaments (FRLANT, Vandenhoeck & Ruprecht, Göttingen), Library of New Testament Studies (LNTS, T&T Clark, London u. a.), Neutestamentliche Ab-

§ 4 Hilfsmittel für die Arbeit mit dem Neuen Testament 33

handlungen (NTA, Aschendorff, Münster), Neutestamentliche Entwürfe zur Theologie (NET, Francke Verlag/Narr Francke Attempto Verlag, Tübingen), Novum Testamentum Supplements (NT.S, Brill, Leiden u. a.), Society for New Testament Studies, Monograph Series (MSSNTS, Cambridge University Press, Cambridge u. a.), Studien zum Alten und Neuen Testament (StANT, Kösel, München), Studien zur Umwelt des Neuen Testaments (StUNT, Vandenhoeck & Ruprecht, Göttingen), Studies of the Bible and Its Reception (SBR, de Gruyter, Berlin u. a.), Stuttgarter Bibelstudien (SBS, Katholisches Bibelwerk, Stuttgart), Texte und Arbeiten zum neutestamentlichen Zeitalter (TANZ, Narr Francke Attempto, Tübingen), Texts and Editions for New Testament Study (TENT, Brill, Leiden u. a.), Wissenschaftliche Untersuchungen zum Neuen Testament (WUNT, Mohr Siebeck, Tübingen), auch in 2. Reihe (WUNT II), Wissenschaftliche Monographien zum Alten und Neuen Testament (WMANT, Neukirchener Verlag, Neukirchen/Vandenhoeck & Ruprecht, Göttingen).

7) Unter den auf das Neue Testament bezogenen *Fachzeitschriften* ist zunächst die seit 1900 erscheinende „Zeitschrift für die neutestamentliche Wissenschaft" (ZNW) zu nennen, die auf einen Kreis protestantischer Forscher zurückgeht; auf katholischer Seite führend ist die „Biblische Zeitschrift" (BZ, Neue Folge seit 1957). Weitere, international renommierte Zeitschriften mit Beiträgen in englischer, deutscher und französischer Sprache (mitunter auch in anderen Sprachen) sind die Zeitschrift des päpstlichen Bibelinstituts in Rom, „Biblica" (Bib., seit 1920), die Zeitschrift „Novum Testamentum" (NT, seit 1956) und seit 2010 die Zeitschrift „Early Christianity" (EC). Die Zeitschrift „New Testament Studies" (NTS, seit 1954), steht unter der Schirmherrschaft der wissenschaftlichen Fachgesellschaft Studiorum Novi Testamenti Societas, in den USA erscheint das „Journal of Biblical Literature" (JBL, seit 1881), das von der Society of Biblical Literature publiziert wird. In Frankreich erscheint die renommierte „Revue biblique" (RB, seit 1894) mit besonderem Schwerpunkt auf der Information über biblische Archäologie. Für einen breiteren Kreis von Leserinnen und Lesern gedacht ist die „Zeitschrift für Neues Testament" (ZNT, seit 1998), die die Ergebnisse neutestamentlicher Forschung insbesondere der kirchlichen und schulischen Praxis zugänglich machen möchte, sowie die Zeitschriften „Bibel und Kirche" (BiKi, seit 1946) sowie „Welt und Umwelt der Bibel" (WUB, seit 1996). Das „Jahrbuch für Biblische Theologie" (JBTh, seit 1986) bietet thematisch orientierte Hefte mit einem Schwerpunkt auf der alt- und neutestamentlichen Wissenschaft.

Neuerscheinungen aus allen Gebieten der Theologie werden, zum Teil eingehend, in der seit 1876 erscheinenden „Theologischen Literaturzeitung" (ThLZ) und in der „Theologischen Revue" (ThRv, seit 1902) besprochen. Forschungsberichte und Rezensionen veröffentlichen die „Theologische Rundschau" (ThR, Neue Folge seit 1929) und die im Allgemeinen halbjährlich erscheinende Zeitschrift „Verkündigung und Forschung" (VF, seit 1941). Aufsätze über neutestamentliche Themen findet man darüber hinaus in allgemein-theologischen Zeitschriften wie „Evangelische Theologie" (EvTh, seit 1934), „Kerygma und Dogma"

(KuD, seit 1955), „Zeitschrift für Theologie und Kirche" (ZThK, seit 1891) und „Theologische Zeitschrift" (ThZ, seit 1945).

8) Ein wichtiges Hilfsmittel für die *Literaturrecherche* im Bereich der gesamten Theologie ist der frei zugängliche „Index Theologicus. Internationale Bibliographie für Theologie und Religionswissenschaft" (https://www.ixtheo.de). Unter anderem enthält diese Datenbank eine Suchoption ausgehend von Bibelstellen. Für die „ATLA Religion Database" der American Theological Library Association bieten viele Universitäts- und Forschungsbibliotheken lizensierte Zugänge an. Diese Datenbank gibt einen breiten bibliographischen Einblick in die internationale Forschung, jedoch ist sie im Bereich europäischer Veröffentlichungen weniger vollständig. Insbesondere französischsprachige Publikationen aus der alt- und neutestamentlichen Wissenschaft sind in der Datenbank „Bibliographie biblique informatisée de Lausanne – BiBIL" verzeichnet (https://bibil.unil.ch).

Im Hinblick auf die ältere Forschung bieten bibliographische Fachzeitschriften eine Orientierung. Der „Elenchus bibliographicus biblicus" (EBB, ab 1969, eingestellt 2011) enthält eine umfassende Bibliographie der theologischen Publikationen. Aufsätze und ausgewählte Bücher zum Alten und Neuen Testament verzeichnet auch die „International Review of Biblical Studies. Internationale Zeitschriftenschau für Bibelwissenschaft und Grenzgebiete" (IRBS, ab 1951, eingestellt 2011), die jeweils kurze Inhaltsangaben enthält. Ausführlichere Inhaltsangaben aus einem kleineren, aber renommierten Kreis von Zeitschriften finden sich in den „New Testament Abstracts" (seit 1956), die inzwischen in eine lizenzpflichtige Online-Datenbank überführt wurden.

4 Digitale Ressourcen zur exegetischen Arbeit am Neuen Testament

Als Hilfsmittel für die exegetische Arbeit werden Software und Online-Datenbanken in verschiedener Form angeboten. Die auf dem freien Markt zur Verfügung stehenden Softwarelösungen unterliegen jedoch einem ständigen Wandel.

Ehemals weit verbreitete Computerprogramme wie „BibleWorks" und die „Stuttgarter elektronische Studienbibel" werden nicht mehr weiterentwickelt und können nicht mehr neu erworben werden. Gegenwärtig führend im Bereich der Bibelsoftware sind „Accordance" (OakTree Software, Altamonte Springs, Kalif.) und „Logos" (Faithlife Corporation, Bellingham, Wash.). Diese Softwareangebote haben gemeinsam, dass sie preislich gestaffelt in Form unterschiedlich umfangreicher Pakete angeboten werden; teilweise können auch weitere Ressourcen paketweise hinzugekauft werden. Die Einstiegspakete im unteren Preissegment enthalten zumeist keine verlässlichen Textausgaben der biblischen Schriften und sind oftmals mit veralteten Bibelübersetzungen und Nachschlagewerken mit erloschenem Urheberrecht angereichert. Softwarepakete im mittleren bis oberen Preissegment enthalten jedoch zumeist die Textausgaben des Neuen Testaments, der Septuaginta etc. auf dem Stand der neueren Forschung. Besonders hilfreich ist darin die zeitsparende Funktion, in den enthaltenen Textausgaben Wörter beispielsweise nach ihrer Grundform zu suchen, mehrere Suchergebnisse zu vergleichen, Texte synoptisch nebeneinanderzustellen usw. Im oberen Preissegment sind auch Wörterbücher, Lexika und Kommentarreihen auf dem neueren Stand der Forschung enthalten. Darüber hinaus bietet auch die Deutsche Bibelgesellschaft Textausgaben und Nachschlagewerke in digitaler Form an. Die verwendete Basissoftware „MFchi" stellt gewissermaßen eine Mischung aus digitalem Bücherregal sowie Lese- und Benutzungsoberfläche mit Suchfunktionen, Verknüpfungen etc. dar. Ein grundlegender Nachteil der gegenwärtig verfügbaren Softwareangebote ist, dass sie sich im Wesentlichen an Einzelnutzerinnen und -nutzer richten, so dass akademische Institutionen keine Lizenzen erwerben. Eine übersichtliche, fortlaufend aktualisierte Orientierung zu verfügbaren digitalen Ressourcen wird auf der Website der Katholisch-Theologischen Fakultät der Universität Mainz veröffentlicht (https:// bibelsoftware.theologie.uni-mainz.de).

Besonders für detaillierte lexikalische Untersuchungen eignet sich die umfangreiche Textdatenbank „Thesaurus Linguae Graecae. A Digital Library of Greek Literature" (TLG, https://stephanus.tlg.uci.edu). Die vollständige Textdatenbank ist nur mit einer Lizenz zugänglich, die in vielen akademischen Institutionen verfügbar ist; ein Ausschnitt der Textdatenbank ist frei zugänglich („Abridged TLG"). Der TLG bietet einen schnellen Zugriff auf ein umfangreiches Corpus antiker griechischer Texte und das Wörterbuch von Liddell/Scott/Jones (s. o.), vor allem jedoch lässt sich mithilfe des TLG die Verwendung bestimmter Wörter oder Wortverbindungen in der antiken Literatur schnell im jeweiligen Kontext auffinden.

5 Abkürzungen

Sowohl in Publikationen im Bereich der neutestamentlichen Wissenschaft als auch bei der Anfertigung exegetischer Studienarbeiten ist es üblich, biblische Bücher, antike Quellen, aber auch moderne Kommentar- und Monographienreihen, Zeitschriften und Lexika entsprechend den gängigen Konventionen abzukürzen. Empfehlenswert und im Allgemeinen ausreichend ist der 2007 erschienene Band „Abkürzungen Theologie und Religionswissenschaft nach RGG[4]" (hg. von der Redaktion der RGG[4], Tübingen 2007). Sehr umfangreich ist das von Siegfried M. Schwertner erarbeitete „IATG[3] – Internationales Abkürzungsverzeichnis für Theologie und Grenzgebiete" (Berlin/Boston [3]2014). Im Unterschied zum RGG[4]-Abkürzungsverzeichnis enthält der Band von Schwertner jedoch keine Abkürzungen zu antiken Autoren und deren Werken (nur Philo von Alexandria und Flavius Josephus). Neuere englischsprachige Fachliteratur richtet sich zumeist nach den Abkürzungen in „The SBL Handbook of Style. For Biblical Studies and

Related Disciplines" (Atlanta ²2014, 117–260), das darüber hinaus in detaillierter Weise formale Konventionen der alt- und neutestamentlichen Wissenschaft im englischsprachigen Raum beschreibt.

Zweiter Teil:
Die Interpretation neutestamentlicher Texte

§ 5 Textverstehen als Ziel der Exegese

Literatur: DAVID E. AUNE, Historical Criticism, in: ders. (Hg.), The Blackwell Companion to the New Testament, Malden, Mass. 2010, 101–115 ◆ KNUT BACKHAUS, Aufgegeben? Historische Kritik als Kapitulation und Kapital von Theologie, ZThK 114 (2017), 260–288 ◆ GÜNTER FIGAL/EILERT HERMS, Verstehen, RGG⁴ 8 (2005), 1066–1069 ◆ MATTHIAS KONRADT, Die historisch-kritische Exegese und das reformatorische Schriftprinzip. Eine Reflexion über die Bedeutung der Exegese des Neuen Testaments in der Theologie, ZNT 39/40 (2017), 105–125 ◆ ULRICH LUZ, Theologische Hermeneutik des Neuen Testaments, Neukirchen-Vluyn 2014 ◆ ULRICH LUZ, Kann die Bibel heute noch Grundlage für die Kirche sein? Über die Aufgabe der Exegese in einer religiös-pluralistischen Gesellschaft, in: ders., Theologische Aufsätze (WUNT 414), Tübingen 2018, 253–274 ◆ FRIEDERIKE NÜSSEL (Hg.), Schriftauslegung (Themen der Theologie 8/UTB 3991), Tübingen 2014 ◆ MARIUS REISER, Die Prinzipien der biblischen Hermeneutik und ihr Wandel unter dem Einfluß der Aufklärung, in: ders., Bibelkritik und Auslegung der Heiligen Schrift. Beiträge zur Geschichte der biblischen Exegese und Hermeneutik (WUNT 217), Tübingen 2007, 219–275 ◆ JENS SCHRÖTER, Zum gegenwärtigen Stand der neutestamentlichen Wissenschaft. Methodologische Aspekte und theologische Perspektiven, NTS 46 (2000), 262–283 (bes. 267–274) ◆ SAMUEL VOLLENWEIDER, Die historisch-kritische Methode – Erfolgsmodell mit Schattenseiten. Überlegungen im Anschluss an Gerhard Ebeling, in: ders., Antike und Urchristentum. Studien zur neutestamentlichen Theologie in ihren Kontexten und Rezeptionen (WUNT 436), Tübingen 2020, 461–475.

1 Grundlegung: Die Aufgabe der Exegese

Literatur: FRIEDRICH D. E. SCHLEIERMACHER, Hermeneutik und Kritik, hg. und eingeleitet von Manfred Frank, Frankfurt a. M. 1977 ◆ HANS-GEORG GADAMER, Wahrheit und Methode, Tübingen 1960 ◆ RUDOLF BULTMANN, Das Problem der Hermeneutik, in: ders., Glauben und Verstehen, Bd. 2, Tübingen ⁶1993, 211–235 ◆ RUDOLF BULTMANN, Ist voraussetzungslose Exegese möglich?, in: ders., Glauben und Verstehen, Bd. 3, Tübingen ⁴1993, 142–150 ◆ JENS SCHRÖTER, Neutestamentliche Wissenschaft jenseits des Historismus, in: ders., Von Jesus zum Neuen Testament. Studien zur urchristlichen Theologiegeschichte und zur Entstehung des neutestamentlichen Kanons (WUNT 204), Tübingen 2007, 9–22 ◆ JENS SCHRÖTER, Überlegungen zum Verhältnis von Historiographie und Hermeneutik in der neutestamentlichen Wissenschaft, ebd., 23–35.

Das Ziel der Exegese, also der Textinterpretation, kann zunächst allgemein als „Verstehen" des zu interpretierenden Textes beschrieben werden. Dadurch soll der Text für die Gegenwart der Interpretierenden und ihrer Adressaten zugänglich gemacht werden. Die Texte des Neuen Testaments müssen dafür (wie diejenigen der Bibel und der Antike insgesamt) in ihren historischen Kontexten studiert werden. Das betrifft zunächst die Sprache, in der sie verfasst wurden, beim Neuen Testament also das Griechisch der hellenistisch-römischen Zeit, die Koine (s. o. § 3.2). Die Bedeutung von Wörtern, Wendungen, Sätzen und längeren Texten (z. B. Argumentationen oder Erzählungen) muss aus dem Gebrauch der griechischen Sprache in der entsprechenden Zeit sowie anhand der Sprachverwendung durch den jeweiligen Autor eines Textes erschlossen werden. Es genügt also nicht ein Blick ins Wörterbuch, vielmehr muss die Sprache des jeweiligen Textes gründlich analysiert werden.

Zum Verstehen gehört weiter die Wahrnehmung des kulturellen, politischen, religiösen und sozialen Kontextes, dem ein Text entstammt. Es muss gefragt werden, wer diesen Text wann, wo und wozu verfasst hat, was sich also über den Autor, die Entstehungssituation des Textes und die ersten Leserinnen und Leser in Erfahrung bringen lässt. Das ist bei den Paulusbriefen deutlicher zu erkennen als zum Beispiel bei den Evangelien. Auch bei Letzteren lassen sich jedoch die Entstehungskontexte beschreiben, auch wenn mitunter nicht jedes historische Detail erkennbar ist.

Zum Verstehen gehört schließlich, sich darüber bewusst zu werden, in welcher Situation sich die Interpretierenden selbst befinden. Wer einen antiken Text interpretiert, begegnet ihm nicht auf „neutralem Boden", sondern befindet sich selbst in einer spezifischen historischen Situation. Interpretationen biblischer Texte, die zu verschiedenen Zeiten oder in unterschiedlichen Kulturen entstanden sind, haben deshalb auch verschiedene Schwerpunkte und kommen zu unterschiedlichen Ergebnissen. So wurden die biblischen Texte vor der Entstehung von Aufklärungsphilosophie und kritischer Geschichtswissenschaft im 18. und 19. Jahrhundert anders gelesen als danach. Aber auch im Zeitalter der historisch-kritischen Exegese beeinflussen die kulturellen und sozialen Bedingungen, unter denen diese Texte interpretiert werden, deren Wahrnehmung und damit auch ihre Auslegung. Das wirkt sich zum Beispiel in der Frage aus, welche Bedeutung sozialen Konstellationen beigemessen wird, die in den Texten erkennbar werden, wie man den historischen Kontext rekonstruiert, welche Entscheidungen bei der Interpretation und Übersetzung von zentralen Begriffen eines Textes getroffen werden etc. Von Bedeutung ist auch, mit welchen Kenntnissen, etwa über das antike Judentum und die griechisch-römische Welt, die Texte interpretiert werden. So sehen Auslegungen der Evangelien in Kenntnis der Qumrantexte und der archäologischen Funde in Galiläa und Judäa der letzten Jahrzehnte anders aus als in der Zeit davor. Für die Auslegung der Paulustexte kann die Berücksichtigung der antiken Rhetorik einen Unterschied bedeuten etc.

Schließlich ist zu beachten, dass die historisch-kritische Methode selbst eine spezifische Form der Textinterpretation darstellt. Ihr Ziel ist es, die Texte auf der Grundlage historisch-kritischer Analysen präzise und nachvollziehbar auszulegen. Dadurch können Fehlinterpretationen, die durch unzureichende Kenntnisse, einseitige Wahrnehmungen oder ideologische Interessen zustande kommen, offengelegt werden. Zugleich ist jedoch zu bedenken, dass auf diese Weise keine unrevidierbaren, „objektiven", sondern *plausible* Ergebnisse erzielt werden, die ihrerseits der kritischen Prüfung und gegebenenfalls Revision unterliegen. Diese hermeneutische Situation, in der die neutestamentlichen Texte ausgelegt werden, ist bei der Exegese im Blick zu behalten.

2 Zur Geschichte der Exegese des Neuen Testaments

Literatur: WOLFGANG A. BIENERT u.a., Exegese. V. Kirchengeschichtlich, RGG⁴ 2 (1999), 1786–1794 ♦ WERNER GEORG KÜMMEL, Das Neue Testament. Geschichte der Erforschung seiner Probleme, Freiburg/München 1958 ♦ WERNER GEORG KÜMMEL, Das Neue Testament im 20. Jahrhundert (SBS 50), Stuttgart 1970 ♦ OTTO MERK, Bibelwissenschaft. II. Neues Testament, TRE 6 (1980), 375–409 ♦ THOMAS SÖDING, Wege der Schriftauslegung. Methodenbuch zum Neuen Testament, Freiburg i. Br. 1998, 54–67 ♦ KENNETH B. STEINHAUSER u.a., Biblical Criticism. II. Christianity, EBR 3 (2011), 1111–1132 ♦ GEORG STRECKER (Hg.), Das Problem der Theologie des Neuen Testaments (WdF 367), Darmstadt 1975.

Die Anfänge der historischen Erforschung des Neuen Testaments liegen in der Hinwendung zum griechischen Text im 16. und 17. Jahrhundert. Mit der 1514 fertiggestellten, aber erst ab 1520 verbreiteten sogenannten „Complutensischen Polyglotte" und dem 1516 veröffentlichten Text des Neuen Testaments von Erasmus von Rotterdam wurden im frühen 16. Jahrhundert gleich zwei Ausgaben mit dem griechischen Neuen Testament publiziert (s. o. § 2.1). Damit war die Voraussetzung für die kritische Arbeit am Text in der Sprache geschaffen, in der er ursprünglich verfasst worden war. Zuvor war dagegen in der Westkirche der lateinische Text der Vulgata verwendet worden.

In der Folgezeit wurden sowohl Beobachtungen zur Überlieferungsgeschichte des Neuen Testaments (etwa zum sekundären Schluss des Markusevangeliums und den erst nachträglich hinzugefügten Verfassernamen der Evangelien) angestellt sowie Parallelen aus der antiken griechisch-römischen und jüdischen Literatur gesammelt.

Einen Schritt weiter gingen diejenigen Philosophen und Theologen, die eine kritische Beurteilung des Bibeltextes am Maßstab der Vernunft einforderten. Der englische Deismus wollte die Welt durch natürliche Gesetze erklären und kritisierte deshalb biblische Texte, die von übernatürlichen Phänomenen berichteten – etwa Wundererzählungen oder die Auferweckung und Erhöhung Jesu.

Dabei wurden auch Widersprüche innerhalb des Neuen Testaments konstatiert, was zu der Frage führte, ob alle diese Texte in derselben Weise Anspruch auf Wahrheit geltend machen könnten. Damit stand zugleich die göttliche Inspiration der biblischen Texte zur Disposition, die bis dahin nicht hinterfragt worden war. Die Konsequenz aus der kritischen Analyse der Bibel zog Johann Salomo Semler (1725–1791) in seiner „Abhandlung von freier Untersuchung des Canons" (1771–1775). Darin unterschied er zwischen der Bibel als „Heiliger Schrift" und dem in dieser enthaltenen, mit ihr aber nicht identischen „Wort Gottes". Damit war der Akzent von einer formalen Autorität der Heiligen Schrift hin zur Überzeugung von der Wahrheit des Wortes Gottes verschoben, die darin zu finden ist. Zugleich war die Vorstellung von der gleichwertigen Bedeutung aller Teile der Bibel aufgegeben. Semler zufolge gibt es in der Bibel vielmehr unterschiedlich gewichtige Texte, zudem sind die jeweiligen Adressatenkreise zu differenzieren. Schließlich verweist Semler auf die Entstehung des Kanons: Dieser sei im 4. und 5. Jahrhundert durch Bischöfe festgelegt worden, deshalb könne er nicht für alle Zeiten den Maßstab des christlichen Glaubens liefern. Stattdessen müssten die Texte je für sich aus ihren verschiedenen Entstehungsbedingungen heraus interpretiert werden.

Diese Anstöße führten zur Unterscheidung von „biblischer" und „dogmatischer" Theologie in Johann Philipp Gablers (1753–1826) berühmte Altdorfer Antrittsrede von 1787 unter dem Titel „Oratio de justo discrimine theologiae biblicae et dogmaticae regundisque recte utriusque finibus" („Rede über die rechte Unterscheidung der biblischen und der dogmatischen Theologie und die rechte Bestimmung ihrer beider Ziele", dt. Übersetzung in STRECKER 32–44) sowie zu derjenigen von alt- und neutestamentlicher Theologie. Damit einher ging eine historische Kritik, die darauf abzielte, das tatsächlich Geschehene von seiner Darstellung in den biblischen Texten zu unterscheiden. Der in diesem Zusammenhang bereits im 18. Jahrhundert verwendete Begriff „Mythos" erhielt im 19. Jahrhundert durch David Friedrich Strauß (1808–1874) eine besondere Bedeutung. Strauß wandte diesen Begriff in seiner Untersuchung „Das Leben Jesu kritisch bearbeitet" (1835/36) auf die Evangelien an, die die Geschichte Jesu in mythischer Weise erzählen würden. Strauß zufolge lässt sich deshalb das Historische des Lebens Jesu von den späteren Deutungen nicht mehr unterscheiden. Diese radikale Folgerung wurde allerdings mehrheitlich abgelehnt. Stattdessen entstand die Frage, wie sich aus den Evangelien das Leben und Wirken Jesu rekonstruieren lasse. Damit war die bereits im 18. Jahrhundert durch Hermann Samuel Reimarus (1694–1768) aufgeworfene Frage nach dem historischen Jesus in aller Schärfe gestellt. Sie spielte im 19. Jahrhundert, in Auseinandersetzung mit Strauß, vor allem in Bezug auf den geschichtlichen Wert der Evangelien, eine wichtige Rolle.

Eine weitere wichtige Entwicklung des 19. Jahrhunderts war die Erforschung und Darstellung der Geschichte des Urchristentums. Dafür lieferte Ferdinand Christian Baur (1792–1860) wesentliche Anstöße. Baur unterschied eine judenchristliche und eine heidenchristliche Strömung im Urchristentum, die er auf Petrus und Paulus zurückführte und die in den späteren neutestamentlichen Schriften miteinander vermittelt worden seien. Damit war der Weg für eine Interpretation der Schriften des Neuen Testaments in ihrer jeweiligen geschichtlichen Situation geebnet, was sich mit der kritischen Prüfung ihrer Echtheit verband. So wurden etwa Zweifel an der Authentizität der Pastoralbriefe und des 2. Petrusbriefs angemeldet, die einer späteren Phase der geschichtlichen Entwicklung zugeordnet wurden als das Wirken des Paulus und Petrus. Das führte zur Unterscheidung echter und pseudepigrapher Paulusbriefe sowie zur Beurteilung etlicher neutestamentlicher Briefe als pseudepigraphe Schriften, wie sie bis in die gegenwärtige kritische Forschung verbreitet ist.

Bei den Evangelien wurde seit dem Ende des 18. Jahrhunderts die Frage nach ihrem Verhältnis untereinander sowie nach ihrem Bezug zur Geschichte Jesu diskutiert. Dabei wurden sowohl die deutlichen Unterschiede zwischen dem Johannesevangelium und den drei anderen Evangelien betont als auch die Übereinstimmungen der drei ersten Evangelien des Matthäus, Markus und Lukas herausgearbeitet. Diese drei wurden in Form von „Synopsen" („Zusammenschauen") dargestellt und miteinander verglichen. Die daraus erwachsende „synoptische Frage" führte zu verschiedenen Lösungsvorschlägen, wobei sich im kontinentaleuropäischen Bereich die Zweiquellentheorie als das Modell mit den wenigsten Schwierigkeiten durchgesetzt hat (s. dazu unten § 27).

An der Wende vom 19. zum 20. Jahrhundert lenkte die „religionsgeschichtliche Schule" den Blick auf die Erforschung des entstehenden Christentums im Kontext der antiken Religionen. Wichtige Vertreter waren zum Beispiel Wilhelm Bousset, Richard Reitzenstein, William Wrede und Wilhelm Heitmüller. Eine wichtige Prämisse dieser Forschungsrichtung war die Unterscheidung der „palästinischen Urgemeinde" in Jerusalem von der „hellenistischen" in Antiochia. Letztere sei wesentlich von griechisch-römischen religiösen Vorstellungen geprägt gewesen, weshalb theologische und ethische Begriffe und Rituale aus der paganen Welt das Christentum bereits an seinen Anfängen geprägt hätten. Das habe sich etwa in der Christologie in der Verehrung Jesu als „Kyrios" sowie in der Vorstellung der Taufe als eines Initiationsrituals niedergeschlagen. Eine wichtige Rolle spielte dabei auch die Annahme einer vorchristlichen Gnosis, die sich in Schriften des Neuen Testaments (vor allem im Johannesevangelium und im Epheserbrief) niedergeschlagen habe.

Die genannten Annahmen sind inzwischen weitgehend aufgegeben worden. Grundlegend dafür war die Einsicht, dass sich der Unterschied zwischen einer jüdisch geprägten „palästinischen Urgemeinde" und einer griechisch-römisch geprägten „hellenistischen Urgemeinde" nicht aufrechterhalten lässt. Das Judentum zur Zeit der Entstehung des Christentums war insgesamt, wenn auch in unterschiedlich intensiver Weise, „hellenistisch" geprägt (s. u. § 48). Die Gemeinde von Antiochia ist zudem von christusgläubigen Juden aus Jerusalem gegründet worden, die ihre jüdischen Vorstellungen mitbrachten. Begriffe und Vorstellungen des frühen Christentums – auch der soeben genannte Kyriosbegriff sowie die Interpretation der Taufe – sind deshalb primär vor jüdischem Hintergrund zu erklären. Auch die These einer vorchristlichen Gnosis hat sich als kaum haltbar erwiesen. Wesentlich näher liegt, dass sich die mit diesem Begriff bezeichnete religiöse und philosophische Strömung im Verlauf des 2. und 3. Jahrhunderts *innerhalb des Christentums* entwickelt hat (s. u. § 43).

Einflüsse griechisch-römischer Religiosität und Philosophie auf das entstehende Christentum sind damit nicht grundsätzlich in Abrede gestellt. Vielmehr hat es solche Einflüsse auf das frühe Christentum (ebenso wie auf das antike Judentum) durchaus gegeben. Sie lassen sich etwa bei Paulus, Lukas und im Hebräerbrief deutlich erkennen. Auch bei diesen Autoren ist jedoch der jüdische Kontext zu beachten, dem sie entstammen und der den wesentlichen Hintergrund für ihre Deutungen des Christusereignisses bildet. Verschiebungen in Richtung einer deutlicher von nichtjüdischen Vorstellungen und Begriffen geprägten Sprache und Vorstellungswelt sind im Neuen Testament in den Pastoralbriefen und im 2. Petrusbrief, also im späten 1. bzw. im 2. Jahrhundert, erkennbar. Das trifft auch auf andere in dieser Zeit entstehende Schriften zu, wie zum Beispiel den 1. Clemensbrief, die Lehren des Basilides und Valentinus sowie die Petrusoffenbarung.

Die weitere Entwicklung im 20. Jahrhundert war von der Diskussion um die Form- und Redaktionsgeschichte geprägt. Dabei ging es vor allem um die Frage nach der Entstehung der synoptischen Evangelien, aber auch anderer neutestamentlicher Schriften und deren Verhältnis zu vorausliegender mündlicher Überlieferung (vgl. unten § 9.1). Seit den siebziger Jahren hat sich jedoch eine Wende zur Interpretation der neutestamentlichen Texte auf der literarischen Ebene des vorliegenden Textes – der natürlich selbst ein *rekonstruierter* Text ist – vollzogen. Dazu wurden etwa Methoden der Narratologie, Diskursanalyse, Rhetorik und weitere Analyseverfahren aus Literatur- und Textwissenschaft sowie aus der Linguistik in die Exegese übernommen. Eine vergleichbare Wendung hin zu einer stärker rezeptionsästhetischen Perspektive ist auch in der Jesusforschung zu konstatieren, in der an die Stelle der Rekonstruktion des historischen Jesus das hermeneutische Modell der „Jesuserinnerung" getreten ist.

In den zurückliegenden Jahrzehnten sind darüber hinaus soziologische Aspekte der frühchristlichen Texte stärker in den Vordergrund getreten, zum Beispiel die Frage, welche Sicht auf Geschlechterrollen und soziale Formen christlicher Gemeinschaften in diesen Texten erkennbar werden und von ihnen selbst vertreten werden. Eine weitere wichtige Entwicklung ist mit der Neubesinnung auf den jüdischen Kontext des entstehenden Christentums verbunden. Diesbezüglich haben sich in der Jesus- und Paulusforschung, aber auch im Blick auf die Beurteilung anderer frühchristlicher Schriften sowie der Geschichte des frühen Christentums insgesamt, deutliche Akzentverschiebungen gegenüber früheren Forschungsphasen ergeben. Schließlich gehört auch die Einbettung der kanonisch gewordenen Texte des Neuen Testaments in das Spektrum der frühchristlichen Schriften – und damit die Beachtung der Schriften der „Apostolischen Väter" sowie der „Apokryphen" (vgl. dazu unten § 44) – zu den Merkmalen der gegenwärtigen Forschung der neutestamentlichen Wissenschaft.

§ 6 Textkritik

Literatur: KURT ALAND/BARBARA ALAND, Der Text des Neuen Testaments. Einführung in die wissenschaftlichen Ausgaben und in Theorie wie Praxis der modernen Textkritik, Stuttgart ²1989 ♦ MICHAEL W. HOLMES, Reconstructing the Text of the New Testament, in: David E. Aune (Hg.), The Blackwell Companion to the New Testament, Malden, Mass. 2010, 77–89 ♦ MICHAEL W. HOLMES, New Testament Textual Criticism in 2020. A (Selective) Survey of the *Status Quaestionis*, EC 11 (2020), 3–20 ♦ LARRY W. HURTADO, The Earliest Christian Artifacts. Manuscripts and Christian Origins, Grand Rapids, Mich./Cambridge 2006 ♦ BRUCE M. METZGER, A Textual Commentary on the Greek New Testament, Stuttgart ⁴1994 ♦ D. C. PARKER, New Testament Manuscripts and Their Texts, Cambridge 2008 ♦ HOLGER STRUTWOLF, Die *Editio Critica Maior* des griechischen Neuen Testaments. Editionsprinzipien, Editionstechnik und Digital Humanities, ZAC 24 (2020), 60–108 ♦ DAVID TROBISCH, Die 28. Auflage des Nestle-Aland. Eine Einführung, Stuttgart 2013.

1 Einführung

Vor dem Hintergrund der vielfältigen und komplexen Textüberlieferung des Neuen Testaments (s. o. § 2) ist das vorrangige Ziel der Textkritik, den Ausgangstext der handschriftlichen Überlieferung des Neuen Testaments zu rekonstruieren, d. h. möglichst diejenige Textform zu erschließen, die am Beginn der schriftlichen Verbreitung stand und aus der sich andere Textvarianten am besten erklären lassen. Damit wird zugleich berücksichtigt, dass in der Zeit zwischen der ursprünglichen Abfassung der Texte und dem Beginn der breiten handschriftlichen Überlieferung Textänderungen stattgefunden haben können, die sich nicht sicher anhand der überlieferten Textformen rekonstruieren lassen. Der eigentliche „Urtext" der neutestamentlichen Schriften ist also nicht mehr erreichbar. In der neueren Forschung wird die Aufmerksamkeit darüber hinaus verstärkt auf die Bedeutung der Textvarianten gerichtet, da sich an diesen mitunter erkennen lässt, wie das Neue Testament im antiken Christentum verstanden und interpretiert wurde (zur Diskussion vgl. HOLMES, Textual Criticism, 11–16). Die Textkritik weist dabei Überschneidungen mit der Erschließung der frühen Rezeptions- und Wirkungsgeschichte auf.

Im Folgenden werden grundlegende Hinweise für die textkritische Arbeit sowie Anmerkungen zur gegenwärtigen Forschungsdiskussion gegeben. Vor allem aber geht es um eine Orientierung für den Umgang mit der Kommentarliteratur und den Einzelstudien zum Neuen Testament. Man sollte imstande sein, die textkritische Argumentation in den Kommentaren und Studien nachzuvollziehen und deren Plausibilität zu beurteilen.

2 Die Grundregeln der Textkritik

Die Forschungsdiskussion zur Textkritik des Neuen Testaments reflektiert die verwendeten Methoden seit jeher sehr grundsätzlich. In der neueren Forschung hat diese vielstimmige methodische Reflexion stark zugenommen; sie wurde und wird von detaillierten Studien zur materiellen Beschaffenheit wichtiger Handschriften und deren Textform begleitet. Entsprechend werden die verschiedenen Grundregeln der Textkritik sowohl in den Spezialstudien als auch in den Lehrbüchern unterschiedlich zusammengestellt und gewichtet. Zugleich wurde das aufwendige Verfahren der Sammlung und Bewertung der verschiedenen Lesarten inzwischen durch die Verwendung von datenbankgestützten Methoden auf eine neue Grundlage gestellt. Auf diese Weise lassen sich die Bewertungen der Textvarianten vieler einzelner Textstellen, die jeweils auf den Grundregeln der Textkritik basieren, leichter zueinander in Beziehung setzen.

Bei der eigentlichen textkritischen Arbeit geht man zunächst von der *äußeren Bezeugung* der Lesarten aus. Dabei lautet die Grundregel: „Die Handschriften sind zu wägen, nicht zu zählen", entscheidend ist also weniger die Quantität als vielmehr die Qualität der Textzeugen. Bei einer ersten Orientierung im Rahmen des Theologiestudiums ist es zunächst empfehlenswert, vorwiegend den Befund der frühen Papyri, der wichtigsten Majuskelcodices (א bis D [06], s. o. § 2.2) sowie des byzantinischen Textes (𝔐 bzw. Byz) zu berücksichtigen. Hat man den handschriftlichen Befund aufgenommen und geordnet, so lässt sich ein vorläufiges Urteil darüber fällen, welche Lesarten als möglicherweise ursprünglich infrage kommen und welche vermutlich nicht. Dann folgt der wichtige zweite Schritt, die *„innere Textkritik"*: Die als ursprünglich vermutete Lesart muss einen vernünftigen, dem Kontext entsprechenden Sinn ergeben; und es muss vor allem möglich sein zu erklären, wie die abweichenden Lesarten durch Textänderungen aus der ersten entstanden sein könnten. Dabei ist zu unterscheiden zwischen 1) den unabsichtlich entstandenen Fehlern und 2) den absichtlichen Änderungen des Textes.

1) *Unabsichtliche Fehler* können unter anderem dadurch entstehen, dass ein Text in der griechischen Majuskelschrift aufgrund der *scriptio continua* verschieden gelesen werden kann (s. o. § 2.2). Ein Beispiel: Am Beginn der Perikope über die Heilung der Tochter eines Synagogenvorstehers (Mt 9,18) lautet ein Abschnitt des Majuskeltexts in vielen Handschriften ΙΔΟΥΑΡΧΩΝΕΙΣΕΛΘΩΝ. Der Beginn lässt sich ohne weiteres in ἰδοὺ ἄρχων auflösen, Probleme bereitet jedoch die Worttrennung danach: Ist an dieser Stelle (a) ἄρχων εἶς ἐλθών, „einer von den Vorstehern kam", zu lesen oder (b) ἄρχων εἰσελθών, „ein Vorsteher kam hinein"?

Mit Blick auf die Majuskelhandschriften lässt sich diese Frage wie gesagt nicht entscheiden. Bei den Minuskelhandschriften lesen beispielsweise die Minuskel 33 und der byzantinische Koine-Text ($\mathfrak{M}$) die Textvariante (a), während etwa die Minuskelfamilie f^1 die Textvariante (b) vertritt. An dieser Stelle ist eine Entscheidung jedoch dadurch möglich, dass unter anderem B die etwas längere Variante εἰς προσελθών bietet, es wird also das Präfix προσ- hinzugefügt. Diese Lesart lässt sich als Verdeutlichung von Variante (a) εἰς ἐλθών erklären, so dass diese als Ausgangstext der Überlieferung gelten kann.

Manche Schwierigkeiten gehen auf die Aussprache in der Zeit der Koine zurück (vgl. oben § 3.2). In Röm 5,1 sind die Lesarten ἔχωμεν, „wir sollen haben" Frieden mit Gott (adhortativer Konjunktiv), und ἔχομεν, „wir haben" Frieden mit Gott, (Indikativ), bezeugt; o und ω wurden gleich ausgesprochen, die Schreiber hörten bei einem Diktat also keinen Unterschied; dies könnte vielleicht bereits auf den Schreiber des Römerbriefs zutreffen (d.h. auf den in Röm 16,23 grüßenden Tertius). Eine Entscheidung lässt sich nur anhand des Kontexts der paulinischen Theologie fällen, der die indikativische Lesart als die wahrscheinlichere nahelegt. Es handelt sich dabei also um eine Entscheidung aufgrund inhaltlicher Erwägungen, also der sogenannten inneren Textkritik.

Ein unabsichtlicher Fehler ist die versehentliche Auslassung (*Haplographie*) oder die versehentliche Doppelung (*Dittographie*) von Buchstaben, Wörtern oder ganzen Satzteilen. In 1Thess 2,7 heißt es etwa in $\mathfrak{P}^{65}$, B sowie dem ursprünglichen Text unter anderem von ℵ, C und D (06): ΕΓΕΝΗΘΗΜΕΝΝΗΠΙΟΙ, „wir waren Unmündige"; A sowie die Korrektoren von ℵ, C und D (06) schreiben dagegen ΕΓΕΝΗΘΗΜΕΝΗΠΙΟΙ, „wir waren mild/freundlich". Hier könnte das doppelte N der ersten Lesart eine Dittographie sein, d.h. der ursprüngliche Wortlaut ἤπιοι, „Freundliche", wäre in der Textüberlieferung zu νήπιοι, „Unmündige", verschrieben. Es könnte beim Abschreiben aber auch umgekehrt versehentlich ein N ausgefallen sein (Haplographie), dann läge der entgegengesetzte Fall vor. Gelegentlich führt darüber hinaus die gleiche Endung von Wörtern oder ganzen Textzeilen (*Homoioteleuton*) zur Auslassung eines Wortes oder auch einer ganzen Zeile. So fehlt in einigen Handschriften des Matthäusevangeliums ein ganzer Vers, nämlich Mt 12,47. Er ist vermutlich deshalb ausgefallen, weil V. 46 und V. 47 beide mit dem Wort λαλῆσαι enden. Hier zeigt sich übrigens, dass ein Pauschalurteil über den Wert von Handschriften im Einzelfall auch zu falschen Entscheidungen führen kann. Der genannte Vers wird nämlich von B und der ursprünglichen Fassung von ℵ, also ansonsten sehr guten Handschriften, nicht gelesen, ist aber unter anderem im byzantinischen Text und im D-Text (dem sogenannten „westlichen Text") überliefert, die damit die früheste erreichbare Textfassung für diese Stelle enthalten dürften.

Als Beispiel für einen möglichen Hörfehler beim Diktat oder für die Verschreibung eines einzigen Buchstabens zeigt die handschriftliche Überlieferung von 1Kor 13,3 ein interessantes Problem: Spricht Paulus hier davon, dass er seinen Leib hingibt, „damit ich verbrannt werde" (καυθήσωμαι), oder schreibt er: „damit ich mich rühme" (καυχήσωμαι)? Für beide Lesarten lassen sich gute Gründe anführen (s. die Kommentare).

2) Häufig gibt es aber auch *absichtliche Änderungen*, die von einem Schreiber vorgenommen wurden. So bestehen in den Texten der synoptischen Evangelien starke Tendenzen zur Harmonisierung. Der Text der zweiten und der dritten Leidensankündigung bei Markus (9,31; 10,32-34) ist von den meisten Handschriften an die Parallelen bei Matthäus und Lukas angeglichen worden (anstelle von μετὰ τρεῖς ἡμέρας, „nach drei Tagen", lesen sie τῇ τρίτῃ ἡμέρᾳ, „am dritten Tage"). Wahrscheinlich ist diejenige Lesart die ursprünglichere, die die geringsten Übereinstimmungen mit den Parallelen aufweist. Nicht selten wird ein Text auch von den Abschreibern durch Paralleltexte – vor allem aus Matthäus – aufgefüllt. So ist in der textlichen Überlieferung des Vaterunsers bei Lukas (11,2-4) der deutlich kürzere Lukastext in vielen Handschriften entsprechend der Parallele in Mt 6,9-13 erweitert worden. Ähnlich wurden die Abendmahlsworte in Mk 14,22-25 in zahlreichen Handschriften der Matthäusparallele angepasst. In 1Kor 15,5 haben etliche Handschriften die Aussage, der Auferstandene sei „den Zwölfen" erschienen, berichtigt („den Elf"), da Judas ja nicht mehr dabei war (vgl. Mt 28,16). Im Apparat des Nestle-Aland zu den Evangelien wird die Abkürzung *p)* verwendet, um auf mögliche Textänderungen im Zusammenhang mit der Parallelüberlieferung der anderen Evangelien hinzuweisen (z. B. in Mk 1,23 die Auslassung von εὐθύς).

3) Zur inhaltlichen Gewichtung verschiedener Lesarten sollte man sich zwei „Faustregeln" merken, wobei zu beachten ist, dass beide Regeln mit besonderer Umsicht anzuwenden sind:

a) Die kürzere Lesart gilt oftmals als die bessere (*lectio brevior potior*), weil die Abschreiber im Allgemeinen eher Zusätze gemacht als Streichungen vorgenommen haben. Ein Beispiel ist die in vielen Handschriften auf Mt 6,13 folgende Schlussdoxologie des Vaterunsers: Es ist unwahrscheinlich, dass sie ursprünglich im Text stand und sekundär gestrichen wurde; vermutlich fehlte sie ursprünglich – was auch der Befund in den wichtigsten Majuskelcodices nahelegt – und wurde von den Schreibern sekundär ergänzt, weil sie liturgisch in Gebrauch war. Die Lesart ohne Schlussdoxologie kann also als Ausgangstext der Überlieferung gelten. Die Reichweite der genannten Regel ist etwa dadurch begrenzt, dass einige frühe Papyri tatsächlich eher zu Kürzungen neigen.

b) Die als „schwieriger" anzusehende Lesart ist oftmals die bessere (*lectio difficilior potior*). Dies gilt, sofern sie nicht so „schwierig" ist, dass sie gar keinen Sinn ergibt. Johann Albrecht Bengel formulierte daher präziser, dass die „steile" Lesart der „gefälligen" vorzuziehen ist (*proclivi lectioni praestat ardua*). Die Abschreiber wollten Aussagen, die sie sprachlich oder sachlich als anstößig empfanden, verdeutlichen oder einer inzwischen veränderten dogmatischen Situation anpassen. So wurde beispielsweise die Aussage „den Geist gab es noch nicht" in

Joh 7,39 in etlichen Handschriften im Sinne der Trinitätstheologie geändert: „der Heilige Geist war noch nicht verliehen".

4) Die *ultima ratio* der Textkritik ist die Konjektur: Wenn kein überlieferter handschriftlicher Text einen verständlichen Sinn gibt, dann – aber auch nur dann! – ist vermutungsweise ein Text zu konstruieren. In der gegenwärtigen Exegese des Neuen Testaments werden Konjekturen aber nur noch in den seltensten Fällen vorgeschlagen (z. B. in Apg 16,12 und 2Petr 3,10).

3 Die kohärenzbasierte genealogische Methode und die „Editio critica maior"

Zwei grundlegende Fragen der neutestamentlichen Textkritik sind seit langem, wie sich die Fülle der erhaltenen Handschriften sinnvoll zu größeren Gruppen zusammenfassen lässt und wie das Verhältnis der Textformen der Handschriften zueinander bestimmt werden kann. Wie also lässt sich feststellen, ob der Text einer Handschrift möglicherweise als Vorlage für eine andere Handschrift gedient hat? Aus der Identifikation eines solchen Abhängigkeitsverhältnisses würde folgen, dass der Text der mutmaßlichen Vorlage dem ursprünglichen Text näher stand als die Abschrift. Wenn es nur zwei Abschriften eines Textes gäbe, wäre es möglich, beide Textfassungen miteinander zu vergleichen und an den abweichenden Stellen zu prüfen, ob sich jeweils eine der Lesarten als unabsichtlicher Fehler oder absichtliche Änderung erklären lässt. Auf diesem Wege ließe sich dann eine Handschrift als mögliche Vorlage und die andere als deren Abschrift bestimmen. Erweitert man dieses Bild um einige weitere Handschriften, könnte man das Verhältnis der Handschriften in einer Art Stammbaum, einem sogenannten Stemma, abbilden. Dieses auf den ersten Blick einfache Verfahren wird jedoch angesichts der großen Anzahl der Handschriften des Neuen Testaments durch einige Faktoren deutlich erschwert: Zum einen können mitunter die gleichen Fehler oder Änderungen beim Abschreiben mehrmals unabhängig voneinander entstanden sein; zum anderen ist zu vermuten, dass einige Schreiber Zugang zu mehr als einer Handschrift hatten und sich nicht streng an den Text einer einzigen Vorlage hielten, d. h. der Text einer Vorlage wurde durch die Hinzunahme weiterer Handschriften „kontaminiert".

Als Reaktion auf diese Probleme wurde am Institut für neutestamentliche Textforschung von Gerd Mink und anderen ein datenbankgestütztes Verfahren entwickelt, das als kohärenzbasierte genealogische Methode bezeichnet wird (engl. Coherence-Based Genealogical Method, Abk. CBGM). Als Ausgangspunkt dient zunächst eine Analyse derjenigen Textstellen, an denen sich mit den Grundregeln der Textkritik relativ sichere Entscheidungen darüber treffen lassen, welche Lesart jeweils als die älteste gelten kann und welche Lesarten sekundär aus der mutmaßlich älteren Lesart entstanden sind. Dadurch kann hypothetisch für jede analysierte Stelle ein sogenanntes lokales Stemma erzeugt werden. Mithilfe einer elektronischen Datenbank lassen sich dann die Ergebnisse für zahlreiche Einzelstellen zusammenfassen und auswerten. Obwohl viele Stimmen der Forschung in den letzten Jahren gefordert haben, die Einheit zwischen den Handschriften (mit ihren materiellen Eigenschaften etc.) und dem darin enthaltenen Text zu bewahren, betrachtet die CBGM vorwiegend den jeweiligen Text der Handschrift, so dass die Manuskripte als sogenannte Textzeugen im Blick sind. Die datenbankgestützte zusammenfassende Auswertung der analysierten Einzelstellen soll dann einerseits Hinweise für die Frage liefern, welche Textzeugen dem rekonstruierten Ausgangstext der Überlieferung insgesamt am nächsten stehen. Andererseits wird auf dieser Grundlage die Entscheidung bei schwierigen Textstellen erleichtert, bei denen die Bewertung der Varianten mithilfe der Grundregeln der Textkritik nicht zu eindeutigen Ergebnissen führt (für eine detaillierte Erläuterung s. STRUTWOLF 83–92).

Die fortlaufend erscheinenden Bände der Reihe „Novum Testamentum Graecum. Editio critica maior" (ECM) dokumentieren umfangreich die Textüberlieferung des Neuen Testaments und bieten jeweils in der Leitzeile einen Text, der auf der Grundlage der CBGM erarbeitet wurde. Während die ältere Forschung davon ausging, dass bei jeder Textstelle grundsätzlich nur eine Lesart die ursprüngliche sein kann, deren Festlegung nur in seltenen Ausnahmefällen nicht gelingt (vgl. ALAND/ALAND 284, Grundregel 1), hat sich dieses Bild inzwischen grundlegend gewandelt: Allein im Text des Markusevangeliums enthält die ECM an rund 120 Stellen eine gespaltene Leitzeile mit zwei Varianten; an diesen Stellen konnte also nicht entschieden werden, welche Variante jeweils größeres Gewicht für den Ausgangstext der Überlieferung besitzt. Zugleich ist bemerkenswert, dass Lesarten des byzantinischen Texts an mehr Stellen als bisher angenommen dem Ausgangstext zugerechnet werden können. Gegenüber der Praxis in der früheren Textforschung wird der byzantinischen Texttradition nun also ein höherer Wert beigemessen (vgl. HOLMES, Textual Criticism, 5–7).

Da für die Publikation der 28. Auflage des Nestle-Aland (NA^{28}) zunächst nur die ECM für die Katholischen Briefe vorlag, wurde ausschließlich in diesem Teil des Neuen Testaments eine Neustrukturierung im Text und Apparat vorgenommen, während bei den übrigen Schriften das System der vorherigen Auflage beibehalten wurde. Zu den Neuerungen zählt vor allem die Kennzeichnung von Varianten, die nach dem Urteil der ECM als gleichwertige Alternativlesarten gelten, mit einem hochgestellten Rhombus (♦) in Text und Apparat (s. die Erläuterung in NA^{28}, 10*). Zudem wird in den Katholischen Briefen statt des bisherigen Sigels 𝔐 („Mehrheitstext") das Sigel „Byz" verwendet, das sich nicht länger quantitativ auf die Mehrheit der Handschriften stützt, sondern nur eine Auswahl von möglichst exemplarischen Textzeugen des byzantinischen Textes berücksichtigt. In zukünftigen Auflagen des Nestle-Aland sollen diese Veränderungen auch bei anderen Schriften des Neuen Testaments angewendet werden, soweit die ECM jeweils vorliegt.

4 Zur Anwendung der textkritischen Methoden am Beispiel von Mk 1,4

Der folgende Abschnitt setzt die Kenntnis der kritischen Zeichen sowie der Abkürzungen in Text und Apparat des NA[28] voraus. Eine kurze Erläuterung dazu bietet die Einführung dieser Textausgabe (S. 9*–38*); ausführlichere Darstellungen enthalten etwa TROBISCH sowie die meisten Lehrwerke zu den exegetischen Methoden.

Zu Mk 1,4 gibt es in der handschriftlichen Überlieferung fünf Lesarten (nach NA[28]); dabei geht es vor allem um die Frage, ob die beiden Partizipien βαπτίζων und κηρύσσων parallel stehen (Johannes war „taufend und verkündigend") oder ob βαπτίζων substantivisch und quasi als Titel gebraucht ist (Johannes ὁ βαπτίζων, „der Taufende", d. h. der Täufer). Die textkritische Arbeit vollzieht sich in drei Schritten: 1) Aufnahme des handschriftlichen Befundes, 2) Beurteilung der einzelnen Lesarten, 3) das eigentliche textkritische Urteil mit dem Ziel, den mutmaßlichen Ausgangstext der Überlieferung zu gewinnen und die Textgeschichte zu rekonstruieren.

1) Der handschriftliche Befund (nach NA[28]):

I. Codex Vaticanus (B), die Minuskel 33 sowie einige Handschriften der koptischen Übersetzung im bohairischen Dialekt (bo) bezeugen die Lesart:
ἐγένετο Ἰωάννης ὁ βαπτίζων ἐν τῇ ἐρήμῳ κηρύσσων βάπτισμα.

II. Die Abweichung in der Lesart der Minuskel 892 gegenüber der Lesart I besteht darin, dass der Artikel ὁ fehlt (in früheren Auflagen des Nestle-Aland war diese Lesart als Nebenvariante der Lesart I in Klammern verzeichnet, in NA[28] erhält sie jedoch mehr Beachtung):
ἐγένετο Ἰωάννης βαπτίζων ἐν τῇ ἐρήμῳ κηρύσσων βάπτισμα.

III. Die Codices Alexandrinus (A) und Freerianus (W) sowie einige weitere Majuskeln, die Minuskelfamilien f^1 und f^{13} sowie der „Mehrheitstext" (𝔐), eine syrische Übersetzung und offenbar auch die Übersetzung ins Sahidische (ein oberägyptischer Dialekt der koptischen Sprache) bezeugen die Lesart ohne den Artikel vor βαπτίζων, jedoch mit einem καί vor κηρύσσων:
ἐγένετο Ἰωάννης βαπτίζων ἐν τῇ ἐρήμῳ καὶ κηρύσσων βάπτισμα.

IV. Die Minuskel 700, das Lektionar (*l*) 2211, die Vulgata und ein Teil der altlateinischen Überlieferung (lat) sowie die syrische Peschitta (sy^p) weisen eine veränderte Wortstellung auf und stützen die Lesart:
ἐγένετο Ἰωάννης ἐν τῇ ἐρήμῳ βαπτίζων καὶ κηρύσσων βάπτισμα.

Die Codices Bezae Cantabrigiensis (D) und Coridethianus (Θ) sowie die Minuskel 28 enthalten nach Ansicht der Herausgeber von NA[28] eine Nebenvariante dieser Lesart: ἐγένετο Ἰωάννης ἐν τῇ ἐρήμῳ καὶ βαπτίζων κηρύσσων βάπτισμα (s. den Anhang in NA[28], 821).

V. Wie die Abkürzung *txt* im Apparat anzeigt, bezeugen der Codex Sinaiticus (ℵ), die Codices Regius (L) und Sangallensis (Δ) sowie die Mehrzahl der bohairischen Handschriften die gesamte Lesart, die im Haupttext verzeichnet ist (d. h. ohne die eckigen Klammern bei ὁ):
ἐγένετο Ἰωάννης ὁ βαπτίζων ἐν τῇ ἐρήμῳ καὶ κηρύσσων βάπτισμα.

2) Äußere Beurteilung: Lesart I ist quantitativ schwach, qualitativ aber gut bezeugt, da B einer der wichtigsten Textzeugen ist. Lesart III ist quantitativ am stärksten („Mehrheitstext") bezeugt, allerdings vornehmlich durch Zeugen des Koine-Texts (auch in A). Lesart IV wird im Wesentlichen von D als dem Hauptvertreter des sogenannten „westlichen" Textes (s. o.) sowie von Θ gelesen; angesichts des hohen Alters der durch D bezeugten Textform ist Ursprünglichkeit nicht von vornherein auszuschließen. Lesart V wiederum ist quantitativ relativ schwach, qualitativ aber unter anderem durch ℵ gut bezeugt. Der äußere Befund lässt also kein sicheres textkritisches Urteil zu.

3) Es muss versucht werden, die Textgeschichte zu rekonstruieren, um auf diesem Wege die älteste erreichbare Fassung zu finden, aus der sich alle anderen ableiten lassen:

a) Wir gehen hypothetisch zunächst von der Annahme aus, Lesart V sei der Ausgangstext der Überlieferung, da ℵ eine ausgezeichnete Handschrift ist. Für den ungewöhnlichen Titel ὁ βαπτίζων spricht außerdem, dass ℵ in diesem Punkt mit der Lesart I (u. a. B und die Minuskel 33) übereinstimmt, wenngleich diese Lesart das καί vor κηρύσσων nicht enthält. Lesart V ist aber grammatisch überaus hart, weil ein finites Verb (ἐγένετο) durch ein mit καί angeschlossene Partizip (κηρύσσων) fortgesetzt wird. Da dies sonst bei Markus nicht begegnet, sind Zweifel an der Ursprünglichkeit von Lesart V erlaubt.

b) Wir nehmen als alternative Möglichkeit an, dass Lesart III – da insgesamt sehr gut bezeugt – ursprünglich sei. Lassen sich die anderen Lesarten aus ihr erklären? Bei Lesart IV ist das offenbar der Fall: D und die anderen lassen sich mit ihrer Umstellung der Wortfolge als Glättung des Textes verstehen. Der Artikel ὁ vor dem Partizip βαπτίζων in den Lesarten I und V erzeugt eine eher sperrige grammatische Konstruktion und lässt sich durch den Einfluss der Parallele in Mt 3,1 erklären, wo Johannes bereits den Titel ὁ βαπτιστής erhält (Markus selbst verwendet ὁ βαπτιστής erst in 6,25 und 8,28).

c) Es muss deshalb geprüft werden, ob die Textgeschichte erklärt werden kann unter der Annahme, dass Lesart III den ältesten erreichbaren Text der handschriftlichen Überlieferung bietet (so u. a. METZGER 62, sowie zuletzt ECM I/2,1 mit dem textkritischen Kommentar in ECM I/2,3, S. 11). Die Partizipien βαπτίζων und κηρύσσων schließen sich zwanglos an das finite Verb ἐγένετο an und sind syntaktisch durch καί verbunden, d. h. wörtlich: „Es war Johannes taufend in der Wüste und verkündigend die Taufe ..." Lesart I und V, die das Partizip βαπτίζων durch die Einfügung des bestimmten Artikels ὁ zu einer Art

Titel des Johannes machen, lassen sich vor allem auf den Einfluss von Mt 3,1 zurückführen. Lesart I, die das καί vor κηρύσσων nicht enthält, lässt sich dann als syntaktische Vereinfachung in Folge der Einfügung des Artikels in ὁ βαπτίζων verstehen. Lesart II, die durch die Minuskel 892 vertreten wird, steht in der Textüberlieferung sehr vereinzelt und ist daher nicht als Ausgangstext plausibel. Im Ergebnis lässt sich die Textgeschichte von Mk 1,4 also wohl am einfachsten unter der Annahme erklären, dass hier in der Lesart von A die älteste uns erreichbare Textgestalt, d. h. der Ausgangstext der Überlieferung erhalten ist.

Bemerkenswert ist die erörterte Textstelle Mk 1,4 schließlich auch mit Blick auf die methodische Forschungsdiskussion: Die Kommentare kommen an dieser Stelle zu unterschiedlichen Einschätzungen und auch in früheren Auflagen dieses Arbeitsbuchs wurde vor allem der ungewöhnliche titelartige Gebrauch von ὁ βαπτίζων (im Unterschied zum geläufigeren ὁ βαπτιστής) als Indiz für die mutmaßliche Priorität der Lesart I betrachtet. Die kohärenzbasierte genealogische Methode, der die ECM folgt, legt jedoch nahe, dass in Lesart III der Ausgangstext zu sehen ist. Damit wird zugleich die Bedeutung des „Mehrheitstextes" bzw. des byzantinischen Textes höher bewertet und das Argument, dass Mk 1,4 durch Mt 3,1 beeinflusst worden sein könnte, stärker gewichtet. Darin zeigt sich also auch, dass die textkritische Forschung von einer anhaltenden, anregenden Diskussion geprägt ist, die unter veränderten methodischen Gewichtungen zu neuen Ergebnissen kommt.

Arbeitsvorschläge:

1. Schreiben Sie den Text von Mk 1,1 aus ℵ und B ab und übertragen Sie ihn in die heute geläufige Schrift (d. h. mit Worttrennung, Akzenten und Spiritus). Beachten Sie dabei die verwendeten *nomina sacra* sowie die Korrekturen oberhalb der jeweiligen Zeile (Abbildungen von ℵ unter https://codexsinaiticus.org/de/, zu B unter https://digi.vatlib.it/view/MSS_Vat.gr.1209).
2. Erarbeiten Sie eine textkritische Analyse von Mk 1,1 und ziehen Sie dabei nach Möglichkeit die ECM heran.
3. Machen Sie sich mit der „Liste" der Handschriften des Instituts für neutestamentliche Textforschung vertraut (http://ntvmr.uni-muenster.de/liste). Darin finden Sie Internetlinks zu den Abbildungen zahlreicher Handschriften (u. a. die wichtigen 𝔓^{52}, 𝔓^{45}, 𝔓^{46} sind in hoher Bildqualität zugänglich).
4. Studieren Sie den Apparat zu Lk 6,1–9 in NA^{28}, wobei vor allem auf mögliche Harmonisierungen und auf Zusätze zu achten ist, insbesondere in D (05).

§ 7 Die Textanalyse

Literatur: KLAUS BRINKER u. a., Linguistische Textanalyse. Eine Einführung in Grundbegriffe und Methoden (Grundlagen der Germanistik 29), Berlin ⁹2018 ♦ MARTIN EBNER/BERNHARD HEININGER, Exegese des Neuen Testaments. Ein Arbeitsbuch für Lehre und Praxis (UTB 2677), Paderborn ⁴2018, 57–132 ♦ WILHELM EGGER/PETER WICK, Methodenlehre zum Neuen Testament. Biblische Texte selbständig auslegen (Grundlagen Theologie), Freiburg i. Br. ⁶2011, 80–205 ♦ MARGOT HEINEMANN/WOLFGANG HEINEMANN, Grundlagen der Textlinguistik. Interaktion – Text – Diskurs (Reihe Germanistische Linguistik 230), Tübingen 2002 ♦ URSULA ULRIKE KAISER, Neutestamentliche Exegese kompakt. Eine Einführung in die wichtigsten Methoden und Hilfsmittel (UTB 5984), Tübingen 2022 ♦ THOMAS SÖDING, Wege der Schriftauslegung. Methodenbuch zum Neuen Testament, Freiburg i. Br. 1998 ♦ MICHAEL THEOBALD, Der Primat der Synchronie vor der Diachronie als Grundaxiom der Literarkritik. Methodische Erwägungen an Hand von Mk 2,13–17/Mt 9,9–13, BZ 22 (1978), 161–186.

Die Methoden der Textanalyse, wie sie im Folgenden dargestellt werden, sind dadurch gekennzeichnet, dass sie den Text in seiner vorliegenden Gestalt untersuchen. Als „Text" bezeichnet man allgemein eine sprachliche, mündlich oder schriftlich vorliegende Äußerung, die sowohl abgrenzbar als auch grammatisch und inhaltlich zusammenhängend ist. Im Rahmen der neutestamentlichen Exegese widmet sich die Textanalyse den Schriften des Neuen Testaments in ihrer überlieferten Endgestalt, also in der mithilfe der Textkritik erschlossenen, ältesten erreichbaren Textform, die mutmaßlich am Beginn der schriftlichen Verbreitung der Texte stand (s. o. § 6).

Die textanalytischen Methoden der neutestamentlichen Exegese sind in besonderer Weise durch den interdisziplinären Dialog mit der Textlinguistik und der Literaturwissenschaft geprägt. Zunächst erfolgte die Aufnahme textlinguistischer und literaturwissenschaftlicher Ansätze in der neutestamentlichen Wissenschaft seit den 1960er Jahren als eine Art Gegenbewegung zum damals vorherrschenden Methodenkanon der historisch-kritischen Exegese, der häufig den Fokus darauf richtete, welche Quellen und Überlieferungen im Text aufgenommen wurden und was sich an deren Bearbeitung über die Aussageabsicht der Autoren erkennen lässt. Mit Blick auf die gegenwärtige Forschung am Neuen Testament lässt sich jedoch sagen, dass die textlinguistisch und literaturwissenschaftlich inspirierten Methoden inzwischen als wichtiger Bestandteil der historisch-kritischen Exegese etabliert sind und insofern keinen Gegensatz zu ihr darstellen, zumal der historisch-kritische Methodenkanon immer in Bewegung war und es auch weiter sein wird (vgl. die Einführung oben § 5). Ebenso ist zu berücksichtigen, dass sich die textlinguistische und literaturwissenschaftliche Fachdiskussion stetig weiterentwickelt, so dass die älteren „klassischen", vorwiegend strukturalistisch geprägten Ansätze dieser Fächer in den letzten Jahrzehnten etwa durch historische und kognitive Perspektiven korrigiert wurden.

In Anlehnung an das linguistische Konzept von Ferdinand de Saussure hat sich in Teilen der neutestamentlichen Exegese der Sprachgebrauch entwickelt, die Untersuchung der überlieferten Gestalt des Textes mithilfe textlinguistischer Methoden als „synchrone Analyse" zu bezeichnen, während die Untersuchung der „Vorgeschichte" des Textes als „diachrone Analyse" gilt (programmatisch THEOBALD, in Lehrbuchform vor allem EGGER/ WICK). Zum einen hat die Exegese damit jedoch einen Sonderweg beschritten, der sich mit Saussures Unterscheidung zwischen „synchronischer" und „diachronischer" Sprachwissenschaft" nicht vereinbaren lässt und auch in der neueren Textlinguistik nicht gebräuchlich ist (Saussure bezog sich damit nicht auf die Analyse einzelner Texte, sondern auf die allgemeine Untersuchung der Sprache/*langue*). Zweitens orientiert sich dieser Sprachgebrauch zumeist an den linguistischen Methoden strukturalistischer Prägung, während die neuere Fachdiskussion in der Textlinguistik tendenziell aus dem Blick gerät. Drittens führt dieser Sprachgebrauch in der Exegese oftmals zu Missverständnissen, wenn beispielsweise der Eindruck entsteht, die „synchrone Analyse" gehöre nicht zur historisch-kritischen Exegese, die ihrerseits kein Interesse am überlieferten Textganzen hätte. In Verbindung damit steht außerdem die problematische Neigung, die Erforschung des historischen Entstehungskontexts der jeweiligen Schrift (wer hat sie wann, wo und in welchem sozialen, religiösen, kulturellen und politischen Kontext verfasst, an welche intendierten Leserinnen und Leser richtet sie sich etc.) und die Frage, wie sie Quellen und Überlieferungen aufnimmt, als für das Verstehen des Textes entbehrlich zu betrachten.

1 Abgrenzung des Textabschnitts und Kontextanalyse

Im Rahmen einer ersten Orientierung über einen Textabschnitt im Neuen Testament ist zunächst zu berücksichtigen, dass die Texte ursprünglich in Majuskelschrift und *scriptio continua* geschrieben wurden (s. o. § 2.2). Wortzwischenräume, Satzzeichen, bewusste Zeilenwechsel, graphische Zeichen und ähnliche Hilfen zur Textgliederung wurden in den antiken Handschriften insgesamt seltener und vorwiegend in bestimmten Textbereichen verwendet (u. a. in Handschriften von Dramen, philosophischen Dialogen und dokumentarischen Texten wie Listen oder Verträgen). Zudem ist davon auszugehen, dass solche Hilfen zur Textgliederung häufig beim Abschreiben verändert wurden. Die seit dem 13. Jahrhundert übliche Einteilung der biblischen Schriften in Kapitel geht vermutlich auf den englischen Erzbischof Stephen Langton zurück; die Einteilung in Verse erfolgte durch den Pariser Verleger Robert Estienne (latinisiert Robertus Stephanus) Mitte des 16. Jahrhunderts. Die Zwischenüberschriften in vielen modernen Bibelübersetzungen sind zwar hilfreich für die Orientierung heutiger Leserinnen und Leser, jedoch sind sie kein ursprünglicher Bestandteil der frühchristlichen Schriften. Vor diesem Hintergrund wird deutlich, dass die sinnvolle Auswahl eines bestimmten Textabschnitts innerhalb einer neutestamentlichen Schrift ebenso einer Begründung bedarf, wie auch die Frage nach der Stellung des gewählten Textabschnitts in seinem literarischen Kontext reflektiert werden sollte.

In der biblischen Exegese werden die Textabschnitte auch als „Perikopen" bezeichnet. Das Wort περικοπή ist abgeleitet von dem Verb περικόπτειν, „rund herum abschneiden", und wurde bereits im antiken Christentum verwendet (u. a. bei Justin, dial. 65,3; 110,1). Der deutsche Begriff „Perikope", der in dieser Form im 16. Jahrhundert aufkam, hat vorwiegend einen Bezug zur Liturgie und bezeichnet dort die für die gottesdienstliche Verlesung bestimmten Textabschnitte.

Die *Abgrenzung eines Textabschnitts* kann zunächst vorläufig erfolgen und sollte im Zusammenhang mit den weiteren Methodenschritten der Textanalyse überprüft werden. Textsignale, die Anfang und Ende eines gut abgrenzbaren Textabschnitts erkennen lassen, werden auch als „Texttrenner" bezeichnet. In *argumentativen Texten* wie den neutestamentlichen Briefen, teilweise aber auch innerhalb von Reden ist die Hinwendung zu einem neuen Thema ein grundlegendes Indiz für den Beginn eines neuen Abschnitts. Bestimmte Konjunktionen (wie οὖν und ἄρα) können anzeigen, dass in Fortführung des vorher Gesagten ein neuer Gedanke eingeführt wird (z. B. Röm 11,1; Eph 4,1). Auch ein Wechsel hin zur Anrede in der 2. Person Singular oder Plural, die ausdrückliche Anrede der Lesenden im Vokativ (z. B. ἀδελφοί in Röm 7,1; 1Thess 2,1 etc.; τεκνία in 1Joh 2,12.28 u. ö.) und die auffallende Verwendung rhetorischer Fragen können auf eine Zäsur im Text hinweisen. Zudem haben wörtliche Wiederholungen wie beispielsweise in den Antithesen der Bergpredigt („Ihr habt gehört, dass gesagt wurde ...", Mt 5,21.27 u. ö.) eine gliedernde Funktion. In *erzählenden Texten* markieren vor allem das Auftreten von neuen Figuren, Zeitangaben und Ortswechsel den Beginn eines neuen Erzählabschnitts. Mehrfach finden sich zudem Stellen, an denen die Stimme des Erzählers explizit darauf hinweist, dass eine Handlung beginnt (z. B. die Parabelrede Jesu in Mk 4,1) oder beendet wird (Mt 7,28; 11,1 u. ö.). Beobachtungen zu möglichen „Texttrennern" gilt es zu notieren und anschließend abzuwägen, welche Bedeutung sie für eine Abgrenzung des Textabschnitts haben.

Als Gegenüber zur Abgrenzung eines Textabschnitts sollte auch reflektiert werden, in welchem *literarischen Kontext* der Abschnitt steht und welche argumentative Funktion bzw. welche Stellung innerhalb der Erzählung er einnehmen könnte. Zunächst sollte jedoch eine grundlegende Orientierung über wichtige, in der neueren Forschung vertretene Gliederungsvorschläge der jeweiligen Schrift erfolgen. Hilfreich sind dabei eine „Einleitung in das Neue Testament", die einen Überblick zur Forschungsdiskussion gibt, und der Blick in den Einleitungsteil wissenschaftlicher Kommentare, sofern dort der Aufbau der jeweiligen Schrift erörtert wird. Anschließend ist eine vertiefende Betrachtung des näheren Kontexts des Textabschnitts sinnvoll. Dies kann mithilfe einer Übersetzung erfolgen, doch sollten die unmittelbar angrenzenden Abschnitte nach Möglichkeit auch mit Blick auf den griechischen Text wahrgenommen werden. Wichtig ist in dieser Hinsicht die Frage, wie der untersuchte Textabschnitt auf den vorausgehenden und den nachfolgenden Textteil bezogen ist, beispielsweise durch die Aufnahme und Fortsetzung wichtiger Themen oder Stichworte (vgl. die Leitfragen in SÖDING 120–125).

2 Grammatisch-syntaktische Analyse

Die grammatisch-syntaktische Analyse setzt sich mit der grammatischen Struktur des Textes auseinander. Eng damit verbunden ist die Frage, inwiefern der Text auf der Ausdrucksseite, d. h. auf der Textoberfläche, als zusammenhängend wirkt. Dieser Aspekt wird als *Textkohäsion* bezeichnet.

Zur vereinfachten Erschließung sowie als Vorbereitung für die Analyse des grammatischen Zusammenhangs des Textes bietet sich das Verfahren der *Segmentierung in (Teil-)Sätze* an, die auch als „Wortgruppen" oder „Sinnzeilen" bezeichnet werden (u. a. EGGER/WICK 83f.; zum linguistischen Ansatz vgl. BRINKER u. a. 26f.).

Dabei kann durch Einrückung der Zeilen die Unterordnung der Teilsätze verdeutlicht werden. Als Faustregel sollte gelten, dass pro Zeile nur eine Verbform mit ihren Bezugswörtern steht. Nominalsätze stellen dabei eine Ausnahme dar, da hier gedanklich eine Verbform zu ergänzen ist. Bei Partizipien ist zu unterscheiden zwischen Partizipien mit überwiegend verbalem Charakter (u. a. in der Konstruktion des *participium coniunctum* und des *genitivus absolutus*) und Partizipien mit abgeschwächtem verbalem Charakter (z. B. in τὸ ὕδωρ τὸ ζῶν „das lebendige Wasser", nicht „das lebende Wasser"; vgl. ausführlich KAISER 74–80). Als Beispiel lässt sich Mt 7,15 wie folgt segmentieren:

Προσέχετε ἀπὸ τῶν ψευδοπροφητῶν,
    οἵτινες ἔρχονται πρὸς ὑμᾶς ἐν ἐνδύμασιν προβάτων,
    ἔσωθεν δέ εἰσιν λύκοι ἅρπαγες.

Anschließend sollte Satz für Satz eine vertiefte Auseinandersetzung mit der grammatischen Struktur des griechischen Textes erfolgen. Wichtige Beobachtungen betreffen dabei den Satztyp (liegt ein Nominalsatz vor oder ein Verbalsatz?), den Satzmodus (Aussage-, Frage- oder Aufforderungssatz) sowie in komplexen

§ 7 Die Textanalyse   **59**

Sätzen das syntaktische Verhältnis der Teilsätze zueinander (Unterordnung/Hypotaxe, Nebenordnung/Parataxe oder Kombinationen aus beiden). Hilfsmittel sind eine griechische Lerngrammatik sowie eine Spezialgrammatik zum Koine-Griechisch des Neuen Testaments (s. o. § 4.2).

Auf der Grundlage von Methoden der Textlinguistik lässt sich die Oberflächenstruktur des Textes beschreiben: Wie sind die Sätze kohäsiv miteinander verbunden und auf welche Weise sind bestimmte Einzelelemente verschiedener Sätze miteinander verflochten? Die Bedeutung des Textes im Ganzen und die Bedeutung der einzelnen Wörter werden für die Frage nach der Kohäsion des Textes vorläufig nicht berücksichtigt.

In Teilen der Linguistik wird die analytische Unterscheidung zwischen der (textgrammatischen) *Kohäsion*, die auf der Textoberfläche erkennbar wird, und der *Kohärenz*, die durch die Bedeutung der Wörter und Sätze erzeugt wird und die somit in den Bereich der Semantik fällt (s. u.), zugunsten eines weiter gefassten Kohärenzbegriffs aufgegeben (so bspw. BRINKER u. a. 29–44). Aber die Differenzierung zwischen Kohäsion und Kohärenz ist für eine detaillierte Betrachtung der Oberflächenstruktur des Textes dennoch hilfreich, insofern Fragen nach der Textbedeutung damit zunächst zurückgestellt werden können (vgl. HEINEMANN/HEINEMANN 68).

Die wichtigsten grammatischen Mittel für die Herstellung einer zusammenhängenden Struktur auf der Textoberfläche sind 1) Wiederholungen eines Wortes oder einer Wortverbindung (z. B. μακάριος, „glückselig", in Mt 5,3–12; λαλεῖν γλώσσῃ/γλώσσαις, „in Zungen/glossolalisch reden", in 1Kor 14,2.4.5 usw.), 2) Pronomina (Personal-, Possessiv-, Relativ- und Demonstrativpronomina), 3) Partikeln, die die Modalität eines Satzes verdeutlichen (γε, ἄρα, εἰ etc., vgl. BDR, § 439–441), sowie 4) Konjunktionen, die Sätze oder Satzteile miteinander verbinden und sich in koordinierende (beiordnende) Konjunktionen (καί, ἤ, δέ, γάρ etc.) und subordinierende (unterordnende) Konjunktionen (ὥς, ὥσπερ, ὅτι etc.) unterteilen (vgl. die Details in BDR, § 442–457).

Textkohäsion wird somit dadurch erzeugt, dass die aufeinanderfolgenden Sätze durch bestimmte kohäsive Mittel verbunden sind. Auffälligkeiten hinsichtlich der Syntax sowie die ständige Wiederholung bestimmter Kohäsionsmittel (z. B. καὶ … καὶ …) sind zudem wichtige gestalterische Elemente, die insbesondere bei der Analyse des Stils zu berücksichtigen sind (s. u. § 7.5). Die erwähnten Kohäsionsmittel sind zwar entbehrlich, da der Zusammenhalt auch auf der Ebene der Textbedeutung hergestellt werden kann. Dennoch kann durch den Einsatz von Kohäsionsmitteln das Lesen und Verstehen eines Textes erleichtert werden, was insbesondere auf antike griechische Texte zutrifft, die zumeist, wie erwähnt, keine Wortzwischenräume und Satzzeichen enthalten.

Als Beispiel wird hier und im Folgenden die Warnung vor den „falschen Propheten" in Mt 7,15–20 verwendet. Der Textabschnitt ist insgesamt durch die Anrede in der 2. Person Plural geprägt (V. 15.16.20). Eine Art Rahmen um V. 16b–19 entsteht dadurch, dass

V. 16a in V. 20 vollständig wiederholt wird: ἀπὸ τῶν καρπῶν αὐτῶν ἐπιγνώσεσθε αὐτούς („an ihren Früchten werdet/sollt ihr sie erkennen"). Die konsekutive Konjunktion ἄρα γε („also, folglich"), die der Wiederholung vorangestellt wird, hebt V. 20 als Schlussfolgerung aus dem in V. 16b–19 Gesagten hervor (vgl. BDR, § 451,2). Durch diese auffällige Rahmung erscheint der Zusammenhalt zwischen V. 15 und V. 16–20 zunächst eher lose; aber auf der syntaktischen Ebene stellt vor allem das Personalpronomen αὐτούς („sie") am Ende von V. 16a und von V. 20 einen Bezug zu den „falschen Propheten" in V. 15 her und verbindet so diese Sätze. Die futurische Verbform ἐπιγνώσεσθε („ihr werdet/sollt erkennen", V. 16a.20) kann an dieser Stelle durchaus futurisch aufgefasst werden; sie kann aber auch gnomisch („um das unter Umständen zu Erwartende auszudrücken", BDR, § 349,1) oder imperativisch (BDR, § 362,2; so u. a. in der Lutherübersetzung) verstanden werden. Die Fragepartikel μήτι (V. 16b) verdeutlicht, dass es sich um eine (rhetorische) Frage handelt, auf die eine verneinende Antwort erwartet wird, während das Adverb οὕτως (V. 17a) hier auf das vorher Gesagte zurückverweist und damit eine syntaktische Verbindung herstellt. In der Verbform συλλέγουσιν (V. 16b) drückt die 3. Person Plural das unbestimmte Subjekt aus („man sammelt"; vgl. BDR, § 130,2). Mit Blick auf die verwendeten Tempora ist zu beachten, dass V. 16b–19 im Präsens formuliert sind, im deutlichen Unterschied zum futurischen ἐπιγνώσεσθε in der Rahmung (V. 16a.20). Die Kohäsion des Textabschnitts V. 15–20 wird also durch die wörtliche Wiederholung und die Personalpronomina erzeugt und darüber hinaus vor allem innerhalb von V. 16–20 durch die außerordentlich häufige Verwendung der Wörter bzw. Wortverbindungen καρποί, δένδρον und καρποὺς ... ποιεῖν verstärkt. Der Abschnitt V. 15–20 erweist sich damit auf der Textoberfläche als deutlich zusammenhängend, wobei allerdings die Verbindung zwischen V. 15 einerseits und V. 16–20 andererseits weniger eng ausgeprägt ist. Zu beachten ist schließlich, dass das Verb προφητεύειν (V. 22) einen weitergehenden Zusammenhang zwischen V. 15–20 und dem nachfolgenden Kontext in Mt 7,21–23 herstellt (vgl. die Kommentare).

3 Semantische Analyse

Literatur: Dietrich Busse, Semantik (UTB 3280), Paderborn 2009 ♦ Christine Gerber, Paulus und seine „Kinder". Studien zur Beziehungsmetaphorik der paulinischen Briefe (BZNW 136), Berlin/New York 2005, 81–111 ♦ Monika Schwarz-Friesel/Jeannette Chur, Semantik. Ein Arbeitsbuch, Tübingen ⁶2014 ♦ Ruben Zimmermann, Metapherntheorie und biblische Bildersprache. Ein methodologischer Versuch, ThZ 56 (2000), 108–133.

Als Teilbereich der Linguistik erforscht die Semantik die Bedeutung der sprachlichen Ausdrücke bzw. der Zeichen und Zeichenketten, also der Wörter, Wortverbindungen, Teilsätze, Sätze und Texte. Für die Interpretation neutestamentlicher Texte eignen sich je nach Fragestellung und untersuchtem Textumfang verschiedene methodische Ansätze der semantischen Forschung, die im folgenden Überblick vorgestellt werden sollen.

§7 Die Textanalyse   61

a) Grundlagen der Wortsemantik

Als sprachliches Zeichen steht jedes Wort eines Textes in einem konkreten Kommunikationszusammenhang. Die verschiedenen Teilbedeutungen, die ein Wort annehmen kann, sind dabei durch die Konventionen einer Sprachgemeinschaft in einer bestimmten Zeit mehr oder weniger fest umrissen. Welche potentielle Bedeutungsmöglichkeit eines Wortes tatsächlich aufgerufen wird, ist jedoch abhängig vom jeweiligen Aussagekontext, in schriftlichen Äußerungen also von den semantischen Beziehungen zu anderen Wörtern im näheren und weiteren Textumfeld.

In der Semantik werden die flektierten Wortformen in den Texten jeweils auf ein *Lexem* als abstrahierte Grundeinheit zurückgeführt (z. B. „Baumes, Bäume, Bäumen" auf das Lexem „Baum", „läuft, liefen" usw. auf das Lexem „laufen"); die verschiedenen Teilbedeutungen eines Lexems, die in der jeweiligen Sprache prinzipiell möglich sind, werden als *Denotationen* bezeichnet. So umfasst beispielsweise das Lexem οἶκος die Denotation „Haus, Gebäude", aber auch die Denotation „Angehörige eines Haushalts" als einer hierarchisch strukturierten sozialen Institution, die zumeist auf einen „Hausherrn" (κύριος, οἰκοδεσπότης) hin organisiert ist (vgl. KARIN LEHMEIER, Haus/Haushalt [NT], WiBiLex, April 2013, §1.1, https://www.bibelwissenschaft.de/stichwort/46868/). Dabei ist grundsätzlich zu bedenken, dass die Denotationen eines Lexems, wie sie im Wörterbuch verzeichnet sind, das abstrahierte Ergebnis eines wissenschaftlichen Auswahlprozesses sind, bei dem verschiedene Verwendungsmöglichkeiten in den überlieferten Texten voneinander abgegrenzt wurden. Letztlich handelt es sich bei den Denotationen gewissermaßen um Elemente des sprachlichen Wissens, das ursprünglich nicht in der Form von gegliederten Wörterbucheinträgen vorliegt, sondern sich auf mentale Konzepte von Menschen bezieht, die an der sprachlichen Kommunikation beteiligt sind. Auf diese Aspekte der kognitiven Semantik wird an späterer Stelle noch näher einzugehen sein.

Denotationen sind also die Bedeutungsbeziehungen eines Lexems, die unabhängig von einer konkreten Äußerung *möglich* sind. Wenn ein Lexem in einer bestimmten Situation bzw. in einem konkreten Text verwendet wird und sich auf einen bestimmten Gegenstand bezieht, wird diese Bedeutungsbeziehung als *Referenz* bezeichnet. Eine Referenz kommt also erst dadurch zustande, dass jemand in einer bestimmten Situation mithilfe eines sprachlichen Zeichens auf einen konkreten Gegenstand hinweist.

Neben den Denotationen als potentiellen Teilbedeutungen von Wörtern sind auch deren *Konnotationen* zu berücksichtigen. Damit ist gemeint, dass vor allem Wörter, die in ihrer inhaltlichen Bedeutung nahezu identisch sind, feine Bedeutungsunterschiede mit Blick auf Sprachebene und -stil aufweisen können. Besonders in Fällen, in denen in einer Sprache mehrere Lexeme für die Bezeichnung eines Gegenstands oder einer Handlung zur Verfügung stehen (z. B. „ansehen" und „glotzen"), treten durch Lexeme mit bestimmten Konnotationen der Stil des Verfassers sowie die jeweilige Aussageabsicht besonders hervor.

Konnotationen lassen sich verschiedenen Typen zuordnen, die etwa die *emotionale* und *kommunikative* Ebene betreffen (liebevoll, freundschaftlich, polemisch, abwertend usw.) oder verschiedene politische und ökonomische *Funktionsebenen* berühren (z. B. Fachbegriffe der Ökonomie, des Steuerwesens etc.). Darüber hinaus gibt es soziale und sprachliche Bindungen (vgl. BUSSE 97f.). Deutlich erkennbar ist die sprachliche Bindung als Konnotationstyp beispielsweise bei der Abba-Anrede an Gott (Mk 14,36; Röm 8,15; Gal 4,6), die auf die frühchristliche aramäische Überlieferung hinweist und vermutlich auf Jesus zurückgeht.

b) Semantische Relationen, Wortfelder und semantische Felder

Die Beziehungen eines Wortes zu benachbarten Wörtern im jeweiligen Textumfeld haben einen entscheidenden Einfluss darauf, welche Bedeutung dem jeweiligen Wort zugewiesen ist. Ein heuristisch hilfreiches Konzept der Linguistik ist in diesem Zusammenhang die Unterscheidung zwischen syntagmatischen und paradigmatischen Relationen: Als *syntagmatische Relationen* werden diejenigen Sinnbeziehungen bezeichnet, die zwischen den Zeichen in einer Zeichenkette bzw. den Wörtern in einem (Teil-)Satz bestehen; *paradigmatische Relationen* betreffen die Beziehungen zwischen sprachlichen Zeichen bzw. Wörtern, die syntaktisch an die gleiche Stelle treten, sich also untereinander ersetzen könnten. Dabei sind zunächst diejenigen paradigmatisch verwandten Lexeme von Interesse, deren Austausch nicht zu einer Kohärenzstörung, also zu einem Bruch im Textsinn führt (wie das etwa bei *„Wasser* trinken" vs. *„Mond* trinken" der Fall wäre).

Die Beziehungen zwischen Lexemen, die in einer inhaltlich kohärenten paradigmatischen Relation stehen, lassen sich im Allgemeinen auf drei Arten von Sinnbeziehungen zurückführen: bedeutungsähnliche Relationen, hierarchische Relationen und Relationen der Gegensätzlichkeit.

Zu den *bedeutungsähnlichen Relationen* gehört zunächst die Synonymie, bei der die Lexeme inhaltlich eine (nahezu) identische Reichweite haben, sich jedoch hinsichtlich ihrer Konnotationen unterscheiden können. Zu den bedeutungsähnlichen Relationen lässt sich auch die Kohyponymie zählen. Sie liegt vor, wenn Lexeme zu einem nicht ausdrücklich genannten Oberbegriff gehören, wie etwa „Minze, Dill und Kümmel" (Mt 23,23) zum lediglich gedachten Oberbegriff „Gartenkräuter." „Minze, Dill und Kümmel" stellen in diesem Zusammenhang also Kohyponyme dar.

Hierarchische Relationen sind die semantischen Beziehungen der begrifflichen Über- und Unterordnung. Ein Hyperonym (Oberbegriff) bezeichnet ein Lexem, das die von einem Hyponym (Unterbegriff) bezeichneten Gegenstände einschließt, beispielsweise „Gefühl" als Hyperonym zu „Liebe". Meronymie ist die Sinnbeziehung, bei der ein Lexem

Teil (von μέρος, „Teil") dessen ist, was das andere genannte Lexem bezeichnet. So sind etwa „Fuß" und „Hand" Meronyme von „Körper" (vgl. 1Kor 12,12–31).

Relationen der Gegensätzlichkeit können in verschiedener Hinsicht vorliegen, so dass die betreffenden Lexeme nicht pauschal als Antonyme aufgefasst werden sollten (Busse 106f.). Hierzu gehört die Kontradiktion, die dann vorliegt, wenn sich die Bedeutung zweier Wörter gegenseitig strikt ausschließt (wie „Licht" und „Finsternis"). Komplementarität dagegen ist weniger streng und besteht dann, wenn auch andere, vergleichbare Relationen außer dem genannten Gegensatz denkbar sind (bspw. „roh" und „gekocht" neben „gebraten, gebacken, geräuchert" etc.). Hinzu kommt als weitere Relation die Konversion (Bedeutungsentsprechung), bei der die Wortbedeutungen aufeinander bezogen sind, jedoch lassen sie sich auf unterschiedliche Standpunkte bzw. Perspektiven zurückführen (z. B. „geben" und „nehmen").

Lexeme, die inhaltlich ähnlich sind und sich auf einen gemeinsamen Gegenstandsbereich beziehen, lassen sich einem *Wortfeld* zuordnen. Im engeren Sinne des Begriffs können dabei nur solche Lexeme einem Wortfeld zugerechnet werden, die in einer paradigmatischen Relation zueinander stehen und der gleichen Wortart angehören. Den Wörtern eines zusammenhängenden Wortfelds ist dabei gemeinsam, „dass das Nennen oder Benutzen eines der Wörter automatisch die Assoziation zu anderen Wörtern eines solchen Feldes eröffnet (oder eröffnen kann)" (Busse 108). Dieses Konzept verweist somit auf Inhalte und Strukturen, die zum „Weltwissen" der Leserinnen und Leser gehören.

In der Warnung vor falschen Propheten in Mt 7,15–20 findet sich beispielsweise eine größere Anzahl von Lexemen des Wortfelds „Pflanzen und Pflanzenteile", die untereinander verschiedene semantische Relationen aufweisen: „Dornen" und „Disteln" (V. 16) stehen in einer Bedeutungsbeziehung der Kohyponymie (Pflanzen[teile]), während „Trauben" und „Feigen" (V. 16) zu den „Früchten" (V. 16–20) in einem hierarchischen Verhältnis der Meronymie stehen, ebenso der „Baum" und die „Früchte" (V. 17–20).

Anders als bei einem Wortfeld werden bei einem *semantischen Feld* auch inhaltlich verwandte Wörter unterschiedlicher Wortarten einbezogen, sofern die Wörter einem gemeinsamen Lebens- bzw. Erfahrungsbereich entstammen.

In Mt 7,15–20 gehören hierzu die Verbindungen „Trauben" bzw. „Feigen sammeln" (συλλέγειν σταφυλάς/σῦκα, V. 16) oder die Verbindung „einen Baum abschlagen" (δένδρον ἐκκόπτεσθαι, V. 19).

Die semantischen Beziehungen können auch anhand eines „semantischen Netzwerks" graphisch dargestellt werden. Dabei wird deutlich, dass semantische Felder die Bedeutungen von Wörtern abbilden können, die entsprechend ihrer semantischen Ähnlichkeit „netzartig" verknüpft sind.

Für den Textabschnitt Mt 7,16–20 könnte ein semantisches Netzwerk beispielsweise wie folgt veranschaulicht werden:

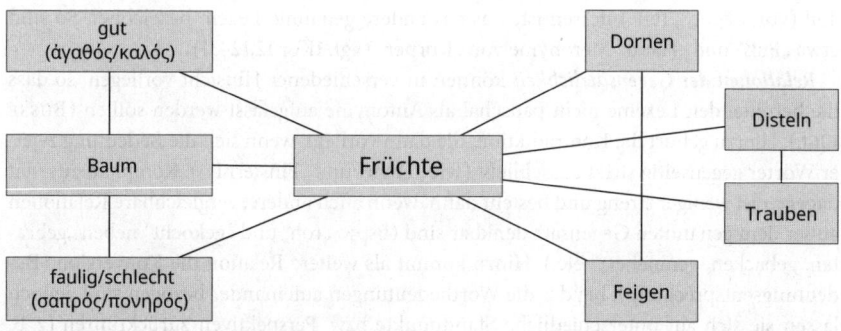

Abb. 1: Semantisches Netzwerk zu Mt 7,16–20

Wie in dieser Darstellung deutlich wird, sind die Abschnitte V. 16 einerseits und V. 17–20 andererseits jeweils auf das zentrale Wort „Früchte" (καρποί) bezogen. Darüber hinaus ist anzumerken, dass V. 16 hierarchische Sinnbeziehungen aufnimmt, indem „Trauben" und „Feigen" als Hyponyme des Worts „Früchte" eingeführt werden, während „Disteln" und „Dornen" in einer bedeutungsähnlichen Relation stehen, insofern sie Kohyponyme des nicht genannten Hyperonyms „(nicht) fruchttragende Pflanzen" sind. Hingegen ist in V. 17–20 die Verbindung zwischen dem „Baum" und den „Früchten" in der Weise realisiert, dass die Qualifizierung der Früchte als „gut" bzw. „faulig/schlecht" auf das Wort „Baum" bezogen wird.

Je nach Textart kann die graphische Ausarbeitung eines semantischen Netzwerks ein hilfreiches Instrument sein, um sich näherungsweise die semantischen Schwerpunkte eines Textabschnitts und Beziehungen der Wörter untereinander zu vergegenwärtigen. Gleichwohl ist zu bedenken, dass das Erstellen eines solchen Bildes ein stark abstrahierender interpretativer Schritt ist.

c) „Weltwissen" und kognitive Semantik

Die mitunter strittige Frage, welche Wörter einem bestimmten Wortfeld zugeordnet werden bzw. wie die Wörter in einem semantischen Feld organisiert sind, weist bereits auf tiefergehende Probleme hin, die in der neueren Linguistik insbesondere im Bereich der kognitiven Semantik diskutiert werden. Bei vielen Texten des Neuen Testaments mag zwar eine vorläufige Annäherung an die Wortbedeutung mithilfe von griechischen Wörterbüchern in Verbindung mit dem modernen „Alltagswissen" möglich sein (auch im 21. Jahrhundert wachsen keine Trauben an Dornensträuchern usw.). Eine vertiefende semantische Textanalyse muss sich jedoch genauer damit auseinandersetzen, welches Wissen in der Zeit, in der die neutestamentlichen Schriften verfasst und zuerst gelesen wurden, vorausgesetzt werden kann.

Bereits die Beschreibung von Wortfeldern nähert sich der Frage an, wie das sprachliche Wissen der Menschen, die miteinander kommunizieren, organisiert ist. Die kognitive Semantik hat diesen Ansatz weitergeführt und darauf hingewiesen, dass die Feststellung einer Bedeutungsähnlichkeit und die Beschreibung von Wortfeldern auf *mentale Strukturen* hinweisen, in denen „Sprachwissen" und „Weltwissen" untrennbar verbunden sind: „Unser Weltwissen ist zu einem großen Teil in Form von Annahmen über typische Exemplare von Objekt-, Handlungs- und Situationskategorien gespeichert" (SCHWARZ-FRIESEL/CHUR 109). Diese Standardannahmen lassen sich in Form aufeinander bezogener, komplexer „Wissensrahmen" (engl. *frames*) darstellen, die als *Schemata* bezeichnet werden; sie bilden quasi das „Gerüst" des mentalen Modells der Welt aus der Sicht der an der Kommunikation Beteiligten. Ein Schema ist somit ein netzartig strukturierter Wissensbereich, der stereotyp aufgefasste Objektbereiche, Situationen und Handlungen in Form eines Modells repräsentiert.

Zur besseren Erkennbarkeit werden Schemata in der Literatur häufig in KAPITÄLCHEN geschrieben. Allgemein lassen sich zwei Arten von Schemata unterscheiden (s. SCHWARZ-FRIESEL/CHUR 109f.):

Statische Objektschemata repräsentieren die typischen Bestandteile von Objektklassen. Beispielsweise beinhaltet das Schema HAUS, dass es sich um ein Gebäude mit einem Dach, Wänden und (mindestens) einer Tür handelt. Daneben existieren spezifischere Schemata wie etwa das Schema DACH, das sich auf seine typische Position am Haus, seine Beschaffenheit, Bestandteile usw. bezieht. Zur Rekonstruktion solcher Objektschemata aus dem Bereich der sogenannten Realia der neutestamentlichen Zeit werden archäologische und sozialgeschichtliche Informationen benötigt, um beispielsweise die Handlung der Helfer in der Heilungserzählung Mk 2,1–12 einordnen zu können.

Dynamische Schemata repräsentieren stereotype Handlungsabläufe mit typischen Teilhandlungen; sie sind quasi „Drehbücher" für üblicherweise erwartbare Handlungsschritte, weshalb sie auch als *Skripte* bezeichnet werden. Während in der Gegenwart weithin bekannt ist, welche typischen Voraussetzungen, Abläufe und Resultate beispielsweise das Skript FEIER MIT FREUNDEN hat (freundschaftliche Beziehung, Einladung, Kleidungskonventionen, Begrüßung, Essen usw.), muss für den antiken Kontext auch an dieser Stelle auf die sozialgeschichtliche Forschung zurückgegriffen werden, um etwa die Konventionen eines gehobenen Gastmahls im Zusammenhang mit der Parabel Lk 14,16–24 zu erheben (vorherige Einladung, Benachrichtigung durch einen Sklaven am Beginn der Feier etc.); zugleich ist die Konnotation zu berücksichtigen, dass die Teilhabe am Gottesreich als eschatologisches Mahl am Tisch Gottes geschildert werden konnte (vgl. Lk 13,29; 14,15).

Indem bestimmte Wörter und Wortverbindungen einer Aussage ein Schema aktivieren, wird die Kommunikation entlastet, da die meisten Bestandteile und Handlungen des Schemas vorausgesetzt werden und deshalb unerwähnt bleiben können. Zugleich ist die Kommunikation darauf ausgerichtet, dass vorwiegend solche Bestandteile und Handlungen genannt werden, die aus Sicht des Sprechers bzw. des Verfassers eines Textes verstehensrelevant, besonders bedeutsam, ungewöhnlich oder diskussionswürdig sind. Im Rahmen der Interpretation eines neutestamentlichen Textes sollte sich die Frage nach den potentiell aktivierten

Schemata daher eng am Text orientieren und genau untersuchen, welche Bestandteile eines Schemas besonders in den Vordergrund gestellt werden. Andernfalls besteht die Gefahr, abseitige oder beliebige Aspekte in die Textinterpretation eizutragen. Bei der Analyse eines neutestamentlichen Textabschnitts mithilfe der kognitiven Semantik ist somit die Frage entscheidend, welche Schemata möglicherweise durch den Text aktiviert werden, auf welche Bestandteile des Schemas Bezug genommen wird und wie genau dies geschieht.

Die Aufnahme kognitiv-semantischer Ansätze in der neutestamentlichen Wissenschaft wird an zwei neueren Studien zum Verständnis des Verbs σῴζειν und des Syntagmas δύναμις εἰς σωτηρίαν anschaulich. Innerhalb der beiden verschränkten Heilungserzählungen über die Tochter des Jairus und die Frau, die an Blutfluss leidet (Mk 5,21–43), wird das polyseme Wort σῴζειν dreimal verwendet (V. 23, 28, 34). Die revidierte Lutherübersetzung (2017) übersetzt dieses Verb mit „gesund werden", während die neue Zürcher Bibel (2007) es mit „gerettet werden" wiedergibt. Ausgehend von der kognitiven Semantik lässt sich feststellen, dass die Beschreibung der Tochter als „todkrank" und die an Jesus gerichtete Bitte um Handauflegung bereits vorrangig den „Wissensrahmen" bzw. das Schema HEILUNG aktiviert, bevor σῴζειν in V. 23 im Textabschnitt erstmals erscheint. In der weiteren Erzählung wird der Bezug auf dieses Schema unter anderem durch die medizinisch geprägte Wendung „sei geheilt von deiner Plage" (V. 34) bestätigt. Im Horizont des gesamten Markusevangeliums, das Jesus als eschatologischen Retter darstellt, steht jedoch im Hintergrund auch das Schema ESCHATOLOGISCHE RETTUNG, das insbesondere am Beginn von V. 34 („Tochter, dein Glaube hat dich gesund gemacht/gerettet") bei den frühen Rezipientinnen und Rezipienten mit aktiviert worden sein könnte. Daher kann es in Mk 5,21–43 wohl nicht die eine „richtige" Übersetzung für σῴζειν geben (BÄRBEL BOSENIUS, „Retten" oder „heilen" – welchen *frame* aktiviert σῴζειν in Mk 5,21–43? Überlegungen zur „Bedeutung" eines Wortes aus der Perspektive der Kognitiven Semantik, in: David S. du Toit/Christine Gerber/Christiane Zimmermann [Hg.], Sōtēria. Salvation in Early Christianity and Antiquity, Leiden/Boston 2019, 166–185). Anders liegt der Befund im Römerbrief, in dem Paulus das Evangelium als „Macht Gottes zur Rettung" (δύναμις θεοῦ εἰς σωτηρίαν) für die Glaubenden vorstellt (Röm 1,16). Die Verwendung des Syntagmas δύναμις εἰς σωτηρίαν in der paganen griechisch-römischen Literatur legt nahe, dass dadurch das Schema LEBENSBEDROHLICHE GEFAHR aufgerufen wird (s. die Belege bei MARION CHRISTINA HAUCK, Dynamis eis Soterian. Investigating the Semantic Background of a New Testament Syntagma, NT 61 [2019], 227–252, hier 235–244). Wie in Röm 1,18–3,20 deutlich wird, verbindet Paulus dieses Schema mit der eschatologischen Todesgefahr angesichts der Offenbarung des göttlichen Zorns, der sich gegen die gesamte, der Sünde verfallene Menschheit richtet (ebd., 244–247).

d) Bedeutungsübertragung, Metaphern und Bildfelder

Sowohl die Produktion als auch die Wahrnehmung einer übertragenen, „uneigentlichen" Bedeutung eines Wortes oder einer Wortverbindung sind komplexe Phänomene, die den Bereich der Semantik in besonderem Maße betreffen. Zugleich müssen auch syntaktische Voraussetzungen erfüllt sein, um eine Bedeutungsübertragung zu ermöglichen. So bietet etwa die unverbundene Zusammenstellung „wandeln, Kinder, Licht" kein erkennbares Sinnpotential, wohingegen die Aussage „Wandelt als Kinder des Lichts" (Eph 5,8) zu einem metaphorischen Verständnis anregt. Zudem können Metaphern und andere Formen der Bedeutungsübertragung spezifische pragmatische Funktionen übernehmen, indem sie beispielsweise an die Leserinnen und Leser appellieren, bei der Bedeutungsfindung in besonderer Weise mitzuwirken. Während das Phänomen der Bedeutungsübertragung in der Philosophie und der Linguistik vor allem im Bereich der Metapherntheorie erforscht wird, hat sich die exegetische Diskussion lange Zeit vorwiegend auf die Gleichnisse und Parabeln in den Evangelien konzentriert, bis die Erforschung von Metaphern gegen Ende des 20. Jahrhunderts zunehmend auch im Neuen Testament als eigenständiges Forschungsfeld hervortrat.

Fragt man danach, was die „wörtliche" oder „eigentliche" Bedeutung eines Wortes kennzeichnet, so erweist sich diese Frage bei näherer Betrachtung als unscharf und klärungsbedürftig.

Wenn beispielsweise in der griechischen Literatur im Zusammenhang mit einem Trinkgefäß von einem „Ohr" (οὖς) die Rede ist, entspricht dies der üblichen Bezeichnung eines Henkels (u. a. Homer, Il. 11,633). Diese Wortbedeutung (die sich als Katachrese, d. h. als Füllung einer Lücke im Wortschatz mithilfe eines metaphorischen Ausdrucks bestimmen lässt) gehört somit zur standardisierten, konventionellen Bedeutung des Ausdrucks οὖς, die zum gemeinsamen Sprachwissen der kommunizierenden Menschen gehört.

Allgemein lässt sich beobachten, dass Wortbedeutungen oftmals einem Bedeutungswandel unterliegen, indem die mutmaßlich ursprüngliche Wortbedeutung erweitert wird und „übertragene" Bedeutungen konventionell werden, während andere Bedeutungen außer Gebrauch geraten. Eine bestimmte konventionalisierte Wortbedeutung lässt sich daher an ihrem vermehrten Vorkommen in verschiedenen Texten erkennen, worauf in umfangreicheren Wörterbüchern in der Regel hingewiesen wird.

Mit Blick auf das Phänomen der Metapher, das im Folgenden näher erläutert werden soll, ist zunächst hervorzuheben, dass es sich dabei prinzipiell nicht um ein einzelnes, aus seinem Kontext herauslösbares Wort handelt, das einfach ersetzt oder „übersetzt" werden könnte. Vielmehr entsteht eine Metapher aus dem Zusammenwirken bzw. durch eine *Interaktion* von Bedeutungsträgern (Wörter, Wortverbindungen, Sätze) aus verschiedenen semantischen Bereichen, die in einem bestimmten Aussagekontext stehen. So ist der Satz „Nicht die Gesunden benötigen einen Arzt, sondern die Kranken" (Mk 2,17) zunächst zwar ohne weiteres verständlich und einleuchtend. Wenn Jesus jedoch im Anschluss daran sagt: „Ich bin nicht gekommen, um die Gerechten zu rufen, sondern die Sünder", erzeugt dies im Zusammenhang mit der vorausgehenden Aussage über den Arzt eine Spannung, die die Rezipientinnen und Rezipienten zu einer übertragenen Sinnbildung anregt.

In der älteren Forschungsliteratur wurden die beiden Bereiche der metaphorischen Äußerung üblicherweise als „Bild" und „Sache" bzw. als „Bildhälfte" und „Sachhälfte" bezeichnet. Damit entsteht jedoch zum einen der Eindruck, dass beide „Hälften" scharf voneinander trennbar wären; zum anderen steht dahinter zumeist das Konzept, dass „eine vorgängig gewusste Sache von dem sekundären Bild abgelöst werden sollte, um zur ‚eigentlichen' Aussage des Textes zu gelangen" (ZIMMERMANN 119). Im Anschluss an die erwähnte Neubestimmung der Metapher als Ergebnis einer Interaktion von Bedeutungsträgern wird in der neueren Forschung zumeist von einem „bildspendenden" und einem „bildempfangenden Bereich" bzw. abgekürzt von „Bildspender" und „Bildempfänger" gesprochen. Damit wird zugleich angezeigt, dass es nicht um eine beliebige Verbindung semantischer Felder geht. Vielmehr zeigen die Texte zumeist durch syntaktische und semantische Hinweise an, in welche Richtung die Deutungsbildung erfolgen soll. Üblicherweise kommt es deshalb nicht zu einer beliebigen Kombination verschiedener semantischer Felder, sondern es ist eine hierarchische Zuordnung erkennbar, so dass ein Teil der Aussage (der bildempfangende Bereich) mithilfe eines anderen Teils (dem bildspendenden Bereich) näherbestimmt wird.

Bei konventionalisierten Metaphern sind bestimmte Bedeutungen im Sprachwissen der Kommunizierenden bereits festgelegt. Diese Art der Metapher ist mehr oder weniger „verblasst" und sie wird kaum noch als Metapher wahrgenommen. Dem steht die unkonventionelle, innovative Metapher gegenüber, die im Anschluss an Paul Ricœur als „lebendige Metapher" bezeichnet wird. Der geläufige Bereich der Bedeutungsmöglichkeiten der beteiligten sprachlichen Zeichen wird hierbei überschritten, die konventionellen Verstehensmöglichkeiten schlagen fehl und es wird zur Bildung neuer Sinnvarianten angeregt. Zugleich ist die Sinnbildung jedoch nicht beliebig, sondern durch den jeweiligen Aussagekontext mehr oder weniger vorstrukturiert. Der Deutungsspielraum ist somit einerseits in Teilen offen und von der Mitarbeit der Rezipientinnen und Rezipienten abhängig, andererseits aber durch den Gesamtkontext der metaphorischen Äußerung begrenzt, so dass die Sinnbildung der Metapher durch eine „konzise Unschärfe" (Rüdiger Zymner) geprägt ist.

Werden bestimmte bildspendende und bildempfangende Bereiche regelmäßig miteinander verbunden, entsteht ein *Bildfeld*. Der Begriff „Bildfeld" bezieht sich also nicht darauf, dass ein bildspendender Bereich losgelöst vom zugehörigen Bildempfänger betrachtet wird. Vielmehr handelt es sich bei einem Bildfeld um eine feststehende, konventionalisierte Kopplung von Bildspender und Bildempfänger. Bildfelder sind daher in der Metapherntradition sprachlicher und kultureller Gemeinschaften verankert.

Die Bedeutung von Bildfeldern lässt sich mit Blick auf die Parabel vom königlichen Hochzeitsmahl Mt 22,1–14 verdeutlichen, in der das Bildfeld von Gott als König im Hintergrund steht. Die metaphorische Rede von Gott als König ist in den Schriften Israels und des frühen Judentums breit belegt. Sie begegnet unter anderem in Verbindung mit der Aussage, dass JHWH als Schöpfer die Welt beherrscht (Ps 24,1f.; 93,1f.) sowie im Zusammenhang mit der universalisierenden Vorstellung von der Herrschaft des Gottes Israels über die Völker (Ps 96,1–10; Jes 41,21; 44,6 u. ö.; für eine Übersicht mit traditionsgeschichtlichen Erläuterungen s. BERND JANOWSKI, Königtum Gottes im Alten Testament, RGG⁴ 4 [2001], 1591–1593).

Eine wichtige Aufgabe der Exegese ist es daher, die Verwendung von Bildfeldern in verschiedenen Textbereichen zu erkennen. Zugleich ist die Vielfalt und Wandlungsfähigkeit in der Bildung von Metapherntraditionen und Bildfeldern zu berücksichtigen. Im Hinblick auf einen neutestamentlichen Textabschnitt, der ausgelegt werden soll, ist schließlich die Frage zu stellen, inwiefern der betreffende Autor möglicherweise bewusst auf bestimmte Metapherntraditionen zurückgreift und diese voraussetzt oder wie das Vorwissen der Leserinnen und Leser umgekehrt die Deutung metaphorischer Aussagen beeinflussen kann.

e) Textsemantik

Die textsemantische Analyse untersucht, mit welchen sprachlichen Mitteln im Text *Kohärenz* erzeugt wird (im Unterschied zur grammatischen Kohäsion, s. o.). Es geht also darum zu beschreiben, welche semantischen Eigenschaften der einzelnen sprachlichen Zeichen (Wörter, Teilsätze, Sätze) dazu führen, dass der Text in inhaltlicher Hinsicht zusammenhängend wirkt, oder ob bei dem Versuch, den Text als kohärent wahrzunehmen, Verstehensprobleme auf Seiten der Leserinnen und Leser zu erwarten sind. In der Textlinguistik werden mit Blick auf die Frage, „was den Text im Innersten zusammenhält", verschiedene Interpretationsansätze diskutiert (vgl. etwa HEINEMANN/HEINEMANN 68–81). Für die neutestamentliche Exegese eignen sich besonders der Isotopie-Ansatz und das Textthema-Modell.

Im Anschluss an den Linguisten Algirdas Julien Greimas versteht man unter einer *Isotopie* eine Form der Bedeutungsbeziehung, die dadurch entsteht, dass bestimmte Lexeme in einem Text ähnliche semantische Merkmale besitzen. Solche semantischen Merkmale können entweder darin gesehen werden, dass die beteiligten Lexeme einem semantischen Feld angehören (etwa „fruchttragende Pflanzen" in Mt 7,15–20) oder dass die Lexeme durch eine erkennbare Eigenschaft verbunden sind (z. B. „tot", „lebendig"). Zudem stehen die zu einer Isotopie gehörenden Lexeme häufig in einer paradigmatischen Sinnbeziehung zueinander (s. o. §7.3b). Diejenigen Lexeme eines Textes, die durch gemeinsame semantische Merkmale verbunden sind, bilden zusammen eine *Isotopiekette* (in der exegetischen Literatur häufig auch als „Sinnlinie" bezeichnet). Neben den

Lexemen mit eigenständigem Bedeutungsgehalt werden hierbei nun auch solche Lexeme einbezogen, die als Pronomina oder Partizipien an die Stelle anderer Lexeme treten und eindeutig auf sie verweisen. Dabei zu berücksichtigen, dass Pronomina im Griechischen seltener verwendet werden als im Deutschen, da dort bereits die Endung finiter Verben zur Markierung des Subjekts genügt. Daher kann die Markierung des Verbs hinsichtlich Person und Numerus die Funktion eines Pronomens übernehmen. Wichtige Formen, die zur Bildung einer Isotopiekette führen, sind also 1) die einfache Wiederholung (wie „die Liebe ... die Liebe", 1Kor 13,1–13), 2) die variierte Wiederaufnahme durch Lexeme, die in einer paradigmatischen Sinnbeziehung stehen (z. B. „Früchte ... Trauben ... Feigen", Mt 7,16) und 3) die Substitution/Ersetzung durch Pronomina.

Wählt man bei einer textsemantischen Analyse den Ansatz des Isotopie-Modells, ist eine Begrenzung auf zwei bis drei wichtige Isotopien des Textabschnitts ratsam. Anders als bei der Beschreibung von Wortfeldern oder semantischen Feldern ist darüber hinaus die genaue Abfolge der Lexeme, die im Text eine Isotopiekette bilden, zu berücksichtigen.

Als Beispiel eignet sich der Textabschnitt Mt 6,22f., in dem drei Isotopien deutlich werden: 1) „Licht und Finsternis", 2) „Körper und Körperteile", 3) „moralische Bewertung". In einer Übersetzung lassen sich die Isotopien wie folgt kennzeichnen: „Die Lampe$_1$ des Leibes$_2$ ist das Auge$_2$. Wenn nun dein Auge$_2$ aufrichtig$_3$ ist, so wird dein ganzer Leib$_2$ hell$_1$ sein. Wenn aber dein Auge$_2$ schlecht$_3$ ist, so wird dein ganzer Leib$_2$ finster$_1$ sein. Wenn nun das Licht$_1$ in dir$_{2?}$ Finsternis$_1$ ist, wie groß (ist dann) die Finsternis$_1$!" Mit Blick auf die Frage, wie in diesem Textabschnitt Kohärenz erzeugt wird, ist es besonders auffällig, dass bestimmte Lexeme der Isotopie „Körper und Körperteile" in einfacher Wiederholung erscheinen, ohne dass sie durch Pronomina ersetzt werden (vor allem „Leib" und „Auge" kommen in diesem kurzen Abschnitt jeweils dreimal vor), während die Wörter der Isotopie „Licht und Finsternis" zumeist variiert sind (nur σκότος, „Finsternis", wird zweimal verwendet). Die Konzentration auf diese zwei Isotopien und ihre Verschränkung verleihen dem Textabschnitt einen hohen Grad an semantischer Kohärenz – auch wenn die Bedeutungsübertragung, die durch die metaphorische Äußerung erzwungen wird, einen Deutungsspielraum enthält.

Die Verwendung des Isotopie-Ansatzes bietet Vorteile zum einen dahingehend, dass er zu textnahen Beobachtungen und zu einer sorgfältigen, gut nachvollziehbaren Vorgehensweise anregen kann. Zum anderen weisen deutlich sichtbare Isotopieketten darauf hin, dass den Rezipientinnen und Rezipienten die Auswahl bestimmter Teilbedeutungen der vorliegenden Wörter in gewisser Weise vorgegeben ist, so dass dieser methodische Ansatz eng auf die Analyse der Wortsemantik bezogen werden kann. Probleme in der Anwendung dieses Modells können sich jedoch dann ergeben, wenn bedeutende Schlüsselbegriffe eines Textes nur einmal erwähnt werden, so dass sie möglicherweise zu wenig Aufmerksamkeit erhalten (in Mt 6,22f. kommen etwa die Wörter der Isotopie „moralische

Bewertung" relativ selten vor, so dass sie quantitativ weniger ins Gewicht fällt). Zudem können einige Texte von den Leserinnen und Lesern problemlos als kohärent wahrgenommen werden, obwohl die verwendeten Lexeme semantisch relativ „weit" auseinanderliegen und lediglich durch ein gemeinsames, im Text jedoch nur indirekt erschließbares Oberthema zu Isotopien verbunden sind.

Ein grundlegend anderer Zugang zur Frage nach der Kohärenz ist das *Textthema-Modell*, das von Erhard Agricola und Klaus Brinker entwickelt wurde. Dieses Konzept geht von einem Verständnis des Begriffs „Thema" aus, wie es in der deutschen Alltagssprache geläufig ist. So wird mit „Thema" nicht nur der zentrale Gegenstand bezeichnet, über den etwas gesagt wird, sondern auch der wesentliche Inhalt dessen, was über diesen Gegenstand gesagt wird. Das Textthema wird entsprechend definiert als „Kern des Textinhalts, wobei der Terminus ‚Textinhalt' den auf einen oder mehrere Gegenstände (d. h. Personen, Sachverhalte [...]) bezogenen Gedankengang eines Textes bezeichnet" (BRINKER u. a. 53). Das Textthema kann – mitunter in verkürzter Form – explizit im Text genannt sein, beispielsweise in einer Überschrift oder einem Kernsatz im Textverlauf. In diesem Fall ist zu reflektieren, inwiefern diese potentielle Nennung des Textthemas den Gedankengang mit einem ausgewogenen Schwerpunkt erfasst. Wird das Textthema hingegen nicht explizit im Text genannt – was insbesondere bei bewusst abgegrenzten Textabschnitten im Neuen Testament in der Regel der Fall ist –, kann der Versuch unternommen werden, das Textthema in einer zusammenfassenden Paraphrase zu formulieren. Im Unterschied zu anderen textsemantischen Analysemodellen, die detaillierte, in ihrer Anwendbarkeit jedoch begrenzte Regeln formulieren, ist die Bestimmung des so definierten Textthemas vorwiegend vom Gesamtverständnis der Leserinnen und Leser abhängig. Es handelt sich also um einen Methodenschritt mit einem hohen interpretativen Gehalt.

Die folgenden Prinzipien gelten als Leitlinien, an denen sich die Herausarbeitung des Textthemas orientieren sollte: 1) Das *Wiederaufnahmeprinzip* stellt heraus, dass die Bestimmung des Textthemas zunächst von den Gegenständen im Text ausgehen kann, die mehrfach in den Blick genommen werden, insbesondere in Form einfacher oder variierter Wiederholungen sowie durch substituierende Wortarten (Pronomen etc.). 2) Werden in einem Text bzw. Textabschnitt mehrere Themen angesprochen, so weist das *Ableitbarkeitsprinzip* darauf hin, dass das Textthema dasjenige Thema sein soll, dem gegenüber die anderen Themen als abgeleitete Nebenthemen gelten können. 3) Das *Kompatibilitätsprinzip* besagt, dass dasjenige Thema als Textthema gelten kann, das am besten mit der kommunikativen Funktion im Einklang steht. Die Frage nach der Textfunktion ist dabei Teil der pragmatischen Analyse (s. u. §7.4).

Im Rahmen der Textanalyse eines neutestamentlichen Textes kann die Anwendung des Textthema-Modells in mehrfacher Hinsicht ertragreich sein: Zunächst steht der Blick auf die Kohärenz des Textabschnitts in enger Verbindung mit der Frage, inwiefern sich ein dominantes Textthema ermitteln lässt, während

Probleme bei der Bestimmung des Textthemas ein Anhaltspunkt für Kohärenzstörungen, aber auch für eine fragwürdige Abgrenzung des Textabschnitts sein können. Ein weiterer Ertrag ist die kritische Wahrnehmung und gegebenenfalls Korrektur der Überschriften, die in vielen modernen Bibelausgaben den Textabschnitten vorangestellt sind. Darüber hinaus regt die Konzentration auf den Kern des Textinhalts dazu an, sich die zentralen Aussagen des Textes zu vergegenwärtigen. Dies ist insbesondere dann von Bedeutung, wenn die Textanalyse im Rahmen der Vorbereitung und Reflexion praktisch-theologischer Aufgaben erfolgt, etwa in homiletischen oder religionspädagogischen Arbeitsfeldern. Umgekehrt ist jedoch bei der Frage nach dem Textthema besondere Sorgfalt geboten, damit nicht durch eine fehlerhafte Bestimmung des Textthemas möglicherweise randständige Aussagen ein zu großes Gewicht erhalten. Daher sollten die Ergebnisse dieses Ansatzes auch immer wieder anhand der Ergebnisse der anderen Methodenschritte kontrolliert werden, insbesondere im Rahmen einer abschließenden Gesamtinterpretation. Schließlich ist darauf hinzuweisen, dass das festgestellte Textthema niemals den Text selbst ersetzen kann. Erzählerische Details oder eine verzweigte, abwägende Argumentation, die im formulierten Textthema nicht dargestellt sind, können eine wichtige Funktion für das Verständnis und für die Wirkung des Textes haben.

Angewendet auf den Beispieltext in Mt 7,15–20 lässt sich als Textthema formulieren: „Propheten, die sich verstellen und deren ethisches Verhalten als schlecht zu beurteilen ist, sind unbedingt abzulehnen." Dabei wird zum einen aufgenommen, dass der Text mit der Metapher von den „Wölfen" in „Schafskleidern" auf das äußerliche Sich-Verstellen dieser christlichen Propheten hinweist, zum anderen wird die ethische Konnotation von „gut" und „faulig" abgebildet. Der eschatologische Ausblick in V. 19 hingegen kann als Ergänzung und Unterstreichung dieses Textthemas gewertet werden.

Die dargestellten Ansätze zur Untersuchung der semantischen Kohärenz eines Textes bieten methodische Zugänge zur Frage, in welcher Weise ein Text durch die Leserinnen und Leser als inhaltlich zusammenhängend wahrgenommen wird und inwiefern sich möglicherweise Verstehensprobleme zeigen. Grundsätzlich ist jedoch zu berücksichtigen, dass die Herstellung dieser Kohärenz oder deren Scheitern grundlegend auf dem Wissen um sprachliche Konventionen sowie dem Weltwissen auf der Seite der Leserinnen und Leser beruht.

f) Hinweise zur Erarbeitung einer semantischen Analyse

Die wortsemantische Analyse eines Textabschnitts sollte in einem ersten Schritt untersuchen, welche syntagmatischen und paradigmatischen Relationen zwischen den bedeutungstragenden Wörtern innerhalb des Textabschnitts erkennbar sind. Dabei können Pronomina durch das jeweilige Bezugswort ersetzt werden (es sei denn, das Bezugswort ist unklar). In einem zweiten Schritt folgen Überlegungen zur Frage, ob sich die Wörter des Textabschnitts einem oder mehreren Wortfeldern zuweisen lassen bzw. ob das Erstellen eines semantischen Netzes sinnvoll möglich ist. Als wichtiges Zwischenergebnis dieses zweiten Arbeitsschritts kann sich eine Antwort dazu ergeben, ob der Textabschnitt überwiegend in einem semantischen Feld verbleibt, ob an bestimmten Punkten ein Wechsel des semantischen Felds erkennbar wird oder ob verschiedene semantische Felder miteinander in Beziehung gesetzt werden. In einem dritten Arbeitsschritt können einige zentrale Lexeme des Textes ausgewählt und mit Blick auf ihren semantischen Gehalt im konkreten Kontext vertieft untersucht werden.

4 Pragmatische Analyse

Literatur: KIRSTEN ADAMZIK, Textlinguistik. Grundlagen – Kontroversen – Perspektiven, Berlin 2016, 173–196 ♦ BRINKER u. a., Linguistische Textanalyse, 87–132 ♦ JOHN R. SEARLE, Expression and Meaning. Studies in the Theory of Speech Acts, Cambridge 1979.

Während die grammatikalisch-syntaktische und die semantische Analyse auf die sprachliche Struktur und die semantische Bedeutung des Textes gerichtet sind, fragt die Pragmatik danach, inwiefern und mit welchen Mitteln ein Text der zwischenmenschlichen Kommunikation dient. Es geht also darum, textinterne Beobachtungen für die kommunikative Beziehung zwischen einem Autor bzw. einer Autorin einerseits und den Rezipientinnen und Rezipienten andererseits auszuwerten. Im Rahmen einer exegetischen Textanalyse richtet sich das Interesse zunächst auf den *Handlungscharakter* des Textes: Vollzieht der Autor mit der Abfassung des Textes eine bestimmte Handlung (z. B. macht er ein Versprechen, spricht er eine Ankündigung oder einen Fluch aus) und in welcher Weise tut er dies? Beabsichtigt der Text eine bestimmte Wirkung auf die Leserinnen und Leser, d. h. zu welchen Handlungen oder Reaktionen fordert der Text die Lesenden auf, und wie wird dies formuliert (explizit oder implizit)? In welcher Form ein Autor mithilfe eines Textes bestimmte Handlungen vollzieht und wie ein Text eine bestimmte Wirkungsabsicht ausdrückt, ist dabei in hohem Maße von den Konventionen der jeweiligen Sprachgemeinschaft einer bestimmten Zeit geprägt. Daher steht die pragmatische Analyse in einer engen Verbindung zur Bestimmung der literarischen Gattung (s. u. § 9.1) und auch die Verwendung bestimmter rhetorischer, argumentativer und stilistischer Mittel spielt in diesem Zusammenhang eine wichtige Rolle (s. u. § 7.5).

Neben Fragen zum Handlungscharakter und zur beabsichtigten Wirkung des Textes, die sich zumeist an der mutmaßlichen Intention des Autors orientieren, werden in der neueren Textlinguistik erweiterte Ansätze diskutiert, die auch mit Blick auf die neutestamentlichen Texte zu ergänzenden Beobachtungen anregen. Dazu zählt das Modell der Ertragsdimensionen von Texten, das danach fragt, welche beabsichtigten oder vielleicht auch unbeabsichtigten Wirkungen die Abfassung und Lektüre eines Textes haben kann, und zwar sowohl auf der Seite der Autorinnen und Autoren als auch auf der Seite der Rezipientinnen und Rezipienten. Darüber hinaus stellt auch die Frage der Pragmatik von erzählenden Texten vor spezifische methodische Probleme, die es eigens zu reflektieren gilt.

a) Handlungsdimension der Sprache und Textfunktion

Ein häufig verwendeter Ansatz zur Beschreibung der Handlungsdimension der Sprache ist die seit Mitte des 20. Jahrhunderts etablierte *Sprechakttheorie*, die auf John L. Austin und John R. Searle zurückgeht. Nach Austin lassen sich bei jeder sprachlichen Äußerung drei Teilhandlungen, die sogenannten „Sprechakte" unterscheiden, die immer gleichzeitig enthalten sind: 1) Der *Äußerungsakt* oder *lokutionäre Akt* (von lat. *loqui*, „sprechen") meint das Hervorbringen einer verstehbaren, d. h. syntaktisch und semantisch korrekten Äußerung an sich. 2) Der *illokutionäre Akt* bezeichnet die Handlung, die mit dieser sprachlichen Äußerung in einem bestimmten Kontext vollzogen wird (z. B. ein Versprechen oder eine Verurteilung). 3) Der *perlokutionäre Akt* bezieht sich auf die mögliche Wirkung der Aussage auf die Hörerinnen und Hörer (z. B. Freude, Überraschung, Beunruhigung), die allerdings auch Reaktionen beinhalten kann, die von der redenden Person nicht beabsichtigt sind.

Der Äußerungsakt enthält eine Aussage über einen bestimmten Gegenstand, den sogenannten propositionalen Gehalt, der grundsätzlich durch die Hörerinnen und Hörer als „wahr" oder „falsch" überprüfbar ist. Der illokutionäre Akt hingegen, auf den sich das Interesse der Sprechakttheorie vorwiegend richtet, „gelingt" oder „misslingt", je nachdem, ob die Äußerung die beabsichtigte Wirkung erzielt oder nicht. Für die Frage, welcher Typ eines illokutionären Aktes vorliegt, wird zunächst das Prädikat des Satzes dahingehend untersucht, ob es explizit eine bestimmte Sprechhandlung hervorhebt, wie beispielsweise „danken", „auffordern", „verurteilen". Häufig wird jedoch die Art der Sprechhandlung nicht ausdrücklich kenntlich gemacht, so dass die Adressatinnen und Adressaten aus dem Kontext der Aussage oder aufgrund sprachlicher Konventionen den Typ einer Sprechhandlung erschließen müssen. Im Deutschen wird beispielsweise die Aussage „Sie stehen auf meinem Fuß!" sofort als indirekte Handlungsaufforderung verstanden. Diese Form der Sprechhandlung wird als indirekter Sprechakt bezeichnet.

Unter den verschiedenen Ansätzen zur Unterscheidung einzelner Typen illokutionärer Sprechakte wird vor allem das Konzept von Searle aufgenommen und diskutiert. Searle differenziert fünf grundlegende Typen illokutionärer Sprechakte: 1) Repräsentativa (auch als Assertiva bezeichnet): Person A drückt aus, dass sie Person B ein Wissen vermitteln möchte; 2) Direktiva: A fordert B auf, eine bestimmte Handlung zu vollziehen; 3) Kommissiva: A verpflichtet sich zu einem bestimmten Handeln in der Zukunft, zum Beispiel in einem Versprechen; 4) Expressiva: A teilt seine innere Haltung oder sein Gefühl in Bezug auf einen Sachverhalt aus, zum Beispiel in einer Danksagung oder einer Entschuldigung; 5) Deklarativa: A schafft mit dem erfolgreichen Vollzug dieses Sprechakts einen neuen Sachverhalt, wobei Deklarativa häufig an besondere soziale oder institutionelle Voraussetzungen gebunden sind, zum Beispiel eine Ernennung oder eine gerichtliche Verurteilung.

Während die Sprechakttheorie vorwiegend kurze mündliche Sprechhandlungen in den Blick nimmt, hat Klaus Brinker diesen Ansatz auf die *Funktionen von Texten im Kommunikationsvorgang* übertragen, wobei vor allem Gebrauchstexte (Briefe, Gesetze, kommerzielle Werbung usw.) Gegenstand seines Modells sind.

In Aufnahme der genannten Sprechakte bei Searle bezeichnet Brinker diese Funktionen als 1) Informationsfunktion, 2) Appellfunktion, 3) Obligationsfunktion, 4) Kontaktfunktion (anders als bei Searle ist dabei gemeint, dass A an der persönlichen Beziehung zu B interessiert ist) sowie 5) Deklarationsfunktion (BRINKER u. a. 101–121). Er setzt dabei voraus, dass in jedem (Gebrauchs-)Text jeweils eine dieser Textfunktionen dominiert.

Bei argumentativen Texten wie den neutestamentlichen Briefen kann die Unterscheidung der Textfunktionen auch auf einzelne Abschnitte angewendet werden, um Sinn und Zweck dieses Textstücks im Kommunikationsprozess näher in den Blick zu nehmen. So verdeutlicht etwa die paulinische Wendung „Ich ermahne euch aber ..." (Παρακαλῶ δὲ ὑμᾶς ...) die appellative Funktion des Textabschnitts, der am Beginn des Briefcorpus des 1. Korintherbriefes steht (1Kor 1,10–17). Bei einigen Texten kann dieser Zugang allerdings zu relativ allgemeinen, wenig aussagekräftigen Ergebnissen führen. Paulus beginnt beispielsweise einen Abschnitt mit den Worten „Ich tue euch, Brüder, das Evangelium kund ..." (1Kor 15,1–11), aber in den folgenden Ausführungen steht nicht die im Eingangsverb angezeigte Informationsfunktion im Vordergrund, sondern offenbar wiederum eine appellative Funktion: Die Adressatinnen und Adressaten sollen an der Auferstehungsbotschaft des Evangeliums, das sie einst angenommen haben, festhalten (vgl. V. 2.11).

b) Ertragsdimensionen von Texten

Das pragmatische Konzept der Sprechakttheorie und die darauf aufbauende Untersuchung der Textfunktion zeichnen das Bild einer gerichteten Kommunikation, die sich daran orientiert, dass eine Person einer anderen Person eine feststehende Aussageabsicht mitteilen möchte. Dieses pragmatische Modell eignet sich daher zur Bestimmung der im Text erkennbaren Abfassungsintention. Darüber hinaus können Texte aber auch in anderer Hinsicht eine Wirkung entfalten. Mit Blick auf den Vorgang der Textproduktion lässt sich zum einen möglicherweise feststellen, dass sich jemand erst bei der Abfassung komplexer Texte über den eigenen Standpunkt klarer wird, indem er beispielsweise Argumente strukturieren und gewichten muss. Zudem kann sich ein Autor mit unbeabsichtigten Wirkungen seiner eigenen, schriftlich fixierten Texte konfrontiert sehen und muss darauf reagieren. So wendet sich Paulus etwa gegen die offensichtlich in Korinth geäußerte Behauptung, dass seine Briefe „gewichtig und stark" seien, während er im persönlichen Auftreten und Reden „schwach" sei (2Kor 10,10). Auch auf der Seite der Rezipientinnen und Rezipienten kann ein Text in unterschiedlicher Weise wirken und zuweilen anders aufgenommen werden, als es der Intention des Autors entspricht. Eine Rolle spielt dabei nicht zuletzt, dass Texte von verschiedenen Personen mit unterschiedlich geprägtem Vorwissen und in verschiedenen Zeiten gelesen werden können.

Als erweiterter Zugang, der sowohl die Intention des Autors bzw. der Autorin als auch darüber hinausgehende Wirkungen von Texten in den Blick nimmt, eignet sich daher das von Kirsten Adamzik ausgearbeitete *Ertragsmodell*. Sie beschreibt häufig vorkommende „Ertragsdimensionen" von Texten, d. h. Erträge sowohl auf der Seite der verfassenden als auch der rezipierenden Personen (ADAMZIK 192–196).

Häufig begegnende *Ertragsdimensionen* können nach Adamzik wie folgt charakterisiert werden: 1) intellektuell/kognitiv: man erfährt oder lernt etwas oder entwickelt seine Gedanken; 2) praktisch: man ernennt jemanden, schließt einen Vertrag etc.; 3) handlungsorientierend: man wird sich über zukünftiges Verhalten klar; 4) emotional-psychisch: man drückt Freude, Ärger etc. aus; 5) sozial: man tritt mit anderen in Kontakt, kommt einander näher oder erkennt andere als Gruppenmitglieder an; 6) geistig-moralisch: man wird sich klarer über das eigene Verhältnis zur Welt oder gelangt zu einer bestimmten ethischen, philosophischen oder religiösen Einstellung; 7) formbezogen: man realisiert bestimmte ästhetische Qualitäten oder nimmt sie wahr, führt ein Muster formvollendet durch etc.; 8) metasprachlich/metakommunikativ: man erweitert sein Sprachwissen, setzt neue Konventionen in Kraft usw.; 9) unterhaltend: man lässt sich von einem Text unterhalten, spielt mit Sprache etc. Diese Liste kann durch weitere Ertragsdimensionen ergänzt werden.

Ein grundlegender Aspekt des Ertragsmodells ist, dass in einem Text mehrere Ertragsdimensionen gleichzeitig realisiert sein können. Zudem sollen mithilfe dieses Modells nicht nur konventionelle Grundfunktionen eines Textes untersucht werden, sondern es geht auch darum, „die kreativen und interpretatorischen Spielräume beim Umgang mit Texten zu fokussieren [...] und damit der eigentlich inzwischen allgemein akzeptierten These Rechnung zu tragen, dass der Umgang mit Texten als konstruktive Leistung zu verstehen ist" (ADAMZIK 196).

Die pragmatischen Ertragsdimensionen lassen sich gut im Philemonbrief erkennen: Die handlungsorientierende Dimension steht insgesamt im Vordergrund, indem Paulus Philemon bittet, den Sklaven Onesimus wieder aufzunehmen und von ihm keinen Schadenersatz zu fordern (V. 17f.). Daneben spielt jedoch die soziale Funktion des Briefs eine grundlegende Rolle, da Paulus die Gemeinschaft im Glauben hervorhebt (V. 6), Philemon als

„Freund" und „Bruder" anspricht (V. 17.20), seinen Besuch ankündigt (V. 22) und generell auch die Beziehung zu den Mitgliedern der Gemeinde im Haus des Philemon würdigt (V. 2.25). Eine praktische Ertragsdimension des Briefs kommt darin zum Ausdruck, dass Paulus hervorhebt, er habe Onesimus zu Philemon zurückgeschickt; Paulus konstatiert also seine Zustimmung zur Rückkehr des Onesimus (V. 12). Die geistig-moralische und in Teilen metasprachliche Ertragsdimension kommt unter anderem dadurch zum Ausdruck, dass Paulus durch Onesimus' Hinwendung zum Christusglauben gleichsam zum „Vater" des Onesimus geworden ist (V. 10) und der Sklave Onesimus fortan als „Bruder" gelten soll, so dass der soziale Statusunterschied mit Blick auf die christliche Gemeinschaft neu bewertet wird (V. 16).

c) Zur Pragmatik erzählender Texte

Für die Frage, wie mit Erzählungen kommuniziert wird, welchen Handlungscharakter diese Texte haben und wie sie auf die Leserinnen und Leser wirken, ist grundsätzlich die Vielschichtigkeit von Erzähltexten zu berücksichtigen (s. u. § 7.6). Besonders wichtig ist dabei, dass Erzählfiguren wie Jesus oder Petrus nicht direkt zu den Leserinnen und Lesern reden, sondern zumeist andere, ausdrücklich benannte Figuren und Figurengruppen innerhalb der Erzählung ansprechen. Bei längeren Reden einer Figur (bspw. Jesu Reden im Matthäus- und Johannesevangelium) kann diese Indirektheit der erzählerischen Kommunikation jedoch teilweise verblassen und die Rezipientinnen und Rezipienten haben mitunter den Eindruck eines unmittelbaren Zugangs zu den Worten der Erzählfigur. Vor allem bei Textabschnitten mit einem hohen Redeanteil kann auch der bereits erläuterte pragmatische Zugang zu den Handlungsdimensionen der Sprache gewählt werden.

Dem *Handeln der Erzählfiguren* kommt für die Frage nach der Pragmatik eine besondere Bedeutung zu. Häufig werden Figuren und ihre Handlungen direkt oder indirekt als positiv, negativ oder ambivalent bewertet, beispielsweise durch den Erzähler (z. B. Josef als „gerecht" in Mt 1,19) oder durch andere, als verlässlich empfundene Figuren innerhalb der Erzählung (z. B. in Mk 14,6 das Lob Jesu, die Frau, die ihn salbte, habe ein „gutes Werk" getan). Diese Form der Charakterisierung kann Auswirkungen darauf haben, ob die Leserinnen und Leser das Verhalten dieser Figur als bewundernswert bzw. nachahmenswert oder aber als abschreckend empfinden. Innerhalb der Evangelien ist häufig zu beobachten, dass Gruppen wie die „Volksmenge" (ὄχλος) eine Reaktion auf die vorausgehende Handlung äußern (Erstaunen, Freude, Gotteslob, Erschrecken, Unverständnis usw.). Je nach Kontext können die Leserinnen und Leser dazu angeregt werden, der erzählten Reaktion dieser Figuren zuzustimmen oder aber ein besseres, vertieftes Verständnis zu entwickeln. Eine Rolle kann dabei das Vorwissen der Rezipientinnen und Rezipienten spielen, und auch die bereits gelesenen Teile der Erzählung können den Lesenden einen Wissensvorsprung gegenüber den Figuren innerhalb der Erzählung geben: Wer beispielsweise das Markusevangelium von Beginn gelesen hat, ist im Unterschied zu den Figuren innerhalb der Erzählung darüber informiert, dass Jesus bei seiner Taufe von einer Himmelsstimme als „mein geliebter Sohn" angesprochen wurde (Mk 1,11).

Für die Pragmatik der Erzähltexte im Neuen Testament sind schließlich auch diejenigen Textabschnitte zu berücksichtigen, die *direkte Hinwendungen* zu einem bestimmten Leser oder einer Gruppe von Lesenden enthalten. In dieser Hinsicht gibt vor allem der Prolog des Lukasevangeliums einen Hinweis an Theophilus, dass das folgende Werk die „Zuverlässigkeit" der bereits erfahrenen Botschaft bekräftigen soll (Lk 1,4). Ähnlich wendet sich das Johannesevangelium in seinem Epilog an die Leserinnen und Leser (Joh 20,30f.). Ebenso gibt der Rahmen der Johannesoffenbarung, in dem erzählerische und briefliche Elemente verbunden sind, wichtige pragmatische Hinweise zur beabsichtigten Wirkung dieser Schrift (Apk 1,1–3,22; 22,6–21).

5 Rhetorische und stilistische Analyse

Literatur: SÖNKE FINNERN/JAN RÜGGEMEIER, Methoden der neutestamentlichen Exegese. Ein Lehr- und Arbeitsbuch (UTB 4212), Tübingen 2016, 85–102 ♦ CHRISTINA HOEGEN-ROHLS, „Rhetorical Criticism". Zur Bedeutung rhetorischer Analyse für das Verstehen neutestamentlicher Texte, PrTh 42 (2007), 93–99 ♦ HANS-JOSEF KLAUCK, Die antike Briefliteratur und das Neue Testament. Ein Lehr- und Arbeitsbuch, Paderborn u. a. 1998, 165–180 ♦ PETER LAMPE, Rhetorik und Argumentation, in: Friedrich Wilhelm Horn (Hg.), Paulus Handbuch, Tübingen 2013, 149–158 ♦ HEINRICH LAUSBERG, Handbuch der literarischen Rhetorik. Eine Grundlegung der Literaturwissenschaft, Stuttgart ⁴2008 ♦ MICHAEL WOLTER, Der Brief an die Römer, Teilbd. 1: Röm 1–8 (EKK 6/1), Neukirchen-Vluyn/Ostfildern 2014, 61–68.

Rhetorische Auslegungen des Neuen Testaments haben eine lange Tradition mit verschiedenen Hochphasen, Unterbrechungen und Umbrüchen. Besonders einflussreich war in der Spätantike die Bibelauslegung des Augustinus (354–430), der vorwiegend auf der Rhetorik Ciceros aufbaute. Im frühen Mittelalter ist vor allem Beda Venerabilis (ca. 673–735) zu nennen, bevor die rhetorische Textauslegung für längere Zeit in den Hintergrund trat. Mit Leonardo Bruni (1369–1444) und Lorenzo Valla (1405/07–1457) erfuhr die Rhetorik als Mittel der Bibelexegese einen neuen Aufschwung im frühen italienischen Renaissancehumanismus. Zu den bekanntesten Verfassern rhetorisch-exegetischer Schriften zur Zeit des Humanismus und der Reformation gehören Erasmus von Rotterdam (1466/69–1536), Philipp Melanchthon (1497–1560) und Johannes Calvin (1509–1564). Auch im 19. und frühen 20. Jahrhundert erschienen rhetorische Untersuchungen zum Neuen Testament, nun jedoch mit Schwerpunkt auf dem Stil der Paulusbriefe. Seit den 1960er Jahren hat sich vor allem in Nordamerika der „Rhetorical Criticism" als Analysemethode etabliert, wobei weiterhin vorwiegend die Briefe des Paulus im Fokus stehen. Verfolgt wird dabei ein breiter Ansatz, der nicht nur den Stil des Textes (*elocutio*) und die Frage nach der verwendeten Redegattung untersucht, sondern auch das Vorgehen des Autors bei der Themenfindung, Stoffsammlung und argumentativen Durchführung (lat. *inventio*, vgl. HOEGEN-ROHLS 93–98).

Maßgeblich unter dem Einfluss des Aristoteles unterschied man in der Antike drei *Hauptgattungen der Rede*, obwohl die Grenzen dieser Einteilung bereits damals Gegenstand der Diskussion waren.

Nach Aristoteles (rhet. 1,3,1–9) sind das mit den geläufigen Begriffen der lateinischen Rhetorik: das *genus deliberativum* (γένος συμβουλευτικόν), zu dem die Beratungsrede in der Ratsversammlung der Polis gehört und das zu einer bestimmten Entscheidung ermutigt (protreptisch) oder von ihr abrät (apotreptisch); das *genus iudicale* (γένος δικανικόν) mit dem exemplarischen Fall der Rede vor Gericht, bei der es darum geht, Anklage zu erheben oder sich zu verteidigen; das *genus demonstrativum* (γένος ἐπιδεικτικόν), das sich etwa in der Festrede findet und eine Person in einer Lobrede positiv hervorhebt oder in Form einer Schmährede tadelt.

In der Forschungsdiskussion über die Bedeutung der Rhetorik für die Auslegung von Briefen wurde verschiedentlich erörtert, ob beispielsweise der Galaterbrief oder der Römerbrief einer dieser Redegattungen zugeordnet werden könnten (etwa durch Hans Dieter Betz, der den Galaterbrief als „apologetischen Brief" auffasst und ihn dem *genus iudicale* zuweist). Die diesbezüglichen Vorschläge haben jedoch nicht zu einem konsensfähigen Ergebnis geführt. Als weiterführender Ansatz erscheint daher, die mögliche Einordnung in eine dieser rhetorischen Gattungen mit der Frage nach der *kommunikativen Funktion* der jeweiligen Schrift zu verbinden. Auf dieser Grundlage schlägt beispielsweise Michael Wolter vor, den Römerbrief in der Nähe des *genus demonstrativum* zu verorten, da Paulus eine freundschaftliche Beziehung zu den Gemeinden in Rom etablieren und sie zu einem bestimmten Handeln ermuntern wolle (WOLTER 64f.). Wenn die Frage nach der Redegattung vor dem Hintergrund der antiken Rhetorik auf diese Weise versucht, die kommunikative Funktion eines Textes zu erfassen, ergibt sich eine enge Verbindung zur pragmatischen Analyse.

Der *Aufbau einer Rede* (*dispositio*) wurde in der Antike unterschiedlich gegliedert. Aristoteles beschränkte sich auf nur vier Redeteile (rhet. 3,13–19), während andere überlieferte Handbücher sechs Teile differenzieren. Eine prägnante Erläuterung gibt Cicero (*De oratore* 2,80, Übers. T. Nüßlein, ergänzt um die geläufigen Begriffe):

Wir sollen so beginnen, dass wir das Wohlwollen, die Belehrbarkeit und die Aufmerksamkeit der Zuhörer gewinnen (*exordium* mit *captatio benevolentiae*); danach sollen wir den Sachverhalt schildern, und zwar so, dass die Schilderung wahrscheinlich, dass sie klar und dass sie kurz ist (*narratio*); hierauf aber sollen wir den Streitfall gliedern oder wenigstens vorstellen (*divisio* oder *propositio*); wir sollen unsere Schilderung durch Beweise und Begründungen erhärten (*confirmatio*), danach die der Gegenpartei widerlegen (*refutatio*); dann aber setzen die einen den Schluss der Rede und gewissermaßen das Nachwort hin, andere ordnen an, bevor man seine Rede zu Ende führt, solle man um der Ausschmückung und besonderen Hervorhebung willen abschweifen, danach die Rede schließen und zu Ende führen (*conclusio* oder *peroratio*).

Vor allem die neutestamentliche Briefliteratur und die Reden der Apostelgeschichte sind daraufhin untersucht worden, inwiefern sich die Redegliederung der antiken Rhetorik in ihnen erkennen lässt (s. dazu u. a. den Kommentar zum Galaterbrief von Betz sowie die Studien zum Römerbrief von Michael Theobald). Der Ertrag dieser Ansätze wird jedoch kontrovers diskutiert. Dabei wird vor allem auf den Umstand hingewiesen, dass sich die Redegliederung der Rhetorik vorwiegend am Modellfall des *genus iudicale* orientiert, während das Verfassen von Briefen nicht – oder erst in späterer Zeit – zum Gegenstand der rhetorischen Lehrbücher wurde. In verschiedener Hinsicht wird der Anwendung der antiken Modelle auf die Interpretation neutestamentlicher Schriften jedoch eine partielle Ergiebigkeit zugestanden. Peter Lampe beispielsweise konstatiert eine Nähe zwischen den mündlich diktierten Briefen des Paulus zur antiken Rede und hält es prinzipiell für möglich, „paulinische Briefe als verschriftete Reden mit typisch epistolographischem Rahmen zu begreifen" (LAMPE 153). Wolter wiederum lehnt es mit Blick auf den Römerbrief ab, das gesamte Schreiben „in dieses Schema [zu] pressen", und vertritt auch hier einen funktionalen Ansatz, der danach fragt, inwiefern bestimmte Textabschnitte im Römerbrief „von derselben Intention geleitet" sind, wie sie auch in den unterschiedlichen Teilen der antiken Reden zum Ausdruck kommt (etwa Röm 1,8–17 als *exordium* bzw. *prooemium* mit der *captatio benevolentiae*, WOLTER 67). Auf weitere Details dieser Forschungsdiskussion ist im Zusammenhang mit den jeweiligen Schriften an späterer Stelle zurückzukommen (z. B. zum Galaterbrief unten § 18).

Die antike Rhetorik entwirft das Konzept eines strukturierten Prozesses zur Ausarbeitung einer Rede (*officia oratoris*), angefangen von der „Auffindung" des Stoffes bzw. der Argumente (*inventio*) über die richtige Anordnung und Gliederung der Rede (*dispositio*), die sprachliche Ausgestaltung (*elocutio*), das Einprägen im Gedächtnis (*memoria*) bis hin zum Halten der Rede (*pronuntiatio*; s. den kurzen Abriss bei KLAUCK 172–174). Da die Schriften des Neuen Testaments keine Reden sind und auch der Produktionsprozess der Texte größtenteils nicht im Einzelnen nachvollziehbar ist, hat vor allem der Bereich der sprachlichen Ausgestaltung (*elocutio*) seit langem besondere Aufmerksamkeit auf sich gezogen. Umfangreiche rhetorische Erörterungen zu Aspekten der *elocutio* liegen in lateinischen Handbüchern vor, von denen insbesondere die anonym überlieferte *Rhetorica ad Herennium* (1. Jh. v. Chr.) sowie Quintilians *Institutio oratoria* (Ende 1. Jh. n. Chr.) zu nennen sind.

In der lateinischen Rhetorik werden die sprachlichen Stilmittel und -figuren ausführlich behandelt, aber teilweise nach unterschiedlichen Kriterien eingeteilt. Allgemein lassen sich (reine) *Klangfiguren*, *Figuren* und *Tropen* unterscheiden. Im Folgenden werden jeweils nur einige Beispiele genannt; eine Übersicht der wichtigsten Stilmittel bieten FINNERN/RÜGGEMEIER 123–125.

Zu den *Klangfiguren* zählt unter anderem die Paronomasie (Wiederholung desselben Wortes oder Wortstamms in kurzer Folge, z. B. Lk 8,5: ἐξῆλθεν ὁ σπείρων τοῦ σπεῖραι τὸν σπόρον αὐτοῦ. καὶ ἐν τῷ σπείρειν αὐτὸν …), die Parachrese (ähnlicher Klang verschiedener Wörter, z. B. Röm 1,29: μεστοὺς φθόνου φόνου …) und das Homoioteleuton (gleicher Auslaut verschiedener Wörter, etwa Röm 12,15: χαίρειν μετὰ χαιρόντων, κλαίειν μετὰ κλαιόντων, vgl. BDR, § 488).

Eine *Figur* im engeren Sinne (griech. σχῆμα, lat. *figura*) entfaltet ihre Wirkung zumeist auf der Textoberfläche und ist häufig auch Gegenstand der grammatisch-syntaktischen Diskussion. Hierzu gehört etwa die Auslassung einzelner Wörter (Ellipse), der Abbruch einer Satzkonstruktion (Anakoluth), die bewusste Hinzufügung von Wörtern beim Hendiadyoin (z. B. Lk 6,48: … ὃς ἔσκαψεν καὶ ἐβάθυνεν καὶ ἔθηκεν θεμέλιον ἐπὶ τὴν πέτραν, er „grub und machte es tief und legte ein Fundament auf den Felsen") sowie Auffälligkeiten im Vergleich zur gewöhnlichen Wortstellung, etwa beim Chiasmus (detailliert erörtert in BDR, § 458–496).

Unter einer *Trope* (griech. τροπή oder τρόπος, lat. *tropus*) versteht die Rhetorik zumeist die Ersetzung eines „eigentlichen" Wortes bzw. einer Wortverbindung durch „uneigentliche" Wörter. Zu den Tropen zählen unter anderem der Euphemismus (anstößige oder emotional beunruhigende Wörter werden durch vermeintlich harmlose oder verhüllende Wörter ersetzt, z. B. γινώσκω, „erkennen", für Geschlechtsverkehr, Mt 1,25, oder ἐκψύχω, „das Leben aushauchen", Apg 5,5.10), die Ironie, die Metonymie sowie vor allem die Metapher. Schon in der Antike wird dabei angemerkt, dass die Verwendung von Wörtern mit „übertragener" Bedeutung nicht nur die Rede „ausschmücken" (*ornatus*), sondern auch Lücken im Wortschatz füllen und vielfältige erkenntnisfördernde Funktionen haben kann (zur Bedeutungsübertragung s. o. § 7.3d).

Über die Bestimmung der rhetorischen Stilmittel hinaus ist auch danach zu fragen, welche Wirkung auf die Leserinnen und Leser damit erzeugt wird bzw. welche Intention die Verwendung von Stilmitteln erkennen lässt. Dazu zählen etwa ein gehobener stilistischer Anspruch, der die sprachliche Kompetenz eines Autors hervorheben soll, sowie emotionale Aspekte. Ebenso können auch didaktische bzw. mnemotechnische Funktionen zum besseren Verständnis und Einprägen eine Rolle spielen, beispielsweise in dem Satz: „Jeder Mensch sei schnell zum Hören, langsam zum Reden, langsam zum Zorn" (Jak 1,19).

6 Analyse erzählender Texte

📖 **Literatur:** GÉRARD GENETTE, Die Erzählung (UTB 8083), Paderborn ³2010 ♦ PETER HÜHN u. a. (Hg.), The Living Handbook of Narratology, Universität Hamburg, https://www-archiv.fdm.uni-hamburg.de/lhn/ ♦ SILKE LAHN/JAN CHRISTOPH MEISTER, Einführung in die Erzähltextanalyse, Stuttgart ³2016 ♦ WOLF SCHMID, Elemente der Narratologie, Berlin/New York ²2008 ♦ WOLF SCHMID, Erzähltextanalyse, in: Thomas Anz (Hg.), Handbuch Literaturwissenschaft, Bd. 2: Methoden und Theorien, Stuttgart/Weimar 2013, 98–120 ♦ ROY SOMMER, Methoden strukturalistischer und narratologischer Ansätze, in: Vera Nünning/Ansgar Nünning (Hg.), Methoden der literatur- und kulturwissenschaftlichen Textanalyse. Ansätze – Grundlagen – Modellanalysen, Stuttgart/Weimar 2010, 91–108 ♦ RUBEN ZIMMERMANN, Narratologische Analyse/Erzähltextanalyse, WiReLex. Das wissenschaftlich-religionspädagogische Lexikon im Internet, Februar 2019, https://www.bibelwissenschaft.de/stichwort/200628/.

Erzählungen im engeren Sinne unterscheiden sich dadurch von anderen Texten, dass sie eine Geschichte darstellen, die durch die Stimme eines „Erzählers" vermittelt wird. Im weiteren Sinne können auch andere Arten von Texten erzählende Anteile haben und mit Mitteln der Erzähltheorie untersucht werden, etwa wenn Paulus in seinen Briefen auf seine Biographie eingeht (Gal 1,10–2,15; 2Kor 11,21b–33 u. ö.). Die wesentlichen Konzepte und Werkzeuge zur Analyse erzählender Texte werden in der literatur- und kulturwissenschaftlichen *Narratologie* entwickelt, deren Methoden seit langem auch in der Exegese angewandt werden. Die „klassische", strukturalistisch geprägte Narratologie versteht sich dabei als textimmanente Methode (d. h. sie verbleibt innerhalb des untersuchten Textes) und konzentriert sich vorwiegend auf die methodische Untersuchung von Strategien und Strukturen der erzählerischen Darstellung. Ansätze der „postklassischen" Narratologie beziehen darüber hinaus kognitive und kulturelle Aspekte mit ein, d. h. sie reflektieren Fragen des Welt- und Sprachwissens der Leserinnen und Leser, die die „klassische" Narratologie nicht berücksichtigte. Auch wenn die neueren erzähltheoretischen Ansätze wiederum eine Vielzahl von Konzepten entwerfen, sind sie insgesamt anwendungsorientiert und stellen zusammen eine Art „Toolkit" mit sich untereinander ergänzenden methodischen Werkzeugen für die analytische Beschreibung von Erzählungen zur Verfügung (vgl. SOMMER 96).

Für erzähltheoretische Zugänge sind im Allgemeinen zwei grundlegende Unterscheidungen zu berücksichtigen: Die reale Person, die einen Text produziert, ist zunächst von der Stimme des *„Erzählers"* der jeweiligen Erzählung zu unterscheiden. Diese Unterscheidung wird vor allem bei den „erfundenen Geschichten" in fiktiven Texten anschaulich, in denen der Autor bzw. die Autorin auch „den Erzähler", d. h. die Erzählstimme mit ihrer spezifischen Stellung zum Erzählten, ihrem Sprachstil und ihren charakterlichen und moralischen Wertungen, bewusst gestalten kann und somit „erfindet". Aber auch bei faktualen Texten, die sich auf reale Begebenheiten der Geschichte oder der Gegenwart beziehen, trägt die Differenzierung zwischen Autor bzw. Autorin und „Erzähler" dazu bei, die Art und Weise der erzählerischen Vermittlung genauer in den Blick zu nehmen.

Als Zweites ist die grundlegende Unterscheidung zwischen zwei Dimensionen bzw. Ebenen der Erzählung zu nennen, die in der strukturalistischen Narratologie aufgebracht wurde. Man kann sich dieser Unterscheidung vereinfachend über zwei Fragen annähern: Die Frage „*Was* erzählt der Text?" bezieht sich auf die erzählte Welt, die erzählten Figuren und die Abfolge der Ereignisse. Diese Ebene wird in der Erzähltheorie als „Geschichte" (franz. *histoire*, engl. *story*) bezeichnet. Die zweite Frage „*Wie* erzählt der Text?" richtet sich darauf, wie die Geschichte vermittelt wird, zum Beispiel in welcher Ausführlichkeit und in welcher Abfolge die Ereignisse erzählt werden, wie bestimmte Figuren bewertet werden, ob sich der Erzähler selbst als Teil der Erzählung präsentiert („Ich-Erzähler") usw. Diese Ebene von Erzähltexten wird als „Diskurs" oder „Erzählung" bezeichnet (franz. *discours* oder *récit*, engl. *discourse*). In vielen narratologischen Konzepten werden diese Ebenen weiter differenziert (s. die Übersicht in SCHMID, Erzähltextanalyse, 104–107) oder der „Erzähler" wird als Vermittlungsinstanz in einer eigenen Kategorie untersucht (u. a. LAHN/MEISTER). In jedem Fall ist zu beachten, dass die Ebene der erzählten Geschichte und die Ebene des Diskurses in der Erzählung untrennbar miteinander verwoben sind: Die Erzählung vermittelt die *Geschichte*, und die Rezipientinnen und Rezipienten erschließen beispielsweise die Abfolge der einzelnen Ereignisse logisch aus der Erzählung. Zugleich wird die Wahrnehmung des erzählten Geschehens, zum Beispiel die Bedeutung einzelner Handlungen oder deren moralische Bewertung, vom *Diskurs*, also der Art und Weise der erzählerischen Vermittlung, gesteuert.

a) Was wird erzählt? – Die Analyse der erzählten Geschichte

Die *Geschichte*, die durch eine Erzählung vermittelt wird, lässt sich generalisierend auf eine *Abfolge von Ereignissen* (*events*) als elementare Handlungseinheiten zurückführen. In einer Erzählung werden die Ereignisse zumeist an Verben erkennbar, die einen Übergang von einem Zustand in einen anderen bezeichnen. In einer Erzählung werden die Ereignisse jedoch nicht immer in ihrer „richtigen" Reihenfolge erzählt. Sie können beispielsweise im Rückblick an späterer Stelle der Erzählung oder als Motivierung für das Handeln einer Figur eingeschoben werden (z. B. „Er hatte nämlich gehört, dass …"). Soweit möglich erschließen die Leserinnen und Leser daher die „logische" Reihenfolge während der Lektüre, sei es aufgrund von expliziten Informationen in der Erzählung oder aufgrund ihres eigenen Wissens über übliche Handlungsabfolgen.

Als Ereignisse gelten zunächst diejenigen Handlungseinheiten, die ausdrücklich im Erzähltext genannt werden und damit zur Geschichte gehören. Zugleich lässt sich die Geschichte als Auswahl bestimmter Ereignisse aus einem gedanklich dahinterliegenden *Geschehen* auffassen. Die Geschichte beschränkt sich also auf Ereignisse, die als erzählenswert betrachtet werden. Theoretisch könnte die Erzählung viele weitere Ereignisse erwähnen, die Teil des vorgestellten Geschehens sind. Dann würde die Erzählung jedoch stark an Umfang gewinnen und die Leserinnen und Leser hätten Schwierigkeiten zu erkennen, worin das Bemerkenswerte der erzählten Handlung liegt. Erzählungen rekurrieren deshalb üblicherweise auf das Vorwissen der Rezipientinnen und Rezipienten ab (z. B. zu geographischen Räumen, historischen Ereignissen und Personen) bzw. aktivieren kognitive Schemata über zusammengehörige Objektklassen (beim Schema HAUS beispielsweise darauf, dass ein Haus meist eine Tür, Wände und ein Dach hat) oder stereotype Handlungsabläufe, die auch als Skripte bezeichnet werden (s. o. § 7.3c). Viele Handlungsschritte, die nicht Teil der Erzählung sind, werden deshalb von den Leserinnen und Lesern entweder ausgeblendet oder stillschweigend ergänzt. Allerdings kann es vorkommen, dass im Lektüreprozess Fragen entstehen, wenn Ereignisse nicht erzählt werden, obwohl sie in der Logik der Handlung erwähnenswert sein könnten.

Die *Handlungsanalyse* eines Erzähltextes ist kein Selbstzweck, sondern stellt die Basis für wichtige weiterführende Beobachtungen zur Verfügung: Zum einen wird darin in enger Orientierung am Text untersucht, welches Geschehen die Erzählung vermittelt und welche Ereignisse dabei konkret benannt werden; zum anderen wird damit eine wichtige Grundlage erarbeitet für die folgende Analyse zur Frage, *wie* die Erzählung die Geschichte vermittelt.

Zunächst können die Ergebnisse des bereits erläuterten Verfahrens der Segmentierung des Textes in (Teil-)Sätze als Ausgangspunkt genommen werden (s. o. § 7.2). Das Augenmerk liegt nun allerdings auf den elementaren Handlungseinheiten, während beschreibende Textaussagen ohne Zustandsveränderungen eingeklammert werden können. Darüber hinaus ist zu beachten, dass die erzählte Geschichte mehrere *Erzählebenen* umfassen kann. Dies ist zumeist dann der Fall, wenn eine Figur in der Erzählung auf ein Geschehen Bezug nimmt, das nicht in der erzählerisch dargestellten Welt geschieht, zu der die redende Figur gehört. Die häufigste Form in den Evangelien, die eine weitere Erzählebene eröffnet, sind die von Jesus erzählten Gleichnisse. Aber auch kurze Nacherzählungen von Geschichten außerhalb des Erzähltextes können einer anderen Erzählebene angehören, wie beispielsweise Jesu Antwort an die Pharisäer im Zusammenhang mit dem Ährenlesen am Sabbat: „Habt ihr nie gelesen, was David tat, als er Mangel hatte und hungrig war ..." (Mk 2,25f.).

Wenn Figuren innerhalb der Erzählung eine Geschichte erzählen und damit eine untergeordnete Erzählebene eröffnen, wird dies als *Binnenerzählung* bezeichnet, während die erzählerische Ausgangsebene im Verhältnis dazu als *Rahmenerzählung* in den Blick genommen wird. In der Narratologie wird bei der Betrachtung der Erzählebene vor allem die Stellung des jeweiligen Erzählers zur erzählten Welt diskutiert (s. u. § 7.6b). Die Erzählung, die eine Figur auf der Ausgangsebene der Erzählung präsentiert, wird im Anschluss an Gérard Genette häufig „metadiegetisch" genannt, während die redende Figur auf der Ausgangsebene als „intradiegetischer Erzähler" bezeichnet wird.

Die *Analyse der Figuren* ist ein weiterer Teilbereich der Untersuchung der erzählten Geschichte. Dabei ist zunächst die Anzahl der Figuren und ihre Funktion innerhalb der Geschichte von Interesse. Die wichtige, jedoch komplexe Frage nach der Charakterisierung der Figuren ist hingegen eng bezogen auf das „Wie" der erzählerischen Vermittlung und soll deshalb erst an späterer Stelle näher beleuchtet werden (s. u.). Aus Sicht der Erzähltheorie gelten nicht nur Menschen als erzählte Figuren, sondern auch andere Wesen, denen ein eigenständiges Handeln oder Sprechen zugeschrieben wird (z. B. die Dämonen bei Jesu Exorzismen sowie der Drache und die beiden Tiere in Apk 12f.). Allgemein lässt sich dabei unterscheiden zwischen einer *Hauptfigur*, einer *Nebenfigur* (etwa in Mk 1,13 die Engel, die Jesus dienen, oder die in den Evangelien häufig als Figurengruppe auftretende Menschenmenge) sowie einer *Hintergrundfigur*, die nur erwähnt wird, aber nicht selbst in Erscheinung tritt (z. B. der Legat Quirinius, Lk 2,2). Wichtig ist darüber hinaus die Frage nach der *Figurenkonstellation*: Interagieren die Figuren direkt miteinander oder nicht? Lassen sich bestimmte schematische Beziehungen zwischen ihnen ausmachen (etwa Oppositionen bzw. Kontraste, Ähnlichkeiten bzw. Parallelen usw.)?

Auch *Raum und Zeit* stellen zwei wichtige Kategorien der erzählten Geschichte dar, die es eigens zu untersuchen gilt. Hier stellt sich zunächst die Frage, welche *Orte und umgrenzten Räume* erwähnt werden, aber auch welche räumlichen Beziehungen zwischen verschiedenen Handlungsorten hergestellt werden, etwa wenn Jesus im Markusevangelium mehrfach „das *andere* Ufer" des Sees Genezareth erreicht (τὸ πέραν, Mk 5,1.21; 6,45; 8,13). In Bezug auf die Konstruktion des Raums sind zudem das Weltwissen und die kognitiven Schemata der Rezipientinnen und Rezipienten von besonderer Bedeutung. Erzähltexte enthalten häufig nur einige ausgewählte Informationen zur räumlichen Einordnung des Geschehens, so dass die Lesenden darauf angewiesen sind, die Bedeutung dieser Angaben zu erfassen und einzuordnen. Darüber hinaus kann der Raum eines Geschehens in besonderer Weise „semantisiert" sein: Ein Geschehen, das beispielsweise in der Wüste oder auf einem Berg verortet wird, kann vor dem Hintergrund der Schriften Israels einen Bezug zur Exodus- oder zur Elia-Erzählung andeuten. Besonders häufig erscheint solch eine „Semantisierung" des Raums auch bei der Erwähnung der „Himmel" (etwa der „Vater in den Himmeln" in Mt 5,45; 6,1.9 u. ö., sowie das „Königreich der Himmel") oder bei bestimmten lokalen Adverbien wie etwa „von oben" (ἄνωθεν, Joh 3,3.7; 19,11 u. ö.).

Mit Blick auf die Kategorie der *Zeit* ist zunächst zu fragen, ob das Geschehen chronologisch eingeordnet wird (wie am Beginn der Erzählung der Geburt Jesu in Lk 2,1), welche Zeitspanne das Geschehen als *erzählte Zeit* umfasst und in welcher Form der Erzähltext auf bestimmte Zeitpunkte oder eine Zeitspanne hinweist (direkt oder indirekt, etwa durch die Erwähnung mehrerer jüdischer Feste im Johannesevangelium). Zudem ist auch eine „Semantisierung" der Zeit nicht ungewöhnlich. Dies wird unter anderem beim vierzigtägigen Aufenthalt Jesu in der Wüste erkennbar (Mk 1,13 parr.), vor allem aber im Johannesevangelium mit Bezug auf die rituelle Bedeutung jüdischer Feste (Joh 6,4 u. ö.), bei Hinweisen auf die „Stunde" Jesu (7,30; 8,20 u. ö.) und bei metaphorischen Aussagen zu seiner Präexistenz (1,15.30; 8,58 u. ö.).

b) Wie wird erzählt? – Die Analyse des narrativen Diskurses

Die Analyse der Art und Weise, wie die Geschichte erzählend vermittelt bzw. dargestellt wird, lässt sich nach verschiedenen Seiten hin entfalten: Hier ist zunächst zu untersuchen, was sich über die Erzählstimme bzw. den „Erzähler" sagen lässt. Es geht also um eine Annäherung an die Frage: „Wer spricht?" Darüber hinaus sind die Erzählperspektive, die Anordnung der Ereignisse der Geschichte sowie die Zeitdarstellung bedeutende Untersuchungsbereiche des Erzähldiskurses. Ein wichtiger Analyseschritt bezieht sich schließlich auf die Charakterisierung der Figuren, wobei die Ebenen der erzählten Geschichte und der Art und Weise der erzählerischen Vermittlung in diesem Bereich häufig besonders eng verbunden sind.

Für die Wahrnehmung der Lesenden spielt die *Erzählstimme* eine wesentliche Rolle. Während des Lesens nehmen die Rezipientinnen und Rezipienten häufig entsprechende Signale des Erzähltextes wahr und fügen sie gedanklich zu einem Bild des „Erzählers" zusammen. Ein wichtiger Ansatzpunkt ist dabei die *ontologische Verhältnisbestimmung* zwischen Erzähler und erzählter Welt, bei der es um die Frage geht, ob der Erzähler sich selbst als Figur der erzählten Welt darstellt oder ob er außerhalb davon steht. In der Erzählforschung wie auch in der exegetischen Literatur ist hierfür das klassische Konzept von Gérard Genette weit verbreitet, so dass es hilfreich ist, dessen Terminologie zu kennen. Die entsprechende Begrifflichkeit von Wolf Schmid ist jedoch weniger missverständlich und wird daher im Folgenden verwendet. Bezugspunkt ist jeweils die Ebene des Erzählten bzw. der erzählten Welt, die sogenannte „Diegesis":

	Gérard Genette	*Wolf Schmid*
Die Erzählstimme präsentiert sich als Teil der erzählten Welt und erscheint als Figur in der erzählten Geschichte.	homodiegetisch	diegetisch
Der Erzählstimme präsentiert sich *nicht* als Teil der erzählten Welt und erscheint daher nicht als Figur in der Geschichte.	heterodiegetisch	nichtdiegetisch

Ein nichtdiegetischer Erzähler ist somit nicht als Figur am Geschehen beteiligt. Ein diegetischer Erzähler dagegen kann in unterschiedlicher Weise involviert sein: als bloßer Beobachter im Raum der Erzählung, als handelnde Nebenfigur oder als eine der Hauptfiguren. Der Grad der Beteiligung kann sich zudem im Laufe der Erzählung verändern, vor allem wenn der Erzähler nur gelegentlich als Beobachter oder als Nebenfigur auftritt.

Die Erzählstimme im Markus- und im Matthäusevangelium ist durchgehend nichtdiegetisch, da der Erzähler nicht selbst als Figur in Erscheinung tritt. Der Erzähler des Johannesevangeliums ist im Hauptteil nichtdiegetisch, jedoch enthält der vielschichtig gestaltete Prolog (1,1–18) signifikante Aussagen einer Gruppe, die eine Beobachterrolle andeuten (V. 14: „und wir sahen seine Herrlichkeit" usw.). Die Stimme des Erzählers im Lukasevangelium ist nichtdiegetisch, in den sogenannten Wir-Passagen der Apostelgeschichte stellt sie sich jedoch als am Geschehen beteiligt vor (vgl. unten § 32.3). In der Johannesoffenbarung tritt Johannes als diegetischer Erzähler auf, der sowohl prophetischer Zeuge als auch eine der handelnden Figuren ist. Interessant ist darüber hinaus das apokryphe Petrusevangelium, in dem Petrus als diegetischer Erzähler erscheint (EvPetr 7; 13).

Nicht selten kommt es vor, dass eine Figur innerhalb der Erzählung eine eigene Geschichte erzählt und damit zum „erzählten Erzähler" wird. Auf diese Weise wird eine weitere *Erzählebene* eröffnet, deren Geschichte zumeist in einer anderen Zeit angesiedelt ist. Eine solche sekundäre Erzählebene kann eine *Binnenerzählung* mit eigener Geschichte und eigenen Figuren enthalten, wie das bei den Gleichnissen in der Regel der Fall ist. Erzählfiguren können aber auch Ereignisse erzählen, die zur Ausgangsebene der Erzählung gehören: Dies kann im Rückblick auf bereits erzählte Ereignisse geschehen (z. B. die Berichte des Paulus über seine Lebenswende in Apg 22,6–16; 26,12–18, die der Erzähler bereits in Apg 9,3–19 geschildert hatte) oder als Ankündigung noch ausstehender Ereignisse (etwa wenn Jesus sagt: „Nach meiner Auferstehung werde ich euch aber vorausgehen nach Galiläa", Mt 26,32; vgl. 28,16–20).

Die Erzählstimme, die als Erzähler der Ausgangs- bzw. Rahmenerzählung erscheint, wird in der Narratologie als *primärer* oder *extradiegetischer* Erzähler bezeichnet. Eine erzählte Figur, die eine Geschichte auf einer weiteren Ebene erzählt, ist ein *sekundärer* oder *intradiegetischer* Erzähler. Gelegentlich erreicht diese Form der „Verschachtelung" noch eine weitere Ebene, unter anderem wenn Jesus die Parabel vom verlorenen Sohn erzählt, in der der Knecht dem älteren Bruder schildert, dass der jüngere Bruder zurückgekehrt ist und der Vater ein Festmahl veranstaltet (Lk 15,27). Der Knecht übernimmt somit kurzzeitig die Funktion eines *tertiären* oder *metadiegetischen* Erzählers.

Die *Erzählperspektive* (engl. *point of view*) ist eine zentrale Kategorie der Analyse von Erzähltexten. Im umfassenden Sinn werden darunter diejenigen Faktoren verstanden, die das Erfassen und Darstellen des erzählten Geschehens bestimmen oder erkennbar einschränken. An dieser Stelle ist zunächst die *Fokalisierung* zu betrachten, die sich als Annäherung an die Frage „Wer sieht?" verstehen lässt. Die Erzählstimme kann sich in Figuren „hineinversetzen" und ihre Wahrnehmungen, Gedanken und Gefühle mitteilen, oder aber sie bleibt außerhalb von ihnen. Hier werden drei Typen der Fokalisierung unterschieden: Wenn der

Erzähler mehr sagt bzw. weiß als die erzählten Figuren und wenn er keine Einschränkungen dessen erkennen lässt, was er wissen und wahrnehmen kann, liegt eine *Nullfokalisierung* vor; der Erzähler hat quasi die „Übersicht". Ist erkennbar, dass der Erzähler weniger weiß oder mitteilt, als die Figuren wissen, wird dies als *externe Fokalisierung* oder einfacher als „Außensicht" bezeichnet. Bei einer *internen Fokalisierung* schließlich ist das Wahrnehmen und Wissen des Erzählers als „Mitsicht" an eine bestimmte Figur gebunden.

Die Fokalisierung ist in einer Erzählung häufig variabel und kann sich ändern. Im Markusevangelium etwa weisen weite Teile der Erzählung eine Nullfokalisierung („Übersicht") auf. Aber unter anderem der Erzählabschnitt über die Verklärung Jesu (Mk 9,2–10) ist intern fokalisiert und überwiegend an Wahrnehmung und Wissen der drei beteiligten Jünger gebunden. Eine interne Fokalisierung lässt sich probehalber oft daran erkennen, dass die Erzählung sinnvoll in die 1. Person übertragen werden könnte, im genannten Beispiel etwa in V. 3f.: „Und er wurde vor [ihnen] *uns* verwandelt ... Und [ihnen] *uns* erschien Elia mit Mose und sie sprachen mit Jesus." In V. 6 teilt der Erzähler jedoch etwas mit, was Petrus *nicht* weiß („Er wusste nämlich nicht, was er sagte ..."), während die beiden folgenden Verse erneut wiedergeben, was die drei Jünger sehen, so dass die interne Fokalisierung an sie gebunden erscheint. Bildlich gesprochen „sieht" also die Filmkamera meist mit den Augen der drei Jünger, d. h. sie verwendet deren „Perspektive".

Ein wichtiger Faktor, der zur Erzählperspektive gehört, betrifft das *Wissen*, das *Wirklichkeitsverständnis* und die *Wertungshaltung*, wie sie in der jeweiligen Erzählstimme zum Ausdruck kommen. Erzähltheoretisch wird diese Kategorie als „Ideologie" (im neutral verstandenen Sinn) bezeichnet. Dabei ist zu fragen, wo und in welcher Form sich ein bestimmtes Wirklichkeitsverständnis bzw. eine Wertungshaltung konkret ausdrückt. Am Beginn des Lukasevangeliums etwa charakterisiert der Erzähler die Eltern von Johannes dem Täufer, Zacharias und Elisabeth, ausdrücklich als „gerecht vor Gott" und treu gegenüber den Geboten der Tora (Lk 1,6). Darüber hinaus kann ein Erzähler zeitweise die Weltsicht und die Wertungshaltung einer der Figuren übernehmen, ohne dass dies als Bericht über die Gedanken der Figur eingeführt wird. In den Erzähltexten des Neuen Testaments kommt dies jedoch – anders als in der modernen Literatur – praktisch nicht vor.

Beobachtungen zum Wirklichkeitsverständnis und zur Wertungshaltung eines Erzählers weisen enge Bezüge zur Frage nach dem theologischen Profil der jeweiligen Schrift auf. Während sich Letzteres jedoch aus der Gesamtinterpretation des Textes ergibt, sollten Beobachtungen zum Wirklichkeitsverständnis und zur Wertungshaltung eines Erzählers zunächst auf entsprechende Aussagen der Erzählstimme konzentriert werden.

Die Analyse der *Zeitdarstellung* widmet sich einer grundlegenden Kategorie der erzählerischen Vermittlung insgesamt. Teilweise kommt die Zeit jedoch auch als Faktor für eine spezifische Erzählperspektive in den Blick, sofern der Erzähler damit ausdrückt, dass er – anders als die Figuren in der Erzählung – bestimmte Ereignisse bereits kennt. Wichtig ist zunächst das Verhältnis zwischen der *Erzählzeit* (die Zeit, die das Erzählen bzw. die Lektüre der Erzählung an sich dauert) und der *erzählten Zeit* (der Zeitraum, der das vorgestellte Geschehen umfasst); dieses Verhältnis variiert üblicherweise im Verlauf der Erzählung.

Oft werden Zeiträume durch eine Zeitangabe übersprungen oder Einzelereignisse zusammengefasst (etwa „und er heilte viele ...", Mk 1,34), so dass es zu einer *Raffung* der erzählten Zeit kommt. Im *szenischen* Erzählen, besonders bei einem hohen Anteil von wörtlicher Rede der Figuren und detaillierten Beschreibungen ihrer Handlungen, liegt das Verhältnis von Erzählzeit und erzählter Zeit nahe beieinander. Bei längeren Beschreibungen des Erzählers, ohne dass eine Zustandsveränderung geschieht (z. B. Teile der Schilderung des „neuen Jerusalems", Apk 21,18–21), liegt dagegen eine *Zeitdehnung* vor.

Die Ereignisse werden nicht immer in der als „natürlich" empfundenen *Ordnung* des Geschehens erzählt: Frühere Ereignisse können an späterer Stelle der Erzählung in Form einer *Analepse* wiedergegeben werden, oder aber zukünftige Ereignisse werden vorausblickend in einer *Prolepse* erwähnt. Im Erzählvorgang ist es außerdem notwendig, dass Ereignisse, die gleichzeitig an verschiedenen Orten stattfinden, nacheinander erzählt werden.

Das Schicksal Johannes' des Täufers wird im Markusevangelium bereits in Mk 1,14 mit dem bloßen Hinweis auf seine Gefangennahme kurz erwähnt. Als Herodes (Antipas) später vom Wirken Jesu hört, hält er ihn für den auferweckten Johannes, den er „enthauptet" hatte (6,16). Der Erzähler nimmt dies zum Anlass, die Hinrichtung des Johannes in einer *Analepse* zu erzählen (6,17–29). Der Erzählabschnitt vom Ende des Johannes ist zwischen die Aussendung und Rückkehr der Zwölf eingeschoben, so dass die Erzählzeit in diesem Handlungsstrang etwas gedehnt wird. Zugleich ist die Erzählung über das Schicksal des Johannes als Hinweis auf die viel später erfolgende Hinrichtung und Grablegung Jesu gestaltet. *Prolepsen* liegen unter anderem in Form von Figurenrede Jesu in den Leidensankündigungen der Synoptiker vor (s. u. §29.6) oder in der Erzählstimme zum Beispiel in Joh 7,39: „Der Geist war nämlich noch nicht da, weil Jesus noch nicht verherrlicht war." Ein anschauliches Beispiel für die erzählerische Vermittlung ungefähr gleichzeitiger Ereignisse sind die beiden verschachtelten Handlungsstränge in Joh 18,12–27, mit denen die Befragung Jesu durch Hannas (V. 12–14.19–24) und die Verleugnung des Petrus (V. 15–18.25–27) erzählt werden. Deutlich wird die Gleichzeitigkeit durch die fast wörtlich wiederholte Feststellung des Erzählers, dass sich Petrus an einem Feuer wärmt (V. 18.25).

Zur Analyse der Zeitdarstellung gehört schließlich auch die Untersuchung der *Frequenz*, also der Häufigkeit, in der ein Ereignis der Geschichte erzählt wird. Wird ein Ereignis mehrfach erzählt, so gewinnt es in der Erzählung an Gewicht und wird von den Leserinnen und Lesern stärker wahrgenommen. So heben die proleptischen Leidensankündigungen Jesu in den synoptischen Evangelien die Bedeutung der Kreuzigung und Auferstehung Jesu hervor und deuten sie (Mk 8,31; 9,31; 10,33f. parr.). In der Apostelgeschichte wiederum lassen die beiden analeptischen Schilderungen des Paulus in seinen Reden die Ereignisse seiner Lebenswende stärker hervortreten (Apg 22,6–16; 26,12–18; vgl. die Erzählung dieser Ereignisse auf der primären Erzählebene in 9,3–9).

Den erzählten *Figuren* und deren *Charakterisierung* gilt seit jeher das besondere Interesse der Rezipientinnen und Rezipienten von Erzähltexten. Erzähltexte bieten oft eine Fülle von expliziten Informationen und indirekten Andeutungen zu den erzählten Figuren, die von den Rezipientinnen und Rezipienten aufgenommen und zu einem mehr oder weniger komplexen Bild zusammengefügt werden. Um das „Wie" der erzählerischen Vermittlung der Geschichte zu analysieren, ist jedoch an dieser Stelle eine wichtige Vorbemerkung zur *Informationsvergabe* angebracht: Informationen, die der Erzähltext über eine Figur mitteilt, sollten bei der Analyse der Charakterisierung nicht mechanisch an die jeweilige Figur „angeklebt" werden, sondern bedürfen in verschiedener Hinsicht einer Einordnung und Einstufung. Eine erste Frage betrifft die *Zuverlässigkeit*: Anders als in einigen modernen Erzählungen gilt die Stimme des Erzählers in den neutestamentlichen Texten zwar im Allgemeinen als zuverlässig, jedoch stellt sich häufig die Frage, ob Aussagen von erzählten Figuren über andere Figuren zutreffen. In der Analyse gilt es, eventuelle Probleme in dieser Hinsicht bewusst wahrzunehmen und zu benennen, um sie nicht intuitiv zu lösen oder auszublenden.

Wenn beispielsweise in den Evangelien die Identität Jesu und sein Wirken durch andere Figuren thematisiert werden (durch die Pharisäer, die Jüngergruppe, Pilatus usw.), ist dieses Problem zumeist offensichtlich. Gelegentlich können aber auch Aussagen Jesu, der allgemein als zuverlässige, autoritative Erzählfigur gilt, unsicher werden: Wenn zuvor von anderen gesagt wird, dass die Tochter des Jairus bereits gestorben sei (Mk 5,35), ist dann Jesu Aussage „Das Kind ist nicht gestorben, sondern es schläft" (5,39) als zuverlässig zu bewerten? Und wenn ja, ist diese Aussage wörtlich oder metaphorisch zu verstehen?

Zwei weitere, miteinander verschränkte Fragen zu den Merkmalen, die einer Figur zugeschrieben werden, betreffen die jeweilige Erzählperspektive („Aus wessen Sicht wird erzählt?") und die Offensichtlichkeit der relevanten Informationen innerhalb der erzählten Welt („Wer erfährt davon?"). Schließlich ist auch in diesem Zusammenhang daran zu erinnern, dass das Weltwissen und die kognitiven Schemata der Rezipientinnen und Rezipienten eine wichtige Rolle dabei spielen, welches Bild der Figuren während des Lesens entsteht. Dies gilt beispielsweise dann, wenn Figuren mit bestimmten geographischen oder sozialen Räumen verbunden sind, von denen die Leserinnen und Leser implizit auf den Charakter der Figur schließen.

Die Untersuchung der Figurencharakterisierung lässt sich nach den vier Kategorien *Figurenhandeln*, *Sprache*, *äußere Erscheinung* und *interpersonelle Charakterisierung* gliedern (vgl. LAHN/MEISTER 242–244).

1) Figurenhandeln: Handelt die Figur selbstbestimmt, kontrolliert und absichtlich? Denkt die Figur über ihre Handlungen nach (etwa in Form eines inneren Monologs wie in Lk 12,17–19; 15,17–19; 16,3f.; 18,4f.)? Werden Handlungen tatsächlich ausgeführt oder bewusst unterlassen? Wird das Handeln durch die Erzählstimme oder durch eine andere Figur bewertet (wie in Lk 16,8: „Und der Herr lobte den ungerechten Verwalter …")?
2) Sprache: Lassen sich besondere stilistische Merkmale erkennen (z. B. dialektal oder fremdsprachlich wie „Effata!", Mk 7,34; Komplexität von Sätzen; häufige Interjektionen)? Welche Redeinhalte werden in besonderer Weise mit einer Figur verbunden (z. B. Jesu Rede von der βασιλεία τοῦ θεοῦ und seine παραβολαί)?
3) Äußere Erscheinung: Gibt es Informationen über die körperliche Gestalt und die Kleidung der Figur? Wird die Figur einem bestimmten geographischen oder ethnisch-kulturell geprägten Umfeld zugeordnet? Welche Konnotationen hat gegebenenfalls der Name einer Figur?
4) Interpersonelle Charakterisierung: Gibt die wörtliche Rede einer Figur charakterliche Informationen über eine andere Figur? Dient eine Figur dazu, die charakterlichen Merkmale einer anderen zu verdeutlichen (bspw. durch Kontrast wie in der Parabel von den ungleichen Söhnen, Mt 21,28–30, oder durch Ähnlichkeit wie bei den drei Gästen, die ihre Einladung zum Gastmahl ausschlagen, Lk 14,18–20)?

Grundlegende Beobachtungen betreffen weiterhin die Figurenrede und die Bewusstseinsdarstellung der Figuren: In der *zitierten* („wörtlichen") Figurenrede tritt die Figur stärker hervor – vor allem bei längeren Reden –, während sie in der *indirekten* Rede tendenziell in den Hintergrund tritt; in der *erzählten* Figurenrede schließlich komprimiert der Erzähler die Aussage auf eine mehr oder weniger knappe Inhaltsangabe (wie in Lk 7,36: „Einer der Pharisäer bat ihn [sc. Jesus] aber, mit ihm zu essen"). Analog dazu können die Gedanken einer Figur zitiert werden, beispielsweise als innerer Monolog (wie beim reichen Kornbauern, Lk 12,17–19), oder zusammenfassend erzählt werden.

Für jede Figur lässt sich schließlich die Frage nach der *Figurenkonzeption* stellen, sowohl mit Blick auf einen begrenzten Textabschnitt als auch auf den Erzähltext insgesamt. Figuren, die nur auf bestimmte Standardrollen festgelegt scheinen oder wenig differenziert sind, werden als *einfache* Charaktere beschrieben, wohingegen die detaillierte Darstellung mit Einblicken in verschiedene Handlungsoptionen oder das Denken der Figur einen *komplexen* Charakter erzeugt. In ähnlicher Weise lässt sich untersuchen, ob eine *dynamische Figurenkonzeption* vorliegt, ob sich die Figur in ihrem Denken und Handeln also verändert, entwickelt und auf Situationsverschiebungen reagiert. Wenn dies nicht erkennbar ist, kann von einer *statischen* Konzeption der Figur gesprochen werden. Einfache, statisch dargestellte Figuren werden auch als „flache" Charaktere bezeichnet; komplexe, dynamisch konzipierte Figuren werden auch „runde" Charaktere genannt.

c) Analyse eines erzählenden Textes am Beispiel von Mk 1,1–15

Literatur: DAVID S. DU TOIT, „Es ist nichts Geheimes, das nicht ans Licht kommen soll." Verhüllung und Enthüllung als Erzählmotiv und als narrative Strategie im Markusevangelium, in: Predrag Dragutinović u. a. (Hg.), Christ of the Sacred Stories (WUNT II 453), Tübingen 2017, 27–56 ♦ CHRISTINE GERBER, Erzählte Christologie im Markusevangelium – oder: Wie ist zu verstehen, wer Jesus ist?, in: Thomas Fornet-Ponse (Hg.), Jesus Christus. Von alttestamentlichen Messiasvorstellungen bis zur literarischen Figur (JThF 25), Münster 2015, 63–72 ♦ GUDRUN GUTTENBERGER, Das Evangelium nach Markus (ZBK.NT 2), Zürich 2017, 31–43 ♦ HANS-JOSEF KLAUCK, Vorspiel im Himmel? Erzähltechnik und Theologie im Markusprolog (BThSt 32), Neukirchen-Vluyn 1997.

Mithilfe erzähltheoretischer Methoden lassen sich im Prolog des Markusevangeliums zahlreiche interessante Beobachtungen machen. Dieser Textabschnitt wirft stellenweise sowohl textkritische als auch syntaktische Fragen auf, die in der neutestamentlichen Forschung umfangreich diskutiert werden. Die folgende Beispielanalyse muss sich daher auf eine Auswahl wichtiger Beobachtungen beschränken.

Bevor die erzählte Geschichte näher betrachtet wird, ist auf das Problem der komplexen narrativen Ebenen hinzuweisen, die durch das Schriftzitat (V. 2f.) erzeugt werden. Die Ereignisse, die innerhalb des Schriftzitats erzählt werden, sind von der erzählten Geschichte auf der primären diegetischen Ebene zu unterscheiden. Die *Geschichte* umfasst die Ereignisse, bei denen einerseits Johannes der Täufer (V. 4–8) und andererseits Jesus (V. 9–15) im Mittelpunkt stehen. Da die Ereignisse überwiegend der Reihe nach erzählt sind, ist eine zeilenweise Darstellung der Ereignisse an dieser Stelle entbehrlich. Lediglich die Rede des Johannes nimmt auf zukünftige Ereignisse Bezug. Das Kommen des „Stärkeren" (V. 7) wird im Erzähltext mit dem Auftreten Jesu eingelöst (Stichwort ἔρχομαι), wohingegen Johannes' Ansage, dass der „Stärkere" mit dem Heiligen Geist taufen wird, auf ein zeitlich kaum einzuordnendes, vermutlich über die erzählte Geschichte hinausreichendes Ereignis verweist (das vielleicht auf die Gegenwart der Lesenden zielt, vgl. 13,11?). Die Ebene des Schriftzitats enthält wiederum einige Ereignisse, die in chronologischer Abfolge innerhalb von wörtlicher Rede in den Blick genommen werden.

Der Erzählabschnitt enthält eine relativ große Anzahl von *Figuren*, wobei auch hier zunächst die primäre Erzählebene in den Blick zu nehmen ist: Johannes und Jesus stellen die Hauptfiguren dar; die Menschen aus Judäa und Jerusalem, der Heilige Geist, die Himmelsstimme (die die Lesenden leicht als Stimme Gottes identifizieren können), der Satan sowie die Engel sind Nebenfiguren. Mit Blick auf die *Figurenkonstellation* ist festzustellen, dass die beiden Hauptfiguren mit den Nebenfiguren, aber auch die Hauptfiguren untereinander interagieren, während zwischen den Nebenfiguren keine Handlungen stattfinden. Die Figurenkonstellation zwischen Johannes und Jesus ist teils durch Kontraste geprägt (u. a. durch die außergewöhnliche Kleidung und Ernährungsweise des Johannes), teilweise finden sich aber auch Parallelen, etwa darin, dass beide eine Botschaft „verkündigen" (κηρύσσειν) und sich – zumindest zeitweise – in der Wüste aufhalten.

Auf der sekundären Ebene des Schriftzitats lassen sich die diegetische Erzählstimme („*ich sende …*"), der „Bote" (ἄγγελος), der offensichtlich mit dem „Rufenden" identisch ist, sowie der „Herr" (κύριος) als Figuren unterscheiden. Die Bezüge zwischen den Figuren der primären und der sekundären Erzählebene sind für die Lesenden durch textinterne Hinweise vorgezeichnet: Mit dem „Boten" ist offensichtlich Johannes gemeint (erkennbar u. a. am wiederholten ἐν τῇ ἐρήμῳ, V. 3a.4a), während sich κύριος vermutlich – anders als in Jes 40,3 – auf Jesus bezieht (vgl. Mk 2,28; einige Kommentare sehen darin einen Bezug auf Gott).

Im Schriftzitat ist der erzählte *Raum* zuerst unbestimmt; mit Hans-Josef Klauck kann man hier wegen der impliziten Gottesrede eine „Verschränkung von Himmel und Erde" sehen (KLAUCK 113). In V. 4 wird der Raum, in dem Johannes auftritt, zunächst ohne nähere geographische Lokalisierung als „die Wüste" bezeichnet. Zum semantischen Gehalt ist anzumerken, dass der räumlich geprägte Begriff „Weg" (ὁδός, V. 2f.) vor allem im zweiten Hauptteil des Evangeliums mit den darin enthaltenen Leidensankündigungen von Bedeutung ist (8,27–10,52). Dass die „Wüste" als „semantisierte" Ortsbezeichnung ins Spiel kommt, wird bereits durch ihre Erwähnung in dem Schriftzitat (V. 3) deutlich. Darüber hinaus gilt sie als lebensfeindlich, als Raum der spirituellen Gefahr (vgl. V. 13) sowie als Ort der Bewährung und der Begegnung mit Gott (so vor allem in der Exodusüberlieferung). Für eine genauere Lokalisierung der Ereignisse um Johannes sorgt die Erwähnung des „Flusses Jordan" sowie der Hinweis, dass die Menschen aus Judäa und Jerusalem bzw. Jesus aus „Nazaret in Galiläa" zu Johannes hinkommen. Mit der Notiz über die Verkündigung Jesu wechselt der erzählte Raum nach Galiläa (V. 14f.), ein konkreter Ort wird dabei noch nicht genannt. Die Spanne der *erzählten Zeit* bleibt relativ offen (vor allem durch die „Zeitlosigkeit", die der Verweis auf das Jesajabuch herstellt). Die Dauer des Wirkens des Täufers lässt sich aus der Erzählung nicht erschließen, erwähnt wird jedoch seine Gefangennahme. Eine Zeitdauer von „vierzig Tagen", die für den Aufenthalt Jesu in der Wüste mitgeteilt wird, beinhaltet in der jüdischen Tradition genauso wie die Spanne von vierzig Jahren die Vorstellung einer langen, vollständigen Zeit.

Nach der Analyse der erzählten Geschichte („Was wird erzählt?") kann nun die Analyse des narrativen Diskurses („Wie wird erzählt?") folgen. Der primäre nichtdiegetische Erzähler verfügt offenbar über ein umfangreicheres Wissen als die einzelnen Erzählfiguren, die Erzählperspektive ist also überwiegend von einer Nullfokalisierung („Übersicht") bestimmt. Ein markanter Wechsel hin zu einer internen Fokalisierung („Mitsicht") erfolgt in V. 10f.: Der Erzähler berichtet von einer Vision, die nur Jesus hat (anders vor allem in Lk 3,21f.), und auch die Himmelsstimme hört wohl nur Jesus, wie die Anrede mit „du" zeigt. Die Wertungshaltung des Erzählers, die ebenfalls Teil der Erzählperspektive ist, drückt sich besonders deutlich darin aus, dass Jesus als „Christus" und „Sohn Gottes" eingeführt wird (V. 1), sowie in der Verknüpfung des Geschehens mit dem Zitat aus „Jesaja": Was im Folgenden im Markusevangelium erzählt wird, entspricht den Schriften Israels.

Aus dem Jesajabuch stammt nur Mk 1,3 (Jes 40,3 LXX mit Abweichungen am Zitatende). Dagegen handelt es sich bei Mk 1,2 um ein abgewandeltes Zitat aus Mal 3,1 (mit Einfluss von Ex 23,20). Ob das mit καθώς eingeleitete Zitat in Mk 1,2f. mit der vorausgehenden Überschrift oder mit dem folgenden Auftreten des Täufers zu verbinden ist, wird in der Forschung wegen der syntaktischen Unbestimmtheit verschieden beurteilt.

In Bezug auf die erzählerische Vermittlung der Zeit ist zunächst daran zu erinnern, dass die erzählte Zeit weithin unbestimmt ist. In V. 4–15 lässt sich ein häufiger Wechsel zwischen gerafft dargestellten Ereignissen und kurzen szenischen Abschnitten mit wörtlicher Figurenrede beobachten. In V. 10 und 12 beschleunigt das Adverb εὐθύς („sofort") das Erzähltempo, indem der unmittelbare Übergang von einer Handlung zur nächsten hervorgehoben wird. Grundsätzlich zu berücksichtigen ist an dieser Stelle auch der differenzierte Gebrauch der griechischen Tempora.

Die finiten Verben stehen in diesem Abschnitt bei besonders bedeutenden, den Handlungsablauf vorantreibenden Ereignissen meist im Aorist: das erstmalige Auftreten des Johannes (V. 4), das Kommen Jesu, seine Taufe (V. 9–11) sowie der Beginn seiner Verkündigung (V. 14). Den Beginn einer neuen Handlung hebt auch das *praesens historicum* in V. 12 hervor. Ereignisse, die als länger andauernd oder wiederkehrend vorgestellt werden, so dass sie den Hintergrund der im Aorist betonten Ereignisse beschreiben, werden im Imperfekt angeführt (V. 5–7.13); dies wird durch die umschreibende Zerlegung (*coniugatio periphrastica*) mit ἦν und Partizip verstärkt (V. 6.13).

Die zahlreichen Informationen zur Charakterisierung der Figuren werden in diesem Erzählabschnitt auf verschiedene Weise vermittelt: Die Überschrift in Mk 1,1 ist zugleich ein erzählerischer Kommentar, wer dieser Jesus ist, nämlich der „Christus" und „Sohn Gottes" (zu Einzelheiten s. DU TOIT 29f. sowie die Kommentare). Auch das Zitat aus „Jesaja" (V. 2f.) stellt die Ereignisse um Johannes und Jesus als übereinstimmend mit dem Willen Gottes dar und deutet bereits deren Handeln an. Johannes wird explizit durch einen bestimmten Aufenthaltsort und sein Handeln charakterisiert (V. 4f.). Seine äußere Erscheinung und Ernährungsgewohnheiten lassen ihn zum einen als markant und außergewöhnlich erscheinen, zum anderen sind damit verschiedene soziale und religiöse Konnotationen verbunden (asketische Ernährung mit nichtkultivierten Lebensmitteln, Anklänge an die Figur Elias nach 2Kön 1,8 etc.). In der Rede des Johannes (V. 7f.) charakterisiert die redende Figur sich selbst und zugleich auch den „Kommenden", d. h. im Erzähltext Jesus. Bei seinem ersten Auftreten wird

Jesus sehr kurz durch den Herkunftsort „Nazaret in Galiläa" beschrieben (V. 9; anders vor allem in 6,3 mit Jesu Beruf und Familie). Dadurch tritt seine bedeutsame Charakterisierung durch den Empfang des Geistes und durch die als verlässlich wahrzunehmende Himmelsstimme noch stärker in den Vordergrund.

In V. 4–15 sind zudem die verschiedenen Formen der Wiedergabe von Figurenrede bemerkenswert: Durch zitierte Figurenrede treten die beiden Hauptfiguren (V. 7f.15) und die Himmelsstimme (V. 11) in den Vordergrund. Die Verkündigung des Johannes wird zunächst ohne wörtliche Rede erzählt (V. 4b), so dass die zitierte Rede über den „Kommenden" (V. 7f.) umso stärker hervortritt. Die Figurenrede der Menschen aus Jerusalem und Judäa wird lediglich komprimiert und ohne nähere Inhalte erwähnt („sie bekannten ihre Sünden"), und auch die Worte des Satans oder die Art und Weise, wie er Jesus „versuchte", werden nicht beschrieben (anders die umfangreiche Versuchungserzählung in Mt 4,1–11/ Lk 4,1–13).

Die erzähltheoretischen Methoden bieten einen hilfreichen „Werkzeugkasten", um die erzählerische Gestaltung des Markusevangeliums systematisch zu analysieren. Zugleich werden damit wesentliche Grundlagen für das Verstehen dieses Erzähltextes gelegt: Gegenüber den Figuren in der erzählten Geschichte erhalten die Lesenden einen „Wissensvorsprung", da sie in der Überschrift – als Kommentar der Erzählstimme – und in der Rede der Himmelsstimme etwas über die Identität Jesu erfahren, das in seiner genauen Bedeutung zugleich noch offen ist. Über die daraus entstehende Frage, wer dieser Jesus ist, wird eine Spannung erzeugt, die für die gesamte Jesuserzählung des Markus prägend ist (vgl. 1,27, 4,41; 8,27–30 etc.).

7 Zur Übersetzung des Textes

Literatur: EGGER/WICK, Methodenlehre, 101–104 ◆ SÖDING, Wege der Schriftauslegung, 81–84.

In der Erarbeitung einer Übersetzung werden die Ergebnisse der Textanalyse, die zu einem begründeten Verständnis des Textes geführt haben, in konzentrierter Weise aufgenommen und abgebildet. Wie in den vorangegangenen Abschnitten zu den Methoden der Textanalyse deutlich wurde, stehen die betreffenden Fragestellungen oftmals in einem unmittelbaren Zusammenhang mit Entscheidungen zur Übersetzung des Textes. Dies gilt in besonderem Maße für die grammatisch-syntaktische und die semantische Analyse. Zugleich wird in der Arbeit an der Übersetzung die notwendige Mitarbeit der Exegetinnen und Exegeten bei der Konstitution des Textsinns besonders augenfällig (s. o. § 5), zumal es „nie nur *die eine* gültige Übersetzung geben kann, sondern immer eine Vielzahl von Übertragungen geben wird und geben muß" (SÖDING 81f.).

Die nötigen Sprachkenntnisse vorausgesetzt, empfiehlt sich in der exegetischen Arbeit eine möglichst intensive Beschäftigung mit dem griechischen Ausgangstext des Neuen Testaments. Dies gilt insbesondere mit Blick auf die Gefahr, dass eine vorläufig angefertigte, jedoch fehlerhafte Arbeitsübersetzung die Klärung syntaktischer und semantischer Problembereiche auf verkehrte Wege führen kann.

Allgemein formuliert besteht zwischen der Ausgangssprache des griechischen Neuen Testaments und der modernen Übersetzungszielsprache (Deutsch, Englisch, Französisch etc.) eine grundlegende Spannung, die zum einen dadurch entsteht, dass die verschiedenen Sprachen generell weder im Wortschatz noch in der Grammatik oder im Stil deckungsgleich sind. Zum anderen lässt sich der zeitliche und kulturelle Abstand zwischen der Sprache des Ausgangstextes und der Zielsprache nicht einfach überdecken. Vor allem bei umfangreichen Übersetzungsprojekten spielen darüber hinaus grundlegende Reflexionen zum beabsichtigten Zielpublikum und zu den hermeneutischen Grundsätzen der Übersetzung eine eigene Rolle (vgl. u. a. EGGER/WICK 101f.). Für eine Übersetzung, die im Wesentlichen der exegetischen Erarbeitung eines neutestamentlichen Textes dient, empfiehlt sich jedoch allgemein der Grundsatz, die Übersetzung in der Zielsprache zwar grammatikalisch korrekt, lesbar und verständlich zu halten, sie aber zugleich besonders eng am griechischen Ausgangstext zu orientieren, um diesen möglichst zuverlässig abzubilden.

Übersetzungen können unterschiedlichen Zwecken dienen, was sich in verschiedenen Bibelübersetzungen niederschlägt. So ist zum Beispiel die Lutherübersetzung vor allem an einer eingängigen, auch für den liturgischen Gebrauch geeigneten Sprache orientiert, wogegen die Zürcher Übersetzung in erster Linie der philologischen Präzision verpflichtet ist. Für den wissenschaftlichen Diskurs angefertigte Übersetzungen, zum Beispiel in Kommentaren, sollen den Prinzipien einer historischen und philologischen Textanalyse entsprechen und deren Ergebnisse dokumentieren. Übersetzungen im Rahmen des Studiums, etwa in Seminararbeiten, wären in erster Linie an dem zuletzt genannten Modell zu orientieren, damit sie all das reflektieren können, was bei der Beschäftigung mit dem Text erarbeitet wurde.

§ 8 Die Verarbeitung von Quellen und Überlieferungen in neutestamentlichen Texten: Literar- und Überlieferungskritik

1 Einführung

Literar- und Überlieferungskritik stellen zwei eng miteinander verwandte exegetische Methodenschritte dar und werden hier in einem gemeinsamen Paragraphen vorgestellt. Gleichwohl unterscheiden sich die Textbeobachtungen, die den Ausgangspunkt literar- und überlieferungskritischer Erklärungen bilden, und auch die konkrete Erarbeitung dieser Methodenschritte in der Exegese neutestamentlicher Texte ist verschieden.

Wie die Textkritik gehört auch die Literarkritik zum etablierten Methodenkanon der historisch-kritischen Exegese. Die Textkritik vergleicht den Wortlaut der erhaltenen neutestamentlichen Handschriften und fragt bei Abweichungen, welche Textvariante dem ältesten erreichbaren Text, dem sogenannten Ausgangstext der Überlieferung, entspricht (s. o. § 6). Auf dem so ermittelten Text baut die *Literarkritik* auf: Sie geht Beobachtungen nach, die die Vermutung nahelegen, dass entweder bei der Abfassung einer Schrift ein anderer Text in umfangreicher Weise als Quelle bzw. als Vorlage diente oder dass eine Schrift nachträglich umgearbeitet wurde.

Anlass zu literarkritischen Fragen geben im Wesentlichen zwei Arten von Beobachtungen: 1) Neben dem untersuchten Text sind weitere Texte überliefert, die in größerem Umfang wörtlich mit diesem übereinstimmen. So legt sich die Vermutung nahe, dass einer dieser Texte bei der Abfassung des untersuchten Textes schriftlich vorgelegen hat und bearbeitet wurde (auch die umgekehrte Abhängigkeit ist natürlich denkbar) oder dass beide Texte auf einer gemeinsamen, nicht überlieferten Quelle beruhen. Es geht hier also um die Frage nach *literarischen Beziehungen zwischen den Schriften* des Neuen Testaments. Beispiele dafür sind zum einen die synoptischen Evangelien (Mt, Mk und Lk), zum anderen neutestamentliche Briefe, wie der Kolosser- und der Epheserbrief sowie der Judas- und der 2. Petrusbrief. 2) Innerhalb des untersuchten Textes sind Auffälligkeiten erkennbar, die sich möglicherweise dadurch erklären lassen, dass der Text nach einer ersten Abfassung verändert wurde. Solche Veränderungen können nachträgliche Hinzufügungen, Umstellungen von Textpassagen oder das Zusammenfügen mehrerer Texte zu einer Schrift sein, wie beispielsweise die Kompilation von Teilen mehrerer Briefe zu einem einzigen Brief. Relevante Beobachtungen sind in diesem Zusammenhang grammatikalisch-syntaktische Auffälligkeiten sowie formale, erzählerische oder argumentative Ungereimtheiten. In der Exegese spricht man dabei von möglichen „Brüchen", „literarischen Unstimmigkeiten" oder „Inkohärenzen". Es handelt sich dabei um *literarkritische Probleme innerhalb einer Schrift*. Beispiele für neutestamentliche Schriften, bei denen solche Fragen häufig diskutiert werden, sind das Johannesevangelium, der 2. Korintherbrief und der Philipperbrief.

Die *Überlieferungskritik* hat in der neueren Forschung erhebliche methodische Veränderungen erfahren und ist weiterhin Gegenstand einer angeregten, vielstimmigen Forschungsdiskussion. Der Begriff „Überlieferung" ist in diesem Zusammenhang mehrdeutig: Zum einen bezieht er sich auf „das Überlieferte" als Gegenstand und Inhalt, zum anderen ist damit „das Überliefern" als historischer Prozess gemeint. Wie im Folgenden deutlich werden wird, umfasst die Überlieferungskritik deshalb einen komplexen Aufgabenbereich, was eine flexible und zugleich methodisch fokussierte Anwendung auf den jeweils zu untersuchenden Textabschnitt erfordert: 1) Die Überlieferungskritik als Untersuchung „des Überlieferten" interessiert sich für wörtliche Zitate und inhaltliche Bezugnahmen auf Text- und Vorstellungsinhalte, die außerhalb der untersuchten Schrift vorkommen. Hierzu zählen auch *Topoi*, d. h. in bestimmter Weise geprägte Argumentationsmuster, sowie *Motive* im Sinne sprachlicher Konkretionen verbreiteter Vorstellungen. 2) In enger Verbindung hiermit steht die Aufgabe, „das Überliefern" geprägter Vorstellungsgehalte im Horizont der Literatur- und Theologiegeschichte zu beschreiben. Es soll also die Weitergabe, Aufnahme und Verwendung derartiger Vorstellungsgehalte untersucht werden, um Annäherungen an die jeweilige *Überlieferungsgeschichte* dieser Inhalte zu ermöglichen.

Die enge Zusammengehörigkeit von Literar- und Überlieferungskritik zeigt sich daran, dass die Auswertung dieser exegetischen Methodenschritte auf ähnliche Fragen der Interpretation neutestamentlicher Texte hinausläuft: Wenn die begründete Annahme besteht, dass der Autor einer Schrift Passagen aus anderen Texten aufgenommen und überarbeitet hat, oder wenn sich ein Text auf geprägtes Gedankengut in anderen Texten bezieht, dann stellt sich die Frage, auf welche Weise diese Bezüge zustande gekommen sind und welche Erkenntnisse sich daraus für die Aussageabsicht des untersuchten Textes ableiten lassen? Auf diesen Zusammenhang wird am Ende dieses Paragraphen zurückzukommen sein.

Seit der Mitte des 20. Jahrhunderts wurde die *Redaktionsgeschichte* (oft auch *Redaktionskritik* genannt) als Methodenschritt der neutestamentlichen Exegese etabliert. Der redaktionsgeschichtliche Ansatz reagierte auf die damals vorherrschende formgeschichtliche Methode und wollte diese durch das Augenmerk auf der literarischen Konzeption und theologischen Leistung der Verfasser der synoptischen Evangelien ergänzen. Wichtige Vertreter waren Willi Marxsen, Günther Bornkamm und Hans Conzelmann. Die redaktionsgeschichtlich orientierten Untersuchungen haben Einseitigkeiten der formgeschichtlichen Methode korrigiert. Zugleich stellt die Redaktionsgeschichte ein Pendant zur Formgeschichte dar und teilt insofern deren methodische Probleme (s. u. § 9.1a). Insbesondere stellt der Ansatz, „Tradition" und „Redaktion" voneinander zu scheiden und die literarische und theologische Konzeption der Evangelien vor allem aus Letzterer zu erheben, eine problematische Verkürzung dar, denn auch die Aufnahme von „Tradition" bildet bereits einen integralen Bestandteil der Abfassung einer Schrift.

In der neueren Forschung wird die Redaktionskritik mitunter auch als „synthetischer" Schritt in Korrespondenz zur „analytisch" verstandenen Literarkritik aufgefasst. Dies hat jedoch zur Folge, dass literarkritische Beobachtungen und daraus gezogene Schlussfolgerungen voneinander separiert werden und die Korrespondenz dieser Arbeitsschritte nicht mehr erkennbar wird. Ein weiteres Problem besteht darin, dass die Rede von den Verfassern der Evangelien als „Redaktoren" in der Gefahr steht, deren literarische und theologische Originalität und Gestaltungskraft zu gering zu veranschlagen. Sie sollten stattdessen als *Autoren* verstanden (und auch so bezeichnet) werden, die ihre Quellen in je spezifischer Weise für ihre jeweilige Jesuserzählung verwendet haben.

2 Literarkritik I: Literarische Beziehungen zwischen neutestamentlichen Schriften

Literatur: MARTIN EBNER/BERNHARD HEININGER, Exegese des Neuen Testaments. Ein Arbeitsbuch für Lehre und Praxis (UTB 2677), Paderborn ⁴2018, 133–160 ♦ URSULA ULRIKE KAISER, Neutestamentliche Exegese kompakt. Eine Einführung in die wichtigsten Methoden und Hilfsmittel (UTB 5984), Tübingen 2022, 187–204 ♦ OTTO MERK, Literarkritik. II. Neues Testament, TRE 21 (1990), 222–233 ♦ OTTO MERK, Redaktionsgeschichte/Redaktionskritik. II. Neues Testament, TRE 28 (1997), 378–384 ♦ JENS SCHRÖTER, Erinnerung an Jesu Worte. Studien zur Rezeption der Logienüberlieferung in Markus, Q und Thomas (WMANT 76), Neukirchen-Vluyn 1997 ♦ MARTIN WALLRAFF, Die Kanontafeln des Euseb von Kaisareia. Untersuchung und kritische Edition (Manuscripta Biblica 1), Berlin/Boston 2021.

a) Literarkritik der synoptischen Evangelien

Die vier Evangelien des Neuen Testaments weisen deutliche Gemeinsamkeiten sowohl im erzählerischen Gesamtaufbau als auch in den einzelnen Erzählabschnitten auf. Bereits im 4. Jahrhundert hat Euseb von Caesarea mit den „Kanontafeln" ein System entwickelt, das seit der Antike in zahlreichen Handschriften begegnet und eine hervorragende Möglichkeit bietet, die Evangelien miteinander zu vergleichen und parallele Erzählabschnitte aufzufinden.

Die Kanontafeln des Euseb sind im Nestle-Aland als Kombination aus arabischen und römischen Zahlen am inneren Rand des Textes beigefügt. Euseb teilte jedes der vier Evangelien in Abschnitte ein, die mit arabischen Zahlen durchgezählt werden. Darunter steht jeweils eine römische Zahl, die auf den jeweiligen „Kanon", also die Liste verweist, der der Abschnitt im System zugeordnet wird. Beispielsweise bedeutet die Angabe $\frac{36}{\text{II}}$ am Innenrand von Mk 4,1, dass es sich um den 36. Abschnitt im Markusevangelium handelt und dass Euseb diesen Abschnitt in Kanontafel II einordnet. Das System der Kanontafeln wird im Nestle-Aland (NA[28], 89*–94*) erläutert. Kanon I enthält die Abschnitte mit Parallelen in allen vier Evangelien. Die Kanontafeln II–IV enthalten Abschnitte, die in jeweils drei Evangelien begegnen, also Matthäus, Markus, Lukas oder Matthäus, Lukas, Johannes oder Matthäus, Markus, Johannes. Die Kanontafeln V–IX enthalten solche Abschnitte, die in zwei Evangelien vorkommen. Zu beachten ist dabei Kanon V, der die Parallelen bei Matthäus und Lukas enthält, also diejenigen Texte, die heute zumeist der Logienquelle Q zugerechnet werden. In Kanon X schließlich stehen Abschnitte ohne Parallele in einem anderen Evangelium. Die Parallelabschnitte in den Kanontafeln sind nach der Reihenfolge des Matthäusevangeliums sortiert, so dass man bei den anderen Evangelien die Zahl des Abschnitts gelegentlich etwas suchen muss. Laut Kanon II entspricht dem 36. Abschnitt des Markusevangeliums (Mk 4,1–11) der 131. Abschnitt des Matthäusevangeliums (Mt 13,1–11) und der 76. Abschnitt des Lukasevangeliums (Lk 8,4–10). Euseb selbst erläuterte die Funktionsweise der Kanontafeln in seinem noch immer lesenswerten Brief an Karpianos (dt. Übersetzung bei WALLRAFF 175f., dort auch eine kritische Neuedition der Kanontafeln mit ausführlicher Einleitung und vielen Abbildungen).

Da das Matthäus-, das Markus- und das Lukasevangelium auffällige Übereinstimmungen in Aufbau und Inhalt aufweisen, das Johannesevangelium sich dagegen von diesen markant unterscheidet, hat sich seit dem späteren 18. Jahrhundert die Analyse der literarischen Beziehungen zwischen den drei erstgenannten Evangelien zu einem zentralen Gegenstand der kritischen neutestamentlichen Wissenschaft entwickelt. Aus der gemeinsamen Betrachtung dieser drei Evangelien leitet sich ihre Bezeichnung als „synoptische Evangelien" (von σύνοψις, „Übersicht, Zusammenschau") her. Die Frage, wie die Gemeinsamkeiten und Unterschiede der synoptischen Evangelien am plausibelsten zu erklären sind, wird in der neutestamentlichen Wissenschaft als „die synoptische Frage" bezeichnet. Unter den verschiedenen Erklärungsansätzen, die in der Forschung vorgeschlagen wurden, ist die sogenannte „Zweiquellentheorie" dasjenige Modell, das sich als heuristisches Werkzeug am besten eignet, um dem komplexen Befund gerecht zu werden. Die Zweiquellentheorie sowie die wichtigsten alternativen Ansätze werden an späterer Stelle dargestellt (s. u. § 27). Im Folgenden wird dagegen eine methodische Einführung in die Erarbeitung und Auswertung eines synoptischen Vergleichs anhand eines ausgewählten Text gegeben. Diese sollte in Verbindung mit dem genannten Abschnitt zur synoptischen Frage verwendet werden.

1) *Analytischer Vergleich*: Wichtigstes Hilfsmittel für den synoptischen Vergleich ist eine Synopse der neutestamentlichen Evangelien (s. o. § 4.1). Für eine detaillierte Ausarbeitung ist die farbliche Markierung der jeweils gemeinsamen Textteile sinnvoll, was die Wahrnehmung von Gemeinsamkeiten und Unterschieden erleichtert. Konkret empfiehlt sich eine farbige Unterstreichung der wörtlichen Übereinstimmungen (vgl. EBNER/HEININGER 136–138): a) Übereinstimmungen zwischen Matthäus, Markus und Lukas (bspw. blau); b) Übereinstimmungen nur zwischen Matthäus und Markus, ohne Lukas (braun); c) Übereinstimmungen nur zwischen Markus und Lukas, ohne Matthäus (orange); d) Übereinstimmungen nur zwischen Matthäus und Lukas, ohne Markus (rot); e) die verbleibenden Textteile, die nur bei Matthäus oder bei Markus oder bei Lukas vorkommen (grün). Bei Wörtern, die in unterschiedlicher Flexion erscheinen (Abweichung in Person, Numerus, Tempus etc.) oder die an unterschiedlichen Stellen in den Paralleltexten stehen, ist die farbliche Markierung in der Regel eine Frage der Abwägung und kann zum Beispiel gestrichelt erfolgen.

Exemplarisch werden im Folgenden die wichtigsten Ergebnisse eines Textvergleichs für die Senfkornparabel in *Mt 13,31f.* genannt. Die synoptischen Paralleltexte finden sich in Mk 4,30–32 sowie Lk 13,18f.: Übereinstimmungen zwischen Matthäus, Markus und Lukas (blau) liegen vor am Beginn des Textabschnitts beim Wort βασιλεία(ν), bei der Wortverbindung κόκκῳ σινάπεως, sowie am Ende bei der Phrase τὰ πετεινὰ τοῦ οὐρανοῦ ... κατασκηνοῦν. Wichtige Übereinstimmungen nur zwischen Matthäus und Markus (braun) sind die beiden Formen von σπείρειν (ἔσπειρεν/σπαρῇ), die Phrasen μικρότερον ... πάντων τῶν σπερμάτων und μεῖζον πάντων τῶν λαχάνων, sowie die Verwendung von ὥστε mit Infinitiv. Übereinstimmungen nur zwischen Markus und Lukas (orange) betreffen die Verwendung des Verbs ὁμοιοῦν (ὁμοιώσωμεν/ὁμοιώσω) und die Bestimmung des Wortes βασιλεία als βασιλεία(ν) τοῦ θεοῦ. Wichtige Übereinstimmungen nur zwischen Matthäus und Lukas (rot) sind die Phrasen ὁμοία ἐστίν und ὃν λαβὼν ἄνθρωπος, die Verwendung einer Form von αὐξάνειν (αὐξηθῇ/ηὔξησεν), die Verbindung γίνεται/ἐγένετο (εἰς) δένδρον sowie die Wendung ἐν τοῖς κλάδοις αὐτοῦ am Ende. Unter den verbleibenden Textteilen, die nicht mit den Paralleltexten übereinstimmen (grün), ist vor allem der Ort zu nennen, auf den das Senfkorn fällt: ἐν τῷ ἀγρῷ αὐτοῦ (Mt), ἐπὶ τῆς γῆς (Mk), εἰς κῆπον ἑαυτοῦ (Lk).

Teil des analytischen Vergleichs ist darüber hinaus die Frage, in welchem *Kontext im jeweiligen Evangelium* die synoptischen Paralleltexte stehen. Als Hilfsmittel kann dabei eine Einleitung zum Neuen Testament oder eine Bibelkunde verwendet werden, um eine Orientierung über den Aufbau der Evangelien zu erhalten.

Innerhalb der matthäischen Parabelrede in Mt 13,1–52 gehören V. 31f. zum ersten Teil, in dem sich Jesus an die Öffentlichkeit wendet (V. 1–35; darin richten sich V. 10–23 nur an die Jüngergruppe). Die Parabel vom Unkraut unter dem Weizen geht dem Textabschnitt voraus, danach folgt die kleine Parabel vom Sauerteig. Die Parallele in Mk 4,30–32 ist das letzte Gleichnis in der Parabelrede des Markusevangeliums (4,1–34); hier steht das Gleichnis von der selbstwachsenden Saat voran, im Anschluss berichtet der Erzähler den Abschluss der Rede. Die Parallele in Lk 13,18f. hingegen ist nicht Teil einer längeren Rede, sondern gehört zur Episode über die Heilung einer Frau am Sabbat (13,10–21; erst in 13,22 beginnt mit der summarischen Notiz und dem darin enthaltenen Ortswechsel ein neuer Abschnitt); unmittelbar im Anschluss an die Erzählung vom Senfkorn folgt die kurze Parabel vom Sauerteig (V. 20f.).

2) Die *Auswertung* des synoptischen Vergleichs zielt auf die Frage, wie der Verfasser eines Evangeliums im untersuchten Textabschnitt mit seinen Quellen umgegangen ist. Die Zweiquellentheorie dient dabei als heuristisches Modell. Es ist jedoch im Blick zu behalten, dass die Wege der Jesusüberlieferung, die zu den Evangelien geführt haben, deutlich komplexer waren, als es das schematische Modell der Zweiquellentheorie nahelegen könnte (s. u. § 26). Das ergibt sich bereits daraus, dass die Zweiquellentheorie auf der Grundlage eines Vergleichs der erzählerischen Kompositionen der synoptischen Evangelien insgesamt entwickelt wurde. Die Annahme, dass das Markusevangelium das älteste der synoptischen Evangelien sei und von Matthäus und Lukas unabhängig voneinander benutzt wurde, ist demnach durch einen Vergleich der Erzählstruktur der drei Evangelien miteinander, nicht anhand des synoptischen Vergleichs einzelner Episoden gewonnen worden. Auf dieser Grundlage kann weiter gefolgert werden, dass diejenigen Texte von Matthäus und Lukas, die sich nicht bei Markus finden – oder zumindest einige von diesen –, einer gemeinsamen Quelle entstammen könnten, die selbst nicht erhalten ist. Die exegetische Untersuchung eines einzelnen Textabschnitts kann deshalb nicht die Beweislast für oder gegen die Zweiquellentheorie tragen. Es können sich aber präzisierende und differenzierende Beobachtungen zu diesem Erklärungsmodell ergeben, die auf die komplexen, oftmals nur annäherungsweise zu erhellenden Überlieferungswege der synoptischen Stoffe hinweisen.

Für die Untersuchung eines Textabschnitts aus dem Matthäus- oder dem Lukasevangelium ergeben sich auf der Grundlage der Zweiquellentheorie prinzipiell drei Zuordnungen:

I. Wenn der Textabschnitt eine Parallele bei Markus hat, ist entsprechend dem Grundsatz der Markuspriorität anzunehmen, dass *Markus als Vorlage* gedient hat. Sofern Paralleltexte in allen drei synoptischen Evangelien vorliegen, sollte zudem untersucht werden, wo Matthäus und Lukas Übereinstimmungen gegenüber Markus aufweisen (hier: rot). Diese Übereinstimmungen werden in der Forschung als „minor agreements" bezeichnet. Sie können entweder darauf verweisen, dass Matthäus und Lukas unabhängig voneinander den Markustext in derselben Weise bearbeitet haben (etwa durch die Ersetzung eines Begriffs oder die Veränderung einer syntaktischen Konstruktion) oder dass sie einen Markustext verwendet haben, der von dem durch die Textüberlieferung bekannten abweicht.
II. Bei größeren Textabschnitten, die Matthäus und Lukas gemeinsam haben, ohne dass eine Parallele bei Markus überliefert ist (mitunter auch „major agreements" genannt), legt sich nahe, dass der Text aus der *Logienquelle Q* stammt (s. u. § 28). Liegen dabei umfangreiche wörtliche Übereinstimmungen zwischen den Versionen bei Matthäus und Lukas vor, ist der mutmaßliche Text von Q eher erkennbar, während bei Paralleltexten, in denen die

Unterschiede überwiegen, ein Q-Text nur schwer zu rekonstruieren ist. Bei Texten, die größere Abweichungen aufweisen oder in unterschiedlichen erzählerischen Kontexten platziert sind, besteht zudem die Möglichkeit, dass Matthäus und Lukas sie unabhängig voneinander aus der mündlichen Überlieferung aufgenommen haben (so z. B. bei den parabolischen Erzählungen vom verlorenen Schaf in Mt 18,12–14/Lk 15,4–7 und vom großen Gastmahl in Mt 22,1–14/Lk 14,16–24).

III. Textabschnitte, die keine Parallele in einem anderen synoptischen Evangelium besitzen, werden zum sogenannten *Sondergut* des jeweiligen Evangeliums gezählt (in der Forschungsliteratur häufig mit dem Kürzel „S"). Zu beachten ist dabei, dass nur solche Textabschnitte als „Sondergut" bezeichnet werden, die eine gewisse innere Geschlossenheit aufweisen. Wenn Matthäus zum Beispiel innerhalb eines Textes mit Markusparallele einen oder zwei Sätze einfügt, gilt dies nicht als Sondergut, sondern lediglich als Ergänzung. Darüber hinaus ist zu berücksichtigen, dass das Sondergut eines Evangeliums oftmals sehr disparat ist und keine einheitliche Quelle darstellt (bei Lukas wird allerdings mitunter eine solche Sondergutquelle vermutet). Ob Teile des „Sonderguts" zu Q gehört haben, dies jedoch nicht erkennbar ist, weil sie nur bei Matthäus *oder* Lukas vorkommen, lässt sich nicht mehr feststellen.

Für den Beispieltext *Mt 13,31f.* stellt sich der Befund als vielschichtig heraus: Dafür, dass Mt 13,31f. grundsätzlich auf Mk 4,30–32 beruht, sprechen sowohl die Einordnung von Mt 13,31f. in die Parabelrede, die Matthäus von Markus aufnimmt und erweitert, als auch die weitreichenden wörtlichen Übereinstimmungen (hier: blau und braun). Zugleich findet sich in Mt 13,31f. ein vergleichsweise hoher Anteil an Gemeinsamkeiten mit Lk 13,18f. im Unterschied zur markinischen Parallele (rot). Außerdem stimmen die matthäische und die lukanische Version darin überein, dass bei ihnen jeweils die Parabel vom Sauerteig folgt. Die Übereinstimmungen zwischen Matthäus und Lukas deuten darauf hin, dass die Parabel vom Senfkorn aus Q stammt und dort eine Doppelparabel mit derjenigen vom Sauerteig bildete. Darauf verweist auch die ähnliche Erzählstruktur (κόκκῳ σινάπεως, ὃν λαβὼν ἄνθρωπος – ζύμη, ἣν λαβοῦσα γυνή). Es ergibt sich, dass das erzählerische Grundgerüst der Parabel bei Matthäus zunächst eher dem Q-Text folgt, der ansonsten stärker in der lukanischen Parallele erkennbar zu sein scheint. Während im Q-Text der Unterschied „klein – groß" aber nur implizit dargestellt wird („Senfkorn – Baum"), wendet sich Matthäus vor allem im Mittelteil der Parabel verstärkt der markinischen Version zu, die den Größenunterschied ausdrücklich hervorhebt (μικρότερον – μεῖζον).

Am Schluss der Auswertung steht die Frage, wie der Verfasser mit seinen schriftlichen Quellen im untersuchten Textabschnitt umgegangen ist. Zur Orientierung können dabei einige Bereiche unterschieden werden, auch wenn sie oftmals in enger Verbindung miteinander stehen: 1) Anpassungen an den erzählerischen Kontext, besonders am Beginn und am Ende eines Erzählabschnitts (Einführung von Figuren, Ortswechsel etc.), 2) sprachlich-stilistische Veränderungen,

3) Kürzungen des Textes (Auslassungen von erzählerischen Details etc.), 4) Erweiterungen des Textes (Hinzufügungen von Details, Hintergrundinformationen etc.) und 5) inhaltlich-theologische Veränderungen.

Insgesamt sind derartige Beobachtungen ein wichtiger Schritt, um die mutmaßliche Entstehung eines Textes zu erhellen und das literarische und theologische Profil des zu analysierenden Textes deutlicher herauszuarbeiten. Dabei gehört die Frage, welche Quellen die Verfasser der Evangelien verwendeten und wie sie mit diesen umgegangen sind, in den größeren Kontext der literarischen und kompositorischen Analyse der jeweiligen Jesusdarstellung.

Mit Blick auf *Mt 13,31f.* zeigt sich zunächst, dass die Parabel gleichlautend wie in 13,24 eingeführt wird (ähnlich auch 13,33). Jesu wörtliche Rede beginnt bei Matthäus (im Unterschied zu Markus und Lukas) nicht mit einer Frage, sondern mit der formelhaften Wendung ὁμοία ἐστὶν ἡ βασιλεία τῶν οὐρανῶν, die auch in Mt 13,33.44.45.47 erscheint. Die Matthäusversion zeigt somit die stilistische Tendenz, die Parabeln in dieser Rede formal einander anzugleichen und theologisch auf die βασιλεία τῶν οὐρανῶν als Leitthema zu beziehen. Die Erzählung in 13,31f. lehnt sich zunächst an die Markusparallele an, formuliert dann aber deutlich kürzer und folgt hier offenbar eher der Version in Q, wie sie in Lk 13,19 durchscheint. Eine inhaltlich-theologische Besonderheit ist die bereits erwähnte, bei Matthäus bevorzugte Rede von der βασιλεία τῶν οὐρανῶν (gegenüber der βασιλεία τοῦ θεοῦ), womit Matthäus stärker dem antiken jüdischen Sprachgebrauch folgt und den transzendenten Charakter der Gottesherrschaft unterstreicht. Zu erwähnen ist schließlich noch die Wendung ἐν τοῖς κλάδοις αὐτοῦ, „in seinen Zweigen", die Mt 13,32 nur mit Lk 13,19 gemeinsam hat. Diese Wendung soll im Rahmen der Überlieferungskritik näher betrachtet werden (s. u. § 8.4b).

b) Literarische Beziehungen in der neutestamentlichen Briefliteratur

Mehrere Briefe im Neuen Testament weisen auffällige Übereinstimmungen sowohl mit Blick auf zusammenhängende Formulierungen als auch in Teilen der thematisch-argumentativen Abfolge auf. Dies betrifft den Epheserbrief im Vergleich mit dem Kolosserbrief, den 2. Petrusbrief im Vergleich mit dem Judasbrief, sowie den 2. Thessalonicherbrief im Vergleich mit dem 1. Thessalonicherbrief. Die neutestamentliche Wissenschaft geht deshalb überwiegend davon aus, dass jeweils einer der Briefe bei der Abfassung des anderen schriftlich vorgelegen hat (Einzelheiten werden unten in § 20–22 und 39 erläutert). Oftmals sind die wörtlichen Übereinstimmungen zwischen den Briefen unterschiedlich stark, so dass nicht davon auszugehen ist, dass ein Verfasser den Text einer Vorlage unmittelbar übernommen und Stück für Stück überarbeitet hätte. Vielmehr zeigt sich in der Regel ein eher freier Umgang mit der Textvorlage, die offenbar nur im Seitenblick wahrgenommen oder bewusst variiert wurde. Vor allem jedoch weisen die einzelnen Briefe markante stilistische und theologische Besonderheiten auf, die es zu berücksichtigen gilt.

Ein anschauliches Beispiel ist der Vergleich zwischen dem 2. Petrusbrief und dem Judasbrief. Die beiden Briefe tragen verschiedene (pseudepigraphe) Verfassernamen, es bestehen aber inhaltliche und zum Teil sogar wörtliche Übereinstimmungen an so vielen Stellen, dass sich die Annahme einer literarischen Verwandtschaft nahelegt (vgl. die Übersicht unten in § 39 II). Wie ist der Befund plausibel zu erklären? Folgende Beobachtungen lassen sich festhalten: 1) Der Judasbrief zitiert unter anderem die Henochapokalypse (bes. V. 14f.) und eine nicht erhaltene Mose-Schrift (V. 9); der 2. Petrusbrief enthält diese Bezüge auf Texte außerhalb der kanonisch werdenden Schriften Israels nicht. 2) Der Judas- und der 2. Petrusbrief führen weithin dieselben Beispiele aus dem Pentateuch an. Während der Judasbrief sehr frei mit diesen Stoffen umgeht, entspricht die Reihenfolge im 2. Petrusbrief derjenigen in der biblischen Überlieferung. 3) Die Thematik des 2. Petrusbriefs ist vielfältiger als die des Judasbriefs, auch weil der 2. Petrusbrief insgesamt deutlich umfangreicher ist. Aufgrund dieser Beobachtungen lässt sich folgern, dass der Verfasser des 2. Petrusbriefs den Judasbrief aufnahm, erweiterte und umarbeitete, wobei er sich enger an die kanonisch werdenden Schriften der Septuaginta gebunden sah (vgl. die hermeneutische Reflexion in 2Petr 1,20f.). Die umgekehrte Annahme würde bedeuten, dass der Judasbrief als eine sehr nachlässig gearbeitete Verkürzung des 2. Petrusbriefs angesehen werden müsste, was weniger wahrscheinlich ist.

3 Literarkritik II: Literarkritische Probleme innerhalb neutestamentlicher Schriften

Literatur: EVE-MARIE BECKER/HERMUT LÖHR (Hg.), Die Exegese des 2 Kor und Phil im Lichte der Literarkritik (BThSt 185), Göttingen 2020 ♦ KLAUS BERGER, Exegese des Neuen Testaments. Neue Wege vom Text zur Auslegung (UTB 658), Heidelberg/Wiesbaden ³1991, 27–32 ♦ URSULA ULRIKE KAISER, Neutestamentliche Exegese kompakt. Eine Einführung in die wichtigsten Methoden und Hilfsmittel (UTB 5984), Tübingen 2022, 183–186 ♦ OTTO MERK, Literarkritik. II. Neues Testament, TRE 21 (1990), 222–233 ♦ OTTO MERK, Redaktionsgeschichte/Redaktionskritik. II. Neues Testament, TRE 28 (1997), 378–384 ♦ TOBIAS NICKLAS, Literarkritik und Leserrezeption. Ein Beitrag zur Methodendiskussion am Beispiel Joh 3,22–4,3, Bib. 83 (2002), 175–192.

Sofern nicht Paralleltexte mit umfangreichen wörtlichen Übereinstimmungen überliefert sind, besteht die methodische Aufgabe der Literarkritik darin, solchen Beobachtungen nachzugehen, die darauf hinweisen, dass ein Text ursprünglich anders verfasst und von späterer Hand verändert wurde.

In Teilen insbesondere der älteren Forschungs- und Methodenliteratur zeigt sich in dieser Hinsicht ein relativ weites Verständnis von Literarkritik. Demnach gehöre es zur Literarkritik, beispielsweise einen Erzählabschnitt des Markusevangeliums daraufhin zu untersuchen, welche Quellen der Verfasser in dieser Episode aufgenommen und bearbeitet hat. Häufig treten dabei jedoch zwei methodische Probleme hervor: Zum einen werden oftmals Argumente angeführt, die den Prämissen der Formgeschichte verpflichtet sind (Bevorzugung der „kleinen Einheiten" in einer „reinen Form", wohingegen beispielsweise die Verschränkung einer Heilungserzählung mit einem Konfliktgespräch als sekundär angenommen wird, vgl. unten § 9.1a). Problematisch ist zum anderen, wenn in unscharfer und hypothetischer Weise von einer schriftlichen „Quelle" gesprochen wird. Dass es sich in einigen Fällen stattdessen um mündliche Überlieferung handeln könnte, gerät ebenso aus dem Blick wie die Frage, welchen Umfang die postulierte Quelle hatte. Schließlich muss gelten: „Wenn Quellen erschlossen werden, so ist wahrscheinlich zu machen, daß diese ein literarisch und historisch sinnvolles Gebilde waren" (BERGER 32).

Wichtige Beobachtungen, die Indizien für spätere Veränderungen eines Textes sein können, stehen in enger Verbindung mit den im Rahmen der Textanalyse vorgestellten Methoden (s. o. § 7.2–3): Eine *geringe Textkohäsion* oder eine *geringe Kohärenz* kann daraus resultieren, dass der Text nachträglich bearbeitet wurde. Weitere mögliche Anzeichen für eine spätere Überarbeitung sind stilistische Unterschiede sowie die Verwendung von Wörtern, die ein Autor ansonsten nicht benutzt (sog. *hapax legomena*, von ἅπαξ λεγόμενον, „was [nur] einmal gesagt worden ist"). Bei all diesen Beobachtungen gilt es sorgfältig abzuwägen, ob die beobachteten Auffälligkeiten der stilistischen Freiheit eines Autors geschuldet sind oder ob sich darin tatsächlich nachträgliche Textveränderungen widerspiegeln.

Dies wird beispielsweise mit Blick auf das syntaktische Problem in Mk 2,10f. deutlich: Jesus wendet sich in wörtlicher Rede an die Schriftgelehrten, jedoch wird der mit ἵνα δὲ εἰδῆτε ὅτι begonnene Satz nicht beendet, sondern durch einen Hinweis des Erzählers unterbrochen (λέγει τῷ παραλυτικῷ). Einen solchen Abbruch der begonnenen Satzkonstruktion bezeichnet man als Anakoluth (s. BDR, § 470). In der exegetischen Literatur wird der grammatisch auffällige Wechsel an dieser Stelle häufig als Indiz dafür gewertet, dass der Evangelist ein Konfliktgespräch zwischen Jesus und den Schriftgelehrten mit einer (ursprünglicheren) Heilungserzählung verknüpft hat und so Letztere wiederaufnimmt. Bemerkenswert ist jedoch zum einen, dass Mt 9,6 und Lk 5,24 dieses Anakoluth übernehmen und stehenlassen, obwohl sie den Markustext sonst häufig stilistisch verbessern; sie müssen diese grammatische Konstruktion also als passend empfunden haben. Zum anderen gibt es in der griechischen Literatur eine Reihe von Analogien für diese Satzkonstruktion, insbesondere aus rhetorisch sorgfältig gestalteten Gerichtsreden, in denen der Redner dem Richterkollegium ein bestimmtes Beweismittel präsentiert und mitteilt, wie es zu bewerten ist. Daher gibt es gute Gründe anzunehmen, dass das Anakoluth in Mk 2,10f. nicht aufgrund von Veränderungen im Überlieferungsprozess entstanden ist. Vielmehr dürfte es sich um ein bewusst eingesetztes rhetorisches Stilmittel handeln, das „idiomatisch einwandfreies Griechisch" widerspiegelt (so MICHAEL WOLTER, „Ihr sollt aber wissen ..." Das Anakoluth nach ἵνα δὲ εἰδῆτε in Mk 2,10–11 parr., ZNW 95 [2004], 269–275).

Die literarkritischen Probleme im Neuen Testament werden im Überblick über die neutestamentlichen Schriften näher erläutert (s. u. § 13–39). Daher soll es an dieser Stelle genügen, ein Beispiel zu nennen, um die Arbeitsweise der Literarkritik zu veranschaulichen:

Bei der Anweisung in *1Kor 14,34.35*, die Frauen sollten in der Gemeindeversammlung schweigen, sprechen mehrere Beobachtungen dafür, dass es sich um eine spätere Einfügung handelt: 1) Die Aussagen sprengen den unmittelbaren Kontext, der sich der konkreten Frage widmet, wie prophetische Rede im Gottesdienst erfolgen soll (14,31–33.36f.). 2) Sie lassen sich schwerlich mit 1Kor 11,2–16 vereinbaren, wo Paulus darlegt, dass Frauen während des Gebets oder der prophetischen Rede den Kopf bedecken sollen. Dass sie gar nicht reden sollen, sagt er damit gerade nicht. 3) Die Begründungen sind für Paulus ungewöhnlich: Die Wendung „Gemeinde(n) der Heiligen" verwendet er ansonsten nicht und der pauschale Hinweis „wie das Gesetz sagt" steht ohne Angabe einer bestimmten Textstelle (vgl. 9,9; 14,21). Daher ist davon auszugehen, dass dieser Textabschnitt später eingefügt wurde. Bemerkenswert ist dabei, dass sich 1Tim 2,11–15 in mehrfacher Hinsicht mit 1Kor 14,34.35 berührt: 1) Die inhaltliche Forderung ist ähnlich, jedoch in 1Tim 2 breiter ausgeführt. 2) Es finden sich sprachliche Ähnlichkeiten (z. B. οὐκ ἐπιτρέπω – οὐ γὰρ ἐπιτρέπεται, ἐν πάσῃ ὑποταγῇ – ὑποτασσέσθωσαν). 3) Auch 1Tim 2,13–15 argumentiert mit Bezug auf die Tora, allerdings wird hier konkret auf Adam und Eva hingewiesen und damit angezeigt, auf welche Passagen der Tora sich die Aussage bezieht. In 1Kor 14,34 wird dagegen nur in allgemeiner Weise auf Gen 3,16 LXX angespielt (das Verb ὑποτάσσεσθαι wird dort nicht verwendet). Insgesamt ist daher die Vermutung naheliegend, dass 1Kor 14,34.35 von späterer Hand nachgetragen wurde, um das aktive Auftreten von Frauen im Gottesdienst zurückzudrängen bzw. um eine bereits etablierte restriktive Praxis mit Verweis auf die paulinische Autorität zu legitimieren, wobei vermutlich der 1. Timotheusbrief inhaltlich aufgenommen wurde. Die Frage, wann diese Einfügung stattfand, lässt sich nicht beantworten, außer dass sie vor dem Ende des 2. Jahrhunderts erfolgt sein muss, bevor die handschriftliche Verbreitung des Corpus Paulinum einsetzte (vgl. unten § 25).

Kein literarkritisches, sondern ein textkritisches Problem zeigt sich darin, dass 1Kor 14,34f. in einigen Handschriften hinter V. 40 verschoben ist (so u. a. in D [06] aus dem 5. Jh.). Die handschriftliche Bezeugung ist jedoch so zu werten, dass es sich hier um eine spätere Korrektur handelt, die nicht dem Ausgangstext der Überlieferung entspricht (ähnlich in 1Kor 15,2). Dieser handschriftliche Befund kann deshalb nicht als Indiz für die sekundäre Einfügung von 1Kor 14,34.35 gelten.

4 Überlieferungskritik

📖 **Literatur:** ALEIDA ASSMANN, Zeit und Tradition. Kulturelle Strategien der Dauer, Darmstadt ²2022, 63–77 ♦ CHRISTINE GERBER, Paulus, Apostolat und Autorität, oder Vom Lesen fremder Briefe (ThSt 6), Zürich 2012 ♦ CHRISTINE JACOBI, Jesusüberlieferung bei Paulus? Analogien zwischen den echten Paulusbriefen und den synoptischen Evangelien (BZNW 213), Berlin/Boston 2015 ♦ URSULA ULRIKE KAISER, Neutestamentliche Exegese kompakt. Eine Einführung in die wichtigsten Methoden und Hilfsmittel (UTB 5984), Tübingen 2022, 169–179 ♦ HANNA-MARIA MEHRING, Motivkritik, in: Markus Lau/Nils Neumann (Hg.), Das biblische Methodenseminar. Kreative Impulse für Lehrende (UTB 4612), Göttingen 2017, 236–255 ♦ MARKUS ÖHLER, Bausteine aus frühchristlicher Theologie, in: Friedrich Wilhelm Horn (Hg.), Paulus Handbuch, Tübingen 2013, 497–504 ♦ KLAUS OSTHEEREN u. a., Topos, HWR 9 (2009), 630–724 ♦ KONRAD SCHMID/JENS SCHRÖTER, Die Entstehung der Bibel. Von den ersten Texten zu den heiligen Schriften, München 2020, 238–286 ♦ JENS SCHRÖTER, Erinnerung an Jesu Worte. Studien zur Rezeption der Logienüberlieferung in Markus, Q und Thomas (WMANT 76), Neukirchen-Vluyn 1997 ♦ THOMAS SÖDING, Wege der Schriftauslegung. Methodenbuch zum Neuen Testament, Freiburg i. Br. 1998, 175–190 ♦ MICHAEL TILLY, Einführung in die Septuaginta, Darmstadt 2005 ♦ FLORIAN WILK, Schriftbezüge im Werk des Paulus, in: Friedrich Wilhelm Horn (Hg.), Paulus Handbuch, Tübingen 2013, 479–490.

Die neutestamentlichen Schriften nehmen geprägte Vorstellungsgehalte in verschiedener Weise auf. Das breite Spektrum, in dem dies geschieht, umfasst unter anderem geprägte Motive und Topoi, ausdrückliche Schriftzitate („Wie geschrieben steht: ..." etc.), inhaltliche Zusammenfassungen oder kurze Nacherzählungen von Geschichten aus den Schriften Israels sowie Hinweise auf Überlieferungen des „Herrn" Jesus Christus (1Kor 11,23–25 u. ö.). Im Rahmen der Exegese widmet sich die Überlieferungskritik den dafür relevanten Textbeobachtungen in Verbindung mit der Frage, welche Erkenntnisse sich daraus für das Verstehen des auszulegenden Textes gewinnen lassen.

Der Ausdruck „Überlieferung" ist dabei mehrdeutig, wie bereits bemerkt, denn er bezeichnet zum einen die überlieferten Inhalte, zum anderen ist darunter „das Überliefern" als historischer Vorgang zu verstehen. Die Überlieferungskritik, wie sie im Folgenden dargestellt wird, berücksichtigt beide Aspekte gleichermaßen. Häufig wird in diesem Zusammenhang auch der aus dem Lateinischen abgeleitete Begriff „Tradition" verwendet. Auch dieser Begriff ist denkbar weit: „So spricht man überall, wo sich nachträglich eine Kontinuität von Motiven, Ideen, Topoi ausmachen läßt, von ‚Traditionen'" (ASSMANN 63). In diesem Sinne ist „Tradition" grundsätzlich synonym mit „Überlieferung" zu verstehen.

In der exegetischen Literatur des 20. Jahrhunderts wurde „Tradition" häufig als Gegenbegriff zu „Redaktion" verwendet, um den älteren Überlieferungsstoff im Unterschied zur „redaktionellen" Bearbeitung und Ergänzung durch die Evangelisten (und gegebenenfalls deren Quellen) zu bezeichnen. Die „Scheidung von Tradition und Redaktion" war demzufolge ein gängiger Arbeitsschritt in exegetischen Studien dieser Zeit. Dieses Verständnis von „Tradition" basiert jedoch maßgeblich auf den Annahmen der älteren Formgeschichte (vgl. unten § 9.1a).

Wie in der neueren Forschung hervorgehoben wird, lassen sich die überlieferten Inhalte nicht von den Texten, in denen sie enthalten sind, trennen und als klar umrissene, eigenständige mündliche Überlieferung rekonstruieren. Vielmehr sind die geprägten Vorstellungsgehalte bzw. Traditionen als Teil der kontextuell bestimmten Realisierung der jeweiligen Schrift zu interpretieren. Jeder Verfasser eines Textes, der geprägte Vorstellungsgehalte verwendet, wählt diese für seine eigene Aussageabsicht aus und stellt sie in einen neuen Kontext. Aufgabe der Überlieferungskritik ist es daher, die Realisierungen geprägter Vorstellungsgehalte in diesen neuen Kontexten zu untersuchen, um auf diese Weise die Verwendung von Überlieferungen im zu untersuchenden Text zu verstehen.

Im entstehenden Christentum ist bis ins 2. Jahrhundert und teilweise auch darüber hinaus damit zu rechnen, dass mündliche und schriftliche Überlieferungsprozesse nebeneinander existierten und sich gegenseitig überlagerten und beeinflussten. Zudem sind vermutlich Teile der frühchristlichen Überlieferung in kleineren schriftlichen Sammlungen festgehalten worden, auch wenn deren Umfang und Wortlaut im Einzelnen nicht mehr rekonstruiert werden kann (vgl. unten § 12). Daraus folgt unter anderem, dass die methodische Unterteilung zwischen Literar- und Überlieferungskritik nicht anhand einer Grenze zwischen Schriftlichkeit und Mündlichkeit erfolgen kann.

Überlieferungen als geprägte Vorstellungsgehalte sind zugleich *Teil des sprachlichen und kulturellen Wissens*, das die mithilfe des Textes kommunizierenden Personen miteinander teilen. Die Überlieferungskritik steht daher in enger Verbindung mit der semantischen Analyse (vgl. oben § 7.3) und könnte in diese integriert werden (was in vielen neueren Studien auch geschieht). Da sich die Überlieferungskritik jedoch mit einem spezifischen Teilbereich des sprachlichen und kulturellen Wissens beschäftigt und in der methodischen Erarbeitung oftmals besondere Wege geht, wird sie hier als eigenständiger Methodenschritt dargestellt.

a) Aufnahme von Prätexten: Von Zitat bis Reminiszenz

Auf welch unterschiedliche Weise geprägtes Gedankengut in einen Text aufgenommen werden kann, lässt sich daran veranschaulichen, wie Paulus die Schriften Israels verwendet: Die mit einer Zitationsformel *explizit markierten Zitate* sind am deutlichsten hervorgehoben (z. B. „Wie geschrieben steht: ...", Röm 1,17 u. ö.). Ebenso gut erkennbar ist die *inhaltliche Wiedergabe* biblischer Erzählungen, vor allem wenn die Namen von Personen genannt werden (u. a. in Gal 4,21–31: „Hagar" und „die Freie", d. h. Sara; vgl. Gen 16; 21,1–21). Wörtliche Übereinstimmungen mit den Schriften Israels, die nicht als Zitat markiert sind, können einen breiten Bereich abdecken, je nachdem, wie lang und wie prägnant die Übereinstimmungen sind (wie in 1Kor 15,32: „... lasst uns essen und trinken, denn morgen sterben wir!", vgl. Jes 22,13). Man kann hier von einem *Zitat* oder von einer *Anspielung* sprechen, ohne dass sich dazwischen eine feste Grenze ziehen lässt. Sehr häufig ist bei Paulus außerdem die Aufnahme kurzer Formulierungen, die nicht auf einen bestimmten biblischen Textzusammenhang hinweisen und als *Reminiszenzen* bezeichnet werden (z. B. 1Thess 2,10: „Ihr seid Zeugen und Gott", vgl. Jes 43,12; Einzelheiten dazu bei WILK 480–487).

Bereits in einigen antiken Handschriften finden sich Randmarkierungen, die auf biblische Zitate hinweisen. Im Nestle-Aland sind Schriftbezüge mit Angabe einer Textstelle kursiv markiert, in vielen modernen Übersetzungen werden sie in Anführungszeichen gesetzt. Diese Hervorhebungen sind also nicht ursprünglich, sondern von späterer Hand eingetragen. Daher ist mit Blick auf den konkreten Text danach zu fragen, ob und auf welche Weise die ersten Leserinnen und Leser des Textes ein Zitat oder eine Anspielung wahrgenommen haben können und was diese Wahrnehmung für das Textverständnis austrägt. Umgekehrt sollte man sich vergegenwärtigen, ob und mit welcher Absicht der Verfasser eines Textes auf andere Texte Bezug nimmt.

b) Motive und Topoi

Ein wichtiger Bereich des geprägten Gedankenguts sind Motive und Topoi. Bei Motiven handelt es sich um zumeist kurze sprachliche Konkretionen von verbreiteten Vorstellungen sowie sprachliche Muster, die einen wiedererkennbaren semantischen Inhalt haben, in ihren Einzelbestandteilen (wie etwa Schlüsselwörtern) in der syntaktischen Anordnung jedoch variabel und insofern sprachlich nicht fest gefügt sind, im Unterschied etwa zu Sprichwörtern. Zu den Motiven zählen beispielsweise geprägte Metaphern wie die Rede von Gott als König, erzählerische Handlungsmuster wie die mehrfache Sendung und Zurückweisung von Boten bzw. Propheten, die Überzeugung, dass Gottes Gericht gerecht ist, sowie das Motiv der Feindesliebe als moralische Maxime.

Während der Ausdruck „Motiv" in dieser Verwendung erst in der Neuzeit entstand, ist der Begriff „Topos" durch die griechisch-römische Rhetorik geprägt, wenngleich er dort bereits in unterschiedlichen Bedeutungen gebraucht wurde. Im Sinne der Rhetorik stellen Topoi (von τόπος, „Ort, Platz, Stelle", lat. *locus*) Argumentationsmuster bereit und helfen dabei, Gedächtnisinhalte so zu organisieren, dass ein Redner mit Blick auf verschiedene argumentative Ziele darauf zurückgreifen kann. Zu den Topoi zählen unter anderem die rhetorischen Schlüsse wie der Schluss *a minore ad maius* („Wenn schon ..., dann erst recht ...", vgl. Röm 5,9 u. ö.), Argumentationsmuster wie die Frage *Cui bono?* („Wem zum Vorteil [gereicht eine Tat]?") sowie Stereotypen und Klischees, die auch als „Gemeinplätze" (κοινοὶ τόποι/*loci communes*) bezeichnet werden. Ein Beispiel für einen Gemeinplatz aus dem Bereich der politischen Rhetorik ist der Kontrast zwischen Parteienbildung und Streit im Gegensatz zum Ideal der Einheit einer Gemeinschaft (1Kor 1,10 u. ö.).

Motiv und Topos überschneiden sich in gewisser Hinsicht, so dass sich beide Begriffe nicht streng voneinander abgrenzen lassen. In der neutestamentlichen Wissenschaft wird der Ausdruck „Motiv" häufig in einem relativ weiten Sinne verwendet (teilweise bis dahin, dass auch Schriftzitate darunterfallen; so SÖDING und MEHRING). Von Topoi wird überwiegend dort gesprochen, wo die Forschung von einem Einfluss der griechisch-römischen Kultur und Rhetorik ausgeht, insbesondere in der neutestamentlichen Briefliteratur.

Zwei Beispiele sollen dies deutlich machen: Ein geprägtes *Motiv* liegt am Ende der Senfkornparabel in Mt 13,31f. vor, die bereits oben im Rahmen der Literarkritik untersucht wurde (Mk 4,32 weicht an dieser Stelle signifikant ab). Am Ende der Parabel heißt es: „und es (sc. das Senfkorn) wird zu einem Baum, so dass die Vögel des Himmels kommen und in seinen Zweigen wohnen" (καὶ γίνεται δένδρον, ὥστε ἐλθεῖν τὰ πετεινὰ τοῦ οὐρανοῦ καὶ κατασκηνοῦν ἐν τοῖς κλάδοις αὐτοῦ). Im Vergleich zur alltagsnahen Sprache der vorangehenden Sätze fällt zunächst die poetisch klingende Wendung „die Vögel *des Himmels*" auf. Ebenso steht das Verb κατασκηνόω, das nach seiner Wortherkunft „die Zelte aufschlagen" meint, in einer etwas eigentümlichen Verbindung mit den Vögeln als Subjekt. Folgt man den Stellenhinweisen am Außenrand des Nestle-Aland, zeigt sich, dass die Phrase τὰ πετεινὰ τοῦ οὐρανοῦ κατασκηνώσει in Ps 103,12 LXX, einem Schöpfungspsalm, vorkommt (Ps 104,12 in der Hebräischen Bibel). Der Ort, an dem die Vögel nisten, wird dort jedoch nur implizit benannt (vgl. 103,16). Ähnliche, sprachlich stärker abweichende Formulierungen finden sich in den metaphorischen Reden in Ez 17,23; 31,6; Dan 4,9.18. Dort werden die Vielvölkerreiche des babylonischen Königs, des Pharaos und Nebukadnezars jeweils metaphorisch als Baum dargestellt, in dem viele Vögel nisten; dieses Motiv wird als „Weltenbaum" bezeichnet. Nicht zuletzt im synoptischen Vergleich mit Mk 4,32 zeigt sich außerdem, dass sich Mt 13,32 und Lk 13,19 stärker an Ps 103,12 LXX anlehnen und dabei vermutlich ihrer Vorlage in Q folgen. Zusammenfassend lässt sich sagen, dass an dieser Stelle ein Motiv der Schriften Israels mit spezifisch geprägter Sprache aufgenommen wird. Ob damit allerdings lediglich die Größe der ausgewachsenen Senfpflanze als „Baum" unterstrichen wird (eigentlich handelt es sich um einen Strauch) oder ob darin ein impliziter Bezug auf Gottes Wirken in der Schöpfung erkennbar werden soll oder ob es sich um eine Anspielung auf die Metaphorik des „Weltenbaums" handelt und die Wendung möglicherweise sogar politische Konnotationen hat, bleibt allerdings offen. Darin wird zugleich ein wichtiges Merkmal der Gleichnisse und Parabeln deutlich: Diese Erzählungen regen die Leserinnen und Leser in besonderer Weise dazu an, deren Sinn selbst zu erschließen (vgl. unten § 9.3c).

Ein brieflicher *Topos* begegnet beispielsweise dort, wo ausdrücklich die räumliche Trennung zwischen der Person, die den Brief verfasst, und denjenigen, an die der Brief gerichtet ist, thematisiert wird. Häufig werden dabei die Verben ἀπεῖναι („abwesend sein") und παρεῖναι („anwesend sein") kontrastierend gegenübergestellt (vgl. GERBER 21f.). Dies wird etwa in 1Kor 5,3 deutlich, wo Paulus das Verhalten eines Mannes, der mit seiner Stiefmutter zusammenlebt, verurteilt und dessen definitiven Ausschluss aus der Gemeinde fordert: „Denn ich selbst – zwar leiblich abwesend, aber anwesend im Geist – habe über den, der solches in dieser Weise getan hat, schon das Urteil gefällt, als ob ich anwesend wäre" (ἐγὼ μὲν γάρ, ἀπὼν τῷ σώματι παρὼν δὲ τῷ πνεύματι, ἤδη κέκρικα ὡς παρὼν τὸν οὕτως τοῦτο κατεργασάμενον). Auf diese Weise wird deutlich, dass der Brief angesichts der ausdrücklich vermerkten räumlichen Abwesenheit des Paulus dennoch dessen Gegenwart vermittelt.

c) Die Verwendung der Schriften Israels in neutestamentlichen Texten

Den im Judentum als autoritativ geltenden Schriften kommt auch im entstehenden Christentum eine hohe Bedeutung zu. Blickt man auf das vielfältige antike Judentum, stehen die überlieferten Texte des frühen Christentums vor allem der pharisäischen Bewegung und dem entstehenden rabbinischen Judentum nahe, die sowohl die Tora als auch die prophetischen Bücher als maßgeblich betrachteten, wohingegen die Sadduzäer nur die schriftlich überlieferte Tora anerkannten (vgl. unten § 48.2). Zugleich werden die Schriften Israels im frühen Christentum in einer veränderten Perspektive wahrgenommen. So formuliert Paulus im Präskript des Römerbriefs die grundlegende Überzeugung, dass Gott das Evangelium über seinen Sohn Jesus Christus bereits „zuvor verheißen hat durch die Propheten in den Heiligen Schriften" (Röm 1,2). Der Glaube an den einen, sich in den Schriften Israels mitteilenden Gott und der Glaube an Jesus Christus als Sohn Gottes sind somit bestimmend für die Art und Weise, wie das entstehende Christentum die Schriften Israels aufnimmt und deutet (s. im Einzelnen SCHMID/SCHRÖTER).

Vor diesem Hintergrund kommt der Frage, wie die Verfasser der neutestamentlichen Texte die Schriften Israels rezipieren, eine wichtige Bedeutung für die Exegese zu. Dabei ist zu berücksichtigen, dass die durchgehend auf Griechisch verfassten Texte des Neuen Testaments die Schriften Israels zumeist in der griechischen Fassung der Septuaginta aufnehmen, denn die Septuaginta galt in gleicher Weise als göttlich inspiriert wie der hebräische Text (zur Entstehung der Septuaginta s. u. § 48.6). Allerdings ist die antike Überlieferung der Septuaginta in sich variantenreich. Im Rahmen der exegetischen Arbeit ist deshalb sorgfältig zu prüfen, ob beispielsweise Abweichungen bei Schriftzitaten in den neutestamentlichen Texten gegenüber der Septuaginta auf bewusste Änderungen des Verfassers zurückgehen oder ob sich darin möglicherweise eine antike Textvariante der Septuaginta niederschlägt.

Ein interessantes Beispiel dafür ist Röm 3,10–18, eines der längsten Schriftzitate im Römerbrief: Als zusammenfassenden Abschluss der ausführlichen Argumentation, dass niemand „aus Werken des Gesetzes" vor Gott gerecht wird (1,18–3,20), zitiert Paulus ausdrücklich die Schriften Israels (καθὼς γέγραπται ὅτι, „wie geschrieben steht:"). Jedoch ist in der Forschung umstritten, woher das Zitat insgesamt stammt: Der Beginn in V. 10–12 stimmt zwar teilweise überein mit Ps 13,1–3/52,2–4 LXX (Ps 14 bzw. 53 in der Hebräischen Bibel), die Fortsetzung in V. 13–18 hat allerdings keine Entsprechung im hebräischen Text oder in Teilen der Septuagintahandschriften. Die bedeutendsten Septuagintacodices bieten aber eine längere Version von Ps 13 LXX, die dem Zitat des Paulus weitgehend entspricht (Ps 52 LXX enthält diese Erweiterung nicht). Die neutestamentliche Forschung geht mehrheitlich davon aus, dass Paulus Schriftzitate aus verschiedenen biblischen Büchern zusammengestellt hat (oder dafür ein ihm vorliegendes „Florilegium" verwendet hat) und dass spätere christliche Schreiber der Septuaginta den Text aus Röm 3,13–18 in Ps 13 LXX ergänzt haben. An diesem Modell sind jedoch zuletzt Zweifel geäußert worden (siehe MARTIN KARRER/MARCUS SIGISMUND/ULRICH SCHMID, Textgeschichtliche Beobachtungen zu den Zusätzen in den Septuaginta-Psalmen, in: Wolfgang Kraus u. a. [Hg.], Die Septuaginta. Texte, Theologien, Einflüsse [WUNT 252], Tübingen 2010, 140–161): Obwohl Paulus im Römerbrief gelegentlich frei mit dem Wortlaut der Schrift umgeht, zitiert er insgesamt sorgfältig und gebraucht überleitende Wendungen, wenn er Zitate aus verschiedenen Büchern kombiniert (z. B. Röm 9,25–29; 10,18–21). Hinzu kommt, dass die Langfassung des Psalms in den großen Septuagintacodices gut bezeugt ist und außerdem kleine Abweichungen gegenüber dem Wortlaut des Zitats im Römerbrief aufweist. Dies könnte darauf hindeuten, dass die Langfassung von Ps 13 LXX bereits Teil der Septuagintaüberlieferung war und Paulus das Zitat von dort übernahm. Sollte dies zutreffen und sollte Paulus nicht verschiedene Schriftzitate frei zusammenstellen, so würde dies auch das argumentative Gewicht des Zitats im Römerbrief deutlich verstärken: Demnach würde Paulus an dieser Stelle keine thematische Blütenlese betreiben, sondern den Argumentationsgang mit einem langen Schriftzitat abrunden.

Bei einigen Autoren wie Paulus oder dem Verfasser des Matthäusevangeliums ist davon auszugehen, dass sie auch die hebräische Textüberlieferung kannten, so dass die hebräischen Schriften das Textverständnis dieser Autoren möglicherweise beeinflusst hat. Darüber hinaus zeigt sich, dass die Verfasser der neutestamentlichen Texte häufig der Schriftauslegung des antiken Judentums nahestehen. Die jüdische Schriftauslegung ist daher im Rahmen der Exegese zu berücksichtigen in der Form, in der sie sich in den antiken jüdischen Texten in vielfältiger Weise widerspiegelt (s. u. den Überblick über die jüdischen Quellen in § 46.3).

d) Die Verwendung frühchristlicher Überlieferung in den neutestamentlichen Texten

In der neutestamentlichen Briefliteratur, die im Folgenden als Ausgangspunkt dienen soll, finden sich nur an wenigen Stellen *explizite Hinweise* auf vorgeprägte frühchristliche Überlieferung, vor allem im 1. Korintherbrief: In 1Kor 7,10 bezieht sich Paulus auf ein Gebot des „Herrn" Jesus Christus über die Ehescheidung und in 9,14 auf eine weitere Anweisung über den Unterhalt für die Missionarinnen und Missionare. Am ausführlichsten sind die Einleitungswendungen in 11,23 mit Bezug auf das Herrenmahl und in 15,3 über Tod und Auferstehung Jesu. Paulus verwendet an beiden Stellen spezifische Begriffe der Traditionsübermittlung, indem er hervorhebt, dass er den Christusgläubigen in Korinth Inhalte „überliefert" hat (παρέδωκα), die er selbst „empfing" (παρέλαβον).

Sofern ein Text keine expliziten Hinweise dieser Art enthält, können *ähnlich lautende Formulierungen in anderen Texten* Anlass zu der Vermutung geben, dass vorgeprägte frühchristliche Überlieferung aufgenommen wurde, oder es lassen sich *grammatikalische, lexikalische, stilistische oder vom unmittelbaren Kontext abweichende Auffälligkeiten* beobachten. In diesem Zusammenhang ist erneut daran zu erinnern, dass die Aufgabe der Überlieferungskritik im Rahmen der Exegese darin besteht, die spezifische Verwendung von Überlieferungen im untersuchten Text in den Blick zu nehmen und in diesem Zusammenhang mögliche Realisierungen der geprägten Vorstellungsgehalte in anderen Texten wahrzunehmen.

Für die Frage, warum der Verfasser einer Schrift vorgeprägte Überlieferung aufgenommen hat, lassen sich im Wesentlichen vier Gründe anführen: Erstens kann der Verfasser der Ansicht sein, dass die geprägte Überlieferung einen Inhalt stilvoll und prägnant zum Ausdruck bringt. Als Zweites kommt die Möglichkeit infrage, dass bei der Abfassung des Textes davon ausgegangen wurde, dass die Leserinnen und Leser mit der geprägten Überlieferung vertraut sind. Dementsprechend kann die geprägte Überlieferung ein Signal für gemeinschaftlich geteilte Überzeugungen sein und so die Beziehung zwischen den beteiligten Personen stärken. Drittens kann eine als autoritativ geltende Überlieferung argumentativ eingesetzt und in bestimmter Weise gedeutet werden (so Röm 14,14: „Ich weiß und bin überzeugt in dem Herrn Jesus ..."), oder der Verfasser grenzt sich davon ab und profiliert sich auf diese Weise selbst (vgl. 1Kor 7,10; 9,14). Mitunter kann der Verfasser auch seine eigene Position dahingehend stärken, dass er sich als Empfänger und Vermittler der Überlieferung darstellt (wie bspw. in 1Kor 11,23: „Denn ich selbst habe vom Herrn das empfangen, was ich euch überliefert habe ..."; vgl. 15,3). Als vierte Möglichkeit kommt schließlich hinzu, dass die geprägte Überlieferung bereits Teil des konventionellen Sprachgebrauchs in der frühchristlichen Gemeinschaft geworden sein könnte, so dass der Rückgriff auf die geprägte Überlieferung eher beiläufig geschieht.

Ein anschauliches Beispiel für die Aufnahme geprägter Überlieferung findet sich in 1Thess 5,1–11, einer kurzen Erörterung über das christliche Leben in Erwartung der Endzeit. Wenn Paulus in diesem Zusammenhang formuliert: „Der Tag des Herrn kommt wie ein Dieb in der Nacht" (V. 2; vgl. V. 4), so zeigt sich darin zum einen die Verwendung des geprägten Motivs vom „Tag des Herrn", der vor allem in den prophetischen Büchern als „Tag JHWHs" für das Gericht Gottes steht (יוֹם יהוה/*jôm jhwh*, vgl. Jes 13,6–14; Zeph 1,7–18 u. ö.). Im 1. Thessalonicherbrief könnte mit dem „Herrn" an dieser Stelle Jesus Christus gemeint sein (vgl. 1Thess 4,15). Zum anderen ist jedoch bemerkenswert, dass Mt 24,43f. und Lk 12,39f. ein kurzes Gleichnis Jesu überliefern, dem zufolge ein Hausherr das Eindringen des Diebes in sein Haus verhindern würde, sofern ihm die geplante Zeit der Tat bekannt wäre. Aufgrund der Gemeinsamkeiten zwischen Matthäus und Lukas ist anzunehmen, dass das Gleichnis bereits Teil von Q war und dort als Aufruf zur Wachsamkeit mit Hinweis auf den unbekannten Zeitpunkt der Wiederkunft des Menschensohns gestaltet war.

Im 1. Thessalonicherbrief finden sich aber keine expliziten Hinweise darauf, dass Paulus das Motiv vom „Dieb in der Nacht" als Wort Jesu versteht oder dass er es in Form eines Gleichnisses kennt, denn von einem Hausherrn oder Ähnlichem ist bei Paulus nicht die Rede. Bemerkenswert ist jedoch, dass auch bei ihm die metaphorische Aufforderung zum „Wachen" statt „Schlafen" vorkommt (1Thess 5,6; vgl. Mt 24,42f.; Lk 12,37.39). Daraus lässt sich zumindest schließen, dass Paulus das Motiv vom „Dieb in der Nacht" in Verbindung mit der Aufforderung zur Wachsamkeit kennt. Gleichzeitig ist festzustellen, dass Paulus diese Motivverbindung in anderer Weise aufnimmt als die Überlieferungen bei Matthäus und Lukas: Der Passus in 1Thess 5,1–11 ist insgesamt von der positiven Überzeugung getragen, dass die Adressatinnen und Adressaten „Kinder des Lichts und Kinder des Tages" sind, die Gott durch den Tod Jesu zur Rettung bestimmt hat. Damit unterscheiden sie sich von den anderen Menschen, die sich fälschlicherweise in „Frieden und Sicherheit" wähnen, aber selbst in höchster Gefahr stehen (V. 3). In Mt 24,43f. und Lk 12,39f. spielt dieser Gegensatz keine Rolle, sondern hier stehen der plötzliche Anbruch des Tages des Menschensohns und die Aufforderung zur „Wachsamkeit" im Mittelpunkt (vgl. insgesamt JACOBI 124–187).

Die Verwendung des Bildes vom „Dieb in der Nacht" in einigen späteren Texten verdeutlicht die zunehmende Beliebtheit und Vielseitigkeit dieses Motivs im antiken Christentum: In der Johannesoffenbarung ruft Christus im Sendschreiben an die Gemeinde in Sardes zur Wachsamkeit auf, da er sonst „wie ein Dieb" zu unbekannter Stunde kommen werde (Apk 3,3). Auch in Apk 16,15 begegnet die Aussage: „Siehe, ich komme wie ein Dieb", verbunden mit einer Aufforderung zur Wachsamkeit in Form einer Seligpreisung. Im 2. Petrusbrief setzt sich der Autor mit der noch immer ausstehenden Parusie auseinander und hält fest: „Der Tag des Herrn wird aber kommen wie ein Dieb", gefolgt von einer Beschreibung der kosmischen Katastrophe (2Petr 3,10). In anderer Weise überliefert das Thomasevangelium Jesu Gleichnis vom Hausherrn und dem Dieb, es wird hier jedoch nicht mit dem zukünftigen Kommen des Menschensohns verbunden, sondern mit der Mahnung, gegenüber der feindlichen „Welt" wachsam zu sein und sich gegen ihre „Räuber" zu wappnen (EvThom 21,5–7).

e) Hinweise zur methodischen Arbeitsweise bei der Überlieferungskritik

Wie eingangs angemerkt, verwenden die neutestamentlichen Schriften in vielfältiger Weise geprägte Vorstellungsgehalte aus unterschiedlichen literarischen und religiösen Überlieferungsbereichen. Die folgenden Hinweise beschränken sich deshalb auf einige allgemeine Leitlinien, während das konkrete methodische Vorgehen oft davon abhängt, wie umfangreich und auf welche Weise Überlieferungen im untersuchten Text aufgenommen werden sowie welchem sprachlichen und religiösen Bereich sie angehören.

1) Grundlegend ist zunächst die Frage nach spezifischen *Textsignalen*, die auf geprägtes Gedankengut hinweisen. Solche Textsignale können Zitationsformeln sein, wie beispielsweise die Einleitungen der Reflexions- bzw. Erfüllungszitate im Matthäusevangelium (1,22f.; 2,15.17f. u. ö.) oder die paulinische Wendung „wie

geschrieben steht" (καθὼς γέγραπται, Röm 1,17 u. ö.). Ebenso verweist die Nacherzählung oder Zusammenfassung von Inhalten der Schriften Israels auf die jeweiligen Textzusammenhänge (z. B. die Aufnahme der Episode von David und den Schaubroten in Mk 2,25f.). Im Bereich der frühchristlichen Überlieferung ist besonders auf Traditionsterminologie wie „empfangen" (παραλαμβάνειν) und „überliefern" (παραδιδόναι) zu achten. Als weitere, weniger auffällige Textsignale kommen Wörter infrage, die ein Autor ansonsten nicht verwendet (z. B. ἱλαστήριον in Röm 3,25), sowie stilistisch auffällige Wechsel wie etwa bei der Verwendung hymnischer Textteile (die mitunter allerdings auch vom Verfasser selbst für den vorliegenden Kontext formuliert sein können).

2) Bei Überlieferungsinhalten, die durch Textsignale als schriftlich bekannt markiert werden, stellt sich die Frage nach deren genauer Herkunft. Ansonsten geht es zunächst darum, geprägte Überlieferung überhaupt als solche wahrzunehmen, indem man mögliche Verwendungen in anderen Schriften erkennt. Eine wichtige Hilfestellung zur ersten Orientierung sind die Stellenverweise am äußeren Rand des Nestle-Aland (vgl. die Erläuterungen und das Abkürzungsverzeichnis in NA[28], 39*–42*). Zu beachten ist freilich, dass es sich auch dabei um Ergebnisse exegetischer Arbeit handelt, die auf verschiedenen Abwägungen beruhen, insbesondere hinsichtlich der Frage, ob Schriftbezüge mit Angabe einer Textstelle kursiv hervorgehoben sind. Die eigenständige Recherche wird sich grundlegend auf die Konkordanzen oder entsprechende Bibelsoftware stützen (s. o. § 4.1 bzw. 4.4). Vor allem bei häufig verwendeten Motiven ist es jedoch ratsam, sich zunächst an der Auswahl in einem einschlägigen Lexikon bzw. einem exegetischen Wörterbuch zu orientieren (s. o. § 4.2).

3) Weiterhin ist es notwendig, sich selbst mit wichtigen Texten vertraut zu machen, in denen die geprägten Überlieferungen möglicherweise enthalten sind. Dabei ist zum einen die eigenständige Lektüre längerer Textpassagen von Vorteil, um den jeweiligen Zusammenhang der überlieferten Inhalte zu erfassen. Handelt es sich um Überlieferungen aus den Schriften Israels, so ist dabei vor allem die Übersetzung der „Septuaginta Deutsch" zu empfehlen. Zum anderen sollte auch die literatur- und religionsgeschichtliche Einordnung der jeweiligen Texte beachtet werden, um einschätzen zu können, wo ein Text möglicherweise bei der Aufnahme geprägter Vorstellungsgehalte bekannt gewesen sein könnte.

4) Abschließend ist mit Blick auf den exegetisch untersuchten Text auszuwerten, ob und auf welche Weise geprägtes Gedankengut aufgenommen wird. Stimmt die Verwendung im Text mit den Verwendungen in anderen Schriften überein? Hebt der untersuchte Text bestimmte Details in besonderer Weise hervor und stellt er die geprägten Inhalte möglicherweise in neue Zusammenhänge? Und schließlich: In welcher Weise beeinflusst die Kenntnis der aufgenommenen Überlieferung das Verständnis des untersuchten Textes auf der Seite der Leserinnen und Leser?

§9 Gattungen im Neuen Testament

Literatur: DAVID E. AUNE (Hg.), Greco-Roman Literature and the New Testament, Atlanta 1988 ♦ DAVID E. AUNE, The Westminster Dictionary of New Testament and Early Christian Literature and Rhetoric, Louisville, Ky. 2010 ♦ KLAUS BERGER, Formen und Gattungen im Neuen Testament (UTB 2532), Tübingen/Basel 2005 ♦ HELEN K. BOND, The First Biography of Jesus. Genre and Meaning of Mark's Gospel, Grand Rapids, Mich. 2020 ♦ RUDOLF BULTMANN, Die Geschichte der synoptischen Tradition (FRLANT 29), Göttingen ^{10}1995 ♦ MARTIN DIBELIUS, Die Formgeschichte des Evangeliums, Tübingen ^{6}1971 ♦ MICHAEL C. PARSONS/MICHAEL W. MARTIN, Ancient Rhetoric and the New Testament, Waco, Tex. 2018.

1 Einführung

Texte sind in hohem Maße davon geprägt, dass sie geläufigen Mustern folgen. In der Gegenwart haben wir es beispielsweise mit Romanen, Autobiographien, Reiseführern, Werbebroschüren, Formularen, Verträgen, E-Mails oder Social-Media-Beiträgen zu tun. Aus linguistischer Sicht spricht man dabei allgemein von *Textsorten*, mit denen wir aufgrund unseres erworbenen Wissens in bestimmter Weise umgehen. Handelt es sich um einen literarischen Text, so bezeichnet man die jeweilige Textsorte als *literarische Gattung* (wobei die Grenze zwischen literarischen und nichtliterarischen Texten mitunter fließend ist). Grundsätzlich lassen sich literarische Gattungen ebenso wie andere Textsorten daran erkennen, dass die zugehörigen Texte bestimmte Merkmale miteinander teilen. Vor allem aber verbinden die Menschen mit solchen Textsorten, die sie beim Abfassen eines Textes verwenden oder beim Lesen erkennen, bestimmte kommunikative Funktionen, wie etwa bloße Information, Beeinflussung zum Kauf eines Produkts oder eine verbindliche Rechtshandlung. Darüber hinaus können literarische Gattungen dazu verwendet werden, Texte mit gemeinsamen Merkmalen zu Textgruppen zusammenzustellen. Dieses Vorgehen erleichtert es beispielsweise, ähnliche Texte miteinander zu vergleichen, sich mit anderen Menschen über Texte zu unterhalten oder sich in einer Buchhandlung oder in einer Bibliothek zu orientieren.

Wie etwa an Textsortenbeispielen aus dem Bereich der Online-Medien leicht erkennbar ist, sind Textsorten wie auch literarische Gattungen mit bestimmten technischen Voraussetzungen und konkreten Verwendungszusammenhängen verbunden. Entsprechend hat sich beispielsweise die jahrtausendealte Praxis des Briefeschreibens über die Zeit stark gewandelt. Daher ist es notwendig, die Verwendung von literarischen Gattungen in der Zeit des Entstehens der neutestamentlichen Schriften in den Blick zu nehmen, um so die kommunikative Funktion der einzelnen Texte beschreiben zu können. In der älteren Forschung zum Neuen Testament stellte man die historische Wandelbarkeit von Gattungen in den Vordergrund und sah darin einen Zugang zu mutmaßlich früheren Teilen der Jesusüberlieferung. Bevor auf die gegenwärtige Sicht auf Gattungsfragen im Neuen Testament eingegangen wird, soll daher eine kurze Einführung in den forschungsgeschichtlich bedeutenden Ansatz der sogenannten „Formgeschichte" erfolgen, da deren Methodik die neutestamentliche Wissenschaft lange Zeit geprägt hat, insbesondere auch die früheren Auflagen dieses Arbeitsbuchs. Nicht zuletzt ist die Kenntnis dieses Forschungsansatzes und der damit verbundenen Begriffe hilfreich, um die Argumentation in vielen exegetischen Kommentaren nachvollziehen zu können.

a) Forschungsgeschichtlicher Rückblick: Der Ansatz der Formgeschichte

Literatur: BULTMANN, Geschichte der synoptischen Tradition ♦ DIBELIUS, Formgeschichte des Evangeliums ♦ PAUL-GERHARD KLUMBIES, Die synoptische Überlieferung, in: Christof Landmesser (Hg.), Bultmann Handbuch, Tübingen 2017, 253–263 ♦ HELMUT KÖSTER, Formgeschichte/Formkritik. II. Neues Testament, TRE 11 (1983), 286–299 ♦ KARL LUDWIG SCHMIDT, Der Rahmen der Geschichte Jesu. Literarkritische Untersuchungen zur ältesten Jesusüberlieferung, Berlin 1919.

Zwischen 1919 und 1921 – wenige Jahre nach dem Ende des Ersten Weltkriegs – erschienen die drei wegweisenden Untersuchungen von Karl Ludwig Schmidt, Martin Dibelius und Rudolf Bultmann, die den Ansatz der Formgeschichte in der neutestamentlichen Wissenschaft begründeten. Sie unterscheiden sich bisweilen in ihrer konkreten Herangehensweise und in der Begrifflichkeit, teilen jedoch wichtige Grundüberzeugungen und gelangen zu ähnlichen Ergebnissen.

1) Wie Bultmann zusammenfasst, ist das *Ziel des formgeschichtlichen Ansatzes*, die „ursprüngliche Form eines Erzählungsstückes, eines Herrenwortes, eines Gleichnisses zu erkennen". Es geht also darum, die älteren Stücke der „Tradition" von „sekundären" Erweiterungen im Laufe der Überlieferung und durch die Hand der Evangelisten zu unterscheiden (BULTMANN 7). Daraus soll sich schließlich ein „Bild von der *Geschichte der Einzelstücke der Tradition*" ergeben, d. h. „von der Entstehung dieser Tradition wie von ihrer Abwandlung bis zu der Fixierung, in der sie uns in jedem der Synoptiker vorliegt" (4). Die formgeschichtlichen Arbeiten wollen also nicht bloß die Merkmale der einzelnen Formen und Gattungen bestimmen, sondern vor allem die Geschichte der Jesusüberlieferung im frühen Christentum bis zur Entstehung der Evangelien darstellen.

2) Nach Ansicht der Formgeschichte steht am Beginn der Überlieferung eine unzusammenhängende, *fragmentarische Weitergabe der Jesustradition* im frühen Christentum: „Die älteste Jesusüberlieferung ist ‚Perikopen'-Überlieferung, also Überlieferung einzelner Szenen und einzelner Aussprüche, die zum größten Teil ohne feste chronologische und topographische Markierung innerhalb der Gemeinde überliefert worden sind" (SCHMIDT V). Für das, was Schmidt als „Perikopen" bezeichnet, setzte sich schließlich der Begriff „kleine Einheiten" durch, den Dibelius in die Diskussion einbrachte.

3) Mehrfach wird hervorgehoben, dass sich in der Entwicklung fester Formen und Gattungen im frühen Christentum nicht irgendein literarisches oder „ästhetisches" Empfinden niedergeschlagen habe. Vielmehr entsprächen die Formen und Gattungen im frühen Christentum den konkreten Erfordernissen und Situationen, in denen sie ursprünglich verwendet wurden. Im Anschluss an die damalige alttestamentliche Wissenschaft gebraucht die Formgeschichte dafür den Begriff *Sitz im Leben* und versteht darunter eine allgemeine, „typische Situation oder Verhaltungsweise im Leben einer Gemeinschaft", oder genauer: den „Entstehungs- und Pflegeort" der Überlieferungsstücke im frühen Christentum (BULTMANN 4 bzw. 8).

In der konkreten Bestimmung des „Sitzes im Leben" gehen Dibelius und Bultmann je eigene Wege. Nach Dibelius kommt der frühchristlichen „Predigt" (sowohl als Missionsverkündigung als auch im Gottesdienst) eine entscheidende Rolle zu; beispielsweise hätten „Paradigmen" wie die Erzählung von der Heilung am Sabbat in Mk 3,1–6 ursprünglich als „Material" für die Predigt gedient. Bultmann rechnet diese Erzählung zu den „Streitgesprächen" (zwischen Jesus und seinen Gegnern) und gibt als „Sitz im Leben" die „Apologetik und Polemik der palästinensischen Gemeinde" an, denn es handle sich um „ideale Szenen, die einen Grundsatz, den die Gemeinde auf Jesus zurückführt, in einem konkreten Fall veranschaulichen" (BULTMANN 41).

4) Die Formgeschichte geht davon aus, dass am Beginn der Überlieferung jeweils die *„reine Form"* steht, die dem zugehörigen „Sitz im Leben" entspricht. Abweichungen von der angenommenen „reinen Form" gelten demzufolge als sekundäre „Modifizierung", die Aufschluss über die Überlieferungsgeschichte bis hin zur Aufnahme in die Evangelien geben soll (vgl. BULTMANN 4f.).

Bultmann legt auf die begriffliche Unterscheidung zwischen mündlicher „Form" und literarischer „Gattung" keinen großen Wert: Ob ein Überlieferungsstück mündlich oder schriftlich weitergegeben wurde, sei „zunächst gleichgültig", denn der Überlieferungsstoff sei insgesamt von einem „unliterarischen Charakter" geprägt (BULTMANN 7). Spätere Vertreter der Formgeschichte mahnen jedoch an, dass der Begriff „Form" ausschließlich für die „mündliche Überlieferung" gebraucht werden sollte, während man von „Gattungen" nur mit Blick auf „Großformen" wie die Evangelien sprechen sollte (so u. a. KÖSTER 287).

5) Die Vertreter der Formgeschichte eint schließlich eine gemeinsame Sicht auf die synoptischen Evangelien und deren Verfasser (das Johannesevangelium und

die Apostelgeschichte sind davon ausdrücklich ausgenommen): Im Unterschied zu anderen „literarischen" Werken der hellenistisch-römischen Zeit werden die synoptischen Evangelien als „*Kleinliteratur*" betrachtet, denn sie seien nicht für die Öffentlichkeit, sondern nur für die junge christliche Gemeinschaft gedacht. Die Evangelisten gelten dabei als theologisch relativ unselbständig und ganz der Tradition verpflichtet, da ihre Evangelien im Wesentlichen aus „Sammelgut" bestünden. Gerade mit Blick auf die Frage der Gattungen wird deshalb zum einen der große Abstand zwischen den Evangelien und der sonstigen Literatur der Antike betont. Zum anderen wird die literarische und theologische Leistung der Evangelisten zunächst als relativ gering und überschaubar eingeschätzt. Erst ab den 1950er Jahren erschienen einige namhafte Studien, die dem neuen Ansatz der „Redaktionsgeschichte" folgten und sich zum Ziel setzten, das eigenständige theologische Konzept beispielsweise des Evangelisten Markus zu würdigen.

6) Als kurzes Fazit lässt sich daher festhalten, dass Formen und Gattungen im Ansatz der Formgeschichte vor allem mit Blick auf die ursprünglichen „reinen Formen" diskutiert werden. Im Zentrum steht das Anliegen, ein Bild der frühchristlichen Überlieferungsgeschichte vor Abfassung der Evangelien zu entwerfen. Dieses Bild entsteht wie eine Art Mosaik aus den „kleinen Einheiten", die von den Vertretern der Formgeschichte jeweils einem bestimmten „Sitz im Leben" zugewiesen werden. Der literarische Kontext der einzelnen Textabschnitte in den Evangelien ist dabei zumeist ausgeblendet, und auch die literarische und theologische Leistung der Evangelisten wird an den Rand gedrängt. Die weitergehende Frage, welche Funktion die literarischen Gattungen für die Herstellung einer Kommunikation zwischen den Verfassern und der Leserschaft der Evangelien hatten, lag jenseits des Interesses der Formgeschichte.

b) Gattungstheorie und Gattungsbestimmung in der neueren Forschung

Literatur: DAVID DUFF (Hg.), Modern Genre Theory, London/New York 2000 ♦ HARALD FRICKE, Definitionen und Begriffsformen, in: Zymner (Hg.), Handbuch Gattungstheorie (s. u.), 7–10 ♦ JOHN FROW, Genre (The New Critical Idiom), London/ New York ²2015 ♦ KLAUS W. HEMPFER, Literaturwissenschaft. Grundlagen einer systematischen Theorie (Abhandlungen zur Literaturwissenschaft), Stuttgart 2018, 178–213 ♦ JENS SCHRÖTER, Erinnerung an Jesus Worte. Studien zur Rezeption der Logienüberlieferung in Markus, Q und Thomas (WMANT 76), Neukirchen-Vluyn 1997, 12–65 ♦ MONIKA SCHWARZ-FRIESEL/MANFRED CONSTEN, Einführung in die Textlinguistik, Darmstadt 2014, 39–49 ♦ PETER WENZEL, Gattung, literarische/Gattungsgeschichte etc., in: Ansgar Nünning (Hg.), Metzler Lexikon Literatur- und Kulturtheorie, Stuttgart/Weimar ⁵2013, 244–250 ♦ RÜDIGER ZYMNER (Hg.), Handbuch Gattungstheorie, Stuttgart/Weimar 2010 ♦ RÜDIGER ZYMNER, Texttypen und Schreibweisen, in: Thomas Anz (Hg.), Handbuch Literaturwissenschaft, Bd. 1: Gegenstände und Grundbegriffe, Stuttgart/Weimar 2013, 25–80.

Was ist unter einer literarischen Gattung zu verstehen? Und welche Rolle spielen Gattungen bei der Textinterpretation? Um diese Fragen zu beantworten, hat die neutestamentliche Exegese seit den 1970er Jahren – zunächst in Auseinandersetzung mit dem Ansatz der Formgeschichte – verstärkt Anregungen aus der Linguistik und der Literaturwissenschaft aufgenommen. Auch in diesen Disziplinen findet jedoch weiterhin eine umfangreiche Diskussion über diese grundlegenden Fragen statt. Aus Sicht der neutestamentlichen Exegese lohnt sich daher ein kurzer Einblick in die neuere Fachdiskussion der Linguistik und Literaturwissenschaft.

Bei Gattungen handelt es sich – ähnlich wie bei nichtliterarischen Textsorten – um sprachliche Muster, die der zwischenmenschlichen Kommunikation dienen. Sie gehören einerseits zu den Konventionen, denen diejenigen folgen, die miteinander kommunizieren. Sie sind daher Teil des kulturellen Wissens, das sich die Beteiligten im Laufe ihres Bildungswegs angeeignet haben. Auf der anderen Seite sind Gattungen flexible, bewusst gestaltbare Gebilde, so dass sie entsprechend den Entwicklungen in der Sozial- und Kulturgeschichte verändert, aufgegeben oder neu geformt werden können.

1) Eine Gattung stellt primär ein *Kommunikationssystem* dar, das die verständnisleitenden Rahmenbedingungen einer Textgruppe, also quasi die „Spielregeln" der Textkommunikation bereitstellt: Wer eine bestimmte, klar erkennbare Gattung verwendet, erzeugt bei den Leserinnen und Lesern eine Erwartungshaltung darüber, wie der Text aufgebaut ist, welche Inhalte er hat und welche Funktion er erfüllen soll. Im Rezeptionsprozess können diese Erwartungen in unterschiedlicher Weise bestätigt, korrigiert oder enttäuscht werden. Vor allem aber fungiert die verwendete Gattung als eine Art Rahmen, der jeweils mit konkreten Anliegen und Inhalten gefüllt werden kann.

2) Gattungen tragen wesentlich dazu bei, *eine Vielzahl von Texten zueinander in Beziehung zu setzen und zu klassifizieren*: Texte mit ähnlichen Merkmalen werden zu Gruppen zusammengestellt, wohingegen Texte mit unterschiedlichen Merkmalen auseinandertreten. An dieser Stelle kann man allgemein zwischen zwei Perspektiven unterscheiden: In kognitiver Sicht helfen Gattungen dabei, dass Menschen im Langzeitgedächtnis eine Art mentale Landkarte der Texte ausbilden und sich angesichts einer Vielzahl von Texten orientieren können. In soziokultureller Hinsicht erleichtern Gattungen die zwischenmenschliche Kommunikation über eine Vielzahl von Texten und den Umgang mit ihnen: Man kann sich beispielsweise über die Eigenschaften einer mithilfe der Gattung bestimmten Textgruppe unterhalten, im Unterricht Anleitungen zum Verfassen und zum Verstehen solcher Texte geben, historische Veränderungen einer Gattung nachverfolgen und die jeweiligen Textgruppen zur Ordnung einer Bibliothek verwenden. Wichtig ist, dass beide Ebenen auf komplexe Art ineinandergreifen: Die individuelle kognitive Landkarte der Textsorten und Gattungen wird im Laufe des jeweiligen Bildungswegs entwickelt, so dass es sich um eine Form der Aneignung

von sprachlichem und sozialem Wissen handelt. Vor allem jedoch wird im zwischenmenschlichen Kommunikationsprozess auf kulturelles Wissen zugegriffen, welcher Gattung ein Text angehört und welche kommunikativen „Spielregeln" für diesen Text gelten. Auf die Bedeutung der Gattungsanalyse für die Textinterpretation soll an späterer Stelle noch näher eingegangen werden (s. u. § 9.4).

3) Zur *Bestimmung und Abgrenzung von Gattungen* hat die Gattungstheorie vor allem drei grundlegende Ansätze ins Gespräch gebracht: a) Die *Archetypentheorie* nimmt an, dass es universale menschliche Grundbedürfnisse gibt, denen elementare Gestaltungsmuster wie Legende, Sage, Rätsel, Märchen usw. entsprechen. Diese universalen Gestaltungsmuster würden sich dann historisch-kulturell in unterschiedlicher Weise ausprägen. Dieses Konzept führt jedoch zu einer willkürlichen Bildung hierarchischer Klassen von Gattungen und Untergattungen sowie schlussendlich zu einer ahistorischen, spekulativen Theorie. Daher wird dieser forschungsgeschichtlich wirkungsreiche Ansatz inzwischen nicht mehr vertreten. b) Der zweite Ansatz orientiert sich an Ludwig Wittgensteins Konzept der *Familienähnlichkeit*: Wie die Mitglieder einer Familie untereinander bestimmte Gesichtszüge gemeinsam haben, aber nicht alle die gleichen Gesichtszüge teilen, so kann auch eine Gattung durch eine flexible Zusammenstellung von Merkmalen definiert werden (nach dem Muster „A weist das Merkmal x und/oder das Merkmal y auf"). Problematisch kann dabei aber die Frage werden, welche Merkmale als zentral und welche als eher randständig gelten sollen. c) Der dritte Ansatz lehnt sich an Ergebnisse der kognitiven Linguistik an: Menschen in Europa und Nordamerika ordnen beispielsweise Singvögel signifikant häufiger der Kategorie „Vogel" zu als Hühner, Strauße oder Pinguine; Singvögel können daher offenbar als Ausdruck des Prototyps von „Vogel" gelten. In ähnlicher Weise könnte eine Gattung darüber bestimmt werden, dass eine kleine Anzahl von Texten als Ausdruck des *Prototyps* dieser Gattung betrachtet wird. In der weiteren Analyse lassen sich dann andere Texte daraufhin untersuchen, ob und inwiefern sie dem jeweiligen Prototyp graduell nahestehen oder nicht. Bei diesem Ansatz ist jedoch die jeweilige Bestimmung der prototypischen Texte besonders begründungsbedürftig. Dennoch ist ein wesentlicher Vorteil dieses Modells darin zu sehen, dass Gattungsgrenzen nicht als trennscharf, sondern als fluide wahrgenommen werden. Dementsprechend kann ein Text dem Prototyp der Gattung mehr oder weniger nahestehen oder zu Prototypen benachbarter Gattungen in Bezug gesetzt werden.

In den neutestamentlichen Schriften wie auch in der sonstigen antiken Literatur begegnet eine Vielzahl von Gattungsbegriffen. In der antiken Philosophie und Rhetorik werden viele Gattungsbegriffe zudem genauer erörtert und definitorisch bestimmt, was in den neutestamentlichen Schriften kaum der Fall ist. Diesen quellensprachlichen Begriffsgebrauch gilt es unbedingt zu berücksichtigen, wenn nach Gattungen in der Literatur des frühen Christentums gefragt wird. Dabei zeigt sich jedoch zum einen, dass die Gattungsbegriffe in den verschiedenen Schriften nicht immer deckungsgleich verwendet werden. Zum anderen lässt sich vielfach beobachten, dass in den Texten wiederkehrende sprachliche Muster (im Sinne literarischer Gattungen) gebraucht werden, ohne dass im jeweiligen Zusammenhang geprägte Gattungsbegriffe genannt werden. Moderne, beschreibungssprachliche Gattungsbestimmungen gehen somit notwendigerweise über die quellensprachliche Begriffsverwendung hinaus und sind insofern wissenschaftliche Konstrukte. Eine „arbeitsfähige Bestimmung von Gattungsbegriffen" ist daher „in aller Regel eine präzisierende *Rationale Rekonstruktion* früherer, aber unscharfer Gebrauchsweisen und Verwendungstraditionen" (FRICKE 7). Aus der Tatsache, dass es sich um wissenschaftliche Konstrukte handelt, folgt außerdem, dass es „formal wie inhaltlich nicht die *eine* richtige oder wahre Definition einer Gattung [...] gibt, sondern immer nur vorläufige Bestimmungen zu unterschiedlichen Zwecken" (ZYMNER, Texttypen, 27). Je nachdem, ob die Gattungsbestimmung für eine umfangreiche Studie, ein kompaktes Handbuch oder ein Studienbuch wie das vorliegende Arbeitsbuch konzipiert ist, kann sie detaillierter und um höhere Präzision bemüht sein oder kürzer ausfallen und auf die Anwendung in der Textinterpretation orientiert sein.

4) Die Merkmale eines Textes, die zur Bestimmung der Gattung führen, lassen sich in drei Bereiche zusammenfassen (vgl. SCHWARZ-FRIESEL/CONSTEN 49): a) *Formale Merkmale* beziehen sich auf die grammatisch-syntaktische Struktur des Textes (z. B. Verwendung bestimmter grammatischer Formen wie Imperative, finite Verben, Partizipien; syntaktische Strukturen wie parataktische Hauptsätze, Relativsätze). Darüber hinaus gehören auch der Umfang und die Selbständigkeit des Textes zu dieser Art von Merkmalen. Bei Gleichnissen handelt es sich beispielsweise um kurze Erzählungen, die in einen Erzähl- oder Argumentationskontext eingebettet sind. b) *Inhaltlich-semantische Merkmale* betreffen zunächst die Frage, welche semantischen Felder vorherrschen (s. o. §7.3b). Ein Beispiel sind etwa die Heilungserzählungen, in denen das semantische Feld „Krankheit und Heilung" vorherrscht. Darüber hinaus gehören bei Erzähltexten auch Fiktionalität und Realitätsbezug zu den inhaltlich-semantischen Merkmalen. Wie an späterer Stelle näher ausgeführt wird, können Gleichnisse und Parabeln beispielsweise als fiktionale („erfundene") Erzählungen gelten, die jedoch auf die bekannte Realität bezogen sind. Im Unterschied zur antiken Fabel handeln sie also nicht von sprechenden Tieren, Bäumen oder Götterstatuen (s. u. §9.3c.4). c) *Funktionale Merkmale* stehen in enger Verbindung zur Pragmatik des Textes, also zu der Frage, welche Handlungsabsichten im Text ausgedrückt werden (s. o. §7.4). Zu den grundlegenden Funktionen antiker Briefe etwa gehört, dass sie über die räumliche Trennung hinweg eine kommunikative Beziehung schaffen zwischen denen, die den Brief abfassen, und denen, an die der Brief gerichtet ist. Ein funktionales Merkmal von Gleichnissen ist wiederum, dass sie durch gattungstypische Textsignale die Leserinnen und Leser dazu anregen, aktiv nach der Bedeutung der Gleichniserzählung zu suchen.

Bei der Erläuterung der Gattungsbegriffe in den folgenden Abschnitten treten diese drei Bereiche gattungsrelevanter Textmerkmale in unterschiedlichem Maße hervor, werden aber nicht im Einzelnen differenziert. Vor allem im Rahmen der Textanalyse bieten sie sich jedoch als orientierendes Frageraster an, so dass für die praktische Anwendung wieder darauf zurückzukommen ist.

5) Wie im forschungsgeschichtlichen Rückblick angesprochen, wurde der Begriff „Gattung" in Teilen der neutestamentlichen Wissenschaft lange nur mit Bezug auf die „Großformen" wie die Evangelien verwendet, während man bei der mündlichen Überlieferung von „Formen" sprach. In der neueren Forschung ist diese Unterscheidung zwischen „Formen" und „Gattungen" weithin aufgegeben worden; die Frage von Mündlichkeit und Schriftlichkeit ist davon unberührt. Zur leichteren Orientierung gliedert sich die folgende Einführung in einen Abschnitt zu den Gattungen der neutestamentlichen Schriften und einen zu den kleinen Gattungen im Neuen Testament. Was die grundlegenden gattungstheoretischen Fragen betrifft, also die Fragen nach Bestimmung und kommunikativer Funktion von Gattungen, so unterscheiden sich „große" und „kleine" Gattungen nicht, sie sind vielmehr zusammenzudenken.

2 Die Gattungen der neutestamentlichen Schriften

Gattungen, denen sich die neutestamentlichen Schriften zuweisen lassen, sind das Evangelium als biographische Erzählung, der Brief, die historische Monographie und die Apokalypse.

a) Evangelium als biographische Erzählung

Literatur: BOND, First Biography of Jesus ◆ CILLIERS BREYTENBACH, The Gospel according to Mark. The Yardstick for Comparing the Gospels with Ancient Texts, in: Calhoun/Moessner/Nicklas, (Hg.), Criticism of the Gospels (s. u.), 179–200 ◆ ROBERT CALHOUN/DAVID P. MOESSNER/TOBIAS NICKLAS (Hg.), Modern and Ancient Literary Criticism of the Gospels. Continuing the Debate on Gospel Genre(s) (WUNT 451), Tübingen 2020 ◆ DETLEV DORMEYER, Evangelium, WiBiLex, Dezember 2008, https://www.bibelwissenschaft.de/stichwort/46450/ ◆ SIMON GATHERCOLE, The Nag Hammadi Gospels, in: Jens Schröter/Konrad Schwarz (Hg.), Die Nag-Hammadi-Schriften in der Literatur- und Theologiegeschichte des frühen Christentums (STAC 106), Tübingen 2017, 199–218 ◆ KELLY R. IVERSON/CHRISTOPHER W. SKINNER, Mark as Story. Retrospect and Prospect (SBL.RBS 65), Atlanta 2011 ◆ FELIX JOHN, Eine Jesus-Vita aus flavischer Zeit. Das Markusevangelium im narratologischen Vergleich mit den Biographien Plutarchs (WUNT 480), Tübingen 2022 ◆ CHRISTOPH MARKSCHIES, Außerkanonische Evangelien, AcA 1/1, 343–352 ◆ HEINZ-GÜNTHER NESSELRATH, Biography, Ancient, EBR 3 (2011), 1203–1207 ◆ DAVID RHOADS/JOANNA DEWEY/DONALD MICHIE, Mark as Story. An Introduction to the Narrative of a Gospel, Minneapolis

³2012 ♦ STEFAN SCHORN, Biographie und Autobiographie, in: Bernd Zimmermann/ Antonios Rengakos (Hg.), Handbuch der griechischen Literatur der Antike, Bd. 2: Die Literatur der klassischen und hellenistischen Zeit, München 2014, 678–733 ♦ ELIZABETH STRUTHERS MALBON, Mark's Jesus. Characterization as Narrative Christology, Waco, Tex. 2009 ♦ WILLIAM WREDE, Das Messiasgeheimnis in den Evangelien. Zugleich ein Beitrag zum Verständnis des Markusevangeliums, Göttingen 1901.

Die neutestamentlichen Evangelien sind Erzähltexte, die in theologischer Absicht vom Auftreten Jesu sowie von seinem Sterben und Auferstehen sprechen. Das Wort εὐαγγέλιον ist ursprünglich nicht die Bezeichnung für eine bestimmte Art von Literatur, sondern bedeutet die „frohe Botschaft", die in der Missionsverkündigung übermittelt wurde (z. B. Gal 1,11). Dementsprechend meint die Wendung ἀρχὴ τοῦ εὐαγγελίου in Mk 1,1 „Anfang der Heilsbotschaft" von Jesus Christus. Der Begriff εὐαγγέλιον wurde dann auch zur Bezeichnung von Schriften gebraucht, die die Erzählung von den Heilsereignissen des Wirkens und Lehrens Jesu enthalten. Justin verwendet um die Mitte des 2. Jahrhunderts als Erster den Plural εὐαγγέλια für diese Texte und erläutert diese Charakterisierung mit dem in der antiken Literatureinteilung geläufigen Begriff „Erinnerungen" (ἀπομνημονεύματα) der Apostel (1 apol. 66,3). Die Bedeutung „frohe Botschaft" ist daneben jedoch weiterhin gebräuchlich. Dementsprechend steht in den Überschriften der neutestamentlichen Handschriften durchweg nicht „Evangelium *des* Markus" oder Ähnliches, sondern „Evangelium *nach* Markus" (εὐαγγέλιον κατὰ Μάρκον), „*nach* Matthäus" usw. Die sehr ungewöhnliche Form eines Buchtitels mit κατά („nach" bzw. „gemäß"), die in der Antike zuvor nicht begegnet, bringt zum Ausdruck, dass es sich um „das *eine* Evangelium in der Darstellung des Markus" etc. handelt.

Die Datierung der Evangelienüberschriften ist nur annäherungsweise möglich. Eine Frühdatierung vor das Jahr 100 n. Chr. wird etwa von Martin Hengel vertreten. Mit Hinweis auf den Befund in den frühen Papyri votiert David Parker für eine Spätdatierung ab dem 3. Jahrhundert. Da man Texte in der Antike „nicht gern anonym veröffentlichte oder vervielfältigte" (MARKSCHIES 348), legt sich eher die erste Hälfte des 2. Jahrhunderts nahe. Auch die apokryph gewordenen Evangelien übernehmen diese Bezeichnung: „Evangelium nach Maria", „Evangelium nach Thomas" usw. Bemerkenswert ist eine Ausnahme von dieser Regel: Das Judasevangelium wird stets als „Evangelium *des* Judas" bezeichnet (s. u. die Einführung zu den apokryphen Evangelien, § 42.2).

Die Diskussion darüber, ob sich die neutestamentlichen Evangelien einer antiken Literaturgattung zuordnen lassen – und, wenn ja, welcher –, wurde seit den 1920er Jahren von der Formgeschichte beeinflusst. Dieser zufolge enthalten die Evangelien überwiegend „Sammelgut", so dass die Evangelisten in erster Linie als „Sammler, Tradenten, Redaktoren" von überlieferten Stoffen galten, nicht als eigenständige Schriftsteller (DIBELIUS 2). Es wurde deshalb ein grundlegender Unterschied zwischen den Evangelien, die zur „Kleinliteratur" gerechnet wurden, und der „literarisch-künstlerischen", „großen Literatur" der Antike gesehen. Das ließ sich allerdings schon im Blick auf den Verfasser des lukanischen Doppelwerks nicht durchhalten, den Dibelius an anderer Stelle als „Historiker" bezeichnet, der die berichteten Ereignisse zu „einem bedeutungsvollen Zusammenhang" verknüpft hat (vgl. MARTIN DIBELIUS, Aufsätze zur Apostelgeschichte, Göttingen ⁵1968, 110). In der neueren Forschung haben dann ein veränderter Blick auf die literarische Leistung der Verfasser der Evangelien sowie ein anderes Gattungsverständnis (vgl. oben § 9.1) dazu geführt, die Evangelien als genuinen Bestandteil der antiken Literaturgeschichte wahrzunehmen. Dabei werden die formalen und inhaltlich-strukturellen Gemeinsamkeiten insbesondere zwischen den *antiken Biographien* und den neutestamentlichen Evangelien stärker hervorgehoben, wobei allerdings auch Differenzen zu konstatieren sind.

Viele antike Biographien tragen den Titel βίος bzw. *vita* mit Nennung der jeweiligen Person („Leben des N. N."). Dabei lassen sich *drei Arten von Biographien* mit jeweils eigenen Gattungsmerkmalen unterscheiden: Biographien von Dichtern, von Philosophen sowie von Politikern und Herrschern. Philosophenbiographien erleben bereits in der hellenistischen Zeit, ab dem 4. Jahrhundert v. Chr., eine Blüte; Biographien von Politikern und Herrschern erfreuen sich vor allem in der römischen Zeit besonderer Beliebtheit. Anders als das Enkomion (eine mündliche, oftmals feierliche Rede zum Lob einer Person, oder seltener zum Tadel, s. u. § 9.3e) ist die antike Biographie eine Abhandlung bzw. eine Erzählung, die jeweils eine Person in den Mittelpunkt stellt und deren Leben literarisch präsentiert. Zumeist erfolgt die Charakterisierung der Person nicht durch direkte Beschreibungen, sondern durch die Schilderung von Worten und Taten, die oft mithilfe von Chrien dargestellt werden (zur Chrie s. u. § 9.3a). Biographien decken üblicherweise das gesamte Leben einer Person von der Geburt bis zum Tod ab. In der biographischen Darstellung zeigt sich generell das Anliegen, die Person so in Erscheinung treten zu lassen, dass ihr Leben (und Sterben) sowie ihr Lehren und Wirken miteinander im Einklang stehen. Zudem haben Biographien häufig eine ethische Ausrichtung, indem sie die Tugenden oder Mängel der betreffenden Person hervorheben und sie dadurch als nachahmenswert oder als abschreckendes Beispiel darstellen. Ein wichtiger Aspekt ist schließlich, dass die konkrete Gestalt, in der die antike Gattung Biographie realisiert wird, flexibel und wandelbar ist (ausführlich erörtert in SCHORN 678–691). Als Höhepunkt der antiken Biographie gelten die Schriften Plutarchs und Suetons am Beginn des 2. Jahrhunderts n. Chr., während im Bereich der jüdisch-hellenistischen Literatur vor allem Philo von Alexandria in der ersten Hälfte des 1. Jahrhunderts n. Chr. wichtige biographische Darstellungen von Abraham, Josef und Mose auf der Grundlage der Schriften Israels verfasste.

Im Fokus der Diskussion über die Gattung der Evangelien steht insbesondere die Jesuserzählung des *Markus* als ältestes überliefertes Evangelium. Dabei wird mit der Möglichkeit gerechnet, dass der Verfasser des Markusevangeliums nicht nur einem inhaltlich-theologischen Impuls folgte, sondern auch bewusst an die zeitgenössische Gattung Biographie anknüpfte, indem er Jesus als Person in den Mittelpunkt seiner Schrift stellte. Entsprechend den Gepflogenheiten der antiken

Biographie wird das Leben und Wirken Jesu so dargestellt, dass es mit seinem gewaltsamen Tod im Einklang steht, und vor allem das markinische Konzept der „Nachfolge", die sogar die Bereitschaft zu Leiden und Martyrium beinhaltet (Mk 8,34f.), lässt sich als Weiterführung der ethischen Ausrichtung vieler antiker Biographien interpretieren. In der Forschung gibt es jedoch auch gewichtige Einwände gegen die Zuordnung des Markusevangeliums zur Biographie. So wird etwa darauf aufmerksam gemacht, dass es aufgrund der Vielgestaltigkeit der antiken biographischen Schriften angemessener sei, vom Markusevangelium als einer „episodischen Erzählung" zu sprechen (BREYTENBACH). Der Beginn des Markusevangeliums ist zudem für eine Biographie in mehrfacher Hinsicht ungewöhnlich. Es ist nicht vom „Leben" (βίος), sondern vom *„Evangelium* Jesu Christi", des Sohnes Gottes, die Rede. Im Zentrum steht demnach das Wirken, Lehren, Leiden und Sterben Jesu als des Gottessohnes (vgl. Mk 1,1.11; 5,7; 9,7; 14,61; 15,39). Ungewöhnlich für eine antike Biographie ist weiter, dass die Erzählung mit dem Auftreten einer *anderen* Person, nämlich mit Johannes dem Täufer beginnt (Mk 1,2–8).

Das *Matthäusevangelium* nimmt das Markusevangelium auf und erweitert den Beginn um Jesu Genealogie sowie um Erzählungen über seine Geburt und Kindheit. Daher lässt sich einerseits vermuten, dass Matthäus das Markusevangelium als Biographie Jesu auffasste und es um weitere biographische Elemente ergänzte. Zugleich bindet Matthäus seine Jesusdarstellung stärker in die israelitisch-jüdische Schrifttradition ein, da Jesus nun als messianischer *Davidsohn* dargestellt wird und sein Stammbaum nicht lediglich biographische Aspekte zu seiner Herkunft enthält, sondern Jesu Bedeutung durch Bezüge auf die autoritativen Schriften des Judentums verdeutlicht. So läuft bereits gemäß dem Beginn des Matthäusevangeliums die auf der Erwählung Abrahams und den Verheißungen an David gründende Geschichte Israels auf Jesus zu. Bemerkenswert ist zudem die matthäische Gestaltung der fünf großen Reden Jesu, unter denen die Bergpredigt (Mt 5–7) programmatisch die Ethik Jesu als Erfüllung des in der Tora ausgedrückten Gotteswillens entfaltet.

Der Verfasser des *Lukasevangeliums* bemüht sich in besonderer Weise, literarischen Ansprüchen gerecht zu werden. Das zeigt vor allem die aufwendig formulierte Widmung in Lk 1,1–4, in der das Folgende als vollständige und in rechter Reihenfolge dargebotene „Erzählung (διήγησις) von den unter uns geschehenen Ereignissen" charakterisiert wird. Auch Lukas strebt nach einer verstärkten biographischen Entfaltung, indem er der markinischen Vorlage Erzählungen über die Geburt und Kindheit Johannes' des Täufers und Jesu (Lk 1f.) voranstellt. Dabei finden sich auch Hinweise auf die allgemeine Weltgeschichte, in die das Auftreten von Johannes und Jesus eingebettet ist (Lk 1,5; 2,1f. und vor allem 3,1f.). Auf diese Weise nähert sich die lukanische Jesusdarstellung den Gepflogenheiten der antiken Historiographie an, denen Lukas bei der Abfassung der Apostelgeschichte noch deutlicher folgt (s. u.).

Das *Johannesevangelium* unterscheidet sich von den synoptischen Evangelien durch seinen andersartigen Beginn: Der hymnische Prolog feiert das In-die-Welt-Kommen des präexistenten „Wortes" (Joh 1,1–18). Dann aber folgen Episoden und Gesprächsszenen, die sich mit denen in den anderen drei Evangelien des Neuen Testaments vergleichen lassen. Dabei sind die Szenen in ihrer Anzahl reduziert, im Umfang aber häufig verlängert. Die Bedeutung Jesu wird in Dialogen, Reden und Zeichenhandlungen entfaltet, die häufig eng miteinander verzahnt sind. Zudem reist Jesus mehrfach nach Jerusalem, wo der Tempel ein wichtiger Ort seines Lehrens ist. Im Epilog in Joh 20,30f. wird der Abfassungszweck des „Buches" (βίβλος) ausdrücklich genannt: Die Leser sollen zum Glauben an Jesus, den Christus und Sohn Gottes, geführt werden, um dadurch das ewige Leben zu erlangen. Der zweite Epilog (Joh 21,24f.) bekräftigt sodann, dass der „Jünger, den Jesus liebte", selbst Zeuge für die Wahrhaftigkeit des in dieser Schrift Aufgezeichneten ist.

Ab dem 2. Jahrhundert entstanden weitere Schriften, die vom Leben und Wirken Jesu erzählen, jedoch nicht ins Neue Testament gelangt sind (s. dazu unten § 42.2). Einige dieser Schriften werden im Titel ebenfalls als „Evangelium" bezeichnet. Es handelt sich jedoch nicht um biographische Erzählungen wie bei den neutestamentlichen Evangelien. Vielmehr weisen diese Schriften sehr unterschiedliche literarische Merkmale auf. Sie können auf einzelne Phasen des Lebens Jesu, etwa seine Geburt und Kindheit, die Passionsereignisse oder die Zeit nach der Auferstehung, konzentriert sein. Andere dieser Schriften stellen Sprüche und Gleichnisse Jesu zusammen oder meditieren über die Bedeutung des Gekommenseins Jesu Christi in die Welt. Die literarische Vielfalt dieser Schriften zeigt, dass die Bezeichnung „Evangelium" im antiken Christentum nicht auf eine bestimmte literarische Gattung gemünzt war, sondern auf Schriften Anwendung fand, die in verschiedener Weise vom Leben und Wirken Jesu berichten. Im weiteren Sinn gehören zu diesen Schriften auch solche, die auf Personen im Umfeld Jesu – etwa seine Mutter Maria, seinen Vater Josef oder Johannes den Täufer – konzentriert sind.

b) Brief

Literatur: David E. Aune, The New Testament in Its Literary Environment (Library of Early Christianity 8), Philadelphia 1987 ♦ Adolf Deissmann, Licht vom Osten. Das Neue Testament und die neuentdeckten Texte der hellenistisch-römischen Welt, Tübingen ⁴1923 (auch online unter https://archive.org/details/lichtvomostendas0000deis) ♦ Christine Gerber, Paulus, Apostolat und Autorität, oder Vom Lesen fremder Briefe (ThSt 6), Zürich 2012 ♦ Christina Hoegen-Rohls, Form und Funktion, Realia und Idee des Paulusbriefes, in: Oda Wischmeyer/Eve-Marie Becker (Hg.), Paulus. Leben – Umwelt – Werk – Briefe (UTB 2767), Tübingen ³2021, 247–278 ♦ Friedrich Wilhelm Horn (Hg.), Paulus Handbuch, Tübingen 2013. ♦ Hans-Josef Klauck, Die antike Briefliteratur und das Neue Testament. Ein Lehr- und Arbeitsbuch, Paderborn u. a. 1998 ♦ HANNA ROOSE, Brief/Briefformular (NT), WiBiLex, März 2009, https://www.bibelwissenschaft.de/stichwort/50017/.

1) Nach der einflussreichen Meinung des Artemon, der die Briefe des Aristoteles herausgab, soll man einen Brief auf dieselbe Weise verfassen wie einen Dialog, denn der Brief sei „wie die eine von den beiden Rollen des Dialogs" (Text bei KLAUCK 149). Generell sah man in der griechisch-römischen Antike eine große *Nähe zwischen Brief und mündlichem Gespräch*: Die Form des Briefs orientiert sich an derjenigen einer persönlichen Unterhaltung mit Vorstellung, Anrede, Gruß usw. Ebenso soll der sprachliche Still möglichst schlicht und einfach, wie im Plauderton, gehalten sein. Dabei handelt es sich allerdings eher um eine Idealvorstellung als um die tatsächliche Praxis der Briefabfassung.

In römischer Zeit hebt Cicero die *kommunikative Funktion des Briefs* besonders hervor. Der Brief drückt freundschaftliche Verbundenheit aus und überwindet die räumliche Trennung, indem er die Anwesenheit des anderen suggeriert: Cicero schreibt „mit dem Blick auf dich in der Ferne und gleichsam vor dir sitzend", wie er es einmal ausdrückt (*Epistulae ad familiares* 2,9,2). Auch Paulus thematisiert mehrfach seine persönliche Abwesenheit. Gelegentlich kommen seine Briefe als eher unzureichender Ersatz in den Blick (1Kor 5,3; Gal 4,20), und er muss sich des Vorwurfs erwehren, er wirke in den Briefen stärker als bei seiner Anwesenheit (2Kor 10,1–11). Bei einem Konflikt kann der Brief aber auch vermitteln und eine direkte Konfrontation vermeiden helfen (2Kor 2,1–4).

2) Der antike Brief unterscheidet sich vom modernen durch die *äußere Form*, insbesondere im Eingangs- und im Schlussteil, wie im Folgenden an Beispielen aus griechischen Papyri veranschaulicht wird. Am Anfang, dem *Präskript*, des üblichen Briefs steht der Name des Absenders, es folgt derjenige des Empfängers, dann die Grußformel χαίρειν· Ἀπίων Ἐπιμάχωι τῶι πατρὶ καὶ κυρίωι πλεῖστα χαίρειν („Apion an Epimachos, seinen Vater und Herrn, Grüße!", Text bei DEISSMANN 147). Anschließend kann ein Hinweis auf die Götter mit Dank oder Fürbitte für das Wohlergehen des Empfängers folgen: καὶ διὰ πάντω[ν] εὔχομαί σαι ὑγειαίνειν. τὸ προσκύνημά σου [ποι]ῶ κατ' αἰκάστην ἡμαίραν παρὰ τῷ κυρίῳ [Σερ]άπειδει („Und immerfort wünsche ich, dass du gesund bist. Das Gebet für dich verrichte ich an jedem Tage zum Herrn Serapis", DEISSMANN 154). Am Schluss des Briefes werden Grüße übermittelt: [ἀ]σπάζεταί σε ἡ σύμβιός [μου Α]ὐφίδια καὶ [Μ]άξιμος [ὁ υἱός μ]ου ... („Es grüßt dich meine Lebensgefährtin Auphidia und Maximos, mein Sohn ...", DEISSMANN 150).

Auch die neutestamentlichen Briefe folgen weithin diesem Schema. Das eigentliche Briefcorpus ist mehr oder weniger umfangreich (vgl. bei Paulus etwa den Römer- und 1. Korintherbrief einerseits, den Philemonbrief andererseits). Auch hier folgen die Briefschreiber gängigen Mustern, je nach Thematik und Intention des Briefes. Mahnbriefe unterscheiden sich zum Beispiel auch formal von Freundschaftsbriefen oder Empfehlungsschreiben. Die Intention, also der Abfassungszweck, spiegelt sich im Aufbau und in bestimmten Gliederungssignalen im Brief wider.

Für das Verständnis der antiken Briefkultur ist es empfehlenswert, einige Briefe in Übersetzung zu lesen. Eine instruktive Auswahl übersetzter Briefe mit Erläuterungen findet sich in B/T 29–33. Eine hochauflösende Abbildung des oben zitierten Briefs des Apion steht in der Berliner Papyrusdatenbank (BerlPap) zur Verfügung (P. 7950: Privatbrief eines Soldaten, https://berlpap.smb.museum/02350). Weiterhin empfehlenswert ist das klassische Werk von DEISSMANN mit zahlreichen Textauszügen.

3) Der *Briefeingang* setzt sich aus dem Präskript und dem Proömium zusammen. Beim *Präskript* des Briefes unterscheidet sich das konventionelle griechische Formular von der Form, wie sie Paulus und die meisten frühchristlichen Briefe im Anschluss an ihn verwenden. Der griechische Briefgruß besteht normalerweise aus einer *eingliedrigen* Phrase mit χαίρειν, nach dem Muster: „A (im Nominativ) an B (im Dativ), Grüße!" Im Neuen Testament findet sich dieser Gruß in den Briefen in der Apostelgeschichte (15,23; 23,26) sowie im Jakobusbrief (1,1). Paulus hingegen nimmt Elemente der hebräisch-aramäischen Brieftradition auf, die anstelle von „grüßen" das Wort „Friede/Wohlergehen" (hebr. שָׁלוֹם/*šālôm*) verwendet. Das paulinische Präskript ist zudem *zweigliedrig*: Absender und Empfänger sowie die Grußformel stehen in zwei Nominalsätzen: „(1) Paulus, Silvanus und Timotheus an die Gemeinde der Thessalonicher ... (2) Gnade (sei) mit euch und Friede" (Παῦλος καὶ Σιλουανὸς καὶ Τιμόθεος τῇ ἐκκλησίᾳ Θεσσαλονικέων ..., χάρις ὑμῖν καὶ εἰρήνη, 1Thess 1,1).

In der älteren Forschung unterschied man zwischen dem „griechischen" und dem „orientalischen" Grußformular, wobei das paulinische Präskript letzterem zugeordnet wurde. Die neuere Diskussion tendiert jedoch dazu, im Grußformular des Paulus (und weiterer frühchristlicher Briefen) eine eigenständige Entwicklung zu sehen: „Das Präskript des Paulusbriefes greift sowohl griechisch-römische als auch jüdische Briefkonvention auf und vollzieht die (vielleicht im semitischen jüdischen Brief schon angelegte) Ausgestaltung des Grußes zu einem Segenswunsch" (HOEGEN-ROHLS 263).

Der von Paulus verwendeten zweigliedrigen Form folgt nahezu die gesamte frühchristliche Briefliteratur. Aus der Grundstruktur (Absender, Empfänger, Gruß; vgl. 1Thess 1,1) ergeben sich wichtige Gesichtspunkte für die Interpretation, weil die weiteren im Präskript untergebrachten Angaben auf diese Weise besonders gut erkennbar werden:

a) Paulus fügt seinem Namen in beinahe allen Briefen Charakterisierungen hinzu, die sein Selbstverständnis und seinen Anspruch verdeutlichen. Auf diese Weise wird das im Brief Mitgeteilte in ein bestimmtes Verhältnis gerückt, in dem sich Paulus gegenüber den Adressaten sieht. Während das Präskript des 1. Thessalonicherbriefs noch keine derartigen Bezeichnungen enthält, nennt sich Paulus in 1Kor 1,1 „berufener Apostel Jesu Christi durch den Willen Gottes". Paulus begreift sich also als „Abgesandter" (so die allgemeine Bedeutung von ἀπόστολος) Jesu Christi und hebt hervor, dass seine Berufung dem Willen Gottes entspricht (vgl. Röm 1,1, ähnlich 2Kor 1,1). Wenn die Stellung des Paulus als Apostel für die Gemeinden, die er selbst gegründet hat, angefochten wird, vertritt er diesen Anspruch offensiv. Das ist insbesondere im 2. Korintherbrief und im Galaterbrief der Fall: In Gal 1,1 formuliert Paulus sehr scharf, dass er „Apostel nicht von Menschen, auch nicht durch einen Menschen" sei, sondern „durch Jesus Christus und (durch) Gott, der ihn von den Toten auferweckt hat."

Wenn sich Paulus im Präskript hingegen δοῦλος („Knecht/Sklave") Jesu Christi nennt (Phil 1,1; Röm 1,1), so stellt er sich damit in die Reihe der Mittler zwischen Gott und seinem Volk Israel (hebr. עֶבֶד/ænæd, etwa Ps 105,42 von Abraham, oder 2Kön 18,12 von Mose). Im Römerbrief – dem einzigen Brief des Paulus, der nicht an eine von ihm selbst gegründete Gemeinde gerichtet ist – steht die Bezeichnung „Knecht Jesu Christi" an erster Stelle. Dem folgt die Erläuterung, dass Paulus als Apostel für das „Evangelium Gottes", d. h. für die Missionsverkündigung, bestimmt ist. Im Brief an Philemon, der an eine Einzelperson und deren Hausgemeinde gerichtet ist, nennt sich Paulus „Gefangener Christi Jesu". Er interpretiert also die Gefangenschaft, in der er den Brief schreibt, als Gefangenschaft wegen seiner Christusverkündigung bzw. „für Christus".

Außer im Römerbrief nennt Paulus stets weitere Personen als *Mitabsender*, wobei er selbst immer an erster Stelle steht (vgl. etwa 1Thess 1,1: „Paulus, Silvanus und Timotheus"). Innerhalb der Briefe verwendet er meist die 1. Person Singular (bereits im Proömium 1Kor 1,4 u. ö.). Die in antiken Briefen ansonsten eher unübliche Angabe von Mitabsendern könnte dann darauf hindeuten, dass Paulus diese bei der Abfassung der Briefe einbezog und sein missionarisches Wirken als Gemeinschaftsaufgabe verstand.

b) Die *Adressatinnen und Adressaten* werden explizit als ἐκκλησία, also als christliche Gemeindeversammlung, angeredet (anders ist es im Römerbrief, in dem Paulus sich an die Glaubenden in verschiedenen römischen Hausgemeinden wendet, sowie im Philipperbrief). Auch hier zeigen sich Nuancen, die in ihrer Tendenz dem weiteren Inhalt der Briefe entsprechen. So begnügt sich Paulus in dem polemischen Galaterbrief mit der knappen Anrede „an die Gemeinden der Galater" (ταῖς ἐκκλησίαις τῆς Γαλατίας, 1,2), während die Anrede im 1. Korintherbrief und in anderer Weise auch im Römerbrief sehr breit ausgestaltet ist.

c) Im *Gruß* nimmt Paulus mit „Frieden" (εἰρήνη, hebr. שָׁלוֹם/šālôm) ein Element der hebräisch-aramäischen Brieftradition auf. Außer in der Kurzform im 1. Thessalonicherbrief verwendet Paulus durchgängig die Grußformel: χάρις ὑμῖν καὶ εἰρήνη ἀπὸ θεοῦ πατρὸς ἡμῶν καὶ κυρίου Ἰησοῦ Χριστοῦ. Mit χάρις spielt er auf den üblichen griechischen Gruß χαίρειν an und bringt zugleich den für seine Theologie äußerst wichtigen Begriff der „Gnade" schon in den ersten Briefzeilen ins Spiel. Der Gruß ist zu übersetzen: „Gnade (sei) euch und Friede von Gott unserem Vater und von dem Herrn Jesus Christus." Paulus betont auf diese Weise, dass Gnade und Friede gleichermaßen von Gott und von Christus kommen (vgl. 1Thess 1,1).

d) Fester Bestandteil der paulinischen Briefe ist das dem Eingangsgruß folgende *Proömium*, eine „briefliche Danksagung", die in der Regel den zweiten Teil des Briefeingangs bildet. Die charakteristischen Stichworte sind εὐχαριστεῖν, „danken", oder εὐλογητός, „gelobt (sei) ..." (Letzteres bei Paulus nur im 2. Korintherbrief). Das Proömium ist demnach entweder ein Dank an Gott oder ein Lobpreis Gottes.

Mit der Wendung „Ich danke Gott ..." (Εὐχαριστῶ τῷ θεῷ ...) teilt Paulus gegenüber den Adressatinnen und Adressaten seinen Dank an Gott mit, er ist also selbst das grammatische Subjekt. In der Wendung „Gelobt (sei) Gott ..." (Εὐλογητὸς ὁ θεὸς ...) ist dagegen Gott Subjekt des Satzes.

Beide Formen entstammen der jüdischen Gebetssprache, wie die Proömien generell viele Elemente jüdischen liturgischen Stils aufweisen. Zumeist ist das Proömium klar abgegrenzt (z. B. 1Kor 1,4–9). Es kann aber auch in das folgende Briefcorpus übergehen (so im 1. Thessalonicherbrief). Ein Sonderfall ist der pseudopaulinische Epheserbrief, der *zwei* Proömien besitzt, eines eingeleitet mit εὐλογητός (1,3) und eines beginnend mit οὐ παύομαι εὐχαριστῶν („ich höre nicht auf zu danken", 1,15f.). Ein weiterer Sonderfall ist der Galaterbrief. Da Paulus angesichts der Situation in den galatischen Gemeinden keinen Anlass zu Lob oder Dank sieht, ist das Proömium hier Ausdruck der Verwunderung über die Hinwendung der Adressaten zu einem „anderen Evangelium" und eine Verfluchung eines jeden, der ein solches Evangelium verkündet.

4) Am *Briefschluss* stehen in der Regel Grüße, die mitunter recht umfangreich sein können (Grüße der Verfasser an die Adressatinnen und Adressaten, Grußaufträge von anderen und an andere). Dass im Galaterbrief Grüße fehlen, unterstreicht noch einmal dessen besonderen Charakter. Gelegentlich fügt Paulus einige Sätze eigenhändig an die ansonsten diktierten Briefe an (1Kor 16,21–24; Gal 6,11; pseudepigraph in Kol 4,18). Im Schlussteil des Briefes können auch Ermahnungen (1Kor 16,22; Gal 6,17a) oder die Aufforderung zur Fürbitte (vgl. 2Kor 13,11; vgl. Phil 4,4–9) stehen. Am Ende erfolgt ein Segenszuspruch bzw. Gnadenwunsch. Typische abschließende Wendungen nehmen die Stichworte „Frieden" (εἰρήνη) oder „Gnade" (χάρις) aus dem Präskript auf: „Der Gott des Friedens aber sei mit euch allen!" (Röm 15,33; vgl. 16,20). In 1Kor 16,23 findet sich die kürzere Wendung: „Die Gnade des Herrn Jesus sei mit euch!" (vgl. Gal 6,18), während 2Kor 13,13 einen besonders umfangreichen, triadischen Segenswunsch formuliert: „Die Gnade des Herrn Jesus Christus und die Liebe Gottes und die Gemeinschaft des Heiligen Geistes sei mit euch allen!"

5) Briefe lassen sich im Allgemeinen verschiedenen *Brieftypen* mit jeweils unterschiedlichen *kommunikativen Funktionen* zuweisen. Bereits in der Antike gab es differenzierte Ansätze zur Unterscheidung bestimmter Brieftypen, zum Beispiel des Freundschaftsbriefs, Empfehlungsbriefs, Bittbriefs usw. (eine detaillierte Einführung bietet KLAUCK 157–165). Ein einflussreiches Konzept in der Forschung des 20. Jahrhunderts stellte Adolf Deissmanns grundlegende Trennung der „echten Briefe" von den literarisch gehobenen „Episteln" dar.

Nach Deissmann sind Brief und Epistel zwar in ihrer äußeren Form ähnlich, jedoch sei der Brief für die einmalige, situationsbezogene Mitteilung bestimmt, während die Epistel einen literarisch gehobenen Anspruch habe und sich grundsätzlich an die Öffentlichkeit richte. Deissmann formuliert deshalb prägnant: „Der Brief ist ein Stück Leben, die Epistel ist ein Erzeugnis literarischer Kunst" (195). Die Briefe des Paulus rechnete Deissmann zu den wirklichen Briefen, wohingegen der Jakobus- und der Hebräerbrief Beispiele für Episteln seien. Deissmann kommt das Verdienst zu, auf den Charakter der Paulusbriefe als echter Briefe aufmerksam gemacht zu haben, die in einer spezifischen Situation und mit einem konkreten Anlass verfasst wurden.

Die Unterscheidung zwischen „Brief" und „Epistel" wurde in der neueren Forschung aus mehreren Gründen weitgehend aufgegeben. Sowohl die antiken Privatbriefe als auch die frühchristlichen Briefe streben ein literarisch und rhetorisch stilisiertes Niveau an, entsprechend der Bildung ihrer Verfasserinnen und Verfasser. Zudem überschreiten die Paulusbriefe den üblichen Umfang der antiken Privatbriefe, welche zumeist auf ein einziges Papyrusblatt passten. Vor allem jedoch wendet sich Paulus in seinen Briefen nicht an eine einzelne Privatperson, sondern an (christliche) Gemeinschaften, so dass die Briefe eine mittlere Stellung zwischen einem Privatbrief und einem offiziellen Brief einnehmen (dies gilt auch für den Philemonbrief, der an Philemon und seine Hausgemeinde gerichtet ist). Es lässt sich deshalb sagen, dass Paulus den Typus des christlichen *Gemeindebriefs* geprägt hat, um auf konkrete Herausforderungen in den von ihm gegründeten Gemeinden zu reagieren und die Beziehung mit ihnen zu pflegen oder, wie im Falle des Römerbriefs, um eine Beziehung aufzubauen. Zugleich haben seine Briefe den Anspruch, eine über die konkrete Situation hinaus geltende Interpretation der Heilsbotschaft von Jesus Christus zu entfalten. Im Römerbrief wird das auch durch die Form deutlich, denn es handelt sich weithin um einen theologischen Traktat über Inhalt und Bedeutung des Evangeliums.

6) Einige neutestamentliche Briefe weisen Besonderheiten auf, weshalb ihre Zuweisung zur Gattung „Brief" diskutiert wird. Dazu zählen der Hebräerbrief, der Jakobusbrief und der 1. Johannesbrief.

Der *Hebräerbrief* beginnt nicht mit einem Briefeingang, sondern mit einer Art Prolog (1,1–4). Mit den Mahnungen in Hebr 13 nähert er sich jedoch brieflichen Gepflogenheiten an, so mit der Wendung „Ich rufe euch aber auf, Brüder..." (Παρακαλῶ δὲ ὑμᾶς, ἀδελφοί ..., V. 22; vgl. Röm 15,30) sowie der Nachricht über die Freilassung des Timotheus (V. 23). Vor allem die Grußaufträge und der Segenswunsch am Schluss sind typische Briefelemente, die sich an das paulinische Briefformular anlehnen. Die wiederholten Wendungen mit Verben des Sprechens (λαλεῖν und λέγειν in 2,5; 9,5 u. ö.) im Hauptteil sowie die abschließende Aufforderung „nehmt das Wort der Ermahnung (λόγος τῆς παρακλήσεως) an" (13,22) legen jedoch nahe, dass der Hebräerbrief eher als „Rede" (λόγος) mit – möglicherweise sekundär angefügtem – Briefschluss aufzufassen ist (s. u. § 24.2).

Der *Jakobusbrief* enthält ein Präskript, jedoch fehlen am Schluss briefliche Elemente wie Grüße oder ein Segenswunsch. Deshalb wurde er in der Forschung mitunter nicht als Brief, sondern als Paränese (Mahnrede) oder Weisheitsschrift aufgefasst. Vor allem mit Blick auf das Präskript und die häufige Anrede der Leserinnen und Leser als ἀδελφοί („Brüder", 1,2.16.19 u. ö.) ist der Jakobusbrief dennoch am besten als Brief zu bestimmen.

Dem *1. Johannesbrief* fehlen die typischen Elemente des Briefformulars sowohl am Beginn als auch am Schluss. Dennoch überwiegt der briefliche Charakter, da der Verfasser die Adressatinnen und Adressaten immer wieder direkt anredet (τεκνία μου, „meine Kinder", in 2,1 u. ö.; ἀγαπητοί, „Geliebte", in 2,7 u. ö.) und mehrfach hervorhebt, dass er ihnen „schreibt" (γράφω ὑμῖν, 2,1.7 u. ö.).

c) Historische Monographie

📖 **Literatur:** s. u. § 32.

Die Apostelgeschichte des Lukas gehört zur antiken Historiographie und lässt sich – im Unterschied etwa zu einer Universalgeschichte – als historische Monographie charakterisieren: Sie stellt ein Geschehen dar, das sich in einem bestimmten Zeitraum abgespielt hat und das von seiner Entstehung bis zu seinem Ergebnis geschildert wird. Thema der lukanischen Apostelgeschichte ist eigentlich nicht die „Geschichte *der Apostel*", sondern die Geschichte der Ausbreitung des Evangeliums. In der römischen Historiographie sind unter anderem die Werke des Historikers Sallust vergleichbar, in der jüdisch-hellenistischen Literatur das 2. Makkabäerbuch sowie „Der Jüdische Krieg" des Josephus. Dass sich Lukas als Historiker verstand, lässt – wie oben erwähnt – bereits der Prolog in Lk 1,1–4 erkennen (vgl. Apg 1,1–3). Er will unter sorgfältiger Verwendung von Quellen und Traditionen die erste Phase der Geschichte des Christentums als geschichtlichen Zusammenhang darstellen. Jesu letztes Wort vor seiner Himmelfahrt (Apg 1,8) enthält dabei die programmatische Ankündigung einer weltweiten Ausbreitung der Christusverkündigung von Jerusalem über Judäa und Samarien „bis an das Ende der Welt". Mit Paulus erreicht die Darstellung der Apostelgeschichte die Stadt Rom (Apg 28,16–31), womit die Evangeliumsverkündigung allerdings nicht abgeschlossen ist. Sie reicht vielmehr über die Zeit des Paulus (und Lukas) hinaus.

Lukas schafft übergreifende Erzählzusammenhänge, die sich unter anderem an den beteiligten Personen und geographischen Zusammenhängen orientieren. Es werden jedoch auch zahlreiche Einzelepisoden geschildert, etwa bei der Mission des Philippus und Petrus sowie bei den Paulusreisen. In den umfangreichen Reden, vor allem des Petrus, Stephanus und Paulus, die rund ein Drittel des Werks ausmachen, deutet Lukas wichtige Ereignisse und Entwicklungen, wie dies in der antiken Historiographie üblich ist (Näheres s. u. § 32.2). Lukas gibt, ähnlich wie in seinem Evangelium, auch in der Apostelgeschichte Hinweise auf die allgemeine Weltgeschichte, zum Beispiel durch die Nennung römischer Statthalter wie Sergius Paulus auf Zypern (Apg 13,7) oder Gallio in Achaia (18,12). Zur Person des Paulus, der zunächst in Kap. 9 in den Blick tritt und ab Kap. 13 zunehmend ins Zentrum der Darstellung rückt, gibt Lukas auch einige biographische Hinweise (u. a. 7,58; 8,3; 9,1–30; 18,3). Lukas berichtet von den Ereignissen nicht distanziert. Vielmehr wird in ihnen, nach seiner Auffassung, das Handeln Gottes selbst erkennbar (anschaulich etwa in der Traumvision des Paulus mit dem Auftrag, von Kleinasien in die griechische Provinz Makedonien überzusetzen, 16,9f.).

d) Apokalypse

Literatur: RICHARD BAUCKHAM/JAMES R. DAVILA/ALEXANDER PANAYOTOV (Hg.), Old Testament Pseudepigrapha. More Noncanonical Scriptures, Grand Rapids, Mich. 2013 ♦ JAMES H. CHARLESWORTH (Hg.), Old Testament Pseudepigrapha, 2 Bde., London 1983–1985 ♦ JOHN J. COLLINS, What Is Apocalyptic Literature?, in: ders. (Hg.), The Oxford Handbook of Apocalyptic Literature, Oxford 2014, 1–16 ♦ MARTIN KARRER, Johannesoffenbarung, Teilbd. 1: Offb 1,1–5,14 (EKK 24/1), Ostfildern/Göttingen 2017, 82–90.165–180 ♦ CHRISTOPHER ROWLAND/JUDITH L. KOVACS, Apocalypses and Apocalypticism. IV. New Testament, EBR 2 (2009), 340–343.

1) Die Johannesoffenbarung wird durch einen langen Satz eröffnet, beginnend mit den Worten:

Ἀποκάλυψις Ἰησοῦ Χριστοῦ ἣν ἔδωκεν αὐτῷ ὁ θεὸς ... καὶ ἐσήμανεν ἀποστείλας διὰ τοῦ ἀγγέλου αὐτοῦ τῷ δούλῳ αὐτοῦ Ἰωάννῃ ...

Offenbarung Jesu Christi, die Gott ihm gab, ... und er (Jesus) entsandte (und) verkündete (sie) durch seinen Engel seinem Knecht Johannes ...

Die Johannesoffenbarung entwirft auf diese Weise eine komplexe Kommunikationsstruktur. Sie ist die älteste bekannte Schrift, die mit dem Wort „Offenbarung/Enthüllung" (ἀποκάλυψις) beginnt, und sie ist wohl auch die erste Schrift, die dieses Wort im Titel enthält, worauf bereits Justin in der Mitte des 2. Jahrhunderts hinweist. Die Frage, was eine literarische Gattung „Apokalypse" charakterisiert, ist allerdings vielschichtig: Auf der einen Seite wurden vor allem seit dem 19. Jahrhundert verschiedene frühjüdische Schriften wiederentdeckt, die grundlegende Merkmale mit der Johannesoffenbarung teilen, aber nicht den Titel „Offenbarung" oder Ähnliches tragen. Andererseits entstanden ab dem 2. Jahrhundert viele christliche Schriften mit der Bezeichnung „Offenbarung", deren literarische Gemeinsamkeiten mit der Johannesoffenbarung jedoch oftmals deutlich geringer sind. Daraus ergibt sich nicht zuletzt die Frage, ob die Johannesoffenbarung eine typische Vertreterin ihrer Gattung oder eher ein Sonderfall ist.

Zu den wichtigsten *apokalyptischen Schriften des frühen Judentums* zählen die Henochbücher (1Hen: das äthiopische Henochbuch), ein Teil des Danielbuchs (Dan 7–12), das 4. Esrabuch, die Baruchapokalypsen (2Bar: syrische Baruchapokalypse, 3Bar: griechische Baruchapokalypse), die Apokalypse Abrahams und die Apokalypse des Mose. Auch unter den Qumranfunden finden sich etliche apokalyptische Texte.

Wichtige *Apokalypsen des antiken Christentums*, die teilweise auf Griechisch, aber auch auf Latein und Äthiopisch überliefert sind, sind die Petrusapokalypse (2. Jh.), der „Hirt" des Hermas (2. Jh.), die „Himmelfahrt Jesajas" (*Ascensio Jesaiae*, 2. Jh.), die griechische Esra-Apokalypse (vermutlich 4. Jh.) und die Paulusapokalypse (*Visio Pauli*, vermutlich 4. Jh.). Eine komplexe Entstehungsgeschichte weisen die Sibyllinischen Orakel auf. Die ältesten Bestandteile sind jüdische Texte aus dem 1. Jahrhundert v. Chr., ab dem 2. Jahrhundert n. Chr. wurden sie christlich weitergeschrieben und vermutlich im 6. Jahrhundert abgeschlossen. Darüber hinaus tragen mehrere gnostische Schriften in den koptischen Codices, die in der Nähe der ägyptischen Stadt Nag Hammadi gefunden wurden, den Titel „Offenbarung" (auf Koptisch *apokalypsis*): eine Apokalypse des Paulus, zwei Apokalypsen des Jakobus, eine Adamsapokalypse (alle in NHC V) sowie eine Apokalypse des Petrus (NHC VII). Die koptisch überlieferten Apokalypsen des Paulus und des Petrus sind inhaltlich völlig andere Schriften als die griechisch-lateinischen Apokalypsen unter den Namen der beiden Apostel.

2) Eine breit rezipierte Definition der Gattung Apokalypse hat John J. Collins im Jahr 1979 vorgelegt (wiederholt in COLLINS 2). Hervorzuheben sind insbesondere drei Aspekte dieser umfangreichen Definition, die zugleich einen Einblick in zentrale Charakteristika dieser Gattung geben: Apokalypsen sind eine Gattung der *Offenbarungsliteratur*; sie haben eine *erzählende Rahmenhandlung*, wonach der Inhalt der Offenbarung durch ein jenseitiges Wesen (häufig durch einen Engel) an einen Menschen übermittelt wird; Apokalypsen enthüllen eine *transzendente Realität*, und zwar sowohl in zeitlicher als auch in räumlicher Hinsicht (zeitlich mit Blick auf die Ankündigung der eschatologischen Rettung, räumlich im Hinblick auf eine jenseitige Welt).

Collins' Definition nimmt vorwiegend allgemeine Merkmale dieser Gattung in den Blick. Darüber hinaus gibt es weitere Charakteristika, die die meisten frühjüdischen und frühchristlichen Apokalypsen miteinander verbindet (s. die Übersicht bei KARRER 176f.). Dazu gehört unter anderem, dass die Offenbarungsempfänger zumeist bedeutende Figuren der biblischen Urgeschichte, der Geschichte Israels oder des frühen Christentums sind (wie Adam und Henoch, Abraham und Mose sowie Petrus, Jakobus usw.). Das bedeutet zugleich, dass die vorgeblichen Verfasser bzw. Offenbarungsempfänger fiktiv sind, es handelt sich also um pseudepigraphe Schriften (vgl. die Hinweise zum Phänomen der Pseudepigraphie unten S. 266f.).

3) Vor diesem Hintergrund weist die Johannesoffenbarung jedoch einige bemerkenswerte Besonderheiten auf: „Johannes" ist wahrscheinlich der *echte Name* des Verfassers, auch wenn dieser Name sehr verbreitet war und die genaue Identifikation deshalb unsicher bleibt. Er bezeichnet sich nur als „Knecht" Gottes (δοῦλος, ähnlich wie Paulus als „Knecht Christi Jesu" in Phil 1,1; Röm 1,1). Erst ab der Mitte des 2. Jahrhunderts wird der Verfasser der Johannesoffenbarung zunehmend mit dem „Apostel" Johannes oder dem „Alten" des 2./3. Johannesbriefs gleichgesetzt. Johannes ist also kein fiktiver Autor, wie sonst in den Apokalypsen üblich. Weitere für Apokalypsen ungewöhnliche Aspekte sind der umfangreiche *briefliche Rahmen* (Apk 1,4–20: „Johannes an die sieben Gemeinden in der Asia"; danach noch einmal die sieben Sendschreiben in Apk 2f.; am Schluss der Gnadenwunsch in 22,21) und zahlreiche *hymnische-liturgische Elemente* wie etwa Halleluja-Rufe. Letztere können teilweise vor dem Hintergrund des frühchristlichen Gottesdienstes, möglicherweise aber auch mit Bezug auf die Funktion des Chores im antiken Drama erklärt werden. Obwohl die Johannesoffenbarung viele Gemeinsamkeiten mit den frühjüdischen Apokalypsen aufweist, setzt sie mit dem ersten Wort „Offenbarung/Enthüllung" (ἀποκάλυψις) ein neues Signal für die Leserinnen und Leser und integriert verschiedene Elemente aus unterschiedlichen Textbereichen in einer literarisch eigenständigen, sehr wirkungsreichen Schrift.

4) Von der literarischen Gattung Apokalypse zu unterscheiden ist der Begriff *Apokalyptik*, der aber zugleich *inhaltliche* Merkmale der Johannesoffenbarung und anderer Apokalypsen aufnimmt. Mit Apokalyptik wird üblicherweise eine bestimmte Weltsicht bzw. genauer ein theologisches Konzept bezeichnet, in dem die frühjüdische und frühchristliche Eschatologie in spezifischer Weise ausgeformt wird. Als Merkmale dieses Konzepts gelten vor allem: a) der Gegensatz zwischen der Gegenwart und einem zukünftigen, neuen Zeitalter; b) die Überzeugung, dass das neue Zeitalter transzendent ist und durch göttliches Eingreifen, nicht durch menschliches Handeln herbeigeführt wird; c) eine universale Ausrichtung; d) die Überzeugung, dass Gott alles vorherbestimmt hat und dass die Weltgeschichte in Zeitalter unterteilt ist; e) sowie die Annahme, dass die gegenwärtigen Umstände nur noch von kurzer Dauer sind.

Je nachdem, wie eng oder weit der Begriff „Apokalyptik" aufgefasst wird, gelten verschiedene Textpassagen innerhalb der neutestamentlichen Schriften als beeinflusst bzw. als Ausdruck von apokalyptischer Theologie. Hierzu zählen insbesondere die Endzeitrede in Mk 13 (parr. Mt 24f.; Lk 21) sowie die Erörterungen des Paulus über die Auferstehung der Toten und die Ereignisse am Ende der Zeit (1Thess 4,13–18; 1Kor 15,20–28; in den deuteropaulinischen Briefen 2Thess 2,1–12, offensichtlich eine Auseinandersetzung mit 1Thess 4).

3 Kleine Gattungen im Neuen Testament

a) Chrie (Apophthegma)

Literatur: MARKUS FAUSER, Chrie, HWR 2 (1994), 190–197 ◆ RONALD F. HOCK, Chreia, EBR 5 (2012), 143–145 ◆ RONALD F. HOCK/EDWARD N. O'NEIL, The Chreia in Ancient Rhetoric, Atlanta 1986 ◆ GEORGE A. KENNEDY, Progymnasmata. Greek Textbooks of Prose Composition and Rhetoric (Writings from the Greco-Roman World 10), Leiden/Boston 2003 ◆ PARSONS/MARTIN, Ancient Rhetoric, 17–44 ◆ VERNON K. ROBBINS, The Chreia, in: Aune (Hg.), Greco-Roman Literature, 1–23.

Eine Chrie (griech. χρεία, wörtlich „Bedarf, Nutzen", lat. *chreia*) ist eine kurze, pointierte Aussage oder Handlung, die auf eine bestimmte Person zurückgeführt wird. Eine Chrie, die über den Philosophen Diogenes von Sinope überliefert ist, macht dies anschaulich:

(A) Als ihn jemand fragte, zu welcher Stunde man Mittag essen soll, sagte er: „Der Reiche (mag essen), wann immer er will; der Arme aber, wenn er etwas hat." (D. L. 6,40)

Auch das folgende Beispiel zählt zu den Chrien, wobei in diesem Fall am Schluss eine Handlung steht:

(B) Ein Lakonier, als er gefragt wurde, wo die Lakedämonier ihre Landesgrenze setzen, zeigte er seinen Speer. (Theon, *Progymnasmata* 99)

Ein drittes Beispiel ist schließlich die folgende Episode, die wiederum von Diogenes berichtet:

(C) Als er einmal ein Kind sah, das aus den Händen trank, warf er den Becher aus seinem Rucksack weg und sagte: „Ein Kind hat mich in der Genügsamkeit übertroffen." (D. L. 6,37)

Die Chrie zeichnet sich grundsätzlich dadurch aus, dass sie 1) relativ kurz ist, oftmals nicht länger als ein mehr oder weniger komplexer Satz; 2) sie ist an eine bestimmte Person gebunden, was die Chrie vom Sprichwort und Ähnlichem unterscheidet; 3) die jeweilige Aussage oder Handlung soll für eine bestimmte, relativ kurz geschilderte Begebenheit passend sein.

Wie einige erhaltene Lehrbücher der Antike deutlich machen, war die Chrie im grammatisch-rhetorischen Unterricht weit verbreitet und vielseitig einsetzbar. Wer die verschiedenen Stufen des antiken Bildungssystems durchlief, dürfte deshalb mit der Chrie mehr oder weniger gut vertraut gewesen sein. Im Schulunterricht wurden Chrien für grammatische und stilistische Übungen benutzt. Zugleich galten Chrien als wertvoll für die charakterliche Bildung, die sich an vorbildlichen Persönlichkeiten wie bekannten Philosophen oder Politikern orientierte.

Die Lehr- und Übungsbücher, die eine Art Curriculum für den grammatisch-rhetorischen Unterricht in hellenistisch-römischer Zeit darstellen, werden als *Progymnasmata* („Vorübungen") bezeichnet. Eine Sammlung solcher Bücher mit Einführungen und englischer Übersetzung bietet KENNEDY. Das älteste erhaltene Progymnasmata-Buch, in dem insbesondere die Chrie umfangreich verwendet und besprochen wird, stammt von Aelius Theon aus dem 1. Jahrhundert n. Chr.; es spiegelt vermutlich die verbreitete Bildungspraxis dieser Zeit wider. Die hellenistisch-römische Antike kannte ein dreistufiges Bildungssystem, beginnend mit dem Elementarunterricht (Lesen und Schreiben) über stilistische Übungen und die Auseinandersetzung mit klassischen Texten bis hin zur gehobenen Ausbildung bei einem Rhetor. Die neuere Forschung geht in diesem Zusammenhang davon aus, dass zum Beispiel der Verfasser des Markusevangeliums nur die ersten beiden Ausbildungsstufen durchlaufen hat, während die relativ geringe rhetorische Überformung seiner Chrien darauf hinweisen könnte, dass er keinen Unterricht bei einem Rhetor erhielt (BOND 84f.).

Auch in *antiken Biographien* finden sich oftmals Chrien in Form von Episoden, da auf diese Weise der Charakter der jeweiligen Person prägnant dargestellt werden konnte. So erzählt beispielsweise Sueton über Nero aus der zunächst verheißungsvollen Zeit seiner ersten Regierungsjahre:

> Und als man ihn erinnerte, das Todesurteil eines Verurteilten zu unterschreiben, wie es üblich war, sagte er: „Ich wünschte, ich hätte nie schreiben gelernt!" (*Nero* 10,2)

Seit dem 1. Jahrhundert etablierte sich eine Unterscheidung von *drei Typen der Chrie*: Ausspruchs-Chrien (λογικαί), Handlungs-Chrien (πρακτικαί) und gemischte Chrien (μικταί). Ein Beispiel für eine Ausspruchs-Chrie ist die oben zitierte Frage an Diogenes mit dessen Antwort (A). Die Chrie über den Lakonier (B) gehört zum Typ der Handlungs-Chrie, da der Lakonier nur mit einer Handlung reagiert. Ein Beispiel für eine gemischte Chrie ist die Episode, in der Diogenes sowohl mit dem Wegwerfen des Bechers als auch mit einer prägnanten Aussage antwortet (C). Aus dem Markusevangelium können die folgenden kurzen Episoden als Beispiele für die drei Typen der Chrie gelten:

(A) Ausspruchs-Chrie in Mk 2,15–17: Jesus antwortet mit dem prägnanten Spruch über die Aufgabe des Arztes auf die Anfrage, warum er mit Zöllnern und Sündern isst.
(B) Handlungs-Chrie in Mk 1,12f.: Die Episode über Jesu Versuchung in der Wüste und seine Gemeinschaft mit wilden Tieren und Engeln wird als kurze Chrie erzählt (anders als die umfangreicheren Parallelen in Mt 4,1–11 und Lk 4,1–13).
(C) Gemischte Chrie in Mk 10,13–16: Bei der Segnung der Kinder folgt auf Jesu Aussage über das Eingehen in die Gottesherrschaft die Handlung, indem Jesus die Kinder in die Arme schließt.

Anstelle von „Chrie" wird in Teilen der Forschung die Bezeichnung *Apophthegma* verwendet (Pl. Apophthegmata, von griech. ἀπόφθεγμα, „Ausspruch"). Dieser Begriff, der vor allem von Bultmann geprägt wurde, ist in der hellenistischen und kaiserzeitlichen Antike jedoch weniger geläufig. Zudem richtet die Bestimmung einer Perikope als Apophthegma den Fokus auf die enthaltene wörtliche Rede, während die Handlungs-Chrie gar nicht berücksichtigt ist. Der Begriff „Apophthegma" deckt also nur den Teil der Chrien ab, die einen markanten Ausspruch enthalten, so dass er gewissermaßen das Blickfeld verengt.

Anders als bei den kurzen Chrien der Lehrbücher variiert in der antiken Literatur die Länge der Chrien sehr stark. Die Chrien der neutestamentlichen Evangelien zählen dabei eher zu den längeren Texten dieser Gattung. Zudem zeigt sich, dass die Evangelisten oftmals thematisch verwandte Chrien zusammengestellt haben, wie beispielsweise bei den Fragen zur Nachfolge in Lk 9,57–62 (der Menschensohn hat keine Ruhestätte; die Toten sollen ihre Toten begraben; wer Jesus folgt, soll sich nicht umwenden). Hinzu kommt, dass Chrien erzählerisch erweitert oder gekürzt werden konnten, was in der Antike auch als eine typische Lehrübung im Unterricht galt.

Interessant ist vor diesem Hintergrund ein Vergleich der synoptischen Parallelen der Episode über die Segnung der Kinder. In Mk 10,13–16 findet sich die längste Fassung (64 Wörter im Text des Nestle-Aland), während Mt 19,13–15 die kürzeste darstellt (45 Wörter). Die Variante in Lk 18,15–17 ist (mit 57 Wörtern) nur wenig kürzer als die markinische Parallele, jedoch schließt Lukas die Episode mit dem Amen-Wort ab, ohne am Schluss die Segenshandlung zu erwähnen. Lukas hat also die markinische gemischte Chrie in eine Ausspruchs-Chrie verändert und dadurch den Fokus auf Jesu Aussage verstärkt.

Mitunter bietet die Chrie den Auftakt einer längeren Redekomposition, wenn nach der wörtlichen Rede der Chrie weitere, inhaltlich anschließende Aphorismen folgen. So steht beispielsweise bei Markus die Chrie, nach der ein Fremder im Namen Jesu Exorzismen vollzieht (Mk 9,38–40), am Beginn einer Reihe von Anweisungen mit jeweils konditionaler Struktur (ὃς γὰρ ... καὶ ὃς ἂν ... καὶ ἐὰν ... etc., 9,40–50). Lukas hingegen hat den Zusammenhang zwischen der Chrie in Mk 9,38–40 und den folgenden Worten Jesu aufgelöst (Lk 9,49f.; vgl. 17,1f.; 14,34f.). Matthäus lässt die Chrie, die ihm möglicherweise anstößig erschien, ganz aus und integriert die Aphorismen in verschiedene Reden (Mt 18,6–9; vgl. 10,42; 5,13 parallel mit Stoffen aus der Logienquelle).

∅ **Arbeitsvorschläge**
1. Vergleichen Sie die synoptischen Parallelen der Chrie über den Streit der Jünger, wer der Größte ist (Mk 9,33–37/Mt 18,1–5/Lk 9,46–48). Was zeichnet die markinische Chrie aus? Wie haben Matthäus und Lukas diese Chrie jeweils verändert?
2. Wenden Sie die Fragestellung im ersten Arbeitsvorschlag auf die synoptischen Parallelen der Episode über Jesu wahre Verwandte an (Mk 3,31–35/Mt 12,46–50/Lk 8,19–21).

§ 9 Gattungen im Neuen Testament **141**

b) Sprichwort, Gnome, Aphorismus

📖 **Literatur:** DAVID E. AUNE, Jesus, Gospel Tradition and Paul in the Context of Jewish and Greco-Roman Antiquity. Collected Essays, Bd. 2 (WUNT 303), Tübingen 2013, 256–302 ♦ DETLEV DORMEYER, Aphorismus/Gnome/Sentenz, WiBiLex, November 2012, https://www.bibelwissenschaft.de/stichwort/49898/ ♦ WILFRIED EISELE/RUTH SCORALICK, Spruchweisheit/Sprichwort, RAC 30 (2021), 1127–1149 ♦ HANS ARMIN GÄRTNER, Gnome, DNP 4 (1998), 1108–1116 ♦ MARTIN HENGEL/ANNA MARIA SCHWEMER, Jesus und das Judentum (Geschichte des frühen Christentums 1), Tübingen 2007, 377–405 ♦ ADRIAN HUMMEL/GREGOR KALIVODA, Gnome, Gnomik, HWR 3 (1996), 1014–1021 ♦ DIETER LÜHRMANN, Q – Sayings of Jesus or Logia?, in: Ronald A. Piper (Hg.), The Gospel behind the Gospels. Current Studies in Q (NT.S 75), Leiden/Boston 1995, 97–116.

1) In den erzählenden Schriften des Neuen Testaments werden in großer Zahl prägnante Aussagen Jesu überliefert, und auch in den Briefen sind einige Worte Jesu enthalten. Es finden sich aber auch Sprichwörter ohne Zuschreibung an eine bestimmte Person. Allgemeine Merkmale dieser kleinen Gattungen sind zum einen ihre Kürze von zumeist ein bis zwei Sätzen, zum anderen erscheinen sie formal in sich geschlossen. Sie werden daher in ihrem erzählerischen oder argumentativen Kontext oft als relativ selbständig wahrgenommen, sie lassen sich leicht memorieren und können bei Bedarf in neue Aussagekontexte übertragen werden. Die ältere Formgeschichte (s. o. § 9.1a) interessierte sich für die Worte Jesu vor allem im Hinblick darauf, dass sie „selbständige Traditionsstücke gewesen sind oder doch hätten sein können" (BULTMANN 73). Diese „Herrenworte" stellen gewissermaßen den Idealfall der selbständigen „kleinen Einheiten" dar, in denen die Formgeschichte die größte Ursprünglichkeit der Jesustradition vermutete. Auch wenn diese Einschätzung gelegentlich bis in die neuere Forschung geteilt wird, ist man inzwischen deutlich zurückhaltender geworden, prägnante Einzelaussagen losgelöst von ihrem überlieferten Kontext in den Evangelien oder den Briefen zu interpretieren. Im Vordergrund steht vielmehr die Frage, auf welche Weise die jeweiligen Sätze zur Argumentation eines Textabschnitts beitragen und welche Bedeutung sie darin haben.

2) Weder in der Antike noch in der modernen Forschung gibt es eine einheitliche Terminologie für diese kleinen Gattungen. Jedoch sind in diesem Zusammenhang einige Begriffe geläufig, die man kennen sollte.

Nach antiker Auffassung ist eine *Gnome* (γνώμη, „Erkenntnis, Ansicht, Meinung", lat. *sententia*) eine allgemeingültige Behauptung, seltener auch eine Aufforderung oder eine rhetorische Frage, die oftmals nur einen prägnanten Satz umfasst. Ursprünglich hat die Gnome vor allem ethisch-praktische Bedeutung und bietet im persönlichen und politisch-sozialen Bereich „Orientierung zur Lebensdeutung und -führung, indem sie einen Sachverhalt feststellt und ihm entsprechend Pflichten normiert" (GÄRTNER 1109). Im Unterschied zum Sprichwort wird die Gnome meistens nicht anonym überliefert, sondern als Ausspruch einer bedeutenden, als weise und vorbildlich geltenden Person genannt. In hellenistisch-römischer Zeit und vor allem in der lateinischen Literatur verschwimmt die Unterscheidung zwischen der namentlich überlieferten Gnome und dem anonymen Sprichwort teilweise.

Das *Sprichwort* (παροιμία, lat. *adagium* oder *proverbium*) ist ebenfalls relativ kurz, jedoch in der Regel einfach und allgemein. Es beansprucht Allgemeingültigkeit durch seine vorausgesetzte Bekanntheit und Nachvollziehbarkeit und ist deshalb nicht an eine bestimmte Person gebunden.

Daneben ist auch der Begriff *Aphorismus* geläufig, der in dieser Verwendung eine Prägung der Neuzeit ist (in der antiken Medizin verstand man darunter die kurze Beschreibung einer Krankheit). In der neutestamentlichen Wissenschaft wird dieser Begriff, vorwiegend im englischsprachigen Bereich, ähnlich wie die Bezeichnung „Gnome" gebraucht (z. B. AUNE, Dictionary, 36–41). Der Begriff „Aphorismus" bietet sich jedoch vor allem dadurch an, dass er deutlicher vom Sprichwort abgegrenzt werden kann und dadurch das Problem der unscharfen Begriffsverwendung der Gnome in hellenistisch-römischer Zeit umgeht.

Die Bezeichnung *Logion* wird nahezu ausschließlich in der neutestamentlichen Forschung verwendet. In der Antike verstand man unter einem λόγιον vor allem einen Orakelspruch, während im Neuen Testament damit die Worte Gottes in den Schriften Israels bezeichnet werden (Apg 7,38; Röm 3,2 u. ö.). Später wurde der Begriff gelegentlich mit den Worten Jesu in Verbindung gebracht, so etwa bei Papias von Hierapolis. Er hat vermutlich am Anfang des 2. Jahrhunderts eine fünfbändige Schrift verfasst, von der jedoch nur wenig mehr als der Titel überliefert ist: „Erklärung von Herrenworten" (Λογίων κυριακῶν ἐξηγήσεως, bei Euseb, h. e. 3,39,1). Erst im 19. Jahrhundert leitete man daraus den Begriff „Logion" ab, der später auch in die Bezeichnung „Logienquelle" Eingang gefunden hat (vgl. unten § 28). Oft wird diese Bezeichnung auch gleichbedeutend mit dem Begriff „Herrenwort" verwendet.

Bultmann unterschied die Sprüche Jesu nach formalen und inhaltlichen Gesichtspunkten in drei große Gruppen: a) „Logien" im engeren Sinne, sogenannte „Weisheitssprüche", die in Form einer Aussage (z. B. Mt 12,34), einer Frage (Mt 6,27) oder einer Weisung (Mt 10,16) formuliert sein können, b) prophetische und apokalyptische Worte (z. B. die Heil- und Weherufe, Lk 6,20–26), und c) Gesetzesworte (z. B. Mk 10,11–12). Darüber hinaus zählte Bultmann auch die „Ich-Worte" (oft in der Form „Ich bin gekommen, um ...", z. B. Mt 10,34–36; Mk 2,17b) sowie die Gleichnisse zu den „Herrenworten", die hier an späterer Stelle erläutert werden (s. u. § 9.3c). Bultmanns Einteilung der Jesusworte wird in der neueren Forschung kaum mehr vertreten, weil die Abgrenzung zwischen Weisheitssprüchen und prophetischen Worten nicht klar durchführbar ist. Dennoch lohnt sich vielfach ein Blick in Bultmanns materialreiche Zusammenstellung, die sich gut über das Stellenregister erschließen lässt.

3) Zahlreiche Aphorismen Jesu zeigen gemeinsame *stilistische Merkmale*, die insbesondere aus den alttestamentlichen und frühjüdischen Schriften bekannt sind und teilweise auch miteinander verbunden erscheinen:

Seligpreisungen (Makarismen): Bekannt sind die Reihen von Seligpreisungen in Mt 5,3–12/Lk 6,20–23. Gelegentlich wird aber auch eine hervorgehobene Spitzenaussage mit μακάριος („selig, glücklich") eingeleitet, zum Beispiel das Jesuswort an Thomas in Joh 20,29: „Weil du mich gesehen hast, glaubst du. Selig sind, die nicht sehen und doch glauben."

Weherufe beginnen mit dem Signalwort οὐαί („wehe"). Sie erscheinen ebenfalls häufig in längeren Reihen (z. B. Lk 6,24–26 im Anschluss an die Seligpreisungen der Feldrede; außerdem Mt 23,13–33/Lk 11,42–52). Der Ursprung der Weherufe liegt in der Prophetie Israels, in der der Klageruf der üblichen rituellen Totenklage (hebr. הוֹי/*hôj*, „wehe") metaphorisch als Ansage des anstehenden Untergangs verwendet wird. In der Jesusüberlieferung wird dies in dem doppelten Weheruf über die Städte Chorazin und Betsaida (Lk 10,13 par.) besonders deutlich.

Sprüche der Form „Wer (auch immer) ...": Kennzeichnend ist hier die einleitende Formulierung mit einem Relativpronomen wie ὅς oder ὅστις oder mit einem Partizip. Diese häufige Form erscheint sowohl positiv, etwa in „Wer (ὅς) nämlich den Willen Gottes tut, der ist für mich Bruder und Schwester und Mutter" (Mk 3,35), oft aber auch mit einer Negation: „Wer (ὅς) das Reich Gottes nicht aufnehmen wird wie ein Kind, wird nicht in es hineingehen" (Mk 10,15). Die partizipiale Form findet sich zum Beispiel in Mt 12,30: „Wer nicht mit mir ist (ὁ μὴ ὢν μετ' ἐμοῦ), ist gegen mich". Auch die sogenannten „Überwindersprüche" der sieben Sendschreiben der Johannesoffenbarung lassen sich dieser Form zuordnen, zum Beispiel Apk 2,6: „Dem, der siegt (τῷ νικῶντι), werde ich vom Baum des Lebens zu essen geben."

Der *parallelismus membrorum* ist das markanteste Merkmal der hebräisch-aramäischen Poesie und besonders in den Psalmen und im Sprüchebuch geläufig. Im Wesentlichen lassen sich drei Grundformen unterscheiden, die sich häufig auch in den Worten Jesu finden (ausführlich HENGEL/SCHWEMER): 1) Beim *synonymen Parallelismus* ist die Aussage des ersten Halbsatzes inhaltlich ähnlich wie die Aussage des zweiten Halbsatzes, zum Beispiel: „Denn es ist nichts verborgen, was nicht offenbar werden wird//noch geheim, was nicht bekannt und öffentlich wird" (Lk 8,17). 2) Der *antithetische Parallelismus* setzt die Aussagen der jeweiligen Halbsätze in einen inhaltlichen Gegensatz, wie etwa: „Denn wer sein Leben retten will, wird es verlieren.//Wer aber sein Leben verliert um meinetwillen und um des Evangeliums willen, wird es retten" (Mk 8,35). 3) Beim *synthetischen Parallelismus* wird die Aussage des ersten Halbsatzes im zweiten inhaltlich fortgeführt oder modifiziert, zum Beispiel: „Seid also klug wie die Schlangen//und unverdorben wie die Tauben" (Mt 10,16b).

4) Die Bestimmung einer Aussage als *Sprichwort* schließlich hängt von der oftmals nicht leicht zu beantwortenden Frage ab, ob es zu seiner Zeit populär war. Klar ist dies im Fall des Sprichworts „Arzt, heile dich selbst!" in Lk 4,23, das als παραβολή bezeichnet wird (vgl. in der Septuaginta das Sprichwort: „Ist etwa auch

Saul unter den Propheten?", 1Kgt [1Sam] 10,12). Ebenso ist der Satz „Ein wenig Sauerteig durchsäuert den ganzen Teig" offenbar ein populäres Sprichwort: Paulus verweist darauf in 1Kor 5,6 und Gal 5,9, und auch Jesu Warnung vor dem „Sauerteig der Pharisäer" (Mk 8,15) kann als Anspielung auf dieses Sprichwort verstanden werden. In 2Petr 2,22 wird außerdem ein „Sprichwort" (παροιμία) zitiert, das aus zwei Teilen besteht: „Ein Hund kehrt zum eigenen Erbrochenen zurück, und (ebenso) ein gebadetes Schwein, um sich im Kot zu wälzen."

c) Gleichnis, Parabel und andere parabolische Gattungen

Literatur: RALPH BRUCKER, Zur Verwendung von παραβολή in der Septuaginta, in: Schröter/Schwarz/Al-Suadi (Hg.), Gleichnisse und Parabeln (s. u.), 31–42 ♦ BULTMANN, Geschichte der synoptischen Tradition, 179–222 ♦ CHARLES H. DODD, The Parables of the Kingdom, London ³1961 ♦ JOACHIM JEREMIAS, Die Gleichnisse Jesu, Göttingen ¹⁰1984 ♦ ADOLF JÜLICHER, Die Gleichnisreden Jesu, zwei Teile in einem Band, Tübingen ²1910 ♦ HANS-JOSEF KLAUCK, Allegorie und Allegorese in synoptischen Gleichnistexten (NTA.NF 13), Münster 1978 ♦ CHRISTIAN MÜNCH, Form und Referenz von Gleichnissen in den synoptischen Evangelien, in: Zimmermann (Hg.), Hermeneutik der Gleichnisse Jesu (s. u.), 438–459 ♦ ALBERTINA OEGEMA/JONATHAN PATER/MARTIJN STOUTJESDIJK (Hg.), Overcoming Dichotomies. Parables, Fables, and Similes in the Graeco-Roman World (WUNT 483), Tübingen 2022 ♦ ILARIA RAMELLI/MARGARET M. MITCHELL, Allegory. II. Judaism/III. New Testament, EBR 1 (2009), 785–796 ♦ ECKHARD RAU, Reden in Vollmacht. Hintergrund, Form und Anliegen der Gleichnisse Jesu (FRLANT 149), Göttingen 1990 ♦ PAUL RICŒUR, Biblische Hermeneutik, in: Wolfgang Harnisch (Hg.), Die neutestamentliche Gleichnisforschung im Horizont von Hermeneutik und Literaturwissenschaft (WdF 575), Darmstadt 1982, 248–339 ♦ JENS SCHRÖTER/KONRAD SCHWARZ/SOHAM AL-SUADI (Hg.), Gleichnisse und Parabeln in der frühchristlichen Literatur. Methodische Konzepte – religionshistorische Kontexte – theologische Deutungen (WUNT 456), Tübingen 2021 ♦ KLYNE SNODGRASS, Stories with Intent. A Comprehensive Guide to the Parables of Jesus, Grand Rapids, Mich. ²2018 ♦ GERD THEISSEN/ANNETTE MERZ, Wer war Jesus? Der erinnerte Jesus in historischer Sicht. Ein Lehrbuch (UTB 6108), Göttingen 2023, 295–333 ♦ RUBEN ZIMMERMANN (Hg.), Kompendium der Gleichnisse Jesu, Gütersloh 2007 ♦ RUBEN ZIMMERMANN (Hg.), Hermeneutik der Gleichnisse Jesu. Methodische Neuansätze zum Verstehen urchristlicher Parabeltexte (WUNT 231), Tübingen 2008 ♦ RUBEN ZIMMERMANN, Parabeln – sonst nichts! Gattungsbestimmung jenseits der Klassifikation in „Bildwort", „Gleichnis", „Parabel" und „Beispielerzählung", in: ders. (Hg.), Hermeneutik der Gleichnisse Jesu, 383–419 ♦ RUBEN ZIMMERMANN, Parabeln in der Bibel. Die Sinnwelten der Gleichnisse Jesu entdecken, Gütersloh 2023 ♦ RÜDIGER ZYMNER, Gleichnis, in: Dieter Lamping (Hg.), Handbuch der literarischen Gattungen, Stuttgart 2009, 334–339 ♦ RÜDIGER ZYMNER, Parabel, ebd., 559–569.

(1) Einführung

Die Gleichnisse und Parabeln gehören zu den bekanntesten Texten der Evangelien. In der neutestamentlichen Wissenschaft wurden sie daher intensiv und mit verschiedenen methodischen Ansätzen erforscht. Von besonderer Bedeutung sind dabei *drei grundlegende Entwicklungen*:
1) Nach Adolf Jülicher, dessen einflussreiches Werk „Die Gleichnisreden Jesu" Ende des 19. Jahrhunderts erschien, haben die neutestamentlichen Parabeln „ihren ungeheuren Wert" nur, insofern sie als „Zeugnisse aus Jesu Munde" gelten können (JÜLICHER, Teil 1, 10). Nach Jülichers Ansicht verwendete Jesus als herausragender Redner eine klare und einfache Sprache; die Evangelisten hätten die Parabeln jedoch als dunkle, rätselhafte Worte missverstanden. Aus diesem Grund versuchte Jülicher, die Gleichnisse losgelöst von ihrer Überlieferung in den Evangelien zu betrachten. Er legte damit eine Fährte, der bis in die zweite Hälfte des 20. Jahrhunderts gefolgt wurde. So korrigierten etwa Charles H. Dodd und Joachim Jeremias Jülichers Jesusbild und betonten die eschatologische Verkündigung Jesu, auf die sich die Gleichnisse über die Gottesherrschaft beziehen. Zugleich verstärkten sie aber Jülichers Anliegen, das von Jeremias mit der programmatischen Formulierung „Von der Urkirche zu Jesus zurück!" zugespitzt wurde (JEREMIAS 19). Seit den 1970er Jahren mehrten sich jedoch die Stimmen, die darauf aufmerksam machten, dass die konkreten Situationen, in denen Jesus von Nazaret seine Gleichnisse erzählte, prinzipiell unzugänglich sind. Vielmehr ist die Interpretation der Gleichnisse auf deren *überlieferten literarischen Kontext* angewiesen: In den Evangelien spricht Jesus die Gleichnisse an bestimmten Stellen der erzählten Geschichte, so dass sie für den Aufbau und den Inhalt der jeweiligen Jesuserzählung eine wichtige Funktion übernehmen. Die historische Frage nach den Gleichnissen im Kontext des Wirkens Jesu ist davon zu unterscheiden und auf der Grundlage geschichtshermeneutisch reflektierter Zugänge zu stellen (s. u. § 55.2f.).
2) Die Methodik und Hermeneutik der Gleichnisinterpretation hat in den letzten Jahrzehnten in besonderer Weise von Impulsen aus der Philosophie und der Literaturwissenschaft profitiert. Jülicher stellte seinen Ansatz zunächst in einen scharfen Kontrast zur früheren, kirchengeschichtlich prägenden allegorischen Gleichnisauslegung. Nach Jülicher ist das Gleichnis eine erweiterte Form des *Vergleichs*, der stets „eigentliche", klar verständliche Rede sei. Im Gegensatz dazu versteht er die Allegorie als eine erweiterte *Metapher*, in der ein Wort durch ein anderes ersetzt werde und dadurch missverständlich, rätselhaft und übersetzungsbedürftig sei. Seit der zweiten Hälfte des 20. Jahrhunderts führten jedoch vor allem Anregungen aus der philosophischen Hermeneutik dazu, dass die Metapher neu gewürdigt wurde. Nach Paul Ricœur etwa gilt die Metapher als „semantische Innovation", die in eigener Weise etwas Neues über die Wirklichkeit zur Sprache bringt: „Wahre Metaphern sind unübersetzbar" (RICŒUR

288). Für die Gleichnisse Jesu folgte aus dem veränderten Metaphernverständnis, dass sie als ganze metaphorisch gelesen und die verwendeten Bildfelder als solche wahrgenommen wurden. Darüber hinaus ist die Gleichnisinterpretation ein Forschungsfeld, in dem bereits früh die neueren Methoden der Erzähltheorie angewendet und diskutiert wurden.

3) Die wichtige Rolle der Gleichnisse in der Verkündigung Jesu wurde in Teilen der älteren Forschung zum Anlass genommen, die *jüdische, pagane und frühchristliche Verwendung von Gleichnissen* abzuwerten oder zu ignorieren. Mit Blick auf die jüdische Tradition wurde diese Haltung seit der zweiten Hälfte des 20. Jahrhunderts verstärkt problematisiert, so dass die Berücksichtigung der frühjüdischen und rabbinischen Gleichnistradition inzwischen zu einem festen Bestandteil der Forschung geworden ist. Die Verwendung von Gleichnissen und Parabeln in der griechisch-römischen Literatur, auf die bereits Jülicher hingewiesen hatte, rückt erst in neuerer Zeit verstärkt ins Blickfeld. Von Bedeutung ist in diesem Zusammenhang unter anderem die Fabel, die in der Antike nicht nur Tierfabeln, sondern auch Parabeln umfasste und seit der römischen Kaiserzeit im Schulunterricht beliebt war. Ebenso wurden frühchristliche Gleichnisse und Parabeln außerhalb der synoptischen Evangelien lange Zeit kaum wahrgenommen. Auch hier zeigen sich jedoch vielfältige Verwendungsformen, die bei einer Erforschung dieser Gattungen im frühen Christentum zu berücksichtigen sind.

Arbeitsvorschlag
Erarbeiten Sie sich einen Überblick über wichtige Etappen der Gleichnisforschung anhand von THEISSEN/MERZ 296–305 und der thematisch nach „historischen", „literarischen" sowie „rezeptionsästhetischen und theologisch-hermeneutischen Annäherungen" gegliederten Übersicht bei ZIMMERMANN (Hg.), Hermeneutik der Gleichnisse Jesu, 25–51.

(2) Begriffe für „Gleichnis" und Verwandtes

In der frühchristlichen Literatur finden sich mehrere Begriffe, mit denen Gleichnisse und verwandte Texte bezeichnet werden. Diese Quellenbegriffe werden in den diversen Forschungsansätzen der neutestamentlichen Wissenschaft sehr unterschiedlich ausgewertet und mit einer Definition der literarischen Gattung „Gleichnis" in Verbindung gebracht. Daher lohnt sich zunächst ein differenzierter Blick auf die Begriffsverwendung in den Quellen.

Das Wort παραβολή („Vergleich, Gleichnis, Parabel") kommt in den synoptischen Evangelien häufig vor. Es bezieht sich auf kurze Formen wie das bereits erwähnte Sprichwort „Arzt, heile dich selbst!" (Lk 4,23), den Aphorismus über äußere und innere Unreinheit (Mk 7,15–17), auf kurze Gleichniserzählungen wie die vom Senfkorn (Mk 4,30–32), aber auch auf längere Parabeln wie die vom Sämann (Mk 4,3–9; vgl. V.13). Darüber hinaus bezeichnet die Wendung ἐν παραβολαῖς einen bestimmten Kommunikationsmodus (etwa „gleichnishaft" sprechen bzw. lehren).

Bemerkenswert ist, dass sich παραβολή in der frühchristlichen Literatur außerhalb der synoptischen Evangelien nicht auf Worte und Erzählungen Jesu bezieht. Vielmehr bezeichnet παραβολή in diesen Texten vor allem Ereignisse der Geschichte Israels oder Worte der Schriften Israels, die gedeutet und in übertragener Weise verstanden werden sollen (Hebr 9,9; 11,19; Barn 6,10 sowie häufig bei Justin, etwa dial. 77,4; 90,2). Der „Hirt" des Hermas erzählt mehrere sehr umfangreiche Parabeln, die παραβολή genannt werden, und fügt ihnen eine Erklärung bei (vgl. unten § 41.6). Anders als in Teilen der Forschung angenommen, ist dies jedoch keine spätere, sekundäre Entwicklung. Vielmehr lässt sich erkennen, dass die Begriffsverwendung in der frühchristlichen Literatur vielfältig war und das Markusevangelium einen bestimmten Gebrauch geprägt hat, der durch das Matthäus- und das Lukasevangelium in je eigener Weise aufgenommen wurde.

Das Johannesevangelium verwendet den Begriff παραβολή nicht, stattdessen wird gelegentlich παροιμία („Sprichwort, Rätselwort") in ähnlicher Weise gebraucht: In Joh 10,6 wird die vorangehende Erzählung über den Hirten und die Schafe als παροιμία bezeichnet, und in den Abschiedsreden meint die Wendung ἐν παροιμίαις λαλεῖν („in Bildern/rätselhaft reden") einen Kommunikationsmodus, der hier ausdrücklich der „offenen" Rede gegenübersteht (16,25.29).

Die Verwendung von παραβολή und παροιμία in den frühchristlichen Schriften ist offensichtlich vom breiten Bedeutungsspektrum dieser Wörter in der Septuaginta beeinflusst. Dort ist das hebräische Nomen מָשָׁל/māšāl („Sprichwort, Spruch, Gleichnis") meist mit παραβολή, gelegentlich aber auch mit παροιμία übersetzt (s. den Überblick bei BRUCKER).

(3) Gleichnis und Parabel als literarische Gattungen

Wie gezeigt, ist die Verwendung von παραβολή und verwandten Begriffen in der frühchristlichen Literatur vielfältig und relativ breit, was in ähnlicher Weise auch für die frühjüdische und sonstige antike Literatur gilt. Auch unabhängig davon, ob und in welcher Weise Begriffe wie παραβολή und παροιμία gebraucht werden, finden sich in diesen Schriften unterschiedliche Formen gleichnishafter Texte. Die Forschung ist daher seit langem um eine Konkretion der Gattungsbestimmung bemüht und hat hierbei unterschiedliche Ansätze verfolgt. Da es sich dabei um eine lang andauernde, komplexe Diskussion handelt, stellen wir als einführende Orientierung zunächst die Begriffsbestimmung voran, die für dieses Arbeitsbuch leitend ist. Im Anschluss daran werden zwei wichtige Forschungsrichtungen seit Ende des 19. Jahrhunderts skizziert und deren konzeptionelle Probleme erörtert.

1) Begriffsbestimmung: Gleichnis und Parabel sind eng verwandte, sogenannte *parabolische Gattungen*. Dabei handelt es sich um fiktionale Erzählungen, in denen mindestens ein Transfersignal die Rezipientinnen und Rezipienten darauf

aufmerksam macht, dass die Bedeutung der Erzählung vom Wortlaut des Textes zu unterscheiden und in übertragener Weise zu verstehen ist. Die *Parabel* erzählt die Geschichte in einem Tempus der Vergangenheit und zeigt dadurch an, dass die Erzählhandlung als abgeschlossen vorgestellt wird. Das *Gleichnis* hingegen signalisiert durch das verwendete Tempus (Präsens oder Futur) oder durch den Modus (Konjunktiv), dass das Erzählte hypothetisch, also „bloß vorgestellt" ist.

Die Bestimmung von Gleichnis und Parabel als parabolische Gattungen geht auf den Literaturwissenschaftler Rüdiger Zymner zurück. Sie wird hier in einigen Aspekten vereinfacht und modifiziert aufgenommen. Beispiele für Parabeln im Neuen Testament sind unter anderem die Erzählung vom Sämann und der Saat (Mk 4,3–9 parr.), vom Unkraut unter dem Weizen (Mt 13,24–30) und vom verlorenen Sohn (Lk 15,11–32). Beispiele für Gleichnisse sind etwa die kurzen Erzählstücke von der selbst wachsenden Saat (Mk 4,26–29), vom bittenden Kind (Mt 7,9f./Lk 11,11f.) sowie die Erzählung vom Hirten und den Schafen (Joh 10,1–5).

2) Mit der besonderen Berücksichtigung des Erzähltempus sind zwei grundlegende Beobachtungen verbunden: a) Aus *narratologischer* Sicht kann die Verwendung von Vergangenheitstempora in der erzählenden Rede einer Figur (bspw. Jesus in den Evangelien) als Textsignal wahrgenommen werden, dass eine Binnenerzählung beginnt, dass also eine „Geschichte innerhalb der Geschichte" erzählt wird. Wird hingegen das Präsens, das Futur oder der Konjunktiv verwendet, so ist dies für die Leserinnen und Leser oftmals weniger klar erkennbar; erst im Laufe des Fortgangs der Erzählung wird deutlich, dass sich eine Binnenerzählung entspinnt. b) In *pragmatischer* Hinsicht stellt die Verwendung von Vergangenheitstempora die Handlung als in der Vergangenheit liegend und abgeschlossen dar, so dass die Hörerinnen und Hörer zunächst nicht direkt betroffen zu sein scheinen und eher in Distanz dazu stehen. In der Folge sehen sie sich eher weniger zu einer direkten Reaktion aufgefordert. Wird hingegen im Präsens oder Futur erzählt, so erscheint die Distanz zu den Hörerinnen und Hörern geringer und sie fühlen sich stärker angesprochen und herausgefordert (RAU 29f.). Dies trifft besonders auch dann zu, wenn die Erzählung vorwiegend konditional formuliert ist und damit signalisiert, dass sie hypothetisch, d. h. bloß „vorgestellt" ist.

Bei Gleichnissen wird die pragmatische Funktion der Verwendung von Präsens und Futur oftmals daran deutlich, dass sie die Hörerinnen und Hörer unmittelbar ansprechen, wie etwa beim Gleichnis von der Sitzordnung beim Hochzeitsmahl: „Wenn du von jemandem zum Hochzeitsmahl eingeladen bist ..." (Lk 14,8). Ebenso werden Gleichnisse oftmals mit einer Frage eingeleitet, etwa „Was meint ihr?" (Mt 18,12) oder „Welcher Mensch unter euch ...?" (z. B. Lk 15,4–7.8–10). Der Gebrauch der Tempora ist im Koine-Griechisch der frühchristlichen Literatur freilich variabler als in diesem abstrahierenden Schema, das sich vorwiegend an den jeweiligen finiten Verbformen im Indikativ orientiert. An der kurzen Erzählung vom Senfkorn wird außerdem deutlich, wie eng Gleichnis und Parabel miteinander verwandt sind, so dass der Unterschied nur in Nuancen besteht: In Mk 4,30–32 wird im Präsens und mit einem langen konditionalen Satzgefüge ein Gleichnis erzählt, in dem menschliches Handeln nur im Passiv vorkommt; in Mt 13,31f./Lk 13,18f. wird im Aorist das Handeln eines Menschen erwähnt, so dass hier von einer Parabel zu sprechen ist. Bemerkenswert ist dabei, dass Mt 13,32 am Schluss ähnlich wie die markinische Parallele im Präsens fortfährt.

3) Besondere Aufmerksamkeit verdienen im Zusammenhang mit den parabolischen Gattungen die *Transfersignale*, da es sich dabei um diejenigen Textsignale handelt, die an die aktive Deutungsarbeit der Rezipientinnen und Rezipienten appellieren: Transfersignale regen in besonderer Weise dazu an, die Erzählung anders als nach ihrem Wortlaut zu verstehen (ZYMNER, Parabel, 559f.). Solche Transfersignale können *implizit* aus der Erzählung erschließbar sein, zum Beispiel durch traditionell geprägte Metaphern und Bildfelder. Sie können aber auch *explizit* formuliert sein, etwa in einer einleitenden Wendung wie „Die Gottesherrschaft gleicht ..." oder durch einen entsprechenden Hinweis vor oder nach der Erzählung (z.B. die erzählerische Einleitung zur Parabel vom Richter und der Witwe in Lk 18,1). Neben ihrer Funktion, zu einer übertragenen Bedeutungsfindung anzuregen, können die Transfersignale hin und wieder auch Indizien liefern, in welcher „Richtung" diese Deutung zu suchen ist.

4) Ebenfalls zu den parabolischen Gattungen gehört die *Fabel*. In der antiken Literatur wird zumeist nicht zwischen Fabel und Parabel unterschieden. So stehen beispielsweise in den Fabeldichtungen des Phaedrus und des Babrios (1.–2. Jh. n. Chr.) Erzählungen mit sprechenden Tieren, Bäumen und Götterstatuen neben solchen Erzählungen, die den Rahmen der bekannten Realität nicht verlassen und als Parabeln (erzählt in einem Vergangenheitstempus) aufgefasst werden können.

(4) Die Gleichnisforschung seit Ende des 19. Jahrhunderts: Eine problemorientierte Skizze

In der neutestamentlichen Wissenschaft werden die Gleichnisse und Parabeln bis in die Gegenwart sehr ausführlich und mit unterschiedlichen methodischen Zugängen sowie verschiedenen inhaltlichen Schwerpunkten diskutiert. Für dieses Arbeitsbuch soll es genügen, einen skizzenartigen Einblick in zwei bedeutende Forschungsrichtungen und deren Begriffsbestimmungen zu geben und diese mit Bezug auf die neuere Forschungsdiskussion einzuordnen.

1) *Joachim Jeremias*, dessen Buch „Die Gleichnisse Jesu" seit 1947 in zahlreichen Auflagen erschien, verweist auf die Bedeutungsbreite des Wortes παραβολή, das sowohl „Gleichnis" als auch „Vergleich", „Sinnbild", „Schlagwort, Redensart" etc. bedeuten könne. Nach Jeremias ist dies letztlich auf die Breite der Bedeutungen des hebräischen Wortes מָשָׁל/*māšāl* zurückzuführen. Für das Neue Testament zieht er daraus die Schlussfolgerung, dass eine Unterscheidung zwischen Vergleich, Gleichnis, Parabel und Ähnlichem „letztlich doch ein unfruchtbares

Bemühen" ist. Jeremias will daher den Begriff „Gleichnis" ausdrücklich ohne weitere Differenzierung in „dem weiten Sinn" von מָשָׁל/*māšāl* und παραβολή verstanden wissen (JEREMIAS 16).

In der neueren Forschung setzt in ähnlicher Weise *Ruben Zimmermann* an diesem Punkt an. Er resümiert mit Blick auf die Verwendung der Begriffe παραβολή und παροιμία: „Ausgehend von dem Gattungsbewusstsein und Terminusgebrauch der ntl. Autoren sowie der Fülle des Textmaterials scheint mir ‚Parabel' die einzige angemessene Gattungsbezeichnung für das ntl. Gleichnismaterial zu sein: Parabeln – sonst nichts!" (ZIMMERMANN, Parabeln – sonst nichts!, 406). Anders als Jeremias, dessen Bestimmung des Gleichnisbegriffs relativ weit und allgemein bleibt, sucht Zimmermann das Gespräch mit Gattungstheorien in der modernen Literaturwissenschaft und entwickelt vor diesem Hintergrund eine umfangreiche Definition der Gattung „Parabel". Demnach gehört es zu den konstitutiven Merkmalen der Parabel, dass sie unter anderem *narrativ*, *fiktional* und *auf die bekannte Realität bezogen* ist. Als problematisch erweist sich dieser Ansatz jedoch zum einen darin, dass die Annahme eines einheitlichen „Gattungsbewusstseins" und eines konsistenten „Terminusgebrauch[s] der ntl. Autoren" die oben skizzierte Breite verschiedener Verwendungen in den frühchristlichen Schriften stark verkürzt. Bei Zimmermann wird zudem die historische Entwicklung des neutestamentlichen Kanons ebenso wenig reflektiert wie die Verwendung von παραβολή in den nichtkanonischen frühchristlichen Schriften. Schließlich spricht Zimmermann bereits dann von einer „Parabel", wenn als narrative Mindestanforderung nur ein einziges Handlungsverb vorliegt. So rechnet er beispielsweise die Aussage „Arzt, heile dich selbst!" (Lk 4,23) zu den Parabeln, wodurch die Gattung relativ weit ausgedehnt erscheint, ohne dass eine weitere Differenzierung vorgenommen wird. Dies führt zugleich dazu, dass das Gebiet anderer kleiner Gattungen (wie Sprichwort, Gnome bzw. Aphorismus) schmaler und weniger klar wird. Positiv zu würdigen ist der explizite Dialog mit der modernen Literaturwissenschaft, den Zimmermann in die Diskussion einbringt.

2) Der zweite hier vorzustellende Ansatz wurde maßgeblich von *Adolf Jülicher* geprägt, von den Vertretern der Formgeschichte weiterentwickelt und seitdem bis in die neuere Forschung hinein erheblich modifiziert.

Jülicher unterteilte die παραβολαί – wie er sie häufig nennt – in drei „Klassen". Eine wichtige Rolle spielt in seinem Konzept die Frage, ob sich das jeweils dargestellte „Bild" auf alltägliche Vorgänge oder auf eine ungewöhnliche Begebenheit bezieht; zudem bezieht er den Tempusgebrauch mit ein: a) Nach Jülicher steht die *Parabel* meist in einem Tempus der Vergangenheit. Vor allem jedoch handelt es sich bei der Parabel um „frei von Jesus erfundene" Geschichten: „nicht, was jeder thut, was gar nicht anders sein kann, wird uns vorgehalten, sondern was einmal jemand gethan hat, ohne zu fragen, ob andre Leute es auch so machen würden" (JÜLICHER, Teil 1, 93). Beispiele sind die Parabeln vom verlorenen Schaf (Mt 18,10–18/Lk 15,1–7), von der verlorenen Drachme (Lk 15,8–10) oder den Weingärtnern (Mk 12,1–12 parr.). b) Das *Gleichnis*, das im Präsens oder im Futur steht, schildert etwas, das aus der alltäglichen, „jedermann zugänglichen Wirklichkeit" entnommen ist (JÜLICHER, Teil 1, 93). Hierzu zählt Jülicher unter anderem die kurzen Gleichnisse vom Blinden als Blindenführer (Mt 15,14/ Lk 6,93), das Doppelgleichnis vom Turmbau und dem Krieg führenden König (Lk 14,28–33) oder als kürzestes Gleichnis wiederum „Arzt, heile dich selbst!" (Lk 4,23). c) *Beispielerzählungen* zeichnen sich laut Jülicher dadurch aus, dass sich die Geschichten selbst „bereits auf dem höheren Gebiete bewegen", weil sie „der religiös-sittlichen Sphäre" angehören. Die Erzählung gibt nur „ein Beispiel des zu behauptenden Satzes" (JÜLICHER, Teil 1, 112). So bestimmt Jülicher etwa die Erzählung vom barmherzigen Samaritaner (Lk 10,30–37) als eine Veranschaulichung des Satzes, „dass echte, opferfreudige Liebe den höchsten Adel verleiht im Himmel und auf Erden" (JÜLICHER, Teil 1, 112). Daneben rechnet Jülicher noch die Geschichten vom reichen Kornbauern (Lk 12,16–21), vom reichen Mann und armen Lazarus (Lk 16,19–31) sowie vom Pharisäer und Zöllner (Lk 18,9–14) zu den Beispielerzählungen.

⌀ Arbeitsvorschlag

Einen guten Einstieg in Jülichers wirkungsreichen Ansatz bietet das kurze Fazit seines Kapitels „Das Wesen der Gleichnisreden Jesu" (JÜLICHER, Teil 1, 117f.). Welches Bild von Jesus und den Verfassern der Evangelien zeichnet Jülicher an dieser Stelle und wie verbindet er dies mit dem „Wesen der Gleichnisreden"?

Rudolf Bultmann übernahm wesentliche Teile von Jülichers Gesamtkonzept, schuf jedoch eine erweiterte Systematik mit veränderten Schwerpunkten. In dieser Fassung wurde der Ansatz in weiten Teilen der Forschung im 20. Jahrhundert aufgenommen (so auch in früheren Auflagen dieses Arbeitsbuchs). Bultmann nahm unter der Überschrift „Gleichnisse und Verwandtes" auch den Vergleich und die Metapher mit auf. Vor allem jedoch etablierte er den Begriff *Bildwort*. Dieses zeichnet sich dadurch aus, dass „Bild und Sache ohne Vergleichspartikel" (z. B. „so ... wie") nebeneinandergestellt werden (BULTMANN 181). Ein Beispiel dafür ist der Spruch von der Stadt auf dem Berg, die nicht verborgen sein kann (Mt 5,14). Zugleich fasst Bultmann auch einige Texte, die Jülicher als Gleichnis verstanden hatte, als Bildwort auf (u. a. Lk 4,23: „Arzt, heile dich selbst!").

3) Das von Jülicher und Bultmann geprägte Gattungskonzept weist trotz der Verbreitung, die es insbesondere in der deutschsprachigen Forschung gefunden hat, eine Reihe von Problemen auf, wie in neueren Studien hervorgehoben wird. Beim Begriff „Bildwort" handelt es sich zunächst einmal um einen terminologischen Sonderweg, der außerhalb der neutestamentlichen Wissenschaft nicht geläufig ist. Als problematisch erweist sich daran jedoch vor allem, dass das Bildwort eine Art unscharfe Brückengattung zwischen Metapher und Gleichnis darstellt, die sich nach beiden Seiten schwer abgrenzen lässt.

Von daher kann man sagen, dass das Bildwort als Gattung eher dem gelehrten *horror vacui* entspringt, dass sich einige Texte nicht genau einer Gattung unter „Gleichnisse und Verwandtes" zuordnen lassen. Die Texte, die Bultmann als Bildworte bezeichnete, gehören häufig zu anderen kleinen Gattungen (Sprichwort oder Gnome bzw. Aphorismus). Das besondere Merkmal dieser kurzen Texte liegt zumeist darin, dass sie Metaphernkomplexe verwenden, oder aber es handelt sich um kurze Gleichnisse, wie dies bereits Jülicher sah.

Auch die *Beispielerzählung*, die auffälligerweise nur im Lukasevangelium identifiziert wurde, lässt sich in der frühchristlichen Literatur nicht als eigenständige Gattung abgrenzen. Die Annahme dieser Gattung beruht zum einen auf der künstlichen Abgrenzung der „religiös-sittlichen Sphäre" (JÜLICHER, Teil 1, 112) von anderen Lebensbereichen. Zum anderen wird damit eine interpretierende Engführung auf einen hypothetischen „Satz" gefördert, wie etwa in Jülichers Einordnung der Erzählung vom Samaritaner als Veranschaulichung der „opferfreudigen Liebe". Die Einschätzung, dass der Beispielerzählung „jedes Element des Bildlichen fehlt" (BULTMANN 192), ist daher nicht zutreffend. Bei den betreffenden Erzählungen handelt es sich letztlich um Parabeln, ohne darin eine eigene Untergruppe zu bilden.

Was die Unterscheidung von Gleichnis und Parabel betrifft, stellte sich vor allem als Problem heraus, dass Jülicher und Bultmann den jeweiligen *Inhalt* zum Kriterium erhoben. Bultmann hat dies so zugespitzt, dass das Gleichnis einen „typischen bzw. regelmäßigen Vorgang" schildere, während die Parabel einen „interessierenden Einzelfall" erzähle (BULTMANN 188). Bultmann merkte bereits selbst an, dass dieses inhaltliche Kriterium nicht trennscharf ist („so ist doch im einzelnen der Übergang fließend" [188]). Das Problem ist jedoch ein grundsätzliches, denn auch die „typischen", weithin bekannten Vorgänge im Gleichnis sind bewusst aus der Gesamtheit der Realität ausgewählt; umgekehrt ist auch der ungewöhnliche „Einzelfall" in der Parabel auf die bekannte Realität bezogen, wie beispielsweise auf die soziale Beziehung zwischen Eltern und ihren Kindern oder die wirtschaftlichen Strukturen in der Antike (vgl. RAU 28). Sowohl das Gleichnis als auch die Parabel sind daher in gleicher Weise als fiktionale („erdachte, erfundene") Erzählungen aufzufassen. Damit unterscheiden sie sich grundsätzlich von faktualen Erzählungen, die zum Beispiel den Anspruch erheben können, historische Ereignisse zu schildern.

Als tragfähig erweist sich jedoch Jülichers Unterscheidung, wonach die Parabel in einem Tempus der Vergangenheit erzählt wird und in dieser Hinsicht der antiken Fabel nahesteht, während das Gleichnis im Präsens oder im Futur erzählt wird. Dies trägt insbesondere dazu bei, dass die in den Texten absichtsvoll verwendeten Erzähltempora stärker berücksichtigt werden, wie oben im Zusammenhang mit der hier vorgeschlagenen Begriffsbestimmung von Gleichnis und Parabel erläutert wurde.

(5) Allegorie und allegorische Interpretation

Eine Textgattung, die ebenfalls zu den parabolischen Gattungen gezählt wird, ist die Allegorie (von ἄλλος, „anderes", und ἀγορεύω, „reden, verkünden"). Darunter versteht man einen Text, der anders als nach seinem Wortlaut aufgefasst werden soll, und zwar in der Weise, dass *einzelne Elemente des Textes* (wie z. B. Personen, Orte oder Gegenstände) auf jeweils andere, außerhalb des Textes liegende Aspekte zu übertragen sind. Im Anschluss an Jülicher wurde die Allegorie in der neutestamentlichen Forschung lange Zeit als rätselhafte und unvollkommene Redeweise abgewertet und in einen Gegensatz zum Gleichnis gestellt. Neuere Forschungsansätze betrachten die Allegorie jedoch vorwiegend als eigenständiges Textphänomen mit einer vielfältigen Verwendung in der jüdischen und christlichen Literaturgeschichte.

Jülichers Ansatz ist von der radikalen Ablehnung einer allegorisierenden Auslegung der Gleichnisse geprägt, weshalb er sie scharf von der Allegorie abzugrenzen suchte. Wie eingangs bereits erwähnt, leitet er das Gleichnis allgemein vom Vergleich ab, bei dem alles „eigentliche Rede" und klar verständlich sei. Die Allegorie bringt er dagegen mit der Metapher in Verbindung. In Jülichers Sicht ist die Metapher „uneigentliche Rede", bei der ein „uneigentliches" Wort durch ein „eigentliches" ersetzt werden muss, um sie zu verstehen. Diese sogenannte Substitutionstheorie, die die Metapher rein auf der Wortebene betrachtet, wird in der neueren Forschung als unzureichend betrachtet. Dementsprechend werden auch die gegensätzlichen Ableitungen des Gleichnisses vom Vergleich bzw. der Allegorie von der Metapher nicht mehr vertreten.

Was die *Allegorie* und deren Verhältnis zu Gleichnis und Parabel betrifft, gehen die Positionen in der neueren Forschungsdiskussion weit auseinander. So sieht Hans-Josef Klauck in der Allegorie keine eigenständige Gattung, sondern „eine rhetorische und poetische Verfahrensweise" bei der Abfassung eines Textes, bei der der Text „eine symbolische Dimension" erhält (KLAUCK 354). Demnach werden insbesondere geläufige Metaphern verwendet, um die symbolische Dimension eines Textes zu signalisieren und die Leserinnen und Leser zu einer entsprechenden Deutung anzuregen (z. B. der „Weinberg" für Israel und Gott als Besitzer des Weinbergs, u. a. in Jes 5,1–7 und Mk 12,1–12 parr.). Nach Klauck kann der „Allegorieanteil" einzelner Texte unterschiedlich hoch sein, je nachdem, wie viele Metaphern auf bestimmte symbolische Aspekte hinweisen. Eine andere Position vertritt dagegen Klyne Snodgrass, der die schwierige Abgrenzung zwischen Allegorie und Gleichnis bzw. Parabel zum Anlass nimmt, auf diese Unterscheidung insgesamt zu verzichten. Vielmehr sind nach Snodgrass *alle* Gleichnisse und Parabeln in unterschiedlichem Maße allegorisch (SNODGRASS 16).

Neben Gleichnissen und Parabeln, die erzählerisch auf die bekannte Realität bezogen sind, können auch solche Texte, die den Rahmen der bekannten Realität klar überschreiten, einen *Allegorieanteil* aufweisen. Im Neuen Testament gilt dies insbesondere für die apokalyptischen Visionen in der Johannesoffenbarung. Hier weist der Text beispielsweise darauf hin, dass das Lamm „sieben Hörner und sieben Augen" hat, welche die „sieben Geister Gottes" bezeichnen, „die auf die ganze Erde ausgesandt sind" (Apk 5,6). Ebenso zeigt beispielsweise der Name „Babylon", der auf die Stirn der „Hure" geschrieben ist (17,5), dass es sich bei dieser Vision um eine Allegorie handelt, wobei „Babylon" an dieser Stelle für die Stadt Rom steht.

Die allegorische Interpretation von Texten wird als *Allegorese* bezeichnet. Sie steht zwar in einem konzeptionellen Zusammenhang mit der Allegorie, ist von dieser jedoch unbedingt begrifflich zu unterscheiden. Prinzipiell kann jeder Text allegorisch interpretiert werden, unabhängig von der Frage, ob der ausgelegte Text an sich eine Allegorie ist. Die Allegorese wurde maßgeblich in der klassischgriechischen und hellenistischen Philosophie entwickelt, um Texte wie die Epen Homers auszulegen. Im hellenistischen Judentum sind Aristobul (2. Jh. v. Chr.) und vor allem Philo (1. Jh. n. Chr.), die beide im ägyptischen Alexandria wirkten, als die wichtigsten Vertreter der allegorischen Toraauslegung zu nennen (vgl. den Überblick in RAMELLI/MITCHELL 785-793). Im frühen Christentum gilt Paulus als der allegorische Interpret *par excellence*. Paulus kommt beispielsweise in Gal 4,21-31 auf die Sara-Hagar-Erzählungen (Gen 16; 21,1-21) zu sprechen und argumentiert an dieser Stelle, dass das Erzählte „allegorisch gesprochen" ist (ἀλληγορούμενα). Die beiden Frauen stünden symbolisch für zwei „testamentarische Verfügungen" (διαθῆκαι): eine, die in die „Sklaverei" unter dem „Gesetz" führe, und eine, die zur Freiheit der aus Glauben Gerechtfertigten führe. Ein anderes Beispiel ist die allegorische Auslegung der Exoduserzählungen in 1Kor 10,1-13, bei der Paulus feststellt, dass der „geistliche Fels", von dem die Israeliten in der Wüste tranken, Christus gewesen sei (V. 4).

(6) Zur Methodik der Interpretation parabolischer Erzählungen

„Analyze each parable thoroughly." Diese wichtige Grundregel stellt Klyne Snodgrass bewusst an den Anfang seiner Überlegungen zum methodischen Vorgehen bei der Gleichnisauslegung (SNODGRASS 25). Die Methodik der Interpretation parabolischer Texte unterscheidet sich nicht prinzipiell von der Auslegungsmethodik anderer neutestamentlicher Texte, zumal auch dort erzählerisches und metaphorisches Reden oftmals miteinander verbunden ist. Umgekehrt stellen die Gleichnisse und Parabeln aber auch eine Textgruppe dar, in der sich grundlegende Problemfelder der Textinterpretation in besonderer Weise überschneiden. Im Folgenden sollen daher die Methodenschritte benannt werden, die bei der Auslegung parabolischer Texte von hoher Relevanz sind.

1) Die *narratologische Analyse* nimmt die Gleichnisse und Parabeln als bewusst gestaltete *Erzählungen* wahr. Wie oben erläutert (§ 7.6), kann im Rahmen einer erzähltheoretischen Untersuchung zwischen der erzählten Geschichte („*Was* wird erzählt?") und dem narrativen Diskurs („*Wie* wird erzählt?") unterschieden werden. Bei Gleichnissen und Parabeln ist mit Blick auf den narrativen Diskurs besonders die Unterscheidung der Erzählebenen zu beachten:

Auf welche Weise erfahren die Leserinnen und Leser, dass eine „Geschichte in der Geschichte" erzählt wird, also zum Beispiel eine Parabel innerhalb der biographischen Erzählung des Evangeliums? Bei Parabeln ist in dieser Hinsicht der Wechsel in den Aorist als Tempus der Vergangenheit ein wichtiges Signal, mit dem die neue Erzählebene deutlich als Binnenerzählung abgegrenzt erscheint. Gleichnisse dagegen enthalten sprachliche Signale, die anzeigen, dass es sich um eine „hypothetisch vorgestellte" Erzählung handelt, die enger in die Ausgangserzählung eingewoben ist.

2) Die Untersuchung des *sozialgeschichtlichen Hintergrunds* nimmt ernst, dass Gleichnisse und Parabeln auf die bekannte Realität bezogen sind und daraus ihre besondere Wirkung beziehen. Forschungsergebnisse zur sozialen und kulturellen Welt der Antike sind in den Lexika und Handbüchern (s. o. § 4) sowie häufig in Spezialuntersuchungen zu den jeweiligen Gleichnissen und Parabeln zugänglich. Diese Informationen sind unentbehrlich für eine Einschätzung, an welchen Stellen eine Parabel etwa allgemein übliche Handlungen erzählt, ob sie in auffälliger Weise bestimmte Handlungsschritte auslässt und ob sie mit Blick auf die antike Alltagswelt ungewöhnliche Aspekte hinzufügt.

3) Der *semantischen Analyse* kommt an dieser Stelle ebenfalls eine wichtige Bedeutung zu. Hier ist unter anderem danach zu fragen, ob in den Gleichnissen und Parabeln die Metapherntradition der frühjüdischen Schriften aufgenommen wird und wie sich der jeweilige Text dazu verhält. Diese Beobachtungen können als Grundlage für die Beantwortung der Frage dienen, ob bestimmte Erwartungen der Leserinnen und Leser bestätigt oder vielleicht durchbrochen werden.

4) Den gattungstypischen *Transfersignalen* kommt bei der Auslegung von Gleichnissen und Parabeln eine oft unterschätzte Rolle zu: Welche Textsignale appellieren an die Leserinnen und Leser, eine Bedeutungsübertragung vorzunehmen, und wo finden sich im Text mögliche Hinweise, in welche „Richtung" dies geschehen soll? Sogenannte *implizite Transfersignale*, die aus dem Erzählten zu erschließen sind, treten im Zusammenhang mit der semantischen Analyse hervor, so dass dieser Methodenschritt unter dem Blickwinkel der Suche nach Transfersignalen erneut reflektiert werden kann. Als *explizite Transfersignale* kommen hingegen vor allem bestimmte, oftmals formelhaft erscheinende Wendungen am Beginn der parabolischen Erzählung infrage; ebenso sind auch erzählerische Hinweise zur Deutung bzw. „Anwendung" des Erzählten von Belang (z. B. Mt 13,49; Lk 18,1).

Das Matthäus- und das Lukasevangelium verwenden vielfach den sogenannten *Vergleichsanfang* als Einleitungswendung, etwa „Das Himmelreich gleicht ..." (ὁμοία ἐστὶν ἡ βασιλεία τῶν οὐρανῶν ...): Als Subjekt steht häufig die βασιλεία τοῦ θεοῦ bzw. die βασιλεία τῶν οὐρανῶν (bes. in Mt 13), aber auch Personen, die in bestimmter Weise charakterisiert werden (Mt 7,24.26/Lk 6,47–49; Mt 11,16f./Lk 7,31f.; Mt 13,52); das Prädikat wird zumeist mit dem Verb ὁμοιόω („vergleichen", Pass. „gleichen") oder der Verbindung ὅμοιος εἶναι („gleich/ähnlich sein") gebildet (vgl. die Übersicht bei MÜNCH 443f.). Der

Vergleichsanfang findet sich in ähnlicher Form häufig auch in der rabbinischen Literatur. Bei der Interpretation dieser Einleitungswendung ist zu beachten, dass hier ein Bezug zwischen dem genannten Subjekt und der nachfolgenden *Erzählung als Ganzes* hergestellt wird. Frei übertragen bedeutet die Einleitungswendung also: „Mit dem Himmelreich verhält es sich wie mit der folgenden Geschichte von ..." In der Exegese wird dieses Phänomen der grammatischen Inkongruenz als „Inkonzinnität" bezeichnet. Zugleich ist zu beachten, dass das Subjekt des Vergleichsanfangs, also zum Beispiel das „Himmelreich", ein wichtiges thematisches Signal setzt. Insbesondere im Matthäusevangelium dient es dazu, Jesu parabolische Erzählungen im Horizont seiner Verkündigung vom Anbruch der Gottesherrschaft zu verorten.

5) Die *Gesamtinterpretation* führt zum einen die Ergebnisse der vorausgehenden Methodenschritte zusammen und fragt danach, welche Deutung die Rezipientinnen und Rezipienten in der Antike im Gleichnis bzw. in der Parabel wahrgenommen haben. Zum anderen ist es empfehlenswert, die Funktion einer parabolischen Erzählung als Bestandteil der jeweiligen Schrift zu reflektieren. Für die biographisch-erzählenden Evangelien im Neuen Testament lässt sich feststellen, dass die Gleichnisse und Parabeln oftmals bewusst an bestimmten Stellen im übergreifenden Handlungsablauf platziert sind. So entfaltet etwa das Markusevangelium den Inhalt des Lehrens Jesu in einer umfangreichen, „gleichnishaft" gesprochenen Rede (Mk 4,1–34) und eröffnet diese Szene programmatisch mit einer Parabel über die richtige Aufnahme der Botschaft Jesu (V. 3–9.13–20). Noch stärker ist die Parabel von den bösen Winzern (Mk 12,1–9) in ihren Kontext eingebunden, denn sie ist Teil der mit den Jerusalemer Autoritäten geführten Auseinandersetzungen über Jesu Vollmacht (11,27–12,12). Dieser Parabel, die in bestimmter Weise die Tötung Jesu deutet, kommt im Rahmen der markinischen Gesamtkomposition die Funktion zu, auf Jesu unmittelbar bevorstehendes Schicksal hinzuweisen (Mk 14f.).

⌀ Arbeitsvorschlag

Lesen Sie die methodischen Erläuterungen in ZIMMERMANN (Hg.), Kompendium der Gleichnisse Jesu, 28–45 („Leseanleitung"), sowie SNODGRASS 24–31 („How Should Parables Be Interpreted?"). Welche Aspekte der Auslegung werden dort jeweils besonders betont?

d) Heilungs- und Exorzismuserzählungen: Zur Frage der Gattung „Wundererzählung"

Literatur: STEFAN ALKIER, Wunder. III. Neues Testament, RGG⁴ 8 (2005), 1719–1722 ◆ STEFAN ALKIER/ANNETTE WEISSENRIEDER (Hg.), Miracles Revisited. New Testament Miracle Stories and Their Concepts of Reality (Studies of the Bible and Its Reception 2), Berlin/Boston 2013 ◆ BÄRBEL BOSENIUS, Reversio animae. Studien zu den frühchristlichen Totenerweckungserzählungen (BWANT 238), Stuttgart 2023 ◆ JÖRG FREY, Zum Verständnis der Wunder Jesu in der neueren Exegese, in: ders., Von Jesus zur neutestamentlichen Theologie. Kleine Schriften II, hg. von Benjamin Schliesser (WUNT 368), Tübingen 2016, 159–174 ♦ BERND KOLLMANN, Neutestamentliche Wundergeschichten. Biblisch-theologische Zugänge und Impulse für die Praxis (UB 477), Stuttgart ³2011 ♦ BERND KOLLMANN/RUBEN ZIMMERMANN (Hg.), Hermeneutik der frühchristlichen Wundererzählungen. Geschichtliche, literarische und rezeptionsorientierte Perspektiven (WUNT 339), Tübingen 2014 ♦ MICHAEL LABAHN/JAN LIETAERT PEERBOLTE (Hg.), Wonders Never Cease. The Purpose of Narrating Miracle Stories in the New Testament and Its Religious Environment (LNTS 288), London/ New York 2006 ♦ ANDREAS LINDEMANN, Neuere Literatur zu neutestamentlichen Wundererzählungen, ThR 82 (2017), 224–279 ♦ TOBIAS NICKLAS/JANET E. SPITTLER (Hg.), Credible, Incredible. The Miraculous in the Ancient Mediterranean (WUNT 321), Tübingen 2013 ♦ GERD THEISSEN, Urchristliche Wundergeschichten. Ein Beitrag zur formgeschichtlichen Erforschung der synoptischen Evangelien (StNT 8), Gütersloh ⁶1990 ♦ GERD THEISSEN/ANNETTE MERZ, Wer war Jesus? Der erinnerte Jesus in historischer Sicht. Ein Lehrbuch (UTB 6108), Göttingen 2023, 263–294 ♦ MICHAEL WOLTER, Inschriftliche Heilungsberichte und neutestamentliche Wundererzählungen, in: ders., Theologie und Ethos im frühen Christentum. Studien zu Jesus, Paulus und Lukas (WUNT 236), Tübingen 2009, 82–117 ♦ MICHAEL WOLTER, Die „Wunder" in der neutestamentlichen Jesusüberlieferung, in: Elisabeth Gräb-Schmidt/Reiner Preul (Hg.), Wunder (MJTh 28/MThSt 125), Leipzig 2016, 31–58 ♦ RUBEN ZIMMERMANN (Hg.), Kompendium der frühchristlichen Wundererzählungen, Bd.1: Die Wunder Jesu; Bd. 2: Die Wunder der Apostel, Gütersloh 2013–2017.

(1) „Wunder", „Machttaten" und „Zeichen"

Eine Annäherung an die Gattung „Wundererzählung" steht zunächst vor der Frage, was in den neutestamentlichen Texten unter einem „Wunder" zu verstehen ist. Dem deutschen Wort „Wunder" kommt das griechische Nomen θαῦμα am nächsten, das jedoch an keiner Stelle im Neuen Testament mit Bezug auf Jesus verwendet wird (vgl. τὰ θαυμάσια, „die wunderhaften [Dinge]", nur einmal in Mt 21,15). Das Verb θαυμάζειν („sich wundern, erstaunt sein") wird in breiter Bedeutung als Reaktion auf bestimmte Handlungen Jesu verwendet (Mk 5,20; Mt 9,8 u. ö.), aber auch mit Bezug auf andere unerwartete Begebenheiten und Ereignisse (Mk 6,6; 15,5.44 u. ö.).

Bemerkenswert ist, dass die neutestamentlichen Evangelien spezifische Begriffe bevorzugen, die eine bestimmte Art der *theologischen Deutung* von außergewöhnlichen Handlungen enthalten (s. ausführlich WOLTER, „Wunder", 31–42):

1) In den *synoptischen Evangelien* ist oft die Rede von δυνάμεις, die Jesus „tut". Das Nomen δύναμις bedeutet eigentlich „Macht, Kraft" und wird in diesem Zusammenhang im Sinne von „Machttat" bzw. „Machterweis" verwendet (Mk 6,2.14 etc.). Jesus wird somit als derjenige geschildert, dem die göttliche „Macht" verliehen wurde, solche Handlungen zu bewirken (vgl. die von Jesus ausgehende, heilende „Macht" in Mk 5,30). Beachtenswert ist zudem, dass die Synoptiker in

den summarischen Zusammenfassungen des Wirkens Jesu auf den übergreifenden δύναμις-Begriff verzichten und stattdessen sein Wirken als Heiler und Exorzist hervorheben (Mk 1,32–34; 3,10–12; Mt 11,2–6/Lk 7,18–23 [Q]; ausführlich dazu unten § 55.2d).

2) Das *Johannesevangelium* spricht an keiner Stelle von δυνάμεις, verwendet jedoch die Bezeichnung σημεῖα („Zeichen"). So wird beispielsweise die Verwandlung von Wasser zu Wein in Kana als „Anfang der Zeichen" Jesu hervorgehoben (Joh 2,11). Das Wort „Zeichen" macht deutlich, dass es im Kern nicht um die jeweiligen Taten an sich geht, sondern dass sie als Hinweise auf etwas Größeres wie die „Herrlichkeit" Jesu (2,11) und seine Sendung von Gott zu verstehen sind (6,28–34) und zum Glauben an Jesus führen sollen (20,30f.).

3) Vor allem in der *Apostelgeschichte* kommt mehrfach die Wendung τέρατα καὶ σημεῖα („ungeheuerliche Erscheinungen/Götterzeichen und Zeichen") mit Bezug auf Handlungen der Apostel vor (Apg 2,43; 4,30 etc.). Diese Wendung ist durch die Septuaginta geprägt, unter anderem im Zusammenhang mit der Exodusüberlieferung (Ex 7,3.9 u. ö.). Sie wird auch von Paulus gelegentlich verwendet (2Kor 12,12; Röm 15,19).

(2) „Wundergeschichte" und „Wundererzählung" als literarische Gattung?

Der Gattungsbegriff „Wundergeschichte" wurde wesentlich im Rahmen der Formgeschichte durch Rudolf Bultmann geprägt. Daher stand die Erörterung der Wundergeschichten in den Evangelien in enger Verbindung mit bestimmten Urteilen über deren historischen Wert. Bultmann arbeitete zahlreiche „Stileigentümlichkeiten" dieser Erzähltexte heraus und kam zu dem Schluss, dass sich in ihnen häufig „volkstümliche Wundergeschichten und Wundermotive" aus dem jüdischen und hellenistischen Umfeld erkennen ließen, die in die mündliche Jesusüberlieferung der nachösterlichen Gemeinde „eingedrungen" seien (BULTMANN 246). Einen anderen Ansatz, ebenfalls im Rahmen der Formgeschichte, vertrat hingegen Martin Dibelius, der die Wundergeschichten nicht als eigenständige Gattung ansah. Er nahm in den meisten dieser Erzählungen eine vorwiegend literarische Prägung wahr und wies sie der literarischen Gattung „Novelle" zu, worunter er längere, „in sich geschlossene Einzelgeschichten" verstand (DIBELIUS 67f.). Dibelius sah den „Kern des ganzen Problems" darin, dass Jesus in diesen Erzählungen nicht als Verkündiger des Gottesreichs im Mittelpunkt steht, sondern als Wundertäter: „Die Novellen handeln von Jesus dem Thaumaturgen" (76). Daher seien die Worte Jesu in den Hintergrund getreten und die Novellen hätten vor allem beliebte „profane Motive" wie etwa die genaue „Technik" des Wundertäters (Berührung, Hilfsmittel etc.) aufgenommen.

Nach Bultmann liegt nur dann eine Wundergeschichte vor, wenn die Pointe der Erzählung das „Wunder" selbst ist. Deshalb rechnete er Erzählungen, in denen etwa eine Heilung als Anlass für die Thematisierung des Sabbatgebots

§ 9 Gattungen im Neuen Testament **159**

dient (Mk 3,1–6 parr.), nicht zu den Wundergeschichten, sondern zu den Apophthegmata (s. o. § 9.3a). In ähnlicher Weise zählte auch Dibelius solche Erzählungen nicht zur Novelle, sondern zum Paradigma (d. h. zu einer ursprünglich mündlichen, in sich abgerundeten Erzählung, die als „Material" für die christliche Predigt gedient habe).

Einflussreich wurde darüber hinaus Bultmanns Unterteilung der Wundergeschichten in *zwei Gruppen*: 1) „Heilungswunder", zu denen er auch Exorzismen und Totenerweckungen zählte, sowie 2) „Naturwunder" wie etwa die Erzählung von der Sturmstillung in Mk 4,37–41, die Speisungserzählungen in Mk 6,34–44; 8,1–9 und die Verfluchung des Feigenbaums in Mk 11,12–14. Darauf aufbauend unterteilte Gerd Theißen die Wundergeschichten in *sechs Untergattungen*: 1) „Exorzismen", 2) „Therapien", 3) „Normwunder", welche zur Begründung bestimmter „Normen" dienten, zum Beispiel über den Umgang mit dem Sabbat in Mk 3,1–6 oder mit Besitz in dem „Strafwunder" in Apg 5,1–11, 4) „Geschenkwunder", in denen Jesus materielle Güter zur Verfügung stellt, etwa die Speisungserzählungen, 5) „Rettungswunder" wie die Sturmstillung sowie schließlich 6) „Epiphanien" wie beispielsweise die Verklärung Jesu in Mk 9,2–8 (THEISSEN/MERZ 272–279; in der Neuauflage des Buchs wird nicht mehr von „Untergattungen", sondern von „Typen von Wundererzählungen" gesprochen). Im Vergleich mit Bultmanns Konzept nimmt Theißen somit eine differenziertere Aufteilung in Untergattungen vor und vermeidet den unklaren Begriff „Naturwunder". Zudem erweitert Theißen das Feld der Wundergeschichten um die „Epiphanien" und die „Normenwunder" (die Bultmann großenteils zu den Apophthegmata zählte) und weitet den Blick über die Evangelien hinaus insbesondere auf die Apostelgeschichte aus.

Einen anderen Weg beschreitet der Ansatz von Ruben Zimmermann, der nicht auf der Formgeschichte aufbaut, sondern eine umfangreiche, literaturwissenschaftlich orientierte Gattungsdefinition vorschlägt. Darin wird unter anderem hervorgehoben, dass „eine *frühchristliche* Wundergeschichte [...] eine faktuale mehrgliedrige Erzählung (1) von der Handlung eines Wundertätigen (*Jesu oder eines Jesusanhängers*) an Menschen, Sachen oder Natur (2)" ist (in KOLLMANN/ZIMMERMANN 322). Im Unterschied zu fiktionalen Texten meint das Merkmal der Faktualität dabei, dass die Texte den Anspruch erheben, von wirklichen Ereignissen der Vergangenheit zu erzählen. Als problematisch erweist sich bei dieser Definition jedoch zunächst die Engführung durch das zweite Merkmal, wonach als „Wundertätige" nur Jesus und seine Anhänger in den Blick genommen werden. Zimmermann folgt damit einer ähnlichen Tendenz wie bereits Bultmann, der etwa die Verklärungserzählung nicht zu den Wundergeschichten rechnete. Letztlich zeigt sich darin allerdings ein tiefergehendes Problem, das sowohl den formgeschichtlichen als auch den literaturwissenschaftlich orientierten Ansatz betrifft: Hier wird jeweils eine begrenzte Anzahl von Erzählabschnitten in den Evangelien, die von bestimmten „Wundern" handeln, herausgegriffen, wohingegen etwa die Erzählungen über die geistgewirkte Schwangerschaft der Maria (Mt 1,18–25; Lk 1,26–38), die Ereignisse bei der Geburt Jesu (Mt 2,1–12; Lk 2,8–20) und bei seinem Tod (Mk 15,38f.; Mt 27,51–53; Lk 23,44f.) sowie vor allem die Erscheinungen des Auferstandenen nicht zu den Wundergeschichten gezählt werden. Bei den Heilungs- und Exorzismuserzählungen in den Evangelien und der Apostelgeschichte handelt es sich also um episodische Erzählungen, die durch inhaltliche Gesichtspunkte relativ klar abgrenzbar sind und durch gemeinsame, häufig wiederkehrende Erzählmotive verbunden sind (s. den folgenden Abschnitt). Die Zusammenführung mit einer Auswahl weiterer Episoden (Speisungserzählungen, Sturmstillung etc.) unter der Gattungsbezeichnung „Wundergeschichte" scheitert jedoch zum einen daran, dass sich nicht festlegen lässt, was genau in der frühchristlichen Literatur unter einem „Wunder" zu verstehen ist. Zum anderen fehlt es an klaren sprachlichen und formspezifischen Merkmalen für die Gattung „Wundererzählung" jenseits der willkürlichen Festlegung etwa auf das Vorhandensein eines wundertätigen Menschen, die dazu führt, dass Gott und der göttliche Geist als (mitunter verborgen) wirkende Macht und in den Erzählungen handelnde Figur ausgeblendet werden.

(3) Erzählmotive in den Heilungs- und Exorzismuserzählungen

Die episodischen Erzählungen über Heilungen und Exorzismen im Neuen Testament enthalten oftmals eine ähnliche Abfolge bestimmter kleiner Erzählelemente, der sogenannten „Motive". Für die Analyse der Heilungs- und Exorzismuserzählungen hat sich ein vierteiliges Schema bewährt, das die wichtigsten Motive und die jeweiligen Rollen der Figuren berücksichtigt (vgl. ausführlich THEISSEN/ MERZ 270f.):

I. Die *Einleitung* verknüpft die Episode mit dem vorausgehenden Erzählzusammenhang und führt die beteiligten Figuren ein: Der Protagonist erscheint am Handlungsort; oftmals tritt eine Menschenmenge hinzu; die hilfsbedürftige Person sowie gegebenenfalls Nebenfiguren (helfende Personen und Gegner) kommen zum Handlungsort.

II. Die *Exposition* schildert eine Situation, die ein bestimmtes Handeln des Protagonisten erwarten lässt: Die Notlage wird dargestellt; die hilfsbedürftige Person nähert sich dem Protagonisten oder ruft ihn; häufig werden daraufhin eine unmittelbare Reaktion des Protagonisten (z. B. Unwille oder Mitleid) sowie gegebenenfalls ein Dialog über die Bedeutung der anschließenden Handlung erzählt.

III. Das erzählerische *Zentrum* enthält den Handlungsschritt der Heilung bzw. des Exorzismus: Oftmals wird eine kurze szenische Vorbereitung eingefügt (die hilfesuchende Person tritt in die Mitte etc.), bevor die heilende bzw. exorzistische Handlung selbst erfolgt, deren Technik (z. B. Berührung, bestimmte Worte und Hilfsmittel) häufig geschildert ist. Der Erfolg der

Handlung wird zumeist erzählerisch dargestellt (z. B. „Und er stand auf ...",
Mk 2,12) und nicht lediglich abstrakt konstatiert.

IV. Das *Finale* beschreibt das abschließende Ergebnis und die Folgen des Handelns: Sofern eine Menschenmenge und Gegner des Protagonisten anwesend sind, richtet der Protagonist oftmals einige Worte an sie (z. B. das Schweigegebot) und es werden Reaktionen der anwesenden Nebenfiguren erzählt. Am Schluss steht häufig eine Verknüpfung mit dem weiteren erzählerischen Kontext (z. B. ein Hinweis auf die allgemeine Verbreitung der Botschaft über diese und ähnliche Handlungen).

Das Motivschema kann als Hilfsmittel dienen, um die gemeinsamen Motive verschiedener Erzählungen zu vergleichen und dabei die jeweiligen Besonderheiten der einzelnen Darstellungen zu erfassen. Oftmals zeigt ein synoptischer Vergleich, dass sich auch die jeweiligen Parallelen durch die Hinzufügung oder Auslassung bestimmter Motive unterscheiden.

Ein anschauliches Beispiel hierfür ist die Heilung der Schwiegermutter des Petrus in Mk 1,29-31 und den synoptischen Parallelen in Mt 8,14f. und Lk 4,38f.:

	Mt 8,14f.	Mk 1,29-31	Lk 4,38f.
I. Einleitung	(14) Und als Jesus in das Haus des Petrus kam,	(29) Und sogleich gingen sie aus der Synagoge hinaus und kamen in das Haus des Simon und des Andreas, gemeinsam mit Jakobus und Johannes.	(38) Er stand aber auf (und verließ) die Synagoge und kam in das Haus des Simon.
II. Exposition	sah er dessen Schwiegermutter, die dalag und Fieber hatte.	(30) Die Schwiegermutter des Simon aber lag mit Fieber da, und sogleich erzählen sie ihm von ihr.	Die Schwiegermutter des Simon aber wurde von hohem Fieber gequält, und sie baten ihn ihretwegen.
III. Zentrum	(15) Und er berührte ihre Hand, und das Fieber verließ sie.	(31) Und er trat heran, richtete sie auf und ergriff ihre Hand, und das Fieber verließ sie,	(39) Und er stellte sich über sie und bedrohte das Fieber, und es verließ sie.
IV. Finale	Und sie stand auf und diente ihm.	und sie diente ihnen.	Und sie stand sofort auf und diente ihnen.

Die Einleitung in Mk 1,29 verbindet die Episode mit dem vorausgehenden Erzählabschnitt und führt Jesus und vier seiner Jünger an den neuen Handlungsort. Die anschließende Exposition (V. 30) enthält die Einführung der hilfsbedürftigen Person mit einer kurzen Schilderung der Notlage. Die Jünger treten nun in der Rolle der Helfenden auf, indem sie Jesus auf die Situation aufmerksam machen. Das Zentrum der Erzählung (V. 31a) schildert in knappen Worten die heilende Handlung und hält deren Erfolg fest. Im Finale (V. 31b) wird die Folge des heilenden Handelns Jesu kurz erzählerisch verdeutlicht: Die Frau ist augenblicklich in der Lage, der Gruppe zu „dienen" (διακονεῖν), was wahrscheinlich heißt, sie zu bewirten. Die Parallele in Mt 8,14f. ist in der Einleitung (V. 14a) kürzer und nur auf Jesus fokussiert. In der Exposition (V. 14b) fehlt das Motiv, dass die Jünger Jesus ansprechen, und die heilende Handlung im Zentrum (V. 15) ist auf eine bloße Berührung reduziert. Auch in Lk 4,38f. ist die Einleitung auf Jesus fokussiert, jedoch schildert die Exposition die Notlage im Vergleich mit Markus als bedrohlicher. Die heilende Handlung im Zentrum der Erzählung (V. 39) trägt deutliche Züge eines Exorzismus (Jesus „bedroht" das Fieber, vgl. 9,42). Das Finale ist durch die Einfügung des Adverbs „sofort" (παραχρῆμα) in seiner Wirkung leicht gesteigert.

In vielen Episoden über Heilungen und Exorzismen findet sich eine erhebliche Erweiterung der Exposition durch einen Dialog mit einem prägnanten Wort Jesu, so dass diese episodischen Erzählungen als gemischte Chrie aufgefasst werden können (s. o.). Dies ist beispielsweise bei der Heilung des Gelähmten mit dem Hinweis auf die „Vollmacht" des Menschensohns (Mk 2,1–12 parr.) und bei den Heilungen und Exorzismen am Sabbat (Mk 3,1–6 parr.; Lk 13,10–17) der Fall. Darüber hinaus können vor allem die kurzgefassten Erzählungen über Heilungen und Exorzismen wie etwa die Heilung der Schwiegermutter des Petrus in Mt 8,14f. dem Typ der Handlungs-Chrie zugerechnet werden: Sie schildern in knapper Form eine Episode aus dem Leben Jesu, die ihn pointiert als machtvollen Heiler charakterisiert.

Die historische und theologische Bedeutung der Heilungs- und Exorzismuserzählungen Jesu ist in der neutestamentlichen Wissenschaft Gegenstand intensiver Debatten, auf die unten näher eingegangen wird (§ 55.2d).

Arbeitsaufgaben:
1. Eine instruktive Auswahl von Berichten über Heilungen und Exorzismen sowohl im paganen als auch im jüdischen Bereich ist in S/Z 344–353 wiedergegeben.
2. Lesen Sie den Bericht des Josephus über den jüdischen Exorzisten Eleazar (S/Z 353) im Vergleich mit der Exorzismuserzählung in Mk 5,1–20. Welche Erzählmotive haben beide Darstellungen gemeinsam?

e) Lied, Hymnus und Enkomion

Literatur: RALPH BRUCKER, „Christushymnen" oder „epideiktische Passagen"? Studien zum Stilwechsel im Neuen Testament und seiner Umwelt (FRLANT 176), Göttingen 1997 ◆ RALPH BRUCKER, „Hymnen" im Neuen Testament?, VF 58 (2013), 51–60 (mit Hinweisen zu neuerer Literatur) ◆ DANIEL GERBER/PIERRE KEITH (Hg.), Les hymnes du Nouveau Testament et leur fonctions (LeDiv 225), Paris 2009 ◆ CLEMENS LEONHARD/HERMUT LÖHR (Hg.), Literature or Liturgy? Early Christian Hymns and Prayers in Their Literary and Liturgical Context in Antiquity (WUNT II 363), Tübingen 2014 ◆ KARL-HEINRICH OSTMEYER, Hymns. IV. New Testament, EBR 12 (2016), 644–648 ◆ PARSONS/MARTIN, Ancient Rhetoric, 175–230 ◆ CLARE K. ROTHSCHILD, Encomium, EBR 7 (2013), 888f. ◆ SAMUEL VOLLENWEIDER, Hymnus, Enkomion oder Psalm? Schattengefechte in der neutestamentlichen Wissenschaft, in: ders., Antike und

Urchristentum. Studien zur neutestamentlichen Theologie in ihren Kontexten und Rezeptionen (WUNT 436), Tübingen 2020, 275–297.

Die älteste Erwähnung von Hymnen im Neuen Testament findet sich im deuteropaulinischen Kolosserbrief: „... singt Gott in Dankbarkeit Psalmen, Hymnen und geistliche Lieder in euren Herzen" (3,16). Dieser Aufruf zum Lobgesang bezieht sich offensichtlich auf den frühchristlichen Gottesdienst, da die Adressatinnen und Adressaten zuvor zu gegenseitiger Belehrung und Ermahnung unter dem „Wort Christi" angehalten wurden. Die drei Wörter „Psalmen, Hymnen, Lieder" (ψαλμοί, ὕμνοι, ᾠδαί), die der Brief an dieser Stelle verwendet, sind in ihrer Bedeutung eng verwandt und können kaum voneinander unterschieden werden (ganz ähnlich Eph 5,19). Schon im 1. Korintherbrief erwähnt auch Paulus den Vortrag von „Psalmen" im Zusammenhang mit dem christlichen Gottesdienst (1Kor 14,26).

Ein *griechischer Hymnus* der klassischen und hellenistischen Zeit ist üblicherweise in einem poetischen Metrum verfasst, er ist also an den regelmäßigen Wechsel von langen und kurzen Silben gebunden. Der Aufbau des Hymnus ist zumeist dreiteilig: Auf die Anrufung der jeweiligen Gottheit folgt ein Lobpreis, dem sich ein Gebet anschließt. Neben den poetischen Hymnen werden in hellenistisch-römischer Zeit auch *Prosahymnen* gebräuchlich; sie sind zwar nicht an ein poetisches Metrum gebunden, zeichnen sich jedoch durch einen feierlich-gehobenen Stil aus (zumeist kurze Sinnzeilen, gehobenes Vokabular, Bevorzugung von Partizipial- und Relativsätzen etc.). Der Prosahymnus ist in dieser Hinsicht eng verwandt mit dem *Enkomion* (ἐγκώμιον, lat. *encomium*), das ein Preislied auf einen Menschen bezeichnet.

Hymnus und Enkomion gehören in der antiken Rhetorik zur epideiktischen Redegattung, d. h. zur Lob- und Schmährede (*genus demonstrativum*, vgl. oben § 7.5). Da das Enkomion und der Prosahymnus in ihrer *Form* nicht voneinander zu unterscheiden sind, kann man mit Samuel Vollenweider festhalten: „Epideiktisches Reden, also das Lob, wird im Hinblick auf das Objekt differenziert; gilt das Lob den Göttern, handelt es sich um einen Hymnus; die übrigen Arten des Lobens richten sich auf Sterbliches" (VOLLENWEIDER 279; vgl. dort auch die umfangreichen Quellentexte). Der Hymnus stellt damit einen Sonderfall des Enkomions bzw. des gehobenen epideiktischen Redens dar und sollte diesem nicht gegenübergestellt werden. Die Grenze zwischen Hymnus und sonstigem Lobpreis ist dennoch nicht trennscharf, da Hymnen auch für Heroen und vergöttlichte Menschen – insbesondere Herrscher – verfasst wurden.

Eine relativ unspezifische Verwendung des Hymnusbegriffs lässt sich hingegen in der Literatur des hellenistischen Judentums feststellen, was sich auch in der frühchristlichen Literatur widerspiegelt. In der Septuaginta wird der Ausdruck ὕμνος oft zur Übersetzung verschiedener hebräischer Wörter verwendet und erscheint gelegentlich auch im Zusammenhang mit „Psalm" und „Lied" (Ps 66,1; 75,1 LXX;

vgl. Kol 3,16). Josephus erzählt mehrfach von David als Sänger von Hymnen, und bei Philo von Alexandria werden die biblischen Psalmen durchgehend „Hymnen" genannt (vgl. OSTMEYER 645f.). Auf diese Weise steht die Verwendung des Hymnusbegriffs zugleich in enger Verbindung zum Gebet. Für eine begriffliche Differenzierung in der neutestamentlichen Wissenschaft ist es dennoch sinnvoll, nur solche Texte als Hymnus zu bezeichnen, die ihr „Gravitationszentrum im Gotteslob, in der *An*betung" haben und einen gehoben-kunstvollen Stil verwenden (VOLLENWEIDER 287).

In der Forschung wird mehrheitlich angenommen, dass einige hymnische Textabschnitte in den neutestamentlichen Schriften älter sind als diese selbst; bei der Abfassung der jeweiligen Schrift seien sie von den Verfassern aufgenommen und dabei mitunter bearbeitet worden. Demgegenüber melden sich in der neueren Forschung einige Stimmen zu Wort, die diese Texte auf die Verfasser der jeweiligen Schrift wie zum Beispiel auf Paulus selbst zurückführen. Nach diesem Ansatz gilt die Verwendung von hymnischer und epideiktischer Sprache etwa als „Stilwechsel", den die Verfasser bewusst als rhetorisches Mittel einsetzen (u. a. BRUCKER und VOLLENWEIDER). Ein dritter Ansatz äußert sich zurückhaltend zur Frage der Herkunft der hymnischen Texte und legt den Fokus vielmehr darauf, welche literarische und theologische Funktion die betreffenden Stücke im Kontext der jeweiligen Schrift haben (u. a. die Beiträge in GERBER/KEITH). Diese oftmals kontrovers diskutierten Fragen verdienen eine sorgfältige Abwägung mit Blick auf die einzelnen Texte und ihre Einbettung in die jeweilige Schrift, was an dieser Stelle nicht im Detail geleistet werden kann. Vielmehr soll im Folgenden ein kurzer *Überblick über wichtige hymnische Textabschnitte* in den Schriften des Neuen Testaments gegeben werden (vgl. auch die Abschnitte zu Aufbau und Inhalt der einzelnen Schriften):

1) Innerhalb der „Vorgeschichte" des Lukasevangeliums finden sich zwei Hymnen, die in der christlichen Liturgik und Kirchenmusik eine besondere Wirkung entfaltet haben; sie werden jeweils mit den ersten Worten der lateinischen Tradition bezeichnet: das *Magnificat*, der Lobgesang der Maria (Lk 1,46–55), sowie das *Benedictus*, der Lobgesang des Zacharias (1,68–79). Beide Hymnen zeichnen sich dadurch aus, dass sie sich besonders eng an die Sprache der Psalmen anlehnen und das rettende Handeln Gottes loben. Im Magnificat steht Gott nahezu durchgehend als Subjekt im Zentrum. Im Benedictus gilt dies nur für den ersten Teil (V. 68–75), während im zweiten Teil das Wirken des Johannes als „Prophet des Höchsten" im Mittelpunkt steht (V. 76–79).

2) Im Römerbrief schließt Paulus den Briefteil in Röm 9–11 mit einem *hymnischen Lobpreis (Röm 11,33–36)* ab. Darin lobt er die Unermesslichkeit der Weisheit Gottes und die Unerforschbarkeit des göttlichen Wirkens. Auf diese Weise bringt Paulus zum Ausdruck, dass es die menschliche Erkenntnisfähigkeit übersteigt, Gottes Weg mit dem nicht an Jesus Christus glaubenden Teil Israels zu verstehen.

3) Das „Hohelied der Liebe" des Paulus in 1Kor 13 ist ein Enkomion, das die einheitsstiftende Kraft der Liebe (ἀγάπη) preist. Paulus legt in dieser Form die Grundlage für seine anschließende Erörterung der Rolle verschiedener geistlicher Begabungen im Gottesdienst der korinthischen Gemeinde: Die Liebe stellt den entscheidenden, alles überdauernden Maßstab der christlichen Gemeinschaft dar.

4) Im Philipperbrief besingt der *Hymnus in Phil 2,6–11* die Menschwerdung, den Kreuzestod und die Erhöhung Jesu Christi, auf den sich der Relativsatz am Beginn bezieht. Bemerkenswert ist hierbei zum einen die kunstvolle prosaische Sprache mit gehobenem Vokabular sowie zum anderen die Aufnahme von Motiven aus den biblischen Psalmen und die Verwendung des *parallelismus membrorum* (vgl. oben § 9.3b). Im brieflichen Kontext (2,3–5) lenkt Paulus den Blick vor allem auf die Demut (ταπεινοφροσύνη), mit der die Christinnen und Christen einander begegnen sollen (zur Analyse des Hymnus s. u. § 11.2).

5) Der *Hymnus in Kol 1,15–20* beginnt ebenfalls mit einem Relativsatz, der sich auf Jesus Christus als Gottes Sohn bezieht (1,13; der Satz fängt eigentlich in 1,9 an). Auch in diesem Text begegnet wiederum kunstvoll-gehobene Sprache und es werden Motive aus den Psalmen verwendet. Mit dem Hymnus beschreibt der Autor des Briefes Jesus Christus als Schöpfungsmittler und Ziel aller Dinge und setzt diese Wirklichkeitsauffassung in der Warnung gegen die trügerische „Philosophie" ein (zur Analyse des Hymnus s. u. § 11.2).

6) In *1Tim 3,16* liegt eine hymnische Bekenntnisformel vor. Sie wird eingeführt als Aussage über das „Geheimnis der Frömmigkeit" (τὸ τῆς εὐσεβείας μυστήριον), die Bekenntnisformel entfaltet also den Glaubensinhalt, der die christliche Lebenspraxis bestimmt. Am Beginn steht ein Relativsatz, der indirekt auf Jesus Christus Bezug nimmt, so dass der Text das Christusgeschehen in seiner Bedeutung für den himmlischen und den irdischen Bereich entfaltet. Der Text ist mit Blick auf seine Struktur und seinen Klang sehr kunstvoll gestaltet. Die überwiegend im Passiv gehaltene Formulierung ist jedoch recht ungewöhnlich für antike hymnische Texte, in denen üblicherweise das gepriesene göttliche Wesen das Subjekt der Sätze bildet (zur Analyse des Hymnus s. u. § 11.2).

7) Die *Johannesoffenbarung* schließlich ist besonders reich an hymnischen Passagen, die sich eng an die Sprache der Psalmen anlehnen. Teilweise übernehmen die hymnischen Texte aber auch eine ähnliche Funktion wie der Chor im antiken Drama, der die Handlung begleitet und kommentiert. In Apk 5,9f.12 wird beispielsweise das Lamm in einem „neuen Lied" (ᾠδὴ καινή, vgl. Ps 143,9 LXX) gepriesen und darin der Tod Jesu als heilvoll gedeutet. Besonders die Hymnen in Apk 19,1–8 markieren einen Höhepunkt, der durch mehrere Halleluja-Rufe hervorgehoben wird: Hier wird Gott als gerechter, allmächtiger königlicher Herrscher gepriesen, bevor anschließend die Wiederkunft Christi erzählt wird.

f) Tugend- und Lasterkatalog

Literatur: AUNE, Dictionary, 90f. ♦ MATTHIAS KONRADT, Ethik im Neuen Testament (GNT 4), Göttingen 2022 ♦ PETER VON DER OSTEN-SACKEN, Der Brief an die Gemeinden in Galatien (ThKNT 9), Stuttgart 2019, 274–276 ♦ ANTON VÖGTLE, Die Tugend- und Lasterkataloge im Neuen Testament. Exegetisch, religions- und formgeschichtlich untersucht (NTA 16/4–5), Münster 1936 ♦ SIEGFRIED WIBBING, Die Tugend- und Lasterkataloge im Neuen Testament und ihre Traditionsgeschichte unter besonderer Berücksichtigung der Qumran-Texte (BZNW 25), Berlin 1959.

In der frühchristlichen Briefliteratur finden sich lange Aneinanderreihungen von Formulierungen, die entweder moralisches Fehlverhalten oder moralisch erstrebenswerte Verhaltensweisen beschreiben. In einigen Texten werden beide Optionen sogar direkt gegenübergestellt, so etwa in Gal 5,19–23: „Die Werke des Fleisches sind aber offensichtlich, als da sind Unzucht, Unreinheit, Zügellosigkeit, Götzendienst, Zauberei, Feindschaft, Streit, Neid ... Die Frucht des Geistes aber ist Liebe, Freude, Friede, Langmut, Güte, Rechtschaffenheit, Treue, Sanftmut, Selbstbeherrschung" (ähnlich auch Kol 3,5.8.12). Zumeist stehen die Aneinanderreihungen von moralisch positivem oder negativem Verhalten jedoch getrennt voneinander.

In der neutestamentlichen Wissenschaft hat sich für diese Wortreihen die Bezeichnung „Tugend-" bzw. „Lasterkatalog" eingebürgert. Die aufgezählten Verhaltensweisen spiegeln grundlegende moralische Überzeugungen wider, die in der Antike weithin geteilt wurden und als unstrittig galten. Die jeweiligen Wortreihen sind im Einzelnen sorgfältig gestaltet, etwa im Hinblick darauf, welche Begriffe durch Spitzen- oder Endstellung in der Abfolge besonderes Gewicht erhalten.

Während in der jüdischen Bibel Verhaltenskataloge in dieser Form nicht belegt sind, kommen sie vor allem in der ethischen Reflektion der Stoa vor und sind in der weiteren hellenistisch-römischen Philosophie häufiger anzutreffen (u. a. Cicero, *Tusculanae disputationes* 4,16). Sie werden aber auch in der frühjüdischen Literatur verwendet (ausführlich u. a. Philo, sacr. 32) und sind auf Hebräisch in den Qumranschriften belegt (1QS IV,3–14). Nachdem Anton Vögtle die philosophisch-pagane Herkunft der „Tugend- und Lasterkataloge" und deren Verbindung zur stoischen Tugendlehre in den Vordergrund gestellt hat, hob Siegfried Wibbing die Bedeutung der frühjüdischen Verwendungstradition dieser Gattung hervor. Mit Bezug auf die frühchristlichen Texte wird in der neueren Forschung vor allem der Begriff „Tugendkatalog" problematisiert: Zum einen handele es sich bei den genannten Verhaltensweisen im Sinne des Paulus nicht um menschliche Tugenden, sondern um „Wirkungen des Geistes Gottes oder Christi in denen, die sich vom Evangelium bestimmen lassen"; zum anderen werde mit dem Begriff die lange Traditionsgeschichte der Kataloge im antiken Judentum in den Hintergrund gedrängt (VON DER OSTEN-SACKEN 275). Peter von der Osten-Sacken schlägt daher den allgemeineren Begriff „ethischer Katalog" bzw. „Verhaltenskatalog" vor.

Die Verhaltenskataloge sind entweder so formuliert, dass sie die Verhaltensweisen *abstrakt* in Form von Nomina und Adjektiven aufzählen (z. B. 1Kor 6,9f.), oder es werden pauschalisierend *Personen* genannt, die die jeweiligen Handlungen vollziehen (1Tim 1,9f.). Auch die *Funktion* der ethischen Kataloge im jeweiligen argumentativen Kontext ist verschieden: Häufig werden sie im Rahmen der ethischen Ermahnung verwendet (Röm 13,13 u. ö.); sie können aber auch als Teil einer Polemik, die sich auf bestimmte Gegner richtet, gebraucht werden (1Tim 6,3–5). Bemerkenswert ist schließlich, dass Paulus die „Unzucht" (πορνεία) häufig an die Spitze seiner Lasterkataloge setzt (1Kor 6,9; Gal 5,19 u. ö.), was in der paganen Philosophie unüblich ist. Paulus folgt damit einer Tendenz im hellenistischen Judentum, „die ethische Differenz zur paganen Umwelt zentral an der Unzucht festzumachen", und er knüpft zugleich an zeitgenössische Strömungen der paganen Philosophie an, die eine strengere Sexualethik vertraten (KONRADT 135).

⌀ Arbeitsvorschlag

Analysieren Sie Röm 1,29–31. Welche formalen Besonderheiten weist dieser Verhaltenskatalog im Vergleich zu anderen auf (z. B. Röm 13,13; 1Kor 6,9f.)? Welche argumentative Funktion erfüllt der Textabschnitt im vorliegenden Kontext? Vergleichen Sie Ihre eigenen Arbeitsergebnisse mit einigen exegetischen Kommentaren.

g) Haustafel

Literatur: DAVID L. BALCH, Household Codes, in: Aune (Hg.), Greco-Roman Literature, 25–50 ◆ SABINE FÖLLINGER, Ökonomische Literatur, in: Bernd Zimmermann/ Antonios Rengakos (Hg.), Handbuch der griechischen Literatur der Antike, Bd. 2: Die Literatur der klassischen und hellenistischen Zeit, München 2014, 584–590 ◆ MARLIS GIELEN, Tradition und Theologie neutestamentlicher Haustafelethik. Ein Beitrag zur Frage einer christlichen Auseinandersetzung mit gesellschaftlichen Normen (BBB 75), Frankfurt a. M. 1990 ◆ MATTHIAS KONRADT, Ethik im Neuen Testament (GNT 4), Göttingen 2022, 190–199.211–217 ◆ DIETER LÜHRMANN, Neutestamentliche Haustafeln und antike Ökonomie, NTS 27 (1980), 83–97 ◆ MARGARET Y. MACDONALD, Beyond Identification of the Topos of Household Management. Reading the Household Codes in Light of Recent Methodologies and Theoretical Perspectives in the Study of the New Testament, NTS 57 (2010), 65–90 ◆ BERNHARD MUTSCHLER, Haustafel, WiBiLex, September 2013, https://www.bibelwissenschaft.de/stichwort/46870/ ◆ MICHAEL WOLTER, Der Brief an die Kolosser. Der Brief an Philemon (ÖTBK 12), Gütersloh 1993, 192–198.

Der Begriff „Haustafel" geht auf den zweiten Anhang des „Kleinen Katechismus" zurück, den Martin Luther 1529 verfasste. Luther stellte unter diesem Titel eine Auswahl von neutestamentlichen Texten zusammen, die als Ermahnung an die gesellschaftlichen Gruppen seiner Zeit dienen sollten (BSLK, 894–898). In der neutestamentlichen Wissenschaft werden die Textabschnitte in Kol 3,18–4,1 und Eph 5,21–6,9 als „Haustafeln" bezeichnet. Darüber hinaus wird auch 1Petr 2,13–

3,7 in Teilen der Forschung der Haustafeltradition zugerechnet (u. a. GIELEN). Weitere Textabschnitte in den Pastoralbriefen und den Apostolischen Vätern, die die ältere Forschung ebenfalls als Bestandteil der Haustafeltradition betrachtete (Tit 2,1–10; 1Tim 2,8–15; Did 4,9–11 etc.), werden aufgrund formaler Unterschiede inzwischen nicht mehr in diesem Zusammenhang diskutiert.

Frühchristliche Haustafeln sind Textabschnitte, die thematisch in sich abgeschlossen erscheinen, sich außerdem stilistisch von ihrem literarischen Kontext in den Briefen unterscheiden und jeweils kurze Imperativsätze mit knappen Begründungen verwenden. Ihr wichtigstes Merkmal besteht jedoch darin, dass sie sich an bestimmte Gruppen wenden, die zu einem wohlhabenden antiken „Haus" (οἶκος) gehören. Die verschiedenen Gruppen werden jeweils paarweise angesprochen und sind hierarchisch aufeinander bezogen, wobei die dem Hausherrn untergeordneten Personenkreise jeweils zuerst genannt werden: „Frauen – Männer", „Kinder – Väter", „Sklaven – Herren". Wie Kol 3,18 als Beispiel zeigt, sind die Mahnungen zumeist nach dem Muster Anrede, imperativische Weisung, Begründung formuliert (gelegentlich fehlt die Begründung jedoch):

Anrede   Ihr Frauen,
Weisung   ordnet euch den Männern unter,
Begründung   wie es sich in dem Herrn gehört.

Die Frage nach dem *gattungs- und traditionsgeschichtlichen Hintergrund* der frühchristlichen Haustafeln ist Gegenstand einer umfangreichen Forschungsdiskussion. In der ersten Hälfte des 20. Jahrhunderts setzte sich weitgehend die These durch, dass vor allem stoische Pflichtenkataloge den traditionsgeschichtlichen Herkunftsbereich der Haustafeln bildeten (vor allem vertreten durch Martin Dibelius und Karl Weidinger). In der weiteren Diskussion wurde dieser Ansatz jedoch in Zweifel gezogen, da die stoischen Texte nicht in vergleichbarer Weise Personengruppen eines antiken Haushalts ansprechen. Seit den 1980er Jahren wird daher vor allem die antike ökonomische Literatur als Ausgangspunkt der Haustafeln betrachtet. Ökonomische Fachschriften, die seit dem 4. Jahrhundert v. Chr. etwa von dem Aristoteles-Schüler Xenophon verfasst wurden, beschäftigen sich mit der richtigen Leitung des antiken „Hauses" (οἶκος) und nehmen besonders „die Bedeutung der Personenrelationen und die richtige Charakterschulung des einzelnen" in den Blick (FÖLLINGER 585). Die ökonomische Literatur ist jedoch zumeist in Form von philosophischen Dialogen, Traktaten oder Lehrbüchern abgefasst, im Unterschied zur ermahnenden Anrede an die jeweiligen Gruppen in den frühchristlichen Schriften.

Darüber hinaus werden die Haustafeln intensiv mit Blick auf ihre Bedeutung für die Sozialgeschichte des frühen Christentums diskutiert. In der neueren Forschung wird dabei hervorgehoben, dass diese Texte nicht die komplexe soziale Realität des frühen Christentums widerspiegeln, sondern in schematischer Weise ein patriarchales Ideal mit einer zentralen Stellung des erwachsenen freien Mannes entwerfen (vgl. MACDONALD).

4 Die Gattungsanalyse im Rahmen der Exegese neutestamentlicher Texte

Literatur: MORITZ BASSLER, Interpretation und Gattung, in: Rüdiger Zymner (Hg.), Handbuch Gattungstheorie, Stuttgart/Weimar 2010, 54–56 ♦ SÖNKE FINNERN/JAN RÜGGEMEIER, Methoden der neutestamentlichen Exegese. Ein Lehr- und Arbeitsbuch (UTB 4212), Tübingen 2016, 85–102 ♦ JOHN FROW, Genre (The New Critical Idiom), London/New York ²2015, 109–133 ♦ URSULA ULRIKE KAISER, Neutestamentliche Exegese kompakt. Eine Einführung in die wichtigsten Methoden und Hilfsmittel (UTB 5984), Tübingen 2022, 147–168.

Wie oben in der Einführung erläutert, stellen Gattungen Kommunikationssysteme dar, die zu den „Spielregeln" der Textkommunikation gehören oder diese „Spielregeln" sogar maßgeblich bestimmen. Sie sind ein wichtiger Bestandteil der zeitlich-kulturell bedingten Konventionen, die sowohl bei der Abfassung als auch bei der Rezeption von Texten eine Rolle spielen. Sofern der Text nicht selbst geprägte Gattungsbegriffe verwendet, ist generell zu beachten, dass jede Gattungsbestimmung Teil der Interpretation ist. Sie erfordert daher besondere Sorgfalt und ist in jedem Fall begründungsbedürftig. Die Aufgabe der Gattungsbestimmung besteht nicht nur in der bloßen Feststellung, *dass* ein Text zu einer bestimmten Gattung gehört, sondern vor allem in der Klärung, *wie* die Verwendung einer Gattung das Verständnis des Textes beeinflusst. Kommen im Text Wörter vor, die in der Antike als Gattungsbegriffe verwendet wurden (wie παραβολή, παροιμία oder ᾠδή), so stellt sich konkret die Frage, welche Funktion diese Angaben im Text haben und welche Hinweise der Text darauf enthält, wie die jeweiligen Begriffe aufgefasst werden.

Für die exegetische Untersuchung eines Textabschnitts aus dem Neuen Testament im Rahmen der Gattungsfrage eignet sich ein Vorgehen in *drei Arbeitsschritten* (vgl. KAISER 164f.). Im Arbeitsprozess bilden diese drei Schritte freilich keine streng getrennte Abfolge. Vielmehr greifen sie an vielen Stellen ineinander, so dass etwa die Ergebnisse des letzten Arbeitsschritts dazu anregen sollten, die Ergebnisse des ersten erneut zu überdenken.

1) Am Beginn steht die *Analyse des Textabschnitts im Vergleich* mit Texten, die ähnliche Textmerkmale aufweisen. Eine anspruchsvolle Aufgabe stellt in diesem Zusammenhang die Auswahl geeigneter Vergleichstexte dar, zumal die zu vergleichenden Texte oftmals auf eine überschaubare Auswahl beschränkt werden müssen. Hilfreich ist zunächst die eigenständige Lektüre beispielsweise längerer Teile der Evangelien, um einen Überblick über potentiell vergleichbare Texte zu erhalten. Darüber hinaus stehen die relevanten Artikel in exegetischen Lexika zur Verfügung, die außerdem auf wichtige Texte außerhalb des Neuen Testaments aufmerksam machen. Grundsätzlich zu berücksichtigen ist dabei, dass die Darstellungen in der Sekundärliteratur jeweils eigenen Ansätzen folgen, so dass die dortigen Textzusammenstellungen nicht einfach unkritisch übernommen werden sollten. Wichtig ist zudem, dass synoptische Parallelstellen (vgl. oben § 8.2a) nicht als Vergleichstexte für die Gattungsanalyse geeignet sind. Hat man eine – gegebenenfalls vorläufige – Textauswahl getroffen, bietet sich als orientierendes Frageraster die separate Untersuchung formaler, inhaltlich-semantischer und funktionaler Merkmale an (s. o. S. 123): Welche Textmerkmale haben die Texte gemeinsam und worin unterscheiden sie sich voneinander?

2) Die eigentliche *Gattungsbestimmung* des Textes bildet den zweiten Arbeitsschritt. Relevant ist dabei unter anderem die Frage, ob sich der Text als idealtypischer Vertreter einer Gattung beschreiben lässt oder ob es signifikante Abweichungen gibt und bestimmte gattungstypische Textmerkmale eher fehlen. Im Zusammenhang mit diesem Schritt sollte man sich auch darüber informieren, welche allgemeinen Merkmale mit dem jeweiligen Gattungsbegriff verbunden werden und ob es in der Forschung grundlegende Anfragen zur Definition der Gattung gibt (beispielsweise die Infragestellung der Wundergeschichte in Teilen der neueren Forschung). Die oben gegebenen Einzeldarstellungen der Gattungen im Neuen Testament können dabei als Einstieg dienen.

3) Als letzter wichtiger Schritt erfolgt die *Auswertung der Gattungsanalyse* mit Blick auf die Textinterpretation: Was trägt der Vergleich mit anderen Texten und die Zuordnung zu einer bestimmten Gattung konkret für das Verstehen des Textes aus? Inwiefern ist der Text gattungstypisch und entspricht damit formal, inhaltlich und funktional den Erwartungen der antiken Rezipientinnen und Rezipienten? Gibt es Details im Text, die möglicherweise bewusst gegen die üblichen Gattungsmuster verstoßen oder sie verändern, und welche Folgen hat das für die Rezeption? Insgesamt laufen diese Fragen also auf eine Beschreibung hinaus, welche verständnisleitenden Rahmenbedingungen die Textlektüre beeinflussen, welche Aussageabsicht der Text hat und wie antike Leserinnen und Leser den Text vor dem Hintergrund antiker Gattungskonventionen wahrgenommen und verstanden haben.

§ 10 Das Ziel der Exegese: Die eigene Interpretation

Literatur: URSULA ULRIKE KAISER, Neutestamentliche Exegese kompakt. Eine Einführung in die wichtigsten Methoden und Hilfsmittel (UTB 5984), Tübingen 2022, 209–219 ◆ THOMAS SÖDING, Wege der Schriftauslegung. Methodenbuch zum Neuen Testament, Freiburg i. Br. 1998, 232–235. – Vgl. die oben in § 5 genannte Literatur.

Wie oben in der Einführung zur Interpretation neutestamentlicher Texte dargestellt (§ 5), besteht das Ziel der Exegese im Verstehen des Textes. Der Text soll sich also für die Gegenwart der Interpretierenden und ihrer Adressatinnen und Adressaten erschließen. Im Blick auf die Schriften des Neuen Testaments ist dabei grundsätzlich zu bedenken, dass es sich um antike Texte handelt, die im Kontext ihrer Zeit untersucht werden müssen, bevor ihre Relevanz für die Gegenwart erhoben werden kann.

Die vielfältige und über viele Jahrhunderte andauernde handschriftliche Überlieferung des Neuen Testaments erfordert zunächst eine Reflexion darüber, welcher Wortlaut des zu interpretierenden Textes dem Ursprungstext vermutlich am nächsten kommt und deshalb die Grundlage der Interpretation bilden soll. Dabei handelt es sich um die älteste erreichbare Textform, die vermutlich am Beginn seiner schriftlichen Verbreitung stand. Zu beachten ist sodann, dass sich das Koine-Griechisch in hellenistisch-römischer Zeit ebenso wie das sprachliche und kulturelle Wissen, das in der ursprünglichen Kommunikationssituation der Texte vorausgesetzt ist, grundlegend von der Sprache und Kultur heutiger Interpretinnen und Interpreten unterscheidet. Die für die Textanalyse dargestellten Ansätze bieten methodische Zugänge, um die sprachliche Gestaltung der Texte zu untersuchen und das sprachliche und kulturelle Wissen zu erschließen, das der Text bei seinen Leserinnen und Lesern voraussetzt, damit sie den Text verstehen können. Schließlich erhebt die Interpretation Antworten auf die Frage, mit welcher Absicht der Text verfasst wurde, welche Wirkungen er also bei seinen Rezipienten erzielen wollte. Bei dem zuletzt genannten Aspekt spielt die jeweils verwendete literarische Gattung als historisch und kulturell bedingtes Kommunikationssystem eine wichtige Rolle.

Um die neutestamentlichen Texte zu verstehen, ist es weiterhin erforderlich, sie in ihrem historischen Entstehungskontext zu betrachten. Dazu gehört die Frage, wie die jeweilige Schrift aufgebaut ist, wer sie verfasst hat, an welche intendierten Leserinnen und Leser sie sich richtet und was sich über ihre Entstehungssituation sagen lässt. Diese Aspekte, die bei der Interpretation unbedingt zu berücksichtigen sind, werden unten im Überblick über die neutestamentlichen Schriften einführend erläutert (§ 13–39). Mit spezifischen Fragen aus diesem Bereich, die sich auf die konkreten Textabschnitte beziehen, beschäftigt sich die Literar- und Überlieferungskritik. Sie untersucht, welche Quellen der Autor im untersuchten Textabschnitt verwendet und wie er sie bearbeitet hat, ob der Text Anzeichen einer späteren Überarbeitung aufweist, welche geprägten Inhalte (Schriftzitate, frühchristliche Tradition, Motive, Topoi etc.) aufgenommen wurden und was sich daraus für das Verständnis des Textes ableiten lässt.

Generell ist zu bedenken, dass die Begegnung mit dem Text im Rahmen der Textinterpretation nicht auf „neutralem Boden" geschieht, sondern in einer bestimmten religiösen, kulturellen und sozialen Situation der jeweiligen Exegetinnen und Exegeten in der Gegenwart. Daher ist es empfehlenswert, sich das individuell geprägte *Vorverständnis* und die persönliche Haltung dem Text gegenüber bewusst zu machen und gegebenenfalls schriftlich zu skizzieren. So können beispielsweise frühere Begegnungen mit dem zu interpretierenden Text oder dem darin behandelten Thema in schulischen und kirchlichen Zusammenhängen, in der bildenden Kunst, Musik, Literatur etc. das Vorverständnis prägen. Darüber hinaus ist die Beschäftigung mit der Wirkungs- und Rezeptionsgeschichte des Textes aufschlussreich, um frühere Interpretationen in ihrem historischen Kontext wahrzunehmen und danach zu fragen, wie das eigene Vorverständnis möglicherweise von früheren Interpretationen geprägt ist und wo der Text in problematischer Weise auf Menschen gewirkt hat, beispielsweise bei antijüdischen Stereotypen in der Geschichte des Christentums oder in der Kolonialgeschichte. *Wirkungsgeschichte* meint dabei die Betrachtung, welche Impulse von einem Text ausgegangen sind und wie diese im Laufe der Geschichte weitervermittelt wurden. Die Erforschung der *Rezeptionsgeschichte* wiederum widmet sich der Frage, wie ein Text bewusst oder unbewusst durch die jeweiligen Interpretinnen und Interpreten aufgenommen und verwendet wurde. Wirkungs- und Rezeptionsgeschichte lassen sich deshalb als zwei einander ergänzende Perspektiven auffassen, insofern sie die Beziehung zwischen zwei (oder mehr) Texten von verschiedenen Seiten her untersuchen und die jeweiligen Kommunikationskontexte dieser Texte in den Blick nehmen. Hilfreiche Überblicke zur Wirkungsgeschichte einzelner Texte ist in den Bänden der Reihe „Evangelisch-katholischer Kommentar zum Neuen Testament" (EKK) enthalten. Darüber hinaus bietet die „Encyclopedia of the Bible and Its Reception" (EBR) umfangreiche Informationen zur Rezeption biblischer Schriften, Personen, Themen und Motive in der Religionsgeschichte sowie in den Bereichen Literatur, bildende Kunst, Musik, Theater und Film.

Grundsätzlich ist zu bedenken, dass die exegetische Untersuchung eines Textes nicht im mechanischen Abarbeiten einzelner Methodenschritte bestehen kann. Vielmehr muss die Anwendung der exegetischen Methoden dem spezifischen

Charakter des jeweiligen Textes angepasst werden und entsprechende Schwerpunkte setzen. Dies betrifft die exegetische Untersuchung eines Textabschnitts im Rahmen universitärer Einführungskurse ebenso wie thematisch ausgerichtete Studienarbeiten in der neutestamentlichen Wissenschaft oder die exegetischen Teile systematisch-theologischer und praktisch-theologischer Ausarbeitungen.

Hervorzuheben ist schließlich, dass sich das Verstehen eines Textabschnitts stets auf das Textganze der jeweiligen neutestamentlichen Schrift bezieht. Die exegetischen Methodenschritte führen idealerweise zu detaillierten und differenzierten Beobachtungen, wobei jedoch oftmals der Bezug zur Gesamtaufgabe der Exegese zu verschwinden droht. Bereits in der Auswertung der einzelnen Methodenschritte ist deshalb darauf zu achten, dass diese Analysewerkzeuge vielfach ineinandergreifen und aufeinander angewiesen sind. Dementsprechend wirken sich etwa die Ergebnisse eines Methodenschritts auf das Vorgehen und die Auswertung der nächsten Arbeitsschritte aus, während umgekehrt der vorläufige Ertrag der zuerst durchgeführten Methodenschritte durch spätere Arbeitsschritte infrage gestellt werden kann. Vor allem sollte jedoch aus der abschließenden *Gesamtinterpretation* deutlich werden, dass das Ziel der exegetischen Arbeit in einer Gesamtdarstellung besteht, die die Ergebnisse aus den einzelnen Methodenschritten zu einem konsistenten Textverständnis zusammenführt.

Dritter Teil:
Überblick über die Schriften des Neuen Testaments und weitere frühchristliche Schriften

I. Anfänge christlicher Traditionsbildung

Bekenntnisbildung und Überlieferungsgeschichte des Christentums beginnen bereits vor den Schriften des Neuen Testaments. Die Spuren davon zeigen sich in den neutestamentlichen Texten in vielfältiger Weise. Dabei lassen sich, etwas vereinfacht, zwei Bereiche unterscheiden: Zum einen wurden Sprachformen geprägt, die den Glauben an Jesus Christus in Bekenntnissen oder vergleichbaren Formen, etwa Lobpreisungen oder knappen Zusammenfassungen der wesentlichen Etappen des Weges Jesu Christi, zum Ausdruck bringen. Diese Formen finden sich vor allem in den Briefen des Neuen Testaments. Daneben wurden von früher Zeit an die Überlieferungen von Weg und Wirken Jesu gesammelt. Diese wurde dann in den Evangelien zu biographischen Jesuserzählungen verarbeitet.

Die Überlieferungen der beiden Bereiche sind nicht strikt voneinander zu trennen. Es finden sich, wenn auch in geringem Umfang, Jesusüberlieferungen in den Briefen, wie umgekehrt Bekenntnisformulierungen in den Evangelien anzutreffen sind. Eine signifikante Überschneidung zwischen beiden Bereichen sind die sogenannten Einsetzungsworte des Abendmahls, die bei Paulus und in den synoptischen Evangelien angeführt werden. Die beiden Überlieferungsbereiche verweisen zudem auf verschiedene Trägerkreise: Die Bekenntnisüberlieferung dürfte zunächst vor allem in den Gemeinden von Jerusalem und Antiochia ausgebildet worden sein, die Jesusüberlieferung ist dagegen vermutlich in den Kreisen bewahrt und geprägt worden, die dem Kreis der Anhänger und Anhängerinnen Jesu entstammen. Dabei hat es, etwa in der Person des Kephas/Petrus, des Herrenbruders Jakobus und des Zebedaiden Johannes, zweifellos personelle Überschneidungen gegeben. Die jeweilige Gewichtung ist gleichwohl deutlich erkennbar.

Der je eigene Charakter beider Bereiche dürfte nicht zuletzt darauf zurückzuführen sein, dass beide einen unterschiedlichen Verwendungszweck („Sitz im Leben") hatten. Die Bekenntnisüberlieferung dürfte primär in frühchristlichen Gemeindeversammlungen zur Vergewisserung der Verbindung der Gemeindeglieder untereinander und mit dem erhöhten Herrn sowie zur Belehrung und ethischen Unterweisung gedient haben. Die Jesusüberlieferung hatte dagegen vor allem die Funktion, die Erinnerung an Person, Wirken und Geschick Jesu zu bewahren und weiterzugeben. Diese Überlieferung war dabei von Beginn an eine *gedeutete*, insofern sie den Glauben an Jesus als den Auferstandenen und Erhöhten zum Ausdruck brachte. Dies geschah jedoch auf andere Weise als bei der Bekenntnisüberlieferung, nämlich indem von Weg und Wirken Jesu erzählt wurde. Das erklärt auch, warum in den Paulusbriefen Überlieferungen vom Leben und Wirken Jesu nahezu völlig fehlen, wogegen umgekehrt in den Evangelien die Bekenntnisüberlieferung zurücktritt. Die Paulusbriefe sind argumentativ angelegt, entfalten die Grundlagen des Glaubens und nehmen auf konkrete Fragen und Probleme in den Gemeinden Bezug; die Evangelien dienen dagegen der Sicherung der Kontinuität zwischen dem Wirken des irdischen Jesus und dem Glauben der christlichen Gemeinden.

In den folgenden beiden Paragraphen werden zentrale Texte der genannten Bereiche vorgestellt.

§ 11 Bekenntnisse, liturgische Formeln, Enkomien und Vergleichbares

Literatur: CILLIERS BREYTENBACH, „Christus starb für uns". Zur Tradition und paulinischen Rezeption der sogenannten „Sterbeformeln", NTS 49 (2003), 447–475 ♦ CILLIERS BREYTENBACH, The „For Us" Phrases in Pauline Soteriology. Considering Their Background and Use, in: Jan G. van der Watt (Hg.), Salvation in the New Testament. Perspectives on Soteriology (NT.S 121), Leiden/Boston 2005, 163–185 ♦ HANS CONZELMANN, Was glaubte die frühe Christenheit?, in: ders., Theologie als Schriftauslegung (BEvTh 65), Göttingen 1974, 106–119 ♦ FERDINAND HAHN, Bekenntnisformeln im Neuen Testament, in: ders., Studien zum Neuen Testament, Bd. 2: Bekenntnisbildung und Theologie in urchristlicher Zeit, hg. von Jörg Frey/Juliane Schlegel (WUNT 192), Tübingen 2006, 45–60 ♦ MARTIN HENGEL, Hymnus und Christologie, in: ders., Studien zur Christologie. Kleine Schriften IV (WUNT 201), Tübingen 2006, 185–204 ♦ MARTIN HENGEL, Das Christuslied im frühesten Gottesdienst, ebd., 205–258 ♦ CHRISTINE JACOBI, Jesusüberlieferung bei Paulus? Analogien zwischen den echten Paulusbriefen und den synoptischen Evangelien (BZNW 213), Berlin/Boston 2015 ♦ MARKUS ÖHLER, Bausteine aus frühchristlicher Theologie, in: Friedrich Wilhelm Horn (Hg.), Paulus Handbuch, Tübingen 2013, 497–504 ♦ JENS SCHRÖTER, Das Abendmahl. Frühchristliche Deutungen und Impulse für die Gegenwart (SBS 210), Stuttgart 2006 ♦ JENS SCHRÖTER, Die Funktion der Herrenmahlsüberlieferungen im 1. Korintherbrief. Zugleich ein Beitrag zur Rolle der „Einsetzungsworte" in frühchristlichen Mahltexten, ZNW 100 (2009), 78–100 ♦ KLAUS WENGST, Christologische Formeln und Lieder des Urchristentums (StNT 7), Gütersloh 1972.

1 Bekenntnisse und liturgische Formeln

Zu den ältesten greifbaren Überlieferungen im Neuen Testament gehören formelhafte Aussagen, mit denen der Kern des christlichen Glaubens inhaltlich zusammengefasst wird. Diese Aussagen bilden zugleich den Ausgangspunkt der christlichen Theologie als Reflexion des christlichen Glaubens. Es handelt sich nicht um *ein* fixiertes Bekenntnis, sondern um variable Wendungen, die in unterschiedlicher Akzentuierung das Wesen des christlichen Glaubens zur Sprache bringen.

Die grundlegende Bekenntnisaussage ist diejenige über die Auferweckung Jesu Christi von den Toten. Sie konnte als Rede über Gott, der Jesus Christus von den Toten auferweckt hat (Röm 4,24; 8,11; 2Kor 4,14; Gal 1,1), oder über Jesus

Christus, der gestorben ist und auferstand bzw. auferweckt wurde (1Thess 4,14; Röm 14,9; Apk 1,18; 2,8), formuliert werden. Auch die allein stehende passivische Wendung ἠγέρθη („er wurde auferweckt", Mk 16,6; Lk 24,34) verweist auf eine entsprechende Bekenntnisformulierung. In 1Kor 15,3b–5 finden sich weitere Inhalte: Christus ist gestorben für unsere Sünden; er wurde begraben; er erschien dem Kephas am dritten Tag, danach den Zwölfen; all dies geschah in Übereinstimmung mit den Schriften. Es handelt sich um eines der frühesten christlichen Bekenntnisse, das Paulus bereits übernommen hat. Zentrale Inhalte des christlichen Glaubens wurden demnach bereits in sehr früher Zeit ausgebildet. Ausgehend von dem Glauben an die Auferweckung Jesu konnte dabei seinem Tod eine heilvolle Bedeutung zugewiesen werden.

Die Überlieferungen von den Erscheinungen des Auferstandenen verbinden sein irdisches Wirken mit der Zeit der frühen Gemeinde, indem sie die Auferstehungszeugen autorisieren. Der Auferstandene erscheint Kephas und dem Zwölferkreis, Jakobus, den Frauen am leeren Grab, Maria Magdalena und den Emmausjüngern. Diese werden damit zu den Zeugen dafür, dass Jesus nicht im Tod geblieben, sondern in neuer Weise anwesend ist. Jesus verleiht ihnen den Geist, erneuert die Mahlgemeinschaft, sagt seine Anwesenheit bis ans Ende der Welt zu und beauftragt seine Jünger, das Evangelium zu verkünden. Das irdische Wirken Jesu wird auf diese Weise mit der Gemeinschaft der Glaubenden und der Verkündigung der Christusbotschaft in Beziehung gesetzt.

Folgende Kriterien zur Identifizierung von Überlieferungen lassen sich benennen:

1) Paulus verweist an zwei Stellen im 1. Korintherbrief ausdrücklich darauf, dass er bereits existierende Überlieferungen zitiert (1Kor 11,23a; 15,3a). Angezeigt wird dies durch die Stichworte παραλαμβάνειν („empfangen") und παραδιδόναι („weitergeben"), mit denen die Weitergabe von Tradition bezeichnet wird. Bei der in 1Kor 11,23b–25 zitierten Abendmahlsüberlieferung wird es zusätzlich dadurch bestätigt, dass sich eng verwandte Fassungen dieser Überlieferung in den synoptischen Evangelien finden.

In 1Thess 2,13; Gal 1,9a und Phil 4,9 verweist Paulus darauf, dass die Gemeinden durch seine Verkündigung das Wort Gottes bzw. das Evangelium „empfangen" haben. Auch im 2. Thessalonicherbrief begegnet die Formulierung, dass die Adressaten „die Überlieferung empfangen" haben (3,6). Offenbar hat sich der Sprachgebrauch „überliefern/Überlieferung" schon recht bald als gebräuchliche Terminologie etabliert. In den Pastoralbriefen wird sodann der Begriff παραθήκη („anvertrautes Gut") als Bezeichnung für das Evangelium verwendet, das „bewahrt" (φυλάσσειν) werden soll (1Tim 6,20; 2Tim 1,12.14).

2) Auch die Stichworte πιστεύειν ὅτι („glauben, dass"), ὁμολογεῖν („bekennen") und ὁμολογία („Bekenntnis") verweisen auf frühchristlichen Sprachgebrauch und können geprägte Glaubenssätze oder Bekenntnisaussagen einleiten (z. B. Röm 10,9; 1Joh 2,23; 4,2f.15; 2Joh 7; 1Tim 6,12).

§ 11 Bekenntnisse, liturgische Formeln, Enkomien und Vergleichbares 181

3) Mitunter legen Stilmerkmale die Annahme nahe, dass eine Aussage innerhalb eines Textes unter Rückgriff auf bereits geprägte frühchristliche Begriffe und Wendungen formuliert wurde.

Etliche derartige Beispiele finden sich im Römerbrief:
a) Parallelismus in 4,25: ὃς παρεδόθη διὰ τὰ παραπτώματα ἡμῶν καὶ ἠγέρθη διὰ τὴν δικαίωσιν ἡμῶν („er ist dahingegeben worden um unserer Verfehlungen willen und er ist auferweckt worden um unserer Rechtfertigung willen").
b) Relativstil in 3,25: ὃν προέθετο ὁ θεός („welchen Gott bestimmt hat"); 4,25: ὃς παρεδόθη („welcher dahingegeben worden ist").
c) Partizipialstil in 1,3b–4a: τοῦ γενομένου ἐκ σπέρματος Δαυὶδ κατὰ σάρκα, τοῦ ὁρισθέντος υἱοῦ θεοῦ κατὰ πνεῦμα ἁγιωσύνης („der geboren ist aus dem Geschlecht Davids nach dem Fleisch, der eingesetzt wurde als Sohn Gottes nach dem Geist der Heiligkeit"); 4,24: τοῖς πιστεύουσιν ἐπὶ τὸν ἐγείραντα Ἰησοῦν τὸν κύριον ἡμῶν ἐκ νεκρῶν („denen, die glauben an den, der Jesus, unsern Herrn, auferweckt hat von den Toten").
d) Vokabular, das bei dem betreffenden Autor sonst nicht oder nur selten vorkommt, kann auf geprägte Tradition verweisen, insbesondere dann, wenn es mit einem weiteren der genannten Indizien zusammenkommt, etwa in 1,3f.: ἐκ σπέρματος Δαυὶδ ... κατὰ πνεῦμα ἁγιωσύνης („aus dem Geschlecht Davids ... nach dem Geist der Heiligkeit"); 3,25: ὃν προέθετο ὁ θεὸς ἱλαστήριον („den Gott zu einem Gnadenort gemacht hat").

4) Auch die im Kontext auffällige Stellung einer Aussage kann ein Indiz dafür sein, dass ein Traditionsstück zitiert wird. So begegnet im Kontext der Erzählung über die beiden Emmausjünger (Lk 24,13–35) die Formulierung ὄντως ἠγέρθη ὁ κύριος καὶ ὤφθη Σίμωνι („Wahrhaftig ist der Herr auferweckt worden und dem Simon erschienen", V. 34). Dabei ist offenbar eine ältere Bekenntnisaussage (vgl. 1Kor 15,4b.5a: ἐγήγερται ... καὶ ὤφθη Κηφᾷ, „er wurde auferweckt ... und erschien dem Kephas") in eine jüngere Erzählung eingefügt worden (wofür auch der sonst nur selten verwendete Name „Simon" für Petrus bzw. Kephas spricht).

Die neutestamentlichen Bekenntnisse deuten Wirken und Geschick des irdischen Jesus auf der Grundlage der Überzeugung, dass sein Weg durch Leiden und Tod zu seiner Auferweckung und Erhöhung zur Rechten Gottes geführt hat. Im Neuen Testament sowie in allen anderen christlichen Texten wird niemals unabhängig von dieser Überzeugung über Jesus gesprochen. Das kommt bereits in der Formulierung „Jesus Christus" zum Ausdruck, die selbst eine Kurzfassung des Bekenntnisses „Jesus ist der Christus" (also der Gesalbte/Messias) ist. Es gibt dagegen im Neuen Testament und anderen frühchristlichen Texten keine von dieser Überzeugung unabhängige Bezugnahme auf den irdischen Jesus. Eine Unterscheidung zwischen dem „historischen Jesus" und dem „Christus des Glaubens" ist vielmehr erst im 18. und 19. Jahrhundert durch Aufklärung und kritische Geschichtswissenschaft eingeführt worden.

5) Die neutestamentlichen Bekenntnisse lassen sich nach verschiedenen Gesichtspunkten einteilen:

a) *Bekenntnisaussagen* (mitunter direkt mit ὁμολογεῖν, „bekennen", verbunden), die sich auf die Person Jesu beziehen, etwa Κύριος Ἰησοῦς („Herr ist Jesus", Röm 10,9; vgl. 1Kor 12,3b).

b) *Glaubenssätze* (mitunter direkt mit πιστεύειν, „glauben", verbunden), die sich auf das Geschehen um Jesus beziehen, etwa „Jesus ist gestorben und auferstanden" (1Thess 4,14), oder auch die, oft partizipial formulierte, Wendung „(Gott,) der Jesus von den Toten auferweckt hat" (z. B. Röm 4,24; 8,11).

In Röm 10,9 sind ein Bekenntnis- und ein Glaubenssatz miteinander kombiniert: ἐὰν ὁμολογήσῃς ἐν τῷ στόματί σου κύριον Ἰησοῦν καὶ πιστεύσῃς ἐν τῇ καρδίᾳ σου ὅτι ὁ θεὸς αὐτὸν ἤγειρεν ἐκ νεκρῶν, σωθήσῃ („Wenn du mit deinem Mund bekennst: ‚Herr ist Jesus', und in deinem Herzen glaubst: ‚Gott hat ihn von den Toten auferweckt', wirst du gerettet werden").

c) Die meisten *Bekenntnisse* sprechen von Jesus Christus bzw. dem Herrn Jesus (1Kor 15,3b–5; 1Thess 4,14a), aber es gibt auch Bekenntnisse, die Gott *und* Jesus zum Inhalt haben (1Kor 8,6; 1Thess 1,9f.). Diese zweigliedrigen Bekenntnisaussagen sind vermutlich jünger als die eingliedrigen. Das Bekenntnis zu Gott steht hier dem Bekenntnis zu Jesus Christus voran, was auf einen über das Judentum hinausgehenden Kontext verweist. Dem Judentum gegenüber brauchte der Glaube an den einen Gott nicht betont zu werden, gegenüber Nichtjuden wurde er dagegen ausdrücklich formuliert, wie vor allem in 1Thess 1,9f. deutlich wird: „... zu dienen dem lebendigen und wahren Gott (δουλεύειν θεῷ ζῶντι καὶ ἀληθινῷ) und zu erwarten seinen Sohn vom Himmel her (καὶ ἀναμένειν τὸν υἱὸν αὐτοῦ ἐκ τῶν οὐρανῶν), welchen er auferweckt hat von den Toten (ὃν ἤγειρεν ἐκ τῶν νεκρῶν)." Der nichtjüdische Kontext wird auch durch den Rückblick auf die Abkehr von anderen Göttern unterstrichen (1Thess 1,9; 1Kor 8,5). Der christologische Teil der zweigliedrigen Formeln rückt in derartigen Bekenntnissen zunehmend in den Vordergrund (1Tim 2,5f.; 6,13f.).

d) Offenbar sehr früh verwendet wurden *liturgische Formeln*, die dann in späteren Texten zitiert und literarisch verarbeitet werden. Der ursprüngliche „Sitz im Leben" ist vermutlich der frühchristliche Gottesdienst.

6) In 1Kor 16,22 und Did 10,6 begegnet die aramäische Akklamation *maranatha*. Sie belegt den sehr frühen Gebrauch des Titels „(unser) Herr" (מָרַנָא/ *māranā', ὁ κύριος ἡμῶν*) für den erhöhten Jesus. Dabei sind zwei Übersetzungen (und dementsprechend zwei unterschiedliche Interpretationen) möglich: Die Formel kann indikativisch verstanden werden: „Unser Herr ist gekommen" (מָרַן אֲתָא/*māran 'ᵃtā'*). Sie kann aber auch imperativisch als Bitte verstanden werden: „Unser Herr, komm!" (מָרַנָא תָא/*māranā' tā'*). Näher liegt die letztgenannte Interpretation. Es handelt sich vermutlich um einen Gebetsruf, der um das Kommen des Herrn zur zum Gottesdienst versammelten Gemeinde bittet. Ein spe-

§11 Bekenntnisse, liturgische Formeln, Enkomien und Vergleichbares 183

zifischer Kontext könnte dabei die Mahlfeier gewesen sein (vgl. Did 10,6). Eine weitere Bedeutung ist die Bitte um das Kommen Christi zur Parusie (1Kor 16,22; Apk 22,20).

7) Traditionelle jüdische Formeln begegnen in *Doxologien*. Die Rede ist dabei von der Herrlichkeit (δόξα) Gottes „in Ewigkeit" (εἰς τὸν αἰῶνα/τοὺς αἰῶνας, so in Röm 11,36; Gal 1,5: ᾧ ἡ δόξα εἰς τοὺς αἰῶνας τῶν αἰώνων, ἀμήν; Phil 4,20 u. ö.) oder Gott wird „in Ewigkeit gepriesen" (Röm 1,25: ὅς ἐστιν εὐλογητὸς εἰς τοὺς αἰῶνας; Röm 9,5; 1Petr 1,3; vgl. auch im Lobgesang des Zacharias, Lk 1,68: εὐλογητὸς κύριος ὁ θεὸς τοῦ Ἰσραήλ).

Spezifisch christliche Segensformeln, die im Gottesdienst der christlichen Gemeinde verwendet worden wären, sind im Neuen Testament nicht belegt.

8) Die hebräische *Bestätigungsformel* „Amen" (אָמֵן/'āmen, „So sei es") wird beibehalten und auch im Griechisch sprechenden Christentum nicht übersetzt (ἀμήν, vgl. 1Kor 14,16 sowie die Briefschlüsse und etliche weitere Stellen).

9) Das *Bekenntnis des Judentums zu dem einen Gott* (so prominent im „Höre Israel", Dtn 6,4 LXX; vgl. Mk 12,29: ἄκουε, Ἰσραήλ, κύριος ὁ θεὸς ἡμῶν κύριος εἷς ἐστιν) wird im frühen Christentum übernommen: Gott wird betont als „*der Eine*" bekannt (εἷς ὁ θεός, Röm 3,30; 1Kor 8,4.6). Diese Formel begegnet zwar auch in nichtjüdischen Religionen, bezeichnet dort aber nicht die *Einzigkeit*, sondern die *höchste Stellung* der entsprechenden Gottheit. Das gelegentlich mit der εἷς θεός-Formel verbundene εἷς κύριος Ἰησοῦς Χριστός („ein Herr Jesus Christus", 1Kor 8,6; Eph 4,5f.) bringt zum Ausdruck, dass sich der *eine Gott* in dem *einen Herrn Jesus Christus* exklusiv offenbart hat. Es stellt also nicht den Glauben an die Einzigkeit des Gottes Israels infrage.

10) Die bei Paulus (1Kor 11) und in den Passionserzählungen der synoptischen Evangelien überlieferten *Einsetzungsworte* (oder *Deuteworte*) *des Abendmahls* wurden in der Frühzeit des Christentums zunächst nicht liturgisch im Kontext der Mahlfeier verwendet. Sie dienten vielmehr als zusammenfassender Bericht über Ursprung und Bedeutung des christlichen Mahles. Sie stellen den Bezug zum letzten Mahl Jesu mit seinen Jüngern in Jerusalem her und deuten es als Anteilhabe aller Mahlteilnehmer am von Jesus gesegneten und den Jüngern gegebenen Brot und Kelch, die die Gemeinschaft mit Jesus Christus und untereinander symbolisch zum Ausdruck bringen.

11) Die christliche Taufe erfolgte vermutlich unter Verwendung der *Formel* „auf den Namen Jesu" bzw. „im Namen Jesu" (ἐπὶ τῷ ὀνόματι Ἰησοῦ Χριστοῦ, Apg 2,38; εἰς τὸ ὄνομα τοῦ κυρίου Ἰησοῦ, Apg 8,16; vgl. 1Kor 1,13, oder auch ἐν ὀνόματι Ἰησοῦ, Apg 10,48); eine triadische Taufformel findet sich in Mt 28,19: „im Namen des Vaters und des Sohnes und des Heiligen Geistes" (εἰς τὸ ὄνομα τοῦ πατρὸς καὶ τοῦ υἱοῦ καὶ τοῦ ἁγίου πνεύματος; vgl. Did 7,1.3).

Arbeitsvorschläge

1. Die hier vorgestellte Einteilung der neutestamentlichen Bekenntnisse orientiert sich überwiegend an formalen Kriterien. Empfehlenswert ist darüber hinaus die konzise, stärker inhaltlich ausgerichtete Übersicht bei ÖHLER 499–501.
2. Oben sind einige stilistische Beobachtungen genannt, die dafürsprechen, dass Paulus in Röm 1,3f. eine christologische Formel verwendet. Welche inhaltlichen Akzente setzt diese Formel? Warum verwendet Paulus sie an dieser wichtigen Stelle im Präskript des Briefes? In welcher Weise werden hier Aspekte genannt, die Paulus später im Brief wiederaufnimmt (z. B. 9,5)?
3. Vergleichen Sie die Herrenmahlsüberlieferung in 1Kor 11,23–26; Mk 14,22–25; Mt 26,26–29; Lk 22,15–20. Wo sehen Sie Gemeinsamkeiten und Unterschiede? Welche Besonderheiten weisen die einzelnen Passagen auf? Lektüreempfehlung: JENS SCHRÖTER, Nehmt – esst und trinkt. Das Abendmahl verstehen und feiern, Stuttgart 2010, 26–51.

2 Hymnen, Enkomien, Christuslieder

Literatur s. o. § 9.3e.

Die Gattungsmerkmale von Hymnus, Enkomion und Lied wurden oben (§ 9.3e) bereits eingeführt, wo auch der antike Kontext dieser Gattungen erläutert ist. Der folgende Abschnitt konzentriert sich auf einen inhaltlichen Überblick über die wichtigsten Hymnen, Enkomien und Christuslieder im Neuen Testament, soweit sich darin ältere Überlieferung erkennen lässt, und fasst wichtige Beobachtungen zusammen, die die Bearbeitung älteren Überlieferungsguts durch die Autoren der neutestamentlichen Briefe betreffen.

1) Das einzige nahezu regelmäßig gestaltete „Lied" innerhalb des Neuen Testaments steht als hymnische Bekenntnisformel in 1Tim 3,16b. Die einzige kleine Unregelmäßigkeit besteht darin, dass nur im dritten Kolon kein ἐν steht. Ansonsten sind die sechs Zeilen regelmäßig gestaltet, wobei jeweils zwei aufeinander folgende Zeilen miteinander korrespondieren.

Innerhalb von 1Tim 3 unterbrechen V. 14–16 den Zusammenhang. Der Beginn von V. 16 hebt zudem durch eine feierliche Einführung das Folgende hervor, indem er es als „Geheimnis der Frömmigkeit" (τὸ τῆς εὐσεβείας μυστήριον) charakterisiert. Der relativische Anschluss mit dem maskulinen „der" (ὅς) kann sich darüber hinaus nicht auf „das Geheimnis" (τὸ μυστήριον, Neutrum) zurückbeziehen. Es ist deshalb wahrscheinlich, dass im Folgenden ein Text zitiert wird, der das Christusgeschehen zusammenfasst:

ὃς ἐφανερώθη ἐν σαρκί – ἐδικαιώθη ἐν πνεύματι,
ὤφθη ἀγγέλοις – ἐκηρύχθη ἐν ἔθνεσιν,
ἐπιστεύθη ἐν κόσμῳ – ἀνελήμφθη ἐν δόξῃ

§11 Bekenntnisse, liturgische Formeln, Enkomien und Vergleichbares 185

der offenbart wurde im Fleisch – gerechtgemacht im Geist,
erschienen den Engeln – verkündigt unter den Völkern,
geglaubt in der Welt – aufgenommen in Herrlichkeit

Folgende Stilelemente fallen auf: a) Die relativische Anknüpfung zu Beginn, durch die das Zitat etwas umständlich in den Kontext eingefügt wird; b) die durchgehend gebrauchte 3. Person Singular im Passiv; c) die im Griechischen ungewöhnliche regelmäßige Voranstellung des Verbs; d) die jeweilige Gegenüberstellung von unten/oben (Fleisch/Geist); oben/unten (Engel/Völker); unten/oben (Welt/Herrlichkeit) in chiastischer Verschränkung (a–b–b–a–a–b); e) das durchgängige Fehlen des Artikels.

In der ersten Zeile steht eine Aussage über die Menschwerdung Jesu, die als „Epiphanie", also als „Erscheinung" (nicht als „Erniedrigung"), gedeutet wird. Dem korrespondiert eine neue Seinsweise „im Geist", wobei die „Gerechtmachung" (ἐδικαιώθη ἐν πνεύματι) offensichtlich Gottes Urteil über den „im Fleisch" erschienenen Jesus Christus beschreibt. Die zweite Zeile bezieht sich darauf, dass der Erhöhte den Engeln präsentiert wird. Dem korrespondiert die Verkündigung „unter den Völkern". Daraus resultiert in der dritten Zeile der Glaube, den Christus „in der Welt" gefunden hat (ἐπιστεύθη ἐν κόσμῳ). Abschließend wird seine Aufnahme (also die Erhöhung) in Herrlichkeit konstatiert (ἀνελήμφθη ἐν δόξῃ).

Das Lied beschreibt Jesus Christus in seiner Seinsweise gegenüber der irdischen und der himmlischen Welt. Der Text entfaltet dabei ein Revelationsschema, das die Offenbarung Jesu Christi im irdischen Bereich und die Anerkennung seiner Machtstellung in der irdischen und der himmlischen Welt zum Inhalt hat.

2) Das bekannteste Beispiel für einen hymnischen Text im Neuen Testament ist der „Christushymnus" in Phil 2,6–11. Ein Indiz dafür, dass Paulus hier zitiert, ist bereits die Beobachtung, dass der Text über den konkreten Anlass, nämlich die Aufforderung zur Eintracht in der Gemeinde, weit hinausgeht. Für die Übernahme eines bereits vorliegenden Textes spricht weiter das für Paulus singuläre Vokabular, das nicht nur einzelne Begriffe, sondern eine ganze Vokabel- und Sachgruppe umfasst. Erkennbar ist eine gewisse Rhythmisierung, auch wenn ein regelmäßiger Rhythmus nicht besteht. Auffallend ist der Einschnitt in der Mitte, der Wechsel des handelnden Subjekts zwischen V. 6–8 und V. 9–11, woran erkennbar wird, dass das Lied in zwei Strophen gegliedert ist.

(6) Der in göttlicher Gestalt existierte,
    erachtete es nicht als einen Raub,
    Gott gleich zu sein,
(7) sondern entäußerte sich selbst,
    indem er die Gestalt eines Sklaven annahm,
    den Menschen gleich wurde
    und in der Gestalt eines Menschen angetroffen wurde.
(8) Er erniedrigte sich selbst,
    war gehorsam bis zum Tod, zum Tod am Kreuz.

(9) Deshalb hat Gott ihn erhöht
und ihm den Namen verliehen,
der über jedem Namen ist,
(10) damit sich im Namen Jesu
jedes Knie beuge
derer, die im Himmel und auf der Erde und unter der Erde sind,
(11) und jede Zunge bekenne:
Herr (ist) Jesus Christus
zur Ehre Gottes des Vaters.

Im Blick auf Herkunft und paulinische Verwendung des Christusliedes sind einige Aspekte umstritten. Wird die Wendung „zum Tod am Kreuz" am Ende der ersten Strophe als ursprünglicher Teil des Hymnus betrachtet, ergibt sich ein zweistrophiges Lied mit jeweils drei Dreizeilern in jeder Strophe. Es wird aber auch vorgeschlagen, V. 8 im Ganzen oder die letzten sechs Zeilen in V. 10 und in V. 11 als paulinische Ergänzungen zu einem vorliegenden Christusenkomion anzusehen.

Zu Übersetzung, Analyse und religionsgeschichtlichem Hintergrund empfehlenswert ist ANGELA STANDHARTINGER, Der Philipperbrief (HNT 11/1), Tübingen 2021, 148–182. Insbesondere die schwierige Aussage in V. 6 (Zeilen 1–3) erörtert SAMUEL VOLLENWEIDER, Der „Raub" der Gottgleichheit. Ein religionsgeschichtlicher Vorschlag zu Phil 2,6(–11), in: ders., Horizonte neutestamentlicher Christologie. Studien zu Paulus und zur frühchristlichen Theologie (WUNT 144), Tübingen 2002, 263–284.

Formal und inhaltlich überschießend ist am Ende des ersten Teils die den „Tod" erläuternde Wendung „zum Tod am Kreuz". Der von Paulus zitierte Text sprach von der bis zum Tod führenden Selbsterniedrigung und der darauf folgenden Erhöhung (nicht Auferweckung). Möglicherweise hat Paulus die Worte θανάτου δὲ σταυροῦ hinzugefügt, um die Niedrigkeit des Kreuzestodes hervorzuheben.

Der Hymnus spricht von Christus als einer präexistenten göttlichen Gestalt, die darauf verzichtete, die Gottgleichheit gewaltsam an sich zu reißen („Raub"), sondern ihre besondere Würde im Gehorsam gegen Gott durch Abstieg („Entäußerung"), Menschwerdung und Tod preisgab. Gott reagierte darauf mit der Erhöhung und Einsetzung Jesu Christi in die Würde des Kyrios, der von allen Wesen in allen Bereichen des Weltgebäudes angerufen wird. Die Hörerinnen und Hörer werden dazu aufgerufen, durch das Einstimmen in die Schlussakklamation Jesus als ihren Herrn zu bekennen.

Durch die Einleitung (V. 5: τοῦτο φρονεῖτε ἐν ὑμῖν ὃ καὶ ἐν Χριστῷ Ἰησοῦ) bezieht Paulus den Text (der den Adressaten möglicherweise bereits bekannt war) auf das angemessene Verhalten derjenigen, die „in Christus Jesus" sind. Dadurch erhält der ursprünglich als konzise Darstellung der Menschwerdung und anschließenden Erhöhung Jesu Christi formulierte Hymnus eine ethische Bedeutung. Er dient nunmehr dazu, den Philippern vor Augen zu führen, wie sie als christliche Gemeinde leben und miteinander umgehen sollen. Gegenüber diesem Anliegen weist der Text deutlich überschießende Elemente auf, wie zum

§11 Bekenntnisse, liturgische Formeln, Enkomien und Vergleichbares   187

Beispiel die Aussagen über die Gottgleichheit, Erniedrigung und Erhöhung zur Kyrioswürde, die es sehr wahrscheinlich machen, dass der Text nicht für den vorliegenden Zusammenhang verfasst wurde.

3) Ein weiteres Christuslied findet sich im deuteropaulinischen Kolosserbrief (Kol 1,15–20). Ein Indiz ist, dass von V. 15 an eine ungewöhnliche kosmologische Terminologie begegnet. Zudem legt es der relativische Satzanfang (ὅς ἐστιν εἰκὼν τοῦ θεοῦ) nahe, dass der zitierte Text – wie auch in den beiden zuvor besprochenen Fällen – auf diese Weise einsetzt. Der Schluss des Hymnus in V. 20 ist daran erkennbar, dass der Verfasser in V. 21 mit einer Anrede an die Leserinnen und Leser neu einsetzt.

Ausgangspunkt für die Analyse ist die Beobachtung, dass zwei Strophen vorliegen, die durch parallele Sätze eingeleitet werden:

V. 15: ὅς ἐστιν εἰκὼν τοῦ θεοῦ τοῦ ἀοράτου, πρωτότοκος πάσης κτίσεως
V. 18b: ὅς ἐστιν ἀρχή, πρωτότοκος ἐκ τῶν νεκρῶν.

(15) Er ist das Bild des unsichtbaren Gottes,
   Erstgeborener vor aller Schöpfung.
(16) Denn in ihm ist alles geschaffen,
   was in den Himmeln und auf der Erde ist,
   das Sichtbare und das Unsichtbare,
   seien es Throne, seien es Herrschaften,
   seien es Mächte, seien es Gewalten:
   Alles ist durch ihn und auf ihn hin geschaffen.
(17) Und er ist vor allem,
   und alles hat in ihm Bestand.
(18) Und er ist das Haupt des Leibes, der Kirche.

   Er ist der Ursprung,
   Erstgeborener aus den Toten,
   damit er in allem der Erste sei.
(19) Denn in ihm gefiel es der ganzen Fülle, Wohnung zu nehmen
(20) und durch ihn zu versöhnen das All auf ihn hin,
   indem er Frieden stiftete durch das Blut seines Kreuzes, durch ihn,
   (zu versöhnen) das, was auf Erden,
   und das, was im Himmel ist.

Gemäß der ersten Strophe ist Christus als „Bild des unsichtbaren Gottes" der „Erstgeborene vor aller Schöpfung", Mittler der Schöpfung und Haupt des „Leibes", nämlich der Kirche. Gemäß der zweiten Strophe ist er der „Erstgeborene aus den Toten", Mittler der Versöhnung und Friedensstifter durch seinen Kreuzestod. Die Form (zwei Strophen) und der Inhalt (zwei Wirkungen des Sohnes: Schöpfung und Allversöhnung) stimmen allerdings insofern nicht genau überein, als schon in der ersten Strophe vom „Leib" (der Kirche) gesprochen wird, von der

Auferstehung aber erst zu Beginn der zweiten Strophe. Diese Unstimmigkeit ließe sich beheben, wenn man annimmt, dass der Verfasser des Kolosserbriefs einen von ihm vorgefundenen Text bearbeitet, vor allem ergänzt hat. Klammert man am Ende der ersten Strophe den Hinweis auf die Kirche (τῆς ἐκκλησίας) ein, gehört die Aussage „Haupt des Leibes" nicht nur formal, sondern auch sachlich zur ersten Strophe. „Leib" (σῶμα) meint dann nicht die Kirche, sondern den Kosmos. Mit dem expliziten Verweis auf die Kirche verfolgte der Verfasser des Briefes offenbar das Ziel, die beiden Teile des Liedes enger miteinander zu verknüpfen: Der Leib des Schöpfungsmittlers ist die Kirche, also gehören Schöpfung und Erlösung unmittelbar zusammen.

In der zweiten Strophe passt der Hinweis auf „das Blut seines Kreuzes" (διὰ τοῦ αἵματος τοῦ σταυροῦ αὐτοῦ) stilistisch und sachlich nicht in den Zusammenhang. Klammert man ihn wiederum ein, ergibt sich eine glatte Aussage (s. u.). Die vorgenommene Ergänzung bezieht sich auf den Tod Jesu, wodurch der mythologische Inhalt des Liedes „geschichtlich" interpretiert wird. Dieselbe Tendenz zeigt sich in V. 21f. bei der Anwendung des Liedes auf die Adressaten. Eine Einfügung ist möglicherweise auch der Satz am Ende von V. 18 (ἵνα γένηται ἐν πᾶσιν αὐτὸς πρωτεύων, „damit er in allem der Erste sei"), der stilistisch nicht in ein Lied passt und in der ersten Strophe auch keine Entsprechung hat. So könnten beide Strophen ursprünglich kosmologisch orientiert gewesen sein, die zweite Strophe könnte folgendermaßen gelautet haben:

> Er ist der Ursprung,
> Erstgeborener aus den Toten.
> Denn in ihm gefiel es der ganzen Fülle, Wohnung zu nehmen
> und durch ihn zu versöhnen das All auf ihn hin,
> indem er Frieden stiftete durch ihn,
> (zu versöhnen) das, was auf Erden,
> und das, was im Himmel ist.

4) Einen besonderen Fall stellt der „Prolog" des Johannesevangeliums (Joh 1,1–18) dar. In dem Text lassen sich zwei Stilformen – poetische Sprache einerseits, Prosaform andererseits – unterscheiden. Der poetische Stil bestimmt die Aussagen in V. 1–5, 9–14 und 16. Die Verse 6–8, 15 und 17–18 enthalten dagegen in Prosa formulierte Passagen. Dem korrespondieren inhaltliche Unterschiede: Der poetische Teil handelt von dem präexistenten Logos, der selbst göttlicher Natur ist, an der Schöpfung beteiligt war und dann in der Welt offenbar wurde. Die Prosatexte sprechen dagegen von einem Menschen, nämlich von Johannes, der für den Logos, der zugleich Licht und Leben ist, Zeugnis ablegt. Dazu kommen einige stilistische Auffälligkeiten: V. 9 setzt nicht die Aussage aus V. 8 fort, denn Subjekt des Satzes in V. 9 („Er war das wahre Licht") kann nicht Johannes sein, von dem in V. 6–8 die Rede war. Vielmehr scheint V. 9 an V. 5 anzuknüpfen, so dass V. 6–8 eine Einfügung darstellen. Ähnlich verhält es sich mit V. 15, der wiede-

rum eine Aussage über Johannes enthält. Die Verse 17 und 18 schließlich runden die Aussagen des voranstehenden Logosliedes mit einer theologischen Reflexion über das Verhältnis vom durch Mose gekommenen Gesetz und der durch Jesus Christus gekommenen Gnade und Wahrheit sowie über die Offenbarung des unsichtbaren Gottes durch seinen Sohn ab.

Neben den genannten Teilen werden mitunter weitere Verse als redaktionelle Bearbeitungen beurteilt (so z. B. V. 9, 12c und 13). Letzte Sicherheit lässt sich hierüber nicht erlangen. Diskutiert wird schließlich, ob die Aussage über die Inkarnation des Logos in V. 14 zum ursprünglichen Bestand des Hymnus gehört hat oder durch den Verfasser des Johannesevangeliums hinzugefügt wurde. Aufgrund der deutlichen Korrespondenz zwischen V. 1 und 14 und der spezifischen Logos-Terminologie, die danach im gesamten Evangelium nicht mehr anzutreffen ist, liegt es wohl näher, dass V. 14 ein ursprünglicher Bestandteil des Logosliedes war. Eine genaue Rekonstruktion der im Prolog des Johannesevangeliums verarbeiteten Vorlage ist allerdings aufgrund der Unsicherheiten über etliche Detailfragen kaum möglich.

Festhalten lässt sich demnach, dass der Verfasser bei der Formulierung des Prologs sehr wahrscheinlich einen poetischen Text über die Offenbarung des göttlichen Logos in der Welt verwendet hat. Ob es sich dabei im engeren Sinn um einen „Hymnus" handelt oder um einen in gehobener Sprache formulierten Text, lässt sich kaum entscheiden und bedeutet auch keinen großen Unterschied. In dieses Logoslied hat der Verfasser Passagen über Johannes den Täufer eingefügt und es seinem Evangelium als Eröffnung vorangestellt.

Arbeitsvorschlag

Wählen Sie einen der hier vorgestellten hymnischen Texte und setzen Sie sich exegetisch damit auseinander (auch mit Rückgriff auf einschlägige Kommentare). Wie ist der Text sprachlich-stilistisch gestaltet? Welche Beobachtungen sprechen dafür, dass die übernommenen Texte an einzelnen Stellen vom Verfasser des Briefes bzw. des Evangeliums ergänzt wurden? Welche Funktion hat der hymnische Text im Zusammenhang des jeweiligen Briefes bzw. im Evangelium?

§ 12 Die Jesusüberlieferung

Literatur: RUDOLF BULTMANN, Die Geschichte der synoptischen Tradition (FRLANT 12), Göttingen ¹⁰1995, 223–346 ◆ ERIC EVE, Behind the Gospels. Understanding the Oral Tradition, London 2013 ◆ STEPHEN HULTGREN, Narrative Elements in the Double Tradition. A Study of Their Place within the Framework of the Gospel Narrative (BZNW 113), Berlin/New York 2002 ◆ WERNER H. KELBER, Imprints, Voiceprints, and Footprints of Memory. Collected Essays of Werner H. Kelber (SBL.RBS 74), Atlanta 2013 ◆ WERNER H. KELBER/SAMUEL BYRSKOG (Hg.), Jesus in Memory. Traditions in Oral and Scribal Perspectives, Waco, Tex. 2009 ◆ NORMAN PERRIN, The Wredestrasse Becomes the Hauptstrasse. Reflections on the Reprinting of the Dodd Festschrift. A Review Article, JR 46,2 (1966), 296–300 ◆ JENS SCHRÖTER, Erinnerung an Jesu Worte. Studien zur Rezeption der Logienüberlieferung in Markus, Q und Thomas (WMANT 76), Neukirchen-Vluyn 1997, 12–65 ◆ JENS SCHRÖTER, Von der Historizität der Evangelien. Ein Beitrag zur gegenwärtigen Diskussion um den historischen Jesus, in: ders., Von Jesus zum Neuen Testament. Studien zur urchristlichen Theologiegeschichte und zur Entstehung des neutestamentlichen Kanons (WUNT 204), Tübingen 2007, 105–146 ◆ JENS SCHRÖTER, Nicht nur eine Erinnerung, sondern eine narrative Vergegenwärtigung. Erwägungen zur Hermeneutik der Evangelienschreibung, ZThK 108 (2011), 119–137 ◆ THOMAS SÖDING, Wege der Schriftauslegung. Methodenbuch zum Neuen Testament, Freiburg i.Br. 1998, 128–173 ◆ WILLIAM WREDE, Das Messiasgeheimnis in den Evangelien. Zugleich ein Beitrag zum Verständnis des Markusevangeliums, Göttingen ⁴1969.

Neben den im vorigen Paragraphen behandelten Formen der Bekenntnisbildung wurden im entstehenden Christentum von früher Zeit an Jesusüberlieferungen gesammelt und weitergegeben. Damit liegt ein weiterer Bereich vor, der bereits vor der Abfassung der neutestamentlichen Schriften entstanden ist. Die vorliterarische, mündliche Jesusüberlieferung ist vor allem in den synoptischen Evangelien anzutreffen. Zwar lassen sich, wie bereits im vorigen Paragraphen betont, keine strikten Grenzen zwischen der Jesusüberlieferung und der Bekenntnisbildung ziehen. Erkennbar ist jedoch, dass es eine primär am Wirken Jesu orientierte, narrative-biographisch ausgerichtete und eine an der Formulierung von Bekenntnissen und Hymnen orientierte Überlieferung gab. Beide Bereiche ergänzen einander, haben aber ihren je eigenen Schwerpunkt, der sich durch die jeweilige Entstehungssituation sowie den Verwendungszweck der Überlieferung erklärt (vgl. dazu oben die Vorbemerkung zum dritten Teil, S. 177).

Die Jesusüberlieferungen dienten dazu, den christlichen Glauben zum Wirken Jesu in Beziehung zu setzen. Dabei hatten sie zum einen eine erinnernd-bewahrende Funktion, zum anderen eine in der Gegenwart der Gemeinden orientierende. Letztere wird vor allem daran erkennbar, dass aktuelle Fragen, etwa der Umgang mit Reinheitsgeboten oder die Konkurrenz zu den Pharisäern, unmittelbar mit der Erzählung vom Wirken Jesu verbunden wurden.

1) Die Jesusüberlieferung weist von Beginn an eine *narrativ-biographische Tendenz* auf, zu der auch die Wortüberlieferung gehört hat. Auch die Worte („Logien") Jesu wurden sehr wahrscheinlich in bestimmten narrativen Zusammenhängen, zum Beispiel längeren Reden oder Dialogen Jesu, überliefert. Die konkreten vorliterarischen Kontexte lassen sich dabei in den meisten Fällen nicht mehr rekonstruieren. Das liegt zum einen an der Variabilität und Flexibilität der mündlichen Überlieferung. Diese war weder an der Bewahrung eines fixierten Wortlauts noch an derjenigen spezifischer narrativer *settings* interessiert. In den Evangelien zeigt sich das daran, dass die erzählten Episoden sowohl in der sprachlichen Gestaltung als auch in einzelnen Erzählzügen oftmals voneinander abweichen: Ein Gleichnis kann in unterschiedlichen Zusammenhängen und mit verschiedener Pointe erzählt werden (z. B. Mt 18,12–14/Lk 15,3–7), in Heilungserzählungen können ein Geheilter oder mehrere Geheilte auftreten, die Namen der Personen, denen Jesus begegnet, können genannt werden oder auch nicht (beides in Mk 10,46–52/Mt 20,29–34). Diese Variabilität ist auch darauf zurückzuführen, dass ein Gleichnis oder eine Episode mehrfach in unterschiedlichen Zusammenhängen erzählt wurde. Anders als in der älteren Forschung mitunter angenommen, lassen sich dabei keine „Gesetze" erkennen, die etwa von einer einfacheren zu einer komplexeren Überlieferung (oder umgekehrt) verlaufen wäre. Vielmehr kann die Überlieferung prinzipiell in jede Richtung verlaufen sein. Es gibt demnach in der vorliterarischen, mündlichen Jesusüberlieferung kein „Original", das im Überlieferungsprozess variiert worden wäre. Vielmehr ist in der mündlichen Überlieferung jede Erzählsituation in gleicher Weise ein „Original". Die Anwendung literarkritischer Verfahren ist deshalb für die mündliche Phase der Überlieferung ungeeignet. Es lassen sich keine mündlichen Vorstufen der schriftlichen Texte rekonstruieren, sondern bestimmte Themen, Motive und Textformen erkennen.

Bei der Verschriftlichung der Jesusüberlieferung übernahmen die Erzählwelten der Evangelien die Rolle, die zuvor die mündlichen Erzählsituationen innehatten. Die Kontexte, in denen eine bestimmte Überlieferung – etwa eine Jüngerbelehrung, ein Gespräch mit Gegnern oder ein Gleichnis – ihre Funktion erhielten, wurden durch die Verschriftlichung stabilisiert, da die entsprechenden Überlieferungen nunmehr in schriftlicher Form als Teil der jeweiligen Erzählung weitergegeben wurden. Der literarische Kontext der Evangelien hat zugleich eine interpretierende Funktion, denn er bietet die Überlieferungen in derjenigen sprachlichen Gestalt und innerhalb desjenigen inhaltlichen Zusammenhangs, die bzw. den der jeweilige Verfasser ihr gibt. Die „ursprüngliche" Gestalt einer mündlichen Überlieferung aus den schriftlichen Texten zurückgewinnen zu wollen, wäre deshalb ein sehr hypothetisches und nur begrenzt sinnvolles Unternehmen, da mündliche Überlieferung anderen Gesetzen folgt als schriftliche Texte. Gleichwohl lassen sich Merkmale der vorsynoptischen Überlieferung beschreiben. Deren Gattungen wurden oben (§ 9.3a–d) bereits vorgestellt. Im Folgenden geht es um einen inhaltlichen Überblick.

2) Die Jesusüberlieferung ist häufig in Form von kurzen Szenen, auch *Chrien* genannt, gestaltet. Die Gattung der Chrie hat ihren Ursprung in der nichtjüdischen griechischen Literatur, wo sie zum Beispiel zur Illustration des Wirkens von Philosophen Verwendung fand. Die Chrien geben den Evangelien einen biographischen und streckenweise einen „episodischen Charakter". Sie dienen, ähnlich wie in hellenistischen Philosophenbiographien, dazu, den Hauptprotagonisten, in diesem Fall also Jesus, zu charakterisieren.

Bei den Chrien handelt es sich in der Regel um abgeschlossene Erzählungen mit nur *einer* Szene, selten um einen komplexeren Handlungsverlauf. Die Pointe besteht oftmals aus einem Wort oder einer Handlung Jesu. Dabei stehen sich in der Regel zwei Personen bzw. Gruppen gegenüber, etwa Jesus und die Jünger oder Jesus und die Pharisäer. Andere Personen können zwar bei der Szene anwesend sein und zum Beispiel eine Austreibung eines unreinen Geistes oder eine Heilung durch ihr Entsetzen beglaubigen, sie greifen aber in der Regel nicht unmittelbar in das Geschehen ein. So sind etwa in Mk 2,23–28 Jesus und die Jünger sowie „die Pharisäer" anwesend, aber das Gespräch beschränkt sich auf die Worte der Pharisäer und auf Jesu Antwort, während die Jünger, um deren Verhalten es geht, gar nichts sagen. In Mk 7,1–23 („Rein und Unrein") stellen „die Pharisäer und die Schriftgelehrten" eine Frage, die das Verhalten der Jünger betrifft (V. 5), worauf Jesus antwortet (V. 6–13). Danach belehrt er „das Volk" (V. 14f.) und schließlich die Jünger (V. 17–23), ohne dass die Pharisäer noch im Blick sind. Die Zweiheit der Szene bleibt also jeweils bestehen.

Die erzählerische Gestaltung der Chrien lässt die Pointe hervortreten, auf die hin die Episoden gestaltet sind. Diese besteht oftmals darin, Jesus als mit göttlichem Geist betrauten Heiler, als mit überlegener Weisheit ausgestatteten Lehrer, als Dämonen und unreinen Geistern Überlegenen darzustellen. Inhaltlich umfassen die Chrien ein breites Spektrum. Sie können zum Beispiel eine Jüngerbelehrung, einen Konflikt mit Gegnern Jesu oder eine Heilung zum Zentrum haben. Mitunter sind auch zwei dieser Aspekte miteinander verbunden.

So zielt die Episode vom Ährenraufen am Sabbat (Mk 2,23–28) darauf ab, die souveräne Auslegung des Sabbatgebotes durch Jesus darzustellen, die in den pointierten Sätzen in V. 27 und 28 formuliert wird. Die etwas eigenartige Darstellung der Szene (Warum reißen die Jünger am Sabbat überhaupt Ähren ab? Weshalb entsteht dadurch ein Weg? Wie haben die Pharisäer davon erfahren? Inwiefern ist der Verweis auf Davids Essen von den Schaubroten eine Legitimation des Verhaltens der Jünger?) lässt alle näheren Erläuterungen und Begleitumstände weg und geht stattdessen zielgerichtet auf die Pointe zu. Im narrativen Duktus ist die Episode dagegen nur locker mit der vorangehenden und der folgenden verbunden. Derartige Szenen könnten deshalb auch in anderer Reihenfolge angeordnet sein, ohne dass sich dadurch für die Erzählung Wesentliches ändern würde. Es ist wahrscheinlich, dass die Verfasser der Evangelien derartige Episoden aus der mündlichen Überlieferung kannten, auch wenn nicht mehr im Einzelnen rekonstruiert werden kann, wie diese gelautet haben und in welchen Zusammenhängen sie in der mündlichen Überlieferungsphase verwendet wurden.

Mitunter begegnen auch umfangreichere Erzählungen. So enthält die Episode über den Besessenen in Gerasa (Mk 5,1–20) eine vergleichsweise ausführliche Schilderung der Region sowie der Besessenheit. Zudem ist das Handlungsgefüge komplexer. Es enthält die Begegnung Jesu mit dem Besessenen, die Austreibung der unreinen Geister in die Schweineherde, die sich daraufhin ins Meer stürzt, und schließlich die Flucht der Hirten in die nahegelegene Stadt. Hier ist die kurze Form der Chrie zu einer ausführlicheren Erzählung ausgestaltet worden.

Gelegentlich werden auch zwei Episoden miteinander verbunden. So werden zum Beispiel in Mk 5,21–43 die Heilung der blutflüssigen Frau und die Auferweckung der Tochter des Jaïrus verschränkt (in der Forschung wird dies auch als „Sandwich-Technik" bezeichnet). In Mk 6,7–31 sind die Aussendung der Jünger und ihre Rückkehr aufeinander bezogen und rahmen den Rückblick auf die Enthauptung Johannes' des Täufers. Derartige Verbindungen sind sehr wahrscheinlich erst auf der literarischen Ebene der Evangelien vorgenommen worden.

Zu den Chrien gehören sodann biographisch orientierte Episoden, zum Beispiel über die Taufe Jesu (ganz kurz in Mk 1,9–11), die Berufung von Jüngern in die Nachfolge (Mk 1,16–20; Mt 8,19–22/Lk 9,57–62), das Zusammentreffen Jesu mit seiner Familie (Mk 3,31–35) oder das Auftreten Jesu in seiner Heimatstadt Nazaret (Mk 6,1–6; Lk 4,16–30). Bei diesen Texten, die ebenfalls erst auf der literarischen Ebene entstanden sein dürften, zeigt sich die Tendenz zur „Biographisierung" der Überlieferung.

3) Eine weitere Form der Jesusüberlieferung sind die *Worte (Logien) bzw. Reden*. In den Evangelien finden sich Spruchkompositionen bzw. Reden etwa in Mk 9,42–50; Mt 5,39–48/Lk 6,27–36; Mt 6,25–33/Lk 12,22–31; Mt 7,1–5/ Lk 6,37–42; Mt 7,7–11/Lk 11,9–13; Mt 8,19–22/Lk 9,57–60; Mt 9,37–10,16/Lk 10,2–12; Mt 10,26–33/Lk 12,2–12. Die Parallelen zwischen Matthäus und Lukas weisen darauf hin, dass die Redekompositionen oftmals in der Matthäus und Lukas gemeinsamen Überlieferung (dem „Q-Stoff") begegnen. Dabei wurden Reden aus einzelnen Worten komponiert, die in ihrer Zusammenstellung einen bestimmten Inhalt zum Ausdruck bringen. Es ist naheliegend, dass etliche der dabei verarbeiteten Worte tatsächlich auf Jesus zurückgehen, auch wenn dies jeweils im konkreten Fall zu diskutieren ist. Wahrscheinlich ist eine Rückführung auf Jesus zum Beispiel bei Worten, die durch ihre Radikalität auffallen („Lass die Toten ihre

Toten begraben") und deshalb vermutlich nicht redaktionell entstanden sind. Aber auch gängige Sentenzen jüdischer Weisheit können natürlich von Jesus verwendet worden sein.

Bei längeren Reden Jesu handelt es sich dagegen vermutlich um in der Überlieferung entstandene Kompositionen. Diese können bereits vor den Evangelien entstanden sein, wie sich etwa in der Logienquelle Q zeigt. In den Evangelien wurde die Tendenz zur Komposition längerer Reden fortgesetzt, was sich zum Beispiel an der Gleichnisrede in Mk 4,3–32, der Feldrede bzw. der Bergpredigt (Lk 6,20–49/Mt 5–7), der Aussendungsrede (Mt 10,1–42/Lk 10,1–16) oder der Rede gegen die Pharisäer (Mt 23,1–33/Lk 11,39–52) erkennen lässt.

4) Die *Heilungserzählungen* schildern in der Regel zunächst die Krankheit, die oft sehr schwer ist, schon lange andauert und als unheilbar gilt (z. B. Blindheit oder Taubheit, viele Jahre währender Blutfluss oder sogar bereits eingetretener Tod). Mit Aussatz (Lepra) und Blutfluss begegnen auch Krankheiten, die kultisch unrein machen. Eine ausführlichere Beschreibung ist insbesondere bei der Erzählung von dem epileptischen Jungen anzutreffen (Mk 9,14–29; vgl. auch die Heilung des Blindgeborenen am Sabbat in Joh 9). Auf diese Weise wird die Vollmacht Jesu hervorgehoben, gerade solche Krankheiten zu heilen, zu deren Heilung Ärzte nicht in der Lage sind.

Die Heilung durch Jesus kann unterschiedlich geschildert werden. Mitunter heilt Jesus nur durch ein Wort (z. B. Mk 1,41; 2,9; 5,41), manchmal durch Berührung (Mk 7,33; Lk 13,13) oder auch dadurch, dass er berührt wird (Mk 5,27–29). Medizinische Therapien im engeren Sinn werden dabei nicht geschildert. Vielmehr zielen die Erzählungen darauf, die im Wirken Jesu erfahrbar werdende Kraft Gottes zu veranschaulichen. Diese wird häufig im Anschluss an die Heilung durch diejenigen, die bei dem Ereignis dabei waren, durch Entsetzen oder Erstaunen bestätigt.

Die Heilungen stehen häufiger mit anderen Themen in Zusammenhang, etwa der Einhaltung des Sabbats (z. B. Mk 3,1–6; Lk 13,10–17; 14,1–6) oder der Auseinandersetzung über die Autorität Jesu, Sünden zu vergeben (Mk 2,1–12). Daran wird deutlich, dass die Heilungen der Profilierung des Wirkens Jesu als des von Gott autorisierten Boten dienen.

In engem Zusammenhang mit den Heilungen stehen die *Austreibungen von Dämonen* und unreinen Geistern. Das wird bereits daran deutlich, dass beides in Summarien nebeneinander genannt wird (z. B. Mk 1,32–34; 3,10f.). Die Macht Jesu über Dämonen und unreine Geister macht dabei die in ihm wirkende göttliche Macht anschaulich.

5) Die einzigartige Autorität Jesu kommt auch in seiner *Macht über Naturphänomene* (z. B. in der Stillung des Sturms, Mk 4,35–41, oder seinem Gang über das Wasser, Mk 6,45–52) oder in der erstaunlichen Sättigung einer großen Menschenmenge (Mk 6,35–44; 8,1–9) zum Ausdruck. Für diese erstaunlichen Taten Jesu, die deutlich machen, dass er im Geist und in der Vollmacht Gottes wirkt,

verwenden die Evangelien die Begriffe „Machttaten" (δυνάμεις) oder auch „Zeichen" (σημεῖα, so im Johannesevangelium).

Bis ins 18. Jahrhundert wurden diese – oft als „Wunder" bezeichneten – Taten Jesu als historisch zuverlässige Berichte von tatsächlich geschehenen Ereignissen angesehen, wobei man Zweiflern die Lehre von der Verbalinspiration der Bibel, also von deren Irrtumslosigkeit, entgegenhielt. In der Zeit der Aufklärung führte die Anwendung des Vernunftprinzips auf die Auslegung der biblischen Texte zu einem neuen Urteil über den historischen Wert der Bibel, insbesondere ihrer „Wundererzählungen". Die rationalistische Erklärung ging davon aus, ein Durchbrechen der Naturgesetze sei unmöglich, die vermeintlichen „Wunder" wären mithin als natürliche Vorgänge zu erklären: Bei der Stillung des Sturms habe das Boot eine Landspitze umfahren und sei dadurch plötzlich im Windschatten gewesen. Die Speisungswunder zeigten, dass Jesus durch seine Predigt die Menschen dazu brachte, die vorhandenen Vorräte miteinander zu teilen. Aber man sah bald, dass eine solche Deutung der Wundererzählungen deren Intentionen nicht trifft, denn diese Erzählungen wollen ja gerade nicht von rational erklärbaren Vorgängen berichten. Eine Wende markierte „Das Leben Jesu" von David Friedrich Strauß (1835/36). Er charakterisierte diese Erzählungen als „Mythen", als „geschichtsartige Einkleidung religiöser Ideen". Die Berichte der Evangelien seien nicht als historische Erinnerungen gestaltet, sondern unter dem Eindruck der durch Jesus geweckten Idee der Gottmenschlichkeit entstanden. Was in ihnen an Unerklärlichem erzählt wird, sei nicht auf einen „vernünftigen" Kern zurückzuführen, sondern müsse als mythische Ausgestaltung des Lebens Jesu aufgefasst werden. Die Evangelien seien deshalb auch nicht als historische Berichte aufzufassen. Für die Exegese bedeutete das insofern einen erheblichen Fortschritt, als deutlich wurde, dass man aus der „Wundergeschichte" nicht das „Wunder" streichen kann, um einen „historischen Kern" zu extrahieren. Die Exegese muss also danach fragen, mit welcher Absicht solche Geschichten über Jesus in dieser Weise erzählt wurden (vgl. unten § 55.2d).

In der neueren Diskussion wurde der Begriff „Wundererzählung" problematisiert (vgl. oben § 9.3d). Es wurde betont, dass dieser Begriff keine spezifische Gattung oder literarische Form, sondern eine inhaltliche Beschreibung eines Merkmals darstellt, das auf zahlreiche Texte der Jesusüberlieferung zutrifft. Inhalte und Motive der als „Wundergeschichten" bezeichneten Erzählungen sind dementsprechend überaus vielgestaltig. Zudem wird die gesamte Geschichte Jesu in den Evangelien in das Licht übernatürlicher, göttlicher Lenkung des Geschehens gerückt, von der Geburt bis zur Kreuzigung und Auferweckung. Der Begriff „Wunder" ist deshalb zu unspezifisch, um als literarische oder formale Beschreibung einer bestimmten Art von Texten zu dienen.

6) Schließlich gehören Jesu *Gleichnisse und Parabeln* zum Bereich der vorliterarischen Überlieferung. Diese Texte haben eine metaphorische Bedeutung, weisen also über das Gesagte hinaus auf etwas anderes. Häufig wird die Gottesherrschaft als übergreifendes Bezugsthema genannt, es können aber auch Personen wie zum Beispiel „diese Generation" (d.h. die Zeitgenossen Jesu) erwähnt sein (Mt 11,16f./Lk 7,31f.). In der Regel enthalten Gleichnisse und Parabeln an einer Stelle, meist am Ende, ein „Überraschungsmoment": Die Hörerinnen und Hörer sollen in Erstaunen versetzt und veranlasst werden, über das Gehörte auch jenseits der reinen Erzähllebene nachzudenken.

Am Schluss mancher Parabeln und Gleichnisse findet sich eine Anwendung (besonders im Lukasevangelium, vgl. Lk 14,28–32.33; 15,7.10); hier ist jeweils zu prüfen, ob die Anwendung eventuell in Spannung zur parabolischen Erzählung steht, was auf einen Zusatz des Evangelisten hinweisen könnte (vgl. Mt 20,16 im Verhältnis zu Mt 20,1–15).

Das in den Gleichnissen und Parabeln überwiegend verwendete Bildmaterial entspricht dem ländlichen Milieu vor allem Galiläas: Der Bauer und sein(e) Knecht(e) bzw. Sklaven, die backende Hausfrau, die Nachbarn im Dorf, Hausbau und Fischfang, das Spiel der Kinder, Handel und Weinbau, Richter und Gericht sowie verwandte Lebensbereiche werden als illustrierende Stoffe verwendet. Mehrfach wird aber auch städtisches Milieu in den Blick genommen (vgl. Mt 22,7; Lk 14,21; 18,2). Die handelnden Personen (Pharisäer, Zöllner, Richter, Kaufleute usw.) begegnen mit typischen, zum Teil aber auch gerade mit atypischen Verhaltensweisen. Dabei bestehen im Stoff und teilweise auch in der inhaltlichen Tendenz Ähnlichkeiten zwischen den synoptischen und den jüdischen Gleichnissen.

Es ist kaum möglich, die Gleichnisse und Parabeln aus einer bestimmten biographischen Situation des Lebens Jesu heraus zu erklären. Sie lassen sich vielmehr nur im Gesamtzusammenhang der Lehre Jesu interpretieren (s. u. § 55.2f). Die erzählte „Welt", die in den Gleichnissen und Parabeln eröffnet wird, enthält gewiss „Überraschungen"; vorausgesetzt sind aber die geläufigen zeitgenössischen Verhältnisse, und die dargestellte Handlung ist aus sich heraus zu verstehen. Bei der Interpretation ist jedoch die literarische Einbindung in den Kontext der Evangelien zu berücksichtigen, da sie den Gesamtzusammenhang des Wirkens Jesu darstellen und Hinweise auf den erinnerten Kontext der Gleichnisse und Parabeln geben können.

7) Narrativ-biographische Überlieferungen vom Wirken Jesu sind sodann die Erzählungen von seiner *Taufe* (Mk 1,9–11) und *Verklärung* (Mk 9,2–8.13) sowie die *Geburts- und Ostergeschichten* (Mt 1–2; Lk 1–2 bzw. Mk 14–16; Mt 26–28; Lk 22–24). Einen Sonderfall stellt dabei die vergleichsweise umfangreiche *Passionsgeschichte* dar. Anders als die sonstigen Überlieferungen, die einen knappen, episodischen Charakter haben, ist die Passionsgeschichte eine längere, zusammenhängende Erzählung mit einem strukturierten Aufbau. Ob sie als eine durchkomponierte Gesamterzählung oder aus Einzelszenen von Jesu Verhaftung, Verurteilung und Kreuzigung entstanden ist, die dann nachträglich durch die Episoden von der Salbung Jesu, dem letzten Mahl mit seinen Jüngern, der Grablegung etc. angereichert wurde, wird unterschiedlich beurteilt. Deutlich ist jedenfalls, dass die Passionsgeschichte einer festen Abfolge von Szenen folgt: Am Beginn steht die Verhaftung, gefolgt vom Verhör, der Verurteilung usw. Auffällig ist des Weiteren der häufige Bezug auf die Schriften Israels (insbesondere Ps 22).

Das zeigt, dass Leiden, Tod und Auferweckung Jesu von früher Zeit an in intensiver Weise durch Verweise auf die Schrift gedeutet wurden, weil sie besonders erklärungsbedürftig waren. Zu beachten ist auch, dass alle vier Evangelien eine Passionserzählung enthalten, was für einen frühen Bestand sprechen könnte, der dann in verschiedener Weise weiterentwickelt wurde. Dafür könnten auch die Sonderüberlieferungen sprechen, die sich bei Matthäus, Lukas und Johannes finden.

8) Die *Geburts- und Kindheitsgeschichten* des Matthäus- und des Lukasevangeliums enthalten einige für Erzählungen von wunderbaren Geburten typische Motive: die wunderbare Zeugung und Geburt, das Erkennen des Kindes als den künftigen Retter, seine Gefährdung und wunderbare Bewahrung, die frühe geistige Reife. Derartige legendarische Züge finden sich in Lebensbeschreibungen etlicher bedeutender Persönlichkeiten der Antike.

9) Bei den Ostergeschichten sind die *Erzählungen von der Auffindung des leeren Grabes* und die *Erscheinungsgeschichten*, die von der Begegnung des Auferstandenen mit Jüngern bzw. mit den Frauen erzählen, zu unterscheiden. Bei Letzteren ist die unterschiedliche Lokalisierung der Erscheinungen auffällig: Nach Matthäus erscheint der Auferstandene den Frauen in Jerusalem (28,9f.), den Jüngern dagegen in Galiläa (28,16–20); nach Lukas erscheint er nur in bzw. bei Jerusalem (24,13–32.35; 24,34; 24,36–49). In Joh 20 wird von Erscheinungen in Jerusalem berichtet, im Nachtragskapitel (Joh 21) von solchen in Galiläa. Das Markusevangelium enthält keine Erscheinungsgeschichten, aber einen Verweis auf die Erscheinung Jesu in Galiläa. Erst sekundär wurden dem Markusevangelium Erscheinungsberichte angefügt (Mk 16,9–20).

II. Die Briefe des Paulus

Literatur: MARTIN EBNER/STEFAN SCHREIBER (Hg.), Einleitung in das Neue Testament, Stuttgart ³2019, 253–410 ♦ FRIEDRICH WILHELM HORN (Hg.), Paulus Handbuch, Tübingen 2013, 44–128 ♦ MATTHEW V. NOVENSON/R. BARRY MATLOCK (Hg.), The Oxford Handbook of Pauline Studies, Oxford 2022 ♦ UDO SCHNELLE, Einleitung in das Neue Testament (UTB 1830), Göttingen ⁹2017, 31–191 ♦ ODA WISCHMEYER/EVE-MARIE BECKER (Hg.), Paulus. Leben – Umwelt – Werk – Briefe (UTB 2767), Tübingen ³2021 – Siehe auch die in § 64 genannten Darstellungen der Biographie und Theologie des Paulus.

§13 Der 1. Thessalonicherbrief

Literatur: CHRISTOPH VOM BROCKE, Thessaloniki, WiBiLex, Januar 2010, https://www.bibelwissenschaft.de/stichwort/54027/ ♦ KARL P. DONFRIED/JOHANNES BEUTLER, The Thessalonians Debate. Methodological Discord or Methodological Synthesis?, Grand Rapids, Mich. 2000 ♦ ULRICH MELL/MICHAEL TILLY (Hg.), Der 1. Thessalonicherbrief und die frühe Völkermission des Paulus (WUNT 479), Tübingen 2022 ♦ EARL JOSEPH RICHARD, Contemporary Research on 1 (and 2) Thessalonians, BTB 20 (1990), 107–115 ♦ STEFAN SCHREIBER, Früher Paulus mit Spätfolgen. Eine Bilanz zur neuesten Thessalonicherbrief-Forschung, ThRv 103 (2007), 267–284 ♦ WOLFGANG TRILLING, Die beiden Briefe des Apostels Paulus an die Thessalonicher, ANRW II 25,4 (1987), 3365–3403. – **Kommentare:** ERNST VON DOBSCHÜTZ, Die Thessalonicher-Briefe (KEK 10), Göttingen ⁷1909 (Ndr. 1974) ♦ GORDON FEE, The First and Second Letters to the Thessalonians (NIC.NT), Grand Rapids, Mich./Cambridge 2009 ♦ RUDOLF HOPPE, Der erste Thessalonikerbrief, Freiburg i. Br. 2016 ♦ FRANZ LAUB, 1. und 2. Thessalonicherbrief (NEB 13), Würzburg 1985 ♦ WILLI MARXSEN, Der erste Brief an die Thessalonicher (ZBK.NT 11/1), Zürich 1979 ♦ ULRICH MELL, Das Evangelium in einem rhetorischen Brief. Ein Kommentar zum 1. Thessalonicherbrief (WMANT 166), Göttingen 2022 ♦ PAUL-GERHARD MÜLLER, Der Erste und Zweite Brief an die Thessalonicher (RNT), Regensburg 2001 ♦ HANNA ROOSE, Der erste und zweite Thessalonicherbrief (Die Botschaft des Neuen Testaments), Neukirchen-Vluyn 2006 ♦ STEFAN SCHREIBER, Der erste Brief an die Thessalonicher (ÖTBK 13/1), Gütersloh 2014 ♦ TRAUGOTT HOLTZ, Der erste Brief an die Thessalonicher (EKK 13), Zürich/Neukirchen-Vluyn 1986.

1 Struktur und Inhalt sowie literarische Integrität

Es empfiehlt sich, zur inhaltlichen Erfassung des 1. Thessalonicherbriefs mit der Analyse des Briefrahmens zu beginnen, weil hier die Form besonders deutlich sichtbar wird (s. o. § 9.2b).

Der *Briefeingang* (Präskript, 1,1) nennt als Absender Paulus sowie Silvanus und Timotheus, als Adressaten die „Gemeinde/Kirche der Thessalonicher" (τῇ ἐκκλησίᾳ Θεσσαλονικέων). Die genannten Mitabsender sind offenbar nicht auch Mitautoren. Zwar begegnet innerhalb des Briefes häufig die 1. Person Plural (vgl. auch die Aussagen über Timotheus in 3,2.6), aber in 2,18; 3,5; 5,27 verwendet Paulus die Ich-Form. Der direkt folgende, zum Präskript gehörende Gnadenwunsch ist sehr knapp formuliert (χάρις ὑμῖν καὶ εἰρήνη, „Gnade sei mit euch und Friede"); viele Handschriften weisen eine nachträglich erweiterte Form des Gnadenwunsches auf.

Der *Briefschluss* wirkt ungewöhnlich lang: Mit 5,23f. könnte der 1. Thessalonicherbrief enden, doch in 5,25–27 folgen weitere Bitten, wobei der geradezu beschwörende Satz, der Brief solle „allen Brüdern" vorgelesen werden (V. 27), besonders auffällt. Der Gnadenwunsch (5,28) unterscheidet sich dann aber kaum von den Schlusssätzen der anderen Paulusbriefe.

Wenn der 1. Thessalonicherbrief der älteste der (erhaltenen) Paulusbriefe ist, sind die Auffälligkeiten im Briefschema vielleicht damit zu erklären, dass Paulus dieses hier freier verwendet als in späteren Briefen. Der Grund dafür ist, dass das Verhältnis zwischen der Gemeinde und ihm selbst im Vordergrund steht und den gesamten ersten Teil des Briefes (Kap. 1–3) bestimmt.

Das *Proömium* beginnt deutlich abgegrenzt in 1,2 („Wir danken Gott allezeit"), aber nach hinten scheint es offen zu sein. In 2,13 gibt es einen Neueinsatz mit der fast wörtlichen Wiederholung des Danks („Wir danken Gott unablässig").

Bis zum Ende von Kap. 3 bedenkt Paulus Aspekte seiner Beziehung zu der Gemeinde: Zunächst spricht er allgemein von der Vergangenheit (1,2–2,13), dann von der soeben durchlittenen Verfolgung der Adressaten, die Paulus mit der Situation christlicher Gemeinden in Judäa vergleicht (2,14–16), und von den Reaktionen darauf (2,17–3,8). Dieser Briefteil endet mit dem Dank an Gott wegen der jetzt verbesserten Lage und mit dem Wunsch nach einem Wiedersehen (3,9–13).

In 4,1f. scheint beinahe der Briefschluss eingeleitet zu werden. Es folgen aber mehrere Themen, die deutlich voneinander abgegrenzt sind: Heiligung und „Unzucht" (4,3–8); „Bruderliebe" (4,9–12); Trost und Auferstehungshoffnung angesichts Entschlafener (4,13–18); Mahnung zur Wachsamkeit für den „Tag des Herrn" (5,1–11); weitere Mahnungen, vor allem sittlicher Art (5,12–22). In 5,23–28 stehen Wünsche und Grüße.

An der literarischen Einheitlichkeit des 1. Thessalonicherbriefs zu zweifeln, besteht kein Anlass. Der Brief stellt eine inhaltlich und literarisch kohärente Einheit ohne Brüche und Spannungen dar. Lediglich die polemische Passage über die Juden in 2,14–16 ist gelegentlich als nachträglicher Einschub beurteilt worden. Aber auch das ist wenig wahrscheinlich.

2 Paulus und die Christen in Thessaloniki

Thessaloniki wurde 315 v. Chr. von Kassandros, dem König Makedoniens, gegründet und nach seiner Frau Thessalonikē, einer Halbschwester Alexanders des Großen, benannt. Im Jahr 146 v. Chr. wurde Thessaloniki Verwaltungshauptstadt der römischen Provinz Makedonien (Macedonia). Die Stadt wurde autonom verwaltet, was sich in Apg 17,6-9 widerspiegelt, denn Paulus und Silas werden bei den obersten Stadtbeamten (πολιτάρχαι) angeklagt, nicht wie in Korinth beim römischen Statthalter. Die im 1. Thessalonicherbrief mehrfach begegnende Erinnerung an den Beginn der Mission in der Stadt (1,6.9f.; 2,1.13 u. ö.) lässt vermuten, dass dieses Ereignis noch nicht allzu lange zurückliegt. Dennoch ist die Gemeinde inzwischen als Vorbild für die Annahme des Glaubens in ganz Makedonien und Achaia bekannt (1,7f.). Der 1. Thessalonicherbrief ist an eine Gemeinde gerichtet, die überwiegend, wenn nicht ausschließlich, aus Nichtjuden bestand (vgl. etwa 1,9f.: die Abwendung von den Götzen, um dem lebendigen und wahren Gott zu dienen, sowie die Aufforderungen zu einem Leben in Heiligkeit in 4,3-8; vgl. auch 2,14: die Gemeinde hat dasselbe von ihren Mitbewohnern erlitten wie die Gemeinden Judäas von den Juden), mit der er nach seinem Weggang brieflich in Kontakt blieb.

Paulus betont in 2,9f., dass er „Nacht und Tag gearbeitet" hat, um die junge Gemeinde finanziell nicht zu belasten. Aus Phil 4,16 geht hervor, dass die Christen in Philippi ihn während seines Aufenthalts in Thessaloniki materiell unterstützt haben. Warum Paulus so nachdrücklich an sein damaliges Verhalten erinnert, bleibt undeutlich. Vielleicht wurde ihm vorgeworfen, dass er mit seiner Mission Geld verdiene, ähnlich den zu jener Zeit vielfach auftretenden Wanderphilosophen. Wie lange sich Paulus und Silas in Thessaloniki aufgehalten haben, lässt sich nicht sagen. Nach Apg 17,2 redete Paulus „an drei Sabbaten" in der dortigen Synagoge zu den Juden, woraufhin es zum Konflikt mit den ortsansässigen Juden kam.

Die Thessalonicher hatten zur Zeit des Briefes des Paulus gerade eine Zeit der Verfolgung überstanden (2,13-3,8). Paulus hatte Timotheus deshalb von Athen aus nach Thessaloniki zurückgesandt, um die Gemeinde zu stärken (3,1-5). Inzwischen ist Timotheus in Korinth wieder mit Paulus zusammengetroffen und hat ihm von der Gemeinde berichtet. Daraufhin verfasst Paulus den Brief (3,6f.). Dieser dient vor allem dazu, die Beziehung zwischen Paulus und der Gemeinde zu festigen, die Gemeinde zu stärken und weiter im Glauben zu unterweisen. Das hat sich in der Gestaltung des Briefes niedergeschlagen, deren erster Teil sich ausführlich dem Verhältnis von Apostel und Gemeinde widmet (1,2-3,13).

Die Aussagen des 1. Thessalonicherbriefs entsprechen teilweise den Nachrichten, die aus Apg 17,5-15 zu gewinnen sind. Dort ist allerdings von einem Aufruhr die Rede, der von jüdischen Stadtbewohnern ausging. Die Apostelgeschichte setzt voraus, dass Paulus überwiegend Juden und „Gottesfürchtige" (d. h. mit dem Judentum sympathisierende Heiden) für den Christusglauben gewonnen hatte. Diese Darstellung entspricht dem in der Apostelgeschichte gezeichneten üblichen Schema des Wirkens des Paulus, sie passt jedoch nicht zu den Aussagen in 1Thess 1,9f., dass sich die Thessalonicher „von den Götzen abgewendet" hatten, „um dem lebendigen und wahren Gott zu dienen", und auch nicht zu den ethischen Weisungen in 1Thess 4,3-8. Während des Aufruhrs flohen Paulus und Silas (bei Paulus stets Silvanus) nach Beröa (Apg 17,10). Das wird im 1. Thessalonicherbrief nicht erwähnt. Die Aussagen in 1Thess 3,1-7 und Apg 17,4.10-15; 18,5 stimmen aber darin überein, dass sich Timotheus zeitweise nicht bei Paulus aufgehalten hatte (in der Apostelgeschichte betrifft das auch Silas, so dass Paulus alleine nach Athen kommt). Aus den Angaben in 1Thess 3,6 und Apg 18,5 ergibt sich, dass der 1. Thessalonicherbrief in Korinth abgefasst wurde, wohin Paulus mittlerweile weitergereist war (s. u.).

3 Theologische Themen

1) Ein wesentlicher Teil des Briefes befasst sich damit, wie die Gemeinde entstanden ist und was sie dem Wirken der Missionare verdankt. Dabei spielen auch die Erfahrungen mit dem Leben gemäß dem Evangelium eine wichtige Rolle. Rhetorisch ist der Brief von Wohlwollen und Lob der Gemeinde geprägt. Paulus lobt die Adressaten dafür, dass sie das Evangelium angenommen haben und seine Verkündigung nicht erfolglos war. Er beschreibt sich selbst als „Amme, die ihre eigenen Kinder nährt" (2,7), als Vater, der seine Kinder ermahnt (2,11f.), den Zustand des Getrenntseins beschreibt er als „Verwaistsein", dem Angesicht, nicht dem Herzen nach, und er betont seine Sehnsucht, die Gemeinde wiederzusehen (2,17).

2) Der 1. Thessalonicherbrief enthält keine Zitate aus der Heiligen Schrift („Altes Testament"). Offenbar sah Paulus keine Veranlassung, seine Darlegungen über das Evangelium unmittelbar von der Schrift her zu entwickeln. Das ist auch im Philipperbrief so, aber in den Briefen nach Korinth sowie im Galater- und Römerbrief ist es deutlich anders. Auch die Themen Gesetz, Gerechtigkeit Gottes und Sünde kommen nicht vor. Im Zentrum stehen die Berufung der Heiden durch Gott (1,4; 2,12; 4,7; vgl. auch 5,9), Tod und Auferweckung Jesu Christi als grundlegend für die Rettung (1,10; 4,14–17; 5,9f.) sowie das Leben, das zur Heiligung führt (4,3–8).

3) Schon zu Beginn des Prooömiums begegnet die für Paulus dann typisch werdende Trias „Glaube, Liebe, Hoffnung" (1,3). Zunächst spricht Paulus von dem Glauben der Gemeinde, dann weitet er den Blick, bis in 1,8 die Glaubenden „an jedem Ort" einbezogen sind (einen ähnlichen Akzent setzt Paulus in 1Kor 1,2). Darauf folgt in 1,9f. eine kurze Zusammenfassung des Erfolgs seines missionarischen Wirkens: Die Briefadressaten haben sich Gott zu- und von den „Götzen" abgewandt (ἐπεστρέψατε πρὸς τὸν θεὸν ἀπὸ τῶν εἰδώλων), um dem „lebendigen und wahren Gott" zu dienen. Sie erwarten den Gottessohn aus dem Himmel, den Gott von den Toten auferweckt hat und „der uns retten wird vor dem kommenden Zorn" (vgl. 5,9).

4) In 4,1 beginnt die Paränese, die bis 5,22 reicht. Sie wird eingeleitet mit dem Hinweis, die Adressaten sollten so „wandeln" (περιπατεῖν), wie es Gott gefällt. Der Nachsatz „wie ihr ja tatsächlich wandelt" (καθὼς καὶ περιπατεῖτε) zeigt, dass die Paränese nicht unbedingt auf spezifische Probleme bei den Adressaten reagiert. Es ist allerdings charakteristisch, dass diese Wendung in vielen Handschriften

fehlt, weil man es für nicht vorstellbar hielt, Paulus könne den Adressaten einen angemessenen „Wandel" bescheinigt haben. Es entspricht der Tradition, dass der Bereich der Sexualität im Vordergrund der sittlichen Mahnungen steht (4,3–8). Anschließend (4,9–11) spricht Paulus von der Liebe untereinander (φιλαδελφία) und vom vorbildlichen Verhalten gegenüber „denen draußen" (4,12), wiederum mit dem Hinweis, die Adressaten bedürften dazu eigentlich keiner Belehrung.

Im Rahmen der Paränese kommt Paulus auch auf die Themen „Auferstehung der Toten" (4,13–18, eingeführt mit der grundsätzlichen Wendung „bezüglich der Entschlafenen", περὶ τῶν κοιμωμένων) und „Tag des Herrn" (5,1–11) zu sprechen. Dabei geht es vor allem um seelsorglichen Trost angesichts von akuter Trauer nach Sterbefällen (4,13f., vgl. 4,18). Offenbar ist in der Gemeinde angesichts dieser Fälle die Frage nach der Teilhabe der gestorbenen Gemeindeglieder am durch Christus vermittelten Heil aufgekommen. Der zentrale Inhalt der Ausführungen des Paulus ist, dass die Auferstehung Jesu auch die Auferstehung der zu ihm Gehörenden bedeutet (4,14–17; vgl. 1Kor 15,21–28). Dieser Zusammenhang wurde von den Thessalonichern offenbar nicht vorausgesetzt, er ist vielleicht von Paulus bei seiner Verkündigung auch nicht explizit dargelegt worden.

In 5,1–11 wird von der unverhofft kommenden Parusie (von παρουσία, „Ankunft, Wiederkunft") Christi gesprochen, obwohl solche Belehrung eigentlich gar nicht nötig sei (V. 1b.2). Dabei verwendet Paulus das Bild vom „Dieb in der Nacht" für das unerwartete Kommen des „Tages des Herrn" (V. 2), angesichts dessen eine besondere Wachsamkeit erforderlich ist. Das Bild und die Wachsamkeitsthematik spielen auch in der synoptischen Überlieferung (Mt 24,42–51/ Lk 12,35–40) und in anderen frühchristlichen Schriften (2Petr 3,10; Apk 3,2f.; 16,15) eine Rolle. Paulus bedient sich demnach eines Motivs, das in der frühchristlichen Überlieferung offenbar verbreitet war. Die Parusieerwartung spielt im 1. Thessalonicherbrief durchgängig eine große Rolle (vgl. 1,10; 2,19; 3,13; 4,15; 5,23). Ihre zeitliche Nähe wird von Paulus vorausgesetzt, aber nicht besonders betont.

5) Nicht leicht zu verstehen ist der heftige Angriff auf Juden in 2,14–16. Paulus erwähnt zunächst (V. 14) die analoge Situation in Thessaloniki und in Judäa: Die Briefadressaten haben Verfolgungen durch ihre Landsleute erlitten (ὑπὸ τῶν ἰδίων συμφυλετῶν), so wie Gemeinden in Judäa durch die Juden bzw. die Bewohner Judäas (ὑπὸ τῶν Ἰουδαίων, dabei ist möglicherweise an diejenigen Juden gedacht, die an Jesu Hinrichtung beteiligt gewesen waren, worauf in V. 15a ausdrücklich angespielt wird). Es folgt eine massive Polemik gegen die Juden (V. 15b.16). Die Aussage, sie hätten auch „die Propheten ermordet", entspricht dabei einer gängigen jüdischen Tradition über das gewaltsame Geschick der Propheten (vgl. Lk 13,34/Mt 23,37), und das Urteil, sie würden Gott „nicht gefallen", wird aus der Verfolgung von Christusgläubigen seitens der Juden abgeleitet (V. 15b). Diese Feststellungen werden durch die Behauptung zugespitzt, die Juden seien „allen Menschen feindlich gesinnt". Damit übernimmt Paulus eine antijüdi-

sche Polemik aus der griechisch-römischen Tradition, die sich zum Beispiel im Urteil des Tacitus über die Juden als „feindlicher Hass" (*hostile odium*, hist. 5,5) widerspiegelt, das er ähnlich aber auch über die Christen fällt („Hass gegen das Menschengeschlecht", *odium generis humani*, ann. 15,44). In V. 16a wird der Versuch erwähnt, die Heidenmission zu verhindern. Anschließend (V. 16b) wird die Polemik noch einmal deutlich gesteigert: Das Maß ihrer Sünden sei gefüllt, das Gericht sei „endgültig" über sie gekommen (ἔφθασεν δὲ ἐπ' αὐτοὺς ἡ ὀργὴ εἰς τέλος).

Wie ist eine derart scharfe Attacke (des Juden!) Paulus zu erklären, wenn man nicht annehmen will, diese Aussagen seien später in den Text eingefügt worden (wofür es keinen Anhaltspunkt gibt)? Das in V. 15.16 gebrauchte Pronomen ἡμᾶς („uns") macht deutlich, dass die Polemik auf konkrete Erfahrung zurückgeht. Offenbar bezieht sich Paulus hier auf Anfeindungen und Verfolgungen, die er bei der Verkündigung des Evangeliums von Seiten seiner jüdischen Landsleute erlitten hat (vgl. z. B. die in 2Kor 11,24 erwähnte Synagogenstrafe der Auspeitschung sowie die in V. 25 genannte Steinigung, von der auch in Apg 14,19 erzählt wird). Als theologisch begründete Judenfeindschaft des Paulus oder gar als „Antijudaismus" sind diese Aussagen deshalb nicht zu deuten, zumal Paulus selbst mit der Möglichkeit rechnet, durch seine Mission andere Juden für Christus zu gewinnen (1Kor 9,20f.; Röm 11,14). Die späteren Auswirkungen dieser und ähnlicher Formulierungen waren gleichwohl verheerend. Es ist deshalb von zentraler Bedeutung, diese Passage in ihrem konkreten Kontext, nämlich der Erfahrung der Feindseligkeit und Verfolgung, die die frühen christlichen Gemeinden von ihrer jüdischen und nichtjüdischen Umwelt erfahren haben, zu interpretieren. Von Bedeutung ist weiter, die grundlegenden theologischen Reflexionen zum Verhältnis von Evangelium und Israel zu beachten, die Paulus in Röm 9-11 entfaltet.

4 Ort und Zeit der Abfassung

1) Der 1. Thessalonicherbrief wurde sehr wahrscheinlich in Korinth geschrieben. In 3,1 erwähnt Paulus Athen (vgl. Apg 17,15-34), wo er sich zur Zeit der Abfassung des Briefes nicht mehr aufhält. Über Athen kam Paulus nach Korinth (Apg 18,1) und traf dort wieder mit Timotheus zusammen (18,5; vgl. 1Thess 3,6). Der 1. Thessalonicherbrief ist damit der älteste der erhaltenen Paulusbriefe; Briefe aus der Zeit der paulinischen Mission in Syrien und Kilikien bzw. der mit Barnabas gemeinsamen Missionsreise (vgl. Gal 1,21; Apg 13-14) sind nicht bekannt. Für Korinth als Abfassungsort spricht auch die Erwähnung von Makedonien und Achaia in 1Thess 1,7f.: Thessaloniki war die Hauptstadt Makedoniens, Korinth diejenige von Achaia. Verbindet man diese Angaben mit der aus Apg 18,12 zu gewinnenden Datierung des Aufenthalts des Paulus in Korinth zur Zeit des Statthalters Gallio (s. u. § 60.2), lässt sich die Abfassung des 1. Thessalonicherbriefs auf das Jahr 50 oder 51 datieren. Der Vergleich zwischen 1Thess 3 und Apg 17f. führt

zu der für die Bewertung der Apostelgeschichte als historische Quelle wichtigen Erkenntnis, dass sie den Ablauf der Ereignisse bisweilen vereinfacht darstellt.

Man könnte einwenden, dass in Apg 18 die Abfassung dieses Briefes nicht erwähnt wird. Aber die Apostelgeschichte spricht überhaupt nicht von paulinischen Briefen. Ihr Schweigen im Zusammenhang des Berichts über den Aufenthalt in Korinth bedeutet deshalb nicht, dass Paulus den Brief dort nicht verfasst haben kann.

2) Es lässt sich kaum sagen, wie groß der zeitliche Abstand zwischen dem Aufenthalt des Paulus in Thessaloniki und der Abfassung des Briefes war. Nach 2,17 scheint es, als liege dazwischen nur eine kurze Zeit. In 2,18 schreibt Paulus allerdings, er habe „schon ein- oder zweimal" nach Thessaloniki kommen wollen, was eher auf einen längeren zeitlichen Abstand hindeutet.

Arbeitsvorschläge

1. Es lohnt sich, mithilfe einer Konkordanz nach Belegen für die in 1Thess 1,3 begegnende Trias „Glaube, Liebe, Hoffnung" zu suchen, vor allem bei Paulus, aber auch sonst im Neuen Testament.
2. Welche wesentlichen Aspekte nennt Paulus rückblickend bei der „Bekehrung" der Thessalonicher in 1,9f.?
3. Wie stellt Paulus das Verhältnis zwischen sich und der Gemeinde in Thessaloniki dar? Bemerkenswert sind dabei die Vergleiche 1Thess 2,7f.11f.
4. Wie beschreibt Paulus Jesu „Wiederkunft" (παρουσία, 4,15) und die Auferstehung der Toten? Welchen Anlass könnte Paulus dafür gehabt haben, dass er dieses Thema anspricht?
5. In 1Thess 5,2 verwendet Paulus im Zusammenhang der Parusieerwartung das Bild vom „Dieb in der Nacht". Es ist interessant, folgenden Fragen nachzugehen: Wie ist der Argumentationsgang in 5,1–11? Welche Forderungen verbindet Paulus mit dem Ausblick auf den „Tag des Herrn"? Was ist mit „Tag" und „Nacht" jeweils gemeint? In welchen Zusammenhängen begegnet das Bild in anderen Texten im Neuen Testament?

§14 Der 1. Korintherbrief

Literatur: REIMUND BIERINGER (Hg.), The Corinthian Correspondence (BEThL 125), Leuven 1996 ♦ GUDRUN GUTTENBERGER, Korinth, WiBiLex, Januar 2022, https://www.bibelwissenschaft.de/stichwort/51922/ ♦ GERHARD SELLIN, Hauptprobleme des Ersten Korintherbriefes, ANRW II 25,4 (1987), 2940-3044. – **Kommentare:** HANS CONZELMANN, Der erste Brief an die Korinther (KEK 5), Göttingen ²1981 ♦ ANDREAS LINDEMANN, Der Erste Korintherbrief (HNT 9/1), Tübingen 2000 ♦ HELMUT MERKLEIN/MARLIS GIELEN, Der erste Brief an die Korinther, 3 Bde. (ÖTBK 7/1-3), Gütersloh 1992-2005 ♦ MARGARET M. MITCHELL, Paul and the Rhetoric of Reconciliation (HUTh 28), Tübingen 1991 ♦ WOLFGANG SCHRAGE, Der erste Brief an die Korinther, 4 Bde. (EKK 7/1-4), Zürich/Neukirchen-Vluyn 1991-2000 ♦ THOMAS SCHREINER, 1 Corinthians. An Introduction and Commentary (Tyndale New Testament Commentary 7), Downers Grove, Ill. 2018 ♦ LUISE SCHOTTROFF, Der erste Brief an die Gemeinde in Korinth (ThKNT 7), Stuttgart ²2021 ♦ CHRISTIAN WOLFF, Der erste Brief des Paulus an die Korinther (ThHK 7), Leipzig ²2000 ♦ DIETER ZELLER, Der erste Brief an die Korinther (KEK 5), Göttingen 2010.

1 Paulus und die Gemeinde in Korinth

Die im 9. Jahrhundert v. Chr. gegründete, wirtschaftlich und politisch sehr mächtige Stadt Korinth war nach der Niederlage des Achäischen Bundes, dem sie angehörte, im Jahre 146 v. Chr. von dem römischen Konsul Lucius Mummius zerstört worden. Auf Anweisung Caesars wurde sie 44 v. Chr. als römische Kolonie neu gegründet und erhielt den Namen *colonia laus Iulia Corinthiensis*. Nicht zuletzt dank der geographisch günstigen Lage am Isthmus zwischen Attika und der Peloponnes und zwei Häfen am Korinthischen und Saronischen Golf nahm Korinth wieder raschen Aufschwung. Als 27 v. Chr. die Provinz Achaia gegründet wurde, wurde Korinth deren Hauptstadt und Sitz des Prokonsuls. Als Hafen- und Handelsstadt spielte Korinth zur Zeit des Paulus eine bedeutende Rolle. Zudem waren dort, wie in der griechisch-römischen Welt üblich, zahlreiche Kulte angesiedelt. Archäologisch und literarisch bezeugt sind etwa die Kulte für Aphrodite, Asklepios, Demeter und Kore, Isis und Sarapis. Des Weiteren gab es einen der Julischen Dynastie gewidmeten Tempel.

Die korinthische Gemeinde entstand nach der Darstellung in Apg 18,1-18 während der „zweiten Missionsreise", nachdem Paulus in Athen gewesen war.

Paulus traf Aquila und Priszilla, die als Juden auf Anweisung von Kaiser Claudius Rom hatten verlassen müssen. Ob sie schon als Christusgläubige nach Korinth gekommen waren, ist nicht deutlich. Jedenfalls war es vor der Ankunft des Paulus noch nicht zur Gründung einer christlichen Gemeinde gekommen. Diese entstand nach Darstellung in der Apostelgeschichte im Umfeld der Synagoge (vgl. 18,8), aber aus 1Kor 12,2 geht hervor, dass die meisten Gemeindeglieder nichtjüdischer Herkunft waren (vgl. 8,7), es gab aber auch Juden unter ihnen (7,18).

Nach Apg 18,11 hielt sich Paulus während des Gründungsbesuchs eineinhalb Jahre lang in Korinth auf. Die umfangreichen erhaltenen Briefe zeigen, dass diese Gemeinde für ihn besonders wichtig war, denn er nimmt zu ihren aktuellen inneren Problemen so intensiv Stellung, als gehörte er selber dazu (vgl. 1Kor 5,3). In 1Kor 16,6–8 kündigt er einen ausgedehnten Besuch an („über den Winter hinaus"), fügt aber hinzu, er werde zunächst noch in Ephesus bleiben und erst „nach Pfingsten" kommen.

Paulus befasst sich im 1. Korintherbrief mit diversen Fragen und Problemen, die in der Gemeinde aufgetaucht sind. Dabei handelt es sich größtenteils um Themen, die das Leben christusgläubiger Heiden betreffen (etwa Fragen der Sexualität und des Verhältnisses zu griechisch-römischen Kulten). Der Brief gibt deshalb intensive Einblicke in das Leben einer frühchristlichen, im Wesentlichen nichtjüdischen Gemeinde. Zugleich lässt er erkennen, wie Paulus in der Bearbeitung der aufgetauchten Fragen und Probleme seine Auffassungen über das Leben der Christusgläubigen und der Gemeinde ausbildet. Dass er über die Situation in der korinthischen Gemeinde detailliert informiert ist, weist auf die engen Kontakte hin, die nach seinem Gründungsbesuch zwischen der Gemeinde und ihm bestanden. Paulus weist im 1. Korintherbrief explizit darauf hin, dass ihm die Nachrichten von Mitgliedern der korinthischen Gemeinde übermittelt wurden (1,11). In 5,9 erwähnt er zudem einen Brief, den er der Gemeinde bereits zuvor geschrieben hat und auf den er nunmehr korrigierend Bezug nimmt (vgl. dazu auch unten § 14.3). Des Weiteren erwähnt er einen Brief, den ihm die Gemeinde geschrieben hat und auf den er in seinem eigenen Brief antwortet (7,1).

2 Struktur und Inhalt

Im 1. Korintherbrief erörtert Paulus viele unterschiedliche Themen, die nacheinander abgehandelt werden. Anders als die anderen Briefe des Paulus hat der 1. Korintherbrief deshalb einen additiven Aufbau. Die jeweiligen Neueinsätze sind deutlich erkennbar, was dem Brief eine klare Struktur verleiht.

Im Präskript (*1,1*–3) stellt sich Paulus vor als „berufener Apostel Jesu Christi durch den Willen Gottes" (V.1; vgl. Gal 1,1; Röm 1,1). Als Mitabsender, aber nicht als Mitverfasser (Paulus schreibt häufig „ich"), wird „der Bruder Sosthenes" genannt. Dabei handelt es sich vermutlich um den in Apg 18,17 genannten Synagogenvorsteher, der inzwischen zum christlichen Glauben gekommen war. Zur Zeit der Abfassung des Briefes ist er bei Paulus in Ephesus, eventuell weil er nach seiner Bekehrung vor den Juden Korinths zu Paulus geflohen ist.

Die Adresse (V. 2) ist sehr ausführlich gestaltet. Sie lässt erkennen, dass das Verhältnis der Korinther zu anderen Gemeinden eine besondere Rolle spielen wird. Der Gnadenwunsch (V. 3) entspricht dem in Phil 1,2 und Gal 1,3 (dort findet sich eine auf Jesus Christus bezogene Erweiterung). Das als Dank an Gott („Eucharistie") formulierte Proömium (*1,4-9*) ist deutlich abgegrenzt.

In *1,10-4,21* geht Paulus auf die „Spaltungen" bzw. „Parteien" innerhalb der Gemeinde ein. Nachdem er in 1,10-17 das Problem benannt hat, leitet er in 1,17 mit der Gegenüberstellung von „Weisheit der Rede" und „Kreuz Christi" über zu 1,18-2,16: Das „Wort vom Kreuz" – also die Botschaft von Jesus Christus als dem Gekreuzigten – macht deutlich, dass Gott andere Maßstäbe hat als die Welt (vgl. den Gegensatz von „Weisheit der Menschen" in 2,5 und „Weisheit Gottes" in 2,6f.). In 3,1 lenkt Paulus zu den „Parteien" zurück und betont die Verantwortlichkeit der Menschen für ihr jeweiliges Handeln (3,18-4,5). In 4,6-13 stellt er in ironischer Weise die Selbstüberhebung der Gemeinde und die Schwachheit des Apostels einander gegenüber, und dann (4,14-21) folgen Mahnungen und eine mit leicht drohendem Unterton formulierte Besuchsankündigung.

In 5,1 beginnt übergangslos, aber indirekt vorbereitet durch die in 4,18-21 geäußerte Kritik an der Gemeinde, ein neuer Abschnitt, der bis zum Ende von Kap. 7 reicht, im Grunde aber den ganzen restlichen Brief umfasst. In *5,1-7,40* erörtert Paulus sittliche bzw. ethische Probleme, wobei er direkt auf die konkreten Verhältnisse in Korinth eingeht und auf einen Brief aus Korinth reagiert (7,1; Näheres s. u. § 14.4).

In *8,1-11,1* erörtert Paulus die Frage, ob Christusgläubige das Fleisch von Tieren essen dürfen, die im Zusammenhang eines Opfers für nichtjüdische Gottheiten geschlachtet worden waren. Mit Rücksicht auf die „Schwachen" soll trotz der grundsätzlich bestehenden Freiheit zum Essen solchen Fleisches davon kein Gebrauch gemacht werden (8,7-13; V. 10 zeigt, dass es vor allem um Mahlzeiten geht, die an einem Tempel eingenommen werden). In 9,1-27 zeigt Paulus an unterschiedlichen Beispielen, dass er selber von der Freiheit, die er als Apostel hat, nicht immer Gebrauch macht. Nachdem er in 10,1-13 biblische Beispiele geschildert hat, die „uns" zur Warnung dienen sollen, zieht er in 10,14-11,1 die Konsequenz: Die Teilnahme an einer fremden Kultfeier ist für Christen unmöglich (10,21f.), aber Fleisch, das auf dem Markt verkauft wird, darf unbedenklich gegessen werden, ohne dass geprüft werden muss, ob es von rituell geschlachteten Tieren stammt (10,25f.). Wenn aber jemand bei einem gemeinsamen Essen ausdrücklich darauf hinweist, dass es sich um „heiliges Fleisch" handelt (10,27-30), dann soll man aus Rücksicht auf den, der diesen Hinweis gab, nicht von diesem Fleisch essen.

In *11,2–14,40* geht es vor allem um die Ordnung des Gottesdienstes. In 11,2–16 schreibt Paulus über Kopfbedeckung bzw. unterschiedliche Haartracht von Männern und Frauen beim Beten und beim „prophetischen Reden". Offenbar hatten korinthische Frauen, ohne sich den Kopf zu bedecken, in der Gemeindeversammlung mit langem, offenem Haar prophetisch geredet. Paulus sieht darin einen Verstoß gegen die natürliche Ordnung, die er in 11,7–9 ausführt. In 11,17–34 folgen Hinweise zur Gestaltung der Abendmahlsfeier (in V. 23–25 wird an die Einsetzungsworte erinnert). Thema in 12,1–31a sind die unterschiedlichen Geistesgaben (πνευματικά bzw. χαρίσματα) der „Glieder" der als „Leib" gedachten Kirche (V. 27: „Ihr seid der Leib Christi"). In 13,1–13 wird in teilweise poetischer Sprache gesagt, dass alle Gaben „nichts" sind verglichen mit dem „höheren Weg", nämlich der Liebe. In Kap. 14 geht es sehr konkret um besondere Probleme der gottesdienstlichen Zusammenkünfte der Gemeinde. Ähnlich wie bei der Haartracht (11,2–16) und bei der Mahlfeier (11,17–34) hebt Paulus die besondere Bedeutung der Ordnung hervor: Nicht zuletzt Menschen, die von außen einen Gottesdienst besuchen, sollen nicht den Eindruck bekommen, die versammelte Gemeinde sei „verrückt" (14,23–25; zu dem Befehl „die Frau schweige in der Gemeinde" in 14,34f. s. u. § 14.3).

In *15,1–58* erörtert Paulus das Thema „Auferstehung der Toten". Er beginnt seine Argumentation mit dem Hinweis auf das Bekenntnis zu Tod und Auferstehung Jesu Christi (V. 1–11), und er setzt sich auf dieser Grundlage mit dem von „einigen" in Korinth vertretenen Satz auseinander: „Es gibt keine Auferstehung der Toten" (V. 12). In mehreren Durchgängen will er diese korinthische These als Irrtum erweisen, wobei sich in der Schlussbemerkung (V. 58) andeutet, dass der Gedankengang in Kap. 15 auch als Teil der Paränese zu verstehen ist.

Der Abschnitt *16,1–18* enthält aktuelle Korrespondenz. Paulus gibt Anweisungen zur Organisation der Kollekte für Jerusalem (V. 1–4), es folgen Reisepläne (V. 5–12) und dann Mahnungen, die offenbar etwas mit der Ankunft von drei korinthischen Gemeindegliedern zu tun haben (V. 17). Der Briefschluss (*16,19–24*) enthält Grüße und ein Fluchwort (V. 22) sowie schließlich den Gnadenwunsch (V. 23), der durch den Hinweis auf „meine Liebe" (V. 24) erweitert ist.

3 Literarkritische Probleme

Die Frage, ob der 1. Korintherbrief in seinem überlieferten Text literarisch einheitlich ist oder aus ursprünglich mehreren Briefen redaktionell zusammengefügt wurde, ist in der Forschung intensiv diskutiert und unterschiedlich beantwortet worden. Da aus 5,9–11 hervorgeht, dass Paulus bereits früher einen Brief an die Korinther geschrieben hatte, wird mitunter versucht, diesen Brief aus den erhaltenen Korintherbriefen zu rekonstruieren. Aber die von Paulus in V. 9b aus seinem eigenen Brief zitierte und dann korrigierend kommentierte Wendung begegnet sonst nirgends. Es ist deshalb anzunehmen, dass der frühere Brief verlorengegangen ist.

Als Indizien für unterschiedliche Situationen und also für die Annahme, dass der vorliegende Brief keine ursprüngliche Einheit darstellt, gelten bisweilen gewisse Spannungen innerhalb des 1. Korintherbriefs. In 4,19 schreibt Paulus, er wolle „schnell" nach Korinth kommen, aber in 16,5-9 heißt es, er wolle „bis Pfingsten" in Ephesus bleiben. In 7,1 nimmt Paulus auf einen Brief Bezug, den er aus Korinth erhalten hat, während an anderen Stellen vorausgesetzt ist, dass er mündliche Nachrichten erhalten hat (vgl. 1,11; 5,1; 11,17f.). Johannes Weiß (Der erste Korintherbrief [KEK 5], Göttingen 1910 [Ndr. 1970]) nahm an, dass im 1. Korintherbrief zwei Briefe enthalten sind: In „Brief A" nahm Paulus kritisch Stellung zum Thema „Götzenopferfleisch" (10,1-22) und zum Umgang mit Prostituierten (6,12-20); dazu gehörten auch die Mahnungen in 9,24-27 und in 11,2-34, woran sich 16,7b-9.15-20 gut anschließen könnten. „Brief B" sah Weiß in 1,1-6,11, dann in Kap. 7; 8; 13 und (in dieser Abfolge!) in 10,24-11,1; 9,1-23 sowie Kap. 12; 14; 15; 16.

Aber die beobachteten Differenzen lassen sich auch ohne literarkritische Hypothesen erklären. Auch wenn Paulus „schnell" nach Korinth reisen will (4,19), hält er sein vorläufiges Verbleiben in Ephesus für dringlicher („eine Tür hat sich mir aufgetan", 16,5-9), und so ist ein sofortiger Besuch in Korinth nicht möglich (vgl. 11,34). Dass Paulus aus Korinth sowohl mündliche als auch briefliche Nachrichten erhalten hat, auf die er jetzt brieflich reagiert, ist ohne weiteres vorstellbar.

Der 1. Korintherbrief weist zudem gewisse Auffälligkeiten auf, die bisweilen mit literarkritischen Annahmen erklärt wurden. In der über Korinth hinausgehenden Adresse in 1,2b („... mit allen, die den Namen unsres Herrn Jesus Christus anrufen an jedem Ort, bei ihnen und bei uns") sah Johannes Weiß eine spätere Glosse aus der Feder des Redaktors der Paulusbriefsammlung, der den „ökumenischen" Charakter des Briefes hervorheben wollte. Derartige Wendungen finden sich auch in 4,17; 7,17; 11,16 (vgl. 14,33). Weiß sah darin eine „Katholisierung" (Verallgemeinerung) des Briefes, die bei der Sammlung der Paulusbriefe entstanden sei, um den Brief für alle christlichen Gemeinden verbindlich werden zu lassen. Dafür gibt es aber keinerlei textkritischen Anhalt. Zudem finden sich ähnliche Formulierungen auch in 2Kor 1,1 und Phil 1,1. Die Einbindung der korinthischen Gemeinde in die Gesamtheit der Christusgläubigen dürfte deshalb auf Paulus selbst zurückzuführen sein.

Anders verhält es sich mit der Anweisung, die Frauen sollten in der Gemeinde schweigen (14,34.35). Hier liegt mit hoher Wahrscheinlichkeit eine spätere Einfügung vor, denn diese Aussagen stehen in direktem Widerspruch zu 11,2-16 und sprengen zudem den unmittelbaren Kontext (14,31-33.36f.). Die hier vorgetragene Argumentation und die dabei verwendete Sprache sind unpaulinisch. Die Annahmen, Paulus verurteile nur das „Dazwischenreden" von Frauen im Gottesdienst oder er denke allein an verheiratete Frauen, da ja unverheiratete Frauen nicht „ihre Männer fragen" könnten, sind ohne jeden Anhalt an dem Text in

V. 34.35; die hier getroffenen Aussagen entsprechen deutlich der kirchlichen Entwicklung in späterer Zeit (vgl. LINDEMANN 317–321).

4 Anlass und Abfassungszweck: Der Brief des Paulus als Reaktion auf die Situation der Gemeinde

Der 1. Korintherbrief ist durchgängig bestimmt von dem Bild, das Paulus von der akuten Lage in Korinth hat. Kein anderer Paulusbrief informiert (uns) so detailliert über die bei den Adressaten bestehende Situation, oder genauer: über die paulinische Sicht dieser Situation. So kann man versuchen, die Aussagen im 1. Korintherbrief als Antwort des Paulus auf Informationen zu lesen, die er durch „die (Leute) der Chloë" (1,11; leider erfahren wir nichts Näheres über sie) und offenbar auch durch Stephanas und dessen Begleiter (16,17f.) aus Korinth erhalten hatte (vgl. auch 11,18), ferner durch den in 7,1 erwähnten korinthischen Brief. Paulus sah sich zu einer breit angelegten Reaktion herausgefordert, wobei der Brief den geplanten persönlichen Besuch vorläufig ersetzen soll (16,5–9; vgl. 11,34).

1) Aus *1,10–4,21* geht hervor, dass sich in der Gemeinde Gruppen („Parteien") gebildet haben, die sich an bestimmten Autoritäten orientieren (1,12). Welche inhaltlichen Vorstellungen die einzelnen Gruppen vertraten, ist (für uns) nicht zu erkennen, denn Paulus sagt über den Charakter der einzelnen „Parteien" gar nichts, sondern kritisiert deren Existenz überhaupt. Etwas später betont Paulus, dass Apollos und er selber nichts als „Diener" seien (3,5), deren Werk von Gott geprüft werden würde (3,10–15); einen Herrschaftsanspruch kann deshalb niemand erheben (Kap. 4).

Gelegentlich wird die Ursache für die Gruppenbildung auf ein ausgeprägtes Interesse in der korinthischen Gemeinde an „Weisheit" (σοφία; vgl. 1,17; 1,18–2,16) zurückgeführt, verbunden mit einem Streben nach höherer Erkenntnis (γνῶσις; vgl. 1,5; 8,1.7; 12,8; 13,2.8; 14,6). Das gelte insbesondere für die Anhänger des Apollos, wofür die Aussage des Lukas über Herkunft und Bildung des Apollos (Apg 18,24f.) herangezogen wird. Die Anhänger der „Christus-Partei" rühmten sich vielleicht eines unmittelbaren Verhältnisses zum erhöhten Christus.

In der Formulierung bleibt allerdings einiges undeutlich: a) Nennt Paulus vier oder nur drei verschiedene „Parteien"? Die Aussage „Ich gehöre Christus" könnte die Parole einer Gruppe sein, die die anderen zu übertrumpfen suchte, indem sie sich unmittelbar auf Christus berief. Möglich ist aber auch, dass Paulus diese Feststellung auf sich selbst bezieht: „*Ich* aber gehöre zu Christus", vielleicht mit der Tendenz: Es kann nur *diese* Parole geben, denn man soll nicht einer menschlichen Autorität folgen. Wortlaut und Gedankenführung in 1,12f. machen es jedoch wahrscheinlich, dass es in Korinth tatsächlich eine „Christus-Partei" gab, auch wenn in 3,22 nur noch die drei ersten „Parteihäupter" erwähnt werden. b) Aus der Existenz der Kephas-Partei wird gefolgert, Petrus sei in Korinth gewesen. Das ist nicht ausgeschlossen (vgl. 9,5), bleibt jedoch unsicher, und in dem kurzen Abriss der „Missionsgeschichte" (3,6) wird Kephas nicht erwähnt.

Paulus wertet die von ihm in 1,26–31 beschriebene soziale Zusammensetzung der Gemeinde als Indiz dafür, dass Gott den Maßstäben menschlicher Weisheit widerspricht. Er betont die Theologie des Kreuzes (1,18–31): Die Existenz der Christusgläubigen ist dadurch bestimmt, dass sich ihr Herr am Kreuz in der Niedrigkeit offenbart hat und nicht in der Glorie. Die Tatsache, dass insbesondere Menschen aus der Unterschicht, aber nur wenige Angehörige der oberen Schichten zur Gemeinde gehören (V. 26), zeigt *allen*, dass vor Gott das menschliche Urteilen nicht gilt (V. 27–29).

2) In *5,1–6,20* geht Paulus auf die Informationen ein, die er aus Korinth erhalten hat. In 5,1–11 geht es darum, dass ein Mann „die Frau seines Vaters hat", also offenbar in einer sexuellen Beziehung mit seiner Stiefmutter lebt, was von der Gemeinde toleriert wird. Paulus gibt die Anweisung, der Betreffende sei aus der Gemeinde auszuschließen (V. 1–8). In diesem Zusammenhang korrigiert er ein Missverständnis, das sich aus einem früheren Brief ergeben haben könnte (V. 9–11), und dann schließt er mit der mit einem Bibelzitat verbundenen Forderung „Vertreibt den Bösen aus eurer Mitte" (5,13; vgl. Dtn 17,7). In 6,1–6 kritisiert er, dass Angehörige der Gemeinde rechtliche Prozesse gegeneinander führen; er fordert, die Gemeinde solle eine eigene Zivilgerichtsbarkeit entwickeln und nicht „Ungläubige" zu Richtern machen, doch sei der Verzicht auf die Durchsetzung von Rechtsansprüchen das Angemessene (6,7f.). Paulus verbindet das mit nachdrücklichen Warnungen vor Fehlverhalten (6,9f.), das aber jetzt vergangen sei (6,11).

In 6,12a zitiert Paulus eine in Korinth offenbar gängige Parole: „Alles ist mir erlaubt" (vgl. 10,23a; ähnlich 3,21b; vgl. 8,1). Paulus stimmt prinzipiell zu, schränkt diese Parole aber zugleich ein (6,12b; 10,23b). Er betont, dass der Christ auch körperlich seinem Herrn gehört (6,13f.), was bedeutet, dass sexueller Umgang mit Prostituierten die Christusbeziehung gefährdet (6,15–20). Offenbar gab es in Korinth die Auffassung, dass geschlechtlicher Umgang mit Prostituierten unproblematisch sei. Diese Sicht resultierte aus der griechisch-römischen Herkunft der korinthischen Gemeindeglieder, stand für Paulus aber im Widerspruch zur Zugehörigkeit zu Jesus Christus.

3) Die Warnung vor als illegitim angesehenem sexuellen Verhalten (πορνεία) führt zu dem umfangreichen Abschnitt über Sexualität und Ehe in *7,1–40*. Paulus beginnt mit dem Hinweis auf einen an ihn gerichteten Brief (V. 1a). Darin stand offenbar die in V. 1b zitierte Aussage „Es ist für einen Menschen gut, eine Frau nicht zu berühren", auf die in V. 2–7 geantwortet wird. Möglich ist auch, dass in V. 1b bereits die Antwort des Paulus auf die Anfrage des Briefes vorliegt (dann wäre zu ergänzen: „dazu sage ich ..."). In diesem Fall würde Paulus den korinthischen Brief erwähnen, auf dessen Thema aber unmittelbar mit seiner eigenen

Position eingehen (V. 1b). Diese Antwort würde er anschließend im Blick auf verschiedene Situationen konkretisieren (V. 2–7). In V. 1b wird allerdings von der Beziehung zwischen „Mensch" (ἄνθρωπος) und „Frau" (γυνή) gesprochen, von V. 2 an heißt es dagegen durchweg ἀνήρ und γυνή, „Mann" und „Frau". Dieser Begriffswechsel könnte darauf hinweisen, dass in V. 1b ein Zitat vorliegt. Paulus betont in V. 2–7 die Reziprozität der Beziehung von Mann und Frau, wobei er die Ehe hier fast ausschließlich unter dem Aspekt der Sexualität sieht. Er gibt keine strikte Weisung, sondern einen Ratschlag (V. 6); er selber lebt ehelos, aber das ist nicht verpflichtend (V. 7).

Nach Aussagen zur Ehescheidung, die mit einem der sehr seltenen Hinweise auf ein „Wort des Herrn" verbunden sind (V. 8–11), geht Paulus detailliert auf die in Korinth anscheinend nicht seltenen „Mischehen" zwischen einem christlichen Partner und einer nichtchristlichen Partnerin (bzw. umgekehrt) ein, die nicht aufgelöst zu werden brauchen (V. 12–16). Möglicherweise gab es Bestrebungen, die Ehen von Christen mit nichtchristlichen Partnern um der „Reinheit" willen aufzulösen, was Paulus ablehnt (vgl. V. 14). Dazu passt, dass er in V. 17–24 dafür plädiert, an dem bei der „Berufung" gegebenen sozialen Status festzuhalten. Das bezieht er in V. 25–28 ebenso konkret auf den Status der „Verlobung" (ähnlich in V. 32–40 zu Ehe und Witwenschaft). Die Argumentation verfolgt durchgängig das Ziel, die Ehe nicht abzuwerten, aber als die gegenüber der Ehelosigkeit „zweitbeste" Möglichkeit zu erweisen.

In einem wichtigen Zwischengedanken geht Paulus in V. 29–31 bewusst über die aktuellen Themen hinaus: Er beschreibt das Verhältnis des Menschen zu den Gegebenheiten der vergehenden Welt durch das „Haben als hätte man nicht" (ὡς μή).

4) In *8,1–11,1* wird ein neues Thema erörtert, der Umgang mit „Götzenopferfleisch". Der offenbar zitierte Satz „Wir alle haben Erkenntnis" (8,1b) lässt erkennen, dass es Gemeindeglieder gab, die ihre christliche Freiheit und „Erkenntnis" (γνῶσις) demonstrieren wollten. Paulus bestätigt das, fügt aber hinzu, dass es „Erkenntnis" nicht abstrakt gibt, sondern nur konkret in der Gemeinschaft der Glaubenden („die Liebe baut auf", 8,1b). Für Christusgläubige existieren die Götzen überhaupt nicht (8,4), aber tatsächlich werden viele Götter und viele Herren im Himmel und auf der Erde verehrt. Doch „für uns" ist nur ein Gott, der Vater, und ein Herr, Jesus Christus (1Kor 8,6, offenbar das Zitat eines frühchristlichen Glaubensbekenntnisses). Das bedeutet: „Erkenntnis" wird pervertiert, wenn sie sich gegen den Bruder (bzw. die Schwester) richtet. Wer demonstrativ „im Götzenhaus zu Tisch liegt" (8,10), gefährdet „den Bruder, für den Christus gestorben ist" (8,11), und das darf unter gar keinen Umständen geschehen (8,13). Wer die Erkenntnis, dass es nur einen Gott und einen Herrn gibt, so auslebt, dass dadurch die Mitgeschwister in der Gemeinde dazu verführt werden, ebenfalls an Kultmählern anderer Gottheiten teilzunehmen, obwohl sie das für unvereinbar mit ihrem Glauben halten, versündigt sich an ihnen.

In Kap. 9 verweist Paulus an unterschiedlichen konkreten Fällen darauf, dass er selber von seiner Freiheit, die er als Apostel hat, nicht immer Gebrauch macht. In 10,1–13 schildert er biblische Beispiele, die „uns" zur Warnung dienen sollen. In 10,14–11,1 folgt die Konsequenz: Die Teilnahme an einer fremden Kultfeier ist für Christen unmöglich (10,14–22). Offenbar kam es vor, dass Christen an Kultmahlzeiten für griechisch-römische Gottheiten teilnahmen, was angesichts der Herkunft der (meisten) korinthischen Gemeindeglieder nicht verwundert. Dagegen darf Fleisch, das auf dem Markt verkauft wird, unbedenklich gegessen werden, ohne dass geprüft werden muss, ob es von rituell geschlachteten Tieren stammt (10,25f.). Auch der von einem „Ungläubigen" ausgesprochenen Einladung darf man folgen, aber wenn jemand beim gemeinsamen Essen ausdrücklich darauf hinweist, dass es sich um „heiliges Fleisch" handelt, dann soll man aus Rücksicht auf den, der diesen Hinweis gab, nicht von diesem Fleisch essen (10,27–33).

5) In *11,2–14,40* erörtert Paulus Details für den Ablauf von Gottesdiensten – darin ist eingebettet ein besonderer Abschnitt zum Wesen der Liebe (13,1–13). Aus 11,2–16 geht hervor, dass es in Korinth Tendenzen gab, bei gemeindlichen Zusammenkünften die anerkannten Konventionen im Verhalten von Männern und Frauen in der Öffentlichkeit zu verwischen. Paulus fordert, dass Männer und Frauen, die im Gottesdienst prophetisch reden und beten, die übliche Sitte bewahren: Männer beten und reden ohne Kopfbedeckung (V. 4), Frauen sollen ihren Kopf dagegen bedecken, wenn sie beten und prophezeien (V. 5–10). In V. 7–10 wird die biblisch begründete Überordnung des Mannes über die Frau erwähnt, allerdings gilt diese Paulus zufolge nicht „im Herrn" (V. 11f.; vgl. Gal 3,28). Jedoch soll das Schickliche akzeptiert werden (V. 13). Dies setzt Paulus mit einem Verweis auf die „Natur" (φύσις) fort, die lehre, dass es für den Mann eine Schande, für die Frau dagegen eine Ehre sei, lange Haare zu tragen (V. 14f.)

Anschließend geht Paulus auf die gemeindliche Mahlfeier ein: In den Versammlungen der korinthischen Gemeinde sei es „unmöglich", ein „Herrenmahl" zu feiern, denn „jeder nimmt sein eigenes Mahl vorweg" (11,17–21). Offenbar herrschte in der Gemeinde die Praxis, dass jeder mit dem Essen begann, sobald er angekommen war, so dass ein gemeinsamer Beginn des Mahles nicht möglich war. Paulus kritisiert diese Praxis vehement und erinnert dazu an die Einsetzung des Mahles durch den Herrn Jesus selbst in der Nacht, in der er ausgeliefert wurde (11,23–25). Die Anteilhabe aller am gebrochenen Brot und demselben Kelch – und damit am gestorbenen und auferstandenen Herrn – ist nur möglich, wenn alle gemeinsam das Mahl feiern, also aufeinander warten. Abschließend betont Paulus, dass in diesem Mahl der Tod des Herrn verkündigt wird, bis er kommt (11,26). Mit einer missbräuchlichen Feier des Mahles wird man deshalb an Leib und Blut des Herrn selbst schuldig (11,27–33). Näheres will Paulus bei seinem bevorstehenden Besuch regeln, auf den er in diesem Zusammenhang verweist (11,34).

In 12,1–14,40 wird deutlich, dass in Korinth der Besitz des Geistes eine wichtige Rolle spielte (12,1). Der Ruf „Verflucht ist Jesus" (12,3) ist im korinthischen Gottesdienst sicher nicht verwendet worden. Es wird sich vielmehr um eine Ad-hoc-Bildung des Paulus handeln, die er dem Bekenntnis „Herr ist Jesus" gegenüberstellt. Paulus betont, dass dieses Bekenntnis das Erkennungsmerkmal des Redens im Heiligen Geist ist. Die Wirkung des Geistes wird zudem am *verstehbaren Inhalt* der Verkündigung erkannt. Entscheidend ist das Zusammenwirken aller „Glieder" innerhalb des einen „Leibes", der in 12,27 „Leib Christi" genannt wird und in dem es keine Hierarchie gibt (12,4–31a; anders die Aufzählung der „Ämter" in V. 28a). Das wird auch deutlich in Kap. 14, vor allem dort, wo es um das „Zungenreden" geht: „Wer in Zungen redet, erbaut sich selbst, wer prophetisch redet (d. h. predigt), erbaut die Gemeinde" (V. 4). Wird der „Aufbau" der Gemeinde zum entscheidenden Maßstab, dann verliert die gottesdienstliche Ekstase ihren besonderen Wert, denn *jede* Leistung für die Gemeinde – zum Beispiel auch die Arbeit in der Verwaltung (vgl. 12,4–30) – ist eine Wirkung des Geistes. Auch hinter dieser Kritik steht die grundsätzliche theologische Position des Paulus: Ekstasen versetzen nicht in einen himmlischen Zustand. Paulus geht auf das in Korinth offenbar besonders virulente Phänomen ein, dass im Gottesdienst die (unverständliche) „Zungenrede" praktiziert wurde. Er selber bevorzugt die (verständliche) „Prophetie" (14,19). Die Geistesgaben müssen an den drei „bleibenden" Gaben gemessen werden, unter denen die Liebe die größte ist (12,31; 13,13). Die Ausführungen in Kap. 13 wirken wie ein Exkurs. Aber die Worte über die Liebe als den kritischen Maßstab sind durchgängig mit dem Kontext verbunden und lassen sich auf die korinthische Gemeindesituation beziehen. Paulus will vermutlich nicht indirekt sagen, es mangele der Gemeinde an Liebe; aber er betont, dass die Liebe höherwertig ist als alle „Geistesgaben" (12,1; 14,1) und alle „Erkenntnis" (vgl. 8,1).

6) Auch in dem langen *Kap. 15* über die Auferstehung der Toten wird die Gemeindesituation sichtbar. Paulus erinnert zunächst an das von der Gemeinde im Glauben akzeptierte Bekenntnis zur Auferstehung Christi (V. 1–11). Aber dann fragt er erstaunt, wie „einige" sagen können, es gebe keine Auferstehung der Toten (V. 12).

Hinter der in 15,12 zitierten Aussage steht vermutlich die Auffassung, dass eine Auferstehung des Leibes unmöglich sei. Aus griechisch-römischer Perspektive war es durchaus denkbar, ein Weiterleben der Seele nach dem Tod des Körpers anzunehmen. Eine Auferstehung des Leibes galt dagegen als unmöglich. Der Satz „Es gibt keine Auferstehung der Toten" zeigt demnach vermutlich die Skepsis von Griechen und Römern gegenüber einer solchen Auffassung. Das wird auch durch die folgenden Ausführungen des Paulus nahegelegt, die darlegen, wie man sich eine solche Auferstehung vorstellen soll. Weniger wahrscheinlich ist die Möglichkeit, in Korinth sei vertreten worden, man befinde sich schon im Zustand der Auferstehung (vgl. 4,8 und die in 2Tim 2,18 zitierte Lehre), das Heil sei bereits gegenwärtige Wirklichkeit, der Tod sei bedeutungslos und eine Auferstehung *der Toten* werde es nicht geben.

Paulus widerspricht der Aussage in 15,12, ähnlich wie er in 1Thess 4,13–18 die um die Toten Trauernden getröstet hatte, auf der Grundlage des Bekenntnisses zur Auferstehung Jesu (V.1–11): Aus der Auferweckung Christi von den Toten folgt die künftige Auferstehung der Toten (V.20). Das wird durch das Gegenüber von Adam und Christus untermauert, weil dem Tod in Adam das Leben in Christus gegenübersteht (V.20–22). In Aufnahme apokalyptischer Vorstellungen zeigt Paulus, dass sich gegenwärtig der Kampf Gottes gegen die gottfeindlichen Mächte vollzieht, bei dem als letzter Feind der Tod vernichtet werden wird und Gott am Ende „alles in allem" sein wird (V.23–28). Paulus nennt dann Erfahrungen zur Auferstehungshoffnung: In Korinth lassen sich Menschen „für die Toten" taufen (V.29), er selber ist bereit, sein Leben aufs Spiel zu setzen (V.30–34). Die (hypothetisch gestellte) Frage, auf welche Weise die Toten auferstehen werden, ist töricht (V.35), denn man weiß: Was gesät ist, das wird nicht lebendig, wenn es nicht zuvor stirbt (V.36). Gott gibt dem „gestorbenen" Samen einen neuen Leib (V.37f.), und dabei weiß man, dass es sehr unterschiedliche Körper gibt (V.39–41). So wird Gott auch bei der Auferstehung der Toten handeln. Die Gegenüberstellung von Adam und Christus als dem „letzten Adam" (V.42–49) macht deutlich, dass mit der Auferweckung die Verwandlung in einen himmlischen Leib verbunden ist. Dabei gibt Paulus auf die in V.35 gestellte Frage nun doch eine Antwort (V.44a): „Es wird gesät ein natürlicher Leib (σῶμα ψυχικόν), es wird auferweckt ein geistlicher Leib (σῶμα πνευματικόν)." Er schließt mit der Offenbarung eines „Geheimnisses" (V.50–58): Nicht alle werden sterben, aber *wir alle*, die Toten und ebenso die Lebenden, werden verwandelt werden, und dann wird – entsprechend der Verheißung in Jes 25,8; Hos 13,14 – der Tod besiegt sein. In V.56 verweist Paulus darauf, dass die von den korinthischen Enthusiasten geleugnete Macht des Todes in Form der durch das Gesetz wirksamen Sünde gegenwärtig erfahren wird. Aber zugleich sollen die Adressaten „wissen, dass eure Mühe nicht vergeblich ist im Herrn" (V.58).

7) Aus dem Schlusskapitel (16,1–24) geht nochmals hervor, dass zwischen Paulus und der korinthischen Gemeinde eine enge Beziehung besteht. Themen sind die Organisation der Kollekte für Jerusalem (V.1–4), konkrete Besuchspläne (V.5–9) und Hinweise auf Timotheus als Mitarbeiter (V.10f.) und auf Apollos, der offensichtlich unabhängig agieren kann (V.12). Ein besonderes Lob gilt dem Stephanas, der sich gegenwärtig bei Paulus aufhält und dabei erfreuliche Nachrichten überbracht hat (V.15–18).

5 Ort und Zeit der Abfassung

Der 1. Korintherbrief wurde in Ephesus geschrieben (16,8), nachdem die in 15,32 erwähnte lebensbedrohende Situation überwunden war. Nach Apg 19,8 lehrte Paulus drei Monate lang in der Synagoge, danach zwei Jahre lang in Ephesus im

Lehrsaal des Tyrannos (19,10); in Apg 20,31 spricht (der lukanische) Paulus von einem dreijährigen Aufenthalt in Ephesus. Der 1. Korintherbrief ist also auf jeden Fall während des längeren Ephesus-Aufenthaltes des Paulus geschrieben worden (wie auch der Philipper- und der Philemonbrief, vgl. dazu unten § 15–16). Da die Entwicklungen zwischen dem 1. und dem 2. Korintherbrief komplex waren und in die Zeit in Ephesus sehr wahrscheinlich ein Gefängnisaufenthalt fällt, liegt es nahe, dass der 1. Korintherbrief in die frühe Zeit des Paulus in Ephesus fällt. Er wurde vermutlich im Jahr 54 verfasst und war nach dem in 5,9 erwähnten „Vorbrief" der zweite Brief des Paulus nach Korinth.

Die Apostelgeschichte ist vermutlich zutreffend informiert. Der in Apg 19,21 erwähnte Reiseplan entspricht den in 1Kor 16 genannten Absichten, und dazu passt dann die in Apg 20,1–6 beschriebene Reise (in 1Kor 15,32 liegt möglicherweise eine Anspielung auf die in Apg 19,23–40 geschilderte Situation vor). Es ist allerdings nicht auszuschließen, dass der Verfasser der Apostelgeschichte paulinische Briefe, vielleicht auch den 1. Korintherbrief, gekannt und die entsprechenden Nachrichten von dort übernommen hat.

Arbeitsvorschläge

1. Welche Kontakte sind dem Brief vorausgegangen? Wie gelangte Paulus an seine Informationen?
2. Welches Problem diskutiert Paulus in 1Kor 1,10–4,21? Was meint er mit „Spaltungen" (σχίσματα)? Wie begegnet Paulus diesem Problem? Inwiefern stellt die Rede von „Weisheit" vs. „Torheit" und das „Wort vom Kreuz" einen Lösungsansatz dar?
3. Welche Bilder bzw. Metaphern verwendet Paulus in diesem Brief, um die Gründung und den idealen Charakter der Gemeinde zu beschreiben (bes. 1Kor 3,1–4,5.14f.; 5,6f.; 12,12–30)? Benennen Sie einige wichtige Rollen, die Paulus und die anderen Apostel in diesen Bildern einnehmen.
4. Paulus beantwortet eine Reihe von Fragen, die er in einem Brief aus Korinth erhalten hat. Die Themen werden in 1Kor 7,1.25; 8,1; 12,1 jeweils mit der Wendung περὶ δέ („über/betreffs ...") angesprochen. Welche Themen sind dies?
5. Welche Haltung nimmt Paulus gegenüber der Ehe ein? Wie verhält sich seine Ansicht zur Jesusüberlieferung? Vgl. 1Kor 7,10 sowie Mk 10,2–12; Mt 19,10–12.
6. Paulus thematisiert das „Herrenmahl" (κυριακὸν δεῖπνον, d. h. das auf den „Herrn" Jesus Christus bezogene Mahl) in 1Kor 10,14–22 und 11,17–34. Aus welchem Anlass kommt Paulus jeweils auf dieses Thema zu sprechen? Welche Deutung verbindet Paulus jeweils mit der Mahlfeier?
7. Der Textabschnitt 1Kor 15 ist durch zwei Fragen strukturiert, die in V. 12 und V. 35 genannt werden. Auf welche Aspekte lenken diese Fragen jeweils die Aufmerksamkeit?
8. Welche Gemeinsamkeiten und Unterschiede erkennen Sie bei einem Vergleich von 1Kor 15,50–52 mit 1Thess 4,16f.?

§ 15 Der Philipperbrief

Literatur: LUKAS BORMANN, Philippi. Stadt und Christengemeinde zur Zeit des Paulus (NT.S 78), Leiden 1995 ♦ JÖRG FREY/BENJAMIN SCHLIESSER (Hg.), Der Philipperbrief des Paulus in der hellenistisch-römischen Welt (WUNT 353), Tübingen 2015 ♦ SCHNELLE, Einleitung in das Neue Testament, 158–173. – **Kommentare:** GERHARD BARTH, Der Brief an die Philipper (ZBK.NT 9), Zürich 1979 ♦ WILFRIED ECKEY, Die Briefe des Paulus an die Philipper und an Philemon. Ein Kommentar, Neukirchen-Vluyn 2006 ♦ JOACHIM GNILKA, Der Philipperbrief (HThK 10/3), Freiburg i. Br. [4]1987 ♦ ULRICH B. MÜLLER, Der Brief des Paulus an die Philipper (ThHK 11/1), Leipzig [2]2002 ♦ JOHN REUMANN, Philippians. A New Translation with Introduction and Commentary (Anchor Yale Bible 33B), New Haven 2008 ♦ ANGELA STANDHARTINGER, Der Philipperbrief (HNT 11/1), Tübingen 2021.

1 Struktur und Inhalt

Der Philipperbrief beginnt mit einem knappen, ungewöhnlichen *Präskript* (1,1f.): Absender sind „Paulus und Timotheus", die sich als „Knechte/Sklaven Christi Jesu" (δοῦλοι Χριστοῦ Ἰησοῦ) bezeichnen, wogegen der Aposteltitel fehlt. Der Brief richtet sich an „alle Heiligen (ἅγιοι), die in Philippi sind", das Stichwort „Gemeinde" (ἐκκλησία) begegnet nicht. Umso mehr fällt auf, dass zusätzlich zwei Personengruppen genannt werden: σὺν ἐπισκόποις καὶ διακόνοις. Ἐπίσκοποι sind hier jedenfalls nicht „Bischöfe", sondern Leute, die ähnlich wie in antiken Vereinen bei den Christen in Philippi besondere Aufsichtsfunktionen wahrnehmen. Auch die διάκονοι haben offenbar ein „Amt" inne (vgl. Phöbe in Röm 16,1f.).

Das *Proömium* (1,3–11) beginnt als Dank an Gott für die gute Lage, in der sich die Adressaten befinden. Zugleich wird angedeutet, dass sich Paulus im Gefängnis befindet (V. 7). In V. 9–11 schließt sich eine Fürbitte an. Die mehrfach verwendete 1. Person Singular („ich") zeigt an, dass Paulus der alleinige Verfasser des Briefes ist.

Im *Briefcorpus* informiert Paulus zunächst (1,12–26) darüber, dass er sich in einer bedrohlichen Lage befindet: Er ist in Gefangenschaft (V. 13f.), sein Leben ist ernsthaft in Gefahr (V. 20–26). Zugleich deutet er an, dass es bei der Verkündigung Probleme gibt (V. 15–17), aber entscheidend sei, dass überhaupt gepredigt wird (V. 18).

In 1,27–2,18 folgt ein paränetischer Abschnitt mit imperativisch formulierten Aussagen; innerhalb dessen steht der in 2,5 entsprechend eingeleitete Christushymnus (2,6–11).

In 2,19–24 spricht Paulus eine Empfehlung für den als Mitabsender genannten Timotheus aus, den er „bald" nach Philippi schicken will angesichts der dort bestehenden unsicheren Lage (V. 19–21). In 2,25–30 würdigt er sehr eingehend den aus Philippi stammenden Epaphroditus, der offenbar den vorliegenden Brief überbringen soll. Die Aussage in 3,1 sieht aus wie die Einleitung eines Briefschlusses (vgl. 2Kor 13,11).

Aber in 3,2–4,1 folgt eine mit einer scharfen Attacke eingeleitete Polemik (βλέπετε τοὺς κύνας, „Achtet auf die Hunde!"). Hier blickt Paulus auf seine Glaubensgeschichte zurück (3,3–11), und er verbindet das mit dem Hinweis auf die noch ausstehende Heilsvollendung (3,12–16) und mit der Aufforderung, seinem Vorbild nachzueifern (3,17–4,1).

In 4,2–9 stehen mahnende Hinweise zu unterschiedlichen Themen, in V. 8.9 scheint wieder ein Abschluss eingeleitet zu werden. In 4,10–20 folgt jedoch ein Dank für aus Philippi empfangene Unterstützung. Im *Briefschluss* werden Grüße bestellt (4,21f.), der abschließende Gnadenwunsch (4,23) entspricht fast wörtlich Gal 6,18.

Der Philipperbrief ist inhaltlich klar konzipiert, aber im Aufriss ist er nicht sehr übersichtlich. Das gibt Anlass zu literarkritischen Hypothesen (s. u. § 15.3). Auffallend sind bestimmte Wiederholungen, insbesondere das Hervortreten des Stichworts χαρά, „Freude" (1,4.25; 2,2.29; 4,1); neunmal begegnet das Verb χαίρειν, „sich freuen" (vgl. 3,1; 4,4).

2 Paulus und die Christen in Philippi

Philippi war um die Mitte des 4. Jahrhunderts v. Chr. vom makedonischen König Philipp II., dem Vater Alexanders des Großen, gegründet worden. In römischer Zeit war es eine Stadt im „ersten Bezirk" der Provinz Macedonia, mit dem Status einer *colonia* (so die korrekte Angabe in Apg 16,12). In der Schlacht bei Philippi 42 v. Chr. besiegten Marcus Antonius und Octavian die Caesarmörder Brutus und Cassius.

Von der paulinischen Mission in Philippi als der ersten Station auf europäischem Boden wird in Apg 16,12–40 berichtet (in V. 12–17 im Wir-Stil; s. u. zur Apostelgeschichte § 32.3): Als Paulus an einer vor allem von Frauen besuchten jüdischen Gebetsstätte außerhalb der Stadt verkündigte, habe eine „Gottesfürchtige" namens Lydia seine Botschaft angenommen, und dann seien „sie und ihr Haus" getauft worden (V. 14). Aufgrund des von Paulus an einer Sklavin vollzogenen Exorzismus sei es zu Konflikten mit deren Besitzern gekommen. Diese hätten Paulus und Silas bei der Behörde beschuldigt, sie stifteten Aufruhr, „indem sie als Juden Sitten (ἔθη) verkünden, die wir als Römer weder annehmen noch einhalten dürfen" (V. 21). Die beiden Missionare werden misshandelt und ins Gefängnis gebracht (V. 22-24). Aber nach ihrer wunderbaren Befreiung, die zu Bekehrung und Taufe des Kerkermeisters führt (V. 26-34), können sie die Stadt ehrenvoll verlassen und ziehen weiter nach Thessaloniki (16,40-17,1).

Die stark legendarische, jedoch detaillierte Ortskenntnis aufweisende Erzählung der Apostelgeschichte wird durch den Philipperbrief nicht bestätigt. In Phil 4,2 werden zwei Frauen namentlich erwähnt, was zumindest in der Tendenz zu den Angaben in Apg 16 zu passen scheint. Allerdings stimmen die Namen nicht mit denen der Apostelgeschichte überein. Aus dem Brief geht jedoch hervor, dass zwischen Paulus und Philippi enge und lebhafte Beziehungen bestehen. Seit Gründung der Gemeinde ist bereits geraume Zeit vergangen. Paulus erwähnt in 4,15.16, dass die Gemeinde ihn in der Anfangsphase seiner Verkündigung (ἐν ἀρχῇ τοῦ εὐαγγελίου) mehrfach finanziell unterstützt hat, wie es offenbar auch aktuell der Fall ist. Es ist anzunehmen, dass die Angehörigen der Gemeinde jedenfalls nicht arm sind.

3 Das Problem der literarischen Integrität

Die Abfassung des Philipperbriefs durch Paulus wird in der Forschung kaum bezweifelt. Die unterschiedlichen Themenansätze und dabei insbesondere die harten Übergänge von 3,1 zu 3,2, von 4,1 zu 4,2 sowie von 4,9 zu 4,10 geben jedoch Anlass zu literarkritischen Hypothesen. So wird häufig vorgeschlagen, drei ursprünglich selbständige Briefe zu unterscheiden: In 1,1-3,1; 4,4-7 liege der im Gefängnis verfasste Brief vor („Brief B"), den Epaphroditus nach seiner Krankheit und Genesung nach Philippi bringen sollte (2,25-30). Darin zeichne sich bereits die Auseinandersetzung mit Irrlehrern ab (1,15.17.28). „Brief C" (3,2-4,3.8f.) sei ein „Kampfbrief" gegen inzwischen in Philippi aktiv gewordene Irrlehrer: Paulus sei bei dessen Abfassung offenbar nicht mehr in Gefangenschaft. „Brief A" (4,10-20 bzw. 23) sei ein kurzes Dankschreiben für die durch Epaphroditus überbrachte Gabe.

Es gilt ein methodischer Grundsatz: Die Annahme, ein vorliegender Brief sei nicht literarisch einheitlich verfasst, sondern Ergebnis einer nachträglichen redaktionellen Zusammenführung ursprünglich mehrerer Briefe, bedarf einer plausiblen Begründung. Die Beobachtung von Brüchen oder „Gedankensprüngen" reicht als Argument nicht aus. Erst wenn es sich als nicht möglich erweist, alle Abschnitte innerhalb des überlieferten Briefes derselben äußeren Situation zuzuweisen, muss gefragt werden, ob in den verschiedenen Briefteilen unterschiedliche Situationen beim Autor oder bei den Adressaten vorausgesetzt sind. Es muss gezeigt werden, dass der Brief bei Annahme der literarischen Einheitlichkeit nicht widerspruchsfrei erklärt werden kann. Außerdem muss auch eine Antwort auf die Frage gefunden werden, wie und warum es zu dem jetzt vorliegenden Brief gekommen ist.

Die oft vertretene These, nachträgliche Briefredaktionen seien in der Antike sonst nicht belegt und auch die handschriftliche Überlieferung spreche für eine ursprüngliche Briefeinheit, sind allerdings problematisch. Briefsammlungen und Briefzusammenstellungen sind oft belegt (STANDHARTINGER 17–20), die handschriftliche Überlieferung auch des Philipperbriefes lässt sich nicht auf ein einzelnes Briefexemplar zurückführen. Die Notiz des Polykarp (um 130/140 n. Chr.), Paulus habe den Philippern „Briefe geschrieben" (Polyk 3,2), ist allerdings vermutlich kein Beleg dafür, dass Polykarp noch mehrere paulinische Philipperbriefe kannte.

Joachim Gnilka unterscheidet den in Ephesus in Gefangenschaft geschriebenen Brief „A" (1,1–3,1a; 4,2–7.10–23) und den etwas später möglicherweise nach Freilassung in Korinth verfassten „Kampfbrief B" (3,1b–4,1.8f.; GNILKA 5–18). Angela Standhartinger nimmt an, dass in 4,10–20 der älteste von drei Briefen vorliegt, ein „Quittungsschreiben" als Dank für eine dringend benötigte Gabe (STANDHARTINGER 14–23). In „Brief B" (1,1–3,1; 4,1–7.9b.21–23) sieht sie einen etwas später im Gefängnis geschriebenen „Freuden- oder Dankesbrief". Der kurz darauf verfasste „Brief C" (3,2–21) sei „eine weisheitliche Idealbiographie mit apokalyptischem Ausblick", eine „Abschiedsrede" angesichts der lebensbedrohlichen Situation (vgl. 2Kor 1,8–10). Udo Schnelle nimmt dagegen an, dass der Philipperbrief eine literarische Einheit darstellt, weil es viele Querverweise gebe und ein geschlossener Gedankengang zu erkennen sei (SCHNELLE 166–168). Die vermeintlichen „Brüche" seien „keineswegs so abrupt, wie vielfach behauptet wird" (166). Der Aspekt der „Freude" zieht sich durch den ganzen vorliegenden Brief, und er begegnet vor allem dort, wo Paulus auf Gefahren hinweist. Die Aussagen in 3,10f.20f. mit ihrer sehr konkreten eschatologischen Hoffnung erinnern deutlich an 1,23; so könnte die in 3,2.18f. ausgesprochene Warnung in derselben Situation geschrieben worden sein wie Kap. 1 und 2.

Die in 1,12–26 und 3,2–21 beschriebenen Konstellationen sind jedoch erkennbar voneinander unterschieden und lassen sich nicht einfach derselben Situation zuweisen. In Kap. 1 spricht Paulus von Leuten, die aus negativen Motiven (Neid und Streitsucht) Christus verkündigen, in Kap. 3 sind es dagegen von außen in die Gemeinde gekommene Konkurrenten, die als „Hunde" und „schlechte Arbeiter" geschmäht werden. Das spricht dafür, dass im Philipperbrief verschiedene Schreiben nachträglich zusammengestellt wurden. Diese entstammen offenbar der Korrespondenz zwischen Paulus und der Gemeinde in Philippi, die Paulus von Ephesus aus geführt hat.

4 Theologische Tendenzen

1) Albert Schweitzer vertrat die These, Paulus habe im Philipperbrief eine besondere eschatologische Vorstellung entwickelt. Seine Aussage, er habe den Wunsch „zu sterben und bei Christus zu sein" (1,23a), lasse entweder erkennen,

dass er nicht mehr mit der Nähe der Parusie und der damit verbundenen allgemeinen Totenauferstehung rechnet oder dass er erwartet, als Märtyrer werde er sofort nach seinem Tod „bei Christus sein", während die anderen bis zur Auferstehung aller zu warten hätten (Die Mystik des Apostels Paulus, Tübingen 1981 [zuerst 1930], 135–138). Aber Paulus spricht im Philipperbrief häufig von der Parusie (1,6.10; 2,16; 3,20; 4,5) und von der Auferstehung der Toten (3,11; 3,21), ohne dass sich das Gesagte grundsätzlich von dem unterscheidet, was etwa in 1Kor 15 steht. Gemäß 1,20 ist Paulus davon überzeugt, dass Christus „verherrlicht" werden wird „an meinem Leib, sei es durch Leben, sei es durch Tod"; er formuliert also eine „Dialektik des Lebens" und betont dabei, dass die Christusbeziehung durch das Sterben nicht tangiert werden wird, was in 1,21–26 näher ausgeführt wird. In V. 23 schreibt er zwar von seinem Wunsch zu sterben, was auch „besser" wäre, aber gleich darauf erklärt er nachdrücklich, dass sein (Weiter-)Leben „nötiger" sei – nicht um seinetwillen, sondern um der Philipper willen (V. 24f.). Die Adressaten werden zu Einsicht und Festigkeit aufgerufen, auch im Fall der Verfolgung (1,27–30); denn auch in Todesnot gereicht das Christsein zur Freude (2,17f.).

2) Von besonderer Bedeutung ist der Christushymnus in 2,6–11 (zur Analyse s. o. § 11.2). Paulus verwendet ihn im Zusammenhang der Paränese in 2,1–18. Nach den Mahnungen in V. 1–4 schreibt er: „Seid unter euch so gesinnt, wie es (dem Sein) in Christus Jesus entspricht" (φρονεῖτε ἐν ὑμῖν ὃ καὶ ἐν Χριστῷ Ἰησοῦ, V. 5), wobei er mit dem Hinweis auf das Sein „in Christus Jesus" diesen zugleich als Vorbild in den Blick nimmt. Paulus denkt hier nicht an den irdischen Jesus, denn der dann folgende Hymnus spricht vom Machtverzicht und vom Gehorsam des präexistenten und menschgewordenen Christus. Christliche Existenz orientiert sich an dem Weg Christi, und dieser ist für die „in Christus" lebenden Menschen das verbindliche Vorbild, insofern das Bild des Gehorsams Christi intensiv gezeichnet ist. Aber damit werden die Christen nicht dazu aufgefordert, in ihrem Leben etwa die „Gesinnung" oder womöglich einzelne Handlungsweisen Jesu nachzuahmen.

3) Auch der Abschnitt 3,2–4,1 hat theologisches Gewicht. Paulus mahnt die Adressaten in scharfer Form, sie sollten auf „Hunde, schlechte Arbeiter, die Zerschneidung" achten (βλέπετε). Offenbar sieht sich Paulus mit konkurrierenden jüdischen Missionaren konfrontiert, die in der Gemeinde aufgetreten sind, und er warnt die Adressaten davor, sich auf diese einzulassen (3,2). In diesem Zusammenhang beschreibt er seine eigene Vergangenheit als toratreuer pharisäischer Jude und Verfolger der Gemeinde. Hinsichtlich der Gesetzesgerechtigkeit sei er „untadelig" gewesen (3,3–6). Seine Abkehr von diesem Weg und seine Hinwendung zu Christus (3,7) waren also keine Folge seines Scheiterns an den Forderungen der Tora, sondern um Christi willen gab er die „eigene Gerechtigkeit" preis, um Gottes Gerechtigkeit zu erlangen (3,9).

Die Aussage in Phil 3,9 ist ein Schlüsseltext für die Interpretation des Begriffs „Gerechtigkeit Gottes". Bei der Genitivverbindung δικαιοσύνη θεοῦ kann an Gerechtigkeit als Gottes Eigenschaft gedacht sein, aber auch an die „vor Gott geltende" bzw. „von Gott geschenkte" Gerechtigkeit. Die Formulierung in Phil 3,9, „Gerechtigkeit *aus* Gott" (δικαιοσύνη ἐκ θεοῦ), zeigt, dass Paulus jedenfalls hier von der von Gott dem Menschen geschenkten Gerechtigkeit spricht.

Dazu passt es, dass Paulus im Anschluss (3,12–16) jeden Vollkommenheitsanspruch verneint. Ausdrücklich spricht er von der Erwartung des zukünftigen, also noch ausstehenden Heils (3,20f.).

5 Ort und Zeit der Abfassung

1) Unabhängig davon, ob man den Philipperbrief für literarisch einheitlich hält oder nicht, muss die Bestimmung der äußeren Abfassungsbedingungen zunächst anhand der beiden ersten Kapitel erfolgen. Paulus befindet sich in Gefangenschaft (1,12–26), und er erwähnt, dass dies „im ganzen Prätorium" bekannt ist (ἐν ὅλῳ τῷ πραιτωρίῳ, V. 13). Ein Prätorium ist die Kaserne der Soldaten einer Leibwache, aber auch Bezeichnung für den Amtssitz des Statthalters in einer Provinz (vgl. Mk 15,16/Mt 27,27; Joh 18,28.33; 19,9; Apg 23,35), wo auch Gericht gehalten wurde. An welchen Ort dabei zu denken ist, wo sich Paulus also in Gefangenschaft befand, ist umstritten. Gefängnisaufenthalte werden mehrfach in der Apostelgeschichte erwähnt. Philippi (Apg 16,23–40) scheidet dabei als Ort der Abfassung des Philipperbriefes aus. Es bleiben Jerusalem bzw. Caesarea (Apg 22–26), eventuell auch Rom (28,16–31), wo aber von einem Gefängnisaufenthalt des Paulus nicht die Rede ist. Für Rom könnte der Hinweis sprechen, dass „die aus dem Hause des Kaisers" Grüße bestellen (4,22). Damit sind aber nicht kaiserliche Verwandte gemeint, sondern wahrscheinlich kaiserliche Sklaven, die es auch außerhalb von Rom gab. Paulus könnte auch in verdeckter Sprache Mitgefangene gemeint haben (STANDHARTINGER 306f.).

2) Für Rom als Abfassungsort wird ein theologisches Argument angeführt, das zugleich als Indiz für eine Spätdatierung des Philipperbriefs (s. u.) gilt: In 1Thess 4 und 1Kor 15 habe Paulus die Auferstehung der Toten bei der (als nahe geglaubten) Parusie Christi erwartet, aber in Phil 1,23 nehme er an, sofort nach dem Tode ins neue Leben hinüberzugehen und „bei Christus" zu sein. Darin zeige sich ein gegenüber der früheren Zeit deutlich verändertes Denken (s. o. §15.4). Aber Paulus spricht auch im Philipperbrief von der Erwartung der Parusie (3,20; 4,5), und umgekehrt schreibt er auch in den anderen Briefen nichts über den Zeitraum zwischen dem Sterben und der (allgemeinen) Auferstehung der Toten. Die Vorstellungen in 1Thess 4 bzw. 1Kor 15 einerseits und im Philipperbrief andererseits brauchen einander nicht zu widersprechen.

3) Ein wichtiges Indiz für den Abfassungsort (und damit verbunden: die Abfassungszeit) ist die Tatsache, dass zwischen Paulus und den Adressaten offenbar ein reger Kontakt besteht. Überdies schreibt er, wenn er aus der Haft entlassen werde, wolle er nach Philippi reisen (2,24). Vermutlich wurde der Brief also nicht in Rom verfasst. Denn zum einen sind derart enge Beziehungen angesichts der Entfernung zwischen Rom und Philippi schwer vorstellbar, zum anderen hatte Paulus den Plan, von Rom aus nach Spanien zu gehen (Röm 15,24), nicht zurück in den Osten. Der Hinweis auf den geplanten Besuch in Philippi ist wohl nicht nur eine freundliche Floskel und auch kein Indiz dafür, dass Paulus während seines Aufenthalts in Rom den sorgfältig vorbereiteten Plan der Spanienmission aufgegeben hätte.

Nach Ernst Lohmeyer (Der Brief an die Philipper [KEK 9/1], Göttingen 1956, 3) schrieb Paulus den Brief während der Haft in Caesarea, die ja mindestens zwei Jahre dauerte (Apg 24,27). Die gegenüber Röm 15,24 veränderten Reisepläne seien damit zu erklären, dass Paulus die Gemeinde in Philippi durch Irrlehre bedroht sah und deshalb beabsichtigte, nach seiner Haftentlassung auf dem Weg nach Rom über Philippi zu reisen. Für die erwähnten Besuchskontakte dürfte die Entfernung zwischen Caesarea und Philippi aber wohl zu groß sein.

4) Wahrscheinlich ist der Philipperbrief in Ephesus verfasst worden. Angesichts der vergleichsweise geringen Entfernung zwischen Ephesus und Philippi lässt sich das mehrfache Hin und Her von Besuchen und Nachrichten so am besten erklären. Ein Gefängnisaufenthalt des Paulus in Ephesus wird zwar in der Apostelgeschichte nicht explizit erwähnt. Paulus schreibt jedoch in 1Kor 15,32, er habe in Ephesus „mit wilden Tieren gekämpft", und in 2Kor 1,8–10 spricht er von einer „Errettung aus Todesnot". Beide Passagen deuten auf eine lebensbedrohliche Situation in Ephesus hin. Liest man vor diesem Hintergrund die Schilderung des „Aufstands des Demetrius" in Apg 19,23–40, kann man eine in diesem Zusammenhang erfolgte Gefangennahme des Paulus durchaus für möglich halten. Lukas hätte davon nichts gewusst oder er hätte entsprechende Nachrichten übergangen. Über die Dauer jener (vermuteten) Haft lässt sich nichts sagen. Aus dem Philipperbrief geht nicht hervor, dass die Haft sehr lange währte, allerdings sah Paulus sein Leben akut bedroht. Dem könnten die rückblickenden Aussagen in 1Kor 15,32 und 2Kor 1,8–10 entsprechen.

5) Der Philipperbrief ist vermutlich später als der 1. Korintherbrief verfasst worden. Er gehört demnach in die spätere Phase des Aufenthalts des Paulus in Ephesus. Dafür spricht, dass sich die in 1Kor 15,32 und 2Kor 1,8–10 beschriebenen Gefährdungen des Paulus offenbar auf unterschiedliche Situationen in Ephesus beziehen. Die in der Korrespondenz mit der Gemeinde von Korinth erkennbaren, offenbar mehrfach geänderten Reisepläne des Paulus (1Kor 16,5–8; 2Kor 1,15–17; 12,14; 13,1) setzen zudem voraus, dass er sich nach der Abfassung des 1. Korintherbriefs noch eine Weile in Ephesus aufgehalten hat. In diese Zeit fallen offenbar der „Zwischenbesuch" in Korinth (vgl. 2Kor 12,4; 13,1) sowie der Gefängnisaufenthalt, in dem Paulus den Philipperbrief (und den Philemonbrief) geschrieben hat. Der Philipperbrief wäre demnach später als der 1. Korintherbrief, aber vor dem 2. Korintherbrief verfasst worden. Die in Phil 3 begegnende Terminologie der Rechtfertigungslehre könnte zudem für eine zeitliche und sachliche Nähe zum Galaterbrief (und Römerbrief) sprechen.

6) Wenn der vorliegende Philipperbrief aus ursprünglich zwei oder sogar drei Briefen bestehen sollte, die in unterschiedlichen Situationen in der Gefangenschaft in Ephesus geschrieben wurden, war der zeitliche Abstand zwischen diesen Schreiben vermutlich relativ gering, er betrug vielleicht nur einige Wochen oder Monate (STANDHARTINGER 35). Dass Paulus nicht hingerichtet, sondern freigelassen wurde, könnte mit dem Thronwechsel von Claudius zu Nero (Oktober 54 n. Chr.) zusammenhängen.

7) Die Redaktion des vorliegenden Philipperbriefs könnte in Philippi erfolgt sein, wo die verschiedenen Briefe zu *einem* Brief zusammengefügt wurden. Eine andere Möglichkeit wäre, dass sie bei der Sammlung der Paulusbriefe zu einem Philipperbrief des Paulus zusammengefügt wurden. Genaueres lässt sich darüber nicht sagen. Im 2. Jahrhundert ist jedenfalls bereits *ein* Philipperbrief des Paulus bekannt.

Arbeitsvorschläge

1. Was lässt sich anhand des Briefes über die Beziehung zwischen Paulus und der Gemeinde in Philippi sagen (vor allem 2,21-30; 4,10-20)?
2. Paulus befindet sich in Gefangenschaft. An welchen Stellen wird dies im Brief erkennbar? Mit welchem Ausgang des Prozesses rechnet er? Wie deutet er seine Situation?
3. In Phil 3,2-21 setzt sich Paulus intensiv mit einer anderen Position auseinander. Welche Auffassung vertreten die Gegner aus der Sicht des Paulus? Welche Argumente setzt er ihnen entgegen? In welcher Weise bringt er dabei seinen eigenen biographischen Hintergrund ins Spiel?
4. Mahnungen wie in Phil 4,8f. sind kennzeichnend für den Kontext, in dem sich die urchristliche Ethik entwickelte. Welche Bedeutung haben die hier von Paulus verwendeten Begriffe? Welche Konsequenzen ergeben sich aus ihrer Verwendung im Kontext christlicher Ethik? Lektüreempfehlung: STANDHARTINGER 277-281; MICHAEL WOLTER, Identität und Ethos bei Paulus, in: ders., Theologie und Ethos im frühen Christentum. Studien zu Jesus, Paulus und Lukas (WUNT 236), 121-169, 125f.

§ 16 Der Philemonbrief

📖 **Literatur:** PETER ARZT-GRABNER, Onesimus erro. Zur Vorgeschichte des Philemonbriefes, ZNW 95 (2004), 131–143 ◆ PETER ARZT-GRABNER, Philemonbrief, WiBiLex, Dezember 2008, https://www.bibelwissenschaft.de/stichwort/46450/ ◆ HANS FÖRSTER, Die Bitte des Paulus für den Sklaven Onesimus. Semantische und syntaktische Überlegungen zum Philemonbrief, NT 60 (2018), 268–289. – **Kommentare:** PETER ARZT-GRABNER, Philemon (PKNT), Göttingen 2003 ◆ MARTIN EBNER, Der Brief an Philemon (EKK 18), Göttingen/Ostfildern 2017 ◆ JOACHIM GNILKA, Der Philemonbrief (HThK 10/4), Freiburg i. Br. 1982 ◆ EDUARD LOHSE, Der Brief an die Kolosser und an Philemon (KEK 9/2), Göttingen 1977 ◆ PETER MÜLLER, Der Brief an Philemon (KEK 9/3), Göttingen 2011 ◆ ECKART REINMUTH, Der Brief des Paulus an Philemon (ThHK 11/2), Leipzig 2006 ◆ KLAUS WENGST, Der Brief an Philemon (ThKNT 16), Stuttgart 2021 ◆ MICHAEL WOLTER, Der Brief an die Kolosser. Der Brief an Philemon (ÖTBK 12), Gütersloh 1993.

1 Struktur, Inhalt und Gattung

Der Brief an Philemon ist der kürzeste der erhaltenen Paulusbriefe. Er ist als einziger primär an eine Einzelperson gerichtet. Der Philemonbrief ist klar gegliedert.

Das *Präskript* (V. 1–3) nennt wie üblich zuerst die Absender. Ebenso wie im Philipperbrief sind es Paulus, der sich als „Gefangener Christi Jesu" (δέσμιος Χριστοῦ Ἰησοῦ) bezeichnet, und „der Bruder" Timotheus. Dass Paulus der alleinige Verfasser ist, zeigt das mehrfach verwendete „Ich" im weiteren Brief. Adressaten sind ein Mann namens Philemon, eine als „Schwester" bezeichnete Frau namens Aphia sowie „unser Mitstreiter Archippus", dazu „die Gemeinde in deinem Haus". Das „Du" hier und auch sonst zeigt an, dass der Brief in erster Linie an Philemon gerichtet ist. Der Gnadenwunsch (V. 3) entspricht Phil 1,2.

Im *Proömium* (V. 4–7) dankt Paulus Gott dafür, dass er überaus erfreuliche Nachrichten empfangen hat, die Philemon und dessen Wirken betreffen.

Zu Beginn des eigentlichen *Briefcorpus* (V. 8–20) behauptet Paulus, er besitze gegenüber Philemon besondere Autorität. Er will sie aber nicht in Anspruch nehmen, sondern spricht stattdessen eine Bitte aus (V. 8f.: παρακαλῶ). In V. 10–12 erwähnt er einen Mann namens Onesimus, den er jetzt zu Philemon zurückschickt.

In V. 13f. fügt Paulus die an V. 8 erinnernde Bemerkung an, er habe Onesimus eigentlich als Mitarbeiter bei sich behalten wollen, aber nicht ohne Philemons Zustimmung. In V. 15–17 folgt die nachdrücklich vorgetragene Bitte, Philemon solle Onesimus wieder bei sich aufnehmen – nicht mehr als Sklaven, sondern als „Bruder", ja „wie mich selbst". Für einen von Onesimus verursachten materiellen Schaden will Paulus aufkommen (V. 18.19a), aber er macht sofort eine Gegenrechnung auf (V. 19b). In V. 20 wird die Bitte zusammengefasst.

Den *Briefschluss* bilden V. 21–25. Paulus äußert zunächst die feste Erwartung, Philemon werde seiner Bitte (Anweisung?) entsprechen (V. 21), und er verbindet das mit der Ankündigung eines eigenen Besuchs (V. 22). Es folgen Grüße (V. 23f.) und der Gnadenwunsch (V. 25, wörtlich gleich wie Gal 6,18 und Phil 4,23).

Der Gattung nach gilt der Philemonbrief oft (so auch in frühen Auflagen dieses Arbeitsbuchs) als „Empfehlungsbrief" für Onesimus. Aber aus dem zweifachen „ich bitte" (παρακαλῶ) in V. 9.10 und auch aus der Gesamttendenz des Textes geht hervor, dass der Philemonbrief ein *Bittbrief* ist, mit dem sich Paulus zugunsten des Onesimus an Philemon wendet.

2 Anlass und Abfassungszweck

Der erstmaligen Nennung von Anlass und Zweck des Briefes (V. 10) stellt Paulus ein Lob für Philemon (V. 4–7) voran und verweist auf die Autorität, die er ihm gegenüber geltend machen könnte (V. 8f.). Philemon soll also dazu veranlasst werden, der noch gar nicht ausgesprochenen Bitte gleichsam schon vorab zu entsprechen.

Onesimus war ein Sklave, der seinem Herrn Philemon offenbar einen Schaden zugefügt hatte (V. 11.15.18) und der – möglicherweise mit der Bitte um eine Vermittlung – zu Paulus gekommen und während des Zusammenseins mit Paulus Christ geworden war (V. 10). Paulus schickt ihn zu seinem Herrn zurück (V. 12), obwohl er sich – wie er behauptet – eigentlich legitimiert sieht, Onesimus als Helfer für die Verkündigung bei sich behalten zu können (V. 13). Oft wird angenommen, Onesimus sei seinem Besitzer entlaufen. Das sagt der Brief nicht, und es ist auch wenig wahrscheinlich, dass Paulus als Häftling einen Bittbrief zugunsten eines entlaufenen Sklaven hätte schreiben können. Der Zweck des Briefes ist es, Philemon davon zu überzeugen, in Onesimus nicht mehr den Sklaven, sondern den „geliebten Bruder" zu sehen (V. 16). Das ist keine leere Floskel, wie die entsprechende Anrede an Philemon zeigt (V. 7.20; vgl. V. 1). In V. 21 und vor allem durch seine Ankündigung in V. 22 deutet Paulus an, dass er damit rechnet, die Erfüllung seines Wunsches durch Philemon „kontrollieren" zu können.

3 Äußere Bedingungen der Abfassung

Paulus beschreibt sich in V. 1 und dann nochmals in V. 9.10 als Gefangenen. Das ist wohl nicht metaphorisch gemeint, sondern Paulus befindet sich tatsächlich in Gefangenschaft; der Brief an Philemon wurde also in derselben Situation geschrieben wie der Brief an die Philipper (vgl. die Erwähnung des Timotheus in Phil 1,1 und in Phlm 1). Wenn also Ephesus der Abfassungsort sein sollte (s. o. § 15.5), spräche das für die Vermutung, dass Philemon im westlichen Kleinasien lebt. Die Entfernung zwischen dem gegenwärtigen Aufenthaltsort des Paulus und dem Wohnort des Philemon scheint nicht allzu groß zu sein. Die Reise- bzw. Besuchsankündigungen in Phlm 22 und in Phil 2,24 legen nahe, dass Philemon an einem Ort wohnt, den Paulus auf dem Weg von Ephesus nach Philippi passieren musste, also etwa Smyrna oder Troas. Denkbar wäre auch die Stadt Kolossä, denn Onesimus und auch Archippus werden in Kol 4,9.17 als in Kolossä wohnende Christen erwähnt. Aber der Kolosserbrief ist kein von Paulus selbst verfasster Brief, die Nennung dieser Namen dort könnte auch fiktiv sein.

Ignatius von Antiochia erwähnt in seinem Brief an die Epheser (s. u. § 41.2b) einen Onesimus als „Bischof" (ἐπίσκοπος) von Ephesus (1,3 u. ö.). Dass es sich um dieselbe Person handelt wie im Philemonbrief, ist wegen des zu vermutenden zeitlichen Abstands schwer vorstellbar, aber auch nicht völlig ausgeschlossen. Der Name Onesimus ist nicht selten, begegnet aber in der christlichen Überlieferung dieser Zeit sonst nicht.

4 Theologische Tendenz

Der Philemonbrief hat besondere Bedeutung für die Frage nach den sozialethischen Vorstellungen im Urchristentum. Man hat Paulus vorgeworfen, dass er den Sklaven nicht aus der Abhängigkeit von seinem Besitzer befreit, sondern in der Sklaverei gelassen hat; darin zeige sich die anti-emanzipatorische Tendenz des (Ur-)Christentums bzw. jedenfalls des Paulus. Der Gedanke an eine allgemeine Abschaffung der Sklaverei als soziale Institution ist tatsächlich nicht im Blick. Aber Paulus erwartet, dass Philemon auf irgendwelche Strafmaßnahmen gegen Onesimus verzichtet. Die Aufforderung in V. 16 ist ernst zu nehmen: Wenn Philemon seinen Sklaven Onesimus als „geliebten Bruder" annimmt, dann hat das konkrete Folgen als praktische Verwirklichung der in Gal 3,28 formulierten Aussage, dass „in Christus" die Unterscheidung von Sklave und Freiem keine Gültigkeit mehr hat.

⌀ Arbeitsvorschläge

1. Wie lässt sich die Kommunikationsstruktur des Briefes beschreiben, mit anderen Worten: Wer redet mit wem über wen? Aufschlussreich ist dabei die Verwendung der Pronomina „ihr/du/er".

2. Der Brief hat einen konkreten Vorfall zum Anlass. Wie werden die Ereignisse dargestellt? Was fordert Paulus von Philemon? Wie begründet Paulus seine Forderungen?
3. Setzen Sie sich vertiefend mit der sozialen Schichtung im Römischen Reich und der Bedeutung der Sklaverei auseinander. Wie wirkt sich das Evangelium von Jesus Christus auf die Bewertung der Sklaverei innerhalb eines Haushalts aus? Lektüreempfehlung: MARKUS ÖHLER, Geschichte des frühen Christentums (UTB 4737), Göttingen 2018, 32–41; HANNA ROOSE, Sklaverei (NT), WiBiLex, Mai 2010, https://www.bibelwissenschaft.de/stichwort/53975/.

§ 17 Der 2. Korintherbrief

Literatur: EVE-MARIE BECKER/HERMUT LÖHR (Hg.), Die Exegese des 2 Kor und Phil im Lichte der Literarkritik (BThSt 185), Göttingen 2020 ◆ REIMUND BIERINGER/EMMANUEL NATHAN/DOMINIKA KUREK-CHOMYCZ, 2 Corinthians. A Bibliography (Biblical Tools and Studies 5), Leuven 2008 ◆ GÜNTER BORNKAMM, Die Vorgeschichte des sogenannten zweiten Korintherbriefes, in: ders., Geschichte und Glaube, Teil 2 (BEvTh 53), München 1971, 162–194 ◆ MARGARET M. MITCHELL, Corinthians, Second Epistle to the, I. New Testament, EBR 5 (2012), 784–789 ◆ ECKART REINMUTH/STEFAN ALKIER/MANUEL VOGEL (Hg.), 2. Korintherbrief, Themenheft, ZNT 19 (2016) ◆ DIETER SÄNGER (Hg.), Der zweite Korintherbrief. Literarische Gestalt – historische Situation – theologische Argumentation (FRLANT 250), Göttingen 2012 ◆ THOMAS SCHMELLER, Korintherbrief, Zweiter, WiBiLex, Juli 2021, https://www.bibelwissenschaft.de/stichwort/51924/ ◆ SCHNELLE, Einleitung in das Neue Testament, 95–115 ◆ JENS SCHRÖTER, Der versöhnte Versöhner. Paulus als Mittler im Heilsvorgang zwischen Gott und Gemeinde nach 2Kor 2,14–7,4 (TANZ 10), Tübingen 1993. – **Kommentare:** RUDOLF BULTMANN, Der zweite Brief an die Korinther (KEK Sonderband), Göttingen 1976 ◆ ERICH GRÄSSER, Der zweite Brief an die Korinther, 2 Bde. (ÖTBK 8/1-2), Gütersloh 2002–2008 ◆ WALTER KLAIBER, Der zweite Korintherbrief (Die Botschaft des Neuen Testaments), Neukirchen-Vluyn 2012 ◆ THOMAS SCHMELLER, Der zweite Brief an die Korinther, 2 Bde. (EKK 8/1-2), Neukirchen-Vluyn/Ostfildern 2010–2015 ◆ MARGARET THRALL, The Second Epistle to the Corinthians, 2 Bde. (ICC), Edinburgh 1994 ◆ HANS WINDISCH, Der zweite Korintherbrief (KEK 6), Göttingen ⁹1970 ◆ CHRISTIAN WOLFF, Der zweite Brief des Paulus an die Korinther (ThHK 8), Berlin 1989.

1 Aufbau und Inhalt

Der Aufbau des 2. Korintherbriefs ist, zumal im Vergleich zum 1. Korintherbrief, unübersichtlich. Das führt in der Forschung seit langer Zeit zu literarkritischen Erwägungen (s. u. § 17.2). Dennoch kann eine Gliederung des vorliegenden Textes versucht werden, aber es sind auch andere Abgrenzungen als die im Folgenden vorgenommenen möglich.

Das *Präskript* (1,1–2) ist vergleichsweise knapp. Die „ökumenische" Adresse aus 1Kor 1,2b ist jetzt eingeschränkt, aber neben Korinth werden in 2Kor 1,1b auch „alle Heiligen in ganz Achaia" als Adressaten genannt. Das *Proömium* (1,3–

§ 17 Der 2. Korintherbrief **231**

11) ist, anders als sonst bei Paulus, nicht als Dank, sondern als Lobpreis Gottes („Eulogie") formuliert. Auffällig sind in V. 3–7 das häufige Vorkommen des Stichworts „Trost" (παρακαλεῖν/παράκλησις) sowie in V. 8–11 die betonten Hinweise auf „Bedrängnis" und „Leiden".

In 1,12–2,4 begründet Paulus ausführlich, warum er seine zuvor angekündigten Besuchspläne geändert hatte (1,23: „um euch zu schonen"). Dazu charakterisiert er seinen vorliegenden Brief als „Tränenbrief" (2,3f.; in 2,4 wird aber oft der Hinweis auf einen früheren Brief gesehen, s. u. § 17.2). In 2,5–11 bittet Paulus die Adressaten, dass sie eine ihm zugefügte „Betrübnis" und die damit verbundene Bestrafung eines Gemeindegliedes als erledigt ansehen und Liebe üben sollen. In 2,12f. schildert er kurz seine aktuelle (Reise-)Situation, und dann legt er in 2,14–3,6 sein Selbstverständnis als Apostel dar; dabei kann man 2,16b („Wer ist dafür geeignet?") als Ausgangsfrage und das Folgende als Antwort lesen. Die in 3,3 angedeutete Antithese von „Buchstabe" und „Geist" wird in 3,6 zugespitzt, und dann folgt in 3,7–18 ein daran anknüpfender in sich geschlossener Gedankengang, in dem Paulus Ex 34 auslegt mit der These, dass die Bibel (das „Alte Testament", vgl. 3,14) nur von Christus her richtig gelesen und verstanden wird. In 4,1–6 beschreibt er sein apostolisches Wirken (V. 5: „Wir verkündigen nicht uns selbst, sondern Christus"). Das mündet in eine breit ausgeführte eschatologische Perspektive (4,7–6,2). In 4,7–18 stellt Paulus „das Sterbliche" und „das Ewige" einander gegenüber. In 5,1–10 geht es um die Hoffnung auf die „himmlische Wohnung" und um die Erwartung des Gerichts (V. 10). In 5,11–6,2 spricht Paulus von der Gegenwart des Heils als „neuer Schöpfung" (5,18–21: Aufruf zum Versöhntwerden mit Gott).

In Gestalt eines sogenannten Peristasenkatalogs, also einer listenartigen Aufzählung von Leiden und Entbehrungen (s. u. Arbeitsvorschlag 4), schildert Paulus in 6,3–10 seinen Dienst, der sich in Trübsal vollzieht. In 6,11f. kommentiert er seine bisherigen Ausführungen und beklagt sich darüber, dass die Korinther nicht bereit sind, sich ihm zu öffnen (V. 12: „Ihr habt engen Raum in euren Herzen"; ähnlich dann in 7,2–4: „Gebt uns Raum ..."). In 6,14–7,1 werden die Adressaten vor jeglicher Gemeinschaft mit Ungläubigen gewarnt; das geschieht unter Hinweis auf den Gegensatz zwischen Christus und Satan („Beliar", 6,15) und unter Verwendung mehrerer Bibelzitate (6,16b–18). In 7,5–16 geht Paulus wieder auf die aktuelle Situation ein (vgl. 2,12f.), die nicht mehr durch Betrübnis bestimmt ist, sondern durch Freude aufgrund der gelungenen Begegnung mit Titus (V. 5f.13–16).

Ein ganz anderes Thema wird in 8,1–24 und in 9,1–15 behandelt, nämlich die Kollekte, die Paulus für Jerusalem zu sammeln sich verpflichtet hatte (vgl. Gal 2,10; 1Kor 16,1–4). Zuerst verweist Paulus auf das Vorbild, das die Christen in Makedonien geben (8,1–6), dann (9,1–15) lobt er umgekehrt den Eifer, den die Christen in Achaia für die Kollekte aufbringen; in 8,16–24 und auch in 9,1–5 werden Lob und Empfehlung für die Sammler ausgesprochen.

In 10,1 schließt sich wiederum ein neues Thema an: Paulus verteidigt sich gegen Vorwürfe, die ihm in Korinth gemacht worden sind (10,1–11), und dann kritisiert er Leute, die „sich selbst empfehlen" (10,12) und in fremden Missionsgebieten tätig werden (10,12–18). In 11,1–15 beschreibt er den Kontrast zwischen seiner eigenen Haltung des Verzichts mit der Selbstüberhebung, die bei anderen zu beobachten ist und die er deshalb ironisch als „Über-Apostel" bezeichnet (V. 5; V. 13: „Lügenapostel"). In Gestalt einer „Narrenrede" (11,16, vgl. 12,11) spricht er ein paradoxes, biographisch gefärbtes Selbstlob aus (11,21b–12,13), wobei er nochmals gegen die „Über-Apostel" polemisiert (12,11). In 12,14–13,10 folgen erneut die Zurückweisung von Vorwürfen und dann Hinweise auf einen geplanten dritten Besuch (12,14; 13,1). In 13,11f. stehen Schlusswünsche und -grüße, aber keine Grüße namentlich genannter Personen. Der abschließende Gnadenwunsch (13,13) ist ungewöhnlich umfassend, geradezu „triadisch" formuliert: „Die Gnade des Herrn Jesus Christus und die Liebe Gottes und die Gemeinschaft des Heiligen Geistes (sei) mit Euch allen."

2 Das Problem der literarischen Integrität

Schon die Inhaltsübersicht wirft einige grundsätzliche Probleme auf: 1) Nicht leicht zu erklären ist die Stellung von Kap. 10–13 am Schluss des Briefes. Das gilt weniger wegen des abrupten „Stimmungswechsels" von 10,1 an, sondern vor allem wegen der gegenüber den vorangegangenen Aussagen offenbar veränderten äußeren Situation: In 7,5–16 hatte Paulus seine Freude geschildert angesichts der guten Nachrichten, die Titus bei der Begegnung in Makedonien bei seiner Rückkehr aus Korinth mitgebracht hatte. In 10,1–13,10 besteht eher der Eindruck eines tiefen Konflikts zwischen Paulus und Korinth, nicht nur in der Konfrontation mit den „Über-Aposteln", sondern auch in der Beziehung zur Gemeinde als ganzer (vgl. 11,4–10; 12,13). 2) Die beiden Hinweise auf die Reisestationen in 2,12f. stehen ganz unverbunden zwischen den Aussagen in 2,5–11 und dem dann in 2,14 beginnenden breiten Gedankengang. Die in 2,12f. geschilderte Situation wird offensichtlich in 7,5–16 wieder aufgenommen, ohne dass ein Grund für die lange Unterbrechung des „Reiseberichts" zu erkennen ist. 3) Die Selbstdarstellung des Paulus in den einzelnen Briefteilen ist auffallend unterschiedlich: In 1,12–2,11 spricht er mehrfach Entschuldigungen für bestimmte zuvor getroffene Entscheidungen aus, in 2,14–6,2 gibt er eine theologisch reflektierte Beschreibung seines apostolischen Dienstes, in Kap. 10–13 verteidigt er sich gegen Vorwürfe, verbindet dies aber mit massiver Polemik, die auch die Adressaten trifft. 4) Die Stellung der beiden Kollektenkapitel (Kap. 8 und 9) wirkt zwischen den Aussagen in 7,5–16 einerseits und dem in 10,1 beginnenden großen Textabschnitt andererseits recht seltsam; auffallend ist auch die Doppelung des Themas in zwei direkt aufeinander folgenden, im Grunde aber selbständigen Gedankengängen.

5) Der Abschnitt 6,14–7,1 fällt deutlich aus dem Rahmen. Das gilt nicht allein im Blick auf den unmittelbaren Kontext, sondern auch in Bezug auf die hier verwendete Sprache und den Inhalt.

Zur möglichen Lösung der genannten Probleme werden unterschiedliche Hypothesen vorgeschlagen: 1) Häufig wird angenommen, dass in Kap. 1–9 und in Kap. 10–13 zwei ursprünglich selbständige Briefe vorliegen. Dabei sei der polemische Brief in Kap. 10–13 zuerst geschrieben worden; er sei möglicherweise der in 2,4 erwähnte „Tränenbrief". Erst später habe Paulus Kap. 1–9 verfasst. 2) Nicht selten werden Kap. 8 und Kap. 9 als zwei ursprünglich selbständige Kollektenbriefe angesehen, die sich möglicherweise an unterschiedliche Adressaten richteten (vgl. 8,1 und 9,1f.). 3) Der Abschnitt 6,14–7,1 wird angesichts des Dualismus (Gerechtigkeit und Gesetzlosigkeit; Licht und Finsternis; Christus und Beliar) sowie der Bezeichnung „Beliar" für den Teufel oft als ein nichtpaulinischer Text angesehen. 4) Auch Widersprüche bzw. Spannungen innerhalb von 1,1–7,16 (ohne 6,14–7,1) werden literarkritisch zu lösen versucht. In 1,3–2,11 scheint eine andere Situation vorausgesetzt zu sein als in 2,12f. und dem damit offenbar verbundenen Abschnitt 7,5–16: In 1,15–24 entschuldigt sich Paulus für einen nicht erfolgten Besuch; in 2,1–5 erinnert er an eine ihm während eines früheren Aufenthalts zugefügte Beleidigung, rät aber nun zu Liebe und Versöhnung (2,7–11). Der Briefteil 2,14–7,4 (ohne 6,14–7,1) kann als ursprüngliche literarische Einheit verstanden werden. In 2,12f.; 7,5–16 sieht es so aus, als sei nach dem Besuch des Titus in Korinth jeglicher Konflikt beigelegt.

In der neueren Exegese wird häufig für die ursprüngliche literarische Einheit des 2. Korintherbriefs plädiert. So vermutet etwa Udo Schnelle, der Briefteil Kap. 1–9 sei nach der in 8,17–24; 9,3–5 erwähnten Entsendung des Titus und seiner Begleiter verfasst, aber nicht sogleich abgeschickt worden (SCHNELLE 99–109): „Paulus hielt 2Kor 1–9 noch in den Händen, als ihn durch die Titus-Gruppe neue Nachrichten aus Korinth erreichten" (107). Die „Titus-Gruppe" sei nämlich inzwischen zu Paulus zurückgekehrt (12,17f.) und habe Paulus veranlasst, seinen Brief durch die Anfügung von Kap. 10–13 zu ergänzen: „Wahrscheinlich hatten die Gegner inzwischen in Korinth die Mehrheit der Gemeinde für sich gewonnen" (108). Aber warum hatte Paulus den fertigen Brief Kap. 1–9 nicht abgesandt? Warum ließ er diesen Briefabschnitt unverändert, obwohl aus neuen Informationen eine grundsätzlich verschlechterte Lage hervorging? Von der *Rückkehr* des Titus aus Korinth berichtet Paulus sehr erfreut in 7,5–16, in Kap. 10–13 fehlt dagegen jeder Hinweis darauf, dass Paulus durch die „Titus-Gruppe" *neue* Informationen erhalten hatte.

3 Zur Chronologie und zur Redaktion der im 2. Korintherbrief enthaltenen Briefe

Die genannten Erwägungen und Beobachtungen legen es nahe, dass der vorliegende „2. Korintherbrief" aus mehreren ursprünglich selbständigen, zu unterschiedlichen Zeiten verfassten Briefen besteht, die in späterer Zeit redaktionell zusammengefügt wurden. Nimmt man dies an, müssen die in den einzelnen Briefen vorausgesetzten Situationen rekonstruiert und in eine sinnvolle Abfolge gebracht werden. Dazu müssen die beim Verfasser und bei den Adressaten eingetretenen Änderungen der jeweiligen Situation berücksichtigt werden, und es ist zu erklären, wie es zum jetzt vorliegenden 2. Korintherbrief gekommen sein könnte. Dabei bleibt etliches hypothetisch, zumal nicht alle angenommenen Brieffragmente mit gleicher Wahrscheinlichkeit zu erschließen sind. Dementsprechend gibt es unterschiedliche Annahmen über die Einheitlichkeit bzw. Entstehung des 2. Korintherbriefs. Im Folgenden wird eine Rekonstruktionsmöglichkeit vorgestellt.

1) Einige Zeit nach Absendung des 1. Korintherbriefs erfuhr Paulus, dass in Korinth Konkurrenten aktiv geworden waren, die seine Verkündigung kritisierten und seine Rolle als Apostel in Zweifel zogen. Paulus reagierte mit *Brief A* (2,14–7,4, ohne 6,14–7,1, dazu s. u.), in dem er ausführlich sein Verständnis des apostolischen Dienstes beschrieb. Die eingehende bibelhermeneutische Argumentation in 3,4–18 könnte ein Indiz dafür sein, dass die Kritiker Christen jüdischer Herkunft waren und sich auf biblische Überlieferung beriefen. In 5,1–10 betont Paulus die für alle geltende eschatologische Gerichtsperspektive, was durch ein besonderes Selbstverständnis jener Kritiker veranlasst gewesen sein könnte.

Nach Absendung dieses Briefes reiste Paulus zu seinem schon viel früher angekündigten Besuch (vgl. 1Kor 16,5 u. ö.) nach Korinth. Aber der persönliche Auftritt endete offenbar nach kurzer Zeit mit einem Fiasko – man spricht deshalb vom „Zwischenbesuch". Paulus schrieb nun den sowohl die Kritiker als auch die Gemeinde angreifenden *Brief B* (10,1–13,10), der an den missglückten Besuch anknüpft (10,1–11). Aus den jetzt vorgetragenen Worten wird deutlich, dass die Kritiker des Paulus judenchristliche Missionare sind (11,22f.), die offensichtlich den Aposteltitel beanspruchten (vgl. die Polemik in 11,5; 12,11: „Über-Apostel"; 11,13: „Lügenapostel"). Paulus kündigt an, dass er bei seinem nächsten Besuch, dem nach dem Gründungs- und dem „Zwischenbesuch" *dritten* Aufenthalt in Korinth (12,14; 13,1), zeigen werde, wie er seine Position durchzusetzen vermag. Die Tatsache, dass er anstelle eines sofortigen Besuchs einen Brief schreibt, bestätigt allerdings zumindest teilweise das Urteil, in der direkten Auseinandersetzung sei er „schwach" und nur in seinen Briefen „stark" (10,1.10; 11,6).

Es scheint, als sei „Brief B" wirkungslos gewesen, nicht zuletzt deshalb, weil Paulus entgegen seiner Ankündigung (12,14f.) tatsächlich nicht nach Korinth kam. Er schrieb *Brief C* (1,3–2,11), in dem er sich für sein Ausbleiben entschuldigt (1,12–2,1) und sich überdies darum bemüht, den Konflikt nicht zuletzt auch durch gewisse Zugeständnisse zu entschärfen (2,2–7; vgl. auch 1,3–11).

In 2,4 erwähnt Paulus einen Brief, den er „unter vielen Tränen schrieb". Die Annahme, der „Tränenbrief" sei mit dem 1. Korintherbrief identisch, wird dessen Charakter nicht gerecht. Dass sich die Notiz auf Kap. 10–13 („Brief B") bezieht, ist unwahrscheinlich, wenn man nicht mit „Tränen der Wut" rechnen will. Am nächsten liegt die Annahme, dass ἔγραψα („ich habe ... geschrieben") ein briefstilistischer Aorist ist, d. h. Paulus formuliert aus der Sicht derer, die den früher geschriebenen Brief nun lesen (vgl. 2,3). Offenbar liegt in 1,3–2,11 dieser „Tränenbrief" vor.

Nach Absendung des „Briefes C" oder als dessen Überbringer reiste Titus nach Korinth, vermutlich um für Paulus zu vermitteln. Die Aussagen in 2,12f.; 7,5–16 (*Brief D*; es ist aber nicht anzunehmen, dass 7,5 ursprünglich direkt an 2,13 anschloss) über die Rückkehr des Titus zu Paulus sprechen dafür, dass dessen Besuch in Korinth gemeinsam mit „Brief C" (vgl. 7,8f.) erfolgreich war, so dass Paulus sich nun darauf beschränken kann, den Korinthern die Versöhnung dankbar zu bestätigen.

2) Welche *Zeitspanne* und welche Abfassungsorte für die hier vorgeschlagene Brieffolge anzunehmen sind, lässt sich schwer sagen. Zwischen dem 1. Korintherbrief und „Brief A" müssen jedenfalls einige Monate liegen, da von den sich hier anmeldenden Problemen dort noch nichts zu sehen ist. Abfassungsort war in beiden Fällen Ephesus. „Brief B" wurde vermutlich kurz nach dem erfolglosen „Zwischenbesuch" geschrieben, wiederum in Ephesus. Zwischen „Brief B" und „Brief C" dürfte ein etwas längerer Zeitraum gelegen haben; der in 12,14f.; 13,1 angekündigte „dritte Besuch" des Paulus hatte nicht stattgefunden, und Paulus hatte erfahren, dass dies in Korinth mit Unwillen aufgenommen worden war. In „Brief C" entschuldigt er sich unter anderem mit dem Hinweis auf seine „Bedrängnis in Asia" (1,8); vermutlich entstand auch dieser kurze Brief in Ephesus. „Brief D" lässt dagegen erkennen, dass Paulus im Anschluss an die Abreise des Titus in Richtung Makedonien aufgebrochen war und gehofft hatte, den zurückkehrenden Titus unterwegs zu treffen; das geschah zwar noch nicht in Troas (2,12), wohl aber dann in Makedonien (7,5f.). Dort, vielleicht in Philippi oder in Thessaloniki, wurde dieser Brief offenbar geschrieben. Die vier Briefe „A" bis „D" könnten in einem Zeitraum von jedenfalls weniger als einem Jahr geschrieben worden sein.

Die beiden *Kollektenbriefe* „E" (Kap. 8) und „F" (Kap. 9) sind vermutlich später verfasst worden. In 8,6.16–24 knüpft Paulus an den vorangegangenen erfolgreichen Besuch des Titus an. So ist es nicht undenkbar, dass Kap. 8 noch zum „Brief D" gehörte, also unmittelbar an Kap. 7 anschloss. Es ist allerdings nicht zwingend, dass Titus unmittelbar nach Rückkehr von seinem erfolgreichen Vermittlungsbesuch um der Kollekte willen nach Korinth zurückgeschickt wurde (8,17). Möglich ist auch, dass Paulus in 12,18 („Brief B") schon auf den Kollektenbrief in Kap. 8 zurückblickt, der dann verhältnismäßig früh verfasst worden wäre. Die Briefe hatten möglicherweise unterschiedliche Adressaten: „Brief E" wendet sich an die Korinther, „Brief F" ist vielleicht nach Achaia adressiert (9,2), wo es zumindest in Kenchreä eine weitere christliche Gemeinde gab (vgl. Röm 16,1). Die Integration dieses Briefes in den jetzt vorliegenden 2. Korintherbrief wäre dann die Ursache für die Nennung „der Heiligen in ganz Achaia" in der Adresse (1,1b).

Aus welchem Brief die Rahmenstücke in 1,1–2 und 13,11–13 übernommen wurden, lässt sich kaum sagen. Das recht konventionelle Präskript könnte schon zu „Brief A" gehört haben (zur Erwähnung von Achaia s. o.), ebenso der Briefschluss. Die Rahmenstücke der übrigen Briefe wurden bei der Redaktion natürlich fortgelassen. In 8,18.22 und in 9,3 (vgl. 9,5; s. auch 12,18) scheint der ursprünglich genannte Name eines „Bruders" gestrichen worden zu sein; der Herausgeber bzw. Redaktor des 2. Korintherbriefs hatte offenbar ein Interesse daran, den oder die hier ursprünglich genannten Namen zu unterdrücken.

Vielleicht lässt sich die hier vermutete Bearbeitung von Paulusbriefen mit der Entstehung der synoptischen Evangelien vergleichen; jedenfalls wurden bei der Schaffung des Matthäusevangeliums und des Lukasevangeliums zahlreiche Abschnitte des Markusevangeliums und der Logienquelle entfernt und es entstanden auf der Grundlage kürzerer Schriften umfangreichere neue Werke.

3) Die Zusammenfügung (Redaktion) der insgesamt sechs ursprünglichen Briefe zum jetzt vorliegenden „2. Korintherbrief" dürfte in Korinth erfolgt sein – vermutlich in der Absicht, neben dem 1. Korintherbrief einen in der Länge ungefähr vergleichbaren weiteren Korintherbrief zu schaffen, um die Weitergabe bzw. die Einfügung in die entstehende Paulusbriefsammlung zu erleichtern, zu der vielleicht auch schon der Kolosser- sowie der Epheserbrief gehörten (s. u. § 21–22). Dem Redaktor kam es nicht darauf an, eine *bestimmte* Situation zu wählen oder zu fingieren, in der Paulus diesen umfangreichen Brief geschrieben haben sollte. Es fehlt jeder Hinweis darauf, dass „der zweite Brief des Paulus nach Korinth" vorliegt. Die Redaktion des Briefes war vielmehr davon bestimmt, einen geschlossenen Gedankengang des Paulus zu entwerfen, der in nachpaulinischer Zeit unabhängig von einer konkreten Lage verstanden werden konnte. So wurden die eher versöhnlichen Aussagen („Brief C") an den Anfang gestellt, verbunden mit der theologischen Grundlegung („Brief A"). Das in „Brief D" Gesagte bestätigt eine positive Rezeption der vorangegangenen Aussagen. Am Ende sollte jedenfalls der Angriff auf die „Über-Apostel" stehen („Brief B"), als Vermächtnis des Paulus für die Zurückweisung jeglicher Irrlehre. Dieser Intention verdankt sich vielleicht auch die Aufnahme des unpaulinischen, ursprünglich vielleicht sogar antipaulinischen Abschnitts 6,14–7,1, in dem der Redaktor apostolische Polemik gegen Irrlehrer („Ungläubige") als Fortsetzung der Mahnungen in 6,11–13 gesehen haben könnte. Die beiden Kollektenbriefe in Kap. 8 und 9 stehen etwas unglücklich zwischen 7,5–16 und Kap. 10–13; aber das gilt ja auch bei Annahme der ursprünglichen literarischen Einheit des 2. Korintherbriefs.

📖 **Lektüreempfehlung**

HANS DIETER BETZ, 2. Korinther 8 und 9. Ein Kommentar zu zwei Verwaltungsbriefen des Apostels Paulus, Gütersloh 1993; DIETRICH-ALEX KOCH, Die Kollektenbriefe 2. Korinther 8 und 2. Korinther 9. Anfang und Ende einer Krise – oder doch nicht?, in: Felix John/Christian Wetz (Hg.), Paulus und seine Gemeinden (ABIG 66), Leipzig 2021, 107–122; ANDREAS LINDEMANN, Der unüberbrückbare Gegensatz. Ethos und Theologie in der Argumentation in 2Kor 6,14–7,1, in: Jochen Flebbe/Matthias Konradt (Hg.), Ethos und Theologie im Neuen Testament, Neukirchen-Vluyn 2016, 185–215.

4 Theologische Themen und die Gegnerfrage

Theologisch besonders bedeutsame Aussagen innerhalb des 2. Korintherbriefs stehen vor allem in Kap. 3–6, innerhalb von „Brief A".

1) In 3,4–18 bietet Paulus im Zusammenhang der Gegenüberstellung des „Dienstes des Buchstabens" und des „Dienstes des Geistes" eine ausführliche Auslegung der in Ex 34 überlieferten Erzählung von der „Decke des Mose". Paulus entwirft Grundzüge einer Hermeneutik biblischer („alttestamentlicher") Texte mit der These, allein Gottes Geist (der mit Christus identisch ist, V. 17) ermögliche es, die Heilige Schrift („Mose", V. 15) richtig zu verstehen. Andernfalls liege auf der Lesung der Tora („alter Bund") eine verhüllende „Decke", weil und solange nicht erkannt wird, dass diese Decke allein in Christus „abgetan" ist (V. 14).

2) In 4,7–5,10 betont Paulus, dass die künftige Herrlichkeit in der Gegenwart noch nicht Realität ist (4,7–15). Vielmehr haben wir den Geist „nur" als „Angeld" (5,5–7) und werden vor dem Richterstuhl Christi Rechenschaft ablegen müssen (5,10). Damit ist jede Art von Selbstüberhebung ausgeschlossen. Es ist kein Zufall, dass Paulus in 4,8f. einen kurzen Peristasenkatalog voranstellt, also eine Auflistung seiner Bedrängnisse und Leiden – aus denen ihn Gott allerdings immer wieder rettet (s. u. Arbeitsvorschlag 4). Die irdische Existenz ist nur eine vorläufige.

3) Der Abschnitt 5,17–6,2 mit seiner „präsentischen" Eschatologie scheint im Widerspruch zu stehen zu 5,1–10. Aber auch hier spricht Paulus nicht von einer sichtbaren und womöglich nach außen demonstrierbaren irdischen Herrlichkeit, sondern er betont die Wirklichkeit der dem Menschen von Gott geschenkten Versöhnung (5,18–21). Am Ende (6,4–10) folgt nochmals ein jetzt umfangreicherer Peristasenkatalog, in dem Paulus von seinem Dienst spricht (6,3) und seine spannungsvolle Existenz als Gottes Diener beschreibt.

4) Wer waren die pauluskritischen Verkündiger, die in Korinth aktiv geworden waren? Paulus nennt sie in „Brief B" ironisch-polemisch „Über-Apostel" (ὑπερλίαν ἀπόστολοι, 11,5), aber auch mit aller Schärfe „Falschapostel"

(ψευδαπόστολοι, 11,13), auf deren Argumentationsebene er sich allenfalls in einer „Narrenrede" einlassen kann (11,16–12,10). Offenbar beanspruchten sie ebenso wie Paulus den Aposteltitel und vermochten den Korinthern zu zeigen, dass schon ihre gegenwärtige Existenz von „Herrlichkeit" bestimmt sei. Da Paulus eine solche Herrlichkeit nicht aufzuweisen hatte, sei dieser kein wirklicher Apostel. Paulus bestätigt in seiner „Narrenrede", dass die Gegner anscheinend vieles haben, was ihm selber fehlt; aber gerade seine Existenz als Leidender ist für ihn der paradoxe Nachweis für die apostolische Existenz, wie er vor allem in 12,1–10 deutlich macht. Der Peristasenkatalog in 11,21b–29 ist noch umfassender und konkreter angelegt als die entsprechenden Textabschnitte in dem früheren Brief (4,8f. und 6,4–10).

5) Die in Korinth aktiv gewordenen Pauluskritiker waren Juden, ebenso wie Paulus (11,22). Sie handelten als christliche Missionare (11,23). Dass sie sich von der Gemeinde bezahlen ließen (11,20), war legitim, aber Paulus hatte den Korinthern gegenüber darauf verzichtet (vgl. 1Kor 9,1–18). Paulus wirft den Adressaten vor, dass sie es akzeptieren, wenn ihnen jemand „einen anderen Jesus" verkündigt oder „einen anderen Geist" oder „ein anderes Evangelium" (11,4; vgl. Gal 1,6–9). Für eine genauere religionsgeschichtliche Einordnung jener Verkündigung reichen die Aussagen des Paulus für uns nicht aus; die Adressaten wussten natürlich, worauf sich Paulus bezog, wenn er seinen Kritikern in scharfer Form widersprach. Auf der Ebene des redaktionell vorliegenden 2. Korintherbriefs kam es nicht darauf an, die Kritiker exakt zu beschreiben, denn als „Gegner" des Paulus waren sie automatisch „Irrlehrer", das Urteil „Falschapostel" traf selbstverständlich zu.

∅ Arbeitsvorschläge

1. Welche Stimmung vermittelt die Eulogie (2Kor 1,3–11)? Was deutet sich schon hier über das Verhältnis zwischen Absendern und Empfängern an? Inwiefern unterscheidet sich diese Eulogie vom Proömium in 1Kor 1,4–9?
2. In 2Kor 2,14–7,4 verteidigt Paulus sich und seine Aufgabe gegenüber der Gemeinde in Korinth. Das Pronomen „wir" bezieht sich vorwiegend auf Paulus (und seine Mitarbeiter). Paulus stellt seine Aufgabe in mehrfacher Hinsicht als „Dienst" bzw. „Aufgabe" dar (διακονία, einige Übersetzungen geben es weniger treffend mit „Amt" wieder). Worin sieht Paulus seine Aufgabe als „Diener" (διάκονος) des „neuen Bundes"? Wie stellt er den „alten" und den „neuen Bund" dar bzw. was sind die jeweiligen Kennzeichen (3,4–18)?
3. Wie deutet Paulus den Tod Jesu in 2Kor 5,11–20? Welches Bildfeld verwendet Paulus hier und in welcher Rolle sieht er sich selbst?
4. Der 2. Korintherbrief enthält mehrere sogenannte Peristasenkataloge, besonders 2Kor 4,8f.; 6,4–10; 11,23–29 (vgl. Röm 8,35; 1Kor 4,11–13; Phil 4,12). Was beabsichtigt Paulus mit diesen Zusammenstellungen allgemein? Informieren Sie sich auch über die Verwendung von Peristasenkatalogen in der stoisch-kynischen Popular-

§ 17 Der 2. Korintherbrief **239**

philosophie. Lektüreempfehlung: MARTIN EBNER, Leidenslisten und Apostelbrief. Untersuchungen zu Form, Motivik und Funktion der Peristasenkataloge bei Paulus (fzb 66), Würzburg 1991.

5. Eine besonders scharfe Apologie des Paulus findet sich in 2Kor 10–13, vor allem in der sogenannten „Narrenrede" (11,16–12,13). In welchem Bild stellt Paulus seine Tätigkeit und die jüngsten Vorgänge in 11,2–4 dar? Wie charakterisiert Paulus seine Gegner bzw. welche Informationen über sie lassen sich diesem Briefabschnitt entnehmen (vor allem 11,1–15.22)? Welche wichtigen Details über die Biographie des Paulus werden in diesem Teil des Briefes erkennbar? Und wer ist der Mensch, von dessen Himmelsreise er in 12,1–5 erzählt?

§18 Der Galaterbrief

Literatur: MICHAEL BACHMANN, Umstrittener Galaterbrief. Studien zur Situierung und Theologie des Paulus-Schreibens (BThSt 106), Neukirchen-Vluyn 2010 ♦ FELIX JOHN, Der Galaterbrief im Kontext historischer Lebenswelten im antiken Kleinasien (FRLANT 264), Göttingen 2016 ♦ DIETRICH-ALEX KOCH, Geschichte des Urchristentums. Ein Lehrbuch, Göttingen ²2104, 583–589 ♦ DIETER SÄNGER, Galaterbrief, in: Horn (Hg.), Paulus Handbuch, 194–203 ♦ DIETER SÄNGER, Galaterbrief, WiBiLex, Mai 2016, https://www.bibelwissenschaft.de/stichwort/48883/. – **Kommentare:** HANS DIETER BETZ, Der Galaterbrief. Ein Kommentar zum Brief des Apostels Paulus an die Gemeinden in Galatien, München 1988 ♦ GERHARD EBELING, Die Wahrheit des Evangeliums. Eine Lesehilfe zum Galaterbrief, Tübingen 1981 ♦ CRAIG S. KEENER, Galatians, Cambridge 2018 ♦ WALTER KLAIBER, Der Galaterbrief (Die Botschaft des Neuen Testaments), Neukirchen-Vluyn 2013 ♦ DIETER LÜHRMANN, Der Brief an die Galater (ZBK.NT 7), Zürich ³2001 ♦ ULRICH LUZ/JÜRGEN BECKER, Die Briefe an die Galater, Epheser und Kolosser (NTD 8/1), Göttingen 1998 ♦ MARTIN MEISER, Galater (Novum Testamentum patristicum 9), Göttingen 2007 ♦ MARTIN MEISER, Der Brief des Paulus an die Galater (ThHK 9), Leipzig 2022 ♦ PETER VON DER OSTEN-SACKEN, Der Brief an die Gemeinden in Galatien (ThKNT 9), Stuttgart 2019 ♦ JOACHIM RHODE, Der Brief des Paulus an die Galater (ThHK 9), Berlin 1989 ♦ FRANÇOIS VOUGA, An die Galater (HNT 109), Tübingen 1998.

1 Struktur und Inhalt

Der Galaterbrief ist – insbesondere im Vergleich zum 1. Thessalonicherbrief (s. o. §13.1) – klar strukturiert. Gleich zu Beginn (1,1) betont Paulus, dass er sein Apostolat nicht von Menschen, sondern von Christus und von Gott empfangen hat. In dem verhältnismäßig umfangreichen Präskript in *1,1–5* nennt er sodann als Mitabsender „alle Brüder, die bei mir sind" (V. 2a). Die Adresse ist überaus kurz formuliert (V. 2b: „an die Gemeinden Galatiens"). Dagegen weisen die an den Gruß (V. 3) angeschlossenen Aussagen in V. 4–5 darauf hin, dass der Tod Jesu Christi zu unserer Rettung ein zentrales Thema des Briefes darstellt.

Das Proömium des Galaterbriefs ist nicht wie in den übrigen Paulusbriefen ein Dank (1Thess 1,2; 1Kor 1,4; Phil 1,3–5; Phlm 4–6; Röm 1,8) oder Lob (vgl. 2Kor 1,3–7), denn angesichts der von Paulus konstatierten Situation der galatischen Gemeinden gibt es keinen Anlass zum Danken oder Loben. Stattdessen setzt Paulus in *1,6-9* unvermittelt mit seiner Verwunderung (θαυμάζω, „ich wundere mich") darüber ein, dass die Adressaten so schnell abgefallen sind zu einem „anderen Evangelium" (V. 6), das doch von dem von ihm verkündigten in Wahrheit gar nicht verschieden ist. Vielmehr würden bestimmte Leute (τινές) das Evangelium Christi verdrehen. Damit ist von Anfang an deutlich, dass der Brief durch das Auftreten von Verkündigern in Galatien veranlasst ist, die in der Sicht des Paulus „die Wahrheit des Evangeliums" (2,5) gefährden. Mit dem Verweis auf das angeblich „andere Evangelium" bereitet er zugleich die Ausführungen in Kap. 2 vor. Dort wird Paulus darlegen, dass das eine Evangelium Christi als „Evangelium der Unbeschnittenheit" und „Evangelium der Beschneidung" – also als Botschaft an Nichtjuden und Juden – ausgerichtet wird.

Nach einer kurzen persönlichen Zwischenbemerkung (1,10) schildert Paulus in *1,11-2,21* seine Vergangenheit, die als Nachweis der in 1,1 formulierten Selbstvorstellung („Apostel nicht von Menschen ...") dient. Zugleich dient dieser autobiographische Teil dazu zu begründen, dass das von Paulus verkündete Evangelium für die Heiden auf seiner Berufung durch Gott gründet und deshalb gleichwertig neben dem Evangelium für die Juden steht. Diese Gleichwertigkeit der beiden Formen, in denen das eine Evangelium Jesu Christi zu verkündigen ist, wird in der Sicht des Paulus durch die in den galatischen Gemeinden aufgetretenen Konkurrenzmissionare infrage gestellt. Sie wollen das „Evangelium der Beschneidung" auch den nichtjüdischen Galatern aufzwingen und vernichten damit die Einheit und Wahrheit des Evangeliums.

In seinem autobiographischen Bericht erwähnt Paulus zunächst seine Verfolgertätigkeit (1,13.14) und geht dann zu seiner Berufung über (1,15.16a). Die Berufung wird als Offenbarung des Sohnes Gottes beschrieben, verbunden mit dem Auftrag zur Mission unter den Heiden (1,16b). Im Anschluss nennt er die Stationen seiner Missionstätigkeit bis zum „Apostelkonzil". Dabei wird ausdrücklich betont, dass er nicht sofort nach der Berufung, sondern erst nach drei Jahren zum ersten Mal nach Jerusalem gegangen sei zu denen, die bereits „vor ihm Apostel waren". Auch damit stellt Paulus die Gleichwertigkeit seines Evangeliums mit demjenigen der Jerusalemer Apostel heraus.

Er sei zunächst nach Arabien gegangen (1,17), anschließend nach drei Jahren erstmals nach Jerusalem, um Petrus kennenzulernen (1,18-20). Darauf folgte eine langjährige Phase (14 Jahre) in Syrien und Kilikien (1,21), bevor er gemeinsam mit Barnabas nochmals nach Jerusalem ging (2,1). Dort fanden die Beratungen des „Apostelkonzils" statt (vgl. Apg 15) mit dem Ergebnis, dass seine Verkündigung des Evangeliums unter den „Unbeschnittenen" und seine (und des Barnabas) Gleichberechtigung mit Petrus und den „Säulen" (2,7-9a) anerkannt wurde, verbunden mit einer Aufteilung der Missionsbereiche zwischen Petrus und Paulus (2,9b). Vereinbart wurde weiter eine Kollekte zur Unterstützung der Armen in der Jerusalemer Gemeinde (2,10), was zugleich die Einheit des Evangeliums zum Ausdruck brachte.

In Antiochia kam es trotz (oder wegen) der Vereinbarung in Jerusalem zu einem Konflikt mit Kephas (2,11–14). Der hatte in Antiochia zunächst Tischgemeinschaft mit christlichen Nichtjuden gepflegt, sich davon aber zurückgezogen, nachdem Leute von Jakobus, also aus Jerusalem, nach Antiochia gekommen waren und diese Praxis offenbar kritisiert hatten. Der Bericht über dieses Ereignis geht in 2,15 über in eine für die Sicht des Paulus auf das Evangelium grundlegende Darlegung des Zusammenhangs von Glaube und Rechtfertigung, ohne „Werke des Gesetzes" (2,16–21). Diesen Aspekt wird Paulus im Römerbrief noch einmal aufgreifen und ausführlich entfalten (Röm 1,16–3,31).

In *3,1–5,12* wird diese Sicht vertieft: In 3,1–5 erinnert Paulus die Adressaten an ihre eigenen Erfahrungen, verbunden mit der (rhetorischen) Frage, ob der Empfang des Geistes durch „Werke des Gesetzes" oder durch „die Botschaft des Glaubens" geschehen sei. Auffallend ist die intensive Bezugnahme auf die biblische Überlieferung als Beweis für die These, dass nicht das Gesetz, sondern der Glaube Gerechtigkeit vor Gott schafft. Paulus entfaltet am Beispiel Abrahams, dass der Glaube zur Gerechtigkeit angerechnet wird und legt dar, dass in Abraham deshalb „alle Völker" gesegnet sind (3,6–9). Christus ist deshalb der Nachkomme Abrahams, weil mit ihm die an Abraham ergangene Verheißung in Erfüllung gegangen ist. Zugleich legt Paulus dar, dass das Gesetz einen gegenüber der Verheißung nachgeordneten Status hat. Das Gesetz ist erst später (nämlich durch Mose) gekommen und kann deshalb die Verheißung nicht außer Kraft setzen. Vielmehr war es in der Zeit zwischen Mose und Christus ein „Erzieher auf Christus hin". Die an Christus Glaubenden sind als solche, die zu Christus gehören, zugleich Kinder Abrahams (3,29). Die Bedeutung des Glaubens Abrahams für den christlichen Glauben wird Paulus in Röm 4 noch einmal aufnehmen und dabei sowohl das Verhältnis von Glaube und Werken des Gesetzes als auch die Verheißung an Abraham thematisieren.

In *4,1–11* legt Paulus den Wechsel vom Status von Sklaven zu demjenigen von Kindern und Erben dar: Durch die Sendung des Gottessohnes haben die Galater den Status von Kindern erhalten, die zu Gott „Abba, Vater" rufen (V. 6). Diesen neugewonnenen Status sollen sie nicht dadurch verspielen, dass sie sich wieder unter die „schwachen und armseligen Naturmächte" (V. 9) begeben.

Anschließend geht Paulus auf seine persönliche Beziehung zu den Galatern ein (4,12–20): Bei seinem früheren Kommen haben sie ihn „wie einen Boten Gottes", ja „wie Christus Jesus" selbst aufgenommen (V. 14). Die anderen dagegen, so Paulus, wollen die Galater (von der Wahrheit und vom Heil des Evangeliums) „ausschließen" (V. 17). Paulus bringt hier also die persönliche Beziehung zwischen sich selbst und den galatischen Gemeinden ins Spiel, um sie davon zu überzeugen, auf den Weg des Evangeliums, wie er es sie gelehrt hat, zurückzukehren.

In *4,21–31* legt Paulus das Gegenüber von Sklaverei und Freiheit anhand von Abraham und seinen beiden Söhnen dar. Die beiden Söhne und ihre Mütter symbolisieren den Bund der Knechtschaft, der an das Gesetz vom Sinai gebunden ist, und den Bund der Freiheit durch das „Jerusalem, das oben ist". In *5,1–12* folgt die Mahnung, die Adressaten sollten an der so gewonnenen Freiheit festhalten, verbunden mit dem Hinweis, dass „Vorhaut" oder „Beschneidung" gegenüber der im Glauben wirksamen Liebe in Christus ohne Bedeutung sind (V. 6).

In *5,13–6,10* folgt der ethische Teil des Briefes, in dem Paulus in zwei Abschnitten (5,13–25; 5,26–6,10) die Bewährung der Freiheit in der Liebe und im Geist beschreibt. Die Aussagen münden in einen Tugend- und Lasterkatalog, wobei in 5,19–24 „die Werke des Fleisches" und „die Frucht des Geistes" einander gegenübergestellt werden. Auch diese Thematik wird Paulus im Römerbrief (Kap. 8) wieder aufgreifen. In 5,25 folgt die geradezu „klassisch" gewordene formelhafte Bestimmung des Verhältnisses von Heilszusage („Indikativ") und ethischer Forderung („Imperativ"): „Wenn wir im Geist leben, lasst und auch im Geist handeln" (εἰ ζῶμεν πνεύματι, πνεύματι καὶ στοιχῶμεν). Es folgen knapp formulierte allgemeine Mahnungen und Warnungen (5,26–6,10).

Der Briefschluss (*6,11–18*) entspricht der Tendenz des Galaterbriefs im Ganzen: Paulus schreibt zwar einen Segenswunsch, übermittelt aber keine Grüße. Das entspricht der überaus knapp formulierten Adresse am Beginn (1,2b).

Hans Dieter Betz hat die These aufgestellt, der Galaterbrief sei eine „apologetische Rede" („Gerichtsrede") in Briefform: Paulus sehe sich selbst als Angeklagter, seine Gegner als Ankläger und die Gemeinde als Gerichtshof. Deshalb folge auf das briefliche Präskript in 1,6–9 das *exordium* (Darlegung des zur Entscheidung anstehenden Falls) und in 1,11–2,14 die *narratio* (Schilderung der zu dem Fall führenden geschichtlichen Fakten). In 2,15–21 liege die *propositio* vor (Voranstellung des Beweiszwecks der Rede), der sich in 3,1–4,31 die *probatio* oder *argumentatio* (Durchführung des Beweises) anschließe. In 5,1–6,10 folge die mahnende *exhortatio* und in 6,11–18 die *conclusio* oder *peroratio* (Aufforderung, ein günstiges Urteil zu fällen). Aber François Vouga verweist darauf, dass eine *exhortatio* nicht in eine Gerichtsrede gehört – der Galaterbrief sei zur Gattung der „deliberativen" (beratenden) Rede zu rechnen, in der die *exhortatio* geradezu das Ziel sei, indem die Adressaten zu einem bestimmten Verhalten oder Handeln aufgefordert werden. „Beratend" sei der Galaterbrief insofern, als Paulus die Entscheidung den Adressaten überlässt und er ja auch keine Machtmittel gegen sie einsetzen kann.

2 Paulus, die Gemeinden in Galatien und die „erste Missionsreise"

1) Paulus hat den Brief an die „Gemeinden (ἐκκλησίαι, Plural!) Galatiens" adressiert, also an mehrere Gemeinden in einer größeren Region, die miteinander verbunden gewesen sein dürften. Wo diese Gemeinden zu lokalisieren sind, ist in der Forschung umstritten. „Galatia" war zur Zeit des Paulus Bezeichnung der im Jahre 25 v. Chr. errichteten römischen *Provinz*, zu der im Zentrum Kleinasiens die Landschaft Galatien mit dem Hauptort Ankyra (heute Ankara) sowie

Gebiete im Südosten der kleinasiatischen Halbinsel (Pisidien, Pamphylien und Lykaonien) gehörten. Die Provinz war ein fragiles Gebilde, die Bezeichnung hat sich letztlich nicht durchgesetzt (vgl. KOCH 583–589). Als „Galatia" wurde auch die *Landschaft* bezeichnet, in der seit dem 3. Jahrhundert v. Chr. eingewanderte Kelten („Galater") lebten. Was Paulus mit Γαλατία bzw. mit Γαλάται meint, ist deshalb nicht eindeutig. In der Forschung werden dazu die „südgalatische (bzw. Provinz-)Hypothese" und die „nordgalatische (bzw. Landschafts-)Hypothese" vertreten. Nach der erstgenannten Annahme lebten die Adressaten des Galaterbriefes im Süden, also in den zu der Provinz Galatia hinzugekommenen Gebieten. Es könnte sich dann um diejenigen Gemeinden handeln, die Barnabas und Paulus auf ihrer gemeinsamen Reise gegründet hatten. Nach der zweiten Annahme lebten die Gemeinden im Norden der Provinz, also in der Landschaft Galatien. Die Bezeichnungen „Provinz-" und „Landschaftshypothese" sind deshalb etwas unpräzise, denn auf Gemeinden in der *Provinz* Galatien beziehen sich beide Hypothesen.

Eine Entscheidung in dieser Frage hat Auswirkungen auf die Einordnung des Briefes in die Chronologie der Paulusbriefe und auf die Rekonstruktion der paulinischen Mission. Handelt es sich bei den Adressaten des Briefes um diejenigen Gemeinden, die Barnabas und Paulus auf ihrer gemeinsamen Mission gegründet haben – wie bei der südgalatischen Hypothese angenommen –, könnte der Galaterbrief ein sehr früher, eventuell sogar der älteste Paulusbrief sein. Die Gemeinden wären vor dem „Apostelkonzil" gegründet worden und Paulus könnte den Brief kurz danach geschrieben haben. Die Schilderung des „Apostelkonzils" wäre auf ein erst kurz zuvor geschehenes Ereignis bezogen, und die Bemerkung des Paulus, er habe sich dafür eingesetzt, „dass die Wahrheit des Evangeliums bei euch bleibe" (Gal 2,5), könnte so zu verstehen sein, dass Paulus damit für die Gemeinden eintritt, die er kurz zuvor gegründet hat. Sind die Adressaten dagegen in der Landschaft Galatien, also im Norden der Provinz, zu suchen, könnten sie erst später gegründet worden sein, möglicherweise bei einem Abstecher während des längeren Aufenthaltes des Paulus in Ephesus. Dann wäre der Galaterbrief erst zu einem späteren Zeitpunkt geschrieben worden, vermutlich in unmittelbarer zeitlicher Nähe zum Römerbrief, was die inhaltlichen Verbindungen zwischen beiden Briefen erklären würde.

2) Nach der Darstellung in Apg 13–14 hatten Barnabas und Paulus während ihrer gemeinsamen Missionsreise vor dem „Apostelkonzil" im Südosten Kleinasiens gewirkt. Lukas verwendet dabei nicht die Bezeichnung „Galatien", sondern lokalisiert die Orte des Wirkens von Barnabas und Paulus in Pisidien, Lykaonien und Pamphylien. Nach dem „Apostelkonzil" besuchen Paulus und sein Begleiter Silas zunächst die Gemeinden in Syrien und Kilikien (15,41). Gemeinsam mit dem dazugekommenen Timotheus durchziehen sie sodann „Phrygien und das galatische Land" (ἡ Γαλατικὴ χώρα, 16,6). Auf der wiederum in Antiochia beginnenden „dritten Missionsreise" durchzieht Paulus „das galatische Land

(ἡ Γαλατικὴ χώρα) und Phrygien, wobei er alle Jünger stärkte" (18,23), was dafür spricht, dass es nach der Annahme des Lukas in jenem Gebiet Christusgläubige gab.

Nach der Apostelgeschichte erreichten Barnabas und Paulus auf ihrer gemeinsamen Mission demnach nicht galatisches Gebiet – jedenfalls verwendet Lukas in Apg 13–14 nicht diese Bezeichnung. Die Orte, in die sie kommen, liegen allerdings historisch betrachtet im Süden der Provinz Galatien. Grundsätzlich ist deshalb denkbar, dass Paulus im Galaterbrief die Bezeichnung Γαλατία anders verwendet hat als Lukas und damit den Süden der Provinz meinte, für den Lukas nicht die Bezeichnung „Galatia" (oder „galatisches Land") gebraucht. Dann würden die Gemeinden, an die der Galaterbrief gerichtet ist, im Süden der Provinz liegen. Es könnte sich in diesem Fall um diejenigen Gemeinden handeln, die Barnabas und Paulus auf ihrer gemeinsamen Mission gegründet hatten. Ob dies plausibel ist, muss anhand der Angaben des Galaterbriefes geprüft werden.

3) Paulus nennt die Adressaten in 1,2 „Gemeinden Galatiens" und redet sie in 3,1 mit „O ihr törichten Galater" an. Das spricht eher dafür, dass er sich an „Galater" (d. h. Kelten) wendet, nicht an Bewohner im Süden der Provinz Galatien, die gar keine Galater (also Kelten) waren, sondern Pisidier, Lykaonier und Pamphylier. Bei der Provinz Galatien handelte es sich zudem um ein vergleichsweise junges Gebilde, wobei der Name von der im Norden gelegenen Landschaft auch auf die südlichen Teile ausgedehnt worden war. Zwar wird mitunter zugunsten der südgalatischen Hypothese angeführt, dass Paulus zumeist Provinz- und keine Landschaftsnamen verwende (wie z. B. im Fall von Makedonien und Achaia in 1Thess 1,7), aber das trifft nicht durchgehend zu (so spricht Paulus z. B. in Gal 1,17 von der „Arabia"). Zudem besagt dieses Argument ohnehin nichts für die Lokalisierung der Gemeinden, denn in der Provinz Galatien waren sie auf jeden Fall.

Im Blick auf die Situation wird mitunter argumentiert, Paulus setze örtliche Synagogengemeinden voraus, von denen der Druck auf die Adressaten des Briefes ausgegangen sei. Bei diesen handelt es sich auf jeden Fall um Heidenchristen, wie aus 4,8 hervorgeht, wo Paulus schreibt, sie hätten früher Göttern gedient, „die keine Götter sind". Jüdische Gemeinden gab es aber nur im Süden der Provinz, also in den Gebieten von Pisidien, Lykaonien und Pamphylien. Allerdings ist es keineswegs zwingend, eine solche Situation anzunehmen. Die von Paulus vorausgesetzte Situation kann vielmehr auch durch Missionare verursacht worden sein, die wie Paulus selbst von außen gekommen waren und in den Gemeinden das Evangelium auf andere Weise verkündigten, als es Paulus getan hatte. Diese Situation ist auch für den Philipper- und den 2. Korintherbrief vorauszusetzen.

Gegen die „Provinzhypothese" spricht auch, dass Paulus bei der Aufzählung der Gebiete, in denen er zwischen seiner Berufung und dem „Apostelkonzil" gewesen ist (1,17–21), „Galatien" nicht erwähnt. Er kommt auch auf die gemeinsame Mission mit Barnabas nicht zu sprechen, sondern schreibt nur, dass er „in den Gegenden Syriens und Kilikiens" gewesen sei (V. 21). Wenn man annimmt, die galatischen Gemeinden seien von Barnabas und Paulus gemeinsam gegründet worden, hätte Paulus ausgerechnet dies in seinem autobiographischen Abriss übergangen. Das ist sehr unwahrscheinlich.

Nach Apg 13–14 waren Barnabas und Paulus gemeinsam missionarisch tätig, wobei Barnabas in der Regel zuerst genannt wird. Er war auf jeden Fall ein mit Paulus gleichberechtigter Apostel der antiochenischen Gemeinde. Im Galaterbrief wird Barnabas dagegen nur einmal erwähnt, und zwar als negatives Beispiel derer, die mit Kephas „geheuchelt" hätten (2,13). In einem Brief an Gemeinden, für die Barnabas ein Gründungsapostel von gleichem Rang wie Paulus war, wäre das kaum zu erwarten!

Im Blick auf das Verhältnis zwischen Paulus und den galatischen Gemeinden lässt sich dem Brief weiter entnehmen, dass sie Paulus bei sich aufgenommen und sich um ihn gekümmert hatten, als er, offenbar verursacht durch eine schwere Krankheit, in Galatien bleiben musste (4,13–15).

Die Wendung „ich habe euch zum ersten Mal verkündigt" (εὐηγγελισάμην ὑμῖν τὸ πρότερον, 4,13) ist dabei nicht eindeutig: τὸ πρότερον heißt wörtlich „das erste (von zwei) Mal(en)". War Paulus vor Abfassung des Galaterbriefes also noch ein zweites Mal bei den Gemeinden gewesen? Oder wird τὸ πρότερον in der allgemeinen Bedeutung von „früher" verwendet, was in der Koine durchaus möglich war? Nach dem Duktus von 1,6–9 spricht wenig für die Annahme, dass Paulus bereits zweimal in Galatien war, auch wenn dies mit Apg 16,6; 18,23 möglicherweise harmonieren würde.

Möglicherweise hatte Paulus gar nicht geplant, in Galatien zu missionieren, sondern wurde durch die genannte Krankheit an der Weiterreise gehindert. Dann könnte er beinahe „zufällig" bei den Galatern verkündigt haben. Diese Situation ließe sich selbstverständlich nicht mit der gemeinsamen Mission von Barnabas und Paulus in Übereinstimmung bringen.

Zusammengenommen ist es demnach wesentlich wahrscheinlicher, dass die galatischen Gemeinden nicht auf der gemeinsamen Mission von Barnabas und Paulus, sondern erst zu einem späteren Zeitpunkt von Paulus alleine gegründet wurden. Demnach ist der Galaterbrief erst später, vermutlich nicht lange vor dem Römerbrief, verfasst worden.

3 Anlass, Situation und Theologie des Galaterbriefs

1) Der Anlass des Galaterbriefs geht aus 1,6–9 hervor: Paulus „wundert sich" darüber, dass die Adressaten „schnell" zu einem „anderen Evangelium" abgefallen sind. In den Gemeinden sind „einige Leute" (τινές) aufgetreten, die die Galater „verwirren" und das Evangelium „in sein Gegenteil verkehren" wollen. Paulus tritt dem entgegen mit einem „Fluch" (ἀνάθεμα), denn das „andere Evangelium" sei in Wahrheit von demjenigen, das er selbst verkündigt, in der Sache nicht verschieden, sondern nur in der konkreten Form der Ausrichtung (vgl. V. 6f.: „dass ihr euch hingewandt habt zu einem anderen Evangelium, das tatsächlich von dem meinen nicht verschieden ist"), wenn die Gegner des Paulus es nicht verfälschen würden. Beide Formen gründen in dem einen Evangelium Christi, das als „Evangelium der Unbeschnittenheit" und „Evangelium der Beschneidung" (2,7) an Heiden bzw. Juden zu verkündigen ist. Die Aussagen in 1,6f. sind nicht unbedingt eine objektive Beschreibung der Lage in Galatien; aber gerade durch die polemische Darstellung erfahren die Leser von Anfang an, wie kritisch Paulus die Vorgänge bewertet. Damit ist der Zweck des Briefes indirekt ausgesprochen: Die Galater sollen zu dem ihnen ursprünglich verkündigten Evangelium zurückkehren und dem Fluch des Paulus über das „andere Evangelium" zustimmen. Diesem Ziel dient die ganze Argumentation des Galaterbriefs. Ob aus 1,10 zu folgern ist, dass Paulus den gegenwärtig in Galatien aktiven Verkündigern des „anderen Evangeliums" indirekt vorwirft, sie suchten „Menschen zu gefallen", ist möglich, lässt sich aber nicht sicher sagen.

In 1,11–2,10 beschreibt Paulus die Selbständigkeit seines Apostolats und dessen Anerkennung durch die Jerusalemer „Säulen" Petrus, Jakobus und Johannes. Damit macht er deutlich, dass sein Evangelium in einer direkten Beauftragung durch Gott gründet und deshalb eine zu derjenigen der Jerusalemer Apostel gleichwertige Form des Evangeliums ist.

In 1,17 schreibt Paulus, nach seiner Berufung sei er *nicht* nach Jerusalem gegangen, sondern in die Arabia und von dort zurück nach Damaskus. In 1,20 betont er sehr stark, erst nach drei Jahren sei er nach Jerusalem gegangen, „um Petrus kennenzulernen", und dabei habe er nur Petrus und Jakobus, aber sonst keinen weiteren Apostel getroffen. Möglicherweise widerspricht er damit anderen Überlieferungen, wie sie sich in Apg 9,26f. finden und die Lukas offenbar kannte.

Aus 2,11–4,7 lässt sich erschließen, dass für das „andere Evangelium" der Konkurrenten des Paulus das Gesetz (ὁ νόμος, Tora) eine entscheidende Rolle spielte, denn andernfalls hätte Paulus keinen Anlass, dieses Thema so breit zu entfalten. In 3,3–5 deutet Paulus die akute Entwicklung in Galatien polemisch als Abfall vom „Geist" zum „Fleisch", von der „Predigt des Glaubens" hin zu den „Werken des Gesetzes". In 4,9f. sieht er darin sogar einen „Rückfall" unter den Dienst „schwacher und armer Elemente", insofern die Galater jetzt (wieder) „Tage, Monate, Zeiten und Jahre" beachten. Die für Juden wichtigen Festzeiten (Sabbat, Passa usw.) sind an bestimmte Termine gebunden und damit insbesondere auch an die Beobachtung der Gestirne. Paulus behauptet nun, eine solche Beachtung von Festzeiten entspreche der Rückkehr unter die alten Formen heidnischer Religiosität.

2) Aus 5,2 geht hervor, dass die Konkurrenten des Paulus die Beschneidung der zum Christusglauben kommenden (männlichen) Galater gefordert haben. Paulus hält dem entgegen, dass damit die in Christus gewonnene Freiheit wieder

gegen die frühere Sklaverei eingetauscht werde. Als Beschnittener sei man verpflichtet, „das ganze Gesetz" zu halten (5,3). Man würde sich also dem Fluch unterwerfen, der für alle gilt, die nicht in allem bleiben, „was im Buch des Gesetzes steht, um es zu tun" (3,10). Die Verpflichtung auf das Tun des Gesetzes führt aber nicht zur Gerechtigkeit, sondern nur der Glaube an Christus. Christus hat „uns" deshalb vom Fluch des Gesetzes befreit und die Möglichkeit eröffnet, die bereits bei Abraham grundgelegte Gerechtigkeit aus Glauben zu erlangen.

Offenbar wurde von den Konkurrenten gefordert, dass Beschneidung, Einhaltung des Sabbats sowie Speise- und Reinheitsvorschriften auch von den nichtjüdischen Christusgläubigen als verbindliche Regeln praktiziert werden. Paulus hält dagegen, dass die Tora, wenn sie zum Maßstab genommen wird, vollständig eingehalten werden muss und damit den Rahmen für den Christusglauben bildet. Während die Konkurrenten also die Übernahme der grundlegenden Forderungen der Tora als Voraussetzung für die Gemeinschaft von Juden und Nichtjuden in der Christusgemeinschaft ansahen, beurteilte Paulus dies als einen den nichtjüdischen Christusgläubigen auferlegten Zwang, die jüdische Identität zu übernehmen. Dies widerspricht jedoch der Gerechtigkeit Gottes, da diese gerade nicht durch „Werke des Gesetzes", sondern nur durch den Glauben an Jesus Christus erlangt werden kann. Die zweifache Gestalt des einen Evangeliums als „Evangelium der Unbeschnittenheit" und „Evangelium der Beschneidung" bedeutet deshalb, dass Juden und Heiden gleichermaßen der Gerechtigkeit Gottes durch den Glauben bedürfen. Die frühere Existenz der Juden unter dem Gesetz und der Heiden, die Göttern dienten, die in Wahrheit keine sind (4,8), werden damit faktisch gleichgestellt.

3) Paulus expliziert sein theologisches Denken im Galaterbrief in einer systematischen Weise. Die den Brief durchgängig bestimmende Lehre von der Gerechtigkeit Gottes („Rechtfertigung aus Glauben") ist dabei nicht *ad hoc* entwickelt worden. Sie klingt bereits in früheren Briefen an und wird im Galaterbrief aufgrund der aktuellen Situation eingehender durchdacht und dargelegt.

Die Rechtfertigungslehre ist nicht in allen Briefen in gleicher Weise präsent. Im 1. Thessalonicherbrief fehlt sie, im 1. und 2. Korintherbrief begegnet sie in einzelnen Wendungen, im Philipperbrief wird sie in 3,2–11 erkennbar. Paulus war mit dem Thema der Gerechtigkeit Gottes in Jesus Christus demnach durchaus schon früher befasst, aber erst im Galaterbrief hat er das Verhältnis von „Werken des Gesetzes" und „Glaube an Jesus Christus" im Blick auf die Gerechtigkeit Gottes aufgrund der Kontroverse mit seinen Gegnern grundlegend entfaltet. Das Thema begegnet dann wieder im Römerbrief, wo die Gerechtigkeit durch den Glauben als maßgebliche inhaltliche Beschreibung des Evangeliums von Jesus Christus dargelegt wird. Das Thema der Gerechtigkeit Gottes spielte auch im Judentum eine fundamentale Rolle und war dem Pharisäer Paulus natürlich von daher vertraut. Als Apostel Jesu Christi war für ihn entscheidend, den Zusammenhang von Gerechtigkeit Gottes und Glauben an Jesus Christus herauszustellen. Das bedeutet, dass alle, Juden wie Heiden, der durch den Glauben an Jesus Christus vermittelten Gerechtigkeit Gottes bedürfen (vgl. Gal 2,15f.). Diese Sicht ist letztlich eine Konsequenz der vermutlich in der Gemeinde von Antiochia ausgebildeten Überzeugung, dass in Christus die Unterschiede von Juden und Heiden aufgehoben sind (vgl. Gal 3,28).

Theologischer Schlüsseltext für die Gerechtigkeit Gottes im Galaterbrief ist 2,15–21. Paulus geht vom Bericht über den Konflikt mit Petrus in Antiochia (vgl. dazu unten § 63.2) und dem Referat seiner gegen diesen gerichteten Rede (2,11–14) unmittelbar über in die grundsätzliche Darlegung der Rechtfertigung aus Glauben. Dabei argumentiert er betont als Jude: Der Glaube an die Rechtfertigung durch Christus gilt nicht allein für die „Sünder aus den Heiden", sondern im Gegenteil wissen gerade „wir Juden", dass der Mensch nicht aus Werken des Gesetzes gerechtfertigt wird, sondern nur durch den Glauben an Jesus Christus (V. 15f.). Aus 3,6–9 geht hervor, dass die Gerechtigkeit aus Glauben bereits bei Abraham grundgelegt ist, dem sein Glaube zur Gerechtigkeit angerechnet wurde (Gen 15,6). Deshalb gilt die an Abraham ergangene Segensverheißung für alle Glaubenden. Das Bleiben im Gesetz bedeutet dagegen das Verbleiben „unter dem Fluch" (3,10–12). Für die Verbindung von Gesetz und Fluch bezieht sich Paulus dabei auf Dtn 27,26; für die Verbindung von Glaube und Leben dagegen auf Hab 2,4 (vgl. Röm 1,16f.).

Die Frage, welchen Sinn das Gesetz dann überhaupt hat, beantwortet Paulus mit einer heilsgeschichtlichen, biblisch begründeten These: Das Gesetz kam erst 430 Jahre nach Abraham (3,17; nämlich mit der Gesetzgebung am Sinai, auf die sich Paulus hier mit einer jüdischen Tradition bezieht). Es kann deshalb die als gültiges Testament gegebene Verheißung nicht aufheben, sondern es sollte die Sünde noch vergrößern, „bis der verheißene Erbe kommt" (3,19a; vgl. Röm 5,20). In 3,19b–20 wird sogar angedeutet, dass das Gesetz nicht auf Gott zurückgeht, sondern auf Engel, durch die Hand eines „Mittlers" (gemeint ist Mose). *Wenn ein Gesetz gegeben worden wäre, das wirklich lebendig machen könnte, dann käme die Gerechtigkeit tatsächlich aus dem Gesetz* (3,21); aber ein solches Gesetz ist nicht gegeben worden. Das Gesetz gehört demnach in die Phase vor der durch den Glauben an Christus realisierten Verheißung (3,22). Es wirkte als „Erzieher" (παιδαγωγός) auf Christus hin, damit wir „aus Glauben" gerechtfertigt würden (3,24). Dies verbindet Paulus mit der auf Christus erfolgten Taufe (εἰς Χριστὸν ἐβαπτίσθητε, 3,27), und dann betont er die damit verbundene Konsequenz (3,28): „Da ist nicht Jude und nicht Grieche, da ist nicht Sklave und nicht Freier, da ist nicht ‚männlich und weiblich' (vgl. Gen 1,27 LXX); denn ihr seid alle Einer in Christus Jesus."

4) Ein weiterer wichtiger Aspekt des Galaterbriefs ist das Leben im Geist, also die Ethik. Paulus betont, dass das Leben der zur Freiheit in Christus Berufenen sittlichen Maßstäben unterliegt (5,13–26), die den Normen des Gesetzes nicht entgegenstehen (V. 23b). Vielmehr stehen „Geist" und „Fleisch" als ethische Lebensorientierungen einander gegenüber. Die materiale Füllung wird durch Kataloge in V. 19–21 bzw. 22f. geliefert. Das Kriterium für die Erfüllung des Gesetzes ist der

Glaube, der in der Liebe wirksam wird (V. 6.14). Als „Gesetz Christi" wird es durch das gegenseitige Tragen der „Lasten" erfüllt (6,2). Die ethischen Darlegungen anhand der Begriffe „Geist" und „Fleisch" sowie die Erfüllung des Gesetzes durch diejenigen, die in Christus sind, wird Paulus im Römerbrief wieder aufgreifen und noch einmal grundsätzlich entfalten (Röm 8,1–17; 13,8–10; vgl. unten § 19).

4 Zeit und Ort der Abfassung

1) Wenn der Brief an Gemeinden im Süden Kleinasiens gerichtet war, die während der „ersten Missionsreise" gegründet worden waren („südgalatische Hypothese"), dann könnte er relativ bald nach dem „Apostelkonzil" verfasst worden sein. Er wäre dann möglicherweise der älteste erhaltene Paulusbrief. Wenn er dagegen – was wesentlich wahrscheinlicher ist (s. o. 2) – an Gemeinden in der Landschaft Galatien adressiert war („nordgalatische Hypothese"), wäre er erst später entstanden, vermutlich um das Jahr 55. Damit wäre zugleich eine zeitliche Nähe zu dem an vielen Stellen thematisch verwandten Römerbrief gegeben.

Die auffallende Verwandtschaft zwischen Galater- und Römerbrief betrifft sowohl den Inhalt als auch den formalen Aufbau beider Briefe. Die wesentlichen Übereinstimmungen sind: die Darlegungen über die Gerechtigkeit Gottes aus Glauben an Jesus Christus, nicht aus Werken des Gesetzes; die Bedeutung des Todes Christi für die Rechtfertigung der Glaubenden; die Bedeutung der Taufe als Verbindung mit Christus; die Bedeutung Abrahams für den christlichen Glauben; das Gegenüber von Fleisch und Geist im Blick auf die Ethik; das Gegenüber von alter und neuer Existenz als Knechtschaft und Freiheit; die Liebe als Erfüllung des Gesetzes. Dabei finden sich in der konkreten Darlegung dieser Themen durchaus Unterschiede zwischen beiden Briefen. Diese sind vor allem darauf zurückzuführen, dass der Galaterbrief in eine konkrete Situation hinein geschrieben ist, in der Paulus sein Verständnis des Evangeliums gegenüber Konkurrenten verteidigen muss, wogegen der Römerbrief an Gemeinden gerichtet ist, die Paulus nicht kennt und denen er in grundlegender Weise seine Sicht auf das Evangelium darlegt. Die Ausführungen des Römerbriefs sind deshalb deutlich ausführlicher, deutlich weniger polemisch und haben einen stärker situationsunabhängigen, grundsätzlichen Charakter.

Die Kollekte für Jerusalem erwähnt Paulus im Galaterbrief bei seinem Bericht über das „Apostelkonzil" (2,10), er sagt aber nichts über deren konkrete Durchführung. In 1Kor 16,1 spricht er dagegen davon, dass er in Galatien die Jerusalemkollekte organisiert hat. Dass er im Galaterbrief nicht näher auf die Kollekte eingeht, dürfte daran liegen, dass der Brief vollständig von einem anderen Thema bestimmt ist. Es besagt für die Datierung des Briefes nicht viel.

2) Der Ort der Abfassung des Galaterbriefs dürfte nicht allzu weit von dem in 1,2b genannten „Galatien" entfernt gewesen sein, aber auch nicht so nahe, dass Paulus zur Klärung der Lage eine Reise nach Galatien erwogen hätte. Wenn die „Landschaftshypothese" zutrifft, könnte der Galaterbrief in Ephesus oder auf der

Kollektenreise nach Makedonien und Achaia geschrieben worden sein. Die Adressaten wären dann vermutlich im westlichen Teil der Landschaft Galatien zu lokalisieren.

3) Die Frage, welche Resonanz der kritische Brief in den galatischen Gemeinden hatte, lässt sich kaum beantworten. Für die Vermutung, dass Paulus mit seiner Argumentation erfolgreich war, spricht, dass sein Brief erhalten blieb und weitergegeben wurde. Außerdem wird Galatien später in 1Petr 1,1 als eines der Gebiete genannt, in denen Gemeinden bestehen, auch wenn Paulus dabei nicht erwähnt wird.

Arbeitsvorschläge

1. Welche Relevanz hat die Lokalisierung der adressierten Gemeinden für die Interpretation des Briefes?
2. Warum und auf welche Weise bezieht sich Paulus in Gal 1,11–2,16 auf seine biographischen Erfahrungen?
3. Paulus argumentiert in Gal 3,6–18 mit der Heiligen Schrift. Warum kommt er dabei auf Abraham zu sprechen? Vgl. Röm 4,9–12.
4. In welcher Verbindung stehen nach Gal 3,26–4,7 der Glaube, die Taufe, der göttliche Geist und die Gotteskindschaft? Wie wird der Tod Jesu in diesem Zusammenhang gedeutet (4,4f.)?
5. Welche Rolle spielt die Liebe (ἀγάπη) im paränetischen Abschnitt Gal 5,13–6,10? Berücksichtigen Sie auch 5,6.
6. In Verbindung mit der Frage nach der Entstehung der Rechtfertigungslehre wird die Herkunft von Gal 2,16 kontrovers diskutiert. Ein Großteil der Forschung meint: „Paulus folgt hier einer mündlichen Überlieferung […], die möglicherweise über die Diskussion auf dem Apostelkonvent (Apg 15,1; Gal 2,1–10) zurückreicht bis in die frühe antiochenische Gemeinde" (so FRIEDRICH WILHELM HORN, Rechtfertigung [NT], WiBiLex, April 2011, § 4.1, https://www.bibelwissenschaft.de/stichwort/53918/). Dem hält Michael Wolter entgegen: „Gegenüber einer solchen Annahme ist es sehr viel wahrscheinlicher, dass Paulus hier […] seine neu gewonnene sprachliche und theologische Kompetenz von der Auseinandersetzung mit den Gegnern in Galatien aus in die Darstellung des antiochenischen Konflikts einschreibt" (MICHAEL WOLTER, Die Rechtfertigungslehre. Der missionstheologische Hintergrund, in: Horn [Hg.], Paulus Handbuch, 347–350, hier 349). Setzen Sie sich vertiefend mit dieser Forschungsdiskussion auseinander. Welche Relevanz hat sie mit Blick auf die Rechtfertigungslehre? Wie bewerten Sie die in der Forschung vorgebrachten Argumente?

§ 19 Der Römerbrief

Literatur: CILLIERS BREYTENBACH (Hg.), Der Römerbrief als Vermächtnis an die Kirche. Rezeptionsgeschichten aus zwei Jahrtausenden, Neukirchen-Vluyn 2012 ◆ KARL P. DONFRIED (Hg.), The Romans Debate, Grand Rapids, Mich. 1991 (Ndr. 2011) ◆ FRIEDRICH WILHELM HORN, Römerbrief, WiBiLex, April 2011, https://www.bibelwissenschaft.de/stichwort/53931/ ◆ MARK D. NANOS, The Mystery of Romans, Minneapolis 1996 ◆ UDO SCHNELLE (Hg.), The Letter to the Romans (BEThL 226), Leuven 2009 ◆ KONRAD SCHWARZ, Der Römerbrief in der neueren Forschungsdiskussion. Tendenzen und offene Fragen, ZNT 27, Heft 52 (2024), 5–27 ◆ GERD THEISSEN/ PETRA VON GEMÜNDEN, Der Römerbrief. Rechenschaft eines Reformators, Göttingen 2016 ◆ MICHAEL THEOBALD, Römerbrief, RGG⁴ 7 (2004), 611–618 ◆ MICHAEL THEOBALD, Der Römerbrief (EdF 294), Darmstadt 2000 ◆ MICHAEL THEOBALD, Studien zum Römerbrief (WUNT 136), Tübingen 2001. – **Kommentare:** CHARLES E. B. CRANFIELD, Romans, 2 Bde. (ICC), Edinburgh/New York 1975–1979 (Ndr. 1998–2001) ◆ JAMES D. G. DUNN, Romans, 2 Bde. (WBC 38A–B), Nashville u. a. 1988 ◆ KLAUS HAACKER, Der Brief des Paulus an die Römer (ThHK 6), Leipzig ⁴2012 ◆ ROBERT JEWETT, Romans (Hermeneia), Minneapolis 2007 ◆ ERNST KÄSEMANN, An die Römer (HNT 8a), Tübingen ⁴1980 ◆ EDUARD LOHSE, Der Brief an die Römer (KEK 4), Göttingen 2003 ◆ DOUGLAS MOO, The Epistle to the Romans (NIC.NT), Grand Rapids, Mich. 1996 ◆ MICHAEL THEOBALD, Römerbrief, 2 Bde. (SKK 6/1–2), Stuttgart 1992–1993 ◆ MICHAEL WOLTER, Der Brief an die Römer, 2 Bde. (EKK 6/1–2), Neukirchen-Vluyn/Ostfildern 2014–2019.

1 Struktur und Inhalt

1) Der Brief des Paulus „an die Christusgläubigen in Rom" (vgl. 1,7) ist sein wichtigster Brief und einer der theologisch einflussreichsten Texte des Christentums. Anders als sonst wendet sich Paulus an Christusgläubige, die er nicht persönlich kennt (zu Kol s. u. § 21). An manchen Stellen scheint der Römerbrief gar nicht an bestimmte Adressaten gerichtet zu sein, sondern er wirkt eher wie eine theologische Abhandlung. Aber der Römerbrief ist nicht als ein „Kompendium der Dogmatik" angelegt, an seinem brieflichen Charakter kann kein Zweifel sein. Allerdings geht er in Anlage und Durchführung sowie, abgesehen vom 1. Korintherbrief, auch im Umfang über die anderen Paulusbriefe erheblich hinaus.

2) Einen Zugang zum Römerbrief kann man sich erarbeiten, indem man von seinem Hauptthema, der Rede von der „Gerechtigkeit Gottes", ausgeht und versucht, den Brief von daher zu interpretieren. Dann wird klar, warum der Römerbrief für die Reformatoren zum wichtigsten biblischen Text wurde. Deutlich wird das etwa in Luthers Römerbrief-Vorlesung von 1515/16 und dann vor allem in seiner Vorrede zum Römerbrief in der Deutschen Bibel. Melanchthons Schrift „Loci communes" von 1521, die erste systematische Zusammenfassung reformatorischer Theologie, basiert auf den Hauptbegriffen des Römerbriefs; Ähnliches zeigt der Gesamtaufriss des Heidelberger Katechismus von 1563.

3) Man kann die Besonderheiten des Römerbriefs auch erfassen, indem man ihn mit den anderen, früher verfassten Paulusbriefen vergleicht, vor allem mit dem nach Inhalt und Aufbau verwandten Galaterbrief.

Römer- und Galaterbrief weisen eine analoge Disposition auf. Einem eher lehrhaften Teil (Röm 1–11, entsprechend Gal 2,15–5,12) folgt die Paränese (Röm 12,1–15,13, entsprechend Gal 5,13–6,10). Zentrales theologisches Thema ist in beiden Briefen die Rede von der Gerechtigkeit Gottes; im Galaterbrief wird diese Rechtfertigungslehre aus aktuellem Anlass entfaltet, im Römerbrief in eher grundsätzlicher Weise. Der „autobiographische" Teil des Galaterbriefs (1,10–2,14) hat im Römerbrief keine Parallele, ebenso wenig natürlich die Erinnerungen des Paulus an die „Missionsgeschichte" Galatiens (Gal 3,1–5; 4,8–16); aber auch der Römerbrief enthält persönliche Nachrichten (1,8–15; 15,22–32; Kap. 16). Zu den Ausführungen im Römerbrief über den „Zorn Gottes" (1,18–3,20), über die Existenz des Gerechtfertigten in der Welt (Kap. 5–8) sowie über Gottes Verhältnis zu Israel (Kap. 9–11) enthält der Galaterbrief keine Entsprechungen; auffallend sind aber die Analogien in den Aussagen über Abraham (vgl. Gal 3,6–29; 4,21–31 mit Röm 4,1–25). Dass das Problem der Existenz von „Starken" und „Schwachen" in der Gemeinde (Röm 14,1–15,6) auch am Beispiel der Speisen konkretisiert wird (14,6–23), erinnert an 1Kor 8–10.

4) Der Römerbrief ist klar strukturiert, sowohl im Gesamtaufriss als auch in der Argumentation im Einzelnen.

Der Römerbrief zeigt in besonderem Maße Elemente des „Diatribenstils" mit fingierten „Gesprächen", so in 2,1–16.17–29; 3,1–8. Sehr häufig begegnen rhetorische Fragen, durch die Paulus seine Argumentation voranbringt, sowie explikative und kausale Konjunktionen, die auf logische Zusammenhänge in der Argumentation verweisen (mehr als 140-mal γάρ, „denn" bzw. „nämlich"; 47-mal οὖν, „also" bzw. „folglich"; 11-mal ἄρα, „also"). Diese Argumentationsformen sind bei der Auslegung zu beachten.

a) Das *Präskript* (1,1–7) geht erheblich über das sonst Übliche hinaus. Der Brief beginnt mit einer ausführlichen Selbstvorstellung (V.1–5), in die eine christologische Formel integriert ist (V.3f.). Adressaten sind „alle Geliebten Gottes, die in Rom sind, die berufenen Heiligen" (V.7); von einer römischen „Gemeinde" (ἐκκλησία) wird nicht gesprochen.

Im *Proömium* (1,8–17) verbindet Paulus den Dank an Gott (V.8–12) und seine aktuellen Besuchsabsichten (V.13–15) mit einer prinzipiellen Aussage zum Wesen des Evangeliums (V. 16.17): Er betont, das Evangelium sei „Kraft zum Heil (δύναμις εἰς σωτηρίαν) für jeden Glaubenden, für den Juden zuerst und für den Griechen" (V. 16). Anschließend fährt er fort: „Die Gerechtigkeit Gottes wird nämlich darin geoffenbart (ἀποκαλύπτεται) aus Glauben zu Glauben" (V. 17). Demgegenüber heißt es dann: „Denn Gottes Zorn wird offenbart (ἀποκαλύπτεται) vom Himmel her über alle Gottlosigkeit und Ungerechtigkeit der Menschen" (V. 18).

b) Das in *1,18–3,20* entfaltete Thema ist der „Zorn Gottes" (ὀργὴ θεοῦ), nicht als göttlicher Affekt, sondern als Gottes „Gericht".

1,18–32: Gottes Gericht ergeht über die Gottlosigkeit der Menschen, die durch ihr Tun die Wahrheit in Ungerechtigkeit verkehren. Das Stichwort „Sünde" kommt in diesem Abschnitt nicht vor; dennoch ist deutlich, dass es darum geht, denn Paulus verurteilt die Verwechslung von Schöpfer und Geschöpf und die Verehrung vergänglicher, irdischer Wesen und Dinge als göttliche Größen (V. 19–23). Zur Strafe habe Gott die Menschen ihren Begierden ausgeliefert, zu denen für Paulus auch gleichgeschlechtlicher Sexualverkehr gehört, den er als „widernatürlich" (παρὰ φύσιν) betrachtet (V. 24–27). Schließlich resümiert Paulus, dass Gott die Menschen dazu ausgeliefert habe zu tun, was ihnen nicht entspricht (V. 28–32).

2,1–29: Gottes Gericht ergeht über die Menschen, die das Böse tun, Juden und Heiden gleichermaßen (V. 9–11); denn auch von denen, die das Gesetz kennen, wird das Tun der Gebote verlangt (V. 17–29). Die in V. 6 als biblische Anspielung begegnende Rede vom Gericht „nach den Werken" (Spr 24,12; vgl. Ps 62,13) scheint der Rechtfertigungslehre zu widersprechen; aber es ist gerade umgekehrt: Das Gericht ergeht nach den Werken, durch die sich kein Mensch vor Gott rechtfertigen kann.

3,1–20: Gegen mögliche Einwände („Ist Gott etwa ungerecht?", V. 5) bringt Paulus eine Widerlegung vor: Gott ist wahrhaftig und jeder Mensch ein Lügner (V. 4), und so ist der Gedanke, man solle das Böse tun, damit das Gute daraus folge, theologisch absurd (V. 8). Es ergibt sich (V. 9–20): Juden wie „Griechen" sind vor Gott gleichermaßen schuldig.

c) In *3,21–5,21* spricht Paulus von der Offenbarung der Gerechtigkeit Gottes „ohne das Gesetz" (χωρὶς νόμου δικαιοσύνη θεοῦ πεφανέρωται, 3,21). Dabei wird Gottes Gerechtigkeit bestimmt als die Glaubensgerechtigkeit, die zum Frieden mit Gott geführt hat, zur Freiheit von der Sünde Adams und zur Gabe der Gerechtigkeit (5,20f.).

3,21–26: „Jetzt" ist die Gottesgerechtigkeit offenbart, auf die alle Menschen angewiesen sind (V. 21–23). Dazu verwendet Paulus in V. 25.26a bereits geprägte Wendungen und Begriffe des frühen Christentums, die von Jesus Christus als ἱλαστήριον (Gnadenort, vgl. Lev 16,12–15) sprechen: Gott hat Jesus Christus „zum Gnadenort durch den Glauben in seinem Blut gemacht" und dadurch seine Gerechtigkeit erwiesen. So zeigt Gott, dass er „gerecht ist" (V. 26a), aber das heißt zugleich: Gott macht den gerecht, der an Jesus glaubt (... δικαιοῦντα τὸν ἐκ πίστεως Ἰησοῦ, V. 26b).

3,27–31: Die Rechtfertigung geschieht ohne Gesetzeswerke, und dabei ist jeder „Ruhm" (vgl. 2,17.23) ausgeschlossen. Nach dem Urteil des Paulus (λογιζόμεθα) wird der Mensch (allein) durch Glauben gerecht, ohne Werke des Gesetzes (V. 28). Gott ist nicht nur Gott der Juden, sondern auch der Heiden (V. 29: καὶ ἐθνῶν). „Der eine Gott" (εἷς ὁ θεός) rechtfertigt „die Beschneidung", d. h. die Juden, und die „Vorhaut", d. h. die Heiden, durch Glauben (V. 30). Abschließend stellt Paulus fest, dadurch werde das Gesetz nicht etwa beseitigt, sondern im Gegenteil „aufgerichtet" (V. 31), wie er im nächsten Abschnitt genauer darlegt.

4,1–25: Die Aussage von 3,31 wird mit dem ausführlichen „Schriftbeweis" über den Glauben Abrahams und seine Beschneidung (Gen 15,6; vgl. Gal 3,6–18; Gen 17,10) begründet: Abraham glaubte Gott, der die Toten lebendig macht (V. 17; vgl. V. 24), und das wurde ihm zur Gerechtigkeit angerechnet. Diesen Glauben hatte Abraham, bevor er beschnitten wurde, darum ist es ein „Glaube in Unbeschnittenheit", der durch die Beschneidung besiegelt wurde (V. 9–12). Abrahams Glaube präfiguriert damit den Glauben an Gott, der Jesus Christus von den Toten auferweckt hat. Die Anrechnung des Glaubens zur Gerechtigkeit gilt deshalb nicht allein ihm, sondern auch uns (V. 23–25).

5,1–11: Paulus spricht vom „Frieden mit Gott" und dann von der Hoffnung (V. 1f.). Dazu folgt in V. 3–5 eine „Kette", die von der „Bedrängnis" (θλῖψις) zur „Hoffnung" (ἐλπίς) führt. Es wird nicht gesagt, dass wir die Bedrängnisse (θλίψεις) dank der Hoffnung ertragen können, sondern es heißt umgekehrt: Die Bedrängnis (θλῖψις) schafft durch die Bewährung die Hoffnung, und diese lässt „nicht zuschanden werden" (V. 4.5).

5,12–21: Am Gegenüber von Adam und Christus (Adam-Christus-Typologie, vgl. 1Kor 15,21f.) beschreibt Paulus die Macht der Sünde und dann die überbietende Macht der Gnade. Adams Fall wird nicht auf eine mythische Ursache zurückgeführt, Paulus spricht auch nicht von „Erbsünde", sondern er betont, dass alle Menschen sündigen (V. 12). In V. 20 führt er ähnlich wie in Gal 3,19–21 den Gedanken ein, dass das Gesetz (Tora) „dazwischen kam", um die Übertretung zu vermehren.

Häufig wird der Einschnitt zwischen 4,25 und 5,1 gesehen, so dass Kap. 5–8 eine Einheit bilden (so auch in den früheren Auflagen des „Arbeitsbuches"). Aber die Argumente für die thematische Verbindung von Kap. 5 mit 3,21–4,25 sind sehr stark (dazu WOLTER, Bd. 1, 70f.). Sinnvoller ist deshalb, erst hinter 5,21 einen Einschnitt zu setzen.

d) In *6,1–8,39* zieht Paulus die Konsequenz, indem er die christliche Existenz im Gegenüber zur überwundenen Vergangenheit beschreibt.

6,1–23: Auf die von ihm selbst gestellte Frage nach einem „Bleiben in der Sünde" (V. 1) antwortet Paulus, dass die Taufe „in Christus Jesus" (ἐβαπτίσθημεν εἰς Χριστὸν Ἰησοῦν) eine Taufe „in seinen Tod" ist. Die Glaubenden vollziehen Tod und Begrabenwerden Jesu Christi mit und wandeln in einem neuen Leben. Sie sind deshalb für die Sünde gestorben und leben für Gott (V. 11). Die Inkongruenz der Tempora in V. 5 (Perfekt und Futur) zeigt an, dass das endgültige Heil noch aussteht (vgl. auch 8,18–39). In der Gegenwart gilt, dass die Sünde nicht mehr über uns herrschen soll (V. 12–14); wir sollen uns vielmehr verstehen als befreit zum Dienst der Gerechtigkeit, denn diesem Dienst ist das ewige Leben gegeben, der von der Sünde gezahlte „Sold" dagegen ist der Tod (V. 15–23).

7,1–8,39: Paulus beschreibt die zeitlich begrenzte Rolle des Gesetzes (7,1–4). Anschließend expliziert er in 7,5f. im Schema von „einst" und „jetzt" den Gegensatz zwischen dem „alten" Dienst des Buchstabens (des Gesetzes) und dem „neuen" Dienst im Geist. In 7,7–25 wird sodann das „Einst", in 8,1–39 das „Jetzt" entfaltet.

In 7,7a hält Paulus fest, dass nicht etwa das Gesetz selbst Sünde ist. Vielmehr wurde es von der Sünde missbraucht, die im Menschen das Begehren weckte, gegen das Gesetz Gottes, das zum Guten dienen sollte, zu verstoßen. Folglich ist das in 7,7b–25 geschilderte „Ich" (ἐγώ) das unter der Macht der Sünde und wird dementsprechend vom Gesetz verurteilt. Unter Bezug auf die Paradieserzählung (7,7–13) wird der innere Zwiespalt des unter der Sünde stehenden „Ich" geschildert, der darin besteht, dass es das, was es eigentlich will, nämlich das Gute, nicht tut, weil die in ihm herrschende Sünde dazu führt, dass es das Schlechte tut, das es nicht will (7,14–25).

Die Frage, von wem Paulus hier spricht, wird in der Forschung seit langem diskutiert. Auffällig ist die rhetorische Verwendung der 1. Person Singular. Sie führt mitunter zu der Annahme, Paulus rede hier (zumindest auch) von der eigenen Erfahrung, mit dem Gesetz konfrontiert worden zu sein, das er nicht erfüllen konnte. Das „Ich" könnte aber auch den Menschen überhaupt meinen. In dem Fall würde Paulus in grundsätzlicher Weise von der Situation eines jeden Menschen sprechen, in die er selbst natürlich eingeschlossen wäre. Eine weitere wichtige Frage ist, ob Paulus hier von dem christlichen oder dem vorchristlichen Menschen spricht. Ist also der Christ immer noch mit der Situation konfrontiert, den Willen Gottes nicht erfüllen zu können – oder blickt Paulus hier auf die Situation des vorchristlichen Menschen zurück, die durch die Zugehörigkeit zu Christus gerade an ihr Ende gekommen ist?

Die Reformatoren sahen in 7,14–25 eine Beschreibung des Christen als *simul iustus et peccator*. Demnach sei auch der gläubige Mensch als Angefochtener ein Sünder. Eine ähnliche Sicht wird gegenwärtig von manchen angelsächsischen Auslegern vertreten. Die Schlussaussage in 7,25 sowie die Fortführung in Kap. 8 zeigen jedoch, dass sich Paulus in Kap. 7 auf den unter die Sünde verkauften Menschen, also auf den vorchristlichen Menschen bezieht. Er beschreibt das „Ich" als „fleischlich, verkauft unter die Sünde" (7,14: σάρκινός εἰμι πεπραμένος ὑπὸ τὴν ἁμαρτίαν), was er in Kap. 6 im Blick auf den durch die Taufe mit Christus verbundenen Menschen gerade ausgeschlossen hatte. Der Mensch „unter dem Gesetz" ist allerdings nicht in der Lage, den in 7,7–13 und dann in 7,14–25 beschriebenen Konflikt zu erkennen und sich daraus zu befreien. Vielmehr wird ihm der Zwiespalt, in dem er gefangen ist, erst durch den Glauben deutlich. Das Verständnis von „Gesetz" wird dabei von der biblischen Tora ausgeweitet auf die an den Menschen gerichteten Forderungen, denen er nicht genügen kann. Paulus legt hier also, ausgehend von der Tora, die Situation des Menschen vor dem Glauben an Christus in grundsätzlicher Weise dar.

In Kap. 8 beschreibt Paulus die durch Christus geschenkte Freiheit als Leben im Geist: Es gibt eine neue Wirklichkeit (V. 2–17), und zwar als Hoffnung in der Situation irdischer Vergänglichkeit und des Leidens (V. 18–30). In diesem Zusammenhang spricht Paulus von der Schöpfung, wobei er auch an die unbelebte Natur denkt, die „seufzt" und auf „die herrliche Freiheit der Kinder Gottes" wartet (V. 20f.). Bedeutsam sind die hymnisch gesteigerten Schlusssätze in V. 31–39: Die Wirklichkeit der Glaubenden wird bestimmt von der Gnade Gottes und der Liebe Christi, wovon uns keine andere Macht trennen kann, nicht einmal der Tod.

e) In *9,1–11,36* kommt Paulus auf die Frage zu sprechen, was die Offenbarung der Gerechtigkeit Gottes im Evangelium für Israel bedeutet. Dieser Abschnitt ist

§ 19 Der Römerbrief **257**

deshalb von zentraler Bedeutung, weil Paulus hier zwei für ihn unaufgebbare Voraussetzungen zusammenbringen möchte: zum einen, dass das Heil Gottes nur im Evangelium, also durch den Glauben an Jesus Christus, erlangt werden kann; zum anderen, dass Israel Gottes auserwähltes Volk ist und bleibt. Was aber wird dann aus demjenigen Teil Israels, der nicht an das Evangelium glaubt?

9,1–29: Paulus bekundet seine Trauer angesichts seiner „Verwandten nach dem Fleisch", denen doch Gottes Verheißungen gelten (V. 1–5). Der Grund für diese Trauer wird nicht genannt, ergibt sich aber aus dem Zusammenhang: Die Genannten nehmen die Christusbotschaft nicht an. Paulus reagiert darauf mit dem Hinweis, dass das Wort Gottes „nicht hingefallen" ist, denn „nicht alle aus Israel sind Israel" (V. 6). Es gibt also eine Unterscheidung zwischen denen, die zu Israel gehören, und denen, die Israel „sind". Im letzteren Sinn bezeichnet „Israel" nur diejenigen Juden, die an das Evangelium glauben (wie Paulus selbst). Diese Aussage expliziert er anschließend mit Verweisen auf die biblisch bezeugte Freiheit des göttlichen Erwählungshandelns (vgl. vor allem V. 11–13.14–23).

9,30–10,21: Das empirische Israel strebt nach dem „Gesetz der Gerechtigkeit"; aber es verfehlt das Gesetz (9,30–33), denn es erkennt nicht den Widerspruch zwischen Gottes Gerechtigkeit und der eigenen Gerechtigkeit (10,1–3; vgl. Phil 3,9): „Denn das Ende (oder: Ziel) des Gesetzes ist Christus zur Gerechtigkeit für jeden Glaubenden" (τέλος γὰρ νόμου Χριστὸς εἰς δικαιοσύνην παντὶ τῷ πιστεύοντι, 10,4). Das wird schon von Mose bezeugt (10,5–8); aber obwohl das Evangelium überall verkündigt wird, sind nicht alle aus Israel gehorsam, was Paulus ebenfalls durch die Schrift belegt (10,14–21).

11,1–36: Die sich nun aufdrängende Frage, ob Gott sein Volk Israel verstoßen hat, wird von Paulus zunächst mit einem Verweis auf sich selbst verneint („Das sei ferne", V. 1 und 11a): „Denn auch ich bin Israelit" (V. 1b). In einem kühnen Gedankengang deutet er die „siebentausend Männer", die zur Zeit des Elia ihre Knie nicht gebeugt hatten vor Baal (1Kön 19), als Modell für „den heiligen Rest", also die an Christus glaubenden Israeliten (V. 2–6). Im Ölbaumgleichnis (V. 11–24) beschreibt er dann, dass Gott aus dem edlen Ölbaum einige Zweige ausgerissen und stattdessen wilde Zweige aufgepfropft hat. Er warnt die Heiden aber vor jeglichem Hochmut, denn Gott kann die wilden Zweige wieder ausreißen (V. 21), und er kann die ausgerissenen Zweige wieder aufpfropfen, wenn sie „nicht im Unglauben verharren" (V. 23.24). Am Ende steht die Kundgabe eines Geheimnisses (V. 25–32): Israels derzeitige Verstockung wird am Ende durch Gottes Erbarmen aufgehoben werden, wenn der „Retter aus Zion" (ein Gottesprädikat) kommen und „die Gottlosigkeiten" von „Jakob" wegnehmen wird (V. 26f.). Paulus schließt diesen Gedankengang mit einem hymnischen Lobpreis (V. 33–36).

f) In *12,1–15,13* folgt die Paränese. An den Anfang stellt Paulus ein ethisches Prinzip (12,1f.), dem Ernst Käsemann die treffende Überschrift „Gottesdienst im Alltag der Welt" gegeben hat. Man kann 12,1–13,14 als „allgemeine Paränese" verstehen, 14,1–15,13 als „spezielle Paränese".

12,1–13,14: Nach der grundsätzlichen Einleitung (12,1f.) spricht Paulus in 12,3–8 von der Vielfalt der Gnadengaben der „Glieder", die „ein Leib in Christus" sind (V. 5; vgl. 1Kor 12). In 12,9–21 nennt Paulus in kurzen, an die traditionelle Spruchethik erinnernden Sätzen

Maßstäbe christlichen Lebens. In einer Art „Exkurs" folgen in 13,1–7 Gedanken über das Verhältnis des einzelnen Menschen zur staatlichen Macht, wobei Paulus voraussetzt, dass diese dem ihr von Gott gegebenen Auftrag gerecht wird (V. 4f.). Anschließend (13,8–14) beschreibt er die Liebe als Erfüllung des Gesetzes (V. 8–10), und dazu nennt er dann Kriterien für das Handeln angesichts der Nähe der eschatologischen Heilsvollendung (V. 11f.). In *14,1–15,13* („Starke und Schwache") betont Paulus, dass Rücksichtnahme mehr zählt als „richtige" Erkenntnis (14,13–23; vgl. 1Kor 8,9–13), und er fordert, alles solle der Auferbauung (οἰκοδομή) dienen (V. 19). In 15,7–13 sagt Paulus, dass Christus zum Diener „der Beschneidung", also der Juden, und ebenso der „Völker" geworden ist; die Verbindung der „Völker" (ἔθνη) mit dem „Volk" Israel (λαός) unterstreicht er durch Schriftzitate. Offensichtlich setzt Paulus voraus, dass die Adressaten in Rom Juden- wie Heidenchristen sind; aber der vorangegangene Hinweis auf „Schwache" und „Starke" beschreibt nicht konkrete Gegebenheiten in Rom, sondern setzt die üblichen Gegebenheiten in den Gemeinden voraus. Mit dem Segenswunsch in 15,13 schließt der Hauptteil des Briefes.

g) In *15,14–16,23(27)* steht ein ausführlicher Briefschluss.

In *15,14–24* blickt Paulus zunächst auf den Briefinhalt zurück. Er verweist auf sein eigenes apostolisches Wirken und nennt seinen Grundsatz, nur dort zu missionieren, wo „Christus noch unbekannt" ist, „damit ich nicht auf fremdem Fundament baue" (V. 20; vgl. 2Kor 10,16). Er hat in einem weiten Umkreis missioniert (V. 19–21), und nun hat er „in diesen Gegenden" kein Arbeitsfeld mehr (V. 23); offenbar sind die bestehenden Gemeinden nach seiner Einschätzung so gefestigt, dass sie ohne ihn auskommen und er sie verlassen kann. Es geht ihm also nicht darum, durch seine Verkündigung jeden einzelnen Menschen zu erreichen. Er will nun, wie „seit vielen Jahren" geplant, Rom besuchen auf der Durchreise nach Spanien (V. 22–24).

In *15,25–33* teilt er den Adressaten mit, er wolle zuvor nach Jerusalem reisen, um die bis dahin im Römerbrief noch gar nicht erwähnte Kollekte „für die Heiligen" zu überbringen (V. 25–29). Er verbindet das mit der Bitte um eine Fürbitte der römischen Christen, falls er durch „die Ungehorsamen" in Jerusalem gefährdet sein sollte (V. 30–32). Er schließt mit dem Friedenswunsch (V. 33).

In *16,1–23* folgt abschließende Korrespondenz: In V. 1f. spricht Paulus eine nachdrückliche Empfehlung für eine Frau namens Phöbe aus, die er als διάκονος der Gemeinde in Kenchreä vorstellt. Möglicherweise hatte sie eine leitende Funktion inne und ist im Zusammenhang einer Reise nach Rom die Überbringerin des Briefes. In V. 3–16a folgt eine lange Liste mit Namen von Personen, denen Grüße ausgerichtet werden. Dabei werden Priska und Aquila „und die Gemeinde in ihrem Haus" besonders hervorgehoben (V. 3–5a), mit dem ausdrücklichen Hinweis, dass „alle Gemeinden der Heiden" (πᾶσαι αἱ ἐκκλησίαι τῶν ἐθνῶν, V. 4) ihnen zu besonderem Dank verpflichtet sind. In V. 5b–16a werden Grüße ausgerichtet an mehr als 25 meist namentlich genannte, zum Teil näher vorgestellte Frauen und Männer, die offenbar in Rom leben; in V. 16b steht ein sehr knapp formulierter Gruß „aller Kirchen Christi" (αἱ ἐκκλησίαι πᾶσαι τοῦ Χριστοῦ). Der eigentliche Briefschluss enthält Mahnungen und Zusagen (V. 17–20), dann (V. 21–23) bestellt Paulus Grüße von namentlich genannten Personen, einschließlich des Schreibers Tertius.

In V. 25–27 steht eine schon aus textkritischen Gründen als sekundär erwiesene Schlussdoxologie.

2 Literarische Integrität und das Problem des Briefschlusses

1) Einige Auffälligkeiten innerhalb des Römerbriefs haben Anlass zu der Frage gegeben, ob der vorliegende Text literarisch einheitlich ist: a) Direkte persönliche Beziehungen zwischen Paulus und Rom gab es bisher nicht; die Paränese in Kap. 12–15 wirkt aber, auch verglichen mit Kap. 1–11, an vielen Stellen konkret und adressatenbezogen. Liegen hier zwei Briefe vor, die zu verschiedenen Zeiten verfasst wurden? b) Im Briefeingang (1,8–15) schreibt Paulus, er habe längst nach Rom kommen wollen; das wiederholt er ähnlich am Ende des Briefes (15,23), aber hier schreibt er auch, Rom solle lediglich Durchgangsstation sein auf dem Weg nach Spanien. Standen diese Aussagen ursprünglich in verschiedenen Briefen? c) In Kap. 16 lässt Paulus sehr viele Personen grüßen, die in Rom leben. Kann er sie tatsächlich kennen, oder ist Kap. 16 ein eigener Brief, der vielleicht nach Ephesus gerichtet war? d) Die Aussagen über den „Staat" (13,1–7) sind mit dem Kontext kaum verbunden und enthalten nichts spezifisch Christliches (vgl. V. 1: πᾶσα ψυχὴ ..., „Jedermann ..."). Könnte es sich um einen späteren Einschub handeln?

2) Die Annahme, der vorliegende Römerbrief sei Ergebnis einer späteren Redaktion, lässt sich kaum begründen und ist auch unnötig: a) Die Ausführungen in Kap. 12–15 zeigen nicht, dass Paulus über die konkreten Gegebenheiten bei den Adressaten detailliert informiert ist. Das hier Gesagte lässt sich etwa von der ihm aus Korinth vertrauten Situation her gut erklären. b) Hinsichtlich der Besuchspläne besteht zwischen 1,8–15 und 15,22–29 kein wirklicher Widerspruch (vgl. 15,22 mit 1,13). c) Die Grußliste in Kap. 16 lässt sich als Bestandteil des Römerbriefs erklären: Paulus erwähnt eine möglichst große Zahl der ihm (vielleicht nur namentlich) bekannten, jetzt in Rom lebenden Christinnen und Christen, um anzuzeigen, dass es schon eine gewisse Beziehung gibt. Es ist nicht zu erkennen, warum ein Redaktor einen fast nur aus einer Grußliste bestehenden authentischen (Epheser-)Brief des Paulus an Kap. 1–15 angefügt haben sollte. d) Der Abschnitt 13,1–7 hat zwar gegenüber den umliegenden Partien einen eigenen Charakter und Inhalt, ist aber mit diesen gleichwohl verbunden. Der Text spricht vom „Gehorsam jedes Menschen gegenüber den übergeordneten Mächten" (πᾶσα ψυχὴ ἐξουσίαις ὑπερεχούσαις ὑποτασσέσθω) und nennt dabei Gott als Urheber der jenen Mächten verliehenen Macht. Der Abschnitt hat zwischen 12,21 und 13,8 einen guten Platz und stellt das angemessene Verhältnis der Christusgläubigen gegenüber staatlichen Autoritäten dar.

Michael Wolter betont, dass 13,1–7 nicht durch eine bestimmte Situation in Rom veranlasst ist (WOLTER, Bd. 2, 329). Vor allem V. 1a und V. 5a haben „den Charakter von allgemeinpolitischen Aussagen", und das macht es „wahrscheinlich, dass sie auf Leser berechnet sind, die nicht zu den in Röm 1,7a genannten Adressaten" gehören; Paulus hielt es vielleicht für möglich, dass sein Brief „auch der ‚Obrigkeit' bekannt" werden könnte.

e) Der Gnadenwunsch in 16,24, der unter anderem im sogenannten Mehrheitstext überliefert ist, gehört wahrscheinlich nicht zum ältesten erreichbaren Text des Römerbriefs. Er fehlt in vielen wichtigen Textzeugen und stellt eine Dublette zu 16,20 dar. Als sehr wahrscheinlich kann gelten, dass der als „Revelationsschema" („einst verborgen – jetzt geoffenbart", vgl. Kol 1,26f.; Eph 3,5–11) formulierte Abschnitt 16,25–27 sekundär angefügt wurde. Er fehlt in einigen Handschriften und steht in vielen Handschriften an einer anderen Stelle (s. den Apparat im Nestle-Aland). Der ursprüngliche Schluss des Römerbriefs dürfte demzufolge in 16,20 vorliegen. Schließlich ist darauf hinzuweisen, dass die handschriftliche Überlieferung in Kap. 15–16 weit auseinandergeht, da insgesamt vierzehn verschiedene Fassungen dieser beiden Kapitel überliefert sind (s. die Übersicht bei WOLTER, Bd. 1, 18–20).

3 Paulus und die Christen in Rom

Für die Entstehung des Christentums in Rom gibt es keine Missionstradition; vermutlich waren Christusgläubige im Zuge der für das Römische Reich charakteristischen Mobilität in die Hauptstadt gekommen und hatten sich dort niedergelassen. Dabei wurde in Rom in den vierziger Jahren offenbar kaum zwischen Juden und Christusgläubigen unterschieden. Das zeigt das auf das Jahr 49 zu datierende Claudius-Edikt, aufgrund dessen Juden, unter ihnen Priska und Aquila, die Stadt hatten verlassen müssen (Apg 18,2; s. u. § 51.2 und 60.2). Ob sie bereits Christusgläubige waren, als Paulus sie in Korinth traf, lässt sich nicht eindeutig sagen. Die Christusgläubigen in Rom waren offenbar als Hausgemeinden organisiert. Das erklärt das Fehlen des Begriffs ἐκκλησία in der Adresse (1,7) und wird durch die Grußliste nahegelegt.

Paulus setzt in seinem Brief offenbar vor allem Adressaten nichtjüdischer Herkunft voraus (vgl. 1,13; 6,19; 10,1–3; 11,13), aber auch Angehörige des jüdischen Volkes gehören zu ihnen (7,1; vgl. 4,1; 9,10). Im Vorgriff auf seinen geplanten Besuch expliziert Paulus seine Theologie in ungewöhnlich breiter Weise. Er vermutet aber offenbar nicht, dass in Rom pauluskritische Verkündiger oder Lehrer wie in Galatien oder in Korinth (vgl. auch Phil 3,2) tätig sind, gegen die er sich verteidigen müsste (vgl. aber 3,8).

4 Die Theologie des Paulus im Römerbrief

1) In Kap. 1–11 entfaltet Paulus im Grunde nur ein einziges theologisches Thema, die *Gerechtigkeit Gottes* als Inhalt des Evangeliums (1,16f.). Er zeigt, dass der Mensch ohne Christus vor Gott Sünder ist; das entfaltet er in 1,18–32 mit Blick auf alle Menschen und spezifiziert es in 2,17–3,8 mit Blick auf die Juden. In 3,9–20 gibt er eine Zusammenfassung. Gott aber rechtfertigt in Christus den Gottlosen, dem sein Glaube zur Gerechtigkeit angerechnet wird (3,21–5,21, vgl. bes. 4,5 und 5,6).

Paulus verdeutlicht das unter Hinweis auf die Taufe (6,1–23). Dann zeigt er in 7,7–25, dass die menschliche Wirklichkeit ohne Christus eine Selbstentfremdung ist: Das „Ich" lebt in Gottesferne und wird dadurch in eine Verzweiflung gestürzt, aus der allein das Evangelium, also der Christusglaube, rettet (7,24–25). Das Gesetz (ὁ νόμος), von dem Paulus dabei spricht, ist nicht allein die biblische Tora, sondern jedes Gesetz, im Grunde jede Norm, die „mir" verspricht, „ich" könne mich über mein Tun selbst gewinnen, die mich dann aber mit der auf dieses Tun zielenden Forderung allein lässt. In Kap. 8 stellt Paulus das ganz andere Handeln Gottes dar, mit starker Betonung des Wirkens des Geistes Gottes, gerade auch mit Blick auf die Rechtfertigung (V. 10).

In 9,1–11,36 diskutiert Paulus die Bedeutung des Evangeliums für Israel: Gerechtigkeit und damit das Heil Gottes wird allein durch den Glauben an Christus erlangt. Indem Israel in seiner Mehrheit Christus ablehnt und anstelle der Gottesgerechtigkeit die eigene Gerechtigkeit aufzurichten sucht (10,1–4), verfehlt es das Ziel des Gesetzes. Aber Gott bleibt seinem Volk treu (11,1a), und das ist gegenwärtig an der Existenz von christusgläubigen Juden zu erkennen (11,1b–6). Am Ende wird „ganz Israel" gerettet werden (11,26). Der Abschnitt diskutiert demnach die (zur Zeit des Paulus) gegenwärtige Spaltung innerhalb Israels, die zukünftig geheilt werden wird. Es handelt sich dabei um ein innerjüdisches Problem, nicht um eines zwischen Juden und Heiden oder Juden und Christen.

2) Dass die *Christologie* im Römerbrief Teil der Rechtfertigungslehre ist, wird in besonderer Weise in 3,21–31 sichtbar: Gott erweist seine Gerechtigkeit darin, dass er den an Christus glaubenden Menschen für „gerecht" erklärt (V. 25f.). So haben wir als Gerechtfertigte Frieden mit Gott (5,1), und nun gilt, so zeigt Paulus am Gegenüber von Adam und Christus, dass, „wie bisher die Sünde geherrscht hat durch den Tod, so nun die Gnade herrscht durch die Gerechtigkeit zum ewigen Leben durch Jesus Christus, unseren Herrn" (5,21). Folglich steht das Leben der Glaubenden nicht mehr unter der Herrschaft der Sünde, sondern unter der Herrschaft Christi, was in Kap. 6 an der Taufe gezeigt wird.

Auffallend sind die starken christologischen Bezüge in der Paränese, ausgenommen 13,1–7. Sehr eindrücklich spricht Paulus das in dem Grundsatz in 14,7f. aus: Unser Leben und unser Sterben – beides geschieht „für den Herrn" (τῷ κυρίῳ).

3) Die *Eschatologie* ist im Römerbrief gegenüber den früheren Briefen zwar zurückgetreten, aber nicht verschwunden (vgl. 8,31–39 und insbesondere 13,11–14), auch wenn sie kaum noch apokalyptisch expliziert wird. Die Rede von der Teilhabe am Sterben Christi und an der künftigen Auferstehung wird in 6,5 „existential" entfaltet, nicht vorstellungsmäßig wie in 1Thess 4,13–18 oder in 1Kor 15 (vgl. 2Kor 5,1–10).

4) Auf die *Ekklesiologie* geht Paulus im Zusammenhang der Paränese ein. Der Begriff „Kirche/Gemeinde" (ἐκκλησία) begegnet ausschließlich in Kap. 16 und bezeichnet dort konkrete einzelne Gemeinden (V. 1.4f.16.23). Aber in 12,3–8 bietet Paulus das schon in 1Kor 12 breit entfaltete Bild vom Leib und den Gliedern in etwas veränderter Weise: „Wir, die vielen, sind *ein Leib in Christus*" (V. 5). In Kap. 14 fordert Paulus die gegenseitige Annahme der „Starken" und der „Schwachen", und dazu weist er betont auf das Christusgeschehen hin: „Bring durch deine Speise nicht den ins Verderben, für den Christus gestorben ist" (V. 15b).

Indirekt ist von der Kirche auch an anderen Stellen des Römerbriefs die Rede. Wenn „wir" als Gottlose gerechtfertigt worden (4,5; 5,6) und in der Taufe „mit Christus gestorben" sind (6,1–11), dann ist darin impliziert, dass die Kirche die Gemeinschaft derer ist, von denen gesprochen wird. In Kap. 9–11 ist vorausgesetzt, dass es neben dem nicht an Christus glaubenden Israel auch Judenchristen gibt (11,1–10), und insofern besteht auch und gerade nach Kap. 9–11 die Kirche aus Juden und Heiden. Aber die ekklesiologische Komponente der jeweiligen Aussagen wird an allen diesen Stellen nicht unmittelbar ausgesprochen.

5) Durch Christus ist jede andere Offenbarung Gottes gegenstandslos geworden. Das gilt gerade auch hinsichtlich der Tora, des *Gesetzes* (vgl. 3,21; 10,4): Der Gesetzesweg führt nicht zu Gott. Aber das bedeutet nicht, dass das Gesetz Sünde ist; „unter die Sünde verkauft" ist vielmehr das „Ich". Das Gesetz vermag lediglich die Sünde aufzuzeigen und sie sogar hervorzurufen, aber es kann sie nicht beseitigen (7,7–13).

5 Äußere Bedingungen für die Abfassung

Abfassungsort des Römerbriefs war die Stadt Korinth. Diese Annahme folgt aus den Angaben in 15,25–32 in Verbindung mit Apg 19f. Nach Apg 20,3–6 hielt sich Paulus drei Monate lang in Korinth auf, bevor er von dort über Philippi nach Kleinasien und schließlich nach Jerusalem reiste. Im Römerbrief schreibt er, seine Tätigkeit im Osten des Römischen Reiches sei (erfolgreich) abgeschlossen, und er werde diese Region verlassen (15,22f.); in 15,26–28 erwähnt er die geplante Reiseroute im Zusammenhang der Überbringung der Jerusalemkollekte (von der in der Apostelgeschichte nicht die Rede ist).

Für Korinth als Abfassungsort sprechen auch die Erwähnung der Gemeinde in der korinthischen Hafenstadt Kenchreä (16,1f.) und die Nennung des Erastus, den Paulus als „städtischen Finanzbeamten" (οἰκονόμος τῆς πόλεως) bezeichnet (16,23); ein politischer Beamter dieses Namens ist in Korinth inschriftlich belegt. Zwischen der zum Teil schwierigen Korrespondenz des Paulus mit Korinth und der Abfassung des Römerbriefs während eines offenbar harmonisch verlaufenden Aufenthalts in Korinth dürfte ein etwas längerer Zeitraum gelegen haben. Als *Abfassungszeit* des Römerbriefs sind daher vermutlich die Jahre 56 oder 57 anzunehmen. Der Römerbrief ist der letzte erhaltene Brief des Paulus.

6 Tendenz und Absicht

Die Frage nach dem Abfassungszweck des von Paulus an die Christusgläubigen in Rom gerichteten Briefes hat zu sehr unterschiedlichen Antworten geführt. Gemäß 1,13–15 hatte er seit langem die Absicht, in Rom das Evangelium zu verkündigen (εὐαγγελίζεσθαι), was auch aus 15,29 hervorgeht. Paulus plant einen längeren Aufenthalt in Rom (15,23f.32) und hofft auf Unterstützung für seine Spanienreise. Aber warum schickt er seinem bald bevorstehenden Besuch einen langen Brief voraus, der nach Umfang und Inhalt über eine bloße Selbstvorstellung weit hinausgeht?

Von einer Gemeinde (ἐκκλησία) in Rom wird im Römerbrief nicht gesprochen (vgl. aber 16,5a, wo eine Gemeinde im Haus von Priska und Aquila erwähnt wird). Daraus wurde mitunter gefolgert, Paulus wolle mit diesem Brief die Schaffung einer seinen Vorstellungen entsprechenden römischen Gemeinde initiieren. Aber für diese Annahme gibt es keinen stichhaltigen Beleg.

Gelegentlich wurde vermutet, dass Paulus fürchtete, er könne in Rom auf ihm schon vorauseilende Gegner treffen, denen er mit seinem Brief widersprechen wolle. Dagegen spricht jedoch, dass der Römerbrief nahezu frei von Apologetik ist. Das gilt auch für die oft erwogene Annahme, mit der Abfassung des Römerbriefs habe sich Paulus eigentlich auf den bevorstehenden Aufenthalt in Jerusalem vorbereitet, weil er dort einen Konflikt befürchtete (15,31f.; nach Apg 21,21.27–30 trat ein solcher Konflikt tatsächlich ein). Er stelle seine Theologie umfassend dar, um möglichen judenchristlichen Angriffen in Jerusalem auf diese Weise zu widersprechen. Tatsächlich setzt sich Paulus in 3,1–8 und ähnlich auch in 6,1f. mit Aussagen auseinander, die grundsätzliche Kritik an seiner Theologie erkennen lassen; aber sein Argumentationsverfahren gehört zum „Diatribenstil" (s. o.), ein realer Gegner braucht nicht im Blick zu sein. Die These, Jerusalem sei die „heimliche Adresse" des an die römischen Christen gerichteten Briefes, wird dessen Charakter im Ganzen nicht gerecht; sie erklärt insbesondere nicht, warum Paulus eine auf seine Verteidigung in Jerusalem zielende Abhandlung in Form eines Briefes nach Rom hätte schreiben und abschicken sollen.

Paulus zieht im Römerbrief eine Summe seiner Theologie – nicht so, dass alle Einzelthemen zur Sprache kommen, aber doch so, dass die Gesamtkonzeption sichtbar wird. Es ist naheliegend, dass er einen derart umfassenden Brief den in der Welthauptstadt Rom lebenden Christen schrieb, zumal er plante, sein künftiges Arbeitsfeld nach Westen zu verlegen. Paulus sah seinen geplanten Besuch in Rom als so bedeutsam an, dass er die Gelegenheit nutzte, den dortigen Aufenthalt durch einen theologisch umfassenden Text vorzubereiten.

Arbeitsvorschläge

1. Warum schreibt Paulus den Brief an die römischen Christinnen und Christen? In welcher biographischen Situation hat Paulus den Brief verfasst? Beachten Sie dabei die Hinweise in Röm 1,8–15; 15,22–29.
2. Röm 3,9.20 fasst das argumentative Ziel des Abschnitts 1,16–3,20 zusammen. Zeichnen Sie nach, wie Paulus zu diesem Ziel gelangt: Wie geht er vor und über welche Gruppen von Menschen spricht er?
3. Röm 3,21–31 ist sprachlich komplex und dicht formuliert. Wie würden Sie die Kernaussage dieses wichtigen Abschnitts zusammenfassen? Welche Rolle spielt darin der Tod Jesu?
4. Warum kommt Paulus in Röm 6 auf die Taufe zu sprechen? Mit welchem Bild deutet Paulus die Taufe an dieser Stelle? Und welche Relevanz hat dieser Textabschnitt für die Ethik des Paulus? Zur Vertiefung: Erstellen Sie eine inhaltliche Zusammenfassung über die wichtigsten Zusammenhänge in den Paulusbriefen, in denen die Taufe erwähnt wird: 1Kor 1,13–17; 6,11; 12,13; Gal 3,26–29. Warum nimmt Paulus jeweils auf die Taufe Bezug? Welche Bilder verwendet er dabei?
5. Paulus gebraucht den Begriff „Gesetz" (νόμος) in verschiedenen Bedeutungen: Er bezeichnet damit die Tora mit den zugehörigen Rechtsforderungen, die er „Werke (des Gesetzes)" nennt, oder den Pentateuch als literarische Größe, vor allem neben den Propheten(-Büchern) (u. a. in Röm 3,21), gelegentlich verwendet er den Ausdruck als allgemeinen Gattungsbegriff: „(jedes) Gesetz" (7,1 u. ö.), und schließlich metaphorisch im Sinne von „Prinzip, Gesetzmäßigkeit" (z. B. 8,2). Lesen Sie vor diesem Hintergrund Röm 7 und reflektieren Sie, in welchem Sinne Paulus jeweils vom „Gesetz" spricht. Welche Funktion hat das „Gesetz" in Bezug auf die Sünde? Lektüreempfehlung: MICHAEL WOLTER, Gesetz/Werke des Gesetzes bzw. Christus – Ende des Gesetzes, in: Horn (Hg.), Paulus Handbuch, 358–365.
6. Das paulinische Verständnis des „Gesetzes" und der „Werke des Gesetzes" ist ein Schwerpunkt der neueren Forschungsdiskussion, die seit den 1980er Jahren durch die Vertreter der sogenannten „New Perspective on Paul" angestoßen wurde. Informieren Sie sich über diese Forschungsrichtung und die kritischen Einwände dagegen. Lektüreempfehlung: JÖRG FREY, Das Judentum des Paulus, in: Wischmeyer/Becker (Hg.), Paulus, 47–104, hier 71–102.
7. Gottes Geist „wohnt" in den Glaubenden (Röm 8,9). Was folgt daraus bzw. was bewirkt der göttliche Geist nach Röm 8?

8. Wie thematisiert Paulus das zukünftige Schicksal Israels in Röm 9–11? Skizzieren Sie die wichtigsten argumentativen Schritte in diesem Textabschnitt. Was will Paulus mit dem Bild vom Olivenbaum (Röm 11,16b–24) veranschaulichen? Inwiefern steht die Verwendung des Bildes durch Paulus in Spannung zur antiken landwirtschaftlichen Praxis (vgl. die Kommentare)?
9. Welche Haltung legt Paulus in Röm 13,1–7 den Christusglaubenden gegenüber den politisch Herrschenden nahe? Inwiefern kann man sagen, dass Paulus hier dezidiert „theo-logisch" argumentiert? Welchen Anlass könnte Paulus gehabt haben, an dieser Stelle so grundsätzlich auf dieses Thema einzugehen? Lektüreempfehlung: STEFAN KRAUTER, Auf dem Weg zu einer theologischen Würdigung von Röm 13,1–7, ZThK 109 (2012), 287–306.
10. Röm 16,1–16.21–23 gibt interessante sozialgeschichtliche Einblicke in das frühe Christentum. Welche Personen werden mit bestimmten Aufgaben prominent genannt? Welche Rolle spielten demnach Frauen in gemeindeleitenden Funktionen? Lektüreempfehlungen: CHRISTOPH GREGOR MÜLLER, Priska, WiBiLex, September 2011, https://www.bibelwissenschaft.de/stichwort/53900/; CHRISTINE JACOBI, Junia, WiBiLex, Februar 2016, https://www.bibelwissenschaft.de/stichwort/51888/.

III. Die pseudepigraphen Paulusbriefe und der Hebräerbrief

Literatur: BERNHARD HEININGER, Die Rezeption des Paulus im 1. Jahrhundert, in: Oda Wischmeyer/Eve-Marie Becker (Hg.), Paulus. Leben – Umwelt – Werk – Briefe (UTB 2767), Tübingen ³2021, 309–340 ♦ JENS HERZER, Deutero- und tritopaulinische Briefe, in: Friedrich Wilhelm Horn (Hg.), Paulus Handbuch, Tübingen 2013, 523–541 ♦ JENS SCHRÖTER/SIMON BUTTICAZ/ANDREAS DETTWILER (Hg.), Receptions of Paul in Early Christianity. The Person of Paul and His Writings through the Eyes of His Early Interpreters (BZNW 234), Berlin/New York 2018.

Zum Phänomen der Pseudepigraphie

Literatur: HORST R. BALZ, Anonymität und Pseudepigraphie im Urchristentum, ZThK 66 (1969), 403–436 ♦ JÖRG FREY u. a. (Hg.), Pseudepigraphie und Verfasserfiktion in frühchristlichen Briefen (WUNT 246), Tübingen 2009 ♦ WOLFGANG GRÜNSTÄUDL/KARL MATTHIAS SCHMIDT (Hg.), Die Datierung neutestamentlicher Pseudepigraphen. Herausforderungen und neuere Lösungsansätze (WUNT 470), Tübingen 2021 ♦ MARTINA JANSSEN, Pseudepigraphie, WiBiLex, Januar 2011, https://www.bibelwissenschaft.de/stichwort/53905/ ♦ MICHAEL WOLTER, Pseudonymität. II. Kirchengeschichtlich, TRE 27 (1997), 662–670.

Das Phänomen der Pseudepigraphie, d. h. die Abfassung eines Textes unter dem Namen eines „falschen" Autors, ist in der antiken Literatur (aber auch später) weit verbreitet. Davon zu unterscheiden ist die nachträgliche Zuweisung eines aus einer Schule stammenden Textes an das Schulhaupt (etwa die dem Hippokrates zugeschriebenen medizinischen Schriften im Corpus Hippocraticum). Hierbei handelt es sich nicht im eigentlichen Sinn um Pseudepigraphie, denn die Schriften wurden nicht unter dem Namen des Schulgründers verfasst, sondern diesem nachträglich, zum Beispiel bei der Sammlung von Schriften einer Schule, zugewiesen. Ein wiederum eigenes Phänomen ist die spätere Zuweisung ursprünglich anonymer Schriften an bekannte Personen. Dieses Phänomen liegt bei den Evangelien des Neuen Testaments vor, denen nachträglich Autorennamen beigelegt wurden. Bei den pseudepigraphen Paulusbriefen liegt der erstgenannte Fall vor: Die Autoren dieser Briefe nehmen den Namen „Paulus" für die von ihnen verfassten Schreiben in Anspruch. Diese Briefe setzen demnach die Autorität von Person und Theologie des Paulus sowie die Existenz von Paulusbriefen voraus.

Sechs dieser Schriften wurden innerhalb des Corpus Paulinum Teile des Neuen Testaments, andere pseudopaulinische Schriften wurden gelegentlich als kanonisch rezipiert, so der „3. Korintherbrief".

Die in den pseudopaulinischen Briefen des Neuen Testaments vorausgesetzte Autor- und Adressatensituation ist unterschiedlich: Der *Kolosserbrief* gibt sich als Gefangenschaftsbrief (4,10), der auf eine aktuelle Situation der in Kol 1,2 genannten Adressaten in Kolossä Bezug nimmt und sie zu Verhaltens- und Einstellungsänderungen veranlassen will (s. u. § 21). Der *Epheserbrief* (s. u. § 22) erwähnt ebenso wie der Kolosserbrief die Gefangenschaft des Paulus (3,1), aber er bezieht sich nicht auf eine bestimmte Situation der Adressaten. Nach Eph 1,1 ist er „an die Heiligen in Ephesus" gerichtet, aber das spielt für Tendenz und Inhalt des Briefes keine Rolle (die Adresse ἐν Ἐφέσῳ fehlt in einigen Handschriften und könnte nachträglich hinzugefügt worden sein). Der *2. Thessalonicherbrief* lehnt sich literarisch an den 1. Thessalonicherbrief an, versteht sich aber ausdrücklich nicht als *zweiter Brief* an die Adressaten (s. u. § 20). Die drei *Pastoralbriefe* (s. u. § 23) enthalten Mitteilungen von „Paulus" an seine Mitarbeiter „Timotheus" und „Titus" (sowohl der Verfasser als auch die Adressaten sind fiktiv). Vordergründig betrachtet scheinen sie weitere Leserinnen und Leser gar nicht im Blick zu haben. Sie spiegeln die Situation ihrer (relativ späten) Abfassungszeit wider und führen diese fiktiv in die Zeit des Paulus zurück.

Auch die Exegese dieser Briefe geht zunächst von der Annahme paulinischer Verfasserschaft aus und stellt sie sodann auf den Prüfstand. Da die Briefe den Anspruch erheben, von Paulus verfasst zu sein, ist der Nachweis ihrer Pseudonymität („Unechtheit") zu erbringen.

§ 20 Der 2. Thessalonicherbrief

Literatur: ANDREAS LINDEMANN, Zum Abfassungszweck des Zweiten Thessalonicherbriefes, in: ders., Paulus, Apostel und Lehrer der Kirche. Studien zu Paulus und zum frühen Paulusverständnis, Tübingen 1999, 228–240. – **Kommentare:** ERNST VON DOBSCHÜTZ, Die Thessalonicher-Briefe (KEK 10), Göttingen ⁷1909 ♦ CHRISTINA M. KREINECKER, 2. Thessaloniker (PKNT 3), Göttingen 2010 ♦ WILLI MARXSEN, Der zweite Thessalonicherbrief (ZBK.NT 11/2), Zürich 1982 ♦ TOBIAS NICKLAS, Der Zweite Thessalonicherbrief (KEK 10/2), Göttingen 2019 ♦ HANNA ROSE, Der erste und zweite Thessalonicherbrief (Die Botschaft des Neuen Testaments), Neukirchen-Vluyn 2006 ♦ STEFAN SCHREIBER, Der zweite Brief an die Thessalonicher (ÖTBK 13/2), Gütersloh 2017 ♦ WOLFGANG TRILLING, Der zweite Brief an die Thessalonicher (EKK 14), Einsiedeln/Neukirchen-Vluyn 1980.

1 Struktur und Inhalt

Der 2. Thessalonicherbrief steht dem ersten Brief nach Thessaloniki sehr nahe. Er ist aber erheblich kürzer und zugleich klarer gegliedert: Das Präskript (1,1f.) und das Proömium (1,3–12) sind deutlich abgegrenzt. Das Hauptthema, die Parusie – also die endzeitliche Wiederkunft – Christi (vgl. 1Thess 4,13–18), wird in 2,1–12 eingehend erörtert. Es folgt ein Dank an Gott für die Erwählung der Adressaten und die Bitte, Gott möge sie in dem ihnen vermittelten Glauben stärken (2,13–17) und vor dem Bösen bewahren (3,1–5). In 3,6–15 folgt die Paränese mit inhaltlich sehr konkreten Anweisungen und Mahnungen.

Zentraler Briefinhalt ist die Eschatologie. Schon das Proömium spricht von Jesu endzeitlicher Offenbarung (ἀποκάλυψις, 1,7), von Gottes Vergeltung und ewigem Verderben (1,9) und von „jenem Tage" (1,10). In 2,1–12 werden die Adressaten nachdrücklich gemahnt, die Parusie *nicht* als nahe bevorstehend zu denken, auch wenn gesagt werde, „durch den Geist oder durch ein Wort oder durch einen Brief – als käme dieser von uns –", dass der Tag des Herrn gekommen ist (V. 2).

Die Auslegung der in 2,2 offenbar als mündliches oder schriftliches Zitat eingebrachten Aussage ἐνέστηκεν ἡ ἡμέρα τοῦ κυρίου ist schwierig: Kann jemand gesagt oder geschrieben haben „Der Tag des Herrn ist eingetroffen"? Vermutlich bedeutet ἐνέστηκεν etwa dasselbe wie lateinisch *imminet* (die Vulgata übersetzt: *quasi instet*). Dann hätte die hier zitierte oder referierte Position davon gesprochen, dass die Parusie *unmittelbar bevorsteht*.

Der Parusie vorausgehen muss der große Abfall vom Glauben, und es muss sich „der Widersacher" offenbaren, „der Mensch der Ungerechtigkeit, der Sohn des Verderbens", wie „ich" es schon beim Aufenthalt in Thessaloniki gelehrt habe (V. 3–5). Es gibt eine das Ende aufhaltende Macht (τὸ κατέχον, V. 6), es gibt „jemanden", der das Ende aufhält (ὁ κατέχων, V. 7). Dann wird Gott alle feindliche Macht vernichten, und es werden alle gerichtet werden, die an der Ungerechtigkeit Gefallen haben (V. 8–12).

In 2,13f. folgt ein Dank an Gott für die Erwählung und Berufung der Adressaten, verbunden mit der Forderung, dass sie an den „von uns durch Wort oder Brief" überlieferten Lehren (παραδόσεις) festhalten (2,15–17); sie sollen „für uns beten, damit wir gerettet werden vor bösen Menschen", doch „Gott ist treu" (3,1–5).

In 3,6–15 wird zur Ordnung gemahnt und vor jedem Kontakt mit Müßiggängern gewarnt, wobei man sich am Vorbild des Paulus orientieren soll (V. 7). In V. 10 heißt es ausdrücklich: „Wer nicht arbeiten will, soll auch nicht essen", und dann folgt die Mahnung, Gutes zu tun und alle zurechtzuweisen, die den im vorliegenden Brief ausgesprochenen Forderungen nicht nachkommen (V. 13–15).

In 3,16.18 stehen ein Friedens- und Segenswunsch und der Gnadenzuspruch, dazwischen (V. 17) aber ein Hinweis darauf, dass Paulus selber diesen Gruß eigenhändig geschrieben hat.

2 Das Verhältnis des 2. Thessalonicherbriefs zum 1. Thessalonicherbrief

Liest man den 1. und 2. Thessalonicherbrief nebeneinander, fällt sofort auf, dass die Präskripte wörtlich übereinstimmen, einschließlich der sonst nicht begegnenden Wendung „in Gott dem Vater" (ἐν θεῷ πατρί) als Attribut zu „Gemeinde" (ἐκκλησία); der Gnadenwunsch (2Thess 1,2b) ist gegenüber 1Thess 1,1 zu der bei Paulus sonst üblichen Form erweitert. Das Proömium mit dem Dank an Gott (2Thess 1,3–4.11.12) ist ähnlich gestaltet wie das Proömium in 1Thess 1,2–5, aber zusätzlich wird in 2Thess 1,5–7 von Gottes Gericht gesprochen angesichts der Verfolgung der Gemeinde, die darauf hoffen darf, dass den Verfolgern Gottes Rache und Vergeltung widerfährt (1,8–10).

Das eigentliche Briefcorpus wird in 2Thess 2,1 eingeleitet mit denselben Worten (ἐρωτῶμεν ὑμᾶς), die Paulus auch in 1Thess 4,1; 5,12, sonst aber nirgends gebraucht. Der in 2Thess 2,13 formulierte Dank ist ähnlich der Aussage in 1Thess 2,13. In 2Thess 2,16f. scheint der Briefschluss zu beginnen, ähnlich wie in 1Thess 3,11–13, aber in beiden Fällen wird der Brief fortgesetzt. Die Bitte in

2Thess 3,1 („Im Übrigen ... betet für uns") entspricht im Briefduktus der Bitte in 1Thess 4,1, im Wortlaut entspricht sie der Aufforderung in 1Thess 5,25.

Die abschließenden Mahnungen in 2Thess 3,6-15 berühren sich mit einzelnen Aussagen im 1. Thessalonicherbrief (vgl. etwa 2Thess 3,8b mit 1Thess 2,9), die Sätze am Ende (2Thess 3,16.18) entsprechen teilweise wörtlich 1Thess 5,23.28. Der Hinweis in 2Thess 3,17 ist ohne Parallele. Ohne Parallele im 1. Thessalonicherbrief sind auch die Abschnitte 2Thess 1,5-10 und 2,1-12, die thematisch von besonderem Gewicht sind. Andererseits geht Paulus nur im 1. Thessalonicherbrief mehrfach auf die Anfänge der Gemeinde ein, was im 2. Thessalonicherbrief nicht mehr nötig zu sein scheint.

Die beiden Briefe berühren sich vor allem in den Rahmenstücken sehr eng. Die hier wie dort vorausgesetzte Situation scheint dieselbe zu sein, wie die Angaben zu den Absendern und die Hinweise auf die Verfolgungssituation bei den Adressaten zeigen. Das spricht für die Annahme, dass beide Briefe sehr kurz nacheinander verfasst worden sind. Es fällt allerdings auf, dass in dem zweiten Brief auf den kurz zuvor denselben Adressaten zugesandten anderen Brief nicht hingewiesen wird.

3 Die Frage der Verfasserschaft

1) Angesichts dieser Beobachtungen stellt sich die Frage, ob Paulus der Verfasser des 2. Thessalonicherbriefs war. Einerseits scheint der 2. Thessalonicherbrief nicht viel später als der 1. Thessalonicherbrief verfasst worden zu sein, andererseits besteht inzwischen eine Situation, von der im 1. Thessalonicherbrief noch gar nicht die Rede gewesen war: Es gibt offenbar eine Erwartung der unmittelbaren Nähe der Parusie, woraus zumindest von einigen das Recht auf allgemeinen Müßiggang abgeleitet wurde (3,11.12). Im 2. Thessalonicherbrief, vor allem in 2,1-12, wird vor der Vorstellung gewarnt, dass die Parusie bevorstehe. In 1Thess 4,13-5,11 war die Nähe der Parusie vorausgesetzt (4,17; vgl. 5,2), aber niemand kenne den Termin und deshalb gelte die Mahnung „Wachet!" (5,6-8). Die Mahnung in 2Thess 2,1-12, die Adressaten sollten nicht falsch über die Parusie denken, enthält in V.2 die Aufforderung, die Adressaten sollten sich nicht irritieren lassen durch einen Geist (διὰ πνεύματος), eine „Rede" (διὰ λόγου) oder einen Brief (δι' ἐπιστολῆς), die die Vorstellung erwecken, „der Tag des Herrn" sei bereits gekommen (ὡς ὅτι ἐνέστηκεν ἡ ἡμέρα τοῦ κυρίου). Im Anschluss folgt die Wendung „wie durch uns" bzw. „als wäre (es) durch uns" (ὡς δι' ἡμῶν). Nicht deutlich ist dabei zunächst, ob sich diese Wendung nur auf das letzte der drei Glieder (also auf den Brief), auf zwei der drei oder auf alle drei bezieht. Die Verwendung der Präposition „durch" (διά) bezeichnet jedoch nicht Paulus als Urheber (etwa eines Briefes oder einer Rede), sondern die „Autorität des Apostels als Mittel der Verwirrung und des Schreckens" (VON DOBSCHÜTZ 266). Dies wiederum legt es nahe, dass sich die Wendung nicht, wie häufig angenommen, auf den zuletzt genannten „Brief", sondern auf alle drei zuvor genannten Glieder Geist, Rede und Brief bezieht (vgl. NICKLAS 116). Demnach wäre mit der Wendung nicht der 1. Thessalonicherbrief als nur angeblich von Paulus stammend gemeint (das ist auch angesichts der allgemeinen Wendung „ein Brief", ohne Artikel, unwahrscheinlich), sondern es wird betont, dass sich die Auffassung, der Tag des Herrn sei bereits da, in keiner Weise auf Paulus berufen kann. Im Anschluss werden die Anzeichen genannt, die erkennen lassen, dass der Tag des Herrn *nicht* da oder nahe ist (V. 3–12).

2) Die Beteuerung der Echtheit durch den eigenhändigen Gruß in 3,17 ist möglicherweise eher ein Indiz für die Vermutung, dass der 2. Thessalonicherbrief tatsächlich „unecht" ist, also nicht von Paulus verfasst wurde (vgl. Kol 4,18). Ein eigenhändiger Gruß begegnet zwar in 1Kor 16,21 und in Gal 6,11 (in Phlm 19 liegt der Fall anders), aber das gilt dort nicht als „Echtheitszeichen". Die anderen Paulusbriefe enthalten kein solches Zeichen, und es fällt angesichts von 2Thess 3,17 besonders auf, dass im 1. Thessalonicherbrief ein handschriftlicher Gruß fehlt.

3) Die theologische Argumentation zur Parusieerwartung ist in 2Thess 1,5–10 und in 2,1–12 eine ganz andere als die in 1Thess 4,13–18 und 5,1–11. In 1Thess 4,14 wird die Auferstehungshoffnung, verbunden mit der Parusieerwartung, aus dem Glaubensbekenntnis abgeleitet (vgl. 1,9f.). Im 2. Thessalonicherbrief liegt der Ton dagegen zunächst auf der Drohung gegen die Verfolger der Kirche (mit zahlreichen nicht markierten Anspielungen auf alttestamentliche Aussagen in 1,5–10), und dann folgt in 2,5–12 eine apokalyptische Belehrung, in der die Rede von Christus nur eine untergeordnete Rolle spielt. Im 1. Thessalonicherbrief ist die Parusie Christi verbunden mit dem Ganzen der Endereignisse, im 2. Thessalonicherbrief wird sie als ein einzelner Vorgang am Ende einer ganzen Serie von endzeitlichen Ereignissen verstanden.

Die theologische Begrifflichkeit weist an einigen Stellen bereits ein fortgeschrittenes Stadium christlicher Bekenntnissprache auf. In 1,5 ist vom „gerechten Gericht Gottes" die Rede (ἔνδειγμα τῆς δικαίας κρίσεως τοῦ θεοῦ), in 2,13 vom „Glauben an die Wahrheit" (πίστις ἀληθείας) – die Begriffe „Gericht" und „Glaube" allein genügen offenbar nicht mehr. „Hoffnung" ist nicht mehr wie in 1Thess 4,13 (vgl. 1,3) ein Aspekt des Glaubens, sondern bezeichnet als „gute Hoffnung" (ἐλπὶς ἀγαθή) die Erwartung des Gerichts (2Thess 2,16). Mehrfach spricht der 2. Thessalonicherbrief von Christus (κύριος), wo im 1. Thessalonicherbrief von Gott die Rede gewesen war, so in 2Thess 1,8 (das „Evangelium unseres Herrn Jesus", anders in 1Thess 2,2: „das Evangelium Gottes"). In 2Thess 2,13 wendet sich der Verfasser an die, „die ihr vom Herrn geliebt seid" (anders in 1Thess 1,4: „von Gott geliebt"). In 2Thess 3,16 ist Christus „der Herr des Friedens" (anders in 1Thess 5,23: „der Gott des Friedens").

4 Abfassungszweck

Liest man den 2. Thessalonicherbrief für sich, aber im Wissen um die Existenz und den Inhalt des 1. Thessalonicherbriefs, dann ergibt sich für dessen Abfassung eine klare Zielsetzung: „Paulus" (mit seinen Begleitern) schreibt einen Brief an die Gemeinde der Thessalonicher, um ihre Standhaftigkeit in drohenden Verfolgungen zu stärken. Was in 1Thess 2,14 nur angedeutet ist, wird in 2Thess 1,3–10 viel deutlicher ausgesprochen. Das eigentliche theologische Thema des 2. Thessalonicherbriefs ist aber die Erwartung des künftig bevorstehenden „Tages des Herrn": Im Widerspruch zu der in 2,2 zitierten, sich fälschlich auf Paulus berufenden Behauptung wird daran erinnert, dass Paulus schon bei seinem Aufenthalt in Thessaloniki gesagt habe, es gebe einen „Widersacher", der das Ende „aufhält" (2,5.7). Bevor nicht die genannten Ereignisse eingetreten sind, kann „der Tag des Herrn" gar nicht kommen – das ist die Botschaft, die der 2. Thessalonicherbrief seinen Adressaten vermitteln will.

Die Eschatologie war ein im Urchristentum und besonders im Umfeld der Paulusrezeption umstrittenes Thema. Das bestätigen der Kolosser- und Epheserbrief und später insbesondere auch 2Tim 2,18 (die Gegner behaupten, die Auferstehung sei schon geschehen, ἀνάστασιν ἤδη γεγονέναι) sowie 2Petr 3,1–13.14–16. Der Verfasser des 2. Thessalonicherbriefs fordert die Adressaten auf, an der ihnen mitgeteilten Überlieferung festzuhalten, wobei er nun seinerseits das gesprochene Wort und den vorliegenden Brief parallelisiert (ἃς ἐδιδάχθητε εἴτε διὰ λόγου εἴτε δι' ἐπιστολῆς ἡμῶν, 2,15; ähnlich wieder in 3,14). Spätestens mit der Notiz in 3,17 über das „Echtheitszeichen" soll den Adressaten klar werden, dass sie bislang eine Paulusüberlieferung kannten, die fälschlich die Nähe der Parusie lehrt, nichts von einem κατέχον oder einem κατέχων („das" bzw. „der Aufhaltende") weiß und deshalb nicht authentisch sein kann. Der 2. Thessalonicherbrief wurde offensichtlich in der Absicht verfasst, die sich auf Paulus (u. a. auf den 1. Thessalonicherbrief) berufende Vorstellung der unmittelbaren Nähe der Parusie zu widerlegen, ohne die Aussagen im 1. Thessalonicherbrief zurückzunehmen oder zu korrigieren. Die dafür naheliegende Lösung war offenbar, andere Paulusüberlieferungen, einschließlich bekannter Briefe, als nicht von Paulus stammend zu bezeichnen. Die Frage, ob der Verfasser den 1. Thessalonicherbrief für einen authentischen Paulusbrief hielt oder nicht, spielte dabei keine Rolle. Der 2. Thessalonicherbrief knüpft nicht an den 1. Thessalonicherbrief an und stellt sich nicht als „zweiter" Brief dar, sondern suggeriert, dass hier „der Brief des Paulus nach Thessalonich" vorliegt.

5 Ort und Zeit der Abfassung

Wenn der 2. Thessalonicherbrief „unecht" ist und in nachpaulinischer Zeit verfasst wurde, richtet er sich nicht gegen Paulus, sondern in erster Linie gegen einen Typ von „Paulinismus", der an der Naherwartung festhielt und sich dafür wohl auf Aussagen wie 1Kor 7,29; 10,11; Phil 4,5 und eben vor allem 1Thess 4,17 berufen zu können meinte. Der 2. Thessalonicherbrief dürfte an einem Ort geschrieben worden sein, wo man den 1. Thessalonicherbrief kannte und aus seinen Aussagen unmittelbar theologische und praktische Konsequenzen ableitete. Das muss keineswegs Thessaloniki selbst gewesen sein. Es kommen auch Orte infrage, wo der 1. Thessalonicherbrief noch nicht lange bekannt war und es deshalb verhältnismäßig leicht möglich war, dessen Unechtheit zu behaupten.

Der zeitliche Abstand zum 1. Thessalonicherbrief darf nicht zu gering angesetzt werden. Im Zusammenhang der Lektüre und Auslegung von 1Thess 4,13–18 muss sich die daraus abgeleitete, dann in 2Thess 2,2 zitierte Tendenz entwickelt haben können. Dem Verfasser waren andere Paulusbriefe bekannt; das zeigen das erweiterte Präskript und der wohl an 1Kor 16,21 oder an Gal 6,11 anknüpfende Hinweis auf den handschriftlichen Gruß des Paulus. Inhaltlich wurde jedoch nichts aus diesen paulinischen Briefen im 2. Thessalonicherbrief aufgenommen. Der Brief ist vielmehr ganz auf die Darstellung der Eschatologie und damit zusammenhängend auf das Gottesbild konzentriert. Andere Themen, etwa Gemeindeorganisation und Ethik, fehlen dagegen. Der Autor möchte demnach in Anknüpfung an Paulus eine Eschatologie vorlegen, die auf Fragen seiner eigenen Zeit reagiert. Ein drängendes Problem war demzufolge die nicht eintreffende Wiederkunft Jesu Christi, die in einer Situation der Bedrängnis zum Verblassen der Zuversicht des Glaubens führte. Darauf reagiert der Verfasser mit einer gegenüber dem 1. Thessalonicherbrief neu konzipierten Eschatologie.

Arbeitsvorschläge

1. Welche Erwartungen über die „Ankunft unseres Herrn Jesus Christus" äußert der Brief in 2Thess 2,1–12? Welche Aussagen erscheinen darin rätselhaft? Vergleichen Sie diesen Abschnitt mit 1Thess 4,13–5,11. Welche Gemeinsamkeiten und Unterschiede stellen Sie fest?
2. Ist der Brief aus antiker Sicht eher als Fiktion (durchschaubares Pseudepigraph) oder als Fälschung (will als echter Paulusbrief gelesen werden) zu beurteilen? Welche Konsequenzen ergeben sich daraus für die Haltung des Verfassers gegenüber dem 1. Thessalonicherbrief?

§ 21 Der Kolosserbrief

Literatur: ANDREAS DETTWILER, Der Kolosserbrief als ethischer Text. Zugleich ein Beitrag zur Frühgeschichte der Paulusrezeption, in: Schröter/Butticaz/Dettwiler (Hg.), Receptions of Paul, 289–316 ◆ MATTHEW GORDLEY, The Colossian Hymn in Context. An Exegesis in Light of Jewish and Greco-Roman Hymnic and Epistolary Conventions (WUNT II 228), Tübingen 2007 ◆ ANDREAS LINDEMANN, Die Gemeinde von „Kolossä", in: ders., Paulus, Apostel und Lehrer der Kirche. Studien zu Paulus und zum frühen Paulusverständnis, Tübingen 1999, 187–210 ◆ HARRY MAIER, A Sly Civility. Colossians and Empire, JSNT 27 (2005), 323–349 ◆ PETER MÜLLER (Hg.), Kolosser-Studien (BThSt 103), Neukirchen-Vluyn 2009 ◆ ANGELA STANDHARTINGER, Colossians and the Pauline School, NTS 50 (2004), 571–593 ◆ ANGELA STANDHARTINGER, Kolosserbrief, WiBiLex, Januar 2010, https://www.bibelwissenschaft.de/stichwort/51912/ ◆ CHRISTIAN STETTLER, Der Kolosserhymnus. Untersuchungen zu Form, traditionsgeschichtlichem Hintergrund und Aussage von Kol 1,15–20 (WUNT II 131), Tübingen 2000. –
Kommentare: LUKAS BORMANN, Der Brief des Paulus an die Kolosser (ThHK 10/1), Leipzig 2012 ◆ PAUL FOSTER, Colossians (BNTC), London 2016 ◆ HANS HÜBNER, An Philemon. An die Kolosser. An die Epheser (HNT 12), Tübingen 1997 ◆ ANDREAS LINDEMANN, Der Kolosserbrief (ZBK.NT 10), Zürich 1983 ◆ EDUARD LOHSE, Der Brief an die Kolosser und an Philemon (KEK 9/2), Göttingen 1977 ◆ INGRID MAISCH, Der Brief an die Gemeinde in Kolossä (ThKNT 12), Stuttgart 2003 ◆ EDUARD SCHWEIZER, Der Brief an die Kolosser (EKK 12), Zürich/Neukirchen-Vluyn [4]1997 ◆ MICHAEL WOLTER, Der Brief an die Kolosser. Der Brief an Philemon (ÖTBK 12), Gütersloh 1993.

1 Struktur und Inhalt

Der Kolosserbrief entspricht nach Form und Aufbau weitgehend den übrigen Paulusbriefen. Ähnlich wie im Galater- und im Römerbrief zeigt sich eine klare Abgrenzung von „Lehre" (Kap. 1–2) und „Paränese" (Kap. 3–4).

Das *Präskript* (1,1–2) nennt Paulus und Timotheus als Absender (vgl. 1Kor 1,1); in der Adresse („an die Heiligen in Kolossä") begegnet das Stichwort „Kirche/Gemeinde" (ἐκκλησία) nicht. Das *Proömium* (1,3–8) ist als Dank an Gott formuliert angesichts der guten Lage, in der sich die Adressaten dank der Wirksamkeit des Epaphras befinden (V. 6–8).

Der *erste Hauptteil* (1,9–2,23) beschreibt die Gegenwart der Christuswirklichkeit. Am Anfang (1,9–11) wird gesagt, dass „wir" Fürbitte tun für die Empfänger des Briefes. Dann (1,12–14) folgt die Aufforderung, Gott zu danken für seine Heilstat in Christus, „in dem wir die Erlösung haben, die Vergebung der Sünden". Dieser Satz leitet über zu einem hymnischen Text (1,15–20), der von Christus spricht als dem „Bild" (εἰκών) des unsichtbaren Gottes. Danach (1,21–23) wendet sich der Verfasser direkt an die Leser, die am Glauben festhalten sollen. Anschließend verweist er auf die Leiden, denen er gegenwärtig ausgesetzt ist. In 2,1–5 schreibt „Paulus", dass er für die Christen in Kolossä und in Laodicea „kämpft", obwohl er sie gar nicht kennt. Er will sie davor bewahren, „durch Überredungskunst" getäuscht zu werden. So vorbereitet, schließt sich in 2,6–23 die inhaltlich entscheidende Auseinandersetzung mit einer als falsch angesehenen, bedrohlichen Denkrichtung an, die als „Philosophie" (φιλοσοφία) bezeichnet wird (s. u. § 21.3). Dagegen steht der Verweis auf den schon erfolgten Sieg Christi über die „Mächte" (2,8–15), verbunden mit dem Aufruf zur Zuversicht (2,16–23).

Der als Paränese gestaltete *zweite Hauptteil* (3,1–4,6) beginnt in 3,1–4 mit einer paradoxen Aufforderung: Die Adressaten sind „mit Christus auferweckt worden" (vgl. 2,12f.), deshalb sollen sie „suchen, was droben im Himmel ist". In 3,5–11 folgt die Gegenüberstellung des „alten Menschen" und des „neuen Menschen" (V. 9). In V. 5 steht ein Lasterkatalog (zu V. 11 vgl. Gal 3,27f.). In 3,12–17 wird die Wirklichkeit des neuen Lebens beschrieben; V. 12b ist ein kleiner Tugendkatalog (vgl. oben § 9.3f). Dem schließt sich in 3,18–4,1 eine „Haustafel" an – erstmals in der christlichen Literatur (s. o. § 9.3g). Die Paränese endet in 4,2–6 mit der Mahnung zum Gebet und der Aufforderung zu einem Wandel „in Weisheit".

Der ausführlich gestaltete *Briefschluss* (4,7–18) beginnt mit Hinweisen auf die namentlich genannten Überbringer des Briefes (V. 7–9). Dann werden persönliche Grüße bestellt (V. 10–14). In V. 15 werden die Adressaten aufgefordert, die Brüder (ἀδελφοί), also die Christen, in Laodicea sowie eine Frau namens Nympha und die Gemeinde (ἐκκλησία) in ihrem Hause zu grüßen. Der vorliegende Brief soll gelesen und dann gegen einen nach Laodicea gerichteten Brief ausgetauscht werden (V. 16). Einem Mann namens Archippus soll aufgetragen werden, seinen Dienst (διακονία) zu tun (V. 17). Dem betont eigenhändigen Gruß (V. 18a) folgt ein sehr knapp formulierter Gnadenwunsch (V. 18b).

2 Die Verfasserfrage

1) Beim Kolosserbrief wird bis in die Gegenwart, vor allem in der angelsächsischen Forschung, die Annahme vertreten, er sei von Paulus selbst verfasst worden. Im deutschsprachigen Bereich hat sich dagegen die Auffassung der nachpaulinischen Verfasserschaft weitgehend durchgesetzt. Gleichwohl handelt es sich unter den pseudepigraphen Paulusbriefen beim Kolosserbrief um denjenigen Brief, der den echten Paulusbriefen am nächsten steht.

2) Der Kolosserbrief unterscheidet sich stilistisch deutlich von den übrigen Paulusbriefen (wobei der hymnische Text in 1,15–20 für sich zu betrachten ist). Charakteristisch sind die starke Ausdehnung von Satzverbindungen (1,9–12), die Verknüpfung mehrerer sinnverwandter Substantive (1,27), dazu die dem liturgischen Stil entsprechende Häufung partizipialer Wendungen (1,3–14; 2,12f.). Allein aufgrund dieser Stilmerkmale kann die paulinische Verfasserschaft des Briefes jedoch nicht in Abrede gestellt werden, denn Veränderungen im Stil eines Autors sind natürlich eine auch in der Antike bekannte Erscheinung.

3) Wichtiger ist die Bestimmung des sachlich-theologischen Verhältnisses zwischen dem Kolosserbrief und den (übrigen) Paulusbriefen. Im Kolosserbrief wird die Erlösung durch Jesus Christus deutlich betont. Begriffe wie „Vergebung der Sünden" (ἄφεσις τῶν ἁμαρτιῶν, 1,14) und die Versöhnung durch den Christus (1,22) sind im Vergleich zu den (sonstigen) Paulusbriefen hervorgehoben. Auch das ist jedoch kein eindeutiges Indiz für eine nichtpaulinische Verfasserschaft, denn Paulus integriert häufiger traditionelle Aussagen in seine eigenen Argumentationen (vgl. etwa Röm 1,3f.; 3,25; 4,25; 10,9; 1Kor 8,6; 11,23f.; 15,3b–5). Zudem finden sich die genannten Themen und Begriffe auch (sonst) bei Paulus („Erlösung", ἀπολύτρωσις, in Röm 3,24; 8,23; 1Kor 1,30; Vergebung der Sünden, πάρεσις τῶν ἁμαρτιῶν, in Röm 3,25). Die Rede von Jesus Christus ist jedoch gegenüber den anderen Paulusbriefen deutlich universaler und kosmologischer gestaltet (s. u. § 21.4).

Im Kolosserbrief begegnet der Begriff ἐκκλησία zur Bezeichnung der Gesamtheit der Glaubenden, also in der Bedeutung „Kirche" (ähnlich im Epheserbrief, vgl. § 22.4), wogegen er sich in den Paulusbriefen sonst zumeist auf die einzelne Gemeinde bezieht. Die Verwendung des Begriffs für die einzelne Gemeinde ist allerdings nicht völlig verschwunden (4,15f.). Dem entspricht, dass auch die Metapher „Leib" (σῶμα) anders verwendet wird als in 1Kor 12,12–27 und Röm 12,4f. Geht es dort um die Gesamtheit und Gleichwertigkeit der vielen „Glieder" des einen Leibes, so beschreibt die Metapher im Kolosserbrief das Verhältnis von Christus als „Haupt" (κεφαλή) zur Kirche als dem „Leib" (1,18; 2,19; in 1Kor 12,21 ist die κεφαλή dagegen ein Teil des Leibes). Auch diese Veränderung des Bildes muss nicht zwingend bedeuten, dass der Brief nicht von Paulus verfasst ist, denn er könnte seine frühere Verwendung des Bildes weiterentwickelt haben.

4) Auffällig ist die im Kolosserbrief begegnende Sicht auf die endzeitliche Erlösung. Das Verb „hoffen" (ἐλπίζειν) fehlt (vgl. dagegen Röm 8,24; 1Kor 13,7; 15,19; 2Kor 1,10); „Hoffnung" (ἐλπίς) wird nicht zeitlich im Blick auf die Zukunft aufgefasst, sondern räumlich verstanden, als Blick nach oben: Hoffnung liegt oben im Himmel bereit (1,5; vgl. 1,27).

Die Veränderung in der Eschatologie zeigt sich deutlich in den Taufaussagen in 2,6–15. Einerseits besteht eine deutliche Nähe zu Röm 6,1–11, andererseits zeichnen sich im Verständnis der Auferstehung klare Differenzen ab: In Röm 6,4f.8 schreibt Paulus in Anlehnung an das Bekenntnis („Christus ist gestorben, begraben und auferweckt worden", vgl. 1Kor 15,3–5), dass die Christen in der Taufe mit Christus gestorben sind und begraben wurden und dass sie künftig mit Christus auferweckt werden (Futur!). Demgegenüber steht in Kol 2,12f. die Auferweckungsaussage nicht im Futur, sondern im Präteritum: „Ihr seid mit Christus begraben und auch schon auferweckt worden." Bei Annahme der paulinischen Verfasserschaft des Kolosserbriefs wird diese Differenz zwischen den Aussagen im Kolosserbrief und im Römerbrief mit dem Hinweis erklärt, dass die neuen Gedanken im Zusammenhang mit der aktuellen Polemik des Briefes stehen: Da die Gegner auf ihrem eigenen Feld getroffen werden sollen, komme Paulus ihnen ein Stück weit entgegen. Aber gerade die Aussagen in 2,11–15 sind von Polemik frei. Überdies fällt auf, dass in dem ähnlich angelegten Gedankengang in Eph 2,4–10 der Hinweis auf das Sterben mit Christus vollends fehlt und nur die Aussage über die bereits geschehene Auferweckung bleibt. Das spricht dafür, dass sich in diesem Zusammenhang eine gewisse Tendenz entwickelt hat.

In der Eschatologie des Kolosserbriefs steht nicht der zeitliche, sondern ein räumlicher Aspekt im Vordergrund: Nicht Gegenwart und Zukunft, sondern irdische und himmlische Wirklichkeit sind das Thema. Der Ausblick auf die Parusie ist noch da (3,4), aber er bestimmt nicht das Weltverständnis, auch nicht die Paränese. Die Aufforderung lautet: „Suchet, was oben ist" (3,1), aber die theologische Basis heißt: „Ihr seid auferweckt worden" (2,11–15).

5) Der Kolosserbrief präsentiert sich – ebenso wie der Philipperbrief und der Philemonbrief – als Gefangenschaftsbrief. Das in 1,24–2,5 gezeichnete Bild des leidenden Apostels geht jedoch über die etwa in den Peristasenkatalogen der Korintherbriefe begegnende Selbstdarstellung des Paulus erheblich hinaus (zu den Peristasenkatalogen vgl. oben § 17, Arbeitsvorschlag 4). So heißt es in 1,24: „Nun freue ich mich in den Leiden für euch und erfülle, was an den Leiden Christi noch fehlt (τὰ ὑστερήματα τῶν θλίψεων τοῦ Χριστοῦ) durch mein Fleisch, für seinen Leib, das ist die Kirche (ὅ ἐστιν ἡ ἐκκλησία)" – eine verglichen mit den anderen Briefen sehr ungewöhnliche Aussage. Zugleich zeigt der Abschnitt 1,24–27 in besonderer Weise die Stileigentümlichkeiten des Briefes, nämlich verschlungene, komplizierte Sätze und eine starke Häufung von Genitivverbindungen.

6) Weitere Besonderheiten: a) Die Begrifflichkeit der Rechtfertigungstheologie („Gerechtigkeit Gottes", „rechtfertigen") fehlt im Kolosserbrief. b) Es gibt keine direkten Bezugnahmen auf die Schrift. Beides trifft auch auf den 1. Thessalonicherbrief zu. Unter der Annahme, der Kolosserbrief sei nach dem Römerbrief verfasst worden, wäre das jedoch eher ungewöhnlich. c) Die „Haustafel" in 3,18–4,1 weist eine gegenüber Paulus weiterentwickelte Vorstellung von der Ordnung unter den Christusgläubigen auf. Dabei werden hierarchische Ordnungskategorien aus der Gesellschaft übernommen und in eigener, modifizierter Weise auf die Häuser der Christen übertragen (Frauen und Männer, Kinder und Eltern, Sklaven und Herren). d) Der Kolosserbrief hat kein eigenes Interesse am Verhältnis zu Israel und zum Judentum.

Zusammengenommen legen es diese Beobachtungen nahe, dass der Kolosserbrief mit hoher Wahrscheinlichkeit nicht von Paulus verfasst worden ist. Einige Indizien, so die Nähe von Kol 2 zu Röm 6, von Kol 2,11 zu Gal 3,28, sowie die Verwandtschaft in der Ekklesiologie sprechen für die Annahme, dass der Autor aus dem Umfeld des Paulus stammte und sein direkter Mitarbeiter („Schüler") gewesen sein könnte. Die zahlreichen erwähnten Personennamen verweisen jedenfalls in die Nähe des Paulus: Die in Kol 4 genannten Onesimus, Aristarchus, Markus, Epaphras, Lukas und Demas werden auch in Phlm 10.23.24 genannt. Daraus lässt sich auf eine Kenntnis des Philemonbriefs seitens des Verfassers des Kolosserbriefs schließen.

Die Frage nach dem tatsächlichen Verfasser des Kolosserbriefs lässt sich nicht beantworten. Gelegentlich wird erwogen, Epaphras (vgl. Phlm 23; vgl. Epaphroditus in Phil 2,25; 4,18) könne der Autor gewesen sein, da er in Kol 1,7; 4,12 besonders hervorgehoben wird. Aber zum tatsächlichen Zeitpunkt der Abfassung des Kolosserbriefs hätte Epaphras mit einer dann doch zeitlich schon deutlich zurückliegenden Empfehlung des Paulus vermutlich wenig anfangen können. Bisweilen wird auch die Annahme vertreten, der Kolosserbrief sei noch zu Lebzeiten des Paulus und in dessen Anwesenheit von einem „Sekretär" verfasst worden. Aber dagegen sprechen die durchaus nicht unwesentlichen theologischen Differenzen zwischen dem Kolosserbrief und Paulus. Im Übrigen wäre der Brief auch unter dieser Annahme pseudonym, denn der Name des Schreibers wird nicht genannt, sondern „Paulus" tritt als alleiniger Verfasser in Erscheinung (1,24; 2,1; 4,7 u. ö.) und betont sogar seinen eigenhändigen Gruß (4,18; vgl. in den unbestritten authentischen Paulusbriefen 1Kor 16,21; Gal 6,11).

3 Die Situation der Adressaten und die Frage nach den Gegnern

Die in der Adresse (1,2) genannte Stadt Kolossä lag im Lykostal in Phrygien (im westlichen Kleinasien), unweit der in 4,13 erwähnten Städte Laodicea und Hierapolis. Die Christen, an die sich der Kolosserbrief wendet, stehen nicht in direkter Beziehung zu Paulus (1,7f.; 2,1). Er hat von ihrer aktuellen Lage lediglich gehört (1,9), und so wendet er sich an sie mit Zuspruch und Mahnung – „im Fleisch abwesend, im Geist aber anwesend" (2,5; vgl. 1Kor 5,3). Die schwierige aktuelle Situation lässt sich aus den Aussagen in 2,8–23 recht deutlich erkennen. Dabei wird insbesondere das Profil jener Personen und jener Gedanken sichtbar, mit denen die Adressaten konfrontiert sind: „Seht zu, dass euch niemand fängt durch die Philosophie und leeren Trug, indem er der Überlieferung der Menschen folgt gemäß den Elementen der Welt (κατὰ τὰ στοιχεῖα τοῦ κόσμου) und nicht gemäß Christus" (V. 8). In jener „Philosophie" soll offenbar eine Verbindung hergestellt werden zwischen dem Glauben an Christus und einer Verehrung der „Weltelemente" (Gewalten und Mächte, V. 10.15.18). Daraus werden bestimmte kultische

Verpflichtungen abgeleitet: Die Feier von kosmisch-zyklischen Festtagen, die Einhaltung von Speisevorschriften, die Verehrung der Engel. Die fremden Lehrer berufen sich offenbar darauf, sie hätten bestimmte Weihen empfangen (V. 18). Versucht man, diese Aussagen im Kolosserbrief systematisch zuzuordnen, so zeigt sich, dass die dargestellte und vom Autor zurückgewiesene Lehre aus Elementen unterschiedlicher religiöser und philosophischer Herkunft zusammengesetzt ist. Es gibt offenbar einen gewissen jüdischen Einfluss, der sich möglicherweise bei den „Terminen" (2,16) und vor allem in der kultisch begründeten Ablehnung gewisser Speisen manifestiert (2,21f.). Dahinter lässt sich eine Lehre erkennen, die auf die Einhaltung jüdischer Speisegeboten und Festzeiten achtete und die Verehrung von Engeln praktizierte. Vermutlich handelt es sich um eine christliche Lehre, die sich an jüdischen Regeln orientierte, so dass hier eine Situation vorliegen könnte, die mit derjenigen des Galaterbriefes gewisse Gemeinsamkeiten (freilich auch deutliche Unterschiede!) aufweist. Das könnte erklären, dass der Verfasser auf den von Paulus verwendeten Ausdruck der „Weltmächte" (στοιχεῖα τοῦ κόσμου, 2,8.20, vgl. Gal 4,3.9) zurückgreift und auch die mit Gal 3,28 verwandte Formulierung von der Aufhebung der Differenz zwischen „Beschneidung" und „Unbeschnittenheit" verwendet (3,11). Auch die Erinnerung der Adressaten an die durch Christus geschenkte Freiheit von den Mächten (2,14f.) und den Geboten „Du sollst (etwas) nicht anfassen, du sollst (etwas) nicht kosten, du sollst das nicht anrühren" (2,21) sowie die Mahnung zur Liebe untereinander (3,14) weisen in diese Richtung.

Die im Kolosserbrief zurückgewiesene Lehre wird in 2,8 als „Philosophie" (φιλοσοφία) bezeichnet. Damit ist in hellenistischer Zeit nicht allein die Philosophie im eigentlichen Sinne gemeint, sondern es sind ebenso Religions- und Mythenlehren angesprochen. Der in bestimmten christlichen Kreisen mitunter anzutreffende „antiphilosophische Affekt" lässt sich von Kol 2,8 her jedenfalls nicht begründen.

4 Tendenzen der Theologie

Für den Kolosserbrief ist die Beziehung Christi zur Welt (κόσμος) ein wichtiges Thema. Insofern berührt sich sein Denken mit Vorstellungen der von ihm angegriffenen Lehre. Aber er betont die Überlegenheit Christi: In Christus „wohnt die ganze Fülle der Gottheit leibhaftig", Christus ist „das Haupt aller Mächte und Gewalten" (2,9f.), über die Gott „in ihm triumphiert hat" (2,15). Das Heil geschah dadurch, dass Gott „uns errettet hat aus der Macht der Finsternis und versetzt hat in das Reich des Sohnes seiner Liebe" (1,13), in dem „wir Erlösung haben und die Vergebung der Sünden" (1,14).

Der sich in 1,13 andeutende Dualismus und die damit verbundene Begrifflichkeit sind nicht paulinisch. Es entsteht der Eindruck, dass die Christusgläubigen die Bindung an irdische Gegebenheiten bereits hinter sich haben. Die Vergebung der Verfehlungen (2,13; vgl. 1,14) scheint zu bedeuten, dass nicht nur der in der Taufe angeeignete Tod mit Christus, sondern auch das Leben mit ihm (2,12f.) bereits Realität geworden sind. Zugleich macht die Paränese, die in Kap. 3–4 breit expliziert wird, deutlich, dass die Glaubenden darauf verwiesen sind, sich in den Verhältnissen der Welt einzurichten. Zwar sind die Adressaten „auferweckt worden mit Christus" (3,1), aber daraus folgt die Aufforderung (3,2f.): „Trachtet nach dem, was oben ist, nicht nach dem, was auf Erden ist. Denn ihr seid gestorben (ἀπεθάνετε), und euer Leben ist verborgen mit Christus in Gott (σὺν τῷ Χριστῷ ἐν τῷ θεῷ)." Dass die Praxis des Glaubens sehr konkret gedacht ist, zeigt die aus der politischen Ethik übernommene, im Kolosserbrief erstmals christlich rezipierte „Haustafel", in der die gegenseitigen Beziehungen der Glieder eines „Hauses" geregelt werden (vgl. oben § 9.3g).

In dem hymnischen Text in 1,15–20 (zur Analyse s. o. § 11.2) ist Christus „das Bild (εἰκών) des unsichtbaren Gottes". Der Begriff εἰκών bezeichnet dabei die Seinsweise, also eine Hypostase, nicht einfach ein „Abbild".

„Hypostase" bezeichnet die Personifizierung einer Eigenschaft oder einer bestimmten Wirksamkeit einer Gottheit, wobei die Hypostase selbst zu einem göttlichen Wesen wird. Bekannt ist die Hypostasierung der jüdischen Weisheit. Sie ist ursprünglich die in der Schöpfung zutage tretende Weisheit JHWHs und wird dann zum ersten Geschöpf Gottes und zu seiner Helferin bei der Schöpfung (Sir 24; Spr 8,22–31; vgl. Kol 1,15–17).

Christus ist präexistent, „vor aller Schöpfung", und er ist der Schöpfungsmittler (V. 15–17). Dementsprechend bezog sich die von der Schöpfung sprechende, den ersten Teil des Hymnus abschließende Aussage „Er ist das Haupt des Leibes" (V. 18a) ursprünglich auf den als „Leib" gedachten Kosmos. Der Verfasser des Kolosserbriefs hat das modifiziert, indem er „Leib" (σῶμα) auf die „Kirche" (ἐκκλησία) bezogen hat (V. 18a). Im zweiten Teil des Hymnus (V. 18b–20) wird, ausgehend von der Auferstehung („der Erstgeborene aus den Toten"), von der Versöhnung und dem Erde und Himmel umfassenden Frieden gesprochen, der „durch das Blut seines Kreuzes" hergestellt wurde (V. 20).

5 Zeit und Ort der Abfassung

Die Bestimmung der *Abfassungszeit* des Kolosserbriefs ist nicht einfach. Deutliche Anachronismen fehlen, es gibt keine Hinweise auf Ämter oder kirchliche Strukturen, die eindeutig in die Zeit nach Paulus zu datieren wären. Auf jeden Fall dürfte der Brief nach dem Tod des Paulus (um 60 n. Chr.) verfasst worden sein, vermutlich aber nicht sehr lange danach. Es dürfte sich demnach um den ältesten der pseudopaulinischen Briefe handeln.

Die Frage nach dem *Abfassungsort* lässt sich nur hypothetisch beantworten. Nach 4,18 befindet sich Paulus in Gefangenschaft. Wäre der Kolosserbrief von Paulus verfasst worden, wäre er in derselben Gefangenschaft geschrieben worden wie der Philipperbrief sowie der Philemonbrief. Dazu würde passen, dass die Namen der Grüßenden (4,10–14) weithin mit denen übereinstimmen, die in Phlm 23.24 genannt werden (vgl. außerdem den in Kol 4,9 und Phlm 10 genannten Onesimus sowie den in Kol 4,17 und Phlm 2 genannten Archippus). Näher liegt jedoch die Annahme, dass diese Namen aus dem Philemonbrief übernommen wurden, um die Echtheit der paulinischen Verfasserschaft zu betonen. Der Kolosserbrief zeigt ansonsten keine Nähe zu den Gefangenschaftsbriefen des Paulus.

Die Frage nach dem Ort der Abfassung ist eng verbunden mit der Frage nach den *Adressaten*. Die im Kolosserbrief erwähnten Gemeinden (Kolossä und Laodicea) könnten von Ephesus aus gegründet worden sein, wo sich Paulus länger aufgehalten und sich eine „Paulustradition" etabliert hatte. Der Kolosserbrief dürfte am ehesten im Umfeld der Gemeinde entstanden sein, an die er sich wendet. Der Autor will vermutlich die eigene Gemeinde beeinflussen und verwendet dazu die Autorität des Paulus, die er als allgemein anerkannt voraussetzt. Dass diese Gemeinde tatsächlich in Kolossä angesiedelt war, ist allerdings wenig wahrscheinlich. Der Brief nimmt auf eine aktuell bestehende Situation Bezug, und in nachpaulinischer Zeit hätten die Adressaten vermutlich gemerkt, dass Paulus „damals" nicht auf ihre „jetzt" bestehende Lage eingegangen sein konnte. Auffallend häufig wird Laodicea erwähnt (2,1; 4,13.15). Gemäß 4,16 sollen die Adressaten dafür sorgen, dass der vorliegende Brief auch in der Gemeinde von Laodicea gelesen wird „und dass ihr auch den aus Laodicea lest". Möglicherweise wollte der Autor mit einem „Brief des Paulus nach Kolossä" tatsächlich auf eine aktuell, also in nachpaulinischer Zeit, bestehende Situation in Laodicea Einfluss nehmen: Die Leser sollten den Eindruck gewinnen, dass die einstige Lage zur Zeit des Paulus in Kolossä mit der „heutigen" Lage in Laodicea vergleichbar sei und dass das, was „damals" für Kolossä galt, „heute" für Laodicea gelten könne. Zudem deuten die Erwähnungen von Laodicea und Hierapolis darauf hin, dass der Kolosserbrief an die Gemeinden gerichtet war, in denen die Lehre, mit der sich der Brief auseinandersetzt, Einfluss gewonnen hatte oder gewinnen konnte.

Ein Indiz für die hier vorgeschlagene Laodicea-Hypothese ist vielleicht die Nähe der Christusbezeichnung in Kol 1,15 („Er ist das Ebenbild des unsichtbaren Gottes, *der Erstgeborene vor aller Schöpfung*") zu der Selbstvorstellung Christi in dem Sendschreiben nach Laodicea in Apk 3,14 („Das sagt, der Amen heißt, der treue und wahrhaftige Zeuge, *der Anfang der Schöpfung Gottes*").

Jedenfalls ist 4,16 der älteste Beleg für die Praxis, einen an eine bestimmte Gemeinde gerichteten Brief auch anderen Gemeinden zugänglich zu machen, weil er als Schreiben von übergemeindlicher Bedeutung angesehen wurde. Insofern lässt sich sagen, dass mit dem Kolosserbrief das Bemühen um eine Weitergabe der paulinischen Briefe und damit die Tendenz zur Schaffung einer Sammlung der Paulusbriefe einsetzt (s. LINDEMANN, Kolosserbrief, kritisch dazu WOLTER 220f.).

In der älteren Forschung wurde die Frage nach dem Verhältnis zwischen Kolosserbrief und dem in vieler Hinsicht ähnlichen Epheserbrief intensiv diskutiert. Diese Debatte hat zu dem Ergebnis geführt, dass beide Schriften literarisch miteinander verwandt sind und dass dabei der Kolosserbrief der ältere Brief ist, der im Epheserbrief verwendet wurde (s. u. § 22.3).

Arbeitsvorschläge

1. Wie ist der Hymnus in Kol 1,15–20 aufgebaut bzw. in welche thematischen Abschnitte lässt er sich gliedern (vgl. oben § 11.2)? Welche Aussagen macht der Hymnus über Jesus? Welche inhaltlichen Details aus dem Hymnus werden in 1,21–23 mit Blick auf die Adressatinnen und Adressaten aufgegriffen?

2. In Kol 2,6–23 setzt sich der Verfasser mit gegnerischen Positionen auseinander. Welche Informationen erkennen Sie über die zurückgewiesenen Ansichten? Kann man sich darunter eine einheitliche Lehre vorstellen oder werden hier verschiedene Meinungen angesprochen? Fassen Sie zusammen, wie der Verfasser dagegen argumentiert, vor allem wie er dabei Christus und die Taufe ins Spiel bringt.

§ 22 Der Epheserbrief

Literatur: CHRISTINE GERBER, Die alte Braut und Christi Leib. Zum ekklesiologischen Entwurf des Epheserbriefs, NTS 59 (2013), 192–221 ♦ CHRISTINE GERBER, Erlösung, Versöhnung und Opfer für Gott. Deutungen des Todes Jesu im Epheserbrief, in: David S. du Toit/Christine Gerber/Christine Zimmermann (Hg.), *Sōtēria*. Salvation in Early Christianity and Antiquity (NT.S 175), Leiden 2019, 361–382 ♦ HANNA ROOSE, Epheserbrief, WiBiLex, Dezember 2015, https://www.bibelwissenschaft.de/stichwort/47889/ ♦ GERHARD SELLIN, Studien zu Paulus und zum Epheserbrief (FRLANT 229), Göttingen 2009. – **Kommentare:** JÜRGEN BECKER/ULRICH LUZ, Die Briefe an die Galater, Epheser und Kolosser (NTD 8/1), Göttingen 1998 ♦ JOACHIM GNILKA, Der Epheserbrief (HThK 10/2), Freiburg i. Br. ^{4}1990 ♦ HANS HÜBNER, An Philemon. An die Kolosser. An die Epheser (HNT 12), Tübingen 1997 ♦ ANDREW T. LINCOLN, Ephesians (WBC 42), Waco, Tex. 1990 ♦ ANDREAS LINDEMANN, Der Epheserbrief (ZBK.NT 8), Zürich 1985 ♦ PETR POKORNÝ, Der Brief des Paulus an die Epheser (ThHK 10/2), Leipzig 1992 ♦ HEINRICH SCHLIER, An die Epheser, Düsseldorf ^{7}1971 ♦ RUDOLF SCHNACKENBURG, Der Brief an die Epheser (EKK 10), Düsseldorf/Zürich/Neukirchen-Vluyn 1982 ♦ GERHARD SELLIN, Der Brief an die Epheser (KEK 8), Göttingen 2008 ♦ CHARLES TALBERT, Ephesians and Colossians (Paideia), Grand Rapids, Mich. 2007.

1 Struktur und Inhalt

Der Epheserbrief weist im Aufbau und im Inhalt enge Beziehungen zum Kolosserbrief auf: Der erste Teil (Eph 1–3) entspricht Kol 1–2, der zweite Teil (Eph 4–6) entspricht Kol 3–4. An vielen Stellen gibt es Parallelen und sogar Übereinstimmungen bis in einzelne Formulierungen hinein.

Das *Präskript* (1,1f.) erinnert deutlich an Kol 1,1f., es wird allerdings kein Mitabsender genannt. Adressaten sind „die Heiligen", ebenso wie im Kolosserbrief fehlt das Stichwort „Gemeinde" (ἐκκλησία). Die Ortsangabe „in Ephesus" ist nicht einhellig bezeugt (s. u. § 22.2).

Ungewöhnlich ist das zweifache *Proömium*: Die „Eulogie" (εὐλογητὸς ὁ θεός, vgl. 2Kor 1,3–7), die aus einem einzigen Satz besteht (1,3–14), ist ein Lobpreis Gottes angesichts der Kundgabe des Geheimnisses seines Willens. Der in 1,15–23 folgende Dank (V. 16: εὐχαριστῶν) ist verbunden mit Fürbitte und dem Hinweis auf die Macht und Stärke (V. 19), die Gott an Christus hat wirksam werden lassen, den er als „Haupt über alles" der Kirche (ἐκκλησία) gegeben hat (V. 20–23).

Das *Thema* des Epheserbriefs ist die volle Gegenwart des Heils in der einen Kirche; es wird in 2,1–3,21 entfaltet. Zuerst (2,1–10) wird das „Einst" (V. 1–5a: „Ihr wart tot in den Sünden") dem „Jetzt" (V. 5b–10: „Wir sind auferweckt in Christus") gegenübergestellt. In 2,11–22 folgt derselbe Gedanke, jetzt bezogen auf die Adressaten, die als Heiden „einst" fern waren vom Volk Israel und seiner Verheißung (V. 11f.) und die „jetzt" nahe sind in Christus (V. 13; das wird auf etwas andere Weise wiederholt in V. 19–22). Dazwischen steht in V. 14–18 ein offenbar hymnischer Text, in dem Christus gepriesen wird als „unser Friede". In 3,1–13 spricht „Paulus" von der durch ihn ergehenden Offenbarung des göttlichen Geheimnisses an die Welt, betont vor allem in V. 8–11. In 3,14–19 folgt eine Fürbitte für die Leser. Der erste Teil des Epheserbriefs schließt mit einer breiten Doxologie (3,20f.).

Die *Paränese* umfasst den Abschnitt in 4,1–6,20. Zuerst (4,1–6) werden die Leser aufgefordert, die Einheit zu wahren (V. 5: „Ein Herr, ein Glaube, eine Taufe"). In 4,7–16 werden die den Glaubenden gegebenen Gnadengaben beschrieben, unter ausdrücklicher Nennung bestimmter Ämter zum Aufbau des Leibes Christi (V. 11–13). In 4,17–24 wird der „alte Mensch" konfrontiert mit dem „neuen Menschen", der Gott gemäß geschaffen ist „in Gerechtigkeit und Heiligkeit der Wahrheit". Danach (4,25–5,20) folgen Aufrufe zum Handeln: Werdet Nachahmer Gottes! Wandelt als Kinder des Lichts! Wandelt als Weise! Die in 5,21–6,9 folgende Haustafel beschreibt das Gegenüber der Gruppen im „Haus". Sie steht unter der Überschrift „Ordnet euch einander unter!" (5,21). Im Vergleich mit Kol 3,18–4,1 ist die Haustafel des Epheserbriefs deutlich ausgeweitet: Es gibt eine besondere Akzentuierung im Blick auf das Verhältnis zwischen Mann und Frau (5,25–33, vgl. Kol 3,18f.) und eine deutliche Differenz in den Aussagen über die Beziehung zwischen Herren und Sklaven (vgl. Eph 6,5–9 mit Kol 3,22–4,1). In 6,10–20 werden die ethischen Mahnungen abgeschlossen mit dem Aufruf an die Adressaten, dass sie „Gottes Waffenrüstung anlegen" und so den Mächten der Finsternis trotzen sollen.

Der *Briefschluss* enthält kurze persönliche Mitteilungen (6,21f.), die Kol 4,7.8 entsprechen. Anders als in Kol 4,10–14 werden keine Grüße bestellt. Umgekehrt ist der sehr ausführlich gestaltete Friedens- und Segenswunsch (6,23f.) im Kolosserbrief ohne Parallele.

2 Die Gattungsfrage und das Problem der Adresse

Der Epheserbrief ist von seinem Rahmen her (Präskript und Schlussgrüße) und in der Form im Ganzen ein Brief, in dem sich ein Autor („ich", 1,15 u. ö.) durchgängig an Adressaten („ihr", 1,13.15 u. ö.) wendet. Aber an keiner Stelle ist vorausgesetzt, dass zwischen dem Autor und den Adressaten eine – womöglich enge – Beziehung besteht; insofern erscheint der Epheserbrief eher als ein in Briefform gekleideter theologischer Traktat. Auffällig ist dies schon in dem doppelten Proömium: In der „Eulogie" (1,3–14) klingt ein Hinweis auf die Adressaten nur in V. 13 an, ansonsten ist der Text im Wir-Stil formuliert, wobei mit „wir" offenbar „die Christen" gemeint sind, nicht bestimmte Personen. Die Danksagung („Eucharistie", 1,15–23) beginnt sogar mit der eher distanzierten Aussage „Ich habe von eurem Glauben gehört", aber das im Folgenden mehrfach begegnende „Ihr" hat bestimmte Adressaten gar nicht im Blick.

Der im Epheserbrief oft begegnende Wechsel von „ihr" und „wir" wird gelegentlich damit erklärt, dass an das Gegenüber von Christusgläubigen heidnischer („ihr") und jüdischer Herkunft („wir") zu denken sei. Tatsächlich ist im Epheserbrief vorausgesetzt, dass die implizierten Leserinnen und Leser Heidenchristen sind (2,11; 3,1), so wie es der Rolle des Paulus als des Apostels der „Völker" entspricht (3,8). Aber der Wechsel von „ihr" und „wir" ist lediglich ein Stilmittel, in dem „Wir" schließt sich der Verfasser mit den Adressaten zusammen.

Im Epheserbrief finden sich keine Hinweise auf konkrete Probleme bei den Adressaten: Von einer Auseinandersetzung mit einer konkurrierenden Lehre ist, anders als im Kolosserbrief, nichts zu erkennen. Die breit angelegte Paränese zielt stattdessen auf eine allgemein verbindliche Lebenspraxis. Im Zentrum steht dabei das Interesse an der Wahrung der Einheit der Kirche aus Juden und Heiden.

Ephesus war die größte Stadt Kleinasiens. Dort gab es offenbar eine von Paulus gegründete Gemeinde (Apg 18,19–21; 19,1–22). Daneben haben offenbar auch andere frühchristliche Traditionen dort Fuß gefasst, worauf das Sendschreiben in der Offenbarung (Apk 2,1–7), der Epheserbrief des Ignatius sowie die nach Ephesus verweisende johanneische Tradition (das Johannesevangelium und die Johannesbriefe) hindeuten. Ephesus war demnach im späten 1. sowie im 2. Jahrhundert ein Ort, an dem sich verschiedene frühchristliche Entwicklungen begegneten. Diese Situation könnte zum Interesse an der Wahrung der Einheit der Kirche im Epheserbrief beigetragen haben.

Paulus hat sich über einen längeren Zeitraum von zwei bis drei Jahren in Ephesus aufgehalten. Hier schrieb er seine Briefe an die korinthische Gemeinde, und es ist wahrscheinlich, dass auch der Philipperbrief und der Philemonbrief in Ephesus verfasst wurden. In Apg 19,23–20,1 wird von einem durch die Verkündigung des Paulus ausgelösten Aufruhr in Ephesus berichtet (vgl. 1Kor 15,32). Im Epheserbrief ist jedoch nirgendwo erkennbar, dass der Verfasser die Empfänger seines Schreibens persönlich kennt, das Gegenteil ist offenbar der Fall (1,15; 3,2). Es fehlen auch jegliche Hinweise auf eine Korrespondenz und sogar die Bestellung von Grüßen. Die einzige Stelle, an der Personen namentlich genannt werden (6,21f.), stimmt wörtlich mit Kol 4,7f. überein, ist also kein Indiz für eine persönliche Beziehung des Verfassers zu seinen Adressaten bzw. zur Gemeinde in Ephesus.

Die Adresse des Epheserbriefs (1,1) ist unsicher überliefert: Die Worte „in Ephesus" (ἐν Ἐφέσῳ) stehen nicht in den ältesten Handschriften. Sie fehlen in 𝔓⁴⁶ und in den ursprünglichen Lesarten des Sinaiticus und des Vaticanus (zur Bedeutung dieser Handschriften vgl. oben § 2.2). Demnach wäre der Brief gar nicht nach Ephesus oder überhaupt an eine bestimmte Gemeinde gerichtet gewesen, sondern „an die Heiligen und Gläubigen in Christus Jesus". Er könnte dann als ein allgemeiner, „katholischer" Brief im Namen des Paulus angesehen werden. Es wird aber auch die These vertreten, der Epheserbrief sei ein Rundschreiben an mehrere Gemeinden, wobei die Ortsangabe jeweils eingefügt worden sei. Dann wäre allerdings kaum zu erklären, warum außer „Ephesus" kein einziger anderer Ortsname in irgendeiner Handschrift überliefert ist. Schließlich gibt es auch die These, der Epheserbrief sei gar nicht als *Brief* verfasst worden, eine Adresse würde aus diesem Grund fehlen. Allerdings ist der Epheserbrief zweifellos in *Briefform* abgefasst, wozu auch eine Adresse mit Orts- bzw. Personenangaben gehört. Die Lesart in 1,1 ohne eine Ortsangabe ist aus sprachlichen Gründen sehr schwierig. Die nächstliegende Lösung ist deshalb die Annahme, dass die von der großen Mehrzahl der Handschriften bezeugte Lesart mit der Ortsangabe ἐν Ἐφέσῳ ursprünglich ist und „in Ephesus" angesichts der offenkundigen Diskrepanz zwischen dieser Adresse und dem Autor Paulus sowie dem Briefinhalt in einigen Handschriften nachträglich gestrichen wurde. Das bedeutet nicht, dass der Epheserbrief tatsächlich ein „Brief an die Epheser" ist. Die fiktive Adresse „Ephesus" lässt sich vielmehr so erklären, dass sich Ephesus als Adresse eines fiktiven Paulusbriefes anbot, weil Paulus dort längere Zeit gewesen ist, die Stadt auch in anderen neutestamentlichen Schriften als Aufenthaltsort des Paulus erwähnt wird (1Kor, Apg, 1Tim und 2Tim) und sich dort eine Paulustradition etabliert hatte. Das Schreiben lässt sich deshalb als theologische Abhandlung in Briefform charakterisieren, was sie zum Beispiel mit dem Hebräerbrief und dem Jakobusbrief gemeinsam hat.

3 Das Verhältnis zum Kolosserbrief

Die enge Beziehung zwischen dem Epheserbrief und dem Kolosserbrief ist immer schon gesehen worden. Die große Ähnlichkeit im Aufbau beider Schriften und in vielen Einzelheiten lässt fragen, ob eine direkte literarische Abhängigkeit besteht und welcher der beiden Schriften gegebenenfalls die Priorität zukommt. Die in der Forschung darüber geführte Debatte ist zu dem weitreichenden Konsens gelangt, dass der Epheserbrief als eine erweiterte, ins Grundsätzliche gezogene „Neuauflage" des Kolosserbriefs anzusehen ist. Das zeigen die Entsprechungen in den Rahmenstücken (Eph 1,1/Kol 1,1 und Eph 6,21b.22/Kol 4,7.8), ferner der Vergleich zwischen Eph 1,15f. und Kol 1,4.9 sowie zwischen Eph 1,7.20 und Kol 1,14.20. Die Formulierungen in Eph 1,19f. gehen offenkundig auf Kol 2,12 zurück, den Aussagen in Eph 2,20; 3,17 liegt Kol 2,7 zugrunde. Der Abschnitt Eph 3,2–13 berührt sich eng mit Kol 1,24–2,3, das in Eph 4,16 entfaltete Bild vom „Leib" der Kirche nimmt offensichtlich Kol 2,19 auf.

Im Unterschied zum Kolosserbrief ist der Epheserbrief im Wesentlichen unpolemisch angelegt. Er bezieht sich nicht auf eine konkrete Gemeindesituation, weshalb es keine direkte Parallele zu Kol 2,6–23 gibt. Einige Aussagen aus diesem Abschnitt sind jedoch im Epheserbrief offenbar an anderer Stelle verarbeitet worden. Bezugnahmen auf Kol 2,6f. liegen in Eph 4,20f. vor (Eph 4,22–25 entspricht dann Kol 3,8–10). Die christologische Aussage in Kol 2,10 ist in Eph 1,20–23 eingearbeitet und erweitert worden (vgl. dazu auch Kol 1,16.18f.). Besonders auffällig ist, wie die Rede in Kol 2,12f. von der schon geschehenen Auferweckung in Eph 2,1–10 breit ausgestaltet worden ist. Das Paulusbild im Epheserbrief ist gegenüber dem im Kolosserbrief gezeichneten Bild noch weiter ausgebaut worden. In Eph 3 erscheint der Apostel geradezu als eine Gestalt der kosmischen Heilsgeschichte, denn er hat von Gott den Auftrag erhalten, den himmlischen Mächten und Gewalten das bislang verborgene Geheimnis kundzutun (vgl. vor allem V. 8–13 sowie V. 14–19, ähnlich nochmals 6,19).

Die literarische Abhängigkeit des Epheserbriefs vom Kolosserbrief bedeutet, dass der Epheserbrief nicht von Paulus verfasst worden sein kann, was auch dann gilt, wenn der Kolosserbrief entgegen der oben (§ 21.2) vertretenen Auffassung paulinisch sein sollte. Vielmehr hat der Verfasser auf der Grundlage des Kolosserbriefs und in Kenntnis weiterer Paulusbriefe einen theologischen Traktat in Briefform verfasst, in dem er die Theologie des Paulus für seine eigene Situation fruchtbar macht.

Die These, die Ähnlichkeiten zwischen dem Epheserbrief und dem Kolosserbrief gingen auf in beiden Briefen zitierte liturgische Texte bzw. Hymnen zurück, ist sehr unwahrscheinlich. Der hymnische Text in Kol 1,15–20 hat im Epheserbrief keine Parallele, der Epheserbrief enthält außer dem „Weckruf" in 5,14 nur noch *einen* Text, der auf eine Vorlage zurückgehen könnte, nämlich 2,14–16. Bei anderen Textabschnitten, die gelegentlich als liturgische oder hymnische Zitate angesehen werden (1,3–12; 1,17–23; 2,4–10), ist dieser Charakter sehr zweifelhaft.

4 Zur Theologie des Epheserbriefs

Das Hauptthema des Epheserbriefs ist das Verständnis der Kirche. Wo der Verfasser pointiert auf das Heilsgeschehen Bezug nimmt, erwähnt er die Kirche, die auf diese Weise eine herausragende Bedeutung erhält (1,22f.; 2,19–22; 3,5.9f.; 4,4–6; 5,25f.). Das Wort ἐκκλησία meint im Epheserbrief dabei nicht die einzelne Gemeinde, sondern die eine, „universale" Kirche. Deren „Haupt" ist Christus, und sie ist „sein Leib, die Fülle dessen, der alles in allem erfüllt" (1,22.23). Dabei spielt hierarchisches, auf der Anerkennung der Tradition basierendes Denken eine wesentliche Rolle. So wird den Adressaten gesagt, dass sie „nicht mehr Gäste und Fremdlinge, sondern Mitbürger der Heiligen und Gottes Hausgenossen" sind, und zwar „erbaut auf dem Grund der Apostel und Propheten", wobei Jesus Christus der „Eckstein" ist (2,19.20). Das Geheimnis Christi war in früheren Generationen „den Menschen nicht kundgetan, wie es jetzt offenbart worden ist seinen heiligen Aposteln und Propheten durch den Geist" (3,5). In diesem Zusammenhang spricht „Paulus" von sich als dem Empfänger der Offenbarung, die „von Ewigkeit her in Gott verborgen war" und die als vielfältige Weisheit Gottes „jetzt kundgemacht wird den himmlischen Mächten und Gewalten durch die Kirche (διὰ τῆς ἐκκλησίας)" (3,8-10). Im Zusammenhang des Bildes vom „Abstieg Christi" zu den Tiefen der Erde und seinem „Aufstieg über alle Himmel, damit er alles erfülle" (4,8-10), wird ausdrücklich von kirchlichen Ämtern gesprochen: „Den Heiligen" gab Christus „die einen als Apostel, andere als Propheten, andere als Evangelisten, andere als Hirten und Lehrer", um die Glaubenden („die Heiligen") auszurüsten zum Werk des Dienstes, durch das der Leib Christi erbaut wird (4,11f.). Die an zweiter Stelle nach den Aposteln erwähnten Propheten nehmen ein kirchliches Amt wahr, es sind nicht die biblischen Propheten gemeint.

Die Christologie des Epheserbriefs hat universale, kosmische Dimensionen („Er ist aufgefahren über alle Himmel, damit er alles [das All, τὰ πάντα] erfülle", 4,10); als der himmlische Mensch sammelt er die Seinen und führt sie in seinem Leibe zu sich empor (4,7-13; vgl. 2,4-10). Dabei wird der geschichtliche Aspekt des Heilsgeschehens beinahe ganz ausgeschieden, denn das Kreuz und die zukünftige Rettung werden nur noch nebenbei erwähnt (vgl. 1,14; 2,16). Von der Rechtfertigung wird nur in einem sachlich ganz anders orientierten Gedankengang gesprochen (2,5b.8f.). Ein Hinweis auf den Tod Jesu steht nur in 2,14-16, wo ein möglicherweise vorgegebener Text gleichsam „paulinisch übermalt" wurde.

Der Kosmos ist gemäß dem Weltbild des Epheserbriefs nicht, wie im antiken Denken sonst weithin üblich, als dreistöckig gedacht (Himmel, Erde, Unterwelt; vgl. etwa Lk 16,23), sondern er ist im Prinzip zweigeteilt: Unten befindet sich die Erde (eine „Unterwelt" gibt es nicht), darüber dehnen sich „die Himmel". Diese sind in verschiedene Zonen eingeteilt: In der untersten Schicht herrschen der Teufel und die Mächte der Finsternis (2,2; 6,11f.). Hier leben auch die Menschen, die deshalb dem Einfluss jener Mächte ausgesetzt sind. Im Himmel darüber befinden sich Gott sowie Christus als das „Haupt" der Kirche, die bis in den Himmel hineinragt (1,21-23).

Dieses Weltbild hat Ähnlichkeit mit Vorstellungen, die in frühen gnostischen Schriften begegnen (vgl. dazu unten § 43.4). Dort ist jedoch ein weiterer Aspekt von zentraler Bedeutung: Über dem diesseitigen „Luftraum" liegt eine Grenze („Mauer"), die die finstere „Welt" vom „Licht" trennt und die allein durch „Erkenntnis" (Gnosis) überwunden werden kann. Möglicherweise ist das Bild in 2,14 (Christus hat „die Mauer der Feindschaft niedergerissen") von hier aus zu erklären: In Christus ist der kosmische Grenzzaun beseitigt, und so ist der Kosmos für die Christusgläubigen zur Einheit geworden (2,15; vgl. 1,23). Hier verbinden sich Kosmologie, Ekklesiologie und Christologie: Von dem Haupt, das im Himmel ist, bis hinunter auf die Erde erstreckt sich der Leib Christi. Zwar sind die Christusgläubigen innerhalb des Leibes noch den Angriffen der Mächte ausgesetzt, aber sie stehen in der Gewissheit des Sieges (6,10–17; 2,7; vgl. die Skizze bei LINDEMANN 132).

In der Nähe der Gnosis steht auch die Anthropologie des Epheserbriefs, denn das Menschenbild weist deutlich dualistische Züge auf: Die Glaubenden waren „einst von Natur Kinder des Gerichts" (2,2f.), aber „jetzt" sind sie der Macht des Teufels entzogen und befinden sich „in Christus Jesus" im Himmel (2,4–6). So sind sie nicht mehr wirklich der Welt ausgesetzt, sondern sie sind dem Einfluss der Mächte entzogen (2,7). Zwar gibt es noch eine Auseinandersetzung mit der Welt, und deshalb nimmt die Paränese im Epheserbrief breiten Raum ein. Aber das Ergebnis des Kampfes mit den Mächten der Finsternis steht von vornherein fest, denn die Glaubenden sind ausgerüstet mit den Waffen Gottes und können so „die brennenden Pfeile des Bösen auslöschen" (6,10–17).

Als wesentliches Thema der Ekklesiologie des Epheserbriefs gilt oft die Annahme, der Verfasser habe vor allem die Einheit von Christusgläubigen jüdischer Herkunft („Judenchristen") und nichtjüdischer Herkunft („Heidenchristen") in der einen Kirche bewahren wollen. Als Beleg wird insbesondere der Abschnitt 2,11–22 genannt. Tatsächlich werden die Adressaten in V. 11f. darauf angesprochen, dass sie „einst nach dem Fleisch Heiden waren ..., getrennt vom Bürgerrecht Israels (ἀπηλλοτριωμένοι τῆς πολιτείας τοῦ Ἰσραήλ), fremd den Bundesschlüssen der Verheißung (ξένοι τῶν διαθηκῶν τῆς ἐπαγγελίας) und ohne Hoffnung und ohne Gott in der Welt". Aber zuvor wird in V. 11 die Differenz zwischen Juden und Heiden relativiert, insofern von der „sogenannten Vorhaut" und von der „am Fleisch mit Händen gemachten sogenannten Beschneidung" (οἱ λεγόμενοι ἀκροβυστία ὑπὸ τῆς λεγομένης περιτομῆς ἐν σαρκὶ χειροποιήτου) gesprochen wird. In V. 13 heißt es dann: „Jetzt aber in Christus Jesus seid ihr, die ihr einst fern wart, nahe geworden durch das Blut Christi." Und gegen Ende des Abschnitts (V. 19) wird gesagt: „Folglich seid ihr also nicht mehr Gäste und Fremdlinge, sondern Mitbürger der Heiligen und Hausgenossen Gottes." Das Begriffspaar „nah und fern" (V. 13.17) bezieht sich demnach nicht auf den Abstand zwischen Heiden und Juden, sondern auf die Nähe zu Gott: „Denn durch ihn (sc. Christus) haben wir beide in *einem* Geist den Zugang zum Vater" (V. 18).

5 Zeit und Ort der Abfassung sowie die Verfasserfrage

Über die *Abfassungszeit* lässt sich nur sagen, dass der Epheserbrief später als der Kolosserbrief geschrieben wurde. Angesichts der Abhängigkeit vom Kolosserbrief ist ein gewisser zeitlicher Abstand zwischen beiden Schriften anzunehmen, der, auch hinsichtlich der Frage nach der frühen Verbreitung des

Kolosserbriefs, nicht zu gering angesetzt werden sollte. Ein Indiz für die Abfassungszeit sind möglicherweise die in 2,20; 3,5; 4,11 genannten kirchlichen Ämter: Apostel (ἀπόστολοι), Propheten (προφῆται), Hirten (ποιμένες) und Lehrer (διδάσκαλοι) werden schon von Paulus erwähnt (1Kor 12,28), von Evangelisten (εὐαγγελισταί) wird in Apg 21,8 gesprochen (gemeint sind Verkündiger des Evangeliums, nicht Verfasser entsprechender Bücher). Dagegen begegnen die für die Zeit um 90/100 n. Chr. charakteristisch werdenden Ämter der Presbyter (πρεσβύτεροι) und „Bischöfe" (ἐπίσκοποι) im Epheserbrief nicht. Angesichts dessen mag eine Entstehungszeit um 80 n. Chr. wahrscheinlich sein.

Als *Abfassungsort* des Epheserbriefs kommt jede Gemeinde infrage, in der sich paulinische Tradition etabliert hatte und wo dem Verfasser der Kolosserbrief zur Verfügung stand. Vermutlich war es ein Ort in Kleinasien; aber sicher ist das keineswegs, denn wir wissen nichts über die frühe Verbreitung des Kolosserbriefs. Nicht auszuschließen ist eine Entstehung in Ephesus, auch wenn man in diesem Fall mehr „Lokalkolorit" erwarten würde.

Über den *Verfasser* des Epheserbriefs lässt sich gar nichts sagen. Es ist nicht klar, ob er noch zum unmittelbaren Kreis um Paulus gehörte, ob er also als „Paulus-Schüler" bezeichnet werden kann, oder ob er einer späteren „Generation" angehörte. Er ist jedenfalls nicht identisch mit dem Autor des Kolosserbriefs. Dagegen sprechen die literarische Abhängigkeit und auch die Tatsache, dass im Epheserbrief die sachlichen Unterschiede zur paulinischen Theologie noch deutlich stärker sind als im Kolosserbrief.

Arbeitsvorschläge

1. Wie wird der Ausdruck „Leib Christi" in den authentischen und deuteropaulinischen Briefen verwendet (vgl. 1Kor 12,12–27; Röm 12,3–8; Kol 1,18; 2,10.19; Eph 2,22; 4,15; 5,23)? Woran wird in den Texten deutlich, dass der Ausdruck in neuer Weise metaphorisch gebraucht wird und wo beginnt diese Metapher konventionell zu werden (vgl. oben § 7.3d)? Was soll mit der Rede vom „Leib Christi" jeweils begründet werden?
2. Welches Bild der christlichen Gemeinschaft entwerfen Eph 2,11–22 und 4,1–16? Welche Rolle spielen räumliche, politische und soziale Metaphern (z. B. Ferne und Nähe, Feindschaft und Friedensschluss, Fremde und Mitbürger etc.) und wie wird dabei auf Christus Bezug genommen? Wie werden die Leserinnen und Leser mit ihrer religiösen Biographie angesprochen (etwa „früher wart ihr ..., jetzt seid ihr ...")?
3. Vergleichen Sie die Haustafeln im Kolosser- und im Epheserbrief (Kol 3,18–4,1; Eph 5,21–6,9). Was wird jeweils zu den verschiedenen sozialen Rollen gesagt? Wo zeigt einer der Texte ein stärkeres Bemühen, Forderungen argumentativ zu begründen?

§ 23 Die Pastoralbriefe

Literatur: MICHAELA ENGELMANN, Unzertrennliche Drillinge? Motivsemantische Untersuchungen zum literarischen Verhältnis der Pastoralbriefe (BZNW 192), Berlin/Boston 2012 ♦ JENS HERZER, Pastoralbriefe, WiBiLex, April 2013, https://www.bibelwissenschaft.de/stichwort/53866/ ♦ JENS HERZER, Die Pastoralbriefe und das Vermächtnis des Paulus. Studien zu den Briefen an Timotheus und Titus, hg. von Jan Quenstedt (WUNT 476), Tübingen 2022 ♦ BERNHARD MUTSCHLER, Glaube in den Pastoralbriefen. Pistis als Mitte christlicher Existenz (WUNT 256), Tübingen 2010 ♦ JENS SCHRÖTER, Kirche im Anschluss an Paulus. Aspekte der Paulusrezeption in der Apostelgeschichte und in den Pastoralbriefen, ZNW 98 (2007), 77–104 ♦ ANGELA STANDHARTINGER, Eusebeia in den Pastoralbriefen. Ein Beitrag zum Einfluss römischen Denkens auf das entstehende Christentum, NT 48 (2006), 51–82 ♦ MICHAEL WOLTER, Die Pastoralbriefe als Paulustradition (FRLANT 146), Göttingen 1988. – **Kommentare:** MARTIN DIBELIUS/HANS CONZELMANN, Die Pastoralbriefe (HNT 13), Tübingen ⁴1966 ♦ LUKE TIMOTHY JOHNSON, The First and Second Letters to Timothy. A New Translation with Introduction and Commentary (AncB 35A), New York 2001 ♦ HELMUT MERKEL, Die Pastoralbriefe (NTD 9/1), Göttingen 1991 ♦ LORENZ OBERLINNER, Der erste Timotheusbrief/Der zweite Timotheusbrief, 2 Bde. (HThK 11/2), Freiburg i. Br. 1994–1995 (Ndr. 2002) ♦ LORENZ OBERLINNER, Der Titusbrief (HThK 11/2), Freiburg i. Br. 1996 (Ndr. 2002) ♦ JEROME D. QUINN/WILLIAM WACKER, The First and Second Letters to Timothy. A New Translation with Notes and Commentary (ECC), Grand Rapids, Mich./Cambridge 2000 ♦ JÜRGEN ROLOFF, Der erste Brief an Timotheus (EKK 15), Zürich/Neukirchen-Vluyn 1988 ♦ PHILIP H. TOWNER, The Letters to Timothy and Titus (NIC.NT), Grand Rapids, Mich./Cambridge 2006 ♦ ALFONS WEISER, Der zweite Brief an Timotheus (EKK 16/1), Düsseldorf/Neukirchen-Vluyn 2003.

1 Problemstellung und Inhalt

Die drei von „Paulus" an „Timotheus" und „Titus" gerichteten Briefe wurden von dem Hallenser Exegeten Paul Anton (1661–1730) „Pastoralbriefe" genannt, weil er meinte, dass diese Briefe bleibend gültige pastorale Anweisungen und Empfehlungen enthalten. Schon im 18. Jahrhundert setzte sich diese Bezeichnung allgemein durch. Eine „Hirten"-Metaphorik begegnet in den Pastoralbriefen selbst allerdings nicht.

Zwei der drei Briefe sind an Timotheus gerichtet, einen wichtigen Mitarbeiter des Paulus, der in fast allen Paulusbriefen und in der Apostelgeschichte sowie in Hebr 13,23 genannt wird. Der dritte Brief hat Titus als Adressat, der in Gal 2,1–5 als nichtjüdischer Begleiter des Paulus genannt wird und im 2. Korintherbrief eine wichtige Rolle spielt. In der Apostelgeschichte wird er allerdings nicht erwähnt. Es ist also nicht von vornherein ausgeschlossen, dass Paulus diesen beiden engen Mitarbeitern Briefe geschrieben haben könnte, zumal der Philemonbrief zeigt, dass er Briefe auch an Einzelpersonen schrieb. Dass Paulus diese Briefe tatsächlich geschrieben hat, ist allerdings sehr unwahrscheinlich. Die Authentizität wurde im 19. Jahrhundert zunächst für den 1. Timotheusbrief infrage gestellt, anschließend wurden die Pastoralbriefe insgesamt als pseudepigraphes Corpus identifiziert. Diese Sicht hat sich in der Forschung, bis auf wenige Ausnahmen, durchgesetzt (zu den Gründen vgl. unten 2).

1) Der *1. Timotheusbrief* beginnt mit einem breit formulierten Präskript (1,1f.): Paulus stellt sich ausführlich vor (V. 1) und nennt Timotheus „mein rechtmäßiges Kind im Glauben" (V. 2a). In dem Gnaden- und Friedenswunsch (V. 2b) fällt der in diesem Zusammenhang sonst nicht gebrauchte zusätzliche Begriff „Barmherzigkeit" auf (χάρις ἔλεος εἰρήνη ἀπὸ θεοῦ). Im Proömium (oder richtiger: Exordium, Einleitung, 1,3–11) wird Timotheus zuerst (V. 3–7) an eine ihm in einer konkreten Situation erteilte Weisung zur Ablehnung falscher Lehre erinnert (das Verb „falsch lehren", ἑτεροδιδασκαλεῖν, begegnet im Neuen Testament nur in 1Tim 1,3; 6,3). Die Mahnung zum richtigen Gebrauch des Gesetzes (V. 8.9a) ist verbunden mit einem Katalog fehlerhaften Verhaltens, das der „gesunden Lehre" widerspricht (V. 9b–11, auch dieser Ausdruck begegnet nur in den Pastoralbriefen als „gesunde" bzw. „gute" Lehre, ὑγιαίνουσα bzw. καλὴ διδασκαλία).

In 1,12–17 folgt ein Dank an Gott, vor allem mit Blick auf Paulus selbst als begnadigten Sünder. Der Auftrag an Timotheus (1,18–20) lautet, er solle gemäß den bereits früher erteilten Weisungen „den guten Kampf kämpfen" im Glauben und mit gutem Gewissen (ἔχων πίστιν καὶ ἀγαθὴν συνείδησιν). Davon sind „einige" Personen (τινές) abgewichen, namentlich Hymenäus und Alexander (1,20).

Das *Briefcorpus* umfasst den Abschnitt 2,1–6,2. Im ersten Teil (2,1–3,13) wird zuerst zur Fürbitte „für alle Menschen" gemahnt, auch für „Könige und hohe Amtsträger" (2,1–2), verbunden mit einem besonderen Gottes- und Christuslob (2,5–6). In 2,8–15 folgen Weisungen zum Verhalten von Männern beim Gebet (V. 8) sowie zum Handeln von Frauen im privaten Leben (V. 9f.) und in der versammelten Gemeinde (V. 11–15). In 3,1–7 werden Voraussetzungen für die Inhaber des „Bischofsamts" (ἐπισκοπή) genannt, in 3,8–13 wird Entsprechendes für die Diakone (διάκονοι) gesagt. Der Ankündigung eines hoffentlich baldigen Besuchs (3,14f.) folgt ein sehr sorgfältig gestalteter Christushymnus (3,16; s. o. §11.2).

Der zweite Teil (4,1–6,2) enthält abermals Weisungen an Timotheus: Der Geist (τὸ πνεῦμα) hat das Kommen von Irrlehrern „in den letzten Zeiten" (ἐν ὑστέροις καιροῖς, 4,1) angekündigt (4,1–5), darüber soll Timotheus „die Brüder" unterrichten (4,6–11). In 4,12–5,2 gibt Paulus praktische Anweisungen für die Aufgaben, die Timotheus in der Gemeinde wahrzunehmen hat. Ausführlich geht es dann um die Stellung der Witwen in der Gemeinde und in den Familien (5,3–16) sowie um Weisungen für das Wirken der „Ältesten" (πρεσβύτεροι, 5,17–20). Etwas unvermittelt folgen Ratschläge „amtlicher" (5,21f.) und auch ganz persönlicher Art (5,23), abgeschlossen mit einer allgemein formulierten Gerichtsansage (5,24f.). In 6,1–2 folgen Mahnungen an Sklaven.

Der Schlussabschnitt (6,3–21) beginnt mit einer abermaligen Warnung vor falscher Lehre (vgl. 1,3), verbunden mit der Mahnung, sich „an die gesunden Worte unseres Herrn Jesus Christus" zu halten, um unnötige Streitereien zu vermeiden (V. 4f.). Nach scharfer Kritik an Habgier (V. 6–10) wird Timotheus nochmals aufgefordert, den „guten Kampf des Glaubens" zu kämpfen (V. 11f.) und das Gebot „unbefleckt" zu bewahren bis zur „Erscheinung" (ἐπιφάνεια) unseres Herrn Jesus Christus (V. 13–16). Der Ausdruck ἐπιφάνεια begegnet mit einer Ausnahme (2Thess 2,8) im Neuen Testament nur in den Pastoralbriefen und bezeichnet die Erscheinung Gottes oder Jesu Christi. Am Schluss steht die Aufforderung, Timotheus solle reiche Leute dazu veranlassen, Gutes zu tun (V. 17–19). Anschließend (V. 20.21a) wird nochmals gesagt, Timotheus solle das ihm „anvertraute Gut" (παραθήκη, ein weiterer charakteristischer Ausdruck, der nur im 1. und 2. Timotheusbrief vorkommt und die Lehre bzw. das Evangelium bezeichnet) bewahren und „leeres Gerede und die Einwände der fälschlich so genannten Erkenntnis (ἀντιθέσεις τῆς ψευδωνύμου γνώσεως)" meiden. In V. 21b schließt der Brief mit einem kurzen, jetzt mehreren Personen geltenden Gnadenwunsch („die Gnade sei/ist mit euch", ἡ χάρις μεθ' ὑμῶν).

Nach der im 1. Timotheusbrief vorausgesetzten Situation hält sich Paulus, aus Ephesus kommend, in Makedonien auf, während Timotheus in Ephesus geblieben ist (1,3). Paulus kündigt seine Rückkehr an (3,14), gibt aber dennoch Anordnungen, wie Timotheus inzwischen die Kirche ordnen und Konflikte regeln soll. Die Aussagen in 1,3–7 lassen konkrete Probleme erkennen, die inhaltliche Position der dabei angegriffenen Lehre wird aber nicht recht deutlich – die Anweisungen des Paulus sollen offenbar grundsätzliche Geltung haben. Die „in den letzten Tagen" auftretenden falschen Lehrer (4,1–5) stellen anscheinend asketische Forderungen auf, die scharf zurückgewiesen werden. In diesem Kontext ist wohl auch die Aussage in 2,15 zu verstehen, dass die Frau durch Kindergebären gerettet wird. Ob es sich bei der „fälschlich so genannten Erkenntnis (Gnosis)" (6,20b) tatsächlich um gnostisch-philosophisches Denken handelt, bleibt unsicher. Das dem Timotheus empfohlene Gegenmittel lautet jedenfalls: „Bewahre das anvertraute Gut" (τὴν παραθήκην φύλαξον, 6,20a).

Von wesentlicher Bedeutung für die Argumentation im 1. Timotheusbrief ist der Traditionsgedanke: Die überlieferte Lehre (1,15a.18) gilt als Garantie der kirchlichen Rechtgläubigkeit. Zudem wird eine feste Ämterordnung entworfen:

Der ἐπίσκοπος (3,1–7) ist zwar noch kein monarchischer „Bischof", sondern wohl eher ein *primus inter pares*, aber er steht an der Spitze, dann folgen die Diakone (3,8–13). Die Aufgaben der „Ältesten" werden in 5,17–20 beschrieben, offenbar verbunden mit Aussagen über deren Besoldung. Aus 4,14 geht hervor, dass es eine Ordination unter Handauflegung gibt oder geben soll (vgl. 5,22). In 6,13–16 ist vermutlich ein bereits vorliegendes Ordinationsbekenntnis verarbeitet.

Die konkreten Hinweise zu dem im Alltag geforderten Verhalten lassen erkennen, dass anerkannte ethische Normen bewahrt werden sollen (2,2–4; 2,8–15; 5,1f.3–16). Das Verhältnis zur Gegenwart ist nicht mehr eschatologisch bestimmt (vgl. dagegen 1Kor 7,29–31), die Christen haben sich vielmehr in der Welt einzurichten (2,1f.). In 6,17 werden aber „die Reichen in diesem Äon" angesprochen, der Aspekt der Vergänglichkeit ist im Blick.

2) Im *Titusbrief* ist eine vergleichbare Situation wie im 1. Timotheusbrief vorausgesetzt. Dem sehr ausführlich formulierten Präskript (1,1–4) folgt ohne ein Proömium/Exordium sofort das Briefcorpus (1,5–3,11). Paulus hat Titus auf Kreta zurückgelassen, damit dieser in den dort gegründeten Gemeinden „Älteste" und „Bischöfe" einsetzt (1,5f.; vgl. 1Tim 1,3). Er soll gegen Leute vorgehen, die durch ihre Lehren „ganze Häuser verwirren" (1,11), denn zu Recht habe einer von denen als Prophet gesagt: „Kreter sind immer Lügner, wilde Tiere und faule Bäuche" (1,12). Titus soll sie widerlegen (1,13–16). Beleg für „gesunde Lehre" sind bestimmte Verhaltensweisen in der christlichen Gemeinschaft (2,1–10), die an die Haustafeln Kol 3,18–4,1 und Eph 5,21–6,9 erinnern, aber auch deutliche Differenzen aufweisen. Dann schreibt „Paulus" von Gottes Heilshandeln „für alle Menschen" und von der bevorstehenden „Erscheinung" Gottes und Christi in Herrlichkeit (2,11–15). In 3,1 wird Titus zu gutem Handeln ermahnt, in 3,2f. wird an eine böse Vergangenheit erinnert. Dagegen stellt Paulus in 3,4–7 die Botschaft, dass „erschienen ist die Güte und Menschenfreundlichkeit Gottes, unseres Retters" (ἡ χρηστότης καὶ ἡ φιλανθρωπία ἐπεφάνη τοῦ σωτῆρος ἡμῶν θεοῦ), verbunden mit Aussagen zur Rechtfertigung. In 3,8–11 folgen detaillierte Mahnungen (vgl. V. 10: „Einen Menschen, der die Gemeinde spalten will [αἱρετικὸν ἄνθρωπον], mahne ein erstes und ein zweites Mal und dann weise ihn ab"). Der Briefschluss enthält konkrete Weisungen für namentlich genannte Personen (3,12f.), wobei man jetzt erfährt, dass sich Paulus in Nikopolis (vermutlich in Epirus im Nordwesten Griechenlands gelegen) aufhält und Titus darum bittet, zu ihm zu kommen. Es folgen eine allgemeine Anordnung zu guten Taten (3,14) sowie Grüße und der Gnadenwunsch (3,15).

3) Der 2. *Timotheusbrief* beginnt mit einem Präskript (1,1–2), das dem Präskript im 1. Timotheusbrief teilweise wörtlich entspricht. Das Proömium (1,3–5) erinnert an 1Tim 1,12, aber jetzt erwähnt Paulus dankbar seine Vorfahren (V. 3) sowie die Großmutter und die Mutter des Timotheus (V. 5).

Das Briefcorpus (1,6–3,17) beginnt mit einer eindringlichen Ermutigung zum Zeugnis für Christus und einer liturgisch formulierten Beschreibung des Evangeliums, für das „ich (sc. Paulus) eingesetzt bin als Prediger und Apostel und Lehrer" (1,6–11). Dies soll sich Timotheus zum Vorbild nehmen, indem er „das wertvolle anvertraute Gut" bewahrt „durch den Heiligen Geist" (1,14). In 1,15–18 folgen Hinweise auf die vorausgesetzte Situation: „Alle in der Asia haben sich von mir abgewandt", mit Ausnahme des Onesiphorus, der Paulus in Rom besucht hat (V. 17, ein Indiz für den vorausgesetzten Abfassungsort des 2. Timotheusbriefes). In 2,1–13 mahnt Paulus sein „Kind" Timotheus zur Festigkeit im Leiden, und er verweist dabei auf sein eigenes Vorbild. In diesem Zusammenhang wird eine Überlieferung über diejenigen, die zu Christus gehören und mit ihm leben und herrschen werden, als „zuverlässiges Wort" (πιστὸς ὁ λόγος, V. 11) genannt (V. 12f.). In 2,14–26 wird nochmals sehr eingehend vor Irrlehre gewarnt, namentlich vor Hymenäus und Philetus, die sagen, die Auferstehung sei schon geschehen (V. 17.18: λέγοντες τὴν ἀνάστασιν ἤδη γεγονέναι). Damit verbunden ist aber auch der Aufruf zur Zurechtweisung in Sanftmut (V. 25). In 3,1–9 wird, ähnlich wie in 1Tim 4,1–5, angesagt, dass „in den letzten Tagen (ἐν ἐσχάταις ἡμέραις) schwere Zeiten" anbrechen, die gekennzeichnet sind durch verderbte Sitten. „Paulus" betont, wie vorbildlich „Timotheus" ihm folgt, auch in schlimmen Verfolgungen (3,10–13). In 3,14–17 wird Timotheus gemahnt, an dem Gelernten und Anvertrauten festzuhalten, das er aus den Heiligen Schriften kennt (V. 14f.). Dazu wird festgestellt (V. 16): „Alle Schrift (ist) von Gott eingegeben (πᾶσα γραφὴ θεόπνευστος) und nützlich zur Lehre, zur Zurechtweisung, zur Besserung, zur Erziehung in Gerechtigkeit", mit dem Nachsatz (V. 17), dass „der Mensch Gottes" dadurch befähigt wird zu „jedem guten Werk".

In 4,1–8 wird Timotheus unter Hinweis auf die (baldige?) Parusie Christi (V. 1) gemahnt, er solle „zur Zeit oder zur Unzeit" verkündigen, angesichts der Gefährdung der gesunden Lehre (V. 2.3), und dies angesichts des offenbar nahen Todes des Apostels (V. 6–8).

In 4,9–13 äußert Paulus sehr konkrete Wünsche, es folgt die Warnung vor dem Schmied Alexander, einem Gegner des Paulus (4,14f.). Danach berichtet er von seiner ersten Gerichtsverhandlung (4,16–18). Den Briefschluss bilden Grüße und nochmals persönliche Hinweise (4,19–21) sowie der gegenüber 1Tim 6,21 deutlich erweiterte Gnadenwunsch.

2 Die vorausgesetzte historische Situation und die Verfasserfrage

1) Der *1. Timotheusbrief* könnte entsprechend der Notiz in 1,3 während der in Apg 20,1–5 geschilderten Reise des Paulus durch Makedonien geschrieben worden sein. Dagegen spricht jedoch, dass Paulus dabei von Timotheus begleitet wurde (Apg 20,4). Eine spätere Reise auf dieser Route ist nicht überliefert, der 1. Timotheusbrief ist also in dem uns bekannten Lebenslauf des Paulus nicht unterzubringen.

2) Der *Titusbrief* wurde gemäß der Notiz in 3,12 in Nikopolis verfasst, wo Paulus den Winter verbringen will, nachdem er Titus im Anschluss an eine missionarische Tätigkeit auf Kreta zurückgelassen hatte (1,5). Von der Stadt Nikopolis hören wir sonst nichts, die Insel Kreta wird nur im Zusammenhang mit dem Transport des gefangenen Paulus nach Rom in Apg 27,7–13 erwähnt. Die Angaben im Titusbrief lassen sich also mit der sonst bekannten Biographie des Paulus ebenfalls nicht in Einklang bringen.

3) Aus dem *2. Timotheusbrief* ergibt sich, dass Paulus in Gefangenschaft ist, offensichtlich in Rom (1,17), wo er auch schon vor Gericht gestanden hat (4,16). Er ist allein, da alle Mitarbeiter, ausgenommen Lukas, sich von ihm abgewandt haben (4,11.16, vgl. 1,15). Er rechnet mit seinem baldigen Tod und bittet Timotheus, möglichst rasch nach Rom zu kommen (4,6–9) und den in Troas (Kleinasien) vergessenen Mantel sowie Bücher mitzubringen (4,13). Er soll sich hüten vor Alexander, dem Schmied, der Paulus erheblichen Schaden zugefügt hat (4,14f.). Erwähnt werden Tychikus, den Paulus nach Ephesus geschickt hat (4,12), sowie Trophimus, der krank in Milet blieb (4,20); beide sind Mitarbeiter des Paulus (Apg 20,4; 21,29). Aus anderen Briefen und aus der Apostelgeschichte bekannt sind Priska und Aquila (4,19; vgl. Röm 16,3f.; Apg 18,2 u. ö.) sowie Erastus (4,20; vgl. Röm 16,23).

Die vorausgesetzte Situation ist nicht völlig klar: Gemäß Apg 20,4 wurde Paulus auf seiner Reise von Korinth nach Jerusalem neben anderen von Timotheus und von Trophimus begleitet; im Zusammenhang des Aufenthalts in Jerusalem wird Trophimus erwähnt (Apg 21,29), nicht aber Timotheus. Da im 2. Timotheusbrief vorausgesetzt ist, dass sich Paulus längst in Rom aufhält, müssten, folgt man der Darstellung der Apostelgeschichte im Zusammenhang des Paulus-Prozesses, seit der Trennung von den beiden Begleitern mindestens zwei Jahre vergangen sein. Die in 4,9–13.21 ausgesprochene Bitte, Timotheus solle rasch nach Rom kommen und nicht nur in Troas vergessene Bücher, sondern auch einen Mantel mitbringen, ist deshalb wenig plausibel. In Apg 28 befindet sich Paulus in Rom, wo er „ungehindert" verkündigt (28,30f.). Offenbar soll der 2. Timotheusbrief in dieser Situation geschrieben worden sein. Auf diese Weise soll nicht nur die Lehre des Paulus, sondern auch das Bild des (leidenden) Apostels festgehalten und weitergegeben werden. Der 2. Timotheusbrief ist deshalb als „Testament" des Paulus gestaltet. Die sehr konkreten Angaben in 4,9–21 passen nicht zu den uns sonst bekannten Daten des Lebens des Paulus. So liegt die Annahme nahe, dass im 2. Timotheusbrief mithilfe einiger aus anderen Texten bekannter Namen und Daten eine Situation fingiert ist, die die aus anderen Texten und Überlieferungen (vgl. auch den Hinweis auf die Orte Antiochia, Ikonion und Lystra, die in Apg 13–14 im Zusammenhang der gemeinsamen Mission von Barnabas und Paulus vorkommen) bekannte Biographie des Paulus zugrunde legt. Dies dient dazu, einen Brief zu verfassen, der das Corpus der Paulusbriefe abschließt und in dem „Paulus" Timotheus als seinen Nachfolger installiert, der das Evangelium als „anvertrautes Gut" und „gesunde Lehre" weitergibt.

4) Die Pastoralbriefe sind also vermutlich als pseudepigraphe Schriften anzusehen. Die Übereinstimmungen in Stil und Terminologie, die vorausgesetzten Situationen sowie die Inhalte sprechen dafür, dass sie als ein Corpus von drei Briefen durch einen Autor abgefasst wurden. Die zu vermutende Reihenfolge, in der sie gelesen werden sollen, wäre dann 1. Timotheusbrief, Titusbrief, 2. Timotheusbrief. Dafür sprechen die ausführliche Einführung des Paulus in 1Tim 1,12–17, die thematische Konzentration auf die Gemeindeordnung im 1. Timotheus- und Titusbrief sowie schließlich der als Testament gestaltete 2. Timotheusbrief.

Gegen diese Lösung werden jedoch auch Bedenken angemeldet (z. B. von Jens Herzer). Es wird argumentiert, man könne an der paulinischen Verfasserschaft festhalten, wenn angenommen wird, der 2. Timotheusbrief sei der älteste der drei Briefe und von Paulus selbst in Rom verfasst worden. Aus der dortigen Gefangenschaft sei er wieder freigekommen und, entgegen den in Röm 15 geäußerten Plänen, noch einmal in den Osten gegangen, wo er den 1. Timotheusbrief und den Titusbrief geschrieben habe. Später sei er wieder verhaftet und hingerichtet worden. Als ein Argument für diese Annahme gilt die Notiz in dem um 90/100 n. Chr. von der römischen Gemeinde nach Korinth geschickten 1. Clemensbrief, Paulus sei bis an „die Grenze des Westens" gekommen (1Clem 5,7). Wenn damit Spanien gemeint sein sollte, wäre Paulus in Rom freigesprochen worden und die anschließende Abfassung der Pastoralbriefe wäre historisch denkbar. Der Ausdruck „Grenze des Westens" könnte allerdings auch Rom selbst meinen, als westlichsten Punkt der Mission des Paulus. Der 1. Clemensbrief weiß jedenfalls nichts von zwei römischen Gefangenschaften des Paulus. Überdies impliziert die Abschiedsrede des Paulus in Milet (Apg 20,25.38), dass er seine Gemeinden im Osten nicht wiedergesehen hat. Die Briefe an Timotheus und Titus setzen zudem voraus, dass Paulus am Ende seiner Gefangenschaft sterben wird – von einem Freispruch wissen sie dagegen nichts.

5) Für die Annahme, dass die Pastoralbriefe erst in nachpaulinischer Zeit verfasst wurden, sprechen inhaltliche und sprachliche Indizien. Es begegnen theologische Begriffe, die in den älteren Briefen fehlen, zum Beispiel „gutes Gewissen" (ἀγαθὴ συνείδησις, 1Tim 1,19), „anvertrautes Gut" (παραθήκη) oder „gesunde Lehre" (ὑγιαίνουσα διδασκαλία, 1Tim 1,10; 4,3; Tit 1,9; 2,1). Die beiden letztgenannten Ausdrücke zeigen dabei, dass das Evangelium inzwischen zu einem Traditionsgut geworden ist, das es zu bewahren gilt. An manchen Stellen scheinen Aussagen aus älteren (Paulus-)Briefen geradezu imitiert worden zu sein. Das zeigen Vergleiche von 1Tim 1,12–16 mit Gal 1,13–16 und 1Kor 15,9f. sowie von 2Tim 1,3–5 mit Röm 1,8–11.

In $\mathfrak{P}^{46}$, der ältesten Handschrift, in der Paulusbriefe bezeugt sind, fehlen die Pastoralbriefe; Markion (um 150 n. Chr.) hatte sie offenbar nicht in seinem Kanon. Das muss nicht bedeuten, dass diese Schriften erst zur Zeit Markions entstanden sind und dass sich die Warnung vor den „Widersprüchen (Antithesen) der fälschlich so genannten Gnosis"

(1Tim 6,20) auf Markions Buch „Antithesen" bezieht. Die in den Pastoralbriefen zurückgewiesene Lehre bezieht sich, ganz im Gegensatz zu Markion, positiv auf das Alte Testament (vgl. Tit 1,14; 1Tim 1,7), und auch sonst verweist nichts auf eine antimarkionitische Front der Pastoralbriefe.

Die Entstehung der Pastoralbriefe gehört demnach in die nachpaulinische Zeit. Es stehen Fragen der Gemeindeorganisation, der Abwehr von als falsch beurteilten Lehren sowie die Bewahrung des von Paulus verkündigten Evangeliums im Vordergrund.

3 Das Paulusbild

In den Pastoralbriefen schreibt „Paulus" als Apostel an zwei aus seinen authentischen Briefen bekannte enge Mitarbeiter, die er in der Adresse und an anderen Stellen als „(mein) Kind" (τέκνον) bezeichnet. So wollen diese Briefe einen (fiktiven) Einblick in eine sehr persönliche Kommunikation geben. Viele Notizen sind scheinbar nur für die unmittelbar beteiligten Personen von Interesse (z. B. 1Tim 5,23; 2Tim 4,13). Tatsächlich aber soll Leserinnen und Lesern in nachpaulinischer Zeit vermittelt werden, wie wichtig das ist, was Paulus diesen Mitarbeitern vor geraumer Zeit teils in polemischer Form, teils aber auch nüchtern feststellend geschrieben hat.

Ein wichtiges Thema ist die Warnung vor jeglicher Form falscher Lehre. „Timotheus" und „Titus" erfahren von „Paulus", wie sie sich und die Gemeinden davor schützen können. Dazu gibt „Paulus" umfassende Weisungen für Struktur und Organisation der Gemeinden in einer (fiktiv: künftigen) Zeit, in der er nicht mehr da sein wird. Darin wird zugleich die reale Abfassungssituation der Briefe erkennbar (vgl. 1Tim 3,14f.: „Dies schreibe ich dir und hoffe, bald zu dir zu kommen; wenn ich aber erst später komme, sollst du wissen, wie man sich verhalten soll im Hause Gottes ..."). Manche Anweisungen und Beschreibungen klingen, als stünden sie in einer Kirchenordnung (etwa 1Tim 3,1–13). Anders als im Kolosser- und im Epheserbrief erscheint Paulus in den Pastoralbriefen nicht als eine Person der Heilsgeschichte (vgl. Kol 1,24–26; Eph 3,8–13). Er ist vielmehr Garant für den künftigen Bestand der Kirche, denn eine andere Form des als Lehre zu bewahrenden Evangeliums als diejenige des Paulus gibt es nicht. Paulus ist deshalb nicht nur der alleinige Absender der Pastoralbriefe, sondern zugleich der einzige Verkündiger (κῆρυξ, 1Tim 2,7; 2Tim 1,11) und Apostel.

Auffallend ist die Selbstbeschreibung des „Paulus" in 1Tim 1,12f.: „Ich danke unserem Herrn Christus Jesus, der mich stark gemacht und für treu erachtet und in das Amt eingesetzt (θέμενος εἰς διακονίαν) hat – mich, der ich früher ein Lästerer und ein Verfolger und ein Frevler war, aber mir ist Barmherzigkeit widerfahren, denn ich habe es unwissend getan, im Unglauben (ἀγνοῶν ἐποίησα ἐν ἀπιστίᾳ)." Diese Sicht auf die Vergangenheit ist eine deutlich andere als in Gal 1,13 und Phil 2,5f., wo Paulus nicht „Unwissenheit" als Grund für seine Verfolgertätigkeit nennt. Der als „zuverlässiges Wort" (πιστὸς ὁ λόγος) bezeichnete Satz „Christus ist in die Welt gekommen, um die Sünder zu retten" (1Tim 1,15), wird ergänzt mit Blick auf die „Person" des Paulus: „… unter denen ich der erste bin" (ὧν πρῶτός εἰμι ἐγώ). So ist Paulus zum Vorbild geworden für alle zukünftig Glaubenden zum ewigen Leben (1,15.16). Aber ein Vorbild ist er auch als ein im Gefängnis Leidender (2Tim 1,16f.; 3,10f.), der dem Tod entgegengeht (4,6–8) und sich trotzdem um andere kümmert (4,10–20). Dass er ganz allein vor Gericht steht, entspricht seiner Stellung als Märtyrer (4,16–18).

4 Theologische Tendenzen und die „Irrlehrer"

1) Die Pastoralbriefe entwickeln, anders als der Kolosser- und Epheserbrief, keine eigene Theologie, aber ein eigenes Kirchenverständnis. An mehreren Stellen klingt paulinische Terminologie an. So heißt es in 2Tim 1,9f.: Gott hat „uns gerettet und berufen mit einem heiligen Ruf, nicht nach unseren Werken (οὐ κατὰ τὰ ἔργα ἡμῶν), sondern nach seinem Ratschluss und nach der Gnade (κατὰ ἰδίαν πρόθεσιν καὶ χάριν), die er uns in Christus Jesus gegeben hat". Ähnlich Tit 3,5–7: „Nicht um der Werke willen, die wir in Gerechtigkeit getan hätten (οὐκ ἐξ ἔργων τῶν ἐν δικαιοσύνῃ ἃ ἐποιήσαμεν ἡμεῖς), sondern nach seiner Barmherzigkeit (ἀλλὰ κατὰ τὸ αὐτοῦ ἔλεος)" hat Gott „uns gerettet". Dabei wird auf „das Bad der Wiedergeburt und die Erneuerung im Heiligen Geist" verwiesen, also auf die Taufe und auf Jesus Christus, unseren Retter (σωτήρ), „damit wir, gerechtfertigt durch dessen Gnade (δικαιωθέντες τῇ ἐκείνου χάριτι), Erben werden gemäß der Hoffnung auf das ewige Leben". Auffallend häufig begegnet in unterschiedlichen Zusammenhängen das Wort „Glaube" (πίστις), deutlich seltener das Verb „glauben" (πιστεύειν).

Die Tradition, an die immer wieder erinnert wird, ist durch das Christuskerygma bestimmt. Kennzeichnend sind Formeln und liturgische „Hymnen" (1Tim 2,5f. und 2Tim 2,8, vor allem 1Tim 3,16, vgl. oben §11.2). Charakteristisch ist die Wendung πιστὸς ὁ λόγος („verlässlich ist das Wort"), mit der eine ältere Tradition eingeleitet wird (1Tim 1,15; 2Tim 2,11), die aber auch in anderen Zusammenhängen begegnet (vgl. 1Tim 3,1; 4,9; Tit 3,8). Diese Überlieferung ist zugleich die Grundlage für die Unterscheidung rechter von falscher Lehre.

Die Abweisung von Irrlehren wird dementsprechend nicht in inhaltlicher Auseinandersetzung geführt, sondern in Form der Abweisung der von dem „anvertrauten Gut" (παραθήκη) abweichenden Auffassungen. Kriterium für die Unterscheidung ist dabei die Tradition, die durch Paulus als Person garantiert wird (2Tim 3,14f.). Dabei begegnet erstmals der Gedanke der „Theopneustie" (Inspiration): „Jegliche Schrift" (πᾶσα γραφή), wozu neben der biblischen Überlieferung nun offenbar auch christliche Texte gerechnet werden, ist von Gott eingegeben und also „nützlich" zur Lehre und zur „Erziehung" (2Tim 3,16). Hier liegt ein deutlicher Unterschied zu Paulus: Paulus verarbeitet die Tradition, indem er sie in den Rahmen seines theologischen Denkens einbezieht; in den Pastoralbriefen wird die Tradition dagegen als vorgegeben übernommen und weitergegeben.

Ein in den Pastoralbriefen überaus wichtiges Thema ist die Ordnung der Gemeinden, in denen die rechte Lehre bewahrt werden soll. Aber auch hier werden die entsprechenden Aussagen gleichsam nur „weitergegeben", ohne dass eine ekklesiologische Basis genannt wird (vgl. dagegen 1Kor 12). Die Regeln, wie sie vor allem im 1. Timotheusbrief begegnen, sind wahrscheinlich gar nicht einheitlich konzipiert worden, sondern sie sind Sammelgut, das der Verfasser in den Dienst der Ketzerbekämpfung stellt. Rechte Lehre und rechte Ordnung der Kirche bedeuten Abgrenzung gegenüber der Häresie, aber erst durch solche Auseinandersetzungen wird die Herausbildung fester Ordnungen überhaupt notwendig. Dieser Zusammenhang ist besonders deutlich in Tit 1,7–9: Ein „Bischof" (ἐπίσκοπος) „muss festhalten an dem verlässlichen Wort, das der Lehre entspricht (τοῦ κατὰ τὴν διδαχὴν πιστοῦ λόγου), damit er imstande sei, zu ermahnen mit der gesunden Lehre (παρακαλεῖν ἐν τῇ διδασκαλίᾳ τῇ ὑγιαινούσῃ) und die zu überführen, die widersprechen (τοὺς ἀντιλέγοντας ἐλέγχειν)".

In der Christologie fehlt jeder Hinweis auf das Kreuz. Der Titel „Sohn Gottes" begegnet nicht, aber die Präexistenzvorstellung klingt in 2Tim 1,9 an: Gott hat Gnade gegeben „in Christus Jesus vor der Zeit der Welt" (ἐν Χριστῷ Ἰησοῦ πρὸ χρόνων αἰωνίων). Ungewöhnlich ist die Aussage in 1Tim 2,5f., wo es im Anschluss an den Hinweis, Gott wolle, dass alle Menschen gerettet werden, heißt: „Einer (εἷς) nämlich ist Gott, und einer (εἷς) ist Mittler zwischen Gott und den Menschen, der Mensch Jesus Christus, der sich selbst gibt als Lösegeld für alle." In 2Tim 1,10 wird Christus „unser Retter" (σωτήρ) genannt, σωτήρ ist aber auch Gottesbezeichnung (1Tim 2,3 u. ö.). Jesu Gekommensein wird als sein „Erscheinen" (ἐπιφάνεια, Epiphanie) bezeichnet (2Tim 1,10; vgl. Tit 2,11), aber dasselbe Wort bezeichnet auch sein Kommen in der Parusie, wenn er als rettender Richter auftreten wird (1Tim 6,14; 2Tim 4,8; Tit 2,13).

Die Eschatologie spielt in den Pastoralbriefen eine geringe Rolle. Die Ansage, dass Irrlehrer auftreten werden „in den letzten Zeiten" (1Tim 4,1f.; 2Tim 3,1), entspricht einem apokalyptischen Topos (vgl. Mk 13,22), aber zur Zeit der Abfassung der Briefe ist die von „Paulus" angesagte Zukunft bereits Gegenwart oder nahe Zukunft. Es gilt also, den falschen Lehrern mit Festigkeit zu begegnen.

2) Die Lehren, mit denen die Pastoralbriefe in aktueller Auseinandersetzung stehen, weisen jüdische Züge auf, stehen aber auch den Lehren nahe, die dann zur „Gnosis" geführt haben. Wahrzunehmen sind Formen der Askese (1Tim 4,3; Tit 1,14), vielleicht auch ein gewisser Spiritualismus (2Tim 2,18) und außerdem ein Interesse an „Erkenntnis" (γνῶσις, 1Tim 6,20). Gefordert wird das Halten des Gesetzes (Tora), denn die Gegner bezeichnen sich offenbar selber als „Gesetzeslehrer" (νομοδιδάσκαλοι, 1Tim 1,7; vgl. Tit 1,10.14). Eine besondere Rolle spielt die intensive Beschäftigung mit Mythen und Genealogien (1Tim 1,4; 4,7; Tit 3,9). Angesichts von asketischen Forderungen wird in den Pastoralbriefen betont, dass die Welt Gottes Schöpfung ist und dass deshalb den Christusgläubigen der Umgang mit den Dingen der Welt möglich ist (1Tim 4,3–5). Besonderes Gewicht liegt auf der an die Leiter der Gemeinde gerichteten Forderung, ein moralisch untadeliges Leben zu führen (1Tim 3,2–12). Den „Ketzern" wird, einem üblichen Topos der Polemik folgend, Unsittlichkeit vorgeworfen (1Tim 6,3–10). Vermutlich steht dabei der Gedanke im Hintergrund, dass falsche Religion auch falsche Moral nach sich zieht (SapSal 13–15; vgl. Röm 1,18–31; 1Joh). In diesem Sinne halten die Pastoralbriefe an der fortdauernden Gültigkeit des Gesetzes fest: „Wir wissen, dass das Gesetz gut ist, wenn man es gesetzesgemäß anwendet (καλὸς ὁ νόμος, ἐάν τις αὐτῷ νομίμως χρῆται)" (1Tim 1,8), denn das Gesetz betrifft nicht „den Gerechten", sondern die Gesetzlosen (1Tim 1,9.10a), die all das tun, was der „gesunden Lehre" entgegensteht.

Das Bemühen um die theologische Begründung einer konkreten Forderung zeigt sich in 1Tim 2,8–15: Die Aussagen über das Verhalten von Männern (V. 8) und Frauen (V. 9f.) im Gottesdienst stehen zunächst neutral nebeneinander. Aber dann argumentiert der Verfasser schöpfungstheologisch: Die Frau muss sich „still verhalten", weil Adam zuerst geschaffen wurde und danach Eva und weil Eva verführt wurde, nicht Adam (V. 12–14; vgl. dagegen Röm 5,12–21). Gerettet wird die Frau durch Kindergebären (V. 15), womit implizit asketischen Forderungen widersprochen wird.

5 Die Pastoralbriefe als literarisches Corpus sowie Zeit und Ort der Abfassung

1) Ob die Pastoralbriefe von vornherein als ein drei Briefe umfassendes Corpus konzipiert wurden oder ob sie erst nachträglich zusammengestellt worden sind, ist in der Forschung umstritten. Jedenfalls ergänzen sie einander, zumal wenn sie in der Reihenfolge 1. Timotheusbrief, Titusbrief, 2. Timotheusbrief gelesen werden. Zugleich besitzt jeder Brief seine je eigene Perspektive: Im 1. Timotheusbrief und Titusbrief gibt „Paulus" dem jeweils genannten Adressaten Weisungen, die aber zugleich auch andere Personen betreffen, vor allem Amtsträger in den Gemeinden. „Paulus" hat Timotheus und Titus „zurückgelassen", damit sie stellvertretend für den „abwesenden" Apostel die örtlichen Gemeindeverhältnisse regeln. Auf diese Weise kommen indirekt die tatsächlichen Adressaten in den Blick. Der 2. Timotheusbrief ist als „Testament" des Paulus gestaltet, als „testamentarische Mahnrede" mit dem Aufruf, man solle sich in der Auseinandersetzung mit Irrlehrern an dem in den Tod gehenden Paulus orientieren.

Die Kompetenzen oder Aufgaben der Amtsinhaber werden nicht näher beschrieben, genannt werden aber Kriterien für deren Amtsführung. Die Briefe wenden sich also an die Gemeinden und vor allem an die Presbyter, Diakone und „Bischöfe" (ἐπίσκοποι), die gegenwärtig, gleichsam stellvertretend für Timotheus und Titus, auf die Einhaltung der apostolischen Norm achten sollen.

2) Zu fragen wäre, wann und wo ein Interesse bestand, Paulus Briefe solchen Inhalts verfassen zu lassen. Häufig wird angenommen, dass die Pastoralbriefe in einer von Paulus selbst gegründeten Gemeinde geschrieben wurden, wobei oft an Ephesus gedacht wird (1Tim 1,3; 2Tim 1,18; 4,12; vgl. 1Tim 3,14; 4,13). Aber gerade die häufige Erwähnung dieser Stadt kann auch Teil der Fiktion sein, zumal ja durchgängig gesagt wird, dass sich Paulus nicht in Ephesus aufhält. Der 2. Timotheusbrief jedenfalls will gemäß 1,17 in Rom verfasst sein, auch wenn keinerlei römisches „Lokalkolorit" gezeichnet wird.

Rom lässt sich unter theologie- bzw. kirchengeschichtlichen Gesichtspunkten als Abfassungsort der Pastoralbriefe in der Tat wahrscheinlich machen. Das zeigt die sachliche Nähe zu dem in Rom geschriebenen 1. Clemensbrief: Sehr ähnlich ist das Amtsverständnis, vor allem die Betonung des auf die Apostel bzw. auf Paulus zurückgehenden Ursprungs der Presbyter (πρεσβύτεροι) und der „Bischöfe" (ἐπίσκοποι, vgl. 1Clem 42,4f.; 44,5). Hier wie dort zeigt sich die Tendenz zur Zurückdrängung der Rolle der Frau in der Kirche (vgl. 1Clem 21,7). Hier wie dort besteht das Bemühen um ein positives Verhältnis zur staatlichen Macht, vor allem im Gebet für den Kaiser (vgl. 1Clem 60,4–61,2 mit 1Tim 2,2). Die Tatsache, dass die Pastoralbriefe dies alles auf Paulus zurückführen wollen, spricht dafür, dass sie etwas später als der in dieser Hinsicht noch unbefangene 1. Clemensbrief verfasst worden sind. Andererseits wäre die Gemeindeordnung von Bischof, Diakonen und Presbytern um die Mitte des zweiten Jahrhunderts, also nach den Ignatiusbriefen, kaum fiktiv auf Paulus zurückgeführt worden. Diese Aspekte verweisen auf eine Entstehungszeit im ersten Viertel des 2. Jahrhunderts, nach den übrigen pseudepigraphen Paulusbriefen, der Apostelgeschichte und dem 1. Clemensbrief, aber noch vor den Ignatiusbriefen.

Die Pastoralbriefe sind der kirchengeschichtlich erfolgreich gewordene Versuch, die seit dem Ende des 1. Jahrhunderts sich entwickelnde Ordnung christlicher Gemeinden mit ihren stark hierarchischen Tendenzen auf Paulus zurückzuführen und von daher zu legitimieren. Der Apostel soll verstanden werden als dauernder Garant für ein sich in der Welt einrichtendes Christentum.

Arbeitsvorschläge

1. Welches Bild von Paulus und welche (fiktive) Situation wird in 1Tim 1,12–17; 2Tim 1,15–18; 4,9–18 erkennbar?
2. Welche Rollenverteilung fordert 1Tim 2,8–15 für Männer und Frauen in der gottesdienstlichen Versammlung und der christlichen Unterweisung? Welche Argumente werden dabei eingesetzt? Vergleichen Sie diese Aussagen mit 1Kor 11,2–16

sowie 14,34.35. Welche literarkritischen Schlussfolgerungen ergeben sich daraus für 1Kor 14,34.35?
3. Welche „Ämter" bzw. gemeindeleitenden Funktionen treten in 1Tim 3,1–13; 5,3–22; Tit 1,5–9 besonders hervor? Welche Aufgaben werden ihnen zugewiesen?

§ 24 Der Hebräerbrief

Literatur: Knut Backhaus, Der sprechende Gott. Gesammelte Studien zum Hebräerbrief (WUNT 240), Tübingen 2009 ♦ Wilfired Eisele, Ein unerschütterliches Reich. Die mittelplatonische Umformung des Parusiegedankens im Hebräerbrief (BZNW 116), Berlin/New York 2003 ♦ Erich Grässer, Aufbruch und Verheißung. Gesammelte Aufsätze zum Hebräerbrief (BZNW 65), Berlin/New York 1992 ♦ Martin Karrer, Der Hebräerbrief, in: Martin Ebner/Stefan Schreiber (Hg.), Einleitung in das Neue Testament, Stuttgart ³2019, 484–506 ♦ Barnabas Lindars, The Theology of the Epistle to the Hebrews, Cambridge 1991 ♦ Hermut Löhr, Umkehr und Sünde im Hebräerbrief (BZNW 73), Berlin/New York 1994 ♦ Mathias Rissi, Die Theologie des Hebräerbriefes. Ihre Verankerung in der Situation des Verfassers und seiner Leser (WUNT 41), Tübingen 1987 ♦ Clare K. Rothschild, Hebrews as Pseudepigraphon. The History and Significance of the Pauline Attribution of Hebrews (WUNT 235), Tübingen 2009. – **Kommentare:** Harold W. Attridge, The Epistle to the Hebrews (Hermeneia), Philadelphia 1989 ♦ Knut Backhaus, Der Hebräerbrief (RNT), Regensburg 2009 ♦ Mary Ann Beavis/Hyeran Kim-Cragg, Hebrews (Wisdom Commentary), Collegeville, Minn. 2015 ♦ Erich Grässer, An die Hebräer, 3 Bde. (EKK 17/1-3), Zürich/Neukirchen-Vluyn 1990–1997 ♦ Martin Karrer, Der Brief an die Hebräer, 2 Bde. (ÖTBK 20/1-2), Gütersloh 2002–2008 ♦ Hans-Friedrich Weiss, Der Brief an die Hebräer (KEK 13), Göttingen 1991.

Der Hebräerbrief wird in diesem Teil behandelt, weil er bei der Entstehung des neutestamentlichen Kanons stets im Kontext des Corpus Paulinum überliefert wurde, wenngleich es sich um einen anonymen Brief handelt, der nicht den Anspruch erhebt, von Paulus verfasst zu sein. Er galt allerdings oftmals als Paulusbrief, so dass das Corpus Paulinum dementsprechend aus vierzehn Briefen bestand. In Anordnungen des Neuen Testaments steht der Hebräerbrief deshalb bis heute bei den Paulusbriefen, zumeist am Schluss, vor den Katholischen Briefen. In antiken Handschriften stand er dagegen oft an zweiter Stelle, nach dem Römerbrief. Das liegt vermutlich daran, dass die Paulusbriefe dabei ihrer Länge nach angeordnet wurden. Eine Ausnahme von dieser Ordnung stellen die Lutherbibeln dar, in denen der Hebräerbrief gemeinsam mit dem Jakobus- und dem Judasbrief am Schluss des Neuen Testaments, unmittelbar vor der Offenbarung, steht. Das ist darauf zurückzuführen, dass Luther in ihm den zentralen Inhalt des christlichen Glaubens nur ungenügend zur Sprache gebracht sah. Insbesondere stand er der Ablehnung einer zweiten Buße im Hebräerbrief skeptisch gegenüber.

Dementsprechend rechnete er ihn zu den weniger wichtigen Schriften des Neuen Testaments (vgl. seine Vorrede zu dem Brief in der Deutschen Bibel, WA.DB 7, 345).

1 Gliederung und Inhalt

Charakteristisch für den Hebräerbrief ist der häufige Wechsel von theologischen bzw. christologischen und paränetischen Abschnitten. Die Paränese erweist sich dabei stets als Konsequenz der Ausführungen über Gottes Handeln durch Jesus Christus. Theologie bzw. Christologie und Ethik hängen demnach im Hebräerbrief eng zusammen, insofern die Anweisungen zum Leben der Glaubenden unmittelbar aus den Darlegungen über Wesen und Weg Jesu Christi folgen.

Aufbau und Gedankengang des Hebräerbriefs werden in der Forschung unterschiedlich beschrieben. Am einfachsten ist eine Gliederung in drei Teile: Der erste Hauptteil (1,1–4,13) stellt die Überlegenheit der Offenbarung Gottes in seinem Sohn Jesus über alle anderen Offenbarungen heraus; der zweite Hauptteil (4,14–10,18) beschreibt Jesus als den vollkommenen Hohenpriester; im dritten Hauptteil (10,19–13,22) stehen die Mahnungen zum Festhalten am Bekenntnis und am Glaubenszeugnis sowie die Aufforderung zu einem Lebenswandel in Liebe und Heiligkeit im Vordergrund. In 13,22–25 folgt ein brieflicher Schluss. Andere Einteilungen gehen von fünf statt drei Hauptteilen aus, wobei vor allem das Verhältnis der theologischen zu den paränetischen Teilen anders eingeschätzt wird. Im Folgenden ist die genannte Einteilung in drei Hauptteile zugrunde gelegt.

Der erste Hauptteil beginnt in 1,1–3,6 mit der Beschreibung der Erhabenheit des Sohnes, verbunden mit einer kurzen Paränese, in der vor der Missachtung des Heils gewarnt wird (2,1–4). In 3,7–4,13 folgt ein größerer paränetischer Abschnitt, in dem anhand einer Auslegung von Ps 95,7–11 das Eingehen des Gottesvolkes in seine „Ruhe" beschrieben wird. Der zweite Hauptteil beginnt in 4,14–5,10 mit einer Beschreibung Jesu als des mit uns mitleidenden „Hohenpriesters nach der Weise Melchisedeks". In 5,11–6,12 schließt sich wieder Paränese an, in der auf die besonderen Schwierigkeiten der Lehre hingewiesen und – angesichts der Unmöglichkeit einer zweiten „Umkehr" bzw. „Buße" (μετάνοια, 6,4–12) – zur Beständigkeit gemahnt wird. In 6,13–10,18 folgt die eingehende Charakterisierung Jesu als des Hohenpriesters, der zugleich Bürge eines besseren Bundes ist (7,20–25) und dessen Opfer alle irdischen Opfer überbietet (9,23–28). Dies wird abschließend belegt anhand der Rede vom neuen Bund gemäß Jer 31,31–34 (38,31–34 LXX; in Hebr 10,16f. ist der griechische Text zitiert, vgl. 8,8–12). Der dritte Hauptteil beginnt mit dem Aufruf zum freimütigen Glauben und zur Erinnerung an die bisher bewiesene Ausdauer im Glauben (10,19–39). Es folgt eine „Definition" des Wesens des Glaubens (11,1–3), verbunden mit einer Aufzählung von Glaubenszeugen der Heilsgeschichte in 11,4–40 (in 12,1 „Wolke von Zeugen" genannt) und dem Verweis auf Jesus als den Anfänger und Vollender des Glaubens (12,2). Die abschließende Paränese in 12,4–13,21 mahnt zum Durchhalten auf dem Glaubensweg (12,4–17) angesichts der bevorstehenden letzten Entscheidung (12,18–29). Ziel ist die Mahnung zu einem heiligen Lebenswandel und zum Festhalten am Bekenntnis auf dem Weg in die künftige Stadt (13,1–6.7–14).

2 Gattung und Form

Der Hebräerbrief ist, trotz des brieflichen Schlusses, kein Brief (vgl. oben § 9.2b). Aufgrund der durchgängig begegnenden Anredeform in der 2. Person Plural wird er oft als „Homilie" bzw. „Predigt" bezeichnet, doch diese Beschreibung wird dem literarischen Profil der Schrift nicht wirklich gerecht. Gerade die innerhalb des Textes enthaltenen predigtartigen Abschnitte (vgl. vor allem 3,7–4,13) zeigen, dass der Text als ganzer nicht als Predigt anzusehen ist. In 13,22 charakterisiert der Autor selbst seine Darlegungen als „Mahnrede" (λόγος τῆς παρακλήσεως). Tatsächlich ist das Schreiben eher als „Rede" (λόγος) denn als „Schrift" entworfen. Allerdings könnte der briefliche Schlussabschnitt in 13,22–25 sekundär angefügt worden sein (s. u.), so dass man nicht sicher sagen kann, ob der Autor hier tatsächlich die Intention und das literarische Profil seiner Schrift nennt.

Auf den Charakter des Hebräerbriefs als „Rede" verweist die an einigen Stellen begegnende metasprachliche Kommunikation (vgl. 2,5: „die künftige Welt, von der wir reden ..."; 6,9: „... wenn wir auch so reden", jeweils λαλοῦμεν). In 6,1 begründet der Verfasser, warum er ein bestimmtes Thema jetzt nicht behandelt; in 9,5b teilt er mit, dass er über das biblische Sühnopfer jetzt im Detail nicht „sprechen" kann (λέγειν). Dass es sich beim Hebräerbrief gleichwohl nicht um eine „Predigtmitschrift" handelt, wird durch den ausgefeilten literarischen Stil deutlich, der auf eine sorgfältige schriftliche Ausarbeitung verweist.

Auffällig an der äußeren Form des Hebräerbriefs ist, dass er ohne jede Einleitung oder Anrede unvermittelt einsetzt, jedoch einen Briefschluss aufweist. Da in 13,23f. „Timotheus" und „Italien" erwähnt werden, wird der Eindruck erweckt, der Hebräerbrief sei ein Paulusbrief (s. u. § 24.6). Der Abschnitt in 13,22–25 kann demnach als pseudepigraphe „Kontaktaufnahme zum Paulinismus" interpretiert werden (KARRER, Hebräerbrief, 488). Da er aber ansonsten keine Merkmale paulinischer Pseudepigraphie aufweist, ist es denkbar, dass in 13,22–25 ein sekundär angefügtes Postskript vorliegt. Man darf allerdings nicht übersehen, dass schon die mit 13,1 einsetzende Paränese dem traditionellen Briefstil entspricht. Ungeachtet diverser Verbindungen zu Begriffen und Themen, die auch in den Paulusbriefen vorkommen, sind Sprache und Theologie des Hebräerbriefs gegenüber Paulus eigenständig. Der Verfasser nimmt zudem die Autorität des Paulus für sein Schreiben nicht in Anspruch. Dessen ungeachtet galt der Hebräerbrief in der Antike zumeist als paulinisch und wurde auch im Zusammenhang der Paulusbriefe überliefert.

3 Das Problem der Adressaten

Trotz der traditionellen Bezeichnung „An die Hebräer" sind die Adressaten des Schreibens weder Juden noch Judenchristen. Näher liegt es, an Heidenchristen zu denken, denen das „Fundament", einschließlich „Umkehr von toten Werken" und „Glaube an Gott", erst vermittelt werden muss (vgl. 6,1). Da das Schreiben jedoch in ein fortgeschrittenes Stadium des Glaubens zielt, wendet es sich vermutlich an alle Christusgläubigen, so dass der Hebräerbrief als „katholisches" Schreiben, ohne spezifische Adressaten, aufgefasst werden kann.

Auffällig ist der durchgehende Bezug auf die Schriften Israels, einschließlich zahlreicher Zitate. Um so bemerkenswerter ist, dass das Verhältnis von Juden und Heiden bzw. jüdischen und nichtjüdischen Christusgläubigen nicht explizit thematisiert wird. Die Auseinandersetzung mit der biblischen Tradition (etwa das Verhältnis von altem und neuem Bund, vgl. 7,22; 8,6; 9,15–22; 12,24; 13,20) wird auf der exegetischen Ebene geführt, ohne dass eine direkte Konfrontation mit bestimmten Gruppierungen erkennbar wird. Fragen der Einhaltung der Tora oder die Beschneidung von nichtjüdischen Glaubenden spielen keine Rolle. Konkrete Konflikte zwischen jüdischen und nichtjüdischen Glaubenden sind offenbar nicht im Blick. Vielmehr nimmt der Hebräerbrief die Schriften Israels selbstverständlich für seine Darlegungen über Jesus Christus als den Sohn Gottes in Anspruch.

Die Situation, die der Hebräerbrief bei seinen Adressaten voraussetzt und in die hinein er seine Mahnrede richtet, lässt sich in einigen Andeutungen erkennen. Es handelt sich um eine auf ihrem Weg „müde" gewordene Gemeinde (12,12–17), die in der Gefahr steht, von der Glaubenswahrheit abzufallen. Der Hinweis auf die Unmöglichkeit einer zweiten Buße (6,1–8) ist demzufolge als konkrete Warnung aufzufassen. Eine Auseinandersetzung mit abweichenden Lehren ist dagegen nicht erkennbar. Die wiederholten Mahnungen zur Beständigkeit und Festigkeit im Glauben lassen vielmehr darauf schließen, dass der Verfasser die Gefahr einer Glaubensmüdigkeit sieht, der er mit seinem Schreiben entgegenwirken will. Er liefert deshalb Gründe dafür, am Glauben festzuhalten, und er kombiniert dies immer wieder mit Mahnungen, am Weg hin zum Erlangen der Verheißung festzuhalten.

4 Verfasserfrage und Sprache

Der Hebräerbrief ist ein anonymes Schreiben. Die Frage, wer es verfasst hat, lässt sich nicht beantworten, sie war jedoch von früher Zeit an Gegenstand von Spekulationen. Im antiken Christentum ist häufiger vermutet worden, dass Paulus den Brief verfasst haben könnte. So vermutete etwa Clemens von Alexandria, es handle sich um die von Lukas angefertigte Übersetzung eines ursprünglich hebräisch geschriebenen Paulusbriefes für die Griechen. Paulus habe anonym bleiben wollen, um nicht von vornherein eine Abwehrhaltung bei den jüdischen Lesern hervorzurufen. In den östlichen Kirchen gilt der Hebräerbrief dementsprechend als authentischer Paulusbrief und ist auch gemeinsam mit den Paulusbriefen überliefert worden. In $\mathfrak{P}^{46}$, einem Codex mit zehn (oder elf) Paulusbriefen, zugleich das älteste erhaltene Manuskript des Hebräerbriefs, steht er an zweiter Stelle, nach dem Römer- und vor dem 1. Korintherbrief. Die Synode von Karthago im Jahre 397 nennt dreizehn Briefe des Paulus, dazu „von demselben" auch den Hebräerbrief. In der Anordnung des neutestamentlichen Kanons steht der Hebräerbrief, mit Ausnahme der Lutherbibeln, bis heute unter den Paulusbriefen.

In der Westkirche wurde die paulinische Autorschaft dagegen bereits von Irenäus, Hippolyt und Tertullian bezweifelt. Im Canon Muratori wird er nicht genannt. Im 16. Jahrhundert haben dann Erasmus, Luther, Melanchthon, Calvin und andere die Annahme, Paulus sei Autor des Hebräerbriefs, bestritten. Durchgesetzt hat sich diese Auffassung allerdings erst im 19. Jahrhundert im Zuge der historisch-kritischen Erforschung der neutestamentlichen Schriften. Entscheidend war die Erkenntnis, dass Stil und theologischer Inhalt eine Abfassung durch Paulus ausschließen.

Dementsprechend kommen andere Autoren infrage. An entsprechenden Vorschlägen mangelt es nicht. So wurden zum Beispiel Barnabas (so Tertullian) und Apollos (erwogen von Luther, dann u. a. Theodor Zahn) als mögliche Verfasser genannt, auch Priszilla wurde als mögliche Verfasserin ins Spiel gebracht (Adolf von Harnack). Dabei handelt es sich jedoch um gelehrte Spekulationen, die sich durch den Textbefund nicht erhärten lassen. Wahrscheinlich war der Hebräerbrief immer schon anonym und für eine prinzipiell unbestimmte Leserschaft gedacht. Luthers Urteil in seiner Vorrede zum Hebräerbrief, die Frage, wer die Epistel geschrieben habe, „ist unbewust, wil auch wol unbewust bleiben noch eine weile, Da ligt auch nichts an" (WA.DB 7, 345), hat deshalb unverändert Gültigkeit.

Sprachlich weist der Hebräerbrief das beste Griechisch im Neuen Testament auf (weshalb mitunter auch Lukas als Autor vermutet wurde). Es finden sich ausführliche Satzperioden (1,1–4; 2,2–4; 2,14f.; 7,20–22.23–25); der Autor verwendet ausgefallene Vokabeln und verfügt über einen großen Wortschatz (nach der Wortstatistik von Robert Morgenthaler umfasst der Hebräerbrief insgesamt 4950

Wörter mit einem Wortschatz von 1038 Vokabeln; zum Vergleich: das Johannesevangelium verwendet 1011 Vokabeln in einem Text von der dreifachen Länge). Der Verfasser versteht sich auf eine intensive und gelehrte Benutzung der griechischen jüdischen Schriften (Septuaginta) und eine sehr versierte Argumentationsweise. Formal, zum Teil auch inhaltlich, entspricht der Hebräerbrief der hellenistisch-jüdischen Gelehrsamkeit, wie sie aus Alexandria – vor allem aus dem Werk Philos – bekannt ist. Aus diesem Grund wurde auch Apollos als Autor des Hebräerbriefs vermutet, der Apg 18,24 zufolge aus Alexandria stammte und in den jüdischen Schriften bewandert war. Auch dies bleibt jedoch eine Vermutung, die sich weder bestätigen noch widerlegen lässt.

5 Zur Theologie des Hebräerbriefes

Auffällig ist, dass der Hebräerbrief Methoden der jüdischen Bibelauslegung verwendet, die in dieser Form im übrigen Neuen Testament nicht begegnen. So ist Hebr 3,7–4,10 ein an Ps 95,7–11 (94,7–11 LXX) anschließender Midrasch; Hebr 7,1–25 ist ein Midrasch zu Ps 110,4 (109,4) und Gen 14,17–22. Der Autor greift generell ausführlich auf Begriffe, Vorstellungen und exegetische Methoden des hellenistischen Judentums zurück, wobei besonders enge Berührungen mit Philo von Alexandria bestehen. So wird zum Beispiel bei beiden der Name „Melchisedek" als „König der Gerechtigkeit" interpretiert (Hebr 7,2; vgl. Philo, LA 3,79–82; vgl. auch Josephus, ant. 1,180). Des Weiteren verwenden Philo und der Hebräerbrief typologische und allegorische Formen der Schriftauslegung. So werden im Hebräerbrief das irdische Heiligtum und das irdische Jerusalem als Abbild ihrer himmlischen Urbilder aufgefasst. Dabei haben Vorstellungen platonischer bzw. platonisierender Philosophie eingewirkt, die auch bei Philo festzustellen sind. Diese Berührungen müssen nicht auf eine direkte literarische Beziehung zwischen dem Hebräerbrief und Philo zurückgehen. Sie können auch durch die unabhängige Aufnahme derartiger Vorstellungen erklärt werden, die in der griechischen und römischen Antike verbreitet waren.

Die Theologie des Hebräerbriefs ist weithin bestimmt vom Gedanken des „wandernden Gottesvolks". Auf dieses Bild wird vor allem in der Paränese Bezug genommen. So wird in 3,7–4,13 anhand von Schriftzitaten und Rekursen auf die Geschichte Israels das auf der Wanderschaft befindliche Gottesvolk auf anschauliche Weise dargestellt. Gegen die Ermüdung, die beim langen Wandern eintritt, muss und kann man ankämpfen, indem man an die Zukunft, d. h. an das Ziel der Wanderschaft, die himmlische Ruhe in der himmlischen Stadt, denkt. Das Bild zeigt damit zugleich, dass die Eschatologie nicht nur zeitlich, sondern auch räumlich entworfen ist, nämlich im Schema von unten und oben. Die Wandernden werden weiter aufgerufen, bereits in der Gegenwart dessen gewiss zu sein: Die Beschreibung des Weges, die der Orientierung dient, erleichtert die Mühen.

Und selbst der Blick zurück in die Vergangenheit auf die schon zurückgelegte Wegstrecke dient der Hilfe: Die Ermüdenden werden an den alten Bund, an die damalige Verheißung erinnert, wodurch indirekt der Ausblick auf das Ziel erneut unterstrichen wird.

Von diesem Motiv der Wanderung her kann man sich die Grundbegriffe des Hebräerbriefs erschließen: Glaube wird verstanden als das Verbleiben bei der Gemeinschaft des wandernden Volkes; Sünde ist das Zurückbleiben, Ermüden, also Unglaube und Abfall; Hoffnung schließlich ist der Ausblick von dem Weg hin auf das Ziel. Die Verheißung ist einerseits schon erfüllt: Das Gottesvolk ist ja bereits unterwegs. Andererseits aber steht das Ende noch aus: Das Ziel ist noch nicht erreicht, das Volk bedarf noch der Stärkung. Die Gewissheit der Hoffnung ist durch das Heilswerk begründet, durch das Opfer Christi, des wahren Hohenpriesters (4,14–7,28).

Hauptthema der Christologie des Hebräerbriefs ist die sorgfältig ausgearbeitete Typologie der Priester- und Opfervorstellung. Christus ist der wahre Hohepriester, d. h. die biblischen Aussagen über Kult und Opfer waren nichts als ein Schatten des jetzt in Christus Wirklichkeit Gewordenen (10,1). Eine entscheidende Rolle spielt die Gestalt des Melchisedek, des Priesterkönigs von Salem (Gen 14,18–20), die auch im zeitgenössischen Judentum (11QMelch) und in Nag Hammadi (NHC IX,1) auf eigene Weise gedeutet wird. Christus ist „der wahre Hohepriester nach der Weise Melchisedeks" gemäß Ps 110,4 (Hebr 5,6; 7,17; vgl. 6,20); er hat das levitische Priestertum abgelöst (7,11). Vom Hohenpriester am Tempel unterscheidet er sich grundlegend dadurch, dass sein Priestertum nicht vergänglich ist, sondern in Ewigkeit bleibt (7,23f.), dass er nicht für seine eigenen Sünden zu opfern braucht, da er sündlos ist (7,26f.), dass er nicht Tierblut opfert, sondern sein eigenes Blut (9,11–14), dass er nicht in ein von Menschenhänden gemachtes Heiligtum hineingeht, sondern in den Himmel (9,24), und dass er nicht immer wieder opfert, sondern nur ein einziges Mal, gültig für alle Zeiten (9,26–28).

In derselben Weise wird auch das Verhältnis zwischen dem alten und dem neuen Bund bestimmt (8,1–10,18): Der zweite Bund ist der weitaus bessere (8,6). In typologischer Deutung verhalten sich alter und neuer Bund zueinander wie Bild und Sache oder wie Verheißung und Erfüllung, d. h. der alte Bund wird durch den neuen sowohl abgelöst als auch überboten.

Die Christologie des Hebräerbriefs ist also ganz von der Soteriologie her bestimmt. Anders als bei Paulus ist der Hebräerbrief nicht an Christi Auferstehung orientiert, sondern an seiner Erhöhung: Christus ist Gottes „letztes" und endgültiges Wort (1,1–4); als mitleidender Hoherpriester ist er den Menschen in allem gleich geworden, auch in der Versuchung, allerdings blieb er ohne Sünde (4,15). Er geht den Glaubenden voran auf dem Weg zum endgültigen Ziel (12,2f.). Er hat sich gesetzt zur Rechten des Thrones der Majestät im Himmel (8,1). Der Hebräerbrief zeichnet also den Weg des Gottessohnes nach, den Gott in die Welt eingeführt hat, der dort den Menschen gleich geworden ist und sich schließlich, nachdem er sich als Hoherpriester selbst als Opfer dargebracht hat, zur Rechten Gottes gesetzt hat. Im Hebräerbrief liegt demnach eine spezifische Verbindung von Präexistenzchristologie und einer Beschreibung des Weges des irdischen Jesus vor.

Auffallend ist, dass im Hebräerbrief sehr eingehend vom Gesetz die Rede ist. Damit ist stets das Kultgesetz Israels gemeint (vgl. 7,5–28; 9,19; 10,8). Der paulinische Zusammenhang von Gesetz, Gerechtigkeit, Gnade und Sünde wird im Hebräerbrief dagegen nicht entfaltet.

6 Zeit und Ort der Abfassung

Die Abfassungszeit des Hebräerbriefs lässt sich ansatzweise dadurch bestimmen, dass in 1Clem 36,2–5 offenbar Hebr 1 rezipiert und zitiert wird. Zwar werden die hier sichtbaren Übereinstimmungen in der Forschung gelegentlich auf Gemeinsamkeiten von verwendeter Tradition zurückgeführt, aber die textlichen Indizien sprechen doch stärker für eine direkte literarische Abhängigkeit. Dann wäre der Hebräerbrief spätestens Mitte der neunziger Jahre in Rom bekannt gewesen. Aus der scheinbar aktuellen Schilderung des jüdischen Tempelkults wird bisweilen gefolgert, dass der Hebräerbrief vor der Zerstörung des Jerusalemer Tempels, also vor 70 n. Chr., verfasst worden ist. Aber der Verfasser bezieht sich auf die biblischen Aussagen über den Kult, nicht auf die historisch gegebene Situation (vgl. 9,1–10).

Der Abstand zu den „Führern" in der Vergangenheit (13,7) macht es wahrscheinlich, dass die apostolische Zeit bereits zurückliegt. Alle Indizien verweisen auf eine Abfassung der Schrift um das Jahr 80.

Als Abfassungsort könnte Rom infrage kommen. Dafür spricht auch die Benutzung durch den 1. Clemensbrief (s. auch unten § 41.2a); die Erwähnung „derer aus Italien" (13,24) weist in diese Richtung. Denkbar ist aber auch jeder andere Abfassungsort, denn die Erwähnung von „Italien" könnte Teil der durch den sekundären brieflichen Schluss möglicherweise suggerierten Fiktion sein, Paulus habe den Hebräerbrief nach einer Freilassung des Timotheus aus dem Gefängnis in Rom verfasst. Der Hinweis auf eine Verfolgungssituation (10,32–39) könnte für eine Abfassung in Kleinasien sprechen (vgl. Apk 6,9ff.), doch Kriterien für eine sichere Entscheidung gibt es nicht.

Arbeitsvorschläge

1. Die Aussagen über die erneute „Umkehr/Buße" in Hebr 6,4–8 wurden im Laufe der Interpretationsgeschichte verstärkt diskutiert (vgl. auch 10,26–30; 12,15–17). Wie ist die Pragmatik dieser Aussagen zu bestimmen? Berücksichtigen Sie dabei die Hinweise zur Analyse der Pragmatik (s. o. § 7.4).

2. In Hebr 7 wird ausführlich mit der Figur des Melchisedek argumentiert, der in Ps 110,4 und Gen 14 erwähnt wird. Wie wird das Verhältnis jeweils zwischen Jesus, Melchisedek, Abraham und den levitischen Priestern bestimmt?
3. Der Hebräerbrief entwickelt als einzige Schrift im Neuen Testament so etwas wie eine „Theologie des Bundes (διαθήκη)". Wie sind seine Aussagen über den „alten" und über den „neuen" Bund in Hebr 8,1–10,18 zu verstehen? Wie wird darin der Tod Jesu in Hebr 9,11–28 gedeutet? Was hat sein Tod bewirkt?
4. In welcher Hinsicht ist die „Wolke von Zeugen" in Hebr 11 vorbildlich? Welche Rolle spielen in diesem Abschnitt die Begriffe „Glaube" und „Verheißung"?

§ 25 Die Entstehung des Corpus Paulinum

Literatur: KURT ALAND, Die Entstehung des Corpus Paulinum, in: ders., Neutestamentliche Entwürfe (TB 63), München 1979, 302–350 ♦ ANDREAS LINDEMANN, Die Sammlung der Paulusbriefe, in: Jean-Marie Auwers/Henk J. de Jonge (Hg.), The Biblical Canons (BEThL 163), Leuven 2003, 321–351 ♦ JENS SCHRÖTER, Sammlungen der Paulusbriefe und die Entstehung des neutestamentlichen Kanons, in: Jens Schröter u. a. (Hg.), Receptions of Paul in Early Christianity. The Person of Paul and His Writings through the Eyes of His Early Interpreters (BZNW 234), Berlin/Boston 2018, 799–822.

Die Paulusbriefe sind als Einzelschreiben an bestimmte Gemeinden (im Fall des Philemonbriefs an eine Hausgemeinde) gerichtet. Sie sind auf die jeweilige Kommunikationssituation zwischen Paulus und den Christen an den entsprechenden Orten bezogen. Paulus erhebt mit diesen Briefen zugleich den Anspruch, das Christuszeugnis wahrhaftig und authentisch darzulegen. Deshalb gelten seine Ausführungen auch für *alle* Gemeinden (vgl. 1Kor 1,2; 4,17; 7,17; 11,16; 14,33). Allerdings dürfte Paulus kaum davon ausgegangen sein, dass seine Briefe über den konkreten Adressatenkreis hinaus zur Kenntnis genommen wurden.

Ein erstes Indiz für eine weiterreichende Wirkung des Paulus und seiner Briefe sind die deuteropaulinischen Briefe. Diese knüpfen in je eigener Weise an die von Paulus entwickelten Gedanken an und führen sie weiter. Dies geschieht in verschiedener Weise: Der 2. Thessalonicherbrief setzt den 1. Thessalonicherbrief voraus und stellt diesem eine eigene Eschatologie entgegen; der Kolosser- und der Epheserbrief nehmen Aspekte der Christologie und Soteriologie auf und führen sie weiter; die Pastoralbriefe stellen die Person des Paulus als des einzigen Apostels ins Zentrum, dessen Erbe es zu bewahren gilt. Die Akzentverschiebungen, die damit einhergehen, wurden bei der Behandlung dieser Briefe dargelegt. Daneben steht die biographische Rezeption, die sich in der Apostelgeschichte und später in den Paulusakten findet. Diese Schriften zeichnen Weg und Wirken des Paulus biographisch nach und stellen ihn als authentischen und zugleich leidenden Apostel dar.

Ein erster Hinweis darauf, dass die Briefe auch andernorts gelesen werden sollen, findet sich in Kol 4,16: Der Brief an die Kolosser soll nach Laodicea weitergereicht werden, der dorthin gesandte Brief soll auch in Kolossä gelesen werden. Unabhängig davon, ob damit tatsächlich ein Brieftausch gefordert wird oder diese Aufforderung zur Fiktion des Kolosserbriefs gehört, ist damit ein Hinweis auf die Praxis der Weitergabe und vermutlich auch Sammlung von Paulusbriefen gegeben. Das lässt sich dadurch bestätigen, dass etliche nachpaulinische Schreiben mehrere Paulusbriefe voraussetzen, auch wenn sie diese nicht ausdrücklich erwähnen. Sowohl der Epheserbrief als auch die Pastoralbriefe kennen zumindest einige Paulusbriefe, das gilt auch für die Apostelgeschichte. Da die an Paulus anknüpfenden und in seinem Namen geschriebenen Briefe sowie die Apostelgeschichte an unterschiedlichen Orten entstanden sind und untereinander keine Verbindung erkennen lassen (abgesehen von den Zusammenhängen zwischen dem Kolosser- und Epheserbrief sowie den Pastoralbriefen untereinander), ist auch die Existenz einer „Paulusschule", die in der älteren Forschung mitunter vermutet wurde, unwahrscheinlich. Näher liegt, dass an verschiedenen Orten (etwa Rom und Ephesus) Briefe des Paulus gesammelt und seine Biographie und Theologie weitergeschrieben wurden.

Zeugnisse für die Existenz mehrerer Paulusbriefe außerhalb des Corpus Paulinum und der Apostelgeschichte bieten sodann der 1. Clemensbrief (Rom, Ende des 1. Jh.s), Ignatius, der 2. Petrusbrief sowie Polykarp (vermutlich erste Hälfte des 2. Jh.s). Eine Sammlung von Paulusbriefen (außer den Pastoralbriefen) kennt sodann Markion, der um 140 in Rom wirkt und diese Briefe seinen eigenen Auffassungen entsprechend bearbeitet. Später im 2. Jahrhundert ist die Kenntnis mehrerer Paulusbriefe sodann für Irenäus (um 180) bezeugt, der Canon Muratori (um 200) listet ebenfalls die Paulusbriefe (einschließlich der Pastoralbriefe, aber ohne den Hebräerbrief) auf. Ein wichtiges Zeugnis ist sodann der als $\mathfrak{P}^{46}$ gezählte Codex, der die Paulusbriefe außer den Pastoralbriefen enthält (der 2. Thessalonicherbrief ist nicht vorhanden, hat aber vermutlich im nicht erhaltenen Schluss des Codex gestanden).

Das Bild, das das Neue Testament von Paulus vermittelt, ist demnach von dem „historischen Paulus" und seiner Theologie zu unterscheiden. Im Neuen Testament finden sich neben den authentischen Paulusbriefen frühe Zeugnisse für die Rezeption von Wirken und Theologie des Paulus, die in der Situation der entstehenden Kirche zur Geltung gebracht wurden. Dass dabei nicht die historisch-kritischen Maßstäbe der Unterscheidung echter von unechten Zeugnissen zugrunde gelegt wurden, zeigen sowohl die gleichberechtigte Behandlung von aus heutiger Sicht authentischen und pseudepigraphen Briefen als auch die Aufnahme des Hebräerbriefs in das Corpus Paulinum.

IV. Die synoptischen Evangelien und die Apostelgeschichte

§ 26 Die Evangelien als Jesuserzählungen

Literatur: CILLIERS BREYTENBACH, Das Markusevangelium als episodische Erzählung. Mit Überlegungen zum „Aufbau" des zweiten Evangeliums, in: Hahn (Hg.), Erzähler des Evangeliums (s. u.), 137–169 ♦ CILLIERS BREYTENBACH, The Gospel according to Mark as Episodic Narrative (NT.S 182), Leiden/Boston 2021 ♦ RUDOLF BULTMANN, Die Geschichte der synoptischen Tradition (FRLANT 12), Göttingen [10]1995 ♦ MARTIN DIBELIUS, Die Formgeschichte des Evangeliums, Tübingen [6]1971 ♦ FERDINAND HAHN (Hg.), Der Erzähler des Evangeliums. Methodische Neuansätze in der Markusforschung (SBS 118/119), Stuttgart 1985 ♦ WERNER H. KELBER, Mark's Story of Jesus, Philadelphia 1979 ♦ JACK D. KINGSBURY, Matthew as Story, Philadelphia 1986 ♦ JACK D. KINGSBURY, Conflict in Luke. Jesus, Authorities, Disciples, Minneapolis 1991 ♦ DAVID RHOADS/KAREN SYREENI (Hg.), Characterization in the Gospels. Reconceiving Narrative Criticism (JSNT.S 184), Sheffield 1999 ♦ DAVID M. RHOADS/ JOANNA DEWEY/DAVID MICHIE, Mark as Story. An Introduction to the Narrative of a Gospel, Philadelphia [3]2012 ♦ KARL LUDWIG SCHMIDT, Der Rahmen der Geschichte Jesu, Berlin 1919 ♦ THOMAS SÖDING (Hg.), Der Evangelist als Theologe. Studien zum Markusevangelium (SBS 163), Stuttgart 1995 ♦ ELIZABETH STRUTHERS MALBON, Mark's Jesus. Characterization as Narrative Christology, Waco, Tex. 2009.

Die Evangelien des Neuen Testaments stellen das Wirken und Geschick Jesu in je eigener Weise in Form biographischer Erzählungen dar. Dabei greifen sie ältere Überlieferungen auf, die sie inhaltlich und sprachlich überarbeiten und in ihre jeweiligen Schriften integrieren. Wurde in der älteren Formgeschichte viel Aufmerksamkeit darauf verwendet, die den Evangelien vorausliegenden Traditionen und Überlieferungen zu rekonstruieren, hat die Forschung etwa seit den siebziger Jahren des 20. Jahrhunderts den Blick auf die Evangelien als Erzählungen gelenkt. Dabei wurde herausgearbeitet, dass jedes Evangelium eine eigene Perspektive auf das Wirken und Geschick Jesu entwickelt. Die unter den Stichworten „Synchronie" und „Diachronie" verhandelten Aspekte der Erzählwelt der Evangelien und der in diese aufgenommenen Überlieferungen (vgl. oben die Einführung zu § 7) hat sich dabei stärker auf die Wahrnehmung der literarischen und theologischen Darstellung des Wirkens Jesu in seiner Zeit verlagert. In besonderer Weise ist diese Frage im Blick auf die Evangelien nach Markus, Matthäus und Lukas, die „synoptischen Evangelien", von Bedeutung. Das Johannesevangelium unterscheidet sich von diesen in vielfacher Hinsicht und ist deshalb gesondert zu behandeln (vgl. unten § 33). Zuvor wurde gesagt, die Verfasser der synoptischen Evangelien seien „nur zum geringsten Teil Schriftsteller", vielmehr „in der Hauptsache Sammler, Tradenten, Redaktoren" (so DIBELIUS 2), und ihre Tätigkeit habe sich darauf beschränkt, die Einzeltraditionen zusammenzufügen und dem ganzen überlieferten Material einen gewissen Rahmen zu geben (SCHMIDT 317: Markus reihe „im Grunde nur Einzelperikopen nebeneinander"). Die „Redaktion", also die Aufnahme der Überlieferungen in die jeweilige Jesusdarstellung, trat dagegen nur ansatzweise in den Blick. Bultmann fragt im letzten Teil seiner „Geschichte der synoptischen Tradition" immerhin nach der „Redaktion des Traditionsstoffes" und nach der „Komposition der Evangelien"; aber auch er meint, der älteste Evangelist Markus sei „noch nicht in dem Maße Herr über den Stoff geworden, daß er eine Gliederung wagen könnte" (375; die Sammlung der Konfliktszenen in Mk 2,1–3,6 hält Bultmann beispielsweise für „rein zufällig"). Bei Matthäus und vor allem bei Lukas lasse sich dann jedoch in gewissem Umfang ein literarisches Interesse an der „Redigierung und Verknüpfung der Einzelstücke zu einem fortlaufenden Zusammenhang" erkennen (392). Bultmann vermeidet es allerdings bewusst, von einer „Theologie" der Verfasser der synoptischen Evangelien zu sprechen. Dementsprechend gibt es auch keinen Teil zu den synoptischen Evangelien in Bultmanns „Theologie des Neuen Testaments".

Die synoptischen Evangelien wurden in dieser Forschungsphase demnach vor allem als Schriften beurteilt, die vorausliegende Überlieferungen zusammengestellt und dabei im Grunde einen Prozess vollendet hätten, der bereits zuvor mit der Entstehung vorsynoptischer Sammlungen, etwa von Gleichnissen oder Machttaten Jesu, begonnen habe. Diese Sicht ist inzwischen dadurch abgelöst worden, dass die Verfasser der Evangelien als eigenständige Autoren verstanden werden, die Jesusdarstellungen mit je eigenen literarischen und inhaltlichen Merkmalen verfasst haben. Diese Hinwendung zu einer Interpretation der Evangelien als Erzählungen mit einem je eigenen Handlungsgerüst („Plot") wurde durch die sogenannte „Redaktionsgeschichte" vorbereitet. Diese hatte gegenüber der vorausgegangenen formgeschichtlichen Erforschung der Evangelien das Augenmerk bereits stärker auf die Art und Weise gelenkt, wie die Überlieferungen in den Evangelien sprachlich und inhaltlich auf je eigene Weise verarbeitet wurden. Dabei war allerdings immer noch das Verhältnis von „Tradition" und „Redaktion" leitend, was dazu führte, dass das literarische und theologische Profil der Evangelien vor allem aus der „Redaktion", also aus der Bearbeitung des Überlieferungsstoffes, erhoben wurde. Die neuere, narratologisch orientierte Forschung hat dagegen den Blick darauf gelenkt, dass die Evangelien für ihre Darstellungen des Wirkens und Geschicks Jesu eigene Textwelten entwerfen, in die sie vorliegende Überlieferungen integrieren. Die Tätigkeit der Verfasser ist demnach keineswegs auf die Bearbeitung dieser Überlieferungen zu beschränken, sondern bezieht sich auf die Abfassung der jeweiligen Jesuserzählung insgesamt. Die Aufnahme und Verarbeitung älterer Überlieferungen bildet dabei einen durchaus wichtigen Teil einer umfassenden literarischen Tätigkeit, die aber etliche weitere Aspekte umfasst.

Seit den siebziger Jahren des 20. Jahrhunderts werden die Evangelien mithilfe narratologischer Methoden analysiert. Dabei wurden die literarischen und inhaltlichen Merkmale der jeweiligen Erzählung sowie die Charakterisierung von Erzählfiguren, etwa der Jünger oder der Gegner Jesu, herausgearbeitet. Die Interpretation der Evangelien als Jesuserzählungen mit je spezifischen Textwelten und erzählerischen Merkmalen tritt dabei zu der Einsicht, dass sie ältere Überlieferungen verarbeitet haben, nicht in Widerspruch. Allerdings verschiebt sich die Perspektive, insofern nunmehr die von den Verfassern der Evangelien entworfenen Jesusbilder in den Vordergrund treten, wogegen zuvor der Akzent stärker auf der Frage nach den von ihnen verarbeiteten Überlieferungen lag. Dabei wurde herausgestellt, dass sich die Evangelien über weite Strecken als „episodische Erzählungen" (BREYTENBACH) charakterisieren lassen. Sie interpretieren Weg, Wirken und Lehre Jesu eigenständig durch Anordnung, sprachliche Gestaltung und inhaltliche Ausdeutung von Überlieferungen, gemeinsam mit frühchristlichen Bekenntnistraditionen (etwa Hoheitsbezeichnungen für Jesus und dem Bekenntnis seiner Auferweckung und Erhöhung) und Stoffen, die sie ihren Darstellungen hinzufügen. Die theologische Deutung Jesu Christi findet in den Evangelien demnach *durch die Erzählung* statt, durch die sie einen substantiellen Beitrag zur frühchristlichen Theologie leisten. Die inhaltlichen Akzente erschließen sich demnach anhand der Lektüre des jeweiligen Evangeliums insgesamt.

Bereits das Lesen größerer Texteinheiten lässt die erzählerische Vorgehensweise und das darin zum Ausdruck kommende theologische Interesse erkennen. Das sei im Folgenden am Beispiel des Gleichniskapitels Mk 4 im Vergleich mit seinen Parallelen in Mt 13 und in Lk 8 näher erläutert. Dabei wird vorausgesetzt, dass das Markusevangelium das älteste Evangelium ist und von Matthäus und Lukas verwendet wurde. Diese Annahme wird unten (§ 27) näher begründet.

1) Markus leitet die Gleichnisrede mit einem deutlich erkennbaren Gliederungssignal ein: Jesus lehrt „abermals" (πάλιν) am „Meer", also am See Genezareth, wo sich eine große Volksmenge versammelt (4,1; die Wendung ἤρξατο διδάσκειν, „er begann zu lehren", ist bei Markus häufig, vgl. 1,45; 5,20 u. ö.). Im unmittelbaren Kontext ist damit gegenüber 3,20–35 ein Szenen- und Ortswechsel angezeigt. Darüber hinaus verweist die Notiz zurück auf 2,13, wo bereits von einem Lehren Jesu vor dem Volk „am Meer" die Rede gewesen war. Ebenso wie in 2,13 versammelt sich eine Volksmenge. Da es diesmal „sehr viel Volk" (ὄχλος πλεῖστος) ist, tut Jesus etwas Neues (4,1b): Er setzt sich in ein Schiff auf dem „Meer" (θάλασσα), während sich das Volk „am Land" (ἐπὶ τῆς γῆς) befindet. In V. 2 wird nun näher ausgeführt, in welcher Weise Jesus lehrt (nämlich ἐν παραβολαῖς, „in Gleichnissen"), und es wird der Wortlaut seiner Lehre (διδαχή) angekündigt, die dann von V. 3 an auch tatsächlich folgt. Damit ist zugleich ein Zusammenhang zum ersten öffentlichen Auftreten Jesu in Kafarnaum hergestellt,

worauf die Wiederaufnahme des dort bereits begegnenden programmatischen Wortes διδαχή (1,22.27) verweist. Im größeren Kontext des Markusevangeliums stellt die folgende Rede, ebenso wie die zuvor berichteten Heilungen und Dämonenaustreibungen, zudem eine Interpretation der summarischen Notiz aus 1,14f. dar: Jesus verkündigt das Evangelium, indem er den Anbruch der Gottesherrschaft ansagt und zur Umkehr aufruft. Die folgende Erzählung über einen Sämann und seine Saat (4,3–9) ist demnach eine Parabel über die Gottesherrschaft, auch wenn der Text das nicht explizit sagt. Wie diese Parabel zu verstehen ist, bleibt jedoch zunächst offen und wird erst im weiteren Verlauf der Rede deutlich.

An die Parabel schließt sich in Mk 4,10–12 ein Dialog über die Bedeutung der παραβολαί an. Als Gesprächspartner Jesu werden dabei sowohl „die, die bei ihm waren" (οἱ περὶ αὐτόν), als auch der in 3,14–19 eingeführte Kreis der zwölf Jünger genannt. Die Frage bezüglich der Gleichnisse macht deutlich, dass sich der Sinn der Gleichnisrede Jesu nicht von selbst erschließt, sondern es des rechten Hörens und Verstehens bedarf, um ihre Bedeutung zu erfassen. Nicht zufällig begegnet deshalb innerhalb der Gleichnisrede mehrfach der Aufruf zum richtigen Hören: am Beginn und am Ende der Sämannparabel (V. 3 und V. 9.) sowie innerhalb der Spruchgruppe in 4,21–25 (V. 23 und V. 24). Die von Jesus als Antwort auf die Frage der Hörer formulierte „Paraboltheorie" führt zunächst den Ausdruck „Geheimnis des Gottesreiches" ein (V. 11). Dieses ist den Hörern Jesu (denen auf der Ebene des Markusevangeliums die intendierten Leser entsprechen) „gegeben", damit sie die Gleichnisse richtig verstehen können. „Die draußen", von denen bereits zuvor (3,31f.) die Rede gewesen war, hören dagegen nur „in Gleichnissen" (ἐν παραβολαῖς), was hier „in Rätselrede" meint. Darauf wird im Anschluss (V. 12) das Verstockungswort aus Jes 6,9f., das in geraffter Form zitiert wird, bezogen: Sie sehen und erkennen nicht, hören und verstehen nicht. Dieser für das Markusevangelium zentrale Passus lenkt demnach den Blick darauf, dass die Lehre in Gleichnissen die Funktion hat, den Anbruch des Gottesreiches im Wirken Jesu als einen geheimnisvollen, verborgenen Vorgang zu beschreiben, für dessen Erkenntnis es besonderen Verstehens bedarf und der eine Scheidung zwischen denen um Jesus und denen „draußen" bewirkt.

Die rhetorische Frage in 4,13 bezieht dies auf die Gleichnisse und Parabeln insgesamt. Das wird bereits daran deutlich, dass, wie bereits zuvor in V. 10, auch hier von „den Gleichnissen" im Plural die Rede ist, wogegen sich der Singular „dieses Gleichnis" auf die im Folgenden ausgelegte Parabel vom Sämann bezieht. Diese steht demnach exemplarisch für die Gleichnisse und Parabeln Jesu insgesamt. Die in 4,14–20 gegebene Deutung setzt dabei gegenüber der Parabel selbst eigene Akzente. Zwar wird zunächst, entsprechend der Tendenz der Parabel, der Same als „das Wort" gedeutet und damit auf die Verkündigung Jesu bezogen (V. 14). Im Anschluss rücken jedoch die verschiedenen Böden, auf der Same fällt, – und damit die verschiedenen Formen der Aufnahme der Lehre Jesu – ins Zentrum (V. 15–20). Das Interesse der Auslegung haftet demnach in erster Linie an den verschiedenen Weisen, in denen das Wort gehört wird. Dabei steht dem dreifachen Misserfolg des „Aussäens" nur ein, allerdings erstaunlich großer, Erfolg gegenüber (V. 20). Explizit gedeutet werden jedoch nur die drei Formen des Misserfolgs, wogegen eine allegorische Auslegung des reichen Ertrags fehlt.

In 4,21–25 begegnet eine Zusammenstellung von Logien aus der Jesusüberlieferung, die um die Themen „Offenbarwerden des Verborgenen" sowie Beurteiltwerden im Endgericht kreist und in V. 23 von einem (nochmaligen) Aufruf zum Hören unterbrochen wird. Im Kontext der Gleichnisrede des Markusevangeliums setzt diese Spruchgruppe das Thema des Geheimnisses des Gottesreiches fort, das durch den Dialog in V. 10–12 bereits als Leitmotiv der Parabel vom Sämann und seiner allegorischen Deutung hervorgetreten war. Die Logien heben demnach hervor, dass das gegenwärtig verborgene Gottesreich zukünftig offenbar werden wird, und sie verbinden dies mit dem endzeitlichen Gericht. Der Bezug auf das Gottesreich wird dabei zwar nicht explizit genannt, ergibt sich jedoch aus dem Gesamtzusammenhang, in dem die Spruchgruppe in Mk 4 steht.

Die beiden folgenden Gleichnisse von der „selbstwachsenden Saat" (4,26–29) und vom Senfkorn (4,30–32) werden durch die jeweilige Einleitung explizit als Gottesreichsgleichnisse gekennzeichnet. Sie setzen das bislang entwickelte Thema des gegenwärtig verborgenen, jedoch zukünftig offenbar werdenden Gottesreiches fort. Das erste Gleichnis lenkt den Blick darauf, dass es eine Zeit geben wird, in der das von Jesus „ausgesäte" Wort, also seine Verkündigung, „wachsen" und „Frucht bringen" muss. Der Ausdruck αὐτομάτη („von selbst", V. 28) drückt dabei die Gewissheit aus, dass dies durch Gottes verborgenes Handeln in jedem Fall geschieht. Im Anschluss daran wird der „Sämann" zur Ernte wiederkommen, die hier als Bild für das Gericht steht. Das Senfkorngleichnis stellt den Kontrast zwischen dem kleinen Anfang (dem kleinsten aller Samenkörner) und dem großen Ende (der Pflanze, die daraus wird und größer ist als alle anderen Pflanzen) in den Mittelpunkt. Damit wird herausgestellt, dass dem kleinen und unscheinbaren Beginn der Gottesherrschaft ein großes Ende, nämlich deren Vollendung, korrespondieren wird.

In 4,33f. erklärt Markus in einer zusammenfassenden Schlussbemerkung, Jesus habe mit vielen derartigen Gleichnissen die Hörer „das Wort" gelehrt (zu diesem Gebrauch von ὁ λόγος vgl. 1,45; 2,2; 4,14ff.), die Auslegung dagegen habe er nur seinen Jüngern vorgetragen, wenn sie unter sich waren (vgl. V. 10; die Wendung κατ' ἰδίαν begegnet noch 6,31f.; 7,33; 9,2.28; 13,3).

Die Gleichnisrede in Mk 4 entwickelt demnach eine wichtige Perspektive auf das Wirken Jesu. Der Verfasser des Markusevangeliums hat dazu verschiedene Gleichnisse und Jesusworte aus der Überlieferung aufgenommen und sie in sein eigenes literarisches und theologisches Konzept integriert. Dieses zielt darauf, den Anbruch des Gottesreiches im Wirken Jesu mit der Situation, in der Markus schreibt, in Beziehung zu setzen. Das wird besonders in der Auslegung der Parabel vom Sämann in 4,14–20 deutlich. Dort werden verschiedene Situationen genannt, in denen die Verkündigung Jesu nicht zum Erfolg führt, weil der Satan das Wort wieder aus den Menschen herausreißt, weil sie an den mit der Verkündigung der Gottesherrschaft verbundenen Bedrängnissen und Verfolgungen Anstoß nehmen oder weil die Alltagssorgen und der „Betrug des Reichtums" sie ersticken. Die Aufforderung zum rechten Hören stellt demgegenüber heraus, dass das im Wirken Jesu angebrochene Gottesreich in der Zukunft vollendet werden wird. Im Bild der Ernte wird dabei auch auf das Wiederkommen Jesu und das endzeitliche Gericht verwiesen. Damit ist ein für das Markusevangelium zentrales Thema zum Ausdruck gebracht: Die durch Jesus gekommene Gottesherrschaft ist klein und unscheinbar, deshalb kann ihre Bedeutung falsch eingeschätzt und sie kann sogar gänzlich verkannt werden. Gerade deshalb kommt es darauf an, trotz der Alltagssorgen und gegenteiliger Erfahrungen an ihr festzuhalten.

2) Matthäus und Lukas setzen das Markusevangelium voraus und haben wesentliche Teile der Rede aus Mk 4 übernommen. Das Gleichnis vom Sämann findet sich in Mt 13,1-15.18-23 sowie Lk 8,4-15. Die Spruchgruppe aus Mk 4,21-25 begegnet in Mt 13,12 in einer auf nur einen Spruch verkürzten Version, wogegen Lukas sie in 8,16-18 fast vollständig übernommen hat. Darüber hinaus sind diese Logien auch anderweitig bei Matthäus und Lukas überliefert (Mt 5,15; 7,2; 10,26; 23,29; Lk 11,33; 6,38; 12,2; 19,26), zum Teil in denselben Zusammenhängen (Mt 7,2/Lk 6,38, vgl. Mk 4,24; Mt 10,26/Lk 12,2, vgl. Mk 4,22; Mt 25,29/Lk 19,26, vgl. Mk 4,25). Bei diesen Sprüchen ist es deshalb möglich bis wahrscheinlich, dass sie aus einem Matthäus und Lukas neben Markus gemeinsamen Überlieferungszusammenhang, nämlich der Logienquelle Q, stammen (vgl. dazu unten § 27-28). Das Gleichnis aus Mk 4,26-29 fehlt dagegen sowohl bei Matthäus wie auch bei Lukas. Matthäus hat an der entsprechenden Stelle (13,24-30) stattdessen die nur bei ihm zu findende, im Bildmaterial vergleichbare Parabel vom Unkraut unter dem Weizen, einschließlich einer allegorischen Deutung (V. 36-43). Ebenfalls im Gleichniskapitel findet sich bei Matthäus in 13,31f. parallel zu Mk 4,30-32 die Parabel vom Senfkorn, die Lukas dagegen erst an anderer Stelle anführt (13,18f.). Sowohl Matthäus als auch Lk 13,33 kennen offensichtlich neben der Fassung des Markus eine weitere, die aus der gemeinsamen Überlieferung der Logienquelle Q stammen könnte (s. dazu unten Näheres § 27.2f). Dafür spricht auch, dass beide die Senfkornparabel gemeinsam mit derjenigen vom Sauerteig (Mt 13,33/Lk 13,20f.) als Doppelparabel überliefern.

3) Ungeachtet dieser Gemeinsamkeiten haben Matthäus und Lukas die Gleichnisrede in ihre jeweilige Jesuserzählung integriert. Bei Matthäus handelt es sich um die nach der Bergpredigt (Mt 5-7) und der Jüngerrede (Mt 10) dritte der fünf großen Reden, die Jesus im Matthäusevangelium hält und die durch die jeweilige Abschlusswendung, die zugleich zum nächsten Teil überleitet, aufeinander bezogen werden. Im Fall der Gleichnisrede lautet diese Formulierung: „Und es geschah, als Jesus diese Gleichnisse beendet hatte, dass er von dort wegging" (13,53; vgl. 7,28; 11,1; 19,1; 26,1). Zudem ist die Gleichnisrede bei Matthäus

deutlich länger als bei Markus. Sie enthält neben den bereits erwähnten Parabeln vom Sämann, vom Unkraut unter dem Weizen (einschließlich allegorischer Erklärung) sowie vom Senfkorn und Sauerteig die Sondergut-Parabeln vom Schatz im Acker, von der Perle sowie von den guten und den faulen Fischen (13,44–50). Die letztgenannte Parabel wird, wie auch diejenige vom Unkraut unter dem Weizen, explizit auf die Vollendung der Zeit, also auf das Gericht, bezogen (V. 49f.; vgl. V. 39). Den Abschluss bildet die Frage Jesu, ob die Hörer die Rede verstanden haben, gefolgt von einem letzten Bild, nämlich demjenigen vom verständigen Hausherrn, der aus seinem Schatz Altes und Neues hervorholt (V. 51f.).

Der erste Teil der Gleichnisrede (Mt 13,1–35) ist an die Volksmenge (ὄχλος) gerichtet. Er wird durch die Wendung abgeschlossen, die bei Markus am Ende der gesamten Rede steht: Jesus redet zum Volk nur in Gleichnissen (V. 34; vgl. Mk 4,33f.). Das wird in V. 35 durch ein Erfüllungszitat begründet (Ps 77,2 LXX bzw. Ps 78,2 hebr. Text). Ein weiterer markanter Unterschied zur Gleichnisrede bei Markus besteht darin, dass die „Parabeltheorie" aus Mk 4,1–12 bei Matthäus nur in verkürzter Form begegnet: Matthäus führt nur das Wort „Wer hat, dem wird gegeben, und er wird überreich beschenkt werden; wer aber nicht hat, dem wird auch das genommen werden, was er hat" an (13,12), wohingegen das bei Markus in geraffter Form begegnende Verstockungszitat aus Jes 6,9f. bei Matthäus zunächst (13,13) ebenfalls zusammengefasst und dann noch einmal ausführlich zitiert wird (13,14f.). In V. 36 beginnt der zweite, an die Jünger gerichtete Teil der Rede, eingeleitet durch einen Ortswechsel weg von der Volksmenge in ein Haus. Durch die deutlich erkennbare Zweiteilung wird die Verstockungsaussage aus Jes 6,9f. auf das Volk bezogen, wohingegen die Jünger aufgefordert werden, ihr Leben ganz der Nachfolge Jesu zu widmen, und dazu werden sie auf das zukünftige Gericht verwiesen. Auch die Erklärung der Parabel vom Unkraut unter dem Weizen (13,36–43) ist nur an die Jünger gerichtet.

Die Gleichnisrede bei Matthäus stellt zum einen die Dringlichkeit der Bindung an Jesus, zum anderen die Beurteilung des gegenwärtigen Lebens im endzeitlichen Gericht heraus. Damit wird die Bedeutung der ethischen Lehre Jesu betont, die bei Matthäus großes Gewicht besitzt. Des Weiteren macht die Gleichnisrede Jesu deutlich, dass innerhalb von Israel zwischen einem Kreis derjenigen, die verstockt sind und Jesus ablehnen, einerseits und seinen Jüngern andererseits zu unterscheiden ist. Die „Geheimnisse der Gottesherrschaft" (13,11) werden nur den Letzteren erklärt, wogegen die Ersteren „hören und nicht verstehen, sehen und nicht erkennen", weil „das Herz dieses Volkes verfettet" ist (13,14f.).

4) Eine wiederum eigene Bedeutung besitzt die Gleichnisrede im Lukasevangelium. Hier wird in 7,36–50 die Geschichte von der „großen Sünderin" erzählt, woraufin 8,1–3 die Information über die Jesus begleitenden Frauen folgt. Die Aussage aus 8,1 („er durchzog jede Stadt [κατὰ πόλιν]") wird in 8,4 wieder aufgenommen: Menschen „aus jeder Stadt" (κατὰ πόλιν) kommen zusammen und werden Hörer der Gleichnisrede (8,4: εἶπεν διὰ παραβολῆς), die hier allerdings

nur aus einer Parabel, nämlich derjenigen vom Sämann, einschließlich der Deutung, sowie der anschließenden Spruchgruppe (8,16–18; vgl. Mk 4,21–25) besteht. Dabei entfällt auch die Szenerie des Meeres und des im Schiff lehrenden Jesus aus Mk 4 (vgl. aber Lk 5,1–3), die Parabel vom Sämann wird dagegen übernommen (8,5–8a), allerdings zum Teil beträchtlich gekürzt (vgl. Mk 4,5f. mit Lk 8,6), wobei vor allem die abgestufte Nennung des Ertrags wegfällt.

Lukas erweitert die Deutung der Parabeln durch Ergänzungen, die ein Licht auf seine eigene Situation werfen und dabei zugleich sein theologisches Interesse zeigen. Das Wirken des Teufels (8,12) hat zum Ziel, dass manche Menschen nicht glauben und somit auch nicht „gerettet" werden sollen; andere glauben eine gewisse Zeit lang, fallen aber in der Zeit der Versuchung (Mk: Verfolgung) vom Glauben ab (V. 13). Wieder andere hören, werden dann aber nicht nur von Sorge und Reichtum (so auch Mk), sondern auch von den „Freuden des Lebens" erstickt (V. 14). Für Lukas kommt es also auf das „Festhalten" des Glaubens in der gegenwärtigen Situation an. Das zeigt sich geradezu paradigmatisch in V. 15: Die in dem guten Boden sind die, die *„guten Herzens* hören, das Wort *behalten* und Frucht bringen in *Ausdauer".* Das ist die Mahnung, mit der sich Lukas an die Leser des Evangeliums wendet: Es gilt, „geduldig" zu hören und zum Glauben zu stehen, bis das Gottesreich kommt. Nicht zufällig lässt Lukas deshalb den Konflikt Jesu mit seiner Familie auf die Gleichnisrede folgen (bei Markus steht er dagegen vor der Gleichnisrede, in 3,31–35). Der Passus in Lk 8,19–21 läuft auf die Aussage Jesu zu, dass diejenigen, die das Wort Gottes hören, seine „Familie" sind. Das „rechte Hören" (vgl. V. 8) ist auch das Thema des Gleichnisses vom Sämann.

5) Fazit: Im Gesamtaufriss des Markus besitzt die Gleichnisrede erhebliches Gewicht. Es handelt sich um Jesu erste längere Rede, und überdies enthält sie die erste ausführliche Entfaltung dessen, was mit „Gottesherrschaft" gemeint ist (vgl. 1,14f.). Ähnlich wie der „Tag in Kafarnaum" (1,21–32.33–38) und die Zusammenstellung der Streitgespräche in 2,1–3,6 ist die Szene in 4,1–34 von Markus bewusst als Einheit gestaltet worden (vgl. 4,35a). Die hörende Menge bildet einen scharfen Kontrast zu Jesu Verwandten (3,31–35). Wesentlich ist der Ort des Geschehens, das „Meer von Galiläa", wo schon bisher wichtige Ereignisse stattgefunden hatten (1,16; 2,13; 3,7). Bedeutsam ist auch das Nebeneinander von öffentlichem Reden einerseits und der Belehrung für die, die Jesus besonders nahestehen, andererseits. Entscheidend aber ist, dass den Lesern nichts verborgen bleibt – sie sind immer dabei.

Auch bei Matthäus liegt eine wirkliche Rede vor. Es ist allerdings schon die dritte im Gesamtaufriss, nach der Bergpredigt und der Jüngerrede. Gegenüber Markus ist der Gesamtumfang der Rede nahezu verdoppelt. Zugleich ist die Bedeutung des „Meers von Galiläa" zurückgetreten. Die Rolle der Jünger erscheint in einem ganz anderen Licht als bei Markus: Erstmals in 13,36 stellen sie eine wirkliche Verstehensfrage und erhalten eine gesonderte Belehrung; in 13,51 erklären sie dann aber auf Jesu Frage ausdrücklich, sie hätten „alles verstanden". Es ist nicht ohne Bedeutung, dass die bei Markus abermals das Unverständnis der Jünger signalisierende Frage im Anschluss an die Sturmstillung (4,41) bei Matthäus schon in 8,27 und überdies mit anderem Akzent gestellt worden war.

Bei Lukas kann von einer „Rede" Jesu kaum noch gesprochen werden. Schon die Einleitungswendung zeigt an, dass lediglich *eine* Parabel folgen wird. Der See Genezareth wird überhaupt nicht erwähnt (das Wort „Meer" vermeidet Lukas als Bezeichnung des Sees Genezareth ohnehin). Die Unterscheidung von öffentlichem Reden und Jüngerbelehrung wird nur kurz in 8,9 erwähnt, ist sonst aber ohne Bedeutung. Dem entspricht es, dass Lukas einerseits – anders als Matthäus – die Sprüche aus Mk 4,21–25 übernimmt (8,16–18) und dass er andererseits die Szene mit Jesu Verwandten gegen den Markusaufriss erst folgen lässt, wodurch der Kontrast zu den auf Jesus Hörenden vermindert wird. Eine spezifische Rolle der Jünger ist im Gesamtzusammenhang von Lk 8,4–21 nicht erkennbar.

Das Beispiel der Gleichnisrede macht demnach deutlich, dass vorausliegende Überlieferungen in den synoptischen Evangelien kompositorisch und inhaltlich in je eigene Konzepte integriert worden sind. Im vorliegenden Fall handelt es sich um diverse Gleichnisse und Parabeln sowie einige Logien der Jesusüberlieferung, die bei Markus, Matthäus und Lukas zum Bestandteil der je eigenen Jesuserzählung geworden sind. In dieser Weise sind sie deshalb zu interpretieren, um ihre Bedeutung innerhalb des jeweiligen literarischen und theologischen Kontextes zu erheben. Davon zu unterscheiden ist der Beitrag der Überlieferungen für die den Evangelien vorausliegenden Stadien der synoptischen Überlieferung und die Verkündigung Jesu. Dies gilt für die synoptischen Evangelien und in eigener Weise auch für das Johannesevangelium sowie schließlich für außerkanonische, „apokryphe" Evangelien.

§ 27 Die synoptische Frage

Literatur: JOEL ARCHER, Ancient *Bioi* and Luke's Modification of Matthew's Longer Discourses, NTS 68 (2022), 76–88 ♦ ANDREAS ENNULAT, Die „Minor Agreements". Untersuchungen zu einer offenen Frage des synoptischen Problems (WUNT II 62), Tübingen 1994 ♦ MICHAEL A. GOULDER, Luke. A New Paradigm, 2 Bde. (JSNT.S 20), Sheffield 1989 ♦ WALTER SCHMITHALS, Einleitung in die drei ersten Evangelien, Berlin/New York 1985 ♦ FRANCIS WATSON, Gospel Writing. A Canonical Perspective, Grand Rapids, Mich./Cambridge 2013. – Siehe auch die Literatur unten zu § 28.

1 Forschungsgeschichtliche Einführung

Die drei ersten Evangelien des Neuen Testaments (Mt, Mk und Lk) bezeichnet man seit dem 18. Jahrhundert als „synoptische Evangelien". Der Begriff ist vom griechischen Ausdruck *synopsis* (σύνοψις, „Zusammenschau") abgeleitet. Seine Anwendung auf die drei Evangelien beruht auf der Beobachtung, dass sie eng miteinander verwandt sind und gemeinsam betrachtet werden müssen, um die Verhältnisse zwischen ihnen zu erklären. Dabei kommen grundsätzlich mehrere Möglichkeiten in Betracht: 1) Zwischen den drei Evangelien kann eine direkte literarische Verwandtschaft bestehen, der Text eines Evangeliums (oder von zwei Evangelien) kann also dem Verfasser eines anderen Evangeliums (oder zwei Verfassern) direkt vorgelegen haben. In diesem Fall wäre näher zu klären, wie eine solche literarische Beziehung konkret ausgesehen haben könnte. 2) Alle drei Evangelien könnten unabhängig voneinander eine gemeinsame, selbst nicht erhaltene Quelle benutzt haben. 3) Alle drei Evangelien könnten in je eigener Weise gemeinsame schriftliche oder mündliche Überlieferungen verarbeitet haben.

Neben diesen idealtypisch zu unterscheidenden Varianten gibt es etliche weitere, die Aspekte dieser Lösungen miteinander verbinden. So kann zum Beispiel die Nutzung einer gemeinsamen Quelle mit einer direkten literarischen Verwandtschaft der synoptischen Evangelien verbunden werden: Ein Evangelium könnte zusätzlich zu einer von allen drei Evangelien benutzten gemeinsamen Quelle von einem oder zwei Verfassern verwendet worden sein. Denkbar ist auch, dass ein Evangelium neben weiteren, mündlichen oder schriftlichen Überlieferungen von den beiden anderen Evangelien benutzt wurde. Schließlich ist denkbar, dass alle drei Evangelien unabhängig voneinander ältere Überlieferungen verwendet haben und gleichwohl eine irgendwie geartete literarische Verwandtschaft zwischen ihnen besteht.

Bei der Betrachtung der synoptischen Verhältnisse sollte schließlich auch im Blick behalten werden, dass eine literarische Verwandtschaft der Evangelien untereinander nur aufgrund der Textüberlieferung rekonstruiert werden kann, die jedoch vermutlich nicht mit den Textformen des 1. Jahrhunderts identisch ist. Die konkrete Textgestalt, in der ein Evangelium von einem anderen benutzt wurde, ist demnach vermutlich nicht mit denjenigen Varianten identisch, die in Manuskripten überliefert wurden und aus denen mithilfe textkritischer Methoden eine möglichst frühe Textform rekonstruiert werden kann.

Diese Überlegungen zeigen bereits, dass die Verhältnisbestimmung der synoptischen Evangelien zueinander ein sehr komplexes Problem darstellt. Es wird deshalb auch keine „Lösung" dieses Problems geben. Vielmehr können nur Hypothesen formuliert werden, die mehr oder weniger plausibel sind und mehr oder weniger imstande, offene Fragen zu beantworten. Dabei werden immer unterschiedliche Einschätzungen darüber bestehen, was als plausibel und überzeugend anzusehen ist. Dementsprechend werden bis in die Gegenwart hinein unterschiedliche Modelle zur Erklärung des synoptischen Problems favorisiert.

An den Anfängen der synoptischen Diskussion gegen Ende des 18. und zu Beginn des 19. Jahrhunderts wurden im Wesentlichen folgende Lösungen vertreten:

1) Die *Traditionshypothese* (Vertreter waren Johann Gottfried Herder und Johann Carl Ludwig Gieseler) nahm an, dass alle Evangelisten unabhängig voneinander aus mündlicher Tradition schöpften. Diese Hypothese sieht Richtiges, vermag aber das *literarische* Verhältnis der Evangelien zueinander nicht ausreichend zu erhellen: Die auffälligen Kongruenzen in Aufbau und Anordnung einzelner Episoden werden ebenso wenig erklärt wie die zahlreichen wörtlichen Übereinstimmungen.

2) Die *Benutzungshypothese* (vertreten u. a. von Johann Jakob Griesbach) nahm an, dass ein Evangelist ein Evangelium oder mehrere Evangelien benutzt hat. Dabei galt das Matthäusevangelium traditionell als das älteste Evangelium, das vom Lukasevangelium benutzt worden sei, wogegen das Markusevangelium eine verkürzte Zusammenfassung beider darstelle. Diese Hypothese wird heute nur noch sehr selten vertreten. Sie vermag die Verhältnisse zwischen den Evangelien nicht hinreichend zu erklären; einige ihrer Elemente gelten aber auch in der Zweiquellentheorie.

3) Die *Urevangeliumshypothese* (vertreten z. B. von Johann David Michaelis und Gotthold Ephraim Lessing) geht davon aus, dass alle drei Synoptiker ein selbst nicht erhaltenes, schriftliches „Urevangelium" benutzt hätten. Lessing war der Ansicht, dass dieses mit dem in antiken christlichen Quellen erwähnten „Evangelium der Nazarener" bzw. „Evangelium der Hebräer" gleichzusetzen sei, was freilich hypothetisch bleiben muss, denn beide Schriften (die Lessing miteinander identifizierte) sind nur durch wenige Zitate antiker christlicher Autoren bekannt. Diese Hypothese kann zudem nicht erklären, wie die Übereinstimmungen von Matthäus und Lukas gegen Markus zustande gekommen sind. Sie behilft sich hierzu mit der Annahme, Markus habe nur eine gekürzte Fassung des Urevangeliums gekannt. Dabei handelt es sich allerdings um eine (in der historischen Forschung keineswegs selten begegnende) „Hypothese zweiten Grades", die auf einer anderen Hypothese aufbaut und zugleich deren Richtigkeit beweisen soll.

4) Die *Fragmenten- oder Diegesenhypothese* (vertreten u. a. von Friedrich Daniel Ernst Schleiermacher und Carl Lachmann) geht davon aus, dass den Evangelien kleinere Sammlungen vorausgelegen hätten, die unabhängig voneinander verbunden worden seien. Mitunter wird dies (so bereits bei Schleiermacher) mit dem Zeugnis des Bischofs Papias vom Beginn des 2. Jahrhunderts in Verbindung gebracht, der in einer Notiz über das Markus- und das Matthäusevangelium davon spricht, dass Matthäus „in hebräischer Sprache die Worte (λόγια) zusammengestellt" habe. Bezieht man diese Notiz auf eine dem Matthäusevangelium vorausliegende Sammlung von Jesusüberlieferungen, könnte es sich um einen Hinweis auf eine nicht erhaltene Quelle handeln, die von den Evangelienverfassern benutzt wurde. Lachmann nahm dagegen mehrere kleinere Sammlungen an, die bereits vor den Evangelien zusammengestellt und dann von den Verfassern der Evangelien unabhängig voneinander benutzt worden seien. Diese Theorie, die sowohl die Gemeinsamkeiten als auch die Unterschiede zwischen den Evangelien zu erklären vermag, kann deshalb als eine modifizierte Form der Urevangeliumshypothese bezeichnet werden. Die Annahme, es habe den Evangelien vorausliegende (mündliche oder schriftliche) Sammlungen gegeben, findet sich auch heute in verschiedenen Versionen immer wieder.

2 Das Verhältnis der synoptischen Evangelien zueinander

Bei der Klärung der synoptischen Verhältnisse geht es demnach vor allem darum, die Übereinstimmungen im Aufbau der drei Evangelien zu erklären, wogegen der Vergleich einzelner Überlieferungen davon zu unterscheiden ist. Dabei lässt sich ein gemeinsames Erzählgerüst erkennen, das sich im Markusevangelium in kürzerer, im Matthäus- und Lukasevangelium dagegen in umfangreicherer Form findet (das Markusevangelium besteht nach der Wortstatistik von Robert Morgenthaler aus etwa 11.200 Wörtern, das Matthäusevangelium aus mehr als 18.200, das Lukasevangelium aus über 19.400 Wörtern; die Angaben können, abhängig von textkritischen Entscheidungen, etwas variieren). Daraus hat bereits Lachmann die Vermutung abgeleitet, dass das Markusevangelium eine ältere Erzähltradition am reinsten bewahrt habe, wogegen diese bei Matthäus und Lukas um etliche Stoffe erweitert worden sei. Die Annahme der Markuspriorität (dass also das Markusevangelium das älteste der synoptischen Evangelien sei) hat sich seither weitgehend durchgesetzt. Die Hypothese von Lachmann, der eine allen drei Evangelien vorausliegende gemeinsame Erzähltradition vermutet hatte, wurde dabei in der Folgezeit dahingehend abgewandelt, dass das Markusevangelium selbst von Matthäus und Lukas benutzt worden sei. Diese Annahme vereinfacht zwar einerseits das komplexere Modell Lachmanns, kann jedoch die Differenzen zwischen Markus einerseits und Matthäus und Lukas andererseits weniger gut erklären.

Die Vermutung, dass Markus die Priorität zukommt und von Matthäus und Lukas als Vorlage bzw. Quelle benutzt wurde, basiert demzufolge auf einem Vergleich des Gesamtaufbaus der synoptischen Evangelien. Instruktiv ist hier bereits ein Blick in das Inhaltsverzeichnis einer Synopse.

a) Vergleichen wir zunächst Matthäus und Markus in ihrem Aufbau miteinander. In Mt 3 und 4, also nach den Geburtsgeschichten des Matthäusevangeliums, lässt sich eine deutliche Parallelität zu Mk 1 erkennen:

Mt 3,1–6 entspricht Mk 1,1–6 (Auftreten des Täufers)
Mt 3,7–10 (die Drohrede des Täufers) ist ohne Parallele bei Markus (vgl. aber Lk 3,7–9!)
Mt 3,11–12 entspricht Mk 1,7–8 (die Ankündigung des „Stärkeren" durch Johannes)
Mt 3,13–17 entspricht Mk 1,9–11 (Jesu Taufe)
Mt 4,1–11 entspricht Mk 1,12–13 (Jesu Versuchung; vgl. Lk 4,1–13)
Mt 4,12–17 entspricht Mk 1,14–15 (der Beginn des Wirkens Jesu in Galiläa)
Mt 4,18–22 entspricht Mk 1,16–20 (die ersten Jünger)

Danach ändert sich das Bild: Die Heilungsgeschichte in Mk 1,21–28 hat bei Matthäus keine Parallele; die in Mk 1,29–34 erzählten Heilungen folgen bei Matthäus erst später und deutlich knapper (8,14–16); Mk 1,35–38 hat bei Matthäus wiederum keine Parallele. Die Notiz von Mk 1,39 steht bei Matthäus in 4,23–25 (im Anschluss an die Jüngerberufungen), worauf dann in Mt 5–7 die Bergpredigt folgt, die bei Markus keine Parallele hat. Die Heilungserzählung in Mk 1,40–45 steht bei Matthäus in 8,1–4, dagegen hat die in Mt 8,5–13 folgende weitere Heilung bei Markus keine Entsprechung, jedoch in Lk 7,1–10. Die übrigen Erzählungen in Mt 8 haben, mit einer Ausnahme, Parallelen in Mk 4,35–5,20. Die Aussage in Mt 9,1 entspricht dann aber Mk 2,1, und die folgenden Erzählungen laufen parallel bis Mt 9,17/Mk 2,22. Mit Mt 9,18 beginnt ein größerer, bis 11,30 reichender Abschnitt mit Texten, die bei Markus erst an späterer Stelle folgen oder dort ganz fehlen; Mt 12,1–8 entspricht dann aber Mk 2,23–28.

Der Vergleich zeigt, dass Matthäus zwar erheblich mehr Stoff bringt als Markus, dabei jedoch dem gleichen Erzählgerüst folgt. Dieser Befund lässt sich entweder so erklären, dass Markus wesentliche Teile des Stoffes von Matthäus ausgelassen hat (wofür allerdings Gründe genannt werden müssten), oder dass umgekehrt dem Verfasser des Matthäusevangeliums mehr Stoff zur Verfügung stand, den er in den von ihm – mit leichten Variationen – übernommenen Markusfaden einfügte.

b) Der Vergleich zwischen Lukas und Markus erbringt ähnliche Ergebnisse wie der zwischen Matthäus und Markus: Der Inhalt von Mk 1,1–6,44 findet sich in Lk 3,1–9,17 (also wiederum im Anschluss an die Geburts- und Kindheitserzählungen in Lk 1–2) in weitgehender Übereinstimmung. Es fehlen lediglich Analogien zu Mk 3,20f. und 4,26–29. Allerdings beginnt das öffentliche Auftreten Jesu bei Lukas mit seinem Kommen nach Nazaret und seiner „Antrittsrede" in der dortigen Synagoge (4,14–30). Dementsprechend übergeht Lukas dann das Auftreten Jesu in Nazaret aus Mk 6,1–6. Die Berufung der ersten Jünger (Mk 1,16–20) wird bei Lukas dagegen erst im Anschluss erzählt (5,1–11), allerdings in einer ganz anderen Weise, nämlich als Berufung des Petrus zum „Menschenfischer" (vgl. Mk 1,17). Besonders auffallend ist sodann, dass der Abschnitt Mk 6,45–8,26 bei Lukas überhaupt keine Parallele hat. Diesbezüglich findet sich in der Literatur häufig die Rede von der „lukanischen Lücke".

c) Um diesen Befund zu kontrollieren, sind Matthäus und Lukas direkt miteinander zu vergleichen. Dabei zeigt sich, dass beide zahlreiche über Markus hinausgehende Überlieferungen enthalten. Dabei handelt es sich zum Teil um gemeinsame, zum Teil um nur bei einem der beiden begegnende Stoffe. Diese über Markus hinausgehenden Überlieferungen begegnen an unterschiedlichen Stellen innerhalb des mit Markus gemeinsamen Erzählfadens. Anders gesagt: Übereinstimmungen zwischen Matthäus und Lukas in der Anordnung der Stoffe liegen (mit wenigen Ausnahmen) immer dort vor, wo beide auch mit Markus übereinstimmen.

Matthäus fügt beispielsweise die bei Markus fehlende Bergpredigt hinter Mk 1,20 ein, Lukas dagegen bringt seine der Bergpredigt entsprechende Feldrede (6,20–49) erst nach Mk 3,19. Die Heilung des Gelähmten, die Berufung des Levi und die Fastenfrage werden in Mt 9,1–8.9–13.14–17 parallel zu Lk 5,17–26.27–32.33–39 erzählt – und dies entspricht ganz dem Markustext (2,1–12.13–17.18–22). Man kann aus diesen Beobachtungen die Vermutung ableiten, dass Matthäus und Lukas unabhängig voneinander auf der Grundlage des Markusevangeliums gearbeitet haben. Zu klären bleibt noch die Frage, woher sie das ihnen gemeinsame zusätzliche Material gewonnen haben.

d) Der dargestellte Befund wurde bereits im 19. Jahrhundert mit der Annahme erklärt, dass das Markusevangelium sowohl Matthäus als auch Lukas als Quelle vorgelegen hat, dass es also das älteste der drei synoptischen Evangelien ist. Des Weiteren wird, ebenfalls seit dem 19. Jahrhundert, vermutet, dass das Matthäus und Lukas gemeinsame Material, das nicht aus dem Markusevangelium stammt, auf eine weitere, selbst nicht erhaltene Textquelle zurückzuführen sei. Diese Quelle, die vor allem Sprüche und Reden Jesu enthalten habe, wird in der Regel mit dem Buchstaben „Q" (für „Quelle") bezeichnet, da sie nicht durch ein Manuskript bezeugt ist und dementsprechend kein Titel dieser vermuteten Schrift bekannt ist. Markus und Q seien zwei unabhängige Quellen der frühen Jesusüberlieferung, die Matthäus und Lukas, ebenfalls unabhängig voneinander, als

Quellen verwendet hätten. Auf diesen drei Annahmen gründet die im Verlauf des 19. Jahrhunderts entwickelte und heute im kontinentaleuropäischen Raum weite Anerkennung genießende sogenannte *Zweiquellentheorie*. Allerdings gibt es zu allen diesen Annahmen alternative Auffassungen, und es ist nicht zu übersehen, dass alle drei ihre Schwachstellen haben. Bevor auf diese näher eingegangen wird, ist zunächst darauf hinzuweisen, dass das skizzierte Modell etwas schematisch und künstlich wirkt; es sollte eher als heuristisches Paradigma, also als Behelfsannahme, weniger als Beschreibung der tatsächlichen Verhältnisse betrachtet werden. Es wirkt *a priori* wenig überzeugend, dass die Jesusüberlieferung zweimal unabhängig voneinander gesammelt und verschriftlicht wurde, wobei es sich einmal um eine Erzählung (Mk), das andere Mal im Wesentlichen um eine Sammlung von Worten und Reden Jesu (Q) gehandelt habe. Das gilt auch für die Annahme, dass beide „Quellen" sodann zweimal unabhängig voneinander verbunden worden seien, wobei die Gestalt der zweiten, selbst nicht bezeugten Quelle aus den Übereinstimmungen von Matthäus und Lukas rekonstruiert werden könne. Sehr wahrscheinlich waren die Wege der Jesusüberlieferung, die zu den vorliegenden Fassungen der synoptischen Evangelien geführt haben, wesentlich komplexer, als es dieses Modell suggeriert. Beachtet man diese Einschränkung, dann hat die Zweiquellentheorie allerdings durchaus ihren Wert als heuristisches Paradigma, mit dem sich die Verhältnisse zwischen den synoptischen Evangelien bis zu einem gewissen Grad erklären lassen.

e) Im Blick auf die erste der oben genannten Annahmen, dass nämlich Matthäus und Lukas unabhängig voneinander das Markusevangelium verwendet hätten, stellt sich die Frage, wie die Übereinstimmungen von Matthäus und Lukas gegen Markus (die sogenannten „minor agreements") zu erklären sind. Dabei handelt es sich um solche Fälle, in denen Matthäus und Lukas innerhalb einer mit Markus gemeinsamen Überlieferung im Wortlaut gegen Markus übereinstimmen.

So enthalten etwa Matthäus und Lukas in der mit Markus gemeinsamen Überlieferung von der Ankündigung Jesu durch Johannes die Formulierung: „er wird euch mit Heiligem Geist und Feuer taufen" (Mt 3,11/Lk 3,16), wogegen es bei Markus nur heißt: „er wird euch mit Heiligem Geist taufen" (Mk 1,8). In der Gleichnisrede Jesu heißt es in Mk 4,11: „Euch ist das Geheimnis des Gottesreiches gegeben", wogegen Matthäus und Lukas den Plural „die Geheimnisse" aufweisen (Mt 13,11/Lk 8,10).

Derartige Fälle lassen sich etwa dadurch erklären, dass der Matthäus und Lukas vorliegende Markustext nicht mit dem durch die heute bekannten Manuskripte bezeugten identisch war. Tatsächlich sind etwa in den Parallelen zu Mk 9,14–29 die „minor agreements" (vor allem bei Kürzungen) so stark, dass man hier einen anderen Markustext oder aber eine literarische Beziehung zwischen Lukas und Matthäus für möglich halten kann. In der Regel handelt es sich bei den „minor agreements" jedoch um grammatische und stilistische Verbesserungen des Markustextes, wie sie auch unabhängig von diesen Übereinstimmungen begegnen. Dagegen umfassen die „minor agreements" an keiner Stelle über Markus hinausgehende gemeinsame ganze Sätze.

Ein weiteres Problem der Annahme, das Markusevangelium sei unabhängig von Matthäus und Lukas benutzt worden, ist das Fehlen einiger – wenn auch nur weniger – Markustexte sowohl bei Matthäus als auch bei Lukas. So sind zum Beispiel die Abschnitte Mk 2,27; 4,26–29; 8,22–26 von Matthäus und von Lukas übereinstimmend *nicht* übernommen worden. Hat Matthäus und Lukas hier ein kürzerer als der uns bekannte Markustext vorgelegen, in dem diese Stücke noch nicht – oder nicht mehr – enthalten waren? Das Fehlen dieser Texte lässt sich aber auch von ihrem Inhalt her erklären: Die Aussage in Mk 2,27, „Der Sabbat ist um des Menschen willen geschaffen und nicht der Mensch um des Sabbats willen", und das Gleichnis von der selbstwachsenden Saat in Mk 4,26–29 könnten von Matthäus und Lukas als problematisch empfunden worden sein; die Blindenheilung in Mk 8,22–26 könnte als unnötige Dublette von Mk 10,46–52 ausgelassen worden sein.

Eine Möglichkeit, die Unterschiede zwischen Matthäus und Lukas einerseits und Markus andererseits im allen drei Evangelien gemeinsamen Stoff zu erklären wäre, dass Matthäus und Lukas einen Markustext verwendet haben, der erst nachträglich überarbeitet wurde und dabei diejenige Gestalt erhalten hat, die durch die Textüberlieferung bezeugt wird (sogenannte „Urmarkus"-Theorie), oder aber, umgekehrt, dass Matthäus und Lukas eine sekundär bearbeitete Fassung des Markusevangeliums verwendet haben (sogenannte „Deuteromarkus"-Theorie). Diese Theorie könnte auch die sogenannte „lukanische Lücke" erklären, denn Lukas hätte demzufolge eine Markusfassung verwendet, in der Mk 6,45–8,26 nicht enthalten war. Die Alternative ist, dass die in diesem Abschnitt enthaltenen Texte von Lukas bewusst ausgelassen wurden, weil sie ihm entweder überflüssig erschienen (wie z. B. die Seewandelerzählung in Mk 6,45–52, die Lukas als Dublette zur Sturmstillung in Mk 4,35–41/Lk 8,22–25 weggelassen haben könnte) oder aber nicht in sein erzählerisches Konzept passten (das könnte bei der Thematik von Reinheit und Unreinheit der Fall sein, die bei Markus und Matthäus mit dem Wirken Jesu verbunden wird [Mk 7,1–23; Mt 15,1–20], bei Lukas dagegen erst in der Apostelgeschichte behandelt wird [Apg 10,1–48]). Eine definitive Antwort kann es diesbezüglich nicht geben, vielmehr lässt der synoptische Befund beide Erklärungsmöglichkeiten zu, weshalb es nur um das Abwägen von Plausibilitäten und Wahrscheinlichkeiten gehen kann. Größere Wahrscheinlichkeit hat dabei die zuletzt genannte Annahme.

f) Des Weiteren stellt sich die Frage, wie die „großen Übereinstimmungen" von Matthäus und Lukas gegenüber Markus zu erklären sind. Dabei handelt es sich zum einen um solche Überlieferungen, bei denen Matthäus und Lukas zwar einen mit Markus gemeinsamen Stoff aufweisen, jedoch eine von Markus erkennbar verschiedene Fassung verwendet haben.

Derartige Fälle liegen zum Beispiel bei der Beelzebulperikope (Mk 3,22–30/Mt 12,22–30 [vgl. auch 9,32–34]/Lk 11,14–23), der Aussendungsrede (Mk 6,7–13/Mt 10,1–16/Lk 9,1–6 bzw. 10,1–16) und den Erzählungen vom Senfkorn (Mk 4,30–32/Mt 13,31f./Lk 13,18f.) vor. Hier sowie in einigen weiteren Fällen haben Matthäus und Lukas zwar eine mit Markus gemeinsame Überlieferung verarbeitet, kennen jedoch eine andere Version. Diese haben sie entweder mit derjenigen bei Markus verbunden (das ist etwa bei der Parabel vom Senfkorn in Mt 13,31 der Fall) oder sie haben beide Überlieferungen aufgenommen (so bei den beiden Fassungen der Aussendungsrede in Lk 9 und 10).

Dies sei am Beispiel der Erzählungen vom Senfkorn näher erläutert (vgl. die Analyse ausgehend von Mt 13,31f. oben § 8.2a). Der Vergleich zwischen den drei Textfassungen zeigt folgenden Befund: Bei Markus und Lukas beginnt die parabolische Erzählung mit einer Doppelfrage, Matthäus dagegen bringt in V. 31 eine Einleitung und formuliert dann thetisch. Dennoch ist offenkundig, dass zwischen Markus und Matthäus ein literarischer Zusammenhang besteht; das zeigen die übereinstimmenden Stichworte (vgl. § 8.2a). Während Markus aber hypothetisch schildert („Wenn ein Senfkorn gesät wird, dann geschieht …"), beginnt Matthäus zunächst, eine in der Vergangenheit liegende Geschichte zu erzählen („Ein Mann säte …"). Matthäus fährt dann jedoch nicht in diesem Erzählstil fort (etwa: „und als es sprosste …"), sondern in derselben Weise wie Markus: „Wenn es sprosst, dann …" Andererseits trifft sich Lukas, dessen Darstellung mit der Doppelfrage am Anfang der des Markus entspricht, mit Matthäus in dem thetischen Stil der Parabeleinleitung (ὁμοία ἐστίν, „es ist gleich …") und vor allem darin, dass hier ebenso wie bei Matthäus eine in der Vergangenheit liegende Geschichte erzählt wird, wobei Lukas diesen Erzählstil im Unterschied zu Matthäus konsequent durchhält.

Im Wortlaut bestehen zwischen Matthäus und Lukas deutliche Übereinstimmungen gegen Markus: Gemeinsam sind die Wendung „welches ein Mensch nahm" (ὃν λάβων ἄνθρωπος), dann das Verb „wachsen" (αὐξάνειν) und vor allem die am Ende stehende Aussage, dass der Same zum „Baum" wird und die Vögel „in seinen Zweigen nisten" werden. Differenzen bestehen darin, dass bei Lukas das Senfkorn nicht als das „kleinste aller Körner" bezeichnet und die fertige Pflanze nicht mit anderen „Kräutern" verglichen wird; in gleicher Weise einander gegenübergestellt werden nur der Same am Anfang und der Baum am Ende. Der Boden, in den der Same gesät wird, ist in allen drei Textfassungen unterschiedlich bezeichnet (Matthäus: „Acker"; Markus: „Land"; Lukas: „Garten").

Matthäus berührt sich in seiner Version der Erzählung demnach sowohl mit Markus gegen Lukas als auch mit Lukas gegen Markus. Dieser Befund lässt sich am besten so erklären, dass Matthäus und Lukas neben der Markusfassung eine weitere Version der parabolischen Erzählung gekannt haben. Diese zweite Fassung hat Lukas vor allem verwendet, wogegen Matthäus die Markusversion mit dieser zweiten Fassung verbunden hat.

Die Frage, ob die Markusfassung oder aber die daneben von Lukas und Matthäus verwendete Version der Erzählung die traditionsgeschichtlich ältere ist, ist damit nicht beantwortet. Es wurde vielmehr nur festgestellt, dass Markus die Erzählung vom Senfkorn offenbar nur in *einer* Fassung bekannt war, während sie Matthäus und Lukas in *zwei* Fassungen vorlag, von denen die eine wohl diejenige des Markusevangeliums war. Da jedoch offenbar (mindestens) zwei frühe Fassungen dieser Erzählung existierten, kann davon ausgegangen werden, dass sie zum ältesten Bestand der Jesusüberlieferung gehörte. Eine weitere Version findet sich im Thomasevangelium (EvThom 20, vgl. unten § 42, Arbeitsvorschlag 2).

Zum anderen weisen Matthäus und Lukas etlichen gemeinsamen Stoff auf, der sich bei Markus nicht findet (vgl. dazu unten § 28). Dazu gehören zum Beispiel die Drohrede Johannes' des Täufers, die Seligpreisungen der Armen, Hungernden und Trauernden, die Spruchkomposition über das Nicht-Sorgen und etliches mehr. Diese Überlieferungen weisen eine große Variationsbreite auf. Sie reichen von strukturierten Reden mit weitgehenden wörtlichen Übereinstimmungen bis zu Stoffen mit großen Unterschieden in Wortlaut und literarischer Einordnung. Wie bereits angemerkt, wird dieser Stoff seit dem 19. Jahrhundert auf eine neben dem Markusevangelium existierende zweite frühe Quelle mit Jesusüberlieferungen zurückgeführt. Dabei bleiben allerdings etliche Fragen offen: Wie ist das Verhältnis dieser zweiten Quelle zum Markusevangelium zu erklären? Sind die beiden Quellen als völlig unabhängig voneinander vorzustellen oder bestehen Beziehungen zwischen ihnen? Diese Frage stellt sich insbesondere angesichts der Überlappungen zwischen Markus und Q, den sogenannten „Doppelüberlieferungen". Stammen alle gemeinsamen Stoffe von Matthäus und Lukas, die sich nicht im Markusevangelium finden, aus dieser gemeinsamen Quelle? Könnten auch nur bei Matthäus *oder* Lukas begegnende Überlieferungen zu ihr gehört haben, die dann von dem jeweils anderen Evangelisten ausgelassen worden wären? Haben Matthäus und Lukas die gleiche Fassung dieser zweiten Quelle oder unterschiedliche Versionen verwendet? Lässt sich angesichts der Tatsache, dass die Existenz dieser zweiten Quelle eine auf der Annahme der Markuspriorität und der Unabhängigkeit von Matthäus und Lukas basierende Forschungshypothese ist, Näheres über deren Umfang und literarisches Profil sagen? Handelt es sich überhaupt um eine schriftlich fixierte Quelle oder ist damit zu rechnen, dass zumindest einige der Matthäus und Lukas gemeinsamen, nicht bei Markus zu findenden Stoffe aus der mündlichen Überlieferung stammen?

Diese Fragen begleiten die Forschung, seitdem die Annahme einer zweiten Quelle von Matthäus und Lukas im 19. Jahrhundert aufgetaucht ist. Ein grundlegendes Problem dabei ist, dass Umfang und literarische Gestalt dieser Quelle mangels eigener Textzeugen nur annäherungsweise bestimmt werden können. Dessen ungeachtet besitzt die Annahme einer zweiten Quelle, auf die Matthäus und Lukas neben dem Markusevangelium zurückgegriffen haben, durchaus Erklärungskraft. Was sich über diese zweite Quelle verantwortet sagen lässt, wird weiter unten (§ 28) behandelt.

g) Schließlich wird auch die Auffassung bezweifelt, Matthäus und Lukas hätten unabhängig voneinander Markus und Q verarbeitet. Eine alternative Sicht, dass nämlich Lukas neben Markus auch Matthäus gekannt habe, wird häufiger in der angelsächsischen Forschung vertreten. Sie ist vor allem mit den Namen der britischen Forscher Austin Farrer und Michael Goulder verbunden und wird deshalb mitunter „Farrer-Goulder-Hypothese" genannt. Gegenwärtig wird diese Sicht, mit unterschiedlichen Schwerpunkten, etwa von Mark Goodacre und Francis Watson vertreten. Diese Hypothese kann für sich in Anspruch nehmen, etliche der oben skizzierten Probleme zu vermeiden. Sowohl die Übereinstimmungen zwischen Lukas und Matthäus gegen Markus als auch die gemeinsamen Stoffe von Lukas und Matthäus, die sich nicht bei Markus finden, lassen sich innerhalb dieses Modells auf die Benutzung von Matthäus durch Lukas zurückführen. Die Annahme einer zweiten, nicht erhaltenen Quelle neben Markus erübrigt sich deshalb in diesem Modell. Allerdings ergeben sich andere Probleme. Insbesondere stellt sich die Frage, ob es wahrscheinlich ist, dass Lukas die großen Reden des Matthäusevangeliums aufgelöst und den Stoff auf verschiedene Teile seines Evangeliums verteilt hat. Ausschließen lässt sich diese Möglichkeit allerdings nicht, denn es könnte eine Konsequenz der Anlage des Lukasevangeliums sein, in dem wesentliche Teile der Lehre Jesu in den Gang nach Jerusalem integriert sind. Zudem könnte sich Lukas stärker an der Konvention griechisch-römischer Biographien orientiert haben, in denen sich deutlich kürzere Reden als im Matthäusevangelium finden (vgl. ARCHER). Auch hier wird man deshalb über das Abwägen von Wahrscheinlichkeiten nicht hinauskommen. Allerdings sind die Gründe für die Annahme, Matthäus und Lukas hätten unabhängig voneinander Markus und Q verarbeitet, letztlich wohl stärker als die Sicht, Lukas habe Matthäus gekannt.

h) Bei der Diskussion der synoptischen Frage ist des Weiteren zu berücksichtigen, dass die mündliche Überlieferung bis zur Abfassung der Evangelien (also etwa zwischen 30 und 70) und auch darüber hinaus eine Rolle gespielt hat. Die mündliche Überlieferung hat mit der Entstehung der Evangelien nicht einfach aufgehört, sondern ist neben der Existenz schriftlicher Evangelien noch einige Zeit weitergegangen. Verschiedene Versionen einzelner Worte, Gleichnisse, Parabeln oder Episoden in der Textüberlieferung der kanonischen Evangelien sowie in apokryphen Evangelien könnten deshalb auch auf den Einfluss mündlicher Überlieferung zurückzuführen sein.

i) Als Fazit lässt sich festhalten, dass die synoptische Frage auch nach über zweihundert Jahren historisch-kritischer Diskussion nicht zu einer eindeutigen, allgemein akzeptierten Antwort geführt hat. Das ist allerdings kein Defizit der historisch-kritischen Forschung. Vielmehr spiegelt sich darin wider, dass der Textbefund nicht zu einem klaren Bild führt. Die synoptischen Evangelien sind in einer Vielzahl von Manuskripten überliefert, die an zahlreichen Stellen Unterschiede aufweisen. Jede Erklärung ihres gegenseitigen Verhältnisses hinterlässt zudem, wie gesehen, offene Fragen und unerklärte Phänomene. In der neueren Forschung ist deshalb häufig betont worden, dass es bei der Beschäftigung mit dem synoptischen Problem nicht um eindeutige, klare Lösungen, sondern um Annäherungen an ein Phänomen gehen muss, bei dem manche Aspekte stets unerklärt bleiben werden. Bei der Zweiquellentheorie handelt es sich demnach nicht um „die Lösung" des synoptischen Problems, sondern um ein Modell, mit dem sich die Beziehungen zwischen den synoptischen Evangelien vermutlich immer mit den wenigsten Schwierigkeiten erklären lassen.

§ 28 Die Logienquelle

Literatur: ADOLF VON HARNACK, Sprüche und Reden Jesu. Die zweite Quelle des Matthäus und Lukas (Beiträge zur Einleitung in das Neue Testament 2), Leipzig 1907 ♦ CHRISTOPH HEIL/GERTRAUD HARB/DANIEL A. SMITH (Hg.), Built on Rock or Sand? Q Studies. Retrospects, Introspects and Prospects (Biblical Tools and Studies 34), Leuven 2018 ♦ PAUL HOFFMANN, Studien zur Theologie der Logienquelle (NTA NF 8), Münster ³1982 ♦ PAUL HOFFMANN, Tradition und Situation. Studien zur Jesusüberlieferung in der Logienquelle und den synoptischen Evangelien (NTA NF 28), Münster 1995 ♦ JOHN S. KLOPPENBORG, The Formation of Q. Trajectories in Ancient Wisdom Collections, Philadelphia 1987 ♦ JOHN S. KLOPPENBORG VERBIN, Excavating Q. The History and Setting of the Sayings Gospel, Minneapolis 2000 ♦ ANDREAS LINDEMANN (Hg.), The Sayings Source Q and the Historical Jesus (BEThL 158), Leuven 2001 ♦ DIETER LÜHRMANN, Die Redaktion der Logienquelle (WMANT 33), Neukirchen-Vluyn 1969 ♦ FRANS NEIRYNCK, Q-Parallels. Q-Synopsis and IQP/CritEd Parallels (Studiorum Novi Testamenti auxilia 20), Leuven 2001 ♦ MARKUS TIWALD, Kommentar zur Logienquelle, Stuttgart 2019 ♦ MARKUS TIWALD (Hg.), The Q Hypothesis Unveiled. Theological, Sociological, and Hermeneutical Issues behind the Sayings Source (BWANT 225), Stuttgart 2020 ♦ CHRISTOPHER M. TUCKETT, Q and the History of Early Christianity. Studies on Q, Edinburgh 1996 ♦ DIETER ZELLER, Kommentar zur Logienquelle (SKK.NT 21), Stuttgart 1984. – **Textrekonstruktionsversuche und Kommentare:** HARRY T. FLEDDERMANN, Q. A Reconstruction and Commentary (Biblical Tools and Studies 1), Leuven 2005 ♦ PAUL HOFFMANN/CHRISTOPH HEIL, Die Spruchquelle Q. Studienausgabe. Griechisch und Deutsch, Darmstadt/Leuven 2002 ♦ ATHANASIUS POLAG, Fragmenta Q. Textheft zu Logienquelle, Neukirchen-Vluyn ²1982 ♦ JAMES M. ROBINSON/PAUL HOFFMANN/JOHN S. KLOPPENBORG (Hg.), The Critical Edition of Q. Synopsis Including the Gospels of Matthew and Luke, Mark and Thomas with English, German and French Translations of Q and Thomas (Hermeneia Supplements), Minneapolis/Leuven 2000 ♦ SIEGFRIED SCHULZ, Q. Die Spruchquelle der Evangelisten, Zürich 1972.

Wie im vorigen Paragraphen bereits ausgeführt, weisen Matthäus und Lukas eine ganze Reihe von Übereinstimmungen auf, die im Markusevangelium keine Parallele haben. Unter der Voraussetzung der Markuspriorität – also unter der Annahme, dass Markus älter ist als Matthäus und Lukas und von diesen verwendet wurde – lassen sich diese Übereinstimmungen entweder dadurch erklären, dass Matthäus und Lukas ebenfalls in einem literarischen Verhältnis zueinander standen, oder aber damit, dass diese Überlieferungen aus einer weiteren gemeinsamen Quelle stammen. Auch wenn diese Frage letztlich nicht eindeutig zu beantworten ist und, wie oben ausgeführt, beide Sichtweisen in der Forschung vertreten werden, lassen sich die Matthäus und Lukas gemeinsamen Stoffe, die nicht bei Markus zu finden sind, nach dem im Folgenden vorausgesetzten Modell besser erklären, wenn neben dem Markusevangelium ein zweiter Überlieferungsbereich existierte, auf den Matthäus und Lukas zurückgegriffen haben. Dies bedeutet zugleich, dass die Annahme der Unabhängigkeit von Matthäus und Lukas die Verhältnisse zwischen den synoptischen Evangelien besser erklärt als diejenige der Benutzung von Markus *und Matthäus* durch Lukas.

Die Annahme einer zweiten Quelle des Matthäus- und Lukasevangeliums war allerdings von Beginn an Zweifeln ausgesetzt. Der offensichtlichste Grund dafür ist, dass es sich um eine Forschungshypothese handelt, die sich durch kein einziges Manuskript erhärten lässt und für die es auch ansonsten keinerlei externe Evidenz gibt, etwa in Form einer Erwähnung oder eines Zitates bei einem antiken Autor. Deshalb bleiben Modelle, die die Verhältnisse zwischen den synoptischen Evangelien ohne die Zuhilfenahme einer solchen Quelle erklären, auch stets möglich. Zudem bleiben ohne ein Manuskript Umfang, literarischer Charakter und sprachliche Gestalt dieser Quelle stets unsicher. Es ist nicht auszuschließen, dass Texte, die nur bei Matthäus *oder* Lukas überliefert werden, zu einer solchen Quelle gehört haben. Diese würden deshalb als Sondergut des jeweiligen Evangelisten erscheinen. Ebenso wenig ist auszuschließen, dass Matthäus *und* Lukas Texte aus dieser Quelle weggelassen haben, die demzufolge gar nicht bekannt wären. Schließlich ist die Möglichkeit in Rechnung zu stellen, dass nicht alle Matthäus und Lukas gemeinsamen Texte, die nicht bei Markus vorkommen, aus ein und derselben Quelle stammen. Es ist vielmehr möglich, dass nur einige dieser Texte zu einer gemeinsamen Quelle gehört haben, andere dagegen aus der mündlichen Überlieferung stammen. Das wird durch den unterschiedlichen Charakter der Texte bestärkt.

So gehören zu den bei Matthäus und Lukas, nicht aber bei Markus überlieferten Stoffen Texte, die in Aufbau und Wortlaut weitgehend übereinstimmen, wie etwa die Spruchkomposition über das Nicht-Fürchten in Mt 10,26–33/Lk 12,2–12, diejenige über das Nicht-Sorgen um Nahrung und Kleidung in Mt 6,25–33/Lk 12,22–31, der Komplex über Jesus und Johannes in Mt 11,2–19/Lk 7,18–35, derjenige über Bitten und Empfangen in Mt 7,7–11/Lk 11,9–13, derjenige über die Zeichenforderung (Mt 12,38–42/Lk 11,29–32) sowie die Erzählung von der Heilung des Sohnes eines Hauptmanns aus Kafarnaum (Mt 8,5–13/Lk 7,1–10). Auch die Bergpredigt des Matthäus (Mt 5–7) und die Feldrede des Lukas (Lk 6,20–49) weisen im Aufbau und den Stoffen etliche Gemeinsamkeiten auf, weichen allerdings zum Teil sprachlich erheblich voneinander ab. Ein spezieller Fall ist das Vaterunser. Dieses ist bei Matthäus in der Bergpredigt als Teil einer Unterweisung über Almosengeben, Beten und Fasten (Mt 6,1–18) überliefert (V. 7–15, das

Vaterunser selbst umfasst V. 9-13). Bei Lukas dagegen findet es sich an anderer Stelle innerhalb einer Rede über das rechte Beten (11,1-13, das Vaterunser steht in V. 2-4). Beide Fassungen unterscheiden sich vor allem darin, dass diejenige bei Matthäus sieben Bitten umfasst, diejenige bei Lukas dagegen nur fünf. Daneben gibt es einige sprachliche Differenzen. Ob dahinter eine Fassung liegt, die zudem Teil der gemeinsamen Quelle war, lässt sich nur noch schwer entscheiden. Denkbar ist auch, dass von früher Zeit an verschiedene Fassungen dieses sehr wahrscheinlich auf Jesus selbst zurückgehenden Gebetes existierten. Matthäus und Lukas könnten deshalb auch die ihnen aus der Gebetspraxis ihrer Gemeinden bekannten Fassungen des Gebetes wiedergegeben haben.

Des Weiteren haben Matthäus und Lukas am Beginn der mit Markus gemeinsamen Jesuserzählung (also nach den Kindheitskapiteln in Mt 1-2 und Lk 1-2) etliche Stoffe gemeinsam. Dazu gehört zunächst eine Drohrede des Täufers, die bei Markus keine Parallele hat (Mt 3,7-10/Lk 3,7-9). Sodann gibt es bei der Taufe Jesu etliche Übereinstimmungen von Matthäus und Lukas gegen Markus, die darauf hinweisen könnten, dass sie eine weitere Version der Erzählung von der Taufe Jesu gekannt haben. Die sich unmittelbar anschließende Versuchungsgeschichte ist bei Matthäus und Lukas deutlich länger als bei Markus und stimmt in ihren Inhalten (nicht im Aufbau) überein (Mt 4,1-11/Lk 4,1-13). Diese Beobachtungen könnten den Schluss nahelegen, dass es eine weitere Fassung des Beginns der Jesusgeschichte gab, die Matthäus und Lukas mit derjenigen des Markus verbunden haben.

Daneben gibt es weitere Stoffe, die sich mit Markus überlappen, bei denen Matthäus und Lukas jedoch eine weitere Version neben derjenigen des Markus gekannt haben (die sogenannten „Doppelüberlieferungen"), wie etwa bei der Beelzebulepisode (Mk 3,22-30; Mt 12,22-30/Lk 11,14-23), der Aussendungsrede (Mk 6,7-13; Mt 9,37-10,16/Lk 9,1-6; 10,2-12), der Erzählung vom Senfkorn (Mk 4,30-32; Mt 13,31f./Lk 13,18f.) und kleineren Kompositionen oder einzelnen Logien, etwa von der Kreuzesnachfolge (Mk 8,34; Mt 10,38/Lk 14,27), vom Licht unter dem Scheffel (Mk 4,21; Mt 5,15/Lk 11,33) und vom Berge versetzenden Glauben (Mk 11,23; Mt 17,20/Lk 17,6). Zum Teil sind diese bei Matthäus und Lukas doppelt überliefert, sind also „Dubletten" innerhalb eines Evangeliums. Dies ist etwa bei den Sprüchen über die Kreuzesnachfolge der Fall, die Matthäus und Lukas einmal aus Markus übernommen haben (Mk 8,34-9,1/Mt 16,24-28/ Lk 9,23-27) und dann noch einmal in anderen Zusammenhängen überliefert haben (Mt 10,37f./Lk 14,26f.). Diese Beobachtung könnte ein Argument dafür sein, dass die zweite Überlieferung aus der gemeinsamen Quelle stammt.

Schließlich gehören zu den Matthäus und Lukas gemeinsamen Stoffen, die nicht bei Markus zu finden sind, auch die Parabeln vom verlorenen Schaf (Mt 18,12-14/Lk 15,4-7), vom großen Gastmahl (Mt 22,1-14/Lk 14,16-24) sowie von den anvertrauten Talenten bzw. Minen (Mt 25,14-30/Lk 19,12-27). Bei diesen sind die sprachlichen Differenzen sowie die Unterschiede bei der Einbindung in den jeweiligen Kontext allerdings beträchtlich, so dass es zumindest möglich erscheint, dass Matthäus und Lukas sie unabhängig voneinander aus der mündlichen Überlieferung aufgenommen haben.

Dieser Überblick zeigt zunächst, dass die genannten Stoffe eine beträchtliche Diversität aufweisen. Diese betrifft die literarischen Gattungen (zu den besagten Stoffen gehören Logien, Reden, Parabeln, aber auch narrative Texte wie die Versuchungserzählung und die Heilung des Sohnes des Hauptmanns von Kafarnaum), die wörtlichen Übereinstimmungen sowie das Verhältnis zu Markus. Nicht zufällig sind deshalb immer wieder verschiedene Möglichkeiten diskutiert worden, wie dieser Befund am plausibelsten zu erklären ist. So könnte etwa ein Teil des Stoffes in das Markusevangelium eingearbeitet worden und Matthäus und Lukas durch die von ihnen verwendete, erweiterte Fassung des Markusevangeliums bekannt geworden sein. Diese Auffassung vertrat bereits Christian Hermann Weisse im 19. Jahrhundert, im 20. Jahrhundert war Albert Fuchs ein energischer Verfechter einer solchen „Deuteromarkus"-Theorie. Denkbar ist auch, dass einige der gemeinsamen Stoffe der mündlichen Überlieferung entstammen, andere dagegen einer gemeinsamen Quelle angehörten.

Die Theorie, der gesamte Stoff von Matthäus und Lukas, der bei Markus fehlt, stamme aus ein und derselben Quelle, ist deshalb nur eine unter mehreren Möglichkeiten, den genannten Befund zu interpretieren. Dessen ungeachtet wurde in den zurückliegenden Jahrzehnten in Teilen der Forschung die Auffassung vertreten, bei dieser zweiten Quelle handle es sich um eine Schrift mit eigener literarischer Gestalt und Theologie, die sich sogar wörtlich rekonstruieren lasse. Dies wird jedoch dem Befund dieser Stoffe nicht gerecht, dessen Interpretation ein flexibleres Modell erfordert. Sinnvoll ist dabei, zwischen solchen Überlieferungen, bei denen sich die Herkunft aus einer gemeinsamen Quelle aufgrund sprachlicher, kompositorischer und inhaltlicher Erwägungen wahrscheinlich machen lässt, und solchen, bei denen es sich um unabhängig aufgenommene Überlieferungen handeln kann, zu unterscheiden. Dabei bleibt notwendigerweise eine Unschärfe, weil bei den letzteren natürlich prinzipiell die Möglichkeit besteht, dass sie ebenfalls aus dieser gemeinsamen Quelle stammen. Dies lässt sich jedoch nicht überprüfen, was bei der Diskussion über die zweite Quelle von Matthäus und Lukas stets zu beachten ist. Ein Wortlaut dieser Quelle lässt sich ebenfalls nur in engen Grenzen erkennen, da sich nicht alle Textdifferenzen zwischen Matthäus und Lukas auf die Evangelisten zurückführen lassen. Es ist demnach mit der Beeinflussung der Texte durch mündliche Tradition bzw. mit Differenzen zwischen den von Matthäus und Lukas verwendeten Fassungen der zweiten Quelle zu rechnen.

In welcher Abfolge die Texte in der gemeinsamen Quelle gestanden haben, lässt sich nicht mehr erkennen, da Matthäus und Lukas diese in ihre jeweiligen Konzepte eingeordnet haben. Die in der Q-Forschung übliche Zählung der Q-Texte nach dem Lukasevangelium (dabei bezeichnet z. B. Q 3,7–9 den hinter

Lk 3,7–9 und der Parallele in Mt 3,7–10 liegenden Q-Text) hat zwar den Vorteil, dass keine eigene Nomenklatur oder Zählweise für die Q-Texte eingeführt werden muss, jedoch den Nachteil, dass sie auf der Hypothese basiert, die Q-Texte seien bei Lukas im Wesentlichen in derjenigen Abfolge angeführt, in der sie auch in der mit Matthäus gemeinsamen Quelle gestanden hätten. Diese Annahme lässt sich selbstverständlich nicht beweisen; es ist in der Forschung dementsprechend auch die gegenteilige Auffassung vertreten worden (z. B. von Adolf von Harnack), dass nämlich die Q-Texte bei Matthäus in ihrer Abfolge besser bewahrt seien.

Für eine Probe im Blick auf die Möglichkeiten und Grenzen der Rekonstruktion der zweiten Quelle empfiehlt sich der Vergleich mit dem Markusevangelium, das entsprechend der Theorie, die überhaupt erst zur Annahme der zweiten Quelle geführt hat, von Matthäus und Lukas ebenfalls verarbeitet wurde. Dabei zeigt sich schnell, dass es unmöglich wäre, das Markusevangelium in seinen sprachlichen, literarischen und theologischen Charakteristika auch nur annähernd aus Matthäus und Lukas zu rekonstruieren. So würde etwa der gesamte Komplex Mk 6,45–8,26, der bei Lukas fehlt, als Sondergut des Matthäus erscheinen und wäre in einem aus Matthäus und Lukas „rekonstruierten" Markusevangelium nicht vorhanden. Weiter wäre nicht erkennbar, dass das Markusevangelium mit der Wendung „Anfang des Evangeliums von Jesus Christus" begonnen hat und vermutlich mit dem Satz über die Frauen am leeren Grab, „Sie fürchteten sich nämlich", endete, also keine Erscheinungen des Auferstandenen enthielt. Die Gleichnisrede in Mk 4, die in für das Markusevangelium charakteristischer Weise die Verkündigung Jesu über das „Geheimnis des Gottesreiches" darlegt, ließe sich aus Matthäus und Lukas nicht erschließen usw. Die für das Markusevangelium entscheidenden Merkmale würden demnach bei dem Versuch einer Rekonstruktion aus Matthäus und Lukas gerade nicht zutage treten. Es ist natürlich prinzipiell möglich, dass Matthäus und Lukas mit ihrer zweiten Quelle anders verfahren sind, das ist jedoch weder nachweisbar noch wahrscheinlich.

Unter den genannten Voraussetzungen ist nun zu fragen, welche Merkmale sich den Matthäus und Lukas gemeinsamen Texten, die bei Markus fehlen, entnehmen lassen. Dabei bietet es sich an, von denjenigen Kompositionen auszugehen, die sich aufgrund ihrer sprachlichen bzw. kompositorischen Merkmale mit hoher Wahrscheinlichkeit einer gemeinsamen schriftlichen Quelle zurechnen lassen und bei denen keine Überschneidungen mit dem Markusevangelium vorliegen. Dazu gehören zunächst diejenigen Teile, die der matthäischen Bergpredigt und der lukanischen Feldrede gemeinsam sind: die Seligpreisungen, die Spruchgruppe über Feindesliebe und Verzicht auf Vergeltung, diejenige über das Nicht-Richten, vom guten und schlechten Baum und ihren Früchten sowie das Gleichnis vom Haus auf dem Felsen und Haus auf dem Sand. Zwar bestehen zwischen den entsprechenden Überlieferungen zum Teil erhebliche sprachliche Differenzen und es ist auch deutlich, dass Matthäus und Lukas sie in je eigener

Weise in ihre Kontexte integriert haben. So haben etwa die neun Seligpreisungen in Mt 5,3–12 eine andere inhaltliche Ausrichtung als die vier Seligpreisungen in Lk 6,20–23, denen in Lk 6,24–26 vier unmittelbar folgende Weherufe korrespondieren. Gleichwohl ist wahrscheinlich, dass sie als Eröffnung einer Jesusrede fungierten, die von Matthäus und Lukas aufgenommen wurde. Denkbar ist dabei auch, dass diese Rede beiden nicht in gleicher Gestalt vorlag, sondern bereits vor der Aufnahme in das jeweilige Evangelium Ausgestaltungen erfahren hat.

Weitere derartige Kompositionen sind die Aussendungsrede (Mt 9,37–10,16/ Lk 10,2–12), die Rede über das furchtlose Bekennen (Mt 10,26–33/Lk 12,2–12) und die Aufforderung zum Nicht-Sorgen für den täglichen Bedarf (Mt 6,25–33/ Lk 12,22–31). Dem lassen sich die Aufforderungen zum Beten (Mt 7,7–11/Lk 11,9– 13), zur kompromisslosen Nachfolge (Mt 8,19–22/Lk 9,57–60[62]) und zum Tragen des Kreuzes (Mt 10,37f./Lk 14,26f.) zuordnen. Daraus lässt sich entnehmen, dass die zweite Quelle Reden Jesu enthielt, die sich um das Thema der Nachfolge und das Ethos der Jüngerschaft drehten.

Daneben umfassen die gemeinsamen Überlieferungen Texte, die auf eine narrative Einbindung der genannten Jesusreden hinweisen. Dazu gehören die bereits genannte Drohrede des Johannes (Mt 3,7–10/Lk 3,7–9), die Versuchungserzählung (Mt 4,1–11/Lk 4,1–13) und der Komplex über Jesus und Johannes (Mt 11,2–19/ Lk 7,18–35), des Weiteren die Heilung des Sohnes des Hauptmanns von Kafarnaum (Mt 8,5–13/Lk 7,1–10), die Rede gegen die Pharisäer (Mt 23,13–36/Lk 11,39– 52) und die eschatologische Rede (Mt 24,26–41/Lk 17,23–37). Diese könnten darauf hindeuten, dass die gemeinsame Quelle nicht einfach eine Spruchsammlung war, sondern es sich um eine Jesusdarstellung mit narrativen Zügen gehandelt hat, die sich zum Teil mit derjenigen des Markus berührte. Das erklärt auch, warum Matthäus und Lukas diese Quelle mit dem Markusevangelium verbinden konnten. Auffälligerweise bieten Matthäus und Lukas im Bereich der Passionsgeschichte keine über das Markusevangelium hinausgehenden Überlieferungen, die sich einer gemeinsamen Quelle zurechnen lassen. Wie dieser Befund zu erklären ist, bleibt undeutlich. Möglicherweise lag der Schwerpunkt der zweiten Quelle auf der Bewahrung der Lehre Jesu, weniger auf der Interpretation seines Leidens und Todes. Dazu lassen sich jedoch aufgrund der nur annäherungsweise erkennbaren Umrisse dieser Quelle keine belastbaren Aussagen formulieren.

Über die Herkunft dieser Quelle lassen sich ebenfalls nur Mutmaßungen anstellen. Da sie Matthäus und Lukas zugänglich war, muss sie in der Frühzeit der Jesusüberlieferung eine gewisse Verbreitung gehabt und vermutlich auch in mehreren Fassungen existiert haben. Zu beachten ist zugleich, dass diese Quelle weder selbständig überliefert noch irgendwo erwähnt wird. Zwar wird gelegentlich das bereits genannte Zeugnis des Papias über die von Matthäus zusammengestellten „Logia" mit dieser Quelle in Verbindung gebracht, aber es ist sehr viel wahrscheinlicher, dass Papias damit das Matthäusevangelium selbst, nicht eine von diesem verwendete Quelle bezeichnet. Denkbar ist, dass es sich um eine

Zusammenstellung von Jesusüberlieferungen gehandelt hat, die in erster Linie darauf gerichtet war, die Verkündigung Jesu in Israel zu bewahren und zugleich deutlich zu machen, dass die konsequente Nachfolge die einzige adäquate Antwort auf sein Wirken ist. Dies verbindet sich mit der Ansage des Gerichtes an diejenigen in Israel, die Jesus und die von ihm gegründete Gemeinschaft ablehnen. Denkbar ist, dass eine solche Sammlung in Galiläa entstanden ist, worauf die Erwähnung der galiläischen Orte Chorazin, Betsaida und Kafarnaum hinweisen könnte (Mt 11,21–23/Lk 10,13–15). Auch hier kommt man jedoch über Mutmaßungen nicht hinaus.

Es ist somit deutlich, dass die zweite Quelle von Matthäus und Lukas nicht in derselben Weise interpretiert werden kann wie das Markusevangelium oder wie Matthäus und Lukas selbst. Vielmehr lassen sich nur Umrisse und inhaltliche Akzente dieser Quelle erkennen. Mangels eigener Textzeugen kann auch die literarische Gestalt der enthaltenen Texte nur annäherungsweise erhoben werden. Für die konkrete Arbeit mit den Q-Texten empfiehlt es sich deshalb, sie zunächst als Bestandteil der sprachlichen und inhaltlichen Konzeptionen von Matthäus und Lukas zu interpretieren. Ein Vergleich mit einer vorausliegenden Überlieferung ist dagegen, anders als bei Markus, nur in Grenzen möglich, da ein konkreter Text nur ansatzweise erkennbar ist. Bei sehr weitgehenden wörtlichen Übereinstimmungen, etwa im Fall der Drohrede des Johannes, dem Komplex über Jesus und Johannes oder den Reden über das Nicht-Fürchten und Nicht-Sorgen, lässt sich ein vorausliegender Text eher erkennen, bei Texten mit nur geringer Übereinstimmung, wie etwa bei dem Gleichnis vom Haus auf dem Felsen und Haus auf dem Sand oder der Rede gegen die Pharisäer, bleibt ein solcher dagegen weitgehend hypothetisch. Ein Vergleich mit einer vorausliegenden Überlieferung wäre also nur dann mit einiger Sicherheit möglich, aber zugleich unergiebig, wenn der Text ohnehin mit demjenigen von Matthäus und Lukas übereinstimmt. Weichen Matthäus und Lukas dagegen voneinander ab, bleibt ein zugrunde liegender Text zumeist unerkennbar, weil nicht mehr festzustellen ist, ob Matthäus oder Lukas (oder beide) einen gemeinsamen Text geändert haben.

Arbeitsvorschläge

1. Vergleichen Sie die Doppelparabel von dem Hausbau auf dem Felsen und auf dem Sand in Mt 7,24–27 und Lk 6,47–49. Stellen Sie Überlegungen an, welche Funktion die Doppelparabel jeweils hinsichtlich ihrer Stellung in den beiden Redekompositionen hat. Welchen inhaltlichen und pragmatischen Schwerpunkt legen sie?
2. In der Logienquelle ist das Verhältnis zwischen Johannes dem Täufer und Jesus ein wichtiges Thema. Untersuchen Sie, was in Mt 11,2–19/Lk 7,18–35 über Jesus und Johannes gesagt wird. Was sagt dies über das dargestellte Jesusbild aus?

§ 29 Das Markusevangelium

Literatur: HELEN K. BOND, The First Biography of Jesus. Genre and Meaning of Mark's Gospel, Grand Rapids, Mich. 2020 ◆ CILLIERS BREYTENBACH, The Gospel according to Mark as Episodic Narrative (NT.S 182), Leiden/Boston 2021 ◆ DETLEV DORMEYER, Das Markusevangelium, Darmstadt 2005 ◆ JÖRG FREY (Hg.), Das Markusevangelium im Brennpunkt der Forschung, Themenheft, EC 12,3 (2021) ◆ FERDINAND HAHN (Hg.), Der Erzähler des Evangeliums. Methodische Neuansätze in der Markusforschung (SBS 118/119), Stuttgart 1985 ◆ DAVID RHOADS/JOANNA DEWEY/DONALD MICHIE, Mark as Story. An Introduction to the Narrative of a Gospel, Philadelphia ³2012 ◆ VERNON K. ROBBINS, Jesus the Teacher. A Socio-rhetorical Interpretation of Mark, Philadelphia ²1992 ◆ WILLIAM WREDE, Das Messiasgeheimnis in den Evangelien. Zugleich ein Beitrag zum Verständnis des Markus-Evangeliums, Göttingen 1901 (⁴1969). – **Kommentare:** GUDRUN GUTTENBERGER, Das Evangelium nach Markus (ZBK.NT 2), Zürich 2017 ◆ DIETER LÜHRMANN, Das Markusevangelium (HNT 3), Tübingen 1987 ◆ ADELA YARBRO COLLINS, Mark. A Commentary (Hermeneia), Minneapolis 2007.

1 Das Markusevangelium als gegliederte Jesuserzählung

Das Markusevangelium ist das älteste der drei synoptischen Evangelien und hat den beiden anderen als Quelle gedient (s. o. § 27). Obwohl der Evangelist viele Einzeltraditionen verwertet hat, die sich durchaus noch identifizieren lassen, stellt das jetzt vorliegende Werk eine kohärente Erzählung mit einem sprachlich, kompositorisch und inhaltlich eigenen Profil dar. Als deutlichstes Gliederungsprinzip erweist sich dabei der geographische Rahmen: Nach der Einleitung (1,1–13) handelt der erste große Hauptteil (1,14–8,26) von Jesu Wirken in *Galiläa* (bzw. in der Umgebung des „Meers von Galiläa", d. h. des Sees Genezareth); der zweite Hauptteil (11,1–16,8) berichtet von Jesu Passion und Tod in *Jerusalem*. Im Zwischenstück 8,27–10,52 wird Jesu *Weg von Galiläa nach Jerusalem* dargestellt.

Der zweite Hauptteil ist, gemessen am geschilderten äußeren Geschehen, überdimensioniert; auf den Passionsbericht entfällt mehr als ein Drittel des Buches, obwohl sich die Ereignisse in nur wenigen Tagen abspielen. Das auf dieser Beobachtung basierende, oft zitierte Diktum Martin Kählers: „Etwas herausfordernd könnte man die Evangelien Passionsgeschichten mit ausführlicher Einleitung nennen" (Der sogenannte historische Jesus und der geschichtliche biblische Christus, Leipzig ²1928, 80 Anm. 1), ist allerdings zumindest einseitig. Kähler baute hier einen zu starken Gegensatz zwischen dem Wirken Jesu vor der Passion einerseits und der Darstellung der Passionsereignisse andererseits auf. Bereits bei Markus und mehr noch in den anderen Evangelien kommt jedoch dem Wirken Jesu vor den Passionsereignissen – seinen Heilungen und Exorzismen, der Begründung einer Nachfolgegemeinschaft, seiner Lehre in Gleichnissen und Logien, den Streitgesprächen mit Pharisäern und Schriftgelehrten – eine grundlegende Bedeutung zu.

Oft wird gesagt, der Gliederung nach geographischen Gesichtspunkten entspreche ein christologisch bestimmter Aufriss: In 1,14–8,26 sei der Gedanke bestimmend, Jesu Messianität solle verborgen bleiben; von 8,27 an werde Jesus – zunächst im Jüngerkreis (8,29; 9,7), dann vor dem Hohen Rat (14,61f.) und schließlich in aller Öffentlichkeit unter dem Kreuz (15,39) – als Messias bzw. Gottessohn bezeichnet. Aber auch in 1,16–8,26 bleibt Jesu Hoheit keineswegs „verhüllt", und die meisten der hier überlieferten Heilungserzählungen enthalten keinen „Schweigebefehl" (s. u. § 29.6). Charakteristisch für das Erzählgefälle des Markusevangeliums sind die immer wieder begegnenden Vorausverweise auf Jesu Sterben, erstmals in 3,6, sodann in den drei Leidens- und Auferstehungsankündigungen (8,31; 9,31; 10,32f.) und schließlich unmittelbar nach Jesu Einzug in Jerusalem (11,18). Die markinische Jesusdarstellung zielt deshalb darauf ab, das machtvolle Auftreten Jesu, das den Anbruch der Gottesherrschaft bedeutet, mit seinem Tod am Kreuz erzählerisch zu verbinden (vgl. bereits 3,6). Dem lässt sich auch das Fehlen von Erscheinungserzählungen zuordnen: das Markusevangelium endet in 16,8 mit der Furcht der Frauen angesichts des leeren Grabes.

2 Aufbau und Inhalt

1) *1,1–15:* Das Markusevangelium beginnt mit einem Satz, der die Funktion einer Überschrift über das ganze Buch hat: „Anfang des Evangeliums von Jesus Christus, des Sohnes Gottes". Der Begriff „Evangelium", der im Markusevangelium noch häufiger begegnet (1,14f.; 8,35; 10,29; 13,10; 14,9), wird hier demnach auf die Geschichte von Jesus Christus bezogen, zu der seine eigene Verkündigung ebenso gehört wie die Ereignisse, die sich um sein Auftreten ranken. Indem sich das Markusevangelium als „Anfang" dieser Geschichte bezeichnet, verweist es zugleich über sich selbst hinaus auf die Verkündigung des Evangeliums an alle Völker, die nach der im Markusevangelium erzählten Geschichte des irdischen Jesus weitergeht (13,10). Eine andere Möglichkeit wäre, „Anfang" auf das Auftreten des Johannes zu beziehen, das unmittelbar im Anschluss erzählt wird. Der „Anfang des Evangeliums von Jesus Christus" wäre dann das in V. 2f. mit einem Schriftzitat eingeleitete und in V. 4–11 erzählte Wirken des Johannes, der als Prophet in der Tradition Elias (V. 6; vgl. 2Kön 1,8) und als Vorläufer des Stärkeren, der nach ihm

kommen wird, dargestellt ist (V. 7f.; vgl. 9,11–13). Syntaktisch wäre demnach entweder V. 1 als eigener Nominalsatz aufzufassen, dem in V. 2–4 ein auf das Wirken des Johannes bezogener Satz folgt, oder die Passage in V. 1–3 wird als ein Satz interpretiert, dem in V. 4 die Einführung des Johannes folgt. Unabhängig von dieser syntaktischen Frage ist deutlich, dass das Schriftzitat in V. 2–3 den Übergang von der Überschrift in V. 1 zu dem ab V. 4 erzählten Wirken des Johannes bildet.

Nach der Taufe Jesu durch Johannes (V. 9–11) und der nur knapp erzählten Versuchung in der Wüste (V. 12f.) kommt Jesus nach Galiläa, um dort zu verkündigen. Der Inhalt seiner Verkündigung wird dabei in V. 14f. summarisch dargestellt: Jesus verkündigt das Evangelium Gottes, indem er die Erfüllung der Zeit und die Nähe der Gottesherrschaft ansagt, zur Umkehr und zum Glauben an das Evangelium aufruft. Damit sind grundlegende Themen der Botschaft Jesu genannt, die im Folgenden näher entfaltet werden, wenn nämlich seine Dämonenaustreibungen und Heilungen sowie sein Lehren und Verkündigen dargestellt werden. Charakteristisch für Markus ist, dass er dies vorab mit dem Terminus „Evangelium" (εὐαγγέλιον) zusammenfasst, der in V. 15 sowie an den späteren Stellen stets von Jesus selbst verwendet wird.

2) In *1,16–6,6a* wird von Jesu Auftreten in Galiläa und in der östlich des Sees Genezareth gelegenen Dekapolis (5,1–20) erzählt. Sowohl die Berufungserzählung in 1,16–20 als auch der Abschnitt 1,21–45 haben dabei paradigmatischen Charakter, sie stellen also grundlegende, typische Merkmale der Berufung in die Nachfolge, der Herrschaft Jesu über unreine Geister und seines heilenden Wirkens heraus. Die Berufung der ersten Jüngerpaare Simon und Andreas sowie Jakobus und Johannes weist dabei Anklänge an die Berufung des Propheten Elisa durch Elia auf (1Kön 19,19–21). Zudem wird das konsequente und sofortige Verlassen von Beruf und Familie als Voraussetzung der Nachfolge Jesu dargestellt (vgl. 10,28, wo Petrus dies explizit formuliert).

Die Exorzismen und Heilungen Jesu (1,23–27; 1,29–31; 1,40–44) werden mit Hinweisen auf seine Lehre und Verkündigung und deren Wirkung auf die Hörer verbunden (1,21f.28.39.45). Gleich die erste Episode, die Austreibung eines unreinen Geistes, führt zum Entsetzen über die Vollmacht Jesu und zur Frage, was dies sei, was die Anwesenden gerade erleben (1,27). Das Summarium in 1,32–34 macht sodann deutlich, dass der zuvor erzählte Exorzismus und die Heilung exemplarisch für das Wirken Jesu stehen. In 2,1–3,6 schließt sich eine Reihe von Streitgesprächen in und bei Kafarnaum an, die durch die zwei Erzählungen, in denen Heilung und Konflikt miteinander verknüpft sind, gerahmt werden (2,1–12; 3,1–6). Es folgen summarische Hinweise auf Heilungen und Exorzismen am See (3,7–12), die Konstituierung des Zwölferkreises (3,13–19) sowie weitere Konfliktszenen, darunter die Auseinandersetzung über die Herkunft der Macht Jesu über die Dämonen (3,22–30). In 4,1–34 folgt eine große Rede Jesu: Jesus lehrt das Volk „in Gleichnissen", die seinen engsten Anhängern ausgelegt werden, „denen draußen" dagegen verschlossen bleiben (4,10–12.33f.).

In 4,35-6,6a schließt sich ein Komplex an, in dem es um Machttaten Jesu und deren Wirkung auf die von diesen Betroffenen geht. Jesu Macht über Wind und Meer wird verbunden mit einer Kritik an den Jüngern, die furchtsam sind und keinen Glauben haben (4,35-41). Sie führt wiederum zur Frage, wer Jesus sei, dem sogar Wind und Meer gehorchen (V. 41). Die folgenden Heilungen demonstrieren Jesu Macht über Dämonen und seine Kraft zum Heilen einer scheinbar unheilbaren Krankheit und sogar zur Auferweckung eines Toten. Dabei spielt das Thema Glaube eine wichtige Rolle (5,34.36). Beim anschließenden Aufenthalt Jesu in seiner Vaterstadt Nazaret (6,1-6a) werden einige biographische Informationen nachgetragen (V. 3: Zimmermann, Sohn Marias, Erwähnung seiner Brüder und Schwestern, Erstere werden sogar namentlich aufgezählt). Jesus stößt hier auf Ablehnung, weil die Bewohner Nazarets seine Herkunft nicht mit seiner Lehre in Übereinstimmung bringen können. Dementsprechend kann er hier keine Machttaten, außer wenigen Heilungen, vollbringen und wundert sich über den Unglauben der Bewohner. Die Machttaten Jesu sind demnach eng mit dem Thema „Glaube" verbunden.

3) In 6,6b-8,26 wird zunächst von der Aussendung der Jünger und von deren Rückkehr berichtet (6,6b-13.30f.). Darin eingeschoben ist die dramatische Erzählung vom Tod des Täufers (6,14-29). Es folgen weitere Machtdemonstrationen Jesu (6,32-56) und eine ausführliche Debatte über das Thema „rein und unrein", die zunächst öffentlich (7,1-15) und dann „im Haus" mit den Jüngern geführt wird (7,16-23). Anschließend verlässt Jesus Galiläa und hält sich in den umliegenden Regionen auf. Dabei werden weitere Heilungen berichtet, die sich in Tyros (7,24-30) sowie wiederum (vgl. 5,1-20) in der Dekapolis ereignen (7,31-37; 8,1-9). Nach der Rückkehr ins jüdische Land (8,10) kommt es zu einem Konflikt mit den Pharisäern (8,11-13) und einem längeren Gespräch mit den Jüngern über deren Unverständnis (8,14-21). Der Abschnitt und damit der erste Hauptteil des Markusevangeliums schließt mit der Heilung eines Blinden in Betsaida (8,22-26).

4) In 8,27-10,52 wird Jesu Weg von Caesarea Philippi durch Galiläa und Judäa bis nach Jerusalem (11,1) beschrieben. Von besonderer Bedeutung sind hier das Petrusbekenntnis (8,29), auf das sofort (8,30) der Schweigebefehl Jesu folgt, und die drei Leidens- und Auferstehungsankündigungen, die jeweils mit der Korrektur von Fehlinterpretationen verbunden sind (8,31, dazu V. 32f., vgl. die Nachfolgeworte in 8,34-9,1; dann 9,31, dazu die Diskussion, wer „der Größte" sei, und weitere Nachfolgeworte in 9,33-50; schließlich 10,32-34, dazu die Bitte der Zebedaiden in 10,35-45). Der auf Tod und Auferstehung vorausverweisenden Verklärungsszene in 9,2-13 folgt die sehr ausführlich erzählte Geschichte von der Heilung des epileptischen Kindes (9,14-29); hier endet Jesu öffentliches Wirken in Galiläa (9,30). Nachdem Jesus Judäa erreicht hat (10,1), kommt es zu unterschiedlich gestalteten Szenen über die miteinander verwandten Themen Ehe/Ehescheidung (10,2-12), Kinder (10,13-16) und Besitz (10,17-31). Der Rei-

sebericht schließt nach der dritten Leidensankündigung mit der Blindenheilung in Jericho (10,46–52; vgl. 8,22–26), wobei hier ausdrücklich gesagt wird, dass der geheilte Bartimäus Jesus „auf dem Weg nachfolgte" (10,52).

5) Die Szenen in Jerusalem in *Kap. 11–13* bilden das Vorspiel zur Passion: Der Einzug in die Stadt ist die erste öffentliche Darstellung der Messianität Jesu (vgl. die Begrüßung durch die Menge in 11,8–10!). Denselben Akzent setzt auf andere Weise auch die „Tempelreinigung" (11,15–17), die allerdings zugleich den letzten Anstoß für den Plan gibt, Jesus zu vernichten (11,18). Das öffentliche Auftreten Jesu endet mit der zunächst gar nicht und dann im Gleichnis beantworteten Frage nach Jesu Vollmacht (11,27–12,12), weiteren Streitgesprächen (12,13–17: Steuerfrage; 12,18–27: Auferstehung der Toten; 12,28–34: Größtes Gebot), der Erörterung des Problems der Davidsohnschaft des Christus (12,35–37), der Warnung vor den Schriftgelehrten (12,38–40) und der Szene mit der armen Witwe im Tempel (12,41–44). Die anschließende apokalyptische Rede in Kap. 13 richtet sich allein an den Jüngerkreis.

Die Trennung von öffentlicher und verborgener Lehre wird in Kap. 4 programmatisch begründet, wo gesagt wird, dass die Gleichnisse zwar öffentlich erzählt, aber nur den Jüngern inhaltlich erklärt werden (4,10–12.33f.). Ähnliche Situationen werden auch in 7,17; 9,28.33; 10,10 geschildert.

6) In *Kap. 14 und 15* schildert Markus die Passion Jesu (14,1f.). Diese beginnt mit der Salbung in Betanien (14,3–9; vgl. V. 8: Jesus wird „zum Begräbnis gesalbt") und der ausführlichen Beschreibung des letzten Mahles (14,17–25). Es folgen Verhaftung, Prozess, Verurteilung, Hinrichtung und Beisetzung. Dabei fällt auf, dass in 15,40f. gesagt wird, die Frauen, die Jesu Kreuzigung sahen, seien ihm schon in Galiläa „nachgefolgt" und mit ihm nach Jerusalem gezogen. Offenbar will Markus den Eindruck vermitteln, neben den Jüngern habe es auch Jüngerinnen Jesu gegeben (in Lk 8,1–3 ist diese Notiz vorverlegt worden).

Für Dauer und Ablauf der Passionsereignisse in Jerusalem hat Markus ein Schema geprägt, wonach sich das Geschehen innerhalb einer Woche abspielt: Einzug in die Stadt (11,1–11, Sonntag); am folgenden Tag Vertreibung der Händler aus dem Tempel (11,15–19, Montag); die Debatten in 11,27–12,44 sowie die apokalyptische Rede einen Tag später (11,20–13,37, Dienstag); zwei Tage später (14,1) beginnt das Fest der Ungesäuerten Brote (14,12, Donnerstag: Abendmahl, Gethsemane); die Verhaftung und der Prozess Jesu finden in der Nacht statt; die Kreuzigung geschieht am Freitag und die Entdeckung des leeren Grabes nach dem Sabbat wieder am Sonntag, dem ersten Tag der Woche (16,1). Schematisch ist auch die Stundengliederung des Todestages: Die Morgenfrühe sowie die dritte, sechste und neunte Stunde werden ausdrücklich genannt (15,1.25.33.34).

7) Die Darstellung des Ostertages (16,1–8) enthält auffälligerweise nur eine Szene am leeren Grab. Erscheinungen des Auferstandenen werden zwar angekündigt (V. 7; 14,28), berichtet wird von ihnen aber nicht.

Damit ist das vieldiskutierte Problem des Markusschlusses angesprochen: Warum enthält das Markusevangelium keine Erscheinungsgeschichten, obwohl der Evangelist selbst darauf hinweist, dass er solche Erzählungen kennt? Kann das Evangelium mit dem Satz enden: „Sie sagten niemandem etwas, sie fürchteten sich nämlich?" Oder ist ein ursprünglicher Schluss absichtlich oder versehentlich weggelassen worden? Eine absichtliche Auslassung von Erzählungen über Erscheinungen des Auferstandenen mutet sehr unwahrscheinlich an. Ein Blattverlust, wie er bei antiken Manuskripten durchaus vorkommen kann, müsste bereits zu einem sehr frühen Zeitpunkt geschehen sein. Matthäus und Lukas kennen jedenfalls offenbar keine Erscheinungsgeschichten des Markusevangeliums. Auch in den ältesten Handschriften finden sich keine Hinweise auf eine Fortsetzung. Die Annahme eines „verlorenen" Markusschlusses geht deshalb von der Überlegung aus, das Markusevangelium müsse mit Erscheinungen des Auferstandenen geendet haben, weil die Flucht der Frauen vom leeren Grab und ihre Furcht nicht den ursprünglichen Schluss gebildet haben könnten. Der Abschnitt 16,1–8 lässt sich aber durchaus als die bewusst in genau dieser Weise entworfene Schlusspointe der markinischen Jesuserzählung verstehen: Markus kennt zwar Überlieferungen von Erscheinungen des Auferstandenen und spielt darauf in 14,28 und 16,7 an. Er braucht diese jedoch nicht eigens zu erzählen: Durch die Hinweise auf die Auferstehung Jesu von den Toten (8,31; 9,9.31; 10,34), sein Sitzen zur Rechten Gottes (12,36; 14,62) sowie seine endzeitliche Wiederkunft (8,38; 13,26f.; 14,62) sind die Leser bereits über den Weg Jesu nach seinem Tod im Bilde. Die Reaktion der Frauen am leeren Grab macht dagegen deutlich, dass das leere Grab für sich genommen keine Beweiskraft hat. Es muss vielmehr im Kontext der Botschaft von Jesu Auferstehung, Erhöhung und endzeitlicher Wiederkunft verstanden werden.

3 Quellen

Markus hat in seiner Erzählung verschiedene Quellen verarbeitet. Dazu gehören auf jeden Fall mündliche Überlieferungen, möglicherweise auch bereits schriftlich existierende Texte. Letzteres ist allerdings schwierig zu erweisen, da es keine externen Hinweise gibt und sich schriftliche Vorlagen auch aus dem Text des Markusevangeliums nicht eindeutig ergeben. Möglich ist, dass die Endzeitrede in Kap. 13 dem Verfasser bereits schriftlich vorgelegen hat und er sie sprachlich und inhaltlich in seine Erzählung integriert hat. Zu den mündlich vorliegenden Überlieferungen zählen die Gleichnisse und Logien im Markusevangelium sowie etliche weitere Überlieferungen vom Wirken Jesu. Möglich ist, dass die Erzählungen von der Speisung der Fünftausend (6,32–44) und vom Seewandel Jesu (6,45–52) schon vormarkinisch miteinander verbunden waren. Beide Erzählungen sind jedenfalls auch bei Johannes miteinander verknüpft (6,1–21). Einen eigenen Komplex stellt die Passionserzählung dar. Diese ist nicht, wie die vorangehende Erzählung, episodisch aufgebaut, sondern besteht aus eng aufeinander folgenden Ereignissen, die in einem Wochen- und Stundenschema untergebracht sind. Die Annahme einer vormarkinischen Passionsgeschichte ist dabei nicht unbedingt erforderlich, Markus kann diesen Ablauf auch selbst entworfen haben. Schließlich hat Markus etliche historische Informationen über die Orte und Regionen des Wirkens Jesu, seine Nachfolger und Gegner sowie über politische Konstellationen der jeweiligen Gegenden verarbeitet. Die entsprechenden Angaben bleiben allerdings zumeist im Hintergrund und gewinnen kein eigenes Gewicht. Auch gibt Markus keine ausführlicheren Erläuterungen der sozialen, religiösen und politischen Umstände des Wirkens Jesu. Er setzt offenbar eine Leserschaft voraus, die damit im Wesentlichen vertraut ist.

Eine wörtliche Rekonstruktion von Vorlagen, die Markus verwendet hat, ist nicht möglich. Sowohl über den Umfang als auch den Wortlaut solcher Vorlagen können nur Mutmaßungen angestellt werden. Das liegt nicht zuletzt daran, dass die Markus vorausliegenden Überlieferungen noch nicht in ein literarisches, sprachlich und inhaltlich fixiertes Konzept eingebunden waren. Als jedenfalls zum Teil mündliche Überlieferungen konnten sie vielmehr in verschiedenen Erzählzusammenhängen verwendet werden, wobei jede dieser Verwendungen ein eigenes „Original" darstellte, es also keine fixierte „Urfassung" gab, die in späteren Versionen abgewandelt wurde. Dieser Charakter der vormarkinischen Überlieferung und ihre Verarbeitung durch den Verfasser des Markusevangeliums unterscheiden sich deshalb grundlegend von der Verarbeitung des Markusevangeliums durch Matthäus und Lukas. Im letzteren Fall liegt bereits eine Jesuserzählung vor, die dann von Matthäus und Lukas in je eigener Weise verarbeitet wurde. Im Markusevangelium selbst wird dagegen zum ersten Mal eine Erzählung mit einem eigenen inhaltlichen und sprachlichen Profil entworfen, in dem die verschiedenen Überlieferungen und Informationen zu einem Bild vom Wirken und Geschick Jesu zusammengeführt werden.

4 Sprache

Die Sprache des Markus ist einfach; der griechischen literarischen Hochsprache steht der Verfasser fern. Der Satzbau ist ausgesprochen schlicht; die Parataxe, d. h. die Aneinanderreihung der Sätze durch „und" (καί) ist der Normalfall (vgl. etwa 1,16–22), was der zeitgenössischen hellenistischen Volksliteratur entspricht. Es gibt jedoch einige Ausnahmen. So begegnet in 5,25–27 eine Reihe von mehreren verbundenen Partizipien und in 2,18 die *coniugatio periphrastica* im Zusammenhang der Nennung einer „Hintergrundinformation". Matthäus und Lukas haben das Griechisch des Markus an zahlreichen Stellen überarbeitet (vgl. etwa Mk 14,12 parr.). Matthäus und Lukas ersetzen auch einige ihnen besonders unpassend erscheinende Wörter des Markus durch stilistisch angemessenere, so etwa κράβατος („Bett, Liege") in Mk 2,4.9.11 durch κλίνη bzw. κλινίδιον. Auch die von Markus bisweilen gebrauchten Diminutiva (5,23: θυγάτριον, „Töchterlein") passen nicht zum Stil gehobener Literatur. Auch hier haben Matthäus und Lukas dementsprechend Korrekturen vorgenommen.

Mitunter wird auf „Latinismen" im Text des Markusevangeliums hingewiesen, wie etwa λεγιών (lat. *legio*, 5,9.15), δηνάριον (*denarius*, 6,37), κῆνσος (*census*, 12,14) oder πραιτώριον (*praetorium*, 15,16). Am auffälligsten in dieser Hinsicht ist die Erläuterung in Mk 12,42, dass zwei Lepta einem Quadrans entsprechen. Hier wird die Münzeinheit Lepta in die üblichere römische Münzeinheit (der Quadrans war die kleinste römische Münzeinheit) umgerechnet, um die „zwei Lepta" zu erläutern. Allerdings lassen sich diese Beobachtungen kaum dahingehend verdichten, dass die Sprache des Markusevangeliums vom Lateinischen beeinflusst sei und auf eine Entstehung im Westen des Reiches verweise. Vielmehr verbleiben diese Indizien für einen Griechisch schreibenden Autor im Römischen Reich im Rahmen des Üblichen und geben keine spezifischeren Hinweise.

Dass Markus das kürzeste aller Evangelien ist, liegt am geringeren Umfang des verarbeiteten Materials, nicht an der Art der Darstellung. Die einzelnen Erzählungen sind mitunter sogar ausführlicher als bei Matthäus und Lukas, die häufig Straffungen vorgenommen haben (vgl. z. B. Mk 5,21–43 parr.; ferner Mk 2,1–12 mit Mt 9,1–8). Markus versteht es jedoch auch, erzählerische Kunstmittel einzusetzen, etwa die Verschachtelung zweier oder mehrerer Erzählungen. Ein gutes Beispiel dafür ist der Abschnitt 3,20–35, wo in die Szene „Jesus und seine Familie" (V. 20f.31–35) ein Streitgespräch mit Schriftgelehrten (V. 22–27) und das Logion über die unvergebbare Sünde (V. 28–30) eingeschoben sind (vgl. ferner 5,21–24.35–43, darin 5,25–34, sowie 6,7–13.30, darin 6,14–29). Von literarischer Meisterschaft zeugt die Verknüpfung, die Markus zwischen Verhaftung und Verhör Jesu vor dem Synhedrium einerseits und der Szene von der dreifachen Verleugnung des Petrus andererseits hergestellt hat (14,53–72): Die Verleugnung Jesu durch Petrus geschieht zur gleichen Zeit wie die Verspottung durch die Soldaten.

5 Verfasserschaft, Zeit und Ort der Abfassung

1) Das Markusevangelium nennt keinen *Verfassernamen*. Es handelt sich also um eine anonyme Schrift. Nach der kirchlichen Überlieferung ist das Buch von Johannes Markus geschrieben worden, der aus Jerusalem stammt und in der Apostelgeschichte erwähnt wird. Er ist ein Verwandter des Barnabas und hat diesen und Paulus auf der „ersten Missionsreise" ein Stück weit begleitet. Nach Apg 13,13 hat er Paulus allerdings in Paphos verlassen. Paulus weigert sich daher, ihn noch einmal mitzunehmen (15,37–39). Nach Phlm 24 scheint er sich später aber doch wieder bei Paulus befunden zu haben.

Nach 1Petr 5,13 war Markus der Begleiter des Petrus in Rom. Papias (erste Hälfte des 2. Jh.) zufolge hat er sein Evangelium aufgrund der Lehrvorträge des Petrus niedergeschrieben. Diese Angaben werden jedoch durch den Text nicht bestätigt. Ganz offensichtlich ist das Markusevangelium nicht von einem palästinischen Juden geschrieben worden. Der Verfasser zeigt sich mit den Einzelheiten der Geographie Palästinas nicht vertraut (vgl. die Ortsangabe „Gerasa" in 5,1; beim Weg von Galiläa nach Jerusalem in 10,1.46 fehlt ein Hinweis auf Samaria; die Angaben in 11,1 sind ungenau). Die jüdischen Sitten sind ihm fremd, er weist nur sehr distanziert auf sie hin (7,3f.); und vor allem sind die in 14,1.12 genannten Daten unrichtig.

Die gern geäußerte Vermutung, hinter dem bei der Verhaftung Jesu nackt fliehenden Jüngling (14,51f.) verberge sich der Verfasser selbst, und er gebe hier nach antiker Sitte einen versteckten Hinweis auf seine Identität, ist durch nichts begründet. Das Markusevangelium lässt überhaupt nicht erkennen, dass der Verfasser ein Augenzeuge war oder auch nur zu sein beansprucht.

Man kann deshalb nur sagen, dass das Markusevangelium offenbar von einem Autor verfasst wurde, der die geographischen Verhältnisse in Galiläa und Judäa nicht näher kannte. Dass er mitunter jüdische Bräuche näher erklärt (7,3f.), spricht dafür, dass er sich an nichtjüdische Adressaten wendet, denen er diese Regeln erläutern will, wozu er offensichtlich in der Lage ist. Auch kennt er die jüdischen Schriften und kann Zitate aus diesen in seine Darstellung einbinden.

2) Die Frage nach der *Abfassungszeit* hängt entscheidend von dem Urteil darüber ab, ob man in 13,2 die Zerstörung des Jerusalemer Tempels als bereits geschehen ansieht, die Stelle also als ein *vaticinium ex eventu* (nachträgliche Weissagung) betrachtet, oder ob man annimmt, die Zerstörung stehe noch bevor. Der in 13,14 erwähnte „Gräuel der Verwüstung" trägt zur Datierung des Markusevangeliums dagegen nichts bei, da nicht klar ist, ob sich die Aussage überhaupt auf ein konkretes geschichtliches Ereignis bezieht oder als Teil der apokalyptischen Ereignisse verstanden werden soll, die hier geschildert werden. Jedenfalls muss das Markusevangelium um das Jahr 70, also zur Zeit des Jüdischen Krieges, entstanden sein.

3) Über den *Abfassungsort* lässt sich lediglich sagen, dass er außerhalb Palästinas liegen muss (s. o. die Hinweise auf die geographischen Angaben). Aufgrund der Verbindung des Johannes Markus mit der Petrustradition und unter Hinweis auf die bei Markus begegnenden lateinischen Termini (s. o. § 29.4) wird mitunter die These vertreten, das Markusevangelium sei in Rom verfasst worden. Aber die Verbindung mit Petrus ist legendarisch und die erwähnten lateinischen Wörter gehören im Römischen Reich auch im Griechischen zur Umgangssprache. Für eine Abfassung des Markusevangeliums in Antiochia könnte die Nähe zur Jesusüberlieferung sprechen, ebenso die Erzählung von der Syrophönizierin (7,24–30). Doch reichen für ein einigermaßen sicheres Urteil auch diese Indizien nicht aus. Im 3./4. Jahrhundert kam die Tradition auf, Markus habe in Alexandria

gewirkt (Euseb, h. e. 2,16). Auch dies ist jedoch keine historisch belastbare Information. Die Frage des Abfassungsortes muss deshalb offenbleiben.

6 Die theologische Tendenz und der Abfassungszweck

Markus hat, soweit wir erkennen können, als Erster Jesusüberlieferungen gesammelt und in einen schriftlichen, im weitesten Sinne „biographischen" Rahmen eingeordnet, womit er offenbar das Ziel verfolgte, diese Überlieferung für die Gemeinschaft der an Jesus Christus Glaubenden zu bewahren. Dabei lässt sich eine bestimmte theologische Absicht erkennen, die der Evangelist mit seiner literarischen Arbeit verbindet.

Als der theologische Grundgedanke des Markusevangeliums gilt häufig das sogenannte Messiasgeheimnis. Jesu Wirken vollziehe sich zunächst unter Verhüllung seines wahren Wesens, was sich im Text an folgenden Sachverhalten zeige: 1) Die Dämonen dürfen nicht sagen, wer Jesus ist (1,24f.; 1,34; 3,12). 2) Von den von Jesus vollbrachten Machttaten darf nicht öffentlich gesprochen, sie sollen niemandem „weitererzählt" werden. Dabei handelt es sich deutlich um ein literarisches Motiv, denn historisch betrachtet wäre ein Verbot, von den Machttaten zu erzählen, unsinnig. Wie sollte beispielsweise eine Taubstummenheilung geheim gehalten werden können (7,36)? 3) Die Jünger missverstehen häufig, welchen Sinn Jesu Handlungen haben (6,52; 8,17; vgl. 8,32). 4) Erst in der Szene in 8,27–29 spricht Petrus, stellvertretend für alle Jünger, das Bekenntnis zu Jesus als dem Christus offen aus, und Jesus widerspricht nicht; doch auch jetzt bleibt das Missverstehen – auf die Leidensankündigung Jesu (8,31) reagiert Petrus mit Vorwürfen. 5) Im Verhör vor dem Synhedrium bejaht Jesus die Frage, ob er der Sohn Gottes sei (14,62) – und eben diese Aussage führt ihn ans Kreuz.

Die These des Messiasgeheimnisses geht auf William Wrede zurück. Seiner Auffassung zufolge hat sich Jesus nicht für den Messias (Christus) gehalten und dies deshalb seinen Zeitgenossen gegenüber auch nicht beansprucht. Seine Jünger erinnerten sich nach Ostern, dass im Leben Jesu von einem messianischen Wirken nichts zu erkennen gewesen sei. Zugleich glaubten sie jedoch im Licht der Osterereignisse, also aufgrund der Auferstehung Jesu und der Erscheinungen des Auferstandenen, an ihn als den Messias. So versuchten sie, historische Erinnerung und gegenwärtigen Glauben miteinander auszugleichen. Sie entwickelten die Theorie, Jesus habe bereits zu seinen Lebzeiten beansprucht, der Messias bzw. der Sohn Gottes zu sein, habe dies aber bewusst geheim gehalten. Das Messiasgeheimnis spiegelt nach Wrede deshalb eine Verlegenheit der vormarkinischen Gemeinde wider.

Die von Markus verarbeiteten Überlieferungen lassen jedoch kein „unmessianisches" Jesusbild erkennen. Es ist auch sehr unwahrscheinlich, dass es eine unmessianische Jesustradition nach Ostern überhaupt gegeben hat. Deshalb wurde in der weiteren Diskussion über das Messiasgeheimnis die These vertreten, es handle sich um eine theologische Deutung der Überlieferung, die sich der redaktionellen Arbeit des Markus verdanke. Der Evangelist wolle auf diese Weise zeigen, dass der in Jesu Verkündigung ergehende Anspruch an die Menschen und seine in Lehre und Taten sichtbar werdende Vollmacht erst verstanden sind, wenn man ihn als Angeklagten vor dem Hohen Rat und als Hingerichteten am Kreuz wahrnimmt. Die Anweisung an die Jünger, von der göttlichen Herrlichkeit Jesu zu reden, gelte deshalb nur bis zur Auferstehung des Menschensohnes von den Toten. In der ersten Ankündigung des Weges Jesu durch Leiden und Tod hin zur Auferstehung (8,31) werde entsprechend gesagt, dass Leiden und Sterben geschehen *müssen* (δεῖ), weil sie dem Willen Gottes entsprechen.

Bei den sogenannten *Leidensweissagungen*, die durch ihre auffällige Stellung (8,31; 9,31; 10,32–34) von vornherein ein besonderes Gewicht haben, handelt es sich um Bekenntnisse über Leiden, Tod und Auferweckung Jesu, die in Form von Jesusworten (also als *vaticinia ex eventu*) präsentiert werden. Sie besagen, dass der Weg Jesu nur dann richtig verstanden ist, wenn er im Horizont seiner Passion und Auferweckung betrachtet wird. Im Markusevangelium liegt eine weitere Bedeutung dieser Aussagen darin, dass alle drei dieser Ankündigungen mit der Thematik der Nachfolge verbunden sind: wer sich zu Jesus bekennt, muss sein Kreuz auf sich nehmen, also selbst zum Leiden bereit sein (8,34–9,1); wer der „Erste" sein will, muss der Sklave aller sein (9,33–37); Nachfolge bedeutet Leiden, nicht Vorrangstellung. Der Weg Jesu bestimmt demzufolge auch das Geschick seiner Nachfolger (10,35–40).

Die Theorie des Messiasgeheimnisses trifft aber nicht den Kern des Markusevangeliums. Den Lesern wird bereits im ersten Satz mitgeteilt, dass Jesus der Christus, der Sohn Gottes ist (die Bezeichnung „Sohn Gottes" ist dabei zwar nicht in allen Manuskripten enthalten, es handelt sich aber vermutlich um die ältere Lesart). Sie erfahren es gleich noch einmal (1,3: „Bereitet den Weg des Herrn") und dann wiederum durch die Himmelsstimme bei der Taufe Jesu in 1,11. Aber auch in der von Markus erzählten Welt passt vieles nicht zur Messiasgeheimnistheorie: 1) Gleich nach der ersten Machttat Jesu erfährt „ganz Galiläa" von ihm und seinem Tun (1,27f.). 2) Ausdrückliche Schweigebefehle ergehen nur an die „unreinen Geister", die Dämonen; *sie* sollen nicht sagen, dass Jesus „der Heilige Gottes" oder „der Sohn Gottes" ist (1,24f.; 3,11f.). Wenn Jesus ihnen zu schweigen befiehlt, ist das ein Teil seiner exorzistischen Praxis und zeigt seine Macht über Dämonen und unreine Geister. 3) In einigen Erzählungen von Machttaten Jesu bezieht sich seine Aufforderung, nicht von dem Ereignis zu sprechen, nur auf einen bestimmten Aspekt, keineswegs auf das Geschehen insgesamt (1,44; 5,43). 4) Mehrere Machttaten enthalten geradezu das Gegenteil eines Geheimhaltungsbefehls: In 1,44 soll die Heilung des Aussätzigen „ihnen zum Zeugnis" dienen; in 2,10f. bestätigt die Heilung des Gelähmten ausdrücklich Jesu Vollmacht zur Sündenvergebung; der geheilte Gerasener bekommt von Jesus sogar einen Verkündigungsauftrag (5,19). 5) Vor allem aber enthalten sehr viele Erzählungen von Heilungen und anderen Machttaten keinerlei Schweige- oder Geheimhaltungsbefehl (1,29–31; 2,1–12; 4,35–41; 5,1–20; 5,25–34; die Speisungen der Fünftausend und Viertausend in 6,35–44 und 8,1–9; 7,24–30; 9,14–29; 10,46–52), und auch in den Heilungssummarien findet sich ein solcher Befehl nur im Zusammenhang mit dem Hinweis auf die Dämonen (1,34; 3,12, nicht aber 6,55f.).

Ein Schweigebefehl, der sich offensichtlich auf eine Machttat als ganze bezieht, findet sich in 7,36a nach der Heilung des Taubstummen; V. 36b zufolge aber halten sich die Menschen nicht daran, sondern verkündigen Jesu Tat immer wieder. Die Auflösung dieser Paradoxie könnte in V. 37 stecken: Die Menschen erkennen, dass Jesu machtvolle Tat auf *Gott* verweist (*„alles* hat er gut gemacht" bezieht sich auf Gottes, nicht auf Jesu Handeln, vgl. Gen 1,31); dies ist es offenbar, was sie lernen sollen, und so braucht die Aussage von V. 36a nicht wiederholt zu werden. Die Heilung des Blinden in 8,22–26 endet mit einer Art Schweigebefehl (V. 26), doch dessen Sinn bleibt unklar.

Auch das Motiv des Jüngerunverständnisses begegnet keineswegs überall bei Markus. Expliziert wird es vor allem im Zusammenhang der Speisungswunder (6,52; 8,17). Eindeutig wird sein Sinn im Kontext des Petrusbekenntnisses: Die Aussage „Du bist der Christus" (8,29) ist zutreffend, muss aber im Horizont des gesamten Weges Jesu verstanden werden (8,31–33). Dagegen wäre es unzureichend, Jesus als Christus zu verstehen, ohne sein Leiden, Sterben und Auferstehen in diese Deutung einzubeziehen. Das gilt ebenso für diejenigen, die Jesus nachfolgen (8,34–9,1). Dazu passt die sofort sich anschließende Verklärungserzählung in 9,2–8 mit dem Schweigebefehl in 9,9 und dem Unverständnis der Jünger in 9,10: Die Jünger sollen nicht erzählen, was sie gesehen haben, bevor Jesus von den Toten auferstanden sein wird. Sie verstehen den Weg Jesu, der durch Leiden und Tod zur Auferstehung führen wird, an dieser Stelle allerdings nicht.

Das Markusevangelium bietet einen christologischen Entwurf als Erzählung: Jesus verkündigt den Anbruch des Gottesreiches (1,15); er wirkt als Gottes Sohn und wird schließlich durch die jüdischen und römischen Autoritäten verurteilt und durch die Römer hingerichtet (Vorausverweise auf die Hinrichtung finden sich außer in den genannten Ankündigungen Jesu auch in 3,6 und 12,1–11). Schließlich stirbt Jesus als Gottessohn am Kreuz (15,39). Von Erscheinungen des Auferstandenen berichtet das Markusevangelium nicht. Die Auferstehung wird den Frauen am Grab von dem göttlichen Boten mitgeteilt, sie fürchten sich jedoch, sie den Jüngern weiterzusagen. Die Leser des Markusevangeliums können jedoch die Deutung des leeren Grabes durch den Boten im Kontext von Jesu Ankündigungen seiner künftigen Auferstehung interpretieren. Die Wiederkunft Jesu als Menschensohn zum Gericht wird im Markusevangelium mehrfach von Jesus selbst angekündigt (8,38; 13,26f.; 14,62). Bis dahin soll das Evangelium verkündigt werden (14,9). Auf diese Weise wird zugleich die Zeitperspektive des Markusevangeliums markiert.

§29 Das Markusevangelium 355

✎ **Arbeitsvorschläge**

1. Markus hat zweimal Episoden mit Konfliktgesprächen zu größeren Einheiten komponiert: 2,1–3,6; 11,18–12,30. Welche Gruppen werden jeweils als Gegner präsentiert? Welche Themen werden verhandelt? Welche Pointen setzt Jesus?
2. Welches Bild zeichnet das Markusevangelium von Petrus? Berücksichtigen Sie dabei besonders die Erzählepisoden in Mk 1,16–20; 1,29–31; 3,16–19; 8,27–33; 14,26–31; 15,66–72. Welche Bedeutung hat es, dass er in 16,7 als Einziger namentlich genannt wird?
3. Innerhalb der Passage Mk 8,27–10,52 findet sich eine interessante Komposition: Auf die drei Leidensankündigungen reagiert die Jüngergruppe mit unpassenden Reaktionen, woraufhin Jesus sie belehrt. Erarbeiten Sie sich einen Überblick über diese Struktur (Leidensankündigung – Gedanken/unpassende Reaktion der Jüngergruppe – Jesusbelehrung).
4. Wie stirbt Jesus nach der Darstellung des Markusevangeliums?
5. Wie ist der offene Schluss des Markusevangeliums zu verstehen (16,8)? Bedenkt man die Worte Jesu in den Leidens- und Auferstehungsankündigungen und die Ankündigung seines Wiederkommens (13,26f.): Wie sollen die Leserinnen und Leser die Reaktion der Frauen bewerten?

📖 **Lektüreempfehlung zur Vertiefung:** CHRISTINE GERBER, Erzählte Christologie im Markusevangelium – oder: Wie ist zu verstehen, wer Jesus ist? in: Thomas Fornet-Ponse (Hg.), Jesus Christus. Von alttestamentlichen Messiasvorstellungen bis zur literarischen Figur (JThF 25), Münster 2015, 63–72; DAVID S. DU TOIT, „Es ist nichts Geheimes, das nicht ans Licht kommen soll." Verhüllung und Enthüllung als Erzählmotiv und als narrative Strategie im Markusevangelium, in: Predrag Dragutinović u. a. (Hg.), Christ of the Sacred Stories (WUNT II 453), Tübingen 2017, 27–56.

§ 30 Das Matthäusevangelium

Literatur: EDWIN K. BROADHEAD, The Gospel of Matthew on the Landscape of Antiquity (WUNT 378), Tübingen 2017 ♦ RAINER KAMPLING (Hg.), „Dies ist das Buch ..." Das Matthäusevangelium. Interpretation – Rezeption – Rezeptionsgeschichte, Paderborn 2004 ♦ MATTHIAS KONRADT, Israel, Kirche und die Völker im Matthäusevangelium (WUNT 215), Tübingen 2007 ♦ MATTHIAS KONRADT, Studien zum Matthäusevangelium (WUNT 358), Tübingen 2016 ♦ ULRICH LUZ, Bergpredigt. I. Neues Testament RGG^4 1 (1998), 1309–1311 ♦ DONALD SENIOR (Hg.), The Gospel of Matthew at the Crossroads of Early Christianity (BEThL 243), Leuven 2011 ♦ DAVID C. SIM/BORIS REPSCHINSKI (Hg.), Matthew and His Christian Contemporaries (LNTS 333), London 2008 ♦ MARTIN STIEWE/FRANÇOIS VOUGA, Die Bergpredigt und ihre Rezeption als kurze Darstellung des Christentums (Neutestamentliche Entwürfe zur Theologie 2), Tübingen 2001 ♦ JOSEPH VERHEYDEN/JENS SCHRÖTER/DAVID SIM (Hg.), The Gospel of Matthew. Studies on Its Composition, Theology, and Early Reception (WUNT 477), Tübingen 2022. – **Kommentare:** WILLIAM D. DAVIES/DALE C. ALLISON, A Critical and Exegetical Commentary on the Gospel according to Saint Matthew, 3 Bde. (ICC), 1988–1995 ♦ MATTHIAS KONRADT, Das Evangelium nach Matthäus (NTD 1), Göttingen ^{2}2023 ♦ ULRICH LUZ, Das Evangelium nach Matthäus, 4 Bde. (EKK I/1–4), Zürich/Neukirchen-Vluyn 1985–2002 ♦ WALTER T. WILSON, The Gospel of Matthew, 2 Bde. (ECC), Grand Rapids, Mich. 2022.

1 Das Matthäusevangelium als erweiterte und korrigierte Neuerzählung des Markusevangeliums

1) Das Matthäusevangelium stellt eine Erzählung vom Wirken und Geschick Jesu dar, die von eigenen inhaltlichen, kompositorischen und sprachlichen Merkmalen geprägt ist. Dabei setzt der Verfasser das Markusevangelium voraus und teilt zudem etliche Stoffe mit dem Lukasevangelium, die zum Teil aus einer gemeinsamen schriftlichen Quelle stammen (vgl. oben § 27–28). Darüber hinaus weist das Matthäusevangelium etliche eigene Stoffe (sogenanntes „Sondergut") auf. Das Markusevangelium bildet dabei das narrative Grundgerüst, das von Matthäus nahezu vollständig übernommen wurde. Augenfällige Erweiterungen der markinischen Jesuserzählung finden sich am Anfang in den Erzählungen um die Geburt Jesu (Mt 1–2) sowie am Schluss in der gegenüber Markus stark erweiterten Osterüberlieferung (Mt 28). Aber auch in der narrativen Struktur weist das Matthäusevangelium gegenüber Markus eigene Merkmale auf. Charakteristisch sind dabei die fünf großen Reden, in denen Matthäus unter Verwendung der genannten Quellen die Jesusüberlieferungen thematisch zusammengestellt hat: Bergpredigt (Kap. 5–7), Jüngerrede (Kap. 10), Gleichnisrede (Kap. 13), Gemeinderede (Kap. 18), Pharisäer- und Endzeitrede (Kap. 23–25). Die Reden enden jeweils mit der Bemerkung: „Und es geschah, als Jesus diese Worte vollendet hatte ..." (7,28; 11,1; 13,53; 19,1). In 26,1 wird sodann mit der Wendung „... alle diese Worte" der Abschluss *aller* Reden vor dem Beginn der Passionsereignisse markiert (das Fehlen dieser Notiz am Ende von Kap. 23 spricht dafür, den Abschnitt Kap. 23–25, trotz des Ortswechsels in 24,1f., als Einheit aufzufassen). Die grundlegende Funktion der Reden macht deutlich, dass Jesus im Matthäusevangelium als Lehrer dargestellt wird, der den Weg zur Gerechtigkeit zeigt (so vor allem in der Bergpredigt), seine Jünger unterweist und aussendet sowie über die Gestalt der Gemeinde und deren Verhältnis zu den führenden Kreisen Israels verbindliche Anweisungen formuliert.

Zugleich sind gegenüber dem Markusevangelium signifikante inhaltliche Verschiebungen festzustellen. Diese betreffen vor allem die Einzeichnung Jesu in die Geschichte Israels und sein Verhältnis zu den jüdischen Schriften und Traditionen. So spielt bei Matthäus, anders als bei Markus, die Charakterisierung Jesu als Sohn Davids eine wichtige Rolle. Bereits im ersten Vers wird Jesus als „Sohn Davids und Sohn Abrahams" bezeichnet, womit seine Zugehörigkeit zu Israel herausgestellt wird. Zudem wird die Gemeinschaft der Jesusanhängerinnen und -anhänger, die Matthäus „Ekklesia" (ἐκκλησία, 16,18; 18,17) nennt, auf die Orientierung an jüdischen Frömmigkeitstraditionen verpflichtet (vgl. etwa den Abschnitt 6,1–18 über Almosengeben, Beten und Fasten). Schließlich wird durchgehend deutlich, dass die Schriften Israels, die Matthäus mehrfach mit dem auch in jüdischen Texten begegnenden Ausdruck „Gesetz und Propheten" zusammenfasst, den maßgeblichen Horizont für das Verständnis des Wirkens Jesu bilden. Das geht insbesondere aus den häufigen Schriftzitaten hervor, die oft mit Formulierungen eingeleitet werden wie: „Und dies geschah damit erfüllt würde, was gesagt wurde von ..." Diese Zitate, die auch als Reflexions- oder Erfüllungszitate bezeichnet werden, durchziehen das gesamte Evangelium und stellen damit den Weg Jesu insgesamt, von der Geburt bis zu den Passionsereignissen, unter das Vorzeichen der Schrifterfüllung.

2) Die Gliederung des Matthäusevangeliums folgt anderen Prinzipien als das Markusevangelium. Der für Markus charakteristische geographische Aufriss Galiläa – Jerusalem ist zwar beibehalten, tritt aber weniger in den Vordergrund. Durch die Erfüllungszitate werden Jesu Kommen von Judäa nach Nazaret (2,22f.), seine Übersiedlung von Nazaret nach Kafarnaum (4,12–17) sowie seine Ankunft in Jerusalem (21,1–5) hervorgehoben. Der Wechsel von Galiläa nach Judäa wird dagegen eher beiläufig notiert (19,1b), es gibt also keinen „Reisebe-

richt". Auch die Reden, wiewohl für das Matthäusevangelium von grundlegender Bedeutung, bieten sich als Grundlage einer Gliederung nicht an. Dagegen treten die analogen Formulierungen in 4,17 und 16,21 als von Matthäus bewusst gesetzte Gliederungssignale hervor. Beide Stellen beginnen mit der identischen Wendung „Von da an begann Jesus ..." Im ersten Fall wird damit sein öffentliches Wirken in Galiläa eingeleitet, an der zweiten Stelle dagegen die Belehrung der Jünger über sein bevorstehendes Leiden.

Matthäus setzt im Unterschied zu Markus nicht mit Johannes dem Täufer ein, sondern er beginnt nach der „Überschrift" (1,1) mit dem Stammbaum Jesu (1,2–17), der Ankündigung der Geburt Jesu (1,18–24; die Geburt selbst wird in 1,25 nur mit einem Wort erwähnt) und Erzählungen, die vor allem die Gefährdung des Kindes hervorheben (2,1–12: Magier aus dem Osten; 2,13–18: Flucht nach Ägypten und Kindermord in Betlehem; 2,19–23: Rückkehr ins Land Israel, nach Nazaret).

Der Stammbaum, der Jesus als Nachkommen der Erzväter und als Davididen erscheinen lässt, nennt neben den Vätern auch vier Mütter, nämlich in 1,3 Tamar (vgl. Gen 38), in 1,5 Rahab (vgl. Jos 2) und Rut (vgl. das gleichnamige Buch) sowie in 1,6b „die des Uria" (vgl. 2Sam 11f.). Gelegentlich wird erklärt, diese Frauen seien als Sünderinnen erwähnt, um zu zeigen, dass Jesus sich in die Verstrickungen der Sünde hineinbegeben habe, um sie zu zerreißen. Plausibler ist allerdings, dass sie als Nichtjüdinnen bzw. als Proselytinnen im Stammbaum genannt werden, um auf diese Weise den über das Volk Israel hinausweisenden Weg Jesu vorzubereiten.

Für Matthäus ist Jesus von Anfang an durch seine wunderbare Zeugung (1,18.23) der Sohn Gottes als Erfüllung einer biblischen Verheißung (1,22f.). Die Himmelsstimme spricht deshalb bei der Taufe nicht allein zu Jesus (wie in Mk 1,11), sondern Jesus wird als Sohn Gottes öffentlich „proklamiert" (Mt 3,17).

3) In 3,1–4,25 folgt Matthäus im Wesentlichen dem Markusfaden (Mk 1,2–20.39), durch Q- und Sondergut-Stoff erweitert. Er nimmt aber auch Kürzungen vor. So ersetzt er etwa nach der Jüngerberufung in 4,18–22 (par. Mk 1,16–20) die Wundererzählung aus Mk 1,21–28 durch das an Mk 1,39; 3,7f. erinnernde Summarium (4,23–25).

4) Die Bergpredigt (5,1–7,29) bildet das inhaltliche Zentrum der Lehre Jesu im Matthäusevangelium. Die gegenüber der Feldrede in Lk 6,20–49 deutlich umfangreichere Rede stellt bewusst die ethische Dimension von Jesu Lehren an den Anfang seines öffentlichen Wirkens. Diese Rede ist im Christentum sehr bald als Kern der Lehre Jesu überhaupt aufgefasst worden und wird seit der Antike als eigenständiger Text ausgelegt (zuerst durch Augustinus, von dem auch in Anlehnung an Mt 5,1 die Bezeichnung „Bergpredigt" stammt: *De sermone domini in monte*).

5) In 8,1–9,34 folgen Machttaten und Dialoge mit Nachfolgern und Gegnern, bei denen das Thema „Glaube und Nachfolge" in den Blick tritt. Es wer-

§ 30 Das Matthäusevangelium 359

den also Reaktionen auf das durch die Bergpredigt charakterisierte Wirken Jesu geschildert. Die Stoffe stammen teils aus dem Markusevangelium (1,29–2,22 und 4,35–5,43), teils aus dem mit Lukas gemeinsamen Bestand (8,5–13/Lk 7,1–10; 13,28f.). Auffallend ist die Umformung der Erzählungen aus Mk 10,46–52 und 7,31–37 in Mt 9,27–31.32–34. Nach einem Summarium (9,35) schließt sich, eingeleitet in 9,36f., die Aussendungsrede an (vgl. Mk 6,7–13). Über den mit Markus bzw. Lukas gemeinsamen Bestand hinaus (dieser findet sich in 10,1–16), werden in 10,17–42 weitere Traditionen angefügt. Anders als in Mk 6,12f. machen sich allerdings anschließend nicht die Jünger auf den Weg, sondern Jesus selbst (11,1b).

6) In 11,2–30 folgen Q- und Sondergut-Stücke über Johannes den Täufer sowie Wehe- und Heilsrufe, die zum Teil an Aussagen erinnern, wie sie bei Johannes begegnen (vgl. Mt 11,26f. mit Joh 3,35; 10,15; 17,25f.).

7) Von 12,1 an schließt sich Matthäus wieder dem nach 9,14–17 (par. Mk 2,18–22) verlassenen Markusfaden an (2,23ff.), und er folgt diesem nahezu vollständig bis zum Schluss.

8) In Kap. 12–28 werden einige für das Verständnis der matthäischen Theologie markante Veränderungen gegenüber dem Markusevangelium deutlich:

 a) Matthäus übernimmt in 14,22–33 die Erzählung vom Seewandel Jesu (Mk 6,45–52), erweitert sie aber in V. 28–31 durch die Szene vom sinkenden Petrus, der wegen seiner Furchtsamkeit von Jesus „kleingläubig" genannt wird. An die Stelle des Jüngerunverständnisses (Mk 6,52) tritt das deutliche Bekenntnis: „Du bist wahrhaftig Gottes Sohn" (Mt 14,33).

 b) Matthäus übernimmt in 15,1–20 die Debatte über Reinheit und Unreinheit aus Mk 7,1–23. Die in Mk 7,2–4 enthaltenen Informationen über die Reinigungsriten der Juden finden sich bei Matthäus nicht. Sie sind offenbar für den vorausgesetzten Leserkreis nicht notwendig. Es fehlt auch die Notiz aus Mk 7,19b, Jesus habe „alle Speisen für rein erklärt". Das ist offenbar darauf zurückzuführen, dass Matthäus, anders als Markus, nicht sagen will, dass die jüdischen Reinheitsgebote nicht mehr in Geltung stehen. Das verweist auf von Markus verschiedenen frühchristlichen Kontext. Dafür spricht auch, dass in Mt 24,20 gegenüber Mk 13,18 zusätzlich genannt wird, man solle beten, dass die Flucht vor den endzeitlichen Bedrängnissen nicht im Winter *oder an einem Sabbat* notwendig werde.

 c) Der Reiseweg Jesu wird in Mt 15,29 gegenüber Mk 7,31 so gestaltet, dass die beiden folgenden Szenen (Krankenheilungen und Speisung der Viertausend), anders als bei Markus, nicht in der Dekapolis, also in nichtjüdischem Territorium, spielen, sondern Jesus in Galiläa bleibt.

 d) Das Petrusbekenntnis in Mt 16,13–20 ist gegenüber Mk 8,27–30 stark erweitert. Jesus antwortet auf das Bekenntnis (V. 17–19) und erklärt Petrus zum Felsen, auf dem er seine Gemeinde (ἐκκλησία, der Begriff begegnet dann noch einmal in der Gemeinderede in 18,17, ansonsten taucht er in den Evangelien nicht auf) bauen wolle. In V. 20 findet sich dabei, wie in Mk 8,30, ein Schweigebefehl, während dieser bei Matthäus ansonsten zumeist fehlt, ebenso wie das Motiv des Jüngerunverständnisses (s. o. § 29.6, vgl. etwa auch Mt 17,9 mit Mk 9,9f.).

e) In der Diskussion über die Frage nach dem Großen Gebot (Mt 22,34–40/ Mk 12,28–34) fehlt bei Matthäus in Jesu Antwort das „Höre, Israel" (Dtn 6,4): Das Doppelgebot der Gottes- und Nächstenliebe gilt für alle Menschen, nicht nur für Israeliten.

f) Im Passionsbericht in Kap. 26f. folgt Matthäus fast durchgängig Mk 14f. Auffallend ist die Einfügung der Legende vom Ende des Judas (27,3–10) und dann die inhaltlich erhebliche Korrektur der Pilatusszene (27,15–26 gegenüber Mk 15,6–15). Zum Sondergut des Matthäus gehören dabei die Ereignisse beim Tod Jesu in 27,51–53 und die Episode der Grabwächter in 27,62–66.

g) In 28,1–8 folgt Matthäus der Markusvorlage (16,1–8); er berichtet dann – ohne Markusparallele – von einer Begegnung der Frauen mit dem Auferstandenen (28,9f.) und fügt eine offensichtlich apologetische Erzählung über die Grabeswächter ein (28,11–15, vgl. 27,62–66). Die Szene der Erscheinung Jesu vor den elf Jüngern auf dem Berg in Galiläa (28,16f.) endet mit dem Missionsbefehl, der eine Zusammenfassung des Evangeliums enthält: Dem Auferstandenen ist die Weltherrschaft übertragen; seine Jünger sollen unter allen Völkern missionieren, die Menschen taufen und sie alles lehren, „was ich euch befohlen habe", d. h. die Lehre Jesu, wie sie bei Matthäus überliefert ist. Der Schluss ist eschatologisch bestimmt: Der Auftrag gilt „bis zur Vollendung des Äons", denn so lange wird Christus bei seinen Jüngern sein, und so lange währt also auch die Missionsaufgabe der Kirche.

2 Quellen

1) Neben Markus und der Logienquelle begegnet bei Matthäus sogenanntes „Sondergut", das jedoch, anders als gelegentlich vermutet, nicht aus einer schriftlichen Quelle stammt. Für eine solche Annahme müsste das Sondergut einen zusammenhängenden Erzählfaden aufweisen, der sich durch das ganze Matthäusevangelium hindurchzieht. Ein solcher lässt sich aber nicht erkennen. Das „Sondergut" besteht vielmehr aus einzelnen Überlieferungen, die der Verfasser an verschiedenen Stellen untergebracht hat. In der Bergpredigt finden sich dabei auch strukturierte Kompositionen, in die der Verfasser eigene Stoffe integriert hat. Ein signifikantes Beispiel ist der Komplex über Almosengeben, Beten und Fasten in 6,1–8.16–18, in den in 6,9–13 das Vaterunser aufgenommen wurde.

2) Eine weitere Frage betrifft die „Erfüllungs-" oder „Reflexionszitate", die für Matthäus besonders charakteristisch sind. Sie deuten im Schema von Verheißung und Erfüllung Vorgänge im Leben Jesu als Bestätigung alttestamentlicher Weissagung: „Das geschah, damit erfüllt werde, was vom Herrn durch den Propheten ... gesagt wurde" (vgl. z. B. 1,22f.; 2,15.23; 4,14–16; 8,17; 12,17–21; 13,35; 21,4f.).

Dabei wird bewusst unterschieden: Einige Ereignisse wie zum Beispiel der Kindermord des Herodes geschahen nicht, *damit* das Prophetenwort erfüllt werde, sondern das Morden *war* eine solche Erfüllung (2,5f.; vgl. ferner 2,17; 27,9f.).

Wie immer man die Frage nach der Quelle der Reflexionszitate beantwortet, sicher ist jedenfalls, dass Matthäus sie bearbeitet und seiner Darstellung angepasst hat. Sie zeigen nämlich das *matthäische* Verständnis der Heilsgeschichte. Außerdem ist an mehreren Stellen deutlich erkennbar, dass Zitat und Kontext unmittelbar aufeinander bezogen sind. So ändert Matthäus in 21,5 die aus Mk 11,1ff. übernommene Erzählung vom Auffinden der Eselin entsprechend dem Zitat aus Sach 9,9 (verbunden mit Jes 62,11), um so selbst in diesem an sich relativ unbedeutenden Vorgang die Bestätigung einer alttestamentlichen Weissagung sehen zu können. Aus einer Quelle kann dieser Hinweis nicht stammen.

3 Verfasserschaft und Sprache

1) Das Matthäusevangelium ist ebenso wie das Markusevangelium eine anonyme Schrift; der Autor gibt sich nicht zu erkennen. Nach altkirchlicher Tradition ist der „Apostel" und ehemalige Zöllner Matthäus der Verfasser des Evangeliums; Grund hierfür ist wohl die Namensänderung in 9,9 (Matthäus) gegenüber Mk 2,14 (Levi). Da Matthäus zum Zwölferkreis gehört (vgl. Mt 10,3), wäre das Matthäusevangelium von einem Augenzeugen und unmittelbaren Begleiter Jesu verfasst worden, was aber schon wegen der Abhängigkeit von Markus sehr unwahrscheinlich ist. Auch sonst deutet nichts darauf hin, dass das Matthäusevangelium von einem unmittelbaren Begleiter Jesu geschrieben wurde oder so gelesen werden will. Nach Papias hatte Matthäus die Worte Jesu in ihrer ursprünglichen „hebräischen" Fassung herausgegeben. Auch in der Forschung ist die Annahme einer ursprünglich semitischen Fassung des Matthäusevangeliums vertreten worden. Aber der Evangelist hat seinem Buch zwei *griechische* Quellen zugrunde gelegt – in „hebräischer" bzw. aramäischer Sprache hat es nie existiert. Das bedeutet, dass der Verfasser des Matthäusevangeliums für uns unbekannt bleibt (zur Frage, ob er Juden- oder Heidenchrist war s. u. § 30.5).

2) Der griechische Stil des Matthäus unterscheidet sich von demjenigen des Markus, was sich an zahlreichen Veränderungen im Detail zeigen lässt. Gleichzeitig erinnert seine Terminologie häufig an jüdische bzw. semitische Ausdrucksweise, so dass man von „Synagogengriechisch" gesprochen hat. Zu den sprachlichen Besonderheiten des Matthäus gehört, dass er in der Regel nicht den Begriff „Gottesreich" (βασιλεία τοῦ θεοῦ) verwendet, sondern vom „Himmelreich" (βασιλεία τῶν οὐρανῶν) spricht.

4 Zeit und Ort der Abfassung

Die Abfassungszeit des Buches lässt sich nur ungefähr angeben. Das Matthäusevangelium setzt Markus voraus und ist jedenfalls nach 70, d. h. nach der Zerstörung Jerusalems entstanden; das zeigt die Matthäusfassung des Gastmahlgleichnisses deutlich (vgl. Mt 22,7). Da die Kenntnis des Matthäusevangeliums in der Didache sowie bei Ignatius (Sm 1,1: ἵνα πληρωθῇ πᾶσα δικαιοσύνη, vgl. Mt 3,15) vorausgesetzt ist (vgl. ferner 2Petr 1,17 mit Mt 17,5), wird das Evangelium spätestens Anfang des 2. Jahrhunderts entstanden sein.

Als Abfassungsort kommt möglicherweise Syrien infrage, das in 4,24 ausdrücklich als Ort, wo man von Jesus hört, genannt wird, zumal diese Angabe an dieser Stelle keine inhaltliche Funktion für das Verständnis der erzählten Ereignisse zu haben scheint. Aber diese Angabe ist ungenau, weil „Syrien" ein sehr großes Gebiet bezeichnet. Möglicherweise ist an das südliche Syrien mit Damaskus zu denken, da dort eine größere Nähe zu Galiläa und dem pharisäisch geprägten Judentum bestand.

Das Matthäusevangelium wurde in der Kirche das führende Evangelium und wirkte deshalb in der Textgeschichte stark auf die anderen ein – häufig finden sich bei Lukas und Markus Textlesarten, die in Angleichung an die entsprechenden Matthäusparallelen entstanden.

5 Theologische Grundgedanken

1) Aus der Fünfzahl der Reden im Matthäusevangelium ist mitunter gefolgert worden, Matthäus habe sein Buch an die Stelle der fünf Bücher der alttestamentlichen Tora setzen wollen: Jesus werde als der neue Mose dargestellt, der durch seine Auslegung der Tora, insbesondere durch das „Ich aber sage euch ..." in den „Antithesen" (5,21–48) den Mose des Alten Testaments überbiete. Es lassen sich zwar in der matthäischen Jesuserzählung durchaus Spuren einer Mose-Typologie erkennen, so etwa in Kap. 2 (Gefährdung und Rettung des Kindes; vgl. Ex 2), jedoch handelt es sich dabei nicht um ein Motiv, das das Matthäusevangelium insgesamt bestimmt. Schon gar nicht lässt sich die Sicht auf die Tora im Matthäusevangelium als „Überbietung" charakterisieren. Es geht vielmehr um die *Erfüllung* der Tora durch die Befolgung der Worte Jesu, die demnach als Auslegung der Tora aufzufassen sind (5,17–20).

2) Zwei Fragen sind für die Interpretation des Matthäusevangeliums und seiner Theologie besonders bedeutsam: a) Wie ist das Verhältnis von der Sendung Jesu zu Israel und dem Heil für alle Völker zu beschreiben? b) In welchem Verhältnis stehen Eschatologie und Ethik zueinander?

a) Die Sendung Jesu ist im Matthäusevangelium deutlich auf Israel bezogen. Das geht aus Stellen wie 10,5f.23; 15,24 deutlich hervor, an denen die exklusive

Sendung Jesu und der Jünger zu Israel ausdrücklich betont wird („Ich bin nur gesandt zu den verlorenen Schafen des Hauses Israel"). Jesus wird bei Matthäus demnach vor allem als der Messias Israels verstanden. Seine Kritik gilt vor allem der Weigerung des jüdischen Volkes (vgl. 8,10ff.) und speziell seiner pharisäischen Führer (vgl. 23,29–33), ihn als Messias anzuerkennen.

Es wird aber in der Forschung auch eine andere Sicht vertreten: Das Zeremonialgesetz spiele im Matthäusevangelium nur eine untergeordnete Rolle. Zudem sei zu erkennen, dass der Horizont des Wirkens Jesu die *weltweite* Mission sei (28,16–20). Die auf Israel bezogenen Aussagen könnten deshalb auf die Verarbeitung von Traditionen aus einer früheren Phase der Jesusüberlieferung stammen, die sich noch innerhalb des Judentums bewegt habe.

Daneben wird noch eine dritte Sicht vertreten: Matthäus wende sich weder polemisch noch apologetisch an das Judentum. Die Adressaten seines Evangeliums seien vielmehr ausschließlich Nichtjuden, wogegen sich die Polemik gegenüber dem ablehnenden Israel ausschließlich auf das Israel der Vergangenheit beziehe.

Es ist deutlich, dass das Matthäusevangelium in starkem Maße von der Auseinandersetzung zwischen der Gemeinde mit dem Judentum, insbesondere mit den Pharisäern, geprägt ist. So wird ausdrücklich die Anerkennung der *Lehren* der Pharisäer genannt (23,3a), zugleich aber ihr *Tun* in polemischer Weise abgelehnt (23,3b–7). Matthäus lehnt also die gesetzestreue Position der Pharisäer keineswegs grundsätzlich ab. Im Gegenteil: Vergleicht man insbesondere die Streitgespräche des Matthäusevangeliums mit denjenigen bei Markus, so zeigt sich oft eine Tendenz zur Schaffung innerjüdischer Debatten über die Auslegung der Tora. So wird zum Beispiel in Mt 12,1–8 aus der grundsätzlichen Haltung gegenüber dem Sabbat in Mk 2,23–28 das – auch im rabbinischen Denken mögliche – Urteil, man dürfe am Sabbat Ähren ausrufen, also „ernten", um seinen Hunger zu stillen (vgl. Mt 12,1 mit Mk 2,23, wo von „Hunger" und „essen" nicht die Rede ist). Es gelte das Wort aus Hos 6,6, dass Gott Barmherzigkeit fordert und nicht Opfer. In Mt 12,9–14 wird aus einem aktuellen Vorgang die Grundsatzdebatte, „ob es am Sabbat erlaubt ist zu heilen" (V. 10; anders Mk 3,2), was Jesus mithilfe eines für solche Debatten typischen Vergleichs bejaht (V. 11f.).

Das Matthäusevangelium vertritt also eine andere Sicht auf das Verhältnis der Jesusgemeinschaft zum Judentum als das Markusevangelium. Jesus wird dezidiert als der Messias Israels und heilender Sohn Davids dargestellt; der bei Markus nicht eigens thematisierte Überschritt zu den Heiden wird bei Matthäus theologisch reflektiert und einer Lösung zugeführt, in der Israel und die Heiden gemeinsam als Adressaten des Wirkens Jesu erscheinen. Darin wird eine andere historische Situation erkennbar, als sie für das Markusevangelium vorauszusetzen ist. Die „Gemeinde" (ἐκκλησία) des Matthäusevangeliums erscheint als Gruppierung, die dem Judentum keineswegs gegenübersteht, sondern mit anderen jüdischen Gruppen, insbesondere mit den Pharisäern, über die Auslegung der Tora und den Anspruch streitet, die jüdischen Traditionen in rechter Weise fortzuführen. Der Verfasser verfügt dabei über eine detaillierte Kenntnis der jüdischen Schriften und Traditionen, die er im Horizont von Lehre und Wirken Jesu auslegt. Die Sicht, dass Heiden zunächst zum Judentum übertreten und Gesetz und Beschneidung übernehmen müssen, um das Heil Gottes zu erlangen, hat der Verfasser des Matthäusevangeliums allerdings nicht vertreten. Er weitet den Horizont des Wirkens Jesu vielmehr am Ende seiner Schrift in der Weise aus, dass der Auferstandene die Anweisung erteilt, „alle Völker" zu taufen und zu lehren (28,19f.). Damit werden neben Israel auch die anderen Völker zu Adressaten der Lehre Jesu, die durch die Taufe in die ἐκκλησία aufgenommen werden sollen.

Das Verhältnis zwischen der ausdrücklichen Konzentration der Sendung Jesu auf Israel (10,5f.; 15,24) einerseits, der auf alle Völker ausgerichteten Sendung der Jünger (28,19f.) andererseits, wird im Matthäusevangelium durch eine heilsgeschichtliche Ausweitung erklärt: Jesu Sendung beginnt in Israel und ist zunächst allein an dieses gerichtet. Allerdings steht sie von Beginn an im Horizont der Einbeziehung aller Völker. Darauf weisen die „inklusiven Aspekte" in Kap. 1–2 (vor allem die vier Nichtjüdinnen bzw. Proselytinnen im Stammbaum sowie die „Magier aus dem Osten") ebenso hin wie die Betonung des Glaubens an Jesus als Voraussetzung für die Erlangung des Heils. Die Führer des jüdischen Volkes erweisen sich dagegen als ablehnend und feindselig. Ihnen wird deshalb die Gottesherrschaft weggenommen und einem Volk gegeben, „das ihre Früchte tut" (21,43). Mit diesem „Volk" ist die Gemeinschaft derer gemeint, die sich an der Befolgung der Lehre Jesu orientieren und in seine Gemeinschaft eintreten – das können in der Sicht des Matthäusevangeliums sowohl Juden als auch Nichtjuden sein.

b) Daraus ergibt sich die Frage nach dem *Verhältnis von Eschatologie und Ethik* bei Matthäus. Fordert er, dass auch die Gemeinschaft der Jesusnachfolger nach der Tora lebt? Dafür könnte 5,17–19 sprechen, wo Jesus die bleibende Gültigkeit der Tora vertritt, solange die Erde besteht. Auch die in 6,1–18 formulierten Forderungen des Almosengebens, Betens und Fastens könnten in eine solche Richtung weisen. Vertritt Matthäus womöglich auch eine Zwei-Stufen-Ethik, wie das Stichwort der „besseren Gerechtigkeit" (5,20) andeuten könnte?

Die Auffassung, Matthäus fordere die Einhaltung der Tora auch für die Jesusgemeinschaft, hat in der Tat Anhalt am Text des Matthäusevangeliums und wird in der neueren Forschung häufig vertreten. Allerdings ist zu beachten, dass die Tora für die Gemeinschaft Jesu in spezifischer Weise, nämlich als *durch Jesus interpretierte Tora* gilt. Als solche weist sie den Weg zur Vollkommenheit (5,48), weshalb die Befolgung der Worte Jesu über Heil und Verderben entscheidet (7,24–27). Als Leitfaden für das Verständnis der Tora können dabei die in den Seligpreisungen formulierten Haltungen (sanftmütig sein, nach Gerechtigkeit streben, barmherzig sein usw.) sowie die Orientierung am Doppelgebot der Liebe (22,35–40) gelten. Matthäus vertritt demnach eine „gestufte" Auffassung von der Geltung der Tora, innerhalb derer es gewichtige und weniger bedeutsame, „kleinere" Gebote gibt (vgl. 5,19). Grundsätzlich befindet sich Jesu Lehre in Übereinstimmung mit der Tora und bringt deren eigentliche Intention im Gegenüber zur Auslegung der Pharisäer und Schriftgelehrten zur Geltung, indem er eine Gerechtigkeit fordert, die diejenige der Schriftgelehrten und Pharisäer überbietet (5,20).

Für Matthäus ist demnach grundlegend, dass sich die Zugehörigkeit zu Jesus und zur von ihm gegründeten Gemeinschaft (ἐκκλησία) am Tun der Worte Jesu zeigt. So enthält 21,43 indirekt die Forderung, das neue „Volk" des Weinbergs müsse die Früchte der Gottesherrschaft „tun", weil auch ihm sonst der Weinberg wieder genommen werden kann. Im Anschluss an das Gastmahlgleichnis (22,2–10) zeigt die Szene vom Gast ohne Festgewand (22,11–14), dass auch die Berufenen die Worte Jesu tun müssen, weil sie sonst ihre Berufung verlieren. Dasselbe wird sichtbar im Gleichnis von den Jungfrauen in 25,1–13: Angesichts der Erwartung des wiederkommenden Herrn kommt es darauf an, „bereit" zu sein (vgl. die Mahnung zur ständigen Wachsamkeit in 24,42 und 25,13). In der Bildrede über das Weltgericht, mit dem die Lehre Jesu im Matthäusevangelium abgeschlossen wird (25,31–46; der Text steht unmittelbar vor den Passionsereignissen), wird beschrieben, wie Jesus als der kommende Menschensohn „alle Völker" (V. 32, der Ausdruck schließt Israel und alle anderen Völker ein) richten wird, wobei als Maßstab deren Verhalten gegenüber den „Geringsten" (V. 40.45), also gegenüber den notleidenden Menschen, gilt. Die Adressaten des Evangeliums sind demnach aufgefordert, die Hungernden zu speisen, die Dürstenden zu tränken usw. Diese später so genannten „Werke der Barmherzigkeit" sind demnach der Kern christlicher Ethik nach dem Matthäusevangelium und zugleich der Maßstab für die Beurteilung im Endgericht.

Zwischen der paulinischen Rechtfertigungslehre und der Theologie des Matthäusevangeliums besteht demnach eine sachliche Übereinstimmung: Aus der Zugehörigkeit zur Gemeinschaft Jesu, die das Heil Gottes vermittelt, folgt eine Ethik des christlichen Lebens. Sprachlich wird das allerdings unterschiedlich realisiert. Bei Matthäus wird das „Tun der Gerechtigkeit" gefordert (5,20), wogegen die Rechtfertigung des Menschen nach Paulus von Gott ins Werk gesetzt wird. Gleichwohl lässt sich in der Struktur des theologischen Denkens eine Analogie beobachten: Dem systematischen Ort der δικαιοσύνη in der paulinischen Theologie entspricht bei Matthäus nicht die „Gerechtigkeit", sondern das „Himmelreich". Βασιλεία τῶν οὐρανῶν bei Matthäus und δικαιοσύνη θεοῦ bei Paulus meinen demzufolge sachlich dasselbe: Sie bezeichnen jeweils Gottes bedingungsloses Heilshandeln zugunsten der Menschen.

3) Ein besonderes Problem im Zusammenhang der Ethik des Matthäus stellt sich bei der *Bergpredigt*: Sind ihre Forderungen, insbesondere die der Antithesen (5,21–48), erfüllbar oder nicht? Wenn ja, wie verhalten sie sich dann zu den Aussagen der biblischen Tora? Und wenn nicht, welchen Sinn können sie dann überhaupt haben?

Die traditionelle katholische Ethik unterscheidet zwischen den Geboten des Dekalogs einerseits, den „evangelischen Ratschlägen" der Bergpredigt andererseits, wobei die Letzteren eine höhere moralische Stufe als die Ersteren bezeichneten. Aber eine solche Unterscheidung hat den Text gegen sich: Erstens ist zu beachten, dass sich die Forderungen der Bergpredigt an alle Menschen richten, nicht nur an einige wenige Jesusnachfolger. Zweitens werden durch die mit „Ich aber sage euch" eingeführten Auslegungen keine über die Toragebote hinausgehenden Forderungen formuliert, sondern es soll im Gegenteil der Sinn ans Licht gebracht werden, der ihnen zugrunde liegt.

Insoweit ist wohl Hans Windisch (Der Sinn der Bergpredigt, Leipzig 1929) zuzustimmen: Die Bergpredigt enthält radikale jüdische Gehorsamsethik, die von der Voraussetzung ausgeht, ihre Forderungen seien erfüllbar. Doch es gibt auch die entgegengesetzte Position, die in der reformatorischen Theologie vertreten wurde: Der Sünder kann die Forderungen der Bergpredigt keineswegs erfüllen; ihre Normen sind – so die Auffassung der lutherischen Orthodoxie – letztlich nur aufgestellt worden, um den Menschen der Sünde zu überführen. Eine dritte Position schließlich vertrat Albert Schweitzer (Das Messianitäts- und Leidensgeheimnis, Tübingen ³1956): Die Gebote der Bergpredigt seien als erfüllbar gedacht – aber nur in der kurzen Zeitspanne zwischen der Gegenwart der Lehre Jesu und dem Eintreffen des Gottesreiches. Schweitzer bezeichnete die Ethik Jesu deshalb als „Interimsethik", die für die kurze Zeitspanne bis zum Weltende gedacht war (zu den unterschiedlichen Ansätzen der Bergpredigtauslegung und zur aktuellen theologischen Bedeutung s. STIEWE/VOUGA).

Man muss bei der Beurteilung der Ethik der Bergpredigt beachten, dass der Inhalt nicht als neu vorgestellt und auch nicht mit dem Verweis auf das baldige Ende der Welt begründet wird. Das spricht bereits gegen die These der „Interimsethik", diese Ethik sei nur für eine kurze, begrenzte Phase bis zum Weltende entworfen worden. Zudem ist die Bergpredigt eine von Matthäus gestaltete Rede, die nicht mit der Lehre Jesu identisch ist. Matthäus rechnet, anders als Jesus, nicht mehr mit der Nähe der Gottesherrschaft – und entwirft deshalb die Bergpredigt als Ethik für die Gemeinschaft der Jesusnachfolger. Man kann die Bergpredigt demnach nicht isoliert betrachten, sondern muss sie im Ganzen des Evangeliums, insbesondere im Horizont des Missionsbefehls in 28,16–20 interpretieren. Ihre Forderungen erweisen sich dann gerade nicht als Übergangsregelung für einen kurzen Zeitraum, sondern im Gegenteil als ethische Weisung für die christliche Existenz in der Welt. Sie sind als im Rahmen christlichen Lebens zu erfüllende Forderungen gedacht, denn in ihnen kommt der eigentliche Sinn und Inhalt der in der Tora zusammengefassten Weisung Gottes zur Geltung. Das bedeutet zugleich, dass der Mensch niemals sagen kann, die Forderung erfüllt zu haben. Zu der in 7,21–23 dargestellten Gerichtsszene über die „Täter der Gesetzlosigkeit" fehlt ein „positives" Gegenbild deshalb sicher nicht zufällig.

4) Der Verfasser des Matthäusevangeliums setzt gegenüber der Tradition, von der er abhängig ist, – also vor allem gegenüber Markus und Q – deutlich eigene

Akzente. Für Matthäus ist Jesus der von Gott zur Erlösung Israels gesandte Sohn, mit dem sich die Verheißungen der Schriften erfüllen. Er ist der Sohn Davids, der die Menschen von ihren Krankheiten und Gebrechen heilt und ihnen das Heil Gottes bringt. Er ist auch der Menschensohn, der am Ende der Zeit zum Gericht kommen und die Menschen nach dem Maßstab der durch ihn ausgelegten Tora richten wird. Weitere wichtige Elemente der matthäischen Christologie zeigen sich beim Vergleich der Erzählungen vom Einzug Jesu in Jerusalem: Matthäus betont durch die Einfügung des Reflexionszitats in 21,4f. gegenüber Mk 11,3, dass Jesus als „König", also als *Messias*, in die Stadt kommen wird. In 21,9 ergänzt Matthäus das markinische „Hosanna" (ὡσαννά) durch „dem Sohn Davids" (τῷ υἱῷ Δαυίδ) – die Jesus begleitende Volksmenge bekennt Jesus offen als den „Sohn Davids". Zugleich betont Matthäus die Rolle Jesu als des *Lehrers*, wie vor allem 4,23; 5,2; 9,35 und nicht zuletzt der Taufbefehl in 28,18–20 zeigen.

Mit der Christologie hängt das Verständnis der ἐκκλησία bei Matthäus eng zusammen: Sie ist keine vorübergehende Größe, sondern besitzt dauernden Charakter. Das Problem der Irrlehrer, die „in der letzten Zeit" erscheinen werden, erhält gegenüber Markus größeres Gewicht (24,11f.). Entsprechend wird nicht mehr wie bei Markus der *Un*glaube der Jünger gerügt, sondern ihr *Klein*glaube, ihre Verzagtheit (vgl. Mt 8,26/Mk 4,40). Auch hierin spiegelt sich die geschichtliche Situation zur Zeit der Entstehung des Matthäusevangeliums wider.

Arbeitsvorschläge

1. Vergleichen Sie die Rolle Marias mit der des Josef in Mt 1–2 und Lk 1–2. Beachten Sie dabei, wer von einem Engel angesprochen wird und wer dem Kind den Namen gibt.
2. Für den Aufbau der Bergpredigt werden zwei verschiedene, sehr anschauliche Vorschläge diskutiert: Ulrich Luz sieht in der Bergpredigt ein „Inklusionsschema", wonach das Vaterunser im Zentrum steht; die anderen Teile legen sich demnach ringförmig darum herum (s. das Schaubild in Luz, Matthäus, Bd. 1, 254, oder ders., Bergpredigt). Matthias Konradt schlägt in seinem Kommentar dagegen den einfacheren Aufbau einer Rede mit Einleitung (5,3–16), Hauptteil (5,17–7,12) und Schluss (7,13–27), jeweils mit entsprechenden Unterabschnitten, vor (Konradt 64f.). Erarbeiten Sie den Aufbau der Bergpredigt anhand des Textes in Mt 5–7 und vergleichen Sie die beiden Konzepte von Luz und Konradt. Welcher Ansatz ist aus Ihrer Sicht besser geeignet, den Aufbau der Bergpredigt zu erklären? Was bedeutet es theologisch, wenn das Vaterunser-Gebet im Zentrum der Bergpredigt steht?
3. Setzen Sie sich exegetisch vertieft mit dem Vaterunser in Mt 6,9–13 auseinander und ziehen Sie wichtige Kommentare zu Rate. Welche Aussagen im Vaterunser werden durch den näheren Kontext (6,5–15) und durch den weiteren Kontext (6,1–18, vor allem der Beginn in V. 1) besonders hervorgehoben und gedeutet?
4. Die Parabeltrilogie, die Jesus gegenüber den jüdischen Autoritäten in Jerusalem erzählt (21,28–32.33–46; 22,1–14) stellt der Winzerparabel in Mk 12,1–12 zwei weitere Parabeln an die Seite. Welche Akzente setzt Matthäus dabei gegenüber der markinischen Vorlage?

§ 31 Das Lukasevangelium

Literatur: REINHARD VON BENDEMANN, Zwischen ΔΟΞΑ und ΣΤΑΥΡΟΣ. Eine exegetische Untersuchung der Texte des sogenannten Reiseberichts im Lukasevangelium (BZNW 101), Berlin/New York 2001 ♦ DARRELL L. BOCK, A Theology of Luke and Acts, Grand Rapids, Mich. 2012 ♦ FRANÇOIS BOVON, Luke the Theologian. Fifty Years of Research, Waco, Tex. ²2006 ♦ HANS CONZELMANN, Die Mitte der Zeit. Studien zur Theologie des Lukas (BHTh 17), Tübingen ⁷1993 ♦ ERNST KÄSEMANN, Amt und Gemeinde im Neuen Testament, in: ders., Evangelische Versuche und Besinnungen, Bd. 1, Göttingen 1970, 109–134 ♦ WALTER RADL, Das Lukas-Evangelium (EdF 261), Darmstadt 1988 ♦ DIETRICH RUSAM, Das Lukasevangelium, in: Martin Ebner/Bernhard Heininger (Hg.), Einleitung in das Neue Testament (KStTh 6), Stuttgart ³2020, 187–209 ♦ MICHAEL WOLTER, Theologie und Ethos im frühen Christentum. Studien zu Jesus, Paulus und Lukas (WUNT 236), Tübingen 2009, 261–401. – **Kommentare:** CHRISTFRIED BÖTTRICH, Das Evangelium nach Lukas (ThHK 3), Leipzig 2024 ♦ FRANÇOIS BOVON, Das Evangelium nach Lukas, 4 Bde. (EKK 3/1–4), Zürich/Ostfildern/Neukirchen-Vluyn 1989–2009 ♦ JOSEF ERNST, Das Evangelium nach Lukas (RNT), Regensburg ²1993 ♦ JOSEPH A. FITZMYER, The Gospel according to Luke, 2 Bde. (AncB 28/28A), New York 1981–1985 ♦ HANS KLEIN, Das Lukasevangelium (KEK I/3), Göttingen 2005 ♦ MICHAEL C. PARSONS, Luke (Paideia), Grand Rapids, Mich. 2015 ♦ MICHAEL WOLTER, Das Lukasevangelium (HNT 5), Tübingen 2008.

1 Abfassungszweck und literarischer Charakter

Das Lukasevangelium ist das umfangreichste und zugleich das sprachlich am sorgfältigsten gestaltete Evangelium. Ebenso wie Matthäus basiert es auf Markus, der Logienquelle Q und Sondergut. Der Wortschatz des Lukasevangeliums (rund 2050 Wörter) ist erheblich umfangreicher als der des Markus (rund 1350) und auch des Matthäus (rund 1700). Auch in stilistischer Hinsicht steht Lukas auf einer literarisch anspruchsvolleren Stufe. Bereits das Vorwort in 1,1–4 lässt erkennen, dass der Verfasser seine Jesusdarstellung im Kontext thematisch vergleichbarer literarischer Werke platzieren wollte.

Die Widmung lässt erkennen, welchen Zweck Lukas mit der Abfassung seines Werkes, dem schon „viele" andere vorausgingen (V. 1), verfolgte: Die „Erzählung (διήγησις) von den unter uns geschehenen Ereignissen" soll dazu dienen, dass der angesprochene Theophilus – damit aber natürlich auch alle anderen, die das Buch lesen – die „Gewissheit" dessen erfahren, worin sie unterrichtet wurden (V. 4). Zugleich sagt er, dass er Quellen benutzt hat (V. 2), und er beschreibt seine Vorgehensweise (V. 3): Er kennt Überlieferungen der Augenzeugen und der „Diener des Wortes", und er ist allem „von Anfang an nachgegangen", um die Ereignisse „genau" und „in der richtigen Reihenfolge" aufzuzeichnen; er setzt also – unausgesprochen – voraus, dass seine Vorgänger dies bisher nicht geleistet hatten.

Der literarische Charakter des Lukasevangeliums als einer geschichtlichen „Erzählung" wird sichtbar in den biographischen und historiographischen Elementen, wie sie schon in den beiden ersten Kapiteln (vgl. 2,1) und dann vor allem in 3,1f. begegnen; nur bei Lukas findet sich eine Jahresangabe zum Auftreten des Täufers (und damit auch Jesu). Auch die ausführliche Darstellung der ersten öffentlichen Rede Jesu in der Synagoge von Nazaret (4,14–30) entspricht der Absicht, Jesus den Lesern „vorzustellen" (wobei sie an dieser Stelle über ihn natürlich schon sehr viel mehr wissen als die Hörer in Nazaret; vgl. V. 22). Zum Charakter des Lukasevangeliums als „Erzählung" passen Szenen wie die Zachäus- und die Emmausgeschichte (19,1–10; 24,13–35). Dazu passt auch, dass Jesus selber Geschichten im eigentlichen Sinne des Wortes „erzählt" (z. B. diejenigen vom barmherzigen Samariter [10,30–35], vom Vater und seinen beiden Söhnen [15,11–32], vom reichen Mann und armen Lazarus [16,19–31], vom Pharisäer und Zöllner [18,9–14]). Anders als Markus versteht Lukas sein Buch und das darin Erzählte nicht unmittelbar als „gute Botschaft": Der Begriff „Evangelium" (εὐαγγέλιον), der bei Markus in prominenter Weise verwendet wird, fehlt bei Lukas gänzlich.

2 Aufbau und Inhalt

1) Ebenso wie Matthäus folgt auch Lukas im Wesentlichen dem Markusfaden, doch sind die Abweichungen erheblicher als dort, und es fehlt auch mehr Markusstoff. Nach dem Prolog (1,1–4) folgt – wie bei Matthäus, aber inhaltlich von diesem völlig verschieden – die „Vorgeschichte" (1,5–2,52) über Geburtsankündigung und Geburt des Johannes und Jesu, einerseits ganz parallel, andererseits aber mit deutlichem Überbietungseffekt: Jesu Geburt ist noch wunderbarer als die des Johannes. Der Abschnitt 3,1–4,13 folgt Mk 1,1–13, ergänzt vor allem durch Q-Stoff (u. a. die Gerichtsankündigung durch Johannes in 3,7–20 und die Versuchungserzählung in 4,1–13) sowie den Stammbaum (3,23–38).

Von 4,14 an wird eine deutlich markierte *Dreiteilung* des Lukasevangeliums sichtbar: Der *erste Hauptteil* umfasst 4,14–9,50 und berichtet, parallel zu Mk 1–9, von Jesu Wirken in Galiläa, Judäa (4,44) und der Gegend östlich des Sees Genezareth (8,26–39; der Ausdruck „Dekapolis" begegnet bei Lukas nicht). Der *zweite Hauptteil* ist der „Reisebericht" in 9,51–19,28, der zwar neben Sondergut und Q-Überlieferung in geringem Umfang auch Markusstoff enthält, als solcher aber ohne Parallele ist. Erst von 18,15 an nimmt Lukas wieder den nach 9,50 verlassenen Markusfaden auf (Lk 9,49f. entspricht Mk 9,38–41; Lk 18,15–17 entspricht Mk 10,13–16; Mk 10,1–12 fehlt bei Lukas). Der *dritte Hauptteil* (19,29–24,53) schildert Jesu Wirken in Jerusalem sowie Passion und Ostern bis zur Himmelfahrt. Dabei ist einerseits der Beginn des Passionsberichts in 22,1f. (vgl. 21,38) nochmals hervorgehoben. Andererseits entsteht der Eindruck, Jesu Aufenthalt in Jerusalem sei nicht, wie bei Markus, auf eine Woche begrenzt gewesen (vgl. 19,47; 20,1). Die drei Hauptteile sind also untereinander gleichwertig.

2) Einige inhaltliche Besonderheiten aus Kap. 3–9 sollte man sich merken, wobei ähnlich wie bei Matthäus der Vergleich mit der Markusvorlage nützlich ist.

a) Von der Predigt des Täufers, dem ja schon in der Vorgeschichte Kap. 1 erhebliches Gewicht beigemessen worden war, wird sehr ausführlich berichtet (3,7–9: Gerichtsdrohung, wie Mt 3,7–10; 3,10–14: Aufforderung zum sozialen Handeln, ohne Parallele; 3,15–17 Ankündigung des „Kommenden" nach Mk 1,7f.). Die Gefangennahme des Täufers wird erwähnt, bevor von der Taufe Jesu erzählt wird (3,18–20.21f.).

b) Die kurze Notiz über den Inhalt der Verkündigung Jesu (Mk 1,14f.) ist durch die Antrittspredigt in Nazaret ersetzt worden (4,16–30; vgl. 4,14f.); dementsprechend fehlt später eine Parallele zu Mk 6,1–6a.

c) Die erste Jüngerberufung – nämlich die des Petrus – erfolgt *nach* den ersten Machttaten Jesu (4,31–44/Mk 1,21–39; eine Parallele zu Mk 1,16–20 fehlt), und sie ist als Epiphanieerzählung dargestellt („wunderbarer Fischzug", 5,1–11).

d) Der Berufung der zwölf Apostel und einem Summarium von Heilungen (6,12–19/Mk 6,13–19.7–12) folgt die sogenannte „kleine Einschaltung" aus Q-Stoff und Sondergut, darunter die Feldrede in 6,20–49.

e) In 8,4–9,50 folgt Lukas wieder der Markusvorlage (4,1–9,41), wobei er aber die Erzählung vom Tod des Täufers (Mk 6,17–29) übergeht. Außerdem fehlt der ganze Abschnitt Mk 6,45–8,26, den Lukas offenbar bewusst ausgelassen hat (vgl. den sorgfältig gestalteten Übergang von Lk 9,17/Mk 6,42–44 zu Lk 9,18/ Mk 8,27).

Anders als Matthäus hat Lukas im Zusammenhang der Übernahme der Gleichnisse aus Mk 4 keine „Gleichnisrede" geschaffen; er folgt (bis auf die Auslassung von Mk 4,26–29) der Markusvorlage und bringt lediglich das Senfkorngleichnis aus Mk 4,30–32, zu dem es eine Q-Parallele gab, im Zusammenhang des Q-Stoffs (13,18f.).

3) Der Reisebericht in 9,51–19,28 (s. u. § 31.7) hat zum größten Teil keine Markusparallele (9,51–18,14; man spricht von der „großen Einschaltung"). Hier findet sich zahlreiches für Lukas charakteristisches Material, so neben den schon genannten Gleichnissen und Erzählungen die Szene mit Maria und Marta (10,38–42), Jesu Erzählungen vom törichten Reichen (12,13–21) sowie vom reichen Mann und armen Lazarus (16,19–31) und das Gleichnis vom Richter und der Witwe (18,1–8). Der Rest des Reiseberichts (18,15–19,28) folgt Mk 10,13–52; Lukas

hat lediglich die Zachäus-Erzählung (19,1–10, Sondergut) und das Gleichnis von den Talenten (19,11–27; vgl. Mt 25,14–30) angefügt.

4) In 19,29–24,12 folgt Lukas ganz der Markusvorlage (11,1–16,8). Entfallen sind die Salbung in Betanien (Mk 14,3–9), die Lukas in anderer Weise schon in 7,36–50 erzählt hatte, und die Verspottung Jesu durch die Soldaten (Mk 15,16–20a). Deutlich verändert ist die Schilderung des Abendmahls, das klarer als bei Markus als Passamahl erscheint (22,15–20/Mk 14,22–25). Ohne Parallele sind die Szene „Jesus vor Herodes" (23,6–12) sowie mehrere kurze Episoden (die klagenden Frauen am Kreuzweg, 23,27–31; die beiden „Schächer", 23,39–43).

5) Die lukanischen Erscheinungsgeschichten in 24,13–49 und der Himmelfahrtsbericht in 24,50–53 (vgl. Apg 1,4–14) haben keine Parallele.

3 Quellen und andere literarkritische Probleme

1) Hinsichtlich der Frage der verarbeiteten Quellen bietet Lukas größere Probleme als die beiden anderen synoptischen Evangelien: Hat Lukas neben Markus und Q weitere Quellen benutzt? Diese Frage legt sich angesichts des Charakters des Lukasevangeliums nahe, das in einigen Teilen einen eigenen Aufbau und eigene Stoffe bietet. Deshalb wurde auch diskutiert, ob es eine eigene Quelle, einen „Proto-Lukas" als Vorläufer des Lukasevangeliums, gegeben haben könnte. Folgende Beobachtungen lassen sich anstellen:

a) Möglicherweise sind in Kap. 1 Traditionen aus Kreisen um Johannes den Täufer verarbeitet. Das hier sichtbar werdende Bild des Johannes zielt auf einen Heilsbringer (vgl. 1,13–17 sowie 1,68–79), nicht auf den Vorläufer eines nach ihm Kommenden. Auch das bei Lukas von Maria gesprochene „Magnificat" (1,46–55) könnte dort seinen Ursprung haben, da es zur Geburtsankündigungsszene in 1,26–38 eigentlich nicht passt. Es könnte aber auch auf allgemeine jüdische Tradition zurückgehen, nicht spezifisch auf Täuferkreise.

b) Das Sondergut-Material ist nicht nur im Blick auf seine literarische Gestalt (Erzählungen mit deutlich „novellistischen" Zügen) auffällig, sondern auch auf seine inhaltliche Tendenz. Gewarnt wird vor den Gefahren des Reichtums, gemahnt wird zum Tun der Barmherzigkeit. Deutlich erkennbar sind ein palästinisches Milieu (18,1–8.9–14) und jüdische Denkkategorien (so entspricht das Jenseitsbild von 16,19–31 nicht der sonstigen lukanischen Eschatologie). Eine Sondergut-*Quelle*, vergleichbar mit Markus und Q, lässt sich daraus allerdings nicht rekonstruieren. Dennoch scheint das Sondergut nicht nur Sammelgut zu sein, sondern es stellt eine einigermaßen feste Überlieferungsschicht dar.

Einzelne „Sondergut"-Erzählungen wie die Heilungsgeschichten in 13,10–17 und 14,1–6 stammen möglicherweise gar nicht aus der Tradition, sondern sind als lukanische Bildungen anzusehen.

c) Versuche der Rekonstruktion eines „Proto-Lukas", der Q- und Sondergut-Material umfasst habe und erst danach mit Markus zum jetzigen Lukasevangelium kombiniert worden sei, sowie Hypothesen über eine „Sonderquelle" im lukanischen Passionsbericht (zu den dortigen Besonderheiten s. o. § 31.2) haben sich nicht durchgesetzt.

2) Auffallend ist, dass Lukas bei der Verarbeitung seines Quellenmaterials anders vorging als Matthäus. Während dort die einzelnen Quellen ineinandergefügt wurden (so besonders deutlich in den Reden des Matthäus), setzt Lukas stets ganze Blöcke aus Markus und aus Stoffen, die nicht aus Markus stammen (Q und Sondergut), aneinander. Das zeigt sich bei den drei Hauptteilen (s. o. § 31.2), aber auch in Einzelheiten. So übernimmt Lukas in 9,1–6 die markinische „Aussendungsrede" (Mk 6,6b–13), dann aber auch in 10,1–16 die entsprechende Rede aus Q (vgl. Mt 9,37–10,16); in gleicher Weise bringt er zwei Endzeitreden, einmal in 17,20–37 nach Q, dann in 21,5–33 nach Mk 13 (vgl. dagegen Mt 24). Lukas hat also die Abfolge der ihm überlieferten+ Quellen offenbar besser bewahrt als Matthäus. Der Aufbau der Logienquelle wird deshalb zumeist von Lukas her rekonstruiert.

Die Beobachtung, dass es bei Lukas Blöcke mit Stoffen aus Markus gibt und solche mit Stoffen, die nicht aus Markus stammen, Mischungen aus Q und Markus bzw. Sondergut und Markus dagegen nur in geringerem Maß zu beobachten sind, hat zur Entstehung der oben erwähnten Proto-Lukas-Hypothese geführt. Gegen diese Hypothese spricht jedoch die Tatsache, dass der planvolle Aufbau des Lukasevangeliums ohne den Markusfaden verlorengeht. Selbst der Reisebericht stammt nach Motiv und Stellung im Aufbau des Evangeliums aus Markus.

3) Ein literarisches Spezialproblem ist der Anfang des Evangeliums (Kap. 1–2). Der Beginn von Kap. 3 sieht wie ein Buchanfang aus. Der Stammbaum Jesu wird zudem, anders als bei Matthäus, erst in Kap. 3 eingeführt. Auch sprachlich sind die beiden ersten Kapitel herausgehoben: Ihr Stil ist stärker semitisch gefärbt, als das im übrigen Lukasevangelium der Fall ist. Dennoch ist an der lukanischen Verfasserschaft kaum zu zweifeln, denn es finden sich auch hier die typischen Stilelemente des Lukas. Es ist denkbar, dass Lukas die beiden Anfangskapitel erst in einem zweiten Arbeitsgang vor das ganze Evangelium gesetzt hat (vgl. 3,1–6 mit Mk 1,1–6); für diese Annahme spricht auch die Beobachtung, dass die Geburtsgeschichte im Rahmen des Evangeliums von Kap. 3 an und auch in der Apostelgeschichte für die Christologie gar keine Rolle spielt. Jedenfalls spielen die Besonderheiten der Geburtsankündigung (Jungfrauengeburt) in der eigentlichen Geburtserzählung keine Rolle mehr (vgl. auch 2,48).

Der Prolog (1,1–4) ist vermutlich erst ganz zum Schluss dem Werk vorangestellt worden. Möglicherweise soll er nicht nur das Evangelium, sondern auch die Apostelgeschichte als zweiten Teil des „Doppelwerks" (s. u. § 32.1) einleiten (vgl. Apg 1,1–2).

4 Verfasserschaft und Sprache

1) Das Lukasevangelium und die Apostelgeschichte haben mit großer Wahrscheinlichkeit denselben Verfasser, der sich im Unterschied zu Matthäus und Markus auch in der 1. Person Singular zu Wort meldet (Lk 1,3; Apg 1,1), seinen Namen allerdings nicht nennt. Seit Irenäus (um 180) gilt der Paulusbegleiter Lukas als Autor beider Werke. Ein „Lukas" wird unter den Grüßenden in Phlm 24 sowie deuteropaulinisch in 2Tim 4,11 (hier ist „Lukas" der Einzige, der noch bei Paulus in Rom ist) erwähnt und, ebenfalls deuteropaulinisch, in Kol 4,14 als „Lukas, der Arzt" charakterisiert. Der Verfasser des Lukasevangeliums bzw. der Apostelgeschichte wird bei Irenäus mit diesem „Lukas" identifiziert. Diese Auffassung vertritt auch der Canon Muratori (um 200): Der Arzt Lukas sei als eifriger Student des Gesetzes von Paulus auf dessen Reisen mitgenommen worden. Dass es sich bei dem Verfasser um einen Begleiter des Paulus handelt, wird vermutlich daraus gefolgert, dass mehrere Passagen der Apostelgeschichte im Wir-Stil verfasst sind (auch die genannte Stelle aus dem 2. Timotheusbrief verweist auf einen Paulusbegleiter). Diese Interpretation der Wir-Passagen der Apostelgeschichte ist durchaus plausibel und liegt jedenfalls näher als die in der Forschung mitunter vertretenen Annahmen, es handle sich um ein literarisches Stilmittel oder um eine in die Apostelgeschichte eingearbeitete Quelle eines Paulusbegleiters. Dass es sich bei dem Verfasser um einen Arzt gehandelt habe, wie ebenfalls mitunter vertreten, lässt sich dagegen den beiden Werken nicht entnehmen.

Aufgrund der identischen Verfasserschaft sowie der sprachlichen und theologischen Nähe beider Werke hat sich im 20. Jahrhundert die Rede vom „lukanischen Doppelwerk" (bzw. „Luke-Acts") eingebürgert. Die beiden Werke weisen eine Nähe zur paulinischen Theologie auf, auch in terminologischer Hinsicht (so zeigen zum Beispiel der Schluss der Paulusrede in Apg 13,38f. und das Gleichnis vom Pharisäer und Zöllner in Lk 18,9–14 Berührungen mit der Rechtfertigungslehre des Paulus). Der Verfasser hat Paulus demnach offenbar tatsächlich zeitweilig begleitet und kannte zumindest einige Paulusbriefe. (Wenn in der Apostelgeschichte nirgendwo erwähnt wird, dass Paulus Briefe geschrieben hat, dürfte das daran liegen, dass dort von einer anderen Phase des Wirkens des Paulus, nämlich von den Gründungen der Gemeinden, die Rede ist.) Des Weiteren lassen die beiden Werke erkennen, dass der Verfasser mit der Septuaginta gut vertraut war und auch über jüdisches Leben, etwa Synagogengottesdienste, Sabbatfeier und Reinheitsgebote, gut Bescheid wusste. Möglicherweise handelte es sich um einen „Gottesfürchtigen", also um einen Nichtjuden, der sich dem jüdischen Glauben verbunden wusste und sich der christlichen Gemeinde angeschlossen hatte (solche „Gottesfürchtigen" werden in der Apostelgeschichte mehrfach erwähnt).

2) Die Sprache des Lukasevangeliums und der Apostelgeschichte befindet sich auf einem vergleichsweise hohen Niveau. Passagen wie Lk 1,1–4 und die

Rede des Paulus auf dem Areopag in Athen (Apg 17,16–34) zeigen das Bemühen um eine gewählte Literatursprache, einschließlich der Verwendung rhetorischer Elemente. Auffällig ist die häufige Verwendung der Septuaginta, die Lukas auch stilistisch nachahmt (man spricht diesbezüglich von „Septuaginta-Mimesis", zum Beispiel der typische Beginn einer Episode mit „Es geschah aber", ἐγένετο δέ, oder „Und es geschah", καὶ ἐγένετο). Die psalmenartigen Stücke in Lk 1 könnten zwar auf eine Quelle zurückgehen (s. o. § 31.3), doch wäre auch dies ein Indiz für das besondere Interesse des Autors an diesem Sprachstil. Anklänge an biblische Sprache im Stil der Septuaginta zeigen sich an markanten Stellen wie Lk 3,1f. (vgl. Jer 1,1–3) oder auch Lk 9,51f. Lukas vermeidet das bei Markus häufige *praesens historicum*, zudem verwendet er gelegentlich den sonst im Neuen Testament stark zurücktretenden Optativ (vgl. Lk 8,9; Apg 17,18; s. BDR, § 384–386).

5 Abfassungszeit und -ort

Ebenso wie Matthäus (und wohl auch Markus) ist das Lukasevangelium nach 70 verfasst worden. In Lk 21,20 wird auf die Belagerung Jerusalems am Ende des Jüdischen Krieges und auf die Zerstörung der Stadt angespielt (wobei allerdings das apokalyptische Bild vom „Gräuel der Verwüstung" aus Mk 13,14 getilgt wurde). Da in Apg 20,28 noch ganz unspezifisch von den ἐπίσκοποι die Rede ist, was zu Beginn des 2. Jahrhunderts kaum mehr möglich gewesen wäre (es sind jedenfalls noch nicht „Bischöfe" in der späteren Verwendung des Begriffs gemeint), und auch der Vorausblick auf künftige Gefahren von außen und innen sehr allgemein gehalten ist (Apg 20,29f.), ist bei der Abfassung der lukanischen Schriften offenbar noch keine Situation vorausgesetzt, wie sie sich dann etwa seit dem zweiten Drittel des 2. Jahrhunderts entwickelte. Man wird deshalb eher mit einer Entstehungszeit am Ende des 1. oder zu Beginn des 2. Jahrhunderts zu rechnen haben.

Im Blick auf den Entstehungsort des lukanischen Doppelwerks kommt eventuell Rom infrage. Dort endet die Apostelgeschichte und damit das lukanische Werk insgesamt. Der Autor könnte sein Werk demnach in seiner eigenen Zeit und an dem Ort, an dem er sich selbst aufhält, enden lassen haben. Denkbar ist aber auch eine Abfassung im ägäischen Raum (z. B. Philippi oder Ephesus). Dafür könnten die detaillierten Lokalkenntnisse sprechen, die der Verfasser von dieser Region hat. Der Charakter der beiden Schriften verweist auf ein städtisches Milieu, was diese Vermutung verstärken könnte.

6 Theologische Grundgedanken

1) Die Theologie des Lukasevangeliums ist vor allem durch sein *Konzept von Heilsgeschichte* bestimmt. Dabei ist Jesus – und in der Apostelgeschichte dann

auch die Kirche – Teil der (Welt-)Geschichte (Lk 2,1–7; 3,1; 13,31f.). Gott handelt in der Geschichte, d. h. das Jesusgeschehen ist Erfüllung göttlicher Ankündigung (4,17–21; 18,31; 22,37; 24,26f.). Die Zeit vor Jesus, also die Geschichte Israels bis zu Johannes dem Täufer, ist dabei von der Zeit, die mit dem Auftreten Jesu beginnt, abgesetzt (vgl. 3,20f.). Dem entspricht, dass sich Jesus und Johannes niemals direkt begegnen.

Das lukanische Verständnis von Geschichte kann als Antwort auf die Frage der sich dehnenden Zeit bis zur erwarteten Parusie verstanden werden. Diese wird als eine durch die Ausbreitung der Christusbotschaft auszufüllende Phase dargestellt (nicht als „Parusieverzögerung", die es zu bewältigen gilt, wie in der älteren Forschung mitunter angenommen). Sowohl das Wirken Jesu als auch die sich hieran anschließende Verkündung des Evangeliums durch seine Zeugen setzen dabei die Geschichte Israels in eigener Weise fort. Verbunden sind alle geschichtlichen Phasen durch das Wirken des Geistes Gottes, der die Ereignisse lenkt. Dass dabei mit dem Wirken Jesu für Lukas die Heilszeit angebrochen ist, zeigt sich insbesondere an der in 10,18 geschilderten Vision vom Satanssturz: Jesus sah „den Satan wie einen Blitz vom Himmel fallen". Damit ist der Sieg über die widergöttliche Macht im Himmel bereits errungen und wird nun auf der Erde durch die Aufrichtung der Herrschaft Gottes im Wirken Jesu und seiner Zeugen durchgesetzt.

Der irdische Jesus ist der Heilsbringer für Israel in einem geradezu exklusiven Sinn (2,25–35). Anders als bei Markus und auch bei Matthäus kommt es bei Lukas außer in 8,26–39 (Exorzismus in Gerasa) zu keiner Begegnung Jesu mit Heiden. Die Geschichte von der Syrophönizierin (Mk 7,24–30; vgl. Mt 15,21–28) fehlt bei Lukas. In der Erzählung vom Hauptmann von Kafarnaum gibt es in Lk 7,1–10 im Unterschied zu Mt 8,5–13 kein direktes Zusammentreffen. Nach Jesu Auferweckung und Erhöhung beginnt dann die Zeit seiner Zeugenschaft, die zur Ausbreitung der Christusbotschaft „bis ans Ende der Erde" führen wird (Apg 1,8).

Die besondere Rolle Galiläas tritt gegenüber Markus zurück; Raum des Wirkens Jesu ist von Anfang an auch Judäa (4,44; vgl. 7,17), d. h. das ganze jüdische Gebiet. Stärker als bei Markus und Matthäus rücken Jerusalem und der Tempel in den Mittelpunkt: Das Evangelium beginnt im Tempel (1,5–25) und endet dort (24,53). Die Erscheinungen des Auferstandenen geschehen nicht in Galiläa (Mk 16,7 ist in Lk 24,6 umformuliert), sondern in oder nahe bei Jerusalem, wo demzufolge auch der Ursprung der entstehenden Kirche liegt (in Apg 2–5 wird der Gemeinde in Jerusalem ein eigener Teil gewidmet).

2) Lukas weiß sich als Angehöriger der dritten christlichen Generation (1,1–4). Er verfügt daher über eine fortentwickelte *Traditionsvorstellung*. Aus diesem Grund wird in der Lukasforschung hin und wieder die These vertreten, der Verfasser des Lukasevangeliums sei bereits als ein Vertreter des „Frühkatholizismus" anzusehen. Vor allem in der Apostelgeschichte zeige sich deutlich, wie beispielsweise die Apostel zu „Garanten der evangelischen Tradition" und später dann zu

„Garanten und zum Kriterium des Kanonischen" geworden seien, und zwar deshalb, weil man in den Auseinandersetzungen um den Kanon und um die richtige Lehre „Garanten für die Zuverlässigkeit der eigenen Lehrüberlieferung" benötigt habe (KÄSEMANN 109–134, 130f.). Lukas habe „zum ersten Male, soweit wir zu sehen vermögen, die frühkatholische Traditions- und Legitimitätstheorie propagiert" (132). Die Rede vom „Frühkatholizismus" ist nicht besonders glücklich. Zur Herausbildung von Merkmalen der christlichen Kirche – das ist mit dem Begriff gemeint – gehört zudem nicht nur die Entwicklung eines eigenen christlichen Traditionsbestandes, sondern auch die Entstehung einer festen Amts- und Organisationsform sowie eines eigenen Schriftenbestandes, zusätzlich zu den autoritativen Schriften des Judentums. Diese Entwicklung ist bei Lukas allenfalls in ihren Anfängen zu erkennen. Vor allem fehlt – etwa im Unterschied zu den Ignatiusbriefen (s. u. § 41.2b) – die Vorstellung einer Ämterhierarchie. Lehre und Geist werden bei Lukas noch nicht an eine kirchliche Organisation und an Ämter gebunden.

3) Es fällt auf, dass Lukas über die ihm überkommene Tradition bewusst reflektiert. Das gilt in besonderem Maße für die *Eschatologie*: Lukas teilt nicht mehr die Erwartung der nahe bevorstehenden Parusie, aber er begnügt sich auch nicht damit, lediglich einen längeren Zeitraum bis zum Weltende anzunehmen. Vielmehr wird für ihn die Zeit selbst zum Gegenstand theologischen Nachdenkens. Der Zeitraum bis zum Ende aber – so schärft Lukas immer wieder ein – lässt sich auf keinen Fall berechnen (17,20f.; 19,11; 21,5–36; 22,69; Apg 1,1–11). Die Gegenwart ist die Zeit der Verfolgung der Kirche. Aber diese Kirche hat als mächtige Hilfe den Geist empfangen, der schon Jesus geleitet hatte (3,22; 4,16–21; vgl. 23,46) und der jetzt der Kirche hilft, diese Zeit zu bewältigen und zu gestalten. In der Kirche wird die Überlieferung von Jesus, die Tradition seiner Lehre und das Bild seines Wesens und Wirkens, bewahrt. Auch die eschatologische Hoffnung, die sich nun nicht mehr so sehr auf die Parusie, sondern wesentlich auf die Erwartung der Auferstehung des Einzelnen richtet, ist durch diese Überlieferung verbürgt.

4) Kennzeichnend für Lukas ist des Weiteren eine *politische Apologetik*. Lukas entlastet den römischen Statthalter Pilatus von der Schuld am Tod Jesu und stellt die Juden als die für Jesu Hinrichtung Hauptverantwortlichen dar (23,13–25). Allerdings geht es Lukas nicht vordergründig darum, Pilatus freizusprechen. Vielmehr kommt es ihm darauf an, die Rolle der Juden als Erfüllung der Weissagung und damit als notwendigen Vorgang im Ablauf der Heilsgeschichte zu sehen (24,26). Zugleich soll jedoch der politischen Führung des Römischen Reiches gezeigt werden, dass der Herrschaftsanspruch Jesu, von dem die Christen sprechen, kein politischer Anspruch ist, der zur römischen Herrschaft in Konkurrenz treten würde. Pilatus spricht deshalb betont von der Unschuld Jesu (23,22) und verurteilt ihn nicht, sondern „überlässt" ihn lediglich den Juden (23,25).

7 Ein methodisches Paradigma zur Redaktionsgeschichte des Lukasevangeliums: Der Reisebericht

Typisch für Lukas ist der große Reisebericht in der Mitte des Evangeliums. Welche Konzeption steht hinter diesem Aufriss? Folgende methodische Schritte sind zur Erarbeitung einer Antwort erforderlich:

1) Es fällt auf, dass gerade ab dem Augenblick, an dem die Reise nach Jerusalem beginnt (9,51), eine Bewegung von Ort zu Ort beinahe überhaupt nicht mehr erwähnt wird; die einzige wirkliche Reisesituation, die geschildert wird, findet sich gleich zu Beginn in 9,51–56. Danach gibt es lediglich eine Reihe schematischer Notizen, in denen gesagt wird, dass Jesus unterwegs nach Jerusalem ist (10,38; 13,22; 17,11). Dieser Befund lässt zwei Schlussfolgerungen zu: In *literarischer* Hinsicht gilt, dass offenbar Lukas selbst diesen Teil des Evangeliums als Reisebericht ausgestaltete, denn die entsprechenden Notizen sind redaktionell, d. h. sie stammen von der Hand des Lukas. Daraus ergibt sich zweitens die *historische* Folgerung, dass die Reise als ganze eine Fiktion ist.

Das bedeutet natürlich nicht, dass Jesus nicht nach Jerusalem gereist ist. Aus dem Bericht des Lukas können jedoch die Stationen dieser Reise nicht rekonstruiert werden.

2) Die Beobachtung, dass der verwendete Stoff mit der Form der Darstellung nicht übereinstimmt, führt zu der Frage, warum Lukas dem ihm überkommenen Stoff überhaupt diese Einkleidung gab. Offenbar will Lukas dem Leser immer wieder einprägen, dass Jesu „Gesicht" von jetzt an auf Jerusalem gerichtet ist (9,51.53). Die Leserinnen und Leser sollen Jesus als denjenigen kennen- und verstehen lernen, dessen Weg durch Leiden, Tod und Auferweckung hin zur Erhöhung zur Rechten Gottes führt.

3) Damit ergeben sich für die theologische Beurteilung der lukanischen Redaktion drei unterschiedliche christologische Aspekte in den drei Teilen des Buches: Jesus ist der Messias/Gottessohn durch seine Geburt, seine Lehre und seine machtvollen Taten; er ist der zum Leiden bestimmte Messias, als der er „hinaufzieht" nach Jerusalem; er ist der König, der im Tempel lehrt und dafür getötet, von Gott aber auferweckt und erhöht wird.

Der These, in 9,51–19,28 liege ein literarisch planvoll gestalteter „Reisebericht" vor, widerspricht Reinhard von Bendemann, dem zufolge vielmehr 8,1–21,38 als komponierte narrative Einheit des Lukasevangeliums aufzufassen sei. Das ist insofern zutreffend, als der sogenannte „Reisebericht" weder eine planvolle erzählerische und theologische Komposition noch ein erkennbares Ende aufweist. Es handelt sich vielmehr um einen Teil, in dem Jesus nach Jerusalem unterwegs ist, ohne dass dem jedoch eine spezifische Bedeutung für die Konzeption des Lukasevangeliums zukommen würde.

Arbeitsvorschläge

1. In welche Erzählabschnitte sind die Hymnen in der „Vorgeschichte" des Lukasevangeliums in Lk 1,46–55 und 1,68–79 jeweils eingebettet? Inwiefern stellen sie eine inhaltlich-theologische Deutung der folgenden Jesuserzählung dar?
2. Wie ist die Erzählung von Maria und Marta (Lk 10,38–42) zu interpretieren: Welche Rollen werden hier einander gegenübergestellt? Geht es um Frauenrollen oder allgemein um Lebensfragen?
3. Lukas hat besonders viele Geschichten vom Essen und von Mahlgemeinschaften – nicht zuletzt in der Emmauserzählung. Welche Themen werden anhand der Mahlerzählungen verhandelt?
4. Vergleichen Sie die Passionserzählung des Lukas- mit der des Markusevangeliums. Welche Erzählabschnitte ergänzt das Lukasevangelium und welche theologischen Themen werden darin jeweils deutlich? In späteren Handschriften finden sich darüber hinaus sekundäre Ergänzungen in Lk 22,43f. und 23,34a. Welche thematischen Verschiebungen lassen diese Ergänzungen erkennen?

§ 32 Die Apostelgeschichte

Literatur: KNUT BACKHAUS, Die Entgrenzung des Heils. Gesammelte Studien zur Apostelgeschichte (WUNT 422), Tübingen 2019 ♦ KNUT BACKHAUS, Das lukanische Doppelwerk. Zur literarischen Basis frühchristlicher Geschichtsdeutung (BZNW 240), Berlin/Boston 2022 ♦ HENRY JOEL CADBURY, The Making of Luke-Acts, London ²1958 ♦ MARTIN DIBELIUS, Aufsätze zur Apostelgeschichte (FRLANT 60), Göttingen ⁵1968 ♦ JOHN C. LENTZ Jr., Luke's Portrait of Paul (MSSNTS 77), Cambridge 1993 ♦ DANIEL MARGUERAT (Hg.), Reception of Paulinism in Acts (BEThL 229), Leuven 2009 ♦ DANIEL MARGUERAT, Lukas, der erste christliche Historiker. Eine Studie zur Apostelgeschichte (AThANT 92), Zürich 2011 ♦ ECKHARD PLÜMACHER, Apostelgeschichte, TRE 3 (1978), 483–528 ♦ DIETRICH RUSAM, Die Apostelgeschichte, in: Martin Ebner/Bernhard Heininger (Hg.), Einleitung in das Neue Testament (KStTh 6), Stuttgart ³2020, 231–252 ♦ JENS SCHRÖTER, Die Paulusdarstellung der Apostelgeschichte, in: Friedrich Wilhelm Horn (Hg.), Paulus Handbuch, Tübingen 2013, 542–551 ♦ JOSEPH VERHEYDEN (Hg.), The Unity of Luke-Acts (BEThL 142), Leuven 1999 ♦ WILLEM VAN UNNIK, Der Ausdruck ΕΩΣ ΕΣΧΑΤΟΥ ΤΗΣ ΓΗΣ (Apostelgeschichte I 8) und sein alttestamentlicher Hintergrund, in: ders., Sparsa Collecta, Bd. 1, Leiden 1973, 386–401. – **Kommentare:** CHARLES K. BARRETT, The Acts of the Apostles, 2 Bde. (ICC), Edinburgh 1994–1998 ♦ HANS CONZELMANN, Die Apostelgeschichte (HNT 7), Tübingen ²1972 ♦ ERNST HAENCHEN, Die Apostelgeschichte (KEK 3), Göttingen ⁷1977 ♦ DANIEL MARGUERAT, Die Apostelgeschichte (KEK 3), Göttingen 2021 ♦ JÜRGEN ROLOFF, Die Apostelgeschichte (NTD 5), Göttingen ²1988 ♦ ALFONS WEISER, Die Apostelgeschichte, 2 Bde. (ÖTBK 5/1–2), Gütersloh ²1989/1985.

1 Das Verhältnis der Apostelgeschichte zum Lukasevangelium

Die Apostelgeschichte setzt das Lukasevangelium voraus. Beide Bücher bilden, obwohl sie unterschiedlichen literarischen Gattungen angehören und im Neuen Testament auch nicht aufeinander folgen, eine narrative und theologische Einheit. Die Formulierung in Apg 1,1f. erinnert an das Lukasevangelium als das „erste Buch" (πρῶτος λόγος). Der Himmelfahrtsbericht in Apg 1,3–11 kann als eine – mehr ins Detail gehende – Nacherzählung von Lk 24,50–53 gelesen werden. Mit Apg 1,4 ist auf Lk 24,29 Bezug genommen, und umgekehrt wird dort auf das Pfingstereignis (Apg 2) vorausgeblickt. In Apg 1,5 wird die Täufertradition

(Lk 3,16) aufgenommen. Eine auffallende Verbindung zwischen Lukasevangelium und Apostelgeschichte besteht in Apg 6,13f.: Falsche Zeugen behaupten, Stephanus habe gesagt, Jesus werde den Tempel niederreißen; eine solche (falsche) Behauptung wurde nach Mk 14,58 im Prozess gegen Jesus vorgebracht, doch hatte Lukas diesen Teil des Prozessberichts in seiner Passionserzählung nicht übernommen. Eine theologische Kontinuität zwischen beiden Büchern besteht hinsichtlich ihres Verständnisses von πνεῦμα: War bei Lukas Jesus der vom Geist gezeugte und dann vom Geist geleitete Gottessohn, so sind es in der Apostelgeschichte die Missionare (und auch ihre Hörer, 10,44), die den Geist empfangen und von ihm geführt werden.

Das Lukasevangelium und die Apostelgeschichte stimmen im Stil überein; gewisse Unterschiede sind durch die Verschiedenheit des verarbeiteten Stoffes bedingt: Die Bindung an Quellen und an vorgegebene feste Tradition war im Evangelium offenbar stärker als in der danach verfassten Apostelgeschichte (zur Gattung s. o. § 9.2c).

2 Aufbau und Inhalt

Der Aufbau der Apostelgeschichte lässt sich von 1,8 her entfalten, dem letzten Wort des Auferstandenen vor der Himmelfahrt: Jesus beauftragt die Jünger, sie sollten seine Zeugen sein „in Jerusalem, in ganz Judäa und Samaria und bis an das Ende der Erde". Damit wird eine geographische Gliederung des Buches angedeutet: Der erste Teil (Kap. 1–7) handelt von der Gemeinde in Jerusalem, der zweite Teil (Kap. 8–12) von der Mission in Judäa und Samaria, der dritte Teil (Kap. 13–28) blickt darauf, dass die Christusbotschaft Rom erreicht, dort aber keineswegs zum Abschluss kommt (28,31). Rom ist also nicht „das Ende der Erde", vielmehr gibt die Apostelgeschichte zu erkennen, dass sie nur den Beginn der weltweiten Ausbreitung des Zeugnisses von Jesus Christus erzählt.

Mitunter wurde vertreten, dass Lukas mit der Wendung „bis ans Ende der Erde" (ἕως ἐσχάτου τῆς γῆς) auf Rom anspiele, wo die Apostelgeschichte endet. Das ist aber sehr unwahrscheinlich. Zum einen endet für Lukas die Ausbreitung des Christuszeugnisses nicht mit der Ankunft des Paulus in Rom (Apg 28), sondern mit der Parusie Jesu (vgl. Apg 1,11). Geographisch entspricht dem, dass das Zeugnis tatsächlich über die gesamte Erde verbreitet wird. Zum anderen kann der für den Bezug auf Rom angeführte Beleg aus PsSal 8,15 („Er führte vom Ende der Erde den heran, der kräftig schlägt", gemeint ist Pompeius) diese Annahme kaum stützen. Viel näher liegt, dass Lukas die biblische Wendung vom „Ende der Erde" (z. B. Jes 8,9; 48,20; 49,6; 62,11; Dtn 28,49; Ps 134,7 LXX; Jer 6,22) aufgreift und sie auf die Ausbreitung des Christuszeugnisses bezieht (vgl. dazu VAN UNNIK).

Innerhalb der Erzählung gibt es mitunter kleinere Auffälligkeiten: In Kap. 9 sind Christusgläubige in Damaskus vorausgesetzt, obwohl nicht erzählt wird, wie die

Christusbotschaft dorthin gelangt ist. Gleiches gilt für Alexandria (18,24f.) und Puteoli (28,13–15). Des Weiteren tritt Petrus in 12,17 relativ unvermittelt aus der Erzählung ab, obwohl er bis dahin die führende Gestalt des Zwölferkreises gewesen war. In Kap. 15 tritt er beim „Apostelkonzil" in Jerusalem zwar noch einmal auf, anschließend wird er allerdings gar nicht mehr erwähnt. In Kap. 13 und 14 und dann von 15,35 bis zum Schluss folgt die Apostelgeschichte kontinuierlich dem Weg des Paulus, ist also im Grunde eine „Paulusgeschichte". Eine Ausbreitung der Christusbotschaft neben der paulinischen Mission – die es zweifellos gegeben hat –, wird dagegen nicht erzählt.

Die Hauptprotagonisten der Apostelgeschichte sind Petrus (Kap. 1–12) und Paulus (Kap. 13–28), wobei durchaus auch andere Personen wie Barnabas, Stephanus und Philippus oder die Begleiter des Paulus auf seinen späteren Reisen in den Blick treten. Die Apostelgeschichte ist allerdings keine (Doppel-)Biographie, vielmehr ist das Wirken von Petrus und Paulus in die Darstellung der Ausbreitung der Christusbotschaft integriert. Von der literarischen Gattung her gehört die Apostelgeschichte vielmehr zur antiken Geschichtsschreibung, wobei sie Analogien sowohl zu griechisch-römischen als auch zu jüdischen Geschichtswerken aufweist. Gemeinsame Merkmale mit der Geschichtsschreibung sind vor allem die Darstellung eines zusammenhängenden Ereignisverlaufs sowie die in diesen eingebetteten Reden. Näherhin lässt sich die Apostelgeschichte als „historische Monographie" charakterisieren, in ähnlicher Weise wie etwa das 2. Makkabäerbuch, der „Jüdische Krieg" von Josephus oder die Werke des römischen Historikers Sallust, „Der Jugurthinische Krieg" und „Die Verschwörung Catilinas". Dargestellt wird jeweils ein Geschehen, das sich in einem bestimmten Zeitraum abgespielt hat und das von seinem Beginn bis zu seinem Ergebnis geschildert wird. Im Fall der Apostelgeschichte ist dies die Ausbreitung der Christusbotschaft von ihren Anfängen nach der Erhöhung Jesu bis zur Ankunft des Paulus in Rom. Das letztgenannte Ereignis stellt für Lukas dabei das Ende der ersten Phase der Geschichte der christlichen Kirche dar.

1) Im *ersten Teil (1,1–8,3)* bildet Kap. 1 die Einleitung: Nach dem „Proömium" (V. 1f.) werden die Verheißung des Auferstandenen an die Jünger (V. 3–8) sowie die Himmelfahrt (V. 9–11) erzählt. In V. 12–14 beschreibt Lukas in einer Art „Momentaufnahme" den Kern der Jerusalemer Gemeinde; V. 15–26 berichtet von der Nachwahl des zwölften Apostels, Matthias.

Kap. 2–5 berichten vom Zeugnis der Apostel in Jerusalem, wobei das Pfingstwunder und die Rede des Petrus, die dieses Ereignis interpretiert, am Anfang stehen (2,1–41). Es folgt eine summarische Beschreibung der Jerusalemer Gemeinde (2,42–47), die für Lukas nicht nur zeitlich am Anfang steht, sondern auch eine paradigmatische Bedeutung für das Leben christlicher Gemeinden besitzt. In Kap. 3 wird die Heilung eines Gelähmten durch Petrus und Johannes erzählt, die wiederum durch eine Rede des Petrus gedeutet wird (V. 1–10.11–26). In 4,1–22 wird von der Gefangennahme des Petrus und des Johannes, von ihrem Auftritt vor dem Synhedrium und ihrer Freilassung berichtet. Darauf folgt ein Gebet der Gemeinde (4,23–31). In 4,32–5,11 wird die Gütergemeinschaft der Jerusalemer Gemeinde beschrieben, zunächst in einer summarischen Notiz (4,32–35), dann in zwei sehr unterschiedlichen Beispielen (4,36f.; 5,1–11). In 5,12–16 folgt eine summarische Darstellung des Wirkens der Apostel. In 5,17–42 findet sich eine Wiederholung der Szene von 4,1–22, mit sich steigernden Tendenzen.

Der Abschnitt 6,1–8,3 schildert die Stellung der „Hellenisten", d. h. griechischsprachiger Judenchristen, in der Jerusalemer Gemeinde. Es wird von einem Konflikt über die Versorgung der Witwen der Hellenisten berichtet, der das bislang harmonische Bild der Gemeinde stört. Dahinter könnte stehen, dass die „Hellenisten" als Diasporajuden nicht in das Jerusalemer Versorgungssystem eingebunden waren. Es könnte sich aber auch um soziale Differenzen zwischen den „Hellenisten" und den „Hebräern" handeln (vgl. auch unten § 62.1).

Aus 6,1–7 geht weiter hervor, dass die Aufgabe der „Hellenisten" nicht als reine Verteilungs- und Versorgungstätigkeit zu verstehen ist. Sie waren vielmehr ein zweites, für die Gemeindeorganisation zuständiges Leitungsgremium. Ihr Profil wird zudem daran deutlich, dass sie in der von Jerusalem ausgehenden Mission eine wichtige Rolle spielen.

Von den in V. 6 genannten sieben Personen treten im Folgenden nur Stephanus und Philippus näher in den Blick: Stephanus durch eine Rede, Philippus durch sein Wirken in Samaria und durch seine Töchter (21,8). Die Erwähnung des Proselyten Nikolaus aus Antiochia stellt eine Verbindung zur Gemeinde von Antiochia her, von deren Gründung in 11,19–26 berichtet wird.

Gegen Stephanus kommt es zur Anklage wegen Blasphemie (6,13f.), gegen die er sich mit einer sehr langen Rede (7,2–53) verteidigt, die allerdings erst ganz am Schluss auf die Anklage Bezug nimmt. In dieser Rede kommt eine kritische Haltung gegenüber der Orientierung am Tempel zum Ausdruck (V. 48), die für die Gruppe der Hellenisten kennzeichnend gewesen sein könnte.

Im anschließenden Bericht über die Steinigung des Stephanus (7,54–8,1a) wird „ein junger Mann namens Saulus" erwähnt, der sich in besonderer Weise an der Vertreibung der „Kirche" (ἐκκλησία) aus Jerusalem beteiligt (8,3) und die Jesusanhänger auch andernorts verfolgt. Die Art der Einführung deutet bereits an, dass Saulus im Folgenden eine wichtige Rolle spielen wird.

Die Steinigung des Stephanus wird ausgeweitet zu einer Vertreibung „aller" Angehörigen der ἐκκλησία nach Judäa und Samaria, „ausgenommen die Apostel". Diese Bemerkung könnte andeuten, dass die Verfolgung vor allem die „Hellenisten", d. h. den gesetzes- und tempelkritischen Stephanuskreis, betraf. Dies wird durch die folgende Ausbreitung der Christusbotschaft nach Samaria sowie die Gründung der Gemeinde von Antiochia unterstützt.

2) Der *zweite Teil (8,4–12,25)* berichtet zunächst vom Hellenisten Philippus (vgl. 6,5), und zwar von seiner erfolgreichen, durch die Jerusalemer Apostel bestätigten Mission in Samaria (8,4–25) sowie von der Taufe des äthiopischen Hof-

beamten (8,26–40). Die Samaritaner und der zum Tempel nach Jerusalem reisende „Eunuch" (8,27) stehen dem Judentum nahe, gehören aber nicht zu Israel. Sie stehen damit für den Beginn der über Jerusalem und das Judentum hinausweisenden Mission.

In 9,1–31 wird von der Verfolgungstätigkeit des Saulus berichtet, dem durch eine unmittelbare Begegnung mit dem erhöhten Jesus vor Damaskus Einhalt geboten wird (V. 1–9; vgl. 22,3–21; 26,9–20). Anschließend wird vom Zusammentreffen mit dem „Jünger" Hananias in Damaskus und der Predigt des Saulus dort berichtet, schließlich von seiner Flucht aus der Stadt, seiner Reise nach Jerusalem und von dort nach Tarsus (V. 10–30). Jetzt (V. 31) hat die ganze Kirche in Judäa, Galiläa und Samaria Frieden. In 9,32–11,18 wird die Heidenmission durch eine Vision an Petrus auf den Weg gebracht, die zur Begegnung mit dem gottesfürchtigen römischen Hauptmann Kornelius führt (10,1–48). Vor den Aposteln in Jerusalem verteidigt Petrus sodann die Taufe von Heiden mit Erfolg (11,1–18).

In 11,19–30 unterbricht Lukas den Handlungsfaden und gibt Informationen über die zeitgleiche Missionsgeschichte in Antiochia: Nach V. 20 werden erstmals auch Heiden in die Kirche aufgenommen, und nach V. 26 werden die „Jünger" in Antiochia (offenbar von außen) erstmals als χριστιανοί (lat. *Christiani*) bezeichnet. In V. 25–30 wird Saulus (vgl. 9,30) wieder in die Erzählung zurückgeholt.

Dieser Teil schließt in Kap. 12 mit dem Bericht über die Verfolgung einiger Christen durch König Herodes Agrippa I. (V. 2: Tod des Zebedaiden Jakobus; V. 3–17: wunderbare Befreiung des Petrus) und über den als Strafwunder aufgefassten Tod des Königs (V. 20–23).

3) Der *dritte Teil (13,1–28,31)* schildert die „Missionsreisen" des „Paulus", wie Saulus ab 13,9 genannt wird. Die *erste Reise* (13,1–14,28), zu der Paulus und Barnabas vom Heiligen Geist ausgewählt werden (13,1–3), führt von Antiochia nach Zypern (13,4–12) und weiter nach Kleinasien. Im pisidischen Antiochia predigt Paulus zunächst in der Synagoge (13,13–41; die Rede enthält in V. 38f. einen betont paulinischen Akzent), und zwar mit Erfolg (13,42–44); dann aber kommt es seitens der Juden zum Widerspruch, zur Lästerung der Botschaft und als Antwort hierauf zur Hinwendung der Missionare zu den Heiden (13,45–49). Der Verfolgung durch die Juden entziehen sich Paulus und Barnabas durch Flucht (13,50–52).

Hinter diesem Ablauf der Ereignisse steckt ein festes Darstellungsschema, wie die Analogien in 14,1–7 (Ikonion); 14,19 (Lystra); 17,1–9 (Thessaloniki); 18,4–17 (Korinth) und ähnlich auch 28,17–28 (Rom) zeigen.

Nach weiteren Predigten und Wundertaten kehren Paulus und Barnabas nach Antiochia zurück (14,26–28). Die „erste Missionsreise" ist von Lukas als eine sorgfältig komponierte Reise gestaltet worden, die etliche Züge der Mission des Paulus unter Juden und Heiden aufweist, die auch auf seinen späteren Reisen wieder begegnen. Zugleich ist durch diese Reise das grundlegende Problem der Heidenmission sichtbar gemacht: Kann es eine unmittelbare Bekehrung von Heiden zum Christentum geben, ohne Übernahme des jüdischen Gesetzes, insbesondere ohne Beschneidung? Diese Frage ist das Thema des Zusammentreffens der antiochenischen mit den Jerusalemer Autoritäten (des sogenannten „Apostelkonzils", 15,1–35), das durch ein in Antiochia entstehendes Problem (V. 1–6) veranlasst ist. Aufgrund von Reden des Petrus (V. 7–11) und des Herrenbruders Jakobus (V. 13–21) wird das „Apostoldekret" verabschiedet (V. 22–29), das den Heidenchristen bestimmte Minimalforderungen auferlegt und in Antiochia positiv aufgenommen wird.

Nach einem Konflikt mit Barnabas (15,35–39) beginnt Paulus mit Silas die „zweite Missionsreise" (15,40–18,22), die in 16,11 nach Europa führt. Die Stationen dort sind Philippi (16,11–40), Thessaloniki (17,1–9), Beröa (17,10–15), Athen (17,16–34: hier steht die Areopagrede im Mittelpunkt) und Korinth (18,1–17). Die Darstellungen der Auftritte des Paulus in diesen Städten sind durch eine Verteidigung des Christentums gegenüber politischen Anschuldigungen mitbestimmt: Das Christentum ist nicht staatsgefährdend, die römischen Behörden haben keine Veranlassung, gegen die christliche Mission vorzugehen. Die Areopagrede (17,22–31), die Paulus vor griechischen Philosophen in Athen hält, rückt das Verhältnis der Christusbotschaft zu griechischem Denken, insbesondere zur zeitgenössischen Philosophie (vgl. V. 18), ins Zentrum. In 18,18–22 folgt eine knappe Notiz über die Rückreise des Paulus nach Antiochia. Dabei werden Ephesus, Caesarea und – indirekt (V. 22) – Jerusalem als Stationen kurz erwähnt.

Der Beginn der „dritten Missionsreise" (18,23–21,17) ist kaum markiert. Im Zentrum steht der – nach 19,10.22 mindestens zwei Jahre währende – Aufenthalt in Ephesus (19,1–20,1), wo zuvor schon Apollos gewirkt hatte (18,24–28). Nach einem kurzen Bericht über eine längere Reise durch Makedonien, Griechenland und Kleinasien (20,1–16) folgt in 20,18–35 die in Milet gehaltene Rede des Paulus vor den Presbytern von Ephesus. In 21,1–17 folgt die Reise von Milet über Caesarea nach Jerusalem, wo die „dritte Missionsreise" endet.

Der Abschnitt *21,18–23,35* schildert den Aufenthalt des Paulus in Jerusalem, wo er als Zeichen seiner Toratreue ein Gelübde übernimmt (21,18–26), aufgrund einer falschen Anschuldigung verhaftet wird (21,27–40) und sich mit einer „in hebräischer Sprache" gehaltenen Rede verteidigt (22,1–21).

Diese Rede berichtet von der Bekehrung und der im Tempel erfolgten Berufung des Paulus zum Heidenmissionar. Es lohnt sich, die Rede mit dem Bericht in Kap. 9 und mit der erneuten Darlegung dieses Ereignisses in der Rede in Kap. 26 zu vergleichen.

In 22,22–23,35 werden die Verhöre des Paulus durch den römischen Oberst und durch das Synhedrium sowie seine Verbringung nach Caesarea zum Sitz des Statthalters Felix erzählt. In *24,1–26,32* wird vom dortigen Prozess (einschließlich einer Verteidigungsrede in 24,10–21) und dessen Verschleppung berichtet sowie von der vor dem neuen Statthalter Festus eingelegten Berufung an den Kaiser (25,1–12). Höhepunkt ist eine Gerichtsszene vor König Agrippa II., Königin Berenike und Festus (vgl. dazu die Ankündigung in 9,15), in deren Verlauf Paulus eine weitere Rede (einschließlich Bekehrungsbericht) hält (26,2–23).

In 26,30–32 wird von Agrippa und Festus ausdrücklich festgestellt, dass Paulus juristisch unschuldig ist. Wieder wird die Absicht deutlich, dem römischen Staat klarzumachen, dass eigentlich kein Anlass besteht, das Christentum zu verfolgen (vgl. auch den Hinweis auf das römische Bürgerrecht des Paulus in 22,25–29).

In *27,1–28,16* folgt die Darstellung der Romreise des Paulus, mit dem Bericht über Schiffsreise und Schiffbruch bei „Melite" (vermutlich ist Malta gemeint) als Höhepunkt. Die Apostelgeschichte endet in *28,17–31* mit einer Darstellung der Konflikte des unter römischer Bewachung stehenden (28,16) Paulus mit den Juden und seiner Verkündigung des Reiches Gottes (28,31).

Über den Ausgang des Prozesses wird nichts gesagt. Das bedeutet aber weder, dass der Prozess bei Abfassung der Apostelgeschichte noch nicht abgeschlossen war, noch, dass Paulus freigelassen worden wäre (vgl. 20,25.38). Schon die Zeitangabe „zwei Jahre" (28,30) verweist auf das Schicksal des Paulus. Offenbar wollte Lukas seine Darstellung nicht mit der Verurteilung und Hinrichtung des Paulus durch römische Behörden enden lassen, sondern mit dem Bild des „mit aller Offenheit ungehindert" (μετὰ πάσης παρρησίας ἀκολύτως, so das Ende der Apostelgeschichte) das Gottesreich verkündenden Paulus.

3 Quellen

Ebenso wie im Evangelium dürfte Lukas auch in der Apostelgeschichte Quellen verarbeitet haben, deren Rekonstruktion hier aber naturgemäß sehr viel schwieriger ist als dort, wo wir Markus kennen und Q zumindest ansatzweise erschließen können.

1) Nach Adolf von Harnack (Beiträge zur Einleitung in das Neue Testament, Bd. 3: Die Apostelgeschichte, Leipzig 1908) gibt es in Kap. 1–12 zwei Quellen, und zwar eine historisch zuverlässige jerusalemisch-caesareensische Quelle A, die 3,1–5,16; 8,5–40; 9,32–11,18; 12,1–23 umfasste, sowie eine historisch wertlose Quelle B, die vor allem Wunderüberlieferung enthielt (2,1–47; 5,17–42). Des Weiteren sei in 6,1–8,4; 11,19–30; 12,25–15,35 eine überwiegend zuverlässige antiochenisch-jerusalemische Quelle zu erkennen. Diese und ähnliche Hypothesen haben sich allerdings nicht durchgesetzt. Sicher sind in Kap. 1–15 historisch zuverlässige Einzeltraditionen und auch -texte verarbeitet worden, durchlaufende Quellen lassen sich jedoch nicht rekonstruieren. Zweifellos hat die exegetische Forschung in den letzten Jahrzehnten Entscheidendes zur Aufhellung der in der

Apostelgeschichte verarbeiteten Tradition geleistet; aber das Rätsel der Quellen der Apostelgeschichte ist nach wie vor nicht abschließend gelöst.

2) Im zweiten Teil der Apostelgeschichte (Kap. 16–28) scheint sich ein für eine Quellenscheidung hervorragendes Indiz anzubieten: In 16,10–17; 20,5–15; 21,1–18; 27,1–28,16 finden sich im Wir-Stil formulierte Berichte, die zur Vermutung Anlass geben, der Autor erzähle hier von Vorgängen, deren Augenzeuge er war. Das „Wir" setzt beim Bericht über Troas ein (16,10), verschwindet aber im Zuge der Darstellung des Aufenthalts in Philippi und taucht erst im Zusammenhang einer Reise von Philippi nach Troas wieder auf (20,5f.). Im Wir-Stil sind auch Teile des Berichts über den Aufenthalt des Paulus in Milet und über die Reise nach Jerusalem verfasst, außerdem die Erzählung über die Reise nach Rom. Man könnte also Folgendes vermuten: Lukas lernte Paulus in Troas kennen und schloss sich ihm dort an; er blieb in Philippi, während Paulus weiterzog, und wäre ihm später wieder gefolgt. Die Wir-Berichte könnten demnach Augenzeugenberichte sein, die der Verfasser in seine Darstellung eingeflochten hat. Allerdings bricht der Wir-Bericht während des Aufenthalts in Philippi ab (und nicht erst im Zusammenhang mit der Abreise des Paulus). Zudem ist die Philippi-Erzählung sehr stark mit wunderhaften Elementen durchsetzt und vermutlich kein Augenzeugenbericht. Ob die Wir-Stücke insgesamt den Bericht eines Augenzeugen widerspiegeln, muss deshalb offenbleiben. Das gilt natürlich auch dann, wenn man annimmt, Lukas berichte nicht von eigenen Erlebnissen, sondern er habe den Bericht eines fremden Augenzeugen als Quelle in Wir-Form übernommen.

Einige Exegeten vertreten dagegen die These, es handle sich bei den Wir-Berichten weder um eine Quelle noch um einen Augenzeugenbericht. Es handle sich vielmehr um ein literarisches Stilmittel, durch das der Verfasser die Ereignisse seinen Lesern auf lebendige Weise habe nahebringen wollen. Dabei stellt sich allerdings die Frage, warum dieses Mittel nur an wenigen Stellen angewandt wurde, die zudem nichts Grundlegendes enthalten.

In diesem Zusammenhang sind Kap. 27–28 besonders interessant. Die Überfahrt nach Rom ist die einzige wirkliche Schilderung einer Reise in der Apostelgeschichte. Es fällt jedoch auf, dass sich die Szenen, in denen Paulus auftritt, aus der Schilderung leicht herauslösen lassen. Man kann fragen, ob Lukas die Reiseschilderung möglicherweise zunächst separat konzipiert bzw. die fertige Beschreibung eines Schiffbruchs übernommen und die Szenen mit Paulus erst nachträglich eingebaut hat.

Wie das Rätsel der Wir-Berichte zu lösen ist, muss deshalb offenbleiben. Die Möglichkeit, dass sich hier ein zeitweiliger Begleiter des Paulus zu erkennen gibt, ist dabei eine Lösung, die in der neueren Forschung häufiger erwogen wird und die die Wir-Passagen auf die wohl unkomplizierteste Weise erklären kann.

Diese Lösung war lange Zeit in der Interpretation der Apostelgeschichte vorherrschend. In der historisch-kritischen Forschung wird sie zum Beispiel von Adolf von Harnack, Martin Dibelius, Joseph A. Fitzmyer und Michael Wolter vertreten. Eine ausführliche Monographie hat ihr Claus-Jürgen Thornton gewidmet (Der Zeuge des Zeugen. Lukas als Historiker der Paulusreisen, Tübingen 1991).

3) Martin Dibelius sah in 13,4–21,18 ein „Itinerar" verarbeitet, dem sich die Angaben über die Reisestationen des Paulus verdanken sollen. Aber schon die Gattung bzw. der Abfassungszweck eines solchen Stationenverzeichnisses wären kaum sinnvoll zu bestimmen, zumal die dem Itinerar zugewiesenen Texte (13,14f.42–45.48–52; 14,1–7.19f.; 16,3 usw.) schematisch und jedenfalls wenig informativ wirken.

4) Gut vorstellbar ist, dass Lukas selbst entsprechend der zeitgenössisch üblichen Verfahrensweise der Historiographie in den christlichen Gemeinden Informationen sammelte. Er kann beispielsweise Korinth und Ephesus besucht und sich über die Ereignisse dort unmittelbar informiert haben. Zudem liegt es nahe, dass Lukas Paulusbriefe gekannt und benutzt hat.

So berührt sich die Darstellung der Flucht aus Damaskus in Apg 9,23–25 bis in die Wortwahl hinein mit 2Kor 11,32f., ebenso der Reiseplan in Apg 19,21 mit Röm 15,22–28. Auch die Aussagen über die Gesetzeskritik und die Rettung aus Glauben (vgl. Apg 13,38f.) sowie die Verstockung Israels (28,26f.) und die Aussicht auf eine endzeitliche Rettung Israels (3,20) überschneiden sich mit Formulierungen in den Paulusbriefen. Umgekehrt scheint Lukas in Apg 9,26–29 Paulustradition verwendet zu haben, deren Richtigkeit von Paulus selbst bestritten wird (Gal 1,17–20).

5) Unabhängig von der Frage der verarbeiteten Quellen ist das Problem der historischen Zuverlässigkeit bei jedem einzelnen Text der Apostelgeschichte gesondert zu prüfen. Deutlich ist jedenfalls, dass Lukas seinem Werk ein von ihm selbst geschaffenes Geschichtskonzept zugrunde gelegt und in dieses die Überlieferungen und historischen Informationen eingefügt hat. Eine besondere Bedeutung kommt dabei der Paulusmission zu, was darin seinen Grund hat, dass Lukas der Person und Theologie des Paulus sehr nahestand und ihr eine besondere Bedeutung für die Entstehung des Christentums beimaß.

4 Besonderheiten der Textüberlieferung

Die Textüberlieferung der Apostelgeschichte weist ein besonderes Problem auf: Der „westliche Text" bzw. „D-Text", vertreten vor allem durch den Codex Bezae Cantabrigiensis (D [05]) sowie die altlateinischen Übersetzungen, liest an sehr vielen Stellen einen von der übrigen Überlieferung stark abweichenden, im Ganzen deutlich längeren Text. Die Abweichungen sind so erheblich und so ungewöhnlich, dass die These einer von Lukas selbst verantworteten „zweiten Auflage" der Apostelgeschichte vertreten wurde. Seltener wird die (unwahrscheinliche) Annahme geäußert, der „westliche Text" sei der ältere Text, der nachträglich gekürzt wurde.

Die Differenzen haben im Einzelnen unterschiedlichen Charakter. In 2,1 bietet der D-Text zum Beispiel lediglich eine sprachliche Verbesserung; in 3,11f. finden sich Glättungen. In 15,12 wird die Textaussage durch die D-Lesart logisch präzisiert, während in 15,29 das „Apostekdekret" durch die Hereinnahme der „Goldenen Regel" (vgl. Lk 6,31) eine neue inhaltliche Tendenz erhält (ähnlich 15,41).

Bemerkenswert ist auch die handschriftliche Überlieferung bei Apg 8,37: In der Szene mit dem äthiopischen Finanzbeamten ergänzt der Codex Laudianus (E) eine Tauffrage des Philippus und das Glaubensbekenntnis des Täuflings.

Die Lesarten in D zeigen auch im Lukasevangelium Eigenwilligkeiten, vor allem Angleichungen des Lukastextes an Matthäus (vgl. etwa Lk 5,10f.27 u. ö.). Bemerkenswert ist die („apokryphe") Szene von Lk 6,5 D über den am Sabbat arbeitenden Menschen (D bietet das Logion Lk 6,5 dann nach 6,10).

5 Theologische Tendenz, Abfassungszweck und historischer Wert

1) Ein Hauptakzent der Theologie der Apostelgeschichte wird bereits an der Fortsetzung der Jesusgeschichte durch eine Darstellung der Ausbreitung der Christusbotschaft erkennbar: Lukas reflektiert die Tatsache, dass das Wirken Jesu zu eigenen Gemeinschaften, also zur „Kirche" geführt hat. Die Naherwartung der Parusie ist aufgegeben (vgl. 1,6–8.11); die Ausbreitung der Christusbotschaft wird als eigenes Thema geschichtstheologisch reflektiert. Die Geistausgießung (Kap. 2) ist dabei gleichsam *das* in die Zukunft weisende „Endereignis": In das Zitat von Jo 3,1–5 wird die Wendung „in den letzten Tagen" eingetragen, die sich im zugrunde liegenden biblischen Text nicht findet (2,17). Damit wird jedoch nicht der Anbruch der Endzeit oder die Vorstellung eines nahen Endes ausgesprochen, sondern die dauernde Gegenwart des „endzeitlichen" Geistes Gottes in der Geschichte der Kirche signalisiert. Bedeutsam ist, dass das Pfingstereignis ekstatische Elemente aufweist (2,1–4.13), zugleich aber auch als Sprachenwunder dargestellt ist: Die aus Galiläa stammenden Apostel reden in den Sprachen ihrer Hörer (2,5–11), d. h. die christliche Botschaft ist nicht an eine bestimme Sprache gebunden, sondern sie ist übersetzbar.

Das Geschichtskonzept der Apostelgeschichte hat Folgen für die Eschatologie. Zwar verkündigen die Missionare die Botschaft vom Gottesreich. Damit ist jedoch kein in der Zukunft liegender, womöglich apokalyptisch zu verstehender Machtantritt Gottes gemeint, sondern der Vollzug der Herrschaft Gottes in der Welt. Im „Ratschlag des Gamaliel" (5,38f.) wird geradezu so etwas wie ein geschichtlicher Beweis für die Wahrheit des christlichen Glaubens ausgesprochen.

Lukas verdeutlicht das dadurch, dass er noch stärker als im Evangelium „Heilsgeschichte" und „Weltgeschichte" miteinander verknüpft: Die Missionare begegnen römischen Statthaltern (13,7.12; 18,12–17; vor allem 23,23–26,32), Propheten verweisen auf historische Ereignisse (11,28), man bekommt Einblick in die städtischen Verhältnisse von Antiochia, Philippi und Ephesus, von Athen, Korinth und nicht zuletzt Jerusalem.

Diese lukanische Interpretation der Geschichte spiegelt nicht einfach die Theologie der Epoche. Man darf nicht übersehen, dass etwa zeitgleich mit dem lukanischen Doppelwerk die Johannesoffenbarung ein sehr anderes theologisches Denken vorträgt. Lukas bietet insofern einen sehr eigenständigen Entwurf von Theologie.

2) Theologisch bedeutsam ist der apologetische Zug der Apostelgeschichte. Christen wie Nichtchristen sollen an den Beispielen aus der Missionsgeschichte erkennen, dass die Kirche den Bestand des Römischen Reiches nicht gefährdet. Für Lukas ist es wichtig, dass der bei weitem wichtigste christliche Verkündiger geborener römischer Bürger ist (22,28) und dasselbe *cognomen* trägt wie der zyprische Statthalter Sergius Paulus (13,7.9). Paulus „muss" als Gefangener nach Rom, aber nur deshalb, weil er an den Kaiser appelliert, d. h. das kaiserliche Gericht als Berufungsinstanz angerufen hat – eigentlich hätte er freigelassen werden können (26,32; vgl. die Pilatusszene in Lk 23,20.22).

3) Die Apostelgeschichte zeichnet die Geschichte der Trennung von Kirche und Synagoge nach, versteht diese aber nicht als christlichen Abfall von Israel, sondern als Folge der Weigerung Israels, Gottes Offenbarung in Christus anzunehmen bzw. als Verstockung Israels durch Gott (4,27–30; 5,29–32; vgl. 13,46–48; bes. 28,17–28 mit dem langen Zitat aus Jes 6,9f.). Die Stephanusrede in 7,2–53 ist ein kritischer Geschichtsrückblick, der mit dem Hinweis auf die Verwerfung Jesu durch die Juden endet (V. 52b). Jerusalem ist der zentrale Ort der Kirche. Dort wird durch die Rede des gesetzestreuen Jakobus auf dem „Apostelkonzil" gesagt, dass die Kirche aus Juden und Heiden ein Volk ist, das sich Gott erwählt hat (15,14–21). Paulus bleibt treuer Jude (21,18–26; 23,6), aber die (meisten) Juden nehmen sein Zeugnis nicht an (22,18.22; 28,24–28).

4) Das Geschichtsbild der Apostelgeschichte setzt voraus, dass es keine innerkirchlichen Konflikte gibt, solange die Apostel und insbesondere Paulus leben – wo Gefahren drohen, werden sie sofort beseitigt (Kap. 15!). Paulus ist Garant der Rechtgläubigkeit; die von ihm eingesetzten Presbyter (vgl. die Pastoralbriefe) haben den Auftrag, nach seinem „Weggang" als Hirten die Gemeinde zu bewahren (20,28–31).

5) Bei den Reden der Apostelgeschichte ist zu beachten, dass sie entsprechend der in der antiken Geschichtsschreibung üblichen Sitte (vgl. etwa Thukydides) vom Autor des Buches selbst geschaffen wurden und also dessen Theologie, nicht die des jeweiligen Redners, zu erkennen geben. Sie haben deshalb keinen unmittelbaren Geschichtswert. Sie sind aber so gestaltet, dass sie nach Auffassung des Autors an dieser Stelle gehalten worden sein *könnten*.

Folgende Arten der Reden lassen sich festhalten:
a) Die als Missionsansprachen an Juden gestalteten Reden des Petrus (2,14–36; 3,12–26) knüpfen an die jüdische Bibel an, enthalten das christologische Kerygma, den Schriftbeweis und den mit einem Umkehrruf verbundenen Heilszuspruch. Demsel-

ben Schema folgt die Paulusrede im pisidischen Antiochia (13,16-41). Obwohl in den Reden durchaus ein je eigenes Profil von Petrus und Paulus erkennbar wird, werden die beiden zugleich aneinander angenähert (insbesondere in der Petrusrede in Kap. 10 und der Paulusrede in Kap. 13).

b) Die Areopagrede (17,22-33) ist als typische Missionsansprache vor (philosophisch gebildeten) *Heiden* konzipiert und stellt die Auferstehungshoffnung als entscheidend heraus. Mit den Paulusbriefen berührt sie sich vor allem hinsichtlich der Forderung an die Heiden, zum Gott Israels umzukehren (vgl. 1Thess 1,9f.).

c) Die Rede des Stephanus (7,2-53) enthält im Grunde nur in 7,52b einen Bezug zur aktuell vorgegebenen Situation. Man kann deshalb vermuten, dass es sich hier um ein von Lukas aufgenommenes Textstück, möglicherweise aus dem Kreis der Hellenisten, handelt.

d) Die Rede des Paulus in 20,18-35 ist eine „Abschiedsrede". Sie ist die einzige Rede, die Paulus vor Christen hält (während des „Apostelkonzils" hält Paulus nach Kap. 15 keine Rede!). Hier wird aus lukanischer Perspektive der Abschluss der Missionstätigkeit des Paulus markiert; wenn Paulus dabei vor Irrlehrern warnt (V. 29f.), so wendet sich Lukas damit an die Christen seiner eigenen Zeit.

e) Die Verteidigungsreden des gefangenen Paulus sollen zeigen, dass christlicher Glaube und römischer Staat einander nicht bedrohen, sondern miteinander existieren können.

6) Die Summarien (2,42-47; 4,32-35; 5,12-16) stehen paradigmatisch für das Bild der christlichen Gemeinde, wie es der Verfasser entwirft. Die Jerusalemer Gemeinde steht damit prototypisch für die Gestalt von Gemeinde in der Zeit des Verfassers und darüber hinaus. Dabei kann die Darstellung des Verkaufs von Besitz zur Unterstützung der Bedürftigen durchaus Anhalt an tatsächlichen Verhältnissen in der Frühzeit der Jerusalemer Gemeinde haben. In der Apostelgeschichte wird das Bild dieser Gemeinde jedoch generalisiert und zum Modell christlicher Gemeinde überhaupt.

7) Über den historischen Wert der Apostelgeschichte lässt sich kein pauschales Urteil fällen. Einerseits ist das Buch keine durchgängig zuverlässige Quelle für die Geschichte der frühen Kirche. Auch eine zusammenhängende Darstellung der Geschichte der Jerusalemer Urgemeinde liegt nicht vor und war vermutlich auch nicht beabsichtigt. Andererseits lassen sich bestimmte historische Entwicklungen und einzelne Ereignisse durchaus rekonstruieren, so etwa die Entstehung des hellenistischen Judenchristentums in Jerusalem und dessen Vertreibung mit den für die Heidenmission sich ergebenden Konsequenzen (Samaria und vor allem Antiochia). Vieles über die Geschichte der Anfänge des Christentums, einschließlich der Mission des Paulus, wissen wir nur aus der Apostelgeschichte. Sie ist also einerseits eine historische Quelle, die andererseits, wie andere antike Quellen auch, kritisch zu analysieren und deren eigene Aussageabsicht zu beachten ist.

Dass Jerusalem als Mutterort der Kirche besondere Bedeutung besaß, ist historisch zweifellos zutreffend (vgl. auch Gal 1 sowie die paulinische Kollekte). Lukas hat das Bild allerdings dahingehend ausgebaut, dass die Jerusalemer Gemeinde als bleibendes Zentrum und als Ausgangspunkt aller kirchlichen Aktivitäten erscheint, was historisch nicht zutrifft. Die tatsächlichen Verhältnisse scheinen auch in der Apostelgeschichte zumindest durch (vgl. etwa 11,19–26; 13,1–3: die „Weltmission" unter Heiden nahm ihren Ausgang offensichtlich in Antiochia, nicht in Jerusalem).

Die Stationen der paulinischen Mission scheinen zumindest mit Blick auf die „zweite Missionsreise" historisch im Wesentlichen zuverlässig wiedergegeben zu sein, wie die Übereinstimmungen mit den Angaben in den Paulusbriefen zeigen; die besondere Rolle von Ephesus für Paulus (Apg 19) wird insbesondere durch die Korintherbriefe bestätigt. Das Bild von Paulus als dem Heidenmissionar, der mit seiner Verkündigung zunächst im Umfeld der Synagoge beginnt, könnte durchaus historisch richtig sein; überhaupt scheint Lukas daran gelegen gewesen zu sein, eine gewisse *Vorstellung* vom Wirken des Paulus zu vermitteln, auch wenn das Schema der „Missionsreisen" historisch unzutreffend ist und umgekehrt von Briefen, die Paulus an seine Gemeinden richtet, nicht gesprochen wird.

Zwar lässt sich die Geschichte des Urchristentums in den Jahrzehnten bis zum Tode des Paulus aus der Apostelgeschichte nicht umfassend historisch zuverlässig rekonstruieren. Die Apostelgeschichte ist aber über weite Strecken unsere einzige Quelle, so dass über ihre Zuverlässigkeit an jeder Stelle neu entschieden werden muss.

6 Zeit und Ort der Abfassung

Der zeitliche Abstand zwischen der Abfassung des Lukasevangeliums und der Apostelgeschichte braucht nicht allzu groß gewesen zu sein; nichts spricht dafür, die Apostelgeschichte nach 100 verfasst sein zu lassen. Als Abfassungsort kommt entweder Rom oder eine Stadt im ägäischen Raum infrage (vgl. oben § 31.5).

⌀ Arbeitsvorschläge

1. Welche theologische Vorstellung zeigt der „Ratschlag des Gamaliel" in Apg 5,33–39?
2. Welche inhaltlich-theologischen Schwerpunkte setzt die Rede des Stephanus in Apg 7,1–53? Welche Rolle spielt der Jerusalemer Tempel darin (bes. V. 44–53)?
3. Die Bekehrung des Paulus wird drei Mal erzählt – wo, bei welcher Gelegenheit? Wie unterscheiden sich die Berichte? Wie wirkt es, dass dies dreifach erzählt wird?
4. Die Rede des Paulus in Milet (Apg 20,18–35) ist deutlich als Abschiedsrede gestaltet; der lukanische Paulus wendet sich an die nachpaulinische Kirche, in der es erstmals Häresie geben wird. Welches Amtsverständnis wird in der Rede sichtbar? Welches Paulusbild vermittelt die Rede? Lektüreempfehlung zur Vertiefung: SCHRÖTER sowie MARGUERAT, Apostelgeschichte, 694–712.

5. Die Apostelgeschichte erzählt nicht vom Tod des Paulus, d. h. seiner – so ist zu vermuten – Hinrichtung in Rom, sondern bricht vorher ab. Wie wirkt das auf die Leserinnen und Leser? Welche Absichten könnten dahinter liegen?
6. Welches Paulusbild zeigt sich in der Apostelgeschichte insgesamt? Warum wird Paulus nicht als „Apostel" bezeichnet (außer, neben Barnabas, in 14,4.14)?
7. Wie wird die gesetzesfreie Heidenmission in der Apostelgeschichte begründet? Wie verhält sich das zur Argumentation bei Paulus?
8. Die Apostelgeschichte ist für uns die wichtigste Geschichtsquelle für das entstehende Christentum. Machen Sie sich ein „Who's who" für Stephanus, Philippus, Jakobus den Herrenbruder und Barnabas.

V. Das johanneische Schrifttum (Evangelium und Briefe)

Literatur: JÜRGEN BECKER, Johanneisches Christentum. Seine Geschichte und Theologie im Überblick, Tübingen 2004 ◆ RUDOLF BULTMANN, Theologie des Neuen Testaments (UTB 630), Tübingen ⁹1984, 354–445 ◆ JÖRG FREY, Die johanneische Eschatologie, 3 Bde. (WUNT 96/110/117), Tübingen 1997–2000 ◆ JÖRG FREY, Die Herrlichkeit des Gekreuzigten. Studien zu den Johanneischen Schriften I, hg. von Juliane Schlegel (WUNT 307), Tübingen 2013 ◆ MARTIN HENGEL, Die johanneische Frage (WUNT 67), Tübingen 1993 ◆ JUDITH M. LIEU/MARTINUS C. DE BOER (Hg.), The Oxford Handbook of Johannine Studies, Oxford/New York 2018 ◆ MICHAEL THEOBALD, Studien zum Corpus Iohanneum (WUNT 267), Tübingen 2010.

§ 33 Das Johannesevangelium

Literatur: RUDOLF BULTMANN, Johannesevangelium, RGG³ 3 (1959), 840–850 ♦ R. ALAN CULPEPPER, Anatomy of the Fourth Gospel. A Study in Literary Design, Philadelphia ³1989 ♦ JÖRG FREY, Vom Ende zum Anfang. Studien zum Johannesevangelium. Kleine Schriften IV, hg. von Ruben A. Bühner (WUNT 492), Tübingen 2022 ♦ JÖRG FREY/UDO SCHNELLE (Hg.), Kontexte des Johannesevangeliums. Das vierte Evangelium in religions- und traditionsgeschichtlicher Perspektive (WUNT 175), Tübingen 2004 ♦ ANNI HENTSCHEL, Logos, WiBiLex, Oktober 2015, https://www.bibelwissenschaft.de/stichwort/51968/ ♦ CHRIS KEITH, *Pericope Adulterae* (John 7:53–8:11), in: Chris Keith u. a. (Hg.), The Reception of Jesus in the First Three Centuries, Bd. 1: From Paul to Josephus. Literary Receptions of Jesus in the First Three Centuries CE, London u. a. 2020, 197–208 ♦ ESTHER KOBEL, Evangelium nach Johannes, WiBiLex, Mai 2017, https://www.bibelwissenschaft.de/stichwort/47922/ ♦ JOACHIM KÜGLER, Das Johannesevangelium, in: Martin Ebner/Stefan Schreiber (Hg.), Einleitung in das Neue Testament, Stuttgart ³2019, 210–230 ♦ JUTTA LEONHARDT-BALZER, The Johannine Literature and Contemporary Jewish Literature, in: Lieu/de Boer (Hg.), Johannine Studies, 155–170. – **Kommentare:** CHARLES K. BARRETT, Das Evangelium nach Johannes (KEK Sonderbd.), Göttingen 1990 ♦ JÜRGEN BECKER, Das Evangelium nach Johannes, 2 Bde. (ÖTBK 3/1-2), Gütersloh ³1991 ♦ RUDOLF BULTMANN, Das Evangelium des Johannes (KEK 2), Göttingen ²¹1986 ♦ UDO SCHNELLE, Das Evangelium nach Johannes (ThHK 4), Leipzig ⁵2016 ♦ MICHAEL THEOBALD, Das Evangelium nach Johannes. Kapitel 1–12 (RNT), Regensburg 2009 ♦ HARTWIG THYEN, Das Johannesevangelium (HNT 6), Tübingen ²2015 ♦ JEAN ZUMSTEIN, Das Johannesevangelium (KEK 2), Göttingen 2016.

1 Gliederung und Inhalt

a) Übersicht

Das Johannesevangelium weist literarisch und auch in theologischer Hinsicht Übereinstimmungen mit den drei synoptischen Evangelien auf. Aber es bestehen auch erhebliche Differenzen, die schon den Aufbau betreffen.

Das Johannesevangelium beginnt in 1,1–18 mit dem Prolog. In 1,19–34.35–51 folgen zwei „Vorgeschichten", die vor allem von Johannes dem Täufer sprechen.

Von Kap. 2 an lässt sich das Buch in zwei große Abschnitte gliedern:

Kap. 2–12: Jesu öffentliches Wirken in Galiläa, in Samaria und (mehrfach) in Jerusalem
Kap. 13–20: Jesu Abschiedsreden im Kreis der Jünger (Kap. 13–17)
Passions- und Ostergeschichte (Kap. 18–20 und 21)

Der Abschluss des ersten Teils ist in 12,44–50 deutlich markiert, denn es werden Aussagen aus dem vorangegangenen Text in Erinnerung gerufen. Jesus sagt in 12,46: „Ich bin als Licht in die Welt gekommen, auf dass, wer an mich glaubt, nicht in der Finsternis bleibe", womit er 8,12 aufnimmt: „Ich bin das Licht der Welt. Wer mir nachfolgt, der wird nicht wandeln in der Finsternis, sondern wird das Licht des Lebens haben." In 12,47 sagt Jesus: „Und wer meine Worte hört und bewahrt sie nicht, den richte ich nicht; denn ich bin nicht gekommen, dass ich die Welt richte, sondern dass ich die Welt rette", was an 3,17 erinnert: „Denn Gott hat seinen Sohn nicht in die Welt gesandt, dass er die Welt richte, sondern dass die Welt durch ihn gerettet werde."

Ebenso ist der Anfang des zweiten Teils deutlich markiert (13,1): „Vor dem Passafest aber erkannte Jesus, dass seine Stunde gekommen war, dass er aus dieser Welt ginge zum Vater. Wie er die Seinen geliebt hatte, die in der Welt waren, so liebte er sie bis ans Ende."

b) Detaillierte Darstellung des Inhalts

Der Prolog (1,1–18) spricht vom präexistenten „Wort" bzw. „Logos" (λόγος) und dessen Fleischwerdung (V. 14). Er hebt sich damit deutlich vom übrigen Evangelium ab. Zugleich aber werden für die Jesusdarstellung des Johannesevangeliums grundlegende Merkmale und Begriffe eingeführt: Der Logos war bereits vor der Entstehung der Welt bei Gott, der Logos ist Schöpfungsmittler, durch ihn sind Leben und Licht in die Welt gekommen. Auch nach seiner Fleischwerdung behielt der Logos seine Herrlichkeit (δόξα), die „wir" deshalb sehen konnten (V. 14, hier meldet sich zum ersten Mal eine Wir-Gruppe zu Wort). Diese Begriffe, ebenso wie die Passagen über Johannes den Täufer (V. 6–8.15), weisen auf Aspekte voraus, die in der dann folgenden Darstellung wichtig werden. Der Prolog wird unmittelbar fortgesetzt durch das Zeugnis des Johannes über Jesus (1,19–34).

Durch diesen Anfang unterscheidet sich das Johannesevangelium einerseits grundlegend von den synoptischen Evangelien. Andererseits aber weist der Abschnitt über Johannes den Täufer und sein Zeugnis für Jesus (1,19–34) Analogien zu den synoptischen Parallelen auf, so etwa in der Deutung des Johannes mithilfe des Zitats aus Jes 40,3 (V. 23; vgl. Mk 1,3). Jesu Taufe wird nicht erwähnt, wohl aber berichtet Johannes, dass er den auf Jesus herabkommenden Geist gesehen hat, und bezeugt Jesus als den Sohn Gottes (V. 32–34; vgl. Mk 1,10f.). In 1,35–51 folgt, wie bei Markus und Matthäus (Mk 1,16–20/Mt 4,18–22; vgl. auch Lk 5,12–16), die Berufung der ersten Jünger, die allerdings anders erzählt wird als in den synoptischen Evangelien.

Der Anfang des Johannesevangeliums weist somit Elemente auf, die sich auch in den synoptischen Evangelien finden und die offenbar zum „Inventar" einer Darstellung des Beginns des Wirkens Jesu gehörten: das Zeugnis Johannes' des Täufers, die Verleihung des Geistes Gottes an Jesus, die Berufung der ersten Jünger. Im Johannesevangelium sind diese Ereignisse jedoch auf eigenständige Weise verarbeitet.

Die Erzählung vom öffentlichen Wirken Jesu beginnt mit der Wandlung von Wasser in Wein auf der *Hochzeit zu Kana* in Galiläa (2,1-11). Am Schluss wird diese Episode als „Anfang der Zeichen" deklariert, die Jesus tat, womit er seine „Herrlichkeit" offenbarte (V. 11). Es folgt das gegenüber den synoptischen Evangelien weit nach vorn gezogene Auftreten Jesu im Jerusalemer Tempel (die sogenannte „Tempelreinigung", 2,13-22). Da Jesus im Johannesevangelium nicht nur einmal, sondern mehrfach nach Jerusalem kommt, erfolgt diese Handlung nicht erst beim letzten Besuch im Zusammenhang des Passionsgeschehens. Darin liegt einerseits eine Parallelität zu den synoptischen Evangelien, denn diese Aktion im Tempel erfolgt hier wie dort bei Jesu erstem Auftreten in Jerusalem, andererseits liegt eine Differenz darin, dass sie nicht im Zusammenhang der Passionsereignisse geschieht, sondern bereits viel früher.

Das für das Markusevangelium (grundsätzlich auch für Matthäus und Lukas) gültige Schema „Jesus in Galiläa – Jesus in Jerusalem" findet sich im Johannesevangelium nicht. Der letzte Aufenthalt in Jerusalem ist deshalb, ungeachtet des erzählerisch hervorgehobenen „Einzugs" Jesu (12,12-16), weniger programmatisch.

Während des ersten Aufenthalts Jesu in Jerusalem, nach dem Auftritt im Tempel, kommt *Nikodemus* des Nachts zu ihm, um mit ihm über Wiedergeburt und Geist und Reich Gottes zu sprechen, wobei dieses Gespräch eigenartig unabgeschlossen bleibt (2,23-3,21).

Nach einer Notiz über Jesu Tauftätigkeit (!) in Judäa (3,22) folgt abermals ein Abschnitt über den Täufer, der für Jesus Zeugnis ablegt (3,23-36). In 4,1 wird nochmals von Jesu erfolgreicher Tauftätigkeit gesprochen („... dass Jesus mehr zu Jüngern machte und taufte als Johannes"), was allerdings in 4,2 korrigiert wird („obwohl Jesus nicht selber taufte, sondern seine Jünger"). Diese Korrektur lässt möglicherweise einen Bearbeitungsprozess des Johannesevangeliums erkennen, was für die Frage der Entstehung des ganzen Buches zu beachten ist (s. u. § 33.4). Anschließend geht Jesus von Judäa nach Galiläa, wobei er durch Samaria reisen „musste" (4,4). Am Jakobsbrunnen kommt es in der Mittagszeit zu einem *Gespräch mit einer Samaritanerin*. Jesus und die Frau reden über das Wasser des Lebens (4,10-15), über den Messias und die wahre Gottesverehrung (4,16-26). Abschließend wird betont, viele Samaritaner seien zum Glauben an Jesus gekommen (4,39.41f.).

Nach zwei Tagen zieht Jesus weiter nach Galiläa und kommt wieder nach Kana. Von dort aus heilt er den sterbenden *Sohn eines königlichen Beamten* in Kafarnaum, wobei besonders der Glaube des Vaters betont wird (4,46-53). Diese

„Fernheilung" wird als „das zweite Zeichen" Jesu hervorgehoben (4,54). Aber die Zählung der „Zeichen" wird danach nicht fortgesetzt.

In 5,1 geht Jesus wieder nach Jerusalem und *heilt am Teich Betesda* einen Kranken (5,2–9a). Dann wird mitgeteilt, dass dies am Sabbat geschah (5,9b), woraus sich ein Disput mit den als „die Juden" bezeichneten jüdischen Autoritäten über die Frage der Legitimität dieser Heilung entwickelt. Diese Episode weist Bezüge zur Heilung des Gelähmten in Mk 2,2–12 auf. Die Aufforderung Jesu „Steh auf, nimm dein Bett und wandle umher" (Joh 5,8) entspricht Mk 2,9, in beiden Episoden spielt zudem das Thema Sündenvergebung eine zentrale Rolle (Joh 5,14; vgl. Mk 2,5–10). Die Erzählung lässt sich deshalb als johanneische Verarbeitung von Themen verstehen, die in den synoptischen Evangelien mit Jesu Heilungen verknüpft sind. In 5,19–47 folgt eine lange Rede Jesu über das Gericht und darüber, dass Gott durch die Machttaten Jesu dessen Sohnschaft bezeugt.

In 5,1–9a.9b–18 wird ein Schema sichtbar, das sich später wiederholt: Einer machtvollen Tat Jesu („Zeichen") folgt eine Rede Jesu oder auch eine Debatte. Auf die Brotvermehrung (6,1–13) folgt der Wunsch des Volkes, Jesus zum König zu machen (6,14–15) und dann die lange Brotrede Jesu (6,22–59). Auf die Heilung des Blindgeborenen (9,1–7) folgt eine lange Auseinandersetzung Jesu mit „den Pharisäern" bzw. „den Juden" über das Recht der Heilung am Sabbat (9,8–41; vgl. Mk 3,1–6).

In 6,1–15 erzählt das Johannesevangelium von der Speisung der Fünftausend am jenseitigen Ufer des „Sees von Tiberias" (Johannes bevorzugt diese „offizielle" Bezeichnung für den See Genezareth), dann in 6,16–21 von Jesu Seewandel; diese Abfolge begegnet auch in den synoptischen Evangelien. In 6,22–59 folgt eine lange Rede über das „Brot vom Himmel", die Jesus in der Synagoge von Kafarnaum hält (V. 59). In 6,60 wird die Reaktion einiger Jünger geschildert, wobei sich in Jesu Antwort ein Konflikt abzeichnet (6,61–65). Daraufhin ziehen sich viele zurück (6,66), und nun fragt Jesus „die Zwölf", ob auch sie weggehen wollen (die Bezeichnung „die Zwölf" findet sich nur in 6,66–71 und 20,24, obwohl sonst von der Einsetzung des Zwölferkreises durch Jesus nicht berichtet wird). Petrus antwortet mit dem Bekenntnis zu Jesus „Du bist der Heilige Gottes" (6,68f., eine Variation des synoptischen Petrusbekenntnisses „Du bist der Christus", Mk 8,29). In 6,70f. wird Judas als der künftige Verräter identifiziert.

In 7,1 zieht Jesus durch Galiläa und meidet Judäa. Nach anfänglichem Zögern geht er aber zum Laubhüttenfest wieder nach Jerusalem (7,2–14).

Die Abfolge der in 4,46–7,10 erzählten Ereignisse bereitet Schwierigkeiten hinsichtlich der vorausgesetzten geographischen Vorstellungen: In 4,46–54 hält sich Jesus in Galiläa auf, in 5,1 geht er nach Jerusalem (5,2–47), aber in 6,1–15 ist er übergangslos am Ufer des Sees von Tiberias. Nach einer Überfahrt über den See (6,16–21) ist er in Kafarnaum. In 7,1–9 ist er noch in Galiläa, ab 7,10 dann aber wieder in Jerusalem. In 5,1 und 7,2 ist vom „Fest der Juden" die Rede. Angesichts dessen wird häufig angenommen, Kap. 5 und Kap. 6 seien irrtümlich vertauscht worden und also umzustellen, um einen glatteren Handlungsablauf zu gewinnen. Jesus wäre demzufolge zuerst in Galiläa am See gewesen und dann in Jerusalem am Teich Betesda. Aber die Annahme einer Vertauschung der ursprünglichen Abfolge der erzählten Episoden ist unwahrscheinlich.

Von 7,14 an wird Jesu Auftreten und Reden bei dem Fest in Jerusalem geschildert, mit unterschiedlichen Reaktionen im Volk (7,25–36.40–52). Die Szene „Jesus und die Ehebrecherin" (7,53–8,11) ist textgeschichtlich ein späterer Einschub (s. u. § 33.4). In 8,12–29 folgt eine Rede Jesu im Tempel (V. 12: „Ich bin das Licht der Welt"). Erneut gibt es unterschiedliche Reaktionen der Hörer: Die einen glauben an ihn (8,30), andere wollen ihn töten, wie Jesus sagt (8,37.59a). Dann verlässt Jesus den Tempel (8,59b).

In 9,1–7 folgt die Heilung eines Blindgeborenen. Da das am Sabbat geschieht (9,14), kommt es zu einem scharfen Konflikt mit „den Pharisäern" bzw. „den Juden"; in der ganzen Erzählung in 9,1–41 spielt das Thema „Sünde" bzw. „sündigen" eine zentrale Rolle (V. 2.16.24f.31.34.41). Unmittelbar danach hält Jesus in 10,1–18 die „Hirtenrede" (V. 11: „Ich bin der gute Hirte"), wieder verbunden mit unterschiedlichen Reaktionen der Hörer (10,19–21) und einem im Tempel geführten Gespräch über die Frage, ob Jesus der Christus sei (10,22–30), mit der Aussage Jesu (V. 30): „Ich und der Vater sind eins". Nach weiteren Konflikten verlässt Jesus Jerusalem (10,31–39) und hält sich „jenseits des Jordan" auf (10,40–42).

In 11,1–44 folgt die letzte (siebte) Erzählung über eine wunderbare Tat Jesu, nämlich über Krankheit, Tod und Auferweckung des Lazarus.

In V. 23 sagt Jesus zu Marta: „Dein Bruder wird auferstehen", und darauf folgt ein kurzer Dialog (V. 24–27). Marta sagt: „Ich weiß, dass er auferstehen wird bei der Auferstehung am Jüngsten Tage", worauf Jesus antwortet: *„Ich bin die Auferstehung und das Leben. Wer an mich glaubt, der wird leben, ob er gleich stirbt; und wer da lebt und glaubt an mich, der wird nimmermehr sterben."* Auf die Frage „Glaubst du das?" folgt das Bekenntnis der Marta: „Ja, Herr, ich glaube, dass du der Christus bist, der Sohn Gottes, der in die Welt kommt."

Die Lazarus-Erzählung ist in den Aufriss des Johannesevangeliums so eingeordnet, dass sie als Höhepunkt des öffentlichen Wirkens Jesu zu lesen ist. Im Anschluss an die von Jesus vollbrachte Auferweckung kommt es wieder zu gegensätzlichen Reaktionen: Viele, die gesehen hatten, was Jesus tat, glaubten an ihn, einige informierten die Pharisäer darüber (11,45f.). Das Synhedrium aber fasst den Todesbeschluss (11,47–53), dessen Ausführung allerdings zunächst nicht erfolgt (11,54–57).

In 11,49.50 erklärt der Hohepriester Kajaphas: „Es ist besser für euch, dass ein Mensch stirbt für das Volk, als dass das ganze Volk zugrunde geht." Der Erzähler fügt als Kommentar hinzu (11,51f.): „Das sagte er aber nicht von sich aus, sondern weil er in diesem Jahr Hoherpriester war, weissagte er. Denn Jesus sollte sterben für das Volk und nicht für das Volk allein."

In 12,1–8 folgt die Salbung in Betanien (vgl. Mk 14,3–9), wieder verbunden mit dem Hinweis auf gegensätzliche Reaktionen auf Jesu Tat an Lazarus (12,9–11). In 12,12–19 wird der „messianische Einzug" Jesu in Jerusalem geschildert, ähnlich wie in den synoptischen Evangelien. Dann richten „einige Griechen" an Philippus die Bitte, Jesus zu „sehen", woraufhin Philippus sich an Andreas wendet (12,20–22), aber Jesus reagiert mit dem Hinweis auf die Nähe seines Todes und verbirgt sich (12,23–36). Erneut wird von unterschiedlichen Reaktionen auf Jesus berichtet (12,37–43). In 12,44–50 folgt Jesu letzte öffentliche Rede, in der er von seiner „Einheit mit dem Vater" spricht.

Der *zweite Teil* des Johannesevangeliums beginnt in 13,1–20. Am Vortag des Passafests, „als Jesus wusste, dass seine Stunde gekommen war", hält er mit seinen Jüngern ein Mahl. Dabei vollzieht er die Fußwaschung, die zweifach gedeutet wird: als Vorbild des Dienstes an anderen und als Anteilhabe an Jesus. Dagegen finden sich keine den synoptischen Evangelien vergleichbaren „Einsetzungsworte", mit denen das Mahl gedeutet würde. Jesus kündigt mehrfach seine bevorstehende Auslieferung an (V. 10b.11.18) und identifiziert schließlich Judas Iskariot als denjenigen, der ihn ausliefern wird (13,21–30). Nachdem dieser sich entfernt hat, spricht Jesus von seiner „jetzt geschehenen Verherrlichung" und vom Liebesgebot, das er den Seinen hinterlässt (13,31–35). Er kündigt auch die bevorstehende Verleugnung des Petrus an (13,36–38).

Die Mahlszene geht in 14,1–16,33 in die *Abschiedsreden* über, die auch einige dialogische Elemente enthalten: Auf Jesu Ankündigung seines Weggangs folgt der Dialog mit Thomas (14,5–7, vgl. V. 6: „Ich bin der Weg...") und dann der Dialog mit Philippus (14,8–12, vgl. V. 9b: „Wer mich gesehen hat, der hat den Vater gesehen"). In 14,12–26 spricht Jesus vom Gebet und wiederholt das Liebesgebot. Dabei kündigt er das Kommen des Parakleten (παράκλητος, wörtlich „Beistand, Fürsprecher") an, der mit dem Heiligen Geist identifiziert wird (V. 16.26; s. u. § 33.8). In V. 22–24 gibt es abermals einen Dialog, diesmal mit „Judas, nicht der Iskariot" (ähnlich in 16,17–24 und 16,29–33). In 14,27–31a folgt die Ansage des Friedens, und dann sagt Jesus: „Steht auf und lasst uns von hier weggehen" (14,31b).

Vom Weggehen wird im Anschluss allerdings zunächst nicht gesprochen, es folgen vielmehr weitere Reden Jesu: „Ich bin der Weinstock" (15,1–8); das Liebesgebot (15,9–17); der Hass der Welt (15,18–25); das Kommen des Parakleten (15,26–16,15); Jesu Weggang und das Wiedersehen (16,16–22); das Gebet im Namen Jesu (16,23–33). In 17,1–26 spricht Jesus schließlich ein langes Gebet zum Vater, den er bittet, „die Seinen" in der Welt zu bewahren. In 18,1 („Als Jesus das gesagt hatte, ging er mit seinen Jüngern hinaus über den Bach Kidron...") wird der in 14,31 unterbrochene Handlungsfaden wieder aufgenommen. So scheint 18,1 direkt an 14,31b anzuschließen, so dass die dazwischenstehenden Reden Jesu eine nachträgliche vertiefende Erweiterung der ersten Abschiedsrede darstellen könnten.

Die *Passionsgeschichte* (18,1.2–19,42) entspricht in den Grundzügen der synoptischen Überlieferung (Mk 14,1–15,47 parr.). An einigen Stellen sind aber Besonderheiten zu erkennen: Jesus wird nach seiner Verhaftung dem Hohenpriester Hannas vorgeführt (18,13f.19–24), von einem Gerichtsverhör vor dem Synhedrium ist nicht die Rede, Kajaphas wird lediglich erwähnt (18,24b.26a). Die nach der Überstellung in das Prätorium breit ausgeführte Begegnung Jesu mit Pilatus (18,28–19,16a) erscheint eher als ein Gespräch, nicht als Verhör. Pilatus ist von Jesu Unschuld überzeugt (vgl. Mt 27,24–26), er kann sich aber gegen die Forderung „Kreuzige!" nicht durchsetzen (vgl. 19,12.15). Auf dem Weg nach Golgota trägt Jesus sein Kreuz selbst (19,17), in dem Bericht über die Kreuzigung (19,18–42) ist die Anwesenheit des Lieblingsjüngers und der Mutter Jesu (V. 25–27) ohne Parallele. Jesu letztes Wort „Es ist vollbracht" (τετέλεσται, 19,30) bringt zum Ausdruck, dass er den von Gott erhaltenen Auftrag bis zum Ende ausgeführt hat. Nach Jesu Tod, als einer der Soldaten eine Lanze in seine Seite stößt, „kam sogleich Blut und Wasser heraus", was die Wirklichkeit des Todes betont und wohl nicht symbolisch auf Abendmahl und Taufe zu beziehen ist, wie mitunter angenommen. Die Beisetzung von Jesu Leichnam durch Josef von Arimathäa und Nikodemus (V. 38–42) wird ähnlich geschildert wie in den synoptischen Evangelien, es gibt aber keinen Hinweis auf Frauen als Zeuginnen.

Die „Osterszenen" beginnen mit der Entdeckung des leeren Grabes durch Maria Magdalena (20,1–2) und dem „Wettlauf" des Petrus und des Lieblingsjüngers zum Grab (20,3–10). Die Entdeckung des leeren Grabes führt allerdings zu keiner besonderen Einsicht; der Hinweis, dass einer der Jünger „sah und glaubte", wird mit der Bemerkung kommentiert: „denn sie verstanden die Schrift noch nicht, dass er von den Toten auferstehen musste" (V. 8f.). Die beiden gehen zu den anderen Jüngern zurück (V. 10) – ganz anders als dann Maria Magdalena, die dem Auferstandenen begegnet und den Jüngern mitteilt: „Ich habe den Herrn gesehen" (20,11–18, vgl. 1Kor 9,1). Erst in 20,19–29 folgen Erscheinungen vor den Jüngern, zuerst ohne Thomas (V. 19–23, mit der Geistverleihung), dann in dessen Anwesenheit (V. 24–29), wobei der Auferstandene seinen Jüngern die Hände und seine Seite zeigt (V. 20 und V. 27), er bleibt also als der Gekreuzigte erkennbar. Die Begegnung mit Thomas schließt mit der Seligpreisung derer, die „nicht sehen und doch glauben".

Am Ende steht ein *Epilog* (20,30f.), der auf weitere „Zeichen" verweist, die nicht in dem vorliegenden Buch „geschrieben" sind, und nennt dann den Zweck des Buches: „Dies ist geschrieben, damit ihr glaubt, dass Jesus der Christus ist, der Sohn Gottes, und damit ihr als Glaubende das Leben habt in seinem Namen."

Übergangslos folgt in 21,1–23 eine weitere Erscheinung, jetzt am See von Tiberias. In V. 1–14 wird der Fischzug des Petrus geschildert (vgl. Lk 5,1–11), in V. 15–19 spricht Jesus von der Zukunft des Petrus („Weide meine Schafe", V. 17) und von dessen Tod. In V. 20–23 folgen Worte über das „Bleiben" des Lieblingsjüngers, mit

Kritik an Petrus (V. 22: „Wenn ich will, dass er bleibt, bis ich komme – was geht es dich an?").

In 21,24.25 steht ein zweiter Epilog: Zunächst wird ein Jünger als Augenzeuge erwähnt, „der das geschrieben hat", und dem „wir" (!) bescheinigen, dass sein Zeugnis wahr ist (V. 24). In V. 25a folgt der an 20,30 erinnernde Hinweis, Jesus habe noch viel mehr getan, aber „wenn das im Einzelnen aufgeschrieben würde, dann, so meine ich (!), würde die Welt die geschriebenen Bücher nicht fassen" (V. 25b).

2 Das Verhältnis zu den synoptischen Evangelien

1) Das Johannesevangelium weist im Ganzen, aber auch in vielen Einzelheiten *Übereinstimmungen mit den synoptischen Evangelien* auf.

a) Ebenso wie das Markusevangelium enthält das Johannesevangelium keine Geburtsgeschichten (anders Mt 1f. und Lk 1f.), sondern es beginnt – nach dem Prolog – mit *Johannes dem Täufer*, der „Stimme eines Rufenden in der Wüste" (Jes 40,3, zitiert in Joh 1,23; vgl. Mk 1,3). Auch Johannes überliefert das Wort des Täufers über die (Wasser-)Taufe und über seine Niedrigkeit (1,26f., vgl. Mk 1,7f.). Von Jesu Taufe wird nicht gesprochen, wohl aber von der Geistverleihung (1,32; vgl. Mk 1,10f.). Die Berufung der ersten Jünger (1,35–51) weist gewisse Ähnlichkeiten mit Mk 1,16–20 (Mt 4,18–22) auf, hat aber auch sehr eigenständige Züge. Die auf das Weinwunder in Kana (2,1–11) folgende Aktion im Tempel (2,14–22) erinnert an Mk 11,15–17. Im Johannesevangelium steht sie nicht im Kontext der Passionsereignisse, geschieht aber, ebenso wie in den synoptischen Evangelien, während Jesu erstem Aufenthalt in Jerusalem. Wie in Mk 11,27f. wird Jesus nach seiner Vollmacht zu solchem Tun gefragt (2,18), aber anders als in Mk 11,29–33 antwortet er in 2,19 mit dem Wort vom Abreißen und Wiedererrichten des Tempels (in Mk 14,58 sind es hingegen *falsche* Zeugen, die behaupten, Jesus habe dies gesagt; gemäß Joh 2,21 sprach er aber vom „Tempel seines Leibes"). Wenn Johannes die Markuspassion gekannt hat (s. u. § 33.3), läge hier eine deutliche Korrektur vor.

Die Erzählung vom Weinwunder in Kana (2,1–11) ist ohne synoptische Parallele. Die Heilung des Sohnes des königlichen Beamten (4,46b–54) hat dagegen etliche Gemeinsamkeiten mit der in Lk 7,1–10/Mt 8,5–13 begegnenden Erzählung vom Hauptmann von Kafarnaum, die wörtlichen Übereinstimmungen sind allerdings gering. Gewisse Parallelen, aber auch deutliche Differenzen gibt es zwischen den Heilungserzählungen in Joh 5,1–9 und in Mk 2,1–12. Auffallend ist die Nähe zwischen den miteinander verbundenen Erzählungen von der Speisung der Fünftausend und vom Seewandel Jesu in Joh 6,1–15.16–21 einerseits und in Mk 6,32–44.45–52 parr. andererseits. Das Petrusbekenntnis in Joh 6,67–71 hat eine ähnliche Funktion wie das in Mk 8,27–29. Die Salbungserzählung in Joh 12,1–8 und Jesu Einzug in Jerusalem in 12,12–19 entsprechen den synoptischen

Parallelen (das Zitat von Sach 9,9 in V. 15 begegnet auch in Mt 21,5). Jesu Wort „Jetzt ist meine Seele erregt. Und was soll ich sagen? Vater, rette mich aus dieser Stunde? Aber darum bin ich in diese Stunde gekommen?" (Joh 12,27) erinnert an die Gethsemane-Szene in Mk 14,35f., die Aussage ist aber der dort beschriebenen Verzweiflung Jesu geradezu entgegengesetzt. Die Fußwaschung (13,1-20) erinnert nach Stellung und Sinn an die synoptische Abendmahlsszene; jeweils vollzieht Jesus im Rahmen eines Mahls eine symbolische Handlung (V. 8.10), die wiederholt werden soll (V. 15). Zu den Abschiedsreden in Joh 14-17 gibt es keine direkte Entsprechung; auch Lk 22,14-38 schildert keine Abschiedsrede, sondern eine Mahlszene in der Art eines Symposiums (ähnlich wie Lk 14,1-24).

Die Passionserzählung in Joh 18,1-19,42 entspricht weithin den synoptischen Parallelen. Aber Jesus ist durchgehend als der dargestellt, der das Geschehen beherrscht (vgl. 18,6; 18,29-38). Er trägt sein Kreuz selbst (19,17), die dreisprachige Aufschrift über dem Kreuz (19,19-22) erscheint geradezu als Proklamation. Beim Tod Jesu gibt es keine kosmischen Zeichen, es herrscht vielmehr Stille (vgl. dagegen Mk 15,33.38f.; die Parallelen differieren). Die Beisetzung des Leichnams Jesu (19,38-42) wird ähnlich geschildert wie in Mk 15,42-47. Die Grabes- und Erscheinungsgeschichten (Joh 20 und 21) unterscheiden sich hingegen stark von denen in den synoptischen Evangelien.

b) Die Zahl der gemeinsamen Worte Jesu (Logien) ist verhältnismäßig gering. Mit Blick auf das Markusevangelium sind folgende Parallelen zu erkennen: Hier wie dort wird vom Niederreißen des Tempels gesprochen (Joh 2,19/ Mk 14,58, allerdings in ganz anderer Funktion); Jesus spricht von der Nichtachtung des Propheten in seiner Vaterstadt (Joh 4,44/Mk 6,4 par.) und von der Gefährdung des Lebens in der Nachfolge (Joh 12,25f./Mk 8,34f. parr.). Auch zu Logien aus der Q-Überlieferung gibt es Parallelen: der Vater und der Sohn kennen einander (Joh 10,15/Lk 10,22 par. Mt 11,27); der Sklave ist nicht größer als der Herr (Joh 13,16/Lk 6,40 par. Mt 10,24f.); das Wort von der Gebetserhörung (Joh 15,7b; 16,24b/Lk 11,9 par. Mt 7,7). Auffällig ist die Nähe des Wortes über die Aufnahme des Gesandten (Joh 13,20, vgl. Mt 10,40) und des Wortes vom Binden und Lösen (Joh 20,23, vgl. Mt 18,18; 16,19).

Auffallend und schwer zu erklären ist es, dass sowohl im Johannesevangelium als auch im Sondergut des Lukasevangeliums die Schwestern Maria und Marta begegnen (Joh 11; 12,1-8; vgl. Lk 10,38-42), und dass, wenn auch auf sehr unterschiedliche Weise, vom Tod einer Person namens Lazarus erzählt wird (Joh 11; vgl. Lk 16,19-31).

2) Die *Differenzen* zwischen dem Johannesevangelium und den synoptischen Evangelien sind erheblich:

a) Im Johannesevangelium geht Jesus nicht nur einmal nach Jerusalem, sondern viermal, jedes Mal anlässlich eines Festes (2,13; 5,1; 7,10; 12,12).

b) Jesus spricht im Johannesevangelium nicht in der Weise in Gleichnissen und Parabeln wie in den synoptischen Evangelien (das Wort παραβολή kommt nicht vor, allerdings verwendet Johannes dreimal den verwandten Begriff παροιμία, 10,6; 16,25.29; s. o. § 9.3c). Eine gewisse Entsprechung liegt in den Bildreden vom Hirten und den Schafen (10,1–18) und vom Weinstock und den Reben (15,1–8) vor.

c) Im Johannesevangelium gibt es keine knapp erzählten Konfliktszenen, die den episodischen Streitgesprächen in den synoptischen Evangelien entsprechen würden.

d) Die Rede vom Reich Gottes (ἡ βασιλεία τοῦ θεοῦ) spielt im Johannesevangelium praktisch keine Rolle, der Begriff begegnet lediglich in 3,3.5. Gegenüber Pilatus sagt Jesus ausdrücklich, dass *seine* βασιλεία nicht von dieser Welt ist (18,36).

e) Ebenso wie in den synoptischen Evangelien werden im Johannesevangelium machtvolle Taten Jesu erzählt (Heilungen, Speisung, Seewandel, Auferweckung eines Toten). Diese werden bei Johannes bisweilen als „Zeichen" (σημεῖα) charakterisiert (2,11; 4,54; vgl. 20,30) und stehen mit Jesu Reden und insbesondere den Ich-bin-Worten in engem Zusammenhang. Mehrfach folgt nach einer Tat Jesu eine ausführliche Debatte (5,1–18; 9,1–41). Das Johannesevangelium enthält keine Exorzismen, also Austreibungen von Dämonen und unreinen Geistern.

f) Jesu Kreuzigung wird im Johannesevangelium anders datiert als bei Markus, dem Matthäus und Lukas folgen: Die neutestamentlichen Evangelien stimmen darin überein, dass Jesus an einem Freitag, d. h. am Vortag des mit dem Sonnenuntergang beginnenden Sabbats, hingerichtet wurde. Gemäß der Markuspassion stirbt Jesus am zweiten Tag des Passafestes (nach jüdischem Kalender ist das der 16. Nisan). Dementsprechend wird das Abendmahl als Passamahl dargestellt (Mk 14,12). Nach der johanneischen Passionserzählung stirbt Jesus zwar ebenfalls an einem Freitag, aber dies ist der „Rüsttag" vor dem Passa, d. h. der 14. Nisan (19,31). Die Entdeckung des leeren Grabes geschieht aber hier wie dort am Morgen nach dem Sabbat, am ersten Tag der neuen Woche (Joh 20,1; Mk 16,1 parr.). Das bedeutet, dass sich die chronologischen Angaben nicht auf dasselbe Jahr beziehen können, was für die Frage der Datierung des Todesjahres Jesu zu berücksichtigen ist (s. u. § 56.4).

3) Offensichtlich sind im Johannesevangelium also Traditionen enthalten, die sich auch in den synoptischen Evangelien finden. Umstritten ist aber, ob Johannes eines oder womöglich mehrere der synoptischen Evangelien gekannt oder sogar unmittelbar benutzt hat.

Im antiken Christentum war die Auffassung vorherrschend, Johannes habe eine die anderen Evangelien geistig vertiefende Jesusdarstellung verfasst. In der historisch-kritischen Forschung wurde dann einerseits die Annahme einer völligen Unabhängigkeit vertreten, andererseits aber auch die Annahme einer direkten literarischen Beziehung zu den synoptischen Evangelien. Im erstgenannten Fall wäre die Nähe des Johannesevangeliums zu den synoptischen Evangelien zu erklären. In letztgenanntem Fall wäre auf die Frage zu antworten, warum Johannes einen anderen Aufbau für seine Jesusdarstellung gewählt und zahlreiche der in den synoptischen Evangelien begegnenden Überlieferungen ausgelassen hat, und warum er sich zudem anderer literarischer Formen bedient hat. An einigen Stellen entsteht der Eindruck, dass Aussagen in den synoptischen Evangelien korrigiert werden sollen (vgl. Jesu Worte in Joh 12,27 mit dem Gebet in Gethsemane in Mk 14,33f.36.39). Möglich wäre die Annahme, dass Johannes den synoptischen Evangelien eine andere, „bessere" oder „korrektere" Erzählung gegenüberstellen wollte. Diese Annahme ist bisweilen mit der Papias-Notiz zum Markusevangelium verbunden worden, wonach der Petrusbegleiter Markus zwar die Worte und Taten Jesu genau aufgeschrieben habe, jedoch nicht in der richtigen Reihenfolge (HENGEL). Eine andere These lautet, das Johannesevangelium spiele „intertextuell" mit allen synoptischen Evangelien, und dabei setze es zudem „Leser voraus, die diese Evangelien ebenfalls kennen" (THYEN 4). Denkbar ist auch, dass das Johannesevangelium, das offensichtlich einen längeren Entstehungsprozess durchlaufen hat (s. u. §33.4), sukzessive synoptische Stoffe aufnahm und in die eigene Darstellung integrierte. Diese Möglichkeit kann sowohl den eigenen Charakter der johanneischen Jesuserzählung als auch die Gemeinsamkeiten mit den synoptischen Evangelien erklären.

Vermutlich wusste der Verfasser des Johannesevangeliums von der Existenz der synoptischen Evangelien als Jesuserzählungen. Eine literarische Beziehung, jedenfalls zum Markus- und zum Lukasevangelium, lässt sich zudem wahrscheinlich machen. Aber er sah sein Werk als eine umfassende und hinreichende Darstellung, für deren Verständnis es keiner „Vorkenntnisse" oder Ergänzungen durch andere Darstellungen bedurfte (vgl. 20,30f.; zu 21,24f. s. u. §33.4). Überdies ist das Verhältnis des Johannesevangeliums zu den synoptischen Evangelien ganz anders geartet als das Verhältnis der synoptischen Evangelien untereinander.

> **Lektüreempfehlung:** Einen vertieften Forschungsüberblick über das Verhältnis des Johannesevangeliums zu den synoptischen Evangelien mit Schwerpunkt auf der Diskussion Ende des 20. und im beginnenden 21. Jahrhundert geben Michael Labahn und Manfred Lang in FREY/SCHNELLE (Hg.), Kontexte des Johannesevangeliums, 443–515. Für eine kürzere Darstellung empfehlenswert ist FREY, Herrlichkeit des Gekreuzigten, 239–294.

3 Die Quellenfrage

1) In der *Passions- und Ostergeschichte* (18,1–20,10) zeigt sich eine deutliche literarische Nähe zu den synoptischen Evangelien (Mk 14,1–16,8 parr.). Möglich ist eine direkte Beziehung zur Markuspassion, aber auch die Kenntnis einer vormarkinischen Passionserzählung, die sich aus Gemeinsamkeiten zwischen beiden Passionsdarstellungen rekonstruieren ließe.

2) Bisweilen wurde angenommen, dass die sieben machtvollen Taten Jesu auf eine schriftliche Quelle zurückgehen (einflussreich vor allem BULTMANN, RGG³ 3, 842 u. ö.). Als ein Indiz dafür gilt, dass in 2,11 und in 4,54 das auch sonst mehrfach gebrauchte Wort „Zeichen" (σημεῖα) zur Bezeichnung für Jesu wunderbare Taten verwendet wird, verbunden mit einer Zählung der Zeichen. Aber die Annahme einer durchgehenden „Semeia-Quelle" wird nur noch selten vertreten (u. a. von Becker und Theobald). Die Zählung wird nach den ersten beiden „Zeichen" nicht fortgesetzt, und sie kann zudem durchaus vom Verfasser selbst stammen. Die Annahme, in 20,30f. liege der ursprüngliche Schluss der Semeia-Quelle vor, ist wenig wahrscheinlich. Das Wort „Zeichen" meint in 20,30f. und insgesamt im Johannesevangelium nicht allein Jesu wunderbare Taten, sondern sein Auftreten überhaupt.

Bei einigen der johanneischen Erzählungen von Machttaten Jesu lassen sich Beziehungen zu synoptischen Stoffen feststellen. Die in Joh 4,46b–53 erzählte Heilung des Sohnes des königlichen Beamten berührt sich eng mit Lk 7,1–10/ Mt 8,5–13 (Hauptmann von Kafarnaum); die miteinander verknüpften Erzählungen von der Speisung der Fünftausend und vom Seewandel Jesu in Joh 6,1–13.16–21 weisen enge Berührungen mit Mk 6,32–44.45–51 auf. In Joh 9,1–41 und 11,1–44 lassen sich die von Jesus vollzogene Heilung bzw. Totenerweckung und die daraus resultierenden Geschehnisse relativ leicht voneinander abheben. Das spricht für die Vermutung, dass zumindest einige dieser johanneischen Erzählungen auf vorausliegende Traditionen zurückgehen und im Johannesevangelium in eine Jesusdarstellung eigenen Profils integriert wurden. Dass der Evangelist sie ganz eigenständig und ohne Vorlagen verfasst hat, ist jedenfalls sehr unwahrscheinlich, auch wenn sich eine entsprechende einheitliche „Quelle" nicht rekonstruieren lässt.

4 Zur Entstehung des Johannesevangeliums

1) In der Forschung wird nicht selten die These vertreten, das Johannesevangelium sei in seiner vorliegenden Gestalt das Ergebnis einer längeren Entstehungsgeschichte. Dazu ist versucht worden, einzelne „Redaktionsschichten" und deren theologische Interessen genauer zu identifizieren. So wurde von Rudolf Bultmann die These entwickelt, der vorliegende Text und insbesondere seine Anordnung gehe auf einen späteren Redaktor zurück, der bestimmte Aspekte der vom Evangelisten geschriebenen ursprünglichen Fassung im „kirchlichen" Sinne korrigierte („kirchliche Redaktion"). Diese Erwägungen wurden teils weiterentwickelt, teils wurde ihnen heftig widersprochen.

2) Bevor verschiedene Entwürfe zur Entstehungsgeschichte des Johannesevangeliums vorgestellt werden, sollen zunächst vier Textabschnitte erörtert werden, die in besonderer Weise als Indizien für ein mehrstufiges Textwachstum gelten können:

a) *Hinweise über Jesu Tauftätigkeit*: Nach 3,22 waren Jesus und seine Jünger in Judäa und Jesus taufte dort, aber in 4,2 wird notiert, dass nicht Jesus selbst taufte, sondern seine Jünger. Hier liegt mit großer Wahrscheinlichkeit eine nachträgliche Korrektur einer als falsch angesehenen ursprünglichen Aussage vor.

b) Die *Abfolge der in Kap. 5–7 enthaltenen Erzählungen* scheint gestört zu sein: Gemäß 6,1 geht Jesus „an das andere Ufer des Meeres von Galiläa, von Tiberias", was gut an 4,54 anschließen würde (nach Jesu zweitem Zeichen, „als er aus Judäa nach Galiläa kam"). Da das in Kap. 5 erzählte Geschehen in Jerusalem spielt, würde durch eine Umstellung von Kap. 5 und 6 sowohl die vorausgesetzte Geographie klarer als auch die Chronologie, denn die Ankündigung des Passafestes in 6,4 würde dann in 5,1 erfüllt. Auch die Notiz über die Tötungsabsicht „der Juden" (7,1) wäre plausibler, wenn die Szene in 5,16–18 unmittelbar vorausgegangen wäre und nicht das ganz anders gestaltete Kap. 6. Sollte der Evangelist Kap. 5 und 6 ursprünglich in der entgegengesetzten Abfolge geplant haben, wäre die jetzige Textfolge durch eine zufällige Blattvertauschung im Redaktionsprozess zustande gekommen. Andererseits ist die überlieferte Abfolge von Kap. 5–7 plausibel, wenn man die topographischen Angaben vorwiegend als Textsignale versteht, die der Erzählung eine größere Dynamik verleihen, und es lässt sich in der vorliegenden Abfolge ein sich steigernder „Offenbarungsplot" feststellen (ZUMSTEIN 39).

c) Auch die *Abschiedsreden in Kap. 13–17* weisen gewisse Auffälligkeiten auf. Jesu Abschiedsrede umfasst zwei parallele Redegänge (Kap. 13–14 und 15–17). Am Ende des ersten Redegangs ist in 14,31 ein deutlicher Abschluss markiert („Steht auf! Lasst uns von hier weggehen"), an den 18,1 sehr gut anschließen würde. Stattdessen aber setzt Jesus in 15,1–17,26 übergangslos seine Reden fort. Zur Lösung dieses Problems schlug Bultmann eine Neuordnung des Textes vor (13,1–30; 17,1–26; 13,31–35; 15,1–16,33; 13,36–14,31, dann 18,1). Nach Jürgen Becker gehen Kap. 15–17 insgesamt auf die „kirchliche Redaktion" zurück, die nicht nur einzelne Verse oder kurze Stücke, sondern größere Partien formulierte und dabei bestimmte „Abschlüsse" erarbeitete (3,31–36; 10,1–18; 12,44–50 sowie Kap. 15–17; vor allem auch Kap. 21).

d) Nach dem *Epilog* in 20,30f., der auf den Abfassungszweck „dieses Buchs" eingeht, schließt Kap. 21 mit weiteren Erscheinungserzählungen an, gefolgt von einem zweiten Epilog (21,24f.). In der Forschung lässt sich ein weitgehender Konsens feststellen, dass es sich bei Kap. 21 um eine spätere Fortschreibung handelt. Die verschiedenen Forschungspositionen geben jedoch unterschiedliche Antworten auf die Frage, durch wen diese Fortschreibung erfolgt ist, aus welchem Anlass sie abgefasst wurde und inwiefern sie auch mit möglichen Überarbeitungen in Kap. 1–20 in Verbindung steht.

3) Aufgrund dieser und weiterer Beobachtungen sind in der Forschung folgende Modelle zur Entstehungsgeschichte des Johannesevangeliums entwickelt worden:

a) Gemäß der Hypothese einer „kirchlichen Redaktion" des Johannesevangeliums wurde ein literarisch abgeschlossenes Evangelium im Sinne der breiteren kirchlichen Lehrtradition überarbeitet, ohne dass der besondere Charakter des „ursprünglichen" Johannesevangeliums verlorenging. So seien die theologisch „anstößigen" Aussagen zum Beispiel zur „präsentischen Eschatologie" (5,24: „Amen, amen, ich sage euch: Wer mein Wort hört und dem glaubt, der mich gesandt hat, hat ewiges Leben und kommt nicht ins Gericht, sondern ist hinübergegangen aus dem Tod in das Leben") nicht gestrichen, sondern „rechtgläubig" gerahmt und damit kirchlich rezipierbar gemacht worden (5,28f.: „Die Stunde kommt, in der alle, die in den Gräbern sind, seine Stimme hören werden, und sie werden herauskommen – die das Gute getan haben, zur Auferstehung zum Leben, die aber das Böse verübt haben, zur Auferstehung zum Gericht"; vgl. 5,25). Demnach war die „kirchliche Redaktion" nicht eine „Zensur" des Johannesevangeliums aus einer Außenperspektive, sondern die johanneische Gemeinde glich ihr Evangelium der sonstigen kirchlichen Tradition an, bevor sie es nach außen weitergab. Ähnliches könnte in 6,39.40 vorliegen, wo Jesus von der „Auferweckung am Jüngsten Tag" spricht (vgl. V. 40b: „... dass jeder, der den Sohn sieht und an ihn glaubt, ewiges Leben habe; und ich werde ihn auferwecken am Jüngsten Tage").

b) Eine mehrfache Überarbeitung des Johannesevangeliums vermutet Walter Schmithals (Johannesevangelium und Johannesbriefe, Berlin 1992): Um 100 n. Chr. sei das „Grundevangelium" verfasst worden, das sich an die aus der Synagoge ausgeschlossenen Juden- und Heidenchristen gerichtet habe (ἀποσυνάγωγοι, vgl. 9,22; 12,42; 16,2). Um 140 n. Chr. sei es zur Abwehr des unter gnostischem Einfluss sich entwickelnden christologischen Doketismus vom „Evangelisten" mit deutlich antidoketischer Tendenz und im Rückblick auf eine Phase des Abfalls von der Gemeinde (6,60–62.64–71) überarbeitet worden. Spät im 2. Jahrhundert sei dieses Buch durch die „Lieblingsjünger-Redaktion" auf einen Augenzeugen zurückgeführt worden (21,24). Auf diese Weise sei ein „apostolischer" Text geschaffen worden, der vor allem die Beziehung des „Lieblingsjüngers" zu Petrus angemessen darstellen sollte. Dadurch sei der Zebedaide Johannes zum Autor und Augenzeugen (vgl. 19,35) sowie zum Garanten der Überlieferung geworden. Das so entstandene Johannesevangelium sei dann im Prozess der Kanonisierung von der Großkirche akzeptiert worden.

c) Martin Hengel sieht im Johannesevangelium das Produkt einer vom „Lieblingsjünger" Jesu geleiteten Schule. Dabei hätten die Schüler auf das allmählich wachsende Werk Einfluss genommen, was die mancherlei Unstimmigkeiten innerhalb des Textes erkläre. „Quellen" seien Markus und Lukas gewesen, mit denen die johanneische Schule aber kritisch umgegangen sei. Der Verfasser – nach Hengel ist es der im 2. und 3. Johannesbrief zu Wort kommende „Alte" – habe sein Werk nicht mehr abschließen können; vielmehr erarbeiteten die Schüler oder auch ein Redaktor die letzte Textfassung, worauf einige „Glossen" zurückzuführen seien (so 1,29; 4,2).

d) Im Anschluss an Andreas Dettwiler erklärt Jean Zumstein die Entstehung des Johannesevangeliums als Resultat eines „Relecture"-Prozesses. Nicht ein späterer „Redaktor" oder Bearbeiter habe den ursprünglichen Text des Buches korrigiert und dabei verändert, vielmehr habe der Verfasser selbst seinen eigenen Text überarbeitet, unter anderem in Auseinandersetzung mit dem Markusevangelium. Auch eine Korrektur der Anordnung von Kap. 5-7 sei nicht notwendig, denn sie würde der vermuteten zeitlichen und topographischen Kohärenz ein größeres Recht geben als dem von Johannes intendierten „Offenbarungsplot". Das „Relecture"-Modell lässt sich demnach als eine modifizierte und verfeinerte literarkritische Theorie verstehen, die deutlich zurückhaltender vorgeht als diejenigen Modelle, die gravierende literarische und theologische Veränderungen postulieren.

Typisch für das Johannesevangelium ist die literarische und theologische Originalität. Diese wird auch bei dem „Relecture"-Modell mit den sekundären Überarbeitungen in Verbindung gebracht. So sei 12,37-43 durch 12,44-50 ergänzt worden; die Fußwaschungsszene hat zwei Deutungen, zum einen in 13,6-11, zum andern in 13,12-20. Für Kap. 15-17 nehmen Dettwiler und Zumstein an, dass diese drei Kapitel im Zuge der „Relecture" zwischen 14,31 und 18,1 eingeschoben wurden. Johannes habe das Markusevangelium, vielleicht auch das Lukasevangelium gekannt, nicht jedoch das Matthäusevangelium.

e) Michael Theobald versteht das Johannesevangelium als dramatische Erzählung, in der Jesus, anders als im Markusevangelium, abwechselnd in Galiläa und in Judäa wirkt. Die Geschichte der Entstehung des Johannesevangeliums ist ein Schlüssel zum Verstehen. Es gab die „Zeichenquelle", zugleich ist der „Sitz im Leben" und die „Pragmatik" zu beachten, die unter anderem an den genannten Orten – Kana, Sychar, Peräa – und den besonderen Orten in Jerusalem deutlich wird. Das Ziel des Johannesevangeliums war der Aufbau einer eigenen kirchlichen Identität. Mit Bultmann nimmt Theobald eine sekundäre Redaktion an, aber er sieht auch Indizien für die „Relecture" (so sei in Joh 5-7 mit der Textfolge aus Kap. 6, Kap. 5 und anschließend 7,15-24 sowie 7,1-14.25ff. zu rechnen). Das Johannesevangelium wurde nur in der redaktionellen Form rezipiert, die das Buch dem Lieblingsjünger unterstellte.

f) Allen literarkritischen Ansätzen und „Schichten"-Hypothesen widerspricht Hartwig Thyen in seinem Kommentar. Das Johannesevangelium müsse vollständig, also einschließlich Kap. 21, als kohärenter, hoch poetischer Text gelesen werden, der von seinem Autor in der vorliegenden Form verfasst wurde und keinesfalls als Produkt eines Wachstumsprozesses anzusehen sei. Der Autor habe bei Abfassung seines Werkes keine „Quellen" verwendet. Grundlagen waren die Bibel (Altes Testament) und die drei synoptischen Evangelien, mit denen der Verfasser ein „intertextuelles Spiel" trieb, das die ursprünglichen Leser im Übrigen auch zu erkennen vermochten. Lediglich in 5,4 und in 7,53-8,11 lägen sekundäre Einschübe vor, entsprechend der handschriftlichen Überlieferung.

4) Unabhängig von der Frage, welches der dargestellten Modelle bevorzugt wird, muss die jetzt vorliegende Endgestalt des Textes erklärt werden. Insbesondere durch die sehr wahrscheinlich spätere Hinzufügung von Kap. 21 ist evident, dass das Johannesevangelium ältere und jüngere Bestandteile enthält. Wie der Entstehungsprozess genau zu erklären ist und inwieweit man das literarische und theologische Profil vermuteter früherer Überlieferungsstufen rekonstruieren kann, bleibt dabei strittig.

Bultmanns Vorgehen, das Johannesevangelium gegen die Textüberlieferung zu rekonstruieren und dann den so gewonnenen Text auszulegen, hat sich – ungeachtet der großen theologischen Bedeutung seines Kommentars – in der Forschung nicht durchgesetzt. Die von Bultmann angenommene „Unordnung" des Textes müsste bereits im Zuge der ersten Edition des Evangeliums entstanden sein, denn in der späteren Textüberlieferung dürfte es kaum zu so häufigen Blattvertauschungen gekommen sein, wie Bultmann sie annimmt.

Eine Notwendigkeit, den Text des Johannesevangeliums entgegen der handschriftlichen Überlieferung neu zu ordnen, besteht jedenfalls nicht. Aber literarische Spannungen sind wahrzunehmen und so gut wie möglich zu erklären.

In 3,22 wird notiert, wie schon erwähnt, dass Jesus taufte (ἐβάπτιζεν), und in 4,1.3 wird gesagt, als die Pharisäer hörten, „Jesus mache mehr Jünger und taufe mehr als Johannes", habe Jesus Judäa verlassen; in 4,2 aber heißt es ausdrücklich korrigierend: „Jesus taufte nicht selbst, sondern seine Jünger." Hier scheint die Annahme einer später angefügten „Glosse" naheliegend zu sein. In der Brotrede (Kap. 6) spricht Jesus vom „Brot vom Himmel", und er antwortet auf die Bitte „Gib uns allezeit dieses Brot" mit dem Wort „Ich bin das Brot des Lebens" (V. 34.35); das wiederholt er (V. 48) und ergänzt (V. 51): „Ich bin das lebendige Brot, vom Himmel herabgestiegen; wer von diesem Brot isst, wird in Ewigkeit leben." Dann aber (V. 51c) spricht er von dem Brot, das er *gibt* und das „mein Fleisch ist" (ἡ σάρξ μού ἐστιν) für das Leben der Welt; in V. 53 sagt Jesus sogar: „Wenn ihr nicht esst das Fleisch des Menschensohnes und sein Blut trinkt, habt ihr nicht Leben in euch", und dann zugespitzt (V. 54): „Wer mein Fleisch isst und trinkt mein Blut, hat ewiges Leben", hier mit dem Nachsatz: „und ich werde ihn auferwecken am jüngsten Tage" (vgl. V. 56). Hier könnte die Brotrede nachträglich mit einem „eucharistischen Schluss" versehen worden sein, der sie in den Horizont des christlichen Mahles rückt, das auch den Gemeinden, an die sich das Johannesevangelium richtet, gefeiert wurde.

Manche Spannungen, so in Kap. 14–17, lassen sich mit der Annahme erklären, dass dem Evangelisten nicht unbedingt an der Herstellung erzählerischer Plausibilität gelegen war, sondern dass sein Interesse an einer von ihm dargestellten Szene so lange währte, bis das als theologisch relevant Angesehene gesagt worden war. Das könnte auch für die Textfolge in Kap. 5–6 gelten. So ließe sich auch erklären, dass das in 3,1 eröffnete, eingehende Gespräch Jesu mit Nikodemus keinen „Schluss" hat und dass auf die Notiz in 14,31b nicht die Beschreibung eines „Weges" folgt, sondern weitere, theologisch höchst bedeutsame Aussagen (Kap. 15–17), bevor in 18,1 der Handlungsfaden wieder aufgenommen wird.

5) In einigen der ältesten Handschriften des Evangeliums fehlen 5,4 (ein Engel bewegt das Wasser des Teichs Betesda) und vor allem die Episode über „Jesus und die Ehebrecherin" (lat. *pericope adulterae*, 7,53–8,11). Die Forschungsdiskussion über diese Textabschnitte liegt daher auf einer anderen methodischen Ebene als beim übrigen Text des Johannesevangeliums, da zum Beispiel keine Handschrift erhalten ist, die belegt, dass das Evangelium je ohne Kap. 21 verbreitet wurde. In den letzten Jahren hat vor allem das Forschungsinteresse an der Episode in 7,53–8,11 erheblich zugenommen (s. den Überblick bei KEITH). Die handschriftliche Überlieferung macht es wahrscheinlich, dass die Passage ursprünglich nicht zum Text des Johannesevangeliums gehörte, sondern im 4. Jahrhundert zuerst im Westen des Römischen Reichs eingefügt wurde (einige Minuskelhandschriften überliefern 7,53–8,11 jedoch an verschiedenen Stellen des Lukasevangeliums). Mögliche Hinweise auf den *Inhalt* der Episode finden sich bereits im 2. Jahrhundert, wobei zu vermuten ist, dass die Episode in mehreren Versionen überliefert wurde. Da diese Erzählung Teil des Byzantinischen Textes und der Vulgata geworden ist, hat sie eine reiche Wirkungsgeschichte erzeugt, insbesondere auch in der christlichen Kunst.

5 Zum religionsgeschichtlichen Hintergrund

Die sprachlichen und theologischen Besonderheiten des Johannesevangeliums geben Anlass, nach den religionsgeschichtlichen Zusammenhängen und möglichen Parallelen zu fragen. In der neueren Forschung zu diesem Thema wird die „genealogische" Suche, also die Frage nach der Herkunft bestimmter religiöser Motive und Konzepte, die einen äußeren „Einfluss" auf das Johannesevangelium ausgeübt haben könnten, zunehmend aufgegeben, weil Antworten auf diese Frage kaum zu finden sind. Die neuere Johannesforschung nimmt erkennbare Parallelen zunächst als *Analogien* wahr und fragt, ob diese dazu beitragen können, das spezifische Profil des Johannesevangeliums und dessen Kommunikationssituation besser zu verstehen (u. a. Jörg Frey, Jean Zumstein). Dabei treten jene Forschungshypothesen zurück, die annehmen, dass sich die maßgeblichen Einflüsse auf eine bestimmte religiöse oder philosophische Tradition zurückführen lassen. Vielmehr zeigt sich, dass der religionsgeschichtliche Hintergrund durch eine Vermittlung und Überschneidung mehrerer religiöser und philosophischer Traditionsbereiche geprägt ist.

Im 20. Jahrhundert war der Ansatz von Bultmann besonders einflussreich (kompakt dargestellt in RGG³): Der Evangelist habe die Sprache eines aus dem iranischen Raum stammenden „gnostischen Erlösermythos" verwendet. Der „Urmensch" (bzw. der Gottessohn oder der Gesandte) steigt aus dem Jenseits auf die Erde hinab, sammelt durch seinen Ruf die in der Materie gefangenen Lichtteile (die Menschen) und führt sie mit sich zurück in den Himmel. Er ist mit den Lichtteilen substanzidentisch, denn Lichtteile (die Seelen) stammen nicht aus der Welt (Materie), sondern sie haben ihren Ursprung im Himmel (Licht) und werden durch den Gesandten dorthin zurückgebracht. Aus diesem „Erlösermythos" habe der Evangelist das Kernstück – die Präexistenz der Seele und ihre substantielle Identität mit dem Erlöser – herausgebrochen, denn im Gegensatz zum gnostischen Denken sei im Johannesevangelium die Erlösung nicht an das Sein der zu erlösenden Personen gebunden, sondern allein an Gottes Heilshandeln in seinem Sohn, und damit erweise sich Johannes als scharfer Kritiker der gnostischen Lehre. Aber der gnostische Mythos in seiner von Bultmann rekonstruierten Form begegnet in der Frühzeit der Gnosis noch nicht, sondern allenfalls am Ende der Entwicklung des gnostischen Denkens; er ist teilweise sogar ein wissenschaftliches Konstrukt. Wahrscheinlich ist aber, dass im Johannesevangelium einzelne mythische Vorstellungen aus dem hellenistischen Judentum und aus früher Gnosis aufgenommen und mit der Person Jesu verbunden worden sind, wodurch ein eigener christlicher Mythos entstand. Bultmanns Modell ist vor allem aus religionshistorischen Gründen aufgegeben worden, da die Texte, in denen der beschriebene „Erlösermythos" im Wesentlichen greifbar wird, in deutlich späterer Zeit als das Johannesevangelium entstanden sind. Oftmals erweisen sie sich ihrerseits als vom Johannesevangelium beeinflusst (s. u. § 43 zur Frage der Gnosis). Die Annahme, der Mythos gehe trotz fehlender Textbezeugung auf die vorjohanneische Zeit zurück, ist als eine wenig wahrscheinliche Hypothese anzusehen.

Ins Blickfeld der neueren Johannesforschung sind insbesondere Analogien zu Motiven und Vorstellungen im *antiken Judentum* gerückt. Zugleich wird die innere Pluralität des Judentums in hellenistisch-römischer Zeit verstärkt wahrgenommen (vgl. den Überblick bei LEONHARDT-BALZER). Die frühjüdische *Weisheitsliteratur* gilt seit langem als ein wichtiger Bezugspunkt für das Johannesevangelium, besonders für die Aussagen über den Logos im Prolog: In Spr 8,22–31 sagt die Weisheit als redende Figur über sich selbst, dass sie existierte, bevor Gott die Erde erschuf, und dass sie bei der Schöpfung mitwirkte (ähnlich Sir 24,3–22, vgl. Hi 28,20–28). Zudem begegnet in der Weisheitsliteratur auch häufig das Motiv, dass Menschen mit einer besonderen Gottesbeziehung Kinder Gottes genannt werden (SapSal 12,7; 16,26 u. ö.; vgl. Joh 1,12). Zum Präexistenzgedanken mit der Vorstellung von „Sendung" (Abstieg) und „Rückkehr" (Aufstieg) des Sohnes sowie zum Dualismus von Gott und Welt, Licht und Finsternis, Wahrheit und Lüge, ewigem Leben und Gericht gibt es Analogien in der religiösen Umwelt.

Die *Literatur der jüdischen Diaspora* wird vor allem im umfangreichen Werk des Philo von Alexandria greifbar. Philo identifiziert die Weisheit mit dem göttlichen Logos, der als Gotteskraft beschrieben wird. Der präexistente Logos wirkt nach Philo bei der Schöpfung mit und bezeichnet die der Welt zugewandte Seite Gottes (spec. 2,81; somn. 2,242 u. ö.; Textausschnitte in S/Z 614–616). In der Novelle „Joseph und Aseneth" wird unter anderem mehrfach vom „Brot des Lebens" gesprochen (JosAs 8,5; 15,5 u. ö.; vgl. Joh 6,35.48).

Die umfangreichen Textfunde von *Qumran* (s. u. § 46.3b und 48.7) haben in der neueren Forschung besonders dazu beigetragen, sprachliche und inhaltliche Parallelen zwischen dem Johannesevangelium und Texten des zeitgenössischen Judentums wahrzunehmen. Beispiele für auffällige Parallelen weist die „Zwei-Geister-Lehre" in der „Gemeinderegel" auf (1QS III,13–IV,26; s. S/Z 543f.). Sie beschreibt in dualistischer Weise den Gegensatz zwischen dem „Geist der Wahrheit" und dem „Geist des Frevels", die gemeinsam den Lebenswandel der Menschen bestimmen; zudem begegnet hier ausführlich die Metaphorik von Licht und Finsternis. In Teilen der Forschung wurde zunächst angenommen, die Qumrantexte hätten einen direkten Einfluss auf das Johannesevangelium ausgeübt (etwa durch Angehörige der Gemeinde der Essener, die später zur johanneischen Gemeinschaft hinzugestoßen seien). Aber neuere Forschungen weisen vermehrt darauf hin, dass ähnliche Motive und Vorstellungen auch in jüdischen Texten außerhalb der Qumranschriften belegt sind. Somit zeigt sich, dass „der vierte Evangelist in sehr eigenständiger Akzentuierung aus dem Repertoire des antiken Judentums in großer Breite schöpft" (FREY, Herrlichkeit, 166).

6 Verfasser und Sprache

1) In 21,24a wird ein Jünger Jesu als Autor des Johannesevangeliums bezeichnet, wodurch das Buch auf einen Augenzeugen zurückgeführt werden soll; eine Gruppe („wir") bescheinigt ihm, dass sein Zeugnis wahr ist (V. 24b). In 21,25 kommt schließlich ein „Herausgeber" zu Wort („ich"), der das vorliegende Werk für in jeder Hinsicht abgeschlossen erklärt. Bei Irenäus (um 180) begegnet erstmals die Vorstellung, das Johannesevangelium sei von dem „Lieblingsjünger" verfasst worden, der mit Johannes, dem Sohn des Zebedäus (vgl. Mk 1,19 u. ö.), identifiziert werden könne. Aber schon angesichts der erheblichen Differenzen zur übrigen Jesustradition ist es sehr unwahrscheinlich, dass der Verfasser des Johannesevangeliums ein Augenzeuge des von ihm geschilderten Geschehens war; überdies ist der „Lieblingsjünger" dort, wo er zuvor erwähnt wird (13,23; 19,26; 20,2; vgl. 21,7.20), nicht als Textautor gedacht.

Martin Hengel sieht als Autor des Johannesevangeliums, wie bereits erwähnt, den „Alten" aus dem 2. und 3. Johannesbrief. Dieser habe möglicherweise angenommen, dass Johannes der „Lieblingsjünger" war, doch dann sei er selber, vielleicht durch seine Schüler, mit dem Zebedaiden identifiziert worden. Solche Erwägungen sind aber ohne zureichenden Anhalt am Text; das gilt insbesondere auch für die Verbindung des Namens „Johannes" mit dem Autor des Johannesevangeliums.

Der Verfasser ist mit jüdischer religiöser Praxis vertraut (2,6; 19,40) und kennt bestimmte geographische bzw. historische Fakten, so etwa im Blick auf die Samaritaner (4,5.9.20). Allerdings steht die der Samaritanerin zugeschriebene Messiaserwartung (4,25) in Spannung dazu, dass in den uns bekannten samaritanischen Quellen von einer solchen Erwartung nicht gesprochen wird, weil dort nur der Pentateuch rezipiert ist (erwartet wird ein „Prophet wie Mose" entsprechend Dtn 18,18). Im Blick auf Jerusalem sind Lokalkenntnisse auszumachen (5,2; 19,13), die aber auf die Tradition zurückgehen könnten. Die Verfasserfrage bleibt, nicht anders als bei den synoptischen Evangelien, letztlich unbeantwortbar.

2) Die *Sprache* des Johannesevangeliums ist das in hellenistisch-römischer Zeit im Osten des Römischen Reichs übliche Koine-Griechisch, mit auffälligen Tendenzen zu hebräisch-aramäischen Sprachstrukturen; es handelt sich aber nicht um Übersetzungsgriechisch, wie in der älteren Forschung mitunter erwogen wurde.

Häufig begegnende sogenannte „Semitismen" sind etwa die Wendung ἀπεκρίθη καὶ εἶπεν („er antwortete und sprach", z.B. 1,48–50 u.ö.) oder Konstruktionen wie ἵνα mit konditionalem Partizip und verneintem Hauptsatz (3,16; 11,26; 12,46 u.ö.). Sehr oft begegnet parataktisches καί, wo eher eine adversative Konjunktion wie δέ oder ἀλλά zu erwarten wäre (7,34; 8,52); die Konjunktion οὖν wird sehr häufig zur Aneinanderreihung verwendet, wobei die eigentliche Bedeutung (schlussfolgerndes bzw. wiederaufnehmendes „also, denn") oftmals verblasst ist. Diese sprachlichen Besonderheiten werden in der Forschung unterschiedlich erklärt: Teilweise wird darin ein Indiz für den „palästinischen Ursprung des Evangelienautors" gesehen (so HENGEL 276), während für andere der „zugleich einfache und feierliche Stil" des Evangeliums maßgeblich erscheint (ZUMSTEIN 47).

Eine weitere Auffälligkeit ist die theologische Terminologie, die reflektiert gebraucht wird. Begriffe wie κόσμος („Welt"), ζωή („Leben"), φῶς („Licht") oder das Verb πιστεύειν („glauben", das Substantiv πίστις begegnet nicht) werden sehr bewusst eingesetzt. Häufig findet sich ein absichtlich formuliertes Missverständnis, wobei sprachliche Doppelbedeutungen eine Rolle spielen. So spricht Jesus in 3,3f. zu Nikodemus von einer Geburt ἄνωθεν, was „von neuem", aber auch „von oben" heißen kann; die Aussage „der Geist weht, wo er will" (τὸ πνεῦμα ὅπου θέλει πνεῖ), in demselben Gespräch (3,8) spielt damit, dass πνεῦμα „Geist" bedeuten kann, aber auch „Wind". Das Gespräch mit der Samaritanerin am Brunnen (4,10–15) nutzt den Doppelsinn des Ausdrucks ὕδωρ ζῶν („lebendiges Wasser"), der sich auf reales Quellwasser beziehen kann, aber auch auf „Lebenswasser". Mithilfe der Missverständnisse gelingt es dem Autor somit, in eigener Weise bestimmte theologische Aussagen zu vertiefen und zu präzisieren.

7 Zeit und Ort der Abfassung

1) Für die Frage nach der Abfassungszeit gelten vor allem folgende Beobachtungen als mögliche Indizien, die in der Forschung allerdings verschieden ausgewertet werden:

a) In 21,19 wird auf das Martyrium des Petrus hingewiesen, der vermutlich in den sechziger Jahren in Rom hingerichtet wurde.

b) Im Synhedrium wird die Befürchtung geäußert, wenn viele Menschen Jesus folgen, könne es zu einer Machtübernahme durch die Römer kommen (11,47f.). Das spricht dafür, dass das Johannesevangelium nach 70 n. Chr. verfasst wurde.

c) Das ambivalente Bild der „Juden" im Johannesevangelium und besonders die Hinweise darauf, dass jeder, der sich zu Jesus bekennt, aus der Synagoge ausgeschlossen wird (ἀποσυνάγωγος, 9,22; 12,42; 16,2), lässt fragen, ob dies möglicherweise mit bestimmten historischen Ereignissen in der Beziehung zwischen christusgläubigen Juden und der Mehrzahl der Juden in Beziehung steht. Auf diese komplexe Frage soll unten (§ 33.8) noch einmal vertieft eingegangen werden.

d) Klaus Wengst sieht das Johannesevangelium als Dokument einer Auseinandersetzung zwischen Juden, die Jesus für den Messias hielten, und der jüdischen Mehrheit, die das verneinte. Der „Synagogenausschluss" (nach dem Jahre 70) habe sich allgemein auf die Verurteilung von Ketzern bezogen, nicht speziell auf Judenchristen. Vorausgesetzt ist ein pharisäisch bestimmtes Judentum. Udo Schnelle nimmt an, dass es eine johanneische Schule in Ephesus gab. Er vermutet allerdings, dass die Johannesbriefe zeitlich vor dem Evangelium geschrieben wurden, was sehr unwahrscheinlich ist. Hartwig Thyen datiert das Johannesevangelium auf die Zeit um 100 n. Chr., auch angesichts von $\mathfrak{P}^{52}$ (s. u.).

Das Johannesevangelium ist offensichtlich später entstanden als die synoptischen Evangelien, also wohl nicht vor dem Jahrzehnt 90/100. Thesen für eine frühe Datierung, womöglich *vor* den synoptischen Evangelien, sind dagegen in der Forschung ohne Zustimmung geblieben. Die Abfassung ist aber auch nicht sehr viel später anzusetzen, wenn man annimmt, dass die drei Johannesbriefe sich auf das vorliegende Evangelium beziehen. Es gibt allerdings, wie gesagt, auch die These, die Johannesbriefe seien früher verfasst worden als das Johannesevangelium (dazu s. u. § 34).

e) In $\mathfrak{P}^{52}$ ist der Text von 18,31–33.37f. enthalten. Der Papyrus wurde nach seiner Entdeckung zunächst auf das frühe 2. Jahrhundert datiert und galt als Beleg für eine frühe Abfassung des Johannesevangeliums. Aber die bisweilen höchst präzise Datierung („um 125") hat sich nicht bestätigen lassen. Wahrscheinlicher ist, dass die Handschrift erst ins späte 2. (oder sogar ins 3.) Jahrhundert datiert. Die Datierung des Johannesevangeliums kann deshalb ebenso wenig wie bei anderen neutestamentlichen Schriften anhand des Alters der erhaltenen Handschriften vorgenommen werden.

Als Zwischenfazit ergibt sich somit eine wahrscheinliche Abfassungszeit des Johannesevangeliums zwischen frühestens 80 n. Chr. und spätestens der Mitte des 2. Jahrhunderts. Die nähere Eingrenzung innerhalb dieses Zeitraums hängt vor allem auch davon ab, wie das Verhältnis der johanneischen Gemeinde zum zeitgenössischen Judentum einzuschätzen ist. In dem Hinweis darauf, dass diejenigen, die sich zu Jesus bekennen, aus der Synagogengemeinschaft ausgeschlossen werden (s. o. § 33.1b), spiegeln sich offenbar Erfahrungen, dass Juden, die den gekreuzigten Jesus als Messias bekannten, den Synagogenverband verlassen mussten und so die damit gegebene relative Rechtssicherheit verloren. In 9,22 wird dies in anachronistischer Weise mit dem Wirken Jesu verbunden; gemäß 12,42 war es für manche ein Anlass, das Bekenntnis zu Jesus zu verschweigen. In 16,2 wird sogar gesagt, dass Bekenner mit dem Tode bedroht seien, ohne dass wir sagen können, wie konkret eine solche Gefahr tatsächlich war. Die Datierung dieses nur im Johannesevangelium erwähnten Synagogenausschlusses ist sehr unsicher. Zwar wird oft angenommen, dass ein Zusammenhang mit der Zerstörung des Jerusalemer Tempels im Jahre 70 n. Chr. besteht, danach habe die Trennung von Kirche und Synagoge zum Ausschluss der Judenchristen aus dem Synagogenverband geführt. Aber wir wissen über diesen Vorgang nichts über das bei Johannes Gesagte hinaus. Selbst wenn es einen förmlichen „Beschluss" gegeben haben sollte, so ließe er sich weder datieren, noch ließe sich sagen, wo und auf welche Weise er vollzogen worden sein könnte. Einen der „Exkommunikation" vergleichbaren Rechtsakt gab es im antiken Judentum nicht. Das Johannesevangelium legt aber die Annahme nahe, dass jüdische Christusgläubige bedroht waren; sie sollten gestärkt und zum Festhalten an ihrem Bekenntnis ermutigt werden (vgl. 6,60–66).

2) Über den *Abfassungsort* des Johannesevangeliums lässt sich nichts Genaues sagen. Nach alter kirchlicher Tradition entstand es in Ephesus, in der Provinz Asia. Das ist möglich, aber es kommt, wie bei den synoptischen Evangelien, auch Syrien in Betracht. Angesichts von Kap. 4 kann vielleicht sogar gefragt werden, ob Samaria als Abfassungsort des Johannesevangeliums infrage kommt (zu den Berührungspunkten zwischen dem Johannesevangelium und Samaria vgl. ANDREAS LINDEMANN, Samaria und Samaritaner im Neuen Testament, WuD 22 [1993], 51–76). Abfassungsort war jedenfalls weder Jerusalem noch Rom.

8 Zur Theologie des Johannesevangeliums

Ebenso wie die Verfasser der synoptischen Evangelien entfaltet der Evangelist Johannes seine Theologie „narrativ", d. h. als Erzählung. Dabei prägt er bestimmte Begriffe in besonderer Weise und gebraucht die theologische Begrifflichkeit stärker reflektiert, als das in den synoptischen Evangelien geschieht.

1) Zentrales Thema ist Jesus Christus, also die *Christologie*: Der irdische Jesus ist der vom Vater gesandte Sohn, der zu diesem zurückkehrt, nachdem er sein Werk vollbracht hat (vgl. Jesu letztes Wort in 19,30). „Der Sohn" ist präexistent (vgl. 1,1f., aber auch 8,58), und von hier aus ist der auf Jesus bezogene Sendungsgedanke zu verstehen (vgl. 3,17.28), der sich etwa von der „Sendung" des Johannes (1,6) unterscheidet. Zugleich aber ist Jesu irdische Herkunft bekannt: Er

stammt aus dem unbedeutenden Städtchen Nazaret (1,45f.), er ist der Sohn eines Mannes namens Josef und einer Mutter (6,42), deren Name aber nie genannt wird. Jesus ist der Messias, wobei ausdrücklich gesagt wird, dass er nicht „unbekannter Herkunft" ist (7,27) und *nicht* in Betlehem geboren wurde (7,41f.). Wer an Jesus glaubt, wer also glaubt, dass Gott ihn gesandt hat, der *hat* ewiges Leben (3,15f.) und kommt nicht in das Endgericht; der Nichtglaubende aber ist schon gerichtet, weil er nicht glaubt (3,18). Jesus offenbart sich der Samaritanerin als der auch von ihr erwartete Messias und sagt ihr die *jetzt* gekommene „Stunde" (ὥρα) an, in welcher die wahren Gottesverehrer den Vater weder im Jerusalemer Tempel noch auf dem heiligen Berg der Samaritaner verehren, sondern „in Geist und Wahrheit" (4,23). Jesu Weg ans Kreuz wird als seine „Erhöhung" gedeutet (3,14), ohne dass damit die Realität seines Sterbens abgeschwächt wird (19,28–37; vgl. 20,25–27). Zugespitzt kann man sagen: Im Johannesevangelium sind Karfreitag, Ostern, Himmelfahrt und auch Pfingsten in gewisser Weise in eins zusammengezogen (19,30; 20,17.22f.).

Eine für die johanneische Christologie charakteristische Redeweise Jesu ist die Identifizierung von Offenbarung und Offenbarer in den Ich-bin-Sätzen. Diese Selbstaussagen begegnen im Zusammenhang größerer Reden (6,35.48.51; 10,11.14; 15,1.5), aber auch isoliert (8,12) und im Rahmen von Dialogen (11,25; 14,6). Diskutiert wird, ob es sich bei diesen Sätzen um eine „Rekognitionsformel" handelt („Das Licht der Welt – das bin ich"; so u. a. Bultmann) oder um Selbstvorstellungsformeln („Ich bin ..."): Entweder antwortet das Ich-bin-Wort auf die Frage „Wer ist das Licht der Welt?", setzt also eine entsprechende Frage und ein Vorverständnis dessen voraus, was „Licht" ist. Oder Jesus sagt in unterschiedlichen Bildern, wer er ist und wie er verstanden werden will. Klar ist, dass die Aussagen ein Erfahrungswissen voraussetzen („Licht", „Weinstock", „Weg" usw.) und es sich um metaphorische Aussagen handelt, die im jeweiligen Redekontext näherbestimmt werden: Jesus ist in einer bestimmten Hinsicht das „Brot des Lebens" etc.

2) Im Johannesevangelium legt Jesus Zeugnis ab von *Gott* als dem „Vater". Am deutlichsten wird das in 14,1–9: Jesus kündigt an, dass er die Jünger verlassen wird, um ihnen eine „Stätte" (τόπος) zu bereiten, und er fügt hinzu, dass sie den Weg kennen; als Thomas antwortet, dass sie das Ziel und also auch den Weg nicht kennen, sagt Jesus: „Ich bin der Weg und die Wahrheit und das Leben; niemand kommt zum Vater außer durch mich" (V. 6). Als Philippus bittet: „Herr, zeige uns den Vater, und es genügt uns", antwortet Jesus: „So lange bin ich bei euch, und du hast mich nicht erkannt, Philippus? Wer mich gesehen hat, der hat den Vater gesehen" (V. 9). Dem entspricht bereits die den Prolog abschließende Aussage in 1,18: „Niemand hat Gott je gesehen; der einziggeborene Sohn, der im Schoß des Vaters ist, jener hat Kunde gebracht (ἐξηγήσατο)." Gott wird also definiert über „den Sohn", und damit wird die Exklusivität des Zugangs zu Gott über Jesus behauptet.

Handschriftlich bezeugt ist in 1,18b sowohl die Wendung μονογενὴς υἱός als auch μονογενὴς θεός, womit Jesus explizit als Gott bezeichnet wird (vgl. 1,1c). Er wird aber nicht mit Gott identifiziert, der in 1,18 wie auch sonst „Vater" genannt wird.

Das Verhältnis zwischen Jesus Christus und Gott markiert den im Johannesevangelium gezeichneten Konflikt mit „den Juden" (s. u.). Besonders deutlich wird das in 8,37–47: Wären „die Juden", wie sie von sich sagen, Kinder Abrahams, würden sie Jesus nicht töten wollen (V. 39f.), denn wäre Gott ihr Vater, würden sie Jesus lieben, der doch vom Vater gesandt ist (V. 42). Indem sie Jesus aber ablehnen, erweist es sich, dass ihr Vater „der Teufel" ist (V. 44). Denn „wer aus Gott ist, hört die Worte Gottes; deshalb hört ihr nicht, weil ihr nicht aus Gott seid" (V. 47). Natürlich geht es hier nicht um „christliche" Judenfeindschaft oder um Antisemitismus, denn die johanneischen Christusgläubigen waren selber Juden. Vielmehr wird auf diese Weise versucht, den Unglauben zu erklären als Ablehnung Jesu als des von Gott Gesandten.

3) Jesus (und den Jüngern) steht *„die Welt"* gegenüber (1,10; 15,18.19 u. ö.). Aber „die Welt" (ὁ κόσμος) ist nicht im Sinne eines strengen Dualismus als gottfeindliche Macht vorgestellt. Der Täufer bezeugt, dass Jesus als das Lamm Gottes die Sünde der Welt fortträgt (1,29); nach Jesu eigener Aussage hat Gott die Welt so geliebt, dass er seinen Sohn „gab", damit die an ihn Glaubenden ewiges Leben haben (3,16f.); nach 8,12; 9,5 ist Jesus „das Licht der Welt". Zwar haben die Jünger „in der Welt" Angst, aber Jesus hat die Welt besiegt (16,33). Jesu Jünger sind ebenso wie er selbst „nicht aus der Welt", aber Gott hat Jesus „in die Welt gesandt", und ebenso hat Jesus die Jünger in die Welt gesandt, damit die Welt glaubt und erkennt, dass Jesus vom Vater gesandt ist (17,16–23). Es liegt also kein ontologisch zu verstehender Dualismus vor, sondern man kann von einem „Entscheidungsdualismus" sprechen, denn dass ein Mensch „aus der Welt" ist, zeigt sich erst, wenn er die Sendung des Sohnes verworfen hat.

4) Besonderes Gewicht hat im Johannesevangelium das *Liebesgebot*, das die Abschiedsreden prägt. In 13,34 gibt Jesus den Jüngern „ein neues Gebot", nämlich „dass ihr einander liebt", verbunden mit der Aussage: „Wie ich euch geliebt habe, so liebt auch ihr einander!" Und es heißt dann ausdrücklich (13,35): „Daran werden alle erkennen, dass ihr meine Jünger seid: Wenn ihr untereinander Liebe habt." In 15,12 wird das in ähnlicher Weise wiederholt, dann aber in 15,13 christologisch und soteriologisch erweitert: „Größere Liebe als diese hat niemand, wenn jemand sein Leben einsetzt für seine Freunde" (vgl. 15,17).

5) Für die johanneische *Eschatologie* sind die Aussagen über das „Leben" (ζωή) charakteristisch. Dabei gibt es „präsentische" Aussagen: „Ich sage euch: Wer mein Wort hört und glaubt dem, der mich gesandt hat, der *hat* das ewige Leben und kommt nicht ins Gericht, sondern er *ist* hinübergegangen aus dem Tod in das Leben" (5,24; vgl. 3,18.36). Ebenso finden sich aber auch „futurische" Aussagen: „Es kommt die Stunde, in der alle, die in den Gräbern sind, seine

Stimme hören werden, und es werden herausgehen, die das Gute getan haben, zur Auferstehung des Lebens, die aber das Böse getan haben, zur Auferstehung des Gerichts" (5,28f.). Auf das in traditioneller Weise formulierte Bekenntnis der Marta: „Ich weiß, dass er (sc. Lazarus) auferstehen wird bei der Auferstehung am letzten Tage" (οἶδα ὅτι ἀναστήσεται ἐν τῇ ἀναστάσει ἐν τῇ ἐσχάτῃ ἡμέρᾳ, 11,24), antwortet Jesus: „*Ich bin* die Auferstehung und das Leben (ἐγώ εἰμι ἡ ἀνάστασις καὶ ἡ ζωή), und wer an mich glaubt, wird leben, auch wenn er stirbt" (11,25). Entscheidend ist, dass die Glaubenden das ewige Leben *haben*. Von der endzeitlichen Parusie Christi ist im Johannesevangelium nicht die Rede; in 16,16–24 (V. 22: „Ich werde euch wiedersehen ...") ist eher an Ostern als an die Parusie gedacht.

6) Nur im Johannesevangelium (und in 1Joh 2,1) begegnet die Rede vom *Parakleten* (14,16.26; 15,26; 16,7). Die Herkunft der mit diesem Begriff verbundenen Vorstellungen ist unklar. Das Verbaladjektiv παράκλητος bezeichnet eine Person, die „herbeigerufen" wird, also einen „Anwalt" oder einen „Fürsprecher". Im Johannesevangelium aber wird „der Paraklet" nicht herbeigerufen, sondern gesandt. Die Vorstellungen differieren: In 14,16 verheißt Jesus den Jüngern, Gott werde ihnen auf seine Bitte hin „einen anderen Parakleten" geben (ἄλλον παράκλητον δώσει ὑμῖν), in 14,26 wird der vom Vater „in meinem Namen" (ἐν τῷ ὀνόματί μου) gesandte Paraklet mit dem Heiligen Geist gleichgesetzt. In 15,26 sagt Jesus, dass er den Parakleten senden wird „vom Vater", und er bezeichnet ihn als „den Geist der Wahrheit, der vom Vater ausgeht" und von Jesus Zeugnis ablegen wird. In 16,7 sagt Jesus, wenn er nicht weggehe, werde der Paraklet nicht zu den Jüngern kommen, „aber wenn ich gehe, werde ich ihn zu euch senden". Trotz seines Weggangs wird Jesus also durch den göttlichen Geist bei den Glaubenden gegenwärtig sein.

7) Der im Johannesevangelium sehr oft verwendete Begriff οἱ Ἰουδαῖοι meint nicht „die Judäer" als Bewohner der Region Judäa, sondern zumeist „die Juden", die als Gegner oder Kritiker Jesu auftreten und Jesus und die ihm Nachfolgenden ablehnen (vgl. 5,15f.18; 7,1; 10,31; 20,19 u. ö.). Die Bezeichnung wird aber auch „neutral" beschreibend gebraucht (1,19; 4,9), es gibt auch Ἰουδαῖοι, die zum Glauben an Jesus kommen (8,31; vgl. 10,19; 12,11). So ist die pauschale Redeweise von „den Juden" nicht als judenfeindlich oder gar als „antisemitisch" zu verstehen, sondern deskriptiv, auch wenn „die Juden" dabei aus einer stark distanzierten Perspektive gesehen werden. Dass Jesus und ebenso diejenigen, die ihm nachfolgen, selber Juden sind, ist vorausgesetzt; sie haben überdies faktisch keinerlei Kontakt zu Nichtjuden, ausgenommen die Samaritaner (Kap. 4) und natürlich Pontius Pilatus in der Passionsgeschichte. Ob „einige Griechen" (Ἕλληνές τινες, 12,20), die Jesus „sehen" wollen, als hellenistische Juden oder als nichtjüdische Griechen zu verstehen sind, lässt sich nicht sagen; ihr Wunsch wird jedenfalls nicht erfüllt.

Arbeitsvorschläge

1. Die Aussage, dass der Logos „im Anfang" existierte (Joh 1,1f.), steht am Beginn einer Reihe von Aussagen über die Präexistenz Jesu. Im Erzählverlauf des Evangeliums wird das Motiv der Präexistenz mehrfach aufgegriffen und punktuell näherbestimmt (1,15.30; 6,62; 8,58; 17,5.24). Welche Personen und Inhalte werden dabei im Verhältnis zu Jesus angesprochen? Wie wird das Verhältnis zwischen Jesus und der jeweiligen Bezugsgröße bestimmt? Lektüreempfehlung: FRIEDERIKE KUNATH, Die Präexistenz Jesu im Johannesevangelium. Struktur und Theologie eines johanneischen Motivs (BZNW 212), Berlin/Boston 2016, 365–368.
2. Worauf bezieht sich das Johannesevangelium mit dem Wort „Zeichen" (σημεῖον/σημεῖα, vgl. Joh 2,11; 4,54; 6,2.14; 12,17f.37)? Was sollen die „Zeichen" nach Aussage des Textes bewirken (bes. 20,30f.)?
3. Erstellen Sie eine Übersicht der sogenannten Ich-bin-Worte im Johannesevangelium. Wie sind diese Sätze sprachlich aufgebaut? Wie wird darin erkennbar, dass es sich um metaphorische Aussagen handelt? In welchen Zusammenhängen stehen diese Aussagen jeweils? Lektüreempfehlung: HANNA ROOSE, Ich-bin-Worte, WiBiLex, März 2013, https://www.bibelwissenschaft.de/stichwort/46917/.
4. Ein wichtiges Motiv im erzählerischen Spannungsbogen ist die eigentümliche Rede von Jesu „Stunde" (ὥρα) in Joh 2,4; 7,30 und 8,20. In welchen Zusammenhängen stehen diese Aussagen? Welche konkrete Bedeutung erhält die „Stunde" danach in Joh 12,23.27f.; 13,1; 17,1?
5. Der Heilige Geist wird im Johannesevangelium mehrfach als παράκλητος („Beistand, Fürsprecher", Lutherbibel: „Tröster") bezeichnet. Wann wird der Geist gesendet? Welche Wirkung wird ihm zugeschrieben bzw. was „tut" er? Erarbeiten Sie diese Fragestellung jeweils einzeln für folgende Textpassagen: a) Joh 14,16f., b) 15,26, c) 16,7–11.
6. Im Zusammenhang mit dem letzten Mahl erzählt das Johannesevangelium nicht davon, dass Jesus die Worte über Brot und Wein gesprochen hat, sondern von der Fußwaschung (Joh 13,1–20). Welche Deutung verbindet das Johannesevangelium mit dieser Zeichenhandlung Jesu? Bereits in Joh 6,51–58 wird inhaltlich auf das Abendmahl Bezug genommen. In welchem erzählerischen Zusammenhang steht dieser Redeabschnitt und welche Akzente setzt Jesus darin? Lektüreempfehlung: JENS SCHRÖTER, Nehmt – esst und trinkt. Das Abendmahl verstehen und feiern, Stuttgart 2010, 54–59.

§ 34 Die drei Johannesbriefe

Literatur: KLAUS-MICHAEL BULL, Johannesbriefe, WiBiLex, Dezember 2010, https://www.bibelwissenschaft.de/stichwort/51873/ ♦ HANS-JOSEF KLAUCK, Die Johannesbriefe (EdF 276), Darmstadt 1991 ♦ JUDITH M. LIEU, The Theology of the Johannine Epistles (New Testament Theology), Cambridge 1991. – **Kommentare:** RUDOLF BULTMANN, Die drei Johannesbriefe (KEK 14), Göttingen ²1969 ♦ THEO K. HECKEL, Die Briefe des Jakobus, Petrus, Johannes und Judas (NTD 10), Göttingen 2019, 175–251 ♦ HANS-JOSEF KLAUCK, Der erste Johannesbrief (EKK 23/1), Zürich/Neukirchen-Vluyn 1991 ♦ HANS-JOSEF KLAUCK, Der zweite und dritte Johannesbrief (EKK 23/2), Zürich/Neukirchen-Vluyn 1992 ♦ JUDITH M. LIEU, I, II, and III John. A Commentary (NTL), Louisville, Ky./London 2008 ♦ DIETRICH RUSAM, Der erste, zweite und dritte Johannesbrief (Die Botschaft des Neuen Testaments), Göttingen 2018 ♦ UDO SCHNELLE, Die Johannesbriefe (ThHK 17), Leipzig 2010 ♦ GEORG STRECKER, Die Johannesbriefe (KEK 14), Göttingen 1989 ♦ FRANÇOIS VOUGA, Die Johannesbriefe (HNT 15/3), Tübingen 1990.

Die drei im Neuen Testament enthaltenen Johannesbriefe nennen im Text keinen Verfassernamen. Sie stehen aber in einem engen sprachlichen und sachlichen Zusammenhang untereinander, und daher können sie – zunächst ganz unabhängig vom Urteil über die Verfasserfrage und über die theologiegeschichtliche Stellung – als zusammengehörig betrachtet werden. Der 1. Johannesbrief berührt sich mit dem Johannesevangelium (vgl. die Nähe von 1Joh 1,1–4 zu Joh 1,1–18, und von 1Joh 5,13 zu Joh 20,31), der 2. Johannesbrief nimmt Wendungen und Gedanken aus dem 1. Johannesbrief auf, zwischen dem 3. und 2. Johannesbrief gibt es im Detail und im Ganzen deutliche Parallelen. Im Folgenden wird vermutet, dass die Reihenfolge der Briefe im Neuen Testament (1Joh, 2Joh, 3Joh) zugleich die Abfolge ihrer Entstehung widerspiegelt.

I. Der 1. Johannesbrief

1 Gattung und Inhalt

1) Der 1. Johannesbrief ist ein wirklicher Brief. Zwar fehlen Briefeingang und Briefschluss, aber es werden bestimmte Adressaten angesprochen (2,14.18: „Kinder", παιδία). Der Verfasser hat offenbar eine konkrete Situation vor Augen, auf

die er sich bezieht. Für den Briefcharakter spricht auch die häufig begegnende Wendung „ich schreibe euch" (γράφω ὑμῖν, mehrfach in 2,1–13; ἔγραψα ὑμῖν, mehrfach in 2,14–26 sowie in 5,13). Inhaltlich und im Aufbau ist der 1. Johannesbrief dadurch bestimmt, dass der Autor Aussagen zur überlieferten Botschaft bzw. Lehre mit ethischen Mahnungen verbindet: Die Adressaten sollen verstehen, dass Erkennen und Handeln untrennbar miteinander verbunden sind.

2) Der Brief weist keine ganz klare Gliederung auf, zumal innerhalb der im Folgenden genannten Textabschnitte viele sehr unterschiedliche Gedanken zu finden sind, so dass größere Einheiten nicht eindeutig voneinander abgegrenzt werden können.

Im Anschluss an den Prolog (1,1–4) lassen sich drei größere Hauptteile unterscheiden: Im *ersten Hauptteil* (1,5–2,17) werden die Gottesgemeinschaft und die „Bruderliebe" als aufeinander bezogen dargestellt. Gewarnt wird vor dem Gedanken, sich für sündlos zu halten (1,8–2,2), es wird an das „alte" Gebot der „Bruderliebe" erinnert (2,7–11), gewarnt wird schließlich vor der Liebe zur Welt (μὴ ἀγαπᾶτε τὸν κόσμον, 2,15–17). Im *zweiten Hauptteil* (2,18–3,24) schreibt der Verfasser, dass jetzt „die letzte Stunde" ist (ἐσχάτη ὥρα ἐστίν), denn, „wie ihr gehört habt" (καθὼς ἠκούσατε), tritt der „Antichrist" (ἀντίχριστος) auf und viele „Antichristen" (ἀντίχριστοι πολλοί), die Lügner sind und leugnen, dass Jesus der Christus ist. Wer aber den Sohn verleugnet, hat auch den Vater nicht (2,18–27). Auf der anderen Seite stehen diejenigen (2,28–3,24), die in Gott „bleiben", „Bruderliebe" üben und die Gerechtigkeit tun (3,10). Die Adressaten sollen sich nicht darüber wundern, dass „die Welt" sie hasst: „Wir wissen, dass wir aus dem Tod ins Leben hinübergegangen sind, denn wir lieben die Brüder" (3,14), und dieser Aspekt wird nochmals betont (3,18–23). Auch im *dritten Hauptteil* (4,1–5,12) geht es um das Verhältnis von Glauben und Liebe: Gewarnt wird vor dem Geist des Antichrist (4,1–6), bekräftigt wird das Liebesgebot, abgeleitet aus der zuvorkommenden Liebe Gottes (4,7–21) und abermals verbunden mit der Liebe zu Gott (5,1–4a). Danach wird im Zeugnis Gottes für seinen Sohn an den Sieg des Glaubens über die Welt erinnert (5,4b–12; nur in V. 4 begegnet das Substantiv „Glaube", πίστις). Der Abschnitt in 5,13–21 wirkt wie ein *„Anhang"* („Das habe ich euch geschrieben", ταῦτα ἔγραψα ὑμῖν): Die Adressaten werden zum Gebet und zur Fürbitte gemahnt. In V. 16.17 wird vom Umgang mit dem sündigenden „Bruder" gesprochen, wobei zwischen „Sünde" und „Todsünde" (ἁμαρτία πρὸς θάνατον) unterschieden wird.

2 Der Verfasser, die Adressaten und das Problem der Gegner

1) Der 1. Johannesbrief ist anonym und richtet sich an Leserinnen und Leser, die nicht namentlich bezeichnet werden; aber es schreibt ein „Ich" (bzw. „Wir") an ein „Ihr". Offenkundig war die Kommunikationssituation für beide Seiten klar, so

dass nähere Angaben unnötig waren. Der Autor wusste, wem er schrieb, und die Leserinnen und Leser wussten, von wem der Brief kam.

Die kirchliche Tradition (mitunter auch die exegetische Forschung) hat den Verfasser des 1. Johannesbriefes mit Johannes, dem Zebedaiden und Jünger Jesu, identifiziert, der auch als Autor des Johannesevangeliums angesehen wurde (s. o. § 33.6). Diese Identifikation ist allerdings historisch sehr unwahrscheinlich. Davon unabhängig können das Johannesevangelium und der 1. Johannesbrief von demselben Autor verfasst worden sein. Sprache, Stil und Theologie legen diese Annahme durchaus nahe. Denkbar ist auch, dass der 1. Johannesbrief von einem anderen Autor aus demselben Kreis verfasst wurde, aus dem auch das Johannesevangelium stammt. Auf jeden Fall ist die Nähe in Sprache und theologischer Anschauung signifikant. Ob sich die mitunter ebenfalls geäußerte Vermutung wahrscheinlich machen lässt, dass der Autor des Johannesevangeliums und des 1. Johannesbriefs der im 2. und 3. Johannesbrief als Verfasser in Erscheinung tretende πρεσβύτερος sei, bleibt unsicher.

In dem Brief lässt sich die aktuelle Situation der Adressaten erkennen. So heißt es in 2,19: „Einige von uns sind weggegangen" (ἐξ ἡμῶν ἐξῆλθαν), sie haben also die Gemeinde verlassen; der Autor folgert: „Sie waren nicht von uns" (ἀλλ' οὐκ ἦσαν ἐξ ἡμῶν), denn dann wären sie geblieben. In 2,21 wird betont, dass die Adressaten die Wahrheit kennen. Ein Lügner ist, wer leugnet, dass Jesus der Christus ist, und wer den Sohn leugnet, hat auch den Vater nicht (2,23); wer den Sohn bekennt, hat auch den Vater, und daran sollen die Adressaten festhalten (2,24). Deshalb hat der Verfasser geschrieben „über die, die euch in die Irre führen", aber das Salböl (χρῖσμα), das sie empfangen haben, belehrt sie über alles (2,26f.). Ein immer wieder erwähntes Thema ist die geschwisterliche Liebe (4,7–11), und wenn der Verfasser in 3,17 in Form einer rhetorischen Frage die Praxis der Nächstenliebe fordert: „Wer Güter dieser Welt hat und sieht, dass sein Bruder Mangel hat, und sein Herz vor ihm verschließt, wie bleibt die Liebe Gottes in ihm?", dann hat er offenbar eine konkrete Situation innerhalb der eigenen Gruppe vor Augen.

2) Wer sind die „Gegner"? Aus 1,8–10 könnte man folgern, sie hätten behauptet, dass die Glaubenden ohne Sünde sind. Aussagen wie in 2,22 („Wer ist ein Lügner, wenn nicht der, der leugnet, dass Jesus der Christus ist?") und in 4,2f. („Daran erkennt ihr den Geist Gottes: Jeder Geist, der Jesus Christus als den im Fleisch Gekommenen bekennt, ist aus Gott; und jeder Geist, der Jesus nicht bekennt, ist nicht aus Gott") legen die Vermutung nahe, die Gegner hätten eine Sicht vertreten, der zufolge zwischen dem Menschen Jesus und dem Sohn Gottes bzw. dem Christus unterschieden werden müsse. Eine solche Auffassung könnte sich als Weiterentwicklung der im Johannesevangelium dargelegten Sicht auf Jesus als den göttlichen Offenbarer in der Welt verstehen.

Allerdings müssen die unterschiedlichen vom Verfasser kritisierten Aussagen nicht einem geschlossenen „Lehrsystem" entstammen, das von einer Gruppe vertreten wurde. Erkennbar ist allerdings, dass die Frage nach der Bedeutung Jesu im Zentrum des 1. Johannesbriefs steht: Die für „die letzte Stunde", also für die Gegenwart des 1. Johannesbriefs angesagten „vielen Antichristen" (2,18) leugnen, dass Jesus der Christus ist (2,22), sie werden dementsprechend als Pseudopropheten (ψευδοπροφῆται, 4,1) charakterisiert. Maßstab für die vom Verfasser vertretene Sicht ist dagegen das Bekenntnis zu Jesus als dem tatsächlich menschgewordenen Christus und Sohn Gottes: „Jeder Geist, der bekennt, dass Jesus Christus im Fleisch gekommen ist, der ist aus Gott" (πᾶν πνεῦμα ὃ ὁμολογεῖ Ἰησοῦν Χριστὸν ἐν σαρκὶ ἐληλυθότα ἐκ τοῦ θεοῦ ἐστιν, 4,2), diejenigen, die das leugnen, sind „aus der Welt" (ἐκ τοῦ κόσμου, 4,5). Aus der Sicht des 1. Johannesbriefs handelt es sich um „Irrlehrer" („Häretiker"). Ohne eine solche Wertung ist es eine Gruppe, die eine andere Sicht auf Jesus vertrat als der Verfasser des Briefes.

3 Das Verhältnis zum Johannesevangelium

1) Die Nähe des 1. Johannesbriefs zum Johannesevangelium zeigt sich in der, trotz einiger bemerkenswerter Unterschiede, ähnlichen Terminologie. Beide Schriften lehren eine präsentische Eschatologie. Das zeigt die Nähe von 1Joh 3,14 („Wir sind aus dem Tode in das Leben hinübergegangen", μεταβεβήκαμεν ἐκ τοῦ θανάτου εἰς τὴν ζωήν) zu Joh 5,24f. (der Glaubende „ist aus dem Tode in das Leben hinübergegangen", μεταβέβηκεν ἐκ τοῦ θανάτου εἰς τὴν ζωήν). In beiden Schriften ist die „Liebe" (ἀγάπη) von größter Bedeutung, ebenso das konkrete „Lieben" (ἀγαπᾶν, vgl. unten Arbeitsvorschlag 1).

2) Dennoch bestehen auch erhebliche Unterschiede. In Joh 8,12; 9,5; 12,46 (vgl. 11,9) ist *Jesus* „das Licht der Welt", in 1Joh 1,5 heißt es: „*Gott* ist das Licht" (vgl. 4,8: „Gott ist die Liebe"). In Joh 1,1 bezeichnet ἀρχή den Uranfang mit der Schöpfung, in 1Joh 1,1 meint ἀρχή den mit Jesus verbundenen Beginn der Gemeinde (ὃ ἦν ἀπ' ἀρχῆς, ὃ ἀκηκόαμεν ...). Im Johannesevangelium ist der „Paraklet" der Heilige Geist, der kommen wird (14,26 u. ö.), in 1Joh 2,1 ist Jesus selbst der Paraklet, „den wir beim Vater haben". Der Begriff πνεῦμα bezeichnet im 1. Johannesbrief anders als im Johannesevangelium nicht eindeutig den Geist *Gottes*, denn auch der falsche Geist wird πνεῦμα genannt (1Joh 4,1–3); zur eindeutigen Bezeichnung der Heilspotenz wird der im Johannesevangelium unbekannte Begriff „Salbung" (χρῖσμα) verwendet (1Joh 2,20.27).

Im 1. Johannesbrief werden einige Gedanken eingeführt, die gegenüber dem Johannesevangelium neu sind. Der Tod Jesu Christi wird als von Sünden reinigend beschrieben (1Joh 1,7b; vgl. den Ausdruck ἱλασμός in 2,2 und 4,10), ausdrücklich verbunden mit der Möglichkeit wiederholter Sündenvergebung (1,9; 2,1). In 1Joh 5,16f. wird zwischen Todsünden und (leichteren) Sünden unterschieden.

Es fällt eine Spannung auf: Nach 1Joh 1,10 machen „wir", wenn wir unsere Sündlosigkeit behaupten, Jesus zum Lügner; aber nach 3,6–9 sind die Gläubigen ohne Sünde. Wenn man beide Aussagen streng theologisch interpretiert und aufeinander bezieht, wird der Sinn klar: Die Glaubenden sind durch Christus sündlos (3,6), aber sie können vor Gott und vor den „Brüdern" darauf nicht so verweisen, als sei es ein fester „Zustand" (1,10).

Im 1. Johannesbrief kommt der aktuellen Polemik gegen Irrlehre und Irrlehrer eine entscheidende Rolle zu. Dabei zeigt sich das Bemühen, die eigene Auffassung von Jesus Christus als dem menschgewordenen Gottessohn prägnant von einer anderen Sicht abzugrenzen, die polemisch als „Lüge" charakterisiert und „Antichristen" zugeschrieben wird.

Die theologische Argumentation des Briefes steht im Dienst der Aussage, dass der Widersacher der Endzeit, der Antichrist, *jetzt* gekommen ist (2,18–21). Der Autor setzt dagegen das Bekenntnis, das auf die christologische Aussage zugespitzt wird, dass Jesus der Christus, der Sohn Gottes ist (4,3.15; 5,1.5). Ein weiteres Kriterium für die Rechtgläubigkeit ist das praktische Verhalten: Erkennen und Handeln, also die Liebe, gehören zusammen; wer (den Nächsten) nicht liebt, hat Gott nicht erkannt (4,8).

3) Der 1. Johannesbrief gehört wahrscheinlich in die Zeit *nach* dem Johannesevangelium. Dem von Jesus erzählenden Text fügte die „johanneische Schule" einen Brief hinzu, der die eigene Gemeinde unmittelbar ansprechen konnte, wobei die Kenntnis des Johannesevangeliums bei den Adressaten vorausgesetzt ist. Das zeigen diejenigen Abschnitte, in denen Passagen aus dem Johannesevangelium aufgenommen und „kommentiert" werden. So wird in 1Joh 1,1–4 mehrfach auf den Prolog des Johannesevangeliums Bezug genommen. In 1Joh 1,5–10 hat der Verfasser mit seinen Worten über das „Licht" offensichtlich Joh 8 und 9 im Blick, wobei jetzt aber nicht Jesus, sondern Gott „das Licht" ist. Jesus gibt in Joh 13,34 das Gebot der „Bruderliebe" als ein „neues Gebot", nach 1Joh 2,7 dagegen ist dieses Gebot nicht „neu", sondern es ist „alt", weil die Adressaten es „von Anfang an" (ἀπ' ἀρχῆς) haben als „das Wort, das ihr gehört habt". Der Verfasser schreibt auch ein gültiges „neues Gebot" (2,8): „Die Finsternis weicht und das wahre Licht scheint schon (τὸ φῶς τὸ ἀληθινὸν ἤδη φαίνει)."

Zitate oder markierte Anspielungen auf das Johannesevangelium fehlen im 1. Johannesbrief. Der Brief will die johanneische Gruppe ihrer eigenen Tradition vergewissern, indem der Verfasser als deren Zeuge auftritt und vor dem Abfall zum Irrtum warnt.

Georg Strecker, Udo Schnelle und Martin Hengel sehen im 2. und 3. Johannesbrief die ältesten Schriften des johanneischen Kreises; der 1. Johannesbrief und das Johannesevangelium seien zwei voneinander unabhängige „sekundäre" Texte innerhalb dieser Schule. Aber die Indizien für den sekundären Charakter des 1. Johannesbriefs gegenüber dem Johannesevangelium sind deutlich stärker.

4 Zeit und Ort der Abfassung sowie Probleme der Literarkritik

Der Kirchenhistoriker Euseb überliefert, dass Papias von Hierapolis (um 110 n. Chr.) die Kenntnis des 1. Johannesbriefs bezeugt, ohne dass ein Text zitiert wird (h. e. 3,39,17). Polykarp von Smyrna bietet offenbar ein Zitat (vgl. Polyk 7,1 mit 1Joh 4,2f.). Das spräche für eine Abfassung des 1. Johannesbriefs in der Anfangszeit des 2. Jahrhunderts n. Chr.
Ort der Abfassung könnte Ephesus gewesen sein, wie es auch die kirchliche Tradition annimmt. Dafür spricht die frühe Bezeugung bei Papias und Polykarp. Aber es kommen auch andere Orte infrage, ohne dass sich dafür aus dem 1. Johannesbrief selber Indizien nennen ließen.

In der älteren Forschung wurden literarkritische Probleme diskutiert, insbesondere die Frage der Benutzung von Quellen und einer späteren „Redaktion"; dieses Thema ist inzwischen in den Hintergrund getreten. Ein Problem ist der „Anhang": In 5,13(14)–21 wird eine Art Zusammenfassung einzelner Themen des ganzen Briefes geboten, verbunden mit der Unterscheidung von „Sünde" und „Todsünde"; das Ziel ist die an die „Kinder" gerichtete Mahnung: „Hütet euch vor den Götzen" (V. 21). Die Aussage in 5,13 wirkt wie eine Nachahmung von Joh 20,30f., und so gilt der ganze Abschnitt als sekundär angefügt. Bultmann sah hier die auch an anderen Stellen des 1. Johannesbriefs ähnlich wie im Johannesevangelium tätige „kirchliche Redaktion" am Werk; andere führen den Anhang auf den Verfasser des 1. Johannesbriefs selbst zurück.

II. Der 2. Johannesbrief

1 Gattung und Inhalt

Auch der 2. Johannesbrief ist ein wirklicher Brief, der Form nach ein Bittbrief (V. 5).
Das Präskript (V. 1–3) entspricht dem eines Apostelbriefs, ebenso das kurze Proömium (V. 4), in dem das „Wandeln in der Wahrheit" entsprechend dem vom Vater empfangenen „Gebot" (ἐντολή) bescheinigt wird.
Im Briefcorpus (V. 5–11) sagt der Verfasser zunächst, dass er kein „neues Gebot" aufstellt (οὐχ ὡς ἐντολὴν γράφων σοι καινήν), sondern das „von Anfang an" (ἀπ' ἀρχῆς) bekannte Liebesgebot (ἀγαπῶμεν ἀλλήλους, V. 5), das dann erläutert wird: „Und das ist die Liebe, dass wir wandeln nach seinen Geboten" (V. 6). Gewarnt wird dann vor den in die Welt gekommenen „Irreführern", die sich nicht zu dem im Fleisch kommenden Jesus Christus bekennen (οἱ μὴ ὁμολογοῦντες Ἰησοῦν Χριστὸν ἐρχόμενον ἐν σαρκί), mit dem im Singular formulierten Nachsatz: „Dieser ist der Verführer und der Antichrist" (οὗτός ἐστιν ὁ πλάνος καὶ ὁ ἀντίχριστος, V. 7). Die Adressaten sollen Acht geben (βλέπετε ἑαυτούς), „dass ihr nicht das verliert, was wir erarbeitet haben, sondern vollen

Lohn empfangt" (V. 8). Nachdrücklich wird betont, dass jeder, der nicht in der Lehre Christi bleibt, auch Gott nicht hat (V. 9); mit demjenigen, der etwas anderes lehrt, sollen die Adressaten keinerlei Gemeinschaft haben (V. 10f.).

Zum Schluss erklärt der Verfasser, dass er noch vieles zu schreiben hätte (πολλὰ ἔχων ὑμῖν γράφειν), aber stattdessen wird er die Adressaten besuchen (V. 12) Der Schlussgruß: „Es grüßen dich die Kinder deiner Schwester, der Auserwählten" (V. 13; vgl. V. 1), legt nahe, dass sich auch der Verfasser in einer Gemeinde aufhält.

2 Verfasser und Adressaten

Der Verfasser nennt sich ὁ πρεσβύτερος, er ist also entweder „der Presbyter" als Inhaber eines Amtes oder aber ein „alter Mann". Er nennt sich nicht mit Namen, sondern setzt voraus, dass die Adressaten ihn identifizieren können. Adressiert ist der Brief an eine „erwählte Herrin samt ihren Kindern" (ἐκλεκτῇ κυρίᾳ καὶ τοῖς τέκνοις αὐτῆς), „die ich liebe in der Wahrheit (οὓς ἐγὼ ἀγαπῶ ἐν ἀληθείᾳ), und nicht allein ich, sondern auch alle, die die Wahrheit erkannt haben" (V. 1; vgl. V. 4f.). Die im Plural formulierten Wendungen hier sowie in V. 6.8.10.12 zeigen, dass mit „Herrin" (κυρία) wahrscheinlich nicht eine bestimmte Frau angesprochen wird, sondern eine Gruppe, vermutlich eine Gemeinde (ἐκκλησία fehlt aber im 2. Johannesbrief).

Die Beziehungen zwischen dem „Alten" und der „Herrin" sind offenbar ungetrübt. Die räumliche Entfernung ist vermutlich nicht groß, wie die Besuchsankündigung zeigt (V. 12).

3 Das Verhältnis zum 1. Johannesbrief

Abgesehen vom Briefrahmen wirkt der 2. Johannesbrief beinahe wie ein kurzer Auszug aus dem 1. Johannesbrief. Ohne Parallele ist nur die scharfe Warnung in V. 10f.: „Wer zu euch kommt und diese Lehre nicht bringt, den nehmt nicht auf in euer Haus und sagt ihm auch keinen Gruß; denn wer ihn grüßt, der hat teil an seinen bösen Werken." Die literarische Nähe lässt fragen, ob beide Briefe auf denselben Autor zurückgehen; aber vermutlich wurde der 2. Johannesbrief unter Rückgriff auf den 1. Johannesbrief verfasst und stammt von einem anderen Autor. Denkbar ist, dass der Autor des 2. Johannesbriefs auf diese Weise die Autorität des bereits vorliegenden 1. Johannesbriefs fördern wollte (so VOUGA).

4 Zeit und Ort der Abfassung

Feste Gemeindestrukturen sind im 2. Johannesbrief nicht erkennbar, insbesondere die Art der Beziehung zwischen dem „Alten" (πρεσβύτερος) und der „erwählten Herrin" (ἐκλεκτὴ κυρία) bleibt unklar. Möglicherweise hielten sich im Umfeld der johanneischen Schule ältere kirchliche Strukturen, die sich von der Entwicklung in der übrigen Kirche unterschieden; das Fehlen von „Ämtern" würde dann zur Datierung wenig austragen. Der 2. Johannesbrief wird jedenfalls nicht viel später als der 1. Johannesbrief verfasst worden sein.

Der 2. Johannesbrief könnte an jedem Ort verfasst worden sein, an dem man den 1. Johannesbrief kannte. Dessen Einfluss war zunächst wohl nicht allzu erheblich, beide Briefe könnten sogar an demselben Ort entstanden sein, also vielleicht in Ephesus oder an einem Ort in der näheren Umgebung.

Strecker und Schnelle sehen den 2. Johannesbrief als das älteste Schreiben des johanneischen Kreises. Die Aussage in V. 7: „Wer Jesus Christus nicht bekennt als kommend im Fleisch (ἐρχόμενον ἐν σαρκί), der ist der Irreführer und der Antichrist", weise die traditionelle apokalyptisch orientierte Naherwartung der Parusie Christi auf, die in den anderen, also späteren johanneischen Schriften nicht mehr begegne. Dem widerspricht aber, dass die präsentisch formulierte partizipiale Wendung ἐρχόμενον ἐν σαρκί nicht futurisch zu verstehen ist; vielmehr liegt in 2Joh 7 eher eine abgeschliffene Wiederaufnahme von 1Joh 4,2f. vor (πᾶν πνεῦμα ὃ ὁμολογεῖ Ἰησοῦν Χριστὸν ἐν σαρκὶ ἐληλυθότα ἐκ τοῦ θεοῦ ἐστιν ...), also das Bekenntnis zur Inkarnation (vgl. Joh 1,14). Die Erwartung der Parusie Christi „im Fleisch" wäre ohne jede Parallele. Zudem war im frühen Christentum die Parusie nicht Inhalt des Bekenntnisses (ὁμολογοῦντες), sondern bildete den Zeithorizont für die Gestaltung des Glaubens.

III. Der 3. Johannesbrief

1 Gattung und Inhalt

Auch der 3. Johannesbrief ist ein wirklicher Brief (vgl. V. 1.5), in erster Linie ein Empfehlungsbrief (V. 3–8.12). In V. 3–12 werden einige konkrete Fakten erwähnt, teilweise verbunden mit Personennamen, die uns allerdings unbekannt bleiben.

Im Präskript (V. 1) wendet sich „der Alte" (ὁ πρεσβύτερος, vgl. 2Joh 1) an „den geliebten Gaius, den ich in Wahrheit liebe". In einem kurzen Proömium (V. 2) folgen gute Wünsche für den Adressaten; der Verfasser dankt dafür, dass Gaius „in der Wahrheit wandelt" und dass, „wie ich höre, meine Kinder in der Wahrheit wandeln" (... τὰ ἐμὰ τέκνα ἐν ἀληθείᾳ περιπατοῦντα, V. 3f.; vgl. 2Joh 4).

Das Briefcorpus (V. 5–12) behandelt mehrere Themen. Es beginnt mit einem Lob für Gaius wegen dessen Gastfreundschaft für fremde Brüder, „die deine Liebe vor der Gemeinde bezeugt haben" (ἐμαρτύρησάν σου τῇ ἀγάπῃ ἐνώπιον ἐκκλησίας, V. 5.6a). Zugleich ergeht die Bitte an Gaius, er solle diese Brüder für ihre Aufgabe ausrüsten (προπέμψας), denn sie sind „um (Jesu) Namens willen" ausgezogen und „nehmen von Heiden nichts an" (μηδὲν λαμβάνοντες ἀπὸ τῶν ἐθνικῶν, V. 7f.). In V. 9 teilt der Autor mit, er habe „der Gemeinde etwas geschrieben" (ἔγραψά τι τῇ ἐκκλησίᾳ), aber Diotrephes, „der es liebt, unter ihnen der Erste zu sein (ὁ φιλοπρωτεύων αὐτῶν), nimmt uns nicht an". Deshalb wird er nun kommen und an dessen mit bösen Worten verbundenes Tun erinnern, denn „er verleumdet uns ..., er nimmt die Brüder nicht an und hindert auch die, die sie aufnehmen wollen, und stößt sie aus der Gemeinde (ἐκ τῆς ἐκκλησίας ἐκβάλλει)" (V. 10). Solch böses Beispiel soll der „Geliebte" (ἀγαπητέ) nicht nachahmen, sondern er soll das Gute tun, denn „wer Böses tut, hat Gott nicht gesehen" (ὁ κακοποιῶν οὐχ ἑώρακεν τὸν θεόν, V. 11). Dazu passt, dass in V. 12 die Empfehlung des (sonst unbekannten) Demetrius folgt, dem von allen Seiten und auch vom Autor selbst ein gutes Zeugnis ausgestellt wird.

Zum Abschluss des Briefes heißt es in V. 13f., dass eigentlich noch vieles zu schreiben wäre, verbunden mit dem Hinweis auf die Besuchsabsicht (die Nähe zu 2Joh 12 ist deutlich). In V. 15 folgen der Friedenswunsch und Grüße „der Freunde und für die Freunde" (ἀσπάζονταί σε οἱ φίλοι, ἀσπάζου τοὺς φίλους κατ' ὄνομα).

2 Der Verfasser und die Adressaten

Autor des 3. Johannesbriefs ist offenkundig derselbe „Alte" (oder „der Älteste", ὁ πρεσβύτερος), der den 2. Johannesbrief verfasst hat. Der als Adressat genannte Gaius, über den wir sonst nichts wissen, steht dem Verfasser freundlich gegenüber, wie die Anrede ἀγαπητέ, „Geliebter" (V. 2.5.11), zeigt, und er wird gelobt (V. 5f.). Der Autor schreibt dann aber, er habe der „Gemeinde" (ἐκκλησία) einen Brief geschrieben, doch der (uns sonst nicht bekannte) sehr einflussreiche Diotrephes nehme uns nicht an (οὐκ ἐπιδέχεται ἡμᾶς), sondern verleumde uns und schädige durch sein Tun die Gemeinde (V. 9f.). Ob Gaius den in V. 12 genannten Demetrius bereits kennt oder ob er ihm erst im vorliegenden Brief empfohlen wird, lässt sich nicht sagen.

3 Zur Autoritätskonstellation im 3. Johannesbrief

Aus V. 9 geht hervor, dass Diotrephes die Rezeption eines von dem „Alten" an die Gemeinde gerichteten Briefes (ἔγραψά τι τῇ ἐκκλησίᾳ) verhindert hat; möglicherweise bezieht sich das auf den uns vorliegenden 2. Johannesbrief. Damit stellt sich die Frage, welchen Status Diotrephes besitzt. Ist er ein „Ketzer", den ein „rechtgläubiger" πρεσβύτερος, also der Briefautor, bekämpft? Oder erhebt Diotrephes einen legitimen Autoritätsanspruch, während der πρεσβύτερος an alten charismatischen Strukturen (vgl. V. 5-8) festhalten will? Jedenfalls ist „der Alte" bemüht, Diotrephes mit dem sehr ungewöhnlichen Verb φιλοπρωτεύω („lieben, der Erste zu sein") lächerlich zu machen (V. 9). So hat die Auslegung des 3. Johannesbriefs zu grundsätzlichen Hypothesen im Blick auf das urchristliche Kirchenrecht geführt.

1) Nach Adolf von Harnack (Über den dritten Johannesbrief, Leipzig 1897) zeigen sich in dem Konflikt zwischen dem „Presbyter" und Diotrephes die beiden großen Strömungen der frühen Kirchengeschichte – der Gedanke der „Geistkirche" und der Gedanke der „Amtskirche". Der Presbyter autorisierte reisende Missionare, also Charismatiker, die keiner festen Organisation unterstellt waren. Diotrephes war demgegenüber Vertreter des ortsansässigen „Amtes" und begegnete jenen Wanderpredigern mit Misstrauen. Für Harnack ist Diotrephes der „erste monarchische Bischof, dessen Namen wir kennen" (21), und nicht etwa ein „Ketzer", denn er werde von dem Presbyter ja nicht der Irrlehre bezichtigt (zustimmend u. a. BULTMANN).
2) Für Walter Bauer (Rechtgläubigkeit und Ketzerei im ältesten Christentum, Tübingen ²1964, 96f.) ist der 3. Johannesbrief ein Beleg dafür, dass es in der frühen Kirchengeschichte noch keine eindeutige Entscheidung über Rechtgläubigkeit und Ketzerei gab; Bauer sieht in Diotrephes einen ketzerischen Bischof, der andere Christen exkommunizierte und deshalb von dem Presbyter angegriffen wurde.
3) Ernst Käsemann (Ketzer und Zeuge. Zum johanneischen Verfasserproblem, in: ders., Exegetische Versuche und Besinnungen, Bd.1, Göttingen ⁴1965, 168-187) nimmt an, dass das Gegenteil der Fall ist: Nicht Diotrephes steht auf der Seite der Häresie, sondern der Presbyter, der von dem Bischof verdächtigt wird, Anhänger gnostischer Lehren zu sein.

Aber von „Irrlehre" und von förmlicher „Exkommunikation" wird im 3. Johannesbrief weder in der einen noch in der anderen Richtung gesprochen. Deutlich ist, dass Diotrephes in der Gemeinde eine Stellung einnimmt, die ihm nach Meinung des Presbyters nicht zukommt. Ob jedoch hinter der Aussage über das Wirken des Diotrephes (... οὔτε αὐτὸς ἐπιδέχεται τοὺς ἀδελφοὺς καὶ τοὺς βουλομένους κωλύει καὶ ἐκ τῆς ἐκκλησίας ἐκβάλλει, V.10) ein Rechtsakt steht, so dass sich hier eine grundsätzliche kirchenrechtliche Auseinandersetzung spiegeln würde, lässt sich nicht ausmachen.

4 Das Verhältnis zu den beiden anderen Johannesbriefen sowie Zeit und Ort der Abfassung

Der 3. Johannesbrief steht in der Tradition des johanneischen Kreises; das zeigt die Nähe von 3Joh 11 („Wer Gutes tut, ist aus Gott [ἐκ τοῦ θεοῦ], wer Böses tut, hat Gott nicht gesehen [οὐχ ἑώρακεν τὸν θεόν]") zu 1Joh 3,6 („Wer sündigt, hat Christus nicht gesehen und nicht erkannt [οὐχ ἑώρακεν αὐτὸν οὐδὲ ἔγνωκεν αὐτόν]") und 3,10b („Wer nicht die Gerechtigkeit tut, ist nicht aus Gott und liebt nicht seinen Bruder [οὐκ ἔστιν ἐκ τοῦ θεοῦ καὶ ὁ μὴ ἀγαπῶν τὸν ἀδελφὸν αὐτοῦ]"). Sollte in 3Joh 9 (ἔγραψα) auf den 2. Johannesbrief Bezug genommen sein, geht das Bemühen des „Presbyters" (bzw. des „Alten") darauf, mithilfe des Gaius (und des Demetrius?) jenem früheren Brief doch noch Geltung zu verschaffen. Dann wäre der 3. Johannesbrief nur kurze Zeit nach dem 2. Johannesbrief verfasst worden, vermutlich an demselben Ort oder jedenfalls nicht weit davon entfernt.

Arbeitsvorschläge

1. Liebe ist ein zentrales Motiv der johanneischen Literatur. Wie wird das Liebesgebot in den folgenden Textpassagen eingeführt und begründet: a) Joh 13,33–35; 15,9–17, b) 1Joh 2,7–11; 4,7–21, c) 2Joh 4–6? Wer hat wen „geliebt" und wer soll wen „lieben"? Welche Unterschiede sehen Sie im Vergleich mit Mt 5,44f. und Röm 12,20? Lektüreempfehlung: ODA WISCHMEYER, Liebe als *Agape*. Das frühchristliche Konzept und der moderne Diskurs, Tübingen 2015, 105–124.
2. Wie nimmt 1Joh 2,20.26f. auf den Heiligen Geist Bezug? In welchem thematischen Zusammenhang steht diese Aussage? Welche Gemeinsamkeiten und Unterschiede sehen Sie im Vergleich zur Rede vom Heiligen Geist im Johannesevangelium (vgl. oben § 33, Arbeitsvorschlag 5)?
3. Im jüngeren Vulgatatext des Mittelalters weicht das sogenannte *comma Johanneum* („das johanneische Satzstück") in 1Joh 5,7f. signifikant von der griechischen Überlieferung ab (nur wenige späte griechische Minuskeln stehen dem jüngeren Vulgatatext nahe). Untersuchen Sie anhand des jüngeren lateinischen Textes, der im textkritischen Apparat in NA[28] abgedruckt ist, welche theologischen Unterschiede sich im Vergleich mit der (fast einhelligen) griechischen Textüberlieferung zeigen. Über den lange anhaltenden Streit zu dieser Textstelle, der von der Reformationszeit bis ins 19. Jahrhundert andauerte, informiert KLAUCK, Der erste Johannesbrief, 303–311.

§ 35 Die literarischen Kontexte der neutestamentlichen Evangelien und die Entstehung der Vier-Evangelien-Sammlung

Literatur: SIMON GATHERCOLE, The Gospel and the Gospels. Christian Proclamation and Early Jesus Books, Grand Rapids, Mich. 2022 ♦ THEO HECKEL, Vom Evangelium des Markus zum viergestaltigen Evangelium (WUNT 120), Tübingen 1999 ♦ MARTIN HENGEL, Die Evangelienüberschriften, in: ders., Jesus und die Evangelien. Kleine Schriften V (WUNT 211), Tübingen 2007, 526–567 ♦ MARTIN HENGEL, Die vier Evangelien und das eine Evangelium von Jesus Christus. Studien zu ihrer Sammlung und Entstehung (WUNT 224), Tübingen 2008 ♦ SILKE PETERSEN, Die Evangelienüberschriften und die Entstehung des neutestamentlichen Kanons, ZNW 97 (2006), 250–274 ♦ FRANCIS WATSON, The Fourfold Gospel. A Theological Reading of the New Testament Portraits of Jesus, Grand Rapids, Mich. 2016.

Wie aus den voranstehenden Paragraphen deutlich wurde, stehen die ins Neue Testament gelangten Evangelien untereinander in literarischen Beziehungen. Das Matthäus- und das Lukasevangelium setzen das Markusevangelium voraus und legen es ihren eigenen Erzählungen zugrunde. Das Johannesevangelium kennt, zumindest auf den späteren Stufen seiner Entstehungs- und Überlieferungsgeschichte, eines oder mehrere der synoptischen Evangelien. Daneben sind weitere literarische Zusammenhänge zu beachten. Das Lukasevangelium bildet gemeinsam mit der Apostelgeschichte ein von demselben Verfasser geschaffenes, in sich geschlossenes literarisches Werk, das aus einer Jesuserzählung und einer Darstellung der Anfänge der Christusverkündigung besteht. Das Johannesevangelium hängt literarisch und theologisch eng mit den Johannesbriefen zusammen und repräsentiert gemeinsam mit diesen einen eigenen Bereich der frühchristlichen Theologie- und Sozialgeschichte.

Diese literarischen Kontexte sind im Aufbau des Neuen Testaments nicht sofort zu erkennen. Weder sind die Evangelien hier in der Reihenfolge ihrer historischen Entstehung, nämlich Markus, Matthäus, Lukas, Johannes, angeordnet noch stehen das Lukasevangelium und die Apostelgeschichte bzw. das Johannesevangelium und die Johannesbriefe beisammen. Die Reihenfolge der Evangelien konnte in antiken Manuskripten und Kanonlisten variieren. Dabei standen mitunter das Matthäus- und Johannesevangelium als die beiden „apostolischen Evangelien" voran (sie wurden auf Matthäus und Johannes, die Jünger

Jesu, zurückgeführt), wogegen die Evangelien der beiden „Apostelschüler" Markus und Lukas (als Begleiter des Petrus bzw. des Paulus) ihnen folgten. Durchgesetzt hat sich schließlich die Reihenfolge Matthäus, Markus, Lukas, Johannes. Das Lukasevangelium und die Apostelgeschichte folgen dagegen niemals direkt aufeinander, ebenso wie das Johannesevangelium und die Johannesbriefe in Anordnungen der neutestamentlichen Schriften nirgendwo zusammen stehen. Das hat seinen Grund darin, dass das Lukas- und Johannesevangelium in die Vier-Evangelien-Sammlung integriert wurden, wogegen die Apostelgeschichte und die Johannesbriefe innerhalb des neutestamentlichen Kanons andere Funktionen übernahmen bzw. in andere Sammlungen integriert wurden.

Daran wird deutlich, dass sich die Entwicklungen, die zur Entstehung des Neuen Testaments geführt haben, auch auf die Funktionen der jeweiligen Schriften innerhalb des neutestamentlichen Kanons ausgewirkt haben. Im Fall der Evangelien bedeutet dies, dass sie gemeinsam das Zeugnis über Person und Wirken Jesu bilden, wogegen die Apostelgeschichte als Darstellung der Frühzeit der Kirche dient – oder gemeinsam mit den „Katholischen Briefen", zu denen auch die Johannesbriefe gehören, den „Apostelteil" des Neuen Testament, neben dem Corpus Paulinum, repräsentiert.

Bei den Evangelien ist zunächst auffällig, dass sich im Neuen Testament *vier* von ihnen finden. Diese Zahl lässt sich nicht durch eine bewusste Auswahl erklären – es wären auch zwei oder drei Evangelien oder auch nur ein Evangelium vorstellbar gewesen –, sondern nur dadurch, dass diese vier Evangelien in christlichen Gemeinden gelesen und als authentische, glaubwürdige Berichte über Person und Wirken Jesu angesehen wurden. Dabei ist besonders bemerkenswert, dass alle drei synoptischen Evangelien – und hier insbesondere das vergleichsweise kurze Markusevangelium – von früher Zeit an zu den anerkannten Schriften gehörten. Das Markusevangelium bietet über Matthäus und Lukas hinaus kaum eigenen Stoff, zudem war das Matthäusevangelium schnell weit verbreitet, so dass es des Markusevangeliums nicht zusätzlich bedurft hätte. Die Auffälligkeit der Vierzahl wird auch daran erkennbar, dass Irenäus im späteren 2. Jahrhundert begründet, warum die Kirche ausgerechnet vier Evangelien, nicht mehr und nicht weniger, besitzen müsse (er verweist dazu auf die vier Windrichtungen, die vier Säulen der Erde und die vier Cheruben vor dem Thron Gottes, haer. 3,11,7–9). Das ist nur so zu erklären, dass Irenäus diese Zahl bereits voraussetzt und nachträglich begründet – und zwar sowohl in Abwehr der Berufung auf nur *ein* Evangelium durch bestimmte Gruppen als auch der Anerkennung anderer (apokrypher) Evangelien.

Die literarischen Beziehungen der Evangelien untereinander wurden durch die in der ersten Hälfte des 2. Jahrhunderts vorgenommenen Ergänzungen des Nachtragskapitels zum Johannesevangelium (Kap. 21) und des sekundären Markusschlusses verstärkt. In Joh 21 erfolgt dies durch die Erzählung von Erscheinungen des Auferstandenen in Galiläa sowie durch die Rehabilitierung des Petrus angesichts von dessen Verleugnung Jesu während des Prozesses sowie durch seine Einsetzung als „Hirte der Schafe" Jesu. Der (längere, auch „kanonisch" genannte) sekundäre Markusschluss in Mk 16,9–20 erzählt von verschiedenen Erscheinungen Jesu (das Markusevangelium endet in 16,8 mit der Flucht der Frauen vom leeren Grab und ihrer Furcht, das am leeren Grab Erlebte weiterzusagen), dem Auftrag Jesu zum Verkündigen und Taufen an seine Jünger und seine anschließende Aufnahme in den Himmel. Dabei stehen die Erscheinungserzählungen der anderen Evangelien im Hintergrund. Diese Verbindungen der Evangelien untereinander haben dazu beigetragen, dass sie nebeneinander im Neuen Testament stehen können.

Gleichwohl gibt es Differenzen zwischen den neutestamentlichen Evangelien, insbesondere zwischen den synoptischen Evangelien einerseits und dem Johannesevangelium andererseits. Aber auch die synoptischen Evangelien weisen Unterschiede und Widersprüche untereinander auf. Diese sind auch im antiken Christentum nicht verborgen geblieben. Sie wurden durch exegetische Operationen erklärt (so versucht etwa Origenes die Differenzen zwischen den Synoptikern in Erzählungen derselben Episode zu erklären) oder dadurch, dass Johannes ein die anderen Evangelien vertiefendes „geistiges Evangelium" verfasst habe (so Clemens von Alexandria). Notwendig wurde das dadurch, dass die Evangelien innerhalb des Neuen Testaments nicht mehr lediglich als Einzelschriften, sondern darüber hinaus als Teil des gemeinsamen Zeugnisses über Person und Lehre Jesu betrachtet wurden.

Eine andere Weise, die Evangelien miteinander in Beziehung zu setzen, bestand darin, aus ihnen *eine* Jesuserzählung zu gestalten. Dies hat Tatian, ein Schüler Justins, um das Jahr 170 in seinem „Diatessaron" getan. Dieses Werk stand im Kanon der syrischen Kirche bis ins 5. Jahrhundert anstelle der vier Evangelien als Jesusteil des Neuen Testaments.

Antike Theologen wie Irenäus, Clemens von Alexandria, Origenes und Tertullian setzen dagegen bereits voraus, dass in der Kirche vier Evangelien anerkannt sind, nicht mehr und nicht weniger. Daneben kennen sie andere Evangelien – etwa das Evangelium nach den Hebräern, dasjenige nach den Ägyptern, das Evangelium nach Petrus oder das Evangelium nach Thomas. Diese können entweder zitiert, jedoch von den vier Evangelien unterschieden werden (so etwa bei Clemens, der das Hebräer- und das Ägypterevangelium zitiert) oder aber als häretisch verworfen werden (so zum Beispiel bei Irenäus und Origenes, die diverse Evangelien als häretisch ablehnen). Auch der Canon Muratori ist ein Zeuge für die Anerkennung der vier Evangelien (der nicht erhaltene Beginn bezog sich sehr wahrscheinlich auf das Matthäus- und Markusevangelium).

Dass vier Evangelien gemeinsam das Jesuszeugnis des entstehenden Neuen Testaments bildeten, bedeutet allerdings nicht, dass frühchristliche Gemeinden diese vier Evangelien auch besessen hätten. Vielmehr ist davon auszugehen, dass die Evangelien in der Regel als Einzelschriften im Umlauf waren und eine Gemeinde eines, vielleicht auch zwei Evangelien besaß – wobei dies durchaus auch ein neutestamentlich gewordenes und ein später als „apokryph" verurteiltes sein konnten. Zusammenstellungen von Evangelien auf Codices sind für das 3. Jahrhundert mit $\mathfrak{P}^{75}$ (Lukas und Johannes) sowie $\mathfrak{P}^{45}$ (alle vier Evangelien, plus Apostelgeschichte) bezeugt. Dabei ist kein einziger Codex bekannt, der ein neutestamentlich gewordenes und ein apokryph gewordenes Evangelium gemeinsam überliefern würde. Die Titel der eigentlich anonymen Evangelien wurden hinzugefügt, um sie voneinander zu unterscheiden. Sie wurden demnach erst in dem Augenblick notwendig, als mindestens zwei Evangelien gemeinsam in einer Gemeindebibliothek vorhanden waren bzw. in einem Codex standen. Die ungewöhnliche Formulierung aus „Evangelium nach" (Εὐαγγέλιον κατὰ ...) und Autorenname bringt dabei zum Ausdruck, dass das *eine* Evangelium von Jesus Christus in *verschiedener* Form dargestellt wird.

Seit dem späten 2. bzw. dem frühen 3. Jahrhundert haben sich die vier Evangelien demnach als der Jesusteil des Neuen Testament etabliert. Die – durchaus naheliegende – Möglichkeit, sie zu *einer* Jesuserzählung zu verbinden, hat sich dabei allerdings nicht durchgesetzt. Darüber hinaus existierten weitere Evangelien, die allerdings niemals den Status allgemein anerkannter Schriften hatten.

VI. Die Apokalypse

§ 36 Die Offenbarung des Johannes

Literatur: STEFAN ALKIER/THOMAS HIEKE/TOBIAS NICKLAS (Hg.), Poetik und Intertextualität der Johannesapokalypse (WUNT 346), Tübingen 2015 ♦ GARRICK ALLEN, The Book of Revelation and Early Jewish Textual Culture (MSSNTS 168), Cambridge 2017 ♦ KNUT BACKHAUS (Hg.), Theologie als Vision. Studien zur Johannes-Offenbarung (SBS 191), Stuttgart 2001 ♦ OLIVER CREMER, Das sagt der Sohn Gottes. Die Christologie der Sendschreiben der Johannesoffenbarung (WMANT 141), Neukirchen-Vluyn 2014 ♦ JÖRG FREY/JAMES A. KELHOFFER/FRANZ TÓTH (Hg.), Die Johannesapokalypse. Kontexte – Konzepte – Rezeption (WUNT 287), Tübingen 2012 ♦ BERNHARD HEININGER (Hg.), Mächtige Bilder. Zeit- und Wirkungsgeschichte der Johannesoffenbarung (SBS 225), Stuttgart 2011 ♦ MARTIN HENGEL, Die johanneische Frage. Ein Lösungsversuch mit einem Beitrag zur Apokalypse von Jörg Frey (WUNT 67), Tübingen 1993 ♦ MARTIN KARRER/MICHAEL LABAHN (Hg.), Die Johannesoffenbarung. Ihr Text und ihre Auslegung (ABIG 38), Leipzig 2012 ♦ CRAIG R. KOESTER (Hg.), The Oxford Handbook of the Book of Revelation, New York 2020 ♦ STEPHANIE SCHABOW, Gemacht zu einem Königreich und Priestern für Gott. Eine Auslegung der βασιλεία-/βασιλεύω-Aussagen in Offb 1,6; 5,10; 20,4.6 und 22,5 (WMANT 147), Neukirchen-Vluyn 2016 ♦ MICHAEL SOMMER/UTA POPLUTZ/CHRISTINA HOEGEN-ROHLS (Hg.), Die Johannesapokalypse. Geschichte – Theologie – Rezeption (WUNT 508), Tübingen 2023 ♦ THOMAS WITULSKI, Die Johannesoffenbarung und Kaiser Hadrian. Studien zur Datierung der neutestamentlichen Apokalypse (FRLANT 221), Göttingen 2007. – **Kommentare:** DAVID E. AUNE, Revelation, 3 Bde. (WBC 52A–C), Dallas 1997–1998 ♦ BRIAN K. BLOUNT, Revelation. A Commentary (New Testament Library), Louisville, Ky. 2009 ♦ WILHELM BOUSSET, Die Offenbarung Johannis (KEK 16), Göttingen 1906 (^{7}1966) ♦ TRAUGOTT HOLTZ, Die Offenbarung des Johannes, hg. von Karl-Wilhelm Niebuhr (NTD 11), Göttingen 2008 ♦ MARTIN KARRER, Johannesoffenbarung, Bd. 1: Offb 1,1–5,14 (EKK 24/1), Ostfildern/Göttingen 2017 ♦ HERMANN LICHTENBERGER, Die Apokalypse (ThKNT 23), Stuttgart 2014 ♦ ULRICH B. MÜLLER, Die Offenbarung des Johannes (ÖTBK 19), Gütersloh 1984 ♦ JÜRGEN ROLOFF, Die Offenbarung des Johannes (ZBK.NT 18), Zürich ^{2}1987 ♦ AKIRA SATAKE, Die Offenbarung des Johannes (KEK 16), Göttingen 2008 ♦ ELISABETH SCHÜSSLER FIORENZA, Das Buch der Offenbarung. Vision einer gerechten Welt, Stuttgart 1994.

1 Gliederung und Inhalt

1) Die den neutestamentlichen Kanon abschließende Offenbarung des Johannes beginnt mit einem Prolog (1,1–3); es folgen eine briefliche Adresse (1,4–8) sowie die eingehende Schilderung einer Berufungsvision (1,9–20). Der *erste Hauptteil* besteht aus sieben kurzen Briefen, den sogenannten „Sendschreiben", die sich jeweils an den „Engel" der sieben zuvor (in 1,11) genannten Gemeinden richten (2,1–3,22). Im erheblich längeren *zweiten Hauptteil* schildert der Verfasser in der Ich-Form die Ereignisse, die er nach seinem Aufstieg in den Himmel gesehen hat (4,1–22,7). Im Schlussabschnitt (22,8–17) betont er, dass seine Aussagen wahr sind, und warnt vor jeder Textänderung (22,18f.). Abschließend wird der bereits am Beginn erkennbare briefliche Charakter der Schrift nochmals aufgenommen (22,20.21).

2) Im *Prolog* stellt sich das Buch vor als „Offenbarung (Apokalypse, ἀποκάλυψις) Jesu Christi, die ihm Gott gegeben hat, um seinen Knechten zu zeigen, was in Kürze geschehen muss", und die er durch einen Engel „seinem Knecht Johannes" kundgetan hat (1,1). Dieser bezeugt nun, was er gesehen hat (1,2). In 1,3 folgt eine Seligpreisung für den, der (vor)liest (ὁ ἀναγινώσκων), und für die Hörenden, die das hier Geschriebene bewahren, „denn die Zeit ist nahe".

In dem brieflichen *Präskript* (1,4–8) nennt der Verfasser zuerst seinen Namen, Johannes, und als Adressaten die „sieben Gemeinden in Asien". Es folgt, ähnlich wie in einem Paulusbrief, der Wunsch für „Gnade und Friede" von Gott und von Jesus Christus (V. 4.5a), dem sich ein Lobpreis Christi sowie eine als „Ich bin"-Aussage formulierte Selbstoffenbarung Gottes anschließen (V. 5b–8).

In der Darlegung seiner *Beauftragungsvision* nennt der Verfasser nochmals seinen Namen (Ἰωάννης) und schildert eine ihm auf der Insel Patmos im Geist widerfahrene Audition. Diese enthält den Auftrag, er solle eine bevorstehende Vision in einem Buch aufschreiben (ὃ βλέπεις γράψον εἰς βιβλίον) und an sieben nun namentlich genannte Gemeinden versenden (1,9–11). Danach (1,12–20) beschreibt er die Herrlichkeit des glänzend erhöhten Menschensohns, den er gesehen hat (V. 13–16) und der sich ihm offenbart (V. 17.18) und dann befiehlt: „Schreibe, was du gesehen hast und was ist und was geschehen soll danach" (V. 19, verbunden mit einer Deutung der zuvor gesehenen Vision in V. 20). In V. 19 stehen also das Programm des ganzen dann folgenden Buches sowie dessen Gliederung.

Die im *ersten Hauptteil* (2,1–3,22) dem Seher von Christus im Wortlaut diktierten sieben Sendschreiben sind nahezu einheitlich aufgebaut, enthalten aber differenzierte Beschreibungen und Beurteilungen der adressierten Gemeinden (s. u. § 36.4). Briefeingang und -schluss sind jeweils deutlich markiert, aber die Briefe folgen ohne weitere Erklärungen unmittelbar aufeinander. Dieser Teil des Buches ist in sich geschlossen, was allerdings nicht durch eine rahmende Notiz oder Ähnliches angezeigt wird.

Der *zweite Hauptteil* (4,1–22,7) beginnt damit, dass Johannes vom geöffneten Himmel spricht („ich sah", εἶδον) sowie von der an ihn gerichteten Aufforderung hinaufzusteigen, um dort das künftige Geschehen zu sehen (vgl. 1,19). In 4,2–11,19 steht die *erste Visionenreihe*: Im Geist (ἐγενόμην ἐν πνεύματι) sieht er den himmlischen Thronsaal und hört den Lobpreis Gottes (4,2–11). Zur Rechten des Thrones sieht er ein siebenfach versiegeltes Buch, das niemand zu öffnen vermag (5,1–5). Dann hört er, dass allein ein geschlachtetes Lamm – offenkundig ein Bild für den gekreuzigten Christus – würdig ist, die Siegel zu öffnen, und deshalb gepriesen wird (5,6–14). Als das Lamm nacheinander die Siegel öffnet, erscheinen vier unheilbringende Reiter (6,1–8). Beim fünften Siegel erscheinen die Seelen der erschlagenen Märtyrer (6,9–11), beim Lösen des sechsten Siegels gerät der Kosmos ins Wanken (6,12–17). Es folgt ein „Zwischenstück" (7,1–17): Johannes hört von der Bewahrung der „Hundertvierundvierzigtausend", die „das Siegel des lebendigen Gottes" empfangen hatten, je zwölftausend aus den zwölf Stämmen Israels (V. 1–8), dann sieht er die „unzählbare Menge aus allen Völkern" vor Gottes Thron und vor dem Lamm (V. 9–17). Als das siebte Siegel geöffnet wird, tritt eine große Stille im Himmel ein, „etwa eine halbe Stunde lang" (8,1). In 8,2–11,19 schaut der Seher sieben Engel, die sieben Posaunen blasen, verbunden mit schrecklichen Geschehnissen (ähnlich wie in 6,1–8,1). Dabei folgt nach der sechsten Posaune (9,13–21) auch hier ein „Zwischenstück" (10,1–11,14; vgl. Kap. 7): Ein Engel bringt ein geöffnetes Buch bzw. Büchlein (τὸ βιβλίον, 10,8, bzw. τὸ βιβλαρίδιον, 10,9f.). Der Verfasser soll es nehmen und verschlingen und prophetisch sprechen über die Völker (10,11). Zudem soll er den Tempel ausmessen (11,1f.). Dann hört er vom Schicksal zweier Zeugen und von dem Tier, das diese zeitweise besiegen wird (11,3–14). Doch dann erschallt die siebte Posaune (11,15a), und nach einem himmlischen Lobgesang (11,15b–18) öffnet sich der himmlische Tempel, in dem die Bundeslade steht (11,19).

In der *zweiten Visionenreihe* (12,1–19,10) folgen mehrere in sich geschlossene Offenbarungsschilderungen. In mythologisch erzählender Weise werden Bilder gezeichnet, die offensichtlich die Gegenwart betreffen (s. u. § 36.6): die Frau, das Kind und der Drache (12,1–17); das Tier aus dem Meer (12,18–13,10); das Tier aus der Erde, das die Zahl „666" trägt, „die Zahl eines Menschen" (13,11–18). Das Tier aus dem Meer wird auf eine Weise beschrieben, die offenbar Anspielungen auf die aktuelle Situation enthält: Es hat zehn Hörner und sieben Köpfe, auf den Hörnern sind zehn Kronen mit gotteslästerlichen Namen. Es hat das Aussehen eines Panthers, seine Füße sind wie die eines Bären, sein Rachen wie der eines Löwen. Damit vereinigt das Tier in sich die Merkmale der drei in Dan 7,4–6 genannten Tiere, denen dort ein viertes, schreckliches Tier folgt. In Dan 7 wird damit die Abfolge von vier Reichen (Babylonier, Meder, Perser, Griechen) symbolisiert. In Apk 13 bezieht sich das Tier, dem von dem Drachen Kraft verliehen wird, auf das Römische Reich, das auf diese Weise als Höhepunkt der widergöttlichen Macht dargestellt wird.

In 14,1–5 schaut der Seher wieder das Lamm und die 144.000 (vgl. 7,1–8), und er sieht einen Engel, der eine „ewige Heilsbotschaft verkündigen" soll für alle „Bewohner der Erde" (εὐαγγέλιον αἰώνιον εὐαγγελίσαι ἐπὶ τοὺς καθημένους ἐπὶ τῆς γῆς, 14,6), sowie zwei weitere Engel, die vorausblicken auf das Endgericht (14,7–13). Der himmlische Befehl „Schreibe!" (V. 13) zeigt dabei an, dass die Lesenden das Gesagte unmittelbar auf sich selbst beziehen sollen. In 14,14–20 sieht Johannes eine auf einer weißen Wolke sitzende Figur „wie einen Menschensohn" (ὅμοιον υἱὸν ἀνθρώπου). Diese und weitere Engel vollziehen das Zorngericht Gottes, das im Bild einer grausamen blutigen Weinlese dargestellt wird. In 15,1–16,21 wird das Siebener-Schema wieder aufgenommen: Der Seher schaut die mit furchtbaren Strafen verbundene Ausgießung der sieben Zornschalen. Dabei gibt es zwischen der sechsten und der siebten Schale abermals ein kurzes „Zwischenstück" (16,15f.): „Siehe, ich komme wie ein Dieb …" In 17,1–19,10 zeigt einer der sieben Engel dem Seher das göttliche Gericht über die „große Hure Babylon" – der hier verwendete Deckname für Rom zeigt den zeitgeschichtlichen Bezug.

In Kap. 17 begegnet dabei ein in apokalyptischer Literatur häufig anzutreffendes Stilmittel: Ein Engel kündigt dem Seher eine Vision an (V. 1f.) und versetzt ihn an den Ort, wo ihm diese Vision widerfährt (V. 3–6a). Der Seher aber versteht das Gesehene zunächst nicht (V. 6b), deshalb gibt ihm der *angelus interpres* eine ausführliche Deutung des Gesehenen (V. 7–18; vgl. schon Dan 7,15f.).

Die in Kap. 17 geschilderte Vision ist insgesamt für den zeitgenössischen Hintergrund und die Datierung von Interesse. Johannes sieht eine Frau auf einem Tier, das voll von gotteslästerlichen Namen ist und sieben Köpfe sowie zehn Hörner hat (vgl. bereits Kap. 13). In der Deutung werden die sieben Köpfe auf sieben Berge bezogen (eine deutliche Anspielung auf die sieben Hügel Roms) und zugleich auf sieben Könige. Von denen seien fünf bereits gefallen, einer sei jetzt da, der letzte schließlich sei noch nicht gekommen; wenn er kommt, werde er nur kurze Zeit bleiben. Es ist in verschiedener Weise versucht worden, diese Angaben mit den römischen Kaisern in Beziehung zu setzen, was sich allerdings schwierig gestaltete.

Aus den Angaben der Johannesoffenbarung geht nicht hervor, mit wem die Reihe der fünf bereits gefallenen Könige beginnt, so dass man häufig in einer Art Zirkelschluss von einer anderweitig hergeleiteten Datierung (etwa in die Zeit Vespasians, Domitians oder Hadrians) rückwärts gezählt und die Reihe dann bei Augustus oder Caligula beginnen ließ oder eine fiktive Rückversetzung aus der Zeit Hadrians (117–138) in die Zeit Domitians (81–96) annahm. Ob sich aus den Formulierungen in 17,9–14 und der Reihe der römischen Kaiser überhaupt eine stimmige Kohärenz erschließen lässt, muss offenbleiben. Denkbar ist auch, dass es sich um symbolische Angaben handelt, die sich nicht unmittelbar auf die Abfolge der römischen Herrscher übertragen lässt (zu den verschiedenen Versuchen, eine solche Kohärenz herzustellen, vgl. KARRER 50–56).

In Kap. 18 schaut Johannes den Untergang „Babylons", wobei die einzelnen Katastrophen überaus plastisch und geradezu realistisch geschildert werden. In V. 4 hört er sogar die himmlische Stimme, die „mein Volk" zum Auszug aus der Stadt auffordert, um von den Plagen verschont zu werden. Zum Schluss sieht er, dass „das Blut der Propheten und der Heiligen in ihr gefunden wurde und all derer, die umgebracht worden sind auf Erden" (V. 24), und dann hört er unmittelbar darauf den hymnischen Lobpreis Gottes angesichts des Falls der „großen Hure" (19,1–10), darin die Einladung zum Hochzeitsmahl des Lammes (V. 7) und die Aufforderung: „Schreibe!" (V. 9, vgl. 14,13).

In 19,11–22,5 folgen *weitere Visionen* als Mitteilung künftiger Endzeitereignisse: Am geöffneten Himmel sieht Johannes den als „Wort Gottes" (ὁ λόγος τοῦ θεοῦ, 19,13) bezeichneten Richter auf einem weißen Pferd, der zur Vernichtung der Feinde kommt (19,11–21). Er sieht, wie der Teufel gefesselt wird und das tausendjährige Reich anbricht (20,1–6). Danach führt die Freilassung des Teufels zu einem letzten Krieg und schließlich zu seiner Vernichtung (20,7–10). In 20,11–13 schaut der Seher einen weißen Thron. Beim Anblick dessen, der darauf sitzt, „fliehen die Erde und der Himmel", und dann geschehen die Auferstehung der Toten und das Endgericht nach den Werken, verbunden mit dem Tod des Todes und dem „zweiten Tod", dem „Feuersee", als dem vernichtenden Urteil über jeden, der nicht eingeschrieben ist „im Buch des Lebens" (20,14f.). Dann sieht Johannes einen neuen Himmel und eine neue Erde, „und das Meer ist nicht mehr" (21,1). Er erblickt die heilige Stadt, das neue Jerusalem, aus dem Himmel herabkommend (21,2), begleitet von dem vom Thron kommenden Ruf: „Siehe, die Wohnung Gottes bei den Menschen" (21,3.4), und der Botschaft: „Siehe, ich mache alles neu" (ἰδοὺ καινὰ ποιῶ πάντα, 21,5). Dies ist verbunden mit der Verheißung einer Welt, in der es keine Ungläubigen, Unzüchtigen, Götzendiener usw. mehr gibt (21,6–8). Danach kommt einer der sieben Engel und zeigt dem Seher die Herrlichkeit des neuen Jerusalem, die in alle Ewigkeit währen wird (21,9–22,5).

Im *Buchschluss* (22,6–21) bezeugt der Engel, dass „diese Worte" wahr sind, und er kündigt das baldige Endgeschehen an mit der Seligpreisung derer, die die „in diesem Buch aufgeschriebenen prophetischen Worte bewahren" (V. 6f.). Dazu versichert Johannes, dass er dies gesehen und gehört hat (V. 8f.). Der Engel sagt ihm, er solle das Buch nicht versiegeln für „spätere" Zeiten, „denn die Zeit ist nahe", die Menschen sollen leben und handeln wie bisher (V. 10f.). Anschließend (V. 12–17) wird die baldige Parusie angesagt (ἰδοὺ ἔρχομαι ταχύ), verbunden mit dem Gericht: Jesus selber sagt, dass er seinen Engel gesandt hat, „um euch dies alles zu bezeugen über die Gemeinden" (V. 16).

Zum Schluss (V. 18f.) warnt der Seher bzw. der Verfasser des Buches in der „Kanonsformel" mit einer scharfen Drohung vor jeglicher Textänderung. Dann folgt die von Christus gesprochene neuerliche Zusage der baldigen Parusie („Ja, ich komme bald", V. 20a), worauf die Bitte folgt: „Amen, komm, Herr Jesus"

(V. 20b). Der kurze Gnadenwunsch (V. 21) erinnert an einen Briefschluss (vgl. 1,4–8).

2 Das Problem der literarischen Gattung und die Verfasserfrage

1) Die Offenbarung des Johannes gehört sachlich in die Nähe jener jüdischen Schriften, die in Form von Visionsschilderungen Zukunfts- und Endzeitvorstellungen vermitteln, die auf die Deutung der jeweiligen Gegenwart zielen. Als Empfänger der Visionen und Auditionen und damit als (fiktive) Verfasser der jeweiligen Bücher fungieren in der Regel prominente Figuren der Geschichte Israels, etwa Henoch, Esra, Baruch, Abraham, Mose oder sogar Adam (s. o. § 9.2d). Die Johannesoffenbarung ist demgegenüber wohl nicht pseudepigraph. „Johannes" stellt sich seinen Adressaten als ihr Zeitgenosse vor, und entsprechend dem Programm in 1,19 wendet er sich an gefährdete christliche Gemeinden, denen er die alle feindliche Macht überwindende Zukunft Gottes ansagt. In den Sendschreiben (Kap. 2–3) urteilt Christus als der wörtlich zitierte Absender über die aktuelle Situation der jeweiligen Gemeinde. Danach schildert der Seher die Ereignisse, die „bald" (vgl. 4,1 mit 22,6–20) auf Erden geschehen werden – ganz sicher, denn im Himmel hat er sie ja schon gesehen. Trotz mancher Anklänge an Topoi in Texten der jüdischen Apokalyptik scheint sich Johannes in erster Linie in prophetischer Tradition zu sehen. Die Passagen in 1,9–11 und 1,19f. wirken wie ein Berufungsbericht (vgl. auch 1,3; 22,9), in dieselbe Richtung weisen die Charakterisierung seiner Botschaft als „Prophetie" (1,3; 22,7.10.18) sowie die „Botenformeln" in den Sendschreiben („Das sagt der Sohn Gottes" o. ä.).

2) Der Prolog (1,1–3) kennzeichnet das Buch als eine von Jesus Christus ausgehende „Offenbarung" (ἀποκάλυψις Ἰησοῦ Χριστοῦ) für seinen Knecht Johannes. Die Überschrift in den antiken Handschriften lautet deshalb von Anfang an „Apokalypse des Johannes", woraus sich seit dem 17. Jahrhundert die Ausdrücke „Apokalypse" und „Apokalyptik" als technische Begriffe entwickelten (zur Begriffsbestimmung s. o. § 9.2d).

Durch das Präskript (1,4–8) und den Schluss (22,21) erscheint das Buch zugleich als (apostolischer) Brief; die Sendschreiben in 2,1–3,22 sind „Briefe im Brief". Von einem „brieflichen Charakter" des gesamten Buches wird man aber nicht sprechen können. Es handelt sich vielmehr um einen großen Visionsbericht mit brieflicher Rahmung und einem vorangestellten brieflichen Teil, der sich unmittelbar an die adressierten Gemeinden richtet.

In der in der Ich-Form verfassten Schilderung der Visionen im Himmel (4,1–22,5) erscheint der Verfasser bisweilen als an dem Geschehen direkt beteiligt, besonders deutlich in 5,4 und in 10,2–11 (vgl. 17,3). Die Ereignisse werden als zeitlich nahe bevorstehend geschildert, exakte Terminbestimmungen („Berechnungen") fehlen allerdings. Die Sendschreiben und auch manche Aussagen im

Visionenteil lassen möglicherweise Rückschlüsse auf die konkrete Situation zur Zeit der Abfassung des Buches zu. Jedenfalls sollen die Adressaten vergewissert werden, dass sich die angekündigten Geschehnisse tatsächlich ereignen werden, denn im Himmel haben sie sich bereits vollzogen und Johannes hat sie „gesehen".

3) Der in 1,1.4.9; 22,8 als Autor bzw. als Schreiber genannte Johannes ist den Adressaten (vgl. 1,4.11 und die Sendschreiben) offenbar bekannt. Eine Identifikation mit einer herausragenden Gestalt der Vergangenheit wird nicht vorgenommen, der Name dürfte also „echt" sein. Die frühe kirchliche Tradition sah in ihm den Verfasser des Johannesevangeliums (und der Johannesbriefe), verbunden mit der Annahme, es handle sich um den Zebedaiden Johannes aus dem Zwölferkreis. Zwischen der Johannesoffenbarung und den übrigen „Johannesschriften" lassen sich tatsächlich gewisse Ähnlichkeiten feststellen. Hier wie dort begegnet die Bezeichnung Jesu Christi als „Lamm", allerdings werden dafür unterschiedliche Begriffe verwendet: im Johannesevangelium ὁ ἀμνός, in der Johannesoffenbarung τὸ ἀρνίον. Jesus spricht in Joh 7,37f. von dem „Wasser des Lebens", das er dem dürstenden Menschen zu trinken gibt, so dass aus dessen Leib „Ströme lebendigen Wassers (ποταμοὶ ... ὕδατος ζῶντος)" fließen werden. Ähnlich sagt Christus in Apk 21,6: „Ich werde dem Dürstenden geben von der Quelle des Wassers des Lebens (ἐκ τῆς πηγῆς τοῦ ὕδατος τῆς ζωῆς) umsonst." Insgesamt sind die sprachlichen und inhaltlichen Differenzen zwischen beiden Büchern allerdings so erheblich, dass die Annahme, sie gingen auf denselben Autor zurück, ausgeschlossen werden kann.

Zu diesem Ergebnis kommt auch Jörg Frey (in HENGEL 326-429). Er führt allerdings, Hengel folgend, das Evangelium und die Briefe auf den Presbyter Johannes zurück (s. o. § 33.6) und sieht die Offenbarung als pseudepigraphe Schrift, die durch die Nennung des in den Rahmenstücken beggnenden Namens Johannes fiktiv auf diesen Presbyter zurückgeführt werden sollte. Allerdings wird einem Seher Johannes sonst nirgendwo eine besondere Autorität zugeschrieben. In der Johannesoffenbarung erscheint er weder als „Presbyter" noch als der Garant der im Johannesevangelium begegnenden Jesusüberlieferung. Es spricht deshalb mehr dafür, dass der Name Johannes authentisch ist, ohne dass wir Näheres über die Person sagen können.

3 Sprache

1) Das in der Johannesoffenbarung verwendete Griechisch weist viele Besonderheiten auf. Es gibt Härten und sogar Fehler in Grammatik und Syntax (vgl. etwa 1,4: χάρις ... ἀπὸ ὁ ὢν καὶ ὁ ἦν; 1,5: ἀπὸ Ἰησοῦ Χριστοῦ, ὁ μάρτυς, ὁ μιστὸς ...). Häufig begegnen sogenannte Semitismen, also grammatisch-stilistische Anlehnungen an die hebräische bzw. aramäische Sprache.

So heißt es in 2,26: καὶ ... ὁ τηρῶν ... δώσω αὐτῷ ἐξουσίαν (anders 2,17), in 6,8 steht: καὶ ὁ καθήμενος ἐπάνω αὐτοῦ ὄνομα αὐτῷ ὁ θάνατος (anders in 6,4: καὶ τῷ καθημένῳ ἐπ' αὐτὸν ἐδόθη αὐτῷ λαβεῖν τὴν εἰρήνην ἐκ τῆς γῆς).

Man kann allerdings vermuten, dass der Autor diese ungewöhnliche Sprache nicht aus Unkenntnis verwendet, sondern bewusst als Stilmittel einsetzt. Die Johannesoffenbarung will demnach „sprachlich provozieren und dennoch verstanden werden, nicht in eine Arkansprache entgleiten" (KARRER 92).

2) Charakteristisch sind die zahlreichen als Hymnen formulierten Textstücke (4,8.11; 5,9f.12.13; 7,10.12; 11,17f.; 12,10–12; 15,3f.; 19,1f.6–8). Es handelt sich wohl nicht um gottesdienstliche Lieder, die der Verfasser als „Quellen" übernommen hat und zitiert. Die Texte sind vielmehr kontextbezogen und also offenbar vom Verfasser des Buches selbst formuliert worden. Sprachlich sind sie oftmals an den Stil der Psalmen und der prophetischen Bücher der Hebräischen Bibel angelehnt. Was deren Funktion betrifft, zeigen die von verschiedenen Gruppen gesprochenen Hymnen jedoch eine gewisse Nähe zum Chor im antiken Drama, der das Geschehen interpretiert und dessen Bedeutung reflektiert.

4 Theologische Tendenzen

Der Verfasser der Johannesoffenbarung informiert seine Adressaten über die Gegenwart und über die (nahe) Zukunft, und zwar aus der Perspektive dessen, der beides „gesehen" hat (1,19; 4,1; 22,6).

1) In den sieben Sendschreiben (2,1–3,22) urteilt der diese Briefe diktierende Christus über den Zustand in der jeweils angeredeten Gemeinde.

Die Briefe sind einheitlich aufgebaut: Der in 1,19 vom erhöhten Christus zu seinem Dienst beauftragte Verfasser empfängt siebenmal den Auftrag, dem Engel der dann namentlich genannten Gemeinde zu schreiben (τῷ ἀγγέλῳ τῆς ἐν Ἐφέσῳ ἐκκλησίας γράψον, 2,1; 2,8 usw.). Es folgt die Präsentation des Auftraggebers, unter Anknüpfung an die Christusbeschreibung bei der Beauftragungsvision (1,12–16): „Das sagt ..." (τάδε λέγει ...). Danach wird die gemeindliche Situation beschrieben: „Ich weiß ..." (οἶδα ... o. ä.), meist freundlich (2,2; 2,9; 2,13b), aber auch kritisch (3,1b). Dann werden sehr konkrete Urteile gefällt (2,2; 2,9; 2,14f.; 2,20; 3,9), auch verbunden mit Hinweisen auf Verfolgungssituationen (2,10; 2,13). Es folgen Mahnungen („Gedenke ...", μνημόνευε ..., 2,5; 3,3) oder Tröstungen („Fürchte dich nicht ...", 2,10), verbunden mit unterschiedlich formulierten konkreten Weisungen („Sei getreu", „Tue Buße" u. ä.). Am Schluss stehen jeweils der sogenannte Weckruf („Wer Ohren hat, der höre"), der zu vertieftem Verstehen aufruft, und der „Überwinderspruch" (τῷ νικῶντι δώσω ..., 2,7b.17b; bzw. ὁ νικῶν ..., 2,11.26; 3,5.12.21), wobei diese Abfolge in den vier letzten Briefen vertauscht ist.

Da Christus der Autor der Briefe ist, können die angeredeten Gemeinden den Analysen ihrer Situation und den daraus resultierenden Weisungen nicht widersprechen. Die Briefe präsentieren sich demnach als unmittelbares prophetisches Reden, zu dem Johannes vom erhöhten Christus beauftragt wurde. Damit erheben sie einen deutlich höheren Anspruch als die anderen Briefe des Neuen Testaments.

2) In 4,1 sieht Johannes eine geöffnete Tür im Himmel, und er erhält von der ihm aus der Berufungsvision bekannten Stimme (Christus) den Auftrag, „hierher" hinaufzusteigen (ἀνάβα ὧδε), denn „ich werde dir zeigen, was danach geschehen muss" (δείξω σοι ἃ δεῖ γενέσθαι μετὰ ταῦτα). Die bevorstehenden Ereignisse sind aber noch verborgen in dem siebenfach versiegelten Buch, das nur von dem „geschlachteten Lamm" geöffnet werden kann (5,9). Der mit diesem Bild bezeichnete gekreuzigte Christus erweist sich damit als Herr über die Ereignisse, die durch die Öffnung der Siegel in Gang gesetzt werden (vgl. 11,15). Deshalb kann das Lamm zugleich als „Löwe" bezeichnet werden (5,5) und die höchsten denkbaren Titel erhalten (17,14).

3) Neben Warnungen und Drohungen stehen in der Johannesoffenbarung auch Worte des Trostes und der Verheißung – die 144.000 Versiegelten aus Israel werden bewahrt werden (7,1–8), aber auch die „unzählbaren Scharen" der Erwählten „aus jedem Volk" (7,9–17).

4) Die unmittelbar bevorstehende Geschichte läuft auf die Vernichtung der gegenwärtigen Welt und des Satans als des Widersachers Gottes sowie auf „einen neuen Himmel und eine neue Erde" hinaus, die an deren Stelle treten werden. Dabei lässt sich an vielen Stellen ein unmittelbarer Erfahrungshorizont vermuten (vgl. etwa die Angaben über Lebensmittelpreise in 6,6). Die aktuelle zeitgeschichtliche Situation wird besonders in Kap. 12 und 13 sichtbar, auch wenn manche Anspielungen und Bilder für uns undeutlich bleiben (s. u. § 33.6). In 12,1–17 werden in mythischen Bildern die Geburt Jesu aus Maria, seine Erhöhung zu Gott und der Sieg über den „Drachen" geschildert. Die beiden „Tiere" (13,1–10 und 11–18) stehen offensichtlich für das römische Imperium zur Zeit der Abfassung der Schrift. Die in 13,11–17 beschriebene religiöse Verehrung des Tieres aus dem Meer bezieht sich offenbar auf private Formen der kultischen Kaiserverehrung, die für die Zeit des Kaisers Trajan in Kleinasien belegt ist. Die dazu in 13,18 genannte Zahl „666" lässt sich im Griechischen und im Hebräischen, wo Buchstaben auch für Zahlen stehen (Gematrie), auflösen. Die dabei oft angenommene Deutung auf Nero ist möglich. Mitunter wird auch ein Bezug auf Hadrian vertreten, was Konsequenzen für die Datierung des Buches hätte.

Auch in 17,1–18,24 ist der zeitgeschichtliche Kontext deutlich erkennbar: Handel, Wirtschaft und Kultur werden anschaulich beschrieben, dann sieht Johannes, wie dies alles zusammenbricht.

5) In 20,1f. schaut Johannes, wie ein Engel dem Teufel Fesseln anlegt für „tausend Jahre" (ἔδησεν αὐτὸν χίλια ἔτη). Jenen Verstorbenen, die sich geweigert hatten, das Tier anzubeten, widerfährt die Auferstehung (20,4), die ausdrücklich als „die erste Auferstehung" bezeichnet wird (20,5f.). Nach diesen tausend

Jahren wird der Satan freigelassen, die Zeit des letzten Kampfes bricht an. Der Teufel, das Tier und der Pseudoprophet werden in den Feuersee geworfen (20,7–10), dann geschehen Totenauferstehung und Endgericht mit dem „zweiten Tod" für alle, deren Namen nicht im „Buch des Lebens" stehen (20,11–15). Hier bedient sich die Johannesoffenbarung jüdischer apokalyptischer Vorstellungen. Danach (21,1) sieht Johannes „einen neuen Himmel und eine neue Erde" (vgl. Jes 65,17; 1Hen 92,16 u. ö.) als eine Welt ohne Chaosmächte: „Und das Meer ist nicht mehr." Er sieht, wie das neue Jerusalem aus dem Himmel herabkommt (21,2), begleitet von der Verheißung der Gegenwart Gottes (21,3f.), und er erhält den Auftrag, dies alles aufzuschreiben (21,5). Das in 21,9–22,5 genau beschriebene neue Jerusalem hat eine Idealgestalt (Kubus, 21,16). Es ist eine Stadt ohne Tempel, denn Gott und „das Lamm" sind ihr Tempel (21,22). Es gibt auch keine die Zeit anzeigenden Gestirne Sonne und Mond (21,22f.), denn Gott selber wird das Licht sein (21,24; vgl. 22,5).

6) Die Christologie besitzt in der Johannesoffenbarung ein besonderes Gewicht, was vor allem an der Rolle des geschlachteten Lammes erkennbar wird. Aus der Geschichte Jesu werden aber nur sein Tod und seine Erhöhung erwähnt (1,5). Die Geburt des Kindes wird in Form einer mythischen Jesusdeutung beschrieben (12,5), die allerdings zugleich deutlich macht, dass Jesus eine konkrete irdische Existenz hatte. Abgesehen von den Situationsschilderungen in den Sendschreiben tritt die Situation der christlichen Kirche nicht in den Blick. Auch die Geschichte Israels tritt nicht eigens in den Blick. Zwar werden die zwölf Stämme Israels namentlich genannt (7,4–8), aber dem kommt offenbar keine heilsgeschichtliche Relevanz zu. Es gibt zahlreiche Anspielungen auf die israelitisch-jüdischen Schriften, jedoch kein einziges Schriftzitat.

7) In der älteren Forschung wurde bisweilen gefragt, ob die Johannesoffenbarung überhaupt ein christlicher Text ist oder nicht eher ein jüdischer, nur oberflächlich „christianisierter" Text. Die christologischen Aussagen und Bilder sind jedoch ein grundlegender Bestandteil der gesamten Schrift. Vermutlich war der Verfasser jüdischer Herkunft und hat auf der Grundlage jüdischer apokalyptischer Traditionen eine Geschichtsdeutung aus der Perspektive des Christusglaubens verfasst. Prägend ist dabei der Universalismus: Christi Erlösungstat gilt Menschen aus allen Völkern (ἐκ πάσης φυλῆς καὶ γλώσσης καὶ λαοῦ καὶ ἔθνους, 5,9), und so kommen Menschen aus allen Nationen und allen Sprachen zum Thron des „Lammes" (7,9). Die Vision in 14,6 von der durch einen Engel vollzogenen Verkündigung des „ewigen Evangeliums" bedeutet nicht, dass die Einbeziehung der Heiden erst ein endzeitliches Geschehen sein wird. Die Adressaten dieser Botschaft sind ja „die Bewohner der Erde" (… εὐαγγελίσαι ἐπὶ τοὺς καθημένους ἐπὶ τῆς γῆς), die Botschaft geht an jede Nation und jeden Stamm und jede Sprache und jedes Volk.

5 Zum hermeneutischen Problem

1) Bei keiner anderen neutestamentlichen Schrift wurde und wird so intensiv nach einem Schlüssel für die Deutung gesucht wie bei der Offenbarung des Johannes. Man hat aus ihr Weissagungen über den Ablauf der Kirchengeschichte herausgelesen, aber auch genaue Prophezeiungen über den Lauf der Welt und ihr Ende. In manchen christlichen Gruppen herrscht die Überzeugung, mit der Schrift ließen sich bestimmte Phänomene der Vergangenheit und der Gegenwart deuten und sogar das Weltende berechnen. Solche Erwägungen sind häufig mit der Vorstellung verbunden, die Erfüllung der hier formulierten Drohungen oder Verheißungen stehe unmittelbar bevor. Aber eine in dieser Weise *kirchen-* bzw. *weltgeschichtliche Erklärung* der Johannesoffenbarung ist keine Auslegung, sondern die „Anwendung" des Buches auf eine bestimmte Situation hin. So hat man „das Tier" von Kap. 13 oft auf eine Person der jeweiligen Gegenwart bezogen, etwa auf Hitler, und so die Gegenwart zugleich als Endzeit gedeutet. Dass eine solche Exegese des Textes unhaltbar ist, liegt auf der Hand. Dasselbe gilt für die Schilderung der Katastrophen beim Kommen der apokalyptischen Reiter oder bei der Ausgießung der sieben Zornschalen (Kap. 16): Die hier entworfenen Bilder sind überaus realistisch und lassen sich aus der Erfahrung von Kriegen, Naturkatastrophen und Krankheitsepidemien ableiten, aber sie sind keine Prognosen, die Ereignisse späterer Jahrhunderte vorhersagen wollen.

Die *zeitgeschichtliche Deutung* sieht in der Johannesoffenbarung die verhüllte Darstellung der Gegenwart ihres Verfassers. Das Tier in Kap. 13 ist dann einer der römischen Kaiser, und man nimmt an, dass dieser von den zeitgenössischen Adressaten mit hoher Wahrscheinlichkeit identifiziert werden konnte (s. u. § 33.6). Wenn von „Babylon" gesprochen wird, das auf den sieben Hügeln liegt (17,9), ist damit natürlich Rom gemeint.

2) Auch die zeitgeschichtlichen Beobachtungen erklären jedoch nicht alles. Die in der Johannesoffenbarung begegnenden mythischen Figuren haben einen eigenen Sinn, der sich nicht in dem zeitgeschichtlichen Bezug erschöpft. Diese Deutung ist daher zu ergänzen durch eine *religionsgeschichtliche Perspektive*. Die religionsgeschichtlichen Besonderheiten zeigen sich vor allem in den beiden mythischen Kapiteln 12 und 13: Hinter dem Bild von der „Geburt des Kindes" (12,1–6) steht die Vorstellung von der astralmythischen Himmelskönigin, deren Sohn durch Gott selbst vor den Nachstellungen des Drachen bewahrt wird. Der Kampf des Engels Michael mit diesem Drachen (12,7–17) ist ein neues Thema: Äußerer Gang der Handlung sind Verfolgung, Flucht und schließlich die Bergung der Frau, die möglicherweise Maria als Mutter Jesu (oder im Sinne der Johannesoffenbarung: die Kirche?) symbolisiert. Zugrunde liegt vermutlich der Mythos von Geburt, Verfolgung und Sieg des Sonnengottes, verbunden mit der Vorstellung vom Ansturm und Sturz des Chaos-Drachen. Auch die Aussagen in Kap. 13 haben mythische Vorbilder: Die beiden Tiere sind ursprünglich Levia-

than und Behemot (vgl. Hi 40,15–41,26); weitere Einzelheiten, etwa „die zehn Hörner", stammen aus Dan 7. Diese Bilder werden in der Johannesoffenbarung zeitgeschichtlich interpretiert: Das Meer ist nicht nur das mythische Ur-Meer, welches das Chaos symbolisiert, sondern zugleich das Mittelmeer, das *mare nostrum* des römischen Imperiums. Die dem Tier gegebene „Macht und Gewalt" (δύναμις καὶ ἐξουσία, vgl. 17,13) ist nicht nur mythisch zu verstehen, sondern bezieht sich konkret auf die Macht Roms, verkörpert in der Person des Kaisers. Hinter dem Bild in 13,3 (die tödliche Wunde des Tieres wird wieder heil) steht vermutlich die Legende, der ermordete Nero werde wieder lebendig werden (*Nero redivivus*) oder er sei womöglich nie gestorben (*Nero redux*). Darauf wird nochmals in 17,8 angespielt.

Die Frage, welche theologische Bedeutung es hat, dass Zeitereignisse in dieser Weise, also mythisch, interpretiert werden, lässt sich nicht eindeutig beantworten. Der Verfasser hatte offenbar nicht das Interesse, bestimmte in der Tradition vorgegebene apokalyptische Bilder zeitgeschichtlich zu deuten. Er wollte vielmehr umgekehrt die eigene Gegenwart im Horizont des in diesen Bildern ausgesagten Übergeschichtlichen und Transzendenten interpretieren. So ist die Johannesoffenbarung nicht anders auszulegen als alle anderen neutestamentlichen Texte auch: Es muss danach gefragt werden, was der Autor seinen Adressaten mitteilen wollte und welcher Sprach- und Denkmittel er sich dabei bediente.

3) Die in der Johannesoffenbarung mehrfach als „bald" anbrechend angesagte Zukunft steht immer noch aus: Der Seher Johannes hat sich im Wesentlichen geirrt. Ist damit das ganze Buch im Grunde bedeutungslos? Der Versuch, die jeweils eigene Zeit als die in der Johannesoffenbarung beschriebene „letzte Zeit" anzusehen und von daher zu deuten, ist kein sinnvoller Umgang mit der Schrift. Die entscheidende hermeneutische Einsicht ist vielmehr, dass der Verfasser seinen Adressaten angesichts der Schrecken der Gegenwart eine Hoffnung auf Gottes Zukunft verheißen wollte. Dies tut er dadurch, dass er diese Schrecken auf den Plan Gottes und seiner Engel zurückführt und daraus die Gewissheit von Gottes endgültigem Sieg ableitet. So will die Johannesoffenbarung den Adressaten Zuversicht und Standhaftigkeit vermitteln: Sie können die gegenwärtige Not bestehen, denn das Ende ist nahe, und es ist ihnen bekannt. Zugleich wird ihnen Mut gemacht, „Irrlehren" zu widerstehen und sich insbesondere dem durch den Kaiserkult als totalitär erfahrenen Römischen Reich zu widersetzen. Der Überwinderspruch in den sieben Sendschreiben und das Verheißungswort am Ende (22,20) gehören unmittelbar zusammen: Die Kraft zum Überwinden resultiert aus der Gewissheit der nahen Parusie. „Erst wenn wir diesen zeitgeschichtlichen Hintergrund der Offenbarung ernst nehmen, wird ihre Botschaft auch für uns aktuell und aufregend. Denn wir erkennen dann, dass dieses Buch nicht, wie seine Kritiker meinten, eine Sammlung dunkler, zu Spekulationen herausfordernder Zukunftsankündigungen ist, sondern dass es im Lichte der durch Christus geschenkten Hoffnung ein Wesensbild der ihrem Ende zueilenden Ge-

schichte zeichnet und so der Kirche hilft, ihre Verantwortung in der Geschichte zu erkennen" (ROLOFF 23).

6 Ort und Zeit der Abfassung

Abfassungsort der Johannesoffenbarung dürfte eine Stadt in Kleinasien gewesen sein. Die Liste der Adressaten in 1,11 und die Sendschreiben in Kap. 2–3 nennen sieben Gemeinden, die in jener Region liegen. Allerdings könnte die Siebenzahl auch symbolische Bedeutung haben, so dass sich die Briefe über die genannten Gemeinden hinaus an die Provinz Asia insgesamt oder sogar an alle Christusgläubigen richten.

Dass sich Johannes bei der von ihm geschilderten Christusvision auf der kleinen, nicht sehr weit von Ephesus gelegenen ägäischen Insel Patmos aufhielt (1,9), kann als historisch plausibel angenommen werden. Die Frage, ob sein Aufenthalt dort freiwillig war oder ob er auf diese Insel verbannt worden war, lässt sich nicht sicher beantworten. Der Hinweis in 1,9, er sei „um des Wortes Gottes und des Zeugnisses Jesu willen" auf Patmos gewesen, könnte sich allerdings auf seine Verbannung oder Flucht beziehen. Das Buch als ganzes wird dort jedoch nicht entstanden sein.

Die *Datierung* hängt davon ab, wie die teilweise verdeckten zeitgeschichtlichen Angaben gedeutet werden. Eine Abfassung des Buches zur Zeit Neros, also vor 66 n. Chr., ist sehr unwahrscheinlich, zumal der so nachdrücklich bekämpfte Kaiserkult zu dieser Zeit in Kleinasien noch wenig entwickelt war. Angesichts der in 6,9–11 erwähnten Märtyrer wird die Johannesoffenbarung oft in die Regierungszeit Domitians (81–96) datiert, der sich als „unser Herr und Gott" anreden ließ und etliche Maßnahmen zur Stabilisierung des Römischen Reiches durchsetzte. Dazu gehörte auch das Vorgehen gegen nichtrömische Religionen. Verfolgungen von Christusgläubigen hat es während seiner Herrschaft jedoch nicht gegeben. Sollte mit dem in 2,13 erwähnten „Thron des Satans" in Pergamon der dort errichtete Tempel für Kaiser Trajan und den Gott Zeus gemeint sein, wäre das ein Indiz für die Datierung der Johannesoffenbarung jedenfalls nach 112 n. Chr., dem Datum der Weihe dieses Tempels.

Der in der Johannesoffenbarung nachdrücklich angegriffene Kaiserkult war zur Zeit von Kaiser Hadrian in Kleinasien verbreitet und hatte sich auch im Bereich privater Frömmigkeit etabliert. Die Kritik daran und die Warnungen vor einer Vermischung mit dem Christusbekenntnis lassen es als denkbar erscheinen, dass die Johannesoffenbarung erst in der Zeit Hadrians verfasst wurde, möglicherweise in zeitlicher Nähe zum Bar-Kochba-Aufstand, auf den in 11,1–10 angespielt sein könnte. Dann wäre die Johannesoffenbarung um 132/135 n. Chr. verfasst worden. Die am häufigsten vertretene Datierung ist allerdings diejenige in die Zeit Domitians.

Justin der Märtyrer sagt um 150/160 n. Chr. in seinem „Dialog mit dem Juden Tryphon" (81,4), ein Mann namens Johannes, „einer der Apostel Christi", habe den Christusgläubigen in einer ihm widerfahrenen Offenbarung (ἐν ἀποκαλύψει γενομένῃ αὐτῷ) eine tausendjährige Zeit in Jerusalem und dann die allgemeine Totenauferstehung und das Gericht prophezeit (προεφήτευσε). Wenn das eine Anspielung auf diesen Text als literarische „Apokalypse" sein sollte, dann wäre die Johannesoffenbarung nur wenige Jahrzehnte nach ihrer Entstehung bereits in Rom bekannt gewesen.

Arbeitsvorschläge

1. Orientieren Sie sich mithilfe einer Karte über die geographische Lage der Insel Patmos sowie der Orte, die in den sieben Sendschreiben (Apk 2–3) genannt werden. Welche Gemeinden werden überwiegend positiv gewürdigt, welche stehen in einem negativen Licht? Welche Auszeichnungen und Probleme werden konkret benannt?
2. Wie wird der Tod Jesu in Apk 1,5f.; 5,9f. gedeutet? Was hat sein Tod bewirkt? Welche Rolle spielen dabei die Begriffe „Königreich" bzw. „herrschen" sowie „Priester"? Was könnte dies für die Leserinnen und Leser bedeuten?
3. Wofür könnten das „Tier" in Apk 13 und die Frauengestalt „Babylon" in 17,1–19,10 stehen und welche Hinweise gibt der Text dazu? Welche aktuellen Konflikte zur Zeit der Abfassung der Johannesoffenbarung werden in diesem Zusammenhang angedeutet?
4. Informieren Sie sich über die Wirkungsgeschichte der Johannesoffenbarung und recherchieren Sie selbständig einige Beispiele zur Rezeption dieses Textes in der Gegenwartskultur (Kunst, Literatur, Kino usw.). Welche Textabschnitte spielen hier jeweils eine besondere Rolle? Lektüreempfehlung zum Einstieg: MICHAEL BACHMANN, Die Johannesoffenbarung, in: Karl-Wilhelm Niebuhr (Hg.), Grundinformation Neues Testament. Eine bibelkundlich-theologische Einführung (UTB 2108), Göttingen ⁵2020, 339–363, hier 360–363.

VII. Die Katholischen Briefe (außer den Johannesbriefen)

Zu den sieben „Katholischen Briefen", die bei der Entstehung des Neuen Testaments als nicht an bestimmte Empfänger, sondern an die gesamte („katholische") Kirche gerichtet galten, gehören neben den in den folgenden Paragraphen besprochenen vier Briefen (Jakobus-, 1. Petrus-, Judas- und 2. Petrusbrief) auch die Johannesbriefe, die bereits oben im Rahmen des johanneischen Schrifttums (§ 34) behandelt wurden. Die Bezeichnung „Katholische Briefe" darf nicht darüber hinwegtäuschen, dass einige dieser Briefe durchaus konkrete Adressaten nennen (so der 2. und 3. Johannesbrief sowie der 1. Petrusbrief; auch der Judasbrief dürfte an eine konkrete Gemeinde gerichtet gewesen sein). Der Hebräerbrief hat zwar auch einen „katholischen" (allgemeinen) Charakter, wurde aber nie als „katholischer Brief" bezeichnet, sondern als Paulusbrief betrachtet und dementsprechend innerhalb der Paulusbriefsammlung überliefert. Deshalb wurde er oben im Zusammenhang der deuteropaulinischen Briefe vorgestellt (§ 24).

§ 37 Der Jakobusbrief

Literatur: CHRISTIAN BEMMERL, Der Jakobusbrief in der Alten Kirche. Eine Spurensuche vom Neuen Testament bis zu Origenes (WUNT II 588), Tübingen 2023 ♦ PETRA VON GEMÜNDEN/MATTHIAS KONRADT/GERD THEISSEN, Der Jakobusbrief. Beiträge zur Rehabilitierung der „strohernen Epistel" (Beiträge zum Verstehen der Bibel 3), Münster 2003 ♦ PATRICK HARTIN, James, Epistle of, I. New Testament, EBR 13 (2016), 721–726 ♦ MATTHIAS KONRADT, Christliche Existenz nach dem Jakobusbrief. Eine Studie zu seiner soteriologischen und ethischen Konzeption (StUNT 22), Göttingen 1998 ♦ MATTHIAS KONRADT, Der Jakobusbrief, in: Martin Ebner/Stefan Schreiber (Hg.), Einleitung in das Neue Testament, Stuttgart ³2020, 507–520 ♦ KARL-WILHELM NIEBUHR, A New Perspective on James? Neuere Forschungen zum Jakobusbrief, ThLZ 129 (2004), 1019–1044 ♦ KARL-WILHELM NIEBUHR/ROBERT W. WALL (Hg.), The Catholic Epistles and Apostolic Tradition. A New Perspective on James to Jude, Waco, Tex. 2009 ♦ TOBIAS NICKLAS (Hg.), The Epistle of James. Theology, Ethics and Reception, Themenheft, ASEs 34,2 (2017). – **Kommentare:** DALE C. ALLISON, James. A Critical and Exegetical Commentary (ICC), Edinburgh 2013 ♦ CHRISTOPH BURCHARD, Der Jakobusbrief (HNT 15/1), Tübingen 2000 ♦ MARTIN DIBELIUS, Der Brief des Jakobus (KEK 15), Göttingen ⁶1984 ♦ HUBERT FRANKEMÖLLE, Der Brief des Jakobus, 2 Bde. (ÖTBK 17/1-2), Gütersloh 1994 ♦ THEO K. HECKEL, Die Briefe des Jakobus, Petrus, Johannes und Judas (NTD 10), Göttingen 2019, 9–73 ♦ RAINER METZNER, Der Brief des Jakobus (ThHK 14), Leipzig 2017 ♦ FRANZ MUSSNER, Der Jakobusbrief (HThK 13/1), Freiburg i.Br. ⁵1987 ♦ WIARD POPKES, Der Brief des Jakobus (ThHK 14), Leipzig 2001.

1 Gliederung und Inhalt

Der Jakobusbrief beginnt in 1,1 mit einem klar aufgebauten und abgegrenzten brieflichen Präskript (s. u. § 37.2). Danach aber ist eine Struktur nur schwer zu erkennen. Locker aneinandergereiht folgen insgesamt acht Spruchreihen, thematische Abhandlungen und Spruchgruppen, vergleichbar der jüdischen weisheitlichen Ethik. Im *ersten Abschnitt*, einer Spruchreihe *(1,2–18)*, werden die Anfechtungen (πειρασμοί, V. 2.12; vgl. V. 13f.) der Gläubigen beschrieben, die sich aber darauf verlassen dürfen, dass der Ursprung alles Guten in Gott liegt (V. 16–18). Der *zweite Abschnitt*, ebenfalls eine Spruchreihe *(1,19–27)*, betont die Notwendigkeit des Tuns des Wortes (V. 22) und unterscheidet auf dieser Grundlage wahren und falschen Gottesdienst (V. 26f.). Danach folgen drei thematische Abhandlungen: Im *dritten Abschnitt (2,1–13)* geht es um das Thema „arm und reich", verbunden mit der Forderung, Barmherzigkeit zu üben, da sonst das Gericht drohe (V. 13); im *vierten Abschnitt (2,14–26)* geht es um das Verhältnis „Glaube und Werke", wobei am Beispiel Abrahams gezeigt wird, dass die Rechtfertigung aus den Werken erfolgt (V. 20–26); im *fünften Abschnitt (3,1–18)* ist zunächst von der „Macht der Zunge" die Rede (V. 1–12), dann von der Unterscheidung der irdischen und der „von oben kommenden" Weisheit (V. 13–18). Bei den drei letzten Abschnitten handelt es sich wieder um Spruchreihen: Im *sechsten Abschnitt (4,1–12)* stehen Sprüche über die Streitsucht, im *siebten Abschnitt (4,13–5,6)* geht es um die Gefahren des Reichtums (darin in 4,13–16 die Warnung vor dem eigenmächtigen Umgang mit der Zeit), und der *achte Abschnitt (5,7–20)* enthält eschatologische Mahnungen und Verweise auf die Macht des Gebets angesichts von Krankheit (V. 13–15) und Sünde (V. 16–20). Es ist sicher kein Zufall, dass die Mahnung „Seid geduldig bis zur Parusie des Herrn" am Ende des Jakobusbriefs steht (5,7), aber es fehlt ein ausgearbeiteter Schluss.

2 Gattung und Form

1) Der Jakobusbrief stellt sich von 1,1 her eindeutig als Brief dar; auffallend ist, dass der Absender das konventionelle griechische Formular verwendet (A an B, Gruß; vgl. Apg 15,23b; 23,26), nicht das ansonsten im Neuen Testament verwendete längere Briefformular, in dem der Gruß einen eigenen Satz bildet (s. o. § 9.2b). Das Fehlen eines brieflichen Schlusses gilt oft als Beleg für die Annahme, dass der Jakobusbrief im Ganzen nicht als Brief anzusehen sei (vgl. den umgekehrten Befund im Hebräerbrief: dort findet sich kein Präskript, aber ein Briefschluss). Aber im hellenistischen Brief können Mahnungen oder Aufforderungen wie in 5,19f. am Ende stehen, ohne dass ein Segenswunsch oder Grüße folgen müssen. Der Jakobusbrief wendet sich durchgängig an konkrete Leser, die er häufig als „Brüder" (ἀδελφοί) anredet. Ab 4,13 hat er dabei speziell reiche Christen im Blick. Der Jakobusbrief ist also im Ganzen nicht als allgemeiner Traktat entworfen, sondern als wirklicher Brief.

2) Der Jakobusbrief verfolgt durchgehend ein Ziel: Er will erreichen, dass die Leser sich für eine bestimmte Lebenspraxis entscheiden und diese verwirklichen; dafür wirbt er mit den ihm zur Verfügung stehenden Mitteln der Überzeugungs- und Überredungskunst. Man muss dabei nicht unbedingt annehmen, dass bei den Adressaten gerade auf denjenigen Gebieten, die besonders erwähnt werden, ein akutes Defizit herrscht. Allerdings sind die Aussagen auch nicht rein theoretisch gemeint, sondern der Autor hat offenbar bestimmte Erfahrungen im Auge oder hält bestimmte kritikwürdige Verhaltensweisen bei seinen Empfängern für möglich (s. u. § 37.3).

3) Die erwähnten acht Abschnitte innerhalb des Jakobusbriefs folgen bestimmten Formgesetzen. Die fünf Spruchgruppen (Kap. 1; 4 und 5) sind formal und inhaltlich der jüdischen Spruchweisheit sehr ähnlich und haben Analogien in jüdischen Weisheitsschriften, vor allem bei Jesus Sirach, aber auch im Buch der Sprüche und der Weisheit Salomos (vgl. dazu die Angaben am Rand von NA[28]). Die drei Abhandlungen sind analog aufgebaut: a) Zuerst wird das Thema genannt (2,1: „Ansehen der Person"; 2,14: „Glaube und Werke"; 3,1f.: Redeverfehlungen), b) es folgt eine Illustration durch Beispiele (2,2–4; 2,15–17; 3,3–12), c) schließlich wird gesagt, was konkret zu tun bzw. zu unterlassen ist, verbunden mit Drohung oder Verheißung (2,5–13; 2,18–26; 3,13–18).

3 Adressaten

Die Adresse in 1,1 nennt als Briefempfänger „die zwölf Stämme in der Diaspora". Angesichts des Charakters des Briefes ist dabei vermutlich an die Gesamtheit christlicher Gemeinden zu denken. Die Übernahme des Begriffs „Diaspora", der ursprünglich die Zerstreuung der Juden unter die Völker bezeichnet, erklärt sich aus der Vorstellung, dass die Christen in der Welt in der Fremde leben (vgl. 1Petr 1,1; Phil 3,20; ausführlich im Brief an Diognet). Trotz dieser Adresse hat der Verfasser sicher einen engeren Adressatenkreis im Auge. Der Jakobusbrief richtet sich nicht an eine bestimmte Gemeinde, wohl aber an Christen, die in Gemeinden leben. In 2,2 wird die gottesdienstliche Zusammenkunft als συναγωγή bezeichnet (ein im Neuen Testament nur hier begegnender Sprachgebrauch); in 5,14 werden die „Ältesten der Gemeinde" (πρεσβύτεροι τῆς ἐκκλησίας) erwähnt. Auch die geschilderten Probleme bzw. Konflikte verweisen jedenfalls zum Teil auf gemeindliche Beziehungen, in denen die Adressaten stehen.

Man könnte fragen, ob sich der Verfasser vor allem an Judenchristen richtet. Darauf hindeuten könnten die positiven Verweise auf das Gesetz (1,25; 2,12) sowie die in 2,14–26 vorgetragene, durch Schriftbelege untermauerte Argumentation zum Verhältnis von Glaube und Werken (wobei, anders als bei Paulus, im Jakobusbrief nicht von „Werken des Gesetzes" die Rede ist). Eine Diskussion spezifisch judenchristlicher Probleme, etwa um die Frage der Geltung der kultischen Tora (Sabbat, Beschneidung, Reinheitsgebote), ist allerdings nicht erkennbar. Das Problem des Nebeneinanders von Juden und Heiden in christlichen Gemeinden wird im Jakobusbrief jedenfalls nicht zur Sprache gebracht. Das Gesetz ist für den Autor Quelle moralischer Norm. Eher wäre zu erwägen, ob die konkreten Bezugnahmen auf die Gefahr materiellen Besitzes einen realen Erfahrungshintergrund bei den Adressaten voraussetzen (vgl. 2,2f.; 5,1–6; vgl. 4,13–16). Hier liegt möglicherweise kein allgemeines Ressentiment gegen Reiche und Reichtum vor, sondern eine aktuelle Problematik.

4 Verfasserfrage und Sprache

1) Der Jakobusbrief gibt sich in 1,1 als Brief des „Jakobus, des Knechts Gottes und des Herrn Jesus Christus". Damit wird kaum der nach Apg 12,2 im Jahre 44 hingerichtete Zebedaide Jakobus gemeint sein, sondern vielmehr der Bruder Jesu (vgl. Gal 1,19; 2,9; Apg 21,18ff.), der nach dem Bericht des Josephus im Jahre 62 in Jerusalem das Martyrium erlitt. Die Wahrscheinlichkeit, dass der Herrenbruder tatsächlich der Verfasser des Jakobusbriefs ist, muss jedoch als sehr gering angesehen werden: a) Der Jakobusbrief lässt von der judenchristlichen Theologie, auf die Jakobus großen Wert legte (vgl. Gal 2,11f.), nichts erkennen; b) die im Jakobusbrief vorausgesetzte kirchliche Situation (vgl. etwa 5,14) verweist deutlich in eine spätere Zeit; c) der Jakobusbrief lässt, mit Ausnahme der Erwähnung des Namens in 1,1, nichts erkennen, was auf den Herrenbruder hinweist (etwa eine besondere Beziehung zu Jesus). Wahrscheinlich ist der Jakobusbrief deshalb ein pseudepigrapher Brief. Wer den Brief verfasst hat, lässt sich nicht mehr feststellen. Ein in weisheitlichen und paränetischen Überlieferungen des Judentums bewanderter, im hellenistischen Griechisch versierter Autor wollte seine Leserschaft zu einem Leben ermutigen, das der zeitgenössischen Weisheitslehre entspricht.

Der Grund für die Wahl des Pseudonyms „Jakobus" wird in dieser Richtung zu suchen sein. Mitunter wird dabei auf einen möglichen Zusammenhang mit der Jesusüberlieferung verwiesen, wie sie vor allem in der Bergpredigt begegnet (vgl. vor allem Jak 5,12 mit Mt 5,34–37). Die Beziehungen des Jakobusbriefs zur synoptischen Jesusüberlieferung sind in der Tat augenfällig. Allerdings ist zu beachten, dass die entsprechenden Überlieferungen nirgendwo explizit auf Jesus zurückgeführt, sondern vielmehr stets unter der Autorität des Jakobus angeführt werden. Für die Leser des Briefes war also gar nicht erkennbar, dass es sich um „Jesusüberlieferung" handeln soll. Zudem ist die Möglichkeit in Rechnung zu stellen, dass diese Überlieferungen im frühen Christentum verbreitet waren und auch ohne Zuschreibung an Jesus überliefert wurden (so etwa bei Paulus, im 1. Petrusbrief und in der Didache). Sie könnten deshalb – zumindest in Teilen – auch erst in den synoptischen Evangelien unter die Autorität Jesu gestellt worden sein. Der Jakobusbrief präsentiert seine Lehren dagegen unter der Autorität des Jakobus als Paränese, die zu einem gottgefälligen Leben anleitet. Der Verfasser könnte demnach die Autorität des Jakobus in Anspruch genommen haben, dessen Akzeptanz er auch bei den Adressaten voraussetzte.

Eine Verbindung könnte auch zwischen dem Pseudonym „Jakobus" und der Behandlung des Themas „Glaube und Werke" (s. u. § 37.5) bestehen. Die in 2,14–26 begegnende, von der Position des Paulus deutlich unterschiedene Darstellung dieses Themas konnte der Autor möglicherweise dadurch zusätzlich stützen, dass er sich auf eine andere Autorität berief, deren von Paulus unterschiedene Position bekannt war (vgl. Gal 2,12). Dies bleibt allerdings eine Vermutung, die sich nicht weiter substantiieren lässt. Luthers berühmtes Diktum vom Jakobusbrief als einer „strohernen Epistel" (in seiner Vorrede zum Jakobusbrief) bezieht sich vor allem auf diese Passage, die Luthers an Paulus gewonnener Auffassung vom Verhältnis von Glaube und Werken zuwiderlief.

2) Der Verfasser des Jakobusbriefs ist rhetorisch gebildet und schreibt ein literarisch ansprechendes Griechisch mit zahlreichen sprachlichen Feinheiten. Bemerkenswert ist das Bemühen um kunstvoll gegliederte Argumentationsketten (vgl. etwa 3,13–18) ebenso wie die häufige Verwendung von Metaphern (vgl. 1,6.10f.14f. usw.). Die Leser werden so in eine Denkbewegung hineingenommen, die sie von der Plausibilität der vorgetragenen Argumente für ein gottgemäßes Leben überzeugen sollen.

📖 **Lektüreempfehlung:** Zur Sprache des Jakobusbriefs vgl. DIBELIUS 53–57 sowie ALLISON 81–88.

5 Theologische Tendenzen

1) Der Jakobusbrief erwähnt Jesus Christus im Präskript (1,1), außerdem in 2,1, wo dazu aufgerufen wird, „den Glauben an unseren Herrn der Herrlichkeit, Jesus Christus" (τὴν πίστιν τοῦ κυρίου ἡμῶν Ἰησοῦ Χριστοῦ τῆς δόξης), nicht mit dem „Ansehen der Person" zu verbinden. Da alle weiteren, auch indirekten christologischen Aussagen fehlen, wurde in der älteren Forschung gelegentlich angenommen, der Jakobusbrief sei eigentlich ein jüdischer Text, der nur oberflächlich mit christlichen Bezügen versehen worden sei. Das ist aber unwahrscheinlich, zumal sich noch weitere christliche Gedanken erkennen lassen. Die Mahnung in 2,7 bezieht sich offensichtlich auf die Taufe „auf den Namen" (Jesu), die Krankensalbung (5,14) ist ebenfalls kein jüdischer Ritus. Anspielungen auf christliche Überlieferungen finden sich außerdem in 5,12 (s. o. § 37.4); 1,5 (Mt 7,7); 1,17 (Mt 7,11/Lk 11,13) und 4,12 (Mt 7,1/Lk 6,37; vgl. auch Röm 2,1). Die vom Jakobusbrief nachdrücklich erhobene Forderung, innerhalb der Gemeinde dürfe der Unterschied von arm und reich nicht gelten (2,1–13; 5,1–6), entspricht den Summarien der Apostelgeschichte in Bezug auf die Jerusalemer Urgemeinde (Apg 2,44f.; 4,34f.).

2) Der Jakobusbrief ist vor allem ein paränetisches bzw. ethisches Schreiben. Gott ist für den Jakobusbrief der, der dem Menschen das Ziel seines Handelns vorgibt; er ist der Geber alles Guten (1,17); er fordert vom Menschen das Tun des Guten und reagiert entsprechend auf dessen Handeln (2,13). Der νόμος, der dem Menschen sagt, was er zu tun hat, heißt in 1,25 „das vollkommene Gesetz der Freiheit"; gefordert ist das Tun der Werke (ἔργον ist im Jakobusbrief positiv gefasst, nicht negativ wie bei Paulus). Das Thema „Gesetz" wird exkursartig abgehandelt in 2,8–13 (woraufder „Schriftbeweis" in 2,14–26 folgt): „Das Gesetz der Freiheit" (V. 12) ist Maßstab des Handelns und des (göttlichen) Richtens. Dabei

vertritt der Jakobusbrief in V. 10 ebenso wie Paulus in Gal 5,3 (vgl. Gal 3,10) die Position, dass das Halten des *ganzen* Gesetzes gefordert ist (das zugrunde liegende Verständnis des Gesetzes ist allerdings verschieden). Der Jakobusbrief mahnt, so zu handeln, dass man im Gericht bestehen kann (V. 13; vgl. 4,11f.; 5,9). Dabei wird aber das Gesetz nicht zum eigentlichen Thema, sondern es kommt als die Instanz in den Blick, durch die der Gotteswille fassbar wird. Die in 2,14–26 geforderten „Werke" werden nicht mit dem Gesetz in direkten Zusammenhang gebracht, und die von Paulus in Röm 7 breit erörterte Frage, wie sich Gesetz, Sünde und Tod zueinander verhalten, stellt der Jakobusbrief nicht.

3) Ein theologisch gewichtiger Abschnitt des Jakobusbriefs ist die in 2,14–26 vorgetragene Reflexion über das Verhältnis von Glaube und Werken. Es liegt nahe, dass hier die Theologie des Paulus, speziell seine Formulierung der Rechtfertigungslehre und deren Demonstration an der Gestalt Abrahams, vorausgesetzt sind. (Es wird allerdings auch die Auffassung vertreten, der Jakobusbrief entwickle seine Verhältnisbestimmung von Glaube und Werken unabhängig von Paulus, so Christoph Burchard und Matthias Konradt.) Nach der paulinischen Theologie, wie sie vor allem im Galater- und Römerbrief entwickelt wird, wird der Mensch durch Gott allein durch den Glauben gerechtfertigt – ohne die vom Gesetz geforderten Werke (Röm 3,27). Deshalb brauchen die Heiden das Gesetz nicht zu übernehmen, weil Gott „der Eine" ist (Röm 3,30), d. h. weil seine gerechtmachende Gnade allein den Glauben an Jesus Christus zur Voraussetzung hat und Juden und Heiden gleichermaßen gilt. Als Vorbild für dieses Verständnis des Glaubens wird bei Paulus die Person Abrahams herangezogen, der nach Gen 15,6 aufgrund seines Glaubens gerechtfertigt wurde (vgl. Gal 3,6; Röm 4,3).

Der Jakobusbrief setzt diese Position offenbar voraus und wendet kritisch gegen sie ein: Wenn jemand nur Glauben, aber keine Werke hat, ist der Glaube tot (2,17). Dass es den einen Gott gibt, glauben auch die Dämonen (2,19; vgl. die ganz andere Interpretation desselben Satzes durch Paulus in Röm 3,30). Gerechtfertigt wird der Mensch deshalb durch Werke und keineswegs „allein" durch Glauben. Vorbild für dieses Verständnis von Glaube und Werken ist auch für den Jakobusbrief die Person Abrahams, wobei sich der Verfasser ebenso wie Paulus auf Gen 15,6 beruft. Abrahams Glaube wurde ihm zur Gerechtigkeit angerechnet, aber diese sieht der Jakobusbrief erst durch Abrahams Gehorsam „erfüllt" (gemeint ist die Bereitschaft zur Opferung Isaaks, Gen 22; vgl. Jak 2,21–24). Damit befindet sich der Brief in einer Linie mit jüdischen Abrahamsinterpretationen, in denen Abrahams Treue in der Versuchung als Erweis seines Glaubens angesehen wurde.

Wie ist der auffällige Befund zu erklären, dass zwei neutestamentliche Theologen so unterschiedliche Auffassungen zu derselben Frage und unter Verwendung derselben Textgrundlage vertreten? Dazu werden verschiedene Möglichkeiten diskutiert:

a) Es könnte sein, dass der historische Jakobus, also der Bruder Jesu, als ein Hauptvertreter des Judenchristentums unmittelbar gegen Paulus polemisiert, indem er dessen Angriff auf das Gesetz abwehrt. Ob er Paulus dabei richtig verstanden hat, kann in diesem Zusammenhang offenbleiben.

b) Es könnte sein, dass sich der historische Jakobus gegen Interpretationen der Position des Paulus wehrt, die sich zur Rechtfertigung ihrer Sicht des Gesetzes auf Paulus berufen.

Beide Lösungen, die theoretisch denkbar wären, scheiden dann aus, wenn der Jakobusbrief nicht vom historischen Jakobus geschrieben wurde (s. o. § 37.4).

c) Der pseudonyme Autor des Briefes könnte direkt gegen Paulus und dessen Auffassung vom Verhältnis von Glaube und Werken polemisieren.

d) Der fiktive Jakobus könnte gegen eine Interpretation der Lehre des Paulus polemisieren, in der diese als Abschaffung bzw. völlige Außerkraftsetzung des Gesetzes gedeutet wurde.

e) Die im Jakobusbrief entworfene Sicht auf das Verhältnis von Glaube und Werke könnte unabhängig von Paulus vorgenommen worden sein.

Die letztgenannte Möglichkeit ist deshalb unwahrscheinlich, weil sowohl die verwendete Terminologie als auch die dafür herangezogenen Schriftbelege bei Paulus und im Jakobusbrief weitgehend identisch sind (vgl. vor allem den Rekurs auf Abraham anhand von Gen 15,6 sowie die Verknüpfung von „Werken", „gerechtfertigt werden" und „Glaube", ἔργα, δικαιοῦσθαι und πίστις), wogegen zu anderen jüdischen Texten, die sich mit diesem Thema befassen, größere Unterschiede bestehen. Das spricht dafür, dass sich im Jakobusbrief die Position des Paulus widerspiegelt. Allerdings wendet sich der Jakobusbrief sehr wahrscheinlich nicht unmittelbar gegen Paulus. Bei einer direkten Auseinandersetzung mit der im Galater- und Römerbrief entwickelten Lehre wäre zu erwarten, dass sich der Jakobusbrief mit dem Glaubensverständnis des Paulus auseinandersetzen würde. (Paulus versteht unter „Glaube" ja nicht das Fürwahrhalten der Aussage, dass „ein Gott ist", vielmehr soll der Glaube durch die Liebe wirksam werden, vgl. Gal 5,5f.) Auch ist das paulinische Verständnis des Gesetzes deutlich differenzierter als in der in Jak 2,14–26 kritisierten Position. Hinter der Betonung, nur ein Zusammenwirken von Glaube *und* Werken (und nicht der Glaube allein) führe zum Heil, steht offenbar eine Entgegensetzung, die sich so bei Paulus nicht findet. Für Paulus führt die Orientierung an Werken des Gesetzes nicht zur Rechtfertigung, dagegen folgt aus dem Glauben bei Paulus unmittelbar ein bestimmtes Verhalten (Paulus entwickelt in seinen Briefen dezidiert eine Ethik des Glaubens an Jesus Christus). Der Jakobusbrief sieht dagegen die Gefahr, dass eine Polemik gegen „Werke" (der Verfasser spricht nicht, wie Paulus, von „Werken *des Gesetzes*"!) zum Verlust ethischer Handlungsorientierung für die an Gott und Jesus Christus Glaubenden führt.

4) Die Eschatologie ist im Jakobusbrief stark zurückgetreten. Zwar begegnen Formeln, die von der Nähe der Parusie sprechen (5,7a.8.9b), aber der Vergleich mit dem geduldig auf die Frucht wartenden Bauern (5,7b) zeigt, dass die Zeit als eine sich erstreckende verstanden wird, in deren Verlauf man sich einfügt.

6 Zeit und Ort der Abfassung

Der Jakobusbrief spiegelt eine fortgeschrittene Situation der theologischen und organisatorischen Entwicklung des frühen Christentums wider. Der Brief ist deshalb zeitlich und sachlich von der paulinischen und der unmittelbar nachpaulinischen Zeit deutlich entfernt. Insofern die Presbyter als die Träger des kirchlichen Amtes erscheinen (5,14), befindet sich der Jakobusbrief in der Nähe der Apostelgeschichte und der Pastoralbriefe. Der Brief kann um 90/100 geschrieben worden sein.

Über den Abfassungsort lässt sich nichts sagen. Der Jakobusbrief kann seinen Entstehungsort überall haben, wo der Autor damit rechnen konnte, man werde auf den Namen Jakobus positiv reagieren. Spuren einer nachweislichen Rezeption des Jakobusbriefs finden sich erst im 3. Jahrhundert.

⌀ Arbeitsvorschläge

1. Welche sozialen Themen innerhalb der christlichen Gemeinschaft und im Verhältnis zur paganen Gesellschaft werden in Jak 1,19–2,13; 4,13–5,6 angesprochen? Welche Forderungen werden dazu aufgestellt?
2. Vergleichen Sie Jak 2,14–26 und Röm 4,1–12. Welche theologische Position wird in diesen Textabschnitten jeweils vertreten? Welche Argumente werden im Einzelnen verwendet?
3. Die Aussage in Jak 2,21 bezieht sich auf die Tradition von der „Bindung Isaaks" (Aqedah nach dem entsprechenden hebr. Ausdruck), die im frühen Judentum eine wichtige Rolle spielt. Lesen Sie ausgewählte frühjüdische Texte, die sich mit dieser Tradition befassen (in S/Z 446f. und 455–459). Wie wird sie darin gedeutet? Bemerkenswert ist zudem, dass die Aqedah und die „Prostituierte Rahab" sowohl in Jak 2,25 als auch in Hebr 11,17–19 bzw. 11,31 erwähnt werden. Welche Gemeinsamkeiten und Unterschiede sehen Sie in der Verwendung dieser Traditionen im Jakobus- und Hebräerbrief?
4. Das Verhältnis des Jakobusbriefs zur paulinischen Theologie wirft die Frage auf, welche Spannungen innerhalb des neutestamentlichen Kanons möglich sind. Luther hat in seiner Vorrede zum Jakobusbrief die Differenz zu Paulus zum Anlass genommen, dem Text (gemeinsam mit dem Hebräer- und Judasbrief und der Johannesoffenbarung) eine eigene theologische Bedeutung abzusprechen. Für ihn haben diese Schriften demnach nicht denselben kanonischen Rang wie die anderen Schriften des Neuen Testaments. Wie nimmt sich ein solches Urteil angesichts der gegenwärtigen Beurteilung des Jakobusbriefs in der neutestamentlichen Forschung aus? Wie lassen sich die Positionen des Paulus und des Jakobusbriefs in einer Theologie des Neuen Testaments miteinander vermitteln? Was ergibt sich daraus im Blick auf das Konzept einer Theologie des Neuen Testaments? Lektüreempfehlung: METZNER 163–166 („Exkurs: Jakobus und Paulus"); POPKES 182–214 (zu 2,14–26) sowie NIEBUHR.

§ 38 Der 1. Petrusbrief

Literatur: MARLIES GIELEN, Der erste Petrusbrief, in: Martin Ebner/Stefan Schreiber (Hg.), Einleitung in das Neue Testament, Stuttgart ³2020, 521–533 ♦ KARL MATTHIAS SCHMIDT, Petrusbrief, Erster, WiBiLex, Mai 2017, https://www.bibelwissenschaft.de/stichwort/59518/ ♦ THOMAS SÖDING (Hg.), Hoffnung in Bedrängnis. Studien zum Ersten Petrusbrief (SBS 216), Stuttgart 2009 ♦ DAVID S. DU TOIT (Hg.), Bedrängnis und Identität. Studien zu Situation, Kommunikation und Theologie des 1. Petrusbriefes (BZNW 200), Berlin/Boston 2013. – **Kommentare:** PAUL J. ACHTEMEIER, 1 Peter (Hermeneia), Minneapolis 1996 ♦ NORBERT BROX, Der erste Petrusbrief (EKK 21), Zürich/Neukirchen-Vluyn ⁴1989 ♦ JOHN H. ELLIOTT, 1 Peter (AncB 37B), New York 2000 ♦ REINHARD FELDMEIER, Der erste Brief des Petrus (ThHK 15/1), Leipzig 2005 ♦ LEONHARD GOPPELT, Der Erste Petrusbrief (KEK 12/1), Göttingen 1978 ♦ THEO K. HECKEL, Die Briefe des Jakobus, Petrus, Johannes und Judas (NTD 10), Göttingen 2019, 75–131 ♦ ANDREAS MERKT, 1. Petrus, Teilbd. 1 (Novum Testamentum patristicum 21/1), Göttingen 2015 ♦ CHRISTOPH GREGOR MÜLLER, Der Erste Petrusbrief (EKK 21), Ostfildern/Göttingen 2022 ♦ MARTIN VAHRENHORST, Der erste Brief des Petrus (ThKNT 19), Stuttgart 2016 ♦ GERALD WAGNER/FRANÇOIS VOUGA, Der erste Brief des Petrus (HNT 15/2), Tübingen 2020.

1 Gliederung und Inhalt

Der 1. Petrusbrief beginnt mit einem Präskript, in dem das Wirken Gottes durch den Heiligen Geist und die Besprengung der Adressaten mit dem Blut Jesu Christi (evtl. eine Anspielung auf die Taufe) miteinander in Beziehung gesetzt werden (1,1f.). Es folgt ein als Eulogie gestaltetes Proömium (1,3–12: εὐλογητός, „gelobt (sei) ...", vgl. 2Kor 1,3–7). Danach lassen sich drei Hauptteile unterscheiden: Im *ersten Teil (1,13–2,10)* spricht der 1. Petrusbrief vom gegenwärtigen Wandel (ἀναστροφή) als der notwendigen Konsequenz der Wiedergeburt (1,23), wobei in unterschiedlicher Weise Mahnungen und Forderungen formuliert werden (1,13–16; 2,1–3.4–8), stets verbunden mit Hinweisen auf die zuvor geschehene Heilstat Gottes an den Adressaten (1,17–21.22–25; 2,9f.). Im *zweiten Teil (2,11–4,11)* folgt eine breit ausgeführte Mahnung zum neuen Handeln in der Welt: Am Anfang (2,11f.) steht eine Präambel, auf die eine Art Haustafel folgt (2,13–3,7). Deren Themen sind „Christen als loyale Bürger" (2,13–17), „Sklaven" (2,18–25) und „Ehe" (3,1–7; eine Mahnung an die Männer steht hier lediglich in V. 7). Es schließen sich allgemeine Mahnungen an (3,8–12). In 3,13–4,6 wird die aktuelle Lage erkennbar: Die Angeredeten stehen in einer Situation der Bedrängnis und des Leidens, in der sie aber Christus als Vorbild und als Retter haben (vgl. 3,18–22). In 4,7–11 werden die Mahnungen unter Verweis auf das nahe Ende (V.7) zusammengefasst. Der *dritte Teil (4,12–5,11)* enthält nochmals Mahnungen, zunächst allgemeiner Art (4,12–19), dann speziell auf „die Älteren" (5,1–4) und auf „die Jüngeren" (5,5) bezogen. Der Abschnitt schließt (5,6–11) mit Mahnungen zur Wachsamkeit, zum Widerstand gegen den Teufel und dann mit einem Gotteslob (V.10f.). Der Briefschluss (5,12–14) nennt Silvanus als (vermutlichen) Überbringer des Schreibens und enthält Grüße sowie den Friedenswunsch.

2 Adressaten

Nach der Adresse in 1,1 wendet sich der 1. Petrusbrief an „Erwählte", die „als Fremde in der Diaspora" leben (vgl. Jak 1,1), wobei konkret fünf Landschaften (oder Provinznamen) genannt werden, die fast das ganze Gebiet Kleinasiens abdecken (offenbar in einer Art Zirkel). Es handelt sich – mit Ausnahme von Pontus und Bithynien – um Gebiete, in denen Paulus missioniert hatte. Man kann daraus folgern, dass der 1. Petrusbrief keinen fest umrissenen Adressatenkreis im Auge hat, wohl aber eine in Kleinasien konkret bestehende Situation. Charakteristisch hierfür sind die über die Christen gekommenen Leiden, wobei aber weniger eine staatlich gelenkte offizielle Verfolgung im Blick ist (die Mahnung zum Gehorsam gegenüber der „Obrigkeit" in 2,13–17 lässt davon jedenfalls nichts erkennen) als vielmehr eine Bedrohung und Diskriminierung der Christen in ihrer bürgerlichen Existenz im Alltagsleben (vgl. 2,12; 4,14–19).

Wichtig für die Interpretation des 1. Petrusbriefs ist, dass das Leiden als eine Gefährdung des Glaubens gesehen wird, nicht etwa als ein Mittel zu dessen Stärkung oder „Bewährung". Es gehört nach dem 1. Petrusbrief zum Wesen des Glaubens, dass die Glaubenden von außen bedrängt und gefährdet werden, aber um eine „Glaubenshilfe" handelt es sich dabei keineswegs.

3 Gattung, Verfasserfrage und Sprache

1) Der 1. Petrusbrief erweist sich durch den brieflichen Rahmen als wirklicher Brief. Zwar werden die Adressaten nur in 2,11 und 4,12 als „Geliebte" (ἀγαπητοί) angeredet; die Anrede „Brüder" (ἀδελφοί) fehlt ganz. Aber die Anredeform in der 2. Person Plural begegnet oft, und die vorausgesetzte Situation ist so deutlich beschrieben, dass man annehmen muss, der Briefschreiber habe Leser vor Augen, die die im Brief gegebene Situationsbeschreibung auf ihre eigene Lage beziehen konnten. Die Tatsache, dass Hinweise oder auch nur Anspielungen auf

Beziehungen zwischen Petrus und den Adressaten fehlen, spricht nicht gegen den Briefcharakter des Textes.

Ein wichtiges Problem stellt sich durch 4,11. Diese Stelle sieht wie ein liturgischer Schluss aus, zugleich fällt auf, dass in der Fortsetzung in 4,12ff. die Hinweise auf die Verfolgungs- und Leidenssituation dichter sind als im ersten Teil. Einige Exegeten ziehen daraus den Schluss, zwischen 4,11 und 4,12 liege eine literarische Nahtstelle: Während bis 4,11 nur von einer möglichen Verfolgung gesprochen werde, setze der Abschnitt 4,12ff. eine tatsächliche Verfolgungssituation voraus. Deshalb müsse man von zwei zu verschiedenen Zeiten verfassten Teilen sprechen. Der Abschnitt 1,3–4,11 sei ursprünglich eine Taufpredigt gewesen (s. 3,21); diese sei dann nach dem Beginn der Verfolgungen durch aktuelle Hinweise ergänzt (4,12ff.) und zu einem Brief umgestaltet worden (1,1f. und Schluss). Diese These ist jedoch sehr unwahrscheinlich. Zwar ist deutlich, dass zwischen 4,11 und 4,12 ein Einschnitt vorliegt, zugleich bestehen jedoch enge Verbindungen, vor allem über das Thema des Leidens. Anspielungen auf die Taufe sind zudem keineswegs das beherrschende Thema des gesamten Teils bis 4,11, sondern finden sich nahezu ausschließlich in 1,3–2,10. Die Aussagen in 4,12ff. müssen zudem nicht auf eine gegenüber dem ersten Teil veränderte äußere Lage der Adressaten zurückgeführt werden.

2) Nach 1,1 ist „Petrus, Apostel Jesu Christi", der Verfasser des 1. Petrusbriefes. Dass Simon Petrus (vgl. Mk 1,16f./Mt 4,18–22/Lk 5,1–11) den Brief geschrieben hat, ist jedoch sehr unwahrscheinlich, denn außer dieser Absenderangabe verweist nichts auf den erstberufenen Jünger Jesu und Osterzeugen (vgl. 1Kor 15,5; Lk 24,34). Weder gibt es Hinweise auf die führende Rolle des Petrus (vgl. Apg 1–12; Gal 1–2; 1Kor 9,5), noch lassen sich irgendwelche theologischen Aussagen erkennen, die mit dem für uns wahrnehmbaren theologischen Denken des Petrus im Zusammenhang stehen könnten (vgl. Gal 2,11–14). Der 1. Petrusbrief ist ein pseudepigrapher Brief, dessen Verfasser uns unbekannt bleibt.

Bestimmte Zusammenhänge mit paulinischer Theologie (s. u. § 38.4) und die Nähe des brieflichen Rahmens zum paulinischen Briefformular haben gelegentlich zu der Erwägung geführt, der 1. Petrusbrief könne als ein pseudepigrapher Paulusbrief verfasst worden sein. So würden sich auch die Namen Silvanus und Markus in 5,12f. erklären (vgl. 1Thess 1,1; 2Kor 1,19; Phlm 24). Aber das ist wenig wahrscheinlich, da das Verhältnis des 1. Petrusbriefs zu den Paulusbriefen deutlich anders gelagert ist als dasjenige der eindeutig pseudepigraphen Paulusbriefe und der 1. Petrusbrief zudem die für deuteropaulinische Briefe typischen Elemente, etwa das Interesse an der Sicherung kirchlicher Strukturen, nicht aufweist.

3) Der 1. Petrusbrief ist in gutem Koine-Griechisch geschrieben und zeigt eine intensive Benutzung der griechischen Bibel (Septuaginta). Auffällige Semitismen fehlen. An mehreren Stellen sind hymnische Stücke zu erkennen, die offenbar vom Verfasser – zum Teil in bearbeiteter Form – in den eigenen Argumentationsgang integriert wurden. Am deutlichsten erkennbar ist dies in 2,21–24, möglicherweise auch in 3,18–22 (s. das Druckbild in NA[28]).

4 Theologische Tendenzen

Dass der Verfasser des 1. Petrusbriefs paulinische Briefe gekannt hat, ist angesichts der Übernahme des Briefformulars und der Erwähnungen der Namen in 5,12f. (s. o. § 38.3) überaus wahrscheinlich. Inhaltlich enthält der 1. Petrusbrief Bezugnahmen auf die Rechtfertigungslehre (3,18; 4,18; vgl. Röm 6,10), ohne dass jedoch der für Paulus wichtige Zusammenhang mit dem Thema „Gesetz" (das Wort νόμος fehlt im 1. Petrusbrief) und mit der Rede von der πίστις behandelt wird. Die Bezeichnung der Christen als „Wiedergeborene" (1,3.23) erinnert an Tit 3,5.

Die Christen haben eine Zukunfts- und Jenseitshoffnung, die sie die Leiden in der Gegenwart ertragen lässt (1,3–7); sie verstehen sich als Fremde in der Welt, wobei sie aber wissen, dass das Ende nahe ist (1,1.17; 2,11; 4,7). Offenbar hat die Verfolgungssituation zu einer Reaktivierung der im Kolosser- und Epheserbrief weitgehend eliminierten Eschatologie geführt (vgl. auch die Johannesoffenbarung). Zwar fehlt im 1. Petrusbrief eine eigene Behandlung der Eschatologie. Aber Bemerkungen eschatologischen Inhalts finden sich außer an den eben genannten Stellen auch noch in 2,12; 4,5.13.17.

Der 1. Petrusbrief enthält den explizit ausgeführten Gedanken, dass die Kirche das „Volk Gottes" ist, vor allem dadurch, dass entsprechende auf Israel bezogene Aussagen aus den Schriften Israels unmittelbar auf die Adressaten übertragen werden (2,9f.). Damit verbunden ist die Vorstellung, die biblischen Propheten hätten nach jener Wahrheit gesucht, die „jetzt" durch Christus geoffenbart wurde (1,10–12). Das nicht an Christus glaubende Israel ist für den 1. Petrusbrief kein Thema.

Theologisch bedeutsam ist die gegenüber Kol 3,18–4,1 und Eph 5,21–6,9 stark modifizierte Form der Haustafel in 2,13–3,7. Ausdrücklich werden direkte Hinweise auf Gott und auf Gottes Willen eingefügt (2,15–17.19; 3,4); Weisungen an die Sklavenbesitzer („Herren") sind entfallen, die Weisungen an die Ehemänner sind gegenüber dem Kolosser- und Epheserbrief erheblich reduziert und in der inhaltlichen Tendenz deutlich verändert (3,7). Ob 2,13–3,7 noch als „Haustafel" im engeren Sinn anzusehen ist, bleibt damit offen.

Bemerkenswert ist die Christologie des 1. Petrusbriefs. Betont wird Jesu Leiden (1,11; 2,21: Christus litt „für euch"; 3,18: „Christus hat einmal für die Sünden gelitten"), das sowohl eine soteriologische Bedeutung (2,24; 3,18) als auch eine Vorbildfunktion (2,21; 4,1) besitzt. In 2,21–25 werden Leiden und Tod Christi dabei unter Rekurs auf Jes 53 interpretiert. Die Auferstehung Christi hat zu seiner Herrlichkeit „über alle Mächte" geführt (1,3; 3,21f.); der Präexistenzgedanke ist vorausgesetzt (1,20f.). Ohne jede Parallele im Neuen Testament ist die Vorstellung, dass Christus „im Gefängnis" den Geistern aus der Zeit vor Noah (3,19f.) bzw. „den Toten" (4,6) verkündigt hat. Der in diesem Zusammenhang begegnende Hinweis auf die Arche Noahs (3,21) dient dem Verfasser dazu, die Taufe typologisch als Rettung „durch das Wasser" zu deuten.

Im Hintergrund dieser christologischen Aussagen stehen Vorstellungen des zeitgenössischen Judentums, wonach die „Göttersöhne" von Gen 6 für ihr Vergehen mit Gefangenschaft bestraft wurden. Im „Buch der Wächter" der Henochliteratur wird erzählt, dass Henoch den Auftrag erhielt, den ungehorsamen Engeln die Verweigerung des göttlichen Erbarmens zu verkünden (1Hen 12,4–6).

5 Zeit und Ort der Abfassung

Nach 5,13 will der 1. Petrusbrief in „Babylon" geschrieben sein, womit der Verfasser vermutlich Rom meint (vgl. Apk 18). Unabhängig davon, ob diese Angabe zutreffend oder fiktiv ist, verweist der Gebrauch des Decknamens in die Zeit nach 70. Ein weiteres Indiz für eine spätere Entstehung ist das Wort Χριστιανοί (4,16), das im Neuen Testament sonst nur noch als Fremdbezeichnung für die an Christus Glaubenden begegnet (Apg 11,26; 26,28) und hier erstmals als Selbstbezeichnung gebraucht ist. Man wird den 1. Petrusbrief freilich nicht zu spät ansetzen dürfen, da der 2. Petrusbrief sich (in 3,1) explizit auf den 1. Petrusbrief bezieht und im Übrigen eine allgemeine Rezeption des 1. Petrusbriefs voraussetzt. Auch Polykarp von Smyrna hat den 1. Petrusbrief, wenn auch ohne ausdrückliches Zitat, verwendet. Der 1. Petrusbrief wird also um 80/90 entstanden sein.

Die Wahrscheinlichkeit, dass der 1. Petrusbrief tatsächlich in Rom verfasst wurde, ist gering. Es ist kaum denkbar, dass ein Autor von Rom aus so pauschal an Christen in praktisch ganz Kleinasien einen Brief gerichtet haben sollte. „Babylon" wird genannt sein, um die Fiktion, Petrus habe den Brief verfasst, zu unterstreichen. Der 1. Petrusbrief würde damit die gegen Ende des 1. Jahrhunderts n.Chr. auch sonst belegte Tradition eines Aufenthalts des Petrus in Rom voraussetzen. Die Namen Silvanus und Markus (5,12f.) könnten verwendet worden sein, um für die in paulinischem Missionsgebiet lebenden Leser eine Verbindung des Briefes mit der Paulusüberlieferung herzustellen und so Petrus und Paulus zumindest indirekt positiv aufeinander zu beziehen.

Arbeitsvorschläge

1. In welcher Situation befinden sich die Adressatinnen und Adressaten, soweit es im Brief deutlich wird? Wie wird die Situation gedeutet (z. B. das Leben als „Fremde", „Feuersbrunst" etc.), wie soll damit umgegangen werden (vgl. 1Petr 1,1f.; 2,11–17; 4,12–19)? Lektüreempfehlung: FELDMEIER 1–12.
2. Die Passage in 1Petr 2,1–10 ist ein wichtiger Bezugstext für das „Priestertum aller Gläubigen" (neben Apk 1,6 u. ö.). Was wird in diesem Textabschnitt ausgesagt? Welche Metaphern werden für die Gemeinschaft der Christinnen und Christen verwendet?
3. Was meint der Verfasser, wenn er davon spricht, Jesus habe zu den „Geistern im Gefängnis" (3,19f.) gesprochen bzw. „den Toten" das Evangelium verkündigt (4,6)? In welchem argumentativen Zusammenhang stehen diese Aussagen jeweils? Wie ver-

halten sich diese Textpassagen zu der Aussage des Apostolischen Glaubensbekenntnisses: „Hinabgestiegen in das Reich des Todes" (*descendit ad inferna/ad inferos*)? Lektüreempfehlung: MÜLLER 310–315; TOBIAS HÄNER, Höllenfahrt Jesu Christi, WiBiLex, Oktober 2019, https://www.bibelwissenschaft.de/stichwort/46908/.

§ 39 Der Judasbrief und der 2. Petrusbrief

Kommentare: JÖRG FREY, Der Brief des Judas und der zweite Brief des Petrus (ThHK 15/2), Leipzig 2015 ♦ THEO K. HECKEL, Die Briefe des Jakobus, Petrus, Johannes und Judas (NTD 10), Göttingen 2019, 133-173.253-275 ♦ HENNING PAULSEN, Der Zweite Petrusbrief und der Judasbrief (KEK 12/2), Göttingen 1992 ♦ ANTON VÖGTLE, Der Judasbrief/Der 2. Petrusbrief (EKK 22), Zürich/Neukirchen-Vluyn 1994.

Die beiden Briefe werden in einem gemeinsamen Paragraphen besprochen, weil zwischen ihnen ein direkter literarischer Zusammenhang besteht. Die Darstellung des Judasbriefs steht voran, da diesem Brief nach einem weitreichenden Konsens die zeitliche Priorität zukommt.

I. Der Judasbrief

Literatur: JÖRG FREY, Jude, Epistle of, I. New Testament, EBR 14 (2017), 969-973 ♦ MARLIES GIELEN, Der Judasbrief, in: Martin Ebner/Stefan Schreiber (Hg.), Einleitung in das Neue Testament, Stuttgart ³2020, 565-571 ♦ ROMAN HEILIGENTHAL, Zwischen Henoch und Paulus. Studien zum theologiegeschichtlichen Ort des Judasbriefes (TANZ 6), Tübingen 1992.

1 Gliederung und Inhalt

Der Judasbrief beginnt mit einem klar formulierten Präskript (V. 1f.), das der Form nach dem bei Paulus üblichen entspricht, aber ein anderes Vokabular verwendet (ἔλεος, „Erbarmen", statt χάρις, „Gnade", dazu die Wendung ἀγάπη πληθυνθείη, „Liebe in Fülle"). In V. 3f. werden Thema und Anlass genannt: Es geht um den Einsatz für den Glauben angesichts der gottlosen Menschen, die jetzt auftreten. Im eigentlichen Briefcorpus (V. 5-16) wird das Thema (die Bekämpfung einer anderen Lehre) durch Beispiele aus der biblischen Vergangenheit beleuchtet: In V. 5-8 wird an die Ungläubigen während der Wüstenwanderung erinnert, an die Engel von Gen 6 und an Sodom und Gomorra (Gen 19). In V. 9f. ist vom Streit zwischen dem Erzengel Michael und dem Teufel um den Leichnam Moses (dazu s. u. § 39 I.4) die Rede, wobei auch die daraus zu ziehenden Konsequenzen genannt werden; in V. 11 geht es um Kain (Gen 4), Bileam (Num 22) und die Rotte

Korach (Num 16), woraufhin in V. 12f. die Analogien in der Gegenwart genannt werden; das letzte Beispiel ist in V. 14f. Henoch (Gen 5,21f.), wiederum mit einem Bezug zur Gegenwart (V. 16). In V. 17–23 folgen Mahnungen für die „letzte Zeit", unter ausdrücklicher Erinnerung an die Worte der Apostel (V. 17–19), verbunden mit einem Aufruf zu Gebet und Barmherzigkeit (V. 20–22). Den Schluss bildet eine sehr breit formulierte Doxologie (V. 24f.), während Grüße oder ein Segenswunsch fehlen.

2 Die Adressaten und das Problem der „Irrlehrer"

Der Judasbrief richtet sich an Christusgläubige einer bestimmten Gemeinde, die er vor einer „Irrlehre" warnt. Wer die Adressaten und die „Irrlehrer" waren, ist allerdings nicht eindeutig und in der Forschung umstritten.

Thema des Judasbriefs ist der Kampf für den Glauben angesichts „eingeschlichener" Menschen, die die Alleinherrschaft Christi leugnen und „gottlos" sind (V. 4), gleichwohl aber zur Gemeinde gehören (V. 12). Der Judasbrief sieht in ihnen Spötter (V. 18). Der Vorwurf, sie seien gottlos, wird dadurch näher konkretisiert, dass sie als Verächter der Engelmächte gelten (V. 8), während der Verfasser der Verehrung von Engeln positiv gegenübersteht (V. 9.14f.). Hinsichtlich einer genauen Identifizierung der Gegner ist angesichts der massiven Polemik Zurückhaltung geboten. Es kann jedoch vermutet werden, dass sie dem paulinischen Einflussbereich angehörten.

3 Verfasserfrage und Sprache

Der Judasbrief ist nach V. 1 von „Judas, dem Knecht Jesu Christi, dem Bruder des Jakobus", verfasst worden. Da mit dem ohne jede weitere Erläuterung gebrauchten Namen Jakobus nur der Herrenbruder gemeint sein kann (vgl. Jak 1,1), stellt sich der Judasbrief indirekt als Brief eines Bruders Jesu dar. Die Annahme der „Echtheit" des Judasbriefs kann aber schon angesichts von V. 17f. ausgeschlossen werden – für den tatsächlichen Verfasser des Judasbriefs sind „die Apostel unseres Herrn Jesus Christus" eine Größe der Vergangenheit, deren Weissagungen für „die letzte Zeit" jetzt in Erfüllung gehen. Indizien, die auf den wirklichen Autor verweisen könnten, fehlen, so dass dieser unbekannt bleibt.

Auffallend ist die außerordentlich differenzierte Sprache des Judasbriefs; der gute sprachliche Stil unterstreicht den hohen theologischen Anspruch, den der Verfasser mit seinem kleinen Brief erhebt. Bei einem Bestand von insgesamt 457 Wörtern verwendet der Judasbrief 227 Vokabeln und verfügt damit über den in Bezug auf seinen Umfang größten Wortschatz einer Schrift im Neuen Testament (vgl. FREY 8).

4 Theologische Tendenzen

Der Judasbrief stellt insgesamt eine einzige heftige Polemik gegen „Irrlehre" dar. Dabei setzt der Verfasser ähnliche Mittel der Argumentation ein, wie sie der „Paulus" der Pastoralbriefe verwendet: Er führt die Tradition ins Feld, „die den Heiligen ein für alle Mal überlieferte πίστις" (V. 3), wobei er sich einerseits auf die Heilige Schrift beruft (s. u.), andererseits auf die Apostel (V. 17). Garant ist der gegenwärtig herrschende Christus, der das Heil geschenkt hat, welches die Gegner leugnen (V. 4). Welche Lehre die Gegner vertreten, erfährt man nicht. Sie werden als „Träumer" bezeichnet, die das Fleisch verunreinigen (V. 8), und als „Psychiker, die den Geist nicht haben" (V. 19). Der Judasbrief betont, ihr Auftreten sei ein Zeichen der Endzeit und entspreche alter Weissagung (V. 18; vgl. 1Tim 4,1; 2Tim 3,1); ihr besonderes Kennzeichen sei die persönliche Sittenlosigkeit (V. 10ff.).

Auffallend ist im Judasbrief der wiederholte Verweis auf Traditionen, die nicht den biblischen Schriften entstammen. So hat die in V. 9 erwähnte Szene des Kampfes zwischen Michael und dem Teufel keine biblische Grundlage, sondern stammt (nach einer Notiz bei Origenes) aus der „Himmelfahrt des Mose" (in den erhaltenen Teilen dieser Schrift fehlt sie allerdings). Höhepunkt der Argumentation des Verfassers gegen die „Irrlehre" ist das längere Zitat in V. 14f., das aus der Henochliteratur stammt (1Hen 1,19) und vom Verfasser mit einem expliziten Hinweis auf „Henoch" eingeleitet wird.

5 Zeit und Ort der Abfassung

Wegen des Verweises auf die Autorität der Apostel als Größen der Vergangenheit (V. 17; vgl. in der Sache die Apostelgeschichte) gehört der Judasbrief bereits in eine spätere Phase der frühchristlichen Literatur. Wenn der Brief im 2. Petrusbrief benutzt wurde (s. u. § 39 II.2), muss er demzufolge früher entstanden sein. Als Zeitrahmen kommt das erste Drittel des 2. Jahrhunderts infrage.

Große Schwierigkeiten bereitet die Bestimmung des Abfassungsortes. Da der Judasbrief erstmals bei Clemens von Alexandria explizit rezipiert ist, könnte Alexandria auch als Ort der Abfassung infrage kommen. Der Verfassername „Judas" und insbesondere die in V. 1 hergestellte Beziehung zu Jakobus könnte dagegen nach Palästina verweisen. Die Verwendung apokrypher jüdischer Schriften ist an beiden Orten vorstellbar. Sollte sich der Verfasser mit Themen auseinandersetzen, die auch im paulinischen Kontext diskutiert wurden (das Thema der Verehrung von Engeln begegnet auch im Kolosserbrief), wäre schließlich genauso eine Abfassung im paulinischen Missionsgebiet oder in Antiochia vorstellbar. Die im Judasbrief sichtbar werdende Situation ist zu Beginn des 2. Jahrhunderts an vielen Orten denkbar.

Arbeitsvorschläge

1. Wie ist das Gottesbild in Jud 1–2.20–25 geprägt, welche Eigenschaften und welches Handeln Gottes treten in den Vordergrund? Inwiefern unterscheidet es sich vom mittleren Teil des Briefes V. 3–19?
2. In der Auseinandersetzung mit den Gegnern bezieht sich der Judasbrief außergewöhnlich häufig auf bestimmte Textbereiche des Pentateuch und auf Schriften und Traditionen außerhalb des biblischen Kanons. Welche inhaltlichen Gemeinsamkeiten teilen die aufgenommenen Traditionen? Welche biblischen Personen und Erzählungen, die in anderen Briefen des Neuen Testament häufig erwähnt werden, kommen im Judasbrief nicht vor?

II. Der 2. Petrusbrief

Literatur: JÖRG FREY/MATTHIJS DEN DULK/JAN G. VAN DER WATT (Hg.), 2 Peter and the Apocalypse of Peter. Towards a New Perspective (Biblical Interpretation Series 174), Leiden/Boston 2019 ♦ JÖRG FREY/MARTIN WALLRAFF (Hg.), Petrusliteratur und Petrusarchäologie. Römische Begegnungen (Rom und Protestantismus 4), Tübingen 2020 ♦ MARLIES GIELEN, Der zweite Petrusbrief, in: Martin Ebner/Stefan Schreiber (Hg.), Einleitung in das Neue Testament, Stuttgart ³2020, 534–541 ♦ WOLFGANG GRÜNSTÄUDL, Petrus Alexandrinus. Studien zum historischen und theologischen Ort des Zweiten Petrusbriefs (WUNT II 353), Tübingen 2013 ♦ THOMAS J. KRAUS, Sprache, Stil und historischer Ort des zweiten Petrusbriefes (WUNT II 136), Tübingen 2001 ♦ KARL MATTHIAS SCHMIDT, Petrusbrief, Zweiter, WiBiLex, Dezember 2018, https://www.bibelwissenschaft.de/stichwort/59519/. – **Kommentare** s. o. beim Judasbrief.

1 Gliederung und Inhalt

Auf das Präskript (1,1f.) des 2. Petrusbriefs folgt ein Proömium (1,3–11), das sich von entsprechenden Abschnitten in den paulinischen Briefen unterscheidet. In 1,12–15 wird das Thema genannt: „Petrus" hinterlässt den Lesern seinen Brief als ein die Wahrheit bezeugendes, auf die Zukunft gerichtetes „Testament". Er beruft sich in diesem Zusammenhang auf seine Erinnerung an die Verklärung Jesu (1,16–21; vgl. Mk 9,2–8 parr.). In 2,1–22 führt der Brief die Auseinandersetzung mit Gegnern, die als falsche Propheten auftreten werden (V. 1–3), über die aber entsprechend biblischen Beispielen das Gericht kommen wird (V. 4–10a), da ihre Verkommenheit grenzenlos ist (V. 10b–22). In 3,1–13 bekräftigt der Verfasser die Gewissheit der Parusie, wobei er zunächst (V. 1–4) von den Spöttern spricht, die an der Nähe der Parusie zweifeln, und dann (V. 5–13) deren Widerlegung vorträgt, vor allem mit dem Hinweis (V. 8), dass vor Gott tausend Jahre sind wie ein Tag. In 3,14–16 mahnt der Brief zur Glaubensfestigkeit, insbesondere unter

Berufung auf die Briefe des Paulus, die mit dem von Petrus Geschriebenen ganz übereinstimmen. Der Brief endet in 3,17f. mit einer nochmaligen Mahnung und einer Doxologie.

2 Das Verhältnis zum Judasbrief

1) Die literarische Nähe des 2. Petrusbriefs zum Judasbrief ist immer gesehen worden. Das Verhältnis wurde allerdings unterschiedlich beurteilt. So wurde mitunter auch die Abhängigkeit des Judasbriefs vom Brief des Petrus vermutet (so bereits Luther in der Vorrede zum Judasbrief in der Deutschen Bibel). In der neueren Forschung wird jedoch zumeist die entgegengesetzte These vertreten: Der 2. Petrusbrief verwendet den Judasbrief, erweitert diesen, korrigiert ihn zum Teil, deutet und vertieft einige Passagen.

Die erste auffallende Analogie ist in 2Petr 1,12 die Absicht, die Leser zu „erinnern" (vgl. Jud 5), wobei freilich im 2. Petrusbrief diese Erinnerung auf die Zukunft zielt, die nach dem Tod des Petrus kommen wird (1,14f.). Am deutlichsten ist die Analogie zwischen beiden Briefen in 2Petr 2 im Vergleich mit Jud 6–17. Im Einzelnen lassen sich folgende Entsprechungen erkennen:

2Petr 2,4	Hinweis auf die Engel (Gen 6)	Jud 6
2Petr 2,6	Sodom und Gomorra (in 2,7f. dazu ein Hinweis auf Lot)	Jud 7
2Petr 2,9	drohende Bestrafung	Jud 7f.
2Petr 2,12f.	Teilhabe der Irrlehrer an „Schmausereien"	Jud 12
2Petr 2,15	Bileam (in 2,16 wird eine kurze Inhaltsangabe gegeben)	Jud 11
2Petr 2,17f.	zusammenfassende Schlussbemerkung	Jud 16f.

Auffällig ist weiter, dass der Briefschluss in 2Petr 3,14f. weithin Jud 23–25 entspricht.

2) Die Frage, welchem der beiden Briefe die Priorität zukommt, lässt sich beantworten, wenn man beim Vergleich besonders auf die innerhalb der Parallelen wahrzunehmenden Unterschiede achtet:

a) Der Judas- und der 2. Petrusbrief führen warnende Beispiele aus der biblischen Geschichte an. Dabei nennt der Judasbrief in V. 5–7 Israel in der Wüste, die gefallenen Engel sowie Sodom und Gomorra – und zwar in dieser Reihenfolge! –, während der 2. Petrusbrief in 2,4–8 auf die Engel, die Sintflut und auf Sodom und Gomorra (sowie Lot) verweist, d. h. der Reihenfolge der biblischen Erzählungen folgt.

b) Der Judas- und der 2. Petrusbrief enthalten Hinweise auf mythologische Vorstellungen (vgl. Jud 6/2Petr 2,4; Jud 9). Dabei macht der Judasbrief Anspielungen und verwendet sogar Zitate aus apokryphen Schriften (s. o. § 39 I.4), während im 2. Petrusbrief derartige Bezugnahmen fehlen (vgl. Jud 9 mit 2Petr 2,11 und Jud 12f. mit 2Petr 2,17).

Diese Beobachtungen machen es wahrscheinlich, dass der Judasbrief der ältere Text und der 2. Petrusbrief von ihm abhängig ist. Dabei hat sich der Verfasser des 2. Petrusbriefes darum bemüht, die „Mängel", die er im Judasbrief sah – ungenaue Wiedergabe biblischer Erzählung, Verwendung nichtkanonischer Schriften –, zu korrigieren. Außerdem hat er den Judasbrief erweitert, wobei er aber auch in Kap. 1 und 3 nochmals Material aus dieser Vorlage verwendete (vgl. 2Petr 1,5 mit Jud 3; 2Petr 1,12 mit Jud 5; 2Petr 3,2 mit Jud 7; 2Petr 3,14 mit Jud 24).

3 Verfasserfrage, Adressaten und Sprache

1) Nach 1,1 ist „Simeon Petrus, Knecht und Apostel Jesu Christi", Verfasser des 2. Petrusbriefs. In 3,1 wird ausdrücklich darauf hingewiesen, dass es sich um den *zweiten* Brief handelt. Anders als im 1. Petrusbrief ist die Petrusgestalt im 2. Petrusbrief durchaus erkennbar. In 1,16–21 wird an die Verklärungsszene erinnert, deren Augenzeuge Petrus war, wobei in 1,17 die Himmelsstimme (im Wortlaut von Mt 17,5) zitiert wird. Dass der 2. Petrusbrief tatsächlich von Petrus geschrieben wurde, ist allerdings bereits aufgrund der literarischen Nähe zum Judasbrief als sehr unwahrscheinlich zu beurteilen. Weitere Indizien deuten darauf hin, dass der 2. Petrusbrief ins 2. Jahrhundert gehört (s. u. § 39 II.5). Wer den Brief verfasst hat, bleibt unbekannt.

2) Der Adressatenkreis des 2. Petrusbriefs ist sehr weit gefasst. In 1,1 wendet sich der Brief an alle (rechtgläubigen) Christen. Sie werden in 1,10 als „Brüder" und in Kap. 3 mehrfach als „Geliebte" angesprochen. Aus 3,1 könnte man folgern, dass der Verfasser an Leser denkt, die den 1. Petrusbrief kennen; aber nötig ist diese Annahme nicht. Die Bezugnahmen auf die aktuelle Situation sind im Wesentlichen aus dem Judasbrief übernommen. Dazu gehört auch, dass der 2. Petrusbrief in 3,2 ebenso wie der Judasbrief in V. 17 aus der historischen Fiktion herausfällt und sich – entgegen der Rolle als „Petrus" – auf die Apostel als eine Institution der Vergangenheit beruft.

3) Die Sprache des 2. Petrusbriefs ist ein gutes, zum Teil geradezu elegantes Griechisch. Es finden sich zahlreiche neutestamentliche *hapax legomena* und an vielen Stellen das Bemühen um einen „glänzenden" Stil (vgl. etwa 1,16; 2,12ff.). Dabei wird auch erkennbar, dass der 2. Petrusbrief von einem anderen Verfasser stammt als der 1. Petrusbrief.

4 Theologische Tendenzen

Der 2. Petrusbrief ist nicht nur eine Überarbeitung des Judasbriefs, der Verfasser kennt daneben auch den 1. Petrusbrief. Das ergibt sich aus der Nachahmung von dessen Präskript (1,1f.) sowie aus dem Rückverweis in 3,1. Charakteristisch für den 2. Petrusbrief ist die hellenistische Terminologie in 1,3–11: Die Begriffe „Tugend" (ἀρετή, 1,3.5; vgl. die Liste der Tugenden in 1,5–7) und „Erkenntnis" (ἐπίγνωσις bzw. γνῶσις, 1,2.3.5f.8) spielen eine wesentliche Rolle. Daneben steht der Gedanke, dass das Heil eine Teilhabe des Menschen an der „göttlichen Natur" (θεία φύσις) sei (1,4).

Der 2. Petrusbrief betont die Kraft der Erinnerung und das Gewicht der Bewahrung der Tradition im Kampf gegen die Irrlehre. Erstmals begegnet eine explizite Bezugnahme auf die Evangelien (1,16–21), denn die Art der Darstellung der Verklärungsgeschichte scheint vorauszusetzen, dass die Leser diese Erzählung kennen.

Ein theologisches Problem liegt darin, dass sich der Verfasser in 1,16 ausdrücklich von „Mythen" (gemeint sind „erfundene", „unwahre" Geschichten, oftmals Göttergeschichten) abgrenzt, dabei aber zugleich für sich selbst fiktiv eine Augenzeugenschaft bei Jesu Verklärung beansprucht. Offenbar hält er sein Vorgehen deshalb für legitim, weil er der Tradition folgt und gerade nicht so etwas wie eine Geheimoffenbarung mitteilt. Dabei trägt die Erzählung von dem Geschehen auf dem „heiligen Berg" schon Züge einer heiligen Geschichte, die zu kennen selbst bereits ein Stück Heilsverwirklichung bedeutet.

Das entscheidende theologische Thema ist die sogenannte Parusieverzögerung. Die Irrlehrer verspotten die Naherwartung (3,4), wogegen der Verfasser die Gewissheit stellt, dass es gar keine Verzögerung gibt (3,9), weil vor Gott „tausend Jahre wie ein Tag" sind (3,8, nach Ps 90,4). Unterstrichen wird dies durch einen knappen apokalyptischen Text in 3,10–13.

Der 2. Petrusbrief ist ähnlich wie der 2. Timotheusbrief als „Testament" gestaltet: Person und Lehre des Apostels sollen der Nachwelt überliefert werden (1,15; hier ist der Tod des Petrus vorausgesetzt).

Gegenüber dem Judasbrief zeigt sich eine deutliche Verschärfung der Polemik: Die Irrlehrer werden nicht einfach bekämpft, sondern es wird nachdrücklich die Trennung von ihnen gefordert (3,17). Und während im Judasbrief noch allgemein erklärt worden war, das Auftreten der Irrlehrer sei geweissagt, ist im 2. Petrusbrief diese „Weissagung" selbst dadurch geschaffen, dass sie jetzt dem Petrus in den Mund gelegt ist, wodurch sie eine aus der Vergangenheit in die Gegenwart reichende Mahnung geworden ist. Man könnte es kurz so ausdrücken: Der Judasbrief polemisiert selbst unmittelbar gegen zeitgenössische Irrlehrer, der 2. Petrusbrief lässt Petrus gegen künftige Irrlehrer polemisieren (dass das eine Fiktion ist, zeigt sich an der falschen Wahl der Tempora in 2,10.12ff.18; vgl. andererseits 2,1–3).

Im Zusammenhang der Eschatologie begegnet ein zweites Element autoritativer Tradition. Der Verfasser behauptet in 3,14–16 eine Übereinstimmung seiner Lehre mit der von Paulus „in allen seinen Briefen" vertretenen Eschatologie, während die Irrlehrer diese Briefe „wie auch die übrigen Schriften" nicht verstehen und verdrehen. Die Anerkennung der Autorität des Paulus und seiner Briefe ist also vorausgesetzt und dient der Sicherung der eigenen Position.

5 Zeit und Ort der Abfassung

Der 2. Petrusbrief ist nach dem Judasbrief geschrieben worden, gehört also jedenfalls ins 2. Jahrhundert. Die Bezugnahme auf den 1. Petrusbrief in 2Petr 3,1 setzt eine Rezeption jenes Briefes voraus, im Umkreis des Verfassers und möglicherweise auch bei den Lesern. Am auffälligsten ist, dass in 3,14–16 nicht nur – erstmals greifbar – auf eine Sammlung von Paulusbriefen verwiesen wird, sondern dass diese Briefe beinahe gleichberechtigt neben „den Schriften" stehen. Hier ist offenbar der Beginn jenes Prozesses erkennbar, der zur Kanonisierung der Paulusbriefe führte. Da sich diese Tendenz im Neuen Testament nur in Ansätzen erkennen lässt, handelt es sich beim 2. Petrusbrief mit größter Wahrscheinlichkeit um die späteste neutestamentliche Schrift.

In neuerer Zeit ist des Weiteren das Verhältnis des 2. Petrusbriefs zur Petrusapokalypse, einer zu den Apokryphen gerechneten Schrift des 2. Jahrhunderts, erneut diskutiert worden. Wurde diese Schrift zuvor, seit ihrem Bekanntwerden am Ende des 19. (griechisch) bzw. zu Beginn des 20. Jahrhunderts (äthiopisch), zumeist als vom 2. Petrusbrief abhängig betrachtet, wird das Verhältnis in neuerer Zeit vermehrt umgekehrt eingeschätzt (Grünstäudl, Frey u. a.). Wäre der 2. Petrusbrief tatsächlich von der Petrusapokalypse abhängig, wäre eine Abfassungszeit um die Mitte des 2. Jahrhunderts am wahrscheinlichsten.

Der Abfassungsort ist nicht eindeutig zu bestimmen. Der Brief kann prinzipiell überall dort verfasst worden sein, wo neben dem Judasbrief auch der 1. Petrusbrief und zumindest einige Paulusbriefe bekannt und als autoritativ anerkannt waren. Infrage kommen deshalb dieselben Orte wie beim Judasbrief (s. o. § 39 I.5). In neuerer Zeit ist jedoch auch für eine Entstehung in Alexandria plädiert worden (u. a. Frey). Darauf könnten Diskurse im Umkreis dieser Metropole hinweisen, die den Namen des Petrus auf verschiedene Weise in Anspruch nehmen. Zu nennen wären die bereits genannte Petrusapokalypse, das Kerygma Petri sowie eine weitere Petrusapokalypse unter den Nag-Hammadi-Schriften.

6 Zum Problem der Eschatologie des 2. Petrusbriefs

Der 2. Petrusbrief ist ein Dokument des viel diskutierten Problems der sogenannten Parusieverzögerung. Am Ende des 1. und zu Beginn des 2. Jahrhunderts stand das frühe Christentum vor dem Problem, ob und in welcher Weise es am Gedanken der nahe bevorstehenden Ankunft Christi als des eschatologischen Weltenrichters festhalten sollte. Angesichts der sich immer länger erstreckenden Zeit wurde die Frage dringlicher, wie sich christliche Gemeinschaften in der griechisch-römischen Welt einrichten sollten, einschließlich der damit zusammenhängenden philosophischen, ethischen und soziologischen Probleme. Die Lösung, die der 2. Petrusbrief hierzu bietet, erscheint verblüffend einleuchtend und einfach: Die Naherwartung, so erklärt der Verfasser, gilt weiterhin, denn es ist zu beachten, dass vor Gott tausend Jahre wie ein Tag sind (3,8). Aber diese Aussage kann auch als ein Argument *gegen* die Naherwartung verwendet werden.

✎ Arbeitsvorschlag

In einer für das Neue Testament singulären Weise stellt 2Petr 1,4 in Aussicht, dass die Glaubenden „Teilhaber an der göttlichen Natur" sein werden (γένησθε θείας κοινωνοὶ φύσεως). Was ist damit gemeint? Welche Bedeutung hat dies für die Ethik des 2. Petrusbriefs? Welche Vorstellungen sind in der griechisch-römischen Philosophie und im hellenistischen Judentum mit der Wendung θεία φύσις, bezogen auf Menschen, verbunden? Lektüreempfehlung: FREY 221–226.

§ 40 Die Sammlung der Katholischen Briefe

Literatur: CHRISTIAN BEMMERL, Die frühe Rezeption des Jakobusbriefs und die Geschichte des neutestamentlichen Kanons, ASEs 34,2 (2017), 513–535 ♦ DIETER LÜHRMANN, Gal 2,9 und die katholischen Briefe. Bemerkungen zum Kanon und zur regula fidei, ZNW 72 (1981), 65–87 ♦ ANDREAS MERKT, 1. Petrus, Teilbd. 1 (Novum Testamentum patristicum 21/1), Göttingen 2015, 15–31 ♦ DAVID R. NIENHUIS, Not by Paul Alone. The Formation of the Catholic Epistle Collection and the Christian Canon, Waco, Tex. 2007 ♦ DAVID R. NIENHUIS/ROBERT W. WALL, Reading the Epistles of James, Peter, John and Jude as Scripture. The Shaping and Shape of a Canonical Collection, Grand Rapids, Mich. 2013.

Neben dem Corpus Paulinum und der Vier-Evangelien-Sammlung (vgl. dazu oben § 25 bzw. 35) bilden die „Katholischen Briefe" die dritte Sammlung frühchristlicher Schriften, die Eingang ins Neue Testament gefunden hat. Allerdings hat sich diese erst später als die beiden anderen, bereits im 2. Jahrhundert entstandenen Corpora herausgebildet. Die Bezeichnung „katholischer" (allgemeiner) Brief wird zunächst für einzelne Briefe verwendet, um ihren Charakter als für alle Christusgläubigen gültige Schreiben anzuzeigen. In diesem Sinn bezeichnet Origenes den Barnabasbrief (Cels. 1,63), den 1. Petrusbrief (nach Euseb, h. e. 6,25,5), den 1. Johannesbrief (comm. in Matt. 17,19) und den Judasbrief (comm. in Rom. 6) jeweils als „katholischen Brief". Euseb gebraucht die Bezeichnung „katholische Briefe" (im Plural) dann für den Jakobusbrief, den Judasbrief sowie die Petrus- und Johannesbriefe (h. e. 2,23,25; 6,14,1).

Die „Katholischen Briefe" sind demnach als Sammlung nicht vor dem 4. Jahrhundert bezeugt. Zuvor waren einzelne dieser Briefe, vor allem der 1. Petrus- und der 1. Johannesbrief, als autoritative christliche Schreiben anerkannt. Diese Auffassung wird durch Euseb bereits für Papias (h. e. 3,39,17), dann auch für Origenes (h. e. 6,25,8–10) bezeugt. Origenes erwähnt an der von Euseb zitierten Stelle, dass ein zweiter Brief des Petrus sowie ein zweiter und dritter Brief des Johannes nicht als echt (γνήσιος) anerkannt würden. Dem entspricht, dass Euseb an anderer Stelle bemerkt, der Jakobus-, der Judas-, der 2. Petrus- sowie der 2. und 3. Johannesbrief würden zu den bestrittenen Schreiben gerechnet, die gleichwohl bei den meisten in Ansehen stünden (h. e. 3,25,3). Dieser Befund wird dadurch ergänzt, dass Irenäus gegen Ende des 2. Jahrhunderts neben dem 1. Petrus- und dem 1. Johannes- auch den 2. Johannesbrief zitiert, den 2. Petrus- und den 3. Johannes- sowie den Jakobus- und Judasbrief dagegen nicht. Wiederum etwas anders ist der Befund bei Clemens von Alexandria, der den 1. Petrus-, den Judassowie den 1. und 2. Johannesbrief kommentiert, und im Canon Muratori, wo der Judasbrief und zwei Briefe des Johannes als anerkannte Schriften genannt werden. Die „Katholischen Briefe" außer dem 1. Petrus- und dem 1. Johannesbrief hatten demnach bis zum 4. Jahrhundert offenbar einen ähnlichen Status wie der Barnabasbrief und die Clemensbriefe, die im Umkreis der „Katholischen Briefe" begegnen und mitunter selbst so bezeichnet werden.

Die Sammlung der Katholischen Briefe ist demzufolge offenbar um die anerkannten Briefe des Petrus und Johannes herum entstanden. Dies hat vermutlich dazu geführt, dass auch der 2. Petrusbrief sowie der 2. und 3. Johannesbrief in diese Sammlung aufgenommen wurden. Eine dritte „Säule" der Sammlung bildet der Jakobusbrief, in dessen Gefolge auch der Judasbrief Bestandteil der Briefsammlung wurde. Es lassen sich demnach ein Kern um den 1. Petrus-, den 1. Johannes- und den Jakobusbrief sowie ein weiterer Kreis aus dem 2. Petrus-, dem 2. und 3. Johannes- sowie dem Judasbrief unterscheiden. Dass die Letzteren in die Sammlung integriert wurden, könnte damit zusammenhängen, dass ein Corpus von sieben Briefen geschaffen werden sollte. Die Bedeutung der Siebenzahl zeigt sich etwa im Canon Muratori, der diese im Fall der Paulusbriefe sowie der Sendschreiben der Johannesoffenbarung ausdrücklich betont. Die Sammlung der Katholischen Briefe kannte er dagegen offenbar noch nicht. Ende des 4. Jahrhunderts nennt dann auch Hieronymus sieben Briefe, die „die Apostel Jakobus, Petrus, Johannes und Judas an die Kirchen" geschrieben haben.

Der Manuskriptbefund bestätigt indirekt die vergleichsweise späte Entstehung der Sammlung der Katholischen Briefe. Es gibt kein mit $\mathfrak{P}^{46}$ (Paulusbriefe) oder $\mathfrak{P}^{45}$ (vier Evangelien und Apostelgeschichte) vergleichbares Manuskript, das die Katholischen Briefe enthalten würde. Der älteste Codex mit mehreren „Katholischen Briefen" – ein Ausdruck, der für diesen Papyrus allerdings anachronistisch und sachlich unangebracht wäre – ist der Codex Bodmer Miscellaneous (P.Bodm. 7 und 8) aus dem 3. oder 4. Jahrhundert. Auf diesem Papyrus, der Schriften ganz unterschiedlichen Charakters enthält, findet sich an vierter Stelle der Judasbrief, am Ende stehen der 1. und 2. Petrusbrief (unter den neutestamentlichen Handschriften wird er deshalb als $\mathfrak{P}^{72}$ gezählt). Dem Judasbrief voran gehen die „Geburt Marias" (das Protevangelium des Jakobus), der 3. Korintherbrief sowie die 11. Ode Salomos, zwischen dem Judasbrief und den Petrusbriefen stehen diverse andere Schriften. Der Codex lässt demnach erkennen, dass die „Katholischen Briefe" noch kein geschlossenes Corpus waren und mit anderen, nichtkanonischen Schriften zusammengestellt werden konnten.

Mit den Briefen des Jakobus (und Judas), Petrus und Johannes wurde der Apostelteil des Neuen Testaments über das Corpus Paulinum hinaus erweitert. Dabei dürfte die Nennung von Jakobus, Petrus und Johannes in Gal 2,9 eine Rolle gespielt haben, deren Briefe dann zu dem genannten Siebenercorpus ausgebaut wurden. Dieser Befund wird durch die frühe syrische Bibelübersetzung, die Peschitta, unterstützt, in der sich nur der Jakobus-, der 1. Petrus- und der 1. Johannesbrief finden. Die Funktion, das apostolische Zeugnis zu verbreitern, wird dadurch bestätigt, dass diese Briefe in zahlreichen Handschriften des Neuen Testaments gemeinsam mit der Apostelgeschichte überliefert werden. Dieser sogenannte „Praxapostolos" bildet in Bibelcodices in der Regel ein zusammengehöriges Corpus und kann als ganzes vor oder nach den Paulusbriefen stehen. Diese Anordnung hat sich allerdings letztlich nicht durchgesetzt. Vielmehr erlangte die Apostelgeschichte eine andere Funktion innerhalb des Kanons, nämlich die Geschichte der frühen Ausbreitung des Christuszeugnisses darzustellen, wogegen die Katholischen Briefe nach dem Corpus Paulinum, als Briefe der Apostel neben Paulus, zu stehen kamen. In Lutherbibeln ist das Corpus der Katholischen Briefe dagegen durch die Versetzung des Jakobus- und Judasbriefs (gemeinsam mit dem Hebräerbrief) unmittelbar vor die Johannesoffenbarung aufgelöst worden.

VIII. Außerkanonische Schriften des frühen Christentums und die Entstehung des Neuen Testaments

§ 41 Die Schriften der „Apostolischen Väter"

Textausgaben: Johannes A. Fischer/Klaus Wengst/Ulrich H. J. Körtner/ Martin Leutzsch, Schriften des Urchristentums. Griechisch und deutsch, 3 Bde., Darmstadt ⁹1986/1984/1998 ♦ Andreas Lindemann/Henning Paulsen (Hg.), Die Apostolischen Väter. Griechisch-deutsche Parallelausgabe auf der Grundlage der Ausgaben von Franz Xaver Funk/Karl Bihlmeyer und Molly Whittaker, Tübingen 1992. – **Konkordanz:** Henricus Kraft, Clavis Patrum apostolicorum, Darmstadt 1963. – **Kommentare etc.:** Walter Bauer/Henning Paulsen, Die Briefe des Ignatius von Antiochia und der Polykarpbrief (HNT 18), Tübingen ²1985 ♦ Norbert Brox, Der Hirt des Hermas (KAV 7), Göttingen 1991 ♦ Gerd Buschmann, Das Martyrium des Polykarp (KAV 6), Göttingen 1998 ♦ James Carleton Paget, The Epistle of Barnabas. Outlook and Background (WUNT II 64), Tübingen 1994 ♦ Ulrich H. J. Körtner, Papias von Hierapolis. Ein Beitrag zur Geschichte des frühen Christentums (FRLANT 133), Göttingen 1983 ♦ Andreas Lindemann, Die Clemensbriefe (HNT 17), Tübingen 1992 ♦ Kurt Niederwimmer, Die Didache (KAV 1), Göttingen 1989 ♦ Wilhelm Pratscher (Hg.), Die Apostolischen Väter. Eine Einleitung (UTB 3272), Göttingen 2009 ♦ William R. Schoedel, Die Briefe des Ignatius von Antiochien. Ein Kommentar, Göttingen 1990.

1 Zur Einführung

Die hier vorgestellten Schriften sind kein Teil des Neuen Testaments geworden, obwohl einige von ihnen etwa zur selben Zeit entstanden sind wie etliche der zum Neuen Testament gehörenden Texte. Einige der „Apostolischen Väter" sind sogar älter als die späteren Schriften des Neuen Testaments. Dass sie nicht in den biblischen Kanon gelangten, hat unterschiedliche Gründe. Dazu gehört auch, dass sich die Verfasser dieser Schriften als zu einer späteren Phase gehörig betrachteten und deshalb zumeist unter ihrem eigenen Namen schrieben, also keine „Pseudepigraphen" sind.

Der katholische Theologe Jean-Baptiste Cotelier (1629–1686) gab 1672 Schriften „der heiligen Väter" heraus, „die zu apostolischen Zeiten blühten", nämlich die Schriften von Barnabas, Hermas, Clemens, Ignatius und Polykarp (SS. Patrum, qui temporibus apostolicis floruerunt, Barnabae, Clementis, Hermae, Ignatii, Polycarpi opera, Paris 1672). Die Charakterisierung sollte anzeigen, dass diese Schriften nicht von den Aposteln selbst stammen, aber vor der Zeit der „Kirchenväter" geschrieben wurden und insofern in eine Epoche des „Übergangs" gehören. Die Bezeichnung „Apostolische Väter" stammt vermutlich von William Wake (The Genuine Epistles of the Apostolic Fathers, London 1693). Die Sammlung wurde später um einige andere Schriften erweitert.

Bei den heute zu den Apostolischen Vätern gerechneten Schriften handelt es sich um authentische Briefe, die an Gemeinden bzw. an Einzelpersonen gerichtet sind (Ignatius, Polykarp), eine „Gemeindeordnung" (Didache), ohne Verfassernamen überlieferte Schriften, denen nachträglich ein Autorenname zugewiesen wurde (Clemensbriefe, Barnabasbrief), ein anonymes Schreiben an eine Person namens Diognet sowie eine Apokalypse („Hirt" des Hermas). Dazu kommen Fragmente von Schriften des Bischofs Papias von Hierapolis sowie das Quadratusfragment. Die genannten Schriften sind zwischen dem Ende des 1. und dem Ende des 2. Jahrhunderts entstanden und gehören deshalb zur frühchristlichen Literatur. Um das Werden des Neuen Testaments zu verstehen, sind deshalb auch die Apostolischen Väter zu beachten.

2 Briefe

a) Der 1. Clemensbrief

Als 1. Clemensbrief wird ein Brief bezeichnet, den „die Gemeinde (ἐκκλησία) Gottes, die Rom als Fremde bewohnt", an die mit denselben Worten bezeichnete Gemeinde in Korinth gerichtet hat. Die Aussagen in 1,1 verweisen auf eine unmittelbar zurückliegende schwierige Situation in Rom, deshalb wird der 1. Clemensbrief oft in die Zeit um 96 (Ende von Verfolgungen nach dem Tod des Kaisers Domitian) datiert. Aber es ist fraglich, ob eine so genaue Datierung möglich ist. Der 1. Clemensbrief entstand jedenfalls gegen Ende des 1. Jahrhunderts und ist das älteste Dokument, in dem die Martyrien des Petrus und – ausführlicher – des Paulus erwähnt werden (5,3-7). In 6,1f. wird an frühere Verfolgungen insbesondere von Frauen erinnert, wobei vermutlich an die Zeit Neros gedacht ist.

Ungeachtet der Absenderangabe dürfte die Abfassung des Briefes auf einen einzelnen Verfasser zurückgehen, der allerdings ansonsten unbekannt bleibt. Irenäus (haer. 3,3,3) erwähnt Clemens als dritten Bischof von Rom, der ein direkter Schüler der Apostel gewesen sei; in diesem Zusammenhang kommt er auf den 1. Clemensbrief als einen „bedeutenden Brief" zu sprechen, ohne einen Autorennamen zu nennen. Im 1. Clemensbrief begegnet der Name nicht (vgl. aber die Erwähnung eines „Clemens" in Herm vis 2,4,3).

Anlass des 1. Clemensbriefes ist die in Korinth vollzogene Amtsenthebung von Presbytern (1,1; 3,1-4; 44,3-6), die vom Briefautor als „Aufstand" (στάσις) bezeichnet wird, deren nähere Umstände aber (für uns) undeutlich bleiben.

Die römische Gemeinde verlangt nachdrücklich, dass die als apostolisch geltende Ordnung in Korinth wieder hergestellt wird. Der 1. Clemensbrief lässt eine Weiterentwicklung der Organisationsstrukturen der Gemeinde sowie die Bindung an die Tradition erkennen, vergleichbar den etwa zeitgleichen Schriften des Neuen Testaments wie dem Epheserbrief, dem 1. Petrusbrief und dann vor allem den Pastoralbriefen. Das ist verbunden mit der Vorstellung, die Ämter und deren Sukzession gingen auf Christus zurück (44,1–3). In 47,1–4 werden die korinthischen Adressaten daran erinnert, dass der Apostel Paulus ihnen Kritisches zum Thema „Parteien" geschrieben hatte (vgl. 1Kor 1,10–17). Neben dem 1. Korintherbrief kennt der Autor auch den Römerbrief des Paulus und zudem wahrscheinlich den Hebräerbrief.

Im 1. Clemensbrief zeigt sich vor allem das Interesse der römischen Gemeinde, die Entwicklung in Korinth zu beeinflussen. Darüber hinaus enthält der 1. Clemensbrief breite Ausführungen über Glaube und Ethik, wobei der oft in langen Passagen eingehend zitierten Bibel (der Begriff „Altes Testament" begegnet noch nicht) erhebliches Gewicht zukommt. Im Rahmen der Argumentation für die Erwartung der Auferstehung der Toten wird in 24,1–26,3 der ägyptische Mythos vom Vogel Phönix überliefert. Es folgen Psalmzitate, die denselben Gedanken zum Ausdruck bringen sollen. Am Schluss des umfangreichen Briefes steht ein theologie- und liturgiegeschichtlich höchst bedeutsames Gemeindegebet (59,3–61,3).

b) Die Briefe des Ignatius

Ignatius, Bischof (ἐπίσκοπος) von Antiochia am Orontes, schrieb Briefe während seines Transports als Gefangener nach Rom, wo er im Tierkampf das Martyrium erleiden sollte (und wollte, IgnRöm 4). Diese Briefe werden bei Euseb (h. e. 3,36,3–11) aufgezählt und in zwei Gruppen eingeteilt. Die ersten vier an Gemeinden in Ephesus, Magnesia, Tralles und Rom habe Ignatius von Smyrna aus geschrieben, diejenigen nach Philadelphia und Smyrna sowie an Bischof Polykarp von Smyrna von Troas aus. Die Briefe sind in drei Rezensionen von sehr unterschiedlicher Länge überliefert. Heute wird zumeist die mittlere Rezension als die ursprüngliche angesehen. Die Langrezension enthält neben den sieben Briefen des Ignatius sechs weitere, die Kurzrezension, die erst seit dem 17. Jahrhundert bekannt ist, ist dagegen offenbar von Zitaten aus den sieben Ignatiusbriefen bei antiken Theologen beeinflusst.

Die Echtheit der sieben bei Euseb genannten Briefe des Ignatius wird heute nur selten angezweifelt. Ihre Datierung ist aber unsicher. Die traditionelle Annahme, sie seien um 110, zur Zeit der Regierung Trajans, geschrieben worden, wird abgeleitet aus dem zu jener Zeit verfassten Brief des in Pontus amtierenden römischen Statthalters Plinius, der den Kaiser um Anweisungen hinsichtlich des Verfahrens bei Christenverfolgungen bittet (s. u. § 59.2). Es ist jedoch keineswegs sicher, dass ein direkter zeitlicher Zusammenhang zu den Ignatiusbriefen besteht.

Die Briefe des Ignatius dürften eher um 130/140 oder sogar etwas später verfasst worden sein, denn sie lassen eine fortgeschrittene Entwicklung der kirchlichen Hierarchie erkennen: Es gibt in einer Gemeinde *einen* Bischof, dazu mehrere Presbyter und Diakone. Ein derartiger „monarchischer" Episkopat scheint aber noch Theorie (oder Wunsch des Ignatius) zu sein, nicht schon Realität. Ignatius sieht den Bischof als Garanten der Einheit der Gemeinde (IgnEph 4; Trall 7 u. ö.). Dieser hat (oder delegiert) den Vorsitz bei der Feier der Eucharistie (Sm 8,1), die in einer vieldiskutierten Wendung als φάρμακον ἀθανασίας („Heilmittel zur Unsterblichkeit") bezeichnet wird (IgnEph 20,2). Ignatius hebt die Fleischwerdung Jesu Christi hervor (vgl. das mehrmalige betonte „wahrhaftig", ἀληθῶς, in Trall 9) und wendet sich damit gegen Leute, die das Menschsein Jesu Christi offenbar zugunsten seiner Göttlichkeit relativierten (Sm 2; 4,2; Trall 10). Zugleich hebt er, auch mit Blick auf seine eigene Person, die Bedeutung des Martyriums hervor und motiviert es theologisch: Der Märtyrer erfährt das Leiden Christi am eigenen Leib (IgnRöm 4).

c) Der Polykarpbrief und das Martyrium des Polykarp

Polykarp („und die Presbyter, die bei ihm sind", καὶ οἱ σὺν αὐτῷ πρεσβύτεροι) schrieb einen Brief an die Gemeinde in Philippi, vermutlich um 130/140. Polykarp war gemäß der Adresse des an ihn gerichteten Ignatiusbriefes „Bischof (ἐπίσκοπος) der Kirche der Smyrnäer". Der Polykarpbrief ist laut Kap. 13f. ein Begleitschreiben zur Übersendung der Ignatiusbriefe nach Philippi (möglicherweise liegt hier ein zweiter Brief vor). Inhaltlich geht es im Wesentlichen um Paränese, die unter den Stichworten „Gerechtigkeit" und „Glaube" steht (3,1; unter Hinweis auf Paulus, 3,2). Neben den sittlichen Mahnungen stehen eindringliche Warnungen vor Irrlehre (Kap. 6–8; vgl. auch Kap. 11f.).

Kirchengeschichtlich bedeutsam ist das *Polykarpmartyrium*, ein vermutlich kurz nach 155 verfasster Brief der Gemeinde von Smyrna an die Gemeinde von Philomelium in Phrygien. Das Polykarpmartyrium wird traditionell den „Apostolischen Vätern" zugerechnet. Die Gemeinde berichtet ausführlich (und wohl zuverlässig) vom Prozess und vom Märtyrertod des Polykarp, der „in unseren Zeiten apostolischer Lehrer und prophetischer Bischof (διδάσκαλος ἀποστολικὸς καὶ προφητικὸς γενόμενος ἐπίσκοπος) der allgemeinen Kirche (καθολικῆς ἐκκλησίας) in Smyrna" war (MartPol 16,2).

3 Didache

Die „Lehre der zwölf Apostel" (dieser Titel wurde der Schrift nachträglich vorangestellt, wohl in Anlehnung an Apg 2,42) beginnt im ersten Teil (Did 1–6) mit einer nach dem Schema der „zwei Wege" (der Weg des Lebens/der Weg des Todes) gestalteten Unterweisung. Dabei besteht eine direkte Beziehung zu Barn

18–20 (s. u. § 41.5). Der Text baut auf jüdischer, biblischer Ethik auf und enthält außer einer (in der Forschung bisweilen als spätere Glosse angesehenen) Bezugnahme auf die Bergpredigt (Did 1,3b–2,1) keine spezifisch christlichen Züge. Der zweite Teil (Kap. 7–10) weist Merkmale einer Gemeinde- bzw. Gottesdienstordnung auf. Am Anfang (Kap. 7) stehen mit direktem Bezug auf die Zwei-Wege-Lehre praktische Anweisungen zum Vollzug der Taufe, einschließlich der Taufformel, die auch in Mt 28,19 begegnet. In Kap. 8 folgen Weisungen zum Fasten und zum Gebet. Dazu gehört das Vaterunser in einer Version, die weitgehend mit derjenigen in Mt 6,9–13 übereinstimmt; sie enthält zusätzlich die in frühen Matthäushandschriften fehlende Schlussdoxologie („Denn dein ist das Reich ...").

In Kap. 9 und 10 finden sich Anweisungen zur Feier der Eucharistie, einschließlich der Dankgebete, die über Kelch und gebrochenem Brot gesprochen werden sollen. Dagegen fehlen die bei Paulus und in den synoptischen Evangelien überlieferten „Einsetzungsworte". Das ist ein Hinweis darauf, dass bei der frühchristlichen Mahlfeier Dankgebete gesprochen wurden, während die „Einsetzungsworte" offenbar erst später zum Bestandteil der Mahlfeier wurden (bei Paulus und in den synoptischen Evangelien wird nicht gesagt, diese Worte seien bei der Mahlfeier zu sprechen). In 9,5 wird betont, dass nur Getaufte an diesem Mahl teilnehmen dürfen.

Der dritte Teil (Kap. 11–15) enthält sehr konkrete praktische Anweisungen zum Verhalten gegenüber wandernden Lehrern, Aposteln (11,3–6) und Propheten (11,7–13,7). In Kap. 14 wird gesagt, dass sich die Gemeinde am „Herrentag" versammelt. In Kap. 15 wird von der Wahl der „Bischöfe" (ἐπίσκοποι) und der διάκονοι (Diakone; vgl. im Neuen Testament Phil 1,1) gesprochen, die den Dienst der Propheten und Lehrer ausüben. Offenbar gibt es wandernde Apostel, wogegen in der Didache keine Presbyter erwähnt werden.

Der vierte Teil (Kap. 16) ist eine kurze apokalyptische Belehrung, eingeleitet mit der Mahnung „Wachet über eurem Leben" (16,1). Es wird gewarnt vor Lügenpropheten in der kommenden Endzeit, dann folgt die Ansage des Gerichts und der Parusie des Sohnes Gottes (16,4–8), ohne dass jedoch von „Naherwartung" zu sprechen wäre.

Die Datierung der Didache ist schwierig, da konkrete historische Ereignisse nicht erwähnt werden. Die Gestalt der Gemeindeordnung spricht für eine relativ frühe Entstehung zumindest einzelner Partien, vermutlich gegen Ende des 1. Jahrhunderts. Der endgültig redigierte Text kann aber durchaus später im 2. Jahrhundert entstanden sein. Die Nähe zum Matthäusevangelium könnte auf eine Entstehung in Syrien hindeuten (vgl. 7,1–3; 9,4).

Der Text der Didache ist nur in einer erst 1883 in Jerusalem entdeckten, im Jahre 1056 verfassten Handschrift erhalten. Aussagen der Didache wurden im Laufe des 2. und des 3. Jahrhunderts in frühe Kirchenordnungen integriert, ohne dass daraus Rückschlüsse für den ursprünglichen Text der Didache gezogen werden können.

4 Papias von Hierapolis

Papias, Bischof von Hierapolis in Phrygien, wirkte um 110 n. Chr. Er war bemüht, die gesamte ihm zugängliche Jesusüberlieferung zu sammeln und in einem fünfbändigen Werk zu kommentieren („Auslegende Darstellung der Herrenworte"). Sein Werk ist leider fast vollständig verlorengegangen. Allerdings finden sich bei einigen antiken Theologen wie Irenäus und Euseb Hinweise auf das Werk des Papias und Zitate daraus. Die pauschale Bezeichnung als „Papiasfragmente" ist allerdings irreführend, denn bei etlichen dieser Passagen handelt es sich um „Testimonia", die gemeinsam mit wörtlichen Zitaten auch Nachrichten über Papias überliefern. Einige weitere Überlieferungen stammen wahrscheinlich nicht von Papias selbst, sondern sind ihm sekundär zugeschrieben worden. Der Befund zu Papias und seinem Werk ist dementsprechend komplex, zumal sich Nachrichten *über* Papias und Bezüge auf sein Werk bzw. Zitate aus diesem nicht immer exakt voneinander trennen lassen. Heutige Ausgaben bieten deshalb zumeist die entsprechenden Auszüge aus den Werken der antiken Theologen in zeitlicher Abfolge (vgl. z. B. KÖRTNER).

Aus den Zitaten von und Nachrichten über Papias geht hervor, dass dieser die Evangelien von Matthäus und Markus kannte, vor allem aber an mündlicher Tradition interessiert war, die er als höherwertig ansah. Die erhaltenen Fragmente zeigen, dass Papias einen apokalyptischen Chiliasmus (d. h. die Erwartung einer tausendjährigen Herrschaft Christi nach der Auferstehung der Toten) vertrat. Möglicherweise hat dies zur Verdrängung des Werkes des Papias im antiken Christentum beigetragen.

5 Barnabasbrief, 2. Clemensbrief, Diognetbrief

Die drei nachfolgend vorgestellten Schriften sind anonym überliefert und haben ihre Bezeichnungen erst nachträglich erhalten.

1) Der *Barnabasbrief* ist als Brief gerahmt, denn er beginnt und endet mit Grüßen. Es handelt sich um ein Lehrschreiben, das keinen Verfassernamen trägt und keine bestimmten Adressaten nennt. Die Vermutung, der Paulusbegleiter Barnabas sei der Autor, ist erstmals bei Clemens von Alexandria belegt. Aber der Barnabasbrief zeigt keinerlei Berührungspunkte mit Paulus oder mit paulinischer Theologie. Hauptinhalt ist die teilweise mit massiv antijüdischen Tendenzen verbundene allegorische und typologische Deutung alttestamentlicher Aussagen im Blick auf Christus und auf die christliche Gemeinde. In Kap. 18–20 wird die Zwei-Wege-Lehre verwendet, die auch in Did 1–6 vorliegt (s. o.). Das im Barnabasbrief sehr polemisch, zugleich aber durchaus kunstvoll praktizierte, an Philo von Alexandria erinnernde Verfahren der Allegorese führte bisweilen zu der Vermutung, diese Schrift sei in Alexandria verfasst worden. Da in Kap. 16

vom Tempel und von dessen geplantem Wiederaufbau gesprochen wird, gibt es die Annahme, der Barnabasbrief sei vor dem Bar-Kochba-Aufstand 132–135 n. Chr. geschrieben worden. (James Carleton Paget datiert diese Schrift dagegen bereits in die Zeit des Kaisers Nerva, 96–98 n. Chr.).

2) Als *2. Clemensbrief* wird eine Schrift bezeichnet, die handschriftlich nur als Anhang zum 1. Clemensbrief überliefert ist; sie hat mit diesem Brief aber gar nichts zu tun. Der 2. Clemensbrief könnte als „Lesepredigt" verfasst worden sein (19,1). Hauptinhalt ist die Auseinandersetzung mit anderen Lehren, verbunden mit der Warnung vor falscher Lebenspraxis. Der Autor bezeichnet seine Ausführungen als „Ratschlag hinsichtlich der Enthaltsamkeit" (15,1). Ähnlich wie der „Hirt" des Hermas (s. u.) und wie der neutestamentliche Hebräerbrief befasst sich der 2. Clemensbrief eingehend mit dem Thema „Buße" (Kap. 8–11). Es gibt Indizien für die Annahme, dass der 2. Clemensbrief in Ägypten entstanden ist, möglicherweise um 150. Er würde dann, vielleicht neben dem Barnabasbrief, zu den frühen Dokumenten des ägyptischen Christentums gehören.

3) Der *Diognetbrief* (oder besser: *Schrift an Diognet*) ist eine auf sprachlich hohem Niveau formulierte theologische Abhandlung, die dem „hochgeachteten Diognet" gewidmet ist (Diog 1; vgl. Lk 1,1–4; Apg 1,1). Sie ist ein Zeugnis früher christlicher Apologetik, denn der Autor will zeigen, dass der christliche Glaube trotz seiner „Neuheit" der alten heidnischen Götterverehrung und dem jüdischen Kult überlegen ist (Kap. 3f.). Die Christen führen eine paradoxe Existenz als Fremde in der Welt (Kap. 5f.), und das entspricht der Sendung des Gottessohnes in die Welt (Kap. 7–9). Am Schluss (Kap. 10) werden die Leser (Plural!) eingeladen, sich dem christlichen Glauben anzuschließen. In Kap. 11f. folgt eine Selbstinterpretation des Autors, die aber wahrscheinlich ein sekundärer Nachtrag ist.

Der Diognetbrief kann um die Mitte des 2. Jahrhunderts entstanden sein, etwa zur Zeit des Apologeten Justin. Aber es gibt auch Vorschläge für eine deutlich spätere Datierung. Die älteste Handschrift stammte aus dem 13./14. Jahrhundert, sie verbrannte 1870 bei der Beschießung Straßburgs im Deutsch-Französischen Krieg. Im antiken Christentum wird der Diognetbrief nirgends erwähnt. Über den Abfassungsort lässt sich nichts sagen.

6 Der „Hirt" des Hermas

Das auf einen Autor namens Hermas zurückgehende umfangreiche Werk *Der Hirt* ist eine vermutlich noch in der ersten Hälfte des 2. Jahrhunderts in Rom verfasste Bußschrift mit literarischen Zügen einer Apokalypse. Das Werk umfasst drei umfangreiche Teile: Den ersten Teil bilden fünf „Gesichte" (Visiones), die autobiographisch angelegt sind und Bußmahnungen mit zum Teil stark allegorischen Bildern enthalten. Am Ende steht die visionäre Ankündigung einer gewaltigen Drangsal. Die fünfte Visio bildet den Übergang zum zweiten Teil, den zwölf „Geboten" (Mandata). Hier erscheint der Hirt als Bußengel, der dem Hermas befiehlt, die folgenden Gebote und dann auch die Gleichnisse (dritter Teil) aufzuschreiben. Die Mandata nennen moralische Gebote und Verbote. In Herm mand 4,3,1–7 wird die Frage nach der Möglichkeit einer „zweiten Buße" erörtert, die im Neuen Testament in Hebr 6,4–8 begegnet. Anders als im Hebräerbrief lautet die Antwort, dass es für die vom Glauben abgefallenen Christen tatsächlich noch *eine* Gelegenheit zur Umkehr gibt. Ein weiteres Thema in den Mandata ist die Unterscheidung von wahrer und falscher Prophetie. Auch die als dritter Teil das ganze Werk abschließenden zehn „Gleichnisse" (Similitudines) haben den Charakter von Geboten, die jetzt in zahlreichen Bildern und Metaphern ausgesagt werden.

Arbeitsvorschläge

1. Lesen Sie 1Clem 5–7. Aus welchem Anlass und in welcher Weise wird darin auf den Tod des Petrus und des Paulus sowie auf die Verfolgung weiterer Christinnen und Christen Bezug genommen?
2. In 1Clem 24–26 wird die christliche Hoffnung auf die Auferstehung der Toten erörtert. Welche Argumente führt der Brief dafür an? Welche jüdischen, frühchristlichen und paganen Überlieferungen werden darin aufgenommen?
3. Der „Hirt" des Hermas gibt interessante Einblicke in die soziale Welt des stadtrömischen Christentums in der ersten Hälfte des 2. Jahrhunderts: Was erfahren Sie in Herm vis 1,1,1 über den sozialen Stand des Verfassers? In welcher Weise nimmt das Bild von Ulme und Weinstock in Herm sim 2 auf die soziale Wirklichkeit in der römischen Christenheit Bezug? Welche (durchaus eigentümlichen) Handlungsempfehlungen gibt der Text mit Blick auf die sozialen Unterschiede innerhalb der christlichen Gemeinschaft?

§ 42 Antike christliche Apokryphen

Literatur: MARKUS BOCKMUEHL, Ancient Apocryphal Gospels, Louisville, Ky. 2017 ♦ TONY BURKE (Hg.), New Testament Apocrypha. More Noncanonical Scriptures, 3 Bde., Grand Rapids, Mich. 2016–2023 ♦ BART D. EHRMAN/ZLATKO PLEŠE, The Apocryphal Gospels. Texts and Translations, Oxford 2011 ♦ JOHN K. ELLIOTT, The Apocryphal New Testament, Oxford 1993 ♦ ANDREW GREGORY/CHRISTOPHER TUCKETT (Hg.), The Oxford Handbook of Early Christian Apocrypha, Oxford 2015 ♦ JUDITH HARTENSTEIN, Die zweite Lehre. Erscheinungen des Auferstandenen als Rahmenerzählungen frühchristlicher Dialoge (TU 146), Berlin/Boston 2000 ♦ HANS-JOSEF KLAUCK, Apokryphe Evangelien. Eine Einführung, Stuttgart 2002 ♦ HANS-JOSEF KLAUCK, Apokryphe Apostelakten, Stuttgart 2005 ♦ DIETER LÜHRMANN, Fragmente apokryph gewordener Evangelien in griechischer und lateinischer Sprache (MThSt 59), Marburg 2000 ♦ DIETER LÜHRMANN, Die apokryph gewordenen Evangelien. Studien zu neuen Texten und zu neuen Fragen (NT.S 112), Leiden/Boston 2004 ♦ CHRISTOPH MARKSCHIES/JENS SCHRÖTER (Hg.), Antike christliche Apokryphen in deutscher Übersetzung, Tübingen 2012 ♦ WILHELM SCHNEEMELCHER (Hg.), Neutestamentliche Apokryphen in deutscher Übersetzung, Tübingen ⁶1990/1997 ♦ JENS SCHRÖTER, Apokryphe Evangelien. Jesusüberlieferungen außerhalb der Bibel, München 2020. – Eine umfangreiche, laufend aktualisierte Bibliographie mit Hinweisen zu neueren Quellenausgaben bietet der „e-Clavis: Christian Apocrypha" auf der Website der North American Society for the Study of Christian Apocryphal Literature, https://www.nasscal.com/e-clavis-christian-apocrypha/.

1 Zum Begriff „Apokryphen"

Neben den „Apostolischen Vätern" (s. o. § 41) wurden und werden andere christliche Schriften unter der Bezeichnung „Apokryphen des Neuen Testaments" bzw. „Neutestamentliche Apokryphen" zusammengestellt. Andere Titel derartiger Ausgaben sind „Antike christliche Apokryphen" (dabei wird statt des Bezugs auf das Neue Testament die Entstehungszeit der entsprechenden apokryphen Texte in den Vordergrund gerückt) bzw. „Apocryphal New Testament" (dieser – nicht unproblematische – Titel betont, dass zu allen Gattungen der neutestamentlichen Schriften apokryphe Analogien existieren). Wie bei den Apostolischen Vätern existieren Zusammenstellungen apokrypher Texte erst seit der Neuzeit. Im Jahr 1703 publizierte Johann Albert Fabricius (1668–1736) eine Reihe von Texten unter dem Titel „Codex Apocryphus Novi Testamenti". Eine zweite Auflage folgte 1719. In diesen Ausgaben versammelte Fabricius Texte, die einen Bezug zum Neuen Testament erkennen lassen, so zum Beispiel einige damals bekannte nichtkanonische Evangelien und Briefe, Herrenworte außerhalb der kanonischen Evangelien sowie altkirchliche Zeugnisse über derartige Schriften. Editionen und Übersetzungen solcher Texte wurden und werden bis in die Gegenwart immer wieder vorgelegt, wobei die jeweilige Auswahl und Zusammenstellung durchaus unterschiedlich ist. Der Grund dafür ist, dass der Begriff „Apokryphen" inhaltlich offen ist und sich nicht auf ein bestimmtes Corpus von Texten bezieht. Es handelt sich vielmehr um einen Sammelbegriff, der zunächst nicht mehr besagt, als dass sich die damit bezeichneten Texte nicht im biblischen Kanon befinden.

Bei den „Apokryphen" in Lutherbibeln handelt es sich um die von Luther als solche bezeichneten Bücher aus dem Alten Testament (bzw. spätere Zusätze zu diesen): „Apocrypha: Das sind die Bücher: so der heiligen Schrift nicht gleich gehalten, und doch nützlich und gut zu lesen sind." Dazu gehören zum Beispiel die Bücher Tobit, Judit, Jesus Sirach und Weisheit Salomos. Diese Bücher sind Bestandteil der Septuaginta, jedoch nicht der Hebräischen Bibel. Sie finden sich dementsprechend auch in heutigen Bibelausgaben, die dem Kanon der Septuaginta folgen (etwa der Jerusalemer Bibel). Die „Apokryphen des Neuen Testaments" sind also von diesen „Apokryphen des Alten Testaments" zu unterscheiden. Sie haben nie zum Kanon des Neuen Testaments gehört, sondern sind Schriften im Umfeld der neutestamentlich werdenden Schriften.

Im antiken Christentum wurde die Bezeichnung „apokryph" häufig in negativer Bedeutung verwendet. Sie diente dazu, bestimmte Schriften als nicht mit der christlichen Botschaft übereinstimmend zu charakterisieren und dementsprechend abzulehnen. Dabei konnte der Begriff auch die Bedeutung „gefälscht" oder „abgelehnt" annehmen. In dieser Weise wurde er seit der zweiten Hälfte des 2. Jahrhunderts von antiken christlichen Theologen (z. B. von Irenäus, Hippolyt und Tertullian) verwendet. Im 4. Jahrhundert wurden dann von Athanasius die „sogenannten apokryphen Schriften" den „kanonisierten, überlieferten und als göttlich geglaubten Büchern" gegenübergestellt. Der Begriff „apokryph" gehörte damit in den Kontext der Unterscheidung zwischen anerkannten, umstrittenen und abgelehnten Schriften, die in den ersten Jahrhunderten des Christentums eine wichtige Rolle spielte und zur Herausbildung des biblischen Kanons führte. Die entsprechenden Einteilungen von Schriften waren allerdings nicht eindeutig und konnten unterschiedlich beurteilt werden. So wurden etwa einige Schriften durchaus hochgeschätzt, ohne kanonischen Rang zu erhalten – wie etwa der „Hirt" des Hermas, der auch im Codex Sinaiticus enthalten ist, die Petrusapokalypse oder das Hebräerevangelium –, wogegen andere kontrovers diskutiert wurden oder nur eine untergeordnete Rolle spielten, schließlich aber ins Neue Testament gelangten – wie etwa der Hebräerbrief, der 2. und 3. Johannesbrief und der Jakobusbrief. Die Entstehung des neutestamentlichen Kanons ist demnach von

Diskursen über einzelne Schriften und deren Geltung in verschiedenen Regionen beeinflusst und darf nicht als ein zielgerichteter Prozess vorgestellt werden, der von Beginn auf denjenigen Umfang des Neuen Testaments zugesteuert wäre, wie er sich schließlich herausgebildet hat. Hierauf wird an späterer Stelle genauer eingegangen (s. u. § 44).

Der Begriff „apokryph" (ἀπόκρυφος), der „verborgen" oder „geheim" bedeutet, wurde von einigen frühchristlichen Schriften aber auch in positivem Sinn als Eigenbezeichnung verwendet. So charakterisiert etwa das Thomasevangelium seinen Inhalt am Beginn als „verborgene Worte, die Jesus, der Lebendige, sprach"; das Judasevangelium spricht am Beginn von der „verborgenen Offenbarungsrede" Jesu an Judas, und eine mehrfach überlieferte frühchristliche Schrift heißt „Apokryphon (also: ,verborgene Schrift') des Johannes". Damit wird zum Ausdruck gebracht, dass es zum Verständnis des Inhalts der genannten Schriften besonderer Erkenntnis bedarf. In etlichen weiteren Schriften ist diese Sicht ebenfalls anzutreffen, auch wenn sie sich nicht explizit als „apokryph" bezeichnen. Damit im Zusammenhang könnte der Begriff zum Ausdruck bringen, dass die entsprechende Schrift nicht für die allgemeine Lektüre und Verwendung in christlichen Gottesdiensten gedacht ist, sondern nur in „eingeweihten" Kreisen gelesen werden soll. Schließlich könnte die Charakterisierung als „verborgene" Schrift auch erklären, warum sie jeweils erst nach den bereits existierenden, später ins Neue Testament gelangten Schriften aufgetaucht ist, zuvor dagegen unbekannt war.

Dem Begriff „apokryph" haftet aufgrund dieser Verwendungen bis in die Gegenwart die Bedeutung des Häretischen, nicht mit den „rechtgläubigen" christlichen Überzeugungen Vereinbaren an. Das trifft aber längst nicht auf alle der zu den Apokryphen gerechneten Schriften zu. Viele von diesen sind vielmehr Zeugnisse für Strömungen und Auffassungen, die zwar nicht die lehramtlich formulierten Glaubenssätze der christlichen Kirchen widerspiegeln, für die Ausbildung von Frömmigkeitstraditionen jedoch eine wichtige Rolle spielten. So sind etwa die sogenannten *„Kindheitsevangelien"*, die seit dem 2. Jahrhundert entstanden und Geburt und Kindheit Jesu legendarisch ausmalen, vielfach aufgenommen und weitergeschrieben worden (u. a. auch im Koran, Sure 3,49; 5,110 u. ö.). Etliche Szenen aus den „Kindheitsevangelien" sind auch bildlich dargestellt worden, etwa in Mosaiken und Fresken spätantiker und mittelalterlicher Kirchen oder in Buchillustrationen. Auch die Ereignisse der Passion Jesu sind durch apokryphe Traditionen angereichert worden. In Schriften, die von Dialogen des Auferstandenen mit seinen Jüngerinnen und Jüngern erzählen, begegnen oftmals Lehren, die über das im Neuen Testament zu Findende weit hinausgehen und von philosophischen und ethischen Vorstellungen der hellenistisch-römischen Zeit beeinflusst sind.

Ein anderer Bereich der Apokryphen schreibt die *Traditionen über die Apostel* fort, die sich in den Briefen des Neuen Testaments sowie in der Apostelgeschichte finden. Dazu gehören zum einen fiktive Briefe, die zum Beispiel Paulus oder sogar Christus selbst geschrieben haben sollen. Zum anderen gehören dazu die sogenannten Apostelakten, die davon erzählen, wie die Apostel in nachösterlicher Zeit in verschiedene Gebiete gezogen sind und dort missioniert haben. Die ältesten dieser Akten sind im 2. Jahrhundert entstanden; sie sind dann immer weiter fortgeschrieben worden und in die mittelalterliche Hagiographie übergegangen.

Ein weiterer Textbereich umfasst schließlich die apokryphen *Apokalypsen*. Diese sind oftmals von jüdischen und griechisch-römischen Vorstellungen über das Jenseits, die Unterwelt und ein endzeitliches Gericht beeinflusst. Die ältesten dieser Schriften datieren ebenfalls ins 2. Jahrhundert; auch hier findet eine Fortschreibung statt, bis diese Texte in die mittelalterliche Darstellung von Jenseitsreisen übergehen.

Der Bestand der Apokryphen ist demnach prinzipiell unabgeschlossen und erweiterbar. Das wird in den von Tony Burke (u. a.) herausgegebenen Bänden der „New Testament Apocrypha" deutlich, in denen sich zahlreiche, oft unbekannte und sehr verschiedenartige christliche Texte aus einem Zeitraum von der Spätantike bis ins Mittelalter oder sogar in die frühe Neuzeit finden. Die Apokryphen lassen sich zeitlich einteilen, nämlich in „antike", „mittelalterliche" und „neuzeitliche" Apokryphen, wobei zwischen diesen Bereichen zahlreiche Überlappungen bestehen. Eine weitere, in vielen Ausgaben von Apokryphen anzutreffende Einteilung orientiert sich an den Gattungen der neutestamentlichen Schriften und unterteilt die Apokryphen dementsprechend in Evangelien, Briefe, Apostelakten und Apokalypsen.

Apokryphe Texte sind zunächst auf Griechisch und Latein, später dann auch in anderen Sprachen, etwa Koptisch, Syrisch, Äthiopisch oder Armenisch, verfasst worden. Viele Texte sind auch in diese und andere Sprachen übersetzt worden und mitunter nur als solche Übersetzungen erhalten. Für die Interpretation und Verwendung der biblischen Texte in den verschiedenen Regionen, in denen sich die christliche Kirche entwickelte, haben die apokryphen Texte dabei, gemeinsam mit Homilien, Liturgien und bildlichen Darstellungen, eine wichtige Rolle gespielt.

Das Verhältnis der Apokryphen zu den neutestamentlichen Schriften ist unterschiedlich zu beurteilen. Etliche dieser Schriften knüpfen an die neutestamentlichen Texte an und schreiben sie in späterer Zeit fort. Andere apokryphe Texte stellen eigene, mitunter konkurrierende Deutungen Jesu und seiner Lehre neben oder gegen die neutestamentlichen Darstellungen. Wiederum andere Texte sind nur sehr mittelbar auf das Neue Testament bezogen und entwickeln stattdessen eigene religiöse oder philosophische Ideen über die Bedeutung Jesu Christi oder anderer biblischer Figuren sowie über die Herkunft und Zukunft des Menschen.

Schließlich ist deutlich, dass die Unterscheidung „kanonischer" und „apokrypher" Texte nicht mit derjenigen von „christlich" und „nichtchristlich" gleichgesetzt werden darf. Die apokryphen Texte vermitteln vielmehr Einblicke in die reichhaltige und weitverzweigte Geschichte des Christentums und führen nicht zuletzt vor Augen, dass sich diese Geschichte zu einem wichtigen Teil in den östlichen Gebieten des Mittelmeerraums zugetragen hat.

Statt von „neutestamentlichen Apokryphen" könnte man deshalb auch von „nichtkanonischen christlichen Texten" sprechen. Bei der Verwendung des Begriffs „neutestamentliche Apokryphen" sollte jedenfalls bewusst sein, dass es sich dabei um einen weiten Bereich christlicher Literatur handelt, der die Schriften des Neuen Testaments mit einer Vielzahl von Deutungen umgibt und sie auf diese Weise für verschiedene historische und kulturelle Situationen erschließt. Im Folgenden werden einige wichtige antike christliche Apokryphen aus den genannten Bereichen vorgestellt.

Aufgrund der angedeuteten komplexen Entstehungsgeschichte des neutestamentlichen Kanons hat Dieter Lührmann vorgeschlagen, von „apokryph *gewordenen* (und entsprechend von kanonisch *gewordenen*) Evangelien" zu sprechen. Damit wird betont, dass die Unterscheidung von „kanonisch" und „apokryph" das Ergebnis von Entwicklungen ist, die sich in den ersten Jahrhunderten des Christentums zugetragen haben. Mit der oben genannten Einschränkung, dass sich einige Schriften selbst dezidiert als „apokryph" verstehen, wogegen andere zur selben Zeit bereits weite Anerkennung erlangt haben, ist diese Terminologie durchaus hilfreich.

2 Apokryphe Evangelien

Zu den apokryphen Evangelien gehört ein breites Spektrum von Texten, die in unterschiedlicher Weise Inhalte des Lebens, Wirkens und der Passion Jesu vermitteln. Im weiteren Sinn lassen sich dazu auch solche Schriften rechnen, die über die Eltern Jesu oder Johannes den Täufer berichten.

a) „Kindheitsevangelien"

Die sogenannten „Kindheitsevangelien" erzählen in legendarischer Form von der Geburt und Kindheit Jesu. Dabei werden in der Regel die entsprechenden neutestamentlichen Texte aus dem Matthäus- und Lukasevangelium vorausgesetzt und durch weitere Erzählungen angereichert. Die älteste dieser Schriften ist das sogenannte *„Protevangelium des Jakobus"*, eine im 2. Jahrhundert entstandene Schrift, die in ihrem ersten Teil von der Geburt und dem Heranwachsen Marias erzählt, bevor im zweiten Teil der Befehl des Augustus, alle Einwohner Betlehems sollten sich registrieren lassen (vgl. Lk 2), die Geburt Jesu, die Anbetung durch die Magier und der Kindermord des Herodes (vgl. Mt 2) und schließlich die Flucht Elisabeths mit Johannes vor Herodes in die Wüste erzählt werden. Am Ende gibt sich Jakobus als Verfasser der Schrift zu erkennen (gemeint ist der

Bruder Jesu, der hier als Sohn Josefs aus einer Ehe vor der Verbindung mit Maria gilt).

Der ursprüngliche Titel der Schrift lautete vermutlich „Geburt Marias. Offenbarung des Jakobus". Es sind aber auch andere Titel überliefert, von denen sich etliche auf die Rolle Marias als „Gottesgebärerin" beziehen. Der Titel „Protevangelium des Jakobus" wurde der Schrift dagegen von dem französischen Humanisten Guillaume Postel beigelegt, der sie auf einer Reise in den Osten kennengelernt und 1552 in einer lateinischen Übersetzung in Basel publiziert hatte. Postel vermutete, die Schrift habe den verlorengegangenen ersten Teil des Markusevangeliums gebildet, das keine Geburtsgeschichte enthält und dem ursprünglich ein „Protevangelium" („Erstevangelium") vorgeschaltet gewesen sei.

Dem Protevangelium zufolge wurde Jesus in einer Höhle geboren – eine in verschiedenen frühchristlichen Schriften begegnende Tradition –, von einer Krippe ist dagegen erst im Zusammenhang der Verfolgung durch Herodes die Rede: Maria wickelt das Kind in Windeln und legt es in eine Ochsenkrippe, um es vor den Nachstellungen des Herodes zu verstecken. Im Protevangelium begegnen auch zum ersten Mal die Namen der Eltern Marias, Joachim und Anna. Vor allem hat das Protevangelium aber ein Interesse an der Jungfräulichkeit Marias. Diese wird nach der Geburt Jesu (!) durch Salome, die unvermittelt in die Erzählung eingeführt wird, überprüft. Möglicherweise steht dies im Zusammenhang mit Kontroversen über die Jungfräulichkeit Marias, die von jüdischer und griechisch-römischer Seite polemisch bestritten wurde.

Das Protevangelium hat eine breite Wirkungsgeschichte entfaltet. Es wurde in zahlreichen späteren Kindheitsevangelien verarbeitet und hat auch die bildende Kunst stark beeinflusst. Die große Wirkung der Schrift zeigt sich nicht zuletzt daran, dass mehr als hundert (zum Teil fragmentarisch erhaltene) griechische Handschriften bekannt sind und sie in etliche östliche Sprachen, aber auch ins Lateinische übersetzt wurde. Das Protevangelium bildet damit den Ausgangspunkt für Traditionen über die Geburt Marias und Jesu, die im antiken und mittelalterlichen Christentum entstanden sind bzw. fortgeschrieben wurden.

b) Passionsevangelien

Als Beispiel aus dem Bereich der Passionsevangelien soll das *Nikodemusevangelium* etwas genauer vorgestellt werden. Die Ursprünge der Schrift liegen vermutlich in fiktiven jüdischen Akten über den Prozess gegen Jesus (sog. „Pilatusakten"), die im 2. Jahrhundert entstanden sind. Darin werden jüdische Einwände gegen Jesus formuliert, wie etwa der, dass er den Sabbat schände. Diese „Akten" sind dann später christlich bearbeitet und mit weiteren Teilen zusammengestellt worden, die von der Grablegung Jesu, der Gefangennahme des Josef von Arimathäa und seiner Befreiung durch göttliches Eingreifen sowie von dem Abstieg Christi in die Unterwelt erzählen. Verschiedene Handschriften enthalten zudem

Fortschreibungen, die einen Eindruck von der vielfältigen christlichen Pilatusliteratur geben, und auch ein unter dem Namen des Gamaliel (vgl. Apg 5,34; 22,3) verfasstes Evangelium.

Das Nikodemusevangelium hat – darin den „Kindheitsevangelien" vergleichbar – eine sehr komplexe Entstehungs- sowie eine reiche Wirkungsgeschichte. In ihm finden sich etliche Traditionen über die Passion Jesu – etwa die Namen der beiden mit Jesus gekreuzigten Schächer, die Geschichte des Josef von Arimathäa und die Höllenfahrt Christi, bei der er die in der Unterwelt Gefangenen seit Adam befreit –, die die Passionstraditionen und -spiele nachhaltig beeinflusst haben. Mitunter wurde die Schrift sogar in Bibelhandschriften aufgenommen. Die reformatorische sowie die neuzeitliche historische Kritik, die sich vor allem auf die Darstellung der Höllenfahrt Christi richtete, haben seinen Einfluss allerdings geringer werden lassen.

c) „Dialogevangelien"

Zu den sogenannten „Dialogevangelien" gehört das *Mariaevangelium*. Auch diese Schrift lässt sich ins 2. Jahrhundert datieren, wie zwei griechische Fragmente zeigen, die aus dem 3. Jahrhundert stammen und bei denen es sich um verschiedene Abschriften eines griechischen Originals handelt. Ein längeres Stück der Schrift – in diesem ist auch der Titel „Evangelium nach Maria" bezeugt – findet sich in einem Codex mit vier koptischen Schriften aus dem 5. Jahrhundert (dem sogenannten „Berolinensis Gnosticus", P.Berol. 8502). Hier fehlen allerdings der Beginn der Schrift sowie einige Seiten aus dem Mittelteil.

Der erhaltene Text setzt mitten in einer Rede Jesu an seine Jüngerinnen und Jünger darüber ein, dass alle Dinge aufgelöst werden und zu ihrem Ursprung zurückkehren müssen. Anschließend verabschiedet sich Jesus und geht weg. Vorausgesetzt ist offenbar eine Situation zwischen Auferstehung und Erhöhung Jesu. Maria (gemeint ist Maria Magdalena) berichtet den versammelten Jüngern nun über eine Vision, deren zentraler Inhalt der Aufstieg der Seele in den göttlichen Bereich ist. Dabei muss sie vier Gewalten passieren, die sie am Aufstieg hindern wollen. Es geht in der Schrift also um die Frage, wie Erlösung vorzustellen ist. Dahinter wird eine Kontroverse im frühen Christentum über die leibliche Auferstehung und den Aufstieg der Seele in den göttlichen Bereich erkennbar. Auf der einen Seite wurde die Vorstellung der leiblichen Auferstehung Jesu und der Glaubenden vertreten, auf der anderen Seite dagegen die an philosophischen Positionen orientierte Sicht, dass nur die Seele erlöst wird und dazu die irdische Welt hinter sich lassen muss. Die letztgenannte Position führt in den Bereich der „Gnosis", der in einem eigenen Paragraphen besprochen wird (s. u. § 43).

Im Mariaevangelium berichtet Maria von ihrer Vision im Zusammenhang mit einem Konflikt zwischen ihr einerseits sowie Andreas und Petrus andererseits. Darin könnte sich eine Kontroverse zwischen Gruppen im frühen Christentum

Abb. 2: Codex Berolinensis Gnosticus (P.Berol. 8502), p. 19 mit dem Ende des Mariaevangeliums und dem Beginn des Johannesapokryphons (oben die Subscriptio „Das Evangelium nach Maria")

widerspiegeln, die sich für ihre Positionen auf bestimmte Personen aus dem Umfeld Jesu als Autoritäten beriefen. Maria Magdalena bot sich dabei als erste Zeugin der Erscheinung des auferstandenen Jesus im Johannesevangelium an. Sie steht in Konkurrenz zu Petrus, der ebenfalls als erster Auferstehungszeuge auftritt (1Kor 15) und als Orientierungsfigur im frühen Christentum an Bedeutung gewann (im Neuen Testament etwa im Nachtragskapitel Joh 21 sowie in der Apostelgeschichte).

d) Das Thomasevangelium

Das *Thomasevangelium* – das vielleicht bekannteste apokryphe Evangelium – wurde 1945 als Teil des Fundes von Nag Hammadi in Ägypten entdeckt, obwohl man von seiner Existenz schon zuvor aufgrund von Bemerkungen und Zitaten antiker christlicher Theologen wusste. Es besteht überwiegend aus Aphorismen, Parabeln und kurzen Reden Jesu, die zumeist mit der Redeeinleitung „Jesus spricht" einsetzen. Jedoch kommen auch Jesu Jüngerinnen und Jünger häufig zu Wort, so dass einige Abschnitte zu den Chrien zu zählen sind (z. B. EvThom 51–53; 99f.; zur Gattung Chrie vgl. oben § 9.3a) oder kleine Dialoge erzählen (EvThom 13; 60 u. ö.). Auch das Thomasevangelium lässt sich ins 2. Jahrhundert datieren, wie Fragmente zeigen, die älter sind als der koptische Text aus Nag Hammadi, der vermutlich vom Beginn des 5. Jahrhunderts stammt.

In der Forschung wird das Thomasevangelium zumeist der Gattung „Spruchevangelium" zugewiesen. Dabei handelt es sich jedoch eher um eine Verlegenheitslösung, denn es ist keine andere antike Schrift bekannt, die in ähnlicher Weise Aphorismen, Chrien und Dialoge miteinander verbindet, ohne dabei ein biographisches Interesse an der Hauptfigur zu erkennen zu geben. Der literarische Charakter des Thomasevangeliums liegt demnach zwischen einer Spruchsammlung und einem narrativen Evangelium. Der Grund dafür könnte darin liegen, dass hier Überlieferungen zusammengestellt sind, die sich jedenfalls zum Teil zuvor in narrativen Kontexten (in den neutestamentlichen Evangelien, möglicherweise auch in anderen Schriften) befanden. Jedenfalls weist das Thomasevangelium zahlreiche Überschneidungen mit den neutestamentlichen Evangelien auf, die darauf hindeuten, dass die Letzteren bei der Abfassung des Thomasevangeliums in irgendeiner Form bekannt waren.

Das Thomasevangelium präsentiert „die verborgenen Worte Jesu, des Lebendigen", deren Erkenntnis zum ewigen Leben führt. Inhaltlich geht es darum, die Herkunft des Menschen aus dem „Königreich des Vaters" zu erkennen, weil die Erlösung in der Rückkehr zu eben diesem Königreich liegt. Dazu gehört, sich „der Welt zu enthalten" – also einen asketischen Lebensstil zu praktizieren – und sich am von Jesus gelehrten Ethos der Nächstenliebe zu orientieren. Jüdische Traditionen wie Sabbateinhaltung, Speisegebote und Beschneidung werden dabei entweder ethisch umgedeutet oder polemisch zurückgewiesen. Sakramente spielen im Thomasevangelium keine Rolle. Es wird ein rudimentäres Gemeinschaftsethos entworfen, wenn etwa vom Verhältnis zum „Bruder" die Rede ist (EvThom 25f.; 99). Bei der Erlösung sind dagegen die „Einzelnen" oder „Erwählten" im Blick. Offenbar richtet sich das Thomasevangelium demnach an Jesusnachfolger, die der Lehre Jesu durch einen konsequent asketischen Lebensstil gerecht werden sollen, um so zum Heil zu gelangen.

Das Thomasevangelium ist – darin dem Mariaevangelium vergleichbar – von anthropologischen und philosophischen Vorstellungen beeinflusst, die seit der zweiten Hälfte des 2. Jahrhunderts in frühchristlichen Schriften rezipiert wurden. Während sich dies im Mariaevangelium vor allem in der Vorstellung einer Trennung von Leib und Seele niedergeschlagen hat, wird es im Thomasevangelium in einer Anthropologie deutlich, die die Herkunft des Menschen aus einem oberen Bereich lehrt, in den er wieder zurückkehren muss, um zu einer Vollendung seines Lebens zu gelangen. Die Welt wird dabei als ein oft auch feindlicher, negativer Ort betrachtet, in dem sich der Mensch vorübergehend aufhalten muss. Das Spezifische des Thomasevangeliums ist, dass es die Lehre Jesu im Rahmen eines solchen Konzeptes interpretiert.

Ob das Thomasevangelium zur „Gnosis" zu rechnen ist, wie in der Forschung häufig vertreten, hängt davon ab, was unter diesem Begriff genau verstanden wird. Darauf wird an späterer Stelle genauer einzugehen sein (s. u. § 43).

3 Apokryphe Briefe und Apostelakten

In Anknüpfung an die paulinischen (und pseudopaulinischen) Briefe des Neuen Testaments sind seit dem 2. Jahrhundert mehrere Paulusbriefe fingiert worden, die heute zu den Apokryphen gerechnet werden. Dazu gehört zum Beispiel der sogenannte *„Laodicenerbrief"*, ein aus diversen Zitaten aus den neutestamentlichen Paulusbriefen zusammengestelltes kurzes Schreiben, in dem „Paulus" die Gemeinde von Laodicea für ihre Standhaftigkeit lobt, vor Häretikern warnt, seine eigene Situation der Gefangenschaft erwähnt und die Adressaten zu einem Leben im Glauben an Gott und Christus auffordert. Der offenbar lateinisch verfasste Brief findet sich in zahlreichen Vulgatahandschriften und wird auch von etlichen antiken Autoren erwähnt, zuerst im Canon Muratori, der einen „für die Häresie Markions" gefälschten Brief an die Laodicener nennt. Dass es sich dabei um das als „Laodicenerbrief" bekannte Schreiben handelt, ist allerdings unwahrscheinlich. Eher könnte es sich um den Epheserbrief handeln, den Markion einer Notiz Tertullians zufolge als „Laodicenerbrief" bezeichnet hat. Ausgangspunkt für die Abfassung des kurzen Schreibens mit sehr unspezifischem Charakter war offenbar die Bemerkung in Kol 4,16, die Gemeinde solle den Brief (also Kol) auch in der Gemeinde von Laodicea verlesen lassen und umgekehrt den nach Laodicea gerichteten Brief bei sich verlesen. Da kein Paulusbrief nach Laodicea bekannt war, wurde diese Lücke durch das kleine Schreiben gefüllt.

Im späteren 4. Jahrhundert wurde ein fiktiver *Briefwechsel zwischen Paulus und Seneca* verfasst. Er umfasst vierzehn, allerdings nicht in sinnvoller Anordnung überlieferte Briefe, die Paulus mit dem Philosophen und römischen Staatsmann gewechselt haben soll: acht Briefe von Seneca an Paulus und sechs von Paulus an Seneca. „Historischer" Hintergrund für diese lateinisch abgefasste Korrespondenz ist, dass Paulus um das Jahr 60 herum in Rom war und dort mit Seneca zusammengetroffen sein könnte (wofür es freilich keinerlei Anhaltspunkt gibt). In den Briefen tauschen die beiden fiktiven Autoren im Wesentlichen Höflichkeiten aus und verabreden ein baldiges Treffen. Spezifische Merkmale der Philosophie Senecas oder der Theologie des Paulus finden sich nicht. Im siebten Brief erwähnt „Seneca" einige Briefe des Paulus und lobt die dort geäußerten Gedanken. Ein historischer Bezug zum Brand Roms unter Nero und zu der damit zusammenhängenden Christenverfolgung wird im elften Brief genannt.

Die Intention des fiktiven Briefwechsels ist offenbar, den römischen Philosophen und Politiker Seneca als eine dem christlichen Glauben nahestehende prominente Persönlichkeit mit einer engen Verbindung zu Paulus zu präsentieren. Das passt zu der Wertschätzung, die Seneca unter antiken christlichen Theologen genoss. Zwar kommt seine Philosophie in dem Briefwechsel nicht zur Darstellung, seine Person erscheint jedoch in einem sehr positiven Licht.

Der sogenannte *3. Korintherbrief* ist eine apokryphe Korrespondenz zwischen Paulus und der korinthischen Gemeinde, die sich innerhalb der Paulusakten (dazu s. u.) findet, jedoch auch selbständig überliefert wurde. Vermutlich wurde sie erst nachträglich in die Paulusakten aufgenommen und dabei mit Ein- und Überleitungsbemerkungen versehen. Die Korrespondenz findet sich zudem in etlichen syrischen und armenischen Bibelhandschriften und bei Ephraem dem Syrer.

Der Briefwechsel ist in den Paulusakten in die Darstellung des Aufenthaltes von Paulus in Philippi integriert. Dort erhält er einen Brief der korinthischen Gemeinde, in dem von Lehren berichtet wird, die in Korinth verbreitet werden. Dazu gehört etwa, dass es keine Auferstehung des Fleisches gebe, Jesus keine irdische Existenz gehabt habe und nur zum Schein gekreuzigt worden sei und die Welt nicht als Schöpfung Gottes betrachtet werden könne. In seiner Antwort legt Paulus die Gegenpositionen dar. Diese werden allerdings nur in thetischer Form, ohne argumentative Begründung, formuliert. Diejenigen, die die falschen Lehren verbreiten, werden als „Kinder des Zorns" bezeichnet, für die es keine Auferstehung geben wird. Daran knüpft sich eine längere Ausführung über die Auferstehung an, die anhand der Beispiele vom Samen, der in die Erde geworfen wird (vgl. 1Kor 15,37–44; Joh 12,24), von Jona, der aus dem Walfisch errettet wurde (vgl. Mt 12,40), und von Elisa, dessen Gebeine Tote wieder lebendig machen konnten (vgl. 2Kön 13,21), plausibilisiert wird.

Das Thema der Auferstehung des Fleisches, das im 3. Korintherbrief den meisten Raum beansprucht, verweist auf entsprechende Diskurse seit der zweiten Hälfte des 2. Jahrhunderts (vgl. auch oben zum Mariaevangelium). In dieser Zeit sind die Paulusakten entstanden (das wird nicht zuletzt durch die Erwähnung bei Tertullian, bapt. 17,5 bezeugt, einer um 200 entstandenen Schrift), und auch der 3. Korintherbrief dürfte in diese Zeit gehören.

Zu den *Paulusakten* gehören neben dem 3. Korintherbrief die „Akten des Paulus und der Thekla" sowie das Martyrium des Paulus. Auch dabei handelt es sich vermutlich um ursprünglich eigenständige Schriften. Die Paulusakten sind demnach ein aus mehreren Bestandteilen komponiertes Werk, das den Weg des Paulus von seiner Bekehrung bis zu seinem Martyrium in Rom verfolgt. Es handelt sich also um eine Parallelerzählung zu den entsprechenden Teilen der neutestamentlichen Apostelgeschichte, von der sich die Darstellung aber grundlegend unterscheidet.

Die *Theklaakten* sind durch zahlreiche griechische Manuskripte und Übersetzungen bezeugt, was auf ihre große Verbreitung hinweist. Sie erzählen vom Wirken des Paulus in Antiochia in Pisidien und Ikonion, wo sich ihm Thekla anschließt, die fortan ein asketisches Leben führt. Die darüber entstehenden Konflikte führen zu Martyriumsszenen, in denen Thekla jedoch durch göttliches Eingreifen gerettet wird. Thekla kehrt schließlich nach Ikonion zurück und legt dort sowie in Seleukia Zeugnis für Jesus Christus ab.

Der nächste Teil der Paulusakten, das *Paulusmartyrium*, erzählt vom Weg und Wirken des Paulus von Myra über Sidon und Tyros, Ephesus, Philippi und Korinth bis zu seinem Kommen nach Italien. Dort setzt der letzte Teil, das Martyrium, ein. Paulus erleidet unter Nero den Tod durch Enthauptung, erscheint allerdings anschließend wieder lebend.

In den Paulusakten sind verschiedene Überlieferungen über das Wirken und Geschick des Paulus zu einer Darstellung verbunden, die deutlich legendarische Züge aufweist. Zudem werden theologische und ethische Tendenzen des 2. Jahrhunderts, etwa die Propagierung eines asketischen Lebensstils und die Bekämpfung als „häretisch" beurteilter Auffassungen, erkennbar. Der Verfasser setzt offenbar die Apostelgeschichte des Neuen Testaments und auch andere Schriften, etwa die Pastoralbriefe, voraus und verarbeitet sie gemeinsam mit weiteren Überlieferungen aus dem paulinischen Traditionsbereich zu einer eigenen Darstellung.

Die *Petrusakten* malen, darin den Paulusakten vergleichbar, das Wirken des Petrus in Jerusalem und Rom bis zu seinem Tod legendarisch aus und ergänzen auf diese Weise das in der Apostelgeschichte über Petrus Berichtete. Die Petrusakten sind etwas später, vermutlich in der ersten Hälfte des 3. Jahrhunderts, entstanden. Die Textüberlieferung ist allerdings ausgesprochen schwierig.

Antike christliche Theologen erwähnen einzelne Episoden, etwa dass Petrus auf seine eigene Forderung hin in Rom mit dem Kopf nach unten gekreuzigt wurde (Euseb, h. e. 3,1,2). Euseb nennt zudem ausdrücklich „Akten" (πράξεις) des Petrus im Zusammenhang anderer Schriften, die den Namen des Petrus tragen. Daneben gibt es Verbindungen zu anderen Apostelakten, so etwa zu den Paulus- und den Johannesakten. Wie diese Verbindungen genauer vorzustellen sind, bleibt allerdings unsicher. Die griechische Textüberlieferung der Petrusakten beschränkt sich dagegen auf das Petrusmartyrium, das durch drei Manuskripte bezeugt ist. Dazu kommt ein einzelnes Blatt aus einem Pergamentcodex aus Oxyrhynchos (P.Oxy. 849) aus dem frühen 4. Jahrhundert. Eine lateinische Version der Petrusakten bieten die *Actus Vercellenses* aus dem späten 4. Jahrhundert. Ob auch die im koptischen Codex Berolinensis enthaltene Episode über die Tochter des Petrus ein Teil der Petrusakten war, ist dagegen unsicher.

Inhaltlich bildet die Auseinandersetzung mit Simon Magus, die in Rom stattfindet und die Episode aus der Apostelgeschichte des Neuen Testament (vgl. Apg 8,17–24) voraussetzt, den erzählerischen Rahmen für das Kommen des Petrus nach Rom und sein dortiges Auftreten. Petrus wirkt etliche Wunder in Rom und besiegt Simon schließlich, indem er ihn durch ein Gebet zu Gott vom Himmel stürzen lässt und damit die Zaubereien, mit denen er das Volk beeindruckt hat, beendet.

Als sich die Männer der Frauen, die sich auf die Predigten des Petrus hin zur Keuschheit entschließen, an Petrus rächen wollen, versucht dieser, die Stadt zu verlassen. Dabei kommt es zur berühmten Quo-vadis-Szene: Auf dem Weg aus der Stadt begegnet Petrus Christus und fragt ihn: „Wohin gehst du, Herr?" (*Quo vadis, domine?*). Der Herr antwortet, er gehe nach Rom, um (wiederum) gekreuzigt zu werden. Der Herr fährt daraufhin zum Himmel auf und Petrus kehrt nach Rom zurück, um sich selbst kreuzigen zu lassen, denn er hat verstanden, dass der Herr ihn dazu aufgefordert hatte.

Die Kreuzigungsszene enthält zwei längere Reden, von denen die erste direkt an das Kreuz gerichtet ist, dessen Geheimnis Petrus preist. Das verweist auf den liturgischen Gebrauch des Petrusmartyriums, denn die Kreuzesverehrung ist Bestandteil zahlreicher liturgischer Texte vor allem in späterer Zeit und in östlichen Traditionen. In der zweiten Rede begründet Petrus, warum er mit dem Kopf nach unten gekreuzigt werden will: Auf diese Weise symbolisiert er den Sündenfall des ersten Menschen, der eine Verkehrung der natürlichen Ordnung bewirkt hat.

Weitere Apostelakten aus früher Zeit sind die *Johannes-, Andreas- und Thomasakten*. Auch diese haben eine sehr komplexe Entstehungs- und Überlieferungsgeschichte mit zahlreichen Erweiterungen und Fortschreibungen. Oftmals ist es kaum möglich, daraus einen Ausgangstext zu rekonstruieren. Die Akten zeigen auf je eigene Weise das Interesse, Weg und Wirken der Apostel über das im Neuen Testament Berichtete hinaus auszumalen. Außerdem lassen sie theologische, ethische und liturgische Interessen der Zeiten erkennen, in denen diese Texte entstanden sind und fortgeschrieben bzw. übersetzt wurden.

4 Apokryphe Apokalypsen

Neben der im Neuen Testament befindlichen Johannesoffenbarung wurden im frühen Christentum etliche weitere Apokalypsen verfasst. Die vermutlich älteste ist die in der ersten Hälfte des 2. Jahrhunderts entstandene *Petrusapokalypse* (nicht zu verwechseln mit der Petrusapokalypse aus NHC VII,3). Sie ist in einer

§42 Antike christliche Apokryphen **499**

äthiopischen und einer hiervon deutlich abweichenden griechischen Version überliefert. Sehr wahrscheinlich steht die äthiopische Fassung dem ursprünglichen Text näher. Die Petrusapokalypse wird bereits von Clemens von Alexandria gegen Ende des 2. Jahrhunderts erwähnt und als „Schrift" bezeichnet. Auch der Canon Muratori erwähnt neben der Apokalypse des Johannes eine „Apokalypse des Petrus". Die Schrift hat demnach im frühen Christentum einiges Ansehen genossen, auch wenn sie vor allem im Westen abgelehnt wurde (das Zeugnis des Canon Muratori bildet hier eine Ausnahme) und schließlich nicht in den biblischen Kanon gelangt ist.

Der Inhalt der Schrift besteht aus einer Rede Jesu an seine Jünger auf dem Ölberg, unmittelbar vor seiner Himmelfahrt. Nachdem Jesus die Jünger über die Ereignisse der Endzeit belehrt hat, offenbart er Petrus das Geschick der Sünder und der Gerechten im letzten Gericht. Dabei werden sowohl Traditionen aus der synoptischen Endzeitrede als auch aus der Verklärungserzählung aufgenommen (so zum Beispiel die Warnung vor falschen Messiassen und die Erscheinung von Mose und Elia auf dem Berg). Der äthiopische Text enthält darüber hinaus im einleitenden Dialog Jesu Anspielungen auf synoptische Stoffe (Gleichnisse vom Feigenbaum, Warnung vor falschen Messiassen). Nach dieser Unterweisung gehen Jesus und die Jünger auf einen Berg, wo sich ihnen Mose und Elia offenbaren, sie zudem die Patriarchen sehen und eine Himmelsstimme Jesus zu „meinem geliebten Sohn" erklärt. Jesus, Mose und Elia werden in den Himmel aufgenommen, die Jünger gehen wieder vom Berg herab.

In der Petrusapokalypse werden neben den Stoffen aus den synoptischen Evangelien auch griechische Einflüsse erkennbar, so etwa in den Begriffen „Elysium" und „Acherousia" (in der griechischen Literatur bezeichnet Ersteres eine Art Paradies für rechtschaffene Menschen, Letzteres den See, bei dem die Seelen der Verstorbenen ankommen). Vorausgesetzt ist eine Verfolgungssituation, worauf nicht zuletzt der hier zum ersten Mal in der Bedeutung „Blutzeuge" verwendete Begriff „Märtyrer" verweist. Daraus ist auf einen Zusammenhang mit dem Bar-Kochba-Aufstand (132–135) geschlossen worden (Richard Bauckham). Gegenwärtig wird allerdings zumeist angenommen, dass die Petrusapokalypse in Alexandria entstanden ist, was auf dortige Anfeindungen gegen Christen verweisen würde.

Eine weitere frühe Apokalypse ist die *Himmelfahrt des Jesaja*. In dieser Schrift wird das Geschick des Propheten Jesaja aus christlicher Perspektive erzählt und mit Visionen über das Kommen Christi bzw. über seinen Abstieg und Aufstieg verbunden. Der erste Teil (Kap. 1–5) erzählt das Martyrium und das grausame Ende Jesajas, dessen Standhaftigkeit gegenüber seinen Peinigern herausgestellt wird. Innerhalb dieses Teils findet sich eine Vision Jesajas über den vom Himmel herabkommenden und wieder dorthin aufsteigenden Christus (3,13–5,1). Der zweite Teil (Kap. 6–11) beschreibt Jesajas Reise durch sieben Himmel, bei der ihm diverse Offenbarungen zuteilwerden, bevor er in die obere Welt aufgenommen wird. In diesem Teil findet sich des Weiteren eine eigenwillige Darstellung der Geburt und Kreuzigung Jesu. Die Schrift ist ein Zeugnis dafür, dass prominente Figuren der Geschichte Israels – wie etwa auch Abraham, Mose und Esra – zu Autoritätsträgern christlicher Offenbarungsschriften wurden. Diese zeigen dabei zugleich, dass gerade im Bereich der Apokalypsen jüdische und christliche Traditionen oft eng miteinander verbunden sind.

Die christliche Apokalypse mit der vermutlich breitesten Wirkung ist die *Apokalypse des Paulus* bzw. *Visio Pauli* (nicht zu verwechseln mit der Paulusapokalypse aus NHC V,2). Sie setzt die Petrusapokalypse voraus, aus der sie etliche Vorstellungen übernimmt, und hat darüber hinaus viele weitere Traditionen aus der christlichen Apokalyptik verarbeitet. Die *Visio Pauli* hat eine überaus komplexe Entstehungs- und Wirkungsgeschichte. Der vorliegende (lateinische) Text stammt vom Ende des 4. oder aus der ersten Hälfte des 5. Jahrhunderts. Ob dahinter eine ältere griechische Fassung liegt, die bis ins 2. Jahrhundert zurückreicht, ist umstritten. Die *Visio Pauli* wurde in zahlreiche Sprachen übersetzt, darunter ins Koptische, Syrische und Lateinische, aber auch in viele europäische Volkssprachen, zum Beispiel ins Anglonormannische, Mittelenglische und Altnordische. Das zeigt, dass die *Visio Pauli* eine überaus große Verbreitung gehabt und auch bildliche Darstellungen, zum Beispiel Buchmalereien und mittelalterliche Illustrationen apokalyptischer Szenarien, nachhaltig beeinflusst hat. Darüber hinaus besteht eine Verbindung der *Visio Pauli* zu Vorstellungen von Gericht, Himmel und Hölle in mittelalterlichen Jenseitsreisen, die ihren Höhepunkt in Dantes „Divina Commedia" fanden. Aus den zahlreichen, oft deutlich voneinander unterschiedenen Versionen lässt sich keine „Urfassung" der *Visio Pauli* erstellen. Diese Fassungen zeigen vielmehr, dass in die Schrift verschiedene Vorstellungen über Himmel, Hölle und Gericht Eingang gefunden haben, die in den jeweiligen Regionen existierten. Es handelt sich demnach um einen „dynamischen" Text, der bearbeitet, erweitert und verändert werden konnte.

Anknüpfungspunkt für die Paulusapokalypse (übrigens auch für diejenige aus Nag Hammadi) ist 2Kor 12,2–4, wo Paulus berichtet, er sei in den dritten Himmel entrückt worden und habe im Paradies unaussprechliche Worte gehört. Darauf bezieht sich der Anfang der *Visio Pauli*, der die Legende über die Auffindung der Schrift im Haus des Paulus in Tarsus zur Zeit des Konsulats von Theodosius und Constantius (Ende 4. Jh.) erzählt. Darin findet sich der Auftrag des Herrn an Paulus, den Menschen ihre Sünde vorzuhalten und sie zur Verehrung Gottes aufzufordern. „Paulus" berichtet sodann von seiner Entrückung in den dritten Himmel. Dort sieht er, wie die Engel der Barmherzigkeit und der Strafe die Seelen der Sterbenden vor Gottes Richterstuhl und dann zum Paradies oder in die Finsternis geleiten. Anschließend gelangt er in den zweiten Himmel und sieht das Paradies, in dem die Gerechten wohnen, dann die Straforte für die Sünder.

Die *Visio Pauli* enthält eine ausführliche Schilderung der Belohnungen der Gerechten und Bestrafungen der Sünder im gerechten Gericht Gottes. Das Fazit lautet deshalb: „Gerecht ist das Gericht Gottes und es ist kein Ansehen der Person bei Gott!" Des Weiteren ist die Schrift Zeugnis für eine Anthropologie, nach der die Seelen aus dem Körper hinausgehen und zu den guten und den bösen Engeln geführt werden, die um sie kämpfen. Anschließend werden sie entweder ins Paradies geführt oder dem Engel Tartaruchos übergeben. Bemerkenswert ist schließlich die „kirchliche" Perspektive der Schrift. Anders als in anderen christlichen Apokalypsen werden die Bestrafungen häufig an kirchlichen Amtsträgern (Bischöfen, Diakonen, Vorlesern) vollzogen, die ihren Aufgaben nicht gerecht geworden sind.

Arbeitsvorschläge

1. Lesen Sie das „Protevangelium des Jakobus" (Übersetzung von Silvia Pellegrini in AcA 1/2, 914–929). Wie ist die Erzählung insgesamt aufgebaut? Welche Person steht überwiegend im Mittelpunkt der Erzählung? Welche Inhalte aus Mt 1f. und Lk 1f. werden darin (mehr oder weniger deutlich) aufgenommen, wo geht das „Protevangelium" deutlich über die neutestamentlichen Evangelien hinaus?
2. Lesen Sie das Thomasevangelium (Übersetzung des Berliner Arbeitskreises für koptisch-gnostische Schriften in AcA 1/1, 507–522). Welches Bild zeichnet das Thomasevangelium von Jesus? Welche Aspekte seines Wirkens (wie es u. a. in den kanonisch gewordenen Evangelien dargestellt wird) werden in den Vordergrund gestellt, welche Aspekte werden ausgeblendet? Welche Bedeutung hat Jesus, insbesondere seine Worte, für die Leserinnen und Leser? Berücksichtigen Sie den Prolog („Incipit" und EvThom „1") sowie EvThom 13; 17; 28; 37f.; 61f.; 77; 108. Rund ein Viertel des Thomasevangeliums sind Gleichnisse und Parabeln (u. a. EvThom 8; 20–22; 57; 63–65; 76; 96–98; 102; 107; 109). Welche thematischen Schwerpunkte lassen sich in diesen Erzählungen ausmachen? Inwiefern sind die Gleichnisse und Parabeln für das Thomasevangelium offenbar besonders attraktiv? Achten Sie auf die hermeneutischen Hinweise im Prolog dieser Schrift.

§ 43 Die sogenannte „Gnosis"

Quellensammlungen mit Texten, die überwiegend der „Gnosis" zugerechnet werden: PETER NAGEL, Codex apocryphus gnosticus Novi Testamenti, Bd. 1: Evangelien und Apostelgeschichten aus den Schriften von Nag Hammadi und verwandten Kodizes; Bd. 2: Briefe und Apokalypsen aus den Schriften von Nag Hammadi und dem Codex Tchacos mit einer Neuausgabe der „Epistula Apostolorum". Koptisch und deutsch (WUNT 326/503), Tübingen 2014/2023 ♦ HANS-MARTIN SCHENKE/HANS-GEBHARD BETHGE/URSULA ULRIKE KAISER (Hg.), Nag Hammadi Deutsch, Bd. 1: NHC I,1–V,1; Bd. 2: NHC V,2–XIII,1, BG 1 und 4. Eingeleitet und übersetzt von Mitgliedern des Berliner Arbeitskreises für Koptisch-Gnostische Schriften (GCS 8/12), Berlin/Boston 2001/2003 (auch als einbändige, um Codex Tchacos 3 und 4 erweiterte Studienausgabe Berlin/Boston ³2013). – Maßgebliche Ausgaben der koptischen Texte mit englischer, französischer oder deutscher Übersetzung erscheinen in den Reihen „Nag Hammadi Studies" (NHS) bzw. „Nag Hammadi and Manichaean Studies" (NHMS), „Bibliothèque copte de Nag Hammadi" (BCNH) sowie „Texte und Untersuchungen zur Geschichte der altchristlichen Literatur" (TU). – **Literatur:** BARBARA ALAND, Die Gnosis (Reclam Sachbuch), Stuttgart 2014 ♦ BARBARA ALAND, Was ist Gnosis? Studien zum frühen Christentum, zu Marcion und zur kaiserzeitlichen Philosophie (WUNT 239), Tübingen 2019 ♦ DAVID BRAKKE, The Gnostics. Myth, Ritual, and Diversity in Early Christianity, Cambridge, Mass./London 2012 ♦ JOHANNA BRANKAER, Die Gnosis. Texte und Kommentar, Wiesbaden 2010 ♦ DYLAN M. BURNS, Gnosticism, Gnostics, and Gnosis, in: Garry W. Trompf u. a. (Hg.), The Gnostic World, London/New York 2018, 9–25 ♦ HANS JONAS, Gnosis und spätantiker Geist, 2 Bde. (FRLANT 51 und 63), Göttingen ³1964 und 1954 ♦ KAREN L. KING, What Is Gnosticism?, Oxford 2003 ♦ CHRISTOPH MARKSCHIES, Die Gnosis, München ³2010 ♦ BENTLEY LAYTON, Prolegomena to the Study of Ancient Gnosticism, in: L. Michael White/O. Larry Yarbrough (Hg.), The Social World of the First Christians, Minneapolis 1995, 334–350 ♦ BIRGER A. PEARSON, Ancient Gnosticism. Traditions and Literature, Minneapolis 2007 ♦ KURT RUDOLPH (Hg.), Gnosis und Gnostizismus (WdF 262), Darmstadt 1975 ♦ KURT RUDOLPH, Die Gnosis. Wesen und Geschichte einer spätantiken Religion (UTB 1577), Göttingen ³1990 ♦ HANS-MARTIN SCHENKE, Die Gnosis, in: Johannes Leipoldt/Walter Grundmann (Hg.), Umwelt des Urchristentums, Bd. 1: Darstellung des neutestamentlichen Zeitalters, Berlin ⁷1985, 371–415 ♦ HANS-MARTIN SCHENKE, Der Same Seths. Hans-Martin Schenkes *Kleine Schriften* zu Gnosis, Koptologie und Neuem Testament, hg. von Gesine Schenke Robinson, Gesa Schenke und Uwe-Karsten Plisch (NHMS 78), Leiden/Boston 2012 ♦ MICHAEL A. WILLIAMS, Rethinking „Gnosticism". An Argument for Dismantling a Dubious Category, Princeton 1996.

§ 43 Die sogenannte „Gnosis" 503

Mit der „Gnosis" tritt ein Phänomen in den Blick, das für die Geschichte des antiken Christentums, vor allem für die Ausdifferenzierung in verschiedene Richtungen und die damit verbundene Literatur, eine wichtige Rolle spielt. Als „gnostische" Gruppen werden christliche Strömungen bezeichnet, die sich im 2. bis 4. Jahrhundert herausgebildet haben und eigene Auffassungen von Gott, der Entstehung der Welt, der Herkunft des Menschen und der Erlösung entwickelten. Die Schärfung der Konturen des christlichen Glaubens, wie er sich in den Bekenntnissen des antiken Christentums und dem biblischen Kanon niedergeschlagen hat, basiert nicht zuletzt auf der Auseinandersetzung mit der Gnosis. Deshalb wird die Gnosis an dieser Stelle behandelt.

Das Substantiv γνῶσις („Erkenntnis") ist im Neuen Testament mehrfach belegt und bezeichnet ein gewonnenes Wissen. In 1Tim 6,20 fordert „Paulus" seinen Mitarbeiter „Timotheus" jedoch dazu auf, das, was ihm anvertraut ist, zu bewahren, „indem du dich abwendest von den geistlosen leeren Reden und den Widersprüchen der fälschlich so genannten Erkenntnis" (τὴν παραθήκην φύλαξον ἐκτρεπόμενος τὰς βεβήλους κενοφωνίας καὶ ἀντιθέσεις τῆς ψευδωνύμου γνώσεως). Hier ist mit „Erkenntnis" (γνῶσις) offenbar eine spezifische religiöse bzw. philosophische Anschauung bezeichnet, vor der der Autor des 1. Timotheusbriefs warnt. Das Urteil, diese Erkenntnis werde „fälschlich" so bezeichnet, unterstreicht diesen Eindruck zusätzlich. Damit liegt der vermutlich älteste Beleg dafür vor, dass Gnosis (γνῶσις) als christliche „Irrlehre" angesehen wurde, was dann bei antiken christlichen Theologen häufig anzutreffen ist. Die Stelle aus dem 1. Timotheusbrief dient dabei als Beleg, dass sich bereits Paulus mit derartigen Irrlehren auseinandersetzen musste. Der Bezug wird etwa durch die Tatsache belegt, dass Irenäus sein großes, um 180 geschriebenes Werk, in dem er sich mit den Häresien seiner Zeit auseinandersetzt, unter den Titel „Überführung und Widerlegung der fälschlich so genannten Gnosis" stellt (das Werk wird zumeist unter dem Kurztitel „Gegen die Häresien" bzw. *Adversus haereses* zitiert).

Damit stellt sich die Frage, wo die Ursprünge der Gnosis liegen und was genau darunter zu verstehen ist. Offenbar konnte mit dem Begriff bereits zur Zeit der Abfassung der Pastoralbriefe, also im ersten Viertel des 2. Jahrhunderts, ein bestimmtes religiöses bzw. philosophisches Denken bezeichnet werden. Dessen Konturen sind allerdings nur sehr umrisshaft erkennbar. Auch in anderen Schriften des Neuen Testaments, etwa im Johannesevangelium sowie im Kolosser- und Epheserbrief, wurden mitunter „gnostische" Motive vermutet. Es kann hier aber allenfalls von gewissen Analogien im Welt- und Menschenbild die Rede sein, nicht jedoch von einem mythologischen System, wie es dann in späterer Zeit begegnet. Im eigentlichen Sinn „gnostische" Texte liegen erst seit der zweiten Hälfte des 2. Jahrhunderts vor.

1 Das Problem der Definition

Welches religiöse Phänomen exakt als „Gnosis" bezeichnet werden soll, ist in der Forschung umstritten. Das liegt nicht zuletzt daran, dass die Anfänge des später als „gnostisch" bezeichneten Denkens für uns im Dunkeln liegen und die erhaltenen, oft als „gnostisch" bezeichneten Texte erst aus dem späteren 2. Jahrhundert n. Chr. stammen. Es ist deshalb von einer Entwicklung auszugehen, die im frühen 2. Jahrhundert einsetzt und bis zum 4. Jahrhundert zu verschiedenen gnostischen Entwürfen führt. Diese Sicht wird, neben der genannten Stelle aus dem 1. Timotheusbrief, durch die bei späteren christlichen Theologen erwähnten Vertreter gnostischer Anschauungen bestätigt, wie zum Beispiel Menander, Saturninus sowie Basilides und dessen Sohn Isidor. Deren Denken lässt sich aus dem Werk des Irenäus teilweise rekonstruieren, wobei zu beachten ist, dass Irenäus diese Systeme zugleich widerlegen will. Gnostische Lehren, deren Konturen deutlicher erkennbar sind, liegen mit der valentinianischen Gnosis, dem im Apokryphon des Johannes und einem dazu parallelen Referat bei Irenäus (haer. 1,29) erkennbar werdenden System (mitunter „sethianische Gnosis" genannt) sowie im Manichäismus vor. (Ob auch Markion im engeren Sinn zur „Gnosis" gerechnet werden sollte, ist nicht eindeutig und kann hier auf sich beruhen.)

Mitunter wird dafür plädiert, den Begriff „Gnosis" völlig zu vermeiden, weil damit eine Sicht frühchristlicher Theologen fortgeschrieben werde, die bestimmte Gruppen mit ihrer Polemik ausgrenzen wollten (u. a. KING sowie WILLIAMS). Daran ist auf jeden Fall richtig, dass nicht die oftmals polemisch verzerrenden Darstellungen und Wertungen dieser Autoren einer historischen Beschreibung der gnostischen Systeme und Gruppen zugrunde gelegt werden dürfen. Gleichwohl lassen sich mithilfe einer phänomenologisch orientierten Analyse der betreffenden Texte Grundzüge eines bestimmten Denkens und einer entsprechenden Ethik erfassen, die im antiken Christentum ausgebildet wurden. Es ist deshalb sinnvoll, an dem Begriff „Gnosis" in historischer und religionsphänomenologischer Perspektive festzuhalten.

Irenäus sieht den Anfang aller Häresien bei dem in Apg 8 erwähnten Simon Magus und stellt einen Zusammenhang zwischen ihm und den späteren Gnostikern her. Dabei handelt es sich natürlich um eine gewagte Konstruktion, mit der Irenäus alle Denksysteme, die der in seiner Sicht einzig rechtmäßigen Lehre widersprechen, auf einen gemeinsamen Ursprung zurückführt. Historisch lassen sich diese Verbindungen dagegen nicht erweisen; über den „historischen" Simon Magus wissen wir zudem so gut wie nichts.

In der älteren Forschung wurde die Gnosis häufig als ein bereits vorchristliches Phänomen betrachtet oder zumindest als eines, das zeitgleich mit dem Christentum entstanden sei. Eine solche Sicht lässt sich jedoch nur unter der Voraussetzung halten, dass das Verständnis von „Gnosis" sehr weit ausgedehnt und darunter eine Weltsicht im sehr allgemeinen Sinn verstanden wird. Fragt man dagegen nach der Gnosis als einem konkret an Quellen ausweisbaren, soziologisch greifbaren Phänomen, gewinnt sie erst im Verlauf des 2. Jahrhunderts innerhalb des Christentums an Kontur. Zunächst soll jedoch ein Blick auf die Geschichte der Diskussion über den Gnosisbegriff geworfen werden:

1) Adolf von Harnack sah Gnosis als die „acute Verweltlichung resp. Hellenisirung des Christenthums" (Lehrbuch der Dogmengeschichte, Bd. 1, Tübingen ⁴1909 [Ndr. Darmstadt 2015], 250). Er nahm zwei verschiedene Formen von „Hellenisierung" an: Wo Christentum und Hellenismus in einem langsamen Prozess miteinander verschmolzen, entstand das altkirchliche Dogma mit Trinitätslehre und Zwei-Naturen-Lehre, wie es bis heute kirchlich als verbindlich anerkannt wird; wo dagegen Christentum und Hellenismus in einer schnellen, gleichsam chemischen Reaktion eins wurden („akute" Hellenisierung), entstand die Gnosis als eine christliche Religionsphilosophie.

2) Die „religionsgeschichtliche Schule" (WILHELM BOUSSET, Hauptprobleme der Gnosis, Göttingen 1907) sah den Ursprung der Gnosis schon sehr viel früher in der Begegnung der iranischen mit der babylonischen Religion: Nach dem Sieg der Perser über Babylon wurden die babylonischen weltbeherrschenden Planetengötter im Rahmen der dualistischen persischen Religion zu dem Menschen feindlich gesinnten Planetendämonen degradiert. Als Zentrum des gnostischen Denkens galt das Erlösungsmysterium: Ein jenseitiger himmlischer Erlöser, der „Urmensch", kommt, um die in der Welt gefangenen Menschen zu befreien und zu ihrem himmlischen Ursprung zurückzuführen. So verstand die religionsgeschichtliche Schule die Gnosis als ein vorchristliches Phänomen, das die Grundzüge der ausgeführten Mythologie von Anfang an enthielt. Kritik an dieser in der weiteren Gnosisforschung zunächst sehr einflussreichen These, insbesondere am „Urmensch-Erlöser-Mythos", übte Carsten Colpe (Die religionsgeschichtliche Schule, Göttingen 1961).

3) Eine ganz andere Betrachtungsweise bietet der Heidegger- und Bultmann-Schüler Hans Jonas. Es sei methodisch falsch, das Wesen der Gnosis von deren historischen Anfängen her erfassen zu wollen, denn um nach dem Ursprung fragen zu können, müsse man zuvor wissen, was Gnosis überhaupt sei. Notwendig sei daher zunächst eine phänomenologische Bestimmung des Wesens von Gnosis. Ausgehend von der mandäischen Religion als einem voll ausgebildeten, nichtchristlichen gnostischen System kommt Jonas zu folgendem Ergebnis: Das Entscheidende an der Gnosis ist nicht der Mythos, sondern das darin sich aussprechende Selbstverständnis des Menschen, der in die Welt „geworfen" ist und durch „Erkenntnis" (γνῶσις) Befreiung erfährt. Dieses Verständnis der Welt und des Menschen kann sich in vielen Formen objektivieren und in unterschiedlichen Weltbildern oder Mythen ausgesagt werden. Für Jonas ist das gnostische Selbstverständnis im Grunde der Geist der Spätantike überhaupt, und deshalb konnte es zum Beispiel eine jüdische und eine christliche Gnosis geben (vgl. HANS JONAS, The Gnostic Religion. The Message of the Alien God and the Beginnings of Christianity, Boston ³2001).

4) Eine einprägsame Definition des Wesens der Gnosis gibt Hans-Martin Schenke (Gnosis, 374; auch in ders., Der Same Seths, 114f.): „Die Gnosis ist eine religiöse Erlösungsbewegung der Spätantike, in der die Möglichkeit einer negativen Welt- und Daseinsdeutung in besonderer und unverwechselbarer Weise ergriffen ist und sich zu einer konsequent weltverneinenden Weltanschauung verfestigt hat, die sich ihrerseits wieder in

Wortprägungen, Bildersprache und Kunstmythen charakteristischen Ausdruck verleiht."
Schenke nimmt an, dass die Gnosis ein vorchristliches Phänomen ist, da es gnostische
Texte gibt, die keinerlei christlichen Einfluss zeigen (s. u.). Den Begriff „Gnostizismus"
lehnt Schenke ab, er sei abwertend und liege „im Grunde auf der Linie der Terminologie
der Ketzerbestreiter" (Gnosis, 375).

5) In der neueren Forschung wird der Ansatz von Bentley Layton verstärkt rezipiert (vgl. BRAKKE und BURNS). Aus Laytons Sicht ist es nicht sinnvoll, vom Begriff γνῶσις („Erkenntnis") auszugehen. Stattdessen sollte man bei den antiken Erwähnungen von Menschen ansetzen, die sich in ungewöhnlicher Weise als „die Erkennenden" (οἱ γνωστικοί) bezeichneten und als Teil einer Gruppe verstanden, die sie „Schulrichtung der Erkenntnis" (γνωστικὴ αἵρεσις) nannten (Irenäus, haer. 1,11,1; 1,29,1 u. ö.). Unter den erhaltenen Texten, die wohl auf diese Gruppe zurückgehen, nimmt das Apokryphon des Johannes (s. u.) mit dem darin entwickelten Mythos eine zentrale Stellung ein. Häufig lehnen sich diese Texte an die Gattung Apokalypse an. Die Gruppe der „Gnostiker" stellt dabei eine Art Subkultur innerhalb des antiken Christentums dar. Die „Valentinianer" und andere Gruppen, die sich auf namentlich bekannte Gründer wie Valentinus beriefen, bildeten hingegen eine eigene „Kirche" und verwendeten einen deutlich differierenden Mythos, so dass sie nicht zur Gruppe der „Gnostiker" zu rechnen sind (BURNS 13f.).

Die Gnosis ist nach dem gegenwärtigen Forschungsstand also sehr wahrscheinlich als ein Denksystem zu betrachten, das innerhalb des Christentums entstand und bestimmte Ausprägungen antiken christlichen Denkens widerspiegelt. Dabei haben sich Tendenzen „gnostischen" Denkens in unterschiedlichen Zusammenhängen und unter verschiedenen Voraussetzungen entwickelt. Um zu einer Definition der „Gnosis" zu gelangen, ist es deshalb notwendig, diejenigen Merkmale zu erfassen, die die verschiedenen mit diesem Begriff erfassten Denksysteme bzw. Gruppen miteinander teilen. Dabei darf – wie auch beim Begriff „apokryph" – nicht von der polemischen Verwendung bei denjenigen Autoren ausgegangen werden, die die „Gnosis" als eine zu verwerfende Irrlehre betrachteten. Vielmehr sind mit dem Begriff Denkrichtungen und Gruppen bezeichnet, die den Glauben an Gott und Jesus Christus auf eigene Weise mithilfe philosophischer und mythologischer Motive interpretieren und eigene Formen des Gemeinschaftslebens entwickelten.

2 Gnostische Quellen

Zwei Gruppen von Quellentexten sind zu unterscheiden: a) primäre Quellen, also gnostische Originaltexte, b) sekundäre Quellen, dabei handelt es sich um Darstellungen der Gnosis aus der Sicht ihrer Gegner, vor allem antiker christlicher Theologen. Diese haben zum Teil sehr umfangreiche Exzerpte aus gnostischen Schriften angefertigt und kritisch kommentiert, was Rückschlüsse auf Inhalt und Charakter der jeweiligen Lehren zulässt.

a) Primärquellen

1) Von großer Bedeutung sind die nach 1945 entdeckten und inzwischen vollständig publizierten und in etliche moderne Sprachen übersetzten *Schriften von Nag Hammadi* (Oberägypten). Dreizehn Codices (Abk. NHC) enthalten auf über 1200 Seiten insgesamt 53 Schriften. Alle diese Schriften sind in koptischer Sprache (meist im sahidischen Dialekt) geschrieben. Dabei handelt es sich in vielen Fällen um Übersetzungen aus dem Griechischen, wie griechische Fragmente einiger Schriften zeigen. Bei etlichen Schriften ist es dagegen möglich bis wahrscheinlich, dass sie ursprünglich auf Koptisch verfasst wurden. Die Codices wurden vermutlich im frühen 4. Jahrhundert hergestellt. Das lässt sich jedenfalls dem Bucheinband von NHC VII entnehmen und wurde von daher auch für die anderen Codices angenommen (was natürlich nicht zwingend ist). Die Texte selbst sind jedoch zumeist älter.

Das literarische Spektrum der Nag-Hammadi-Schriften ist sehr breit. Es reicht von philosophischen Texten (darunter findet sich ein Stück aus Platons „Staat" in koptischer Übersetzung) über weisheitliche Schriften (etwa die „Lehren des Silvanus") bis zu Evangelien, Briefen und Offenbarungsschriften. Auch eine Schrift, die vom Wirken der Apostel berichtet, ist darunter. Nicht alle dieser Schriften sind christlich, nicht alle sind gnostisch und auch die christlichen Schriften sind nicht durchweg gnostisch.

Zu den gnostischen Texten sind vor allem diejenigen zu rechnen, die in mythologischer Weise von der Entstehung der Welt und des Menschen handeln, unter anderem „Die Hypostase der Archonten" (NHC II,4), „Vom Ursprung der Welt" (NHC II,5; XIII,2) und das „Apokryphon des Johannes" (NHC II,1; III,1; IV,1). Daneben finden sich Schriften, in denen gnostische Motive anzutreffen sind, etwa die Erlösung des Menschen durch die Befreiung seiner Seele bzw. die negative Sicht der Welt und der Materie als Bereich, in dem der Mensch für eine vorübergehende Zeit gefangen ist. Das trifft zum Beispiel für das Maria- und das Thomasevangelium zu (s. o.). Im Mariaevangelium (das sich nicht in den Nag-Hammadi-Codices findet, aber eng mit diesen verwandt ist) begegnet die Vorstellung von der Erlösung der Seele, ohne Körper, im Thomasevangelium diejenige der Herkunft des Menschen aus dem göttlichen Bereich. Beide Schriften vertreten dabei eine negative Sicht der irdischen, materiellen Welt. Ein gnostischer Mythos von der Entstehung der Welt durch einen niederen Gott (den Demiurgen) oder von der Erschaffung des Menschen, in den der Geist oder ein göttlicher Lichtfunke eingesetzt wurde, findet sich dagegen nicht, und es ist auch nicht zu erkennen, dass er vorausgesetzt wäre. Man kann diese und ähnliche Schriften deshalb zu denjenigen rechnen, die in einer gewissen Nähe zu den gnostischen Systemen stehen, ohne dass sie selbst im engeren Sinn als „gnostisch" zu bezeichnen wären.

2) Wichtige Codices mit gnostischen Schriften sind auch der Berolinensis Gnosticus (Abk. BG) sowie der Codex Tchacos (Abk. CT). Ersterer enthält vier

Schriften, darunter das Mariaevangelium, das in Nag Hammadi dreimal bezeugte Apokryphon des Johannes sowie die ebenfalls in Nag Hammadi bezeugte Weisheit Jesu Christi. Der Codex Tchacos enthält mit dem „Evangelium des Judas" ein weiteres apokryphes Evangelium sowie mit dem „Brief des Petrus an Philippus" und der „(Ersten) Apokalypse des Jakobus" zwei ebenfalls in Nag Hammadi belegte Schriften.

3) Weitere Codices mit gnostischen Texten sind der Codex Askewianus und der Codex Brucianus. Diese Codices stammen aus dem 4. bzw. 5. Jahrhundert und versammeln Texte, die der Gnosis zugerechnet werden, wie die *Pistis Sophia* und die Bücher des Jeû.

4) Die *manichäischen Schriften* repräsentieren eine späte und eigenständige Stufe der ausgebildeten Gnosis (der Religionsstifter Mani lebte 216–276), aber sie enthalten an vielen Stellen altes Traditionsgut. Zu nennen sind die „Kephalaia", die „Manichäischen Homilien" und das „Psalmenbuch".

5) Die *mandäischen Schriften* sind relativ spät entstanden, aber auch in ihnen ist alte Tradition verarbeitet. Die wichtigsten mandäischen Schriften sind von Mark Lidzbarski übersetzt worden, nach dessen Ausgabe sie auch zitiert werden („Ginza", d. h. „der Schatz", das „Johannesbuch", die „Mandäischen Liturgien"). Der seit den 1920er Jahren mögliche Zugang zu den mandäischen Texten brachte der Gnosisforschung einen erheblichen Aufschwung, aber die Annahme einer frühen Datierung erwies sich als falsch.

6) Ob das wohl im 3. Jahrhundert zusammengestellte *Corpus Hermeticum* zur Gnosis zu rechnen ist, ist nicht eindeutig. Das Corpus umfasst dreizehn sehr unterschiedliche philosophische, religiöse und auch naturwissenschaftliche Traktate in griechischer Sprache. Der erste Traktat „Poimandres" erzählt von der Erschaffung des Menschen durch einen niederen Gott. Zudem wird in den Traktaten die Notwendigkeit der Erkenntnis betont, um zur Erlösung zu gelangen. Die hermetischen Schriften lassen sich jedoch im Kontext der antiken platonischen Philosophie erklären und sind keine im engeren Sinn gnostischen Texte.

b) Sekundäre Quellen

Die Darstellungen der Gnosis in den Schriften antiker Theologen wie etwa Clemens von Alexandria, Irenäus, Hippolyt oder Epiphanius sind für die Rekonstruktion der christlich-gnostischen „Systeme" oder „Schulen", etwa der Valentinianer, Basilidianer und Ophiten, von Bedeutung. Die Zitate und Exzerpte dieser Autoren erlauben es, die Sichtweisen von Lehrern wie Basilides und Valentinus in Umrissen zu rekonstruieren. Insbesondere gilt das für das bereits genannte Werk „Gegen die Häresien" des Irenäus von Lyon und die „Widerlegung aller Häresien" des Hippolyt (um 225). Es ist allerdings zu beachten, dass diese Autoren in polemischer Weise über die gnostischen Systeme berichten.

3 Der gnostische Mythos nach dem Johannesapokryphon

Dem gnostischen Mythos nähert man sich am besten anhand eines der wohl populärsten gnostischen Originaltexte, dem *Apokryphon des Johannes*. Nicht weniger als vier (unterschiedlich gut erhaltene) Abschriften dieses Textes sind heute bekannt, wobei diese Abschriften teilweise erheblich voneinander abweichen (NHC III,1 und BG 2 sind verschiedene Übersetzungen des älteren Kurztextes; NHC II,1 und IV,1 repräsentieren die erweiterte Langfassung). Zudem gibt es eine Reihe von weiteren Originalschriften, die diesen Mythos aufnehmen, und auch Irenäus referiert weite Teile des Mythos (haer. 1,29). Andere gnostische Systeme wie die der Valentinianer haben eine vergleichbare Grundstruktur, obwohl sie sich inhaltlich an bestimmten Punkten und besonders bei den Namen der mythischen Figuren unterscheiden (s. ALAND, Die Gnosis, 88–153).

Auch wenn christliche Autoren wie Irenäus polemisch versuchen, den gnostischen Mythos ins Lächerliche zu ziehen, stellt der Mythos in der antiken Philosophie eine grundsätzlich anerkannte Redeweise dar, um über schwierige philosophische Themen zu sprechen (wie z. B. der Mythos vom Seelenwagen in Platons „Phaidros"). Für das philosophisch gebildete antike Publikum waren die Namen der mythischen Figuren und der Inhalt des gnostischen Mythos aber durchaus befremdlich.

Das Johannesapokryphon beginnt mit einer kurzen Rahmenerzählung, die von einer Erscheinung Jesu vor Johannes berichtet. Der Mythos wird im Hauptteil der Schrift entfaltet: Der erste Abschnitt ist eher eine Art Traktat, den Jesus als Monolog vorträgt (BG 2, p. 22–44), während der zweite Abschnitt immer wieder von Nachfragen des Johannes unterbrochen wird und vor allem eine kritische Auseinandersetzung und Neuinterpretation von Gen 1–6 beinhaltet (p. 44–75).

Der Beginn des Mythos widmet sich dem unvergänglichen Jenseits und wendet sich zunächst dem einen „unsichtbaren Geist", dem ewigen „Vater des Alls" zu, der in Anlehnung an die zeitgenössische platonische Philosophie beschrieben wird. Dieser denkt über sich selbst nach, woraufhin sein „Denken" wie Wasser aus einer Quelle hervorströmt und als sein „Bild" in Erscheinung tritt. Diese Erscheinung erhält den Namen Barbelo. Philosophisch gesprochen handelt es sich hier um eine Emanation, in der ein Aspekt des Göttlichen herausgestellt wird; dennoch ist dieses Konzept stets monotheistisch gedacht: Die Quelle bleibt immer die gleiche, auch wenn sich das hervorströmende Wasser verteilt. Im Text werden die Aspekte des Göttlichen jeweils als eine „Ewigkeit" (αἰών/Äon) bezeichnet.

Nachdem Barbelo den unsichtbaren Geist betrachtet, „empfängt" sie durch ihn den „Einziggeborenen", der vom unsichtbaren Geist zu „Christus" gesalbt wird. Mit Zustimmung des unsichtbaren Geistes tritt eine verwirrende Fülle weiterer „Ewigkeiten" in Erscheinung; sie sind vier „großen Lichtern" – quasi den vier Himmelsrichtungen – zugeordnet und preisen in einer Art himmlischem Gottesdienst den unsichtbaren Geist.

Als eine der „Ewigkeiten", die dem vierten großen Licht zugeordnet ist, erscheint auch die Sophia („Weisheit"). Sie bringt aus eigenem Antrieb und ohne Zustimmung des unsichtbaren Geistes eine Gestalt hervor, die jedoch löwen- und schlangengesichtig ist, feurig leuchtende Augen hat und den Namen Jaldabaoth erhält. Sophia stößt Jaldabaoth daraufhin von sich, jedoch nimmt er einen Teil ihrer Kraft. Dieser Textabschnitt gipfelt darin, dass Jaldabaoth selbst Engel und „Ewigkeiten" erschafft und sich als einzigen und „eifersüchtigen Gott" rühmt, woraufhin der Text feststellt, dass er sich damit offensichtlich im Irrtum befindet (p. 44). Hier und im Folgenden identifiziert das Johannesapokryphon den Gott Israels, wie er im Pentateuch begegnet, mit Jaldabaoth und setzt ihn in einen Gegensatz zum „Vater des Alls", dem unsichtbaren Geist.

Anlass für die Erschaffung des Menschen, die zunächst im Himmel geschieht, ist laut dem Mythos, dass Jaldabaoth im Wasser eine Spiegelung mit dem Urbild des „vollkommenen Menschen" sieht. Jaldabaoth erschafft den Menschen nach diesem „Bild Gottes" (vgl. Gen 1,26), jedoch bleibt das Gebilde regungslos. Der „Vater des Alls" bewegt daraufhin Jaldabaoth, dem Menschen die Kraft, die Jaldabaoth von Sophia genommen hatte, als Geist einzuhauchen, so dass der Mensch zum Leben erwacht. Jaldabaoth wird nun eifersüchtig, da der Mensch aufgrund des ihm verliehenen Geistes weiser ist als sein Schöpfer, er zieht den Menschen hinab in die vergängliche Welt und verbindet ihn mit der Materie. Im weiteren Verlauf dieser Nacherzählung von Gen 1–6 werden die Ereignisse der biblischen Urgeschichte als fortwährende Angriffe Jaldabaoths auf den Menschen geschildert, wobei Jesus mehrfach Zitate der Genesis aufgreift und sagt, es sei „nicht so, wie Mose gesagt hat" (p. 58 u. ö.). Zentral ist schließlich ein belehrender Dialog über die Rettung der menschlichen Seelen, in dem Jesus Johannes darüber unterrichtet, dass nur die Seelen der Vollkommenen, die sich von der Bosheit Jaldabaoths entfernen, indem sie sich von Zorn, Eifersucht, Begierde usw. lösen, das ewige Leben erlangen (p. 64–71).

4 Grundlinien des gnostischen Denkens

Als Merkmale, die die verschiedenen gnostischen Systeme miteinander teilen, lassen sich die folgenden festhalten: Es wird eine Differenz in die Gottesvorstellung eingetragen und eine Pluralisierung der oberen Welt vorgenommen. Der oberste Gott ist unerkennbar und vollkommen. Daneben gibt es eine Reihe von Emanationen, die die oberste Gottheit aus sich heraussetzt und die zwischen dem obersten göttlichen Bereich und der irdischen Welt angesiedelt sind. Die Welt wird als Schöpfung eines niederen Gottes (der oft in Anlehnung an die platonische Tradition „Demiurg" heißt) und damit als defizienter, negativer Bereich angesehen, in dem der Mensch gefangen ist. Die Anthropologie ist dabei in der Regel derart konzipiert, dass der Mensch aus einem göttlichen Teil (Seele bzw.

Geist) und einem irdischen Teil (Körper) besteht. Letzterer gehört zur irdischen, materiellen Welt, ersterer dagegen zur oberen, göttlichen Welt. Zur Erlösung des unvergänglichen, göttlichen Teils des Menschen bedarf es der Erkenntnis über die geschilderten Zusammenhänge, damit sich der Mensch entsprechend verhalten, sich also von der materiellen Welt fernhalten und sich auf den Weg der Seele (oder des Geistes) zurück in den oberen Bereich vorbereiten kann. An dieser Stelle hat die Ethik ihren Platz in den gnostischen Schriften. Die Erkenntnis wird durch einen Gesandten aus dem oberen Bereich vermittelt. Dieser wird in der Regel mit Jesus Christus identifiziert.

Dieses auf die wesentlichen Merkmale reduzierte System begegnet in den gnostischen Schriften in vielfältigen Ausgestaltungen, die sich in den Details unterscheiden. Diese beziehen sich auch auf die identifizierbaren Sozialformen gnostischer Gemeinschaften. Einige Texte geben zu erkennen, dass Gebete und Sakramente im Leben dieser Gemeinschaften eine wichtige Rolle spielten, wobei auch die Vermittlung von Lehren bedeutsam gewesen sein wird. Diese Gemeinschaften werden sich also von anderen christlichen Gemeinden gar nicht grundlegend unterschieden haben, obwohl sie sich eben an eigenen Lehren orientierten. Wie etwa die Gemeinschaft der Valentinianer zeigt, hatten die gnostischen Gemeinden mitunter zahlreiche Mitglieder, die unter den Christen einen großen Einfluss ausübten. Genau das war auch der Grund, warum sie von anderen antiken Theologen und Lehrern so vehement bekämpft wurden.

5 Gnosis und Neues Testament

Die Frage nach dem Verhältnis von Gnosis und Neuem Testament wird seit den Anfängen der Gnosisforschung intensiv diskutiert. Die Antworten, die dabei entwickelt werden, hängen in starkem Maße davon ab, wie „Gnosis" näher bestimmt und datiert wird. In der älteren Forschung war die These entwickelt worden, dass es sich um ein vorchristliches Phänomen handle, das in der griechisch-römischen Religiosität entstanden sei und auch das Judentum (z. B. Philo) beeinflusst habe. „Gnosis" wurde dabei mitunter recht weit und eher unpräzise beschrieben und auch auf Vorstellungen und Texte bezogen, die sich im Kontext (mittel)platonischer Philosophie erklären lassen. In diesem Modell konnte dann mit einem Einfluss gnostischer Vorstellungen auf die neutestamentlichen Texte gerechnet werden. Dieser wurde insbesondere beim Johannesevangelium und im Epheserbrief gesehen.

In der neueren Forschung ist von der These einer vorchristlichen Gnosis weitgehend Abstand genommen worden. Gnostische Texte und Gruppen lassen sich erst seit der zweiten Hälfte des 2. Jahrhunderts eindeutig fassen. Die Schriften des Neuen Testaments können dann nicht von gnostischen Vorstellungen beeinflusst sein. Vielmehr handelt es sich bei der Gnosis um eine bestimmte Deutung der christlichen Botschaft mithilfe philosophischer Motive und Vorstellungen, die sich im Verlauf des 2. Jahrhunderts entwickelt hat.

Anders als in der gnostischen Sicht gibt es in den neutestamentlichen Texten nirgendwo die Vorstellung eines höchsten, unerkennbaren Gottes, der von einem niederen Schöpfergott unterschieden ist. Dementsprechend wird auch die Welt nicht als ein negativer, gottfeindlicher Bereich betrachtet, von dem sich der Mensch fernhalten soll. Das Menschenbild ist nicht an einer Unterscheidung eines unvergänglichen Teils (Geist bzw. Seele) von einem vergänglichen, materiellen Teil (Körper) orientiert, sondern an der menschlichen Person als ganzer. Die spezifische Terminologie gnostischer Entwürfe – etwa die Rede vom „Demiurgen" oder vom „Pleroma" – fehlt im Neuen Testament ebenso wie die Vorstellung göttlicher Emanationen oder die Betonung der durch den Erlöser vermittelten Erkenntnis.

Das Verhältnis der neutestamentlichen Schriften zur Gnosis ist deshalb so zu bestimmen, dass sich die gnostischen Texte neutestamentlicher Schriften bedienen, sie in spezifischer Weise fortschreiben und interpretieren. Das ist zum Beispiel in der Gemeinschaft des Valentinus der Fall, die das Johannesevangelium in spezifischer Weise interpretiert. Auch die paulinischen und deuteropaulinischen Briefe wurden in gnostischer Perspektive ausgelegt. Mitunter festzustellende Analogien – etwa in der Verwendung von Begriffen wie „Welt", „Geist", „Fleisch" usw. sowie bei Vorstellungen und Denkformen wie zum Beispiel einem Dualismus von Licht und Finsternis oder einem Gegenüber von Jesus und den Seinen zur „Welt" – sind zu unspezifisch und darüber hinaus zu verschieden, als dass sie sich für einen engeren Zusammenhang ins Feld führen ließen.

⌀ Arbeitsvorschlag

Lesen Sie das Johannesapokryphon in der kürzeren Version (BG 2, u. a. in der Studienausgabe von Nag Hammadi Deutsch, 77–122, jeweils die mittlere Spalte): Mit welchen Eigenschaften und in welcher argumentativen Weise wird Gott, der „Vater des Alls", beschrieben (p. 22–26)? Lesen Sie daneben die platonische Schrift des Alkinoos, *Didaskalikos* 10 (Textausgabe: ORRIN F. SUMMERELL/THOMAS ZIMMER, Alkinoos – Didaskalikos. Lehrbuch der Grundsätze Platons, Berlin/New York 2007, 25–29): Welche Gemeinsamkeiten und Unterschiede zeigen beide Texte im Hinblick auf ihre theologische Argumentation? Wie kommt es dem Johannesapokryphon zufolge zur Geburt Jaldabaoths (p. 36–39)? Was ist mit dem „unerschütterlichen Geschlecht" gemeint (vgl. p. 22; 64–66; 73–77)?

§ 44 Die Entstehung des neutestamentlichen Kanons

Literatur: HERMANN VON LIPS, Der neutestamentliche Kanon. Seine Geschichte und Bedeutung, Zürich 2004 ◆ CHRISTOPH MARKSCHIES, Haupteinleitung, AcA 1/1, 1–180 ◆ BRUCE M. METZGER, Der Kanon des Neuen Testaments. Entstehung – Entwicklung – Bedeutung, Düsseldorf 1993 (engl. Original: The Canon of the New Testament, Oxford 1987) ◆ HEINZ OHME, Kanon, RAC 20 (2004), 1–28 ◆ KONRAD SCHMID/JENS SCHRÖTER, Die Entstehung der christlichen Bibel, München 2019 (Paperback-Ausgabe 2022) ◆ JENS SCHRÖTER, Von Jesus zum Neuen Testament. Studien zur urchristlichen Theologiegeschichte und zur Entstehung des neutestamentlichen Kanons (WUNT 204), Tübingen 2007, 271–377 ◆ JENS SCHRÖTER, Kanon – Eine neutestamentliche Perspektive, in: Elisabeth Gräb-Schmidt/Volker Leppin (Hg.), Kanon (MJTh 31), Leipzig 2019, 37–65.

In Aufnahme der Ausführungen zur Entstehung des Corpus Paulinum, der Vier-Evangelien-Sammlung und der Sammlung der Katholischen Briefe (vgl. oben § 25, 35 und 40) sollen im Folgenden die Entwicklungen, die zur Entstehung des Neuen Testaments geführt haben, in einigen überblicksartigen Bemerkungen nachgezeichnet werden.

1) Das Neue Testament ist in einem längeren Prozess entstanden, bei dem die einzelnen Schriften zunächst zu Gruppen zusammengestellt wurden, die dann ihrerseits miteinander verbunden wurden. Dieser Prozess beginnt gegen Ende des 1. Jahrhunderts mit der Zusammenstellung von Paulusbriefen und kommt im 4. Jahrhundert mit der Unterscheidung der „apokryphen" von den „kanonisierten" Schriften im 39. Osterfestbrief des Athanasius zu einem gewissen Abschluss. Auch danach gibt es jedoch unterschiedliche Gestalten des Neuen Testaments in verschiedenen Regionen der Kirche. Zudem ist bei der Unterscheidung biblischer von nichtbiblischen Schriften eine gewisse Unschärfe zu beobachten, was sich etwa daran zeigt, dass frühe Bibelhandschriften wie der Sinaiticus und der Vaticanus auch Schriften enthalten, die nicht zum Neuen Testament gehören (der Sinaiticus enthält den Barnabasbrief und den „Hirt" des Hermas, der Vaticanus die Clemensbriefe). Schriften, die nicht ins Neue Testament gelangt sind, haben zudem für die Ausdeutung der Geschichte Jesu und der Apostel eine wichtige Rolle gespielt (vgl. dazu oben die Ausführungen zu den Apokryphen § 42.1).

2) Die Entstehung des Neuen Testaments darf nicht als ein zielgerichteter Prozess vorgestellt werden, der auf genau diese 27 Schriften zugelaufen ist, die

schließlich in den Kanon des Neuen Testaments gelangt sind. Vielmehr ist bei den entsprechenden Entwicklungen mit vielerlei Einflüssen und Zufälligkeiten zu rechnen, die bei etlichen Schriften auch zu einem anderen Ergebnis hätten führen können. So ließe sich zum Beispiel durchaus vorstellen, dass der 2. Petrusbrief, der 2. und 3. Johannesbrief oder der Jakobus- und der Judasbrief nicht ins Neue Testament gelangt wären, wogegen das Hebräerevangelium, die Petrusoffenbarung oder der „Hirt" des Hermas Teil des neutestamentlichen Kanons hätten werden können. Diese Ambiguität hat ihren Grund darin, dass etliche Schriften im antiken Christentum längere Zeit umstritten waren, die Verbreitung und der Gebrauch von Schriften im Gottesdienst und zur privaten Lektüre zudem in den einzelnen Regionen unterschiedlich war.

3) Die Herausbildung eines Corpus anerkannter, verbindlicher Schriften des Christentums ging mit einer Zunahme christlicher Schriften einher, die zu der Frage führte, auf welche Schriften sich der christliche Glaube stützen soll. Diese Frage wurde im antiken Christentum intensiv diskutiert und führte zunächst zur Unterscheidung anerkannter, umstrittener und abgelehnter Schriften (Origenes bei Euseb, h. e. 6,25), dann zu derjenigen apokrypher von kanonisierten Schriften (so Athanasius). Wenn dabei seit dem 4. Jahrhundert der Begriff „Kanon" bzw. „kanonisiert" auf die als verbindlich betrachteten Schriften angewendet wird, ist ein Begriff gewählt, der zuvor der Bezeichnung von Glaubenssätzen bzw. ethischen Normen diente. Darin kommt zugleich zum Ausdruck, dass die als verbindlich angesehenen Schriften der „Regel des Glaubens" (*regula fidei* bzw. κανὼν τῆς πίστεως) entsprechen mussten, die auch „Regel der Wahrheit" (*regula veritatis* bzw. κανὼν τῆς πίστεως) und „kirchliche Regel" (κανὼν ἐκκλησιαστικός) genannt werden konnte (s. den Überblick bei Ohme). Dabei bestand ein Wechselverhältnis zwischen den anerkannten Schriften und der Glaubensregel: Die Schriften bezeugten die Glaubensregel, wie diese ihrerseits dazu diente, zwischen anerkannten Schriften und verworfenen Schriften zu unterscheiden.

Es ist allerdings zu beachten, dass im antiken (und mittelalterlichen) Christentum niemals eine offizielle Festlegung des Umfangs der christlichen Bibel, etwa in Form eines Synoden- oder Konzilsbeschlusses, erfolgt ist. Ein solcher Beschluss wurde vielmehr erst in der vierten Sitzung des Trienter Konzils im Jahr 1546 gefasst. Hier wurde für die römisch-katholische Kirche die Vulgata als verbindliche Form der Bibel bestimmt, in Ablehnung des reformatorischen Rückgangs auf die hebräischen und griechischen Texte sowie des *sola scriptura*-Grundsatzes.

4) Die Kriterien dafür, Schriften als verbindliche Glaubenszeugnisse anzuerkennen, waren zum einen, dass sie die Geschichte Jesu und der Apostel glaubwürdig bezeugten. Was dabei als „glaubwürdig" angesehen wurde, setzt bereits einen Maßstab – eben die Glaubensregel – voraus. Bei dieser handelt es sich nicht um eine fixierte Formel oder ein festes Bekenntnis, sondern um verschiedene Formulierungen, in denen der zentrale Inhalt des christlichen Glaubens in wechselnden Ausdrucksweisen und mit variablen Inhalten zur Sprache gebracht wurde.

Ein weiteres Kriterium war die Verbreitung und Akzeptanz von Schriften in christlichen Gemeinden. So erklärt sich zum Beispiel, dass vier Evangelien Eingang ins Neue Testament fanden, obwohl durchaus vorstellbar gewesen wäre, dass nur drei oder zwei oder sogar nur eines diesen Weg genommen hätte. Die Begründung der Vierzahl der Evangelien bei Irenäus ist dafür ein deutliches Indiz, wenn Irenäus den Umstand, dass es genau vier Evangelien sind, nachträglich mit dem Verweis auf die vier Himmelsrichtungen, vier Weltgegenden und vier Cheruben untermauert. Frühchristliche Gemeinden haben kein ganzes „Neues Testament" besessen, sondern einzelne Schriften, zum Beispiel ein oder zwei Evangelien, einige Paulusbriefe, einige Briefe anderer Apostel und eventuell eine Offenbarung. Darunter fanden sich vermutlich recht häufig Schriften, die später ins Neue Testament gelangt sind, gemeinsam mit solchen, bei denen dies nicht der Fall war. Das „Neue Testament" war deshalb im 2. und auch noch im 3. Jahrhundert vor allem ein theologisches Konzept, aber keine existierende Sammlung verbindlicher Schriften. Das wird auch durch den Manuskriptbefund belegt. Die frühen Manuskripte neutestamentlicher Schriften enthalten zumeist nur eine Schrift, mitunter auch zwei oder mehr. Zusammenstellungen von vier Evangelien oder zehn Paulusbriefen sind dagegen selten. Vor dem 4. Jahrhundert sind keine Manuskripte bezeugt, die Evangelien gemeinsam mit Paulusbriefen oder anderen Schriften bündeln, wie auch umgekehrt Codices mit Paulusbriefen nie Evangelien oder andere Briefe enthalten.

5) Lange diskutiert wurde die Rolle Markions für die Entstehung des neutestamentlichen Kanons. Mitunter wurde er sogar als derjenige betrachtet, der die Idee eines Kanons neutestamentlicher Schriften geschaffen und dadurch die entstehende Kirche zu einer Reaktion genötigt habe. Das ist sicher übertrieben, wenngleich Markion, der das Lukasevangelium und zehn Paulusbriefe in einer von ihm bearbeiteten Form zusammengestellt hatte, für die Diskussion über die Gestalt des christlichen Glaubenszeugnisses und die verbindlichen Schriften zweifellos eine wichtige Rolle gespielt hat.

6) Zusammenstellungen von Paulusbriefen sind seit dem Ende des 1. Jahrhunderts durch verschiedene Autoren bezeugt. So lassen sich etwa innerhalb des entstehenden Corpus Paulinum Bezüge feststellen: Der Epheserbrief und die Pastoralbriefe kennen offensichtlich Paulusbriefe. Auch der 1. Clemensbrief, der 2. Petrusbrief, Ignatius und Polykarp weisen Kenntnis mehrerer Paulusbriefe auf. Das ist insofern bemerkenswert, als die Briefe des Paulus an bestimmte Gemeinden gerichtet waren. Wenn sie zusammengestellt und auch für spätere Gemeinden als verbindlich betrachtet wurden, setzt das bereits einen Prozess voraus, in dem Person und Theologie des Paulus eine autoritative Geltung für den christlichen Glauben erlangt hatten. Sammlungen von Paulusbriefen sind dann auch durch Markion (um 140), den Canon Muratori (um 200) und $\mathfrak{P}^{46}$ (erste Hälfte 3. Jh.) bezeugt. Bei der Entstehung des Corpus Paulinum hat die Unterscheidung zwischen „echten" und „pseudepigraphen" Paulusbriefen keine

Rolle gespielt. Vielmehr wurden die heute als pseudepigraph beurteilten Paulusbriefe des Neuen Testaments stets als „echte" Paulusbriefe behandelt. Dagegen wurden etwa der „Laodicenerbrief" und die Paulusakten bereits in früher Zeit als Fälschungen beurteilt.

Auch der Hebräerbrief ist stets als Teil der Paulusbriefsammlung überliefert worden, obwohl er keinen Verfassernamen trägt und auch immer deutlich war, dass er nicht von Paulus verfasst wurde. Grund dafür ist vermutlich, dass eine gewisse Nähe zur Theologie des Paulus gesehen wurde und er deshalb im Zusammenhang der Paulusbriefe gelesen werden konnte (vgl. auch Hebr 13,23.24).

7) Die neutestamentlichen Evangelien sind seit dem Beginn des 2. Jahrhunderts zusammengestellt worden. Auch hier lassen sich zunächst Beziehungen zwischen diesen Schriften selbst feststellen. Matthäus und Lukas setzen das Markusevangelium voraus, das Johannesevangelium kennt, jedenfalls in seiner Endfassung, vermutlich zwei oder alle drei synoptischen Evangelien. Das Nachtragskapitel in Joh 21 sowie der sekundäre Markusschluss (Mk 16,9–20), die beide in der ersten Hälfte des 2. Jahrhunderts entstehen, lassen sodann erkennen, dass die Evangelien aufeinander bezogen werden. Die Hinzufügung der Titel „Evangelium nach Markus" usw. zu den eigentlich anonymen Texten wurde dagegen in dem Moment notwendig, ab dem zumindest zwei Evangelien gemeinsam verwendet wurden, um sie voneinander zu unterscheiden. Der eigenwillige Buchtitel mit der Formulierung „nach (κατά) + Autorenname" lässt dabei erkennen, dass es um das *eine* Evangelium geht, das in *verschiedener* Weise bezeugt wird (vgl. oben § 9.2a). Bereits Papias (um 125) kennt das Markus- und das Matthäusevangelium unter diesen Namen, und es kann davon ausgegangen werden, dass das Lukas- und das Johannesevangelium zu dieser Zeit ebenfalls schon unter ihren Namen geläufig waren.

Gegen Ende des 2. bzw. zu Beginn des 3. Jahrhunderts bezeugen dann Irenäus, Clemens von Alexandria, Origenes und der Canon Muratori die Existenz der Vier-Evangelien-Sammlung. In $\mathfrak{P}^{45}$ aus der ersten Hälfte des 3. Jahrhunderts sind ebenfalls alle vier Evangelien und zusätzlich die Apostelgeschichte enthalten. Dass gerade *vier* Evangelien als autoritativ angesehen wurden, lässt sich nur dadurch erklären, dass sie bereits bekannt und in den Gemeinden verwendet wurden – natürlich nicht alle vier Evangelien in allen Gemeinden, sondern in der Regel eines oder zwei in einer Gemeinde. Diese vier Evangelien wurden von anderen, später entstandenen unterschieden. Einige von diesen – wie zum Beispiel das Thomas- und das Judasevangelium – wurden als „häretisch" beurteilt, andere dagegen – wie das Petrus-, das Hebräer- und das Ägypterevangelium – als solche, die gelesen bzw. zitiert werden konnten, aber nicht denselben Status wie die vier anerkannten Evangelien hatten.

8) Die Sammlung der Katholischen Briefe ist später entstanden als diejenigen der Paulusbriefe und der Evangelien. Zunächst wurden einzelne Briefe wie der

Barnabasbrief, der 1. Petrusbrief und der 1. Johannesbrief als „katholisch" bezeichnet. Euseb verwendet die Bezeichnung dann für mehrere Briefe. Eine Sammlung der Katholischen Briefe ist demnach vermutlich nicht vor dem 4. Jahrhundert entstanden. Dafür spricht auch, dass der Canon Muratori sie nicht zu kennen scheint, denn angesichts der Bedeutung, die er der Siebenzahl von Briefen im Fall der Paulusbriefe und der Sendschreiben der Johannesoffenbarung beimisst, hätte er sicher auch auf eine Sammlung von sieben Katholischen Briefen verwiesen. Auch durch Manuskripte ist diese Sammlung, anders als die Evangelien und die Paulusbriefe, nicht bezeugt.

Die Sammlung hatte offenbar den Zweck, die Briefe der Apostel neben Paulus miteinander zu vereinen. Dafür spricht auch, dass sie in späteren Manuskripten häufig gemeinsam mit der Apostelgeschichte überliefert sind, die dann als Einführung in diese Briefe diente, da sie die „Geschichte der Apostel" erzählt (wenngleich sie *de facto* viel stärker an Paulus als an den anderen Aposteln orientiert ist). Deshalb wird das Corpus aus Apostelgeschichte und Katholischen Briefen im Novum Testamentum Graece auch mit einem eigenen Buchstaben versehen (a für „Apostolos"). Als Ausgangspunkt für die Sammlung der Katholischen Briefe dienten dabei offenbar der 1. Petrus- und der 1. Johannesbrief, die schon früh als autoritativ anerkannt waren. Als dritter Brief trat der Jakobusbrief hinzu. Diese drei Briefe zogen dann die übrigen vier – den 2. Petrusbrief, die beiden „kleinen" Johannesbriefe (2 und 3Joh) sowie den Judasbrief – nach sich.

9) Die Zusammenstellung der Schriften in den genannten Sammlungen führte dazu, dass literarisch zusammenhängende Schriften in unterschiedliche Sammlungen gerieten. Das Lukasevangelium wurde in die Vier-Evangelien-Sammlung integriert, wogegen die Apostelgeschichte im neutestamentlichen Kanon eine andere Funktion übernahm als innerhalb des lukanischen Doppelwerks. Sie diente entweder (in der Zusammenstellung mit den Katholischen Briefen) als „Geschichte der Apostel (neben Paulus)" oder als Geschichte des frühen Christentums generell (so in der Stellung zwischen Evangelien und Paulusbriefen). Des Weiteren finden sich das Johannesevangelium und die Johannesbriefe – die historisch, literarisch und theologisch eng zusammengehören – ebenfalls in unterschiedlichen Teilen des Neuen Testaments (Evangeliensammlung bzw. Katholische Briefe). Dass der Hebräerbrief im Kontext des Corpus Paulinum überliefert wurde, ist bereits gesagt worden. Dieser Befund zeigt, dass die Funktion der Schriften innerhalb des Neuen Testaments von ihrer historischen Entstehung unterschieden werden muss.

10) Die Bibel des frühen Christentums bestand zunächst aus den als verbindlich anerkannten Schriften des Judentums. Indem auch frühchristliche Schriften über ihren historischen Entstehungskontext hinaus als verbindlich betrachtet, zusammengestellt und in christlichen Gemeinden gelesen wurden, trat allmählich eine zweite Sammlung dazu. Da die jüdischen Schriften in den frühchristlichen auf intensive Weise rezipiert und vom Christuszeugnis her ausgelegt wurden, ist das Verhältnis beider Teile der entstehenden christlichen Bibel nicht einfach ein komplementäres oder additives. Vielmehr beanspruchen die Schriften des entstehenden Neuen Testaments, die jüdischen Schriften verbindlich auszulegen, indem sie sie vom Christuszeugnis her interpretieren. In diesem Kontext entstanden auch die Bezeichnungen „Altes Testament" und „Neues Testament". Der Begriff „Altes Testament" begegnet zuerst bei Bischof Melito von Sardes um 170. Vom „Neuen Testament" als Bezeichnung für die verbindliche Schriftensammlung ist dann – möglicherweise in Entsprechung dazu – um die Wende vom 2. zum 3. Jahrhundert bei verschiedenen christlichen Autoren (z. B. Clemens von Alexandria und Tertullian) die Rede. Damit verbunden war die Herausbildung des Nebeneinanders von jüdischer und christlicher Bibel als zweier Schriftensammlungen, die fortan die Grundlage für Christentum und Judentum bilden sollten.

Vierter Teil: Der historische Kontext der neutestamentlichen Schriften

Textsammlungen: CHARLES K. BARRETT/CLAUS-JÜRGEN THORNTON (Hg.), Texte zur Umwelt des Neuen Testaments (UTB 1591), Tübingen ²1991 ♦ KLAUS BERGER/ CARSTEN COLPE, Religionsgeschichtliches Textbuch zum Neuen Testament (NTD Textreihe 1), Göttingen 1987 ♦ HANS G. KIPPENBERG/GERD A. WEWERS, Textbuch zur neutestamentlichen Zeitgeschichte (GNT 8), Göttingen 1979 ♦ JOHANNES LEIPOLDT/ WALTER GRUNDMANN (Hg.), Umwelt des Urchristentums, Bd. 2: Texte zum neutestamentlichen Zeitalter, Berlin ⁷1986 ♦ JENS SCHRÖTER/JÜRGEN K. ZANGENBERG (Hg.), Texte zur Umwelt des Neuen Testaments (UTB 3663), Tübingen 2013. – **Bildbände (mit Erläuterungen):** JOHANNES LEIPOLDT/WALTER GRUNDMANN (Hg.), Umwelt des Urchristentums, Bd. 3: Bilder zum neutestamentlichen Zeitalter, Berlin ⁶1987 ♦ JÜRGEN K. ZANGENBERG/JENS SCHRÖTER (Hg.), Bauern, Fischer und Propheten – Galiläa zur Zeit Jesu (Zaberns Bildbände zur Archäologie), Darmstadt/Mainz 2012. – **Darstellungen:** RUDOLF BULTMANN, Das Urchristentum im Rahmen der antiken Religionen, München ⁵1986 ♦ KURT ERLEMANN u. a. (Hg.), Neues Testament und Antike Kultur, 5 Bde., Neukirchen-Vluyn 2004–2008 ♦ EVERETT FERGUSON, Backgrounds of Early Christianity, Grand Rapids, Mich. ³2003 ♦ JOEL B. GREEN/LEE M. MCDONALD, The World of the New Testament. Cultural, Social, and Historical Contexts, Grand Rapids, Mich. 2013 ♦ HANS-JOSEF KLAUCK, Die religiöse Umwelt des Urchristentums, 2 Bde. (KStTh 9,1-2), Stuttgart 1995–1996 ♦ BERND KOLLMANN, Einführung in die Neutestamentliche Zeitgeschichte, Darmstadt 2006 ♦ HELMUT KÖSTER, Einführung in das Neue Testament im Rahmen der Religionsgeschichte und Kulturgeschichte der hellenistischen und römischen Zeit, Berlin/New York 1980, 1–427 ♦ JOHANNES LEIPOLDT/WALTER GRUNDMANN (Hg.), Umwelt des Urchristentums, Bd. 1: Darstellung des neutestamentlichen Zeitalters, Berlin ⁸1990 ♦ EDUARD LOHSE, Umwelt des Neuen Testaments (GNT 1), Göttingen ⁸1989 ♦ BO REICKE, Neutestamentliche Zeitgeschichte. Die biblische Welt 500 v.–100 n. Chr., Berlin ³1982 ♦ EMIL SCHÜRER, The History of the Jewish People in the Age of Jesus Christ, überarbeitet und hg. von Geza Vermes/ Fergus Millar/Matthew Black, Edinburgh 1973–1986 ♦ JOHN E. STAMBAUGH/DAVID L. BALCH, Das soziale Umfeld des Neuen Testaments (GNT 9), Göttingen 1992.

§ 45 Neutestamentliche Zeitgeschichte: Begriffsbestimmung und Abgrenzung

1) Die Kenntnis der politischen, sozialen, religiösen und philosophischen Kontexte, in denen sich der Christusglaube entwickelte, ist grundlegend für die historische Analyse und theologische Interpretation der Schriften des Neuen Testaments. Sie ist zugleich die Voraussetzung dafür, das entstehende Christentum in seinen vielfältigen Ausprägungen als historisches Phänomen zu verstehen. Den größeren Rahmen bildet dabei die griechisch-römische Mittelmeerwelt, wobei die konkreten Verhältnisse in den einzelnen Regionen bzw. Provinzen und Städten durchaus unterschiedlich waren. Das betraf natürlich auch die Entstehung und Entwicklung christlicher Gemeinden, die zum Beispiel in Jerusalem, dem Zentrum des Judentums, anders verlief als in einer römischen Kolonie wie Korinth und wiederum anders in Rom, der Hauptstadt des römischen Imperiums. Die politischen, religiösen, sozialen und sprachlichen Kontexte waren innerhalb des Imperium Romanum demnach sehr verschiedenartig, was bei der Analyse der Entstehung und Entwicklung christlicher Gemeinden zu beachten ist. Einige Beispiele sollen dies veranschaulichen:

a) Um die Erzählung von der Geburt des Johannes und Jesu in Lk 1–2 in all ihren Aspekten zu verstehen, müssen die dort erwähnten Personen und Daten bekannt sein: Wer war der in Lk 1,5 erwähnte „König Herodes"? Welches historische Ereignis ist mit dem in Lk 2,1–3 erwähnten Zensus „der ganzen Ökumene" gemeint? Wann war Quirinius Statthalter von Syrien? Wann regierte Kaiser Augustus (2,1), wann Tiberius (3,1)?

b) Die Episode über das Steuerzahlen, die in Jerusalem spielt (Mk 12,13–17), wird nur vor dem Hintergrund der politischen Verhältnisse in der Provinz Judäa verständlich. Sie hätte dagegen nicht in Galiläa angesiedelt sein können, weil Galiläa, anders als Judäa, nicht unter römischer Besatzung stand und die Münze mit dem Bild des Kaisers in Galiläa nicht verwendet wurde.

c) In Apg 23,7f. wird ein Unterschied zwischen Pharisäern und Sadduzäern in Bezug auf den Glauben an die Auferstehung erwähnt (vgl. auch Mk 12,18). Diese Differenz ist nur auf der Grundlage historischer Kenntnis über diese beiden Gruppen zu verstehen.

d) Die polemische Rede Jesu gegen die Pharisäer und Schriftgelehrten in Mt 23 lässt sich über die historische Situation auswerten, in der das Matthäusevangelium entstanden ist. Sie besagt zudem etwas über die Konstellation, in der sich die Gemeinde befand, für die das Matthäusevangelium geschrieben wurde.

e) Für eine historische Beurteilung des Prozesses gegen Jesus sind die Passionserzählungen des Neuen Testaments im Horizont römischer Herrschaftspraxis in den Provinzen sowie in Kenntnis des römischen und jüdischen Straf- und Prozessrechts zu interpretieren.

f) Die politischen, religiösen und sozialen Verhältnisse zur Zeit des Paulus in Korinth, Hauptstadt der römischen Kolonie Achaia, spiegeln sich im 1. Korintherbrief wider. Sie verhelfen deshalb zu einem genaueren Verständnis des Briefes.

g) In Apg 19 ist von einem Konflikt zwischen der Verkündigung des Paulus in Ephesus und dem dortigen Artemiskult die Rede. Dies vermittelt einen Einblick in die religiöse Situation der Stadt in der Antike.

h) Zahlreiche zentrale Gedanken und Begriffe des Neuen Testaments – wie zum Beispiel „Reich Gottes", „Messias", „Menschensohn", „Gerechtigkeit Gottes", „Gesetz" – gehören zur jüdischen Sprach- und Gedankenwelt. Ihre Bedeutung in neutestamentlichen Schriften lässt sich deshalb nur angemessen beschreiben, wenn sie im Kontext ihrer Verwendung in jüdischen Schriften interpretiert werden.

i) Die Kenntnis der historischen Kontexte des entstehenden Christentums ist notwendig, um das Verhältnis zu geistigen und „wissenschaftlichen" Strömungen dieser Zeit zu beurteilen. Die griechische Philosophie spielt im Neuen Testament nur in Ansätzen eine Rolle. Etliche Begriffe, die auch in der griechischen Philosophie vorkommen – etwa „Gesetz" (νόμος), „Gott" (θεός), „Gerechtigkeit" (δικαιοσύνη), „Seele" (ψυχή) –, erklären sich eher vor dem Hintergrund ihrer Verwendung in jüdischen Texten als im Kontext griechisch-römischer Philosophie. Manche Themenbereiche, etwa die griechische Staatslehre, die theoretische Ethik oder die griechische Kosmologie, sind im Neuen Testament nicht im Blick. Auch die auf Hippokrates zurückgehende griechisch-römische medizinische Tradition begegnet im Neuen Testament nur in sehr begrenzter Form.

Berührungen mit popularphilosophischer Philosophie und Ethik lassen sich jedoch durchaus feststellen. Am deutlichsten ist in dieser Hinsicht der in der Apostelgeschichte geschilderte Auftritt des Paulus auf dem Areopag in Athen (Apg 17,16–34), wo er stoischen und epikureischen Philosophen begegnet und vor diesen eine Rede hält, in der biblische und philosophische Begriffe und Vorstellungen bezüglich des Gottesglaubens eng aneinander angenähert werden. Aber auch bei Paulus selbst, in den deuteropaulinischen Briefen und im Hebräerbrief sind Vorstellungen und Begriffe anzutreffen, die sich mit philosophischen Vorstellungen und der entsprechenden Terminologie berühren, und zwar insbesondere im Bereich der philosophischen Ethik. Die negative Verwendung des Begriffs „Philosophie" in Kol 2,8 (das einzige Vorkommen des Begriffs im Neuen Testament) ist nicht als Ablehnung einer spezifischen philosophischen Lehre, sondern als Gegenüberstellung von Christusglauben und „Weisheit dieser Welt" (vgl. 1Kor 1,20) aufzufassen.

In einigen neutestamentlichen Schriften lassen sich deshalb ansatzweise zeitgenössische philosophische Themen und Begriffe identifizieren. Intensiver werden die entsprechenden Beziehungen und Auseinandersetzungen jedoch erst im Verlauf des 2. und 3. Jahrhunderts. Hier wird „Philosophie" dann sogar als Selbstcharakterisierung des christlichen Glaubens verwendet.

2) Die für das entstehende Christentum maßgeblichen historischen Entwicklungen werden häufig unter dem Titel „neutestamentliche Zeitgeschichte" behandelt. Auch Bezeichnungen wie „Umwelt" oder „Kontexte" des Neuen Testaments finden Verwendung. Der Beginn der für die Entstehung des Christentums maßgeblichen Entwicklungen wird dabei zumeist in den Eroberungszügen Alexanders des Großen (336–323 v. Chr.) und der damit einhergehenden Neuordnung des Mittelmeerraums gesehen. Die Alexanderzüge sind für die griechisch-römische Mittelmeerwelt (und zum Teil auch darüber hinaus) in der Tat von großer Bedeutung, da sie tiefgreifende politische, kulturelle und sprachliche Umwälzungen nach sich zogen, die auch für das antike Judentum und das entstehende Christentum grundlegend sind. Mitte des 19. Jahrhunderts prägte Johann Gustav Droysen für diese Epoche den Begriff „Hellenismus" (von Ἑλληνισμός als Bezeichnung für die griechische Sprache und Kultur). Charakteristisch sind seiner Auffassung nach die aus der Begegnung griechischer Kultur mit orientalischen Kulturen resultierenden gegenseitigen Verbindungen und Neuprägungen. So wurden einerseits die orientalischen Kulturen durch die Verbreitung griechischer Lebensweise und griechischen Denkens grundlegend umgeformt, andererseits veränderte sich auch die griechische Kultur gegenüber der Zeit des „klassischen" Griechenlands.

Das Zeitalter des Hellenismus (dessen Ende unterschiedlich bestimmt wird) brachte beachtliche politische, kulturelle und technische Leistungen hervor, ebenso Fortschritte auf dem Gebiet des Handels und der Verwaltung. Die wirtschaftlichen und kulturellen Beziehungen der Völker des Mittelmeerraums wurden in dieser Zeit erheblich intensiviert. Insofern ist das Urteil der früheren althistorischen und altphilologischen Forschung, es handle sich im Wesentlichen um eine Zeit des kulturellen und sprachlichen Niedergangs, aus heutiger Sicht zu revidieren.

Im Blick auf die Abgrenzung einer „neutestamentlichen Zeitgeschichte" nach hinten sind die Übergänge fließend. Mitunter wird der Bar-Kochba-Aufstand in den Jahren 132–135 n. Chr. als Zäsur genannt. Er hatte allerdings vor allem Bedeutung für die Geschichte des Judentums und des Christentums in Palästina, weniger dagegen in den anderen Regionen des Imperium Romanum. In der zweiten Hälfte des 2. Jahrhunderts zeichnen sich jedoch mit der immer deutlicheren Herausbildung von Judentum und Christentum als eigenständigen Religionsgemeinschaften, einer stärker konturierten christlichen Theologie und Ethik, der Entstehung eines christlichen Schriftencorpus sowie der Konsolidierung von Gemeindestrukturen und eines christlichen Lebens Merkmale ab, die zu einer nächsten geschichtlichen Phase der Geschichte des Christentums überleiten. Allerdings lässt sich kein genaues Datum oder spezifisches Ereignis nennen, das einen solchen Übergang markieren würde.

> **Lektüreempfehlung:** Samuel Vollenweider, „Mitten auf dem Areopag". Überlegungen zu den Schnittstellen zwischen antiker Philosophie und Neuem Testament, in: ders., Antike und Urchristentum. Studien zur neutestamentlichen Theologie und ihren Kontexten und Rezeptionen (WUNT 436), Tübingen 2020, 321–342.

§ 46 Quellen

1 Vorbemerkung: „Überreste" und „Quellen" nach Johann Gustav Droysen

Mit Johann Gustav Droysen, der im 19. Jahrhundert für die Methodik historischen Arbeitens wichtige Grundlagen entwickelt hat, lässt sich das Material, das für die historische Analyse zur Verfügung steht, in „Überreste" und „Quellen" unterteilen (vgl. JOHANN GUSTAV DROYSEN, Historik, historisch-kritische Ausgabe von Peter Leyh, Stuttgart 1977, 400f.). Mit den Überresten bezeichnete Droysen solche Zeugnisse, die für den Gebrauch in der Zeit, aus der sie stammen, bestimmt waren und zufällig erhalten geblieben sind – also etwa Privat- und Geschäftsbriefe, Gesetzestexte, Verfassungen, Städteordnungen usw. Davon unterschied er die „Quellen", in denen „die Vergangenheiten, wie menschliches Verständnis sie aufgefasst und ausgesprochen, als Erinnerung geformt hat, überliefert" sind. Es handelt sich dabei also um Zeugnisse, in denen sich Menschen ein Bild ihrer eigenen Zeit gemacht und ihre Deutungen schriftlich festgehalten haben, um sie der Nachwelt zu überliefern. Dazwischen liegen nach Droysen die „Denkmäler", die Merkmale beider Kategorien aufweisen. Dazu gehören zum Beispiel Inschriften und Münzen.

Die für das Wirken Jesu und die Geschichte des entstehenden Christentums maßgeblichen Überreste und Quellen werden weiter unten (§ 51 bzw. 59) besprochen. Im Folgenden geht es dagegen zunächst um diejenigen historischen Materialien, die für die griechisch-römische und die jüdische Geschichte von besonderer Bedeutung sind.

2 Nichtjüdische griechisch-römische Quellen

1) Das infrage kommende *Quellenmaterial* lässt sich in verschiedene Gruppen einteilen: nach dem Inhalt (z. B. historiographische oder kultische Texte), nach der Gattung (Inschriften, literarische Texte oder Briefe), nach der Herkunft (jüdische oder nichtjüdische Texte) oder nach der Sprache (Griechisch bzw. Lateinisch oder auch Hebräisch bzw. Aramäisch). Diese Einteilungen sind nicht als strikte Abgrenzungen zu sehen, sondern können sich überschneiden. So gibt es zum Beispiel Sammlungen von Inschriften oder Papyri mit Texten ganz unterschiedlichen Inhalts.

Wenn zwischen griechisch-römischen und jüdischen Quellen unterschieden wird, sind die Grenzen ebenfalls fließend. Der Historiker Flavius Josephus etwa ist Jude und dennoch ein hellenistischer Schriftsteller, der die Geschichte des Judentums in griechischer Sprache für nichtjüdische Leser niederschreibt. Der Philosoph Philo von Alexandria wendet sich mit seinen ebenfalls auf Griechisch verfassten Auslegungen der Tora sowohl an ein hellenistisch gebildetes jüdisches Publikum als auch an nichtjüdische Adressaten seiner Heimatstadt Alexandria.

2) Darstellungen der *geschichtlichen Vorgänge* in der Frühphase der römischen Kaiserzeit sind die Werke des Tacitus und die Kaiserbiographien Suetons, für die jüdische Geschichte vor allem die Werke des Josephus. Tacitus beschreibt in den (nicht vollständig erhaltenen) „Annalen" und in den „Historien" die Kaiserzeit bis zum Ende des 1. Jahrhunderts, wobei er sich um ein für antike Verhältnisse hohes Maß an wissenschaftlicher Genauigkeit und „Objektivität" bemühte (*sine ira et studio*). Sueton bietet die Biographien der Kaiser von Caesar bis Domitian, oft allerdings anekdotisch ausgemalt und somit von geringerem historischen Wert. Die Werke des Biographen und Philosophen Plutarch sind unter anderem durch seine Beschreibung der Mysterien von besonderer Bedeutung.

Von allen genannten Werken gibt es quellensprachliche kritische Ausgaben; sie sind aber auch in deutscher Übersetzung – zum Teil als Taschenbücher oder im Internet – zugänglich. Eine nach Themenbereichen sortierte Zusammenstellung wichtiger Textausgaben ist in S/Z 757–786 enthalten.

3) *Inschriften* geben über religiöse und auch politische Sitten Auskunft. Sie sind in zahlreichen, oftmals sehr umfangreichen Corpora gesammelt.

Eine umfangreiche Auswahl solcher Inschriften bietet Wilhelm Dittenberger in seiner „Sylloge inscriptionum graecarum" (4 Bde., Leipzig ³1915–1923, Abk. SIG) und in der Sammlung „Orientis graeci inscriptiones selectae" (2 Bde., Leipzig 1903–1905, Abk. OGIS). Eine repräsentative Auswahl aus vielen Bereichen bieten GERHARD PFOHL, Griechische Inschriften als Zeugnisse des privaten und öffentlichen Lebens. Griechisch-deutsch, Tübingen ²1980, sowie KAI BRODERSEN u. a. (Hg.), Historische griechische Inschriften in Übersetzung, 3 Bde., Darmstadt 1992–1999 (als einbändige Studienausgabe Darmstadt 2011), und HELMUT FREIS (Hg.), Historische Inschriften zur römischen Kaiserzeit von Augustus bis Konstantin, Darmstadt 1984.

4) Die in Ägypten in großer Zahl gefundenen *Papyrustexte* sind vor allem Urkunden (offizielle Verordnungen, gerichtliche Klagen, Protokolle, Wirtschaftsverträge, Heirats- und Scheidungsurkunden), aber es sind auch zahlreiche Privatbriefe entdeckt worden.

Einen breiten Überblick vermittelt JOACHIM HENGSTL, Griechische Papyri aus Ägypten als Zeugnisse des öffentlichen und privaten Lebens. Griechisch-deutsch, München 1978. Über das technische Verfahren zur Herstellung von Papyrus informiert Plinius der Ältere

(*Naturalis historia* 13,21[68]–26[83], dt. Übersetzung S/Z 146–148). In besonderer Weise hat Adolf Deissmann auf die allgemeine Bedeutung der Papyri für die Erforschung von Sprache und Umwelt des Neuen Testaments aufmerksam gemacht (Licht vom Osten, Tübingen ⁴1923). Was die Verwendung des im Neuen Testament begegnenden Vokabulars in Papyri und Inschriften betrifft, ist das von James H. Moulton und George Milligan erstellte Lexikon „The Vocabulary of the Greek Testament. Illustrated from the Papyri and Other Non-literary Sources" (London 1929) weiterhin wertvoll. Eine Auswahl von Papyrustexten findet sich, jeweils nach Themen geordnet, in S/Z. Wichtig ist die Kommentarreihe „Papyrologischer Kommentar zum Neuen Testament" (hg. von Peter Arzt-Grabner). Parallelen zu einzelnen neutestamentlichen Textstellen bietet das mehrbändige Werk „Neuer Wettstein" (s. o. § 4.3).

Religionsgeschichtlich besonders interessant sind die Zauberpapyri (vgl. unten § 49.1d). Innerhalb eines solchen Zauberpapyrus steht die umfangreiche „Mithrasliturgie", die man zunächst für ein liturgisches Formular des Mysterienkults des Gottes Mithras ansah (daher der bis heute gebräuchliche Name). Die Forschung hat aber inzwischen gezeigt, dass es sich um einen reinen Zaubertext handelt.

5) Für das Verständnis des Neuen Testaments bedeutsam sind die zeitgenössischen *philosophischen* Schriften (vgl. unten § 49.2). Die typische philosophische Richtung ist die Stoa, vor allem in ihrer populären Ausprägung. Wer sich mit den paränetischen Abschnitten der neutestamentlichen Schriften befasst, sollte von der stoischen Ethik, mindestens von der Lehre Epiktets, eine ungefähre Vorstellung haben.

Größere Auszüge aus den Schriften Epiktets und Plutarchs sind als Taschenbücher erschienen. Auf jeden Fall sollte man die in S/Z abgedruckten philosophischen Texte lesen, um einen allgemeinen Eindruck nicht nur vom Inhalt, sondern auch von der Darstellungsform zu bekommen. Einführende Literatur wird unten genannt (§ 49.2).

3 Jüdische Quellen

Die Texte des antiken Judentums sind für die Arbeit am Neuen Testament von besonderer Bedeutung. Die oben am Beginn des Vierten Teils genannten Quellensammlungen enthalten zahlreiche der entsprechenden Texte (zum Teil in Auszügen). Aber man sollte auch unabhängig von solchen Sammlungen mit den Quellen selbst arbeiten, zumal diese in der Literatur häufig angeführt werden.

a) Überblick über die antike jüdische Literatur

Die wichtigsten Literaturbereiche des antiken Judentums sind die Folgenden:

1) Wichtige Schriften der Weisheitsliteratur sind das Buch der Sprüche, das Hiob- und das Kohelet-Buch (Prediger) sowie die in die Septuaginta aufgenommenen Bücher Jesus Sirach und Weisheit Salomos (Sapientia Salomonis).

2) Zur Gattung der Psalmen gehören in römisch-hellenistischer Zeit die Psalmen Salomos und vor allem die Lieder aus den in Qumran entdeckten Höhlen (Hodajot, 1QH).

3) Die jüdische Geschichtsschreibung fand ihren frühesten Niederschlag in den beiden in die Septuaginta aufgenommenen Makkabäerbüchern (1/2 Makk), später dann in den Werken des Flavius Josephus. Josephus gibt in den „Jüdischen Altertümern" (*Antiquitates judaicae*) eine zunächst weithin an der Bibel orientierte Darstellung der jüdischen Geschichte von der Schöpfung bis zum Jüdischen Krieg, den er in seinem zweiten großen Werk „Der Jüdische Krieg" (*De bello judaico*) noch einmal ausführlich beschreibt. Josephus schrieb ferner eine Autobiographie und die apologetische Schrift „Gegen Apion" (*Contra Apionem*).

4) Erzählungen bzw. Novellen sind die in der Septuaginta enthaltenen Bücher Tobit und Judit. Die Schrift „Joseph und Aseneth" ist ein Roman.

5) Die frühesten Apokalypsen gehören zur Henochliteratur (das „Astronomische Buch", 1Hen 72–82, bzw. das „Buch der Wächter", 1Hen 1–36). In der jüdischen Bibel befindet sich mit dem (teilweise in aramäischer Sprache verfassten) Danielbuch eine Schrift mit apokalyptischen Inhalten. Im hebräischen Bibelkanon ist es unter den Weisheitsschriften geführt, in der christlichen Bibel dagegen unter den prophetischen Büchern. Weitere Beispiele für apokalyptische Schriften aus späterer Zeit sind die weiteren Teile der Henochliteratur (der jüngste Teil, die „Bilderreden", 1Hen 37–71, stammt aus dem 1. Jahrhundert n. Chr.), das 4. Esrabuch und die (syrische) Baruchapokalypse. Es empfiehlt sich, das „Astronomische Buch" der Henochliteratur, Dan 7–12 sowie das 4. Esrabuch insgesamt zu lesen, um einen Eindruck von dieser Literatur zu erhalten.

6) Die literarische Gattung „Testament" entstand in Anlehnung an den Jakobssegen in Gen 49. Beispiele sind das „Testament Abrahams", das „Testament Moses" und die „Testamente der zwölf Patriarchen".

7) Zur sogenannten „Rewritten Bible"-Literatur, die keine literarische Gattung im engeren Sinn darstellt, gehören solche Schriften, die sich nacherzählend und paraphrasierend auf bereits anerkannte biblische Texte beziehen. Die frühesten Schriften dieser Art sind die Chronikbücher, die die in den Büchern Genesis bis 2. Könige dargestellte Geschichte noch einmal aus neuer Perspektive nacherzählen. Weitere Beispiele sind das Jubiläenbuch, der sogenannte *Liber antiquitatum biblicarum* sowie das Genesisapokryphon aus Qumran.

8) Hiervon noch einmal zu unterscheiden ist die kommentierende Literatur, etwa die Kommentarwerke Philos von Alexandria, die sich stets auf den Pentateuch beziehen, und die Pescharim aus Qumran, die in eigener Weise biblische Bücher, wie zum Beispiel Psalmen oder prophetische Bücher, kommentieren.

b) Die Texte vom Toten Meer, besonders aus Qumran

Von besonderer Bedeutung für die Kenntnis des antiken Judentums sind Texte, die zwischen 1947 und 1956 an mehreren Orten in der Nähe des Toten Meeres entdeckt wurden (vgl. unten § 48.7). Besonders bekannt sind die in Höhlen bei der antiken jüdischen Siedlung von Qumran (am Nordwestufer des Toten Meeres) entdeckten Texte. Einige von diesen spiegeln das Leben der jüdischen Gruppe (oder mehrerer jüdischer Gruppen) wider, die in der Qumransiedlung gelebt hat. Dazu gehören etwa auf die Gemeinschaft bezogene Texte mit rechtlichem Charakter wie die „Gemeinderegel" bzw. die „Gemeinschaftsregel" (1QS bzw. 1QSa) und die Damaskusschrift. Eine vollständige, aus dem Mittelalter stammende Handschrift der letztgenannten Schrift wurde 1896 (also vor der Entdeckung der Qumrantexte) gefunden und nach dem Fundort meist als „Cairo Document" (CD) bezeichnet. Weitere zu dieser Gruppe gehörende Texte sind die „Loblieder" (Hodajot, 1QH) sowie liturgische und kalendarische Texte.

Ein Überblick über die Funde von Qumran findet sich bei DANIEL STÖKL BEN EZRA, Qumran. Die Texte vom Toten Meer und das antike Judentum, Tübingen 2016.

Bei der Zitation einer Qumranschrift wird als Erstes die Ziffer der Höhle genannt, in der die betreffende Handschrift gefunden wurde, dazu der Buchstabe Q – also 1Q bis 11Q (die Nummerierung entspricht der zeitlichen Reihenfolge der Entdeckung der betreffenden Höhle). Bei den größeren Schriften folgt ein weiterer Buchstabe, der das jeweilige Buch bezeichnet, zum Beispiel 1QS für das Buch Serekh („Gemeinschafts-" oder „Gemeinderegel", s.o.). Die kleineren Fragmente werden dagegen nur mit Nummern bezeichnet (z. B. 4Q521). Zu beachten ist allerdings, dass zu den größeren Schriften oftmals auch kleinere Fragmente gehören. Die Stellenangabe (meist mit römischen und arabischen Ziffern) bezieht sich auf die Kolumne und die Zeile der betreffenden Rolle. Eine Angabe wie 1QS I,1 besagt also: Höhle 1 bei Qumran (die zuerst entdeckte), Buch Serekh (s. o.), Kolumne 1, erste Zeile. Die Abkürzung „p" wie in 1QpHab besagt, dass es sich um einen Pescher (Kommentar) zum Propheten Habakuk handelt. Nähere Erläuterungen zum Abkürzungssystem gibt STÖKL BEN EZRA 55–58. Eine Übersicht der wichtigsten Abkürzungen enthält auch das Verzeichnis „Abkürzungen Theologie und Religionswissenschaft nach RGG⁴" (s. o. § 4.5).

Neben den großen, zum Teil sehr gut erhaltenen Büchern wurden in den Höhlen bei Qumran viele größere und sehr zahlreiche kleine Fragmente entdeckt. Sie werden unter Angabe der Höhlennummer fortlaufend mit arabischen Ziffern nummeriert, also zum Beispiel 1Q27 oder 4Q166–167 (4QpHos, also „Kommentar zum Hoseabuch"), 11Q13 usw.

Von Bedeutung für die Entstehung der jüdischen Bibel sind des Weiteren die zahlreichen in Qumran (und zum Teil auch an benachbarten Fundorten) entdeckten Bibelmanuskripte. Diese sind die ältesten bekannten Handschriften von Texten der jüdischen Bibel. Die Abkürzungen 1QJes[a], 1QJes[b] usw. bezeichnen die verschiedenen in Höhle 1 gefundenen Jesajarollen. Besonders bemerkenswert ist die um 125 v. Chr. hergestellte Jesajarolle 1QJes[a], die nahezu vollständig erhal-

Abb. 3: Der Beginn der „großen" Jesajarolle (1QJesa I–IV)

ten ist und das gesamte Jesajabuch umfasst. In Qumran wurden auch aramäisch und hebräisch geschriebene Fragmente von Texten gefunden, die zuvor nur in (christlichen) Übersetzungen bekannt waren, zum Beispiel Teile der Henochapokalypse (4Q201.202.204–207.212) und Fragmente der „Testamente der zwölf Patriarchen". Auch einige Fragmente in griechischer Sprache wurden gefunden, allerdings ohne einen Bezug zum Neuen Testament.

c) Rabbinische Literatur

Eine besondere Rolle spielt die *rabbinische Literatur*, obwohl die entsprechenden Texte meist jünger sind als die neutestamentlichen Schriften (aber nicht jünger als die meisten neutestamentlichen Handschriften). Die Überlieferung umfasst Talmudliteratur, Midraschliteratur und targumisches Schrifttum. Es handelt sich um zum Teil sehr umfangreiche Sammlungen von Traditionsgut. Die Talmudim gehen auf einen mehrere Jahrhunderte umfassenden Überlieferungsprozess zurück. Die ältesten rabbinischen Tradenten waren die Tannaiten (bis 220 n. Chr.), es folgten die Amoräer (bis etwa 500), dann die Saboräer (bis etwa 600) und schließlich die Geonen (bis etwa 1000).

1) Das wichtigste Sammelwerk ist der *Talmud* („Lehre"). Er enthält in erster Linie Gesetzesauslegung, stellt aber darüber hinaus geradezu eine „Enzyklopädie" des antiken jüdischen Wissens aus allen Bereichen des Lebens dar. Der Talmud besteht aus zwei Teilen, der hebräisch geschriebenen *Mischna* und der überwiegend aramäischen *Gemara*. Grundlage ist die um 200 n. Chr. zusammengestellte Mischna (der Name מִשְׁנָה/*mišnāh* leitet sich ab von שנה/*šnh*, „wiederholen, lehren, lernen"); sie umfasst 63 „Traktate" in sechs nach Sachgebieten gegliederten „Ordnungen" (hebr. Seder/Sedarim). Die Gemara ist die Sammlung der rabbinischen Lehrdebatten über Aussagen in der Mischna. Allerdings enthält die Gemara nicht ausschließlich späteres Material, sondern auch Lehrsätze, die traditionsgeschichtlich auf der gleichen Stufe stehen wie die Mischna (man spricht hier von Baraita-Sätzen).

Die Gemara der palästinischen Rabbinen und die Mischna bilden zusammen den Palästinischen oder Jerusalemer Talmud (Jeruschalmi). Einflussreicher wurde der Babylonische Talmud (Bavli), der auf die Arbeit der in den rabbinischen Akademien Babyloniens wirkenden Gelehrten zurückgeht. Der Babylonische Talmud prägt das Denken des Judentums entscheidend auch in der Gegenwart.

Eine Einführung in den Talmud findet sich bei GÜNTER STEMBERGER, Der Talmud. Einführung – Texte – Erläuterungen, München 1982. Eine kompakte Übersicht bietet GÜNTER STEMBERGER, Talmud, WiBiLex, Januar 2015, https://www.bibelwissenschaft.de/stichwort/32318/. Eine Übersetzung des Talmud Jeruschalmi erscheint seit 1975 im Verlag Mohr Siebeck (hg. von Friedrich Avemarie u. a.). Einen Einblick kann man sich verschaffen mithilfe von HANS-JÜRGEN BECKER, Der Jerusalemer Talmud. Sieben ausgewählte Kapitel, Stuttgart 1995.

Jeruschalmi und Bavli folgen im Aufriss der Mischna, lassen aber zahlreiche Traktate unkommentiert. Zitiert wird die Mischna unter Nennung des Traktats, des Kapitels und des Paragraphen; die Angabe mShab(bat) III,1 (oder 3,1) bezeichnet also den Mischnatraktat über den Sabbat, Kapitel 3, Paragraph 1 (das „m" wird häufig weggelassen, weil man an der Zitierweise erkennt, dass es sich um die Mischna handelt).

Bei Zitaten aus dem Babylonischen Talmud, d. h. nicht aus der Mischna, sondern aus der Gemara, wird der Traktat genannt und dazu die in allen Ausgaben identische Blattzahl (jeweils unterschieden nach Vorder- und Rückseite). Zusätzlich wird bisweilen (nicht jedoch bei Billerbeck, vgl. oben § 4.3) zur Verdeutlichung ein kleines „b" davorgesetzt. Die Angabe bShab 30a bezeichnet also den Babylonischen Talmud, Traktat Shabbat, Blatt 30, Vorderseite (30b ist entsprechend die Rückseite). Bei Zitaten aus dem Jerusalemer Talmud werden angegeben: Traktat, Kapitel, Paragraph, Blatt und Spalte sowie zur Verdeutlichung ein kleines vorangestelltes „p" oder „j" (oder auch „y"). Die Angabe pBer 2,9, 5d bedeutet also: Jerusalemer Talmud, Traktat Berakhot, Kapitel 2, Paragraph 9, Blatt 5, vierte Spalte.

Ein paralleles Werk zur Mischna ist die *Tosefta* („Ergänzung"), die die Mischna nicht nur ergänzen will, sondern ein eigenständiges Werk ist. Die Tosefta gelangte nicht zu allgemeiner Geltung, sie ist aber historisch und theologisch von großer Bedeutung. Sie wird in gleicher Weise zitiert wie die Mischna, jedoch mit einem vorangestellten kleinen „t" (also z. B. tShab 3,1).

2) Bei der rabbinischen Auslegungsliteratur unterscheidet man generell zwischen *Halacha* (von הלך/hlk, „wandeln") und *Haggada* (von הגיד/hgyd, „erzählen"). Die Halacha bezieht sich auf die Interpretation und die Neubildung von Gesetzesvorschriften; die Haggada legt erzählende Stoffe aus. Zur halachischen Literatur gehören unter anderem die Midraschim (Kommentare) zu Gesetzestexten im Pentateuch; zur haggadischen Literatur gehören unter anderem die überwiegend erbaulichen Midraschim zu Erzähltexten im Pentateuch und in anderen biblischen Büchern. Berühmt ist der Midrasch Rabba („Großer Midrasch"), vor allem das Buch Genesis Rabba. Häufig werden die Midraschim auch entsprechend dem hebräischen Titel des zugehörigen Buchs benannt (z. B. Bereshit Rabba, also Genesis Rabba).

Eine Übersicht bietet BEATE EGO, Rabbinische Literatur, DNP 10 (2001), 738–742. Ausführliche Information bei GÜNTER STEMBERGER, Einleitung in Talmud und Midrasch, München ⁹2011, sowie SUSANNE TALABARDON, Midrasch, WiBiLex, Januar 2012, https://www.bibelwissenschaft.de/stichwort/27721/. Eine gute Einführung und zahlreiche Textbeispiele bietet GÜNTER STEMBERGER, Midrasch. Vom Umgang der Rabbinen mit der Bibel. Einführung – Texte – Erläuterungen, München 2002.

3) Die *Targumim* gehen auf die in den Gottesdiensten entstehende Notwendigkeit zurück, Texte der Hebräischen Bibel in das alltagssprachliche Aramäisch zu übertragen. Der Targum Onkelos war die offizielle aramäische Übersetzung der Bibel (entstanden etwa im 2. Jh. n. Chr. in Babylon); daneben gab es palästinische Targume, die weniger Übersetzungen als vielmehr freie Übertragungen mit zahl-

reichen kommentierenden und erläuternden Erweiterungen darstellten. Die Targume spielen auch für die Textkritik der Hebräischen Bibel eine gewisse Rolle.

📖 **Lektüreempfehlung:** Eine umfangreiche Textauswahl aus der rabbinischen Literatur in deutscher Übersetzung bietet S/Z 628–684. Als Einstieg eignet sich die Textauswahl zum Ehe- und Familienrecht (S/Z 646–649). Wie sind die ausgewählten Mischnatexte formuliert, in welcher Weise argumentieren sie?

§ 47 Politische, kulturelle und wirtschaftliche Faktoren des hellenistisch-römischen Zeitalters

Literatur: GEZA ALFÖLDY, Römische Sozialgeschichte, Stuttgart ⁴2011 ♦ FRANK M. AUSBÜTTEL, Die Verwaltung des römischen Kaiserreiches, Darmstadt 1998 ♦ JOCHEN BLEICKEN, Verfassungs- und Sozialgeschichte des Römischen Kaiserreiches, 2 Bde. (UTB 838/839), Paderborn u. a. ²1981 ♦ KARL CHRIST, Geschichte der römischen Kaiserzeit. Von Augustus bis zu Konstantin, München ³1995 ♦ KARL CHRIST, Die Römische Kaiserzeit. Von Augustus bis Diokletian (Beck'sche Reihe 2155), München ⁴2011 ♦ MARTIN EBNER, Die Stadt als Lebensraum der ersten Christen. Das Urchristentum in seiner Umwelt I (GNT 1,1), Göttingen 2012 ♦ MOSES I. FINLEY, Die antike Wirtschaft (dtv 4277), München 1977 ♦ HANS-JOACHIM GEHRKE, Geschichte des Hellenismus, München ⁴2008 ♦ HANS-JOACHIM GEHRKE/HELMUTH SCHNEIDER (Hg.), Geschichte der Antike. Ein Studienbuch, Stuttgart ⁵2019; Quellenband, Stuttgart ²2011 ♦ ULRICH HUTTNER, Imperium Romanum, WiBiLex, November 2017, https://www.bibelwissenschaft.de/stichwort/48860/ ♦ ERNST MEYER, Römischer Staat und Staatsgedanke, Zürich/Stuttgart ⁴1975 ♦ MICHAEL ROSTOVTZEFF, Gesellschaft und Wirtschaft im römischen Kaiserreich, Leipzig 1929 ♦ PETER SCHÄFER, Geschichte der Juden in der Antike. Die Juden Palästinas von Alexander dem Großen bis zur persischen Eroberung (UTB 3366), Tübingen ²2010 ♦ FRITZ TAEGER, Charisma. Studien zur Geschichte des antiken Herrscherkults, 2 Bde., Stuttgart 1957–1960 ♦ WILLIAM WOODTHORPE TARN/GUY THOMPSON GRIFFITH, Die Kultur der hellenistischen Welt, Darmstadt 1972.

1 Die hellenistische Kultur, Gesellschaft, Wirtschaft und Politik

1) Der Hellenismus (zu diesem Begriff und seiner Bedeutung vgl. oben § 45.1) lässt sich als Synthese zweier korrespondierender Bewegungen beschreiben: Die griechische Kultur breitete sich unter Alexander dem Großen und seinen Nachfolgern nach Osten aus, zugleich gewannen kulturelle und religiöse Vorstellungen des östlichen Mittelmeerraums auch in dessen westlichem Teil an Einfluss. So wurden etwa die griechischen Göttergeschichten von Motiven und Vorstellungen aus den östlichen Bereichen beeinflusst, zugleich wurden die östlichen mit den griechischen Göttern gleichgesetzt (sog. *interpretatio Graeca*). Die auf diese Weise entstandene Kultur und Religiosität umfasste große Teile der damaligen „bewohnten Welt" (οἰκουμένη).

§ 47 Faktoren des hellenistisch-römischen Zeitalters 535

Griechische Städte wurden in von Griechenland weit entfernten östlichen Gebieten gegründet und bildeten dort wirtschaftliche und kulturelle Zentren. Das äußere Bild einer hellenistischen Stadt ist geprägt durch die typischen Kennzeichen der griechischen Kultur: Es finden sich Tempel, Theater und Gymnasien; in den Straßen gibt es zahlreiche Statuen und Inschriften zu Ehren bedeutender Persönlichkeiten der Stadt (vgl. 1Makk 1,10–15; 2Makk 4,7–17). Anders als in der traditionellen Kultur der „Stadtstaaten" (*poleis*) in der klassischen griechischen Zeit sind die hellenistischen Städte jedoch nicht mehr *politisch* „autonom". Ihre Freiheit ist nur eine *kommunale*, sie beschränkt sich auf die Regelung der inneren Angelegenheiten. Dementsprechend haben auch die Bürger nicht mehr die Freiheiten, wie sie etwa für die athenische Demokratie charakteristisch waren. Die wichtigsten Städte der hellenistisch-römischen Zeit waren, neben Rom, Alexandria, die Hauptstadt des Ptolemäerreiches, und Antiochia am Orontes in Syrien. Beide Städte sind für die Geschichte des antiken Judentums und des frühen Christentums von großer Bedeutung.

Alexandria besaß mit dem Museion sowie der berühmten Bibliothek, der größten der Antike, zwei überaus bedeutende Einrichtungen. Es entwickelte sich zum Zentrum von Wissenschaft und Bildung der griechisch-römischen Zeit. So wurden etwa Kommentare zu Werken der klassischen Literatur (bspw. zu Homer) erarbeitet. Auch in den Bereichen der Philosophie, Medizin, Mathematik und Geographie spielte Alexandria eine führende Rolle.

In Alexandria lebte die größte jüdische Gemeinschaft außerhalb Palästinas, die am geistigen Leben der Stadt regen Anteil nahm. In Alexandria entstanden die Übersetzung der Septuaginta, jüdische Schriften wie der Aristeasbrief und das umfangreiche Werk Philos. Im 2. Jahrhundert n. Chr. wirkten bedeutende christliche Theologen wie Clemens und Origenes in Alexandria, was auf eine längere christliche Vorgeschichte der Stadt zurückgehen dürfte. Zwar ist die Frühgeschichte des Christentums in Alexandria aufgrund fehlender eindeutiger Quellen nur schwer zu erhellen. Es spricht aber viel dafür, dass etliche frühchristliche Schriften in Alexandria verfasst wurden, die auf eine Tradition schließen lassen, die zwischen der Zeit Philos (ca. 15 v. Chr.–ca. 40 n. Chr.) und derjenigen von Clemens und Origenes (also dem letzten Drittel des 2. und dem ersten Drittel des 3. Jahrhunderts) vermittelte. Einen Hinweis könnte die Erwähnung des Juden Apollos aus Alexandria in Apg 18,24f. geben, der dort als wortgewaltig, beschlagen in den Schriften und „feurig im Geist" charakterisiert wird. Möglicherweise handelt es sich um einen aus der Tradition alexandrinischer Gelehrsamkeit kommenden Juden, der die Schrift in der dort entwickelten Tradition auszulegen verstand. Darauf könnten auch die Bemerkungen des Paulus in 1Kor 1–4 hinweisen. Ebenso könnte der Hebräerbrief von der Tradition alexandrinischer Schriftauslegung beeinflusst sein. Bei weiteren frühchristlichen Schriften – dem 2. Petrusbrief, dem Hebräerevangelium und der Petrusapokalypse – ist eine Entstehung in Alexandria zumindest möglich.

Antiochia am Orontes, ein Zentrum des Seleukidenreiches, war nach Rom und Alexandria das bedeutendste wirtschaftliche Zentrum des Römischen Reiches und ebenfalls ein religiöses und geistiges Zentrum. Hier entstand die erste christliche Gemeinde aus Juden und Nichtjuden, zu der in ihrer Frühzeit auch Barnabas und Paulus gehörten (vgl. Gal 2,1–14; Apg 11,19–26; 13–14). Später entwickelte sich in Antiochia eine eigene exegetische Tradition, die sogenannte Antiochenische Schule, die sich im Gegenüber zur Alexandrinischen Schule verstand und der dort vorherrschenden allegorischen Textinterpretation eine am Literalsinn orientierte Interpretation gegenüberstellte.

2) In hellenistisch-römischer Zeit rückt die Gestaltung des Lebens des Einzelnen stärker in den Mittelpunkt. Der Begriff der „Freiheit" (ἐλευθερία bzw. *libertas*) wird entpolitisiert und individualisiert, denn es geht nicht mehr so sehr um die äußere, politische Freiheit der Bürger und ihrer Stadt, sondern um die „innere", geistige Freiheit. Die Idee der inneren Freiheit, die jedem Menschen – auch Sklaven – erreichbar ist, trägt dazu bei, dass die Sklaverei zwar bestehen bleibt, aber gemildert wird, einerseits durch das wirtschaftliche Interesse der Sklavenbesitzer, das eine bessere Behandlung der Sklaven erforderlich machte, und andererseits durch das sich neu entwickelnde Ideal der Humanität, das zu zahlreichen, vorher nicht üblichen Freilassungen führte – aber eben nicht zur Abschaffung der Sklaverei (vgl. die Texte in S/Z 138f.). So lässt es sich erklären, dass sich im hellenistisch-römischen Zeitalter nur geringfügige gesellschaftliche Veränderungen vollziehen, denn die Idee der „inneren Freiheit" des einzelnen Menschen hebt die Suche nach der äußeren Freiheit der Gesellschaft weitgehend auf. Zwar kommt es zu sozialen Unruhen und Sklavenaufständen, und in der Literatur finden sich mitunter Utopien einer egalitären Gesellschaft. Im Wesentlichen aber bleibt die gesellschaftliche Struktur bis zur Völkerwanderung im 4. und 5. Jahrhundert stabil, unter der sie dann beinahe schlagartig zusammenbricht.

Die soziale Schichtung ist sehr ausgeprägt. Das höchste Prestige genießen die Grundbesitzer. Hinter ihnen rangiert die Finanzaristokratie (Kaufleute, Reeder). Lohnarbeiter und Handwerker werden grundsätzlich geringgeachtet. Verhasst sind die Steuereinnehmer. Zwar gibt es philosophische Gruppen, etwa die Kyniker, die Reichtum und Standesunterschiede als nebensächlich ansehen, aber diese Einstellung hat keine konkreten sozialen Auswirkungen.

Die sozialen Missstände wirkten sich vor allem in der Unterschicht in starkem Maße auf die Familien aus. Es kam häufig zu Kindesaussetzungen, vor allem von Mädchen, weil man fürchten musste, größere Familien seien dem Hunger preisgegeben. Die an freie Arbeiter oder Handwerker gezahlten Löhne waren überaus niedrig, der Lebensstandard der Sklaven war teilweise sogar höher als der der Freien. Es gab keine organisierte Sozialfürsorge. Reiche Bürger waren allerdings oft dazu bereit, große Summen für die Getreideversorgung der Armen oder auch für öffentliche Bauten zu spenden, weil dies ihrem Ansehen zugutekam.

§ 47 Faktoren des hellenistisch-römischen Zeitalters **537**

Abb. 4: Die Eroberungszüge Alexanders des Großen 334–323 v. Chr.

3) Die lange Zeit vorherrschende Auffassung, Frauen seien in hellenistisch-römischer Zeit weitgehend rechtlos gewesen und hätten prinzipiell kein öffentliches Ansehen genossen, ist so nicht zutreffend. Es gab Herrscherinnen, die politisch außerordentlich erfolgreich waren. Manche Königin gelangte an der Seite ihres Gatten zu hohem Ansehen und zu großem, auch politischem Einfluss, bisweilen trat sie die Nachfolge ihres Ehemanns an. Von der eigentlichen öffentlichen Betätigung waren Frauen gewöhnlich ausgeschlossen, aber im privaten, bürgerlichen Bereich waren sie keineswegs rechtlos. Sie konnten eigenes Vermögen erwerben und darüber auch frei verfügen. Sie konnten in manchen religiösen Vereinigungen als Priesterinnen fungieren. Es war aber doch immer nur eine Minderheit der Frauen, die diese Rechte auch tatsächlich wahrnehmen konnte.

Im Bereich der hellenistischen und der römischen Ehegesetzgebung herrschte ein hohes Maß an Gleichberechtigung und Liberalität. Eheschließung und Ehescheidung erfolgten durch einfachen Vertrag oder auch durch eine entsprechende gemeinsame Erklärung beider Partner. Dabei konnte die Scheidung nach griechischem und römischem Recht von beiden Partnern beantragt werden (im jüdischen Recht hatte nur der Mann diese Möglichkeit). Praktisch gab es nur die Monogamie.

4) Der gegenüber der klassischen Antike veränderten politisch-sozialen Situation entspricht die neue hellenistische Staatsidee. An die Stelle des nicht mehr in der alten Form existierenden unabhängigen Stadtstaats, der Polis, ist der Flächenstaat getreten. An seiner Spitze steht der gottähnliche Alleinherrscher. Die mit der Verehrung Alexanders des Großen beginnende Herrscherverehrung wird dabei zu einem der typischen Kennzeichen der hellenistisch-römischen Zeit. Dahinter steht die Vorstellung, dass der Herrscher in unmittelbarer Verbindung zum göttlichen Bereich steht. Der häufig begegnende Herrschertitel σωτήρ („Retter", „Heiland") weist zugleich darauf hin, dass der Herrscher verpflichtet ist, für die Wohlfahrt des Volkes zu sorgen. In Herrschernamen wird dementsprechend der Anspruch der Könige erkennbar: Antiochos Soter, Antiochos Theos („Gott"), Antiochos Epiphanes („der Offenbare, Ausgezeichnete"). Die Städte und Regionen im Osten brachten den hellenistischen Herrschern (und später den römischen Kaisern) dementsprechend Respekt entgegen und errichteten Tempel zu ihrer Verehrung. Die prägende Kraft des hellenistischen Herrscherkults setzt sich in der Geschichte der römischen Kaiser fort: Als das römische Imperium die Herrschaft im Osten übernahm, verband sich damit auch die Einführung der kultischen Verehrung des regierenden Kaisers (s. u. § 49.1b).

2 Die politische Struktur des Römischen Reiches

1) Formal ist das Römische Reich zur Zeit Jesu und des entstehenden Christentums immer noch eine Republik. Es gibt nach wie vor den Senat in Rom als for-

mal oberste politische Instanz sowie die traditionellen republikanischen Ämter. Faktisch handelt es sich aber um eine Monarchie, genauer um einen „Prinzipat" (*principatus*). Die Bezeichnung „Caesar" war kein Titel („Kaiser"), sondern hob den Inhaber des Amtes in einzigartiger Weise über alle anderen Menschen hervor. Die Kaiserwürde war in der Anfangszeit nicht erblich. Der *princeps* als „der erste Bürger" besaß zwar weitreichende Vollmachten und entscheidendes politisches Gewicht, aber er war kein souveräner Alleinherrscher. Seine besondere Stellung beruhte darauf, dass er in seiner Person wichtige Ämter vereinigte: Er hatte das Kommando über das römische Heer außerhalb Italiens, er hatte die unmittelbare Gewalt in denjenigen Provinzen, in denen Truppen stationiert waren („kaiserliche Provinzen" im Unterschied zu den „senatorischen Provinzen"). Als ständiger Volkstribun besaß er die Immunität, und er hatte in dieser Eigenschaft außerdem das Vetorecht gegen alle Maßnahmen der Behörden. Für römische Bürger war er in allen Gerichtssachen faktisch die oberste Appellationsinstanz.

Das Römische Reich war kein Einheitsstaat im modernen Sinn. Dafür fehlten schon die technischen Voraussetzungen – etwa im Bereich des Nachrichtenwesens. Es dauerte Wochen, bis eine Behörde im östlichen Teil des Reiches mit einer Anweisung aus Rom als Antwort auf eine aktuelle Anfrage rechnen konnte. Demzufolge besaßen die in den Provinzen amtierenden Statthalter sehr große Machtbefugnisse. Das römische Bürgerrecht bezog sich zunächst auf die Stadt Rom, später wurden auch anderen Bewohnern des Römischen Reiches die Bürgerrechte verliehen. Die *cives Romani* konnten bestimmte Rechte, zum Beispiel das Wahlrecht bei den Beamtenwahlen, nur in Rom selbst ausüben. Römische Bürger außerhalb Roms genossen einen besonderen Rechtsschutz. Sie durften nicht ohne Gerichtsurteil körperlich bestraft oder im Zuge von Ermittlungen gefoltert werden. Bei Prozessen hatten sie das Recht der Appellation an den Kaiser. Da in vielen Fällen Nichtrömer zu römischen Bürgern ernannt wurden, etwa nach dem Ende ihrer zwanzigjährigen Dienstzeit im Heer, konnte deren bisheriges Bürgerrecht in ihrer Heimatstadt mit dem römischen Bürgerrecht kombiniert werden. So war der Apostelgeschichte zufolge Paulus sowohl römischer Bürger als auch Bürger der Stadt Tarsus (Apg 21,39; 22,23–29).

Die Stadt Rom und Italien besaßen innerhalb des Reiches eine Sonderstellung. So befanden sich hier, mit Ausnahme der kaiserlichen Prätorianergarde, keine Truppen. Die Legionen waren vielmehr in den Provinzen stationiert, in die das Reich gegliedert war, und dienten der Sicherung seiner Grenzen. An der Spitze einer Provinz (*provincia*) stand der Statthalter, der in den senatorischen Provinzen (z. B. in der Asia, d. h. dem westlichen Kleinasien) ein *proconsul* war oder ein *propraetor* (mit dem Titel *proconsul*), in den kaiserlichen Provinzen (z. B. in Syrien) war der Statthalter ein *legatus Augusti pro praetore*. Provinzen minderen Ranges waren einem *praefectus* oder *procurator* unterstellt. Diesen Status hatte seit dem Jahre 6 n. Chr. die Provinz Judäa, die der Oberaufsicht des Statthalters von Syrien unterstand.

Im Gebiet der Provinzen gab es „freie Städte", deren Bewohner offiziell nicht als Untertanen galten, sondern als Verbündete – freilich in vielfacher Abstufung. Diese Städte besaßen eine weitgehende kommunale Selbstverwaltung, doch diese unterstand der übergeordneten römischen Verwaltung, so dass die letzte Entscheidung stets beim römischen Statthalter lag.

Wie das Eingreifen des Statthalters im Einzelfall aussehen konnte, wird in Apg 19,31–40 angedeutet. Bei dem Tumult in Ephesus um das Auftreten des Paulus spricht der Stadtschreiber (ὁ γραμματεύς) in seiner von Lukas gestalteten Rede die Warnung vor einem Eingreifen der römischen Behörde aus, das die Epheser doch möglichst vermeiden sollten.

Einige Städte hatten den Status einer römischen Kolonie (*colonia*), deren Bewohner römische Bürger waren. Ein aus der Apostelgeschichte bekanntes Beispiel ist Philippi in der Provinz Makedonien (Apg 16,12). Auch Korinth war eine *colonia*, was allerdings im Neuen Testament nicht eigens erwähnt wird.

Die mit dem Imperium verbündeten Klientel-Fürstentümer innerhalb des Reiches besaßen eine weitgehende innere Unabhängigkeit, unter Umständen sogar eigenes Militär. Aber sie konnten keine eigene Außenpolitik treiben und lebten mehr oder weniger von der Gnade Roms. Ein Beispiel hierfür ist Judäa: Herodes der Große regierte seit 37 v. Chr. als von Rom abhängiger „König" über ein großes Territorium. Über die Aufteilung seines Reiches nach seinem Tod im Jahr 4 v. Chr. wurde wiederum in Rom entschieden. Die Söhne des Herodes waren dann eigenständige Herrscher im Rahmen der römischen Macht, so etwa Herodes Antipas als Tetrarch (τετράρχης) von Galiläa. Dass in Mt 8,5/Lk 7,2 ein „Hauptmann" (ἑκατόνταρχος) erwähnt wird, bedeutet nicht, dass Galiläa römisch besetzt gewesen sei.

Zeitgenössische Darstellungen der römischen Geschichte, etwa die Werke des Tacitus, schildern die Ereignisse stets aus der Perspektive der Stadt Rom (*urbs*). Tatsächlich ging die römische Verwaltung in den Provinzen auch dann ihren einigermaßen kontinuierlichen Gang, wenn in Rom chaotische Verhältnisse herrschten, etwa durch den Wahnsinn Caligulas (37–41) oder Neros (54–68). Die Bürgerkriegssituationen im Zusammenhang mit Thronfolgekämpfen wirkten sich allerdings auf das ganze Reich aus.

Zugleich geschah vieles in den Provinzen ohne einen unmittelbaren Zusammenhang mit Entwicklungen im übrigen Imperium oder in Rom selbst. Der Jüdische Krieg, ausgelöst im Jahre 66 durch die Einstellung der bis dahin üblichen Opfer für den Kaiser im Jerusalemer Tempel, hatte mit der Politik Neros zu etwa derselben Zeit in Rom nichts zu tun. Die durch bestimmte Rechtsnormen anerkannte Stellung der Juden außerhalb Palästinas wurde während des Aufstands nicht angetastet, und sie wurde auch durch die Niederlage im Jahre 70 nicht gefährdet (mit Ausnahme der Ablösung der jährlichen Tempelsteuer durch eine Abgabe an den Jupiter Capitolinus).

§ 47 Faktoren des hellenistisch-römischen Zeitalters **541**

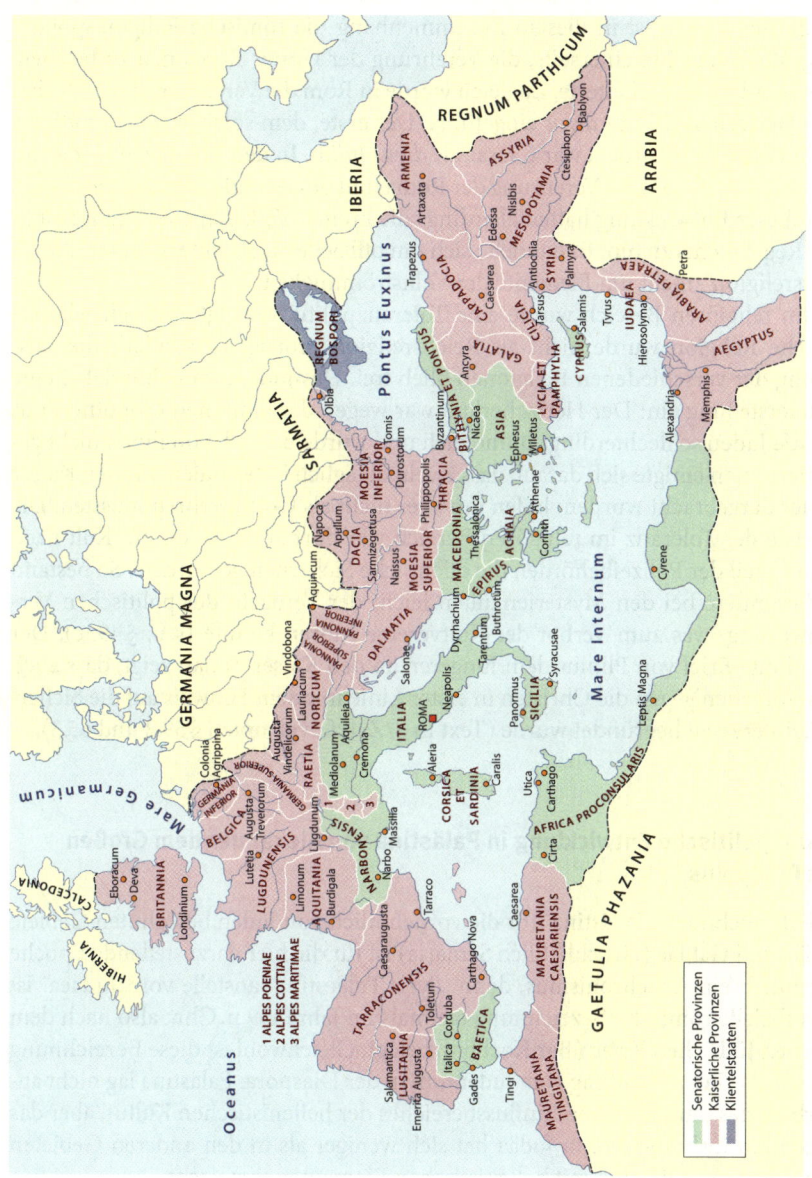

Abb. 5: Das Römische Reich zur Zeit Trajans (117 n. Chr.)

2) Bedeutsam ist in diesem Zusammenhang die römische Religionspolitik. Augustus versuchte einerseits, die Verehrung der Götter Roms neu zu beleben, was aber letztlich scheiterte. Zugleich wurde in Rom die Verehrung des gestorbenen Herrschers als des *divus* eingeführt. Der erste, dem solchermaßen göttliche Ehren erwiesen wurden, war Caesar als *divus Iulius*. In den Provinzen, vor allem im Osten, kam bald die Verehrung der Roma und des lebenden Herrschers hinzu. Mit dieser Entwicklung hatten allerdings die breiten Volksschichten zunächst in der Regel nichts zu tun. Es handelte sich um offizielle Staatskulte, um eine „Loyalitätsreligion", nicht um Elemente der Volksfrömmigkeit.

Im religiösen Bereich wurde eine Toleranzpolitik verfolgt: Die offizielle römische Religion wurde nicht als Reichsreligion propagiert, sondern die Ausübung der verschiedenen Religionen blieb frei. Das Judentum nahm dabei eine Sonderstellung ein: Der Herrscherkult war wegen des jüdischen Monotheismus für die Juden schlechterdings unmöglich und wurde deshalb von ihnen nicht gefordert; man einigte sich darauf, dass zweimal täglich in Jerusalem *für* den Kaiser Opfer dargebracht wurden, Juden ihn aber nicht als Gott verehren mussten. Die Grenze der Toleranz im religiösen Bereich war dort erreicht, wo ein Kult nach dem Urteil der Polizeibehörden die öffentliche Sicherheit gefährdete. So bestand insbesondere bei den Mysterienkulten leicht der Verdacht der politischen Verschwörung, was zum Verbot der Kultvereine führen konnte (s. u. § 49.1c). Der berühmte Brief von Plinius dem Jüngeren an den Kaiser Trajan zeigt, dass auch das Vorgehen gegen die Christen in erster Linie mit dem Hinweis auf die Sicherheitsinteressen begründet wurde (Text in S/Z 42f.; vgl. unten § 59.2 und 65.3).

3 Die politische Entwicklung in Palästina von Alexander dem Großen bis Pompeius

Die Bezeichnung „Palästina" für die vornehmlich von Juden bewohnten Gebiete Judäa und Galiläa (einschließlich Samaria) ist für die hier darzustellende Epoche eigentlich ein Anachronismus, denn „Syria Palaestina" anstelle von „Judaea" ist als offizielle römische Bezeichnung erstmals im Jahre 139 n. Chr., also nach dem zweiten Jüdischen Krieg (Bar Kochba), belegt. Gleichwohl ist diese Bezeichnung üblich als Unterscheidung vom Judentum in der Diaspora. Palästina lag nicht außerhalb des unmittelbaren Einflussbereiches der hellenistischen Kultur, aber das Judentum insbesondere in Judäa hat sich weniger als in den anderen Gebieten des Römischen Reiches mit hellenistischen Elementen vermischt.

Politisch gelangte Palästina nach dem Tod Alexanders des Großen im Zuge der Diadochenkämpfe zunächst unter die Herrschaft der Ptolemäer in Ägypten. Unter den Seleukiden wurde es syrisch. Quellen für diese Phase der Entwicklung des hellenistischen Palästina sind das 1. und 2. Makkabäerbuch sowie das Buch Daniel. Im 1. Jahrhundert v. Chr. und auch in späterer Zeit wurden in Palästina mehrere hellenistische Städte gegründet. Zur Zeit Jesu waren am bekanntesten die dem römischen Statthalter als Residenz dienende Stadt Caesarea am Meer (vgl. Apg 23–25), die am See Genezareth gelegene Stadt Tiberias (benannt nach dem Kaiser Tiberius) und Sebaste (benannt nach Augustus, griech. Sebastos), das ehemalige Samaria. Hellenistische Gründungen waren auch die meisten Städte der Dekapolis, der Gemeinschaft der vornehmlich östlich des Jordan bzw. des Sees Genezareth gelegenen „Zehn Städte", darunter Gerasa (vgl. Mk 5,1.20) und Gadara (vgl. die Parallele in Mt 8,28).

Auch Jerusalem, Zentrum und Symbol des Judentums, wurde unter den Seleukiden stark durch die hellenistische Kultur bestimmt. Unter anderem dagegen richtete sich im 2. Jahrhundert v. Chr. der Kampf der Makkabäer. Aber auch nach deren Sieg blieb Jerusalem eine hellenistisch beeinflusste Stadt, wie überhaupt der jüdische Staat der Makkabäer ebenso wie der ihrer Nachfolger, der Herodier, faktisch ein hellenistisches Gebilde war. Nur der Kult in Jerusalem blieb streng jüdisch und war frei von hellenistischen Zügen.

Im Jahre 63 v. Chr. besetzte der römische Feldherr Pompeius mit seinen Truppen Judäa einschließlich Jerusalem und gliederte es in die Provinz Syrien ein (vgl. die Schilderung bei Josephus, S/Z 52–54). Der Schrecken und die Empörung darüber spiegeln sich in PsSal 2 wider. Im Jahre 40 v. Chr. erhielt das Territorium wieder eine beschränkte Selbständigkeit, als Herodes auf Weisung Octavians (Augustus) „König" wurde. Nach seinem Tode (4 v. Chr.) wurde das ganze Gebiet zunächst unter seine Söhne aufgeteilt, aber schon im Jahre 6 n. Chr. kam der Süden (Samaria, Judäa und Idumäa) direkt unter römische Verwaltung, Galiläa, die Heimat Jesu, blieb unter Herodes Antipas aber „selbständig".

4 Die politischen Verhältnisse in Palästina zur Zeit des frühen Christentums

1) Die äußere Lage Palästinas wurde durch das Verhältnis zu Rom bestimmt. Die Klientelfürsten (Tetrarchen) hatten einen gewissen Bewegungsspielraum; selbst in der Syrien unterstellten Provinz Judäa (s. o.) gab es eine gewisse jüdische Selbstverwaltung. Die Juden in Palästina profitierten auch davon, dass sie wie im ganzen Reich als besondere Nation anerkannt waren, nachdem die von Caesar gewährten Privilegien von Augustus und Tiberius bestätigt worden waren (vgl. die Texte in S/Z 97–99). Juden brauchten nicht am Herrscherkult teilzunehmen und konnten nicht zur Teilnahme an fremden Kulten gezwungen werden. Sie hatten das Recht, ihre religiösen und rechtlichen Angelegenheiten eigenständig zu regeln. In Jerusalem durfte es keine fremden Kulte geben, ausgenommen natürlich der Bereich der römischen Garnison. An dieser besonderen Stellung der Juden änderte sich sogar nach dem Jüdischen Krieg (66–74 n. Chr.) zunächst nichts grundsätzlich.

2) An der Spitze der jüdischen Selbstverwaltung in Judäa stand der *Hohepriester*. Er vertrat einerseits das Volk gegenüber dem römischen Präfekten bzw. Prokurator, er hatte andererseits die Aufsicht über den Kult in Jerusalem. Er war außerdem Vorsitzender des siebzig Mitglieder umfassenden *Synhedriums* (Sanhedrin, Hoher Rat). Wenn im Neuen Testament und auch bei Josephus von einer Mehrzahl von Hohenpriestern zur selben Zeit gesprochen wird (vgl. Mt 26,14), ist offenbar an Mitglieder des Synhedriums gedacht, die aus hohepriesterlichen Familien stammten, und an die Angehörigen der vornehmsten Priestergeschlechter. Das Synhedrium setzte sich aus Vertretern der Priester- und der Laienaristokratie zusammen, hinzu kamen Vertreter der Gruppe der Schriftgelehrten. Offizielle Befugnisse besaß es nur in Judäa, aber sein Ansehen erstreckte sich über das gesamte Judentum, da ihm die Verwaltung des Tempels oblag, an den jeder Jude in der Welt eine jährliche Steuer in Höhe einer Doppeldrachme zu entrichten hatte.

Nach der Zerstörung des Tempels im Jahre 70 n. Chr. wurde diese Tempelsteuer abgeschafft. An ihre Stelle trat der *fiscus Judaicus*, eine Zwangsabgabe an den Jupiter Capitolinus. Unter Kaiser Nerva wurde die Zwangseintreibung des *fiscus* formal aufgehoben, er blieb aber faktisch bis zum Ende des Jupiterkults in Rom in Kraft (vgl. dazu S/Z 209f.). Er stieß immer wieder auf Widerstand und trug zum Ausbruch weiterer jüdischer Aufstände bei (115–117 in Alexandria und in der Kyrene; 132–135 nochmals in Judäa).

In bestimmten Fällen konnte das Synhedrium außerhalb Judäas durch besondere Beauftragte bei innerjüdischen religiösen Konflikten eingreifen. Aber von einem Recht des Synhedriums zu Maßnahmen, wie sie in Apg 9,2 genannt werden, ist sonst nichts bekannt. Umstritten ist die Frage, ob dem Synhedrium in Jerusalem bei Prozessen mit religiösem Hintergrund die Kapitalgerichtsbarkeit zugestanden wurde, ob also die Kreuzigung Jesu aufgrund eines entsprechenden Urteils des Synhedriums erfolgt sein kann (s. dazu unten § 56). Die in Qumran gefundene „Tempelrolle" sieht für „Landes- bzw. Volksverrat" ausdrücklich die Todesstrafe in Form der sonst bei Juden nicht üblichen Kreuzigung vor (11QT^a LXIV). Ob sie je praktiziert wurde, lässt sich nicht sagen. Für den Vollzug der Kreuzigung Jesu war jedenfalls der römische Präfekt Pilatus verantwortlich.

3) Innerhalb des palästinischen Judentums gab es mehrere, bisweilen auch „Parteien" genannte Gruppen mit unterschiedlichen religiösen Vorstellungen und zum Teil gegensätzlichen politischen Plänen (vgl. die Texte in S/Z 509–522; die religiösen Ansichten dieser Gruppen werden unten in § 48 näher erläutert):

a) Politisch einflussreich waren in der Zeit bis zum Jüdischen Krieg die *Sadduzäer*, die Partei der Priesteraristokratie. Sie hielten strikt am Wortlaut des biblischen Gesetzes fest und lehnten die Anerkennung der mündlichen Auslegungstradition ab. Politisch waren die Sadduzäer an einem Ausgleich mit Rom interessiert, was dazu beitrug, dass diese Gruppe im Jüdischen Krieg unterging.

b) Die *Pharisäer* waren eine Gruppe, deren Führung zwar in den Händen von Schriftgelehrten lag, zu der aber im Wesentlichen Laien gehörten. Sie schlossen

§ 47 Faktoren des hellenistisch-römischen Zeitalters **545**

Abb. 6: Palästina zur Zeit Jesu

sich vermutlich im 2. Jahrhundert v. Chr. zur Zeit der Makkabäer bzw. Hasmonäer zusammen, weil sie sich von dem „Volk des Landes" (עַם הָאָרֶץ/'am hā'āræṣ) durch die strikte Einhaltung religiöser Normen absetzen wollten. Ziel war die Befolgung der Tora im Alltag. Zugleich waren die Pharisäer bemüht, die Entwicklung des jüdischen Denkens voranzutreiben und nicht einfach am Überlieferten festzuhalten. Den Römern gegenüber waren sie distanziert, aber sie leisteten keinen gewaltsamen Widerstand, denn sie erwarteten die Wiederherstellung Israels durch Gottes unmittelbares Eingreifen, nicht durch politisch-militärische Aktionen. Angesichts ihrer besonderen Frömmigkeit genossen die Pharisäer im Volk hohes Ansehen. Nach dem Jüdischen Krieg waren die Pharisäer weiterhin einflussreich und hatten Bedeutung für die Entstehung des rabbinischen Judentums. In den synoptischen Evangelien treten die Pharisäer als wichtige jüdische Gruppierung auf, die mit Jesus über die Interpretation des Gesetzes in Konflikt gerät. Stärker in den Fokus rücken sie im Matthäus- sowie im Johannesevangelium. Das könnte darauf zurückzuführen sein, dass sie für das Judentum, das in diesen Evangelien im Blickpunkt steht, von besonderer Bedeutung waren.

c) Von den genannten Gruppen deutlich zu unterscheiden sind die *Zeloten*. Sie standen in ihrer religiösen Überzeugung den Pharisäern nahe und bemühten sich ebenfalls in besonderem Maße um Gesetzestreue. Aber damit verband sich bei ihnen ein revolutionäres Programm: Den Satz, nur Gott allein dürfe Herr über Israel sein, interpretierten sie politisch, und daher standen sie in einem unüberbrückbaren Gegensatz zur römischen Besatzungsmacht. Das führte zu einer gewaltsamen Konfrontation mit den Römern (vgl. S/Z 77.531–538).

d) Eine vierte Gruppe waren die *Essener*. Oft wird angenommen, dass viele der in Qumran gefundenen Schriften das religiöse Denken der Essener erkennen lassen und dass also zumindest ein Teil dieser Gruppe in die Wüste gegangen war und sich so von der Welt und vor allem auch vom übrigen Judentum getrennt hatte (daher bisweilen die Bezeichnung „Qumransekte"). Aber zeitgenössische Quellen sprechen auch von Essenern, die nicht getrennt von anderen Juden lebten. Im Unterschied zu den anderen Gruppen sind durch die Funde in Qumran essenische Texte überliefert, so dass die Essener ausführlicher dargestellt werden sollen (s. u. § 48.7).

4) Die zwischen Rom und der jüdischen Bevölkerung bestehenden Spannungen verschärften sich während der Amtszeit des Präfekten Pontius Pilatus (S/Z 65–67), der aber im Jahre 36 abberufen wurde. Die Situation eskalierte, als Kaiser Caligula im Jahre 40 unter Missachtung der Rechtslage befahl, seine Statue im Jerusalemer Tempel aufzustellen. Dem syrischen Statthalter Petronius gelang es, die Ausführung dieses Befehls hinauszuzögern, bis nach Caligulas Ermordung dessen Nachfolger Claudius die Anordnung zurücknahm (vgl. S/Z 26f.).

Unter Herodes Agrippa I. erlangte Palästina nochmals größere Selbständigkeit (41–44 führte er sogar den Königstitel), aber nach seinem Tode wurde das ganze Land endgültig römischen Prokuratoren unterstellt. Die Unruhe nahm zu

(S/Z 533.74f.131), vor allem durch Aktionen von Zeloten und „Sikariern" (Dolchträger), die auch vor politischem Mord nicht zurückschreckten. Im Jahre 66 kam es schließlich zum Aufstand gegen Rom (Jüdischer Krieg), der im Jahre 70 bei der Eroberung Jerusalems durch Titus zur Zerstörung des Tempels und im Jahre 74 nach der Besetzung der von Zeloten gehaltenen Bergfestung Masada nahe dem Toten Meer zu einer totalen Niederlage führte. Palästina wurde jetzt eine normale römische Provinz (S/Z 88f.133f.). Ein schmaler Raum für eine gewisse jüdische Selbstverwaltung wurde von den Pharisäern dazu verwendet, das Judentum systematisch in ihrem Sinne zu reformieren. Es entstand in der Nachfolge des Synhedriums das „Lehrhaus" in Jabne am Mittelmeer, an der Spitze Rabbi Johanan ben Zakkai.

In dieser Phase der Geschichte des Judentums erlangten die sogenannten „Schriften" als dritte Gruppe der als verbindlich geltenden Schriften des Judentums neben „Tora" und „Propheten" ein deutlicheres Profil. Zugleich begann die systematische Sammlung der Tradition durch die pharisäisch beeinflussten Rabbinen, die zur Mischna (s. o. § 46.3c) führte, zunächst in Jabne, dann ab etwa 200 in Tiberias. Eine „Synode von Jamnia/Jabne", auf der die maßgeblichen Entscheidungen des Judentums formuliert worden wären, hat es allerdings, anders als in der früheren Forschung angenommen, in dieser Form nicht gegeben (Einzelheiten bei SCHÄFER 166–170). Vielmehr ist von einem längeren Zeitraum auszugehen, in dem die entsprechenden Beschlüsse bei verschiedenen Gelegenheiten getroffen wurden.

5 Wichtige Personen der neutestamentlichen Zeitgeschichte

a) Römische Kaiser

1) *Augustus* (eigentlich Octavianus, geb. 63 v. Chr., Alleinherrscher ab 31 v. Chr. bis zu seinem Tod 14 n. Chr.) wird in Lk 2,1 erwähnt, und zwar im Zusammenhang mit einer weltweiten Volkszählung bzw. Steuererhebung. Ob dieser Zensus tatsächlich – und in dieser Form – stattgefunden hat, ist umstritten und eher unwahrscheinlich (vgl. unten § 52.1).

Über die Herrschaft des Augustus informieren die von ihm selbst sicherlich auch in propagandistischer Absicht verfassten *Res gestae* („Meine Taten", teilweise erhalten im Monumentum Ancyranum; Textauszüge in B/T 1–5 und S/Z 12f.) und die Biographie des Sueton. Die Regierungszeit des Augustus erschien vielen Zeitgenossen als eine Art Wiederkehr des „goldenen Zeitalters", wie zum Beispiel das *Carmen saeculare* des Horaz aus dem Jahre 17 v. Chr. zeigt (Text in S/Z 16–18; die Vorstellung des „goldenen Zeitalters" findet sich u. a. bei Vergil, ecl. 1,1–63, Text in S/Z 397–399). Die Idealisierung des Augustus führte zur Entstehung von Geburts- und Jugendlegenden und zur Entwicklung des Augustus-Kults. Aber

Augustus war noch kein absoluter Alleinherrscher in dem gleichen Stil wie einige seiner Nachfolger. Seine Stellung als *princeps* basierte in hohem Maße auf seiner tatsächlichen persönlichen Autorität und auf der Kumulation verschiedener wichtiger Ämter, weniger auf gewaltsamen Mitteln seiner Herrschaft. Ein positives Zeugnis für Augustus, insbesondere auch für seine Haltung gegenüber dem Judentum, gibt Philo von Alexandria in seiner Schrift *Legatio ad Gaium* (Auszüge in S/Z 14-16).

2) *Tiberius*, der Nachfolger des Augustus (reg. 14-37 n. Chr.), wird in Lk 3,1f. erwähnt, wo Lukas übrigens das einzige feste Datum für das Leben Jesu gibt (das „fünfzehnte Jahr des Tiberius" ist wohl das Jahr 28). Über Tiberius informieren Tacitus und Sueton (Texte in S/Z 22f.). In die Zeit seiner Regierung fiel die Kreuzigung Jesu; allerdings hat man die Hinrichtung Jesu in Rom überhaupt nicht zur Kenntnis genommen. (Jesus wird in der römischen Literatur erstmals bei Tacitus erwähnt, s. u. § 51.2).

3) *Gaius*, der von 37-41 regierte und nach seinem Tod meist *Caligula* („Soldatenstiefelchen") genannt wurde, wird im Neuen Testament nicht erwähnt. Seine Herrschaft war aber für die geschichtliche Entwicklung Palästinas insofern von besonderer Bedeutung, als er der erste römische Herrscher war, der den Kaiserkult für seine eigene Person vor allem im Osten massiv vorantrieb. So musste es, trotz der persönlichen Freundschaft zwischen Caligula und Herodes Agrippa, zu Spannungen kommen. Philo hat in seiner bereits erwähnten Schrift *Legatio ad Gaium*, die zugleich eine Apologie des Judentums ist, die Herrschaft Caligulas eingehend dargestellt und einen bemerkenswerten Bericht von seiner persönlichen Begegnung mit dem offensichtlich größenwahnsinnigen Kaiser gegeben (legat. 349-367; die Selbstvergöttlichung des „Wahnsinnigen" Caligula beschreibt Philo in legat. 74-85; 93-102, Text in S/Z 23-26).

4) *Claudius* (reg. 41-54) wird in Apg 11,28 und 18,2 erwähnt. Insgesamt war seine Herrschaft eine Epoche innerer Konsolidierung. In Apg 11,28 ist von einer weltweiten Hungersnot während seiner Regierungszeit die Rede; andere Quellen berichten tatsächlich von einzelnen Ernährungsengpässen, wenn auch nicht von einer *allgemeinen* Hungersnot. Claudius erließ ein (auch in Apg 18,2 erwähntes) Edikt, durch das die Juden aus der Stadt Rom ausgewiesen wurden (zur Datierung s. u. § 60.2); nach Sueton war dieses Edikt die Reaktion auf Unruhen unter der römischen Judenschaft, deren Anstifter ein gewisser „Chrestus" gewesen sei (Text in S/Z 28f.). Möglicherweise verbirgt sich hinter dieser Darstellung eine vage Vorstellung vom Eindringen des Christentums in Rom (vielleicht sogar mit dem Gedanken, Jesus sei selbst in Rom gewesen). Claudius war kein prinzipieller Gegner der Juden, wie sein ausgleichender Brief zum Konflikt zwischen jüdischen und nichtjüdischen Bürgern Alexandrias zeigt (CPJ II Nr. 153, s. S/Z 103f.).

5) *Nero*, der von 54 bis 68 regierte und in dessen Regierungszeit der Beginn des Jüdischen Krieges fällt, wird im Neuen Testament nicht direkt erwähnt, ob-

wohl er für die Christen geradezu das Urbild des apokalyptischen Tyrannen wurde, und zwar wegen der Christenverfolgung, die sich an den Brand von Rom anschloss. Diese erfasste allerdings nicht das ganze Reich, sondern blieb auf die Stadt Rom beschränkt (vgl. den Bericht des Tacitus, ann. 15,44, s. S/Z 29f.). Ältestes christliches Zeugnis für diese Verfolgung ist der kurz vor 100 verfasste 1. Clemensbrief (1Clem 5f.).

Später entwickelte sich die Idee eines apokalyptischen Nero redivivus (vgl. Tacitus, hist. 2,8f., s. S/Z 32). Dabei ist zu beachten, dass Nero für die Christen nicht in erster Linie deshalb zum apokalyptischen Scheusal wurde, weil seine Regierung insgesamt diktatorisch war. Als verbrecherisch sahen sie vielmehr seinen Schlag gegen die römische Gemeinde an. Der sonst scharf über Nero urteilende Tacitus missbilligt diese Aktion gegen die Christen übrigens nicht grundsätzlich, sondern kritisiert nur die Art ihrer Durchführung (es habe ausgesehen, als würden die Christen nicht für das Gemeinwohl, sondern der Rache eines einzelnen geopfert, Tacitus, ann. 15,44).

Wenn Paulus (nach der Darstellung der Apostelgeschichte) während seines Prozesses an den Kaiser appelliert, dann muss es sich um Nero handeln. Die Apostelgeschichte sagt aber nichts über den Ausgang des Verfahrens.

6) *Vespasian* (reg. 69–79) und *Titus* (79–81) werden trotz ihrer großen Bedeutung für die jüdische und die christliche Geschichte im Neuen Testament nicht erwähnt. Vespasian war zunächst römischer General und als solcher von Nero mit der Niederwerfung des jüdischen Aufstands in Palästina beauftragt worden (Tacitus, hist. 2,4f., s. B/T 19f.). Noch während des Aufenthalts dort wurde er von den Truppen zum Kaiser proklamiert, woraufhin er nach Italien zurückkehrte und die Herrschaft eroberte. Sein Sohn Titus beendete den Krieg siegreich durch die Eroberung Jerusalems im Jahre 70. Der Titusbogen in Rom zeigt Geräte aus dem Tempel, die im Triumphzug mitgeführt worden waren, darunter vor allem den siebenarmigen Leuchter (s. die Abbildung in S/Z 109). Die Eroberung Jerusalems und insbesondere die Zerstörung des Tempels als der einzigen Opferstätte bedeuteten einen schweren Schlag für das Judentum, doch blieb die besondere Stellung der Juden im Römischen Reich durch die Niederlage in Palästina praktisch unangetastet (s. o. § 47.2).

7) Unter dem auch nach römischem Urteil tyrannisch regierenden *Domitian* (reg. 81–96) gab es möglicherweise Christenverfolgungen im Osten des Reiches; indirekte literarische Spuren finden sich in der Johannesoffenbarung und vielleicht auch im 1. Petrusbrief. Direkt erwähnt wird der Kaiser im Neuen Testament nicht. Domitian trieb den Herrscherkult auf die Spitze: Erstmals erhielt der lebende Kaiser offiziell den Titel *Dominus et Deus noster* (Sueton, Dom. 13,2, s. S/Z 37). Der christliche Abscheu davor wird etwa in Apk 13 deutlich. Kennzeichnend für seinen Herrschaftsstil war die Kolossalstatue im Domitian-Tempel von Ephesus, die – wie alle Denkmäler des Domitian – nach seinem Tode zerschlagen wurde (*damnatio memoriae*).

Die Regierung der späteren römischen Kaiser hat im Neuen Testament keinen direkten Niederschlag gefunden. Allerdings ist die Religions- und Expansionspolitik Trajans (reg. 98–117) und auch Hadrians (117–138) für die Frühzeit des entstehenden Christentums durchaus von Bedeutung.

b) Herodes der Große und seine Söhne

1) *Herodes „der Große"*, der in der Geburtsgeschichte Jesu erwähnt wird (Lk 1,5; Mt 2), regierte in Palästina von 37 bis 4 v. Chr. Er stammte aus Idumäa und wurde daher von den Juden nicht als vollwertiger Jude angesehen (Josephus, ant. 14,402–404, s. S/Z 54–56). Die Herrschaft über Palästina war ihm bereits im Jahre 40 v. Chr. von Rom übertragen worden (Josephus, bell. 1,282–285, s. S/Z 60); mit Geschick rettete er sie durch die Wechselfälle der römischen Bürgerkriege hindurch bis zu seinem Tode. Seine politischen Leistungen als Herrscher sind unbestritten, seine Methoden waren aber vielfach fragwürdig. Der Kindermord von Betlehem (Mt 2,16–18) ist unhistorisch; aber es ist kein Zufall, dass ihm solche Taten zugeschrieben wurden.

Herodes gab sich als Förderer des Judentums, indem er besonders in Jerusalem auf die Einhaltung der jüdischen Traditionen achtete; vor allem ließ er den Tempel in großem Stil umbauen (vgl. die durch Ausgrabungen weithin bestätigte Darstellung des Josephus, ant. 15,380.390–402). Die Jerusalemer Burg ließ er erheblich erweitern und gab ihr den Namen Antonia; außerdem errichtete er einen neuen großen Königspalast. Die Ausmaße dieser Bauten lassen sich auf Stadtplänen des alten Jerusalem erkennen. Berühmt sind die Festungsbauten des Herodes in Masada und Machaerus sowie die rund zwölf Kilometer südöstlich von Jerusalem gelegene Festung Herodeion, wo sich Herodes einen Palast sowie eine Grabstätte errichten ließ, in der er auch bestattet wurde.

Außerhalb seines Landes und in den nichtjüdischen Städten Palästinas trat Herodes ganz als hellenistischer Herrscher auf, ohne auf die jüdische Religion Rücksicht zu nehmen. Samaria/Sebaste und Caesarea baute er als hellenistische Städte aus, einschließlich der Tempel für den Kaiser (vgl. Josephus, bell. 1,403–430; ant. 15,296–298, s. S/Z 57–62).

Herodes' Versuch, seinen Sohn Archelaus in Rom als seinen Nachfolger durchzusetzen, scheiterte; nach seinem Tod wurde das Land in drei Tetrarchien unter seine Söhne aufgeteilt.

2) *Archelaus*, Ethnarch in Judäa, Samaria und Idumäa, wird in Mt 2,22 erwähnt. Josephus schildert ihn als brutalen und ungerechten Herrscher (bell. 2,111–113, s. B/T 185). Zehn Jahre nach seinem Amtsantritt wurde er nach Rom befohlen und nach Gallien verbannt; seine Tetrarchie wurde in eine Provinz umgewandelt.

3) *Herodes Antipas* war von 4 v. Chr. bis 39 n. Chr. als Tetrarch Herrscher in Galiläa und damit der Landesherr Jesu (vgl. Lk 3,1; 13,31–34 u. ö.). In Mk 6,14–

29 wird von seiner dem jüdischen Gesetz widersprechenden Ehe mit Herodias, einer Enkelin Herodes' des Großen, berichtet. Als er auf Drängen der Herodias beim Kaiser die Verleihung des Königstitels erbat, wurde er von Caligula abgesetzt und verbannt.

4) *Philippus* regierte bis zu seinem Tode im Jahre 34 im nördlichen Ostjordanland, also in einem kaum von Juden bewohnten Gebiet. Er wird in Lk 3,1 und Mk 6,17 erwähnt, spielt aber in der Geschichte des Urchristentums keine Rolle.

5) *(Herodes) Agrippa I.*, Bruder der Herodias, erhielt im Jahre 37 von Caligula die Tetrarchie des Philippus und wurde 39 Nachfolger des Antipas; 41 erhielt er von Claudius sogar Judäa und Samaria und zugleich den Königstitel. In legendarischer Form wird sein Tod in Apg 12,19–23 geschildert, doch berichtet auch Josephus Ähnliches (ant. 19,343–350).

6) Sein Sohn *(Herodes) Agrippa II.* wird im Neuen Testament im Zusammenhang des Paulusprozesses in Apg 25–26 erwähnt. Er regierte seit etwa 50 im Ostjordanland, hatte aber bis zum Ausbruch des Jüdischen Krieges 66 auch die Oberaufsicht über den Tempel. Während des Krieges stand er auf Seiten Roms und regiere bis zu seinem Tode im Jahre 100 (nach anderen: 95).

Eine ausführliche historische Darstellung Herodes' des Großen und seiner Söhne gibt MANUEL VOGEL, Herodes. König der Juden, Freund der Römer (BG 5), Leipzig ²2013.

c) Römische Statthalter

Von den Statthaltern Syriens und Palästinas in neutestamentlicher Zeit werden im Neuen Testament vier genannt: Quirinius, Pilatus, Felix und Festus.

Über die Rolle der Statthalter im römischen Provinzsystem und ihre Darstellung im Neuen Testament informiert einführend MICHAEL RYDRYCK, Statthalter (NT), WiBiLex, September 2013, https://www.bibelwissenschaft.de/stichwort/81892/.

1) *Publius Sulpicius Quirinius*, ein wegen großer militärischer Erfolge von Augustus sehr geförderter Offizier, wurde im Jahre 6/7 n. Chr. Statthalter (*legatus pro praetore*) der kaiserlichen Provinz Syrien; nach der Absetzung des Archelaus (s. o.) führte er in Judäa eine Volkszählung durch.

Nach Lk 2,2 fällt diese Volkszählung in die Zeit der Geburt Jesu (zu deren Datierung s. u. § 52.1). Das aber lässt sich mit den sonst bekannten Daten über die Amtszeit des Quirinius nicht in Einklang bringen. Deshalb wird die These vertreten, Quirinius habe sein Amt in Syrien zweimal zu verschiedenen Zeiten innegehabt. Aber diese Annahme ist nicht zu begründen.

2) *Pontius Pilatus*, 26–36 Statthalter (*praefectus*) von Judäa, war nach Berichten bei Philo und Josephus in seiner Amtsführung grausam und ungerecht. Er hielt sich auch nicht an die den Juden zugestandenen Privilegien, sondern ließ zum Beispiel Truppen mit den das Kaiserbild tragenden Feldzeichen in Jerusalem ein-

marschieren (Josephus, bell. 2,169–177, s. S/Z 65–67). Nach Lk 13,1 ließ er mehrere Galiläer, während diese opferten, im Jerusalemer Tempel ermorden. Josephus berichtet, Pilatus habe im Jahre 36 zahlreiche Samaritaner, die sich am Garizim versammelt hatten, überfallen und später hinrichten lassen. Wegen dieser Aktion sei er vom syrischen Statthalter abgesetzt und in Rom zur Rechenschaft gezogen worden (ant. 18,85–89, s. S/Z 527f.). Sein in den Evangelien dargestelltes Verhalten im Prozess gegen Jesus stand aber offenbar in Übereinstimmung mit den bestehenden Rechtsnormen (vgl. unten § 56).

Eine historische Darstellung des Pilatus mit einer Einführung in die Quellen und einem Ausblick auf die spätere Rezeption seiner Person gibt JENS HERZER, Pontius Pilatus. Henker und Heiliger (BG 32), Leipzig 2020.

3) Der in Apg 23,24–24,27 eingehend erwähnte *Antonius Felix* war etwa 52–56 Prokurator (der Übergang von Felix zu seinem Nachfolger wird unterschiedlich datiert). Seit dem Tod Agrippas I. trugen die Statthalter den Titel „Prokurator" und verwalteten weite Teile des früheren Königreichs Herodes' des Großen (also nicht nur Judäa). Felix war ein Freigelassener und hatte seine sonst nur Rittern vorbehaltene Position durch eine für ihn günstige politische Konstellation in Rom erhalten (Tacitus, hist. 5,9 stellt ihn möglicherweise auch aus diesem Grunde als besonders brutal und ungerecht und zugleich als Menschen mit „sklavischer Gesinnung" dar). Nach Josephus hat die Politik des Felix wesentlich zum Anwachsen der antirömischen Stimmung unter den Juden beigetragen. Die Apostelgeschichte schildert ihn eigentümlich zwiespältig: Nach Apg 24,25 gerät er in Furcht, als er Paulus von der Gerechtigkeit und vom Gericht reden hört; nach Apg 24,26 erwartet er jedoch, von Paulus bestochen zu werden. Dahinter steckt aber wohl kein historisch zutreffendes Charakterbild des Felix: Lukas will auf diese Weise offenbar nur darlegen, warum Paulus trotz erwiesener Unschuld von Felix nicht freigelassen wird.

4) *Porcius Festus*, Prokurator als Nachfolger des Felix in den Jahren 56–60 (?), übernahm den Prozess gegen Paulus; er gilt in allen Quellen als rechtlich denkender Mann. Diesen Eindruck gewinnt man auch aus Apg 25f. Seine beiden unfähigen Nachfolger Albinus (62–64) und Gessius Florus (64–66) werden im Neuen Testament nicht erwähnt. Sie galten als bestechlich und versuchten, möglichst hohe Steuererträge aus dem Land zu pressen. Die Gewalt, insbesondere von Seiten der Sikarier und Zeloten, nahm zu dieser Zeit immer weiter zu. Als Florus den Tempelschatz plünderte und daraufhin die täglichen Opfer für den Kaiser im Jerusalemer Tempel eingestellt wurden, kam es schließlich zum Jüdischen Krieg.

d) Die Hohenpriester

Der Hohepriester hatte die kultische und administrative Leitung des Jerusalemer Tempels inne und übte den Vorsitz im Synhedrium aus. Im Neuen Testament werden drei Hohepriester namentlich erwähnt: Hannas, Kajaphas und Hananias.

1) *Hannas*, der das Amt in den Jahren 6 bis 15 n. Chr. innehatte, war der erste von den Römern eingesetzte Hohepriester. Lukas erwähnt ihn in Lk 3,2 und Apg 4,6 als amtierenden Hohenpriester zur Zeit des Auftretens Jesu und des Beginns der christlichen Verkündigung (ähnlich Joh 18,15–24); aber diese Angaben beruhen offensichtlich auf einem Irrtum. Fünf Söhne des Hannas wurden später selbst Hohepriester; das „Haus des Hannas" war eine der beiden führenden hohepriesterlichen Familien.

2) *Kajaphas* (Joseph Qajjaph, in der Lutherbibel Kaiphas), der Hohepriester in der Passionsgeschichte, hatte das Amt ungefähr in den Jahren 18–37 inne. Nach Joh 18,13 war er ein Schwiegersohn des Hannas. Dabei scheint Johannes von der Annahme auszugehen, dass das Hohepriesteramt jährlich neu besetzt bzw. bestätigt wurde, aber diese Angabe deckt sich nicht mit dem, was wir aus den jüdischen Quellen wissen.

3) *Hananias*, der nach Apg 23,2 und 24,1 wesentlich am Prozess gegen Paulus beteiligt war, amtierte von 48 bis etwa 59. Beim Beginn des Jüdischen Krieges 66 wurde er wegen seiner romfreundlichen Haltung von Aufständischen ermordet.

Die beiden anderen in Apg 4,6 genannten Hohenpriester Johannes und Alexander waren allenfalls Angehörige hohepriesterlicher Familien; einen Hohenpriester Skeuas (Apg 19,14) hat es nicht gegeben. Eine vertiefende Einführung zu den Hohenpriestern im 1. Jahrhundert n. Chr. und ihren Erwähnungen im Neuen Testament bietet KNUT BACKHAUS, Hohepriester, WiBiLex, Januar 2010, https://www.bibelwissenschaft.de/stichwort/46907/.

§ 48 Das Judentum in hellenistisch-römischer Zeit

Literatur: JOHN M. G. BARCLAY, Jews in the Mediterranean Diaspora. From Alexander to Trajan (323 BCE–117 CE), Edinburgh 1996 ♦ SHAYE D. J. COHEN, From the Maccabees to the Mishnah, Louisville, Ky. ³2014 ♦ JOHN J. COLLINS, Between Athens and Jerusalem. Jewish Identity in the Hellenistic Diaspora, Grand Rapids, Mich./Cambridge 1983 ♦ MARTIN HENGEL/ANNA MARIA SCHWEMER, Jesus und das Judentum (Geschichte des frühen Christentums 1), Tübingen 2007, 39–168 ♦ JOHANN MAIER, Zwischen den Testamenten. Geschichte und Religion in der Zeit des zweiten Tempels (NEB.AT.E 3), Würzburg 1990 ♦ JACOB NEUSNER, Judentum in frühchristlicher Zeit, Stuttgart 1988 ♦ MARKUS ÖHLER, Geschichte des frühen Christentums (UTB 4737), Göttingen 2018, 55–81 ♦ PETER SCHÄFER, Geschichte der Juden in der Antike. Die Juden Palästinas von Alexander dem Großen bis zur persischen Eroberung (UTB 3366), Tübingen ²2010 ♦ JOSEPH SIEVERS/AMY-JILL LEVINE/JENS SCHRÖTER (Hg.), Die Pharisäer. Geschichte und Bedeutung, Freiburg i.Br. u.a. 2024 ♦ E. MARY SMALLWOOD, The Jews under Roman Rule from Pompey to Diocletian. A Study in Political Relations, Boston/Leiden ²2001 ♦ GÜNTER STEMBERGER, Das klassische Judentum. Kultur und Geschichte der rabbinischen Zeit, München 2009 ♦ PAUL R. TREBILCO, Jewish Communities in Asia Minor, New York 1991. – **Quellen:** SHEMUEL SAFRAI/MENAHEM STERN, The Jewish People in the First Century. Historical Geography, Political History, Social, Cultural and Religious Life and Institutions, 2 Bde., Assen/Amsterdam 1974–1976 ♦ SCHÜRER, History of the Jewish People.

1 Einführung

Das antike Judentum ist in sich plural und vielfältig. Mitunter wird deshalb dafür plädiert, von mehreren „Judentümern" („Judaisms") zu sprechen. In der Tat ist die Frage, welche Merkmale von allen Juden gleichermaßen als verbindlich für die Zugehörigkeit zum Judentum betrachtet wurden, nicht leicht zu beantworten. Die Tora bzw. der Pentateuch wird als Weisung Gottes zur Lebensorientierung anerkannt; wie die Gebote jedoch in einer konkreten Situation auszulegen sind, war (und ist) umstritten. Die Entstehung eines festen Corpus verbindlicher Schriften war in hellenistisch-römischer Zeit noch im Gange, wenngleich sich mit Tora und Propheten bereits zwei Schriftengruppen der werdenden jüdischen Bibel herausgebildet hatten. Deren genaue Textgestalt stand allerdings noch nicht fest. Verbindlich ist das Bekenntnis, dass Gott *Einer* ist (Dtn 6,4), dass

Gott sich Israel als sein Volk erwählt und ihm die Tora (das Gesetz) gegeben hat. Die Einheit von Zugehörigkeit zum Volk Israel und Glauben an den einen Gott ist ein allgemeines Kennzeichen des Judentums: Wer sich von der Zugehörigkeit zum jüdischen Volk löst, ist kein Jude mehr (ein Beispiel war zur Zeit Jesu Tiberius Alexander, der Neffe Philos). Wer als Nichtjude in das Judentum eintritt, wird als Proselyt (mit einigen Einschränkungen) auch Teil des jüdischen Volkes, die Nachkommen sind geborene Juden.

Charakteristische Kennzeichen des Judentums in neutestamentlicher Zeit sind einerseits seine Verbreitung in weiten Teilen des Mittelmeerraums, andererseits das Nebeneinander verschiedener jüdischer Gruppen im Gebiet von Palästina.

1) Es ist zu unterscheiden zwischen dem vorwiegend Aramäisch sprechenden *Judentum Palästinas* und dem Griechisch sprechenden Judentum in der *Diaspora*, sowie einer starken Aramäisch sprechenden Diaspora in Mesopotamien (Babylon).

2) Kultisch werden vier Gruppen unterschieden: Priester, Leviten, „Israeliten" und Proselyten. Entsprechend ihrer theologischen Bildung werden die Schriftgelehrten eigens hervorgehoben. Einen Widerhall hiervon findet man im Neuen Testament, in dem die Schriftgelehrten häufig in engem Verhältnis zu den Pharisäern dargestellt werden.

3) Innerhalb des palästinischen Judentums gibt es als religiöse Gruppen („Parteien") die Pharisäer, Sadduzäer, Zeloten und Essener, als Sonderfall die Samaritaner. Diese Gruppen vertreten in politischen und auch in grundsätzlichen theologischen Fragen verschiedene Auffassungen (s. o. § 47.4).

Das Judentum der neutestamentlichen Zeit wurde in der älteren Forschung oft als „Spätjudentum" bezeichnet. Das erweckt den Anschein, als sei das Judentum zur Zeit der Entstehung des Neuen Testaments in einer „Spätphase" seiner Existenz. Diese historisch unzutreffende, zudem antijüdisch konnotierte Redeweise ist deshalb bereits vor längerer Zeit aufgegeben worden. Die stattdessen mitunter gebrauchte Bezeichnung „Frühjudentum" bringt dagegen zum Ausdruck, dass sich die Formierung des Judentums in persischer und hellenistisch-römischer Zeit und damit teilweise parallel zur Entstehung des Christentums vollzog. Historisch sachgemäß sind auch die Bezeichnungen „Judentum des Zweiten Tempels" oder „Judentum der hellenistisch-römischen Zeit".

2 Die Rede von Gott

Die tragenden Pfeiler der jüdischen Religion sind das Bekenntnis zu dem *einen* Gott, dem Schöpfer, der Israel durch Abraham, Isaak und Jakob zu seinem Volk erwählt und aus Ägypten befreit hat und einst erlösen wird, sowie der Gehorsam gegenüber dem Gesetz (Tora), der Urkunde des Bundes, den Gott mit Israel am Sinai geschlossen hat. Der Gehorsam bezieht sich auf den Kult und die Lebensführung, theologische Diskussionen kreisen vor allem um die Auslegung der Gebote.

Sichtbares Zeichen der Einheit des Judentums und zugleich dessen einzige Kultstätte ist der Tempel in Jerusalem bis zu dessen Zerstörung im Jahre 70. Die Samaritaner haben auf dem Berg Garizim ein eigenes Heiligtum, und das ist aus Sicht des jerusalemtreuen Judentums ein Zeichen, dass sich die Samaritaner vom Judentum separiert haben (vgl. Joh 4,19f.).

Zwischen etwa 170 v. Chr. und 71 n. Chr. gab es in Leontopolis (Ägypten) einen weiteren jüdischen Tempel, der von dem aus Jerusalem geflohenen Onias, Sohn eines Hohenpriesters, gegründet worden war. Dieser Tempel galt nicht als illegitim, er besaß aber über seine nähere Umgebung hinaus keine große Bedeutung.

Einige Themen der frühjüdischen Theologie sind offen für unterschiedliche, teilweise sogar gegensätzliche Positionen. Uneinheitlich ist das Urteil über die Geltung der „mündlichen Tora": Die Sadduzäer lehnten jede über die Schrift hinausgehende Tradition ab und sahen nur die Tora selbst als verbindlich an. Bei den Pharisäern entwickelte sich dagegen der Gedanke, dass Mose am Sinai neben der schriftlichen Tora auch die mündliche Tora von Gott empfangen habe, die in pharisäischer Überlieferung diskutiert wird (vgl. Gal 1,14, wo Paulus in pharisäischer Tradition von den „Überlieferungen meiner Väter" spricht). Gar nicht zum festen Bestandteil der jüdischen Lehre gehörte die Eschatologie: Sadduzäer verwarfen die Eschatologie apokalyptischen Stils und überdies jede über den Gottesgedanken hinausgehende Metaphysik (vgl. Mk 12,18-27; Apg 23,8). Pharisäer und andere Gruppen vertraten dagegen den Gedanken einer endzeitlichen oder auch einer individuellen Totenauferstehung. Es entwickelte sich die Tendenz, den Jenseitsgedanken hervorzuheben: Gottes Transzendenz wird stärker betont, Gott wird gleichsam immer mehr von der Welt abgerückt. Daraus entsteht allerdings auch die Notwendigkeit einer Vermittlung zwischen dem fernen Gott und dem Diesseits, die durch Engel und Hypostasen, beispielsweise die als Person vorgestellte „Weisheit", übernommen wird.

3 Die Tora (das Gesetz)

1) Zentrum des frommen jüdischen Lebens war und ist die *Tora* bzw. das Gesetz. Die Annahme, die Beachtung des Gesetzes sei als eine drückende Last verstanden worden, ist unzutreffend (auch wenn es in Apg 15,10 so klingt). Es geht beim jüdischen Gesetzesgehorsam nicht um einen bloß formalen Gehorsam, sondern um die damit verbundene Haltung: Die Orientierung des Lebens am Gesetz bringt die Einstellung gegenüber Gott und den Mitmenschen zum Ausdruck. Sie ist zugleich ein Bekenntnis dazu, dass Gott Israel erwählt hat, leitet und bewahrt. Juden sind deshalb dankbar für das Gesetz und die Fähigkeit, die Gebote zu halten (vgl. die rabbinischen Texte in S/Z 635-638). Dies zeigt auch das Selbstzeugnis des Paulus im Blick auf seine jüdische Vergangenheit (Phil 3,3-6). Das Gesetz

wird aufgrund der Liebe zu Gott und der Anerkennung der Ehre Gottes eingehalten (dies besagt der Ausdruck „Furcht Gottes" in jüdischen und frühchristlichen Texten). Die Tora macht dem Menschen seine Sündhaftigkeit bewusst und er erfährt zugleich, dass er auf die ihm zugesagte Vergebung angewiesen ist. So führt der Gehorsam zur Demut vor Gott.

2) Weil das Gesetz im Zentrum jüdischen Lebens und jüdischer Theologie steht, ist die theologische Arbeit bestimmt von der Debatte über die richtige *Auslegung des Gesetzes als des gegenwärtig verbindlichen Gotteswillens*.

Zur Zeit Jesu und des frühen Christentums gab es vor allem zwei „Schulen", die des Schammai (Mitte 1. Jh. v. Chr.–ca. 30 n. Chr.) und die des Hillel (ca. 1. Jh. v. Chr., genaue Lebensdaten unklar). Schammai lehrte eine strengere Gesetzesauslegung, Hillel eine eher mildere. Die hillelitische Schule hat sich in der rabbinischen Tradition (Talmud) im Wesentlichen durchgesetzt, was man auch daran erkennen kann, dass viele rabbinische Aussagen nachträglich Hillel zugeschrieben wurden. Nach Apg 22,3 war Paulus ein Schüler des als Hillelit geltenden Rabbi Gamaliel I.

Da der im Gesetz dokumentierte Wille Gottes ein einheitlicher Wille ist, können Rabbinen das Gesetz auch in einem Satz zusammenfassen. Hillel wird die Aussage zugeschrieben: „Was dir nicht lieb ist, das tue auch deinem Nächsten nicht. Das ist die ganze Tora, und alles andere ist nur die Erläuterung; geh und lerne sie" (bShab 31a, s. S/Z 637f.). Diese in der antiken Ethik weit verbreitete „Goldene Regel" findet sich auch im Neuen Testament (Mt 7,12). Rabbi Aqiba (um 130) lehrte, entscheidender Grundsatz in der Tora sei das Liebesgebot (Lev 19,18), was sich dann verbindet mit der Diskussion über die Frage, wer denn „der Nächste" sei und was „lieben" bedeute (Sifra Qedoshim 4; eine entsprechende Debatte findet sich Lk 10,25–37).

3) Eine wichtige Rolle spielte die Frage der richtigen *Auslegung des Sabbatgebots* (zur grundlegenden Bedeutung des Sabbats s. u.). Das galt sowohl für das palästinische Judentum als auch vor allem für die Diaspora, in der das Halten der Sabbatruhe geradezu das entscheidende, auch von außen wahrgenommene Kennzeichen jüdischen Lebens war. Das Gewicht dieser Diskussion spiegelt sich auch in der Jesusüberlieferung (Mk 2,23–3,6). In jüdischen Diskursen über die Auslegung der Tora war das Gebot der Sabbatruhe Gegenstand einer breit ausgebauten Kasuistik. Als striktes Verbot, am Sabbat irgendeine Arbeit zu verrichten, stieß das Gebot im praktischen Leben an Grenzen. Es bedurfte einer auf die Anwendung in verschiedenen Lebensbereichen bezogenen Interpretation, und da der Gehorsam zugleich möglichst präzise eingeübt werden sollte, musste „kasuistisch" (d. h. den Einzelfall betreffend) so genau wie möglich geklärt werden, was am Sabbat erlaubt und was zu tun verboten war (vgl. die Texte aus Qumran und aus der Mischna in S/Z 542 bzw. 665f.). Zeitgenössische Kritik an Jesus könnte sich auch daran entzündet haben, dass er offenbar von Fall zu Fall bereit war, das Sabbatgebot freier zu interpretieren (vgl. unten § 55.2g).

Bekannt sind die sieben „Middot" genannten Auslegungsregeln, die Rabbi Hillel zugeschrieben werden (S/Z 638); Rabbi Jischmael erweiterte sie auf dreizehn Regeln. Bedeutung auch im Neuen Testament haben die beiden ersten Regeln: Die Regel *qal wachomer* („Leichtes und Schweres") meint den Schluss *a minore ad maius* und umgekehrt (vgl. Röm 5,9f., wo Paulus mit diesem Schluss argumentiert). Die Regel *gezera schawah* („gleiche Verordnung") bezeichnet den Analogieschluss (Paulus wendet diese Schriftauslegungsregel in Röm 4,3–8 an, unter Hinweis darauf, dass sich das Verb λογίζεσθαι in Gen 15,6 findet und in Ps 31,2 LXX).

Das Gesetz und seine Auslegung bestimmten und bestimmen das Selbstverständnis des Judentums. Die Tora war und ist für Juden das eindeutige Zeichen des Bundes Gottes mit Israel. In hellenistisch-römischer Zeit verbürgte sie die Hoffnung auf die Wiederherstellung Israels als Staat. Zugleich verhinderte sie, dass Israel in den Völkern aufging, indem sie zwischen ihm und den „Heiden" insbesondere durch Beschneidung, Sabbat und Reinheitsgebote eine „Schranke" aufrichtete.

Der Begriff „Gesetz" gilt häufig als unangemessen zur Wiedergabe von „Tora". Aber das Griechisch sprechende Judentum verwendete ganz selbstverständlich das Wort νόμος, und die biblische Tora wurde tatsächlich im eigentlichen Sinn als „Gesetz" verstanden und angewandt. Die Vorstellung, „Gesetz" sei ein religiös „negativ" konnotierter Begriff, ist ein unbegründetes Vorurteil.

📖 **Lektüreempfehlung:** ANNETT MARTINI/SUSANNE TALABARDON, Bibelauslegung, jüdische, WiBiLex, Januar 2012, https://www.bibelwissenschaft.de/stichwort/15261/.

4 Der Tempel in Jerusalem, der Synagogengottesdienst und der Festkalender

1) Der Opferkult am Jerusalemer Tempel ist ein zentrales Element der jüdischen Gottesverehrung. Das gilt zumindest bis zum Ende des Tempels im Jahr 70 n. Chr., denn Opfer wurden ausschließlich dort vollzogen. Der Tempel aus salomonischer Zeit war 586 v. Chr. durch die Babylonier zerstört worden. Nach der Rückkehr der judäischen Exulanten aus Babylon wurde er neu errichtet („Zweiter Tempel", vgl. Esr 3–6) und nach seiner Schändung unter Antiochus IV. (1Makk 1,54–64) durch Judas Makkabäus neu geweiht (1Makk 4,36–59); an dieses Ereignis erinnert das Weihefest Chanukka. Herodes der Große ließ das gesamte Tempelareal erheblich erweitern (vgl. oben § 47.5b).

Nichtjuden durften nur den äußeren Vorhof des Tempels betreten, das Überschreiten seiner inneren Schranken war ihnen bei Todesstrafe verboten (vgl. die Warntafel in S/Z 469). Innerhalb dieser Schranken befanden sich der für Frauen zugängliche Vorhof, Männer durften den „Vorhof der Israeliten" betreten. Der eigentliche Tempelbezirk war den Priestern vorbehalten. Ebenso wie in vorexilischer Zeit wurden „das Heilige" und „das Allerheiligste" voneinander unterschieden. Im „Heiligen" stand der Brandopferaltar, an dem zweimal täglich das offizielle Opfer vollzogen wurde. Das „Allerheiligste" im Innern des Tempels durfte nur der Hohepriester einmal im Jahr am „Großen Versöhnungstag" (s. u.) betreten. Der Raum des Allerheiligsten war leer, da die Bundeslade schon seit langem nicht mehr existierte.

2) Der Gottesdienst in der *Synagoge*, der vor allem am Sabbat stattfand, kennt keine Opferhandlungen, sondern er ist ein reiner Wortgottesdienst. Die Bezeichnung Synagoge (συναγωγή, „Gemeinschaft, Versammlung") kann sich sowohl auf die Versammlung als auch auf ein Gebäude beziehen. Die vor allem in der Diaspora gebräuchliche Bezeichnung προσευχή („Gebet, Gebetsstätte", u. a. in Apg 16,13.16; Josephus, *Vita* 277) macht deutlich, dass das Gebet zu den zentralen Bestandteilen des Synagogengottesdienstes gehört. Zu den wichtigsten Gebetstexten, die in der Synagoge gesprochen werden, gehören das *Sch^{e}ma Jisrael* („Höre Israel") als Gebet und zugleich als Bekenntnis zu dem einen Gott (Dtn 6,4f. in Verbindung mit weiteren Texten; vgl. die rabbinische Diskussion in S/Z 495f.) sowie das *Sch^{e}mone Essre* („Achtzehngebet", Text in S/Z 497f.). Zentral ist weiterhin die Lesung der Tora und deren lehrhafte Auslegung. Dies hebt beispielsweise die in Jerusalem aufgefundene Theodotos-Inschrift hervor (s. S/Z 483). Eine Lesung aus den Prophetenbüchern (wie u. a. Lk 4,17 und Apg 13,15 erwähnt) scheint hingegen nicht generell üblich gewesen zu sein.

Eine kompakte Einführung mit weiteren Literaturhinweisen geben der Infoblock „Die Synagoge" in S/Z 484f. sowie CARSTEN CLAUSSEN, Synagoge (NT), WiBiLex, April 2013, https://www.bibelwissenschaft.de/stichwort/53997. Eine umfangreiche, kommentierte Zusammenstellung von Auszügen aus antiken Quellen mit Übersetzung enthält ANDERS RUNESSON/DONALD D. BINDER/BIRGER OLSSON, The Ancient Synagogue from Its Origins to 200 C. E. A Source Book (AGJU 72), Leiden/Boston 2008.

3) Die Begehung des *Sabbats* gehört zu den wichtigsten Merkmalen jüdischer Identität sowohl in Palästina als auch in der Diaspora. In dem Festkalender Lev 23 ist der Sabbat als feierlicher Tag den jährlich wiederkehrenden Festen vorangestellt, und es gilt der Grundsatz: „Keine Arbeit sollt ihr an ihm tun!" Im schriftgelehrten Diskurs stellt die Auslegung des Sabbatgebots ein komplexes, viel diskutiertes Thema dar (s. o.). Philo und Josephus heben demgegenüber die Vorzüge des Sabbats hervor, da Juden – im Unterschied zur paganen Bevölkerung – an diesem Tag die Gelegenheit zu Kontemplation und Schriftstudium haben und damit einer quasi philosophischen Tätigkeit nachgehen.

Wichtige Quellenbelege nennt LUTZ DOERING, Sabbat. II. Judentum, RGG^4 7 (2004), 713f.; vgl. die ausführliche Studie: ders., Schabbat. Sabbathalacha und -praxis im antiken Judentum und Urchristentum (TSAJ 78), Tübingen 1999.

4) Von besonderer Bedeutung im Jahreslauf waren die drei großen Wallfahrtsfeste, die aber auch außerhalb Jerusalems gefeiert wurden: das Passa-, das Wochen- und das Laubhüttenfest.

a) Das *Passa* fand am Abend des 14. Nisan (Frühlingsmonat) statt und begann mit dem Schlachten der Passalämmer am Tempel (seit der Zerstörung des Tempels gibt es kein Passalamm mehr). Im Mittelpunkt steht hier die Erinnerung an den Exodus, die Befreiung der Israeliten aus Ägypten durch Gott. Es schloss sich die Woche der ungesäuerten Brote (Mazzot) in Erinnerung an die Eile beim Auszug aus Ägypten an (in Mk 14,12 ist beides zusammengezogen). Zusammen mit dem Mazzot-Fest war Passa zugleich das Fest des Erntebeginns.

b) Das *Wochenfest* (*Schavuot*, griech. πεντηκοστή, „Pfingsten") wurde fünfzig Tage nach Passa gefeiert. Ursprünglich hatte es die Bedeutung eines Erntedankfestes, aber im Laufe der Zeit erhielt auch dieses Fest einen heilsgeschichtlichen Sinn als Fest des Bundesschlusses am Sinai.

c) „Das Fest" schlechthin war das *Laubhüttenfest* (*Sukkot*). Als Fest zur Weinlese wurde es mit einem besonders prunkvollen Ritus begangen. Josephus nennt es „das weitaus größte und heiligste Fest bei den Hebräern" (ant. 8,100). Ein heilsgeschichtlicher Bezug kam dadurch hinzu, dass man in Erinnerung an den Auszug aus Ägypten sieben Tage lang in Hütten wohnte.

5) Der *Große Versöhnungstag* (*Jom Kippur*) im Herbst gehört nicht zu den Wallfahrtsfesten, jedoch ist er vor allem theologisch sehr bedeutsam. Er war (und ist) im Unterschied zu den anderen Festen und auch im Unterschied zum Sabbat ein Fastentag. Nur an diesem Tag betrat der Hohepriester das Allerheiligste des Tempels, um Gott um die Vergebung der Sünden zu bitten. Als Zeichen der Sühne schlachtete er am Brandopferaltar einen Ziegenbock für die eigenen Sünden und belud dann einen zweiten Bock symbolisch mit den Sünden des Volkes und jagte ihn in die Wüste (vgl. Lev 23,26–32; Num 29,7–11). Die Feier dieses Rituals war nach dem Jahr 70 nicht mehr möglich – seitdem wird der Versöhnungstag als Tag der Umkehr begangen.

📖 **Lektüreempfehlung:** CORINNA KÖRTING, Fest (AT), WiBiLex, April 2007, https://www.bibelwissenschaft.de/stichwort/18305/, sowie JAANA TOIVARI-VITALA u.a., Feasts and Festivals, EBR 8 (2018), 1044–1094. Textauszüge zu den Festen aus dem entstehenden rabbinischen Judentum enthält S/Z 666–673.

5 Eschatologie und Apokalyptik

📖 **Literatur:** JOHN J. COLLINS, The Apocalyptic Imagination. An Introduction to Apocalyptic Literature, Grand Rapids, Mich./Cambridge ²1998 ◆ JOHN J. COLLINS, Apocalypses, Apocryphal, EBR 1 (2009), 316-318 ◆ JOHN J. COLLINS (Hg.), The Oxford Handbook of Apocalyptic Literature, Oxford 2014 ◆ LORENZO DITOMMASO, Apocalypses and Apocalypticism. III. Judaism, A. Second Temple and Hellenistic Judaism, EBR 1

(2009), 325–337 ♦ MATTHIAS HENZE, Jewish Apocalypticism in Late First Century Israel (TSAJ 142), Tübingen 2011 ♦ KARLHEINZ MÜLLER, Studien zur frühjüdischen Apokalyptik (SBAB 11) Stuttgart 1991 ♦ GERBERN S. OEGEMA, Zwischen Hoffnung und Gericht. Untersuchungen zur Rezeption der Apokalyptik im frühen Christentum und Judentum (WMANT 82), Neukirchen-Vluyn 1999 ♦ JENS SCHRÖTER/MARKUS WITTE (Hg.), Gott und Zeit. Religiöse und philosophische Zeitvorstellungen von der Antike bis zur Gegenwart, BThZ 37 (2020) ♦ MICHAEL TILLY, Apokalyptik (UTB), Tübingen/Basel 2012.

1) Eschatologie und Apokalyptik sind für das Judentum der hellenistisch-römischen Zeit von großer Bedeutung. Der Ursprung der apokalyptischen Literatur liegt in den ältesten Teilen der Henochliteratur vor, die im 3. Jahrhundert v. Chr. entstanden sind (zur Definition der Begriffe „Apokalypse" und „Apokalyptik" vgl. oben § 9.2d). Von dort ausgehend hat sie bis ins 1. Jahrhundert n. Chr. eine wichtige Rolle für die jüdische Vorstellung von der Ordnung der Welt, ihren zeitlichen Einteilungen und der Durchsetzung von Gottes Gerechtigkeit gespielt. Grundsätzlich lassen sich dabei zwei Formen endzeitlicher Erwartung unterscheiden:

a) Auf der einen Seite steht die Hoffnung auf die innerweltliche Wiederherstellung Israels und seine Befreiung von den Feinden und Unterdrückern. Dabei kann der von Gott gesandte davidische Gesalbte eine zentrale Rolle übernehmen, der diese Befreiung durchführt und Israel anschließend in Gerechtigkeit regiert (so z. B. PsSal 17; vgl. Hag 2,4–9.20–23; Sach 6,9–15; 9,9f.).

b) Auf der anderen Seite steht die Erwartung der Vernichtung der gegenwärtigen Welt, verbunden mit der Erwartung der Auferstehung der Toten, des endzeitlichen Gerichts Gottes und der Durchsetzung seiner gerechten Ordnung. Diese Vorstellung findet sich in jüngeren Texten der Hebräischen Bibel (Jes 24–27; Sach 12–14; Dan 7–12) sowie vor allem in der apokalyptischen Literatur. In diesen Schriften schaut eine wichtige Figur der Geschichte Israels, zum Beispiel Henoch, Abraham, Mose oder Esra, den Geschichtsverlauf bis zu seinem Ende und das Gericht Gottes, das zwischen Gerechten und Sündern scheidet. Diese Schau legt er anschließend schriftlich nieder.

In der apokalyptischen Literatur spielt die Erwartung eines kommenden Retters eine wichtige Rolle. Das kann die himmlische Gestalt eines „Menschensohnes" sein, der im Auftrag Gottes das Gericht durchführen wird (Dan 7,13f.; 1Hen 48f.; 4Esr 13). Dieser Menschensohn kann mit dem Messias identifiziert werden. Der Messias kann allerdings auch eine eigene, irdische Gestalt sein, der eine bestimmte Zeit regiert und dann stirbt (Dan 9,25f.; 4Esr 7,28f.).

Mit der apokalyptischen Sicht der Geschichte ist häufig die Erwartung der endzeitlichen Totenauferstehung verbunden. Demnach werden die Toten zum Gericht auferstehen und mit den Lebenden in Gerechte und Sünder eingeteilt werden. Nach einer anderen Auffassung stehen nur die Gerechten auf, wogegen die Sünder im Totenreich bleiben.

2) Die Anfänge der apokalyptischen Literatur liegen im sogenannten „Astronomischen Buch" (1Hen 72–82) und dem „Wächterbuch" (1Hen 1–36) der Henochliteratur. Sie sind darauf orientiert, den geordneten Verlauf der Welt darzustellen, der sich zum Beispiel am Lauf der Gestirne erkennen lässt, den Ursprung des Bösen zu erklären und die Durchsetzung des gerechten Gerichtes Gottes anzukündigen. Diese Literatur entsteht in einer Zeit, in der Israel seine Eigenstaatlichkeit verloren hat, mit kosmologischen Vorstellungen anderer Völker und Kulturen (der Babylonier, Perser und Griechen) konfrontiert ist und von fremden Herrschern regiert wird. Dazu kommt eine stärker auf das Individuum konzentrierte Anthropologie, die sich in dieser Zeit zum Beispiel auch in der griechischen Philosophie entwickelt. Davon sind neben den apokalyptischen auch die in der persischen und hellenistischen Zeit entstehenden Schriften der Weisheitsliteratur geprägt. In dieser politischen, kulturellen und religiösen Lage stellte sich die Frage nach der Beendigung von Fremdherrschaft, Leid und Unterdrückung sowie der Durchsetzung der Macht des Gottes Israels in besonderer Dringlichkeit.

Die apokalyptische Literatur verweist dazu auf die Zukunft, in der Gott seine gerechte Ordnung durchsetzen wird. Auch wenn sie gegenwärtig nicht sichtbar und erfahrbar ist, wird Gottes Gerechtigkeit dennoch das Böse überwinden und diejenigen belohnen, die sich an seinem Gesetz ausrichten. Die Aufforderung zur Orientierung an Gottes Gesetz ist deshalb ein wichtiges Merkmal der apokalyptischen Texte (z. B. in der Henochliteratur, 4Esr und 2Bar).

Die apokalyptischen Schriften entwickeln demnach eine eigene Form von Geschichtstheologie. Geschichte wird aus der Perspektive Gottes gedeutet, der seine gute und gerechte Ordnung zukünftig auf der Erde aufrichten wird. Dazu wird er alles Böse vernichten, die Sünde wird aufhören und diejenigen, die sich an Gott und seinem Gesetz orientiert haben, werden belohnt werden. Diese Erwartung kann sich auch damit verbinden, dass die gegenwärtige Welt insgesamt vernichtet und durch eine neue Welt ersetzt werden wird.

> **Lektüreempfehlung:** Ein typisches Motiv der Apokalyptik ist die Vorstellung, dass Gott im endzeitlichen Gericht Gerechtigkeit herstellen wird. Das wird zum Beispiel im 4. Esrabuch dargestellt (S/Z 590–594). Ein „messianischer" Text aus dem 1. Jahrhundert v. Chr. ist PsSal 17 (S/Z 599–602). Die messianische Zeit schildert 2Bar 26–30 (S/Z 594–596). Auszüge aus den „Menschensohn"-Texten des 1. Henochbuchs finden sich in S/Z 576–588. Empfehlenswert ist, einmal eine jüdische Apokalypse ganz im Zusammenhang zu lesen, etwa die „Himmelfahrt des Mose" oder die „(syrische) Baruchapokalypse". Die Texte finden sich in deutscher Übersetzung in den Bänden der Reihe JSHRZ (s. o. § 4.1).

6 Das Diasporajudentum

📚 **Literatur:** BARCLAY, Jews in the Mediterranean Diaspora ♦ SHAYE J. D. COHEN/ERNEST S. FRERICHS (Hg.), Diasporas in Antiquity (BJS), Atlanta 2020 ♦ GERHARD DELLING, Studien zum Frühjudentum. Gesammelte Aufsätze 1971–1987, hg. von Cilliers Breytenbach und Karl-Wilhelm Niebuhr, Göttingen 1987 ♦ LOUIS H. FELDMAN/MEYER REINHOLD (Hg.), Jewish Life and Thought among Greeks and Romans. Primary Readings, Minneapolis 1996 ♦ YAIR FURSTENBERG (Hg.), Jewish and Christian Communal Identities in the Roman World (Ancient Judaism and Early Christianity 94), Leiden/Boston 2016 ♦ KARL-WILHELM NIEBUHR, Tora und Weisheit. Studien zur frühjüdischen Literatur (WUNT 466), Tübingen 2021 ♦ MENAHEM STERN (Hg.), Greek and Latin Authors on Jews and Judaism, 3 Bde., Jerusalem 1974–1984.

1) Die Mehrzahl der Juden lebte nicht in Palästina, sondern in der Diaspora. Das wird durch Philo und Josephus, aber auch durch die „Völkerliste" in Apg 2,9–11 bezeugt. Das wichtigste geistige und wirtschaftliche Zentrum des hellenistischen Diasporajudentums war *Alexandria* (vgl. Josephus, ant. 14,117f., s. S/Z 468f.). Hier entwickelte sich eine lebendige jüdische Gemeinschaft, die am geistigen und kulturellen Leben der Metropole regen Anteil nahm. Das wird durch zahlreiche dort entstandene Schriften (z. B. diejenigen von Philo) sowie durch die dort entstandene Übersetzung der Septuaginta bezeugt. Von der „hellenistischen Diaspora", die sich auf den Mittelmeerraum (außer Palästina) bezieht, ist diejenige im Osten zu unterscheiden. Auch in Mesopotamien gab es ein starkes Diasporajudentum, von dessen theologischer Arbeit der Babylonische Talmud zeugt.

Im Römischen Reich hatten Juden im Allgemeinen den Status der *peregrini*, d. h. der Nichtbürger, konnten aber auch das römische Bürgerrecht oder örtliche Bürgerrechte besitzen. Juden wurde eine eigene synagogale Gerichtsbarkeit sowie das Recht zur Wahrung ihrer religiösen Bräuche zugestanden. Der von Tertullian (apol. 21,1) gebrauchte Ausdruck *religio certe licita* bezeichnet allerdings keine amtliche Rechtsnorm, sondern den Sachverhalt, dass das Judentum – im Unterschied zum Christentum in der Zeit um 200 n. Chr. – nicht verboten war. Juden unterschieden sich von ihrer nichtjüdischen Umgebung vor allem durch die Exklusivität ihres Gottesglaubens, der die Verehrung anderer Götter und die Teilnahme an entsprechenden kultischen Veranstaltungen prinzipiell ausschloss. Für die nichtjüdischen Zeitgenossen befremdlich war zudem die Bildlosigkeit des jüdischen Gottesglaubens. Auffällig waren auch das Halten des Sabbats, die Beschneidung und die Speisegebote. Das wird in der 14. Satire des römischen Dichters Juvenal erkennbar, der sich sarkastisch darüber äußert, dass diese Rituale mitunter auch von Nichtjuden übernommen werden (Text in B/T 207).

Eine aktive jüdische Mission unter Nichtjuden hat aller Wahrscheinlichkeit nach nicht stattgefunden. Im Blick auf den Übertritt zum Judentum gab es die

Proselyten, die zum Judentum konvertierten, sich beschneiden ließen und das ganze Gesetz hielten, und die sogenannten „*Gottesfürchtigen*", die sich zum Judentum hingezogen fühlten, das jüdische Bekenntnis zu dem einen Gott teilten, an Synagogengottesdiensten teilnahmen, sich an einzelne Gesetzesvorschriften wie etwa die Einhaltung des Sabbats und den Verzicht auf Schweinefleisch hielten, das gesamte Gesetz, insbesondere die Beschneidung, jedoch nicht übernahmen. Die zuletzt Genannten bildeten keine feste Gruppe, vielmehr ist der Begriff eine Sammelbezeichnung für alle diejenigen, die sich im Umfeld des jüdischen Gottesglaubens bewegten, ohne jedoch Teil des jüdischen Volkes zu werden. Sie werden in der Apostelgeschichte, bei Josephus sowie in einigen griechischen und lateinischen Texten bzw. Inschriften genannt und gelten als Nichtjuden.

2) Im hellenistischen Judentum entstand eine reiche *Literatur*, bedeutsam in theologischer bzw. religionsphilosophischer Hinsicht (Philo) sowie als historische Quelle (insbesondere Josephus). In nachneutestamentlicher Zeit blieb diese Literatur zunächst ausschließlich durch christliche Überlieferung erhalten, innerhalb des Judentums wurde sie durch die rabbinische Literatur völlig verdrängt und erst in der Neuzeit wieder rezipiert.

a) Eine hervorragende Leistung war die Übertragung der Bibel ins Griechische, die sogenannte *Septuaginta* (Abk. LXX). Die Legende über die durch siebzig jüdische Gelehrte vollbrachte Übersetzung wird im Aristeasbrief und bei Philo überliefert (Auszüge in S/Z 603–607). Tatsächlich entstand die Septuaginta in Alexandria in einem mehrere Jahrhunderte währenden Prozess, der in den unterschiedlichen Übersetzungen der einzelnen Bücher, der unterschiedlichen Textüberlieferung sowie nicht zuletzt in der von der hebräischen Bibel abweichenden Sammlung der Schriften in der griechischen Bibel zum Ausdruck kommt. Die Septuaginta galt als ebenso inspiriert wie der hebräische Text. Im 2. Jahrhundert entstanden zudem weithin „wörtlichere" Übersetzungen (Aquila, Symmachus, Theodotion), die die mitunter freieren Übersetzungen der Septuaginta dem hebräischen Text stärker annähern wollten. Das antike Christentum hielt an der Septuaginta als Heiliger Schrift fest und deutete sie aus der Perspektive des Christusglaubens, ohne allerdings die Textgestalt selbst zu verändern.

Aufbau und Zusammensetzung der Septuaginta im Ganzen und in einzelnen Schriften weichen zum Teil erheblich von der hebräischen Bibel (und damit auch von den heutigen Ausgaben des Alten Testaments) ab. Eine detaillierte Übersicht über die Zitate und Anspielungen auf die jüdischen Schriften im Neuen Testament, einschließlich einer Auflistung der Differenzen zwischen den Zählungen der hebräischen und der griechischen Bibel, findet sich im Anhang des Nestle-Aland (NA^{28}, 836–878). Zur Entstehung und zu den Besonderheiten der Septuaginta vgl. MICHAEL TILLY, Einführung in die Septuaginta, Darmstadt 2005; CARSTEN ZIEGERT/SIEGFRIED KREUZER, Septuaginta (AT), WiBiLex, April 2012, https://www.bibelwissenschaft.de/stichwort/28417/; SIEGFRIED KREUZER (Hg.), Einleitung in die Septuaginta (Handbuch zur Septuaginta 1), Gütersloh 2016; KON-

RAD SCHMID/JENS SCHRÖTER, Die Entstehung der Bibel, München 2020, 217–224. Zu Textausgaben, Übersetzungen und Konkordanz zur Septuaginta s. o. § 4.1.

b) Die apologetisch angelegten Schriften des hellenistischen Judentums wandten sich polemisch gegen den Polytheismus, vor allem gegen die Bilderverehrung und argumentierten zugunsten des Monotheismus. Zu nennen sind die Weisheit Salomos (Sapientia Salomonis), der Roman „Joseph und Aseneth", die Schrift des Josephus „Gegen Apion" sowie etliche Werke Philos (s. u.).

Kommentierte Textausgaben: OTTO KAISER, Die Weisheit Salomos, Stuttgart 2010; ECKART REINMUTH (Hg.), Joseph und Aseneth (SAPERE 15), Tübingen 2009.

Ein besonders eindrückliches Zeugnis der Auseinandersetzung zwischen Judentum und Hellenismus ist das 2. Makkabäerbuch. Es kritisiert Versuche, eine Synthese zwischen beiden Kulturbereichen, insbesondere auf dem Gebiet des Religiösen herzustellen. Im Vordergrund steht die scharfe Kritik an den syrischen Königen Seleukos und Antiochos Epiphanes. Das 2. Makkabäerbuch ist aber zugleich ein bemerkenswertes Dokument hellenistischer Historiographie.

3) Die bedeutendste Gestalt des hellenistischen Judentums war der in Alexandria lebende Theologe und Religionsphilosoph *Philo*, ein Zeitgenosse Jesu (geb. 15/10 v. Chr., gest. nach 40 n. Chr.). Er trat politisch hervor, als er im Jahre 40 n. Chr. eine Gesandtschaft der alexandrinischen Judenschaft leitete, die bei Kaiser Caligula (Gaius) gegen antijüdische Maßnahmen der Alexandriner protestierte und die angestammten jüdischen Rechte zu sichern versuchte. Der Bericht darüber steht in seiner Schrift *Legatio ad Gaium* (Auszüge in S/Z 14–16.23–26). Auf der Basis von Vorträgen schrieb er einen umfangreichen, in mehreren Einzelschriften überlieferten allegorischen Kommentar zum Buch Genesis sowie Kommentare zum Pentateuch, die nur noch teilweise erhalten sind. Er verfasste systematisch-theologische Abhandlungen, unter anderem über die Schöpfung und über die Gesetzgebung des Mose. Wichtig sind seine historisch-apologetischen Schriften, in denen er vor allem Mose als einzigartigen und idealen Herrscher und Gesetzgeber und das Judentum als die wahre Religion bzw. Philosophie darstellt.

Die wichtigste Methode seiner Bibelauslegung war die Allegorese. Dabei setzte er die Texte des Pentateuch in die Sprache und die Vorstellungswelt der hellenistischen Philosophie um, die Erzvätergestalten interpretierte er als ethische Vorbilder. Auch die kultischen Bestimmungen des Gesetzes interpretierte er als ethisch vernünftige Weisungen Gottes. Darin lag für ihn nicht etwa eine Abkehr von den Traditionen des Judentums, sondern dies war im Gegenteil der Vollzug ihrer Bewahrung (vgl. Philo, Abr. 119–122, s. S/Z 612). Philo verband dies mit einer durchaus breiten allgemeinen Bildung, wie die zahlreichen Zitate aus Homer, Platon, Aristoteles und anderen griechischen Texten zeigen (vgl. die Textauszüge in S/Z 244–251).

Arbeitsvorschläge

1. Ein anschauliches Beispiel für die Sicht der römischen Oberschicht auf das antike Judentum findet sich im Bericht des Tacitus über den Jüdischen Krieg (hist. 5,1–13, Auszüge in S/Z 84–88). Woher stammt das Judentum nach Ansicht des Tacitus? Wie stellt er die jüdische Religion dar?
2. Lesen Sie das 2. Makkabäerbuch (eine deutsche Übersetzung findet sich in der Ausgabe „Septuaginta Deutsch", s. o. § 4.1, sowie in anderen Bibelübersetzungen mit alttestamentlichen Apokryphen bzw. deuterokanonischen Büchern). Wie wird in diesem Buch hellenistische Historiographie aus jüdischer Sicht entworfen?

7 Essener und Qumrangemeinde

Literatur: Jörg Frey, Qumran, RAC 27 (2016), 550–592 ♦ Jörg Frey (Hg.), Perspectives on the Qumran Community. From the Essenes to the Yaḥad, and Beyond, Themenheft, EC 13,1 (2022) ♦ Reinhard G. Kratz, Qumran. Die Schriftrollen vom Toten Meer und die Entstehung des biblischen Judentums, München 2022 ♦ Armin Lange, Qumran, RGG⁴ 6 (2003), 1873–1896 ♦ Annette Steudel, Qumran-Handschriften, WiBiLex, Oktober 2009, https://www.bibelwissenschaft.de/stichwort/31684/ ♦ Daniel Stökl Ben Ezra, Qumran. Die Texte vom Toten Meer und das antike Judentum (Jüdische Studien 3), Tübingen 2016 ♦ James C. VanderKam, Einführung in die Qumranforschung. Geschichte und Bedeutung der Schriften vom Toten Meer, Göttingen 1998 ♦ Géza G. Xeravits/Peter Porzig, Einführung in die Qumranliteratur. Die Handschriften vom Toten Meer, Berlin/Boston 2015.

1) Die Essener waren eine den Pharisäern und Sadduzäern vergleichbare Religionspartei; sie werden allerdings im Neuen Testament nicht erwähnt. Durch die Funde in Qumran sind Texte erhalten, die über Lebensweise und Anschauungen einer essenischen Gruppe oder – wahrscheinlicher – mehrerer essenischer Gruppen Auskunft geben, während wir von Pharisäern und Sadduzäern keine Originalquellen besitzen. Für die Pharisäer ließen sich die Paulusbriefe nennen, mit der Besonderheit, dass Paulus sich als ein zur Verkündigung des Evangeliums von Jesus Christus berufener Pharisäer versteht.

Der römische Gelehrte Plinius der Ältere berichtet von Menschen, die zurückgezogen am Westufer des Toten Meeres lebten und sich ausschließlich durch von außen hinzukommende Mitglieder vermehrten. Diese Angaben werden durch die Lage der Qumransiedlung und die dort gefundenen Texte teilweise gestützt. Philo und Josephus berichten allerdings, dass Essener in Gemeinschaften über ganz Palästina verstreut wohnten (Textauszüge in S/Z 512–522). Es gab sowohl asketisch lebende Gemeinschaften als auch Essener, die verheiratet waren. Die in Qumran lebende Gemeinschaft – eventuell waren es auch mehrere Gemeinschaften, die dort nacheinander lebten – repräsentiert demnach nur einen Teil der Essener.

2) Von 1947 bis 1956 wurden in elf Höhlen bei Qumran, am Westufer des Toten Meeres zahlreiche Schriftrollen entdeckt, die dort vermutlich zu Beginn des Jüdischen Krieges 66 n. Chr. versteckt worden waren, um sie vor der Vernichtung zu schützen; 2017 wurde eine zwölfte Höhle entdeckt, die jedoch bereits geplündert war. Auch an anderen Orten in der Nähe des Toten Meeres wurden Schriftrollen entdeckt (u. a. im Wadi Murabbaʿat und Naḥal Ḥever), weshalb in der Regel von den „Schriftrollen vom Toten Meer" die Rede ist. Durch die Qumranfunde sind die Kenntnisse über die dort lebende jüdische Gemeinschaft (oder die Gemeinschaften) deutlich besser als über die anderen religiösen Gruppen des Judentums der hellenistisch-römischen Zeit. Die große Zahl der Qumranschriften und auch die Ausgrabungen geben einen guten Einblick in die Religiosität, die Theologie und das Alltagsleben der Gemeinde, die in diesen Schriften zu Wort kommt.

Zu den wichtigsten Schriften und ihrer Zitierweise s. o. § 46.3. Über die Ausgrabungen in Qumran informieren etwa KRATZ 15–19 und STÖKL BEN EZRA 8–16. Eine kurze Einführung in die Forschungsdiskussion über den (nicht ganz eindeutigen) Zusammenhang zwischen den Textfunden in den Höhlen am Felsabhang des Wadi Qumran und der Siedlung Ḥirbet Qumran gibt S/Z 538–540.

3) Der *Jachad* („Vereinigung"), wie die Gemeinschaft sich selbst bezeichnete, bestand aus mehreren Untergruppen, die in verschiedenen Siedlungen lebten. Die auf das Leben des Jachad bezogenen Texte weisen dementsprechend kein einheitliches Profil auf. Die Angehörigen des Jachad waren davon überzeugt, stellvertretend für Israel als ganzes die im Gesetz gegebenen Reinheitsvorschriften einzuhalten. Den Tempel in Jerusalem erkannten sie grundsätzlich als jüdisches Zentralheiligtum an, betrachteten ihn jedoch als entweiht und nahmen deshalb an den Opfern und Tempelfesten nicht teil. Gegenstand der Kritik war vor allem der am Tempel geltende Kalender (Mondjahr statt Sonnenjahr), der aus Sicht der Qumrangemeinde die korrekte Feier der Feste kultisch unmöglich machte.

Im Mittelpunkt des Glaubens und Lebens des Jachad steht die Überzeugung, dass die Forderungen des Gesetzes durch die Heiligung des ganzen Lebens zu erfüllen seien. Das geschieht konkret durch die Befolgung der in der „Gemeinderegel" festgehaltenen Bestimmungen für alle, die zur Gemeinschaft gehören (1QS I,1–15). Wer sich der „Gemeinde des Bundes der Einung" (1QS V,5f.) anschließt, verzichtet auf persönlichen Besitz, erkennt die Hierarchie der Gemeinde an und verpflichtet sich zur strikten Beobachtung der Reinheitsbestimmungen. Verstöße dagegen werden mit unterschiedlichen Strafen belegt.

Das Welt- und Menschenbild der Qumrantexte lässt ein ausgeprägtes dualistisches Denken erkennen: Licht und Finsternis stehen miteinander im Kampf, dementsprechend gibt es keinerlei Gemeinschaft zwischen den „Kindern der Finsternis" und den „Kindern des Lichts" (1QS III,18–IV,1). Der Dualismus prägt auch die eschatologischen Hoffnungen. Die „Kriegsrolle" (1QM) beschreibt den endzeitlichen heiligen Krieg, den das Gottesvolk gegen die Heiden und Frevler führen wird; der Text schildert ausführlich die Aufstellung der Schlachtreihen und die Aufschriften auf den Feldzeichen. Dass Israel am Ende siegen und Gott für diesen Sieg danken wird, ist von vornherein gewiss (1QM XVIII,1–XIX,13). Auch das dann existierende Israel der Endzeit wird nach den Prinzipien der Qumrangemeinde leben. Gemäß der „Gemeinschaftsregel" wird „der Priester" Vorrang haben vor dem „Messias von Israel" (in 1QS IX,11 ist von *zwei* „Gesalbten" die Rede). Menschen mit körperlichen Mängeln werden nicht zur Gemeinde gehören dürfen (1QSa II,3–10).

Von Bedeutung auch im Blick auf das Neue Testament sind die in den Qumrantexten erkennbaren hermeneutischen Prinzipien bei der Auslegung der Heiligen Schrift: Es wird gesagt, dass sich biblische Aussagen eigentlich auf den Gründer der Gemeinde, den „Lehrer der Gerechtigkeit", beziehen oder auch auf die unmittelbare Gegenwart der Gemeinde (was zur Annahme zahlreicher zeitgeschichtlicher Anspielungen führt). Deutlich wird dies zum Beispiel im Kommentar zum Buch des Propheten Habakuk (z. B. 1QpHab II).

4) Seit den Qumranfunden wird deren Verhältnis zu Jesus und dem entstehenden Christentum intensiv diskutiert. Es lassen sich einige Analogien feststellen. Diese betreffen zum einen den Bereich der Rituale: Die Tauchbäder in Qumran wurden mit der Taufe Johannes' des Täufers und des frühen Christentums in Beziehung gesetzt; Analogien wurden zudem zwischen den Mählern der Qumrangemeinschaft und der frühchristlichen Mahlpraxis gesehen. Vergleichbar ist weiter das jeweilige Schriftverständnis: Die verbindlichen Schriften des Judentums werden in eschatologischer Perspektive ausgelegt und auf die eigene Gemeinschaft bezogen. Des Weiteren gibt es in Qumran und dem frühen Christentum eine Messiaserwartung. Etliche Qumrantexte sprechen von einem Messias oder zwei messianischen Gestalten (einer königlichen und einer priesterlichen), im frühen Christentum wird Jesus als Messias (Christus, Gesalbter) angesehen. Ein weiterer Bereich betrifft die Ethik: In beiden Bereichen wird von einer Trennung zwischen Geretteten und Verlorenen ausgegangen, wobei das Kriterium dafür die Zugehörigkeit zur Gemeinschaft von Qumran bzw. zur Jesusgemeinschaft ist. Damit in Verbindung steht die Auffassung, dass das Gesetz konsequent einzuhalten sei – und zwar in der Form, wie es in den Qumrantexten bzw. von Jesus (etwa in den sogenannten „Antithesen" der Bergpredigt, Mt 5,21–48) ausgelegt wird. Eine Verbindung kann auch in der Besitzethik gesehen werden, die in Qumran wie in frühchristlichen Texten (z. B. Mk 10,17–31; Apg 4,32–5,11) eine wichtige Rolle spielt. Schließlich findet sich sowohl in Qumrantexten als auch im frühen Christentum die Auffassung, dass der sündige Mensch nicht von sich aus gerecht werden kann, sondern der Gnade Gottes bedarf, um gerettet zu werden (1QH IV,30–37; Röm 3,21–31 u. ö.).

Diese Analogien sind nicht durch eine direkte Verbindung zwischen der Qumrangemeinschaft und der von Jesus ins Leben gerufenen Gemeinschaft zu erklären. Hierfür gibt es keinerlei Hinweise; die Beziehungen sind zudem zu allgemein und unspezifisch, als dass sie eine solche Annahme stützen könnten. Zudem wird in den Qumrantexten weder Johannes der Täufer noch Jesus oder eine andere frühchristliche Gestalt erwähnt wie umgekehrt in den frühchristlichen Texten nirgendwo von Qumran oder den Essenern die Rede ist. Auch sind Unterschiede nicht zu übersehen. Zwar stand auch der Qumrangemeinschaft mit dem „Lehrer der Gerechtigkeit" eine charismatische Persönlichkeit vor, diese wurde jedoch nicht als Messias oder Sohn Gottes betrachtet und stand nicht im Zentrum der Verehrung. Die Taufe ist ein einmaliger Akt der Besiegelung der Umkehr und des Eintritts in die christliche Gemeinschaft, kein wiederholtes Reinigungsritual wie die Tauchbäder in Qumran. Das christliche Mahl dient der symbolischen Vergegenwärtigung des erhöhten Jesus und der Vergewisserung der Gemeinschaft untereinander. Mit den Mählern in Qumran gemeinsam ist der eschatologische Bezug und die Erwartung des Kommens einer messianischen Gestalt. Spezifisch für das christliche Mahl ist jedoch die konstitutive Bindung an Jesus als den Begründer der Gemeinschaft, dessen Leben, Sterben und endzeitliche Wiederkunft zentraler Inhalt des Mahles sind. Soziologisch unterscheidet sich die Qumrangemeinschaft als eine zurückgezogen und asketisch lebende Gruppe, die sich als symbolische Repräsentation Israels verstand, von dem Auftreten Jesu und dem Profil der frühchristlichen Gemeinden. Jesus wandte sich aktiv den jüdischen Menschen in Galiläa, Judäa und den angrenzenden Gebieten zu, um sie zu einem Leben in konsequenter Orientierung an Gottes Willen zu bewegen. Die frühchristlichen Gemeinden entstanden an vielen Orten, bald auch außerhalb des jüdischen Kerngebiets, und öffneten sich sehr schnell auch für Nichtjuden.

Die Qumrantexte beleuchten demnach den jüdischen Kontext des Wirkens Jesu, Johannes' des Täufers und des Paulus sowie der Entstehung der frühchristlichen Gemeinden. Eine historische Beziehung lässt sich dagegen nicht feststellen.

Arbeitsvorschläge

1. Die hermeneutischen Prinzipien der Qumrangemeinde bei der Auslegung biblischer Texte berühren sich mit der frühchristlichen Schriftauslegung. Lesen Sie die Auslegung von Hab 2,4–8 in 1QpHab VII–VIII (Text in S/Z 553f.) sowie Röm 1,16f.; Gal 3,10–14; Hebr 10,37–39. Welche Analogien und welche Differenzen lassen sich erkennen?
2. Es empfiehlt sich, die „Gemeinderegel" (1QS) ganz zu lesen. Diese Rolle enthält an ihrem Beginn eine Festliturgie (I,18–II,18), rechtliche Vorschriften sowie eindrückliche Gebete und psalmartige Texte.

8 Samaritaner

Literatur: ROBERT T. ANDERSON/TERRY GILES, The Keepers. An Introduction to the History and Culture of the Samaritans, Peabody, Mass. 2002 ♦ MARTINA BÖHM, Samaritaner, WiBiLex, Juni 2010, https://www.bibelwissenschaft.de/stichwort/25967/ ♦ ALAN D. CROWN (Hg.), The Samaritans, Tübingen 1989 ♦ FERDINAND DEXINGER/REINHARD PUMMER (Hg.), Die Samaritaner (WdF 604), Darmstadt 1992 ♦ JÖRG FREY u. a. (Hg.), Die Samaritaner und die Bibel. Historische und literarische Wechselwirkungen zwischen biblischen und samaritanischen Traditionen (SJ 70), Berlin/Boston 2012 ♦ MAGNAR KARTVEIT, The Origin of the Samaritans (VT.S 128), Leiden/Boston 2009 ♦ HANS G. KIPPENBERG, Garizim und Synagoge. Traditionsgeschichtliche Untersuchungen zur samaritanischen Religion der aramäischen Periode (Religionsgeschichtliche Versuche und Vorarbeiten 30), Berlin/New York 1971 ♦ JOHN MACDONALD, The Theology of the Samaritans, London 1964 ♦ REINHARD PUMMER, The Samaritans. A Profile, Grand Rapids, Mich. 2016 ♦ KONRAD SCHMID/JENS SCHRÖTER, Die Entstehung der Bibel, München 2020, 224–228 ♦ JÜRGEN K. ZANGENBERG, ΣAMAREIA. Antike Quellen zur Geschichte und Kultur der Samaritaner in deutscher Übersetzung (TANZ 15), Tübingen 1994.

Die Samaritaner nehmen in der Geschichte des antiken Judentums eine Sonderstellung ein. Die meisten Samaritaner bewohnten das Binnenland der nördlich von Judäa gelegenen Region Samaria, ein Teil von ihnen lebte aber auch in der Diaspora, etwa in Ägypten und auf der Insel Delos. Der griechische Begriff Σαμαρῖται bezeichnet sowohl die *Samarier*, d. h. die gesamte Bevölkerung der Region Samaria, zu denen auch Anhänger paganer Religionen gehörten, als auch die *Samaritaner* als religiöse Gemeinschaft (der undifferenzierte Begriff „Samariter" wird in der neueren Forschung nicht mehr verwendet).

Ihrem Selbstverständnis nach sind die Samaritaner Israeliten, die JHWH als einzigen Gott verehren. Ähnlich wie bei den Sadduzäern gilt bei den Samaritanern ausschließlich der Pentateuch als normativ, wogegen die weiteren Schriften der entstehenden Hebräischen Bibel und die mündliche Auslegungstradition nicht als verbindlich angesehen werden. Der von den Samaritanern überlieferte Pentateuch weist zahlreiche Differenzen zur späteren masoretischen Texttradition auf. Vor allem jedoch finden sich markante Unterschiede in Bezug auf die Frage, wo sich der legitime Kultort befindet: Im Dekalog und an einigen weiteren Stellen des samaritanischen Pentateuch wird herausgestellt, dass der einzige Kultort für JHWH der Berg Garizim sein soll. Wie archäologische Funde belegen, wurde in persischer Zeit ein Heiligtum auf dem Garizim angelegt, in dem JHWH mit regelmäßigen Opfern kultisch verehrt wurde, ähnlich wie in Jerusalem. (Da ein entsprechender Tempel auf dem Garizim archäologisch nicht nachweisbar ist, wird auch die These vertreten, dass es sich möglicherweise um ein „tempelloses Heiligtum" handelte, s. S/Z 524). Wann und aus welchen Gründen es erstmals zu offenen Konflikten zwischen dem jerusalemtreuen Judentum und den Samaritanern kam, lässt sich nicht genau erkennen, da die überlieferten Quellen zumeist aus späterer Zeit stammen und tendenziös aus jerusalemtreuer Perspektive berichten (u. a. Josephus). Deutlich ist jedenfalls, dass die Hasmonäer im ausgehenden 2. Jahrhundert v. Chr. das Heiligtum auf dem Garizim zerstörten. Die Verehrung des Garizim als einzig legitimen Kultort und die Ablehnung des Jerusalemer Tempels wurde von den Samaritanern dennoch beibehalten. Seit der Besatzung der Römer 63 v. Chr. wie auch unter der Herrschaft des Herodes und seiner Söhne erhielten die Samaritaner in kultischer Hinsicht größere Autonomie, auch wenn der Kult auf dem Garizim nicht wiederaufgenommen wurde.

Weitere Kennzeichen der samaritanischen Gemeinschaft sind die Verehrung des Mose als Prophet sowie die eschatologische Erwartung eines Propheten „wie Mose" (vgl. Dtn 18,18). Vor diesem Hintergrund ist das Auftreten eines Mannes im Jahr 35/36 n. Chr. zu verstehen, der den Samaritanern versprochen haben soll, er werde ihnen die Stelle zeigen, an der die heiligen Geräte des Mose vergraben lägen. Als daraufhin eine große Zahl samaritanischer Männer zusammenkam, sah Pilatus darin wohl einen bewaffneten Aufruhr und ließ sie brutal niederschlagen. Der Rat der Samaritaner reagierte mit einer Beschwerde in Rom, die schließlich zur Absetzung des Pilatus führte (vgl. Josephus, ant. 18,85–89, s. S/Z 527f.).

§ 49 Pagane Religiosität und Philosophie

1 Pagane Religiosität

📖 **Literatur:** Christoph Auffahrt, Mysterien (Mysterienkulte), RAC 25 (2013), 422–471 ♦ Jan N. Bremmer, Initiation into the Mysteries of the Ancient World (Münchner Vorlesungen zu Antiken Welten 1), Berlin/Boston 2014 ♦ Jan N. Bremmer, Mystery Cults. I. Greco-Roman Antiquity, EBR 20 (2022), 412f. ♦ Hubert Cancik/Konrad Hitzl (Hg.), Die Praxis der Herrscherverehrung in Rom und seinen Provinzen, Tübingen 2003 ♦ Alfons Fürst, Christentum im Trend. Monotheistische Tendenzen in der späten Antike, ZAC 9 (2006), 496–523 ♦ Bernhard Heininger, Die religiöse Umwelt des Paulus, in: Oda Wischmeyer/Eve-Marie Becker (Hg.), Paulus. Leben – Umwelt – Werk – Briefe (UTB 2767), Tübingen ³2021, 105-154 ♦ Klauck, Umwelt des Urchristentums ♦ John S. Kloppenborg, Associations, Voluntary, EBR 2 (2009), 1062–1069 ♦ Anne Kolb/Marco Vitale (Hg.), Kaiserkult in den Provinzen des Römischen Reiches. Organisation, Kommunikation und Repräsentation, Berlin/Boston 2016 ♦ Kurt Latte, Römische Religionsgeschichte (HAW 5/4), München ²1967, 327–359 ♦ Martin P. Nilsson, Geschichte der griechischen Religion, Bd. 2: Die hellenistische und römische Zeit (HAW 5/2), München ²1961 ♦ Jörg Rüpke, Pantheon. Geschichte der antiken Religionen, München 2016 ♦ Jörg Rüpke/Greg Woolf (Hg.), Religion in the Roman Empire (RM 16/2), Stuttgart 2021 ♦ Thomas Witulski, Kaiserkult in Kleinasien. Die Entwicklung der kultisch-religiösen Kaiserverehrung in der römischen Provinz Asia von Augustus bis Antoninus Pius (NTOA 63), Göttingen ²2010.

Pagane Religiosität wird in der frühen Kaiserzeit in vielfältiger Weise praktiziert. Grundsätzlich ist dabei anzumerken, dass das oftmals gezeichnete Bild eines allmählichen Verfalls der griechisch-römischen Religion (evtl. mit einigen letztlich gescheiterten Restaurationsversuchen) sich zu stark an der literarisch gut überlieferten Perspektive der römischen Oberschicht orientiert. Im Anschluss an die neuere Forschung sind dagegen zwei generelle Beobachtungen hervorzuheben: Zum einen zeigen sich beispielsweise in Weihinschriften und bei griechischrömischen Schriftstellern Versuche, die Gottheiten verschiedener Regionen zu „übersetzen" und sie auf diese Weise für Auswärtige „lesbar" zu machen (sog. *interpretatio Graeca* bzw. *Romana*). Zugleich sind die religiösen Vorstellungen und die konkrete kultische Praxis vor Ort oftmals stark von lokalen Traditionen geprägt und nicht in das Raster eines einheitlichen Systems griechisch-römischer Religion zu pressen. Insbesondere mit Blick auf den religionsgeschichtlichen

Kontext der frühchristlichen Schriften sind deshalb die Quellen und Überreste zu berücksichtigen, die Einblick in die religiöse Praxis der jeweiligen Region geben. Zum anderen steht die religionsgeschichtliche Erforschung der Antike in der Gefahr, den Fokus zu stark auf die religiösen und sozialen Eliten zu richten – eine Tendenz, die nicht zuletzt aus der überlieferten antiken Literatur und den unterschiedlich bewerteten archäologischen Funden resultiert. In der neueren Forschung wird deshalb verstärkt der Blick auf die religiöse Praxis, also auf „gelebte Religion", in breiteren Teilen der antiken Bevölkerung im Römischen Reich gelegt (vgl. dazu etwa die neue Zeitschrift „Religion in the Roman Empire").

a) Die kultische Praxis an den Heiligtümern

Der Kult an den lokalen Heiligtümern spielte in der antiken Religiosität eine wichtige Rolle, insbesondere für das politische und soziale Leben in den städtischen Zentren. Allgemein handelte es sich bei den Tempelbauten und ihren Kultbildern um repräsentative Gebäude und hochwertige Kunstgegenstände mit zahlreichen bildlichen Darstellungen von Gottheiten und Heroen, im Unterschied zum Bilderverbot im Judentum. Der vor (nicht in) dem jeweiligen Tempel aufgestellte Altar war der bevorzugte Ort für den Opferkult, insbesondere für Tieropfer.

Opfertiere wurden auf oder neben dem Altar geschlachtet, so dass das Blut darauf spritzte. Vor allem in römischen Tempeln gab es anschließend die Praxis der Eingeweideschau, um zu ermitteln, ob das Opfertier der Gottheit gefällig ist. Nachdem man das Tier gehäutet und zerlegt hatte, wurde meist nur ein Teil des Tiers verbrannt, wie etwa Teile der Knochen und das Fett. Der überwiegende Teil des Fleisches wurde entweder im Tempelbezirk zubereitet und bei einem festlichen Mahl mit vielen Teilnehmerinnen und Teilnehmern verzehrt, oder das Fleisch gelangte auf den Lebensmittelmarkt (*macellum*), von denen in der Kaiserzeit viele neu errichtet wurden. Sowohl das kultische Mahl mit seinen sozialen Funktionen in der antiken Gesellschaft als auch der Verkauf von Opferfleisch auf den Lebensmittelmärkten stellte das frühe Christentum vor besondere Probleme, wie Paulus sie in 1Kor 8–10 erörtert (s. o. §14.4).

Die Verantwortung für die Durchführung des Tempelkults lag prinzipiell in der Hand der politischen Leitung der jeweiligen Stadt. Die kultische Funktion der Priesterinnen und Priester wurde je nach lokaler Tradition unterschiedlich vergeben: Während vor allem im griechischen Raum freie Bürgerinnen und Bürger per Los gewählt wurden, gab es in Kleinasien und anderen Regionen auch die Möglichkeit, das Priesteramt käuflich zu erwerben oder zu vererben. In Rom etablierten sich Priesterkollegien, die die Priester auswählten. Das prestigeträchtige Priesteramt war dabei auf Lebenszeit vorgesehen und üblicherweise Bestandteil einer vorbildlichen politischen Karriere. An der Spitze des hochrangigen *collegium pontificum* stand der *pontifex maximus*, ein Amt das seit Augustus in den Händen der Kaiser lag. Das Priesteramt wurde häufig nebenberuflich ausgeübt

Abb. 7: Statue des Asklepios (römische Kopie eines griechischen Originals aus dem 5. Jh. v. Chr., heute in den Vatikanischen Museen)

und war bis auf die Voraussetzung eines tadellosen Rufs der Amtsträger nicht näher reguliert. Wichtige Ausnahmen sind jedoch die *flamines Dialis* als Priester im Kult des Staatsgottes Jupiter, die sich strengeren Vorschriften unterwerfen mussten (u. a. Verbote von rohem Fleisch und gesäuertem Brot, Kontaktverbot zum römischen Heer), sowie die in strikter Keuschheit lebenden Vestalinnen, die Priesterinnen der Vesta, Hüterin des heiligen Feuers.

Neben den Heiligtümern, die vorwiegend für die jeweilige Stadt Bedeutung besaßen, gab es auch Kultorte, die in verschiedener Hinsicht überregional einflussreich waren. Hier sind etwa Kultorte zu nennen, die im Rahmen großer Feste musische und sportliche Wettkämpfe zu Ehren einer Gottheit veranstalteten, wie etwa die Olympischen Spiele oder die Isthmischen Spiele in der Nähe von Korinth. Vor allem jedoch gewannen in hellenistisch-römischer Zeit die oftmals außerhalb von Städten angelegten Asklepios-Heiligtümer an Bedeutung. Das größte Asklepieion befand sich in Epidauros auf der Peloponnes, weitere Kultorte lagen unter anderem auf der Insel Kos, in der Nähe von Pergamon und auf der Tiberinsel in Rom. Kennzeichnend für die Asklepios-Heiligtümer war, neben dem entsprechenden Tempel, der Zugang zu einem Fluss oder einer Quelle, da Reinigungsrituale hier eine wichtige Rolle spielten. Vor allem jedoch gab es im Tempelbezirk Schlafsäle, da die Hilfesuchenden darauf hofften, dass ihnen der Gott im Traum erscheint und sie geheilt werden. Mit Blick auf die Geschichte des antiken Christentums ist der Asklepios-Kult zum einen deshalb interessant, weil das Christentum mit Heilungen etwa an den Gräbern von Märtyrern in eine Konkurrenzsituation eintrat. Zum anderen geben Votivgeschenke und inschriftliche Heilungsberichte Auskunft über die geheilten Menschen und die Umstände der Heilung (s. die Texte in S/Z 346–348).

b) Der Kaiserkult

Entstehung und Ausbreitung des römischen Kaiserkults folgten einer dynamischen Entwicklung, die im Römischen Reich unterschiedlich verlief. Der religionsgeschichtliche Hintergrund liegt unter anderem in der kultischen Verehrung des Herrschers, die sich unter Alexander dem Großen und den nachfolgenden hellenistischen Herrschern etablierte. Die kultisch verehrten Herrscher bekamen oft Ehrentitel wie „Wohltäter" (εὐεργέτης) oder „Retter" (σωτήρ). Die ptolemäischen Herrscher förderten in besonderer Weise die göttliche Verehrung für Alexander und das Herrscherhaus, wobei die Regierenden mit Unterstützung der Priesterschaft an alte ägyptische Traditionen anknüpfen konnten. In der Zeit der späten Republik gab es gelegentlich in der Bevölkerung der Stadt Rom eine kultische Verehrung für erfolgreiche Feldherren und hochrangige Politiker, obwohl der Senat offiziell versuchte, diese Entwicklung zurückzudrängen. Nachdem der Senat sehr weitgehende Ehrungen für Caesar noch zu dessen Lebzeiten beschloss, gelang es seinem Adoptivsohn Octavian (dem späteren Augustus) nach dem Tod Caesars, dass der Senat ihn als *divus Iulius* unter die Staatsgötter erhob. Octavian konnte sich daher als *divi filius* („Sohn des Göttlichen") bezeichnen, was ihn in die Nähe der göttlichen Sphäre rückte. Auch unter den folgenden Kaisern war es zumeist üblich, dass der Senat den verstorbenen Kaiser auf Antrag seines Nachfolgers unter die Götter erhob. Kaisern wie Nero und Domitian, die der *damnatio memoriae* anheimfielen, blieb diese Ehrung hingegen versagt.

Abb. 8: Statue des Augustus (Augustus von Primaporta, Marmorkopie einer Bronzestatue, die nach 20 v. Chr. in Auftrag gegeben wurde, heute in den Vatikanischen Museen)

Neben der Verehrung der vergöttlichten Kaiser in eigens errichteten Tempeln am Forum Romanum nahm der Kaiserkult vor allem in Kleinasien schnell an Bedeutung zu. Städte wie Ephesus, Pergamon und Smyrna baten den Kaiser um die Erlaubnis für den Bau von Kaisertempeln und die Ausrichtung entsprechender Feste, etwa am Geburtstag des Kaisers. Für die Städte war damit ein erheblicher Prestigegewinn verbunden. Seit der zweiten Hälfte des 1. Jahrhunderts gewann die kultische Verehrung der Statuen und Bilder des Kaisers zunehmend als Loyalitätserweis gegenüber der römischen Staatsmacht an Bedeutung. So schreibt etwa Plinius (um 110 n. Chr.), er habe in den Verhören von Christen verlangt, dass sie vor Götterbildern und einem Bild des Kaisers Weihrauch und Wein opfern, und danach diejenigen freigelassen, die dieser Aufforderung nachkamen (zum Briefwechsel zwischen Plinius und Trajan s. u. § 65.3).

c) Religiöse Vereine und Mysterienkulte

Das vielfältige antike Vereinswesen ist durch Inschriften und Papyri gut dokumentiert. Die Vereine boten eine wichtige Form der sozialen Vernetzung innerhalb der antiken Gesellschaftsstruktur, da sie im mittleren Bereich zwischen der Familie einerseits und den politisch-öffentlichen Institutionen der Stadt auf der anderen Seite verortet waren. Einigen Vereinen gehörten zwar nur Angehörige der Oberschicht an, andere Vereine nahmen ausschließlich Sklaven auf, oftmals waren die Vereine jedoch gemischt zusammengesetzt. Zudem gab es Vereine, in denen sich ethnische Minderheiten entsprechend ihrer Herkunft versammelten. Ein Großteil der Vereine stand nur Männern offen, es gab jedoch auch gemischte Vereine, einige Vereine wurden sogar von Frauen gestiftet. Insgesamt hatten die Vereine somit eine hohe Bedeutung vor allem für diejenigen, die nicht der politisch-sozialen Elite aus freien männlichen Bürgern angehörten.

Anhand ihrer Benennung und der inhaltlichen Schwerpunktsetzung lassen sich verschiedene Vereinstypen unterscheiden, deren Tätigkeitsfelder sich in der Praxis allerdings überschnitten. So gab es unter anderem Vereine zur Verehrung bestimmter Gottheiten, Nachbarschaftsvereine und berufsbezogene Vereine. Die Vereine hatten zumeist klar definierte Aufgaben und eine feste Organisationsstruktur, etwa mit einem „Aufseher" als Vorsitzendem (ἐπιμελητής), einem Schatzmeister (ταμίας) und einem Sekretär (γραμματεύς), sowie eine mitunter umfangreiche Satzung (vgl. die inschriftliche Stiftungsurkunde IG XII,3 Nr. 330, s. S/Z 364–370).

Die Vereinsmitglieder zahlten beim Eintritt einen festgelegten Betrag (teilweise auch in Naturalien wie etwa Wein) und waren danach zu regelmäßigen Beitragszahlungen verpflichtet. Aus diesen Mitteln wurden etwa Kredite an die Vereinsmitglieder vergeben und die Bestattung verstorbener Vereinsmitglieder finanziert, mitunter wurden sogar vereinseigene Grabanlagen unterhalten. Einige

Vereine beteiligten sich an öffentlichen Aufgaben wie der Feuerwehr oder der Instandhaltung öffentlicher Gebäude, was einen Reputationsgewinn ermöglichte. Zentral waren jedoch bei allen Vereinen regelmäßige Zusammenkünfte mit einem gemeinsamen Mahl. All diese Aktivitäten hatten in verschiedener Hinsicht eine religiöse Komponente, insbesondere die gemeinsamen Festmähler und die Bestattungskultur. Eine strikte Unterscheidung zwischen religiösen und nichtreligiösen Vereinen ist deshalb nicht möglich. Bemerkenswert ist zugleich, dass die Vereine zur Verehrung von Gottheiten und Heroen in der Kaiserzeit zahlreicher wurden. Dabei gab es Vereine zur Verehrung von Zeus, Dionysos und anderen Gottheiten des klassischen griechisch-römischen Pantheons, aber auch Gottheiten aus den kleinasiatischen, syrischen und ägyptischen Gebieten wurden beispielsweise in der Stadt Rom verehrt.

Eine besondere Stellung nahmen in diesem Zusammenhang die Mysterienkulte ein. Die älteste und größte Kultstätte dieser Art, die für praktisch alle Mysterienkulte Modellcharakter hatte, befand sich in Eleusis in der Nähe von Athen. Das Heiligtum mit Platz für bis zu dreitausend Personen bestand bis zum Ende des 4. Jahrhunderts n. Chr. In der Kaiserzeit pilgerten Menschen aus dem gesamten Römischen Reich nach Eleusis und ließen sich einweihen, auch Augustus und einige weitere Kaiser.

Der Kult von Eleusis verehrte die Göttin des Ackerbaus Demeter und deren Tochter Persephone. Laut dem Mythos wurde Persephone von Hades entführt, woraufhin ihre verzweifelte Mutter die Saaten vertrocknen ließ. Erst nachdem Demeter ihre Tochter wiederbekam, erwachte die Natur zu neuem Leben (Homer, hym. 2, s. S/Z 415f.). Die Einweihung in den Mysterienkult erfolgte im Rahmen eines Rituals, bei dem man lange Zeit in nächtlicher Dunkelheit verharrte. Mit einem plötzlich auflodernden Feuerschein wurde die Erleuchtung symbolisiert und den neu Eingeweihten wurde eine geheimnisvolle Kiste mit „heiligen Dingen" gezeigt.

Ein strukturelles Element aller Mysterienkulte bestand darin, dass jeder „Eingeweihte" (μύστης) zu strenger Geheimhaltung über die Inhalte des Kults verpflichtet war (dennoch wurden die Mysterienkulte in Dichtung, Literatur und sogar im Theater thematisiert). Der Mysterienkult von Eleusis war an einen festen Kultort gebunden, wie auch einige weitere kleinere Kulte. Viele Mysterienkulte waren hingegen ortsunabhängig und als religiöse Vereine organisiert. Der Dionysoskult, dem der Ruf der sexuellen Zügellosigkeit vorauseilte, war vor allem im westlichen Kleinasien und auf den Inseln der Ägäis verbreitet. Im republikanischen Rom wurden die zahlreicher werdenden Dionysos-Kultvereine der politischen Verschwörung verdächtigt und in einer unverhältnismäßigen Razzia verfolgt (vgl. den Senatsbeschluss von 186 v. Chr. in S/Z 422f.). Die kultische Verehrung der Gottheiten Isis und Osiris ging vom ptolemäischen Ägypten aus. In den erhaltenen Darstellungen zeigt sich, dass viele Menschen im zentralen Mittelmeerraum von der Exotik dieser Gottheiten fasziniert waren. Wenngleich der

Kult für diese Gottheiten verbreitet war, scheint die Verehrung im Rahmen eines Mysterienkults nur von einem kleinen Anhängerkreis praktiziert worden zu sein. Seit dem Ende des 1. Jahrhunderts n. Chr. fand auch der Mithraskult immer mehr Anhänger, vor allem im römischen Militär und unter Freigelassenen. Zahlreiche erhaltene Reliefs zeigen die Tötung eines Stiers durch Mithras als zentrale Szene. Anders als in der älteren Forschung oft angenommen, lassen Knochenfunde und die geringe Größe der erhaltenen Versammlungsräume jedoch darauf schließen, dass die Mysten selbst keine Stiere töteten. Vielmehr spielten gemeinsame Mähler im Angesicht des Kultbildes die maßgebliche Rolle.

Die Mysterienkulte erhielten in der neutestamentlichen Wissenschaft des späten 19. und frühen 20. Jahrhunderts besondere Aufmerksamkeit, insbesondere in der religionsgeschichtlichen Schule. Man vertrat die Ansicht, dass das Tauf- und Abendmahlsverständnis im frühen Christentum von den Mysterienkulten maßgeblich beeinflusst worden sei (z. B. die Initiationsriten der Mysterienkulte als Analogie zur Taufe in Röm 6). Dieses Erklärungsmodell wird inzwischen kaum noch hinzugezogen und die Rituale der frühchristlichen Gemeinden werden vorwiegend vor dem Hintergrund des antiken Judentums betrachtet. In der neueren Forschung diskutiert wird vielmehr die Bedeutung des antiken Vereinswesens zum Beispiel mit Blick auf die Organisationsstruktur der Gemeinden im Missionsgebiet des Paulus. Besonders die gemeinsame Mahlpraxis in den paganen Vereinen könnte die Feier des Abendmahls beeinflusst haben. So lassen sich etwa die kritischen Anmerkungen des Paulus in 1Kor 11 als eine Auseinandersetzung mit solchen Praktiken verstehen. Paulus fordert vor diesem Hintergrund, dass mitgebrachte Speisen geteilt werden und dass das Mahl der „Vergegenwärtigung" (ἀνάμνησις) des Todes Christi dienen soll (11,24f.)

d) „Gelebte Religion"

Mit der Bezeichnung „gelebte Religion" wird ein Querschnittsthema der religionshistorischen Forschung bezeichnet. Dabei geht es nicht vorrangig um eine strenge Abgrenzung eines bestimmten Bereichs der Religion („offizielle" Religion vs. „individuelle" Religiosität), sondern um eine breite Perspektive auf die religiöse Praxis der Menschen in der Antike, wobei insbesondere die Menschen außerhalb der politisch-sozialen Elite berücksichtigt werden, also quasi die Perspektive „von unten" gesucht wird. Im Folgenden müssen einige Anmerkungen genügen, um dieses komplexe Thema kurz anzureißen.

Blickt man etwa auf den urbanen Raum der römischen Kaiserzeit, ist zu bedenken, dass die überwiegende Mehrheit der Bevölkerung nicht in einer der prachtvollen Villen mit ihren schön gestalteten Gärten lebte. Menschen, die beispielsweise in einem mehrgeschossigen Miethaus (*insula*) ohne Herd lebten, versorgten sich in den Imbissstuben (*popinae*) mit einer warmen Mahlzeit; sie hielten sich häufig im Freien auf und nahmen so die kleinen Altäre und Bilder im Umfeld der Straßen stärker wahr. Die Kommunikation mit den Gottheiten in

Form von Gebeten und Gelübden stand prinzipiell allen Menschen offen, ebenso wie die Möglichkeit, an den Heiligtümern Votivgaben in Form bemalter Holztäfelchen oder kleiner Plastiken aus Ton aufzustellen. Der Opferkult an den Tempeln spielte in der Lebenswelt dieser Menschen eine geringere Rolle. Feste mit Prozessionen und Spielen oder sogar ein Triumphzug waren dagegen einprägsame Ereignisse, die den Alltag unterbrachen und deren religiöser Bezug durch mitgeführte heilige Geräte oder Götterbilder zum Ausdruck kam.

Ein wesentlicher Bezugsraum für religiöses Handeln ist das „Haus" bzw. die „Familie" (einschließlich der Kinder, Schwiegerkinder, gegebenenfalls Sklavinnen und Sklaven sowie des gesamten Besitzes), wobei der *pater familias* in der Regel eine dominierende Rolle spielte. Als besondere religiöse Orte wohlhabender Haushalte galten die Altäre, die oftmals im Garten standen, sowie der Herd (zusammengefasst bei Cicero, *De domo suo* 41,109, s. S/Z 363). Die kultische Verehrung der verschiedenen Schutzgeister des Hauses spielt hier eine wichtige Rolle. Die Laren (*lares*) wurden von allen im Haus verehrt, wohingegen die Verehrung der Penaten (*penates*) mit ihren Miniaturstatuen Aufgabe des Familienoberhaupts war. Ein vielfältiger Bereich ergab sich darüber hinaus bei der Bestattung Verstorbener und dem rituellen Totengedenken. In zunehmend aufwendiger Form wurde in hellenistisch-römischer Zeit der Bau von Friedhöfen und Grabanlagen vor den Toren der Stadt gepflegt. Die Geister der Verstorbenen (*di manes*) wurden ebenso kultisch verehrt, etwa mit regelmäßigen Mählern und Trankopfern an der Grabstelle.

Im Bereich der „gelebten Religion" sind schließlich auch magische und mantische Praktiken zu nennen. Die Begrifflichkeit für Magie war in der Antike verschieden. In der Literatur der intellektuellen Elite wurden die Praktiken eines „Magiers" (μάγος/*magus*, ursprünglich wurden damit persische Priester bezeichnet) als schädlich und gefährlich betrachtet und dem Bereich des „Aberglaubens" (*superstitio*) zugewiesen. Zahlreiche erhaltene Zauberpapyri, Amulette, kleine Fluchtafeln (*defixiones*, meist schmale Bleibleche mit eingeritzten Buchstaben) und Rachepuppen (Figuren aus Blei mit eingeritzten Buchstaben) zeigen jedoch, dass diese Praktiken in der gesamten Antike verbreitet waren (für Texte einiger Zauberpapyri s. S/Z 354–357). Praktiken der Zukunftsdeutung (Divination bzw. Mantik) galten ebenso als verdächtig, sofern man sich dabei nicht an öffentlich anerkannte Institutionen wie die Apollonheiligtümer in Delphi, Didyma und Klaros, die Sibyllinischen Bücher oder Experten für die Eingeweideschau von Opfertieren wandte. Abseits dieser offiziellen Institutionen gab es zahlreiche Menschen, die ihre Dienste zumeist gegen Bezahlung anboten und den Hilfesuchenden mit religiöser Expertise zur Seite standen.

2 Zur Philosophie im hellenistischen Zeitalter

Literatur: HELLMUT FLASHAR (Hg.), Die Philosophie der Antike, Bd. 4: Die hellenistische Philosophie (Ueberweg), Basel 1994 ♦ HELLMUT FLASHAR, Hellenistische Philosophie, Wien 2020 ♦ OLOF GIGON, Grundprobleme der antiken Philosophie, Bern/München 1959 ♦ MALTE HOSSENFELDER, Die Philosophie der Antike, Bd. 3: Stoa, Epikureismus und Skepsis, München ²1995 ♦ ANTHONY A. LONG, Hellenistic Philosophy. Stoics, Epicureans, Sceptics, Oakland, Kalif. ²1986 ♦ ABRAHAM J. MALHERBE, Hellenistic Moralists and the New Testament, ANRW II 26,1 (1992), 267–333 ♦ MAX POHLENZ, Die Stoa. Geschichte einer geistigen Bewegung, 2 Bde., Göttingen ⁴1970–1972 ♦ CHRISTOPH RIEDWEG u. a. (Hg.), Die Philosophie der Antike, Bd. 5: Philosophie der Kaiserzeit und der Spätantike (Ueberweg), 3 Teilbde., Basel 2018, https://doi.org/10.24894/978-3-7965-3718-9 ♦ JENS SCHRÖTER (Hg.), Antike Philosophie und frühes Christentum, Themenheft, EC 3,3 (2012). – **Quellensammlungen:** GEORGE BOYS-STONES, Platonist Philosophy, 80 BC to 250 AD. An Introduction and Collection of Sources in Translation, Cambridge 2018 ♦ HEINRICH DÖRRIE/MATTHIAS BALTES, Der Platonismus in der Antike. Grundlagen – System – Entwicklung, 7 Bde., Stuttgart-Bad Cannstatt 1987–2008 ♦ RAINER NICKEL (Hg.), Stoa und Stoiker. Auswahl der Fragmente und Zeugnisse. Griechisch – Lateinisch – Deutsch, 2 Bde., Düsseldorf 2009.

a) Allgemeines

Parallel zur politischen und sozialen Entwicklung der hellenistischen Epoche vollzog sich auch eine geistige Neuorientierung der oberen Schichten der Bevölkerung: Nicht mehr die Polis bildete den Horizont des Denkens und des Bewusstseins, sondern die Welt, der Kosmos. Dass sich im Hellenismus ein kosmopolitisches Bewusstsein ausgebildet hat, lässt sich beispielsweise am Bedeutungswandel einzelner Begriffe ablesen: ἐλευθερία („Freiheit") und νόμος („Gesetz") bezeichneten in der politischen und philosophischen Literatur nicht mehr die Freiheit der Bürger in der autonomen Stadt und das Gesetz, das die freie Stadt sich selber gibt, sondern sie bezogen sich nun auf die Stellung des Einzelnen in der Welt. Jetzt wurde „Freiheit" die innere Freiheit der Unabhängigkeit von der Welt, auch Bedürfnislosigkeit. „Gesetz, Nomos" wurde verstanden als das dem Kosmos und dem einzelnen Menschen innewohnende Weltgesetz. Diese Begriffe verloren also ihre konkrete politische Funktion und Bedeutung. Die Tendenz zum Kosmopolitischen verbunden mit der Abwendung von konkreten Fragen der gesellschaftlichen Situation fand ihren Niederschlag auch in der Philosophie: Der Mensch will sich verstehen in der Natur und im Kosmos, und dazu entwickelte die Philosophie den Gedanken, die Gesetze des Kosmos seien zugleich die Gesetze des Menschen.

b) Die philosophischen Schulen

Die vier wichtigsten philosophischen Schulen in hellenistischer Zeit sind der auf Platon (428–349) und seine Akademie zurückgehende Platonismus, die sich auf Aristoteles (384–322) beziehende Schule, die von Zenon (333–262) begründete Stoa, ihr in manchem verwandt der Kynismus, und der sich auf Epikur (342–271) berufende Epikureismus. Gemeinsam ist diesen vier Richtungen die Entwicklung hin zum Individualismus einerseits und zum Kosmopolitismus andererseits. Beherrschendes Thema ist die Frage nach der richtigen Lebensgestaltung des Einzelnen; die reine Theorie wird zurückgedrängt zugunsten konkreter Vorschläge zur Praxis des individuellen Lebens. Ausgangspunkt der Überlegungen ist die Überzeugung, Tugend sei lehrbar und mache den Menschen glücklich. Zu dieser philosophischen Entwicklung gehört die Tendenz zum Monotheismus, exemplarisch erkennbar in der pseudoaristotelischen Schrift *De mundo*.

Eine deutsche Übersetzung bietet KAI BRODERSEN (Hg.), Über die Welt. Griechisch – lateinisch – deutsch (Tusculum), Berlin/Boston 2019. Empfehlenswert ist auch die frei zugängliche, griechisch-englische Ausgabe mit interpretierenden Essays von JOHAN C. THOM (Hg.), Cosmic Order and Divine Power. Pseudo-Aristotle, *On the Cosmos* (SAPERE 23), Tübingen 2014, https://doi.org/10.1628/978-3-16-156432-1.

Zwischen diesen Schulen gibt es aber auch prinzipielle Unterschiede. Die drei erstgenannten Schulen berufen sich grundsätzlich auf Sokrates, die Epikureer dagegen wollen ausdrücklich nicht in der sokratischen Tradition stehen. Diese Differenzen halten sich durch und spielen auch in der Philosophie der kaiserzeitlichen Epoche eine entscheidende Rolle.

1) Die *platonische* Schule hatte sich zwar inzwischen von ihrem Ursprung bei Platon entfernt, aber der platonische Idealismus war weiterhin von grundlegender Bedeutung, das Nebeneinander von Ideenwelt/Urbild und sinnlich erfahrbarer Welt/Abbild. Einflussreich wurde die trichotomische Anthropologie, die im Menschen Leib, Seele und Geist unterscheidet. Ein Kennzeichen blieb auch das Denken in Kategorien der Dialektik („Es gibt immer ein Gegenargument"), das dem Platonismus den Vorwurf der Skepsis eintrug.

Der Platonismus führte insgesamt ein akademisches Dasein, eine populäre Richtung bildete sich nicht heraus. Wirkungen finden sich aber etwa im Denken Ciceros und bei Philo. Ein ausgesprochener Platoniker war Plutarch (50–120 n. Chr.), der die bekannten „Parallelen Biographien" berühmter Griechen und Römer sowie moralische Schriften verfasste. Großen Einfluss erhielt der Platonismus erst im 3. Jahrhundert mit Plotin (Neuplatonismus).

Zwischen dem Platonismus und den Schriften des Neuen Testaments gibt es kaum direkte Berührungspunkte. Aussagen und Begriffe, die hier wie dort begegnen (z. B. „Seele" oder „Geist"), sind im Neuen Testament anders zu verstehen als in platonischen Texten.

2) Die *Aristoteliker* trieben, wie schon Aristoteles selbst, empirische Wissenschaft. Das bestimmte sowohl ihr philosophisches System als auch ihre Ethik. Weithin rezipiert wurde die aristotelische Logik; die an Aristoteles anknüpfende Philosophie besaß dagegen nur wenig Einfluss, was sich dann aber im christlichen Mittelalter, vermittelt durch arabische Gelehrte, grundlegend änderte.

Diese Philosophie baute auf dem folgenden System auf: *Gott* ist der erste Beweger des Kosmos, aber er selbst ist unbewegt. Der *Kosmos* ist ewig, die Welt des *Menschen* ist dem unmittelbaren Einfluss Gottes entzogen. Das Ideal der kosmischen Bewegung ist der *Kreis*, die Ideenlehre Platons gilt als widerlegt. In der *Seelenlehre* hält sich die Spannung durch, die sich schon bei Aristoteles findet: Die Seele kann als unkörperlich und göttlich angesehen werden – oder als irdisch-materiell an den Körper gebunden. In der *Ethik* gilt Tugend stets als ein Mittleres zwischen zwei möglichen Extremen – so Tapferkeit als Mitte zwischen Feigheit und Tollkühnheit, Freigebigkeit als Mitte zwischen Geiz und Verschwendungssucht usw. Anklänge an die Ethik des Aristotelismus finden sich in den „Haustafeln" in Kol 3,18–4,1 und in Eph 5,21–6,9 (zu den Haustafeln s. o. § 9.3g).

3) Die *Stoa* war die einflussreichste philosophische Schule. Im Denken der Stoiker wird die monotheistische Tendenz der Zeit besonders deutlich fassbar: Ein einziges Göttliches durchdringt den ganzen Kosmos, ist aber nicht mit ihm identisch. Kennzeichnend war die Einheit von Weltbild und Ethik. Im Vordergrund stand das Bemühen, eine Antwort auf die praktischen Lebensfragen zu geben, aber dabei wurde gleichzeitig gezeigt, dass das Naturgesetz und das Sittengesetz miteinander übereinstimmen. Der Kosmos ist vom Logos durchwaltet, das bedeutet zugleich, dass er streng deterministisch aufgefasst wird – es gibt keine Zufälle, sondern alles folgt dem Nomos. Zwischen diesem Makrokosmos und dem Mikrokosmos, also dem Menschen, besteht eine Harmonie. Deshalb wird die Natur als Gesetzgeberin für alle Probleme der Ethik angesehen: Sofern der Mensch mit der kosmischen Ordnung in vollständiger Übereinstimmung lebt („Sympathie") und also von allen Affekten frei ist, hat er den höchsten Grad der Tugend erreicht. Sein Gewissen spornt ihn aber immer wieder dazu an, die eigene Vollkommenheit zu überprüfen. Der stoische Weise zeigt diese Vollkommenheit nicht im Rückzug aus der Welt, sondern er beweist sie an dem Platz, an dem er steht – sei es als Sklave wie Epiktet, sei es als Kaiser wie Mark Aurel. Denn das, was von außen kommt – Leib, Besitz und Ansehen, Macht –, steht dem Menschen nicht zur Verfügung, ist nicht sein Tun. In seiner Macht aber stehen sein Urteil, sein Trieb zum Handeln, sein Begehren und Meiden. So ist alles, was ihm begegnet, daraufhin zu prüfen, ob es zu der ersten oder zu der zweiten Kategorie gehört; wenn es zu dem gehört, das nicht in der eigenen Gewalt steht, „dann sei sogleich die Antwort bei der Hand: Es geht mich nichts an" (Epiktet, ench. 1).

4) Die Lehre *Epikurs* hebt sich bewusst von der sokratischen Tradition ab. Für Epikur stand fest, dass die Götter (die es natürlich gibt) mit der Welt und

Abb. 9: Büste des Epikur (römische Kopie eines griechischen Originals aus dem 3. Jh. v. Chr., heute in den Kapitolinischen Museen, Palazzo Nuovo)

dem Menschen keinerlei Verbindung haben; man braucht sie deshalb nicht zu verehren, ihnen nicht zu opfern, sie nicht zu anzubeten. Hoffnung oder Furcht den Göttern gegenüber ist sinnlos. Der Ablauf alles Geschehens folgt den Naturgesetzlichkeiten; der Kosmos ist zeitlich begrenzt, eine Wirklichkeit jenseits der materiellen Welt gibt es nicht. Trotz der Aussage in Apg 17,18 war der Epikureismus für das frühe Christentum praktisch ohne Bedeutung.

Das für den Epikureismus typische „Lustprinzip" meint nicht kurzfristige Befriedigung, sondern vollständige Abwesenheit von Unlust, die Ataraxie, die freilich den Rückzug aus der Welt notwendig voraussetzt. Für die Epikureer war es selbstverständlich, dass der Mensch sich durch rationale Aufklärung von Furcht befreien kann und dazu einer Religion nicht bedarf. Aus diesem Grunde hatte der Epikureismus in der Kaiserzeit insofern Bedeutung, als man in ihm eine Hilfe gegen den Aberglauben (*superstitio*) und den Mystizismus sah.

c) „Popularphilosophie"

Unter dem Begriff „Popularphilosophie" werden philosophische Vorstellungen und Texte der frühen römischen Kaiserzeit zusammengefasst, die sich oftmals nicht auf eine der großen philosophischen Schulen der klassischen Zeit (also etwa Platons Akademie, Aristoteles' Peripatos oder Epikurs Kēpos) zurückführen lassen, sondern Motive aus verschiedenen Traditionen verbinden. Neben diesem Eklektizismus lässt sich als weiteres Element die ethische, lebenspraktische Orientierung der Philosophie dieser Zeit nennen. Das entspricht der historischen Situation insofern, als diese insgesamt durch eine stärkere Berücksichtigung des Individuums gekennzeichnet war. Dementsprechend lassen sich auch die im Neuen Testament begegnenden philosophischen Vorstellungen oftmals nicht auf eine bestimmte philosophische Schule zurückführen, sondern nehmen Aspekte aus verschiedenen philosophischen Schultraditionen auf.

Diesem Befund korrespondiert, dass die Philosophie dieser Zeit vielfach durch freie Lehrer verbreitet wurde, die umherzogen und ihren Unterhalt durch Lehrvorträge verdienten. Sie vermittelten ihren Hörern sittliche Normen der Lebensführung und lehrten einen Weg zum gelungenen Leben bzw. zur Glückseligkeit (εὐδαιμονία). Da sich diese Philosophen, die oftmals der kynisch-stoischen Tradition angehörten oder ihr nahestanden, für ihre Tätigkeit bezahlen ließen, lag die Polemik nahe, sie seien nur auf ihren eigenen Ruhm bzw. Gewinn aus. Der Vorwurf, sie würden ihre Philosophie nur „verkaufen" wollen, begegnet häufig. Ein spezieller Fall wird zum Beispiel von Lukian in seiner Satire „Der Tod des Peregrinus" geschildert (Textauszüge in S/Z 374–376). Sie erzählt den Fall des Peregrinus Proteus, der im 2. Jahrhundert gelebt, sich zunächst den Christen angeschlossen, dann jedoch der kynischen Philosophie zugewandt hatte. In Lukians Darstellung zieht er sodann durch verschiedene Gebiete, immer in dem Bemühen, seinen Ruhm zu vergrößern. Schließlich inszeniert er in Olympia, zum Ende der Olympischen Spiele, seine Selbstverbrennung. Darauf folgende mirakulöse Erscheinungen führen zu seiner Verehrung. Lukian macht sich in bissiger Satire darüber lustig, wie Proteus, dem es nie um die Wahrheit gegangen war, sich um des eigenen Ruhmes willen auf dem Scheiterhaufen verbrannte.

Die Begegnung des frühen Christentums mit philosophischem Denken ist in den Kontext dieser Entwicklungen hin zu einer Popularphilosophie einzuzeichnen. So begegnen etwa in der neutestamentlichen Paränese Motive allgemein anerkannter sittlicher Normen, z. B. in den Tugend- und Lasterkatalogen in den Briefen des Paulus. Diese Kataloge besitzen Analogien in der kynisch-stoischen Popularphilosophie (s. o. § 9.3f). Auch die Missionspraxis des Paulus weist Analogien zum Auftreten der kynisch-stoischen Wanderphilosophen auf. So lässt sich etwa die Apologie in 2 Kor 2,17: „Wir sind nicht wie die vielen, die das Wort Gottes verhökern, sondern in Lauterkeit, aus Gott, reden wir vor Gott durch

Christus", als Verteidigung der Motive verstehen, aus denen Paulus in Korinth verkündigt hat. Eingehendere Reflexionen über das Verhältnis des christlichen Glaubens zu spezifischen philosophischen Lehren sind dann ab dem 2. Jahrhundert anzutreffen.

Fünfter Teil:
Jesus von Nazaret und die Geschichte des Urchristentums

I. Jesus von Nazaret

Literatur: JÜRGEN BECKER, Jesus von Nazaret, Berlin/New York 1996 ◆ HANS CONZELMANN, Jesus Christus, RGG³ 3 (1959), 619–653 ◆ JAMES D. G. DUNN, Jesus Remembered (Christianity in the Making 1), Grand Rapids, Mich./Cambridge 2003 ◆ GERD HÄFNER (Hg.), Die historische Rückfrage nach Jesus, Themenheft, MThZ 64,2 (2013) ◆ MARTIN HENGEL/ANNA MARIA SCHWEMER, Der messianische Anspruch Jesu und die Anfänge der Christologie, Tübingen 2001 ◆ MARTIN HENGEL/ANNA MARIA SCHWEMER, Jesus und das Judentum (Geschichte des frühen Christentums 1), Tübingen 2007 ◆ TOM HOLMÉN/STANLEY E. PORTER (Hg.), Handbook for the Study of the Historical Jesus, 4 Bde., Leiden/Boston 2011 ◆ JENS SCHRÖTER (Hg.), Current Trends in Jesus Research, Themenheft, EC 1,3 (2010) ◆ JENS SCHRÖTER, Jesus von Nazaret. Jude aus Galiläa – Retter der Welt, Leipzig (BG 15), Leipzig ⁶2017 ◆ JENS SCHRÖTER, Jesus. Leben und Wirkung (C. H. Beck Wissen 2916), München 2020 ◆ JENS SCHRÖTER/CHRISTINE JACOBI (Hg.), Jesus Handbuch, Tübingen 2017 ◆ ALBERT SCHWEITZER, Geschichte der Leben-Jesu-Forschung, Tübingen ⁹1984 ◆ WOLFGANG STEGEMANN, Jesus und seine Zeit (BE 10), Stuttgart 2010 ◆ DAVID FRIEDRICH STRAUSS, Das Leben Jesu, kritisch bearbeitet, 2 Bde., Tübingen 1835–1836 ◆ GERD THEISSEN/ANNETTE MERZ, Wer war Jesus? Der erinnerte Jesus in historischer Sicht. Ein Lehrbuch (UTB 6108), Göttingen 2023 ◆ JOHANNES WEISS, Die Predigt Jesu vom Reiche Gottes, Göttingen ²1900 ◆ MICHAEL WOLTER, Jesus von Nazaret, Göttingen 2019 ◆ WILLIAM WREDE, Das Messiasgeheimnis in den Evangelien, Göttingen 1901 (⁴1969).

§ 50 Die Frage nach Jesus als historisches und theologisches Problem

Literatur: RUDOLF BULTMANN, Die Geschichte der synoptischen Tradition, Göttingen 1921 (¹⁰1995) ♦ RUDOLF BULTMANN, Das Verhältnis der urchristlichen Christusbotschaft zum historischen Jesus, in: ders., Exegetica. Aufsätze zur Erforschung des Neuen Testaments, hg. von Erich Dinkler, Tübingen 1967, 445–469 ♦ CHRISTIAN DANZ/MICHAEL MURRMANN-KAHL (Hg.), Zwischen historischem Jesus und dogmatischem Christus, Tübingen ²2011 ♦ MARTIN DIBELIUS, Die Formgeschichte des Evangeliums, Tübingen 1919 (⁶1971) ♦ DUNN, Jesus Remembered, 99–136 ♦ FERDINAND HAHN, Methodologische Überlegungen zur Rückfrage nach Jesus, in: ders., Studien zum Neuen Testament, Bd. 1 (WUNT 191), Tübingen 2006, 185–251 ♦ MORNA D. HOOKER, Christology and Methodology, NTS 17 (1970/71), 480–487 ♦ MORNA D. HOOKER, On Using the Wrong Tool, Theology 75 (1972), 570–581 ♦ MARTIN KÄHLER, Der sogenannte historische Jesus und der geschichtliche, biblische Christus, Leipzig 1892 (²1928) ♦ ERNST KÄSEMANN, Das Problem des historischen Jesus, in: ders., Exegetische Versuche und Besinnungen, Bd. 1, Göttingen 1964, 187–214 ♦ CHRIS KEITH/ANTHONY LE DONNE (Hg.), Jesus, Criteria, and the Demise of Authenticity, London/New York 2012 ♦ KARL LUDWIG SCHMIDT, Der Rahmen der Geschichte Jesu, Berlin 1919.

1) Die Frage, ob die Geschichte des Christentums mit dem vorösterlichen Wirken Jesu oder mit den nachösterlichen Bekenntnissen beginnt, wird seit Beginn der historisch-kritischen Jesusforschung kontrovers diskutiert. Dahinter steht das für die Herausbildung des Christentums wichtige Problem der Verhältnisbestimmung des Osterglaubens zu den Inhalten des Wirkens Jesu. Die meisten Schriften des Neuen Testaments kommen ohne oder mit nur wenigen Hinweisen auf das Wirken des irdischen Jesus aus. Die Evangelien sind ihrerseits aus der Perspektive des Osterglaubens verfasst und stellen das irdische Wirken Jesu in diesem Licht dar. Die Inhalte des Wirkens Jesu sind demnach von den ersten greifbaren Zeugnissen an Bestandteil des Glaubens an Jesus Christus als den Sohn Gottes, der von Gott in die Welt gesandt wurde, für die Menschen gestorben ist und von Gott auferweckt und zu seiner Rechten erhöht wurde. Die Frage nach dem „historischen Jesus" ist demnach kein Problem, das die Autoren des Neuen Testaments oder anderer frühchristlicher Schriften beschäftigt hätte. Sie ergibt sich vielmehr erst aus der historisch-kritischen Forschung, die zwischen den christlichen Glaubensaussagen und der historischen Wirklichkeit, auf die sie sich beziehen, unterschieden und damit die Problematik dieser Verhältnisbestimmung in den Blick gerückt hat.

2) Auszugehen ist von dem offensichtlichen Tatbestand, dass das Auftreten Jesu von Nazaret den historischen Ausgangspunkt für die Entstehung des Christentums bildet. Es gehört deshalb zu den grundlegenden Aufgaben christlicher Theologie, den Zusammenhang zwischen seinem Wirken und Geschick einerseits, den zentralen Inhalten des christlichen Glaubens andererseits zu reflektieren und darzustellen. Im Zeitalter der historisch-kritischen Erforschung der Bibel bedeutet dies, das Auftreten Jesu mit den Methoden kritischer Quellenanalyse, wie sie seit der Aufklärung und der Entstehung des neuzeitlichen kritischen Bewusstseins entwickelt wurden, zu analysieren und historisch einzuordnen.

Die auf dieser Grundlage entworfenen Bilder des „historischen Jesus" sind von dem „irdischen" oder „wirklichen" Jesus zu unterscheiden. Ist es schon aus erkenntnistheoretischen Gründen unmöglich, eine Person so wahrzunehmen, wie sie „wirklich" war (oder ist) – denn niemand kann das Wesen einer Person vollständig wahrnehmen, auch nicht die betreffende Person selbst –, so gilt dies im Falle Jesu um so mehr, da über ihn fast ausschließlich Zeugnisse existieren, die sein Auftreten aus der Perspektive des christlichen Glaubens darstellen. Dieser Charakter der christlichen Quellen – die wenigen nichtchristlichen Quellen verändern dieses Bild nicht – machen die Rückfrage nach Jesus allerdings weder überflüssig noch unbeantwortbar. Es ist vielmehr möglich und sachlich geboten, ein Bild der Person Jesu in ihren historischen Bezügen zu erstellen und zur Entstehung des christlichen Glaubens in Beziehung zu setzen. Auf diese Weise wird nicht zuletzt die Herausbildung frühchristlicher Glaubensüberzeugungen besser nachvollziehbar.

3) Die Unterscheidung zwischen dem „historischen Jesus" und dem „Christus des Glaubens" ist ein Produkt der neuzeitlichen Geistes- und Theologiegeschichte. Zuvor wurde zwischen diesen beiden Sichtweisen dagegen nicht unterschieden. Das lässt sich bereits im Neuen Testament erkennen, in dem Aussagen über die göttliche Herkunft Jesu und sein irdisches Wirken unmittelbar zueinander in Beziehung gesetzt werden. Am eindrücklichsten geschieht dies im Johannesevangelium, wo eine „hohe Christologie", die den irdischen Jesus mit dem präexistenten Logos identifiziert, den Deutungsrahmen für die Darstellung des irdischen Wirkens Jesu bildet. Diese Sicht prägt auch die Bekenntnisbildung des antiken Christentums. Sie kommt etwa im apostolischen Glaubensbekenntnis zum Ausdruck, in dem Bekenntnisformulierungen und Aussagen über den Weg des irdischen Jesus unmittelbar nebeneinanderstehen.

In der Theologie der Aufklärung, die die biblischen Texte kritisch am Maßstab der Vernunft prüfte, wurden dagegen Berichte problematisch, die sich mit einem auf rationaler Basis entworfenen Weltverständnis nicht vereinbaren ließen. Die Verkündigung Jesu wurde in der Konsequenz auf die ethische Belehrung über ein Leben gemäß dem Willen Gottes reduziert, wogegen etwa die Wunder Jesu rationalistisch interpretiert oder zu unglaubwürdigen Erfindungen erklärt wurden. Eine unmittelbare Beziehung zwischen dem mit den Mitteln historisch-kritischer Vernunft erforschten Leben Jesu und seiner Deutung mit Hilfe des christlichen Glaubensbekenntnisses schien in der Folge nicht mehr ohne Weiteres möglich.

Am Beginn dieser Entwicklung steht der Hamburger Orientalist Hermann Samuel Reimarus. Er unterschied die Verkündigung Jesu von der späteren Lehre der Apostel über einen leidenden, vom Tod auferstandenen und zum Gericht wiederkommenden Erlöser und führte Letztere auf einen Betrug der Apostel zurück, die den Leichnam Jesu gestohlen und seine Auferstehung behauptet hätten.

Die rationalistische Sicht, die für zahlreiche Darstellungen der liberalen Leben-Jesu-Forschung des 19. Jahrhunderts – in der späteren Zählung ist dies die „erste Frage nach dem historischen Jesus" – charakteristisch war, wurde von dem Tübinger Theologen David Friedrich Strauß (1808–1874) scharf kritisiert. Er beschrieb die Evangelien stattdessen als „mythische" Erzählungen, die die Idee der Einheit von Gott und Mensch in die Gestalt der „absichtslos dichtenden Sage" gekleidet hätten (STRAUSS, Bd. 1, 75). Eine scharfe Grenze zwischen historischem Geschehen und dessen Deutung lasse sich in den Evangelien deshalb nicht ziehen. Vielmehr verschwinde in den Evangelien das Historische in der mythischen Darstellung, aus der es sich auch nicht mehr nachträglich herauslösen lasse.

Die Position von Strauß führte allerdings nicht dazu, die Frage nach dem historischen Jesus *ad acta* zu legen. Vielmehr wurde im 19. Jahrhundert in kritischer Auseinandersetzung mit Strauß die Suche nach einer historisch zuverlässigen Grundlage des Lebens Jesu intensiviert. Dabei spielte die Lösung in der synoptischen Frage durch die sogenannte Zweiquellentheorie eine wichtige Rolle (vgl. oben § 27). Die beiden „Quellen" der Zweiquellentheorie – das Markusevangelium und Logienquelle Q – werden bis in die gegenwärtige Forschung häufig als diejenigen Zeugnisse betrachtet, die am Anfang der Jesusüberlieferung gestanden hätten und auf deren Grundlage man ein historisch zuverlässiges Bild des irdischen Jesus zeichnen könne. Das Markusevangelium liefere dabei ein Bild der biographischen Entwicklung Jesu, wogegen Q vor allem seine Lehre enthalte.

Diese Theorie wurde von dem Leipziger Philosophen und Theologen Christian Hermann Weisse (1801–1866) in unmittelbarer Auseinandersetzung mit Strauß entwickelt. Weisse griff dazu auf das Zeugnis des Papias über Matthäus und Markus zurück und deutete dieses auf eine dem Matthäusevangelium zugrunde liegende Redenquelle sowie auf das Markusevangelium. Damit sollte Spekulationen über eine den Evangelien vorausliegende mündliche Phase, die Strauß als Nährboden der mythischen Interpretation der Jesusüberlieferung angenommen hatte, der Boden entzogen werden. Bei der Durchsetzung der Zweiquellentheorie zur Lösung der synoptischen Frage und als Grundlage für die Suche nach dem historischen Jesus spielte Heinrich Julius Holtzmanns Untersuchung „Die synoptischen Evangelien" (Leipzig 1863) eine wichtige Rolle. Die anhand der beiden „Quellen" gewonnenen Ergebnisse wurden dabei mit den inhaltlichen Vorstellungen der zeitgenössischen liberalen Theologie interpretiert. So wurde etwa das Gottesreich, dessen Anbruch Jesus verkündigte und angesichts dessen er zur Umkehr aufrief (Mk 1,14f.), als „das von Gott gewährleistete höchste Gut" verstanden, das „zugleich als das sittliche Ideal gilt, zu dessen Verwirklichung die Glieder der Gemeinde durch eine bestimmte gegenseitige Handlungsweise sich unter einander verbinden" (ALBRECHT RITSCHL, Unterricht in der christlichen Religion, Gütersloh ⁴1890, 3).

An der Wende vom 19. zum 20. Jahrhundert erlebte die Jesusforschung eine grundlegende Wende. Diese wurde zunächst dadurch ausgelöst, dass Johannes Weiß und Albert Schweitzer die apokalyptischen Traditionen des Judentums als Interpretationshorizont für die Reich-Gottes-Verkündigung Jesu reklamierten. Damit wurde die Deutung als „inneres Reich der Sinnesänderung", die im 19. Jahrhundert vorherrschend war, fragwürdig. An deren Stelle trat stattdessen die Vorstellung eines zukünftig von Gott heraufgeführten Reiches, das zur derzeitigen Welt in Kontrast treten wird. Schweitzer betonte zudem die Fremdheit Jesu für die moderne Welt, die ernst genommen werden müsse und nicht zugunsten jeweils vorherrschender religiöser Vorstellungen eingeebnet werden dürfe.

Zu dieser veränderten religionsgeschichtlichen Perspektive trat eine grundlegende Neubestimmung des Verhältnisses von literarischer Ebene der Evangelien und historischer Ebene des Lebens Jesu. William Wrede fragte nach einer Erklärung für das auffällige Phänomen, dass die Erkenntnis der Messianität Jesu häufig mit einem Schweigegebot belegt werde (so etwa beim Petrusbekenntnis in Mk 8,29 und in vielen Wundererzählungen). Wrede erklärte dies damit, dass der Glaube an Jesus als den Messias erst nach Ostern entstanden und von dorther auf sein vorösterliches Wirken übertragen worden sei. Historisch betrachtet dagegen habe „sich Jesus thatsächlich nicht für den Messias ausgegeben" (WREDE 229).

Die Frage nach einem messianischen Selbstbewusstsein Jesu wird von Wrede allerdings ambivalent beantwortet. Das wird nicht zuletzt durch eine Äußerung in einem Brief an Adolf von Harnack vom 2. Januar 1905 deutlich (HANS ROLLMANN/WERNER ZAGER [Hg.], Unveröffentlichte Briefe William Wredes zur Problematisierung des messianischen Selbstverständnisses Jesu, ZNThG 8 [2001], 274–322, hier 279f.). Er schreibt dort, etwa dreieinhalb Jahre nach Erscheinen seines Buches „Das Messiasgeheimnis in den Evangelien": „Ich bin geneigter als früher zu glauben, daß Jesus selbst sich als zum Messias ausersehen betrachtet hat" (vgl. dazu auch HENGEL/SCHWEMER, Jesus und das Judentum, 506–525). Die Frage nach dem Verhältnis von Selbstverständnis Jesu und Entstehung der Christologie ist demnach weiterhin offen.

Ungeachtet dieser Frage ist seit Wredes Untersuchung deutlich, dass die Evangelien nicht als historische Biographien Jesu aufzufassen sind, die unmittelbaren Aufschluss über seinen Lebensweg oder gar sein Selbstbewusstsein geben würden. Hinter die Einsicht, dass es sich um theologisch-deutende Darstellungen des Wirkens und Geschicks Jesu handelt, führt vielmehr seit Wrede kein Weg zurück. Dies trifft auch auf die hypothetisch erschlossene Quelle Q zu, die keinen unmittelbaren Zugang zur Lehre Jesu bietet.

Ein dritter Impuls kam von der formgeschichtlichen Betrachtung der Evangelien. Karl Ludwig Schmidt stellte fest, dass sich „der Rahmen der Geschichte Jesu", so der Titel seiner einflussreichen Studie, der redaktionellen Arbeit der Evangelisten verdankt und keine historische Anschauung von der Wirksamkeit Jesu vermittelt. Die Untersuchung der in den Evangelien verarbeiteten Überlieferungen durch Martin Dibelius und Rudolf Bultmann ergab sodann, dass auch diese bereits von urchristlichen Glaubensüberzeugungen geprägt sind. Zudem wurde von diesen beiden Exegeten die bereits bei Strauß zu findende Annahme einer mündlichen Phase der Jesusüberlieferung vor den Evangelien wieder aufgenommen. Auch die Annahme von Strauß, der christliche Glaube basiere nicht auf dem Wirken Jesu, sondern auf den in nachösterlicher Zeit entstandenen Deutungen bzw. auf den frühen Bekenntnissen, findet sich bei Dibelius und Bultmann wieder. Bei Bultmann spiegelt sich dies in der Formulierung, Jesus sei „ins Kerygma auferstanden" (Verhältnis, 469). Die Frage nach dem „historischen Jesus" beurteilte er dagegen als von den Quellen her nicht zu beantworten, da sich die frühchristlichen Autoren nicht für die historischen Umstände des Lebens Jesu interessiert hätten. Sie sei auch theologisch belanglos, da der christliche Glaube nicht auf den historischen Tatsachen des Lebens Jesu, sondern auf dem christlichen Kerygma gründe.

Bultmann zufolge ist es deshalb unmöglich, „den Beweis dafür zu erbringen, daß die historische Kontinuität zwischen Jesus und dem Kerygma sachliche Übereinstimmung ist" (454f.), denn das Kerygma sei „nicht an der ‚objektiven Geschichtlichkeit' über das Daß hinaus interessiert" (454). Damit nimmt Bultmann eine Position auf, die sich in ähnlicher Weise bereits bei Martin Kähler findet, der in seinem berühmten Vortrag „Der sogenannte historische Jesus und der geschichtliche, biblische Christus" aus dem Jahr 1892 formulierte: „Ich sehe diese ganze ‚Leben-Jesu-Bewegung' für einen Holzweg an" (KÄHLER 47), denn für eine Biographie Jesu nach geschichtlichen Maßstäben seien keine Quellen vorhanden, so dass man auf das biblische Zeugnis von dem geglaubten Christus verwiesen sei.

Diese radikale Sicht hat sich jedoch nicht durchhalten lassen. Ernst Käsemann verwies in einem wichtigen, 1953 gehaltenen (und 1954 publizierten) Vortrag darauf, dass „die Evangelien ihr Kerygma, woher immer es stamme, nun doch eben dem irdischen Jesus zuschreiben" und damit ein Interesse an der Geschichte Jesu zeigen (195). Deshalb gelte auch: „Der Osterglaube hat das christliche Kerygma begründet, aber er hat ihm seinen Inhalt nicht erst und ausschließlich gegeben" (203). Auch Hans Conzelmann betonte in seinem RGG-Artikel von 1959 die Notwendigkeit, an der historischen Grundlage des christlichen Glaubens festzuhalten, denn: „Das Festhalten des historischen Bezuges leistet der Mythisierung des Glaubensgegenstandes ebenso Widerstand wie der dogmatischen Objektivierung" (648). Damit war die sogenannte „neue Frage nach dem historischen Jesus" begründet. Für sie ist die Überzeugung leitend, dass kein „Leben Jesu" im Sinn einer historischen Biographie geschrieben werden kann, dass sich jedoch nach Rahmenbedingungen seines Wirkens und Inhalten seiner Verkündigung fragen lässt und dies auch sachgemäß und notwendig ist, um die Entstehung des christlichen Glaubens zu erhellen.

In den achtziger Jahren des 20. Jahrhunderts wandte sich die Forschung zunächst im angelsächsischen, dann auch im kontinentaleuropäischen Raum der Frage nach dem historischen Jesus unter neuen Vorzeichen zu. Diese „dritte Frage" („Third Quest") nach dem historischen Jesus versteht sich als Neuansatz gegenüber den vorangegangenen Forschungsphasen der liberalen Leben-Jesu-Forschung und der von theologischen Prämissen geleiteten „neuen Frage" nach dem historischen Jesus. Anders als bei Bultmann und bei den Vertretern der „neuen Frage" wird es als durchaus möglich beurteilt, mit den Mitteln historischer Forschung ein Bild vom Wirken Jesu zu zeichnen und dieses von den frühchristlichen Glaubenszeugnissen zu unterscheiden. Damit kehrt man im methodischen Ansatz wieder näher zu Reimarus und der liberalen Forschung des 19. Jahrhunderts zurück und betont die Diastase zwischen dem historischen Befund und der urchristlichen Deutung des Wirkens Jesu.

Die Legitimation für diesen Neuansatz wird nicht zuletzt in der Quellenlage gesehen, die sich durch die Texte von Qumran und Nag Hammadi, archäologische Funde in Galiläa und Judäa sowie durch jüdische Texte aus hellenistisch-römischer Zeit grundlegend verändert habe. Dies erlaube es, Jesus in die religiösen, sozialen und kulturellen Kontexte seiner Zeit einzuzeichnen. Zudem stünden aus der Zeit des frühen Christentums zahlreiche Quellen für eine historische Rekonstruktion des Wirkens und der Lehre Jesu zur Verfügung. Neben den Texten des Neuen Testaments wird dabei mitunter auch apokryphen Texten eine wichtige Rolle beigemessen. Dagegen könnten weder grundsätzliche theologische Bedenken noch eine angeblich unzureichende Quellenlage die Frage nach dem historischen Jesus als theologisch unsachgemäß oder aus methodischen Gründen nicht beantwortbar erweisen.

Die „Third Quest" hat zu einer Vielzahl unterschiedlicher Jesusdarstellungen geführt. Die Erwartung, eine möglichst umfassende und unvoreingenommene Zuwendung zu den Quellen werde zu größerer historischer Eindeutigkeit führen, hat sich also nicht erfüllt. Der Grund hierfür lässt sich klar benennen: Historische Quellen lassen niemals nur eine Deutung zu, sondern ermöglichen es, verschiedene Bilder der Vergangenheit zu zeichnen. Die Aneignung der Vergangenheit erfolgt zudem stets aus der Perspektive der je eigenen Gegenwart. In sie fließen deshalb die Kenntnisse, Wirklichkeitsdeutungen und Werturteile der eigenen Zeit und des eigenen sozialen Umfelds ein.

Das historische Material wird demnach aus späterer Perspektive rekonstruiert und im Licht größerer Zusammenhänge gedeutet. Diese generelle geschichtshermeneutische Prämisse wurde in der „Third Quest" anfangs zu wenig beachtet; sie gilt aber selbstverständlich auch für die Frage nach dem historischen Jesus. Dies macht deutlich, dass jeder Entwurf der historischen Person Jesu auf den Maßstäben der eigenen Zeit und der Beurteilung der historischen Materialien beruht. Es geht bei der historischen Jesusforschung also nicht um das eine, „richtige" Bild von Jesus, sondern darum, ein in der jeweiligen Gegenwart plausibles Bild seines Wirkens und Geschicks zu zeichnen und so zugleich seine Bedeutung für die eigene Zeit deutlich zu machen.

Der Bezug auf den irdischen Jesus lässt sich deshalb als „Erinnerungsphänomen" beschreiben (vgl. dazu auch die Literaturangaben unten in § 55). Seine Bedeutung besteht darin, die Verankerung des christlichen Glaubens in einem historischen Geschehen – dem Wirken und Geschick Jesu von Nazaret – festzuhalten und dieses zugleich im Licht derjenigen Wirkungen zu interpretieren, die von ihm ausgegangen sind. Die Frage nach den Konturen und zentralen Inhalten dieses Geschehens sind deshalb für christliche Theologie und christlichen Glauben unverzichtbar.

📖 **Lektüreempfehlung:** Zur neueren Diskussion siehe die Beiträge in JAMES CROSSLEY/ CHRIS KEITH (Hg.), The Next Quest for the Historical Jesus, Grand Rapids, Mich. 2024; JENS SCHRÖTER (Hg.), Jesus and Memory. The Memory Approach in Current Jesus Research, Themenheft, EC 6,3 (2015); HOLMÉN/PORTER, Handbook, Bd. 1: How to Study the Historical Jesus; SCHRÖTER/JACOBI (Hg.), Jesus Handbuch, 14–124. Eine Studie zu verschiedenen Formen der Rezeption Jesu von den Evangelien bis zur historisch-kritischen Forschung hat Halvor Moxnes vorgelegt (Memories of Jesus. A Journey through Time, Eugene, Oreg. 2021). Einen Überblick über Mythen, die sich um die Person Jesu ranken, bietet BERND KOLLMANN, Die Jesus-Mythen. Sensationen und Legenden, Freiburg i. Br. 2009.

§ 51 „Überreste" und „Quellen"

Literatur: FREDERICK F. BRUCE, Außerbiblische Zeugnisse über Jesus und das frühe Christentum, Gießen/Basel ⁵2007 ♦ JAMES H. CHARLESWORTH (Hg.), Jesus and Archaeology, Grand Rapids, Mich. 2006 ♦ SCHRÖTER, Jesus von Nazaret, 35–68 ♦ SCHRÖTER/JACOBI (Hg.), Jesus Handbuch, 125–181 ♦ THEISSEN/MERZ, Wer war Jesus?, 33–95 ♦ JÜRGEN K. ZANGENBERG/JENS SCHRÖTER (Hg.), Bauern, Fischer und Propheten – Galiläa zur Zeit Jesu (Zaberns Bildbände zur Archäologie), Darmstadt/Mainz 2012.

Die Unterscheidung der historischen Materialien in „Überreste" und „Quellen" nach Johann Gustav Droysen wurde bereits oben erläutert (s. § 46.1). Die für das Wirken Jesu maßgeblichen „Überreste" sind archäologische Funde, Inschriften und Münzen, die den historischen Kontext erhellen. Zu den „Quellen" gehören literarische Texte christlicher und nichtchristlicher Herkunft. Bei den ersteren lassen sich die neutestamentlichen und die nicht kanonisch gewordenen Texte – vor allem die sogenannten „Apostolischen Väter" und die Apokryphen – unterscheiden, wogegen sich die letzteren in jüdische und pagane Texte unterteilen. Wir beginnen mit einem Überblick über die „Überreste".

1 Überreste

Aus der Zeit Jesu stammen etliche materiale Überreste, die seinen historischen Kontext auszuleuchten helfen. Im Folgenden werden einige davon näher vorgestellt.

1) Im Jahr 1961 wurde in Caesarea maritima eine Inschrift mit dem Namen von Pontius Pilatus entdeckt. Das Original befindet sich heute im Israel-Museum in Jerusalem, in Caesarea steht eine Kopie. Caesarea war der Sitz des Statthalters von Judäa, das Amt, das Pontius Pilatus in den Jahren 26 bis 36, also auch zur Zeit von Prozess und Hinrichtung Jesu, innehatte. Der erhaltene Text der Inschrift lautet:

[- -]S TIBERIÉVM
[- -]NTIVS PILATVS
[- -]ECTVS IVDAE[A]E
[- -]ÉÇI[-]

Abb. 10: Pilatus-Inschrift (entdeckt 1961 in Caesarea maritima, heute im Israel-Museum, Jerusalem)

Bei dem in Zeile 1 genannten „Tiberieum" handelt es sich offensichtlich um ein Gebäude, das Pilatus dem römischen Kaiser Tiberius gewidmet hatte (vermutlich um einen Leuchtturm an der Hafeneinfahrt, der Beginn von Zeile 1 wäre entsprechend zu *nautis,* „den Seeleuten", zu ergänzen). In Zeile 2 lässt sich eindeutig der Name Pontius Pilatus erkennen. Aus Zeile 3 lässt sich entnehmen, dass dessen Amtsbezeichnung *praefectus Judaeae* lautete. Damit erweist sich der von Tacitus genannte Titel *procurator* (s. u. § 51.2) als unzutreffend. Die vierte Zeile ist zu *refecit* („restauriert") zu ergänzen. Die Inschrift ist damit ein nichtliterarisches Zeugnis für die Person des Pontius Pilatus, der außerhalb des Neuen Testaments auch bei den jüdischen Autoren Philo und Josephus erwähnt wird.

2) Eine weitere Inschrift stammt von einem Ossuar (einem Knochenkasten für die Zweitbestattung von Toten), das 1990 in Jerusalem in einer Familiengrabstätte entdeckt worden war (es befindet sich jetzt ebenfalls im Israel-Museum). Auf dem größten der zwölf dort gefundenen Ossuare, das die Knochen eines etwa sechzigjährigen Mannes und einiger seiner Familienmitglieder enthielt und aufwendig verziert ist, findet sich auf der Längsseite die aramäische Aufschrift „Joseph, Sohn des Kaiapha", auf der Schmalseite die etwas andere Version „Joseph, Sohn des Kapha". Obwohl die Lesart „Kaiapha" nicht ganz sicher ist (es wären auch andere Lesarten möglich), könnte es sich um das Familiengrab des Hohenpriesters Kajaphas handeln, den auch die Evangelien des Neuen Testaments und Josephus erwähnen (Josephus nennt in ant. 18,35 Joseph als Zweitnamen des Kajaphas). Das wird durch ein 2011 bekannt gewordenes Ossuar unterstützt, das die Aufschrift trägt: „Miriam, Tochter des Jeschua, Sohn des Kaiapha, Priester von Maaziah, aus dem Hause Imri". Das Grab in Jerusalem könnte demnach ein Zeugnis für den Hohenpriester Kajaphas, seine Familie und die Art seiner Bestattung sein. Sicher ist das allerdings nicht.

3) Im Jahr 1968 wurde in Giv'at ha-Mivtar, im Nordosten Jerusalems, ein Ossuar aus dem 1. Jahrhundert n. Chr. entdeckt, das die Knochen von drei Personen enthielt, darunter die eines gekreuzigten Mannes mit Namen „Jehohanan Sohn des Hagkol" (heute Israel-Museum). Erhalten ist ein etwa 11 cm langer Nagel, der durch das rechte Fersenbein des Mannes getrieben wurde, sowie Reste von Olivenholz, an dem der Fuß angenagelt worden war. Offenbar steckte der Nagel zu fest in dem Holz, um vor der Bestattung entfernt zu werden. Der Fund ist der erste und bislang einzige archäologische Beleg für die Bestattung eines Gekreuzigten, wie sie auch von Jesus berichtet und zudem bei Philo (Flacc. 83) und Josephus (bell. 4,317) erwähnt wird. Er bietet zudem Erkenntnisse über die Praxis der Kreuzigung: Die Füße wurden demnach offenbar seitlich an den Kreuzesbalken genagelt. Der Fund ist insofern bemerkenswert, als Gekreuzigte, bei denen es sich häufig um politische Aufrührer oder Kriminelle handelte, oftmals auf römischen Befehl hin zur Abschreckung am Kreuz hängen bleiben mussten und dann vermutlich von Tieren gefressen wurden.

4) Im Jahr 1986 wurde auf dem Grund des Sees Genezareth, dessen Wasserspiegel nach längerer Trockenzeit sehr niedrig lag, die Reste eines Bootes entdeckt, das in einer aufwendigen Aktion geborgen und rekonstruiert wurde. Es ist heute in einer eigens errichteten Ausstellungshalle in Kof-Ginnosar am See Genezareth ausgestellt. Das Boot war etwa 8,20 m lang und in der Mitte 2,30 m breit, ist aus verschiedenen Holzarten gefertigt und wurde häufig repariert. Es stammt aus der Zeit zwischen 100 v. Chr. und 70 n. Chr. und wurde vermutlich zum Fischfang eingesetzt. In Magdala am See Genezareth wurde ein Fußbodenmosaik gefunden, das ein ähnliches Boot zeigt. Der Fund vermittelt somit einen Eindruck vom Fischfang am See Genezareth, der ein einträgliches Gewerbe war und auch von Jüngern Jesu ausgeübt wurde, bevor sie in die Nachfolge gerufen wurden (vgl. Mk 1,16-20). Auch für Überfahrten über den See Genezareth, von denen die Evangelien ebenfalls berichten, wurden derartige Boote eingesetzt.

Abb. 11: Boot vom See Genezareth (entdeckt 1986 im See Genezareth, nahe Magdala, heute im Kibbuz Ginnossar, Yigal Allon Museum, Israel)

Abb. 12: Münze des Herodes Antipas

5) Aus der Zeit von Herodes Antipas, dem Landesherrn Jesu, der von 4 v. Chr. bis 39 n. Chr. über Galiläa und Peräa (nördlich und östlich des Toten Meeres) regierte, sind Münzen aus verschiedenen Serien erhalten, die er während seiner Amtszeit prägen ließ. Die erste Serie wurde anlässlich der Gründung des unmittelbar am See Genezareth gelegenen Tiberias geprägt, das Antipas als Stadt seiner Residenz hatte neu errichten und mit einem Palast ausstatten lassen. Die Münzen zeigen florale Motive, etwa Schilfzweige und Dattelpalmen, jedoch keine Abbildungen von Personen (etwa des Kaisers) oder Göttern bzw. Tempeln, wie dies ansonsten häufig auf antiken Münzen der Fall ist. Die „Steuermünze" mit dem Bild des Kaisers, die Jesus nach Mk 12 parr. gezeigt wird, ist demnach keine von

Antipas geprägte und in Galiläa verwendete Münze (die Episode spielt in Jerusalem, wo die Verhältnisse anders waren). Die Münzen des Antipas weisen dagegen darauf hin, dass er die jüdische Prägung seines Herrschaftsgebietes und das jüdische Bilderverbot respektierte.

6) Die Ausgrabungen in den galiläischen Städten Sepphoris und Tiberias sowie an weiteren galiläischen Orten wie etwa Magdala und Jotapata haben die Kenntnis des Charakters der Region zur Zeit Jesus präzisiert (vgl. mit zahlreichen Abbildungen ZANGENBERG/SCHRÖTER, Bauern). Sepphoris und Tiberias waren deutlich weniger urban geprägt als Städte in den umliegenden Regionen, zudem sind in beiden Städten keine Anzeichen für nichtjüdische (griechische oder römische) Besiedlung für das 1. Jahrhundert bezeugt. Magdala war offenbar ein wichtiger, ebenfalls urban geprägter jüdischer Ort am See Genezareth, mit einer Synagoge aus dem 1. Jahrhundert und einem Hafen von beachtlicher Größe. Insgesamt belegen die archäologischen Funde das Bild von Galiläa als einer jüdisch geprägten Region mit lebendigen Handelsbeziehungen zu den umliegenden Gebieten.

2 Nichtchristliche Quellen

1) Der römische Historiker *Tacitus* erwähnt in seinem zwischen 110 und 120 n. Chr. verfassten Werk „Annalen" (15,44,2f.) anlässlich des Berichts über den Brand Roms im Jahre 64 n. Chr., Nero habe die Schuld für die Katastrophe auf diejenigen geschoben, die das Volk wegen ihrer Verbrechen hasste und „Christiani" nannte (*quos per flagitia invisos vulgus Christianos appellabat*). Er fährt dann fort: „Dieser Name geht auf Christus zurück, der unter der Herrschaft des Tiberius durch den Prokurator Pontius Pilatus hingerichtet worden war" (*auctor nominis eius Christus Tiberio imperitante per procuratorem Pontium Pilatum supplicio adfectus erat*). Tacitus weiß also, dass „Christus", was er wahrscheinlich als Eigennamen versteht, zur Zeit des Tiberius in der von Pilatus verwalteten Provinz Judäa hingerichtet wurde und sich der Name „Christiani" von diesem herleitet. Wie oben bereits erwähnt, bezeichnet er Pilatus dabei irrtümlich als „Prokurator", nicht als „Präfekt". Nähere Informationen über das Christentum hat Tacitus nicht. Er weiß aber, dass es zur Zeit Neros in Rom Christen gab. Seine Äußerung weist zudem auf die negativen Vorurteile eines römischen Autors gegenüber dem Christentum hin, das er als „unheilvollen Aberglauben" (*exitiabilis superstitio*) charakterisiert.

2) Der Historiker *Sueton* erwähnt in seiner Biographie des Kaisers Claudius (25) dessen Edikt gegen die in Rom lebenden Juden: „Die Juden, die, von Chrestus aufgehetzt, fortwährend Unruhe stifteten, vertrieb er aus Rom" (*Judaeos impulsore Chresto assidue tumultuantis Roma expulit*). Offenbar ging Sueton davon aus, ein „Chrestus" sei als Verursacher von Unruhen unter den Juden in Rom aufgetreten. Dahinter stehen vermutlich Unruhen, die aufgrund der christlichen Verkündigung entstanden sind, was Sueton jedoch missverstanden hat, da er mit der Bezeichnung „Christus" nichts anzufangen wusste und sie als Namen eines römischen Juden auffasste. Die Ausweisung würde sich demnach auf diejenigen Juden beziehen, die den christlichen Glauben angenommen hatten. Das könnte durch die Notiz in Apg 18,2 unterstützt werden: Aquila und Priszilla waren zur Zeit der Ankunft des Paulus (ca. 51) vor kurzem aus Rom nach Korinth gekommen, „weil Claudius angeordnet hatte, dass alle Juden Rom verlassen müssten". Wie Tacitus berichtet auch Sueton kurz über Aktionen gegen die Christen unter Nero, allerdings ohne dabei den Brand Roms zu erwähnen (*Nero* 16,2).

3) *Plinius der Jüngere*, Statthalter der römischen Provinz Bithynien und Pontus am Schwarzen Meer, kommt in einem Brief an Kaiser Trajan aus dem Jahr 112/113 auf die Frage des Umgangs mit den Christen zu sprechen (vgl. unten § 65.3). Er beschreibt ihren Gottesdienst, in dem sie „Christus gleichsam als ihrem Gott einen Wechselgesang darbrachten" (*carmenque Christo quasi deo dicere secum invicem*, epist. 10,96). Plinius hat offenbar Kenntnis davon, dass Christus zwar nicht selbst Gott ist, aber von den Christen faktisch wie ein Gott verehrt wird.

4) Vermutlich aus dem späten 1. oder dem 2. Jahrhundert stammt der Brief des stoischen Philosophen *Mara bar Sarapion* an seinen Sohn (Text u. a. bei WOLTER 50). Er erteilt diesem Mahnungen für ein Leben nach den Grundsätzen philosophischer Weisheit. Darunter finden sich die rhetorischen Fragen, welchen Nutzen die Athener von der Tötung des Sokrates, die Samier von der Verbrennung des Pythagoras und die Juden von der Hinrichtung ihres „weisen Königs" gehabt hätten, da Gott dafür Rache genommen habe. Der Brief ist ein frühes Zeugnis für die Wahrnehmung Jesu von Seiten eines heidnischen Philosophen, der ihn als „weisen König" und „Gesetzgeber der Juden" bezeichnet und in eine Linie mit anderen weisen Männern stellt. Bemerkenswerterweise macht Mara die Juden verantwortlich für die Tötung Jesu, der wahrscheinlich mit dem „weisen König" gemeint ist.

5) *Lukian von Samosata*, ein Satiriker des 2. Jahrhunderts n. Chr., schreibt im „Tod des Peregrinus", einer Darstellung des Wirkens und Todes des kynischen Wanderpredigers Peregrinus Proteus, dass dieser in Palästina Bücher ausgelegt und andere selbst verfasst habe und von den Christen wie ein Gott verehrt und als Gesetzgeber und Vorsteher angesehen worden sei, „nach jenem anderen, den sie immer noch verehren, dem Menschen, der in Palästina gekreuzigt wurde, weil er diesen neuen Kult eingeführt hatte" (Text in S/Z 374-376). Wie auch die anderen paganen Autoren kennt Lukian den Namen „Christianer" und weiß, dass deren „Kult" von einem eingeführt wurde, der daraufhin hingerichtet wurde. Lukian nennt allerdings weder den Namen Jesu noch kennt er nähere Umstände über dessen Wirken und seinen Tod.

6) Der jüdische Historiker *Flavius Josephus* berichtet in seinem Werk „Jüdische Altertümer", der Hohepriester Ananos (Hannas II.) habe Jakobus und

andere nach einer Anklage wegen Gesetzesübertretung hinrichten lassen (ant. 20,200). Das Ereignis lässt sich in das Jahr 62 datieren. Josephus bezeichnet Jakobus dabei als „den Bruder Jesu, des sogenannten Christus" (τὸν ἀδελφὸν Ἰησοῦ τοῦ λεγομένου Χριστοῦ). Josephus weiß als Jude natürlich, dass „Christus" kein Eigenname, sondern Bezeichnung für den Gesalbten Gottes ist (Text in S/Z 69).

7) An einer anderen Stelle, dem sogenannten „Testimonium Flavianum" (ant. 18,63f.; Text in S/Z 68f.), findet sich bei Josephus im Zusammenhang von Berichten über Konflikte zwischen Juden und den römischen Behörden zur Zeit des Pilatus eine ausführlichere Notiz über Leben und Kreuzigung Jesu. Er wird als „weiser Mann" charakterisiert, der erstaunliche Taten vollbrachte, Juden und Heiden an sich zog und auch nach seiner Hinrichtung durch Pilatus von seinen Anhängern verehrt wurde. Das Volk der Christen, das sich nach ihm benennt, bestehe „bis zum heutigen Tag" fort. Josephus hatte demnach Kenntnis von den Machttaten Jesu, seiner Anhängerschaft unter Juden und Heiden sowie seiner Hinrichtung unter Pilatus, die er auf das Betreiben jüdischer Autoritäten zurückführt. Der Text enthält allerdings auch Formulierungen, die man nur bei einem christlichen Autor erwarten würde, etwa „wenn man ihn überhaupt einen Menschen nennen darf", „dieser war der Christus" und „am dritten Tag erschien er ihnen wieder lebend". Dass es sich bei der gesamten Passage um eine christliche Interpolation handelt, ist also denkbar, letztlich aber doch weniger wahrscheinlich. Dagegen spricht vor allem, dass sich in dem Passus einige Wendungen finden, die für den Sprachgebrauch des Josephus charakteristisch sind und sich auch im unmittelbaren Kontext der Passage finden. Näher liegt deshalb, dass eine ursprünglich knappere Notiz des Josephus nachträglich christlich erweitert wurde. Das ist auch deshalb plausibel, weil die Schriften des Josephus nur in christlichen Kreisen überliefert wurden und eine Einfügung der genannten Formulierungen in einen Abschnitt über Jesus gut vorstellbar ist.

8) Weitere jüdische Reaktionen auf das Wirken Jesu finden sich im Babylonischen Talmud sowie in den Toledot Jeschu („Leben Jesu"). Im Babylonischen Talmud (bSan 43a) wird von einem Mann namens Jeschu berichtet, der am Vorabend des Passafestes wegen Zauberei und Ketzerei gehängt wurde. Ob sich das schon immer auf Jesus von Nazaret bezog oder ursprünglich auf einen anderen „Irrlehrer" gemünzt war, ist umstritten. Bei den Toledot Jeschu handelt es sich um eine polemische Darstellung des Lebens Jesu, deren Ursprünge sich bis ins 2. Jahrhundert n. Chr. zurückverfolgen lassen, auch wenn die ältesten Manuskripte erst aus dem Mittelalter stammen. Die Zeugung Jesu wird darin auf eine Vergewaltigung Marias zurückgeführt, seine Auferstehung mit dem Diebstahl seines Leichnams, der an einem anderen Ort versteckt wurde. Dazwischen finden sich Erzählungen von verschiedenen Wundertaten Jeschus, die ihn als Magier und Verführer des Volkes darstellen. Historischen Wert haben diese Episoden für die Frage nach Jesus allerdings nicht.

📖 **Lektüreempfehlung:** JOHANN MAIER, Jesus von Nazareth in der talmudischen Überlieferung (EdF 82), Darmstadt 1978 (Maier meint, dass es in der rabbinischen Literatur der Zeit vor 220 n. Chr. überhaupt keinen Hinweis auf Jesus gibt); PETER SCHÄFER, Jesus im Talmud, Tübingen ²2010 (Schäfer vertritt die Auffassung, dass sich im Talmud „polemische Gegenerzählungen" zu den neutestamentlichen Erzählungen finden, insbesondere zur Jungfrauengeburt und zur angeblichen Verantwortung der Juden am Tod Jesu).

✏ **Arbeitsvorschläge**
1. Lesen Sie den Bericht des Tacitus über die Verfolgung der römischen Christen nach dem Brand Roms (ann. 14,44,1–15; Text in S/Z 29f.). In welcher Weise bringt Tacitus zum Ausdruck, was er von Jesus und dem frühen Christentum hält?
2. Lesen Sie, was bei Flavius Josephus über Jesus überliefert ist (ant. 18,63f.; Text in S/Z 68f.). Welche Formulierungen widersprechen der Sicht des Josephus als eines jüdischen Historikers des 1. Jahrhunderts und könnten später durch christliche Schreiber eingefügt worden sein? Informieren Sie sich über die neuere Forschungsdiskussion zum „Testimonium Flavianum" bei STEVE MASON, Jüdische Quellen: Flavius Josephus, in: Schröter/Jacobi (Hg.), Jesus Handbuch, 165–171.

3 Christliche Quellen

1) Als historische Quellen für das Leben und Wirken Jesu kommen in erster Linie die Evangelien des Neuen Testaments in Betracht. Diese entwerfen einen erzählerischen Rahmen, der das Auftreten Jesu in eine bestimmte Zeit und Region einordnet. Spätere Texte – darunter auch die apokryphen Evangelien – setzen diese Einordnung voraus und bauen sie in eigener Weise aus.

Die Evangelien stellen Geburt, Wirken und Geschick Jesu auf der Grundlage der Überzeugung dar, dass er der Sohn Gottes ist, der in der Autorität Gottes auf der Erde gewirkt hat und nach seiner Kreuzigung von Gott auferweckt und zu dessen Rechten erhöht wurde. Dabei lassen sich allerdings markante Differenzen zwischen den synoptischen Evangelien einerseits und dem Johannesevangelium andererseits erkennen. Bei Letzterem prägt die nachösterliche Sicht auf Jesus als den Sohn, der vom Vater in die Welt gesandt wurde und an dem die göttliche Macht und Würde erkennbar werden, die Darstellung seines irdischen Wirkens deutlich stärker als in den synoptischen Evangelien. Zudem gibt es Unterschiede im chronologischen und geographischen Aufriss sowie in Inhalt und den verarbeiteten Überlieferungen. In den synoptischen Evangelien kommt Jesus während seines öffentlichen Wirkens nur einmal nach Jerusalem, im Johannesevangelium hält er sich dort häufiger zu jüdischen Festen auf. In der synoptischen Überlieferung spielen die Reich-Gottes-Verkündigung Jesu sowie die Gleichnisse und Parabeln eine herausragende Rolle; im Johannesevangelium ist der Begriff „Reich Gottes" nur zweimal belegt (3,3.5), Parabeln fehlen ganz. Die Machttaten Jesu werden im Johannesevangelium „Zeichen" genannt, darunter finden sich keine Exorzismen. Der Todestag Jesu wird im Johannesevangelium anders datiert als in den synoptischen Evangelien (s. u. § 56).

In der Forschung ist weithin anerkannt, dass der historische Quellenwert der synoptischen Evangelien höher einzuschätzen ist als derjenige des Johannesevangeliums. Gleichwohl sind auch die synoptischen Evangelien deutlich von einer theologisch-deutenden, mitunter auch legendarischen Darstellungsweise geprägt, etwa in den Geburtsgeschichten des Matthäus und Lukas. Umgekehrt finden sich auch bei Johannes Züge, die sich für ein historisches Profil des Wirkens Jesu auswerten lassen, etwa der mehrfache Aufenthalt in Jerusalem oder seine Tauftätigkeit, parallel zu Johannes dem Täufer (Joh 3,22f.; 4,1f.). Für die Frage nach dem historischen Profil der Person Jesu und den Inhalten seines Wirkens sind die Evangelien demnach einer genauen historisch-kritischen Analyse zu unterziehen, um Konturen seiner Herkunft, seines Wirkens und seiner Hinrichtung zu erheben.

2) Die Jesusüberlieferung der Evangelien wird durch Traditionen in anderen neutestamentlichen Schriften, durch die Handschriftenüberlieferung des Neuen Testaments sowie durch außerkanonische Schriften ergänzt. Zu Ersteren gehören die von Paulus zitierten Herrenworte in 1Kor 7,10; 9,14, die Analogien in Mk 10,11 bzw. Lk 10,7/Mt 10,10 (Q) besitzen, sowie die Herrenmahlsüberlieferung in 1Kor 11,23–25, die sich mit den Passionserzählungen der synoptischen Evangelien, insbesondere mit der Darstellung im Lukasevangelium, berührt. In Apg 20,35 wird ein Wort des „Herrn Jesus" zitiert, das in den Evangelien nicht belegt ist und dessen Herkunft unbekannt ist. Aus der Textüberlieferung neutestamentlicher Schriften sind die Episode von der Begegnung Jesu mit einem am Sabbat arbeitenden Mann im Anschluss an Lk 6,5 (D), die sekundären Markusschlüsse, das sogenannte Freer-Logion zwischen Mk 16,14 und 15 sowie die Erzählung von Jesus und der Ehebrecherin in Joh 7,53–8,11 zu nennen. In außerkanonischen Schriften finden sich Analogien zur neutestamentlichen Jesusüberlieferung etwa auf dem Papyrus Egerton, im Thomasevangelium und im Petrusevangelium (s. die Einführung oben in § 42.2).

3) Schließlich sind einzelne Herrenworte (sogenannte „Agrapha") außerhalb der Evangelien überliefert, etwa im 1. und 2. Clemensbrief, bei Clemens von Alexandria und Origenes, aber auch in Schriften aus Nag Hammadi und der arabisch-islamischen Literatur. Die Jesusüberlieferung der neutestamentlichen Evangelien ist demnach Teil eines wesentlich breiteren Stroms von Überlieferungen, die sich in diversen antiken – christlichen und außerchristlichen – Schriften finden. Als methodischer Maßstab für die historische Rückfrage erweist es sich dabei als sinnvoll, den von den synoptischen Evangelien vorgegebenen Rahmen als Gerüst für eine Rekonstruktion des Wirkens und Geschicks Jesu zugrunde zu legen. Inwiefern sich einzelne Überlieferungen in einen solchen Rahmen integrieren lassen, kann nur durch sorgfältige historisch-kritische Analysen festgestellt werden. In diese sind auch die politischen, religiösen und sozialen Rahmenbedingungen der Zeit und des Wirkungsbereichs Jesu einzubeziehen, die sich nicht zuletzt durch die oben genannten archäologischen Zeugnisse, aber natürlich auch durch literarische Zeugnisse der betreffenden Zeit erheben lassen.

Lektüreempfehlung: JÖRG FREY/JENS SCHRÖTER (Hg.), Jesus in apokryphen Evangelienüberlieferungen. Beiträge zu außerkanonischen Jesusüberlieferungen aus verschiedenen Sprach- und Kulturtraditionen (WUNT 254), Tübingen 2010; CHRIS KEITH/HELEN K. BOND/CHRISTINE JACOBI/JENS SCHRÖTER (Hg.), The Reception of Jesus in the First Three Centuries, 3 Bde., London u. a. 2020.

Arbeitsvorschlag

Das Thomasevangelium (s. die Einführung oben in § 42.2d) wird in der Forschung hinsichtlich seines Quellenwerts für das Leben und Wirken Jesu kontrovers diskutiert. Verschaffen Sie sich einen Eindruck vom Thomasevangelium und der Art und Weise, wie Jesus in dieser Schrift dargestellt wird. Welche Aspekte des Wirkens Jesu stehen im Vordergrund, welche bleiben unberücksichtigt? Informieren Sie sich über die Forschungsdiskussion zum Quellenwert des Thomasevangeliums anhand von SIMON GATHERCOLE, Außerkanonische Schriften als Quellen für den historischen Jesus?, in: Schröter/Jacobi (Hg.), Jesus Handbuch, 155–158.

§52 Zur Chronologie des Wirkens Jesu

1 Geboren zur Zeit des Königs Herodes?

Für eine „absolute Chronologie" lässt sich dem Neuen Testament zunächst die Angabe entnehmen, dass Jesus während der Regierungszeit des römischen Kaisers Augustus (reg. 27 v. Chr.–14 n. Chr.) geboren wurde (vgl. Lk 2,1). Damit ist eine grobe Einordnung in die politische Geschichte des Römischen Reiches gegeben. In den Geburtserzählungen bei Matthäus und Lukas wird darüber hinaus Herodes der Große erwähnt (Mt 2,1; Lk 1,5), dessen Regierungszeit von 37 v. Chr. bis zu seinem Tod im Jahr 4 v. Chr. dauerte. Wenn die Geburt Jesu noch in die Zeit des Herodes fiel, wäre er demnach bereits einige Jahre vor dem Beginn der christlichen Zeitrechnung („vor Christus") geboren. Die von dem Mönch Dionysius Exiguus im 6. Jahrhundert errechnete Geburt Jesu im Jahr 754 nach Gründung der Stadt Rom (*ab urbe condita*), die zugleich den Beginn der christlichen Zeitrechnung markieren sollte, wäre demzufolge fehlerhaft. Allerdings ist zu beachten, dass Herodes bei Matthäus in der stark von legendarischen Motiven geprägten Erzählung von den Magiern aus dem Osten und dem Kindermord von Betlehem (Mt 2,1-18) genannt wird und dabei das Pendant zum Pharao in der Geburtserzählung des Mose darstellt (vgl. Josephus, ant. 2,205-209). Bei Lukas fällt die Geburt Johannes' des Täufers in die Regierungszeit des Herodes (Lk 1,5), wogegen Jesus erst einige Jahre später, nämlich nachdem Johannes bereits einige Jahre herangewachsen war, geboren wird (Lk 1,80; 2,1-7). Ob Jesus tatsächlich in der Regierungszeit des Herodes oder erst einige Jahre später geboren wurde, lässt sich demnach nicht mit Sicherheit sagen.

Lukas erwähnt des Weiteren eine von Augustus angeordnete reichsweite Steuererhebung (2,1). Diese ist in der geschilderten Weise – als erste derartige Steuerschätzung, durchgeführt während der Statthalterschaft des Quirinius – ansonsten nicht belegt. Allerdings berichtet Josephus von einer entsprechenden Anordnung des Kaisers, die allerdings nur für Syrien und Judäa galt, wohin Quirinius nach der Absetzung des Herodessohnes Archelaus gesandt worden war (ant. 17,355; 18,1-3; bell. 7,253). Diese Schätzung wird in das Jahr 6/7 n. Chr. datiert (ant. 18,26: das 37. Jahr nach der Schlacht bei Actium, 31 v. Chr.). Das lässt sich mit der Datierung der Geburt Jesu durch Lukas einige Jahre nach derjenigen Johannes' des Täufers verbinden.

Der in Mt 2 genannte „Stern", den die Magier aus dem Osten gesehen haben und der sie bis nach Betlehem führte, lässt sich dagegen für eine Datierung nicht in Anschlag bringen. Zwar ist immer wieder versucht worden, dies mit einem astronomischen Phänomen (einer Supernova, einer Jupiter-Saturn-Konjunktion oder einem Kometen) in Verbindung zu bringen, aber das geht am Charakter und der Intention der Episode vorbei. Näher liegt es, dass Matthäus hier auf den „Stern aus Jakob" aus Num 24,17 anspielt. Zudem sind Sterne als Herrschaftssymbole auf Münzen diverser jüdischer und nichtjüdischer Herrscher belegt, worauf sich Matthäus ebenfalls beziehen könnte.

Die Geburt Jesu fällt demnach vermutlich in die ersten Jahre unserer Zeitrechnung, eine genauere Bestimmung ist nicht möglich.

2 Öffentliches Auftreten

Nach Lk 3,1f. trat Johannes der Täufer im 15. Jahr des Kaisers Tiberius auf, der von 14 bis 37 n. Chr. regierte. Diese Angabe lässt allerdings nur eine ungefähre Datierung zu. Zum einen ist nicht eindeutig, in welchem Jahr Lukas die „Herrschaft des Tiberius" beginnen lässt (er war vor Beginn seiner Kaiserherrschaft seit 11/12 bereits Mitregent des Augustus), zum anderen ergibt sich aus der unterschiedlichen Jahreszählung in den römischen Provinzen (je nachdem, ob die Zeit vom Tod des Augustus bis zum Beginn des nächsten Jahres als erstes Regierungsjahr des Tiberius gezählt wurde oder nicht) ein gewisser Spielraum. Man gelangt mit dieser Angabe deshalb etwa in die Jahre 28–30. Das lässt sich mit den übrigen Angaben aus Lk 3,1 zu den Herrschaftsverhältnissen in Judäa und den angrenzenden Gebieten koordinieren. In diese Zeit fällt die Taufe Jesu durch Johannes (vgl. Mk 1,9-11 parr.). Das öffentliche Wirken Jesu hat im Anschluss daran begonnen, wobei die genaue Zeitspanne zwischen Taufe und Beginn der eigenen Wirksamkeit nicht exakt bestimmt werden kann. Nach Lk 3,23 war Jesus zur Zeit seines Wirkens „etwa dreißig Jahre alt". Dieser allgemeinen Angabe kann nicht mehr entnommen werden, als dass Jesus als erwachsener Mann öffentlich auftrat.

Die Dauer seines Auftretens wird in den Evangelien unterschiedlich dargestellt. Nach den Synoptikern wirkte Jesus nur ein Jahr, und zwar nach der Gefangennahme des Johannes. Nach dem Johannesevangelium erstreckte sich sein Wirken dagegen über einen Zeitraum von mindestens zwei Jahren, was aus den mehreren (mindestens drei) Passafesten hervorgeht, zu denen Jesus in Jerusalem anwesend ist. Zudem überlappen sich hier das Wirken des Johannes und Jesu um einige Zeit (Joh 3,22–24; 4,1f.). Beide Darstellungen sind von je eigenen Interessen geprägt. Während die Synoptiker den einmaligen Gang Jesu nach Jerusalem als den Höhepunkt des Wirkens Jesu gestalten, bei dem sich die bereits zuvor angekündigten Passionsereignisse zutragen, stellt das Johannesevangelium die Beziehung Jesu zu Jerusalem als einen sich steigernden Konflikt dar, der in seiner Kreuzigung gipfelt. Zudem ist die synoptische Darstellung daran interessiert, Johannes als Vorläufer und Wegbereiter Jesu darzustellen, und stellt dessen Wirken deshalb demjenigen Jesu voran. Die Zeit des Wirkens Jesu und das Verhältnis zu demjenigen des Täufers lassen sich deshalb nur annäherungsweise bestimmen. Es ist auf jeden Fall in Rechnung zu stellen, dass sowohl die Synoptiker als auch das Johannesevangelium historische Informationen enthalten, die sich in je eigener Weise mit den jeweiligen Darstellungstendenzen verbinden.

⌀ Arbeitsvorschlag

Für die Datierung der Kreuzigung Jesu liefern die synoptischen Evangelien und das Johannesevangelium unterschiedliche Anhaltspunkte (s. u. § 56). Welche Datierung ist nach dem jeweiligen Bericht über die Passionsereignisse möglich?

§ 53 Herkunft, Familie und historischer Kontext Jesu

Über die Herkunft Jesu und die Zeit vor seinem öffentlichen Wirken existieren keine historisch belastbaren Quellen. Der soziale, religiöse und familiäre Kontext, dem Jesus entstammt, muss deshalb aus den Notizen, die sich dazu in den Evangelien finden, sowie aus generellen historischen Informationen zur Region, der Jesus entstammt, erhoben werden.

1 Die Geburtsgeschichten bei Matthäus und Lukas

Literatur: RAYMOND E. BROWN, The Birth of the Messiah, New Haven/London 1977.

Die Geburtsgeschichten in Mt 1–2 und Lk 1–2 sind legendarischer Natur. Sie führen die Geburt Jesu unmittelbar auf das Wirken Gottes zurück und rücken es in den Horizont übernatürlicher Geburten besonderer Menschen. Eine übernatürlich bewirkte, der Mutter im Voraus angekündigte Geburt, wie sie sich bei Lukas findet, wird auch von Alexander dem Großen berichtet. Analogien zu den bei Matthäus erwähnten Motiven eines astronomischen Vorzeichens, von Traumerscheinungen sowie der Rettung vor Tötungsversuchen finden sich zum Beispiel in den Geburtserzählungen Abrahams, Moses, des Kyros, von Romulus und Remus sowie von Augustus. Insgesamt betten die Erzählungen die Geburt Jesu in die Geschichte Israels ein, wie die zahlreichen Bezüge auf die jüdischen Schriften deutlich machen.

Bereits in der Erzählung von der Geburt Johannes' des Täufers in Lk 1,5–25 finden sich mehrere Motive, die auch in jüdischen Schriften begegnen: die Unfruchtbarkeit der Elisabeth (vgl. Gen 17,17: Sara; Ri 13,2: Zorea, die Mutter Simsons; 1Sam 1: Hanna), die Ankündigung der Geburt durch einen Engel (vgl. Gen 17,19: Abraham; Ri 13,3: Zorea), der Auftrag, dem Kind einen bestimmten Namen zu geben (vgl. Gen 16,11: Hagar soll ihren Sohn Ismael nennen; Abraham soll seinen Sohn Isaak nennen; vgl. die Beschreibung des Sohnes der Zorea in Ri 13,5) und der Unglaube des Zacharias (vgl. Gen 17,17: Abraham; 18,12: Sara).

Die Erzählung von der Geburt Jesu (Lk 1,26–38) korrespondiert dem insofern, als sich die Ankündigung durch den Engel Gabriel wiederholt (nunmehr an die Mutter Maria, nicht, wie bei Johannes, an den Vater, Zacharias), dargestellt als übernatürliche Erscheinung, die mit einem Erschrecken auf Seiten des Menschen einhergeht. Wiederum folgt der Auftrag zur Namensgebung und die Charakterisierung des Sohnes, der geboren werden soll. Dabei wird zugleich deutlich, dass die Bedeutung des Sohnes der Maria über diejenige des Sohnes der Elisabeth hinausreicht. Nur über Maria wird gesagt, dass der Heilige Geist über sie kommen wird und dass ihr Sohn ein Sohn Gottes sein wird, der über das Haus Jakob herrschen wird in Ewigkeit. Beide Erzählungen sind zugleich miteinander verschränkt, was durch die Mitteilung des Engels an Elisabeth deutlich wird, dass auch Maria einen Sohn empfangen hat (V. 36). Durch den anschließenden Besuch Marias bei Elisabeth, ihrer Cousine (1,39–56), werden beide Geburtserzählungen zusätzlich aufeinander bezogen. Das dabei von Maria angestimmte Lied (1,46–55, das sogenannte „Magnificat") hat Analogien in biblischen Dankliedern (etwa Ex 15,1–18: Mose und die Israeliten; Ri 5,1–31: Debora und Barak), eine besondere Nähe besteht zum Danklied der Hanna in 1Sam 2,1–10. Ebenso wie beim „Benedictus" des Zacharias (Lk 1,68–79) hat Lukas dabei eine ihm bereits vorliegende (jüdische oder christliche) Überlieferung aufgenommen und in seine Darstellung integriert. Beim dritten Hymnus, dem „Nunc dimittis" des Simeon (2,29–32), ist das dagegen unwahrscheinlich, denn hierbei handelt es sich um ein viel kürzeres, eng auf seinen Kontext bezogenes Stück (Simeons Deutung des neugeborenen Jesus als Heil für alle Völker).

Die Geburt Jesu in Betlehem (Lk 2,1–20) hat Lukas mit dem bereits erwähnten Zensus des Kaisers Augustus verbunden. Daneben findet sich das „Hirtenmotiv": Hirten sind die Erstadressaten der Engelbotschaft über den in der „Stadt Davids" geborenen „Retter". Lukas greift damit ein Motiv aus der lateinischen Hirtendichtung auf, das bei Vergil und Calpurnius bezeugt ist. Demnach wird der Anbruch eines neuen „goldenen" Zeitalters Hirten mitgeteilt. Dass das Neugeborene in eine Futterkrippe gelegt wird (V. 7), verweist dabei nicht auf die Armut seiner Eltern, sondern ist eine „Zeichenhandlung", auf die die Engel später Bezug nehmen: Die Hirten sollen das Kind daran erkennen, dass es in Windeln gewickelt ist und in einer Krippe liegt (V. 12).

Die Geburtsgeschichte bei Matthäus weist mit derjenigen bei Lukas einige Gemeinsamkeiten auf, ist aber insgesamt eigenständig gestaltet. Matthäus führt zunächst in einem Stammbaum die Herkunft Jesu auf Abraham und David zurück (Mt 1,1–17). In V. 17 wird dabei die Geschichte Israels in drei gleiche Abschnitte aufgeteilt: Es waren jeweils vierzehn Generationen von Abraham bis David, von David bis zum babylonischen Exil und vom babylonischen Exil bis zu Christus. Damit wird Jesus fest in der Geschichte Israels verankert und zugleich als Davidsohn bezeichnet, was in der Jesuserzählung des Matthäusevangeliums eine wichtige Rolle spielt. Zugleich weist die Herkunft von Abraham über Israel hinaus auf die anderen Völker: Mit Abraham verbindet sich die Verheißung, Vater vieler Völker zu werden (Gen 17,5; vgl. Röm 4,17). Das in Israel beginnende, sich aber auch auf die anderen Völker erstreckende Heil Gottes ist ein wichtiges Thema des Matthäus, das bereits im ersten Vers anklingt.

Anders als bei Lukas, bei dem Maria und Josef aufgrund der Anordnung des Augustus zur Durchführung eines Zensus von Nazaret nach Betlehem reisen müssen, befinden sie sich bei Matthäus immer schon dort. Bei den folgenden Ereignissen spielen sodann mehrfach Träume eine Rolle, in denen Josef durch einen Engel bestimmte Anweisungen erteilt werden: Er soll Maria nicht wegen ihrer Schwangerschaft verlassen, denn das Kind wurde vom Heiligen Geist gezeugt (1,20); er soll mit Maria und dem Kind nach Ägypten fliehen, weil Herodes es töten will (2,13); er soll nach dem Tod des Herodes aus Ägypten ins Land Israel zurückkehren (2,20). Auf diese Weise wird deutlich, dass die Lenkung der Ereignisse durch Gott erfolgt, der Jesus und seine Familie vor der Gefahr bewahrt.

Ein weiteres Charakteristikum sind die bei Matthäus häufig begegnenden Schriftzitate, die das Geschehen in den Horizont der Geschichte Gottes mit seinem Volk rücken. Die Geburt Jesu durch eine Jungfrau wird mit einem Prophetenwort begründet (1,23: Jes 7,14), ebenso die Geburt in Betlehem (2,6: Mi 5,1 in Verbindung mit 2Sam 5,2 LXX), die Rückkehr aus Ägypten (2,15: Hos 11,1) sowie die Trauer um die auf Befehl des Herodes ermordeten Kinder (2,18: Jer 31,15). Diese zum Teil ausdrücklich als „Erfüllung" von Prophetenworten gekennzeichneten Zitate geben zu erkennen, dass Matthäus die Geschichte Jesu als Erfüllung der biblischen Schriften versteht – ein Zug, der das gesamte Matthäusevangelium prägt.

Wichtige Merkmale der Geburtserzählung bei Matthäus sind sodann das Kommen der Magier aus dem Osten, die die Geburt eines neuen Herrschers der Beobachtung eines Sterns entnommen haben (2,1–12), der Kindermord des Herodes (2,13–23) und die Rettung des Jesuskindes. Von den oben genannten Analogien steht besonders die jüdische Überlieferung von der Ermordung der israelitischen Knaben durch den Pharao und der Rettung des Mose im Hintergrund. Schließlich zieht Josef mit Maria und Jesus nach Nazaret, was bei Matthäus wiederum als Erfüllung eines Prophetenwortes dargestellt wird (2,23; das Zitat „Er wird Nazoräer heißen" findet sich allerdings im Alten Testament nirgends und wurde von Matthäus offenbar eingefügt, um zu erklären, warum Jesus nach Nazaret gelangte).

Insgesamt zeigt sich, dass die Geburtserzählungen bei Matthäus und Lukas auf gemeinsamen Motiven und Überlieferungen basieren, aber selbständig gestaltet sind. Gemeinsam sind der Geburtsort Betlehem, die Jungfrauengeburt, die Erwähnung von Josef, dem Mann bzw. Verlobten der Maria, die Davidsohnschaft Jesu sowie das Auftreten eines göttlichen Boten. Dagegen setzen Matthäus und Lukas in der konkreten Ausgestaltung der Geburt Jesu eigene Akzente, die von der jeweiligen theologischen Perspektive geprägt sind und in die Darstellung des Weges Jesu in dem entsprechenden Evangelium einführen.

Die Geburtserzählungen sind keine historischen Berichte, sondern theologisch-deutende Erzählungen. Sie verlegen die Geburt Jesu nach Betlehem, der Stadt, aus der der künftige Herrscher über Israel aus dem Haus Davids kommen soll (vgl. Mi 5,1 und die Zitierung in Mt 2,6). Dass Jesus tatsächlich in Nazaret geboren wurde und dort aufgewachsen ist, wird dagegen durch seine Bezeichnung als „Nazarener" belegt, die auch bei Matthäus und Lukas begegnet (Mk 1,24; 10,47; Mt 2,23; 26,71; Lk 18,37; Joh 18,5.7; 19,19). Bei Markus kommt Jesus aus Nazaret zu Johannes an den Jordan und kehrt dann wieder nach Galiläa zurück (1,9.14–15). Bei Johannes heißt Jesus „Sohn Josefs, aus Nazaret" (1,45). Die Herkunft Jesu wird sogar als Argument genannt, dass er nicht der Gesalbte aus dem Geschlecht Davids sein könne, weil dieser aus Betlehem kommen müsse (Joh 7,42). Wenn Matthäus von einem Umzug Jesu und seiner Eltern von Judäa nach Nazaret berichtet und Josef und Maria bei Lukas in Nazaret wohnen und aufgrund des kaiserlichen Befehls nach Betlehem und anschließend wieder nach Nazaret zurückkehren, dient das offenbar dazu, Jesus als den künftigen Herrscher aus davidischem Geschlecht darzustellen. Die Tradition der Davidsohnschaft Jesu findet sich zuvor bereits bei Paulus, der Jesus als „aus dem Geschlecht Davids, der irdischen Abstammung nach", charakterisiert (Röm 1,3).

Legendarischer Natur ist auch die einzige im Neuen Testament anzutreffende Episode aus der Kindheit Jesu in Lk 2,46–52. Jesus disputiert hier im Jerusalemer Tempel mit den Lehrern Israels und erstaunt die Anwesenden mit der Klugheit seiner Antworten. Lukas bringt hier zum Ausdruck, dass Jesus zu Gott als seinem „Vater" gehört (V. 49), der damit seinem unmittelbar zuvor (V. 48) genannten irdischen Vater gegenübertritt. Damit wird zugleich auf seine Einführung als „Sohn des Höchsten" (1,32) in der Geburtsankündigung des Engels zurückgegriffen.

2 Jesus, ein Jude aus Galiläa

Literatur: MARK A. CHANCEY, The Myth of a Gentile Galilee (MSSNTS 118), Cambridge 2002 ♦ CARSTEN CLAUSSEN/JÖRG FREY (Hg.), Jesus und die Archäologie Galiläas, Neukirchen-Vluyn 2008 ♦ DUNN, Jesus Remembered, 255–326 ♦ MARTIN EBNER, Jesus von Nazaret in seiner Zeit. Sozialgeschichtliche Zugänge (SBS 196), Stuttgart 2003 ♦ GABRIELE FASSBECK u.a. (Hg.), Leben am See Gennesaret. Kulturgeschichtliche Entdeckungen in einer biblischen Region, Mainz 2003 ♦ DAVID A. FIENSY/JAMES R. STRANGE (Hg.), Galilee in the Late Second Temple and Mishnaic Periods, 2 Bde., Minneapolis, Minn. 2014–2015 ♦ HENGEL/SCHWEMER, Jesus und das Judentum ♦ JONATHAN L. REED, Archaeology and the Galilean Jesus. A Re-examination of the Evidence, Harrisburg, Pa. 2000 ♦ BRADLEY W. ROOT, First Century Galilee. A Fresh Examination of the Sources, Tübingen 2014 ♦ SCHRÖTER/JACOBI, Jesus Handbuch, 184–245 ♦ JÜRGEN K. ZANGENBERG/HAROLD W. ATTRIDGE/DALE B. MARTIN (Hg.), Religion, Ethnicity, and Identity in Ancient Galilee. A Region in Transition (WUNT 210), Tübingen 2007.

1) Die Geburtserzählungen weisen indirekt darauf hin, dass Jesus aus Nazaret in Galiläa stammt. Damit ist zugleich sein historischer und familiärer Kontext

benannt. Galiläa war zur Zeit der Geburt und des Wirkens Jesu eine jüdisch geprägte Region, was wesentlich auf die Eroberungen durch die Makkabäer bzw. Hasmonäer am Ende des 2. Jahrhunderts v. Chr. zurückzuführen ist, in deren Folge Galiläa dem jüdischen Herrschaftsgebiet eingegliedert und jüdisch besiedelt wurde. Im Jahr 63 v. Chr. wurde die Region von den Römern erobert, ab 40 v. Chr. von Herodes dem Großen regiert. Nach dessen Tod wurde sein Herrschaftsgebiet unter dreien seiner Söhne aufgeteilt. Archelaus erhielt Judäa und Samaria, Philippus die nordöstlich von Galiläa gelegenen Gebiete Gaulanitis, Trachonitis und Ituräa, Antipas Galiläa und das geographisch davon getrennte, östlich des Toten Meeres gelegene Peräa. Das Gebiet des Philippus gehörte nicht zum jüdischen Kernland und war, wie etwa Ausgrabungen und Münzen bestätigen, ein mehrheitlich nichtjüdisch bewohntes Gebiet. Archelaus wurde bereits nach zehn Jahren wegen Beschwerden über seine grausame Herrschaft abgesetzt, das Gebiet wurde einem römischen Präfekten unterstellt, der in Caesarea maritima residierte und zu hohen jüdischen Festen nach Jerusalem kam. Das war auch beim Prozess gegen Jesus der Fall, der im zeitlichen Kontext eines Passafestes stattfand und bei dem Pontius Pilatus den Vorsitz führte. Antipas war der Landesherr Jesu und regierte auch das Gebiet, in dem Johannes der Täufer auftrat, der mit ihm in Konflikt geriet und in die am nördlichen Ostufer des Toten Meeres gelegene Festung Machaerus verbracht und hingerichtet wurde.

2) Mit den umliegenden Regionen war Galiläa durch Wirtschafts- und Handelsbeziehungen verbunden, was durch mehrere wichtige Straßen bezeugt wird, die Galiläa mit der Küstenregion im Westen und den Gebieten östlich des Jordan und des Sees Genezareth verbanden. Der See dürfte dabei als Verbindungsglied für den Handel zwischen den westlichen und den östlichen Gebieten eine wichtige Rolle gespielt haben, was durch den aus makkabäischer Zeit stammenden Hafen in Migdal (Magdala), der eine beachtliche Größe aufweist, unterstützt wird. Die Wirtschaft Galiläas war vor allem auf landwirtschaftliche Güter sowie Fisch vom See Genezareth ausgerichtet, zudem war Kfar-Hanania, an der Grenze zwischen Ober- und Untergaliläa, ein wichtiger Ort für die Herstellung von Keramik, die auch in die umliegenden Gebiete exportiert wurde.

3) Antipas bemühte sich darum, die Wirtschaft Galiläas in Schwung zu bringen. Er ließ das von den Römern 4 v. Chr. zerstörte Sepphoris wieder aufbauen und gründete etwas später (vermutlich 19 n. Chr.) Tiberias als eigene Residenzstadt am See Genezareth und ließ sich dort einen Palast errichten. Beide Städte ließ er nach dem üblichen römischen Modell mit *cardo* und *decumanus* (Nord-Süd- und Ost-West-Straßen) anlegen. Die Städte waren zudem mit typischen urbanen Gebäuden wie Theater, Stadion und Hippodrom (Tiberias) bzw. einem Forum (in Sepphoris zwei) ausgestattet. Auch Sepphoris und Tiberias waren jüdisch geprägt, es sind keine heidnischen Tempel oder andere Anzeichen nichtjüdischer Besiedlung für die Zeit des Antipas belegt. Zudem ist festzuhalten, dass Galiläa ungeachtet der beiden vergleichsweise kleinen Städte und des ebenfalls

urbanen Magdala einen überwiegend ländlichen Charakter besaß und von Dörfern und kleinen Siedlungen geprägt war. Das ländliche Milieu Galiläas spiegelt sich in der Jesusüberlieferung verschiedentlich wider. So begegnen in den Gleichnissen und Parabeln Bilder von Aussaat und Ernte, Fischfang, Hirten und ihre Schafe, Weinbergbesitzer und Tagelöhner. Mitunter begegnen auch Kaufleute (Mt 13,45f.) oder gar Könige (Mt 18,23–35; 22,1–14; vgl. aber die Parallele in Lk 14,16–24), besonders bei Lukas auch wohlhabende Personen (Lk 12,16–21; 16,19–31). Darin spiegelt sich bereits die Welt der Evangelisten wider, die sich von derjenigen Jesu unterscheidet.

4) Antipas respektierte die jüdische Prägung Galiläas, wenngleich er durchaus gewaltsam gegen Widerstände und Opponenten vorgehen konnte. Das zeigt die gegen Widerstand durchgesetzte Errichtung der Stadt Tiberias auf einem jüdischen Gräberfeld ebenso wie die Inhaftierung und Hinrichtung des Johannes. Jesus ist dagegen mit Antipas nicht in einen schwereren Konflikt geraten.

Jesus wuchs demnach in einem jüdisch geprägten Gebiet auf, das unter Antipas eine Phase wirtschaftlichen Aufschwungs und politischer Stabilität erlebte. Aufstände, wie sie etwa zuvor nach dem Tod Herodes' des Großen oder später im Zusammenhang des jüdisch-römischen Kriegs ausbrachen, sind für die Regierungszeit von Antipas nicht belegt. Das dürfte nicht zuletzt daran liegen, dass Galiläa nicht römisch besetzt, sondern an Antipas verpachtet worden war, der dafür Steuern nach Rom abführen musste.

5) Jesus stammte aus dem kleinen, unbedeutenden Ort Nazaret, unweit des deutlich größeren, urbanen Sepphoris, wo er in einer jüdischen Familie, offenbar mit mehreren Geschwistern (Mk 3,31f.; 6,3; Joh 2,12; 7,3), aufwuchs. Es ist davon auszugehen, dass ihm durch seine Eltern die übliche jüdische Unterweisung in der Tora und der jüdischen Lebensweise zuteilwurde. Dass dagegen für die Zeit Jesu ein geregelter jüdischer Schulbetrieb in Galiläa vorauszusetzen ist wie für die spätere rabbinische Zeit, ist wohl eher unwahrscheinlich. Jesus dürfte seit seiner Kindheit regelmäßig Synagogengottesdienste besucht und dort auch die liturgische Verwendung der Tora, vermutlich in hebräischer Sprache, kennengelernt haben. Die eigene Sprache Jesu dürfte das Aramäische gewesen sein, wie einige in den Evangelien erhaltene aramäische Ausdrücke zeigen (ἀμήν, hebr. und aram. אָמֵן/'āmēn; ταλιθα κουμ, aram. טַלְיְתָא קוּם/ṭalîtā' qûm o. ä. [Mk 5,41]; εφφαθα, aram. אֶפַּתַח/'eppataḥ [Mk 7,34]; vgl. auch das zweimal bei Paulus begegnende αββα, aram. אַבָּא/'abbā' [Röm 8,15; Gal 4,6 sowie Mk 14,34]).

Dass Jesus Hebräisch verstanden hat, zumindest im Blick auf die Heiligen Schriften des Judentums, ist wahrscheinlich. Ob er auch Griechisch verstehen oder sogar aktiv verwenden konnte, lässt sich nicht mit Sicherheit sagen. Offenbar hat Jesus den Beruf des Bauhandwerkers erlernt, den auch sein Vater ausübte (Mk 6,3).

6) Jesus hat offenbar zu keiner der jüdischen Gruppierungen gehört, die seit dem 2. Jahrhundert v. Chr. entstanden waren und ihr je eigenes politisches und

religiöses Profil besaßen (vgl. dazu oben § 47.4 und 48). In den Evangelien werden häufig die Pharisäer und Sadduzäer genannt, die mit Jesus über Fragen der Gesetzesauslegung diskutieren oder feindliche Absichten, bis hin zum Todesbeschluss, gegen ihn hegen. Das historische Profil dieser Gruppen lässt sich dabei durchaus noch erkennen: Die Pharisäer sind als Gesetzeslehrer darum bemüht, die Tora so auszulegen, dass sie für den Lebensalltag tauglich ist und das Leben des jüdischen Volkes prägt. Deshalb sind es nicht zufällig immer wieder Fragen der Gesetzesauslegung, über die Jesus mit den Pharisäern in Konflikt gerät. Dabei wird Jesu eigene Sicht auf die Tora profiliert (vgl. unten § 55.2g). Den Sadduzäern begegnet Jesus vor allem in Jerusalem, was insofern historisch plausibel ist, als sie zur Jerusalemer Tempelaristokratie gehörten. Die Evangelien lassen allerdings auch erkennen, dass sie von diesen Gruppen, die nach dem Jahr 70 entweder aufhörten zu existieren (wie die Sadduzäer und die Essener) oder sich (wie die Pharisäer) allmählich zu einer Gruppierung wandelten, die dann im rabbinischen Judentum aufging, keine präzise historische Kenntnis besaßen bzw. sie aus späterer Perspektive darstellten. Das wird etwa an der Zusammenordnung von Pharisäern und Sadduzäern bei Matthäus deutlich (3,7; 16,1.6.11), deren Unterschiede an anderer Stelle dagegen sehr wohl hervorgehoben werden (Mk 12,18; Apg 23,6), ebenso wie an der Charakterisierung der Pharisäer bei Lukas, der sie in negativen Stereotypen zeichnet, sie als geldgierig und selbstgerecht darstellt, was zu ihrem historischen Profil kaum etwas beitragen dürfte.

7) Das öffentliche Wirken Jesu als Wanderprediger erstreckte sich vor allem auf Galiläa, wobei die Gegend um den See Genezareth noch einmal besonders hervortritt. Kafarnaum am Nordwestufer des Sees scheint dabei eine Art Zentrum gewesen zu sein, möglicherweise weil die Familie des Petrus dort ein Haus besaß, in dem Jesus sich häufig aufhielt. Die Evangelien nennen einige weitere Orte wie Chorazin und Betsaida am oder in der Nähe des Sees, des Weiteren Dalmanuta, Kana und Nain, deren Lokalisierung allerdings unsicher ist. Magdala, ebenfalls am See Genezareth, wird als Herkunftsort von Maria Magdalena genannt, wogegen die galiläischen Städte Sepphoris und Tiberias im Wirken Jesu offenbar keine Rolle gespielt haben. In seinem Heimatort Nazaret scheint Jesus keinen Erfolg mit seinem Auftreten gehabt zu haben (Mk 6,1–6), auch in anderen Orten ist er auf Ablehnung gestoßen (vgl. die Weherufe gegen Chorazin, Betsaida und Kafarnaum in Mt 11,20–24/Lk 10,13–15).

Gelegentlich ist Jesus offenbar auch in die nichtjüdischen Gebiete gegangen, die an Galiläa angrenzten: die östlich des Sees Genezareth gelegene Dekapolis (Mk 5,20; 7,31), die nordwestlich von Galiläa am Mittelmeer gelegene Region um Tyros (Mk 7,24) sowie das nordöstliche Herrschaftsgebiet des Philippus (Mk 8,27). Auch in diesen Gegenden wohnten Juden, vermutlich ist Jesus hier aber auch Nichtjuden begegnet. Er verstand sich jedoch in erster Linie als zu den jüdischen Mitmenschen seiner Zeit gesandt, vor allem zu Armen, Kranken und Ausgegrenzten, um ihnen das Heil Gottes zu vermitteln.

Schließlich ist Jesus auch in Jerusalem aufgetreten. Das erklärt sich vor allem aus der Bedeutung, die die Stadt als religiöses und politisches Zentrum des Judentums besaß. Sein dortiges Auftreten, insbesondere seine Aktion im Tempelbezirk und sein Wort über das Einreißen und Wiederaufbauen des Tempels, lassen sich so verstehen, dass Jesus mit Jerusalem genau diese Bedeutung verband und seine Botschaft deshalb auch dort ausrichten wollte. Dies zeigt, dass sich Jesus zur Wiedererrichtung ganz Israels gesandt wusste. Sein Wirken lässt sich deshalb dem anderer Individuen an die Seite stellen, die in dieser Zeit ebenfalls als Propheten oder Gesalbte auftraten und eine Erneuerung Israels anstrebten. Zu diesen gehörte auch Johannes der Täufer, dessen Wirken zu demjenigen Jesu in enger Verbindung stand.

⌀ Arbeitsvorschlag

> Verdeutlichen Sie sich den geographischen Raum des Wirkens Jesu, indem Sie auf einer Karte (s. o. S. 545) die Lage der in den Evangelien genannten Orte nachvollziehen. Welche Konsequenzen lassen sich daraus im Blick auf die Ausrichtung seines Wirkens ziehen? Welche eigenen Merkmale haben die Aufenthalte Jesu in der Dekapolis und in der Gegend von Tyros und Sidon (Mk 5,1–20; 7,24–30/Mt 15,21–28)? Warum fehlen diese Episoden bei Lukas? Welche Rolle spielt Samaria in den Evangelien?

§ 54 Johannes der Täufer und der Beginn der öffentlichen Wirksamkeit Jesu

Literatur: KNUT BACKHAUS, Echoes from the Wilderness. The Historical John the Baptist, in: HOLMÉN/PORTER, Handbook, Bd. 2: The Study of Jesus, 1747–1785 ♦ DUNN, Jesus Remembered, 339–382 ♦ HENGEL/SCHWEMER, Jesus und das Judentum, 273–339.

Die Evangelien unterscheiden sich darin von anderen antiken Biographien, dass sie weder an der Entwicklung Jesu noch an seinem Charakter, seinen Ess- oder sonstigen Lebensgewohnheiten oder seinem Aussehen Interesse zeigen. Wenn Gemütsbewegungen Jesu geschildert werden (so vor allem in der Gethsemane-Szene, Mk 14,32–42), geschieht dies stets im Blick auf die übergreifende Perspektive, Jesus als den Sohn Gottes darzustellen, der im Auftrag Gottes und mit dessen Geist den Menschen das Heil Gottes vermittelt. Darüber hinaus sind biographische Details seiner Person und seines Wirkens nicht von Interesse. Das zeigte sich bereits an der Darstellung seiner Geburt und Kindheit (s. o. § 53.1) und durchzieht auch die Präsentation seines öffentlichen Wirkens. Die dadurch entstehenden „Lücken" wurden später zum Teil durch die apokryphen Evangelien aufgefüllt, insbesondere im Blick auf Geburt und Kindheit Jesu sowie die Passionsereignisse. Aufgrund dieses spezifischen Charakters nehmen die Evangelien einen besonderen Platz unter den antiken Biographien ein.

1) Das erste historisch erkennbare Ereignis im Wirken Jesu ist seine Taufe durch Johannes (Mk 1,9–11). Er ist dazu aus Galiläa nach Süden gezogen, wo Johannes offenbar auf der Ostseite des Jordan wirkte. Er muss demnach vom Wirken des Johannes gehört haben und davon angezogen worden sein.

Nachrichten über Johannes finden sich in den Evangelien des Neuen Testaments und bei Josephus (ant. 18,116–119), einige Hinweise finden sich auch in der Apostelgeschichte. Die Darstellung des Johannes als Vorläufer und Wegbereiter Jesu ist dabei sehr wahrscheinlich eine christliche Deutung, die seinem Selbstverständnis und seiner Wahrnehmung durch nichtchristliche Juden kaum entsprochen haben dürfte. Auch die Geburtserzählung des Johannes bei Lukas (s. o. § 53.1) ist eine literarische Darstellung, die die Geburt des Johannes mit derjenigen Jesu verknüpft und beide sogar in ein verwandtschaftliches Verhältnis zueinander rückt. Ob Johannes tatsächlich einer priesterlichen Familie entstammte, muss deshalb offenbleiben.

2) Kleidung und Nahrung des Johannes wiesen ihn als einen Propheten in der Tradition der Propheten Israels aus: Er trug Kamelhaarmantel und einen ledernen Gürtel und ernährte sich von Heuschrecken und wildem Honig (Mk 1,6; vgl. 1Kön 19,13.19; 2Kön 2,8.13–14; 2Kön 1,8; Sach 13,4). Er rief zur Umkehr und zu einem Leben nach dem Willen Gottes auf, was durch die von ihm vollzogene Taufe, ein symbolisches Reinwaschen von den Sünden durch Untertauchen im Jordan, besiegelt wurde. Das Untertauchen war ein einmaliger Akt und unterschied sich darin von gemäß dem jüdischen Gesetz zu vollziehenden regelmäßigen Reinigungsbädern sowie von rituellen Waschungen, wie sie für die Qumrangemeinschaft bezeugt sind. Eine Verbindung besteht dagegen zur christlichen Taufe, die ebenfalls ein einmaliger, unwiederholbarer Akt ist und die ebenfalls als radikale Lebenswende und Reinigung von Sünden verstanden wurde. Es ist deshalb wahrscheinlich, dass die christliche Taufe in der Johannestaufe einen wichtigen Ursprung besitzt. Umkehrruf und Taufe gründeten in der Überzeugung des Johannes vom unmittelbar bevorstehenden Gericht Gottes, vor dem nur Umkehr und die von ihm vollzogene Taufe retten könnten. Die Radikalität seines Umkehrrufs kommt nicht zuletzt darin zum Ausdruck, dass er sogar die Abrahamskindschaft an das Bringen der „Frucht der Umkehr" band (Mt 3,7–9/ Lk 3,7–9).

3) Johannes' Beiname „der Täufer" ist in den Evangelien und bei Josephus belegt und zeigt, dass diese Handlung als zentrales Merkmal des Auftretens des Johannes wahrgenommen wurde. Die Taufe wurde allerdings unterschiedlich interpretiert. Nach Josephus diente sie nicht zur Vergebung der Sünden, sondern zur Heiligung des Leibes, denn die Seele sei bereits zuvor durch ein gerechtes Leben gereinigt worden. In den synoptischen Evangelien wird die Taufe dagegen ausdrücklich als „Umkehrtaufe zur Sündenvergebung" bezeichnet (Mk 1,4/ Lk 3,3; vgl. Mt 3,6).

4) Von symbolischer Bedeutung ist auch der Ort des Auftretens des Johannes. Johannes hat „in der Wüste", im Jordantal, genauer: am Ostufer des Jordan, gewirkt, von wo Israel einst ins verheißene Land gezogen war (Mk 1,4; vgl. Lk 3,2). Die Wüstenzeit ist nach prophetischer Tradition (Am 2,10; 5,25; vgl. Apg 7,36.38.44) Israels reine Urzeit, die Zeit des Mose, der Gesetzgebung, des Bundesschlusses; dort soll sich Israels eschatologisch erhofftes Heil verwirklichen (Hos 2,14–23; Jes 40,3; vgl. Apg 21,38). Dies unterstreicht den Charakter der von Johannes verkündeten radikalen Erneuerung.

5) Antipas ließ Johannes festnehmen und hinrichten. Als Grund dafür gibt Josephus an, dass Antipas den Einfluss des Johannes im Volk fürchtete. Den Evangelien zufolge hatte Johannes dagegen durch seine Kritik an der Ehe des Antipas mit Herodias, der früheren Frau seines Halbbruders Philippus, den Zorn seines Landesherrn erregt (Mk 6,14–29; Lk 3,19f.). Für diese Ehe hatte Antipas seine erste Frau, eine Tochter des Nabatäerkönigs Aretas IV., verstoßen. Der daraufhin ausgebrochene Krieg endete mit der Vernichtung des Heeres des Antipas,

was Josephus zufolge von etlichen im jüdischen Volk als göttliche Strafe für die Hinrichtung des Johannes gedeutet wurde.

6) In christlicher Tradition wurde Johannes auf Jesus hingeordnet und mit Elia identifiziert, der vor dem Kommen Gottes auftreten und dieses vorbereiten soll (Mal 3,1.23f.; vgl. Mk 9,11–13). Die Taufe des Johannes wurde dementsprechend als „Wassertaufe" der „Geisttaufe" Jesu zu- bzw. untergeordnet (Mk 1,8; Apg 1,5; 11,16). Zudem wird die Taufe Jesu als ein besonderes Ereignis beschrieben. Sie ist keine Taufe zur Sündenvergebung, sondern die Verleihung des Geistes Gottes an Jesus, der von Gott als sein Sohn bezeichnet wird (Mk 1,10f.). Im Johannesevangelium wird die Taufe Jesu nicht erzählt. Hier bezeugt Johannes stattdessen, dass er den Geist Gottes auf Jesus herabkommen sah (Joh 1,32f.). Johannes selbst dürfte sich dagegen als der letzte Prophet vor dem Gericht Gottes verstanden haben, der seine jüdischen Landsleute zur Umkehr aufrief.

7) Für das Wirken Jesu hat Johannes grundlegende Bedeutung. Das zeigt sich schon daran, dass das Wirken Jesu in allen Evangelien und der Apostelgeschichte mit dem Auftreten des Johannes beginnt. Die konsequente Vorordnung des Wirkens des Johannes vor dasjenige Jesu in den synoptischen Evangelien (Mk 1,14f.; Lk 16,16) könnte dem Interesse entspringen, die Botschaft Jesu von der anbrechenden Gottesherrschaft als eigenständig gegenüber Johannes zu profilieren. In der Schilderung des parallelen Wirkens beider in Joh 3,22–24; 4,1f. könnte dagegen historische Erinnerung bewahrt sein. Jesus könnte demnach einige Zeit zum Kreis der Jünger des Johannes gehört haben und sich dann von diesem getrennt und einen eigenen Jüngerkreis begründet haben. Jesus könnte sogar eine Zeitlang selbst getauft haben (Joh 3,22; 4,1) und erst später in seinem Auftreten andere Akzente in den Mittelpunkt gerückt haben.

Von Johannes hat Jesus offenbar die Überzeugung vom unmittelbar bevorstehenden Gericht Gottes übernommen. Angesichts dessen ruft er ebenfalls zur Umkehr und zum Tun des Willens Gottes auf (Mk 1,15; Lk 13,3.5; 15,7.10). Für beide ist dabei Israel der Adressat, das sich zu Gott wenden und sich an der Tora orientieren soll. Anders als Johannes wirkt Jesus dabei nicht an einem festen Ort, sondern zieht als Wanderprediger umher. Die Orte und Regionen seines Auftretens (s. o. § 53.2) lassen dabei erkennen, dass er das gesamte Gebiet Israels in seiner idealen Größe, als Zwölfstämmegebiet, im Blick hatte. Diese Vorstellung könnte nicht zuletzt durch die Eroberungen der Makkabäer bzw. Hasmonäer inspiriert worden sein.

Anders als Johannes hat Jesus in seinem eigenen Wirken nicht ein durch ihn zu vollziehendes Ritual in den Mittelpunkt gestellt, das vor dem Zorn Gottes bewahrt, sondern den Eintritt in die von ihm begründete Gemeinschaft. Analog zur Forderung des Johannes, machte auch Jesus geltend, dass nur dadurch die Rettung möglich sei. Dementsprechend polarisierte Jesus zwischen denen, die seinen Anspruch, der letzte, entscheidende Bote Gottes zu sein, akzeptierten, und denen, die ihn ablehnten. Schließlich stand im Zentrum der Botschaft Jesu die in seinem Wirken anbrechende Gottesherrschaft. Diese eröffnet eine Heilszeit, an der teilzunehmen jetzt durch den Eintritt in die Gemeinschaft Jesu die Gelegenheit besteht, für die es allerdings auch zu spät sein kann, wenn sie nicht ergriffen wird (Mt 8,11f./Lk 13,28–30; Mt 25,1–13).

 Lektüreempfehlung: JOSEF ERNST, Johannes der Täufer. Interpretation – Geschichte – Wirkungsgeschichte (BZNW 53), Berlin/New York 1989; ULRICH B. MÜLLER, Johannes der Täufer. Jüdischer Prophet und Wegbereiter Jesu (BG 6), Leipzig 2002. Einen empfehlenswerten Überblick enthält CHRISTFRIED BÖTTRICH, Johannes der Täufer, WiBiLex, Oktober 2013, https://www.bibelwissenschaft.de/stichwort/51874/.

 Arbeitsvorschlag
Lesen Sie den Bericht des Josephus über Johannes den Täufer (ant. 18,116–119; Text in S/Z 68). In welchem Zusammenhang kommt Josephus auf Johannes zu sprechen? Welches Bild vermittelt Josephus von Johannes? Wo stimmt die Darstellung des Josephus mit den Bildern der Evangelien überein, wo unterscheidet sie sich von diesen (z. B. Mk 1,1–14; 6,14–29; Mt 11,7–12/Lk 7,24–28; Lk 1,13–17)?

§ 55 Der Anbruch der Gottesherrschaft im Wirken Jesu

1 Zur Methodik der Rekonstruktion des Wirkens Jesu

Literatur: DALE C. ALLISON Jr., Constructing Jesus. Memory, Imagination, and History, Grand Rapids, Mich. 2010 ♦ CHRIS KEITH, Memory and Authenticity. Jesus Tradition and What Really Happened, ZNW 102 (2011), 155–177 ♦ ALAN KIRK, Memory and the Jesus Tradition (The Reception of Jesus in the First Three Centuries 2), London u. a. 2018 ♦ JENS SCHRÖTER, Erinnerung an Jesu Worte (WMANT 74), Neukirchen-Vluyn 1997 ♦ GERD THEISSEN/DAGMAR WINTER, Die Kriterienfrage in der Jesusforschung (NTOA 34), Freiburg, Schweiz/Göttingen 1997.

Bei der Rekonstruktion von Lehre und Wirken Jesu ist der oben erwähnte Charakter der Evangelien in Rechnung zu stellen. Sie haben das Auftreten Jesu aus der Perspektive des Osterglaubens dargestellt, die historischen Ereignisse demnach unmittelbar mit dem Glaubenszeugnis verbunden. Die historisch-kritische Forschung hat Kriterien entwickelt, um beides voneinander zu unterscheiden und das historische Material von seiner späteren Deutung abzusondern. Dieser Zugang hat zweifellos seine Berechtigung, allerdings müssen auch seine Grenzen klar benannt werden. So ist etwa deutlich, dass das von Ernst Käsemann als Ausgangspunkt für die historische Rückfrage benannte Unähnlichkeitskriterium (authentisches Jesusgut findet sich vor allem dort, wo eine Überlieferung weder aus dem Judentum noch aus dem frühen Christentum abgeleitet werden kann) dazu tendiert, Jesus vom Judentum und vom entstehenden Christentum zu unterscheiden. Käsemann war das durchaus bewusst, gleichwohl zeigt sein eigener Ansatz mit dem Ausgangspunkt bei den sogenannten Antithesen der Bergpredigt sowie Jesu Kritik am Reinheitsgesetz, dass dabei Überlieferungen ins Zentrum gerückt wurden, die Jesus vom Judentum seiner Zeit absetzen. Beide Überlieferungen werden heute zudem deutlich differenzierter beurteilt. Das Kriterium der mehrfachen Bezeugung nimmt solche Überlieferungen in den Blick, die besonders wirksam geworden sind. Das Kriterium der aramäischen Sprachgestalt bleibt auf wenige zufällige Begriffe beschränkt, wobei zum Beispiel die für Jesus zweifellos charakteristische Anrede Gottes als „Abba" in den Evangelien gerade nicht bewahrt wurde (sondern nur bei Paulus).

Die Kriterien bedürfen deshalb der Einbettung in einen historischen Gesamtrahmen, um zur Rekonstruktion von Wirken und Lehre Jesu beizutragen. Darauf hatte Ferdinand Hahn bereits in einem wichtigen Aufsatz aus dem Jahr 1974 hingewiesen (s. Literaturangaben oben zu § 50). In neuerer Zeit wurde mit der Hervorhebung des Kriteriums der historischen Plausibilität (Gerd Theißen und Dagmar Winter) sowie mit dem Ansatz der „Jesuserinnerung" (Jens Schröter, Chris Keith, Alan Kirk u.a.) eine ähnliche Richtung beschritten. Grundsätzlich ist dabei festzuhalten, dass eine nur einmal oder spät bezeugte Überlieferung etwas für den historischen Jesus Charakteristisches bewahrt haben kann, wogegen eine früh und häufig belegte Überlieferung historisch belanglos sein kann. Es bedarf deshalb des Zusammenspiels von historischem Gesamtbild und Beurteilung der Einzelüberlieferung, wobei beides in einem Wechselverhältnis zueinander steht. Sinnvoller als die Suche nach einzelnen „echten" Jesusworten ist es deshalb, das Wirken Jesu in seinen sozialen, politischen und religiösen Kontext einzuzeichnen und es auf diese Weise historisch plausibel zu machen. Dabei muss immer bewusst bleiben, dass sich die historische Beurteilung durch neue Funde ebenso verändern kann wie durch eine angesichts der historischen Situation der Interpretierenden gewandelte Sicht auf den historischen Befund. Das lässt sich an der Geschichte der historisch-kritischen Jesusforschung leicht erkennen. Es verbindet die Jesusforschung zudem mit der historischen Forschung überhaupt.

Weiter ist zu beachten, dass die Verfasser der Evangelien die Jesusüberlieferungen sprachlich und kompositorisch in ihre jeweiligen Jesuserzählungen integriert haben. Diese Überlieferungen sind deshalb immer auch Ausdruck der Theologie des jeweiligen Evangeliums und der Sprache seines Verfassers. Zudem haben sie längere Tradierungs- und Übersetzungsprozesse durchlaufen, bevor sie in die Evangelien aufgenommen wurden. Es ist deshalb kaum möglich, ihre Verwendungen im Kontext des Wirkens Jesu sprachlich und inhaltlich genau zu rekonstruieren. Dem steht auch die Tatsache entgegen, dass sie zunächst mündlich verwendet und erst auf einer späteren Stufe verschriftlicht wurden. Zudem können einzelne Worte oder gleichnishafte Erzählungen von Jesus – ebenso wie dann von denen, die sie überliefert haben – mehrmals und in unterschiedlichen Situationen verwendet worden sein. Diese Überlegungen zeigen, dass bei der Rekonstruktion des Wirkens Jesu stets eine Wechselwirkung zwischen der historischen Rekonstruktion der Lebenswelt Jesu und der Einzeichnung der Überlieferungen in diese besteht. Im Folgenden wird das Wirken Jesu deshalb nicht auf der Grundlage von „echten" Worten oder Gleichnissen, sondern thematisch vom Zentralbegriff der Gottesherrschaft her entfaltet.

2 Die anbrechende Gottesherrschaft als Zentrum des Wirkens Jesu

Literatur: BECKER, Jesus von Nazaret, 100–275 ♦ DUNN, Jesus Remembered, 383–487 ♦ HENGEL/SCHWEMER, Jesus und das Judentum, 406–430 ♦ MATTHIAS KONRADT, Stellt der Vollmachtsanspruch des historischen Jesus eine Gestalt „vorösterlicher Christologie" dar?, ZThK 107 (2010), 139–166 ♦ SCHRÖTER, Jesus von Nazaret, 190–245 ♦ SCHRÖTER/JACOBI (Hg.), Jesus Handbuch, 361–425.

a) Gegenwart und Zukunft der Gottesherrschaft

Im Zentrum des Wirkens Jesu stand die Vorstellung vom Anbruch der Gottesherrschaft. Der Begriff begegnet häufig in den synoptischen Evangelien, einige Male auch in der Apostelgeschichte und bei Paulus, bei Johannes dagegen nur an einer Stelle (3,3.5). Der Ausdruck ist charakteristisch für die Wort- und Gleichnisverkündigung Jesu, er kennzeichnet darüber hinaus den Inhalt seines Wirkens überhaupt, also auch seine Heilungen und sonstigen Machttaten, seinen Ruf in die Nachfolge und seine Mahlgemeinschaften.

Mit dem Ausdruck „Gottesherrschaft" oder „Reich Gottes" (βασιλεία τοῦ θεοῦ) – der Ausdruck hat sowohl eine auf Gottes Königsherrschaft bezogene als auch eine räumliche Dimension – wird eine Vorstellung aufgegriffen, die in israelitisch-jüdischen Texten breit bezeugt ist. Die Überzeugung von der universalen Königsherrschaft Gottes über die gesamte Schöpfung und alle Völker (vgl. etwa Ps 47; 97; 99; 145,11–13) wurde im Jerusalemer Tempelkult gefeiert (vgl. Ps 29; 96,9f.; 103,19). Gott herrscht vom Zion her, wo der Tempel als sein Thron steht (Ps 47,9; 78,69; 132,13). Von dort her sendet er seine Hilfe für Israel (Ps 14,7; 20,3). Der König Israels wird von Gott selbst zu seinem Sohn erwählt und sitzt zu seiner Rechten (Ps 2,7; 110,1). Er regiert das Volk im Auftrag Gottes und soll für die Durchsetzung seiner Gerechtigkeit Sorge tragen (Ps 72,1–4). Diese Vorstellung ist verbunden mit derjenigen vom davidischen Königtum, dem Gott ewigen Bestand verheißen hat und aus dessen Geschlecht der König Israels kommen soll (2Sam 7,12–16).

Angesichts der Zerstörung des Tempels und des Exils des Volkes Israel musste die Rede von Gottes Herrschaft allerdings neu formuliert werden. Sie wurde nunmehr als Erwartung der zukünftigen Aufrichtung dieser Herrschaft zum Ausdruck gebracht, so zum Beispiel in apokalyptischen Texten, die seit dem 3. Jahrhundert v. Chr. entstehen und den Sieg Gottes über die Feinde und die Durchsetzung seiner Herrschaft von der Zukunft erwarten. Ein Beispiel findet sich im Buch Daniel, das im 2. Jahrhundert v. Chr. entstanden ist (Dan 2,44):

> Und in den Tagen jener Könige wird der Gott des Himmels ein Reich aufrichten, das in Ewigkeit nicht vernichtet wird; und sein Königreich wird keinem anderen Volk überlassen; es wird alle jene Königreiche zermalmen und vernichten; und es wird selbst in Ewigkeit bestehen.

Die Erwartung von der zukünftigen Aufrichtung von Gottes Herrschaft war auch zur Zeit Jesu lebendig. Ein Zeugnis dafür ist die etwa zur Zeit des Wirkens Jesu vermutlich in Palästina entstandene jüdische Apokalypse „Himmelfahrt des Mose". In Kap. 10 dieser Schrift wird beschrieben, wie am Ende der Zeit der Teufel vernichtet, die Götzenbilder zerstört, die Feinde Israels bezwungen und die Schöpfung zurückgenommen werden wird. Dann wird sich Gott erheben, Israel erhöhen und seine Herrschaft wird überall sichtbar werden.

Für die Jesusüberlieferung ist die Verbindung beider Aspekte, der Gegenwart und der Zukunft von Gottes Herrschaft, charakteristisch. In Mk 1,14f., mit der der Inhalt des Wirkens Jesu am Beginn seines öffentlichen Auftretens zusammengefasst wird, ist davon die Rede, dass die Gottesherrschaft „angekommen", also im Anbruch befindlich ist. Die Rede von der Gegenwart der Gottesherrschaft findet sich etwa in Lk 11,20/Mt 12,28: „Wenn ich mit dem Finger (oder: Geist) Gottes die Dämonen austreibe, ist die Gottesherrschaft zu euch gekommen." Zwar wird an beiden Stellen ein jeweils anderes griechisches Verb verwendet (bei Markus das Perfekt von ἐγγίζειν, ἤγγικεν, „hat sich genähert", bei Matthäus und Lukas der Aorist von φθάνειν, ἔφθασεν, „ist eingetroffen"), beide bringen aber dieselbe Vorstellung zum Ausdruck: Die Gottesherrschaft hat sich genähert und ist deshalb jetzt angekommen, also da. Weitere Überlieferungen, die die Gegenwart der Gottesherrschaft betonen, finden sich in der Seligpreisung der Armen (Lk 6,20/Mt 5,3), die deshalb „selig" sind, weil ihnen die Gottesherrschaft zugesagt wird, sowie in Lk 17,20f., wo die Frage der Pharisäer, wann die Gottesherrschaft komme, damit beantwortet wird, dass sie bereits mitten unter ihnen sei. Auf die Gegenwart der Gottesherrschaft bezogen sind auch Parabeln, die auf das jetzt notwendige Verhalten gerichtet sind, wie etwa Mt 13,44f. (vom Schatz und von der Perle) oder Lk 14,16–24 (vom Gastmahl). Sie machen deutlich, dass es jetzt, in der Gegenwart Jesu, gilt, sich für das Gottesreich zu entscheiden und in seine Nachfolgegemeinschaft einzutreten. Das wird auch daran deutlich, dass Jesus diejenigen seligspricht, die keinen Anstoß an ihm nehmen (Mt 11,6/Lk 7,23).

Daneben findet sich eine zweite Linie von Aussagen, die auf das zukünftige Kommen der Gottesherrschaft verweisen. Dazu gehört zum Beispiel die zweite Vaterunser-Bitte („Dein Reich komme"), des Weiteren das Drohwort über das zukünftige Mahl im Gottesreich, bei dem andere den Platz derer einnehmen werden, denen er eigentlich zugedacht war (Mt 8,11f./Lk 13,28f., ein Wort, das sich inhaltlich mit der Täuferbotschaft berührt), der Hinweis auf die „in Macht" kommende Gottesherrschaft, deren Ankunft einige der Zeitgenossen Jesu noch erleben werden (Mk 9,1, ein Hinweis auf die Erwartung Jesu, dass sich die Aufrichtung der Gottesherrschaft in zeitlicher Nähe vollenden würde), sowie die Hinweise auf das zukünftige Gericht in verschiedenen Worten und Gleichnissen Jesu. Auch wenn die Gottesherrschaft in diesen nicht immer explizit erwähnt wird, ist dennoch vorausgesetzt, dass das zukünftige Gericht mit dem Kommen der Gottesherrschaft verbunden ist. Schließlich ist auf das vermutlich auf Jesus selbst zurückgehende Wort über sein eigenes Eingehen in die Gottesherrschaft hinzuweisen, das sich im Kontext der Abendmahlsüberlieferung findet: „Ich werde von dem Gewächs des Weinstocks nicht mehr trinken, bis ich es von neuem im Reich Gottes trinken werde" (Mk 14,25). Jesus blickt hier angesichts seines bevorstehenden Todes darauf voraus, dass er selbst in das Reich Gottes eingehen werde.

In der Forschung wurde längere Zeit darüber diskutiert, ob eine dieser Vorstellungen auf Jesus zurückzuführen und sie dann nachösterlich durch die zweite ergänzt worden sei. Die liberale Theologie des 19. Jahrhunderts hat das Gottesreich als eine innerweltlich zu realisierende Größe aufgefasst, die durch die rechte Glaubenshaltung in der Welt zu verwirklichen sei. Eine wichtige Rolle spielte dabei das Gleichnis von der selbstwachsenden Saat aus Mk 4,26–29. Dieses wurde als Beleg dafür gedeutet, dass in der Zeit zwischen der Himmelfahrt Jesu und seiner Wiederkunft das Gottesreich auf der Erde wachsen solle und dies durch Glauben und Sittlichkeit zu geschehen habe. Dagegen wurde seit der Wende vom 19. zum 20. Jahrhundert mehrfach darauf verwiesen, dass Jesu Vorstellung vom Reich Gottes eschatologisch-apokalyptische Züge trage (Johannes Weiß, Albert Schweitzer, Charles H. Dodd). Dabei wurde die Andersartigkeit der Lebenswelt Jesu gegenüber der modernen betont.

Es liegt allerdings näher, dass die Verbindung beider Vorstellungen – der gegenwärtig bereits anwesenden und der zukünftig machtvoll von Gott herbeigeführten Gottesherrschaft – ein Strukturmerkmal der Lehre und des Wirkens Jesu selbst war. Demnach wäre Jesus der Auffassung gewesen, dass in seinem Wirken die Gottesherrschaft anbricht und sie in der Zukunft durch Gott selbst vollendet werden wird. Darauf weisen verschiedene Überlieferungen hin, vor allem die sogenannten Wachstumsgleichnisse (Mk 4,3–8.26–29.30–32), die das im Wirken Jesu anbrechende Gottesreich als den Beginn eines Prozesses veranschaulichen, der nun in Gang gesetzt ist und auf ein Ziel zuläuft. Dies entspricht dem Selbstverständnis Jesu als Repräsentant Gottes auf der Erde, mit dessen Wirken die Aufrichtung der Herrschaft Gottes beginnt, ebenso wie seiner Ethik, die darauf gerichtet ist, die Menschen dazu aufzufordern, ihr Leben an der im Anbruch befindlichen Gottesherrschaft auszurichten.

Die Frage, ob Jesus das Gottesreich als eine rein zukünftige oder als eine (zumindest partiell) bereits gekommene Größe gesehen hat, greift deshalb zu kurz. Jesus sieht das Gottesreich in seinem Wirken anbrechen, deshalb soll man nicht nach Zeichen Ausschau halten, an denen man sein Kommen erkennen kann (Lk 17,20f.). Vielmehr gilt es, sich in der Gegenwart konsequent auf die Gottesherrschaft einzulassen und ihrer Ordnung entsprechend zu leben. Dies ist zugleich die Grundlage für das von Jesus eingeforderte Ethos.

⌀ Arbeitsvorschlag

Auf welche Weise bringen die parabolischen Erzählungen von der selbstwachsenden Saat (Mk 4,26–29), vom Senfkorn und vom Sauerteig (Mk 4,30–32; Mt 13,31f.; Lk 13,20f.) den Zusammenhang zwischen Beginn und Vollendung der Gottesherrschaft zur Sprache? Welchen Akzent setzt insbesondere das Lukasevangelium, in dem Jesus die Parabeln in 13,20f. im Kontext der Szene in 13,10–21 erzählt?

b) Das Selbstverständnis Jesu und seine Rede von Gott

Jesus war überzeugt davon, dass die Herrschaft in seinem eigenen Wirken anbricht. Er ging demnach davon aus, dass die Macht des Bösen – in der Jesusüberlieferung ist häufiger vom Satan bzw. Diabolos (σατανᾶς bzw. διάβολος) als dem Widersacher Gottes die Rede – gebrochen ist und Gott nunmehr seine Herrschaft aufrichtet. Worauf diese Überzeugung gründet, lässt sich nur noch ansatzweise erkennen. Möglicherweise hat Jesus ein visionäres Erlebnis gehabt, das ihm diese Gewissheit vermittelt hat. Darauf könnte die Aussage in Lk 10,18 hindeuten: „Ich sah den Satan wie einen Blitz vom Himmel fallen." Hier könnte sich ein Erlebnis Jesu widerspiegeln, das ihn davon überzeugt hat, dass der Kampf zwischen Gott und Satan entschieden und damit die Voraussetzung für die Aufrichtung von Gottes Herrschaft auf der Erde gegeben sei. Von einer Bewährung als Sohn Gottes gegenüber dem Satan erzählt auch der Bericht von der Versuchung Jesu (Mk 1,12f.; Mt 4,1–11; Lk 4,1–13). Die in apokalyptischen Texten häufig belegte Vorstellung eines Endkampfs zwischen Gott und seinem Widersacher begegnet demnach bei Jesus in der spezifischen Form, dass dieser Kampf nunmehr entschieden ist und die Heilszeit anbricht, in der es gilt, in das Gottesreich einzugehen und nach dem Willen Gottes zu leben. Das Verhältnis von Heil und Gericht ist demnach gegenüber Johannes dem Täufer verändert: Hatte dieser sich als letzter Prophet verstanden, der vor dem nahen Gericht Gottes zur Umkehr auffordert, so stellt Jesus, der ebenfalls zur Umkehr aufruft, dabei die Teilhabe an der Herrschaft Gottes ins Zentrum, für die jetzt, während seines Wirkens, Gelegenheit besteht. Diese Zeit wird auch in der Vorstellung Jesu durch das kommende Gericht Gottes begrenzt.

Die Rolle, die Jesus dabei seiner Person und seinem Wirken zugemessen hat, verdichtet sich in Bezeichnungen seiner Person, die sich in den Evangelien finden. Sie werden in der Forschung häufig „christologische Hoheitstitel" genannt. Diese Bezeichnung ist allerdings nicht unproblematisch, denn sie könnte den Eindruck erwecken, es handle sich um einen abgegrenzten Bestand von Ausdrücken mit feststehenden Bedeutungen. Beides ist jedoch nicht der Fall. Was zu den „Hoheitstiteln" gerechnet wird, hängt von der Sicht der Interpretierenden ab, zudem haben diese Bezeichnungen einen je eigenen Hintergrund in jüdischen Texten mit einer je eigenen Bedeutungsgeschichte, vor deren Hintergrund sie auf Jesus angewandt wurden. Es empfiehlt sich deshalb, von „Hoheits*bezeichnungen*" zu sprechen und im Blick zu behalten, dass es sich um Ausdrücke handelt, die in verschiedener Weise von Repräsentanten oder Beauftragten Gottes sprechen. Im Folgenden werden drei dieser Ausdrücke besprochen, die für die Jesusüberlieferung zentrale Bedeutung haben. Dabei ist stets im Blick zu behalten, dass sie ihre konkrete Bedeutung nur in den jeweiligen literarischen Kontexten erhalten.

(1) „Der Sohn des Menschen"

Der Ausdruck „der Sohn des Menschen", häufig auch als „Menschensohn" wiedergegeben, ist für das Selbstverständnis Jesu von großer Bedeutung. Er ist der einzige, der mit großer Wahrscheinlichkeit von Jesus selbst zur Charakterisierung seiner eigenen Person verwendet wurde, wogegen alle anderen Hoheitsbezeichnungen vermutlich von anderen zur Interpretation seines Wirkens benutzt wurden. Das liegt schon deshalb nahe, weil „der Sohn des Menschen" stets in Selbstaussagen Jesu begegnet, dagegen nicht in Aussagen anderer *über* Jesus. Analog zur oben beschriebenen Struktur von Aussagen über die Gegenwart und die Zukunft der Gottesherrschaft finden sich auch bei den Aussagen über Jesus als Menschensohn solche, die sein gegenwärtiges Wirken beschreiben, und solche, die vom zukünftig kommenden Menschensohn sprechen. Wie bei den Aussagen über die Gottesherrschaft ist dementsprechend auch bei denen über den Menschensohn diskutiert worden, ob nur eine dieser Aussagereihen auf Jesus zurückgeht – und welche dies gegebenenfalls wäre. Einer noch weitergehenden Sicht zufolge sind alle Menschensohn-Worte nachösterlich, da ihnen ein anderes Konzept zugrunde liege als der für Jesus charakteristischen Verkündigung der Gottesherrschaft.

Dabei wird allerdings eine Bedeutung des Ausdrucks „der Sohn des Menschen" vorausgesetzt, die in der neueren Forschung als unzureichend erwiesen wurde. Der Ausdruck „Menschensohn" (ohne Artikel) begegnet in Dan 7,13f. zur Bezeichnung einer endzeitlichen Figur, der von Gott die Macht übertragen wird und die eine ewige Herrschaft ausüben wird. In Anknüpfung an diese Stelle taucht die Figur eines Menschensohnes dann auch in jüdischen apokalyptischen Schriften (in den Bilderreden der Henochliteratur sowie im 4. Esra) auf. Die Aussage aus Dan 7,13 wird auch in den Evangelien in Zitat bzw. Anspielung aufgegriffen, um die endzeitliche Wiederkunft Jesu zu beschreiben (Mk 13,26; 14,62). Dabei findet sich allerdings der Ausdruck „der Sohn des Menschen" (mit Artikel), wogegen es im griechischen Text von Dan 7,13 „eines Menschen Sohn" heißt (also ohne Artikel, so auch Apk 1,14; 14,14). Dieser Unterschied weist darauf hin, dass der Ausdruck in der Jesusüberlieferung nicht aus Dan 7 stammt, sondern nachträglich mit dieser Stelle verbunden wurde.

Die Herkunft der im Griechischen ungewöhnlichen, doppelt determinierten Wendung ὁ υἱὸς τοῦ ἀνθρώπου, „der Sohn des Menschen", erklärt sich dagegen vor ihrem aramäischen Hintergrund. Hier bedeutete בַּר־נָשָׁא/*bār nāšā'* „Mensch", Jesus hätte demnach von sich als „Mensch" gesprochen. Die Bedeutung des Ausdrucks erschließt sich dann aus dem Inhalt der entsprechenden Worte. Wenn Jesus davon spricht, dass „der Sohn des Menschen" Vollmacht hat, „Sünden zu vergeben auf der Erde" (Mk 2,10), dass er keine Heimstatt hat (Mt 8,20/Lk 9,58) oder dass sich am Bekenntnis zum Menschensohn das Ergehen im Endgericht entscheidet (Mk 8,38; Lk 12,8f., vgl. Mt 10,32f.), dann zeigt dies, dass er sich als

„der Sohn des Menschen" als irdischer Repräsentant Gottes versteht. Um diese Rolle von sich als einem besonderen Menschen auszudrücken, hat Jesus offenbar in Zusammenhängen, in denen er seine Rolle als Repräsentant Gottes mit besonderer Prägnanz zum Ausdruck brachte, nicht einfach „ich" gesagt, sondern sein Selbstverständnis als derjenige, mit dessen Wirken die Aufrichtung der Herrschaft Gottes auf der Erde beginnt, mit dem Ausdruck „der Sohn des Menschen" zur Sprache gebracht.

In nachösterlicher Zeit wurde dieser Ausdruck aufgenommen und nunmehr auch auf Leiden, Tod, Auferstehung und endzeitliche Wiederkunft Jesu angewendet. Dabei wurde auch auf Dan 7,13 zurückgegriffen, um das Kommen Jesu zum Gericht in den Horizont der endzeitlichen Erwartungen des Judentums zu rücken. Die Bezeichnung „der Sohn des Menschen" umfasst deshalb in ihrer Verwendung in der Jesusüberlieferung den Weg Jesu insgesamt: sein irdisches Wirken, sein Leiden und seinen Tod, seine Auferweckung und Erhöhung sowie seine endzeitliche Wiederkunft. Die Pointe dieses Ausdrucks besteht dann darin, dass Jesus *als Mensch* für sich in Anspruch nimmt, die Herrschaft Gottes in seinem Wirken aufzurichten – wenngleich das *de facto* nur ansatzweise geschah.

(2) Der Gesalbte (Messias, Christus)

Die Vorstellung von der Gottesherrschaft konnte sich in jüdischer Überlieferung mit derjenigen von Gottes Gesalbtem verbinden, der für diese Aufrichtung zuständig ist. Eine wichtige Rolle spielt dabei die bereits genannte Stelle 2Sam 7,12–16, die davon spricht, dass Gott dem davidischen Königshaus ewigen Bestand zusichert und der auf dem Thron sitzende Nachkomme Davids als „Sohn" Gott als „Vater" zugeordnet ist. Die Vorstellung vom Gesalbten aus davidischem Geschlecht findet sich zum Beispiel in den Psalmen Salomos, einem jüdischen Text aus dem 1. Jahrhundert v. Chr. Formuliert wird hier die Erwartung, dass Gott einen Gesalbten aus dem Geschlecht Davids erwecken wird, der die Feinde Israels besiegen und das Volk in Gerechtigkeit regieren wird. Eine derartige politische Gesalbtenerwartung kommt auch in der Geschichte vom Einzug Jesu in Jerusalem (Mk 11,2–10) zum Ausdruck, bei dem Jesus mit den Worten begrüßt wird: „Gepriesen sei der da kommt, im Namen des Herrn. Gepriesen sei die kommende Herrschaft unseres Vaters David."

Der Gesalbte (Messias) war nach jüdischer Erwartung also ein Herrscher im Auftrag Gottes über Israel aus davidischem Geschlecht. Nach einer etwas anders gelagerten Erwartung wird der Messias vor dem Ende auftreten, für eine gewisse Zeit herrschen und dann sterben (4. Esra, 2. Baruch; vgl. Dan 9,25f.). In anderen Texten können auch Priester oder Propheten als „Gesalbte" bezeichnet werden, was sich aus dem Salbungsritual erklärt, das in Israel ursprünglich an Königen vollzogen wurde. Die Bezeichnung „Gesalbter" konnte dann auch auf andere von Gott besonders ausgezeichnete und beauftragte Personen angewandt werden und blieb auch dann erhalten, als das Ritual selbst nicht mehr durchgeführt wurde. In den Qumrantexten begegnen verschiedene Gesalbtenvorstellungen: die Propheten als Gesalbte (1QM XI,7f.; evtl. auch 4Q521), der davidische Gesalbte (4Q252), ein priesterlicher und ein königlicher Gesalbter (1QS IX,7-11). Das zeigt, dass „Gesalbter" in erster Linie eine Funktionsbezeichnung für einen – prophetischen, priesterlichen oder königlichen – Beauftragten Gottes war.

Die Gesalbtenbezeichnung wurde schon früh auf Jesus angewandt. „Christus" konnte dabei sogar als Name verwendet werden. Eine markante Stelle dafür ist das frühe Bekenntnis in 1Kor 15,3: „Christus ist für unsere Sünden gestorben." Diese Stelle zeigt zugleich, dass die Gesalbtenbezeichnung bei der Deutung des Todes Jesu Verwendung fand, seine Hinrichtung also nicht dazu führte, sie aufzugeben und seinen Weg als gescheitert zu betrachten. Die enge Verbindung der Gesalbtenbezeichnung mit dem Namen Jesu zeigt sich auch in der häufig belegten Zusammenstellung „Jesus Christus" bzw. „Christus Jesus", die zunächst eine Kurzfassung des Bekenntnisses „Jesus ist der Christus" darstellt, dann jedoch als Name verwendet werden konnte. Dabei trat die Bedeutung des Ausdrucks „Christus" – „Gesalbter" – zurück.

Die Bezeichnung Jesu als „Gesalbter" findet sich sowohl in der frühen Bekenntnistradition als auch in den Darstellungen des irdischen Weges Jesu in den Evangelien. Ihre frühe und feste Verbindung mit der Person Jesu zeigt sich auch darin, dass sich von ihr der Name für seine Anhänger ableitete: χριστιανοί (Apg 11,26, der Singular in Apg 26,28; 1Petr 4,16) bzw. *Christiani* (so bei Tacitus, Sueton und Plinius). Für die Verarbeitung ist das Bekenntnis des Petrus in Mk 8,29 einschlägig, der auf die Frage Jesu, für wen die Jünger ihn halten, antwortet: „Du bist der Christus." In der sogenannten Antrittsrede in Nazaret (Lk 4,16-30) bezieht Jesus das Jesaja-Zitat „Der Geist des Herrn ist auf mir, denn er hat mich gesalbt" auf sich selbst. Damit wird sein Wirken als im Geist Gottes geschehendes charakterisiert. Zugleich wird die Geistbegabung als „Salbung" bezeichnet, also vom Salbungsritual her auf die Geistausgießung übertragen, was sich auf die bereits früher erzählte Taufe Jesu bezieht, bei der Jesus demnach „gesalbt" worden ist. Von einer Salbung Jesu erzählt auch die Geschichte von der namenlosen Frau, die Jesus wertvolle Salbe über sein Haupt gießt (Mk 14,3-9). Diese Salbung ist zum einen darin ungewöhnlich, dass Gästen normalerweise die Füße gewaschen und gesalbt wurden, wogegen das Ausgießen über dem Haupt das Ritual der Königssalbung darstellte. Zum anderen deutet Jesus diesen Akt als Salbung für sein Begräbnis (V. 9) – die normalerweise an Toten, nicht an Lebenden vollzogen wurde. Die Erzählung ist demnach eine narrative Verarbeitung des Bekenntnisses, dass Jesus als der Gesalbte – der Christus – stirbt: Unmittelbar am Beginn der Passionsereignisse wird den in der Szene Anwesenden – und natürlich den Lesern des Markusevangeliums – vor Augen geführt, dass Jesus tatsächlich der Gesalbte ist und als solcher in den Tod geht.

Schließlich wurde die Bezeichnung „Gesalbter" bei ihrer Anwendung auf Jesus mit anderen Hoheitsbezeichnungen verbunden. Jesus ist als Gesalbter zugleich der erhöhte Herr (Mk 12,35-37) und der zum Gericht wiederkommende Menschensohn (Mk 14,61f.). In Mk 8,38 heißt es zudem, der Menschensohn komme „in der Herrlichkeit seines Vaters". Hier wird der Menschensohn-Ausdruck demnach mit der Bezeichnung Jesu als Sohn Gottes verbunden.

Die Christusbezeichnung wurde bei ihrer Anwendung auf Jesus also inhaltlich neu bestimmt. Als Gesalbter wird nunmehr derjenige bezeichnet, der im Auftrag Gottes auf der Erde wirkt, die Herrschaft Gottes aufrichtet, stirbt, auferweckt und zur Rechten Gottes erhöht wird und am Ende der Zeit zum Gericht wiederkommen wird. Dass Jesus die Gesalbtenbezeichnung selbst zur Interpretation seiner Person verwendet hat, ist eher unwahrscheinlich. Vermutlich handelt es sich um eine bereits früh, vermutlich noch während seines irdischen Wirkens, auf ihn angewandte Bezeichnung, mit der seine Anhänger sein Wirken auf eine Beauftragung und Autorisierung durch Gott zurückführten. Auch wenn Jesus diese Bezeichnung nicht selbst auf sich angewendet hat, kann er sie durchaus als eine angemessene Interpretation seines Wirkens verstanden haben. Die jüdische Verwendung der Gesalbtenbezeichnung wurde damit um eine eigene Version erweitert. Im Blick auf die Frage nach dem historischen Jesus macht seine Bezeichnung als „Gesalbter" deutlich, dass sein Wirken und dessen Deutung durch seine frühen Anhänger eng miteinander verwoben waren.

(3) Der Sohn Gottes

Der Ausdruck „Sohn Gottes" ist zunächst unspezifisch auf das Gottesverhältnis von Menschen bezogen und bringt deren besondere Nähe zu Gott oder ihren Schutz durch Gott zum Ausdruck. So kann etwa in israelitisch-jüdischen Texten Israel selbst als Gottes Sohn bezeichnet werden (Hos 11,1), ebenso kann der König Israels von Gott zu seinem Sohn erklärt werden (Ps 2,7), einzelne Menschen, die sich durch ein besonderes Gottesverhältnis auszeichnen, können in dieser Weise charakterisiert werden (z. B. SapSal 2,12-20; 5,1-7). In dieser Verwendung bezieht sich der Ausdruck im Neuen Testament auf das durch Jesus begründete Gottesverhältnis der Menschen zu Gott als „Vater", wie es sich in der Anrede des Vaterunsers findet. Auch die Friedensstifter (Mt 5,9) oder diejenigen, die die Feinde lieben (Lk 6,35), können deshalb „Söhne (oder: Kinder) Gottes" heißen.

In seiner Anwendung auf Jesus bringt der Ausdruck dagegen das exklusive Verhältnis von Gott zu Jesus als dasjenige des „Vaters" zu seinem „Sohn" zum Ausdruck. So spricht Paulus davon, dass Gott seinen Sohn in die Welt gesandt hat, der irdisch betrachtet aus dem Geschlecht Davids stammt, durch die Auferstehung von den Toten dagegen zum „Sohn Gottes in Macht" eingesetzt wurde (Röm 1,3-4). Die Sendung des Gottessohnes (vgl. auch Gal 4,4 sowie die häufige Erwähnung der Sendung des Sohnes im Johannesevangelium) bringt demnach den einzigartigen Status Jesu und sein exklusives Gottesverhältnis zum Ausdruck. In den Evangelien findet sich diese Verwendung in der Tauferzählung, in der Gott Jesus zu seinem Sohn erklärt und ihn mit seinem Geist ausstattet (Mk 1,11), ebenso in der Verklärungserzählung (Mk 9,2–8), in der im Anschluss an die erste Leidensankündigung die Himmelsstimme noch einmal die Gottessohnschaft Jesu bekräftigt. Schließlich kommt das exklusive Verhältnis von Gott und Jesus auch darin zum Ausdruck, dass Jesus sich an Gott als „Vater" wendet, der als Einziger ihn als den „Sohn" erkennt, wie auch nur er als „Sohn" und diejenigen, denen der „Sohn" daran Anteil gibt, den „Vater" erkennen (Mt 11,25–27/ Lk 10,21–24). Die exklusive Beziehung zwischen Gott als „Vater" und Jesus als „Sohn" spielt im Johannesevangelium und im Hebräerbrief eine herausgehobene Rolle und wird dort auch für den göttlichen Status Jesu verwendet, den er bereits vor seiner Sendung in die Welt innehatte (Joh 3,16–18; 3,35; 5,19–23; 14,13; 17,1; Hebr 1,1–13; 4,14; 5,5.8).

Historisch betrachtet kann Jesus die Bezeichnung „Sohn" durchaus für sich verwendet haben. Er hat sie vermutlich als Ausdruck seiner Nähe zu Gott verstanden, die er auch an andere Menschen vermitteln wollte. Als exklusive Bezeichnung ist „Sohn Gottes" dagegen Ausdruck des nachösterlichen Bekenntnisses zu Jesus als demjenigen, der an Gottes Wesen und seiner Autorität partizipiert und von Gott in die Welt gesandt wurde, um Gott den Menschen zu offenbaren und ihnen das Heil Gottes zu bringen. In dieser Weise ist die Bezeichnung dann auch in die christliche Bekenntnistradition eingegangen, etwa in die Aussage des Apostolikums: „Wir glauben an Gott den Vater ... und an seinen eingeborenen Sohn."

(4) Jesu Rede von Gott

Die Hoheitsbezeichnungen weisen demnach einen Weg zum Selbstverständnis Jesu. Sie erschließen ihre spezifische Bedeutung jedoch erst innerhalb des Wirkens Jesu insgesamt. Dabei sind sowohl ihre Beziehung zueinander als auch die enge Verzahnung von Wirken Jesu und dessen Interpretation durch seine frühen Anhänger zu berücksichtigen. Die Hoheitsbezeichnungen sind demnach als Ausdruck des Wirkens und Selbstverständnisses Jesu und dessen Deutung aufzufassen. Sie zeigen, dass beides eng zusammengehört und unmittelbar ineinander übergeht.

Von grundlegender Bedeutung für das Wirken Jesu ist, dass er sich von Gott mit der Aufrichtung seiner Herrschaft beauftragt wusste und sein eigenes Auftreten als Beginn der Durchsetzung von Gottes Herrschaft auffasste. Das kommt in seiner Rede von Gott prägnant zum Ausdruck. Mit dem Judentum seiner Zeit (und aller Zeiten) setzt Jesus voraus, dass der Gott Israels der einzige Gott ist, der Schöpfer des Himmels und der Erde, der Israel erwählt hat und ihm seinen Willen in der Tora offenbart hat (vgl. die Zitierung des *Sch^{e}ma Jisrael* aus Dtn 6,4f. in Mk 12,29f.; Lk 10,27 sowie den Verweis auf die Erschaffung des Menschen in Mk 10,6f.). Das spiegelt sich nicht zuletzt in seinem Umgang mit der Tora wider (s. u. § 55.2g). Ebenso ist für Jesus selbstverständlich, dass Gott der zukünftige Richter ist, der die Menschen nach dem Maßstab seines Gesetzes richten wird. Dabei sind Vorstellungen der jüdischen Apokalyptik eingeflossen, die seit dem 3. Jahrhundert v. Chr. entstanden und das Handeln Gottes in den Horizont der Vollendung der Geschichte durch ein endzeitliches Gericht rückten, das zwischen Gerechten und Sündern scheidet.

Charakteristisch für Jesu Gottesvorstellung ist, dass er das Heil Gottes in seiner Gegenwart und in seinem eigenen Wirken zur Geltung kommen sieht. Das bestimmt auch die Stellung des Menschen vor Gott. Jesus fordert dazu auf, das Leben vollständig an der in der Gegenwart anbrechenden Gottesherrschaft auszurichten (Mt 13,44f.), einander zu vergeben, wie auch Gott vergeben hat (Mt 6,14f.; 9,8; 18,21–35) und der Erhörung der Bitten an Gott gewiss zu sein (Lk 11,9–13/Mt 7,7–11; vgl. Mk 11,24).

Besonders kennzeichnend für Jesu Rede von Gott ist das Vaterunser. Jesus lehrt seine Nachfolger, sich im Vertrauen an Gott als Vater zu wenden und ihn um das zum Leben Notwendige zu bitten. In der Forschung ist im Gefolge von Joachim Jeremias die Auffassung vertreten worden, mit der Vateranrede habe Jesus gegenüber der sonstigen Gottesvorstellung und -rede Neuartiges eingebracht. Die Anrede stamme aus dem familiären Gebrauch, in dem Kinder in dieser Weise ihre Väter als „Papa" oder „Vati" anreden würden. Diese These ist sowohl im Blick auf ihre sprachliche als auch ihre sachliche Begründung inzwischen als unhaltbar erwiesen worden. „Abba" war zur Zeit Jesu keine Anredeform, die als Diminutiv zu verstehen ist und auf ein besonderes Vertrauensverhältnis hinweist. Es handelt sich vielmehr um die gängige Anrede „Vater", auch in der Anwendung auf Gott. Zudem lassen sich aus jüdischen Texten verschiedene Beispiele für diese Form der Gottesanrede anführen (z. B. Ps 89,27: „Er [sc. David] wird mich anrufen: Mein Vater bist du, mein Gott und der Fels meines Heils"; Sir 51,10 [hebr.]: „Ich rief: JHWH, du bist mein Vater, denn du bist der Held meines Heils"; 4Q372 Frgm. 1, 16f.: „Er [sc. David] wird mich anrufen: Mein Vater und mein Gott, lass mich nicht in der Hand von Völkern").

Mit der Vateranrede bewegt sich Jesus demnach vollständig innerhalb der jüdischen Vorstellungen seiner Zeit. Das trifft auch auf die übrigen Merkmale des Vaterunsers zu, zu denen sich durchgängig Analogien in jüdischen Gebeten aufzeigen lassen. Das Charakteristische der Rede Jesu von Gott lässt sich deshalb nicht dadurch herausfinden, dass man es vom Judentum seiner Zeit absetzt, sondern dass man es *innerhalb* des Judentums interpretiert. Das Vaterunser lässt dann erkennen, dass Jesus dazu auffordert, sich im Gebet vertrauensvoll an Gott zu wenden, von ihm die Vollendung seiner Herrschaft zu erbitten, die Sorge um das eigene Leben Gott anzuvertrauen und die erfahrene Vergebung Gottes an andere weiterzugeben. All diese Merkmale lassen sich auch in anderen jüdischen Texten finden, was den jüdischen Charakter des Vaterunsers noch einmal unterstreicht. Das Vaterunser ist dadurch charakterisiert, dass sich die ersten Bitten (die sogenannten „Du-Bitten") auf Gott, die nachfolgenden (die „Wir-Bitten") dagegen auf die Betenden richten. Gemeinsam bringen die Bitten zum Ausdruck, dass sich die Betenden als Kinder Gottes verstehen und ihr Miteinander im Bewusstsein dieser Kindschaft gestalten. Darin ordnet sich das Vaterunser in die Wirksamkeit Jesu insgesamt ein.

📖 **Lektüreempfehlung:** HANS KLEIN, Vaterunser, WiBiLex, September 2011, https://www.bibelwissenschaft.de/stichwort/55952/; EDUARD LOHSE, Das Vaterunser im Licht seiner jüdischen Voraussetzungen, Tübingen 2008; MARC PHILONENKO, Das Vaterunser, Tübingen 2002; FLORIAN WILK (Hg.), Das Vaterunser in seinen antiken Kontexten (FRLANT 266), Göttingen 2016.

✐ **Arbeitsvorschläge**
1. Erstellen Sie eine Übersicht der folgenden Aussagen Jesu über den „Menschensohn" in den Evangelien: Mk 2,10; 2,28; 8,38; 13,26; 14,62; Mt 8,20/Lk 9,58 (Q); Mt 11,18f./Lk 7,33f. (Q); Lk 12,8f. (vgl. Mt 10,32f.). Welche dieser Aussagen beziehen sich auf das Wirken Jesu innerhalb der jeweiligen Jesuserzählung, welche Aussagen beziehen sich auf endzeitliche Ereignisse? Lektüreempfehlung: KONRADT, Vollmachtsanspruch, 154–156.
2. Erarbeiten Sie mit Hilfe einer Synopse einen Vergleich des Vaterunsers in Mt 6,9–13 und Lk 11,2–4. Welche unterschiedlichen Akzente werden in den beiden Fassungen des Gebets gesetzt?
3. Wie ist das Vaterunser in den jüdischen Kontext Jesu einzuordnen? Vergleichen Sie das Vaterunser mit dem Achtzehngebet (Amida) und dem Kaddisch (beide Texte in S/Z 497–499). Wie sind diese Gebete jeweils aufgebaut und welche inhaltlichen Schwerpunkte setzen sie? Informieren Sie sich auch über die historische Einordnung dieser Gebete. Lektüreempfehlung: ANDREAS LEHNARDT, Kaddisch-Gebet, WiBiLex, Januar 2012, https://www.bibelwissenschaft.de/stichwort/22980/; ANTJE YAEL DEUSEL, Amida, WiBiLex, Juli 2014, https://www.bibelwissenschaft.de/stichwort/12456/.

c) Nachfolger, Sympathisanten und Gegner

Zu den wesentlichen Merkmalen des Wirkens Jesu gehört die Gründung einer Nachfolgegemeinschaft. In den Evangelien steht die Berufung von Nachfolgern am Beginn seiner Wirksamkeit, zumeist noch vor seinem ersten öffentlichen Auftreten (nur bei Lukas steht die programmatische Antrittsrede in Nazaret am Beginn). Darin spiegelt sich ein wichtiges Charakteristikum des Wirkens Jesu wider. Die von ihm in die Nachfolge Berufenen bilden den Kern des zu erneuernden Israel, wobei der Kreis der zwölf Jünger noch einmal den engsten Zirkel um Jesus darstellt. Es ist historisch sehr wahrscheinlich, dass es sich bei der Konstitution dieses Kreises um eine symbolische Aktion Jesu handelt, mit der er zum Ausdruck bringen wollte, dass sich sein Wirken an ganz Israel richtet. Die Zwölfzahl ist dabei eine symbolische Repräsentation der zwölf Stämme Israels, was daraus hervorgeht, dass die in den synoptischen Evangelien bezeugten Namenslisten (Mk 3,16–19; Mt 10,2–4; Lk 6,14–16) zwar gelegentlich voneinander abweichen, aber immer zwölf Namen aufzählen. In Apg 1,13 findet sich eine Namensliste von elf Jüngern (ohne Judas), die anschließend durch die Nachwahl des Matthias als des zwölften Jüngers ergänzt wird. Auch bei Paulus (1Kor 15,5) und im Johannesevangelium (6,67.70; 20,24) wird der Kreis der zwölf Jünger erwähnt, obwohl seine Schaffung durch Jesus nicht erzählt wird. Die Existenz dieses Kreises war also im frühen Christentum bekannt; er hat, wie es die Apostelgeschichte voraussetzt, in der Frühzeit der Jerusalemer Gemeinde als Leitungsgremium fungiert (die in Apg 6,2 genannten „Zwölf" werden in den vorangegangenen Kapiteln als „Apostel" bezeichnet, die die maßgebliche Autorität in der Jerusalemer Gemeinde bilden).

Neben dem Zwölferkreis gab es einen weiteren Kreis von Sympathisanten. Diese treten mitunter in den Blick, etwa als Menge, die sich um Jesus versammelt (z. B. Mk 2,1f.; 5,21), oder als Einzelpersonen, bei denen er zu Gast ist (z. B. Lk 8,1–3; 14,15). Jesus hat demnach über die in die unmittelbare Nachfolge Berufenen hinaus, die direkt in seine Verkündigung der anbrechenden Gottesherrschaft einbezogen waren, Akzeptanz im jüdischen Volk erfahren. Von der Wirkung seines Auftretens geben auch die Mahlgemeinschaften Zeugnis, die Jesus mit den Menschen Galiläas gehalten hat. Auch wenn die Darstellungen der Evangelien, die von mehreren tausend Anwesenden sprechen, sicher übertrieben sind (derart große Zahlen sind im ländlichen Galiläa kaum vorstellbar), geben die entsprechenden Erzählungen einen Eindruck davon, dass Jesus Menschen um sich versammelte und mit ihnen Gemeinschaft pflegte, bei der gemeinsame Mähler eine wichtige Rolle spielten.

Zur Gemeinschaft Jesu haben von früher Zeit an Frauen und Männer gehört. Auch wenn der Zwölferkreis offenbar ausschließlich aus Männern bestand, werden mitunter Frauen im engsten Umfeld Jesu genannt. Dazu gehört Maria Magdalena; auch Maria, die Mutter Jesu, scheint im Kreis um Jesus eine wichtige Rolle gespielt zu haben (vgl. Lk 1,14); genannt werden weiter Salome, Maria, die Mutter des Jakobus, und etliche weitere Frauen. Auch die von Jesus geheilte Schwiegermutter des Petrus könnte in der Gemeinschaft um Jesus eine Rolle gespielt haben. Nach Mk 15,40f. schauen einige der Frauen aus der Gemeinschaft Jesu von ferne der Kreuzigung zu. Schließlich ist die Erzählung von der Frau zu nennen, die Jesus salbt (Mk 14,2–9, eine andere Fassung findet sich in Lk 7,36–50, dort ist die Frau eine Sünderin, der von Jesus vergeben wird) und von der er sagt, dass sie in der Verkündung des Evangeliums einen festen Platz erhalten wird. (Die Geschichte von Jesus und der Sünderin aus Joh 7,53–8,11 ist eine spätere Ergänzung und kann hier deshalb außer Betracht bleiben, s. o. § 33.4.) Diese Texte weisen darauf hin, gemeinsam mit dem Vorkommen von Frauen in mehreren Parabeln, dass in der Jesusgemeinschaft Frauen eine wichtige Rolle spielten.

Jesu erste Nachfolgerinnen und Nachfolger stammten aus dem ländlichen Galiläa. Einige von ihnen waren Fischer am See Genezareth (Mk 1,16–20), es scheinen auch Zöllner darunter gewesen zu sein (Mk 2,14f.). Fischerei war ein Gewerbe, für das es einer entsprechenden Ausrüstung bedurfte und das ein gewisses Einkommen sicherte. Zumindest einige der Jünger Jesu entstammten offenbar derartigen Verhältnissen (vgl. etwa Mk 1,20: Zebedäus beschäftigt Tagelöhner), gehörten also nicht zu den Wohlhabenden, aber auch nicht zu den Tagelöhnern oder den in den Seligpreisungen genannten „Armen" (Mt 5,3/Lk 6,20). Vielmehr hat Jesus seine Nachfolger offenbar aus den Dörfern Galiläas heraus berufen, wo sie normalen Berufen nachgingen. Der Eintritt in die Nachfolge Jesu wurde offenbar in der Regel von ihm selbst initiiert (vgl. Mk 1,16–20; 2,14; 8,34–38). Beispiele einer „Eigeninitiative", in die Nachfolge einzutreten, finden sich dagegen in Mt 8,19–22; Lk 9,57f.61f., wobei auch diese kurzen Szenen darauf angelegt sind, die konsequente Vorordnung der Nachfolge vor alle anderen Angelegenheiten – selbst die Bestattung von engsten Angehörigen – zum Ausdruck zu bringen. Nachfolge Jesu bedeutete demnach, sich auf sein Leben als Wanderprediger einzulassen und die Arbeit für das Gottesreich allen anderen Lebensbereichen vorzuordnen.

Die unmittelbaren Nachfolger sind deshalb auch die Adressaten der radikalen Forderungen Jesu, Familie und Beruf aufzugeben, sich nicht um Nahrung und Kleidung zu sorgen (Mk 1,19; Mt 8,19–22/Lk 9,57–62; Mt 6,25–33/Lk 12,22–31) und den Anbruch der Gottesherrschaft zeichenhaft zu praktizieren. Dies kommt insbesondere in den Aussendungsreden der synoptischen Evangelien (Mk 6,7–11/Mt 10,7–15/Lk 9,1–5; 10,3–12) zum Ausdruck. Sie formulieren zum einen den Auftrag Jesu, den Anbruch der Gottesherrschaft zu verkünden und durch Heilungen und Dämonenaustreibungen zu verwirklichen, zum anderen die Aufforderung, die Ordnung der Gottesherrschaft zeichenhaft zu leben, indem auf Reiseausrüstung wie Proviant, ein zweites Gewand, Schuhe oder einen Stock zur Gefahrenabwehr verzichtet wird. Dies berührt sich eng mit der Aufforderung, sich nicht zu sorgen und das Vertrauen ganz auf Gott zu setzen. Wie die enge Verbindung der Aussendungsreden mit der Berufung des Zwölferkreises zeigt, richten sich diese Forderungen vor allem an die unmittelbaren Nachfolger Jesu, wogegen andere Adressaten des Wirkens Jesu, die an seinen Mahlgemeinschaften und Heilungen partizipierten, dazu aufgefordert wurden, dem Willen Gottes entsprechend zu leben.

Zur Nachfolge Jesu gehört schließlich auch, sich darauf einzulassen, ohne festen Wohnort zu leben (Mt 8,20/Lk 9,58), mit Widerstand und Verfolgung zu rechnen (Mk 8,34–38; 10,38/Lk 14,27; Mk 13,9–13) und auf diese Weise Jesus auf seinem Weg zu folgen und das Kreuz auf sich zu nehmen (Mk 8,34). Darin spiegelt sich die Situation wider, dass Jesus und seine Nachfolger mit ihrer Botschaft auf Widerstand und Anfeindungen gestoßen sind.

Die Adressaten Jesu waren Juden in Galiläa und den angrenzenden Regionen. Auch seine Nachfolger und Sympathisanten kamen aus diesem Kontext. Gelegentlich hat sich das Wirken Jesu auch auf Nichtjuden erstreckt. Einschlägig sind dafür die Erzählungen von der Heilung eines Besessenen in der Dekapolis (Mk 5,1–20), von der Begegnung mit der syrophönizischen Frau (Mk 7,14–20) sowie der Heilung des Sohnes des Hauptmanns in Kafarnaum (Mt 8,5–13/Lk 7,1–10). Sie heben hervor, dass sich das in Jesus gekommene Heil Gottes auch an Nichtjuden ereignen kann, die Grenze zwischen Israel als dem eigentlichen Adressaten Jesu und den Heiden dabei aber nicht grundsätzlich überschritten oder gar aufgelöst wird. Diese Erzählungen bestätigen demnach den Anspruch Jesu, sich mit seiner Botschaft an ganz Israel zu wenden, wogegen Heiden nur punktuell in den Blick treten. Zugleich weisen sie darauf hin, dass der Glaube daran, dass Jesus tatsächlich der entscheidende Repräsentant Gottes ist, den Ausschlag für das Heil gibt – und dass sich dieser Glaube auch bei Nichtjuden finden kann, in Israel selbst dagegen auf Ablehnung stößt. In späterer Perspektive sind diese Erzählungen deshalb als Vorschein der späteren Heidenmission verstanden und in den Evangelien entsprechend gestaltet worden. Auf der historischen Ebene Jesu sind sie dagegen als gelegentliche, vermutlich zufällige Begegnungen Jesu mit Nichtjuden aufzufassen, die seine Sendung zu Israel nicht infrage stellen, sondern auf ihre Weise bestätigen.

In besonderer Weise hat sich Jesus Armen, Kranken, Bedürftigen und Ausgegrenzten zugewandt. Diesen galt seine Ansage der anbrechenden Gottesherrschaft in besonderer Weise, vor allem ihnen wollte er das Heil Gottes nahebringen. Das wird in den Seligpreisungen der Armen, Hungernden und Trauernden ebenso deutlich wie in den Heilungen und Exorzismen sowie in seiner Forderung nach Barmherzigkeit. Damit steht Jesus in einer Tradition, die sich in prophetischen und weisheitlichen Texten des Judentums findet, die zur Barmherzigkeit gegenüber den Armen auffordern, weil dies dem Willen Gottes entspricht (Ps 34,19; 37,11; 41,2; Spr 3,34; 14,21; Sir 4,1–10; Jes 61,1–3; TestSeb 5,1–3). Diese Dimension des Wirkens Jesu hat sich in den Darstellungen in den Evangelien vielfältig niedergeschlagen, wie die nächsten Abschnitte zeigen werden.

Das Auftreten Jesu und seine Botschaft haben polarisiert. Dabei dürfte vor allem sein Anspruch, im Namen und in der Autorität Gottes zu wirken, Anstoß erregt haben. Er wurde als Eingriff in die Souveränität Gottes betrachtet (Mk 2,7) und als Anmaßung empfunden, die so nicht hinzunehmen sei (Mk 14,61f.). Zwischen Anhängern und Gegnern Jesu sind deshalb Differenzen um die Legitimität seines Anspruchs und um die Frage aufgebrochen, ob sein Wirken tatsächlich auf Gott oder aber auf den Satan zurückzuführen sei (Mk 3,22–27; Mt 12,22–30/ Lk 11,14–23). Die Umstrittenheit Jesu ist nicht zuletzt darauf zurückzuführen, dass seine Behauptung, sein Wirken bedeute den Beginn der Herrschaft Gottes, letztlich unerwiesen blieb. Auch wenn er Nachfolger berufen, Kranke geheilt und Mahlgemeinschaften gehalten hat, war doch unübersehbar, dass dies allenfalls kleine Vorzeichen der Gottesherrschaft sein konnten, nicht ihr sichtbarer, machtvoller Anbruch. Aus dieser Diskrepanz erklärt sich auch die Ablehnung, die Jesus bei einigen seiner Zeitgenossen erfuhr und die schließlich dazu führte, dass der Jerusalemer Hohe Rat auf seine Verurteilung und Hinrichtung hinwirkte.

⌀ Arbeitsvorschlag

Welches Bild zeichnen die frühchristlichen Quellen von dem Verhältnis zwischen Jesus und seiner Familie (vgl. Mk 3,20f.31–35; 10,28–30; Lk 11,27f.)? Auf welche Weise überträgt Jesus die herkömmliche Familie auf die Gemeinschaft seiner Anhängerinnen und Anhänger (häufig als *familia dei* bezeichnet)? In welcher Bedeutung wird dabei jeweils von „Vater" und „Mutter" gesprochen?

d) Heilungen, Exorzismen und weitere Machttaten

Die machtvollen Taten sind ein wichtiges Merkmal des Wirkens Jesu. Erzählt wird von Krankenheilungen, der Austreibung von Dämonen sowie von Demonstrationen seiner Macht über Naturgewalten. Mitunter werden diese Taten unter dem Begriff „Wunder" subsumiert. Dieser Terminus ist jedoch missverständlich, denn er fasst zum einen ganz verschiedene Phänomene zusammen, die in den Texten selbst auf verschiedenen Ebenen liegen und auch sprachlich nicht durch einen gemeinsamen Begriff gekennzeichnet werden. Zudem wird mit dem Begriff „Wunder" kein Merkmal der entsprechenden Taten Jesu, sondern ihre Wahrnehmung durch die Menschen, die sie erleben, beschrieben: Sie „wundern" sich über das machtvolle Wirken Jesu, was jedoch auf seine Lehre ebenso zutrifft wie auf seine Taten. So betrachtet wäre das gesamte Wirken Jesu als ein „Wunder" zu bezeichnen, denn es regte die Menschen dazu an, sich darüber Gedanken zu machen, wer er ist (vgl. Mk 1,27; 4,41; 6,2f.14f.; 8,28). Die machtvollen Taten Jesu (in den Texten wird dafür häufiger der Begriff δυνάμεις verwendet) sollten deshalb nach ihrem jeweiligen Inhalt betrachtet werden, ohne sie unter das deutsche Wort „Wunder" zu subsumieren.

Häufig wird davon erzählt, dass Jesus Kranke geheilt hat. In enger Verbindung damit stehen die Exorzismen, also die Austreibungen von Dämonen oder unreinen Geistern. Dahinter steht die Wahrnehmung, dass Menschen von bösen Mächten „besessen" sein können, die sie quälen und von denen sie sich nicht selbst befreien können. Auch wenn Krankenheilungen und Dämonenaustreibungen nicht identisch sind – sie werden mitunter separat genannt –, sind sie doch eng miteinander verwandt. Das wird auch in den Summarien deutlich, in denen Krankenheilungen und Dämonenaustreibungen nebeneinander angeführt werden (Mk 1,32–34; 3,7–12; in 6,54–56 ist nur von Heilungen die Rede). Die Rolle der Krankenheilungen und Dämonenaustreibungen im Wirken Jesu macht deutlich, dass die Hinwendung zu Bedürftigen und Notleidenden ein zentrales Merkmal seines Auftretens war.

Bei den Heilungen Jesu werden häufiger solche Krankheiten erwähnt, die nach menschlichem Ermessen eigentlich unheilbar waren. So ist etwa davon die Rede, dass Blinde wieder sehen, Gelähmte wieder gehen und Menschen, die schon seit vielen Jahren an Krankheiten litten, ohne dass sie geheilt werden konnten, wieder gesund werden (Mk 5,25: eine Frau leidet seit 12 Jahren an Blutfluss, kein Arzt konnte ihr helfen; Lk 13,11: eine Frau leidet seit 18 Jahren an einer Verkrümmung; Joh 5,5: ein Mensch leidet seit 38 Jahren an einer Lähmung). Zu dieser Charakterisierung der Heilungen Jesu gehört auch, dass sogar davon berichtet wird, er habe Menschen zurück ins Leben geholt, die im Urteil der Menschen bereits gestorben waren (Mk 5,21–23.35–43; Lk 7,11–17; Joh 11,1–45). Auf diese Weise wird hervorgehoben, dass Jesus außergewöhnliche Kräfte besaß, die über diejenigen gewöhnlicher Ärzte und Heiler hinausgingen.

Zu den von Jesus geheilten Krankheiten gehören solche, durch die Menschen aus der Gemeinschaft ausgeschlossen waren: Blutfluss, der nach jüdischer Vorstellung unrein macht, und Aussatz („Lepra", der Begriff bezeichnet nicht die heute als „Lepra" oder auch „Morbus Hansen" bekannte Krankheit), eine Erkrankung der Haut, die sich in verschiedener Weise äußern kann und deren Träger verpflichtet waren, sich von anderen Menschen fernzuhalten, bis die Heilung durch den Priester bestätigt war. Die Heilung dieser Krankheiten bedeutet demnach zugleich die Reintegration der Geheilten in die Gemeinschaft. Die Heilungsmethoden Jesu werden in unterschiedlicher Weise beschrieben: Jesus heilt durch einfache Berührung (Mk 1,29–31), durch Berührung und ein Wort (Mk 5,41), durch die Verwendung von Speichel und Berühren der kranken Organe (Mk 7,33) oder sogar dadurch, dass er selbst bzw. seine Kleidung berührt wird (Mk 5,27–29).

Die Schilderungen der Heilungen sind im Licht der Überzeugung gestaltet, dass in Jesus die Kraft Gottes wirkt und seine Heilungen deshalb das nach gängigen Maßstäben zu Erwartende übertreffen. Das wird auch dadurch deutlich, dass die Heilungen Jesu mit Hilfe von Schriftzitaten gedeutet und dadurch in den Horizont des endzeitlichen Heilshandelns Gottes gerückt werden. So werden in Mt 11,5/Lk 7,22 Weissagungen (vgl. auch Mk 7,37) aus dem Buch Jesaja über Gottes heilvolles Handeln am Ende der Zeit aufgegriffen und auf die Heilungen Jesu bezogen: „Blinde sehen wieder, Lahme gehen umher, Aussätzige werden rein und Taube hören, Tote werden auferweckt, Armen wird das Evangelium verkündigt." Eine ähnliche Zusammenstellung findet sich in dem Qumranfragment 4Q521, wo Gottes endzeitliches Handeln auf diese Weise beschrieben wird: „Dann heilt Er Durchbohrte und Tote belebt Er. Armen(/Demütigen) verkündet Er (Gutes), und [Niedrige] (?) wird er sät[tigen, Ve]rlassene (?) wird Er leiten und Hungernde rei[ch machen (?)]" (Übersetzung J. Maier). Wenn geschildert wird, dass Jesus sogar Tote auferweckt, wird ihm demnach eine Macht zugeschrieben, die eigentlich Gott vorbehalten ist, der Tote wieder lebendig machen kann (vgl. Ps 16,8–11; 30,4; 49,16; 73,24; Hi 42,17a LXX; Jes 26,19; Dan 12,2f.).

Diese Auffassung wird auch daran deutlich, dass seine Heilungen über die Beseitigung der Krankheit hinaus als Vermittlung des Heils Gottes dargestellt werden. Das dürfte seinem eigenen Verständnis durchaus entsprochen haben und wird auch in den Heilungserzählungen zur Sprache gebracht. Kennzeichnend dafür ist die Verwendung des Verbums σῴζειν, das in medizinischen Kontexten die Bedeutung „heilen", aber auch die darüber hinausreichende Bedeutung „retten" haben kann. So kann etwa die gelegentlich in Heilungserzählungen begegnende Aussage ἡ πίστις σου σέσωκέν σε (Mk 5,34; 10,52; Lk 7,50; 17,19) als „dein Glaube hat dich geheilt" übersetzt werden. Sie ist aber offen für ein darüber hinausgehendes Verständnis einer durch den Glauben bewirkten „Rettung" des Menschen, dem durch die Heilung Jesu das Heil Gottes zuteilwurde. Möglich ist deshalb auch die Übersetzung „dein Glaube hat dich gerettet" (vgl. zur Semantik oben § 7.3).

Wie schon bei den Hoheitsbezeichnungen ist demnach auch bei den Heilungen festzustellen, dass die Ebene des historischen Wirkens Jesu und die Deutung dieses Wirkens unmittelbar ineinander übergehen. Historisch betrachtet ist es sehr wahrscheinlich, dass Jesus kranke Menschen geheilt und sie von der Besessenheit durch Dämonen befreit hat. Dabei ist stets im Blick zu behalten, dass die Krankheiten und Heilungen aus der Wahrnehmung der damaligen Zeit beschrieben werden. In dieser Perspektive waren Dämonen und böse Geister ebenso wie deren Austreibung genauso „real" wie Krankheiten, etwa Blutfluss oder Aussatz.

Die Heilungsmethoden Jesu zeigen keine spezifisch medizinischen Kenntnisse. Jesus ist also allenfalls im weiteren Sinn als „Arzt" aufgetreten, hat aber keine speziellen therapeutischen Eingriffe vorgenommen, wie sie in antiken medizinischen Texten beschrieben werden. Die Heilmethoden Jesu wird man dagegen dem weiten und unspezifischen Bereich der Volksmedizin zurechnen können, zu dem etwa Berührungen kranker Organe, die Verwendung von Speichel, aber auch Beschwörungsformeln gehörten. Beispiele für derartige Heilungen finden sich sowohl im jüdischen als auch griechisch-römischen Bereich, sie sind also für die Zeit Jesu nicht ungewöhnlich.

Dass das Auftreten Jesu im Horizont der darin zum Ausdruck kommenden Macht Gottes gedeutet wurde, machen auch die Erzählungen anderer Machttaten deutlich. In den Exorzismen wird der Konflikt zwischen den Dämonen und dem in Jesus wirkenden Geist Gottes deutlich. Die Dämonen kämpfen im Auftrag des Satans mit Jesus um die Menschen, die von ihm aus dem Machtbereich des Bösen befreit und der Macht Gottes unterstellt werden (Mk 1,23–26; 5,1–13). Charakteristisch ist dabei nicht, dass Jesus überhaupt Dämonen austreiben kann – das wird auch von anderen jüdischen und paganen Exorzisten berichtet (vgl. z. B. Apg 19,13–16; Josephus, ant. 8,46–49; Tacitus, hist. 4,81; Sueton, *Vespa-*

sianus 7,2f.) –, sondern dass seine Herrschaft über die Dämonen den Beginn der Herrschaft Gottes auf der Erde bedeutet (vgl. Lk 11,20/Mt 11,28).

Weitere von Jesus berichtete Machttaten schildern zum Beispiel die Stillung eines gefährlichen Seesturms (Mk 4,35–41), die Speisung von fünftausend bzw. viertausend Menschen (Mk 6,30–44; 8,1–9; Joh 6,1–13), das Gehen über Wasser (Mk 6,45–52; Joh 6,16–21), die Verfluchung eines Feigenbaums (Mk 11,12–14.20) oder die Verwandlung von Wasser in Wein (Joh 2,1–10). Diese Erzählungen haben gemeinsam, dass sie die göttliche Macht Jesu herausstellen, was durch Analogien in alttestamentlichen und griechisch-römischen Texten unterstrichen wird (Ps 107,25–29: Gottes Macht über Wind und Wellen; 2Kön 4,42–44: Elisa macht mit zwanzig Broten einhundert Menschen satt; Ps 77,20; Hi 9,8: Gottes Gehen durch das Wasser bzw. auf dem Meer; Dio Chrysostomus, *Oratio* 3,30: über Xerxes, der den Göttern in nichts nachsteht, weil er das Volk durch das Meer führte; Apollodor, *Bibliotheca* 1,25,4; Apollonius von Rhodos, *Argonautica* 1,179–184: Orion und Euphemos, die Söhne des Poseidon, können sogar das Meer überqueren bzw. auf dem Wasser laufen). Die machtvollen Taten Jesu sind demnach Ausdruck der in ihm wirkenden Macht Gottes, durch die er den Menschen Gottes Heil vermittelt.

Im Blick auf den historischen Befund ist davon auszugehen, dass Jesus Menschen mit den erwähnten Methoden geheilt und von Dämonen befreit hat. Bei den anderen Machttaten, einschließlich der Totenauferweckungen, die sich als eine gesteigerte Form der Heilungen auffassen lassen, ist die Diskussion darüber, ob sie sich tatsächlich ereignet haben, dagegen wenig weiterführend. Diese Diskussion wurde von Beginn der historisch-kritischen Jesusforschung an geführt mit dem Versuch, die Historizität dieser Erzählungen zu erweisen auf der einen bzw. sie als Ausdruck des christlichen Bekenntnisses zu interpretieren auf der anderen Seite. Den richtigen Weg hatte hier bereits David Friedrich Strauß gewiesen, der die Erzählungen der Evangelien insgesamt als „geschichtartige Einkleidungen urchristlicher Ideen, gebildet in der absichtslos dichtenden Sage", charakterisierte (STRAUSS, Bd. 1, 75). Anders als Strauß wird man dies nicht pauschal auf die Evangelien insgesamt beziehen können, im Blick auf die Machttaten Jesu trifft die Beschreibung von Strauß jedoch durchaus etwas Richtiges. Die Berichte von diesen Taten, auch von den Totenauferweckungen, bringen die Überzeugung zum Ausdruck, dass im Wirken Jesu Gott selbst erfahrbar wird, weil er von Gott autorisiert und mit seiner Macht ausgestattet wurde.

Arbeitsvorschläge

1. In welcher Verbindung steht Jesu Wirken als Heiler und Exorzist zu seinem Selbstverständnis und seiner Verkündigung vom Anbruch der Gottesherrschaft? Welche Aspekte des Wirkens Jesu werden dabei von seinen Gegnern kritisch hinterfragt (vgl. Mt 11,4f./Lk 7,22 [Q]; Mt 12,28/Lk 11,20 [Q]; Lk 10,17f.; Mk 3,22; Mt 9,34/ Lk 11,15 [Q])?

2. Josephus berichtet vom Wirken des jüdischen Exorzisten Eleazar (ant. 8,46–49, Text in S/Z 353). Welche Macht wirkt dabei laut Josephus und warum berichtet er darüber? In welcher Zeit fanden diese Ereignisse statt?

e) Das Ethos Jesu

Das von Jesus geforderte Verhalten orientiert sich eng an dem von ihm proklamierten Anbruch der Gottesherrschaft. Dabei entwickelt Jesus keine zusammenhängende, theoretisch begründete Lehre, sondern gibt konkrete Handlungsanweisungen für bestimmte Situationen. Es ist deshalb angemessener, von einem „Ethos" Jesu zu sprechen als von einer „Ethik".

Es wurde bereits deutlich, dass Jesus von seinen unmittelbaren Nachfolgern den Verzicht auf ihre bisherigen Lebensumstände – Familie, Wohnort, Beruf – verlangt, um das Leben völlig der Arbeit für die Gottesherrschaft unterzuordnen. Die anbrechende Gottesherrschaft bestimmt auch die Forderungen, die Jesus an die anderen Adressaten seines Wirkens richtet. Sie sind davon geprägt, die Ordnung der Gottesherrschaft zur Richtschnur des eigenen Lebens zu machen und unverzüglich damit zu beginnen, sich an dieser Ordnung zu orientieren.

Dazu gehört, Gottes Barmherzigkeit und Vergebung zum Maßstab des eigenen Handelns zu machen. Am deutlichsten kommt das in der Forderung der Feindesliebe und dem Verzicht auf Vergeltung (Mt 5,38–48/Lk 6,27–36) zum Ausdruck. Dieses Gebot fordert dazu auf, erfahrenes Unrecht nicht auf die gleiche Weise zu beantworten, sondern vielmehr Böses mit Gutem zu vergelten. Die Begründung dafür ist die Vollkommenheit (Mt 5,48) bzw. Barmherzigkeit (Lk 6,36) Gottes, die auch den Umgang der Menschen untereinander prägen soll. Dies wird ebenso in der Interpretation der Vaterunser-Bitte um Vergebung in Mt 6,14f. deutlich, bei der Vergebung Gottes und Vergebung der Menschen in ein direktes Verhältnis zueinander gestellt werden: „Wenn ihr nämlich den Menschen ihre Vergehen vergebt, wird euch auch euer himmlischer Vater vergeben. Wenn ihr aber den Menschen nicht vergebt, wird euch auch euer Vater eure Vergehen nicht vergeben."

Ein konkretes Negativbeispiel für diesen Zusammenhang gibt die Parabel vom unbarmherzigen Knecht (Mt 18,23–35): Der Knecht, dem von seinem Herrn selbst eine erhebliche Geldschuld erlassen wurde, ist unmittelbar danach nicht bereit, einem Mitknecht eine deutlich geringere Schuld zu erlassen und lässt ihn stattdessen ins Gefängnis werfen. Ein solches Verhalten wird, wie die Parabel am Schluss konstatiert, von Gott mit der Verurteilung im Gericht bestraft werden. Ein positives Beispiel gibt dagegen der Samaritaner (Lk 10,30–35), der dem verwundeten Überfallenen hilft, ohne danach zu fragen, wer er ist und wie er in die Notlage geraten ist. Damit unterscheidet er sich von dem Priester und dem Leviten, die, obwohl sie durch ihren Dienst am Jerusalemer Tempel in besonderer Weise mit der Tora befasst sind, an dem Verwundeten vorbeigegangen sind, ohne ihm zu helfen.

Ein weiterer Bereich der Forderungen Jesu betrifft die Einstellung zu Besitz. Leitend ist hier das Wort aus Mt 6,19f. (vgl. Lk 12,33): „Sammelt euch nicht Schätze auf der Erde, wo die Motten und der Rost sie fressen und wo Diebe einbrechen und sie stehlen. Sammelt euch vielmehr Schätze im Himmel, wo weder die Motten noch der Rost sie fressen und wo Diebe nicht einbrechen und stehlen." Ein „Schatz im Himmel" wird auch in Mk 10,17 in einen Gegensatz zu irdischem Reichtum gestellt: Die Frage eines Reichen nach dem Weg zum Erwerb des ewigen Lebens wird von Jesus damit beantwortet, dass er seinen Besitz verkaufen und den Erlös den Armen geben solle. Verdeutlicht wird diese Forderung wiederum mit Beispielen. Im Lukasevangelium wird von einem reichen Kornbauern erzählt, der seine irdische Existenz dadurch absichern will, dass er große Scheunen für seine Vorräte baut, jedoch davon überrascht wird, dass Gott plötzlich seine Seele von ihm fordert (Lk 12,16–21). Das Gegenbeispiel dazu ist der Verwalter, der seine Existenz dadurch absichert, dass er, als ihm die Entlassung droht, die Solidarität der Schuldner seines Herrn gewinnt, indem er ihre Schulden halbiert (Lk 16,1–8). Während der Kornbauer als „Narr" bezeichnet wird, gilt der Verwalter – ungeachtet der Tatsache, dass es sich um ein unmoralisches Vorgehen handelt – als „klug", denn er hat ein Beispiel dafür gegeben, wie man für die Zukunft vorsorgt. In einer weiteren Parabel wird das endzeitliche Ergehen eines Reichen und des armen Lazarus in Kontrast zueinander gestellt (Lk 16,19–31): Der Reiche hat bereits während seines irdischen Daseins das Gute empfangen, deshalb kommt er nun in den Hades. Bei Lazarus dagegen ist es genau umgekehrt: Er hat während seines irdischen Lebens Schlechtes gehabt, deshalb gelangt er nach seinem Tod in Abrahams Schoß. Der rechte Umgang mit irdischem Besitz wird demnach besonders im Lukasevangelium thematisiert, worin sich wahrscheinlich die soziale Situation widerspiegelt, in die es hineinzielt.

Diese Beispiele machen deutlich, dass sich ethische Belehrungen Jesu insbesondere in den Gleichnissen und Parabeln bei Matthäus und Lukas finden. Dabei gehen die sprachlichen Fassungen und literarischen Kontexte dieser bildhaften Erzählungen auf die Verfasser der Evangelien zurück. Gleichwohl lassen sich dahinter Impulse Jesu erkennen, die in den Evangelien aufgenommen und in ihren jeweiligen Situationen ausgebaut wurden.

Arbeitsvorschlag

Von zentraler Bedeutung für die Frage nach dem Ethos Jesu ist seit früher Zeit die Bergpredigt. In der Auslegungsgeschichte wurde dabei immer wieder diskutiert, an wen sich diese Rede eigentlich richtet: an alle Christen aller Zeiten, nur an die Zeitgenossen Jesu, nur an Menschen, die ihr Leben ganz Gott gewidmet haben und zum Beispiel in monastischer Gemeinschaft leben? Sind die Forderungen der Bergpredigt überhaupt als erfüllbar gedacht oder sollen sie dem Menschen seine Unvollkommenheit und Sündhaftigkeit vor Augen führen? Welche Interpretation der Bergpredigt legt sich historisch nahe? Wie kann sie heute für eine christliche Ethik fruchtbar gemacht werden? Lektüreempfehlung: Matthäuskommentare von Ulrich Luz (mit Darstellung der Auslegungsgeschichte) und Matthias Konradt (s. o. § 30) sowie MATTHIAS KONRADT, Ethik im Neuen Testament (GNT 4), Göttingen 2022, 260–322.

f) Die Gleichnisse und Parabeln Jesu

Literatur: SCHRÖTER, Jesus von Nazaret, 231–243 ♦ THEISSEN/MERZ, Wer war Jesus?, 295–333 ♦ WOLTER, Jesus von Nazaret, 169–193. – Siehe auch die oben in § 9.3c genannte Literatur.

In den vorangehenden Abschnitten wurde bereits verschiedentlich auf Gleichnisse und Parabeln hingewiesen, in denen zentrale Inhalte der Verkündigung Jesu zum Ausdruck kommen. Es handelt sich um eine für Jesus charakteristische Redeweise, durch die er sein Gottesbild und seine Vorstellungen von der im Anbruch befindlichen Gottesherrschaft, vom entsprechenden Verhalten der Menschen und vom zukünftigen Gericht Gottes zur Sprache brachte. Die parabolischen Erzählungen sind dabei eine Form bildhafter Rede, die bildlich-metaphorische Wendungen („Ihr seid das Salz der Erde"), Gleichnisse (ein Senfkorn wird ausgesät, wächst und wird zu einem großen Baum) sowie längere Erzählungen (das große Gastmahl, der verlorene Sohn, die Arbeiter im Weinberg) umfasst. Die synoptischen Evangelien verwenden dafür den weitgefassten Begriff παραβολή („Vergleich, Gleichnis, Parabel"). In der Forschung ist viel darüber diskutiert worden, wie das Gleichnis und ähnliche Gattungen zu bestimmen und zueinander ins Verhältnis zu setzen sind. Wie oben bereits erläutert (§ 9.3c), sind Gleichnis und Parabel als eng verwandte, sogenannte parabolische Gattungen zu verstehen. Demnach erzählt die Parabel die Geschichte in einem Tempus der Vergangenheit (zumeist Aorist) und zeigt dadurch an, dass die Erzählhandlung als abgeschlossen vorgestellt wird. Auf diese Weise wird für die Hörer leicht erkennbar, dass es sich um eine Erzählung (Jesu) innerhalb der Jesuserzählung (des Markus, des Matthäus etc.) handelt. Das Gleichnis hingegen signalisiert, dass der Inhalt der zumeist kurzen Erzählung hypothetisch, also „bloß vorgestellt" ist (im Präsens oder Futur oder im Konjunktiv). Auf diese Weise sind die Hörer in hohem Maße in den Fortgang der Erzählung einbezogen. Dieser Aspekt tritt besonders in den Gleichnissen hervor, die mit einer Frage beginnen, wie beispielsweise: „Welcher Mensch unter euch, der hundert Schafe hat und eins von ihnen verliert, lässt nicht die neunundneunzig in der Einöde zurück...?" (Lk 15,4; vgl. 11,5.11).

Nicht alle Gleichnisse und Parabeln, die Jesus erzählt, sind explizit auf das Gottesreich bezogen. Einige enthalten die Einleitung „Das Gottesreich ist wie ..." oder ähnliche Formulierungen, woraufhin eine Erzählung folgt, die das Gottesreich mit einem Vorgang aus der Alltagswelt veranschaulicht (Mk 4,26–29.30–32; Mt 13,31.33/Lk 13,18.20; Mt 13,44.45.47; 18,23; 22,2; 25,1). Häufig handelt es sich dabei um Wachstumsvorgänge, die die oben skizzierte Struktur der Gottesherrschaft zwischen kleinem Anfang und großer Vollendung und die korrespondierende Einstellung veranschaulichen. Das Wirken Jesu wird dabei als „Aussaat" dargestellt, durch die das Wachsen der Gottesherrschaft auf der Erde beginnt und unaufhaltsam auf deren Realisierung zuläuft.

Nicht alle Parabeln und Gleichnisse in den synoptischen Evangelien sind auf Jesus selbst zurückzuführen. Etliche dieser bildhaften Erzählungen bringen vielmehr theologische und ethische Schwerpunkte der jeweiligen Evangelien zum Ausdruck und geben Einblicke in deren soziale und politische Welt. Gleichwohl lassen sich auch diese für die Gleichnisverkündigung Jesu heranziehen, denn sie basieren auf Impulsen des Wirkens Jesu, die sie in je eigener Weise aufgenommen haben. Dabei sind auch diejenigen Gleichnisse und Parabeln, die nicht explizit mit dem Reich Gottes in Verbindung gebracht werden, auf die im Wirken Jesu im Anbruch befindliche Gottesherrschaft und deren Konsequenzen bezogen.

Dies sei an einem Beispiel illustriert. In Mk 13,33–37 findet sich eine kleine Komposition zum Thema „Wachsamkeit": „Gebt Acht und bleibt wach! Ihr wisst nämlich nicht, wann der entscheidende Zeitpunkt (καιρός) ist. Wie bei einem Menschen, der wegreiste, sein Haus verließ und seinen Bediensteten die Verantwortung übertrug, jedem seine Aufgabe. Und dem Türhüter trug er auf, wachsam zu sein. Seid also wachsam, denn ihr wisst nicht, wann der Herr des Hauses kommt – ob am Abend oder um Mitternacht oder beim Hahnenschrei oder am frühen Morgen –, damit er, wenn er unerwartet kommt, euch nicht schlafend antrifft. Was ich aber euch sage, das sage ich allen: Seid wachsam!" Matthäus hat das Wachsamkeitsthema zu einem großen Komplex ausgebaut (Mt 24,42–25,30), in dem das Bild vom unerwartet wiederkommenden Herrn in einem Gleichnis verarbeitet ist (24,45–51) und sich zwei längere Parabeln zum Thema „Ankunft, auf die man vorbereitet sein soll" finden: die törichten und die klugen Jungfrauen (25,1–13) sowie die anvertrauten Talente (25,14–30). Dabei wird der Gerichtsaspekt betont: Diejenigen, die unvorbereitet angetroffen werden, werden in die Finsternis gestoßen, wo Heulen und Zähneklappern sein wird (24,51; 25,30; vgl. 8,12/Lk 13,28; Mt 13,42.50; 22,13). Lukas hat das Thema auf wiederum eigene Weise verarbeitet. Die Erzählung vom Herrn, der seine Knechte wachend findet, ist in einer eigenen Fassung in Lk 12,35–40 verarbeitet, die Parabel von den anvertrauten Minen (eine eigene Version der Parabel von den anvertrauten Talenten bei Matthäus) findet sich in Lk 19,11–27.

Wie diese Beobachtungen zeigen, hat das Thema „Wachsamkeit" in der Gleichnisüberlieferung eine wichtige Rolle gespielt. Dabei wurde das Bild von der unerwarteten Wiederkunft eines Herrn verwendet, auf die seine Beauftragten vorbereitet sein sollen. Dieses Thema wurde in den Evangelien durch Gleichnisse und Parabeln in verschiedener Weise ausgebaut, wobei sich einige Überschneidungen identifizieren lassen. Was Jesus selbst in welcher Situation zu diesem Thema gesagt hat, lässt sich kaum noch feststellen. Die jeweiligen Verarbeitungen können jedoch im Blick auf ein zentrales Thema der Gleichnisverkündigung Jesu ausgewertet werden. In diesem Sinn werden im Folgenden einige zentrale Merkmale der gleichnishaften Rede Jesu besprochen.

Das Gottesbild Jesu in den Gleichnissen und Parabeln bietet verschiedene Facetten: Gott wird als König oder als Herr dargestellt, der seinen Untergebenen befiehlt und dem Gehorsam zu leisten ist (Mt 18,23-34; 22,2-13/Lk 14,16-24; Mt 24,45-51; 25,14-30/Lk 19,11-27). Damit wird herausgestellt, dass das gegenwärtige Verhalten im Horizont des endzeitlichen Gerichtes Gottes steht. Gott wird diejenigen belohnen, die seinen Willen tun, und die bestrafen, die ihm ungehorsam sind. Die Barmherzigkeit Gottes steht in den Parabeln von den Arbeitern im Weinberg (Mt 20,1-15) und vom verlorenen Sohn (Lk 15,11-32) im Zentrum. Gott wendet denen seine Güte zu, die ihrer bedürfen, und freut sich über den Sünder, der zu ihm umkehrt.

In anderen Parabeln stehen die Menschen im Zentrum, deren Verhalten der Gottesherrschaft adäquat ist oder die als warnendes Beispiel für falsches Verhalten vor Augen gestellt werden. Zu Ersteren gehören der Mensch, der alles daransetzt, den Acker zu kaufen, in dem er einen Schatz gefunden hat, bzw. der Kaufmann, der alles verkauft, um die eine schöne Perle zu erwerben (Mt 13,44f.), sowie der Samaritaner aus Lk 10,30-35, dessen Verhalten der Barmherzigkeit Gottes entspricht. Negative Beispiele sind der reiche Kornbauer aus Lk 12 und der Reiche aus Lk 16, die das Verhältnis von irdischem Reichtum und einem „Schatz im Himmel" falsch einschätzen, sowie der unbarmherzige Knecht aus Mt 18,23-35.

Die gleichnishafte Rede tritt den Machttaten Jesu als ein Bereich an die Seite, in dem seine Sicht auf die in seinem Wirken anbrechende Gottesherrschaft deutlich wird. Sie stellt den Hörerinnen und Hörern die sich in der Gegenwart realisierende Gottesherrschaft vor Augen und nimmt sie in deren Wirklichkeit unmittelbar mit hinein.

Arbeitsvorschlag

> Eine Parabel, bei der kontrovers diskutiert wird, ob bzw. in welchen Teilen sie auf Jesus zurückgeht, ist diejenige von den bösen Winzern (Mk 12,1-12). In welchem Kontext erzählt Jesus diese Parabel im Markusevangelium und wen spricht er damit an (vgl. 11,27)? Welche Rolle spielt der Bezug auf Jes 5,1-7? Lektüreempfehlung: SCHRÖTER, Jesus von Nazaret, 300f.; KLYNE R. SNODGRASS, Stories with Intent. A Comprehensive Guide to the Parables of Jesus, Grand Rapids, Mich. ²2018, 287f.

g) Jesus und die Tora

> **Literatur:** INGO BROER, Jesus und die Tora, in: Ludger Schenke (Hg.), Jesus von Nazaret – Spuren und Konturen, Stuttgart 2004, 216-254 ♦ JAMES D. G. DUNN, Jesus and Purity. An Ongoing Debate, NTS 48 (2002), 449-467 ♦ DUNN, Jesus Remembered, 563-583 ♦ TOM HOLMÉN, Jesus and the Purity Paradigm, in: Holmén/Porter, Handbook, Bd. 3: The Historical Jesus, 2709-2744 ♦ THOMAS KAZEN, Jesus and Purity Halakhah. Was Jesus Indifferent to Impurity? (CB.NT 38), Stockholm 2002 ♦ STEGEMANN, Jesus und seine Zeit, 262-296 ♦ THEISSEN/MERZ, Wer war Jesus?, 342-349.

1) Der Umgang mit der Tora im Lebensalltag ist ein im Wirken Jesu verschiedentlich auftauchendes Thema. Dabei muss beachtet werden, dass die Evangelien dies ebenso wie die anderen Bereiche seines Wirkens aus ihrer eigenen, späteren Situation darstellen, die von der Zeit Jesu zu unterscheiden ist. Das wirkt sich zum Beispiel dahingehend aus, dass Kontroversen zwischen Jesus und seinen Opponenten, etwa den Pharisäern, in einer Weise präsentiert werden, die mehr über die Konflikte christlicher Gemeinden mit dem Judentum und ihren Umgang mit der Tora zu erkennen geben als über die Situation Jesu. Des Weiteren wird die Haltung Jesu zur Tora mitunter im Licht späterer Konstellationen christlicher Gemeinden aus Juden und Heiden dargestellt, die für die Zeit Jesu nicht vorauszusetzen sind. Dies betrifft etwa die Auseinandersetzung über reine und unreine Speisen. Dieses Thema begegnet sowohl in der Jesusüberlieferung (bei Markus und Matthäus) als auch bei Paulus in Röm 14 und in Apg 10. Dabei lässt sich erkennen, dass diese Frage für das gemeinsame Essen von Juden und Nichtjuden in der christlichen Gemeinde eine wichtige Rolle spielte. Dies hat dann auch auf die Jesusüberlieferung eingewirkt, wie sich am deutlichsten in Mk 7 zeigt, wo der Disput über das Essen reiner und unreiner Speisen zunächst auf eine ethische Ebene gehoben wird (nichts, was in den Menschen hineinkommt, macht ihn unrein, sondern was aus ihm – nämlich aus seinem Herzen – herauskommt) und dann durch die Aussage verallgemeinert wird, Jesus habe „alle Speisen für rein erklärt" (V. 19). Darin zeigt sich deutlich die Absicht, die Begründung der Tischgemeinschaft von Juden und Nichtjuden auf Jesus selbst zurückzuführen.

Die neuere Forschung hat zudem gezeigt, dass die früher häufig anzutreffende Sicht, Jesus habe das jüdische Gesetz „überwunden", die „spätjüdische Frömmigkeit mit seinem Anspruch zerbrochen" oder Ähnliches, unangemessen ist. Sie entstammt einer Überlegenheitsrhetorik christlicher Theologie gegenüber dem Judentum (zu der auch der als deplatziert aufgewiesene und mittlerweile aus dem Sprachgebrauch verschwundene Begriff „Spätjudentum" gehört, vgl. oben § 48.1), die inzwischen der Vergangenheit angehört. Die Reflexion des Verhältnisses von Judentum und Christentum nach der Shoa hat nicht zuletzt dazu geführt, theologische Paradigmen und Begriffe, die sich in der christlichen Theologie eingebürgert hatten, zu überdenken. Dabei sind wichtige Korrekturen gegenüber früheren Sichtweisen vorgenommen worden, zu denen auch eine Neubeschreibung des Wirkens Jesu innerhalb des Judentums seiner Zeit gehört. Jesu Perspektive auf das jüdische Gesetz ist ein zentraler Bereich, an dem dies deutlich wird.

Jesus hat die Tora weder grundsätzlich infrage gestellt – das wäre angesichts seines Wirkens als Jude im Judentum seiner Zeit auch schwer vorstellbar –, noch hat er sich grundsätzlich kritisch gegenüber anderen Auslegungen – etwa derjenigen der Pharisäer – verhalten. Jesu Position lässt sich auch nicht so beschreiben, dass er einer bloß „äußerlichen" Frömmigkeit eine ernsthafte innere Haltung gegenübergestellt hätte. Derartige Oppositionen verdanken sich zum Teil der Darstellung der Evangelien, sind aber vor allem in der Forschungsgeschichte polemisch verzerrt worden. Dabei wurde mitunter eine schroffe Diastase zwischen Jesus und seinen Opponenten in Fragen der Gesetzesauslegung aufgerichtet und die Kontrahenten Jesu wurden in ein Licht gerückt, das ihrer historischen Rolle nur sehr bedingt gerecht wird.

2) Grundlage für Jesu Haltung zur Tora ist der Glaube an den einen Gott, der mit Israel seinen Bund geschlossen und ihm sein Gesetz gegeben hat. Wie das Gesetz in konkreten Situationen auszulegen ist, wird dabei im Judentum seit jeher unterschiedlich beurteilt. Dabei lassen sich striktere Regelungen von variableren unterscheiden – zum Beispiel ein absolutes Verbot jeglicher Tätigkeit am Sabbat und die Erlaubnis, am Sabbat zu tun, was der Erhaltung und Rettung von Leben dient. In dieses Spektrum ist auch die Position Jesu einzuordnen. Jesu Sicht auf die Tora ist zudem im Zusammenhang seiner Überzeugung von der im Anbruch befindlichen Gottesherrschaft zu interpretieren. Angesichts dessen gilt es, den Gotteswillen unbedingt zu erfüllen und sich ganz auf die Befolgung seiner Gebote einzulassen. Torabestimmungen werden deshalb in einer radikalen Weise ausgelegt, um auf diese Weise den der Tora zugrunde liegenden Gotteswillen zum Maßstab des Handelns zu machen. Diese Tendenz findet sich in den sogenannten Antithesen der Bergpredigt (Mt 5,21–48). Auch wenn diese in ihrer vorliegenden Form eine literarische Komposition des Matthäus darstellen, lassen sich darin Charakteristika der Haltung Jesu zur Tora erkennen. So wird etwa die Regelung der Ehescheidung aus der Tora (Dtn 26,1–4) durch ein absolutes Scheidungsverbot kritisiert (Mt 5,31f./Lk 16,18). Damit in direktem sachlichem Zusammenhang steht der Hinweis, dass Gott den Menschen als Mann und Frau geschaffen hat, die Ehe von Mann und Frau deshalb dem Schöpfungswillen Gottes entspricht, der nicht durch eine menschliche Regelung außer Kraft gesetzt werden kann (Mk 10,2–9). Das Gebot, keinen Meineid zu schwören, wird auf ein absolutes Schwurverbot zugespitzt (Mt 5,33–37). Das Gebot, Gott und den Nächsten zu lieben, wird auch auf die Feinde angewandt (Mt 5,44/Lk 6,27). Die Gebote, nicht zu töten und keinen Ehebruch zu begehen, werden so interpretiert, dass bereits Zorn und Beleidigung bzw. das begehrliche Anblicken einer verheirateten Frau eine Übertretung der entsprechenden Gebote darstellen. Diese Auslegungen zielen darauf, über den konkreten Wortlaut der entsprechenden Gebote hinauszugehen, um ihnen gerade dadurch zu entsprechen.

Eine weitere Facette wird erkennbar, wenn Jesus in konkreten Situationen mit Fragen der Toraauslegung konfrontiert wird. Dies ist etwa der Fall, wenn er für sein Verhalten am Sabbat kritisiert wird. Dabei bringen seine Kritiker eine strengere Auffassung des Sabbatgebotes vor, Jesus selbst formuliert dagegen eine weniger strikte Interpretation. Gegen die Kritik, am Sabbat dürfe nicht geheilt werden, wendet Jesus ein, dass sogar Tiere am Sabbat getränkt würden und man ihnen helfe, wenn sie in die Grube gefallen sind. Deshalb dürfe einem Menschen die Heilung erst recht nicht vorenthalten werden (Lk 13,10–17; 14,1–6; vgl. Mk 3,1–6). Auch die Versorgung mit Nahrung, um am Sabbat den Hunger zu stillen, stellt Jesus zufolge keine Verletzung des Sabbatgebotes dar und ist deshalb legitim (Mk 2,23–28; vgl. Mt 12,1–6). Hier treffen demnach unterschiedliche Auffassungen darüber aufeinander, wie das Sabbatgebot einzuhalten ist, wobei die Haltung Jesu wiederum dadurch charakterisiert ist, den diesem Gebot inhärenten Gotteswillen zur Geltung zu bringen.

Jesu Stellung zur Tora erweist sich somit als ein integraler Bestandteil seiner Überzeugung von der in seinem Wirken anbrechenden Gottesherrschaft. Die Tora ist im Licht dieser Situation zu interpretieren, was konkret bedeutet, sie als Weisung Gottes zum Leben zur Geltung zu bringen. Deshalb sind die Gebote nicht nur wörtlich zu befolgen, sondern auf ihre Intention hin zu befragen; deshalb ist in konkreten Situationen danach zu fragen, wie Menschen das Heil Gottes vermittelt werden kann.

✎ Arbeitsvorschlag

In 1Kor 7,10f. nimmt Paulus auf Jesu Haltung zur Ehescheidung Bezug. Wie geht Paulus damit um? Welche Gemeinsamkeiten und Unterschiede sehen Sie zwischen 1Kor 7,10f. und Mt 5,31f./Lk 16,18? Lektüreempfehlung: CHRISTINE JACOBI, Herrenworte in den neutestamentlichen Briefen, in: Schröter/Jacobi (Hg.), Jesus Handbuch, 152f.

§ 56 Jesus in Jerusalem

Literatur: DUNN, Jesus Remembered, 765–824 ♦ HENGEL/SCHWEMER, Jesus und das Judentum, 551–621 ♦ JOHN P. MEIER, A Marginal Jew. Rethinking the Historical Jesus, Bd. 1: The Roots of the Problem and the Person, New York u. a. 1991, 372–433 ♦ CHRISTOPH NIEMAND, Jesus und sein Weg zum Kreuz. Ein historisch-rekonstruktives und theologisches Modellbild, Stuttgart 2007 ♦ ECKHARD J. SCHNABEL, Jesus in Jerusalem. The Last Days, Grand Rapids, Mich. 2018 ♦ SCHRÖTER, Jesus von Nazaret, 296–327 ♦ SCHRÖTER/JACOBI (Hg.), Jesus Handbuch, 460–486 ♦ THEISSEN/MERZ, Wer war Jesus?, 456–488 ♦ WOLTER, Jesus von Nazaret, 273–303.

1) Dass Jesus nicht nur in Galiläa und Umgebung, sondern auch in Jerusalem aufgetreten ist, lässt sich im Kontext seines Wirkens gut verständlich machen. Zielte dieses Wirken auf eine Erneuerung Israels angesichts des Anbruchs der Gottesherrschaft, so musste dies auch im politischen und religiösen Zentrum des Judentums zur Geltung kommen. Hier war mit dem Tempel der Ort der Begegnung Gottes mit Israel, hier wurden vom Hohenpriester die maßgeblichen kultischen Rituale vollzogen, hier fanden an den jüdischen Festtagen die zentralen Feierlichkeiten für das in viele Länder zerstreute Judentum statt, zu denen regelmäßig zahlreiche Festpilger in die Stadt kamen. Dass Jesus den Anbruch des Gottesreiches auch in Jerusalem verkündete, verwundert deshalb nicht.

In den synoptischen Evangelien kommt Jesus während seines öffentlichen Wirkens nur einmal nach Jerusalem und wird dort verhaftet und hingerichtet. Bei Johannes hält er sich dagegen viermal in Jerusalem auf. Je nachdem, wie lange die Wirksamkeit Jesu gedauert hat, kann die synoptische oder die johanneische Darstellung größere Plausibilität beanspruchen. Eine Entscheidung darüber ist kaum möglich, da beide Darstellungen von theologischen Tendenzen geprägt sind. Deutlich ist indes, dass Jesus das letzte – oder einzige – Mal, als er sich in Jerusalem aufhielt, dort in programmatischer Weise seinen Anspruch, der entscheidende Bote der anbrechenden Gottesherrschaft zu sein, zur Geltung brachte. Dies beginnt bereits mit seinem Einzug in die Stadt.

2) Nach den Darstellungen der Evangelien wird Jesus in Jerusalem als der kommende Herrscher auf dem Thron Davids bzw. als der König Israels begrüßt. Darin dürften sich Erwartungen widerspiegeln, die seine Anhänger und Sympathisanten mit seinem Wirken verbanden. Diese können auch, wie oben bereits ausgeführt (§ 55.2b.2), zur Anwendung des Gesalbtenausdrucks auf Jesus geführt haben.

Die Erzählung von der Auffindung des Reittiers (Mk 11,2–6) ist von Sach 9,9 beeinflusst. In Mt 21,5 wird die Stelle sogar ausdrücklich zitiert (vgl. auch Joh 12,14f.). Der geschilderte Vorgang ist als historisches Ereignis kaum denkbar. Ähnliches gilt für die Reaktion der Volksmenge, die als eschatologischer Jubel über die Ankunft des davidischen Herrschers geschildert wird, verstärkt durch das auf den Messias bezogene Zitat von Ps 118,25f. Es ist allerdings überhaupt nicht auszuschließen, dass Jesus bei seiner Ankunft in Jerusalem tatsächlich auf einem Esel ritt und von anwesenden Festpilgern begrüßt wurde. Den Verfassern der Evangelien kommt es jedoch offensichtlich darauf an, Jesu Einzug in Jerusalem in das Licht der Erfüllung biblischer Verheißungen zu rücken.

In den Passionsdarstellungen der Evangelien finden sich zahlreiche Schriftzitate und Anspielungen auf Schriftstellen, mit denen die Ereignisse des Leidens und Sterbens Jesu als in Kontinuität mit den Schriften Israels und des Judentums geschehend dargestellt werden. Es war in besonderer Weise begründungsbedürftig, dass Jesu Leiden und sein Tod seinen Anspruch und den Glauben an ihn nicht infrage stellen, sondern ein integraler Bestandteil seines Wirkens sind, dem eine eigene Bedeutung zukommt. Deshalb werden zahlreiche Begebenheiten wie der Einzug in Jerusalem, die Aktion auf dem Tempelplatz, das letzte Mahl, die Flucht der Jünger und natürlich das Leiden und Sterben Jesu selbst mit Hilfe von Schriftzitaten oder Bezügen auf Schriftstellen interpretiert.

3) Ein zentrales Merkmal des Auftretens Jesu in Jerusalem ist die Aktion auf dem Tempelareal verbunden mit dem nicht im unmittelbaren Zusammenhang überlieferten, sachlich aber damit zusammenhängenden Wort gegen den Tempel. Der Sinn des Vorgehens Jesu auf dem Tempelplatz, das sich gegen die Geldwechsler und Taubenhändler richtete sowie dagegen, dass Geräte über den Tempelplatz getragen werden (Mk 11,15f.), erschließt sich nicht auf den ersten Blick. Er kann jedenfalls nicht darin gelegen haben, unseriöse Geschäftemacherei am Tempel zu unterbinden. Eine solche Deutung könnte die auf Jes 56,7 in Verbindung mit Jer 7,11 basierende Begründung Jesu für sein Tun in den Evangelien nahelegen: „Steht nicht geschrieben: ‚Mein Haus soll eine Gebetsstätte genannt werden für alle Völker'? Ihr aber habt eine Räuberhöhle daraus gemacht" (Mk 11,17 parr.; vgl. Joh 2,16: „Macht nicht das Haus meines Vaters zu einem Marktplatz"). Das wäre jedoch wenig plausibel. Die Händler und Geldwechsler verrichteten für den Kultbetrieb am Tempel notwendige Tätigkeiten: Sie verkauften kleinere Opfertiere wie Tauben und wechselten Geld gegen die am Tempel allein zulässigen Tyrischen Schekel ein, mit denen auch die Tempelsteuer bezahlt wurde. Jesu Vorgehen auf dem Tempelplatz lässt sich auch nicht als revolutionäre politische Aktion verständlich machen. Das würde weder zu seinem sonstigen Auftreten passen noch wäre es angesichts der Verhältnisse in Jerusalem vorstellbar, dass ausgerechnet auf dem Tempelplatz eine politisch motivierte Aktion nicht sofort unterbunden worden wäre. Der Tempelplatz war ein sensibles Areal, das von den Römern permanent überwacht wurde, die in der Festung Antonia, an der Nordwestecke

des Tempelplatzes, eine Kohorte stationiert hatten, die sofort eingeschritten wäre und den Unruhestifter verhaftet hätte. In dieser Weise haben sich die Ereignisse von Verhaftung und Verurteilung Jesu jedoch allem Anschein nach nicht zugetragen.

Die Tempelaktion Jesu war vielmehr eine – in ihren Dimensionen begrenzte – Symbolhandlung, mit der er zum Ausdruck bringen wollte, dass angesichts der jetzt anbrechenden Gottesherrschaft der Tempel als kultische Institution an sein Ende gekommen ist. Die grundlegende Erneuerung Israels durch das Kommen Gottes ließ den Tempel als Ort der Begegnung Gottes mit seinem Volk und als Stätte, an der die Opfer zur Reinigung von den Sünden dargebracht werden, überflüssig werden, da diese Funktionen nunmehr auf das Wirken Jesu und die durch ihn begründete Gemeinschaft übergegangen waren.

Diese Deutung wird auch durch das Tempelwort Jesu unterstützt. Dieses ist in den Evangelien und der Apostelgeschichte in verschiedenen Fassungen überliefert, die jeweils davon sprechen, dass der gegenwärtige Tempel abgerissen und durch einen neuen, nicht von Menschen erbauten Tempel ersetzt werden wird. Diese Prophezeiung hat dem frühen Christentum ganz offensichtlich Schwierigkeiten bereitet, vermutlich weil sie als Ankündigung der Zerstörung des Tempels aufgefasst wurde, was spätestens nach dessen tatsächlicher Zerstörung durch die Römer im Jahr 70 als politische Provokation empfunden werden musste. Darauf deuten die verschiedenen Formen hin, in denen dieses Wort in der Jesusüberlieferung begegnet. In Mk 14,58f./Mt 26,20f. wird es Falschzeugen zugewiesen, die es Jesus fälschlich unterschieben; in Joh 2,19–22 wird es theologisch umgedeutet und auf den Leib Jesu bezogen; im Lukasevangelium begegnet es im Prozess gegen Jesus gar nicht, sondern erst als von Falschzeugen vorgebrachte Anschuldigung im Prozess gegen Stephanus (Apg 6,14).

Historisch betrachtet lässt sich die Prophezeiung gegen den Tempel als Kommentar Jesu zu seiner Tempelaktion verstehen: Er bringt damit zum Ausdruck, dass der Tempel als Ort der Begegnung Gottes mit seinem Volk angesichts des Beginns der Aufrichtung seiner Herrschaft durch Jesu Wirken an sein Ende gekommen ist. Damit dürfte sich Jesus die Feindschaft einflussreicher jüdischer Kreise, namentlich der Sadduzäer und der Priesterschaft, zugezogen haben, was deren Haltung im Prozess gegen ihn beeinflusste. Die Tempelaktion könnte zudem ein Argument im Zusammenhang der Überstellung Jesu an Pontius Pilatus gewesen sein, denn er hatte mit seinem Auftreten offenbar auch die Aufmerksamkeit der Römer auf sich gezogen, die es für geraten hielten, ihn entsprechend dem Wunsch des Hohen Rates hinzurichten, um etwaige Unruhen im Keim zu ersticken.

4) Ein weiterer zentraler Bereich des Jerusalemer Wirkens Jesu ist das letzte Mahl mit seinen Jüngern am Vorabend seines Todes. Nach der synoptischen Darstellung war dieses ein Passamahl, im Johannesevangelium fand es dagegen einen Tag früher statt, nämlich am Vorabend des Rüsttags. Das Datum des Todes Jesu

differiert entsprechend. Der Todestag war in allen Evangelien der Tag vor dem Sabbat, nach der synoptischen Darstellung war dies zugleich der Tag des Passafestes, bei Johannes dagegen der Tag vor dem Passa. Die synoptischen Evangelien stellen deshalb einen Bezug zwischen dem letzten Mahl und dem Passamahl her, Johannes dagegen zwischen der Schlachtung der Passalämmer und dem Tod Jesu: Bei den Synoptikern handelt es sich um ein Mahl, das nach der Hinrichtung Jesu von der Gemeinde zu seiner Vergegenwärtigung gefeiert werden soll (so explizit in Lk 22,19; vgl. 1Kor 11,24f.), bei Johannes wird durch auf die Passatypologie verweisende Schriftzitate der Tod Jesu als die Gemeinschaft der Seinen bewahrendes, schützendes Geschehen dargestellt.

Vermutlich ist die johanneische Chronologie historisch zutreffend. Dafür spricht, dass Jesus kaum an einem Passafest gekreuzigt worden wäre, wie es der synoptischen Darstellung zufolge geschieht. Die Bezeichnung des Todestages Jesu als „Rüsttag, das ist der Tag vor dem Sabbat" in Mk 15,42 wirkt als Bezeichnung des Passafestes sehr ungewöhnlich. Zudem sind die Passabezüge zum letzten Mahl Jesu sehr schwach. Diesem fehlen die entscheidenden Merkmale eines Passamahls, das vielmehr als sekundärer Rahmen um dieses herumgelegt wurde. Darauf verweist auch der Umstand, dass das Mahl der christlichen Gemeinde von Beginn an häufig, mindestens einmal pro Woche am Herrentag, das Passamahl dagegen nur einmal im Jahr gefeiert wurde. Schließlich lässt Paulus, der in 1Kor 11,23 von der Einsetzung des Mahles durch Jesus berichtet, in keiner Weise anklingen, dass es sich dabei um ein Passamahl gehandelt hat. Durch den Passabezug in den synoptischen Darstellungen wird demnach die Funktion dieses Mahles auf das Mahl der christlichen Gemeinde übertragen: Es wird betont, dass dieses Mahl ein grundlegendes Geschehen vergegenwärtigt, an dem die zum Mahl versammelte Gemeinde symbolisch teilnimmt. Dabei wird eine Analogie zwischen dem Auszug aus Ägypten als dem Gründungsgeschehen für Israel und dem Leben und Sterben Jesu, auf dem die christliche Gemeinde basiert, hergestellt. Der Tod Jesu wäre demnach bei einer dreijährigen Wirksamkeit, wie sie im Johannesevangelium vorausgesetzt wird, auf das Jahr 30 zu datieren, genauer auf den 7. April, der in diesem Jahr der 14. Nisan und zudem ein Freitag war. Legt man dagegen ein einjähriges Wirken zugrunde, wie in den synoptischen Evangelien geschildert, wäre der Tod bereits auf das Jahr 27 zu datieren, in dem der 14. Nisan ebenfalls auf einen Freitag fiel, in diesem Fall auf den 11. April. Wahrscheinlicher ist Ersteres, also die Hinrichtung im Jahr 30.

Inhaltlich wird das Mahl durch die sogenannten „Einsetzungsworte" gedeutet, die in den synoptischen Evangelien im Zentrum des Mahles stehen (vgl. oben § 11.1). Sie beziehen Brot und Kelch auf den Leib (σῶμα) und das Blut (αἷμα) Jesu. Die Wendung „das ist" (τοῦτό ἐστιν) ist dabei nicht auf die Elemente an sich, sondern auf ihre Verwendung im Mahlgeschehen zu beziehen: Das gebrochene und unter allen Mahlteilnehmern verteilte Brot sowie der gemeinsame Kelch symbolisieren, dass Leben und Sterben Jesu „für euch" (ὑπὲρ ὑμῶν) bzw. „für viele" (ὑπὲρ πολλῶν) geschahen. Das Blut wird zudem als „Bundesblut" (αἷμα τῆς διαθήκης) gedeutet, also als Ermöglichung eines neuen Gottesverhältnisses. Dabei findet sich bei Markus und Matthäus eine Bezugnahme auf Ex 24,8 (Mose sprengt zur Besiegelung des Bundes zwischen Gott und Israel „das Blut des Bundes" an den Altar), bei Paulus und Lukas dagegen auf Jer 31,31 (Gott wird mit Israel einen „neuen Bund" schließen).

Die Einsetzungs- oder Deuteworte sind im Johannesevangelium und andern frühchristlichen Mahltexten (etwa in der Didache) nicht überliefert. Allerdings findet sich im Johannesevangelium ein sich mit der Mahldeutung eng berührender Text: Im sogenannten „eucharistischen Abschnitt" (Joh 6,51c–58) spricht Jesus davon, dass man sein Fleisch essen und sein Blut trinken müsse, um das ewige Leben zu haben. Auch wenn es sich dabei nicht um einen Mahlzusammenhang handelt, ist deutlich, dass Johannes einen solchen, einschließlich der entsprechenden Deutung, voraussetzt. Auch Paulus kennt eine andere, mit den Deuteworten inhaltlich eng verwandte Zusammenfassung des Mahles: In 1Kor 10,16 bezeichnet er Kelch und gebrochenes Brot als „Gemeinschaft" (κοινωνία) mit Blut und Leib Christi, die eine Gemeinschaft mit Kelch und Tisch der Dämonen ausschließt (1Kor 10,21). In der Didache wird das Mahl durch Gebete über dem Kelch und dem gebrochenen Brot interpretiert, die für die durch Jesus möglich gewordene Anteilhabe am ewigen Leben danken und das aus vielen Körnern bestehende eine Brot als Symbol für die Einheit der Gemeinde interpretieren (Did 9 und 10, die Deutung des Brotes auf die Einheit der Gemeinde findet sich auch in 1Kor 10,17).

Die Deuteworte sind im 1. und 2. Jahrhundert noch nicht liturgisch in den Mahlverlauf integriert gewesen. Sie stellen vielmehr eine summarische Deutung des Mahlgeschehens dar, die dieses im Wirken Jesu verankert und auf diese Weise einen Bezug zwischen dem Wirken Jesu und der Situation der mahlfeiernden Gemeinde herstellt. Sie lassen sich deshalb als „Mahlätiologie" bezeichnen. Die Deuteworte gehen auch nicht auf Jesus zurück. Das ist schon angesichts ihrer Überlieferung in mehreren formal geprägten und dabei voneinander abweichenden Fassungen unwahrscheinlich. Diese Versionen spiegeln ihren jeweiligen Gebrauch in verschiedenen Zusammenhängen wider und lassen sich kaum auf eine „Urform" zurückführen. Schließlich ist es auch unwahrscheinlich, dass Jesus selbst seinen Tod als Bundesschluss durch sein Blut gedeutet haben sollte. Die Deutungen des Mahles der frühchristlichen Gemeinde sind vielmehr im Anschluss an das letzte Mahl Jesu in Jerusalem entstanden und geben diesem eine über den historischen Anlass hinausreichende Bedeutung. Zugleich werden damit die Mahlgemeinschaften, die Jesus während seines irdischen Wirkens gefeiert hat, mit einer besonderen Bedeutung versehen, die sich im letzten Mahl verdichtet.

Für Jesus selbst lässt sich dagegen das Wort über sein eigenes Eingehen in die Gottesherrschaft wahrscheinlich machen: „Ich werde von dem Gewächs des

Weinstocks nicht mehr trinken, bis ich es von neuem im Reich Gottes trinken werde" (Mk 14,25). Jesus blickt hier angesichts seines bevorstehenden Todes darauf voraus, was ihn danach erwarten wird, und bringt seine Überzeugung zum Ausdruck, dass er selbst das Reich Gottes erleben wird – wobei der Zeitpunkt, zu dem dies geschehen wird, offenbleibt.

5) Die Ereignisse, die zur Hinrichtung Jesu geführt haben, beginnen mit seiner Verhaftung, für die der Verrat des Judas eine entscheidende Rolle spielt. Was sich historisch hinter diesem Verrat verbirgt, lässt sich kaum noch feststellen, weil die Rolle des Judas in der Überlieferung negativ aufgeladen und der Verrat mit der Aussicht auf eine finanzielle Belohnung zusammengebracht wurde (Mk 14,10f.). Was seine tatsächliche Motivation war, ist den Quellen dagegen nicht mehr zu entnehmen. Der Verrat des Judas ist jedoch historisch wahrscheinlich, denn es wäre kaum nachträglich erfunden worden, dass er sich aus dem engsten Kreis der Anhänger Jesu ereignet hat.

Gleiches gilt für die Verleugnung des Petrus (Mk 14,54.66–72), die ebenso wenig erfunden sein wird, weil sie in deutlichem Kontrast zur herausgehobenen Rolle des Petrus in den synoptischen Evangelien steht und zu der Tatsache, dass er nach Ostern die führende Figur des Jüngerkreises ist. Die deutliche Betonung dieses Versagens dient nicht zuletzt dazu, anhand der Figur des Petrus die Ambivalenz der Nachfolge herauszustellen. Dazu gehört, dass die Verleugnung von Jesus vorausgesagt worden war, als Petrus beteuert, er werde dies auf keinen Fall tun (Mk 14,29–31 parr.; vgl. Joh 13,36–38).

Die Rolle des jüdischen Hohen Rates und der römischen Behörden bei der Verhaftung Jesu und dem Prozess gegen ihn wird unterschiedlich dargestellt. Bei Markus und Matthäus wird Jesus von den jüdischen Autoritäten verhaftet, verhört und zum Tod verurteilt. Bei Lukas und Johannes gibt es dagegen kein formales Verhör mit einem Todesurteil. Im Anschluss wird Jesus an die Römer überstellt. Historisch betrachtet lässt sich zunächst festhalten, dass ein Vorgehen der jüdischen Oberen gegen Jesus wahrscheinlich ist. Auch Josephus erwähnt, dass Jesus „auf Betreiben der Vornehmsten unseres Volkes" zum Kreuzestod verurteilt wurde (ant. 18,64). Dabei kann ausgeschlossen werden, dass der Hohe Rat aufgrund des Auftretens Jesu – etwa wegen seiner Haltung zur Tora oder seinem Anspruch, die Aufrichtung der Gottesherrschaft zu vermitteln – gegen ihn vorgegangen wäre. Zwar wird dieser Eindruck in den Evangelien gelegentlich vermittelt – etwa in Mk 2,7, wo Jesu Anspruch, Sünden zu vergeben, als Lästern gegen Gott bezeichnet wird, ein Vorwurf, der beim Verhör Jesu wieder auftaucht (Mk 14,64) –, jedoch bewegt sich das Wirken Jesu im Rahmen jüdischer Auseinandersetzungen über die Auslegung der Tora und das angemessene Verhalten angesichts der Gottesherrschaft. Zudem muss als äußerst unwahrscheinlich gelten, dass der Hohe Rat für ein Vorgehen gegen Jesus wegen dessen Haltung gegenüber der Tora und jüdischen Traditionen eine politische Anklage vor den Römern erhoben hätte.

Gleichwohl dürften die jüdischen Autoritäten Jerusalems ein Interesse daran gehabt haben, Jesus zu beseitigen. Der Grund dafür kommt in dem Satz zum Ausdruck, den der Hohepriester Kajaphas im Johannesevangelium zum Hohen Rat spricht: „Ihr bedenkt nicht, dass es besser ist, dass ein Mensch für das Volk stirbt, als dass das ganze Volk zugrunde geht" (Joh 11,50). Die durch Jesus hervorgerufene Situation konnte zur Gefährdung der jüdischen Bevölkerung Jerusalems und sogar darüber hinaus führen, denn die römische Provinzbehörde schlug aufkommende Unruhen gerade in der für ihre Widerstandsbereitschaft bekannten Provinz Judäa mit großer Härte nieder (vgl. Josephus, ant. 18,55–62). Der jüdischen Führung dürfte deshalb daran gelegen gewesen sein, potentielle Unruhen bereits im Ansatz durch die Auslieferung des Anstifters zu unterbinden. Deshalb ist es durchaus plausibel, dass sich der Hohe Rat zunächst ein Bild von Jesus und seinen Absichten gemacht hat und ihn anschließend der römischen Besatzungsmacht überstellt hat. In deren Hand lag die Durchführung eines Prozesses und die Vollstreckung eines Todesurteils, wozu das jüdische Synhedrium keine Befugnis besaß. Zudem war die Kreuzigung eine typisch römische Hinrichtungsform, die insbesondere bei politischen Aufrührern angewandt wurde. Sie galt als die grausamste Hinrichtungsart und hatte außerdem einen Abschreckungseffekt, da die Kreuze öffentlich sichtbar aufgestellt wurden und die Gekreuzigten während des Todeskampfes und auch danach am Kreuz hängen bleiben mussten.

Die Bestattung Jesu durch Josef von Arimathäa, die von allen Evangelien berichtet wird, ist insofern bemerkenswert, als die römischen Behörden hier offenbar eine Ausnahme gestatteten. Dies könnte mit dem Status des Josef zu tun haben, der offenbar eine wohlhabende und einflussreiche Persönlichkeit (Mk 14,43: ein angesehener Ratsherr; Mt 27,57: ein reicher Mensch) und zugleich ein Anhänger Jesu war. Er bat um die Erlaubnis, Jesus bestatten zu dürfen, und tat dies in einer Grabstätte, die vermutlich ihm selbst gehörte (Mt 27,60). Dass die Bestattung Gekreuzigter grundsätzlich vorkam, wird auch durch den oben (§ 51.1) erwähnten Fund des Fersenbeines mit einem hindurchgetriebenen Nagel bestätigt.

Auf römischer Seite bestand das Interesse, jeglichen Aufruhr und Widerstand, gerade in der Provinz Judäa, sofort zu ersticken. Es lässt sich allerdings kein aktueller Anlass feststellen, aus dem die Römer gegen Jesus hätten vorgehen sollen (die Aktion auf dem Tempelplatz war dafür, wie oben dargestellt, sicher kein Anlass). Als wahrscheinlich kann deshalb angesehen werden, dass Jesus auf Initiative der jüdischen Führung festgenommen und den Römern überstellt wurde, die ihn aufgrund einer jüdischen Anklage als politischen Unruhestifter hinrichteten. Letzteres wird auch durch die Kreuzesinschrift bestätigt, die den Grund für die Hinrichtung angibt: „(Dieser ist) Jesus der Nazarener, König der Juden."

Das Todesurteil wurde von Pontius Pilatus, dem Präfekten der Provinz Judäa (s. o. § 47.5c), gefällt. Die Kreuzigung unter Pilatus wird nicht nur von den Evangelien (und der Apostelgeschichte), sondern auch von Josephus und Tacitus erwähnt (vgl. auch 1Tim 6,13) und ist damit die am besten bezeugte historische Tatsache über Jesus. Sie steht am Ende eines Verhörs, in dem sich Pilatus ein Bild davon verschafft, was gegen Jesus vorgebracht wird. Die Darstellungen der Evangelien sind dabei deutlich davon geprägt, die Juden zu be- und Pilatus zu entlasten. Deshalb sind historische Aussagen über diesen Prozess nur in Grenzen möglich. Wahrscheinlich ist indes, dass Jesus der politischen Unruhestiftung angeklagt und dafür von Pilatus verurteilt wurde. Dass sich Pilatus jedoch gegen die Verurteilung sträubte und erst von jüdischer Seite dazu gedrängt werden musste, ist sicher auf die Tendenz der Evangelien zurückzuführen, den jüdischen Anteil an der Hinrichtung Jesu größer erscheinen zu lassen, als er tatsächlich war.

§ 57 Das Wirken Jesu und die Entstehung der Christologie

1) Zwischen dem Wirken Jesu und der Entstehung des Glaubens an ihn bestehen vielfältige Beziehungen. In den Evangelien wird das dadurch deutlich, dass auf die Bestattung Jesu die Berichte über die Auffindung des leeren Grabes und die Erscheinungen des Auferstandenen (bei Markus erst sekundär angefügt) folgen. Die Grundlage dieser Erzählungen ist das Bekenntnis zur Auferweckung Jesu von den Toten, das sich auch bei Paulus und in anderen frühchristlichen Schriften findet und das die Voraussetzung für die Entstehung des christlichen Glaubens überhaupt bildet. Die Erzählungen vom leeren Grab lassen sich deshalb am besten als nachträgliche narrative Entfaltungen dieses Bekenntnisses verstehen (in dem alten Bekenntnis in 1Kor 15,3b–5 wird kein leeres Grab erwähnt). Zugleich bedeutet dieses Bekenntnis eine Erweiterung und Modifizierung des jüdischen Gottesglaubens. Gott ist nunmehr auch derjenige, „der Jesus Christus von den Toten auferweckt hat" (vgl. z. B. Gal 1,1; 2Kor 4,14; Röm 4,24; 8,11 u. ö.). Grundlage dafür ist die Überzeugung, dass Gott auch Macht über den Tod hat und Tote auferwecken kann. Sie ist im Judentum der exilisch-nachexilischen Zeit entstanden und in jüdischen Schriften vielfach bezeugt.

Worauf die Überzeugung von der Auferweckung Jesu gründet, lässt sich historisch nur noch in Ansätzen nachvollziehen. Die vielfach anzutreffende Rede davon, dass Jesus Menschen „erschienen" ist oder von ihnen „gesehen" wurde (so in den Evangelien), weist auf visionäre Erfahrungen hin, die seine Anhängerinnen und Anhänger (die Frauen am leeren Grab, Maria Magdalena, Petrus, der Zwölferkreis, die Jünger auf dem Weg nach Emmaus, vgl. auch die in 1Kor 15,6–8 aufgezählten Erscheinungszeugen) nach seinem Tod gemacht und die sie davon überzeugt haben, dass die Geschichte Jesu mit seiner Kreuzigung nicht zu Ende ist – er also mit seinem Anspruch, die Gottesherrschaft aufzurichten nicht gescheitert ist –, sondern Gott sich auch angesichts seines Todes zu ihm bekennt. Diese Erfahrung haben sie unter Rückgriff auf den Glauben, dass Gott Macht auch über den Tod hat, als Jesu Auferweckung von den Toten gedeutet.

Die Erscheinungserzählungen lassen demnach den Tod Jesu in einem neuen Licht erscheinen. Er konnte nunmehr als Stiftung eines neuen Bundes (so in der Abendmahlsüberlieferung, s. o. § 11.1), als Befreiung der Menschen aus ihren Verstrickungen (Mk 10,45: der Menschensohn gibt sein Leben als „Lösegeld für viele"), als Vergebung der Sünden (Mt 26,28), als Schutz und Bewahrung der Seinen (Joh 10,11–15) und als Eröffnung einer neuen, geisterfüllten Zeit (Joh 16,7) verstanden werden. In anderen frühchristlichen Schriften werden weitere Deutungen des Todes Jesu entwickelt. Jesus selbst hat dagegen mit seinem Tod aller Wahrscheinlichkeit nach keine heilvolle Wirkung für andere verbunden, sondern erwartet, dass er nach seinem Tod in die Gottesherrschaft eingehen wird.

2) Eine wichtige Facette der Erscheinungserzählungen ist die Betonung von gleichzeitiger Kontinuität und Diskontinuität mit dem irdischen Jesus. Jesus wird an seinen Nägelmalen (Lk 24,40; Joh 20,27) bzw. an Schriftauslegung und Brotbrechen (Lk 24,13–32) erkannt, er ist leiblich auferstanden und kann deshalb vor den Jüngern essen (Lk 24,41–43). Zugleich ist Jesus in neuer Weise anwesend. Deshalb erkennen ihn die Emmausjünger bzw. Maria Magdalena zunächst nicht (Lk 24,16; Joh 20,14), deshalb fürchten sich die Jünger und meinen, einen Geist zu sehen (Lk 24,37), deshalb ist Jesus trotz verschlossener Türen plötzlich mitten unter ihnen (Joh 20,19), deshalb soll ihn Maria Magdalena nicht berühren (Joh 20,17). Auf diese Weise wird deutlich gemacht, dass Jesus nicht einfach wieder ins irdische Leben zurückgekehrt ist, wie zum Beispiel der Jüngling zu Nain (Lk 7) oder Lazarus (Joh 11), dass es aber zugleich derselbe Jesus ist, der nun in neuer Weise bei seinen Anhängern ist.

Die Erscheinungserzählungen stellen einige Aspekte der Verbindung zwischen der vor- und der nachösterlichen Geschichte besonders heraus. Dazu gehören der Auftrag zum Taufen und zur Verkündung der Lehre Jesu unter den Völkern (Mt 28,19; Lk 24,48), die Erneuerung der Mahlgemeinschaft (Lk 24,30; Apg 1,4; Joh 21,9–13), die Verleihung des Geistes (Lk 24,49; Apg 1,4f.8; Joh 20,22f.) sowie die Beauftragung des Petrus, „Hirte" der Gemeinde zu sein (Joh 21,15–17). Dadurch wird deutlich, dass zwischen dem Wirken Jesu und der nachösterlichen Geschichte des Christentums vielfältige Verbindungen bestehen, ungeachtet der Tatsache, dass im Verlauf dieser Geschichte zahlreiche weitere, nicht unmittelbar im Wirken Jesu angelegte Aspekte dazugetreten sind.

II. Die Entstehung des Christentums

Literatur: JÜRGEN BECKER (Hg.), Die Anfänge des Christentums. Alte Welt und neue Hoffnung, Stuttgart 1987 ♦ JÜRGEN BECKER, Das Urchristentum als gegliederte Epoche (SBS 155), Stuttgart 1993 ♦ HANS CONZELMANN, Geschichte des Urchristentums (GNT 5), Göttingen ⁶1989 ♦ PETER GEMEINHARDT, Geschichte des Christentums in der Spätantike (Neue Theologische Grundrisse), Tübingen 2021, 1–169 ♦ DIETRICH-ALEX KOCH, Geschichte des Urchristentums. Ein Lehrbuch, Göttingen ²2014 ♦ HARTMUT LEPPIN, Die frühen Christen. Von den Anfängen bis Konstantin, München ³2021 ♦ ANDREAS LINDEMANN, Urchristentum, RGG⁴ 8 (2005), 820–825 ♦ MARKUS ÖHLER, Geschichte des frühen Christentums (UTB 4737), Göttingen 2018 ♦ UDO SCHNELLE, Die ersten 100 Jahre des Christentums 30–130 n. Chr. Die Entstehungsgeschichte einer Weltreligion (UTB 441), Göttingen ³2019 ♦ JENS SCHRÖTER, Die Entstehung des Christentums. Von den Anfängen bis zu Konstantin dem Großen, München 2024 ♦ FRANÇOIS VOUGA, Urchristentum, TRE 34 (2002), 411–436.

§ 58 Die Anfänge

1 Einführung

Die Anfänge des christlichen Glaubens liegen in der Überzeugung, dass Anspruch und Wirken Jesu durch seine Kreuzigung nicht widerlegt sind. Nach Jesu Tod entstand vielmehr im Kreis seiner Anhänger der Glaube, Gott habe den Gekreuzigten nicht im Tod gelassen, sondern von den Toten auferweckt (vgl. Röm 4,24; 8,11; Apg 4,10), auch formuliert in der Wendung: „Jesus ist auferstanden" (1Thess 4,14). Diejenigen, die von der Wahrheit dieser Aussage überzeugt waren, bildeten eine eigene Gemeinschaft, zunächst innerhalb des Jerusalemer Judentums. Sehr bald verband sich ihr Glaube mit der Übernahme der von Johannes dem Täufer praktizierten Taufe, die jetzt „auf den Namen Jesu" vollzogen wurde und mit der Gabe des „Heiligen Geistes" verbunden war (vgl. Apg 2,38). Eine eigene Erzählüberlieferung zur „Gründung" der Gemeinde der Christusgläubigen in Jerusalem gibt es nicht. Allerdings zitiert Paulus in 1Kor 15,3b-5 eine vermutlich in Jerusalem entstandene, als „das Evangelium" (15,1) bezeichnete Überlieferung: „Christus ist für unsere Sünden gestorben und auferweckt am dritten Tage gemäß den Schriften und dem Kephas erschienen, danach den Zwölf" (vgl. Lk 24,34). Erkennbar wird in dieser Überlieferung die besondere Rolle des Kephas (Petrus), die er vermutlich in der Jerusalemer Gemeinde innehatte.

Wenn der Zwölferkreis von Jesus selbst gegründet worden war (s. o. § 55.2c), fand er sich nun in Jerusalem wieder zusammen. Möglich ist auch, dass Petrus aus der ihm widerfahrenen Erscheinung des Auferstandenen die Konsequenz zog, aus dem größeren Kreis der Anhänger Jesu „die Zwölf" als Repräsentanten des Gottesvolkes der Endzeit zu sammeln. In diesem Fall wäre die Gründung des Zwölferkreises in den synoptischen Evangelien nachträglich auf eine Initiative Jesu zurückgeführt worden.

Die Christusgläubigen waren Angehörige des Volkes Israel, die sich beauftragt sahen, die Botschaft von Jesu Auferweckung weiterzugeben. Die auf diese Weise entstandene Gemeinde in Jerusalem begann offenbar sofort mit der Verkündigung des Auferstandenen, zunächst ausschließlich unter Juden. Nicht viel später wurde die Verkündigung von Jesus Christus auch an Nichtjuden, also „Heiden", ausgerichtet. Vermutlich steht dieser programmatische Überschritt, der für das entstehende Christentum von grundlegender Bedeutung war, mit der Gemeinde von Antiochia in Verbindung, wo Apg 11,20 zufolge zum ersten Mal die Verkündigung auch an „Griechen", also Nichtjuden, adressiert wurde. Zu dieser Gemeinde gehörte auch Paulus in seiner Frühzeit (vgl. Gal 2,11; Apg 11,25). Die Apostelgeschichte verbindet mit der Entstehung dieser Gemeinde das Aufkommen der Bezeichnung „Christen" (χριστιανοί): „In Antiochia wurden die Jünger zum ersten Mal χριστιανοί genannt" (Apg 11,26). Ob das historisch zutreffend ist oder ob Lukas eine erst später aufgekommene Bezeichnung nachträglich mit der Frühzeit verbindet, lässt sich nicht sicher entscheiden. Paulus verwendet diese Bezeichnung jedenfalls nie, sie kommt auch ansonsten erst in Schriften vom Ende des 1. und aus dem frühen 2. Jahrhundert vor (Apg 26,28; 1Petr 4,16; Josephus, Plinius der Jüngere, Tacitus). Das könnte dafür sprechen, dass der Begriff erst zu einer späteren Zeit geprägt wurde. Lukas könnte aber auch eine historische Erinnerung daran bewahrt haben, dass die Bezeichnung zuerst auf diejenige Gemeinde angewandt wurde, die nicht mehr nur aus Juden bestand.

Plausibel ist jedenfalls, dass mit dem Beginn der Verkündigung des Christusglaubens auch unter Menschen, die nicht zu Israel gehörten, die christusgläubigen Juden und „Heiden" von außen als eigenständige Größe wahrgenommen wurden. Aus römischer Perspektive waren sie Parteigänger eines Mannes namens Christus, und so gab man ihnen den davon abgeleiteten Namen *Christiani*. Offenbar handelt es sich demnach um eine Bezeichnung, die der Gemeinschaft der an Jesus Glaubenden von außen beigelegt wurde. Die Darstellung in der Apostelgeschichte impliziert, dass dies in Antiochia noch vor Beginn der mit Barnabas und Paulus verbundenen Mission unter den Völkern geschah. Der Name *Christiani* bzw. χριστιανοί blieb aber offenbar noch eine Zeitlang Fremdbezeichnung, wie die oben genannten Stellen belegen.

Der Begriff „Christentum" (Χριστιανισμός) begegnet in den Quellen des 1. Jahrhunderts noch nicht. Er ist zuerst bei Ignatius von Antiochia im 2. Jahrhundert bezeugt, der ihn dem „Judentum" (Ἰουδαϊσμός) gegenüberstellt. In der Frühzeit wurden dagegen (Selbst-)Bezeichnungen wie „die Jünger" (οἱ μαθηταί, vgl. Apg 1,15; 9,1.10), „der Weg" (ἡ ὁδός, vgl. Apg 9,2; 22,4), „die Glaubenden" (οἱ πιστεύοντες, Apg 2,44; 5,14), „Versammlung/Gemeinde" (ἐκκλησία, Apg 5,11; 8,1.3 u. ö.; 1Kor 1,2; 4,17; 2Kor 11,8; Kol 1,18; Eph 1,22; Mt 16,18 u. ö.), „die Heiligen" (οἱ ἅγιοι, 1Kor 1,2; 6,2; 2Kor 1,1; 13,12; Phil 4,22) oder „die den Namen des Herrn anrufen" (οἱ ἐπικαλούμενοι τὸ ὄνομα τοῦ κυρίου, Apg 9,14.21; 1Kor 1,2) verwendet.

Ein einschneidendes Ereignis für die Christusgläubigen in Jerusalem und in Judäa (und selbstverständlich für das Judentum) war der Jüdische Krieg in den Jahren 66–70/74, insbesondere die Eroberung Jerusalems und die Zerstörung des Tempels im Sommer 70. Einige Texte der Evangelien deuten dieses historische Ereignis als Gottes „Antwort" auf den „Ungehorsam" der jüdischen Autoritäten (vgl. Mk 12,1–12; Mt 22,7). Aber außerhalb Palästinas und Teilen Syriens hatte der Jüdische Krieg keine gravierenden Auswirkungen für die Juden im Römischen Reich, ausgenommen die ihnen zeitweise auferlegte Zwangsabgabe (*fiscus Judaicus*), die anstelle der Tempelsteuer zugunsten des Jupiter Capitolinus zu entrichten war. Diese Steuer wurde unter Vespasian (röm. Kaiser 69–71) eingeführt, unter Domitian (81–96) mit großer Härte eingetrieben und unter seinem Nachfolger Nerva (96–98) reformiert. Damit verbunden war eine deutliche Unterscheidung von Juden und Christen aus der Perspektive des römischen Staates. Ob sie allerdings der entscheidende Schritt zur Herausbildung des Christentums als eigener Religionsgemeinschaft neben dem Judentum war, bleibt unsicher. Die „Trennung" des Christentums vom Judentum dürfte ein längerer Prozess gewesen sein, der sich über einen größeren Zeitraum erstreckte und an verschiedenen Orten in unterschiedlicher Weise ablief.

In der Forschung wird die historische Entwicklung des rabbinischen Judentums und des frühen Christentums mit Bezug auf das Modell einer „Trennung der Wege" („Parting of the Ways") diskutiert, das James D. G. Dunn Ende der 1980er Jahre eingeführt hatte. In der sich anschließenden Forschungsdebatte wurde zum einen hervorgehoben, dass im 1. und 2. Jahrhundert weder „Judentum" noch „Christentum" als in sich einheitliche, voneinander abgrenzbare Gruppierungen gelten können. Neben der Vielfalt innerhalb des entstehenden Christentums ist zu berücksichtigen, dass sich auch die jüdischen Gemeinschaften seit dem Jahr 70 in einem tiefgreifenden Prozess der Neuorientierung befanden, wobei das palästinisch-rabbinische Judentum sich erst allmählich herausbildete und die Führungsrolle einnahm. Zum anderen wurde das Modell einer „Trennung der Wege" selbst kritisch diskutiert – bis hin zu dem alternativen Modell, dem zufolge sich die „Wege" niemals getrennt haben („The Ways That Never Parted", Adam H. Becker und Annette Yoshiko Reed). Dadurch wird die bleibende Verankerung des Christentums in der jüdischen Tradition betont. Die gegenwärtige Forschung ist an dieser Stelle zwar nicht zu einem Konsens gelangt, jedoch zeigt sich insgesamt, dass die Diskussion in sehr differenzierter Weise und häufig mit Blick auf konkrete historische Einzelereignisse geführt wird (s. u. den Arbeitsvorschlag).

2 Die Frühzeit des Christentums als geschichtliche Epoche?

Ob sich die Anfangszeit des Christentums als eigene geschichtliche Epoche beschreiben lässt und wie sie gegebenenfalls zu bestimmen wäre, wird in der Forschung unterschiedlich beantwortet. Früher sprach man vom „apostolischen Zeitalter", das mit dem Tod von Paulus, Petrus und Jakobus zu Ende gegangen sei und an das sich die „nachapostolische Zeit" angeschlossen habe. Diese Einteilung kann sich darauf berufen, dass in den Zeugnissen über die ersten Jahrzehnte die genannten Personen eine prägende Rolle spielen. Andere Personen – etwa Begleiter des Paulus auf seinen Reisen oder Mitarbeiter in den von ihm gegründeten Gemeinden oder auch die in Apg 6 genannten „Hellenisten" – treten dagegen weniger profiliert in Erscheinung. Das kann aber der Überlieferungslage geschuldet sein und muss nicht unbedingt den tatsächlichen historischen

Verhältnissen entsprechen. So ist etwa durchaus vorstellbar, dass Barnabas, Timotheus und Titus, Priska und Aquila oder Phöbe aus Kenchreä wichtige und einflussreiche Personen waren, auch wenn sie in den erhaltenen Zeugnissen nicht im Zentrum stehen. Zudem ist deutlich, dass wir nur über einen Ausschnitt der Entwicklungen im frühen Christentum informiert sind, anderes dagegen im Dunkeln bleibt. Auch über die Ereignisse bis ins 2. Jahrhundert wissen wir verhältnismäßig wenig, obwohl in diesem Zeitraum die meisten neutestamentlichen Schriften verfasst wurden. Die Unterscheidung einer „apostolischen" von einer „nachapostolischen" Zeit erscheint deshalb als wenig weiterführend, zumal „die Apostel" als geschichtliche Größe kaum zu fassen sind. Selbst wenn man sich an den einigermaßen bekannten Gestalten Petrus, Paulus, Jakobus orientiert und die „apostolische Zeit" mit deren Tod um das Jahr 60 enden lässt, ergibt sich daraus kein sinnvolles Einteilungsprinzip. Über die Bedeutung des Petrus für die Gemeinden in der Diaspora wissen wir kaum etwas; über das Wirken des Paulus sind wir zwar recht gut informiert, aber sein Tod stellte keinen besonderen Einschnitt in der Entwicklung der Gemeinden dar; ob Jakobus, der Bruder Jesu, als „Apostel" galt, wissen wir nicht, wahrscheinlich war sein Einfluss im Wesentlichen auf Jerusalem begrenzt.

Kaum brauchbar ist auch eine Unterscheidung zwischen der „neutestamentlichen" und der „nachneutestamentlichen Zeit", denn einige der Schriften, die viel später zu den sogenannten „Apostolischen Vätern" zusammengestellt wurden (etwa die Didache, der 1. Clemensbrief und die Ignatiusbriefe, vgl. oben § 41), sind ungefähr zeitgleich oder sogar früher entstanden als einige Schriften des Neuen Testaments wie zum Beispiel die Pastoralbriefe oder der 2. Petrusbrief. Zudem ist zu beachten, dass es im 1. und 2. Jahrhundert noch kein „Neues Testament" gab, sondern dass die schließlich ins „Neue Testament" gelangten Schriften neben anderen, nicht neutestamentlich gewordenen existierten, von denen einige (wie etwa der „Hirt" des Hermas oder die Petrusoffenbarung) in frühchristlichen Gemeinden in hohem Ansehen standen.

Die Frühzeit des Christentums geht demnach in die folgenden Jahrzehnte über, ohne dass sich dabei ein deutlicher Einschnitt zwischen zwei Phasen erkennen ließe. Allerdings verschieben sich die im Vordergrund stehenden Fragen und Probleme. Stand zunächst die Frage im Mittelpunkt, wie der Überschritt zu den Nichtjuden theologisch zu begründen sei und was er für die Gestalt der Gemeinden der Glaubenden bedeute – insbesondere war dabei strittig, ob bzw. inwieweit auch Nichtjuden, die diesen Gemeinden beitraten, eine jüdische Lebensweise praktizieren sollten –, so rückten später Fragen der Gemeindeorganisation, einschließlich der Einführung von Ämtern, sowie die Auseinandersetzung mit griechisch-römischer Philosophie ins Zentrum. Wo man eine erste Phase der Geschichte des Christentums enden lässt, ist dabei immer eine Frage der zugrunde gelegten Kriterien. Zumeist wird ein Übergang zur nächsten geschichtlichen Phase in der Mitte oder am Ende des 2. Jahrhunderts gesehen.

3 Zum Begriff „Urchristentum"

Diskutiert wird auch die Frage, wie die früheste Phase des entstehenden Christentums zu bezeichnen ist; insbesondere der Begriff „Urchristentum" ist umstritten.

Mitunter wird eingewandt, der Begriff „Urchristentum" suggeriere einen unverfälschten, „reinen" Anfang und projiziere damit ein theologisches, jedoch unhistorisches Ideal in die Anfangszeit des Christentums zurück. Neutraler sei dagegen die Bezeichnung „frühes Christentum". Die Phase reiche etwa bis in die Zeit zwischen 130 und 150. Danach zeichne sich ein Umbruch ab, erkennbar etwa an der entstehenden Apologetik sowie an den sich festigenden Strukturen, die im 1. Clemensbrief und bei Ignatius von Antiochia sichtbar würden und den „Übergang zur Alten Kirche" markierten (so SCHNELLE 543). Markus Öhler nennt einen ähnlichen Zeitraum zur Datierung des „frühen Christentums". Demgegenüber bezieht Hartmut Leppin den Begriff „frühes Christentum" auf die ersten dreihundert Jahre, bis zur Anerkennung des Christentums unter Konstantin. Dietrich-Alex Koch hält dagegen an dem Begriff „Urchristentum" fest unter Hinweis darauf, dass „in dieser Anfangsphase grundsätzliche Weichenstellungen erfolgten, die für alle späteren Epochen des Christentums von erheblicher Bedeutung waren". Dazu gehöre insbesondere die Abfassung der Schriften, die dann „von der übergroßen Mehrheit der christlichen Gemeinden als kanonisch rezipiert wurden" (KOCH 24).

Wenn die früheste Zeit der als Gemeinschaft der Christusgläubigen sich entwickelnden Kirche mit dem – neutral verstandenen – Begriff „Urchristentum" bezeichnet wird, ist die Vorsilbe „Ur-" nicht wertend gemeint, als handele es sich um eine als „ideal" anzusehende Epoche, sondern sie bezieht sich auf denjenigen Zeitraum, in dem Grundüberzeugungen entstanden, die für das Christentum eine prägende Bedeutung erlangten. Diese erste Phase geht dann allmählich in eine solche über, in der die Anfangszeit als Orientierung zur Ausbildung von zentralen Glaubensinhalten und einer christlichen Ethik sowie zur Festigung von Ritualen wie Taufe und Abendmahl und der Etablierung von Gemeindestrukturen dient. Nunmehr wird auch nach der Zuverlässigkeit der Schriften, die diese Anfänge überliefern, gefragt. Dieser Prozess führt dazu, dass die entsprechenden Schriften als eigener Traditionsbestand gesammelt werden und schließlich als „Neues Testament" neben die weiterhin als autoritativ betrachteten Heiligen Schriften des Judentums treten.

Ein charakteristisches Zeugnis hierfür ist das Doppelwerk des Lukas. Der programmatische Prolog in Lk 1,1–4 lässt erkennen, dass Lukas nicht nur wie das Markusevangelium auf die Zeit Jesu und der Jünger zurückblickt, sondern dass er die Anfänge der Kirche im Wirken Jesu und in der Ausbreitung des Christusglaubens durch die ersten Zeugen als Beginn einer Entwicklung betrachtet, die bis in seine eigene Zeit und darüber hinaus reicht (vgl. Lk 1,2; Apg 1,8). Dem entspricht, dass er der im Lukasevangelium gegebenen Darstellung der Geschichte Jesu mit der Abfassung der Apostelgeschichte eine nach vorne hin offene

Fortschreibung der Geschichte der Kirche folgen ließ. Das bedeutet nicht, dass sich die hier zu beobachtende Tendenz in der ganzen Kirche durchsetzte. An den unterschiedlichen Orten gab es unterschiedliche Entwicklungen, so dass jeweils auf besondere historische Aspekte zu achten ist.

4 „Geist-Kirche" vs. „Amts-Kirche"?

Zeitweise intensiv diskutiert wurde die von dem Kirchenrechtler Rudolph Sohm (Kirchenrecht, Bd. 1, München 1892) vertretene Unterscheidung der frühen „Geist-Kirche" von der späteren „Amts-Kirche". Die Kirche habe ursprünglich keine feste Organisation gekannt, sondern sei von charismatischen Führern geleitet worden; das Ende dieser freien Kirche und der Übergang zur amtlich gelenkten Kirche zeige sich im 1. Clemensbrief, als die römische Kirche autoritativ in einen Konflikt innerhalb der korinthischen Kirche eingriff (bisweilen begegnet in diesem Zusammenhang das Stichwort „Frühkatholizismus"). Damit verband Sohm das theologische Urteil, nur eine charismatisch geleitete Kirche sei wirklich Kirche, „Kirchenrecht" sei ein Widerspruch in sich selbst. Demgegenüber meinte Adolf von Harnack (Entstehung und Entwicklung der Kirchenverfassung und des Kirchenrechts in den ersten drei Jahrhunderten, Leipzig 1910), es habe in der Kirche von Anfang an eine gewisse Rechtsordnung gegeben.

Nach Rudolf Bultmann (Theologie des Neuen Testaments, Tübingen ^{9}1984, 446–452) geht diese Kontroverse auf ein unterschiedliches Kirchenverständnis zurück: Harnack sieht die Kirche als „historisches Phänomen" unter „der Gesetzmäßigkeit, der alle historischen Phänomene unterliegen, und ihre Geschichte ist Gegenstand historischer, soziologischer, psychologischer Betrachtung". Sohm versteht die Kirche „von ihrem eigenen Selbstverständnis aus" als die eschatologische Gemeinde der „Auserwählten" und der „Heiligen". Für Bultmann steht eine Rechtsordnung innerhalb der Kirche erst dann im Widerspruch zu ihrem Wesen, wenn „das Recht aus einem regulierenden zu einem konstituierenden wird". „Das NT wäre nie geschrieben, weiter überliefert und als autoritativ kanonisiert worden, stünden charismatisches Wort und Ordnung schaffende Tradition in Widerspruch zueinander." Im Neuen Testament sei erkennbar, dass der Geist „nicht nur in momentanen Inspirationen, in merkwürdigen psychischen Phänomenen und einzelnen das Normale überschreitenden Leistungen" wirkt, sondern „auch in den Ordnung schaffenden Betätigungen einzelner Gemeindeglieder, in ihren Dienstleistungen, die Paulus als Charismen zu begreifen lehrt". So begründe der Geist „zunächst so etwas wie eine ‚Gemeinde-Demokratie', die durchaus neben einer ‚Aristokratie' der Charismatiker bestehen kann".

Die Entgegensetzung von „Geist" und „Amt" ist zu schematisch, um die Herausbildung von Organisations- und Amtsstrukturen im frühen Christentum zu erfassen. Zutreffend ist, dass das charismatische Element, also die Begabung mit dem Geist, bei der Wahrnehmung von Funktionen und Ämtern in den Gemeinden vor allem in der Frühzeit eine wichtige Rolle spielte. Das sollte aber nicht pauschal gegen die Entstehung einer organisatorischen und rechtlichen Verfassung der Gemeinden ins Feld geführt werden. Vielmehr stand beides von Beginn an in einem dynamischen Verhältnis zueinander, auch wenn der formalrechtliche Aspekt in der Geschichte der christlichen Kirche zunehmend an Bedeutung gewann. Das wird in der vermittelnden Darstellung Bultmanns zu Recht hervorgehoben.

Arbeitsvorschlag

Welchen Ansatz verfolgt das von James D. G. Dunn eingeführte Modell des „Parting of the Ways"? Wie werden die Trennungsprozesse zwischen Judentum und Christentum in der neueren Forschung diskutiert? Welche alternativen Modelle werden in der Forschung vorgeschlagen? Lektüreempfehlung zum Einstieg: GEMEINHARDT 19–23. Zur Vertiefung: JENS SCHRÖTER/BENJAMIN A. EDSALL/JOSEPH VERHEYDEN (Hg.), Jews and Christians – Parting Ways in the First Two Centuries CE? Reflections on the Gains and Losses of a Model (BZNW 253), Berlin/Boston 2021, 1–5; TOBIAS NICKLAS, Parting of the Ways? Probleme eines Konzepts, in: Stefan Alkier/Hartmut Leppin (Hg.), Juden, Christen, Heiden? Religiöse Inklusion und Exklusion in Kleinasien bis Decius (WUNT 400), Tübingen 2018, 21–41.

§ 59 Quellen

Literatur: ANDREAS LINDEMANN/HENNING PAULSEN (Hg.), Die Apostolischen Väter, Tübingen 1992 ♦ CHRISTOPH MARKSCHIES/JENS SCHRÖTER (Hg.), Antike christliche Apokryphen in deutscher Übersetzung, Bd. 1: Evangelien und Verwandtes (in zwei Teilbänden), Tübingen 2012 ♦ JENS SCHRÖTER/JÜRGEN K. ZANGENBERG (Hg.), Texte zur Umwelt des Neuen Testaments, Tübingen 2013.

1 Neutestamentliche und andere christliche Schriften als Quellen für die Geschichte des frühen Christentums

1) Die wichtigsten Quellen für die Geschichte des frühen Christentums sind die neutestamentlichen Texte, vor allem die Briefe des Paulus und die Apostelgeschichte, aber auch der 1. Petrusbrief und die Johannesoffenbarung. Entwicklungen des frühen Christentums spiegeln sich darüber hinaus in den Evangelien wider, etwa dort, wo Hinweise auf Verfolgungen, Auseinandersetzungen mit jüdischen Gruppen wie den Pharisäern oder soziale und ethische Probleme erkennbar werden. An manchen Stellen wird auf die (scheinbar bevorstehende, tatsächlich aber bereits erfolgte) Zerstörung Jerusalems, insbesondere des Tempels, hingewiesen.

Die meisten der etwa zwischen 50 und 56 geschriebenen Briefe des Paulus geben Einblicke in das Leben der von Paulus gegründeten Gemeinden in Kleinasien und Griechenland. Der Römerbrief ist dagegen ein Beleg dafür, dass der Christusglaube bereits in der Hauptstadt des Römischen Reichs angekommen war. Diese Briefe ermöglichen darüber hinaus eine vergleichsweise genaue Rekonstruktion der Biographie des Apostels und stellen die Konflikte zwischen Paulus und seinen Konkurrenten aus der Sicht des Paulus dar. Indirekt werfen sie auch ein Licht auf die kirchliche Entwicklung in Jerusalem und in der syrischen Großstadt Antiochia.

In der ungefähr zwischen 80 und 100 verfassten Apostelgeschichte schildert Lukas die Zeit von den nachösterlichen Anfängen der Kirche bis zum Aufenthalt des Paulus in Rom, also etwa den Zeitraum von 30/33 bis 60. Berichtet wird über diese Ereignisse demnach aus einem zeitlichen Abstand von mehreren Jahrzehnten. Dementsprechend verbinden sich in dieser Geschichtsdarstellung historisch zuverlässige Informationen über die Ereignisse und Entwicklungen mit Lokaltraditionen und Kenntnissen über politische und soziale Konstellationen sowie mit dem eigenen Darstellungsinteresse des Lukas. Die Apostelgeschichte berichtet allerdings nicht umfassend von „*der* Geschichte *der* Apostel". Das Schwergewicht liegt vielmehr zunächst auf der Geschichte der Jerusalemer Gemeinde und hier vor allem der Person des Petrus (Kap. 1–5), dann auf der Ausbreitung des Christentums nach Samaria durch Philippus (Kap. 8) sowie durch Petrus nach Caesarea maritima und in das syrische Antiochia (Kap. 10f.). Dagegen wird nichts über die Entstehung der christlichen Gemeinde in Damaskus berichtet, deren Existenz in Kap. 9 jedoch unvermittelt vorausgesetzt ist (vgl. V. 10). Die Existenz von Gemeinden in Galiläa wird in einer knappen Notiz erwähnt (9,31), aber nicht eigens geschildert. Paulus wird nach kurzen Notizen in 7,58–8,3 in 9,1–30 ausführlich in das erzählte Geschehen eingeführt, nach einem „Zwischenspiel" (9,30/11,25–30/12,25) beschreibt die Apostelgeschichte von Kap. 13 an praktisch ausschließlich sein Wirken. Die Arbeit der anderen Missionare und dementsprechend auch die Entwicklung der nichtpaulinischen Missionsgebiete bleiben unberücksichtigt, beispielsweise die Ankunft des Christentums in Rom, wo es in der Apostelgeschichte gleichwohl vorausgesetzt ist. Ungeachtet dessen ist die Apostelgeschichte neben den Paulusbriefen die wichtigste Quelle für die Geschichte des Urchristentums.

In zumindest einem Fall besteht die Möglichkeit eines kritischen Quellenvergleichs: Über das in Jerusalem stattfindende sogenannte „Apostelkonzil" (zur Datierung s. u. § 60.2) berichten sowohl Paulus (Gal 2,1-10) als auch die Apostelgeschichte (15,1-29). Die beiden Berichte weisen Übereinstimmungen, aber auch erhebliche Differenzen, ja Widersprüche auf. Dem Bericht des Paulus als eines Teilnehmers an dieser Zusammenkunft kommt zunächst einmal der größere Quellenwert zu. Aber das bedeutet nicht, dass seine Aussagen gegenüber dem Bericht der Apostelgeschichte uneingeschränkt zuverlässig sein müssen; Paulus schrieb den Galatern in einer schweren Konfliktsituation, seine Darstellung ist also aus aktuellem Anlass verfasst und dient als Argument innerhalb der Ausführungen des Galaterbriefes (Näheres s. u. § 63).

2) Auch die deuteropaulinischen Briefe (Kol, Eph, 2 Thess, Pastoralbriefe) lassen sich als historische Quellen lesen: Der Kolosserbrief belegt die Existenz christlicher Gemeinden im kleinasiatischen Lykostal und lässt den Charakter der dort geführten theologischen Auseinandersetzungen erkennen; der Epheserbrief zeigt die Entwicklung hin zu einem theologisch hoch reflektierten Kirchenverständnis in nachpaulinischer Zeit; der 2. Thessalonicherbrief dokumentiert Aspekte der theologischen Auseinandersetzung um die Interpretation der paulinischen Eschatologie („Naherwartung") in nachpaulinischer Zeit; die Pastoralbriefe lassen den Prozess zu einem sich festigenden Amtsverständnis in der Zeit um oder nach 100 erkennen. Inwieweit die möglicherweise fiktiven geographischen Angaben in diesen Texten Rückschlüsse auf konkret bestehende geschichtliche Gegebenheiten ermöglichen, lässt sich nicht sagen.

3) Wichtige Zeugnisse für die religiöse und politische Stellung christlicher Gemeinden an der Wende vom 1. zum 2. Jahrhundert sind der 1. Petrusbrief und die Johannesoffenbarung. Der 1. Petrusbrief richtet sich an mehrere Provinzen Kleinasiens (1,1) und lässt erkennen, dass die Adressaten in einer Situation der Anfeindung durch die Gesellschaft und Bedrohung durch staatliche Behörden leben, wie sie auch im Briefwechsel zwischen Plinius und Trajan (s. u. § 59.2) erkennbar wird. Mitunter sind beide Quellen deshalb in einen engen Zusammenhang gerückt worden. Die Johannesoffenbarung spiegelt auf analoge Weise die Situation christlicher Gemeinden im westlichen Kleinasien, etwa im selben Zeitraum, wider. Auch wenn sich beide Schriften in der Beurteilung dieser Lage und den daraus zu ziehenden Konsequenzen deutlich unterscheiden, geben sie auf je eigene Weise intensive Einblicke in die Situation christlicher Gemeinden in der heidnischen Gesellschaft an der Wende vom 1. zum 2. Jahrhundert.

4) Bedeutsam für die Geschichte des späten Urchristentums sind weiter die Schriften der sogenannten „Apostolischen Väter" (s. o. § 41). Der in Rom verfasste 1. Clemensbrief bezeugt gegen Ende des 1. Jahrhunderts einen innergemeindlichen Konflikt um Amtsträger in Korinth und berichtet von Verfolgungen, insbesondere von den Martyrien des Petrus und des Paulus (5,1–7). Die Didache und die Briefe des antiochenischen Bischofs Ignatius lassen die sich verändernde rechtliche und soziale Wirklichkeit in den Gemeinden erkennen. Das gilt auf eigene Weise auch für den Brief des Polykarp und das Polykarpmartyrium.

5) Die meisten der apokryph gewordenen Schriften stammen aus späterer Zeit. Für das 2. Jahrhundert ist jedoch die Petrusoffenbarung einschlägig, die vermutlich aus Alexandria stammt und ebenfalls eine Situation der Verfolgung der Christen erkennen lässt. Es ist die Rede von „Märtyrern", die für ihr Bekenntnis sterben und zu den Gerechten gerechnet werden. Weitere Einblicke in Entwicklungen des Christentums im 2. Jahrhundert geben frühe Apostelakten (vor allem die Akten des Johannes, Petrus und Paulus) sowie einige der frühen apokryphen Evangelien. Gleiches gilt für sogenannte „gnostische" Schriften. Diese Texte zeigen, dass sich im Christentum des 2. Jahrhunderts verschiedene Strömungen herausbildeten, was die Unterscheidung von „anerkannten", später „kanonisch" genannten Schriften und solchen Texten beförderte, die als „apokryph" bezeichnet wurden.

6) Quellenwert für die Geschichte des Urchristentums besitzt schließlich auch die „Kirchengeschichte" des Euseb von Caesarea. Zwar wurde dieses umfangreiche Werk erst zu Beginn des 4. Jahrhunderts verfasst, aber Euseb verarbeitet darin in erheblichem Umfang Auszüge aus älteren, zum Teil verlorengegangenen Werken. So berichtet er aus der Geschichte der Jerusalemer Gemeinde vom Tod des Herrenbruders Jakobus (h. e. 2,23), er berichtet vom Jüdischen Krieg (mit ausführlichen Zitaten aus dem Werk des Josephus) und von der Situation der Gemeinde nach diesem Krieg (h. e. 3,11).

7) Nichtliterarische (archäologische, numismatische oder epigraphische) Zeugnisse finden sich für die Frühzeit des Christentums nur sehr spärlich. Zu

verweisen wäre auf die Gräber von Petrus und Paulus in Rom, wobei das letztere wahrscheinlich die tatsächliche Grabstätte des Paulus an der Via Ostiensis ist, wogegen es sich beim Petrusgrab auf einem Friedhof am Vatikanshügel auch um eine im 2. Jahrhundert entstandene Tradition handeln kann. Hauskirchen oder eigene Kirchbauten lassen sich dagegen erst ab dem 3. Jahrhundert nachweisen (u. a. in Dura Europos in Syrien). Weitere archäologische Zeugnisse des Christentums, einschließlich Inschriften und Münzen, sind ebenfalls erst für die spätere Zeit nachweisbar.

2 Nichtchristliche Quellen

Die verhältnismäßig wenigen nichtchristlichen Quellen, in denen das frühe Christentum erwähnt wird, sind historisch von geringerem Wert. Der jüdische Historiker Josephus geht auf das Auftreten Johannes' des Täufers und Jesu sowie auf den Tod des Herrenbruders Jakobus ein (ant. 18,116–119; 18,63f.; 20,200, Texte in S/Z 68f.), erwähnt dabei die Christen aber nur am Rande. Der römische Historiker Tacitus beschreibt in seinem Werk „Annalen", dass Nero die Verantwortung für den Brand Roms den „Christen" zuschob, die einem „schändlichen Aberglauben" anhängen würden und beim Volk verhasst seien (ann. 15,44, Text in S/Z 29f.). Der Kaiserbiograph Sueton berichtet davon, dass es unter den Juden Roms zur Zeit des Kaisers Claudius Unruhen gab (Cl. 25,4, Text in S/Z 28f.). Sein Hinweis, Anstifter sei ein Mann namens Chrestus gewesen, ist vermutlich so zu interpretieren, dass diese Unruhen auf Streitigkeiten über die Christusverkündigung in den jüdischen Gemeinden Roms zurückzuführen sind. Plinius der Jüngere, um 110 Statthalter der römischen Provinz Pontus und Bithynien, gibt in einem Brief an Kaiser Trajan Einblicke in das Vorgehen der römischen Behörden gegen die Christen in dem von ihm verwalteten Gebiet (epist. 10,96). Dabei beschreibt er auch den Gottesdienst der Christen. Bemerkenswert ist sodann die von Trajan gegebene Antwort, man solle die Christen nicht aktiv aufspüren, sie aber, wenn sie angezeigt würden, verhören und bestrafen, sofern sie sich weigerten, ihren Glauben zu verleugnen (epist. 10,97, Text in S/Z 42f.). Darüber hinaus enthalten die nichtchristlichen Quellen keine spezifischen Informationen über die Geschichte des frühen Christentums.

⌀ Arbeitsvorschlag
> Lesen Sie den Bericht des Tacitus über die Verfolgung der römischen Christinnen und Christen nach dem Brand Roms (ann. 15,44) sowie den Brief des Plinius und die Antwort des Trajan (Texte in S/Z 29f.42f.). Welche Haltung gegenüber den christlichen Gemeinschaften drückt sich in diesen Texten aus? Was erfahren die Leserinnen und Leser darin über Jesus?

§ 60 Zur Chronologie

Literatur: Kurt Erlemann u. a. (Hg.), Neues Testament und antike Kultur, Bd. 1: Prolegomena, Quellen, Geschichte, Neukirchen-Vluyn ²2004, 214–220 ♦ Jack Finegan, Handbook of Biblical Chronology. Revised Edition, Peabody, Mass. 2015, 270–402 ♦ Koch, Geschichte des Urchristentums, 517–519 (Zeittafel) ♦ Öhler, Geschichte des frühen Christentums, 83–96.

1 Chronologische Angaben zu den ersten Jahrzehnten (außer Paulus)

Nach Lk 2,1f. geschah die Geburt Jesu in Betlehem im zeitlichen Zusammenhang mit einer von Kaiser Augustus angeordneten „weltweiten" Steuerschätzung, die aus anderen Quellen aber nicht belegt ist. Im Zusammenhang der Geburt Jesu bzw. Johannes' des Täufers wird zudem König Herodes (Mt 2,1; Lk 1,5) erwähnt, dessen Regierungszeit 4 v. Chr. mit seinem Tod endete. Eine genaue Zuordnung der Geburt Jesu zu dieser Regierungszeit ist jedoch nicht möglich (s. o. § 52.1). In Lk 3,1f. wird notiert, dass Johannes der Täufer „im fünfzehnten Jahre des Kaisers Tiberius" wirkte, also entweder 26/27 oder 28/29 (je nachdem, ob die Zeit der Mitregentschaft mit Augustus einbezogen oder erst ab der Alleinherrschaft des Tiberius gerechnet wird). Die Hinrichtung Jesu zur Zeit von Pontius Pilatus, der von 26 bis 36 Präfekt von Judäa war, ist mehrfach bezeugt. Sie lässt sich wahrscheinlich auf das Jahr 30 datieren (s. o. § 56).

In der Apostelgeschichte finden sich weitere Hinweise auf Personen oder Ereignisse, die auch aufgrund anderer Quellen bekannt und daher datierbar sind. In Apg 11,28 wird berichtet, dass ein Prophet namens Agabus eine Hungersnot „in der ganzen Ökumene" vorhergesagt habe, die dann unter Kaiser Claudius eingetreten sei. Von einer derartigen „weltweiten" Hungersnot wird in anderen Quellen nichts berichtet. Allerdings erwähnt Josephus eine auf die Jahre 46/48 zu datierende Hungersnot in Judäa (ant. 20,51.101). Möglicherweise knüpft die Notiz in der Apostelgeschichte verallgemeinernd daran an. In Apg 12,1–4 wird davon erzählt, dass Agrippa I. Christusgläubige verfolgt und dabei den Zebedaiden Jakobus hinrichten und Petrus ins Gefängnis werfen lassen habe. Kurze Zeit später sei er dann selbst gestorben (12,21–23). Agrippa regierte von 41 bis zu seinem Tode 44 über ganz Palästina, die Hinrichtung des Zebedaiden Jakobus geschah demnach vermutlich im Jahr 43 oder 44.

2 Die Chronologie des Paulus

Literatur: EVA EBEL, Das Leben des Paulus, in: Oda Wischmeyer/Eve-Marie Becker (Hg.), Paulus. Leben – Umwelt – Werk – Briefe (UTB 2767), Tübingen ³2021, 155–171 ♦ RAINER RIESNER, Die Frühzeit des Apostels Paulus. Studien zur Chronologie, Missionsstrategie und Theologie (WUNT 71), Tübingen 1994, 1–203 ♦ UDO SCHNELLE, Paulus. Leben und Denken, Berlin/Boston ²2014, 30–38 ♦ UDO SCHNELLE, Probleme einer Paulus-Biographie, in: Friedrich Wilhelm Horn (Hg.), Paulus Handbuch, Tübingen 2013, 44–49 ♦ STEFAN SCHREIBER, Chronologie: Lebensdaten des Paulus, in: Martin Ebner/Stefan Schreiber (Hg.), Einleitung in das Neue Testament, Stuttgart ³2020, 270–280.

Die Biographie des Paulus lässt sich aufgrund der Quellenlage chronologisch vergleichsweise genau rekonstruieren. Ausgangspunkt ist der durch die Korintherbriefe sicher bezeugte Aufenthalt des Paulus in Korinth, verbunden mit Angaben in der Apostelgeschichte. Nach Apg 18,2 traf Paulus in Korinth das Ehepaar Aquila und Priszilla (vgl. Röm 16,3–5a), das aufgrund eines Edikts des Kaisers Claudius aus der Stadt Rom ausgewiesen worden war (vgl. dazu oben § 51.2). Dieses Edikt wird auch durch Sueton (Cl. 25,4) bezeugt. Der zu Beginn des 5. Jahrhunderts schreibende christliche Historiker Paulus Orosius datiert es in das neunte Jahr der Regierungszeit des Claudius (also in das Jahr 49). Er beruft sich dafür auf Josephus, bei dem sich eine entsprechende Notiz allerdings nicht nachweisen lässt.

Cassius Dio (60,6,6) berichtet von einer weiteren Maßnahme, die Claudius bereits zu Beginn seiner Regierungszeit, im Jahr 41, verfügt habe. Demnach verbot er den Juden Roms, sich zu versammeln, konnte sie allerdings aufgrund ihrer großen Zahl nicht aus der Stadt ausweisen. Es handelt sich demnach um eine von dem Edikt des Jahres 49 zu unterscheidende Maßnahme.

In Apg 18,12–17 heißt es sodann, dass Paulus unter dem Vorwurf, er „überrede die Leute zu einer gesetzwidrigen Gottesverehrung", vor den Richterstuhl des römischen Statthalters Gallio gebracht wurde, der die Klage jedoch nicht annahm. Die Amtszeit Gallios kann aufgrund einer in Delphi gefundenen Inschrift (Text in S/Z 334) nahezu exakt datiert werden: Gallio amtierte als Prokonsul der senatorischen Provinz Achaia in Korinth vom 1. Juli 51 bis zum 30. Juni 52. Die in Apg 18,11 genannten achtzehn Monate, die sich Paulus in Korinth aufhielt, müssen sich mit diesem Zeitraum, zumindest partiell, überschnitten haben. Paulus weilte demnach zwischen 50 und 52 in Korinth. Die Gallio-Inschrift bietet das einzige feste Datum für die Geschichte des Urchristentums im 1. Jahrhundert und ist deshalb der wichtigste Haftpunkt für eine *absolute Chronologie* des frühen Christentums. Dabei ist vorausgesetzt, dass die Angabe des Lukas, Paulus sei zur Zeit Gallios in Korinth gewesen, zutrifft. Daran zu zweifeln, besteht jedoch kein Anlass. Ausgehend von dem mit Gallio verbundenen Datum können die Biogra-

Abb. 13: Gallio-Inschrift (Fundort Delphi, heute Archäologisches Museum Delphi)

phie des Paulus und damit zumindest Teile der Geschichte des Urchristentums chronologisch zueinander ins Verhältnis gesetzt werden. Dies bezeichnet man als *relative Chronologie*.

Nach der Darstellung der Apostelgeschichte war Paulus im Anschluss an das „Apostelkonzil" (s. u. § 63) über Philippi, Thessaloniki und Athen nach Korinth gekommen. Das Jerusalemer Aposteltreffen fand demnach etwa im Jahr 48, spätestens 49 statt. Aus den beiden ersten Kapiteln des Galaterbriefs lassen sich sodann wichtige Angaben über die Paulus betreffenden vorangegangenen Ereignisse entnehmen: Paulus berichtet dort von seiner Verfolgertätigkeit und seiner Berufung zur Verkündigung des Gottessohnes unter den Heiden (1,13–15); danach sei er in der Arabia gewesen und anschließend nach Damaskus zurückgekehrt (1,17). Erst drei Jahre später sei er erstmals nach Jerusalem gereist, „um Petrus kennenzulernen" (1,18). Er wirkte dann (vermutlich missionarisch) in Syrien und Kilikien und kam erst „nach vierzehn Jahren" erneut nach Jerusalem (2,1). Dort wurde nach einigen Auseinandersetzungen (2,2–6) eine Vereinbarung zwischen Barnabas und Paulus einerseits und den „Säulen" (Jakobus, Petrus, Johannes) andererseits über die Zuordnung der Missionsbereiche getroffen (2,9f.; dazu s. u. § 67).

§ 60 Zur Chronologie

Die Zeitangaben in Gal 1,18–2,1 sind allerdings nicht eindeutig: „Nach drei Jahren" (μετὰ ἔτη τρία, 1,18) bzw. „nach vierzehn Jahren" (διὰ δεκατεσσάρων ἐτῶν, 2,1) muss nicht heißen „nach Ablauf" dieser Zahl von Jahren, sondern es kann auch „im dritten" bzw. „im vierzehnten Jahr" gemeint sein. Unklar ist überdies, ob die in Gal 2,1 erwähnten „vierzehn Jahre" zu den in 1,18 genannten „drei Jahren" hinzuzuzählen oder ob sie bereits darin enthalten sind. Es gibt also für den Zeitraum zwischen Berufung und „Apostelkonzil" zwei Berechnungsmöglichkeiten: entweder X (Jahr der Berufung) + 3 (bzw. 2) + 14 (bzw. 13) Jahre, oder aber X (Jahr der Berufung) + 14 (bzw. 13) Jahre.

Das „Apostelkonzil" fand demnach statt, nachdem Paulus bereits in der Arabia (1,17) sowie dann in Syrien und Kilikien (1,21) gewesen war. In der Apostelgeschichte fällt in diesen Zeitraum die gemeinsame Mission mit Barnabas (Kap. 13 f.), die Paulus allerdings nicht erwähnt (vgl. dazu unten § 64.2a). Jedenfalls war er vor dem „Apostelkonzil" noch nicht in Makedonien und Achaia gewesen, denn in diesem Fall hätte er das vermutlich erwähnt. Das „Apostelkonzil" in Jerusalem fand also vor dem Aufenthalt in Korinth (s. o.) – vermutlich im Jahr 48 oder 49 – statt. Die Berufung des Paulus erfolgte siebzehn (oder vierzehn) Jahre zuvor, also frühestens etwa im Jahre 31/32 oder spätestens im Jahre 35.

Die paulinische Darstellung in Gal 1,16f. stimmt mit dem Bericht der Apostelgeschichte über die Aufenthalte des Paulus in Jerusalem nicht überein. Der Angabe in Apg 9,26 zufolge suchte Paulus von Damaskus aus unmittelbar nach seiner Berufung die Apostel in Jerusalem auf, was Paulus in Gal 1,17 ausdrücklich bestreitet. Nach Apg 9,26–29 traf Paulus dort „die Apostel", nach Gal 1,18f. dagegen sah er bei seinem ersten Aufenthalt in Jerusalem nur Petrus und den Herrenbruder Jakobus, was er geradezu beschwört (1,20). Die in Apg 11,30 genannte Hungersnot (11,28) und die damit im Zusammenhang stehende Jerusalemreise von Barnabas und Paulus im Auftrag der antiochenischen Gemeinde wird bei Paulus nicht erwähnt. Sollte diese Reise mit dem in Gal 2,1–10 dargestellten Aufenthalt in Jerusalem zu identifizieren sein, wie mitunter angenommen, hätte das „Apostelkonzil" bereits vor dem Tod Agrippas I., also spätestens im Jahre 43, stattgefunden. Diese Annahme ist aber weniger wahrscheinlich als die oben genannte Lösung.

Auf der Grundlage der Paulusbriefe, verbunden mit Angaben in der Apostelgeschichte, kann man weiterrechnen: Paulus war nach seinem Aufenthalt in Korinth mehrere Jahre in Ephesus (1Kor 16,8; Apg 19,8.10) und dann nochmals in Makedonien und in Korinth (vgl. 2Kor 2,12f.; Röm 16) – vermutlich in den Jahren 52 und 56. Er plante, nach einem Besuch in Jerusalem zur Überbringung der in seinen Gemeinden gesammelten Kollekte (s. u. § 64.4) über Rom nach Spanien zu reisen (Röm 15,22–29). Er wurde jedoch in Jerusalem verhaftet (Apg 21,27–23,22) und anschließend in Caesarea zwei Jahre gefangen gehalten (Apg 24,27–26,32), vermutlich in den Jahren 56 bis 58. Die Überstellung nach Rom (Apg 27,1–28,16) geschah vermutlich im Jahr 58. Nach Apg 28,30 dauerte der Aufenthalt in Rom zwei Jahre – Paulus starb also vermutlich im Jahre 60 oder etwas später. Die Apostelgeschichte spricht nicht ausdrücklich vom Tod des

Paulus – oder vielleicht ist sogar zu formulieren: Die Apostelgeschichte spricht ausdrücklich nicht vom Tod des Paulus, um das Bild des erfolgreich wirkenden Missionars nicht einzutrüben.

Nach den im 2. Jahrhundert verfassten apokryphen Paulusakten erlitt Paulus während der neronischen Verfolgung nach dem Brand Roms im Jahre 64 das Martyrium (Text in NTApo 2 [⁶1997], 238–241). Aber die älteren Quellen, insbesondere 1Clem 5, sehen keinen Zusammenhang zwischen dem Tod des Paulus und der Verfolgung der römischen Christusgläubigen unter Nero. Vermutlich ist dieser Zusammenhang erst nachträglich hergestellt worden.

⌁ Arbeitsvorschlag

Lesen Sie die Inschrift, in der Gallio als Statthalter der Provinz Achaia erwähnt wird (u. a. in S/Z 334). Die fragmentarisch erhaltene Inschrift ist der Ausschnitt einer Korrespondenz zwischen dem Statthalter und dem kaiserlichen Hof unter Claudius und folgt einem festen Formular. Deshalb lassen sich einige fehlende Teile des Textes zuverlässig rekonstruieren (in den Textausgaben in eckigen Klammern). Auf welche Weise ist der Text der Inschrift datiert? Was ist der Anlass des kaiserlichen Schreibens? Welche Einblicke erlaubt es im Blick auf den Kultort Delphi zu dieser Zeit? Lektüreempfehlung: KOCH 567–571.

§ 61 Entstehung und Entwicklung der Gemeinde in Jerusalem

1 Die Entstehung der Jerusalemer Gemeinde

Literatur: JÜRGEN BECKER, Die Auferstehung Jesu nach dem Neuen Testament, Tübingen 2007 ♦ REIMUND BIERINGER u. a. (Hg.), Resurrection in the New Testament (BEThL 165), Leuven 2002 ♦ HANS VON CAMPENHAUSEN, Der Ablauf der Osterereignisse und das leere Grab, Heidelberg ³1966 ♦ HANS GRASS, Ostergeschehen und Osterberichte, Göttingen ⁴1970 ♦ PAUL HOFFMANN (Hg.), Zur neutestamentlichen Überlieferung von der Auferstehung Jesu (WdF 522), Darmstadt 1988 ♦ ANDREAS LINDEMANN, Paulus als Zeuge der Auferstehung Jesu Christi, in: ders., Paulus, Apostel und Lehrer der Kirche, Tübingen 1999, 27–36 ♦ ANDREAS LINDEMANN, The Resurrection of Jesus. Reflections on Historical and Theological Questions, EThL 93 (2017), 557–579 ♦ ÖHLER, Geschichte des frühen Christentums, 129–136 ♦ GERD THEISSEN/ANNETTE MERZ, Wer war Jesus? Der erinnerte Jesus in historischer Sicht. Ein Lehrbuch (UTB 6108), Göttingen 2023, 489–526.

1) Das Wirken Jesu zielte nicht darauf, eine eigene Gemeinschaft innerhalb Israels oder gar eine „Kirche" zu gründen, sondern richtete sich an ganz Israel. Wenn der Zwölferkreis von Jesus gegründet wurde, sollte er den Kern des zu erneuernden Gottesvolkes bilden (vgl. oben § 55.2c). Das an Petrus gerichtete Wort vom „Felsen", auf den Jesus seine „Gemeinde" (oder „Kirche", ἐκκλησία) gründen wolle (Mt 16,17–19), führt die Gründung der Gemeinde bzw. Kirche zwar auf Jesus zurück, und auch der Wiederholungsbefehl in den Abendmahlsworten („Tut dies zu meinem Gedächtnis") zielt auf eine rituelle, institutionalisierte Mahlpraxis. In beiden Fällen handelt es sich jedoch mit hoher Wahrscheinlichkeit um erst nach Ostern entstandene Überlieferungen, die nachträglich auf Jesus zurückgeführt wurden. Sie setzen sowohl die Existenz einer nachösterlichen Gemeinschaft von Glaubenden als auch die Praxis des gemeinsamen Mahles bereits voraus und verankern sie im Wirken Jesu. Gleichwohl bestehen zwischen dem Wirken Jesu und der Entstehung der christlichen Gemeinden, insbesondere derjenigen in Jerusalem, vielfältige Verbindungen. Diese sind zunächst personaler Art. Für die Entstehung der Jerusalemer Gemeinde haben die Nachfolger Jesu, insbesondere der Zwölferkreis, eine entscheidende Rolle gespielt. Sie waren mit Jesus nach Jerusalem gezogen und nach den Osterereignissen in der Stadt. Die Verbindungen sind aber auch sachlicher Art, insofern Inhalte des Wirkens Jesu zum Gegenstand der frühchristlichen Verkündigung wurden und in das Ethos der frühchristlichen Gemeinden eingingen. Die Verbindungen umfassen schließlich die Aufnahme des Anspruchs Jesu, der entscheidende Repräsentant Gottes zu sein und das Heil Gottes zu vermitteln.

Dieser Anspruch wurde nach der Hinrichtung Jesu durch die Erscheinungen des Auferstandenen in neuer Weise in Kraft gesetzt. Diese Erscheinungen führten zum Entstehen einer an ihn als auferweckten und zu Gott erhöhten Herrn glaubenden Gemeinschaft (vgl. oben § 57). Die Frage, ob die Auferstehung Jesu ein „historisches Ereignis" sei, ist dabei wenig weiterführend. „Historisch lässt sich nur feststellen, dass Menschen nach dem Tode Jesu ein ihnen geschehenes Widerfahrnis behaupteten, das sie als Sehen Jesu bezeichneten – und die Reflexion dieses Widerfahrnisses führte diese Leute zur Interpretation: Jesus ist auferweckt worden" (WILLI MARXSEN, Die Bedeutung der Auferstehungsbotschaft für den Glauben an Jesus Christus, Gütersloh ⁷1968, 24). Die Frage, ob das Grab Jesu „leer" war oder nicht, spielte in diesem Zusammenhang offenbar keine Rolle: Einerseits ist ein leeres Grab natürlich kein Beweis für die Auferstehung, denn der Leichnam hätte auch von Menschen weggebracht worden sein können (vgl. Joh 20,2.15), andererseits gibt es keine frühen Aussagen, denen zufolge das Grab nicht „leer" war, was als Beweis gegen den christlichen Glauben hätte angeführt werden können. Offenbar bestand in der ältesten Zeit überhaupt kein Interesse am Grab Jesu. Deutlich wird das besonders in der „Pfingstpredigt" (Apg 2,29–36), in der Petrus vom Grab des Königs David „bei uns" spricht, ohne das Grab Jesu auch nur zu erwähnen. Die Botschaft von Jesu Auferweckung wurde verkündigt, ohne dass die Frage nach dem Verbleib seines Leichnams bedeutsam war.

Folgende Beobachtungen sind wichtig:

a) Für die Erscheinungen des Auferstandenen werden niemals „neutrale" Zeugen genannt. Vielmehr stehen die Erscheinungen immer im Zusammenhang mit dem Glauben an Jesu Auferstehung. Eine gewisse Besonderheit stellt die „Betrugslegende" in Mt 27,62–66; 28,11–15 dar: Matthäus erzählt, das Synhedrium habe es für möglich gehalten, dass die Jünger Jesu seinen Leichnam aus dem Grab stehlen und dann seine Auferstehung behaupten. Deshalb seien Wachen vor dem Grab aufgestellt worden, die dann aber melden mussten, sie hätten nicht gewacht, sondern geschlafen. Hier wird die Auferstehungsbotschaft also mit einem möglichen Betrug in Zusammenhang gebracht. Im Petrusevangelium (Mitte des 2. Jh.) wird das Auferstehungsgeschehen direkt geschildert und als ein beobachtbarer Vorgang dargestellt. Aber auch dort reagieren die Zeugen, römische Soldaten, mit dem (aus Mk 15,39 übernommenen) Bekenntnis, woraufhin Pilatus ihnen befiehlt zu schweigen (Text in AcA 1/1, 691–695).

b) Jesu Auferweckung durch Gott wurde nicht als Wiederbelebung des Leichnams im Sinne von Totenauferweckungen (wie etwa in Lk 7,11–16; Joh 11) verstanden, sondern als seine „Erhöhung zur Rechten Gottes" gedeutet. Die Bezugnahme auf Ps 110,1 („Setze dich zu meiner Rechten") erfolgte vermutlich schon früh (vgl. 1Kor 15,25).

c) Die Erscheinungen Jesu vor den Frauen, den Jüngern, Maria Magdalena bzw. Paulus (vgl. 1Kor 9,1) sind nicht psychologisch zu erklären. Über die seelische Verfassung der Jünger Jesu nach dessen Tod wissen wir nichts. Gegen die Vermutung, der Christenverfolger Paulus sei aus Enttäuschung über die eigene jüdische Religion zum Glauben an Christus gekommen, sprechen seine Aussagen in Phil 3,5–9. Paulus ist der einzige Empfänger einer Erscheinung, von dem wir eine Selbstaussage darüber haben (Gal 1,15f.; 1Kor 9,1; 15,8). Er schreibt allerdings nichts über die Art und Weise seines Erlebnisses (die bisweilen vertretene These, die in 2Kor 12,1–5 beschriebene „Entrückung" sei mit dem „Damaskuserlebnis" identisch, hat keinen Anhalt am Text). Auch die Erwägung, Paulus sei durch eine zunächst noch nicht eingestandene Sympathie mit dem Denken der von ihm Verfolgten auf die andere Seite gewechselt, ist unbegründet.

Die Entstehung des Glaubens an die Auferstehung Jesu lässt sich demnach nicht durch psychologische Theorien erklären. Wir können aber sagen, was die Erscheinungen des Auferstandenen für die Betroffenen bedeuteten: Sie gelangten zu der Überzeugung, dass der gekreuzigte Jesus von Gott auferweckt und erhöht wurde und dass sie nun die Aufgabe haben, dies im Volk Israel zu verkündigen. In einem nächsten, bald darauf erfolgenden Schritt wurde die Ausrichtung dieser Botschaft an alle Völker der Erde zum Programm des frühen Christentums.

2) Die in der ältesten Tradition überlieferten Aussagen über die den Jüngern widerfahrenen Erscheinungen bieten keine Schilderung dieses Geschehens. Sie sagen nicht, in welcher Weise der Auferstandene erscheint, was er möglicherweise anordnet und welchen unmittelbaren Eindruck die Erscheinungen bei den Empfängern und Empfängerinnen hinterlassen. Die ältesten Texte sind vielmehr *Bekenntnisse*, die bezeugen, dass Jesus nach seinem Tod auferweckt wurde und erschienen ist (1Kor 15,3–5; Lk 24,34). Sie gehen allerdings nicht auf die Offenbarungsempfänger selbst zurück und werden auch nicht nachträglich auf sie zurückgeführt. So gibt es etwa zur Erscheinung des Auferstandenen vor Petrus keine Überlieferung, die dies als Aussage von Petrus selbst formulieren würde. Die Zeuginnen und Zeugen hinterlassen also keine eigenen Schilderungen ihrer Erlebnisse. (Die Berichte in Apg 9,3–9; 22,3–16; 26,9–18 über das Damaskuserlebnis des Paulus verdanken sich der literarischen Gestaltung des Lukas.) Die *Erzählungen* in den Evangelien über das Auffinden des leeren Grabes Jesu, die Erscheinungen des Auferstandenen sowie die Himmelfahrts- und die Pfingstgeschichte in der Apostelgeschichte sind mit großer Wahrscheinlichkeit spätere Darstellungen des Glaubens, dass Jesus auferweckt und erhöht wurde. Mit den Erscheinungen Jesu werden dabei wichtige Themen verbunden, die seine irdische Wirksamkeit zum Leben der Gemeinden und der Ausbreitung des christlichen Glaubens in Beziehung setzen: die Beauftragung zur Mission, die bleibende Anwesenheit des Auferstandenen bei seiner Gemeinde, die Erneuerung der Mahlgemeinschaft, die Verleihung des Geistes.

Das Markusevangelium erzählt von der Erscheinung eines Engels vor den Frauen, die am dritten Tag nach Jesu Tod sein Grab besuchen (16,1–8). Er kündigt Erscheinungen des Auferstandenen in Galiläa an (16,7; vgl. 14,28), die allerdings im Markusevangelium selbst nicht erzählt werden. Erst der sekundäre Markusschluss wird solche Erscheinungen dann nachtragen (zum Markusschluss s. o. § 29.2). Das Matthäusevangelium orientiert sich zunächst am Markustext (Mt 28,1–8), erzählt dann aber von einer Erscheinung Jesu vor den beiden Frauen in unmittelbarer Nähe des Grabes (28,9f.). Anschließend wird von der Erscheinung Jesu vor den elf Jüngern (ohne Judas) auf „dem Berg" in *Galiläa* erzählt, wo der Auferstandene den Missions- und Taufbefehl gibt (28,16–20). In Lk 24 und Apg 1,3–11 sind die Erscheinungen Jesu dagegen auf *Jerusalem* und die Umgebung konzentriert. Auf dem Weg nach Emmaus erscheint Jesus zwei Jüngern, die ihn erst am Brotbrechen erkennen. Anschließend erscheint Jesus den in Jerusalem versammelten Jüngern, wobei die Leiblichkeit seiner Auferstehung (Jesus ist kein „Geist", er isst vor den Jüngern gebratenen Fisch) im Zentrum steht. In beiden Episoden wird zudem herausgestellt, dass über Leiden, Tod und Auferstehung des Christus in den Schriften geschrieben wird und alle Dinge, die den auferstandenen Jesus betreffen, deshalb von Mose, den Propheten und Psalmen her verstanden werden müssen. Schließlich werden die Jünger ausdrücklich angewiesen, in Jerusalem zu bleiben und auf den Heiligen Geist zu warten. Dies erfolgt dann noch einmal am Beginn der Apostelgeschichte. Auf diese Weise wird im lukanischen Werk das Pfingstgeschehen vorbereitet. In Joh 20 wird von mehreren Erscheinungen in *Jerusalem* erzählt. Jesus erscheint zunächst in der Nähe des Grabes vor Maria Magdalena, dann in Jerusalem vor den versammelten Jüngern, denen er den Geist verleiht und die Vollmacht zur Sündenvergebung erteilt. Schließlich erscheint Jesus noch einmal gesondert vor Thomas, der bei der vorausgehenden Erscheinung nicht dabei war. Diese Erscheinung läuft darauf hinaus, dass Glauben auch dann möglich ist, wenn Jesus nicht mehr gesehen werden kann, also nicht mehr unmittelbar anwesend ist. Im Nachtragskapitel Joh 21 (vgl. oben § 33.4) wird sodann von einer weiteren Erscheinung Jesu am See von Tiberias, also in *Galiläa*, erzählt. Hier gibt es eine Mahlszene sowie die „Rehabilitierung" des Petrus, der im Kontrast zu seiner dreimaligen Verleugnung nunmehr dreimal beauftragt wird, die „Lämmer" Jesu zu „weiden". Damit wird seine Führungsrolle in der Gemeinde betont.

3) Die Erzählungen von der Auffindung des leeren Grabes könnten aus der Vorstellung entstanden sein, dass der Auferweckte sofort in den Himmel aufgenommen wurde und die Auferstehungsbotschaft dann am Ostermorgen durch Engel mitteilen ließ. Dazu würde passen, dass die Himmelfahrtserzählung (Lk 24,50f.; Apg 1,9–14) erst später entstand.

Die handelnden Personen in den synoptischen Erzählungen von der Auffindung des leeren Grabes sind durchweg Frauen, die zuvor Zeuginnen der Kreuzigung gewesen waren. Die traditionsgeschichtlich vermutlich älteren Bekenntnisformeln (s. o.) sprechen von Petrus als dem Empfänger der Ersterscheinung. Der entgegengesetzte Befund liegt im Johannesevangelium vor: Maria Magdalena sieht das leere Grab und informiert Petrus und den „Lieblingsjünger", die in das

Grab hineingehen, den Vorgang aber nicht verstehen (20,1–10). Dann sieht Maria Magdalena als Erste den Auferstandenen (20,11–18) und berichtet den Jüngern: „Ich habe den Herrn gesehen" (20,18; vgl. 1Kor 9,1).

Gelegentlich wird versucht, die unterschiedlichen Angaben der Evangelien miteinander zu kombinieren, um auf diese Weise einen einzigen Geschehensablauf herzustellen: Nach Jesu Verhaftung seien die Jünger in ihre Heimat Galiläa geflohen und hätten dort den Auferstandenen gesehen. Sie hätten wieder Mut gefasst und seien nach Jerusalem zurückgegangen, wo sich die Erscheinungen fortsetzten. Aber keine Quelle berichtet von einer Jüngerflucht nach Galiläa und einer entsprechenden „Rückkehr" nach Jerusalem. Dass die Jünger flohen, wird nur direkt im Zusammenhang der Verhaftung Jesu im Garten Gethsemane gesagt (Mk 14,50; vgl. aber 14,54–72). Erscheinungen des Auferstandenen in Galiläa hätten vermutlich dazu geführt, dass Gemeinden von Christusgläubigen zuerst dort und nicht in Jerusalem entstanden. Hinweise auf derartige Gemeinden können möglicherweise erschlossen werden (s. u.). Die ausdrücklichen Hinweise auf Galiläa in Mk 14,28; 16,7 könnten damit zu erklären sein, dass entsprechend der literarischen Gesamtkonzeption des Markusevangeliums die Aufmerksamkeit der Leserinnen und Leser zum Anfang der Jesuserzählung und damit nach Galiläa zurückgelenkt werden sollte. Allerdings sind in der synoptischen Überlieferung etliche Traditionen in Galiläa lokalisiert, häufig an konkreten Orten und in Verbindung mit bestimmten Personen. Das könnte darauf hindeuten, dass sich hier parallel zu Jerusalem Kreise bildeten, die diese Überlieferungen gesammelt und weitergegeben haben.

Zu beachten ist, dass die in Jerusalem sich bildende Gemeinde und der Autor des lukanischen Doppelwerks ein besonderes theologisches Interesse an einer Konzentration der Erscheinungen in Jerusalem hatten. Auch das könnte dafür sprechen, dass es daneben eine Galiläa-Tradition gab. Auf galiläische Gemeinden könnten demnach die Verweise in Mk 14,28 und 16,7, die Erscheinungen in Mt 28 und Joh 21 sowie die Bemerkung über die Kirche in Judäa, Galiläa und Samaria in Apg 9,31 hinweisen. Historisch wäre das auch darum plausibel, weil das Wirken Jesu an diesen beiden Orten seine Schwerpunkte hatte. Die Verbreitung des christlichen Glaubens und die Gründung weiterer Gemeinden ist dessen ungeachtet vor allem von Jerusalem ausgegangen. Das hat seinen Grund in erster Linie darin, dass von hier aus aktiv die Gründung weiterer Gemeinden betrieben wurde.

2 Die Anfänge der Gemeinde in Jerusalem

Literatur: HANS VON CAMPENHAUSEN, Kirchliches Amt und geistliche Vollmacht in den ersten drei Jahrhunderten (BHTh 14), Tübingen ²1963, 13–31 ♦ CARSTEN COLPE, Die älteste judenchristliche Gemeinde, in: Becker (Hg.), Anfänge des Christentums, 59–79 ♦ KOCH, Geschichte des Urchristentums, 157–193 ♦ ÖHLER, Geschichte des frühen Christentums, 137–154 ♦ LUDGER SCHENKE, Die Urgemeinde. Geschichtliche und theologische Entwicklung, Stuttgart 1990. – Immer noch lesenswert: EDUARD SCHWEIZER, Gemeinde und Gemeindeordnung im Neuen Testament (AThANT 35), Zürich 1959, 28–79, und WOLFGANG SCHRAGE, „Ekklesia" und „Synagoge". Zum Ursprung des urchristlichen Kirchenbegriffs, ZThK 60 (1963), 178–202.

Über Entwicklung und Organisation der frühen Jerusalemer Gemeinde berichten die ersten Kapitel der Apostelgeschichte. Auch bei Paulus gibt es einige knappe Hinweise. In den ersten Jahren in Jerusalem entstandene Texte existieren dagegen nicht. In der Apostelgeschichte sind zwar Informationen aus der Frühzeit verarbeitet, allerdings dürften diese kaum auf schriftliche Quellen zurückgehen. Zudem ist zu beachten, dass Lukas diese Nachrichten seinem eigenen Konzept integriert und entsprechend bearbeitet hat. Das ist bei ihrer historischen Beurteilung im Blick zu behalten.

1) Aus Apg 1–7 geht hervor, dass die Jerusalemer Gemeinde aus jüdischen Christusgläubigen bestand, die auch angesichts ihres Glaubens an Jesu Auferweckung Juden blieben. Die Mehrzahl von ihnen stammte vermutlich aus Judäa bzw. aus Galiläa, ihre Muttersprache war deshalb das Aramäische. Daneben gab es auch „Hellenisten", aus der Diaspora nach Jerusalem gekommene Griechisch sprechende Juden, die ebenfalls den Glauben an Jesus Christus annahmen (vgl. Apg 6,1–6).

2) Oft wird diskutiert, ob sich diese Gemeinde als „das wahre Israel" oder als „das geistliche Israel" verstanden hat, ähnlich wie etwa die Gruppe in Qumran. Eine entsprechende Begrifflichkeit begegnet im Neuen Testament nicht. Die an Jesu Auferweckung Glaubenden waren und blieben Juden bzw. Israeliten. Sie glaubten, dass der Gott Israels Jesus Christus von den Toten auferweckt und zu seiner Rechten erhöht hat und dass die nicht an Jesus Glaubenden deshalb Gott den Gehorsam verweigerten (Apg 5,27–32).

3) In Apg 8,1 wird die Gemeinschaft der Glaubenden erstmals als ἐκκλησία bezeichnet, was im Deutschen mit „Kirche" oder „Gemeinde" wiedergegeben werden kann. Welches Selbstverständnis zeigt sich, wenn die Jerusalemer Christusgläubigen diesen Begriff in Bezug auf ihre Gruppe anwenden? Welche Vorgeschichte hat dieser Begriff im Alten Testament und Judentum? Was bedeutet der griechische Ausdruck? Welcher Befund zeigt sich im Neuen Testament insgesamt?

a) Oft wird angenommen, dass das Verständnis vom alttestamentlichen Begriff קָהָל/*qāhāl* herzuleiten sei, der in der Septuaginta überwiegend mit ἐκκλησία wiedergegeben wird (vgl. etwa Dtn 9,10; 23,1f. LXX). Die Jerusalemer Christusgläubigen hätten sich demnach als erneuerte „Gemeinde Gottes" (קְהַל יהוה/*qāhāl jhwh*) verstanden (vgl. Apg 7,38). Denkbar ist in der Tat, dass sich die Christusgläubigen zunächst als eigene Synagoge innerhalb des Jerusalemer Judentums organisiert haben, was rechtlich durchaus möglich war (vgl. die in Apg 6,8–10 erwähnten verschiedenen Jerusalemer Synagogengemeinschaften).

b) Möglicherweise wurde der Begriff ἐκκλησία aber nicht schon von der frühesten Jerusalemer Gemeinde als Selbstbezeichnung gewählt, sondern erst von der hellenistischen, griechischsprachigen Gemeinde übernommen. Im Griechischen bezeichnet ἐκκλησία die öffentliche Versammlung der (männlichen, freien) Bürger einer Stadt (vgl. Apg 19,40). An diesen profan-politischen Sinn des Begriffs könnte die christliche Gemeinde angeknüpft haben, um so eine gewisse Distanz zum jüdischen Kult anzuzeigen (so Wolfgang Schrage).

c) Wörtlich bedeutet der Begriff ἐκκλησία „die Gemeinschaft der (von Gott) Herausgerufenen" (abgeleitet von dem Verb „herausrufen", ἐκκαλέω). Diese Etymologie spielt allerdings bei der Verwendung des Begriffs keine Rolle.

Wahrscheinlich sehen die genannten Erwägungen Richtiges: Die Gemeinde der Christusgläubigen versteht sich im Sinne des griechischen Sprachgebrauchs als eine „Gemeinschaft" (ἐκκλησία), aber dabei sieht sie sich als Gemeinschaft *Gottes*, bringt mit dieser Bezeichnung also ein spezifisches Selbstverständnis zum Ausdruck, ohne sich vom übrigen Judentum zu lösen. In Apg 8,1.3 wird gesagt, dass die auf die Steinigung des Stephanus folgende Vertreibung „die ganze ἐκκλησία" betroffen habe, doch seien *die Apostel* unbehelligt geblieben. Vielleicht war ἐκκλησία in Jerusalem demnach vor allem eine Selbstbezeichnung des Griechisch sprechenden Kreises um Stephanus.

Der Befund in den neutestamentlichen Schriften ist differenziert: ἐκκλησία bezeichnet die Gemeinde, die sich konkret zum Gottesdienst versammelt (1Kor 11,18; 14,23), aber auch die Orts- oder Hausgemeinde (Apg 16,5; vgl. 1Kor 16,1.19; Phlm 2; Röm 16,5). So begegnet auch der Gebrauch des Plurals (ἐκκλησίαι) häufig (Röm 16,4.16; Gal 1,2; Apg 15,41; 16,5 u. ö.). Ἐκκλησία kann sich aber auch auf die ganze Kirche als Einheit beziehen (Gal 1,13; Apg 20,28; Mt 16,18), die sich dann jeweils in den einzelnen Gemeinden konkretisiert, wie die Adressen der Korintherbriefe zeigen („An die ἐκκλησία, die in Korinth ist"). Die Vorstellung einer geradezu „universalen Kirche" zeigt sich im Epheserbrief (1,22; vgl. 5,23–32).

Im nichtjüdischen Umfeld ist der Anspruch der Christusgläubigen als ἐκκλησία ein exklusiver – man kann nicht zu ihr gehören und zugleich an den Kulthandlungen anderer religiöser Gemeinschaften teilnehmen (vgl. 1Kor 10). Hier liegt ein fundamentaler Unterschied zu den offiziellen Kulten im Römischen Reich und auch zu den Mysterien, und zugleich zeigt sich das Selbstverständnis der ἐκκλησία als einer eschatologischen Größe.

4) Das besondere *Selbstverständnis der Jerusalemer Christusgläubigen* lässt sich an ihrer möglicherweise exklusiv gemeinten Selbstbezeichnung als „die Heiligen" ablesen (οἱ ἅγιοι, vgl. die auf die Jerusalemer bezogenen Formulierungen

des Paulus in Röm 15,25; 2Kor 8,4; 9,1), die die besondere Gottesbeziehung zum Ausdruck bringen soll. Freilich spricht Paulus die Christen in Philippi, Korinth und Rom in den Adressen seiner Briefe an diese Gemeinden ebenfalls als „die Heiligen" an.

Nach der Darstellung der Apostelgeschichte wurde die Jerusalemer Urgemeinde durch die „zwölf Apostel" geleitet, mit Petrus als *primus inter pares* an der Spitze. Das ist der Hintergrund der in Apg 1,15–26 gezeichneten Szene von der durch den Tod des Judas notwendig gewordenen Nachwahl, bei der das Los auf Matthias fällt. Historisch sind „die Zwölf" und „die Apostel" offensichtlich voneinander zu unterscheiden, auch wenn sie in der Apostelgeschichte zumeist gleichgesetzt werden. Über „die Zwölf" und ihre besondere Rolle sind kaum Nachrichten vorhanden.

Nachrichten über sie liegen in den entsprechenden Berichten der synoptischen Evangelien, in der Notiz in Joh 6,67.70, in 1Kor 15,5 sowie Apg 1–6 vor. In Mk 3,13–19 wird die Konstituierung dieses Kreises auf Jesus selbst zurückgeführt (V. 14, vgl. Mt 10,2; Lk 6,13), aber die Namen „der Zwölf" sind in den Listen der synoptischen Evangelien nicht einheitlich überliefert.

Gelegentlich tritt eine Dreiergruppe mit Petrus und den Zebedaiden Johannes und Jakobus hervor (Mk 1,29; 5,37; 9,2; 14,33 u. ö.), in Apg 3 und 4 sowie 8,14 werden Petrus und Johannes gemeinsam erwähnt; welchen konkreten historischen Hintergrund dies haben könnte, lässt sich nicht sagen. Vom Märtyrertod des Zebedaiden Jakobus wird in Apg 12,2 berichtet (vgl. Mk 10,39). Als Repräsentanten des Zwölf-Stämme-Volkes Israel sollen die Zwölf das eschatologische Wesen der Kirche symbolisieren (vgl. Mt 19,28/Lk 22,30), allerdings tritt in der Apostelgeschichte nur Petrus in Jerusalem näher in Erscheinung, mit Johannes als Begleiter. Petrus betreibt auch außerhalb Jerusalems Mission (Apg 10; vgl. 1Kor 9,5). Die Spur des Zwölferkreises verliert sich dann rasch.

Paulus berichtet in Gal 1,18, dass er nach Jerusalem ging, um Petrus kennenzulernen; außer dem Herrenbruder Jakobus habe er keinen anderen der Apostel gesehen (von „Zwölf" spricht er hier nicht). Aus Gal 2,9 lässt sich schließen, dass zur Zeit des „Apostelkonzils" Jakobus, Petrus und Johannes an der Spitze der Jerusalemer Gemeinde standen. Weder hier noch im Paralleltext in Apg 15 ist von „den Zwölf" die Rede, zu denen Jakobus ja auch nicht gehörte (vgl. 1Kor 15,5.7). Petrus war zeitweise in Samaria und in Joppe aktiv. Dann scheint er Jerusalem verlassen zu haben, ohne dass wir über die näheren Umstände etwas sagen könnten (vgl. Apg 12,17). Beim „Apostelkonzil" ist er zwar noch einmal anwesend und hält eine Rede (Apg 15,7–11), auf die Jakobus kurz Bezug nimmt (15,14). Über das weitere Schicksal des Petrus scheint Lukas aber keine Informationen zu besitzen oder geben zu wollen, denn er wird anschließend nicht mehr erwähnt. Nach Gal 2,12 stand später offenbar Jakobus an der Spitze der Gemeinde, dessen Autorität bis nach Antiochia reichte und der auch gegenüber Petrus, der sich in Antiochia aufhielt, Einfluss geltend machen konnte. Dem entspricht das Bild in Apg 21,18–26, in dem Jakobus als Gemeindeleiter erscheint, unterstützt von einem Kreis von Ältesten („Presbytern").

„Amtlich" definierte Kompetenzen für die Leitung und Verwaltung der Gemeinde gab es in der Frühzeit nicht. Das zeigt der Bericht über die aus der Gruppe um Stephanus erfolgte Wahl der „Sieben". Sie sollen unter der Verantwortung der „Zwölf" diakonische Aufgaben wahrnehmen (Apg 6,1–4) und werden nach ihrer Wahl durch Handauflegung seitens der Apostel bestätigt (6,5f.). Tatsächlich tritt dann allerdings Stephanus mit einer eigenständigen Verkündigung an die Öffentlichkeit (6,8–15).

Später gab es in den Gemeinden „Apostel, Propheten und Lehrer" (1Kor 12,28; vgl. Apg 13,1–3.4). Wann die Übernahme der jüdischen Institution der Ältesten („Presbyter") in christlichen Gemeinden erfolgte, lässt sich nicht sagen. Bei Paulus sind sie jedenfalls noch nicht erwähnt. Vielleicht geht diese Entscheidung auf Jakobus zurück (s. o.).

5) Die Aufnahme in die Gemeinde erfolgte durch die *Taufe* (vgl. Apg 2,38 u. ö.), deren Vorbild und Ursprung die Johannestaufe war (vgl. oben § 54). Eine Begründung, *warum* die Taufe übernommen wurde, ist nicht bekannt. Der sogenannte „Taufbefehl" (Mt 28,18–20) ist jedenfalls eine späte Bestätigung der längst geübten Praxis, die die Taufe auf eine Anweisung des auferstandenen Jesus zurückführt. Ebenso wie bei Johannes dem Täufer gehört zur Taufe das Sündenbekenntnis, denn die Taufe steht für eine „Umkehr" (μετάνοια) und bewirkt Vergebung. Hinzu kommt nun aber das Bekenntnis zu Jesus, insofern die christliche Taufe „auf den Namen Jesu" erfolgt (Apg 2,38; bei der Schilderung der Taufhandlung in Apg 8,36–38 fehlt beides und wurde in späteren Handschriften nachgetragen, V. 37).

Die charakteristische kultische Feier der Gemeinde ist das *Abendmahl* (auch „Herrenmahl" oder „Eucharistie"). Zu der Frage nach dem historischen Ursprung dieser Mahlfeier gibt es verschiedene Hypothesen: Es habe zwei Mahltypen gegeben, das „Brotbrechen" (vgl. Apg 2,42) als eine nichtsakramentale Handlung und daneben das eigentliche „Herrenmahl" (κυριακὸν δεῖπνον, 1Kor 11,20). Das Brotbrechen („Agape") sei die Fortsetzung der Mahlgemeinschaften Jesu gewesen, die (später so genannte) „Eucharistie" dagegen das „sakramentale" Mahl des Gedächtnisses Jesu und der Vergegenwärtigung seines Todes „für uns". Aber das an die „Nacht der Auslieferung" Jesu erinnernde Abendmahl wurde vermutlich nicht als gesonderte Kulthandlung gefeiert, sondern im Rahmen eines Gemeinschaftsmahls. Ob das in der Apostelgeschichte erwähnte „Brotbrechen" davon zu unterscheiden ist, wissen wir nicht. Eine Tendenz, das Gemeinschaftsmahl direkt auf Jesu Mahlgemeinschaft „mit Zöllnern und Sündern" zurückzuführen, ist im Urchristentum nicht zu erkennen.

Wie oft das Abendmahl gefeiert wurde, ist unbekannt. Dass es in jedem Gottesdienst geschah, lässt sich nicht beweisen, allerdings fordert Ignatius dazu auf, die Eucharistie häufig zu feiern (IgnEph 13,1). Die Deuteworte (oder auch „Einsetzungsworte"), die in 1Kor 11,23–25 und den synoptischen Evangelien überliefert sind, waren in der Frühzeit sicher kein Bestandteil der Mahlfeier selbst. Vielmehr war die Mahlfeier durch Segensgebete über dem gemeinsamen Kelch und dem gebrochenen und verteilten Brot gekennzeichnet. Dementsprechend überliefert die Didache Segensgebete, aber keine Einsetzungsworte (zur Didache vgl. oben § 41.3). Ähnlich ist der Befund bei Justin in der Mitte des 2. Jahrhunderts, der die Einsetzungsworte als Bestätigung der zuvor beschriebenen Praxis nennt (1 apol. 66). Die Integration des Einsetzungsberichts in die Mahlfeier erfolgte erst im 3. Jahrhundert.

Die Beziehung des Abendmahls zum jüdischen Passamahl wurde erst durch den in der Passionsgeschichte geschaffenen redaktionellen Rahmen hergestellt. Die Einsetzungsworte selbst, die Jesu Wirken und seinen Tod deuten, enthalten dagegen keinen Bezug zum Passa. Allerdings besitzt das Mahl der frühen Christen Bezüge sowohl zu jüdischen als auch zu griechisch-römischen kultischen Mählern.

6) Zentrale Elemente des Lebens der Jerusalemer Gemeinde sind die *Lehrtätigkeit* der Apostel, das *„Brotbrechen"* und das *Gebet* (Apg 2,42), dazu *gemeinsame Mahlzeiten* in den Häusern der Gemeindemitglieder (2,46). Die *Beschneidung* männlicher Neugeborener dürfte von der Jerusalemer Gemeinde praktiziert worden sein, ohne dass dies einer Erwähnung bedurft hätte. In Apg 3,1 wird berichtet, dass Petrus und Johannes „zur Gebetszeit" am Nachmittag (ἐπὶ τὴν ὥραν τῆς προσευχῆς τὴν ἐνάτην) in den Tempel gingen. Von einer Teilnahme am Opferkult ist nicht ausdrücklich die Rede, sie könnte aber selbstverständlich vorausgesetzt sein.

Über die Form des *Gottesdienstes* sagt die Apostelgeschichte nichts. Nach Apg 6,9f. gab es Konflikte zwischen Stephanus und Angehörigen einer Griechisch sprechenden synagogalen Gemeinde. Davon, dass die Christusgläubigen in Jerusalem an Synagogengottesdiensten teilgenommen hätten, ist nicht explizit die Rede, es ist aber natürlich auch nicht auszuschließen. Aber aus den Paulusbriefen lassen sich zur Form der Gottesdienste gewisse Rückschlüsse ziehen: Der Gottesdienst der Christusgläubigen dürfte weitgehend dem der Synagoge entsprochen haben, mit Gebet, Schriftlesung sowie (Psalmen-)Gesang und Lehre. Besondere *liturgische Elemente* waren vermutlich schon sehr früh der in semitischer Sprache überlieferte eschatologische Ruf „Maranatha" („Unser Herr, komm!", 1Kor 16,22; vgl. Apk 22,20) und die Gebetsanrede „Abba" („Vater", Röm 8,15; Gal 4,6), dazu wohl auch das Bekenntnis „Jesus ist der Herr" (Röm 10,9). Allerdings werden diese Elemente in der Apostelgeschichte auffälligerweise nicht erwähnt.

7) Das in der Apostelgeschichte gezeichnete *Bild des sozialen Lebens der Jerusalemer Gemeinde* trägt ideale Züge, die vermutlich auf die redaktionelle Arbeit des Lukas zurückgehen. Das zeigen vor allem die Summarien (2,42–47; 4,32–35; vgl. 5,12–16). Seit Pfingsten wirkt Gottes Geist in der Gemeinde (2,38; 4,31),

die Glaubenden „halten fest an der Lehre der Apostel und an der Gemeinschaft" (2,42), sie sind „ein Herz und eine Seele", leben also in Eintracht miteinander (4,32). Sie gehen zum Tempel (vgl. 3,1), brechen in ihren Häusern miteinander das Brot unter eschatologischem Jubel (2,46). Besonderes Zeichen ihrer Liebe zueinander ist die Gütergemeinschaft: „Es gehörte ihnen alles gemeinsam" (2,44; 4,32.34f.). Der Herr selbst lässt die Gemeinde sehr rasch wachsen (2,41.47).

In der Antike galt Gütergemeinschaft als Ideal, und zwar sowohl im griechisch-römischen Bereich als auch im jüdischen Bereich, wie Texte von Aristoteles, Cicero, Philo und Josephus sowie Qumrantexte zeigen. Der Vergleich der Summarien in Apg 2 und 4 mit erzählten konkreten Ereignissen macht aber deutlich, dass offenbar vereinzelt vorhandene Tendenzen in den Summarien verallgemeinert werden. So stellte gemäß der vermutlich zuverlässigen Notiz in 4,36f. ein Mann namens Barnabas den Erlös aus einem Grundstücksverkauf den Aposteln zur Verfügung, was augenscheinlich als ein erwähnenswerter, also gerade nicht als selbstverständlicher Vorgang angesehen wurde. Die wohl legendarische Erzählung von Hananias und Sapphira (5,1–11) setzt voraus, dass der Besitzverzicht kein vollständiger zu sein brauchte (V. 4). Ihr Vergehen bestand darin, dass sie den Aposteln gegenüber falsche Angaben gemacht und damit diese (und den Heiligen Geist) belogen hatten (V. 3.9). Offenbar wollte Lukas seinen Leserinnen und Lesern das Leben der Jerusalemer Gemeinde als ein Idealbild vor Augen stellen.

8) Der Eindruck, der sich aus der Apostelgeschichte von der gesellschaftlichen Stellung der Jerusalemer Christusgläubigen in der Stadt gewinnen lässt, ist zwiespältig: Einerseits scheint sich die Gemeinde beinahe ungestört ausbreiten zu können (2,41.47; 4,4; 5,14; 6,7), auch wenn die Zahlenangaben (2,41: „dreitausend"; 4,4: „fünftausend") wahrscheinlich stark übertrieben sind. Petrus und Johannes gehen wie selbstverständlich in den Tempel (2,46; 3,1; 5,12), später wird von einem kultischen Opfer im Zusammenhang des Nasiräats gesprochen (21,26). Andererseits werden aber Maßnahmen gegen Christusgläubige erwähnt, wobei sich allerdings ein deutlicher Unterschied zwischen dem Verhalten der jüdischen Führung und der Haltung des Volkes zeigt (vgl. 4,1–4; 5,12–16; 5,17–26). Nach der Darstellung in 5,17f. und 27f. sind die Sadduzäer und der Hohepriester die entschiedensten Gegner der christlichen Verkündigung. Der Pharisäer Gamaliel hingegen tritt mit einer geschichtstheologischen Argumentation für die Freilassung der verhafteten Apostel ein (5,38f.; das steht in einer gewissen Spannung dazu, dass gemäß 22,3 der Christenverfolger Paulus ein Schüler des Gamaliel war). Es ist sehr wahrscheinlich, dass es zumindest erhebliche Behinderungen der christlichen Predigt in Jerusalem gab (vgl. auch die Aussagen in Mk 13,9–13 oder Lk 12,11f./Mt 10,19f.), aber im Ganzen scheint der toratreue Teil der Jerusalemer Gemeinde bis in die sechziger Jahre hinein relativ unbehelligt gelebt zu haben.

3 Die weitere Entwicklung des toratreuen Judenchristentums

Literatur: JAMES CARLETON PAGET, Jews, Christians and Jewish Christians in Antiquity (WUNT 251), Tübingen 2010 ◆ KOCH, Geschichte des Urchristentums, 387–491 ◆ ÖHLER, Geschichte des frühen Christentums, 278–281 ◆ GEORG STRECKER, Judenchristentum, TRE 17 (1984), 310–325 ◆ ANNETTE YOSHIKO REED, Jewish Christianity and the History of Judaism (TSAJ 171), Tübingen 2018.

1) Nach der Darstellung in Apg 15 wurde auf dem „Apostelkonzil" vermutlich gegen Ende der vierziger Jahre eine im Wesentlichen gesetzesfreie christliche Mission unter Nichtjuden von den Jerusalemer Aposteln und insbesondere von Jakobus gebilligt (s. u. § 63). Die Jerusalemer Gemeinde selbst blieb toratreu und war bestrebt, den Zusammenhang mit dem übrigen Judentum insbesondere durch die Einhaltung auch der kultischen Gesetzesvorschriften zu wahren, wie das mit Blick auf Paulus in Apg 21,20–26 gezeichnete Bild zeigt. Paulus deutet in Röm 15,31 seine Befürchtung an, dass die Jerusalemer Gemeinde das von ihm gesammelte, aus heidnischen bzw. „gemischten" Gemeinden stammende Kollektengeld zurückweisen könnte. Ob das tatsächlich geschah, wissen wir nicht.

Repräsentant der Gemeinde ist jetzt nicht mehr Petrus, sondern Jakobus, der schon beim „Apostelkonzil" die entscheidende Rede gehalten hatte (Apg 15,13–21). Dass er ein Bruder Jesu ist, wird in der Apostelgeschichte nicht erwähnt (vgl. dagegen Gal 1,19; 2,9.12). Josephus berichtet, Jakobus habe sich aufgrund seiner Frömmigkeit allgemeiner Achtung erfreut (ant. 20,200). Durch den zunehmenden Einfluss der Zeloten in der Zeit vor dem Jüdischen Krieg geriet die Gemeinde aber unter einen immer stärker werdenden Druck. Während einer Vakanz in der römischen Statthalterschaft wurde Jakobus durch den sadduzäischen Hohenpriester Ananos (Hannas II.) zum Tod durch Steinigung verurteilt und hingerichtet (etwas anders Euseb, h. e. 2,23,10–24, der aber auch Josephus zitiert). Einer kurzen Notiz bei Euseb zufolge war die Gemeinde noch vor Beginn des Jüdischen Krieges (66 n. Chr.) aufgrund einer Weissagung nach Pella im Ostjordanland geflohen (h. e. 3,5,3); aber die historische Zuverlässigkeit dieser Nachricht ist umstritten.

2) Direkte schriftliche Quellen aus dem Jerusalemer Judenchristentum haben wir nicht. Aus judenchristlichen Kreisen könnten die Logienquelle Q, das vielleicht in Syrien entstandene Matthäusevangelium und der Jakobusbrief stammen. In diesen Quellen zeigt sich das Bemühen um eine Verbindung von Toratreue und Christusglaube, mitunter einhergehend mit scharfer Kritik am übrigen Judentum, vor allem an dem in der Zeit nach dem Jahr 70 stark an Einfluss gewinnenden Pharisäismus.

In der westlichen Kirche führte das gesetzestreue Judenchristentum schon bald nur noch eine Randexistenz. Der um 150 in Rom schreibende Apologet Justin lässt in seinem „Dialog mit dem Juden Tryphon" diesen fragen, ob es möglich sei, Toraobservanz und Christusglauben miteinander zu verbinden; Justin bejaht das, verlangt aber, toratreue Christen dürften dies nicht als auch für Heidenchristen verbindlich erklären (dial. 47). Irenäus von Lyon (um 180) erwähnt eine als „Ebionaei" bezeichnete Gruppe (haer. 1,26,2), die strikt gesetzestreu lebte und neben dem Alten Testament allein das Matthäusevangelium anerkannte, während sie die Briefe des Paulus als eines Gesetzesabtrünnigen verwarf. Diese Ebioniten sind für Irenäus Häretiker. Im östlichen Mittelmeerraum, insbesondere in Syrien, gab es gesetzestreue judenchristliche Gruppen bis ins 5. Jahrhundert.

Arbeitsvorschläge

1. Der im 2. Jahrhundert entstandene sekundäre Markusschluss hält fest: „Als er (sc. Jesus) früh am ersten Tag der Woche auferstanden war, erschien er zuerst Maria Magdalena ..." (Mk 16,9). In der Tradition, die Paulus in 1Kor 15,3–7 überliefert, wird eine Erscheinung des Auferstandenen vor Maria jedoch nicht erwähnt. In der Forschung wird daher eine intensive Debatte über die historische Zuverlässigkeit dieser Traditionen geführt. Lesen Sie die Überlieferung in 1Kor 15,3–7 sowie die Erzählabschnitte in Mk 16,1–8; Mt 28,1–10.16–20; Lk 24,1–35 und Joh 20,1–18. Welche Rolle spielt Maria (und weitere Frauen) darin? Welche Gründe sprechen historisch dafür oder dagegen, dass der Auferstandene zuerst Maria begegnet ist? Lektüreempfehlung: THEISSEN/MERZ 506–508; KOCH 551–554.
2. Zur Abendmahlsüberlieferung s. o. § 14, Arbeitsvorschlag 6.
3. Aus dem 2. Jahrhundert sind mehrere Evangelien namentlich bekannt, die sich dem Judenchristentum zuordnen lassen. Sie sind jedoch nicht vollständig erhalten, sondern in Form von Zitaten bei antiken christlichen Theologen wie Clemens von Alexandria und Origenes überliefert. Lesen Sie die Einleitung zu den Fragmenten judenchristlicher Evangelien sowie die Fragmente des Hebräerevangeliums in AcA 1/1, 564–571 bzw. 603–605. Welche theologischen Themen werden in diesen Evangelienzitaten angesprochen?

§ 62 Die Mission der „Hellenisten" und die Gemeinde von Antiochia

Literatur: MARTIN HENGEL, Zwischen Jesus und Paulus. Die „Hellenisten", die „Sieben" und Stephanus (Apg 6,1–15; 7,54–8,3), in: ders., Paulus und Jakobus. Kleine Schriften III (WUNT 141), Tübingen 2002, 1–67 ♦ KOCH, Geschichte des Urchristentums, 195–223 ♦ WOLFGANG KRAUS, Zwischen Jerusalem und Antiochia. Die „Hellenisten", Paulus und die Aufnahme der Heiden in das endzeitliche Gottesvolk (SBS 179), Stuttgart 1999 ♦ ECKHARD RAU, Von Jesus zu Paulus. Entwicklung und Rezeption der antiochenischen Theologie im Urchristentum, Stuttgart 1994 ♦ SCHNELLE, Die ersten 100 Jahre des Christentums, 109–153 ♦ NIKOLAUS WALTER, Apg 6,1 und die Anfänge der Urgemeinde in Jerusalem, in: ders., Praeparatio Evangelica (WUNT 98), Tübingen 1997, 187–211.

1 Der Stephanuskreis in Jerusalem

Nach dem in Apg 1–5 gezeichneten Bild bewahren die Christusgläubigen in Jerusalem „die Lehre der Apostel" (2,42) und sie sind „ein Herz und eine Seele", weil ihnen „alles gemeinsam" ist (4,32). Dann aber fällt unvermittelt ein Schatten auf dieses Bild: In 6,1 wird gesagt, dass „die Hellenisten" gegen „die Hebräer" protestieren, denn ihre Witwen werden bei der „täglichen Versorgung" (διακονία) übersehen. Das hat weitreichende Konsequenzen.

Das sonst unbekannte Wort „*Hellenisten*" (Ἑλληνισταί) bezeichnet entweder griechischsprachige Juden oder aber Griechen (so offensichtlich in Apg 11,20, sofern dort nicht Ἕλληνες zu lesen ist, die Textüberlieferung ist nicht ganz eindeutig). Da gemäß Apg 10 Nichtjuden erst später in Caesarea in die Kirche aufgenommen werden, denkt Lukas in 6,1 offensichtlich an „hellenistische", also Griechisch sprechende Juden. In diese Richtung deutet auch die Gegenüberstellung zu den „Hebräern", bei denen es sich um Aramäisch sprechende Juden handelt. Die Gemeinde in Jerusalem besteht demnach aus Juden unterschiedlicher Muttersprache, was nicht verwundert, denn die meisten Juden lebten zu dieser Zeit außerhalb Palästinas, zudem war Griechisch die im Mittelmeerraum vorherrschende Sprache.

In Jerusalem lebten aus der Diaspora gekommene Juden. Einige dieser *hellenistischen Diasporajuden* schlossen sich der Gruppe der Jerusalemer Christusgläubigen an. Warum ihre „Witwen" bei der täglichen Versorgung übergangen wurden, ist nicht ganz deutlich. Zunächst spielt diese Notiz auf die Institution der Versorgung hilfsbedürftiger Menschen an, die im Judentum üblich war und in der Jerusalemer Gemeinde offensichtlich selbstverständlich weitergeführt wurde. Bei den „Witwen" ist nicht nur an die Ehefrauen verstorbener Männer zu denken, denn der griechische Begriff kann auch unverheiratete oder geschiedene Frauen bezeichnen, die auf Versorgung angewiesen waren. Dass die „Witwen" der Hellenisten offenbar nicht in das Versorgungssystem der Gemeinde einbezogen wurden, ist möglicherweise darauf zurückzuführen, dass sie als aus der Diaspora stammende Jüdinnen keinen Anspruch darauf hatten. Denkbar ist auch, dass sie materiell besser situiert waren als die „Hebräer", die vermutlich zumindest teilweise aus vergleichsweise einfachen galiläischen Verhältnissen stammten.

Die Lösung dieses Problems bestand darin, dass ein eigenes Gremium neben dem Zwölferkreis geschaffen wurde, das für die Regelung der gemeindeinternen Fragen zuständig sein sollte. Dieses soll aus „sieben Männern guten Rufs, voll des Geistes und der Weisheit" bestehen. Ihre Aufgabe wird als „Dienen an den Tischen" (διακονεῖν τραπέζαις) beschrieben und derjenigen des Zwölferkreises gegenübergestellt, die für „das Gebet und den Dienst am Wort" (τῇ προσευχῇ καὶ τῇ διακονίᾳ τοῦ λόγου) verantwortlich sein sollten (6,2–4).

Die sieben Personen werden sodann namentlich aufgezählt (6,5). Sie tragen durchweg griechische Namen und sollen demnach vermutlich als zum Kreis der eingangs genannten „Hellenisten" gehörig dargestellt werden, obwohl sie nicht ausdrücklich so bezeichnet werden. Der Erstgenannte, Stephanus, wird näher charakterisiert als „Mann voll Glaubens und Heiligen Geistes". Von ihm sowie vom Zweitgenannten, Philippus, wird im Folgenden noch die Rede sein. Vom Letztgenannten, Nikolaus, wird mitgeteilt, er stamme aus Antiochia. Damit wird die Gründung der dortigen Gemeinde vorbereitet, von der Lukas später (11,19–26) erzählen wird.

Der Aufgabenbereich der Sieben bezieht sich offenbar auf die ganze Gemeinde. Die Qualifikation „voll Geist und Weisheit" deutet darauf hin, dass ihre Aufgabe nicht einfach auf die Verteilung von Gütern oder die Versorgung bedürftiger Gemeindeglieder beschränkt werden darf. Sie sind vielmehr offenbar für die interne Gemeindeorganisation zuständig, bilden also ein zweites Leitungsgremium neben dem Zwölferkreis. Damit sollte wohl der Situation Rechnung getragen werden, dass die Jerusalemer Gemeinde zum einen zahlenmäßig angewachsen war und ihr zum anderen Gemeindeglieder unterschiedlicher Herkunft und Sprache sowie verschiedenen sozialen Status angehörten.

Aus dem Kreis der Sieben tritt anschließend Stephanus durch die Schilderung seines Wirkens hervor. Er wird nunmehr beschrieben als „voll Gnade und Kraft" und wirkt in gleicher Weise, wie es zuvor von den Aposteln berichtet worden war, durch „machtvolle Taten und Zeichen" (vgl. 5,12). Daraufhin treten aus dem Kreis anderer Diasporajuden Leute gegen ihn auf. Dabei werden in 6,9 verschiedene Synagogengemeinschaften aufgezählt, was einen Eindruck von der Organisation jüdischer Gemeinschaften vermittelt, die sich an anderen als ihren Heimatorten nach ihrer Herkunft oder ihrer Sprache in Synagogen (das Wort bedeutet ursprünglich „Versammlung", vgl. im Neuen Testament Jak 2,2) zusammenschlossen.

In Jerusalem gab es eine „Synagoge des Theodotos", die durch eine griechische Inschrift archäologisch nachgewiesen ist (S/Z 483). In Apg 6,9 wird eine „Synagoge der Freigelassenen und Kyrenäer und Alexandriner" genannt, mehrere Synagogen werden zudem in 24,12 erwähnt.

In Apg 6,9 treten die Juden aus der genannten Synagoge gemeinsam mit Juden aus Kilikien und der Asia gegen Stephanus auf. Es handelt sich demnach um einen Konflikt zwischen Diasporajuden, in dem weder die Zwölf noch die Jerusalemer Autoritäten, die zuvor gegen die Verkündigung des Petrus und Johannes vorgegangen waren, eine Rolle spielen. Worum es bei diesem Konflikt ging, teilt Lukas nicht mit. Er bemerkt vielmehr, dass Stephanus mit seiner Weisheit und Geistbegabung seinen Gegnern überlegen war und diese daraufhin Leute anstiften zu behaupten, sie hätten ihn gegen Mose (also gegen das Gesetz) und Gott reden hören. Auf diese Weise wird Stephanus bei der Bevölkerung und den Autoritäten in Misskredit gebracht und vor dem Synhedrium durch Falschzeugen beschuldigt, gegen Tempel und Gesetz zu reden und „die Sitten zu verändern, die uns Mose gegeben hat" (6,14, zum Synhedrium vgl. oben § 47.4). Stephanus hält daraufhin eine lange Verteidigungsrede (die längste Rede in der Apostelgeschichte), die weit über den Anklagegrund hinausgeht (7,1–53). Sie gibt einen weitgespannten Überblick über die Geschichte Israels, der in die Anklage mündet, die Angeredeten – in erster Linie also das Synhedrium als Repräsentanz der politischen und religiösen Führung des jüdischen Volkes – hätten die Propheten und nun den Gerechten (womit Jesus gemeint ist) getötet. Zudem hätten sie das Gesetz empfangen, aber nicht bewahrt. Auf diese Rede hin wird Stephanus gesteinigt.

Was steht historisch hinter dem Bericht in Apg 6,1–15? In den gegen Stephanus erhobenen Vorwürfen sowie in der Stephanusrede wird ein eigenes theologisches Profil der durch ihn vertretenen Gruppe erkennbar. Möglicherweise hatte sich – analog zu den landsmannschaftlichen Synagogenverbänden – unter den Christusgläubigen Jerusalems eine eigene Gruppe unter Leitung des Stephanus gebildet, die eine andere Haltung gegenüber Tempel und Gesetz vertrat als die genannten Synagogengemeinden, das Synhedrium und die christusgläubigen „Hebräer". Die Stephanusrede in Apg 7 könnte in ihrem Grundbestand auf diesen Kreis zurückgehen. Die Interpretation des Gesetzes könnte sich in Fragen der kultischen Reinheit und der Speisegebote von der Sichtweise in anderen – zum Beispiel pharisäischen – Kreisen des Judentums unterschieden haben. Zudem könnte die Bedeutung des Jerusalemer Tempels als Ort der Präsenz und der Verehrung

Gottes relativiert worden sein (die letztgenannte Tendenz wird in der Stephanusrede erkennbar). Offenbar wurde in dieser Gruppe demnach die Auffassung vertreten, das Auftreten Jesu impliziere eine offenere Einstellung in Fragen der Gesetzespraxis und der Ausrichtung auf den Tempel. Dabei könnten Impulse aufgenommen worden sein, die im Umgang Jesu mit Kranken, Sündern und Nichtjuden sowie in seinem Auftreten auf dem Tempelplatz und seinem Wort gegen den Tempel erkennbar werden. Ein Überschritt zur Mission unter Nichtjuden ist damit nicht verbunden. Dieser wurde vielmehr erst mit der Gründung der Gemeinde von Antiochia vollzogen. Die Apostelgeschichte bringt diese Entwicklung allerdings ausdrücklich mit den Ereignissen um Stephanus in Verbindung (11,19), zudem ist Nikolaus aus dem Kreis der Sieben ein Proselyt aus Antiochia (6,5).

2 Die beginnende Ausbreitung des Christentums und die Anfänge der christlichen Theologie

a) Die frühe Ausbreitung des Christentums in Judäa, Samaria und Syrien

Als Folge des Konflikts um Stephanus setzte eine *Verfolgung der Jerusalemer Gemeinde* ein, durch die alle zerstreut werden, ausgenommen die Apostel (Apg 8,1). Lukas bringt auf diese Weise die Ausbreitung der Christusbotschaft in die Gegenden von Judäa und Samaria (vgl. den Auftrag des Auferstandenen in 1,8!) mit der Verfolgung der Gemeinde in Zusammenhang und betont zugleich, dass die Apostel, also der Zwölferkreis, die Kontinuität zur Jerusalemer Gemeinde sichern. Bei der Mission in Samaria und Antiochia (8,5–13 bzw. 11,19–21) bleibt dementsprechend die Bindung an die Jerusalemer Gemeinde erhalten (8,14–25 bzw. 11,22–24).

In Apg 8,3 wird die Tätigkeit des Saulus als Verfolger der Gemeinde geschildert. Dem korrespondiert die Notiz in Gal 1,13f., dass er als Pharisäer die ἐκκλησία τοῦ θεοῦ („Kirche Gottes") zu vernichten versuchte „aus Eifer für die väterlichen Überlieferungen". Paulus schreibt allerdings auch, dass er den Gemeinden in Judäa „von Angesicht unbekannt" blieb (Gal 1,22). Das ist vermutlich darauf zurückzuführen, dass sich die Verfolgertätigkeit des Paulus auf Jerusalem beschränkte und er von dort aus nach Damaskus ging (Apg 9,1f.). Im Galaterbrief betont er zudem, dass er nach seiner Bekehrung nur in der Jerusalemer Gemeinde war, den Gemeinden Judäas jedoch unbekannt blieb (Gal 1,22-24).

Der zweite aus dem Kreis der Sieben, dessen Wirken eingehender geschildert wird, ist *Philippus*. Über ihn wird erzählt, dass er erfolgreich in Samaria sowie im Gebiet von Gaza und Caesarea gewirkt hat (8,4–13.26–40). In 21,8 wird er als „Evangelist" bezeichnet (vgl. Eph 4,11). Mit seiner Tätigkeit verbinden sich die Bekehrung des Magiers Simon (8,9–13) sowie die Taufe des äthiopischen Hofbeamten und damit der Beginn der geographischen und ethnischen Ausbreitung der Christusbotschaft. Sie gelangt zunächst zu den von Israel durch ihre Ablehnung des Jerusalemer Tempels getrennten Samaritanern, von denen viele getauft werden. Die Apostel in Jerusalem hören, „dass Samaria das Wort Gottes angenommen hat" (8,14a), und so entsenden sie Petrus und Johannes, durch deren Handauflegung die Samaritaner den Heiligen Geist empfangen (8,14b–17). Auf diese Weise betont Lukas die beständige Führung der Kirche durch den Geist.

Philippus begegnet in Samaria einem „in der Stadt" aktiven „Magier" namens Simon, der sich als „groß" bezeichnet (8,9) und von dem das Volk sagt: „Dieser ist die Kraft Gottes, die ‚die Große' genannt wird" (8,10). Simon wird von der Reich-Gottes-Botschaft des Philippus überzeugt und lässt sich taufen (8,13). Aber nachdem die getauften Samaritaner „durch die Hände der Apostel" den Heiligen Geist empfangen haben, bietet Simon den Aposteln Geld an, um die Fähigkeit der Geistverleihung zu kaufen (8,19); Petrus weist das in schärfster Form zurück (8,20–23), woraufhin Simon um Vergebung bittet (8,24). Hinter dieser Episode steht möglicherweise die Erinnerung an eine Konfrontation der Christusverkündigung mit samaritanischer Religiosität. Schon im 2. Jahrhundert wird „Simon Magus" durch Irenäus von Lyon zum Begründer der „Gnosis" erklärt. In der späteren kirchlichen Tradition wird Ämterkauf als „Simonie" bezeichnet.

Der nächste Schritt ist die Taufe des Schatzmeisters der äthiopischen Königin (8,26–40). Als Eunuch kann er kein Jude sein, aber er war in Jerusalem, „um anzubeten" (V. 27). Sein religiöser Status wird von Lukas demnach in der Schwebe gehalten. Wieder ist es der Geist, der das Geschehen lenkt: Er ermöglicht das Treffen an der einsam gelegenen Straße nach Gaza (V. 26.29), erst nach der Taufe entrückt er Philippus nach Caesarea (V. 39.40).

Die erste Taufe, die eindeutig an einem Nichtjuden vollzogen wird, ereignet sich in Caesarea. Der römische Hauptmann Kornelius, der als „fromm und gottesfürchtig" bezeichnet wird und der Synagoge nahesteht (10,2), wird durch zwei ihm und Petrus widerfahrende Visionen mit diesem zusammengeführt (10,3–8.9–16). Am Schluss der Rede, die Petrus im Haus des Kornelius hält, fällt der Geist auf die dort Versammelten (10,44f.), woraufhin sie von Petrus getauft werden (10,47f.). Dass die „Gottesfürchtigen" auch die Beschneidung empfangen, wird nicht gesagt. Das könnte darauf hinweisen, dass der Taufe eine ähnliche Funktion zukommt wie der Beschneidung von Proselyten.

Die Eingliederung von Nichtjuden ins Gottesvolk und die Bindung dieses Geschehens an die von Jerusalem ausgehende Entwicklung sind damit in der Apostelgeschichte theologisch legitimiert, auch wenn sich in der unmittelbar anschließenden Rede, in der Petrus die Vorgänge vor der Jerusalemer Gemeinde darlegt (11,1–18), Spuren einer Auseinandersetzung zeigen, die in Jerusalem dazu geführt wurde (vgl. auch Mt 10,5f.).

Die lukanische Darstellung zeigt Lücken: In Apg 9,1–25 ist vorausgesetzt, dass Christusgläubige in Damaskus leben, ohne dass etwas über die Entstehung einer solchen Gruppe gesagt worden wäre. Die Ortsangabe Damaskus ist aber historisch zuverlässig, wie die Aussagen des Paulus zu seiner Berufung zeigen (Gal 1,17; vgl. 2Kor 11,32). In Apg 9,31 wird gesagt, „die ganze Kirche in Judäa und in Galiläa und in Samaria" habe nach der Bekehrung bzw. Berufung des Saulus (Paulus) Frieden gehabt, aber die Apostelgeschichte berichtet nichts über die Entstehung von Gemeinden in Galiläa (Galiläa fehlt auch in 1,8).

b) Anfänge der christlichen Theologie

Wie oben dargelegt, vertrat vor allem die frühe Jesusbewegung um Stephanus und seinen Kreis offenbar eine *moderate Haltung gegenüber der Tora*. Das dürfte auch der Grund dafür gewesen sein, weshalb Paulus die Jesusanhänger um „der väterlichen Überlieferungen willen" verfolgte und die junge Bewegung zu vernichten suchte (Gal 1,13; vgl. 1Kor 15,9). Er betrachtete die Sicht auf den gekreuzigten Jesus als den von Gott auferweckten und erhöhten Messias vermutlich als Verrat des jüdischen Glaubens, den es entschieden zu bekämpfen galt. Aufgrund seiner Vision des Auferstandenen vor Damaskus verkehrte sich diese Sicht in ihr Gegenteil. Paulus schloss sich den Jesusanhängern an und trug fortan selbst maßgeblich dazu bei, eine Sicht auf das Evangelium als „Kraft Gottes zum Heil für jeden, der glaubt" (Röm 1,16) zu entwickeln. Diese Frühphase christlicher Theologie kann deshalb vornehmlich auf der Grundlage der Paulusbriefe, zum Teil auch der Apostelgeschichte, rekonstruiert werden.

In den Paulusbriefen gibt es Aussagen, die vermutlich auf die frühen Entwicklungen zurückzuführen sind, die vor allem mit Jerusalem und Antiochia, möglicherweise auch mit Damaskus in Verbindung zu bringen sind. Zwar stammen keineswegs alle diese „vorpaulinischen" Traditionen und Vorstellungen aus dem (kurzen) Zeitraum zwischen dem Beginn der christlichen Verkündigung und der Berufung des Paulus. Zudem ist Zurückhaltung gegenüber der Rekonstruktion vorpaulinischer „Formeln" oder „Bekenntnisse" geboten. Wurde in früheren Forschungsphasen oftmals vorausgesetzt, dass sich derartige Überlieferungen wörtlich rekonstruieren lassen, so wird inzwischen in den meisten Fällen davon ausgegangen, dass sich geprägte Ausdrücke und Wendungen erkennen, aber keine vollständigen „Formeln" oder Ähnliches rekonstruieren lassen. Der Grund dafür ist, dass die von Paulus und anderen frühchristlichen Autoren aufgenommenen Überlieferungen bzw. in früher Zeit geprägten Wendungen und Begriffe in die jeweiligen Texte integriert und dabei sprachlich und inhaltlich bearbeitet wurden.

Es gibt jedoch Aussagen, bei denen deutlich erkennbar ist, dass sie vor oder neben Paulus entstanden sind. Dazu zählen zunächst die in 1Kor 15,3–5 zitierte Zusammenfassung des Inhalts des Evangeliums sowie die in 1Kor 11,23–25 aufgenommene Abendmahlsüberlieferung. In beiden Fällen (und *nur* in diesen beiden Fällen) weist Paulus explizit darauf hin, dass er eine Überlieferung weitergibt, die er selbst empfangen hat. Ein weiteres wichtiges Beispiel ist der Hymnus in Phil 2,6–11, dessen Inhalt ist, dass Jesus Christus, der in der Gestalt Gottes war, die Gestalt eines „Sklaven" angenommen hat, sich bis zum Tod erniedrigte und anschließend von Gott erhöht und als Herr über alle Mächte inthronisiert wurde (s. o. § 11.2). Dass es sich dabei um einen bereits vor der Abfassung des

Philipperbriefes existierenden Lobpreis Jesu Christi handelt, geht daraus hervor, dass er für den Zusammenhang, in dem er im Philipperbrief steht (die Ermahnung der Gemeinde zu einem Lebenswandel, der dem Glauben an Jesus Christus entspricht), deutlich überschießende Aussagen formuliert.

Ein Paradigma für die im frühen hellenistischen Christentum begegnende Interpretation theologischer Tradition ist der *Gebrauch des Hoheitstitels κύριος*, „Herr". Schon die Aramäisch sprechende Gemeinde nannte Jesus „Herr" (מָר/ *mār*); mit dem gottesdienstlichen Ruf מָרָנָא תָא/*māranā'tā'* („Unser Herr, komm!") blickte sie auf dessen zukünftige Parusie voraus (s. o. § 11.1). Die Griechisch sprechende Gemeinde übersetzt den Titel als κύριος, der im jüdischen wie auch im nichtjüdischen Bereich als Gottesbezeichnung geläufig war (auch der aramäische Ausdruck *mar* konnte sich auf Gott beziehen). Dadurch konnten dann auch biblische Aussagen, die von Gott als „Herrn" sprechen, auf Jesus Christus übertragen werden (vgl. z. B. Röm 10,13). Mit der Kyriosbezeichnung konnte sich die Parusieerwartung verbinden (Phil 3,20: „der Herr ist nahe"), Jesus als κύριος ist zudem Mittler der Beziehung zu Gott (Röm 5,1) und sogar Schöpfungsmittler (1Kor 8,6). Er bestimmt die ganze Existenz der Christen, ihr Leben wie ihr Sterben (Röm 14,8). Die Akklamation „Herr ist Jesus" wird zum Merkmal des christlichen Gottesdienstes (1Kor 12,3) und des Bekenntnisses (Röm 10,9). Mit der Kyriosbezeichnung nimmt das frühe Christentum demnach eine Bezeichnung auf, die sowohl im semitischen (jüdischen) als auch im griechischsprachigen (jüdischen wie nichtjüdischen) Bereich als Gottesprädikation eingebürgert war.

Eine weitere Vorstellung, die im Christentum von Anfang an präsent war, ist diejenige der *Auferstehung der Toten*. Diese begegnet in jüngeren Texten des Alten Testaments (Jes 26,19; Dan 12,2) und in etlichen weiteren jüdischen Texten wie etwa den Henochbüchern oder der Weisheit Salomos. Die Vorstellung wurde nicht überall im Judentum geteilt. Auch zur Zeit Jesu und des entstehenden Christentums war sie umstritten, wie zum Beispiel die in Apg 23,6–10 geschilderte Kontroverse zwischen Pharisäern und Sadduzäern zeigt: Die Pharisäer glaubten an die Auferstehung der Toten, die Sadduzäer dagegen nicht (vgl. auch Mk 12,18). In der entstehenden christlichen Theologie wurde diese Erwartung aufgrund des Glaubens an die Auferweckung Jesu zu einem zentralen Glaubensinhalt, auch wenn die mit ihr verbundenen Vorstellungen nicht einheitlich waren, wie verschiedene Behandlungen dieses Themas erkennen lassen (1Thess 4,13–17; 1Kor 15,1–57; 2Kor 5,1–10; Mk 12,18–27; Lk 16,22–31). Insbesondere war nicht eindeutig, ob die Auferweckung Jesu auch bedeutet, dass die Glaubenden auferstehen werden. Paulus, für den diese Verbindung von zentraler Bedeutung für die christliche Heilshoffnung war, legt diesen Zusammenhang in 1Thess 4 und 1Kor 15 ausführlich dar.

Von Beginn an war die *Taufe* ein zentrales Ritual des Christentums in Übernahme der von Johannes dem Täufer geübten Praxis, für den sie die Umkehr und die Reinigung von den Sünden symbolisch besiegelte. Im frühen Christentum werden neue Akzente gesetzt. In Röm 6,1–5 wird die Taufe als symbolisches Mitsterben mit Christus gedeutet, in Tit 3,5 wird sie als „Bad der Wiedergeburt" bezeichnet. Das *Herrenmahl* als das sakramentale Mahl der versammelten Gemeinde ordnet sich in die antike Praxis kultischer Mähler ein, die sowohl im Judentum als auch in der griechisch-römischen Welt existierte. Gerade deshalb war es notwendig, die durch das Mahl hergestellte Verbindung mit Jesus Christus von den Mählern für andere Gottheiten abzugrenzen (vgl. 1Kor 10,14–22).

Die genannten Aspekte zeigen, dass sich das frühe Christentum sowohl mit der Ausprägung seiner Auffassungen über die Bedeutung Jesu Christi (also mit der „Christologie") wie auch mit der Interpretation der Rituale Taufe und Herrenmahl in jüdischen und nichtjüdischen Kontexten bewegt. Das ist insofern nicht erstaunlich, als sich das Christentum in diesen Kontexten herausbildete und seine eigenen Formen und Inhalte in Aufnahme von und Auseinandersetzung mit religiösen, sozialen und ethischen Vorstellungen dieser Bereiche entwickelte.

 Lektüreempfehlung: Umfassende Übersicht über die religionsgeschichtlichen und theologischen Kontexte der Taufe und des Abendmahls in den ersten Jahrhunderten bieten zwei jeweils dreibändige Werke mit zahlreichen deutschen und englischsprachigen Beiträgen: DAVID HELLHOLM u. a. (Hg.), Ablution, Initiation, and Baptism. Late Antiquity, Early Judaism, and Early Christianity/Waschungen, Initiation und Taufe. Spätantike, Frühes Judentum und frühes Christentum (BZNW 176), Berlin/Boston 2011; DAVID HELLHOLM/DIETER SÄNGER (Hg.), The Eucharist – Its Origins and Contexts. Sacred Meal, Communal Meal, Table Fellowship in Late Antiquity, Early Judaism, and Early Christianity (WUNT 376), Tübingen 2017. Den jüdischen und paganen Kontext, in dem sich die frühchristliche theologische Entwicklung bewegt, beleuchten die folgenden Darstellungen: EVERETT FERGUSON, Backgrounds of Early Christianity, Grand Rapids, Mich. ³2003; LARRY W. HURTADO, Lord Jesus Christ. Devotion to Jesus in Earliest Christianity, Grand Rapids, Mich./Cambridge 2003; HANS-JOSEF KLAUCK, Die religiöse Umwelt des Urchristentums (Studienbücher Theologie 9,1–2), Stuttgart 1996.

c) Frühe gemeindeleitende Funktionen

Wie aus den Paulusbriefen hervorgeht, gab es im frühen Christentum „Apostel, Propheten und Lehrer" (1Kor 12,28; vgl. Apg 13,1–3). In der Gemeinde von Philippi sind auch „Aufseher" (ἐπίσκοποι, was hier sicher nicht „Bischöfe" im späteren Sinn dieser Bezeichnung meint) und Diakone (διάκονοι) belegt (Phil 1,1). Feste Amtsstrukturen sind mit diesen gemeindeleitenden Funktionen wahrscheinlich nicht verbunden (vgl. unten § 64.3a).

Besondere Bedeutung kommt der Erfahrung des Geistes (πνεῦμα) zu, der den Gemeinden, aber auch ihren einzelnen Gliedern verliehen ist und sie leitet (vgl. 1Kor 12; Gal 3,1–5; 5,25). Eine übergemeindliche „Kirchenleitung" gibt es dagegen in der Frühzeit nicht. Die Jerusalemer Gemeinde genießt zwar besonderes Ansehen, wie nicht zuletzt die von Paulus im Anschluss an das Apostelkonzil organisierte Kollekte zeigt (zur theologischen Begründung vgl. Röm 15,27); aber sie besitzt keine formal festgelegte Vorrangstellung.

3 Die Gemeinde von Antiochia

Nach der Darstellung in Apg 11,19–26 gelangten die nach dem Tod des Stephanus aus Jerusalem vertriebenen Christusgläubigen in das nördlich an der Küste gelegene Phönizien und auch nach Zypern (nach 4,36 Heimat des Barnabas) sowie nach Antiochia (vgl. 6,5: der Proselyt Nikolaus stammt aus dieser Stadt). Das dürfte weitgehend der historischen Realität entsprechen, wofür auch die Erwähnung der phönizischen Orte Tyros und Sidon in Mk 3,8 spricht (vgl. die Erzählung in Mk 7,24–30). In der syrischen Großstadt Antiochia entstand das neben Jerusalem zweite große Zentrum der Christusgläubigen.

Antiochia war im Jahre 300 v. Chr. gegründet worden als Hauptstadt des Seleukidenreiches, das aus den Diadochenkämpfen nach dem Tod Alexanders des Großen hervorgegangen war. Die Stadt war ein Verkehrsknotenpunkt und wichtiger Handelsplatz, nach der römischen Eroberung 64 v. Chr. war sie Hauptstadt der Provinz Syria. Nach Josephus lebten sehr viele Juden in der Stadt „mit gleichen Rechten wie die Griechen". Im Zusammenhang des Jüdischen Krieges kam es aber zeitweise zu antijüdischen Ausschreitungen (bell. 7,43–62).

Nach Apg 11,19 richtete sich die Verkündigung der aus Jerusalem Vertriebenen in Antiochia zunächst ausschließlich an Juden. Einige aus Zypern und der Kyrenaika (vgl. 2,10; 6,9) verkündigten „den Herrn Jesus" dann jedoch auch den „Hellenisten" (... πρὸς τοὺς Ἑλληνιστάς, 11,20; einige alte Handschriften lesen stattdessen ... τοὺς Ἕλληνας, vgl. 17,4; 18,4; 19,10). Offensichtlich wurde der Kreis der Adressaten also ausgeweitet über Angehörige des Diasporajudentums hinaus, wobei vermutlich nicht nur an „Gottesfürchtige" gedacht ist. In 11,21 wird notiert, dass die Predigt erfolgreich war („die Hand des Herrn war mit ihnen"). Dieses Vorgehen bedurfte offenbar der Legitimation durch die Jerusalemer Gemeinde. Sie entsandte Barnabas, der die Entwicklung guthieß (11,23f.). Sodann (11,25.26a) wird erzählt, Barnabas habe Saulus aus Tarsus (vgl. 9,30) nach Antiochia geholt, wo beide eine Zeitlang als Lehrer tätig waren. Dass die „gemischte" Gemeinde von Antiochia in Jerusalem anerkannt wurde, zeigt sich auch daran, dass die anlässlich einer Hungersnot durch Barnabas und Saulus den Jerusalemer Ältesten überbrachte antiochenische Kollekte „für bedürftige Brüder" in Judäa angenommen wurde (11,27–30).

Zur Notiz in Apg 11,26b, „die Jünger" seien in Antiochia erstmals „Christen" (χριστιανοί) genannt worden, vgl. oben § 58.1.

Die lukanische Darstellung dürfte im Wesentlichen dem tatsächlichen historischen Ablauf der Ereignisse entsprechen. Allerdings wird man sich den historischen Prozess nicht schematisch vorstellen dürfen. In der Anfangszeit gab es ausschließlich jüdische Christusgläubige, doch der Übergang zur Mission unter „den Völkern" dürfte fließend gewesen sein. Anders als es in Apg 10 erscheint, ging er wohl eher auf die „Hellenisten" als auf Petrus zurück. Sichtbar wird dies in der Apostelgeschichte selber, insofern Philippus die Taufe des Äthiopiers vollzieht und dann noch vor Petrus nach Caesarea kommt (8,40).

Die „Hellenisten" um Stephanus bzw. Philippus waren offenbar eher dazu bereit, Nichtjuden in die Gemeinde der Christusgläubigen aufzunehmen, auch über den Kreis der der Synagoge nahestehenden „Gottesfürchtigen" hinaus. Die Bedingung dafür war die Taufe und die Integration in die Gemeinschaft, die die Mahlfeier mit dem erhöhten Herrn und die Orientierung am frühchristlichen Ethos einschloss. Die Gemeinde von Antiochia hat in dieser Entwicklung offenbar eine wichtige Rolle gespielt, wenngleich sie sicher nicht auf diese Gemeinde beschränkt war.

Arbeitsvorschläge

1. Die Rede des Stephanus in Apg 7,2–53 ist die längste Rede der Apostelgeschichte. Bei diesen Reden ist generell zu berücksichtigen, dass sie – entsprechend den Gepflogenheiten in der antiken Historiographie – vom Autor des Buches geschaffen wurden, wobei sie so gestaltet sind, dass sie in der Darstellung des Autors an dieser Stelle gehalten worden sein *könnten* (vgl. oben § 32.5). Welche Anklagepunkte werden Stephanus vorgeworfen (vgl. 6,13f.)? An welchen Stellen nimmt die Stephanusrede konkret darauf Bezug? Wie ist diese Rede thematisch insgesamt aufgebaut? Wird in dieser Rede eine eigene Theologie der „Hellenisten" erkennbar, die sich von der des Lukas unterscheidet?
2. Wie werden die Schritte der Ausbreitung des Christusglaubens in Apg 1–11 theologisch begründet? Wo befinden sich wichtige „Schaltstellen" der lukanischen Darstellung? Auf welche Weise werden bestimmte Ereignisse als von Gott bestimmt dargestellt?
3. Als mögliche Analogie mit Blick auf die soziale und organisatorische Struktur der frühchristlichen Gemeinden ist besonders das vielfältige antike Vereinswesen interessant. Lesen Sie die Quellenauszüge zu antiken Vereinen in S/Z 184–186.363–374. Welche Arten von Vereinen gab es in griechisch-römischer Zeit? Wie sind sie organisiert, welche Ämter und Leitungsfunktionen werden genannt? Lektüreempfehlung zum Einstieg: KOCH 65–67, sowie MAKRUS ÖHLER, Verein, in: Frank Crüsemann u. a. (Hg.), Sozialgeschichtliches Wörterbuch zur Bibel, Gütersloh 2009, 600–602. Eine vertiefende Diskussion mit Einführung in Probleme der Forschungsgeschichte bietet JOHN S. KLOPPENBORG, Pauline Assemblies and Graeco-Roman Associations, in: Jens Schröter u. a. (Hg.), Receptions of Paul in Early Christianity. The Person of Paul and His Writings through the Eyes of His Early Interpreters (BZNW 234), Berlin/Boston 2018, 215–247.

§ 63 „Apostelkonzil", „Aposteldekret" und „antiochenischer Zwischenfall"

Literatur: BURKHARD JÜRGENS, Zweierlei Anfang. Kommunikative Konstruktion heidenchristlicher Identität in Gal 2 und Apg 15 (BBB 120), Berlin/Bodenheim 1999 ♦ KOCH, Geschichte des Urchristentums, 225–247 ♦ MATTHIAS KONRADT, Zur Datierung des sogenannten antiochenischen Zwischenfalls, ZNW 102 (2011), 19–39 ♦ ÖHLER, Geschichte des frühen Christentums, 195–214 ♦ JÜRGEN WEHNERT, Die Reinheit des „christlichen Gottesvolkes" aus Juden und Heiden. Studien zum historischen und theologischen Hintergrund des sogenannten Aposteldekrets (FRLANT 173), Göttingen 1997.

1 Die Frage des Verhältnisses von Juden und Nichtjuden in der Christusgemeinschaft

Durch die Christusverkündigung unter Nichtjuden entstand die Frage, ob die Tora auch für nichtjüdische Menschen gilt, sich also die männlichen Mitglieder der christlichen Gemeinden beschneiden lassen müssen und die jüdischen Reinheits- und Speisevorschriften auch in der christlichen Gemeinschaft zu beachten sind. Die Geltung der Tora auch für Nichtjuden war vor allem deshalb von Bedeutung, weil auf diese Weise die Verbindung der Christusgläubigen mit Israel anschaulich werden konnte. Deshalb wurde auch im frühen Christentum die Position vertreten, dass durch die Orientierung an der Tora der Glaube an den Gott Israels zum Ausdruck zu bringen sei. Diese Sicht findet sich etwa beim Herrenbruder Jakobus und bei den Konkurrenten des Paulus in den galatischen Gemeinden und in Philippi. Dabei wurde die Geltung der in der Tora geregelten Lebensvollzüge auch für die Gemeinden der Christusgläubigen gefordert.

In der Gemeinde von Antiochia wurde dagegen eine andere Auffassung entwickelt. Die Verkündigung an Nichtjuden führte hier unmittelbar zu der Frage nach der Gestaltung des Zusammenlebens in einer Gemeinschaft aus Juden und Nichtjuden. Insbesondere beim Zusammenkommen der Gemeinde, etwa zum Herrenmahl, stellte sich die Frage nach den Regeln, die für ein gemeinsames Leben gelten sollen. Aber auch für das individuelle Leben war zu klären, woran man sich orientieren sollte. In Antiochia kam man dabei offenbar zu der Auffassung, dass der Christusglaube und die Zugehörigkeit zur Gemeinschaft der Glaubenden die Unterschiede zwischen Juden und Nichtjuden aufheben. Das wird in programmatischen Formulierungen deutlich, etwa in Gal 3,28: „Da ist nicht Jude noch Grieche, nicht Sklave noch Freier, nicht männlich noch weiblich" (vgl. auch 1Kor 12,13 und ähnlich Kol 3,11). Vergleichbar ist 1Kor 7,19: „Die Beschneidung ist nichts und die Unbeschnittenheit ist nichts, sondern die Bewahrung der Gebote Gottes." Die Aufhebung des Unterschieds von Beschneidung und Unbeschnittenheit wird auch in Gal 5,6 und 6,15 ausgesagt. Diese Texte machen deutlich, dass die Taufe als Ritual betrachtet wurde, das frühere Unterschiede obsolet macht und eine Gemeinschaft begründet, in der der Christusglaube zum entscheidenden Merkmal wird.

Diese beiden Positionen standen offenbar zunächst nebeneinander, wobei die erstere vor allem mit Jerusalem, die letztere vor allem mit Antiochia in Verbindung stand. Um zu einer gemeinsamen Auffassung zu gelangen, kam es zu einem Treffen von Vertretern beider Gemeinden in Jerusalem, dem sogenannten „Apostelkonzil", das vermutlich in das Jahr 48 oder 49 zu datieren ist (vgl. oben § 60.2). Über dieses Treffen berichten Paulus in Gal 2,1–10 und Lukas in Apg 15,1–35. Beide Berichte beziehen sich demnach auf dasselbe Ereignis. Sie weisen einige Gemeinsamkeiten, aber auch Unterschiede auf. Dies ist der jeweiligen Darstellungsabsicht geschuldet. Durch eine kritische Analyse beider Texte lassen sich jedoch das Zustandekommen des Treffens, die geschlossene Vereinbarung und deren Folgen weitgehend rekonstruieren.

2 Anlass, Verlauf, Ergebnis und Folgen des „Apostelkonzils"

a) Das „Apostelkonzil" in der Darstellung des Paulus

Nach seiner Darstellung in Gal 2,1–10 ging Paulus zusammen mit Barnabas und Titus nach Jerusalem (V. 1), und zwar, wie er hervorhebt, „aufgrund einer Offenbarung" (V. 2: κατὰ ἀποκάλυψιν). Es handelte sich bei der Gruppe zugleich um eine Delegation der antiochenischen Gemeinde, die nach Jerusalem gesandt wurde, um dort die strittige Frage der Heidenmission zu klären. Paulus bestätigt das indirekt mit seiner Bemerkung, er habe das Evangelium, das er unter den Heiden verkündigt, in Jerusalem vorgelegt – und zwar vor den dortigen Autoritäten noch einmal in besonderer Weise (V. 2) – und ihm seien von den Jerusalemer Autoritäten keine zusätzlichen Auflagen gemacht worden (V. 6). Ein Gefälle zwischen den Leitungsfiguren der Jerusalemer Gemeinde einerseits – Paulus nennt sie „die, die etwas gelten" (οἱ δοκοῦντες) bzw. „die Säulen" (οἱ στῦλοι, V. 6 und 9) – und der antiochenischen Delegation andererseits ist dabei nicht zu verkennen: Die antiochenische Delegation reist nach Jerusalem, um ihre Praxis des Evangeliums dort zu erklären und eine Übereinkunft zu erlangen. Die Jerusalemer Gemeinde und ihre Leitung gelten offenbar als Autoritäten, mit denen sich die antiochenische Gemeinde verständigen muss, um die Einheit des Evangeliums zu wahren.

Paulus betont in seinem Bericht zugleich, dass er als von Gott beauftragter Apostel Jesu Christi tätig und nicht von irgendwelchen Menschen abhängig ist (vgl. 1,1). Das ist für sein im Galaterbrief dargelegtes Selbstverständnis von großer Bedeutung und schlägt sich auch in dem Bericht vom Jerusalemer Aposteltreffen nieder. Paulus stellt heraus, dass er direkt von Gott berufen wurde (1,15–17) und dass er bereits etliche Jahre tätig war, bevor es zum Treffen in Jerusalem kam. Zudem relativiert er die Bedeutung derer, „die etwas gelten", durch die Parenthese „wer sie waren (d. h. woher sie ihre Autorität beziehen), interessiert mich nicht, Gott sieht nicht auf die Person" (2,6). Auch der Verweis auf die „Offenbarung", aufgrund derer er nach Jerusalem gezogen sei (2,2), gehört zu dieser Tendenz. Ungeachtet dessen wird jedoch deutlich, dass das Ziel des Treffens war, die antiochenische Praxis in Jerusalem als gleichwertig anerkennen zu lassen – und nicht etwa umgekehrt!

Das spricht dafür, dass die Darstellung der Apostelgeschichte das Zustandekommen des Treffens zutreffender beschreibt. Demnach wurde die antiochenische Praxis, auf die Beschneidung nichtjüdischer Gemeindeglieder zu verzichten, durch Jerusalemer Abgesandte kritisiert, woraufhin die Gemeinde Antiochias beschloss, eine Abordnung zur Klärung dieser Frage „zu den Aposteln und Ältesten nach Jerusalem" zu senden (Apg 15,1f.). Wenn Lukas „Älteste" (πρεσβύτεροι) in Jerusalem voraussetzt (vgl. auch 11,30; 21,18), dürfte es sich allerdings um die Rückprojektion einer späteren Entwicklung handeln. Eine Ältestenverfassung hat sich vermutlich erst später entwickelt und wird von Lukas bereits mit der Frühzeit der Jerusalemer Gemeinde verbunden.

Paulus erwähnt ausdrücklich, dass Titus, der ein „Grieche", also anders als Barnabas und Paulus kein Jude war, nicht gezwungen wurde, sich beschneiden zu lassen (Gal 2,3). In der Darstellung des Paulus bedeutet das *de facto* bereits die Anerkennung des Verzichts auf die Beschneidung nichtjüdischer Christusgläubiger. In der Apostelgeschichte wird Titus dagegen nirgendwo erwähnt (in den Paulusbriefen spielt er im 2. Korintherbrief eine wichtige Rolle, vgl. 2Kor 2,13; 7,6.13 u. ö.).

Paulus hebt hervor, dass er den „Falschbrüdern" nicht nachgegeben hat „um unserer Freiheit willen, die wir in Christus Jesus haben", damit „die Wahrheit des Evangeliums" auch für die Adressaten des Briefes bewahrt bleibe (Gal 2,4f.). Diese Bemerkung lässt sich verstehen vor dem Hintergrund der Notiz in Apg 15,5, in Jerusalem seien „einige von der Gruppe der Pharisäer, die zum Glauben gekommen waren", aufgetreten und hätten verlangt, nichtjüdische Christusgläubige müssten beschnitten werden und das Gesetz des Mose beachten.

Paulus betont anschließend in Gal 2,6, dass ihm von den Jerusalemer Autoritäten keine spezifischen Auflagen gemacht wurden (οὐδὲν προσανέθεντο). Vielmehr sei, im Gegenteil, anerkannt worden, dass er mit dem „Evangelium der Unbeschnittenheit" betraut sei, in gleicher Weise wie Petrus mit dem „Evangelium der Beschneidung" (2,7f.). Paulus stellt dies als eine formelle Übereinkunft dar, die anschließend durch Handschlag („die rechte Hand der Gemeinschaft") besiegelt worden sei (2,9). Mitunter ist angenommen worden, dass er sich dabei auf ein „offizielles Dokument" bezieht, in dem das gleichberechtigte Nebeneinander der Verkündigung des Evangeliums unter den Heiden und unter den Juden festgehalten wurde. Dafür spricht, dass Paulus nur hier (2,7 und 8) den Namen Petrus (Πέτρος) verwendet, wogegen er ansonsten immer (auch im unmittelbaren Umfeld der hiesigen Passage, vgl. 1,18; 2,9.11) den Namen Kephas (Κηφᾶ) gebraucht. Die Namensform „Petrus" könnte aus der genannten Vereinbarung stammen, die Paulus hier zitiert und die nicht der sonst von ihm verwendeten Namensform entspricht.

Zudem ist die Satzkonstruktion in 2,7–9 auffällig. Die Formulierung in V. 8 ist eine Parenthese, die im Wesentlichen das aussagt, was dann noch einmal in V. 9 zum Ausdruck kommt, dass nämlich „wir zu den Heiden, sie aber zur Beschneidung" gehen sollen, um das Evangelium zu verkündigen. Dabei werden in V. 7 und 8 nur Petrus und Paulus genannt, wogegen in V. 9 die „Säulen" Jakobus, Kephas (an zweiter Stelle!) und Johannes auf der einen, Paulus und Barnabas auf der anderen Seite als Repräsentanten aufgezählt werden. Schließlich sind das Gegenüber von „Evangelium der Unbeschnittenheit" und „Evangelium der Beschneidung" sowie der Ausdruck „Apostelamt der Beschneidung" (ἀποστολὴ τῆς περιτομῆς) auffällig. Paulus nennt nur diesen Ausdruck, jedoch keine Entsprechung in Bezug auf sich selbst (wie etwa ἀποστολὴ τῆς ἀκροβυστίας). Aus diesen Beobachtungen lässt sich folgern, dass Paulus hier auf eine Vereinbarung Bezug nimmt, die seinerzeit in Jerusalem getroffen wurde. Sie besagt, dass es eine Aufteilung der Mission zu den Juden und den Nichtjuden zwischen Jerusalem und Antiochia geben sollte, für die Petrus und Paulus als Repräsentanten stehen. Dabei vermeidet es Paulus, im Blick auf sich selbst ausdrücklich von einer ἀποστολή zu sprechen, was wiederum auf ein Gefälle zwischen den Jerusalemer „Säulen" und den antiochenischen Delegierten hinweist.

Abschließend erwähnt Paulus (2,10), dass es die Vereinbarung für eine *Kollekte für die Armen* gab, um deren Einhaltung er sich stets bemüht habe. Der Hinweis auf diesen Teil der Verabredungen klappt etwas nach, obwohl er für Paulus nicht unwichtig war (vgl. etwa 2Kor 8–9), denn er sah darin offenbar ein Zeichen für die Einheit der Kirche. Er will ihn jedoch der Gleichwertigkeit „seines" Evangeliums mit demjenigen der Jerusalemer, auf die es ihm vor allem ankommt, nachordnen.

Die *Aufteilung der Aufgabenbereiche* kann geographisch oder ethnisch verstanden werden. Es ist allerdings fraglich, ob dies überhaupt in einem präzisen Sinn vereinbart bzw. verstanden wurde. Aus der Praxis des Paulus kann geschlossen werden, dass er die Jerusalemer Vereinbarung in beiderlei Hinsicht interpretiert hat. Er hat sich vorwiegend nach Kleinasien und Griechenland begeben, um dort Gemeinden zu gründen, wobei er sich vor allem auf griechisch-römisch geprägte Städte (Philippi, Thessaloniki, Korinth, Ephesus) konzentriert hat. Dort hat er sich in erster Linie an Nichtjuden gewandt, wie aus seinen Briefen deutlich hervorgeht, die er vor allem an nichtjüdische Christusgläubige richtet. Dass eine strikte Trennung der Verkündigung an Juden und Nichtjuden weder geographisch noch ethnisch durchzuhalten war, folgt bereits daraus, dass auch in den von Paulus aufgesuchten Städten Juden lebten, die deshalb auch mit der Verkündigung des Evangeliums konfrontiert wurden. Das wird durch Notizen bei Paulus selbst (vgl. etwa 1Kor 9,20) sowie durch die Tatsache nahegelegt, dass seine Konkurrenzmissionare auf die Einhaltung der Torabestimmungen in den christlichen Gemeinden drängten und dabei auch Kontakt zu den Synagogengemeinden vor Ort gehabt haben dürften. Die Darstellung der Apostelgeschichte, der zufolge die Mission des Paulus stets in der Synagoge begann, ist dagegen historisch als unwahrscheinlich zu beurteilen. Sie resultiert aus der lukanischen Intention, die Entstehung der christlichen Kirche als Fortsetzung der Geschichte Israels zu beschreiben. Das wird auch in seiner Darstellung des Jerusalemer Apostelttreffens deutlich, in der die bei Paulus im Zentrum stehende Vereinbarung fehlt, dafür jedoch mit dem „Aposteldekret" eine andere Übereinkunft genannt wird, die Lukas vermutlich gegen den tatsächlichen Verlauf mit diesem Treffen verbindet (s. u.).

b) Der Bericht über das „Apostelkonzil" in der Apostelgeschichte

In der Apostelgeschichte steht das „Apostelkonzil" in Apg 15,1–29 verbunden mit seiner unmittelbaren Nachgeschichte (15,30–35) im Zentrum des ganzen Buches. In 14,26–28 war notiert worden, dass Paulus und Barnabas nach der in 13,3 begonnenen „Missionsreise" nach Antiochia zurückgekehrt waren und dort längere Zeit blieben. In 15,1 heißt es unvermittelt, „Leute" (τινές) aus Judäa seien nach Antiochia gekommen, die die „Brüder" lehrten: „Wenn ihr nicht beschnitten werdet nach der Sitte (τῷ ἔθει) des Mose, könnt ihr nicht gerettet werden." Nach heftiger Debatte mit Paulus und Barnabas werden diese beiden gemeinsam mit anderen wegen dieser Streitfrage zu den Aposteln und Ältesten nach Jerusalem entsandt (V. 2). Nach Zwischenstationen in Phönizien und Samaria (V. 3) werden sie in Jerusalem von der Gemeinde (ἐκκλησία) und den Aposteln und Propheten empfangen und sie berichten, „was Gott mit ihnen getan hatte" (V. 4). Aber „einige aus der Partei der Pharisäer, die gläubig geworden waren", erheben die Forderung: „Man muss sie beschneiden und ihnen gebieten, das Gesetz des Mose zu halten" (V. 5).

Daraufhin (V. 6) kommen „die Apostel" und „die Ältesten" zusammen, um über diese Angelegenheit zu beraten (ἰδεῖν περὶ τοῦ λόγου τούτου); weitere Beteiligte werden nicht erwähnt. Nach längerer kontroverser Diskussion (V. 7a) hält Petrus eine kurze Rede: Er erinnert daran, dass Gott „vor langer Zeit" beschlossen hat, die Heiden durch seinen (Petrus') Mund die Verkündigung des Evangeliums hören zu lassen. Damit bezieht er sich auf das Geschehen im Haus des Kornelius (Kap. 10), das er anschließend in Jerusalem dargelegt hatte (11,1–18). Innerhalb der Apostelgeschichte wird damit deutlich gemacht, dass die Aufnahme von Heiden ins Gottesvolk von Gott selbst durch die Visionen des Petrus und des Kornelius in Gang gesetzt wurde – und zwar vor der Mission von Barnabas und Paulus, die erst später erfolgte.

Anschließend (15,12) berichten Barnabas und Paulus von den „Zeichen und Machttaten unter den Heiden", die Gott durch sie gewirkt hat (vgl. V. 4). Damit wird die Verbindung des Jerusalemer Treffens zur Mission von Barnabas und Paulus hergestellt, die unmittelbar zuvor (Kap. 13–14) geschildert worden war. Darin liegt eine Analogie zur Darstellung bei Paulus, der ebenfalls betont hatte, dass zwischen seiner Berufung und dem Jerusalemer Treffen etliche Jahre lagen, in denen er in verschiedenen Gebieten (Arabia, Syrien und Kilikien) tätig gewesen war. Zwar nennt Paulus die Regionen der gemeinsamen Mission mit Barnabas nach Kap. 13–14 dabei auffälligerweise nicht, jedoch geht aus beiden Berichten hervor, dass er vor dem Jerusalemer Treffen bereits einige Zeit als antiochenischer Missionar aktiv war. Die Beschneidungsforderung, die die Jerusalemer in Antiochia erhoben (s. o.), dürfte demnach nicht zuletzt dadurch veranlasst gewesen sein, dass die antiochenische Gemeinde missionarisch aktiv war und ihre Praxis auch an anderen Orten propagierte.

Eine Erklärung des auffälligen Befundes der Nichterwähnung der Mission mit Barnabas im Galaterbrief könnte darin liegen, dass die gemeinsame Reise erst *nach* dem Jerusalemer Treffen stattgefunden hat und Paulus in Gal 1 nur über die Zeit *davor* schreibt (so ÖHLER 91f.; vgl. bereits GÜNTHER BORNKAMM, Paulus, Stuttgart ⁶1987, 64). Dieser Lösung zufolge hätte Lukas die Darstellung der Reise gegen den historischen Befund vor das Jerusalemer Treffen gezogen (was möglich, aber nicht unbedingt wahrscheinlich ist), zudem bliebe dann für diese Reise nur ein sehr kurzer Zeitraum zur Verfügung. Wenn das „Apostelkonzil" im Jahr 48 oder 49 stattgefunden hat und Paulus 50 oder spätestens 51 in Korinth ankam, nachdem er zuvor in Philippi und Thessaloniki gewesen war, wäre der Zeitrahmen für diese Reise sehr knapp bemessen. Der Grund dafür, dass Paulus diese Reise nicht eigens erwähnt, dürfte eher darin liegen, dass Barnabas dabei eine wichtige, vielleicht sogar die führende Rolle gespielt hat und Paulus dies im Galaterbrief unerwähnt lassen möchte, in dem er Barnabas im Zusammenhang des „antiochenischen Zwischenfalls" unter diejenigen zählt, die mit Kephas „geheuchelt" hätten (Gal 2,13).

Nach der Rede des Petrus sowie den Berichten von Barnabas und Paulus spricht schließlich Jakobus. Er knüpft an die Rede des Petrus („Symeon", Apg 15,14) an und legt unter Verweis auf Schriftzitate (V. 15–18) dar, dass Gott beschlossen habe, sich „aus den Heiden ein Volk zu erwählen". Deshalb dürfe man denen aus den Heiden, die sich zu Gott hinwenden, keine Last auferlegen (V. 19). Allerdings müsse ihnen mitgeteilt werden, dass sie sich fernhalten sollen von den Verunreinigungen durch Götzen, von Unzucht (πορνεία) sowie von Ersticktem und von Blut (V. 20). Diese Forderungen, das sogenannte „Apostedekret", werden dann in einem Schreiben festgehalten, das den Antiochenern mitgegeben wird (V. 23–29). Darauf wird auch in 21,25 noch einmal Bezug genommen.

Die entscheidende Aussage in Apg 15,29 ist in zwei unterschiedlichen Textfassungen überliefert: Nach dem von der Mehrzahl der Handschriften gebotenen Text enthält das „Aposteldekret" vor allem die *kultischen* Minimalforderungen an Nichtjuden, die das Zusammenleben mit Juden überhaupt erst möglich machen. Die Fassung des „westlichen Texts" (vgl. oben § 2.2) nennt vor allem *sittliche* Forderungen, darunter die „Goldene Regel" (vgl. Mt 7,12); diese Fassung entstand vermutlich erst, als die Kirche *de facto* eine heidenchristliche war und die kultischen Bestimmungen nicht mehr brauchte, möglicherweise nicht einmal mehr verstand.

Die Forderungen des „Aposteldekrets" orientieren sich an den in Lev 17–18 formulierten Bestimmungen, die das Leben für in Israel lebende Nichtjuden regeln. In rabbinischer Zeit sind sie zu den sogenannten „noachidischen Geboten" weiterentwickelt worden, also zu denjenigen Geboten, die für alle Menschen gelten, weil sie bereits vor der Tora erlassen wurden. Diese Gebote sollen der Darstellung der Apostelgeschichte zufolge auch das Zusammenleben von Nichtjuden und Juden in der Christusgemeinschaft regeln.

Nach der Rückkehr der antiochenischen Delegation entsteht ein Konflikt zwischen Paulus und Barnabas, der zur Trennung führt (15,35–41; vgl. Gal 2,11–14). Paulus begibt sich auf die nächste Reise (16,1–4), auf der ihn andere Mitarbeiter (als Erster wird Timotheus genannt, V.1–3) begleiten werden. Sie überbringen in den von ihnen aufgesuchten Städten die von den Aposteln und Ältesten in Jerusalem gefassten Beschlüsse, „damit sie sich daran halten" (παρεδίδοσαν αὐτοῖς φυλάσσειν τὰ δόγματα, V. 4).

c) „Apostelkonzil", „Aposteldekret" und „antiochenischer Zwischenfall" in historischer Sicht

Im Blick auf eine historische Rekonstruktion des Jerusalemer Aposteltreffens lässt sich Folgendes festhalten: Durch die antiochenische Praxis wurde eine Entscheidung darüber notwendig, ob Nichtjuden ohne Beschneidung in die Christusgemeinschaft aufgenommen werden können. Im von Lukas gezeichneten Bild tragen die Jerusalemer Autoritäten sowie Paulus und Barnabas gemeinsam zu dieser Entscheidung bei: Petrus berichtet von seiner Offenbarung, Paulus und Barnabas von ihrer Mission unter den Heiden. Paulus betont dagegen in seiner Darstellung, dass er das Evangelium für die Heiden, mit dem er von Gott beauftragt wurde, in Jerusalem vorgelegt hat. Ungeachtet dieser unterschiedlichen Akzentsetzungen stimmen beide Schilderungen darin überein, dass die Heidenmission ohne Beschneidung als gleichberechtigt anerkannt wurde. Das wird durch die weitere historische Entwicklung bestätigt.

Die Entscheidung wurde nach Apg 15 durch die Rede von Petrus, der dazu auf seine Offenbarung verweist, und dann vor allem durch diejenige des Jakobus getroffen. Das dabei vorgetragene Argument, das Gesetz sei eine unerträgliche Last, die den Heiden nicht auferlegt werden dürfe, ist allerdings mit der jüdischen Sicht des Gesetzes nicht in Übereinstimmung zu bringen. Auch Paulus vertritt nicht die Auffassung, die „Werke des Gesetzes" könnten nicht geleistet werden. Sie machen allerdings nicht vor Gott gerecht (vgl. oben § 18 und 19, Arbeitsvorschlag 6). In den Reden des Petrus und Jakobus in Apg 15 dienen die Formulierungen von der „Bürde" des Gesetzes, mit der man die Heiden nicht beschweren soll, dazu, die Regelungen des „Apostekdekrets" zu begründen.

Von der in Gal 2,10 erwähnten Jerusalemkollekte spricht Lukas im Zusammenhang des „Apostelkonzils" nicht. Für die Annahme, er habe möglicherweise doch von ihr gewusst, könnten die Agabus-Prophezeiung in Apg 11,29f. und eine Andeutung in der Verteidigungsrede des Paulus in 24,17 sprechen: „Nach mehreren Jahren bin ich gekommen, um Almosen für mein Volk zu überbringen (ἐλεημοσύνας ποιήσων εἰς τὸ ἔθνος μου) und zu opfern."

Dass das „Apostelkdekret" bei der Jerusalemer Zusammenkunft beschlossen wurde, kann angesichts des Berichts des Paulus ausgeschlossen werden. Dass Paulus es bewusst nicht genannt hat, ist in der Situation, in der er den Galaterbrief schreibt, dagegen äußerst unwahrscheinlich. Paulus scheint das „Dekret" vielmehr nicht gekannt zu haben. Andernfalls hätte er sich sehr wahrscheinlich in 1Kor 5–10, wo er die Themen „Unzucht" und „Götzenopferfleisch" eingehend erörtert, darauf berufen. Gerade gegenüber der korinthischen Gemeinde hätte es seine Position gestärkt, wenn er auf eine solche Übereinstimmung hätte verweisen können. Auch in Röm 14,1–15,13 hätte ein Verweis auf das Dekret seine Sicht unterstützt, denn Paulus formuliert dort eine mit den Dekretforderungen durchaus vergleichbare Position.

Das „Apostelkdekret" entstand wahrscheinlich in einem Bereich, in dem Christusgläubige jüdischer und nichtjüdischer Herkunft in *einer* Gemeinde zusammenlebten. Die Frage, wie das zu organisieren sei, wurde gerade deshalb virulent, weil dieses Problem durch die von Paulus geschilderte Vereinbarung über die Gleichwertigkeit der Mission unter Juden und Nichtjuden (Gal 2,7–9) nicht geregelt worden war. Vor diesem Hintergrund wird der „Zwischenfall" erklärlich, von dem Paulus unmittelbar im Anschluss (2,11–14) berichtet: Demnach entstand nach dem Jerusalemer Treffen ein Konflikt in Antiochia, weil „Leute des Jakobus" verlangten, Kephas, der nach Antiochia gekommen war und dort Tischgemeinschaft auch mit Nichtjuden praktiziert hatte, solle dieses Verhalten mit Rücksicht auf die Reinheitsbestimmungen der Tora beenden. Petrus wie auch andere Judenchristen, darunter Barnabas, hätten dies akzeptiert, was ihnen Paulus als „Heuchelei" auslegt. Paulus lehnt diese Reaktion auch deshalb strikt ab, weil er darin eine der Freiheit des Evangeliums widersprechende Haltung sieht, die den Heiden jüdische Lebensweise aufzwingt.

Das von Lukas angeführte „Apostoldekret" reagiert genau auf dieses Problem, das in der Jerusalemer Vereinbarung gar nicht im Blick, für die Gestaltung des Zusammenlebens von Juden und Nichtjuden in der christlichen Gemeinde jedoch höchst relevant war. Beide Ereignisse – das Jerusalemer Treffen und der antiochenische Zwischenfall – gehören demnach sachlich zusammen, sind jedoch zugleich im Blick auf die jeweils im Zentrum stehende Thematik zu unterscheiden: Im ersten Fall ging es um das Verhältnis der christlichen Verkündigung an Juden und Heiden, im zweiten um die Regelung des gemeinsamen Lebens in der christlichen Gemeinschaft. Das Dekret wurde demzufolge offenbar nach dem Jerusalemer Treffen in Antiochia installiert, aber erst nachdem Paulus die Gemeinde bereits verlassen hatte, da er selbst es nicht kennt. Es hat dort offenbar eine Zeitlang in Geltung gestanden und diente als Grundlage für das Zusammenleben der Gemeinde. Indem Lukas es nachträglich mit dem Jerusalemer Treffen verbindet, gibt er sowohl diesem Treffen als auch dem Dekret eine andere, grundsätzliche Bedeutung. Das Treffen regelt nun vor allem die Frage des Zusammenlebens von Juden und Nichtjuden in der christlichen Gemeinde auf der Grundlage des Dekrets und gibt ihm auf diese Weise eine dauerhaft auf ihre jüdischen Wurzeln verpflichtete Gestalt.

Man kann allerdings fragen, ob der in Gal 2,9 offenbar nahezu wörtlich zitierte Beschluss des Jerusalemer Treffens aus der Sicht des Paulus ein inkonsequenter Kompromiss war. Hätte Paulus nicht auch für Christen jüdischer Herkunft die Freiheit von der Tora verlangen müssen, wie er sie selbst praktizierte (vgl. 1Kor 9,19–23)? Das wäre jedoch ein Missverständnis seiner Position. Für Paulus ist wichtig, dass Heiden sich zum Gott Israels und zu Jesus Christus bekehren, ohne auf die Tora verpflichtet zu werden. Juden müssen dagegen ihre Bindung an die Tora nicht aufgeben, um Christen sein zu können. Sie können vielmehr an Beschneidung und Gesetz festhalten (vgl. 1Kor 7,17–24; 9,19–23), dürfen dies allerdings nicht von den Heiden verlangen (Gal 2,11–14). Für beide gilt, dass das Tun des Gesetzes vor Gott nicht zu rechtfertigen vermag (Gal 2,15f.; 3,21f.). So war die auf dem „Apostelkonzil" getroffene Entscheidung, dass Juden und Heiden prinzipiell bleiben dürfen, was sie sind, aus der Sicht des Paulus kein Kompromiss. Sie entspricht vielmehr seinem Verständnis der Gerechtigkeit Gottes. Es scheint allerdings recht bald zum Streit über die richtige Auslegung dieser Entscheidung gekommen zu sein, wie der Konflikt mit Kephas in Antiochia zeigt.

⌀ Arbeitsvorschläge

1. Lesen Sie Gal 2,1–10 sowie Apg 15,1–35: Welche Personen stehen jeweils im Mittelpunkt? Beachten Sie dabei, welche Personen mit wörtlicher Rede auftreten und welche Wortmeldungen nur zusammenfassend erwähnt werden. Erstellen Sie eine tabellarische Übersicht mit Gemeinsamkeiten und Unterschieden. Berücksichtigen Sie dabei folgende Details: Wie wird der Anlass des Apostoltreffens dargestellt? Wer

nahm daran teil? In welcher Weise wird Titus erwähnt? Was wird als Ergebnis des Treffens erwähnt?
2. Vergleichen Sie die Bestimmungen des „Aposteldekrets" in der Rede des Jakobus (Apg 15,20), im Brief an die antiochenische Gemeinde (15,29) und in der Rede des Jakobus und der Ältesten bei dem späteren Treffen in Jerusalem (21,25). Welche Gemeinsamkeiten und Unterschiede zeigen sich hier?
3. In der Forschung geht man überwiegend davon aus, dass das Jerusalemer Aposteltreffen und der Konflikt in Antiochia zeitlich eng beieinander lagen (vgl. KOCH 240). Matthias Konradt, Markus Öhler und andere kommen jedoch zu dem Schluss, dass der antiochenische Konflikt erst beim letzten Aufenthalt des Paulus in Antiochia (vgl. Apg 18,22f.) entstand (KONRADT 22; ÖHLER 205–208). Welche Argumente sprechen für diese Einordnung, welche dagegen? Welche Konsequenzen hat die historische Einordnung des antiochenischen Konflikts für das Missionswerk des Paulus?

§ 64 Die Mission des Paulus und seiner Mitarbeiterinnen und Mitarbeiter

Literatur: JÜRGEN BECKER, Paulus und seine Gemeinden, in: ders. (Hg.), Anfänge des Christentums, 102–159 ♦ EVA EBEL, Das Missionswerk des Paulus, in: Oda Wischmeyer/Eve-Marie Becker (Hg.), Paulus. Leben – Umwelt – Werk – Briefe (UTB 2767), Tübingen ³2021, 173–185 ♦ FRIEDRICH WILHELM HORN (Hg.), Paulus Handbuch, Tübingen 2013 ♦ KOCH, Geschichte des Urchristentums, 249–343 ♦ WOLFGANG KRAUS u. a., Paulus als Heidenmissionar/Mission, in: Horn (Hg.), Paulus Handbuch, 91–119.227–273 ♦ ÖHLER, Geschichte des frühen Christentums, 181–264 ♦ WOLF-HENNING OLLROG, Paulus und seine Mitarbeiter (WMANT 50), Stuttgart 1979 ♦ ANTON VÖGTLE, Die Dynamik des Anfangs. Leben und Fragen der jungen Kirche, Freiburg i. Br. 1988, 70–200. – Darstellungen der Biographie und Theologie des Paulus: JÜRGEN BECKER, Paulus – Apostel der Völker (UTB 2014), Stuttgart ³1998 ♦ JAMES D. G. DUNN, The Theology of Paul the Apostle, Grand Rapids, Mich. 1998 ♦ UDO SCHNELLE, Paulus. Leben und Denken, Berlin/Boston ²2014 ♦ MICHAEL WOLTER, Paulus. Ein Grundriss seiner Theologie, Neukirchen-Vluyn ³2021.

1 Paulus als Verfolger der Kirche und seine Lebenswende bei Damaskus

Literatur: EVE-MARIE BECKER/PETER PILHOFER (Hg.), Biographie und Persönlichkeit des Paulus (WUNT 187), Tübingen 2005 ♦ CHRISTOPH BURCHARD, Der dreizehnte Zeuge. Traditions- und kompositionsgeschichtliche Untersuchungen zu Lukas' Darstellung der Frühzeit des Paulus (FRLANT 103), Göttingen 1970 ♦ MARTIN HENGEL, Der vorchristliche Paulus, in: ders., Paulus und Jakobus. Kleine Schriften III (WUNT 141), Tübingen 2002, 68–192, hier 99–103 ♦ HORN (Hg.), Paulus Handbuch, 44–80.542–551 ♦ ANDREAS LINDEMANN, Paulus – Pharisäer und Apostel, in: ders., Glauben, Handeln, Verstehen. Studien zur Auslegung des Neuen Testaments, Bd. 2 (WUNT 282), Tübingen 2011, 33–72 ♦ KARL-WILHELM NIEBUHR, Heidenapostel aus Israel. Die jüdische Identität des Paulus nach ihrer Darstellung in seinen Briefen (WUNT 62), Tübingen 1992 ♦ RAINER RIESNER, Die Frühzeit des Apostels Paulus (WUNT 71), Tübingen 1994, 204–248.

Die Verkündigung unter Nichtjuden beginnt nicht mit Paulus, sondern mit den Hellenisten in Antiochia (vgl. Apg 11,20). Über das Wirken des Paulus liegen jedoch die detailliertesten Informationen aus den Anfängen des Christentums vor.

§ 64 Die Mission des Paulus und seiner Mitarbeiterinnen und Mitarbeiter

Um seine Wende vom Pharisäer zum Verkünder des Evangeliums und sein Wirken unter Nichtjuden angemessen verstehen zu können, muss seine Biographie zumindest in Umrissen erfasst werden. Die erhaltenen „echten" Paulusbriefe ermöglichen allerdings keine geschlossene Rekonstruktion seines Lebens und Wirkens. Paulus geht nur an wenigen Stellen auf seine Herkunft, seine Lebenswende und die sich daran anschließenden Ereignisse ein. Diese autobiographischen Bemerkungen haben zudem eine spezifische Funktion innerhalb der jeweiligen Argumentation. Sie dienen dagegen nicht dazu, „neutral" über seine Biographie zu informieren. Die Chronologie der Briefe des Paulus ist zudem mit einigen Unsicherheiten behaftet. Bei einigen Briefen ist umstritten, wie sie in sein Wirken einzuordnen sind. Einer der Briefe des Paulus nach Korinth ist nicht erhalten (Paulus erwähnt diesen Brief in 1Kor 5,9). Schließlich besteht bei zwei Briefen (Phil und 2Kor) die Möglichkeit, dass sie nachträglich aus mehreren Briefen zusammengesetzt wurden. Diese Briefe bzw. Briefteile wären demnach separat in das Wirken des Paulus einzuzeichnen.

Neben den Angaben seiner eigenen Briefe bietet die Apostelgeschichte wichtige Informationen über Weg und Wirken des Paulus. Etliche Angaben, etwa zur Herkunft des Paulus und zu Stationen und Ereignissen seines Wirkens, finden sich ausschließlich in der Apostelgeschichte, die deshalb eine wichtige Quelle für eine Paulusbiographie ist. Zugleich entwirft die Apostelgeschichte ein eigenes Bild von Paulus, der für die geschilderten Entwicklungen eine zentrale Bedeutung besitzt. Im Blick auf eine historische Rekonstruktion muss das hier gezeichnete Bild deshalb daraufhin überprüft werden, wie sich das Interesse der Darstellung zu den historisch wahrscheinlichen Daten und Ereignissen verhält.

a) Herkunft, religiöse Prägung und Tätigkeit des Paulus vor seiner Hinwendung zum Christusglauben

In der Apostelgeschichte begegnet Paulus zum ersten Mal im Zusammenhang der Steinigung des Stephanus (7,58). Dabei wird er mit seinem hebräischen Namen Saulus genannt. In den Bekehrungsberichten in Apg 9; 22 und 26 spricht ihn der erhöhte Jesus mit der kürzeren Form „Saul" an. Dadurch wird betont, dass es sich um eine hebräische bzw. aramäische Anrede handelt. Auf der gemeinsamen Mission mit Barnabas führt die Apostelgeschichte sodann den griechisch-römischen Namen Paulus ein (13,9: „Saulus, der auch Paulus heißt"). Diese Namensform wird von da an bis zum Ende der Apostelgeschichte durchgehend gebraucht.

Dass Paulus den *Namen* des ersten israelitischen Königs Saul (gräzisiert: Σαῦλος/Saulos) trug, der wie Paulus ebenfalls zum Stamm Benjamin gehörte (vgl. Apg 13,21; Röm 11,1; Phil 3,5), wird nur in der Apostelgeschichte erwähnt. Paulus bezeichnet sich in den Briefen dagegen selbst stets mit dem (eigentlich lateinischen) Namen Paulus, dessen griechische Version Paulos (Παῦλος) lautet. Dass Juden derartige Doppelnamen führten, war in der hellenistisch-römischen

Zeit durchaus üblich (ein weiteres Beispiel findet sich in Kol 4,11: Jesus, der Justus genannt wird).

Den *Geburtsort* des Paulus erfahren wir ebenfalls nur aus der Apostelgeschichte. Paulus selbst weist gelegentlich pointiert auf seine jüdische Abstammung als „Israelit" und „Same Abrahams" hin (Phil 3,5f.; 2Kor 11,22; Röm 11,1), spricht aber nie davon, wo er selbst geboren und aufgewachsen ist. Dagegen erwähnt der Paulus der Apostelgeschichte die kilikische Provinzhauptstadt Tarsus als seinen Geburtsort (21,39; 22,39). Tarsus war in der Antike ein bedeutendes Bildungszentrum. Hier dürfte Paulus seine ersten Lebensjahre verbracht haben und dabei auch in Kontakt mit der griechischen Bildungswelt gekommen sein. Zwar kann bei Paulus nicht von einer philosophischen und rhetorischen Bildung wie bei anderen jüdischen Autoren dieser Zeit, etwa bei Philo von Alexandria, gesprochen werden. Jedoch sind ihm Mittel der zeitgenössischen Rhetorik durchaus vertraut, was sich zum Beispiel an der Verwendung des Diatribenstils, der Peristasenkataloge sowie der Komposition und Argumentation, insbesondere im Galater- und Römerbrief, zeigt. Paulus war demnach ein Diasporajude, der die Grundlagen griechisch-römischer Bildung beherrschte.

Die Lebensdaten des Paulus lassen sich nur näherungsweise bestimmen. Bei seiner ersten Erwähnung in der Apostelgeschichte, im Zusammenhang der Steinigung des Stephanus (7,58), wird Paulus als „junger Mann" (νεανίας) bezeichnet. Im Philemonbrief (Phlm 9) nennt er sich selbst einen „alten Mann" (πρεσβύτης). Die erste Angabe bezieht sich nach antikem Verständnis auf das dritte, die zweite auf das sechste Lebensjahrzehnt. Da der Philemonbrief in den fünfziger Jahren geschrieben wurde (ca. 54/55), dürfte Paulus demnach im ersten Jahrzehnt n. Chr. geboren sein. Genauer lässt sich das Geburtsjahr nicht eingrenzen. Anfang der sechziger Jahre des 1. Jahrhunderts wurde Paulus in Rom hingerichtet (vgl. oben § 60.2).

Der Apostelgeschichte zufolge besaß Paulus das *Bürgerrecht* von Tarsus (21,39), nach 22,28 war er zudem von Geburt an römischer Bürger (vgl. 16,37f.). Eine solche Doppelbürgerschaft war durchaus möglich. Ob Paulus allerdings tatsächlich das römische Bürgerrecht besaß, ist unsicher. Er selbst erwähnt es nicht, was jedoch nicht allzu viel besagen muss, denn Paulus kommt nur insoweit auf seine Biographie zu sprechen, wie es für seine jeweilige Argumentation von Bedeutung ist (vor allem in Gal 1,13–2,14). Allerdings lassen die von Paulus selbst erwähnte, mehrfach erlittene Auspeitschung (2Kor 11,25) sowie das von ihm erwartete Todesurteil (2Kor 1,8–11; Phil 1,21–26) die Annahme seiner römischen Bürgerschaft fraglich erscheinen. Erstere Strafe war für römische Bürger jedenfalls ungewöhnlich, wenn nicht gar rechtlich untersagt, gegen das Todesurteil hätte Paulus zumindest Einspruch erheben und verlangen können, dass es vom Kaiser selbst bestätigt werden muss. Im Zusammenhang mit der von Paulus erhobenen Forderung, vor den Kaiser geführt zu werden (Apg 25,11), erwähnt die Apostelgeschichte das römische Bürgerrecht des Paulus allerdings nicht noch einmal. Die Appellation liefert der Apostelgeschichte zufolge vielmehr den Grund dafür, dass Paulus tatsächlich nach Rom gebracht wird, wie er es bereits zuvor angekündigt hatte (19,21; 23,11; vgl. 27,24). Die Überstellung nach Rom hat der Apostelgeschichte zufolge – neben der Fortsetzung des Prozesses – einen gewichtigen theologischen Grund: Paulus muss dort die Botschaft vom Reich Gottes verkünden (28,30f.). Mit seinem römischen Bürgerrecht hängt das Kommen des Paulus nach Rom dagegen nicht zusammen. Es ist deshalb nicht auszuschließen, dass Lukas das römische Bürgerrecht des Paulus aus den ihm vorliegenden Informationen erschlossen hat.

Nach Apg 22,3 wuchs Paulus als *Schüler des pharisäischen Lehrers Gamaliel* in Jerusalem auf, wo er Verwandte hatte (23,16). Offenbar verbrachte er demnach seine Jugend in Jerusalem und wurde dort in der Lehre der Pharisäer unterwiesen. Auf Letzteres weist Paulus auch selbst hin (Phil 3,5). Die Ausbildung zum Pharisäer spricht für einen längeren Aufenthalt in Judäa bzw. in Jerusalem, denn über Pharisäer in der Diaspora ist für diese Zeit nichts bekannt. Die Briefe zeigen darüber hinaus, dass Paulus mit der biblischen Überlieferung und der jüdischen Theologie insgesamt eng vertraut ist. Das gilt auch für die Zeit nach seiner Bekehrung. Als Apostel entwickelt Paulus seine Sicht auf das Evangelium in engem Anschluss an die jüdischen Schriften und Traditionen und betrachtet die Geschichte Israels als den Kontext, in dem das Handeln Gottes durch Jesus Christus verstanden werden muss.

Die Apostelgeschichte berichtet, ebenso wie Paulus selbst, dass er an der *Verfolgung von Christusgläubigen* aktiv beteiligt war, und zwar bereits in Jerusalem (Apg 8,3; 9,1). Die Aussage des Paulus, er sei den Gemeinden in Judäa „von Person unbekannt" gewesen (Gal 1,22), spricht nicht notwendigerweise gegen diese Behauptung, denn die „Gemeinden Judäas" sind von derjenigen in Jerusalem noch einmal zu unterscheiden. Paulus selbst schreibt im Zusammenhang der Schilderung seiner Lebenswende, er sei „am achten Tage beschnittener Israelit, aus dem Stamm Benjamin, Hebräer aus Hebräern, Pharisäer nach dem Gesetz", er habe „aus Eifer für die väterlichen Überlieferungen" die Gemeinde verfolgt (Phil 3,5f.; Gal 1,13f.; vgl. 1Kor 15,9) und sei „nach der Gerechtigkeit im Gesetz untadelig" gewesen (Phil 3,6). Nachdem er die Bedeutung Jesu Christi erkannt hatte, habe er dies jedoch für „Dreck" erachtet, um anstelle der eigenen Gerechtigkeit die Gerechtigkeit Gottes zu erlangen (Phil 3,8f.).

Aus 1Thess 2,9; 1Kor 4,12; Apg 18,3 geht hervor, dass Paulus während seiner missionarischen Tätigkeit ein *Handwerk* ausübte, um sich seinen Lebensunterhalt zu verdienen. In den Briefen nach Korinth betont er, dass er dieser Gemeinde finanziell nicht zur Last gefallen sei (1Kor 9,5.15ff.; 2Kor 11,8). Die Gemeinde in Philippi ließ ihm dagegen offenbar eine größere Unterstützung zukommen (Phil 4,10-20).

b) Die Lebenswende bei Damaskus

Im Zuge seiner Verfolgertätigkeit macht Paulus eine Erfahrung, die ihn zum Verkündiger werden lässt. Er schreibt, er habe Christus „gesehen" (1Kor 9,1; vgl. 15,8), und dies versteht er als Berufung zum Apostel für die Heiden (Gal 1,15–17). In diesem Zusammenhang nennt er auch Damaskus (vgl. Apg 9,3–9), ohne allerdings näher auszuführen, was „vor Damaskus" geschehen ist. Der detailreiche Bericht in Apg 9 (vgl. 22,6–11; 26,12–18) über die dem Paulus widerfahrene Audition und Vision ist eine legendarische Ausgestaltung dieses Geschehens, die keine Grundlage dafür bietet, dem tatsächlichen Geschehen auf die Spur zu kommen. Der entscheidende Inhalt des ihm widerfahrenen Geschehens zeigt sich vor allem in der von Paulus formulierten Konsequenz aus dieser Erfahrung: Gott hat ihm eine neue Erkenntnis vermittelt (2Kor 4,6; Phil 3,8), er hat „mir seinen Sohn offenbart, damit ich ihn unter den Heiden verkündige" (Gal 1,16).

Vor diesem Erlebnis hatte Paulus christusgläubige Juden verfolgt, die Jesus als von Gott auferweckten Sohn verkündigt und sich damit in der Sicht des Paulus von den jüdischen Überlieferungen losgesagt hatten. Seine Erfahrung bei Damaskus bedeutete für Paulus dagegen, dass Gott, dem er durch seine Verfolgertätigkeit zu dienen glaubte, sich selbst zu dem gekreuzigten Jesus und damit auch zu den an ihn Glaubenden bekannte. Die Überzeugung der zuvor verfolgten Judenchristen wurde damit durch Gott bestätigt. Für Paulus bedeutete das auch, dass Gottes Handeln durch Jesus Christus nicht nur dem Volk Israel, sondern allen „Völkern", also der ganzen Menschheit, gilt. Diese Überzeugung stand fortan im Zentrum seines Wirkens.

Arbeitsvorschläge

1. Welche Angaben macht die Apostelgeschichte über die Herkunft, das Bürgerrecht und die jüdische Ausbildung des Paulus? In welchen Zusammenhängen werden diese Informationen mitgeteilt? Wo macht Paulus selbst entsprechende Angaben? Inwiefern setzt er sie in bestimmten argumentativen Kontexten ein?
2. Wie aus 1Thess 2,9 und 1Kor 4,12 hervorgeht, ging Paulus während seiner Tätigkeit als Missionar einem handwerklichen Beruf nach. Bei seinem Zusammentreffen mit Priszilla und Aquila in Korinth merkt Lukas an, dass sie den Beruf eines σκηνοποιός (skēnopoios) ausübten (Apg 18,3). Wie ist diese Berufsbezeichnung zu verstehen: „Zeltmacher", „Lederarbeiter", „Sattler", „Textilhandwerker"? Was folgt daraus möglicherweise für den sozialen Status des Paulus? Lektüreempfehlung: PETER LAMPE, Paulus – Zeltmacher, BZ 31 (1987), 256–261; HENGEL 99–103; WOLTER 9f.
3. In welchen Zusammenhängen erwähnt Paulus in seinen Briefen, dass ihm Jesus erschienen ist? Mit welchen Worten stellt sich Paulus dabei selbst dar? Was hat diese Erscheinung seines Erachtens verändert? Warum kommt Paulus darauf jeweils zu sprechen? Berücksichtigen Sie besonders 1Kor 9,1; 15,9f.; Gal 1,12.15f.

2 Das Wirken des Paulus als Apostel und Gemeindegründer

a) Die frühen Jahre nach der Berufung und die gemeinsame Mission mit Barnabas

Nach der Darstellung der Apostelgeschichte ging Paulus sogleich nach seiner Taufe durch Hananias nach Damaskus, um in den dortigen Synagogen das Evangelium zu verkünden (9,20–22). Er musste deshalb aus der Stadt fliehen (9,23–25; ein analoger, in Details jedoch abweichender Bericht dieses Ereignisses findet sich in 2Kor 11,32f.) und kam nach Jerusalem (9,26; anders Gal 1,17: Paulus sei erst nach drei Jahren nach Jerusalem gegangen), wo er erst durch Vermittlung des Barnabas von den Aposteln akzeptiert wurde (9,27). Da er auch hier gefährdet war, wurde er über Caesarea nach Tarsus gebracht (9,29f.). Der Aufenthalt dort erscheint als eine „Pause" in der Frühphase der Paulusgeschichte, bis er von Barnabas nach Antiochia geholt wird (11,25).

Die eigenen Angaben des Paulus unterscheiden sich davon zum Teil erheblich. Gemäß Gal 1,17 ging Paulus unmittelbar nach seiner Berufung für drei Jahre „in die Arabia", im damaligen Sprachgebrauch das Land der arabischen Nabatäer. Nach seiner Rückkehr nach Damaskus, das zu dieser Zeit offenbar zum Nabatäerreich gehörte, wurden auf Befehl des Königs Aretas IV. (9 v. Chr.–40 n. Chr.) Maßnahmen gegen Paulus eingeleitet, die ihn zur Flucht zwangen (so 2Kor 11,32; anders Apg 9,23–25: die Juden hätten in Damaskus einen Anschlag auf Paulus geplant). Ursache könnte eine vorangegangene Missionstätigkeit in „Arabien" gewesen sein, von der sich allerdings keine Spuren erhalten haben. Erst anschließend reiste Paulus nach Jerusalem, „um Petrus kennenzulernen" (Gal 1,18; anders Apg 9,26–30: Paulus habe in Jerusalem unter Griechisch sprechenden Juden gewirkt, die einen Anschlag auf ihn geplant hätten, woraufhin er von den „Brüdern" nach Caesarea und dann nach Tarsus gebracht worden sei).

Die nächste wichtige Station ist die *Gemeinde in Antiochia*. Zu dieser ist Paulus offenbar durch die Vermittlung des Barnabas gestoßen (Apg 11,25). In Apg 13,1–3 werden Propheten und Lehrer genannt, die in der antiochenischen Gemeinde tätig sind. Zu ihnen gehören Barnabas und Saulus (Paulus), die der Apostelgeschichte zufolge auf Weisung des Heiligen Geistes zu einer besonderen Aufgabe ausgewählt werden (V. 2f.). Die Gemeinde von Antiochia war demnach missionarisch aktiv und hat Barnabas und Saulus zu einer Missionsreise ausgesandt. Diese Reise wird in Apg 13–14 geschildert. Paulus erwähnt die Reise dagegen auffälligerweise nicht. Sie fällt in denjenigen Zeitraum, den er im Galaterbrief mit der Bemerkung „danach ging ich in die Gegenden von Syrien und Kilikien" beschreibt (1,21). Das lässt sich geographisch nicht mit der in Apg 13–14 geschilderten Reise in Übereinstimmung bringen, denn diese führte nach Zypern und ins südliche Kleinasien, nämlich nach Pamphylien, Pisidien und Lykaonien. Die Ortsangaben Syrien und Kilikien können sich dagegen nur auf Antiochia und Tarsus beziehen, wobei Letzteres sich partiell mit der Bemerkung in Apg 9,29f.;

11,25 berührt (s. o.). Die Angaben von Paulus und der Apostelgeschichte lassen sich demnach nicht völlig zur Deckung bringen. Das kann zum einen daran liegen, dass Paulus im Galaterbrief keine lückenlose und umfassende Darstellung seiner Biographie bieten will, zum anderen daran, dass Lukas nicht über alle Details der Zeit vor der Bekehrung des Paulus informiert war.

Auf der ersten Station der gemeinsamen Reise mit Barnabas führt Lukas den zweiten Namen des Paulus ein: „Saulus, der auch Paulus (heißt)" (Apg 13,9). Dies steht im Zusammenhang mit dem ersten eigenständigen Auftreten des Paulus als christlicher Missionar, nämlich der Bestrafung des Magiers und Falschpropheten Barjesus (bzw. Elymas), die die Bekehrung des Statthalters Sergius Paulus zur Folge hat (13,6–12).

Die Mission des Barnabas und des Paulus beginnt nach Darstellung der Apostelgeschichte in den Städten durchweg in den Synagogen. Dabei erfahren sie Zustimmung, aber auch heftige Ablehnung ihrer Botschaft von jüdischer Seite. Als Konsequenz daraus wenden sie sich an Nichtjuden. Dieses Szenario ist für die Darstellung der Paulusmission in der Apostelgeschichte programmatisch. Zum ersten Mal wird es in 13,42–52 im Anschluss an die erste Rede des Paulus in der Synagoge im pisidischen Antiochia dargestellt, zum letzten Mal am Ende der Apostelgeschichte (28,23–28). Damit wird deutlich, dass das Wirken des Paulus das Evangelium zu den Nichtjuden bringt, womit zugleich eine Spaltung des Gottesvolkes in gläubige und nichtgläubige Juden einhergeht.

Von ihrer Missionsreise kehren Barnabas und Paulus nach Antiochia zurück und berichten dort von ihrer Verkündigung unter den „Völkern" (14,27). Als Leute (τινές) aus Judäa kommen und erklären, die Rettung sei an die Beschneidung gebunden (15,1b), wird entschieden, Paulus und Barnabas sollten das Problem in Jerusalem vortragen und klären. Das dann beim „Apostelkonzil" (s. o. § 63.2) gefundene Ergebnis wird in Antiochia akzeptiert (15,30f.). Nach einem Konflikt zwischen Paulus und Barnabas kommt es zur Trennung (15,37–40). In Begleitung des Silas beginnt Paulus eine Reise, die nicht nur nach Kleinasien, sondern auch nach Makedonien und Achaia (Korinth) führt (s. u.). In 18,22 wird nach einem kurzen Aufenthalt in Jerusalem („er ging hinauf und grüßte die Gemeinde") die Rückkehr nach Antiochia notiert, und dort beginnt dann eine weitere Reise (18,23), die ebenfalls in Jerusalem endet (21,15).

Dass Paulus eine besondere Beziehung zur Gemeinde in Antiochia hatte, zeigen nicht nur die Angaben in Apg 11,26.30; 13,1–3; 14,27–15,3, sondern auch der Bericht in Gal 2 über das „Apostelkonzil". Paulus erwähnt Antiochia allerdings nur hier. Seine Schilderung eines „Zwischenfalls" (2,11–14) bestätigt, dass in der „gemischten Gemeinde" in Antiochia das Zusammenleben von Juden und Nichtjuden auch nach dem „Apostelkonzil" nicht konfliktfrei war. Paulus schildert seine durch „Leute des Jakobus" ausgelöste Auseinandersetzung mit Petrus; da er kein Ergebnis nennt, entsteht der Eindruck, dass er für seine Position in Antiochia keine Mehrheit fand.

Abb. 14: Ausbreitung des frühen Christentums bis zum Beginn des 2. Jh.s (mit ☆ markierte Städte werden in den Sendschreiben der Johannesoffenbarung [s. § 65.1] genannt)

b) Das selbständige missionarische Wirken des Paulus

Über das Wirken des Paulus in der Zeit nach dem „Apostelkonzil" wissen wir erheblich mehr als über die früheren Phasen seiner Missionstätigkeit. Quellen sind die von Paulus verfassten Briefe, sowie wiederum die Apostelgeschichte, die von 15,35 an bis zum Schluss fast ausschließlich von Paulus berichtet (in 18,24–28 steht Apollos im Mittelpunkt; 19,13–20 erzählt von der Ausbreitung des Christusglaubens ohne Zutun des Paulus).

Gewöhnlich unterscheidet man für diesen Zeitraum die zweite und die dritte Missionsreise (15,40–18,22; 18,23–21,17), aber ein wirklicher Einschnitt zwischen beiden Reisen ist kaum zu erkennen. Historisch relevant ist das Schema der „Missionsreisen" ohnehin nicht, denn auch nach der Darstellung der Apostelgeschichte hält sich Paulus bisweilen jahrelang in einer Stadt auf, so dass von „Reisen" kaum gesprochen werden kann (vgl. ausführlich KOCH 572–579). An dieser Stelle ist auch darauf hinzuweisen, dass die Reiseroute, die in der Karte des Nestle-Aland (28. Aufl.) und anderer Bibelausgaben eingezeichnet ist, im Widerspruch zur Geographie und zu den antiken Straßenverhältnissen steht.

Die in der Apostelgeschichte gebotene Darstellung der Mission ist stark auf die Person des Paulus zugeschnitten. Mitarbeiterinnen und Mitarbeiter erscheinen nur am Rande, obwohl ihre Zahl nicht klein war und sie, wie man den Paulusbriefen entnehmen kann, vielfach sehr selbständig arbeiteten. Ein wichtiger Mitarbeiter wie Titus (vgl. 2Kor 2,13; 7,5–16; 8,6; 12,18) wird in der Apostelgeschichte überhaupt nicht erwähnt. Vom Wirken des insbesondere in Korinth offensichtlich missionarisch selbständig handelnden Apollos (vgl. die Hinweise in 1Kor 1,12; 3,4–6.22 und vor allem 16,12) wird in Apg 18,24–19,1 gesprochen, verbunden mit vermutlich zuverlässigen biographischen Informationen.

Von Konflikten des Paulus mit seinen Gemeinden oder dort auftretenden Kritikern seiner Theologie wird in der Apostelgeschichte gar nichts berichtet. Sie weiß vom langen Aufenthalt des Paulus in *Ephesus* (19,8.10.22), sagt aber nichts über die zur selben Zeit sehr angespannten Beziehungen zur korinthischen Gemeinde, die sich in den in Ephesus geschriebenen Teilen der Korrespondenz mit Korinth spiegeln (vgl. oben § 14.5 und 17.3). Die Gründung von Gemeinden in *Galatien* wird nur angedeutet (einerseits in 16,6: „Sie durchzogen Phrygien und das Land Galatien"; andererseits in 18,23: „er durchzog nacheinander das galatische Land und Phrygien und stärkte alle Jünger"). Ob Lukas von Gemeinden, die Paulus in Galatien gegründet hatte, nichts wusste, oder ob er andere Gründe hatte, darüber nichts mitzuteilen, lässt sich nicht mit Gewissheit sagen. Als ein wesentlicher Einschnitt erscheint der durch ein Traumgesicht in Troas ausgelöste Übergang nach Makedonien, wo Paulus und Silas zuerst nach *Philippi* kommen (16,9–11.12).

Ähnlich wie in Apg 13–14 folgt das missionarische Vorgehen einem immer wieder begegnenden Schema: Paulus wendet sich zuerst an Juden, in Philippi predigt er am Sabbat zu Frauen an einer nahegelegenen Gebetsstätte (προσευχή, 16,13; das weitere Geschehen in Philippi ist ohne Parallele). In Thessaloniki ist er an mehreren Sabbaten in der Synagoge erfolgreich (17,2–4), aber dann werden Silas und er auf Betreiben „der Juden" unter dem Vorwurf der Kaiserfeindlichkeit festgenommen (17,6–8), nach Zahlung einer Kaution jedoch freigelassen (17,9). Auch in *Beröa* predigen sie erfolgreich in der Synagoge (17,12), müssen aber aufgrund jüdischer Agitation auch diese Stadt verlassen. Paulus kommt dann allein nach Athen (17,15f.).

Es dürfte historisch zutreffen, dass auch außerhalb von Judäa Juden und ihre Sympathisanten, die „Gottesfürchtigen", die ersten Adressaten der Predigt des Paulus waren. Aber hinter dem von Lukas dargestellten Vorgehen steht ein geschichtstheologisches Programm (vgl. 13,46f. und 28,25–28): Den Nichtjuden wird die Heilsbotschaft erst verkündigt, nachdem und weil die Juden sie nicht angenommen haben. Das stellt sich in den Paulusbriefen anders dar. Paulus versteht sich als zur Mission unter den Heiden berufenen Missionar, der sich die Verkündigung mit dem für die Juden zuständigen Petrus teilt (Gal 2,7f.).

Dass die Mission des Paulus und seiner Mitarbeiter in *Philippi* begann und dann in *Thessaloniki* fortgesetzt wurde (Apg 16,12–17,9), entspricht dem in den Paulusbriefen an diese Gemeinden (1 Thess und Phil) erkennbaren Befund. Die weiteren Ereignisse werden etwas verschieden dargestellt: Nach Apg 17,2–10a hielt sich Paulus nur sehr kurze Zeit in Thessaloniki auf und kam dann mit Silas nach *Beröa* (17,10b–14). Anschließend ging er alleine weiter nach *Athen*, wo er auf Silas und Timotheus wartete (17,15), bevor er nach Korinth weiterzog (18,1). Der in *Korinth* verfasste 1. Thessalonicherbrief spricht aber dafür, dass sich Paulus länger als nur drei Wochen (Apg 17,2) in Thessaloniki aufhielt (vgl. auch 1Thess 2,9). Überdies schreibt Paulus, er habe Timotheus von Athen nach Thessaloniki zurückgeschickt (1Thess 3,2). Dieser hat ihn entgegen der Darstellung in der Apostelgeschichte also zunächst begleitet. Den Aufenthalt in Athen erwähnt Paulus in 1Thess 3,1 nur sehr kurz, in der Apostelgeschichte dagegen erscheint der Aufenthalt in dieser historisch und kulturell bedeutenden Stadt nicht zuletzt wegen der Rede auf dem Areopag (17,14–31) geradezu als ein Höhepunkt des Wirkens des Paulus. Lukas deutet an, dass der Missionserfolg nicht erheblich war (vgl. 17,32–34), über die Dauer des Aufenthalts in Athen sagt er allerdings nichts.

Andererseits gibt es bemerkenswerte Übereinstimmungen zwischen der Darstellung in der Apostelgeschichte und den Paulusbriefen. Nach Apg 18,2 traf Paulus in Korinth Aquila und Priszilla, das Ehepaar, von dem Paulus in 1Kor 16,19 und Röm 16,3–5a spricht (Paulus verwendet stets die Namensform „Priska", die Apostelgeschichte dagegen „Priszilla"). Paulus nennt sie in 1Kor 1,14–17 nicht unter denen, die er in Korinth getauft hat. Vermutlich waren sie schon Christusgläubige, bevor Paulus nach Korinth kam. Paulus war also nicht der Erste, der den Christusglauben nach Korinth brachte. Aber er war der Gründer der dortigen christlichen *Gemeinde* (vgl. 1Kor 3,6–11; 4,15). Dieses Bild entwirft auch die

Apostelgeschichte. Die in Apg 18,12–17 geschilderte Gallio-Szene hat bei Paulus keine Parallele, ist aber historisch plausibel (zur Datierung vgl. oben § 60.2). Aus Sicht des römischen Prokonsuls waren die Differenzen zwischen christusgläubigen Juden und den anderen Juden offenbar innere Streitigkeiten, denen gegenüber Rom neutral war.

Die Nachrichten in Apg 19 über die Verhältnisse in der kleinasiatischen Großstadt Ephesus scheinen weitgehend zuverlässig zu sein, wenn auch zum Teil legendarisch ausgeschmückt (so sicher in 19,11f.13–20). Die Stadt erscheint als ein für Paulus bedeutsames Missionszentrum. Die Angaben über seinen zeitlich sehr ausgedehnten Aufenthalt dort (19,8–10) passen zu dem, was man den Korintherbriefen entnehmen kann (1Kor 16,8f.; 2Kor 1,15–17). In 19,23–40 berichtet Lukas ausführlich von einer persönlichen Gefährdung des Paulus, was zu den Angaben in 1Kor 15,32 und 2Kor 1,8 passt. Vermutlich wurden die beiden „Gefangenschaftsbriefe", der Philipper- und Philemonbrief, in dieser Situation in Ephesus geschrieben (s. o. § 15.5 und 16.3). Die Schilderung in der Apostelgeschichte lässt die Gefahr als weniger groß erscheinen; aber die tatsächliche Situation schimmert noch durch, denn auf seiner letzten Reise nach Jerusalem trifft Paulus die Vertreter der Gemeinde von Ephesus nicht dort, sondern in Milet (20,17f.) – offenbar kann oder darf er Ephesus selbst nicht betreten.

c) Die letzten Jahre und das Lebensende des Paulus

Gemäß Apg 19,21 plant Paulus schon in Ephesus, nach Rom zu reisen. Aber zunächst geht er nochmals nach Makedonien und Achaia (20,1–4), dann wieder nach Kleinasien (20,5–38), und nach einer ausführlich beschriebenen Reise kommt er nach Jerusalem (21,15). Das entspricht den Plänen, die man 2Kor 8f. sowie 2Kor 2,12; 7,5; 13,1 und Röm 15,24 entnehmen kann. Die Kollekte, um derentwillen Paulus vor dem geplanten Rom-Besuch nach Jerusalem reist, wird in der Apostelgeschichte nicht angesprochen. Die Erwähnung der Paulusbegleiter in Apg 20,4 passt aber zu 1Kor 16,3f. und 2Kor 8,18–21. In Jerusalem wird Paulus unter dem Vorwurf der Entweihung des Tempels verhaftet (21,27–30). Er wird angeklagt, und er verteidigt sich (21,37–22,21; 22,30–23,10), aber da er in Jerusalem gefährdet ist (23,10–22), wird er nach Caesarea in die Residenz des römischen Statthalters gebracht. Von dort wird er nach einer Prozessverschleppung durch den Statthalter Felix (24,22–27) erst zwei Jahre später durch die Entscheidung des neuen Statthalters Porcius Festus nach Rom überstellt. Das geschah nach der lukanischen Darstellung trotz erwiesener Unschuld, weil Paulus als römischer Bürger „an den Kaiser appelliert" hatte (25,10–12; 26,32).

Der Bericht der Apostelgeschichte über den Prozess des Paulus ist im Ganzen überzeugend und spiegelt die römische Rechtspraxis, auch wenn einzelne Details legendarisch sein dürften. Die Überstellung nach Rom wird als komplizierte und gefahrvolle Seereise erzählt (27,1–28,13), streckenweise entspricht sie literarischen Vorbildern. Der Schiffbruch bei Malta wird plausibel dargestellt (27,27–28,2; die Szene in 28,3–10 dürfte legendarisch sein). Die Schilderung des Aufenthalts in Rom, vor allem die „ungehinderte" Verkündigung (28,31), dürfte in dieser Form allerdings kaum den tatsächlichen Gegebenheiten entsprechen. Die Apostelgeschichte weiß vom Tod des Paulus, wie die als „Testament" gestaltete Abschiedsrede in Milet zeigt (20,17–38, vor allem V. 25–33), aber sie schreibt darüber nichts. Der zwischen 90 und 100 n. Chr. in Rom verfasste 1. Clemensbrief (s. o. § 41.2a) macht es wahrscheinlich, dass Paulus um das Jahr 60 in Rom das Martyrium erlitt, aber ein genaueres Datum lässt sich nicht nennen (1Clem 5,5–7).

Zeitweise wurde die These vertreten, Paulus habe angesichts der von ihm als nahe bevorstehend geglaubten Parusie Christi gemeint, er müsse noch vor dem Ende dieser Weltzeit (1Kor 7,29) mit seiner Mission die Grenzen der Ökumene, der bewohnten Erde, erreichen. Deshalb habe er den Osten verlassen und über Rom nach Spanien gehen wollen (Röm 15,24.28). Aber es ist kennzeichnend für die paulinische Missionsarbeit, dass er sich Zeit lässt, wenn es um der örtlichen oder regionalen Situation willen nötig ist (Korinth, Ephesus). Paulus ging in der Regel in die großen Städte oder in die politischen Zentren und arbeitete dort so lange, bis die Gemeinde selbständig existieren und ihrerseits in ihrem Umfeld missionieren konnte (vgl. dazu 1Kor 16,19; 2Kor 1,1; 1Thess 1,8). Die Formulierung in Röm 15,23, er habe jetzt „keinen Platz mehr in diesen Gebieten" (μηκέτι τόπον ἔχων ἐν τοῖς κλίμασιν τούτοις), zeigt an, dass nach seiner Einschätzung im östlichen Teil des Römischen Reiches jetzt so viele Gemeinden bestanden, dass seine Arbeit hier nicht mehr nötig war.

Arbeitsvorschläge

1. Paulus fasst die von ihm verkündigte Botschaft von Gottes Handeln durch Jesus Christus mit dem Begriff „Evangelium" zusammen. Erarbeiten Sie, ausgehend von 1Thess 1,4–10 und Röm 1,1–5.16f., was Paulus inhaltlich unter dem „Evangelium" versteht und welche Folgen die Missionsverkündigung (idealerweise) für diejenigen hat, an die Paulus sich richtet. Lektüreempfehlung: WOLTER 52–71 bzw. ders., Das Evangelium, in: Horn (Hg.), Paulus Handbuch, 337–342.
2. Der folgende Arbeitsvorschlag eignet sich für eine Aufteilung in Arbeitsgruppen: Erstellen Sie *anhand der authentischen Paulusbriefe* ein „Who's who" der wichtigsten Personen, die zur Zeit des Paulus missionarisch tätig sind oder die Mission unterstützen. Notieren Sie, welche Informationen Sie über diese Personen erhalten (Herkunft, Tätigkeit etc.): vgl. Gal 2,1.9; 1Kor 9,6 – Gal 2,1.3; 2Kor 2,13; 7,6.13f.; 8,6.16f.23 – 1Thess 1,1; 2Kor 1,19 – 1Thess 1,1; 3,2.6; Phil 1,1; 2,19–24; 1Kor 4,17; 2Kor 1,1.19 – 1Kor 1,12; 3,4–6.22; 4,6; 16,12 – 1Kor 16,19; Röm 16,3 – Phil 2,25–30 – Röm 16,1f. – Röm 16,5b – Röm 16,7.

3 Gemeindeverständnis und Gemeindeleben

Die soziale Zusammensetzung der paulinischen Gemeinden und ihre Organisation lassen sich aus seinen eigenen Briefen sowie aus Bemerkungen in der Apostelgeschichte erschließen. Paulus befindet sich mit seinen Gemeinden in einem regen Austausch über Fragen der Gestaltung des Lebens einer christlichen Gemeinschaft; die Apostelgeschichte erzählt von der Gründung der Gemeinden und gibt dabei ebenfalls Einblicke in die frühe Phase ihrer Entwicklung.

a) Die ἐκκλησία und ihre Leitung

Paulus versteht Gemeinde (ἐκκλησία) als eine Einheit, wobei er sowohl die einzelne Ortsgemeinde als auch die Gesamtheit der Glaubenden ἐκκλησία nennt. In 1Kor 12,27 bezeichnet er die Gemeinde sogar als „Leib Christi" (vgl. Röm 12,5: „ein Leib in Christus"). Es gab keine übergemeindliche Organisation, auch wenn Paulus vor allem im 1. Korintherbrief immer wieder auf die Verbindung der Gemeinden untereinander hinweist (vgl. 7,17; 11,16; 14,33). Paulus beansprucht (und besitzt) in den von ihm gegründeten Gemeinden Autorität, aber diese muss er jeweils neu durch die Sache gewinnen, die er vertritt. In seinen Briefen beruft er sich nicht auf eine „amtlich" fixierte Stellung, deren Anerkennung er verlangen könnte; eine bemerkenswerte Ausnahme liegt aus gegebenem Anlass in Phlm 8 vor.

Anders als in Apg 14,23 und 20,17 dargestellt, gab es in den paulinischen Gemeinden keine „Ältesten" (πρεσβύτεροι), wohl aber „Ämter" oder „Dienste" (διακονίαι) bzw. Personen, die bestimmte Aufgaben wahrnahmen. Auffällig ist die nach dem breit dargestellten nichthierarchischen Bild vom „Leib und den Gliedern" dann ganz anders klingende Aufzählung in 1Kor 12,28a: „Gott hat in der Kirche eingesetzt erstens Apostel, zweitens Propheten, drittens Lehrer." Aber gleich darauf spricht Paulus von unterschiedlichen Funktionen, die wahrgenommen werden. Die Gemeinde in der römischen *colonia* Philippi kennt, möglicherweise in Anlehnung an örtliche Sitten, ἐπίσκοποι („Aufseher" oder „Verwalter", jedenfalls nicht „Bischöfe") sowie διάκονοι („Diakone", Phil 1,1); sie haben vermutlich Leitungsaufgaben (vgl. die in Röm 16,1 genannte Phöbe), ohne dass näher erkennbar wäre, worin diese genau bestanden. Man kann von einer charismatisch begründeten Ämterordnung sprechen: Es ist der Geist Gottes, der die Kirche aufbaut und leitet, nicht ein Amtsträger. Zugleich ist *jeder* Beitrag *jedes* Gemeindeglieds zum Aufbau der Gemeinde als eine Wirkung des Geistes zu verstehen (vgl. vor allem 1Kor 12,4–31a). Die Frage, ob die Gemeinden in ihrer Anfangszeit vom Geist geleitet oder aber durch formal-rechtliche Satzungen geordnet wurden, wird deshalb dem historischen Befund nicht gerecht. Nach frühchristlicher Überzeugung schafft Gottes Geist selber Recht und bewirkt den Aufbau der Gemeinde und ihrer Ordnung.

b) Die Einheit von Christusgläubigen jüdischer und nichtjüdischer Herkunft

Glieder der von Paulus gegründeten Gemeinden waren Christusgläubige aus dem Volk Israel („Judenchristen") und Christusgläubige aus „den Völkern" („Heidenchristen"); die Mehrheit war vermutlich nichtjüdischer Herkunft. Aber aus der Taufe folgte entsprechend der von Paulus in Gal 3,28 zitierten Formel die Einheit der Gemeinde: „Hier ist nicht Jude noch Grieche, Sklave noch Freier, männlich und weiblich, sondern ihr alle seid Einer in Christus." In Gal 3,29 kann Paulus den galatischen Heidenchristen sogar schreiben, was ihre Zugehörigkeit zu Christus bedeutet: „Ihr seid Same (Nachkommen) Abrahams und Erben gemäß der Verheißung." Damit ist die ethnisch-religiöse Unterscheidung zwischen beiden Gruppen aufgehoben. Die konkrete Ausgestaltung der Beziehungen zwischen jüdischen und nichtjüdischen Christusgläubigen war jedoch zweifellos komplexer und spannungsreicher, als es in derartigen programmatischen Aussagen den Anschein hat (vgl. die Umstände, die zum „Apostelkonzil" geführt haben sowie den in Gal 2,11–14 geschilderten „Zwischenfall").

c) Die soziale Zusammensetzung der Gemeinde

In den Gemeinden gab es sowohl Sklaven als auch Sklavenbesitzer. Die Grußliste in Röm 16 enthält mehrere typische weibliche und männliche Sklavennamen. Philemon war Herr („Eigentümer") des Sklaven Onesimus, aber Paulus verlangt von ihm einen prinzipiell anderen Umgang: Philemon soll Onesimus annehmen „nicht mehr als Sklaven, sondern als geliebten Bruder" (Phlm 15f.). Aufgrund der Taufe ist der soziale Status als Sklave oder als Freier ohne Bedeutung: „Hier ist nicht Sklave noch Freier" (Gal 3,28; vgl. 1Kor 12,13). Paulus plädiert nicht für die Abschaffung der Sklaverei. Aber wenn ihre Freilassung möglich ist, sollen Sklaven davon Gebrauch machen, wie er in 1Kor 7,21 (jedenfalls nach einer möglichen bis wahrscheinlichen Auslegung) schreibt. Denn der Sklave ist „Freigelassener des Herrn", der Freie ist „Sklave Christi" (7,21–24).

Frauen und Männer sind in den Gemeinden prinzipiell gleichgestellt. In Gal 3,28 wird in Anspielung auf Gen 1,27 LXX festgestellt, wie eben bereits zitiert: „hier ist nicht mehr männlich und weiblich (οὐκ ἔνι ἄρσεν καὶ θῆλυ), denn ihr alle seid Einer (εἷς ἐστε) in Christus Jesus." In 1Kor 11,2–16 wird aus der Schöpfungserzählung in Gen 2–3 die Vorstellung abgeleitet, der Mann sei der Frau übergeordnet (V. 3 und V. 8f.). „Im Herrn", also in der christlichen Gemeinde, gilt dies allerdings nicht mehr (V. 11f.). Hier herrscht vielmehr ein paritätisches Verhältnis. Paulus setzt voraus, dass Frauen im Gottesdienst beten und predigen, aber er erwartet, dass Männer und Frauen die allgemein anerkannten Sitten respektieren (V. 4–7). In Röm 16,1f. wird Phöbe, die in Kenchreä als διάκονος τῆς ἐκκλησίας offensichtlich einen herausgehobenen Status hat, den Adressaten nachdrücklich empfohlen, denn sie sei „eine Patronin (προστάτις) für viele", auch für Paulus. Priska und Aquila werden von Paulus als seine Mitarbeiter bezeichnet (συνεργοί, 16,3; vgl. Urbanus und Timotheus in V. 9 und 21). In Röm 16,6 schreibt Paulus von einer Frau namens Maria, dass sie „viel für euch geleistet" hat (πολλὰ ἐκοπίασεν εἰς ὑμᾶς), und ähnlich heißt es in 16,12, dass Tryphäna und Tryphosa sowie Persis „viel geleistet haben im Herrn". In 16,7 werden Andronikus und Junia erwähnt, „die berühmt sind unter den Aposteln und schon vor mir in Christus waren".

Angesichts dieser Aussagen ist es äußerst unwahrscheinlich, dass Paulus der Gemeinde in Korinth die Weisung gegeben haben kann: „Die Frau schweige in der Gemeinde" (1Kor 14,34f.). Dieses uneingeschränkte Redeverbot lässt eine deutlich spätere Phase der Kirchengeschichte erkennen und wurde erst in nachpaulinischer Zeit in den Brief eingefügt (s. o. § 14.3).

Über die soziale Zusammensetzung der Gemeinden erfährt man einiges aus den Korintherbriefen. Die Argumentation in 1Kor 1,26–31 zeigt, dass die Glieder der Gemeinde ganz überwiegend, aber wohl nicht ausschließlich, aus der Unterschicht kamen. Von den Gemeinden in Makedonien sagt Paulus im Zusammenhang der Jerusalemkollekte (s. u.), dass sie sehr arm sind (2Kor 8,2f.), was für Korinth offenbar nicht zutrifft (vgl. 1Kor 16,1f.). In 1Kor 6,1–8 kritisiert Paulus, dass korinthische Christen in Vermögensangelegenheiten (βιωτικά, V. 3) gegeneinander prozessieren. In 10,25f. (vgl. Röm 14,2.21) ist vorausgesetzt, dass Gemeindeglieder es sich leisten können, auf dem *Fleisch*markt einzukaufen.

Die Ursache für die relative Indifferenz gegenüber der sozialen Wirklichkeit ist das Christusereignis: Zugehörigkeit oder Nichtzugehörigkeit zu einer bestimmten gesellschaftlichen Gruppe berührt nicht das „in Christus", also durch die Zugehörigkeit zu Christus erworbene Heil. Paulus entwickelt kein womöglich explizit christlich begründetes soziales Programm. Aber er bestreitet zugleich die Möglichkeit einer christlich motivierten Abkehr von den Problemen der Welt. Der ganze 1. Korintherbrief ist geschrieben als Aufforderung, die Verantwortung als einzelne Glaubende und als Gemeinde in der Welt wahrzunehmen. Paulus behauptet nicht, die täglichen Probleme der christlichen Existenz in einer nichtchristlichen Welt seien irrelevant, sondern er greift diese Probleme sehr detailliert auf und versucht, sie zu klären. Beispiele dafür sind die ausführlichen Aussagen über die Themen „Unzucht" (πορνεία, illegitime sexuelle Praxis), Rechtsanwendung bzw. Rechtsverzicht sowie Sexualität und Ehe (1Kor 5–7). Diese Themen werden sachlich und realistisch erörtert; so findet beispielsweise keine Glorifizierung der Ehe statt, aber zugleich zeigt Paulus alles andere als die ihm vielfach unterstellte „Leibfeindlichkeit" (vgl. 7,3–5).

d) Das Verhältnis zu den staatlichen Machthabern

Die Inhalte und auch die Formen ethischer Aussagen stimmen weithin mit der durchschnittlichen Ethik des zeitgenössischen Judentums und der hellenistischen Popularphilosophie überein. Das zeigen die paränetischen Abschnitte der Paulusbriefe. So liegt das Neue der christlichen Ethik weniger in ihrem Inhalt als vielmehr in deren christologischer und eschatologischer Begründung: Ethische Forderungen folgen aus dem in Christus geschenkten Heil. Eine erhebliche Rolle spielt daher in der ethischen Argumentation die Forderung, man solle Rücksicht nehmen auf den „Bruder, für den Christus gestorben ist" (vgl. Röm 14,1–15,13; 1Kor 8,7–13; 10,23–32; Phil 2,5.6–11).

Es fällt auf, dass die Aussagen in Röm 13,1–7 zu den übergeordneten Autoritäten (ἐξουσίαι ὑπερεχούσαι) keinen Bezug auf Christus oder spezifisch christliche Traditionen enthalten. Obwohl Paulus das Thema kurz, aber eher grundsätzlich aufgreift, kann von Grundelementen einer genuin christlichen „Staatslehre" in Bezug auf Röm 13 in keiner Weise gesprochen werden. Die Aussagen des Paulus sind aber auch nicht als Zeichen von „Staatstreue", als Zeugnis für einen politischen Konservatismus des Paulus, zu lesen. Die Empfehlungen zur Unterordnung unter staatliche Autoritäten und zum Steuerzahlen sind in der Situation, in der sich christliche Gemeinden zur Zeit des Paulus befanden, vielmehr eine vernünftige und sachgerechte Antwort auf die Frage, wie das Verhältnis der Glaubenden zur staatlichen Gewalt aussehen sollte. Paulus beschreibt in Röm 13 nicht das rechtlich fixierte Verhältnis einer gesellschaftlich etablierten Kirche zu einer zumindest prinzipiell wohlwollenden Staatsmacht. Aber es ist auch nicht zu erkennen, dass Christusgläubige verfolgt werden und dass Paulus die Adressaten des Römerbriefes womöglich gerade deshalb zur „Staatstreue" hätte ermahnen wollen. Paulus setzt voraus, dass die „Mächte", also die Behörden, mit denen man es konkret zu tun hat, ihrem ihnen von Gott gegebenen Auftrag entsprechend handeln (V. 3f.). So plädiert er dafür, die Einstellung der Christusgläubigen den Behörden gegenüber solle dem entsprechen, was von jedem Menschen erwartet werden kann, wie die Einleitungswendung in V. 1 zeigt: „Jeder (πᾶσα ψυχή) sei den übergeordneten Mächten gehorsam."

e) Das Leben der Christusgläubigen in der paganen Mehrheitsgesellschaft

Das alltägliche Leben in der hellenistisch-römischen Antike war unmittelbar mit religiösen Formen und Praktiken verflochten. Für Christusgläubige ergab sich die Frage, ob es genügte, diese Lebensformen innerlich abzulehnen, äußerlich aber zu akzeptieren und zu praktizieren, oder ob sie aufgrund ihres Widerspruchs zur heidnischen Religiosität auch ihre bürgerliche Existenz, nicht zuletzt in Ehe und Familie, zu überprüfen und zu korrigieren hatten. Einen recht genauen Einblick in einen besonderen Aspekt dieser Problematik erhält man in 1Kor 7,10–16, wo

Paulus auf das Problem von Ehen zwischen Christen und „Ungläubigen", also Nichtchristen eingeht. Paulus plädiert dafür, diese Ehen nur aufzulösen, wenn der „ungläubige" Partner das verlangt. Solche Beziehungen machen nicht „unrein", denn andernfalls „wären ja eure Kinder unrein, nun aber sind sie heilig" (V. 14). Die Argumentation des Paulus zeigt aber, dass es innerhalb der Gemeinde durchaus unterschiedliche Standpunkte zu dieser Frage gab und dass offensichtlich auch seine eigene Position nicht unverrückbar festgelegt war (vgl. 7,7–9).

In 1Kor 8–10 erörtert Paulus eingehend das in Korinth offenbar virulente Problem der Teilnahme von Christusgläubigen an „heidnischen" Opfermahlzeiten; der Verzehr von Opferfleisch ist unproblematisch, aber es ist ein Verhalten zu vermeiden, das Außenstehende zu der Annahme führen könnte, der betreffende Kult werde akzeptiert (10,27–30). In 14,23–25 schildert Paulus, was „Ungläubige", also Nichtchristen, in christlichen gottesdienstlichen Versammlungen wahrnehmen; die Verkündigung muss vermeiden, dass ihnen das gottesdienstliche Geschehen als verrückt erscheint, und deshalb ist auf „Zungenreden" möglichst zu verzichten (V. 23).

Im Rahmen der Auseinandersetzung mit Kritikern seiner Theologie in Korinth beschreibt Paulus seine Lage als Verkündiger der Christusbotschaft in der sogenannten „Narrenrede" (2Kor 11,22–12,10). Dabei schildert er konkret erlebte Gefahren (11,24–29; vgl. 1Kor 4,11–13), aber auch eine ihm zuteilgewordene „Entrückung" (12,2–5) sowie die ablehnende Antwort Christi auf ein Gebet (12,8f.). Paulus macht derartige Erfahrungen nicht zum Thema seiner Verkündigung oder spricht ihnen gar Beweiskraft für die Richtigkeit seiner theologischen Position zu (12,1.11), aber das hindert ihn nicht, relativ ausführlich darüber zu schreiben. Als ihm angesichts mangelnder Redegabe vorgeworfen wird, er sei kein Pneumatiker (10,10; 11,6), weist er im Gegenzug auf seine besonderen Qualitäten hin. Er wolle nicht „sich selbst rühmen", sondern das Evangelium verteidigen (vgl. 12,1–10.11–13), aber er erinnert an seine Fähigkeit, Wunder zu tun (12,12; vgl. auch 12,9f.). Mehr noch als die Korinther verfüge er über die Gabe der Zungenrede (1Kor 14,18), aber dem komme keine besondere Bedeutung zu: „Lieber fünf Worte vernünftig als zehntausend Worte in Zungenrede" (14,19). In 2Kor 12,7 erwähnt Paulus andeutend ein körperliches Leiden (vgl. Gal 4,13–20); um welche Krankheit es sich dabei gehandelt haben könnte, ist uns nicht erkennbar; medizinische Bestimmungsversuche bleiben reine Phantasie.

⌀ Arbeitsvorschläge

1. In seinen Briefen begründet und verteidigt Paulus mehrfach seine Autorität als Apostel. Wie stellt er sein Verhältnis zu anderen Missionaren dar (z. B. 1Kor 3,4–10)? Wie skizziert er seine Autorität gegenüber den von ihm gegründeten Gemeinden (etwa 1Kor 4,14–21 am Beispiel von Korinth)? Lektüreempfehlung: CHRISTINE GERBER, Das Apostolatsverständnis und die Beziehung von Apostel und Gemeinden zueinander, in: Horn (Hg.), Paulus Handbuch, 416–420.

2. Paulus diskutiert im 1. Korintherbrief eine Frage, die an einem konkreten Beispiel Probleme der frühen Gemeinden in der paganen Mehrheitsgesellschaft verdeutlicht: „Was das Götzenopferfleisch betrifft ..." (8,1). Welchen Standpunkt nimmt Paulus ein, wenn er den Begriff „Götzenopferfleisch" (εἰδωλόθυτον) verwendet? Was ist damit gemeint? Welche Situationen, in denen Christinnen und Christen mit solchem Fleisch in Kontakt kommen, werden in 1Kor 8,1–11,1 erwähnt? Lektüreempfehlung: Luise Schottroff, Der erste Brief an die Gemeinde in Korinth (ThKNT 7), Stuttgart ²2021, 147–153 („Basisinformation: Opferfleisch – Fleischkonsum"); Andreas Lindemann, „Juden, Griechen und die Kirche Gottes". Die paulinische Ekklesiologie und die Lebenswirklichkeit der ἐκκλησία in Korinth, in: ders., Glauben, Handeln, Verstehen. Studien zur Auslegung des Neuen Testaments, Bd. 2 (WUNT 282), Tübingen 2011, 226–252.

3. Zur Haltung des Paulus gegenüber den staatlichen Machthabern s. o. § 19, Arbeitsvorschlag 6.

4 Die Kollekte für Jerusalem

Ein für die Geschichte des frühen Christentums wichtiger Vorgang war die Kollekte zugunsten der Armen in der Gemeinde in Jerusalem, die aufgrund der im Zusammenhang des „Apostelkonzils" getroffenen Vereinbarung (Gal 2,10) in den paulinischen Gemeinden gesammelt wurde. Sie war nicht nur eine karitative Aktion, sondern unmittelbare Konsequenz der Zusammengehörigkeit der Christusgläubigen in den verschiedenen Gemeinden: Die Glaubenden aller Gemeinden bilden eine Einheit, deshalb üben alle ihre Glieder untereinander Solidarität.

Die Kollekte zeigte überdies, dass Paulus am heilsgeschichtlichen Zusammenhang mit Israel festhielt – Christen aus Israel und Christen aus den Völkern sind gleichermaßen Glieder des Leibes Christi, die von Paulus gegründeten Gemeinden sind deshalb mit der Gemeinde in Jerusalem verbunden. Die Kollekte war keine bloß symbolische Handlung, die womöglich eine Vorrangstellung der Jerusalemer Gemeinde oder eine besondere Wertschätzung der dortigen Christusgläubigen zum Ausdruck bringen sollte. Schon gar nicht war sie eine rein symbolische Aktion, deren materielles Ergebnis nebensächlich gewesen wäre. Empfänger sollten wirklich die materiell Armen in Jerusalem sein. Die These, die Kollekte sei eine Art Steuer gewesen, vergleichbar der von Juden jährlich zu zahlenden Tempelsteuer, übersieht dagegen, dass es sich um eine offenbar einmalige, in der Höhe freiwillige Gabe handelte und nicht um eine regelmäßige Abgabe.

Paulus erwähnt die Kollekte noch nicht im 1. Thessalonicherbrief, auch nicht in den Briefen aus dem Gefängnis (Phil und Phlm). Ob sie zum Zeitpunkt der Abfassung des Briefes an die galatischen Gemeinden (noch) stattfand, ist unklar. In der Korrespondenz mit Korinth geht Paulus dagegen ausführlich auf sie ein.

Er erwähnt sie auch im Brief nach Rom, allerdings ohne anzudeuten, dass die römischen Christen sich daran beteiligen sollten.

In 1Kor 16,1–4 stehen vergleichsweise detaillierte Anweisungen zur Vorbereitung und Durchführung der Kollekte. Paulus schreibt nicht, das Geld solle zu einem von den Korinthern selbst gewählten Zeitpunkt nach Jerusalem gebracht werden; aber er erklärt auch nicht, die korinthische Delegation könne nicht ohne ihn nach Jerusalem reisen. Für den Transport legte sich der Seeweg bis an die Küste Palästinas nahe, vermutlich Caesarea. Der Weg nach Jerusalem musste dann zu Fuß bzw. mit Lasttieren bewältigt werden. Paulus will offenbar eine gewisse Kontrolle ausüben, aber nicht den Eindruck erwecken, die Übergabe könne von seiner persönlichen Anwesenheit abhängig sein. Dabei setzten offenbar alle Beteiligten voraus, dass es kein Problem war, größere Geldbeträge aus Achaia und Makedonien sowie aus Kleinasien nach Judäa zu transferieren. Paulus deutet auch nicht an, das Geld sei in Jerusalem womöglich gar nicht willkommen.

Zwei Kapitel des 2. Korintherbriefs (s. o. §17) befassen sich ebenfalls mit der Kollekte, wobei sie etwas unterschiedliche Tendenzen zeigen. Nach 2Kor 8,1–6 hatten die „Kirchen Makedoniens" trotz eigener „tiefer Armut" (V. 2) darum gebeten, sich an der Kollektenaktion beteiligen zu dürfen. Es ging offensichtlich nicht allein um die Beseitigung materieller Not unter den Christusgläubigen in Jerusalem. In diesem Verhalten der Makedonen soll man in Korinth offenbar ein Vorbild sehen, wobei Paulus vermutlich erwartet, der finanzielle Beitrag der Korinther werde den der Makedonen übertreffen.

Paulus bescheinigt den Korinthern (8,10), dass ihr Handeln „nützlich" ist, denn sie hätten „seit vergangenem Jahr" nicht nur mit dem Tun begonnen, sondern auch mit dem Wollen. Diese überraschende Formulierung zeigt, dass er nicht allein das *tatsächliche* Handeln im Blick hat, sondern dass er dieses Handeln versteht als ein *geplantes*, dessen Folgen von den Handelnden bewusst einkalkuliert sind. In 8,11f. schreibt er den Adressaten, ihr Handeln solle sich an ihrem „Haben" orientieren, nicht an ihrem „Nicht-Haben"; offenbar kommt es nicht primär auf die „Gesinnung" an, sondern auch auf das Ergebnis, den realen Erfolg. Durch die Jerusalemkollekte sollen die Besitzverhältnisse nicht auf den Kopf gestellt werden, aber es soll ein „Ausgleich" (ἰσότης) geschaffen werden. Der jetzt in Korinth bestehende „Überfluss" solle dem gegenwärtigen „Mangel" der Jerusalemer Christen zugutekommen, aber es sei nicht ausgeschlossen, dass einmal der umgekehrte Fall eintreten könnte (8,14b) – wie theoretisch dieser Hinweis auch sein mag. Abschließend zitiert Paulus aus der Manna-Erzählung in Ex 16,18: „Wer das Viele hatte, war nicht im Überfluss; wer das Wenige hatte, war nicht im Mangel" – er setzt offensichtlich voraus, dass die Adressaten den Kontext kennen. In 8,24 bedient sich Paulus sogar eines psychologischen Arguments: Die Adressaten sollen einen Erweis ihrer Liebe erbringen und damit bestätigen, dass sich Paulus ihrer zu Recht rühmt.

Das Kapitel 2Kor 9 ist möglicherweise ein ursprünglich selbständiger Brief an die Christen in Achaia. Die Kollektenaktion scheint ins Stocken geraten zu sein, so dass Paulus fürchtet, bei seinem Eintreffen die dortigen Christen „nicht bereit" zu finden (V. 3–5); er hat aber schon reagiert durch die Entsendung von „Brüdern". Hier schreibt er, die Kollekte solle eine „Segensgabe" sein und nicht ein Zeichen von „Habsucht" (ὡς εὐλογίαν καὶ μὴ ὡς πλεονεξίαν); in V. 6 folgt eine „Bauernregel" über das Verhältnis von Saatgutmenge und Ernte. Die Kollekte werde die Mangelsituation bei den Jerusalemer Christusgläubigen mildern oder sogar beheben und zu einem „Überschuss" führen hinsichtlich der „Danksagungen für Gott" (V. 11–15).

Im Römerbrief schreibt Paulus, er habe das Evangelium von Jerusalem bis Illyrien ausgebreitet, für seine weitere (Missions-)Tätigkeit gebe es hier keinen Raum mehr, sondern er wolle nach Spanien reisen und dabei Rom besuchen (15,18–24). „Jetzt" aber wolle er nach Jerusalem reisen, „um den Heiligen zu dienen" (15,25), da Achaia und Makedonien beschlossen hätten, „die Armen der Heiligen in Jerusalem" zu unterstützen als eine „das Fleischliche", also das Materielle betreffende Antwort auf die Teilhabe an den empfangenen geistlichen Gaben (15,27b). Erst nach Übergabe des Geldes werde er zu den Adressaten reisen.

In 15,30f. bittet er sie aber, sie möchten dafür beten, dass er vor den von den „Ungehorsamen" ausgehenden Gefahren gerettet wird und dass die Kollekte den „Heiligen" willkommen ist. Daraus wird oft gefolgert, Paulus habe befürchtet, dass das Kollektengeld in Jerusalem nicht akzeptiert wird. Aber es ist wenig wahrscheinlich, dass Paulus andeuten wollte, eine sein Handeln erheblich bestimmende Aktion könne möglicherweise scheitern – und das in einer kurzen Nebenbemerkung im Brief an die ganz unbeteiligten Christusgläubigen in Rom. Paulus hält es aber offenbar für möglich, dass ihm in Judäa Gefahren drohen könnten „seitens der Ungehorsamen", wobei er die nicht an Christus glaubenden Juden im Blick hat (vgl. 11,30–32). Natürlich wünscht er, dass die „Heiligen", also die an Christus glaubenden Juden, „(s)einen Dienst für Jerusalem" akzeptieren.

Damit ist die Frage, ob die Kollekte in Jerusalem angenommen oder aber zurückgewiesen wurde, nicht beantwortet. Im Zusammenhang des in Apg 21–23 ausführlich dargestellten Paulusbesuchs in Jerusalem wird das Kollektenunternehmen nicht erwähnt; ein entsprechender Hinweis fehlt ja auch in der Darstellung des „Apostelkonzils" (Apg 15). Man muss aber nicht annehmen, Lukas habe etwas „verschweigen" wollen oder die Fakten verzerrt dargestellt, zumal er in 11,27–30 und 12,25 von der offenbar selbstverständlich akzeptierten Unterstützung der Jerusalemer durch die antiochenische Gemeinde berichtet. Anscheinend enthielt die Tradition, die Lukas vom „Apostelkonzil" besaß, keinen Hinweis auf die Kollektenvereinbarung. Ob in 24,17, wo Paulus erklärt, er sei nach Jerusalem gekommen, um dem Volk „Spenden" zu überbringen (ἐλεημοσύνας ποιήσων) und um zu opfern, auf die Kollekte anspielt, lässt sich kaum sagen; eher ist an einen typischen Besuch des Tempels gedacht.

Man kann fragen, ob die Jerusalemkollekte bedeutete, dass Armenfürsorge überhaupt ein selbstverständlicher Bestandteil der gemeindlichen Ordnung und

Praxis war, die deshalb einer besonderen Erwähnung in den Briefen nicht bedurfte; aber das lässt sich kaum angemessen sagen. Die breiten Ausführungen zur Jerusalemkollekte könnten allerdings die Vermutung nahelegen, dass es für Christen in Galatien, Makedonien und Achaia durchaus nicht selbstverständlich war, für Arme im fernen Jerusalem größere Geldmittel aufzubringen und also um derentwillen Verzicht zu leisten.

📖 **Lektüreempfehlung:** ANDREAS LINDEMANN, Hilfe für die Armen. Die Jerusalem-Kollekte des Paulus als „diakonisches Unternehmen", in ders., Glauben, Handeln, Verstehen. Studien zur Auslegung des Neuen Testaments Band II (WUNT 282), Tübingen 2011, 253–283.

§65 Die weitere Entwicklung des Christentums bis zur Mitte des 2. Jahrhunderts

Literatur: JAMES CARLETON PAGET/JUDITH LIEU (Hg.), Christianity in the Second Century. Themes and Developments, Cambridge 2017 ◆ ADOLF VON HARNACK, Die Mission und Ausbreitung des Christentums in den ersten drei Jahrhunderten, 2 Bde., Leipzig ⁴1924 ◆ LEPPIN, Die frühen Christen ◆ CHRISTOPH MARKSCHIES, Das antike Christentum. Frömmigkeit, Lebensformen, Institutionen, München ²2012 ◆ ÖHLER, Geschichte des frühen Christentums, 283–331 ◆ CLARE K. ROTHSCHILD/JENS SCHRÖTER (Hg.), The Rise and Expansion of Christianity in the First Three Centuries of the Common Era (WUNT 301), Tübingen 2013 ◆ BENJAMIN SCHLIESSER, Vom Jordan an den Tiber. Wie die Jesusbewegung in den Städten des Römischen Reiches ankam, ZThK 116 (2019), 1–45 ◆ SCHNELLE, Die ersten 100 Jahre des Christentums, 533–559 ◆ SCHRÖTER, Die Entstehung des Christentums.

1 Die äußere Geschichte

1) Für die Geschichte der Kirche im letzten Drittel des 1. Jahrhunderts, also in der Zeit nach dem Tod des Paulus, gibt es nur wenige sicher datierbare Quellen, die unmittelbar über die historische Entwicklung informieren. Ein wichtiges Zeitdokument ist der um 110 geführte Briefwechsel zwischen Plinius dem Jüngeren, Statthalter in der Provinz Pontus und Bithynien, und Kaiser Trajan (98–117), in dem es um die Frage geht, wie das staatliche Vorgehen gegen die Christen rechtlich zu ordnen und zu organisieren sei (s. u.).

Einigermaßen rekonstruierbar ist die Entwicklung der christlichen Theologie und teilweise auch der kirchlichen Organisation in den Jahrzehnten zwischen 60 und etwa 130. Mit Ausnahme der bereits vorliegenden Paulusbriefe wurden in dieser Zeit fast alle neutestamentlichen Schriften verfasst, außerdem einige der Schriften der „Apostolischen Väter" (s. o. §41).

2) Einige noch vor 100 verfasste Texte lassen durch die Erwähnung bestimmter Namen die geographische Ausbreitung des Christentums erkennen. In Mk 3,7f. werden neben Galiläa, Judäa und Jerusalem auch Idumäa und das Transjordanland sowie die Städte Tyros und Sidon als Regionen genannt, deren Bewohner von Jesus gehört haben. Daraus kann man folgern, dass es zur Zeit der Abfassung des Markusevangeliums, also um 70, in diesen Gebieten Christusgläu-

bige gab. Der Paralleltext in Mt 4,24f. erwähnt zusätzlich „ganz Syrien" und die Dekapolis. In Apg 13,4–12 (vgl. 15,39) wird, wenn auch mit stark legendarischen Zügen, von einer Mission auf Zypern berichtet, in Tit 1,5 ist eine Mission auf Kreta vorausgesetzt. Nach Apg 28,13–15 leben zur Zeit der Ankunft des Paulus in Rom Christusgläubige sowohl in der Stadt selbst (vgl. den Römerbrief des Paulus) als auch in anderen Orten des südlichen Italiens. Die Adresse des 1. Petrusbriefs (1,1) spricht für die Existenz christlicher Gemeinden in fünf Provinzen Kleinasiens. In Apk 1,11 und dann in den Sendschreiben in Kap. 2 und 3 werden Gemeinden in sieben kleinasiatischen Städten erwähnt. Diese stimmen zum Teil mit den Adressen der Briefe des Ignatius von Antiochia überein. Der Brief des Plinius an Trajan sowie einige Episoden der Apostelgeschichte (vgl. 16,11–40; 19,23–40) weisen darauf hin, dass die christliche Mission zumindest in einigen Städten und Regionen in Konkurrenz zu den griechisch-römischen Kulten trat.

3) Die in der Anfangszeit der Mission entstandenen Gemeinden haben sich offenbar gut entwickelt. Die um 130 geschriebenen Ignatiusbriefe (vgl. oben § 41.2b) lassen erkennen, dass das syrische Antiochia und dessen Gemeinde allgemein bekannt sind. Die Gemeinde von Ephesus wird in den beiden Timotheusbriefen erwähnt, außerdem in mehreren Briefen des Ignatius sowie in Apk 1,11 (vgl. 2,1). In 2Tim 1,10 sind Gemeinden in Dalmatien vorausgesetzt. Ignatius bezeichnet in seinem Brief nach Philadelphia (11,1) einen Mann namens Philo als „Diakon von Kilikien" (διάκονος ἀπὸ Κιλικίας, vgl. Gal 1,21; Apg 15,23.41 u. ö.). Der 1. Clemensbrief und der Philipperbrief des Polykarp von Smyrna zeigen, dass sich die von Paulus in Korinth und in Philippi gegründeten Gemeinden weiterentwickelt haben. Zwar lässt sich kaum sagen, ob die geographischen Angaben in den pseudepigraphen Paulusbriefen zuverlässig sind, aber ein historischer Hintergrund ist zumindest möglich.

⌀ Arbeitsvorschlag

Orientieren Sie sich mithilfe einer Karte (s. o. S. 717) über die geographische Lage der Orte, die in 1Petr 1,1 sowie in Apk 2–3 genannt werden. Inwiefern lässt sich sagen, dass beide Schriften eine ähnliche Situation der Christinnen und Christen darstellen?

2 Theologische Tendenzen

Literatur: WALTER BAUER, Rechtgläubigkeit und Ketzerei im ältesten Christentum, Tübingen ²1964 ◆ JÜRGEN ROLOFF, Die Kirche im Neuen Testament (NTD.E 10), Göttingen 1998 ◆ JENS SCHRÖTER/SIMON BUTTICAZ/ANDREAS DETTWILER (Hg.), Receptions of Paul in Early Christianity. The Person of Paul and His Writings through the Eyes of His Early Interpreters (BZNW 234), Berlin/Boston 2018.

1) Die theologische Entwicklung der Kirche ist auch im letzten Drittel des 1. Jahrhunderts nicht einheitlich, aber gewisse Linien lassen sich erkennen. Die synop-

tische Tradition, die in Weg und Wirken Jesu gründet, mündet in die drei Evangelien nach Markus, Matthäus und Lukas. Die Rezeption der Theologie des Paulus führt zu Briefen, die unter seinem Namen verfasst werden, seine Theologie fortschreiben und sich an seiner Autorität orientieren. Die biographische Paulusrezeption beginnt mit der Apostelgeschichte. Das Johannesevangelium und die drei Johannesbriefe verweisen auf einen weiteren frühchristlichen Bereich, der auch als „johanneischer Kreis" bezeichnet wird und der möglicherweise Beziehungen zur Johannesoffenbarung hatte. Daneben entstehen weitere Entwürfe wie der Hebräerbrief, der Jakobusbrief sowie der Judas- und der diesen voraussetzende 2. Petrusbrief. Diese Briefe haben zwar Beziehungen zu anderen Schriften des Neuen Testaments, sind aber im Wesentlichen eigenständig. In dieser Zeit entstehen zum einen Schriften, die Teil des sich herausbildenden Neuen Testaments werden, zum anderen solche, die nicht ins Neue Testament gelangen. Letztere werden dann viel später (im 17. bzw. 18. Jh.) zu den Sammlungen der „Apostolischen Väter" bzw. der „Apokryphen des Neuen Testaments" zusammengestellt.

Die zur Zeit des Paulus virulente Frage nach der Bedeutung der Tora und damit auch nach dem Verhältnis zwischen Christen jüdischer Herkunft („Judenchristen") und „Heidenchristen" spielt nur noch eine geringe Rolle, weil sich außer im toratreuen Judenchristentum (s. o. § 61.3) die Auffassung zunehmend durchsetzt, dass die Tora für Nichtjuden keine verpflichtende Bedeutung hat. Eine spezifische Sicht liegt im Matthäusevangelium vor, in dem eine Spannung zwischen dem auf Israel bezogenen Wirken des irdischen Jesus einerseits (vgl. bes. 10,5f. und 15,24) und dem Auftrag des Auferstandenen, „alle Völker" (πάντα τὰ ἔθνη), einschließlich Israels, zu taufen und zu lehren, andererseits (28,19f.) erkennbar wird. Die Auslegung der Tora durch Jesus ist dabei die verpflichtende Grundlage für die Gemeinschaft der Jesusnachfolger.

Die jüdische Bibel in Gestalt der *Septuaginta* ist als Heilige Schrift die Grundlage des entstehenden Christentums. Im Judentum dagegen wird die Septuaginta – nicht zuletzt als Reaktion auf die christliche Schriftauslegung – durch als genauer angesehene griechische Übersetzungen abgelöst (Aquila, Theodotion). Eine weitere, zur Entstehung der jüdischen Bibel führende Entwicklung ist die Zurückweisung der nicht in hebräischer bzw. aramäischer Sprache überlieferten Schriften: das 1. und 2. Makkabäerbuch, Judit, Tobit, Baruch, Jesus Sirach, Weisheit Salomos, das Gebet Manasses sowie Zusätze zu Daniel und Esther. Diese in der Septuaginta bzw. der Vulgata enthaltenen Schriften haben heute in christlichen Bibeln zumeist den Status „deuterokanonischer" Schriften. Luther bezeichnete sie dagegen als „Apokryphen" des Alten Testaments.

Die biblischen („alttestamentlichen") Texte werden in christlicher Perspektive als durch Jesus Christus „erfüllt" angesehen. Das „Neue Testament" ist demnach kein „Zusatz" und auch keine „Weiterführung" des „Alten Testaments". Vielmehr rückt es die dortigen Schriften in eine neue Perspektive. Damit ist die hermeneutische Grundlage für die Entstehung der jüdischen und der christlichen Bibel gelegt, die sich parallel zueinander – und in Abgrenzung voneinander – entwickeln. Sie berufen sich auf dieselben Schriften, interpretieren diese aber in unterschiedlicher Weise.

Im Neuen Testament wird dieser Zugang im Matthäusevangelium in den sogenannten „Reflexionszitaten" deutlich (vgl. etwa 1,22f.; 4,14–16 u. ö.). Ereignisse des Weges und Wirkens Jesu werden immer wieder in den Horizont der Erfüllung der Schriften gerückt, indem über sie gesagt wird, sie seien geschehen, „damit erfüllt wird", was in einem anschließenden Schriftzitat gesagt ist (vgl. z. B. 2,15.17f.; 3,3; 4,14; 8,17 u. ö.). Der Hebräerbrief entwirft ein typologisches Modell, dem zufolge in biblischen Aussagen eine Vorabbildung des Christusgeschehens vorliegt. Besonders markant ist das in der Melchisedek-Christologie, die Jesus als „Hohenpriester nach der Ordnung Melchisedeks" deutet (7,1–28). In Hebr 8 wird der durch Jesus Christus vermittelte Bund auf den durch Jeremia angekündigten „neuen Bund" bezogen. Ein weiteres wichtiges Beispiel frühchristlicher Schriftauslegung findet sich in Röm 4. Paulus setzt hier den Glauben Abrahams in Beziehung zum Glauben derer, die an den glauben, „der Jesus unseren Herrn von den Toten auferweckt hat". Der 1. Clemensbrief findet in den biblischen Texten vor allem ethische Vorbilder (etwa 1Clem 9–12; 35; 43). Dagegen fehlen kultische Bestimmungen der Bibel nahezu vollständig oder werden umgedeutet. Im 2. Jahrhundert liegt mit dem Barnabasbrief ein Schreiben vor, das die biblischen Schriften in einer Weise christlich deutet, die gegenüber dem jüdischen Glauben sehr polemisch verfährt.

2) Charakteristische Veränderungen zeigen sich in der *Eschatologie*. Im Kolosser- und vor allem im Epheserbrief tritt die für Paulus wichtige zukunftsgerichtete („futurische") Eschatologie zurück, entscheidend wird der Blick auf die Gegenwart der Kirche (ähnlich später in den Pastoralbriefen). Der Verfasser des 2. Thessalonicherbriefs wendet sich unter dem Namen des Paulus gegen eine Naherwartung, die das unmittelbare Bevorstehen des eschatologischen Gerichts ansagt (2,2) und sich dafür offenbar auf Aussagen beruft, wie sie in 1Thess 4,17 und 5,6–10 vorliegen. Der Verfasser erklärt, Paulus habe dies nicht geschrieben (vgl. 2Thess 2,2.15; 3,15), und stellt dem seine eigene Sicht auf die endzeitlichen Ereignisse entgegen.

Eine fundamentale Krise wurde durch das Ausbleiben der ursprünglich als nah bevorstehend geglaubten Parusie offenbar nicht ausgelöst. Zwar lassen der 2. Thessalonicherbrief und auch synoptische Texte (vgl. Mt 25,1–13.14–30; Lk 12,35–40) sowie später 2Petr 3,1–13 Spuren dieser Problematik erkennen, aber es entwickeln sich theologische Konzeptionen, durch die die „Naherwartung" an Bedeutung verliert. Im Hebräerbrief wird zwischen der Erwartung der Parusie und der Erfahrung ihres Ausbleibens durch das Bild vom wandernden Gottesvolk ein Ausgleich geschaffen (vgl. 4,1–11). Im Johannesevangelium treten futurische Aussagen zugunsten einer „präsentischen" Eschatologie zurück, die betont, dass das durch Jesus vermittelte ewige Leben

§ 65 Die weitere Entwicklung des Christentums bis zur Mitte des 2. Jahrhunderts 735

bereits begonnen hat (vgl. 5,24f.; 6,40a; 11,25). Ein umfassendes Konzept liegt im lukanischen Doppelwerk vor: Die Erhöhung des auferstandenen Christus leitet für die Jünger nicht das Warten auf die Parusie ein, sondern mit dem vor der Himmelfahrt Jesu angesagten Kommen des Geistes (Apg 1,7f.11) beginnt die geschichtlich nach vorn offene Zeit der Ausbreitung der Christusbotschaft durch seine Zeugen.

Die „Dehnung" der Zeit führt allerdings zu einem Problem für das Verständnis der Taufe: Diese wird vollzogen „zur Vergebung der Sünden". Wie aber verhält es sich dann mit Sünden, die nach der Taufe begangen wurden? Ist eine „zweite Buße" möglich? Diese Frage konnte insbesondere dann gravierend werden, wenn es in einer Zeit der Verfolgung nicht nur zu einzelnen Verfehlungen, sondern sogar zum Abfall vom Glauben gekommen war. In Hebr 6,4–8 wird eine zweite Buße für „unmöglich" (ἀδύνατον) erklärt. Später wird im „Hirt" des Hermas (s. o. § 41.6) von einer zweiten Buße und von Sündenvergebung gesprochen, eine dritte Buße jedoch wird ausgeschlossen (mand 4,3,4–6). In 1Joh 5,16–18 wird zwischen vergebbaren und nichtvergebbaren, als „Todsünden" (ἁμαρτία πρὸς θάνατον) bezeichneten Sünden unterschieden.

3) Ansätze zu festeren Strukturen der *Gemeindeorganisation* finden sich in den Pastoralbriefen. Die Weisungen an Gemeindeglieder und Amtsträger (vgl. etwa 1Tim 3,1–13), mit klaren Einschränkungen für die Beteiligung von Frauen (1Tim 2,8–15), werden auf Paulus zurückgeführt, und so wird versucht, paulinische Tradition zu bewahren. Die Pastoralbriefe zeigen die Tendenz, die Grundlagen des christlichen Glaubens durch Abwehr von „Häresie" herauszuarbeiten (1Tim 4,1–5), aber zu dieser Zeit steht noch gar nicht inhaltlich fest, *was* „Rechtgläubigkeit" und *was* „Ketzerei" ist (Walter Bauer). Auch im Epheserbrief, im 1. Petrusbrief und in der Apostelgeschichte werden entstehende Gemeindestrukturen und Ämter in der Gemeinde erkennbar. Ein weiteres wichtiges Zeugnis für diese Entwicklungen sind die Briefe des Ignatius.

Die verschiedenen theologischen Richtungen wollen im Zuge des Ausbaus des Traditionsbewusstseins das überlieferte Erbe sammeln, wobei „die Apostel" als feste Größe der als normativ geltenden Vergangenheit angesehen werden (in den Pastoralbriefen gilt das allein für Paulus). Deutlich ist das beim Autor des lukanischen Doppelwerks, der sich als Angehöriger der dritten christlichen Generation sieht (vgl. Lk 1,1–4) und für den Irrlehren erst in der Zeit nach Paulus auftreten, wie er Paulus selber sagen lässt (Apg 20,29–31). Paulus erteilt den „Ältesten" aus Ephesus den Auftrag, die Tradition zu bewahren (20,28). Auch der unter dem Namen des Paulus schreibende Verfasser der Pastoralbriefe blickt zurück auf den Apostel, der die „gesunde Lehre" verkündigt, die durch Timotheus und Titus überliefert wird. Durch Sammlung und Aufarbeitung der Tradition werden allmählich Kriterien gewonnen, mit deren Hilfe man hofft, die angemessene, legitime Form des christlichen Glaubens von „Irrlehren" unterscheiden zu können. Die synoptischen Evangelien entwerfen dagegen das Bild Jesu als des

Lehrers (vgl. etwa Mk 1,21f.; Mt 5,17-20) und binden zugleich den Glauben an die Geschichte Jesu, um so einen Maßstab für christliches Leben zu gewinnen.

4) Eine übergemeindliche *Organisation* der Kirche gibt es in der frühen nachpaulinischen Zeit noch nicht. Aber innerhalb der einzelnen Gemeinden tritt allmählich eine gewisse Ämterordnung an die Stelle der bisher überwiegend charismatisch legitimierten Gemeindeleitung; so setzt sich das aus jüdischen Gemeinden übernommene Amt der Ältesten („Presbyter") auch in den von Paulus gegründeten Gemeinden durch. Die Apostelgeschichte verbindet es – wohl anachronistisch – bereits mit der Zeit des Paulus selbst (14,23; 20,17). Das geschah allerdings nicht konfliktfrei, wie die in Korinth vollzogene Absetzung der Presbyter zeigt, die nach dem Zeugnis des 1. Clemensbriefes (s. o. § 41.2a) auf scharfen Widerspruch der römischen Gemeinde trifft. Die Didache (s. o. § 41.3) kennt das Amt der Presbyter nicht, ruft die Adressaten aber auf, ἐπίσκοποι („Aufseher", noch nicht „Bischöfe") und διάκονοι („Diener") zu wählen (15,1), die in der Gemeinde den Dienst der Propheten und Lehrer versehen. Erstmals betont im Singular erscheint der Titel ἐπίσκοπος in den Ignatiusbriefen, ebenso der Begriff „Presbyterium" (πρεσβυτέριον, IgnEph 2,2 u. ö.). Hier findet sich eine dreistufige Hierarchie, in der Bischof, Presbyter und Diakonen nach ihrem Rang unterschieden werden (IgnPhld 10,2). Eine solche Hierarchie ist allerdings vermutlich eher der Wunsch des Ignatius als konkrete Wirklichkeit in den Gemeinden (so die These Walter Bauers). Ignatius bezeichnet Polykarp in seinem Brief an ihn als „Aufseher (ἐπίσκοπος) der Smyrnäer", aber dieser selber nennt als Absender seines Briefes nach Philippi „Polykarp und die Presbyter, die mit ihm sind (οἱ σὺν αὐτῷ πρεσβύτεροι)" (Polyk praescr.).

5) Die christliche Gemeinde versammelt sich, dem jüdischen Vorbild entsprechend, regelmäßig wöchentlich zum *Gottesdienst*, aber ein Charakteristikum ist jetzt die an Jesu Auferstehung erinnernde Feier des ersten Tages der Woche anstelle des Sabbats (Apg 20,7; Apk 1,10; Did 14,1; vgl. 1Kor 16,2). Plinius schreibt an Trajan, dass sich die Christen an einem bestimmten Tag noch vor Tagesanbruch versammeln, um „Christus als ihrem Gott" (*Christo quasi deo*) ein Lied darzubringen. Später am selben Tag kämen sie nochmals zusammen, um eine gemeinsame Mahlzeit einzunehmen, was er aber untersagt habe (epist. 10,96,7).

Im Gottesdienst wird die Schrift (bzw. werden „die Schriften", das spätere „Alte Testament") verlesen und in Paränese und Lehre ausgelegt (1Tim 4,13). Die handschriftliche Überlieferung zeigt, dass insbesondere die Evangelien und die Briefe des Paulus weite Verbreitung finden und vermutlich auch in den Versammlungen der Gemeinden verlesen und ausgetauscht werden (Kol 4,16). Sie gelten aber noch nicht als verbindliche „Schriften" (anders offenbar zuerst in 2Petr 3,15f.). In Did 8,2 wird gemahnt, man solle nicht beten „wie die Heuchler" (vgl. Mt 6,5), sondern so, wie es der Herr gebietet. Anschließend wird das Vaterunser zitiert, und zwar in dem später kirchlich rezipierten Wortlaut, einschließlich der abschließenden Doxologie (vgl. Mt 6,9-13, dort fehlt die Doxologie in den ältesten Handschriften). In 1Clem 59–61 wird ein umfangreiches Gebet im Wortlaut überliefert, in dem es insbesondere auch um das Verhältnis zur Staatsmacht geht.

Die *Liturgie einer frühchristlichen Mahlfeier* kennen wir aus Did 9; 10; 14. Dort fehlen allerdings die „Einsetzungsworte", die bei Paulus (1Kor 11) und in den synoptischen Evangelien überliefert werden. Das weist darauf hin, dass die „Einsetzungsworte" in der Frühzeit des Christentums kein Bestandteil der Mahlfeier, sondern eine Deutung derselben waren. In die Liturgie der Mahlfeier selbst wurden sie erst im 3. Jahrhundert integriert.

Im Zusammenhang der Geistübermittlung ist die *Handauflegung* zu einem festen Ritus geworden (Apg 8,17; 1Tim 4,14). Auch regelmäßiges Fasten fand Eingang in die Praxis der Gemeinden (vgl. Mk 2,18–22). In Did 8,1 wird das Fasten der christlichen Gemeinde in scharfer Polemik vom Fasten der „Heuchler" abgegrenzt, die dies an anderen Tagen tun (vgl. Mt 6,5). Das lässt die zunehmende Abgrenzung der „Christen" von den „Juden" erkennen. Die Entwicklungen, die zu einer Trennung von Christen und Juden geführt haben, waren allerdings vielfältig und zogen sich über einen langen Zeitraum hin.

6) Für die Entwicklungen an der Wende vom 1. zum 2. Jahrhundert wurde in der älteren Forschung bisweilen der Begriff „Frühkatholizismus" verwendet, wobei jedenfalls im protestantischen Bereich eine negative Wertung mitschwang. Mit diesem Begriff sollte die Verbindung von Bewahrung der Tradition und einem dafür eingerichteten, per Sukzession weitergegebenen Amt zum Ausdruck gebracht werden. Die Bewahrung und Weitergabe der maßgeblichen christlichen Überlieferung ist demzufolge an ein Amt, vornehmlich dasjenige des Bischofs, gebunden. Allerdings kann diese Vorstellung nicht pauschal für das frühe Christentum vorausgesetzt werden. Bei Lukas ist sie zum Beispiel nicht vorhanden, wohl aber im 1. Clemensbrief (vgl. 1Clem 44) und auch in den Pastoralbriefen; der Epheserbrief bezeichnet die Apostel und Propheten als „Fundament" der Kirche (2,20). Bei Ignatius zeigt sich der Gedanke, dass die Heilswirkung von Verkündigung und Sakrament an das Amt des „Bischofs" (ἐπίσκοπος) gebunden ist (IgnEph 4f.).

3 Die entstehende Kirche im Römischen Reich

Literatur: RUDOLF FREUDENBERGER, Christenverfolgungen, TRE 8 (1981), 23–29 (Römisches Reich) ♦ WOLFRAM KINZIG, Christenverfolgung in der Antike, München 2019 ♦ RICHARD KLEIN (Hg.), Das frühe Christentum im römischen Staat (WdF 267), Darmstadt 1971 ♦ ANTONIE WLOSOK, Rom und die Christen. Zur Auseinandersetzung zwischen Christentum und römischem Staat, Stuttgart 1970.

1) Die zahlreicher werdenden Gemeinden der Christusgläubigen erscheinen Griechen und Römern in der Kaiserzeit als eine der neuen Religionen, die von

Osten kommend in den Westen einströmen (vgl. oben § 49). Das klingt an in der Schilderung des Auftretens des Paulus in Athen, wenn er von den einen als „Schwätzer" bezeichnet wird, von anderen aber als Verkünder neuer Gottheiten, weil er von Jesus und der Auferstehung predigte (Apg 17,18–20). In Apg 19,23–40 wird der Konflikt zwischen der Botschaft des Paulus und der Artemisverehrung in Ephesus dargestellt. Er erscheint dort allerdings eher als ein kommerzielles und nicht als ein eigentlich religiöses Problem, insofern die Botschaft des Paulus von örtlichen Kunsthandwerkern als geschäftsschädigend angesehen wird (vgl. V. 25–27).

Die Apostelgeschichte erzählt mehrfach von der Begegnung mit anderen religiösen Bewegungen. In Samaria begegnet der dort missionierende Philippus einem Mann namens Simon, der sehr erfolgreich als inkarnierter Gott auftritt (8,9f.). Die Apostelgeschichte setzt ihn bewusst herab, indem sie ihn als jemanden beschreibt, der „Zauberei" treibt (μαγεύων, Simon „Magus") und der sich dann zunächst taufen lässt (8,13), anschließend aber die Fähigkeit zur Geistverleihung kaufen will (8,18–24). In Apg 14,8–18 wird mit deutlich kritisch-ironischem Unterton beschrieben, wie Barnabas und Paulus von der lokalen Bevölkerung als die auf Erden wandelnden Götter Zeus und Hermes verehrt werden. Von anderen zeitgenössischen Religionen, ausgenommen natürlich das Judentum, sprechen die frühchristlichen Schriften allenfalls indirekt (zum Kaiserkult s. u.).

Paulus weist den Polytheismus als mit dem christlichen Glauben völlig unvereinbar zurück (1Kor 8,1–6; 10,14–33). Grund ist, dass der Glaube an Jesus Christus immer zugleich Glaube an den Gott Israels als den einzigen, wahren und lebendigen Gott ist. Gleichwohl lassen sich Einflüsse religiöser Vorstellungen aus dem griechisch-römischen Bereich in frühchristlichen Schriften feststellen. Das ist insofern nicht verwunderlich, als die frühen Christen ebenso wie die Juden inmitten der griechisch-römischen Welt lebten, zudem viele Christen aus dem nichtjüdischen Bereich stammten. Eine theologisch reflektierte Auseinandersetzung mit fremden Religionen erfolgt jedoch erst bei den christlichen Apologeten um die Mitte des 2. Jahrhunderts.

2) In der Anfangszeit kommt es in Jerusalem vereinzelt zu Handlungen, die gegen Christusgläubige gerichtet sind, aber zunächst als Auseinandersetzungen zwischen jüdischen Gruppen erscheinen, die miteinander in Konflikt stehen, wie die Szenen in Apg 4,1–8,3 und 9,1f. zu erkennen geben (vgl. 13,45.50; 14,5.19). In Joh 16,2f. sagt Jesus seinen Jüngern, der kommende – zur Zeit des Johannesevangeliums bereits geschehene – „Synagogenausschluss" (vgl. 9,22; 12,42; 16,2) werde mit der Vorstellung verbunden sein, dass „jeder, der euch tötet", Gott einen Dienst erweist (16,2).

Nach der Darstellung der Apostelgeschichte führen politische bzw. rechtliche Probleme bisweilen zum Widerspruch gegen die Christusverkündigung. Nach Apg 16,21 erheben Leute in Philippi den Behörden gegenüber den Vorwurf, dass Paulus und Silas als Juden die Stadt in Aufruhr versetzen, indem sie Sitten verkünden, „die wir als Römer nicht akzeptieren und ausüben dürfen", woraufhin die Missionare inhaftiert werden (später werden sie dann freigelassen, weil sie römische Bürger sind, 16,35–40). Ähnliches geschieht in Thessaloniki, wo Juden behaupten, Christen missachteten die Stellung des Kaisers, weil sie von Jesus als ihrem „König" sprechen (Apg 17,7; die von Paulus selber in 1Thess 2,14–16 erwähnte Verfolgung in Thessaloniki geht dagegen nicht von Juden aus). Nach Apg 18,13 erheben Juden in Korinth vor dem Statthalter Gallio den Vorwurf, dass die Christen eine Gottesverehrung „wider das Gesetz" lehren. Gallio stellt aber fest, dass es sich nicht um das staatliche Gesetz handelt, so dass er nicht einzugreifen braucht (18,15f.; zur Datierung dieser Ereignisse vgl. oben §60.2).

Zur Zeit des Claudius wurden Juden aus Rom vertrieben (vgl. Apg 18,1f.), wobei interne Konflikte um die Christusverkündigung eine Rolle gespielt haben dürften (vgl. Sueton, Cl. 25,4). Das in diesem Zusammenhang vertriebene Ehepaar Priska und Aquila war später aber offenbar wieder in Rom (Röm 16,3f.). Unter Nero kommt es im Jahre 64 nach dem Brand Roms zu Verfolgungen und Hinrichtungen, da man die *Christiani* der Brandstiftung bezichtigte (Tacitus, ann. 15,44; vgl. Sueton, *Nero* 16,2). Das trifft allerdings nur Christen in der Stadt Rom. Unter Domitian (81–96) gab es, entgegen der früher häufig vertretenen Annahme, keine organisierten Christenverfolgungen.

Später ändert sich die Lage: Plinius der Jüngere, Statthalter der römischen Provinz Pontus und Bithynien, fragt in seinem um 110 verfassten Brief an Kaiser Trajan, wie er gegen Christusgläubige vorgehen solle: Ist die Bezeichnung „Christ" (*Christianus*) als solche (*nomen ipsum*) strafbar, oder sind es erst damit zusammenhängende Verbrechen (*flagitia cohaerentia nomini*)? Wer dazu bereit war, die Götter anzurufen und dem Kaiserbild zu opfern, sei von ihm freigelassen worden, denn wirkliche Christen handeln nicht so. Trajan empfiehlt ein „Opportunitätsprinzip": Es gibt keine feste Norm. Die Behörden sollen jedenfalls nicht von sich aus nach Christen suchen, aber wenn Christen angezeigt und überführt werden, sind sie zu bestrafen. Wer dagegen „unsere Götter" verehrt, dem soll nichts geschehen. Keinesfalls sei auf anonyme Anzeigen einzugehen, denn dies entspräche nicht dem Geist der Epoche (*nec nostri seculi est*). Die Rechtslage ist also ungeklärt.

In der älteren Literatur wurde gefragt, ob die Behörden in einem formellen Kriminalverfahren aufgrund bestehender Gesetze gegen die Christen vorgingen oder aber durch polizeiliche *coercitio*, also praktisch durch Willkürakte. Aber diese Alternative übersieht, dass Kaiser und Senat an bestehende Gesetze nicht gebunden waren, sondern je nach Lage neue Straftatbestände schaffen konnten. Die Jurisdiktionsgewalt in den Provinzen lag in den Händen des jeweiligen Statthalters und hing von dessen persönlicher Beurteilung der Situation ab (vgl. KLAUS THRAEDE, Noch einmal: Plinius d. J. und die Christen, ZNW 95 [2004], 102–128).

Das Christentum ist für die römischen Behörden kein religiöses, sondern ein politisches Problem. Es gibt keine „Staatsreligion", aber die Verehrung der römischen Götter und des jeweils amtierenden Kaisers wird zunehmend zum Beweis der Loyalität. Präzedenzfälle sind etwa frühere Maßnahmen gegen fremde Kulte, beispielsweise das Vorgehen des Tiberius in der Stadt Rom gegen „jüdische und ägyptische Kulte", die als verbotener Aberglaube (*superstitio*) gelten (Sueton, Tiberius 36; Tacitus, ann. 2,85). Entscheidend ist die Sicherung der römischen Herrschaft und vor allem in den größeren Städten die Aufrechterhaltung der öffentlichen Ordnung, des „Friedens" (*pax et securitas*, vgl. 1Thess 5,3: εἰρήνη καὶ ἀσφάλεια). Indem Christen die Verehrung der legitimen römischen oder städtischen Götter ablehnten oder das Opfer vor dem Kaiserbild verweigerten, bewiesen sie in den Augen der Behörden ihre Illoyalität gegenüber Rom. Nach christlichem Verständnis war umgekehrt das Opfer vor dem Götterbild nicht lediglich äußerliches Zeichen für Loyalität gegenüber Rom, sondern ein solches Opfer bedeutete *de facto* den Abfall vom Glauben an den einen Gott und damit vom christlichen Glauben. Dabei darf man die Bedeutung speziell des Kaiserkults nicht überschätzen, denn im täglichen Leben spielte er bis zur Zeit Trajans kaum eine Rolle. Dass die Kultverweigerung unmittelbarer Anlass für die Verfolgung von Christen sein konnte, geht jedoch aus Apk 13,15–18 hervor. Entsprechende Anzeigen kamen nicht immer von den römischen oder kommunalen Behörden, sondern es handelte sich oft auch um Proteste aus der Bevölkerung (vgl. 1Petr 2,11–17).

Die im 1. Petrusbrief und in der Johannesoffenbarung erkennbaren Bedrohungen erstreckten sich offenbar im Wesentlichen auf Teile Kleinasiens. Der in Joh 9,22; 12,42 und 16,2f. erwähnte „Synagogenausschluss" (vgl. oben § 33.7) war keine „reichsweite" Aktion gegen jüdische Christusgläubige. Außerhalb des Johannesevangeliums ist von ihm nirgends die Rede, so dass weder der konkrete Vollzug der Maßnahme noch der anzunehmende Geltungsbereich näher beschrieben werden kann.

Als ein wichtiges Problem erweist sich in diesem Zusammenhang das Verhältnis des entstehenden Christentums zum Judentum. Die Juden sind Angehörige eines alten Volkes mit einer anerkannten, ehrwürdigen Religion. Sie haben eine durch Verträge gesicherte Sonderstellung (s. o. § 48.6), deshalb wurde ihnen zugestanden, dass ein Opfer vor dem Kaiserbild mit ihrem Glauben an ihren Gott als den einzigen Gott unvereinbar ist (im Jerusalemer Tempel wurde bis zum Jüdischen Krieg das tägliche Opfer „für den Kaiser" vollzogen). Man kann fragen, ob seitens der Christusgläubigen versucht wurde, diese Sonderstellung auch für sich zu reklamieren. Bisweilen wird gesagt, dass in der Apostelgeschichte eine solche Tendenz verfolgt wird, um das Christentum dem römischen Staat zu empfehlen. Aber der Unterschied zwischen Juden und „Christen" scheint schon recht früh eine Rolle gespielt zu haben, wie die Antiochia betreffende Notiz in Apg 11,26 zeigt. Christliche Apologetik in dieser Richtung wäre deshalb wohl vergeblich gewesen, zumal ja keineswegs alle Christusgläubigen dem jüdischen Volk angehörten. Lukas behauptet auch nicht, die Christen gehörten zum Volk Israel oder seien gar das „wahre Israel" und hätten deshalb Anspruch auf Anerkennung durch die römischen Behörden. Er betont vielmehr, dass das Christentum keine politischen Ansprüche erhebt und deshalb für Rom keine Gefahr darstellt (vgl. auch das Gespräch Jesu mit Pilatus in Joh 18,28–40).

3) Die Reaktionen der Christen auf Anfeindungen und Verfolgungsaktionen entsprachen ihrem Bekenntnis. Geistiger oder gar bewaffneter Widerstand war ihnen durch ihren Glauben verwehrt. Der Autor des 1. Petrusbriefes fordert gerade angesichts der Gefährdungen durch die Mitwelt ausdrücklich einen die Vorwürfe der Feinde widerlegenden Lebenswandel (2,11f.) und zugleich Gehorsam gegenüber dem Kaiser (2,13–18). In 1Clem 59,2–61,3 wird ein sehr langes liturgisches Gebet für die Inhaber der politischen Macht zitiert. In 1Tim 2,1f. wird gemahnt, für alle Menschen zu beten, auch für Könige und alle Machthaber (ὑπὲρ βασιλέων καὶ πάντων τῶν ἐν ὑπεροχῇ ὄντων), „damit wir ein ruhiges Leben führen können". Das steht nicht im Widerspruch zu dem universalen Anspruch, dass nach dem Willen Gottes „alle Menschen gerettet werden und zur Erkenntnis der Wahrheit kommen" (2,4). Titus soll die Gläubigen daran erinnern, sich den staatlichen Mächten unterzuordnen (vgl. Röm 13,1) und zu jedem guten Werk bereit zu sein (Tit 3,1).

Christen erwarten, dass die Welt als Ort, wo die Wahrheit verfolgt wird, ihrem Ende entgegengeht. Sie erwarten die Parusie ihres Herrn und hoffen auf die künftige Totenauferstehung. Deshalb kann es für sie „Freude im Leiden" geben, ja sogar Freude über das Leiden (vgl. 1Petr 4,12–19). In der Stephanusrede (Apg 7) und dann in der Johannesoffenbarung (Apk 11) und bei Ignatius (IgnRöm 5) sowie vor allem in den Märtyrerakten des 2. Jahrhunderts wird die Idee des Martyriums als des von Gott verordneten Leidens entwickelt. Das Martyrium wird nicht gesucht, aber Nachfolge Jesu bedeutet die Bereitschaft zur Übernahme des Leidens (vgl. Mk 8,34–38; Lk 12,8–12 u. ö.), was sogar als feste Regel formuliert werden kann (Apg 14,22). Ein Dokument des in der Verfolgungssituation erwarteten christlichen Verhaltens ist die Rede Jesu in Mt 10 (vor allem V. 17–25). Das Mittel der Verteidigung ist der Nachweis, dass die Christen unschuldig sind und zu Unrecht verfolgt werden. Sie beten aber auch um den Schutz vor der Verfolgung.

Arbeitsvorschlag

Lesen Sie den Briefwechsel zwischen Plinius dem Jüngeren und Trajan (S/Z 42). Was erfährt man aus dem Brief des Plinius über die Christinnen und Christen in dieser Zeit? Was ist aus der Sicht des Plinius das Problem, mit dem er sich an den Kaiser wendet? Welchen Vorschlag zum Verfahren macht Plinius? Wie reagiert der Kaiser und an welcher Stelle korrigiert er Plinius? Lektüreempfehlung: Koch 470–476.

Abbildungsverzeichnis

Abb. 1: Semantisches Netzwerk zu Mt 7,16–20 64
Abb. 2: Codex Berolinensis Gnosticus (P.Berol. 8502), p. 19, Ägyptisches Museum und Papyrussammlung, Staatliche Museen zu Berlin, Stiftung Preußischer Kulturbesitz, © Foto: Sandra Steiß 493
Abb. 3: Der Beginn der „großen" Jesajarolle (1QJesa I–IV), Israel Museum, Foto: Google Art Project Works in the Israel Museum, CC0; https://commons.wikimedia.org/wiki/File:The_Great_Isaiah_Scroll_MS_A_(1QIsa)_-_Google_Art_Project-x4-y0.jpg 530
Abb. 4: Die Eroberungszüge Alexanders des Großen (334–323 v. Chr.) 537
Abb. 5: Das Römische Reich zur Zeit Trajans (117 n. Chr.) 541
Abb. 6: Palästina zur Zeit Jesu 545
Abb. 7: Statue des Asklepios, Musei Vaticani, Museo Chiaramonti, Inv. 2023, Foto: Marie-Lan Nguyen, CC0; https://commons.wikimedia.org/wiki/File:Asklepios_Leutari_Chiaramonti_Inv2023.jpg 574
Abb. 8: Statue des Augustus (Augustus von Primaporta), Musei Vaticani, Museo Chiaramonti, Inv. 2290, CC BY-SA 3.0; Foto: Till Niermann; https://commons.wikimedia.org/wiki/File:Statue-Augustus.jpg 576
Abb. 9: Büste des Epikur, Musei Capitolini, Palazzo Nuovo, Foto: Jamie Heath, CC BY-SA 3.0; https://commons.wikimedia.org/wiki/File:Portrait_of_Epicurus_cropped_noBG.jpg 584
Abb. 10: Pilatus-Inschrift von Caesarea, Israel Museum, © Foto: Jens Schröter 598
Abb. 11: Boot vom See Genezareth, Yigal Allon Museum, © Foto: Jens Schröter .. 600
Abb. 12: Münze des Herodes Antipas, Foto: Classical Numismatic Group Inc., CC BY-SA 3.0; https://commons.wikimedia.org/wiki/File:Herod_Antipas.jpg 600
Abb. 13: Gallio-Inschrift, Delphi Archaeological Museum, © Foto: Konrad Schwarz 674
Abb. 14: Ausbreitung des frühen Christentums bis zum Beginn des 2. Jh.s. 717

Die Karten (Abb. 4, 5, 6 und 14) wurden von Bernhard Walter nach Vorlagen der Autoren gezeichnet.

Stellenregister (in Auswahl)

Fett gedruckte Seitenzahlen verweisen auf nähere Ausführungen zu den betreffenden Textstellen. Die in den Einführungen zu den Schriften des Neuen Testaments genannten Stellen wurden nicht aufgenommen.

Altes Testament (Hebräische Bibel und Septuaginta)

Genesis
1,26	510
1,27 LXX	249, 723
2f.	723
3,16	107
4	465
5,21f.	466
6	463
14,17–22	309f.
15,6	249, 255, 456f., 557f.
17,5	611
17,10	255
17,17	610
19	465

Exodus
2	362
16,18	728
24,8	654
34	231, 237

Leviticus
16,12–15	254
17f.	706
19,18	557
23	559
23,26–32	560

Numeri
16	466
22	465
24,17	608
29,7–11	560

Deuteronomium
6,4f.	183, 360, 554, **559**, 633
9,10	682
18,18	413, 571
23,1f. LXX	682
26,1–4	648
27,26	249
28,49	380

1. Samuel
2,1–10	611

2. Samuel
5,2 LXX	612
7,12–16	624, 629

1. Könige
19,18	257
19,19–21	345

2. Könige
4,42–44	641

13,21	496	*Hiob*	
		9,8	641
Tobit	487, 528, 733	28,20–28	411
		40,15–41,26	447
1. Makkabäer	4, 528, 542	42,17 LXX	640
1,10–15	535		
1,54–64	558	*Sapientia Salomonis*	
4,36–59	558		487, 528, 565
		2,12–20	631
2. Makkabäer	4, 134, 381, 528, 542, **565f.**	13–15	301
4,7–17	535		
		Sirach	4, 453, 487, 733
Psalmen		4,1–10	637
2,7	624, 631	24	280
13,1–3 LXX	112	24,3–22	411
16,8–11	640	51,10	633
22	196		
29	624	*Hosea*	
31,2 LXX	558	6,6	363
34,19	637	11,1	612, 631
47	624	13,14	216
52,2–4 LXX	112		
72,1–4	624	*Micha*	
77,2 LXX	322	5,1	612f.
89,27	633		
95,7–11	309	*Joel*	
96,9f.	624	3,1–5	388
97	624		
99	624	*Habakuk*	
103,19	624	2,4–8	249, 569
103,12 LXX	111		
107,25–29	641	*Sacharja*	
110,1	624, 678	9,9	361, 402, 651
110,4	309f.		
118,25f.	651	*Maleachi*	
134,7 LXX	380	3,1	94, 620
145,11–13	624	3,23f.	620
Sprüche		*Jesaja*	
3,34	637	5,1–7	153, 646
8,22–31	280, 411	6,9f.	319, 322, 389
14,21	637	7,14	612
24,12	254	8,9	380

25,8	216	Baruch	733
26,19	640, 696		
40,3	93f., 395, 401, 619	Ezechiel	
56,7	651	17,23	111
61,1–3	637	31,6	111
62,11	361		
65,17	445	Daniel	528, 542
		2,44	624
Jeremia		7	447
1,1–3	374	7–12	136
6,22	380	7,4–6	438
7,11	651	7,13f.	629, 728
31,15	612	12,2f.	640, 696
31,31	654		

Frühjüdische Pseudepigraphen

Apokalypse des Abraham		72–82	562
	136	92,16	445
Apokalypse des Mose		*Himmelfahrt des Mose*	
	136		467, 562, 624
Aristeasbrief	535, 564	*Joseph und Aseneth*	
			27, 528, 565
2. (syrischer) Baruch		8,5	411
	136, 562, 629	15,5	411
26–30	562		
		Psalmen Salomos	
4. Esra	136, 528, 562, 628f.	2	543
13	561	8,15	380
		17	562
1. (äthiopischer) Henoch			
	105, 136, 528, 531, **561f.**, 696	*Testamente der zwölf Patriarchen*	
			528
1–36	562		
1,19	467	*Testament Sebulons*	
12,4–6	463	5,1–3	637
48f.	561		

Josephus und Philo

Josephus
Antiquitates Judaicae
1,180	309
8,46–49	640, 642
8,100	560
14,117f.	**563**
15,380–402	550
17,355	607
18,1–3	607
18,55–62	656
18,63f.	**603**, 604, 655, 671
18,85–89	552, 571
18,116–119	618, 621, 671
20,51	672
20,200	671, 688

Bellum Judaicum
1,282–285	550
1,403–430	550
2,111–113	550
2,169–177	552
4,317	599
7,43–62	698
7,253	607

Contra Apionem
528, 565

Vita
277	559

Philo von Alexandrien
De Abrahamo
119–122	565

De sacrificiis Abelis et Caini
32	166

De somniis
2,242	411

De specialibus legibus
2,81	411

In Flaccum
83	599

Legatio ad Gaium
565

Legum allegoriae
3,79–82	309

Qumranschriften

1QH
IV,30–37	568

1QM **567f.**
XVIII,1–XIX,13	568
XI,7f.	630

1QpHab
II	568
VII–VIII	569

1QS **567f.**
I,1–15	567
I,18–II,18	569

III, 13– IV,26	412
III,18–IV,1	567
IV,3–14	166
V,5f.	567
IX,7–11	630
IX,11	568

1QSa
II,3–10	568

4Q252	630

4Q372
Frgm. 1,16f.	633

4Q521	630, 639	11QT^a	
		LXIV	544
11QMelch	310		

Rabbinische Schriften

bSan		*bShab*	
43a	603	31a	557

Neues Testament

Matthäus	127, **356–367**	6,22f.	70
1f.	367, 501, **610–613**	6,25–33	636
1,22f.	734	7,1–11	455
2	490, 550, 608	7,7–11	633
2,1	672	7,9f.	148
2,1–18	550, 607	7,12	557, 706
2,22	550	7,15–20	58–60, 63, 69, 72
3	328	7,16	70
3,1	53f.	7,24–27	342
3,7–10	338, 619	8,5–13	375, 401, 405, 540, 637
4	328	8,11f.	625
4,1–11	95, 338, 627	8,14f.	161f.
4,14–16	734	8,19–22	193
4,18–22	395	8,20	628, 634, 636
4,24f.	732	9,6	106
5–7	194, 321, 337	9,18	47
5,3–12	59, 341, 625	9,37–10,16	372
5,9	631	10	321
5,21–48	568, 648	10,1–42	194
5,31–37	454, 648f.	10,7–15	636
5,38–48	642	10,10	605
5,44	647	11,2–19	342
6,1–18	337	11,5	639
6,7–15	337	11,6	625
6,9–13	49, 338, 367, 482, **633f.**, 642, 736	11,16f.	195
		11,18f.	634
6,11	25	11,20–24	616
6,13	49	11,25–27	632
6,14f.	633, 642	11,28	641
6,19f.	643	12,22–30	637

12,28	625	28,16–20	197, 680, 685, 689
12,40	496	28,19	183, 482, 659
12,46–50	140		
12,47	48	Markus	126f., **343–355**
13	318	1	328
13,1–35	322	1,1	54, 125, 127
13,1–52	101	1,1–6	372
13,24–30	148	1,1–13	369
13,31f.	101, 103f., 111, 149, 331, 626, 644	1,1–15	92–95, 621
		1,1–6,44	329
13,44f.	625, 633, 646	1,2–8	127
15,21–28	617	1,2–20	358
16,17–19	677	1,4	52–54, 619
16,18	662, 683	1,6	619
17,5	470	1,8	620
18,1–5	140	1,9–11	193, 196, 608, 618
18,12–14	103, 191, 338	1,10f.	620, 632
18,23	644	1,12f.	139, 627
18,23–35	642, 646	1,14f.	89, 323, 370, 593, 625
19,10–12	217	1,16–20	193, 395, 401, 636
19,13–15	140	1,19	412
20,1–15	646	1,21–32	323
20,29–34	191	1,23–26	640
21,5	651	1,24	613
22,1–14	69, 103, 338	1,29	684
23	521	1,29–31	161f., 639
23,1–33	194	1,32–34	638
23,37	203	2,1–12	65, 162, 401
24,42–51	203	2,1–3,6	323
24,42–25,30	645	2,2–12	395
24,43f.	114f.	2,10	628, 634
25,14–30	338	2,10f.	106
26,20f.	652	2,14f.	636
26,26–29	184	2,15–17	139
26,28	658	2,17	67
27,24–26	400	2,23–28	192, 363, 649
27,57	656	2,23–3,6	557
27,60	656	2,25f.	84
27,62–66	678	2,27	331
28	681	3,1–6	159, 162, 397
28,1–10	689	3,7–12	638, 731
28,9f.	197, 680	3,13–19	684
28,11–15	678	3,20f.	638

Neues Testament

3,22–27	637	9,2–10	88, 196, 468, 632
3,31f.	615	9,31	49
3,31–35	140, 193, 638	9,33–40	140
4	318	10,2–12	217, 648
4,1–34	101, 156, **318**, 323	10,6f.	633
4,1–9,41	370	10,11	605
4,3–9	146, 148, 626	10,13–16	139f.
4,3–32	194	10,13–52	370
4,26–29	148, 331, 626, 644	10,17	568, 643
4,30–32	101, 103, 148, 332, 626, 644	10,28–30	638
		10,32–34	49
4,32	111	10,45	658
4,35–41	194, 641	10,46–52	191, 331, 640
4,40	367	11,1–16,8	371
5,1–20	162, 193, 616f., 637	11,2–6	651
5,21–43	66, 193, 639	11,3	367
5,25–29	639	11,15–17	401, 651
5,34	640	11,27–33	401
5,35–43	90, 639	12,1–12	153, 367, 646
5,41	639	12,13–17	521, 600
6,1–6	193, 616	12,18–27	521, 556, 616, 696
6,3	615	12,29f.	183, 633
6,6–13	372	12,35–37	631
6,7–31	193	13	137, 372
6,14–29	550f., 619, 621	13,9–13	687
6,17–29	89, 551	13,14	374
6,32–52	401, 405	13,22	300
6,35–44	194	13,26	628, 634
6,45–52	194, 641	13,33–37	645
7	647	14f.	400
7,1–23	192, 359	14,1–16,8	404
7,14–20	637	14,3–9	399, 630
7,24–30	375, 616f.	14,10f.	655
7,31	616	14,12	403, 560
7,33	639	14,22–25	49, 184
7,34	91	14,25	625
8,1–9	194	14,28	681
8,15	144	14,32–42	618
8,22–26	331	14,33f.	404
8,27–30	359, 401, 593, 616, 630	14,35f.	402
8,34	636	14,43	656
8,38	628, 631, 634	14,54	655
9,1	625	14,58	380, 401f., 652

752 Stellenregister (in Auswahl)

14,61f.	631, 637	6,24–26	341
14,62	628, 634	6,27	648
14,66–72	655	6,27–36	642
15,40f.	635	6,31	388
15,42	653	6,35	631
15,42–47	402	6,37	455
16,1	403	6,47–49	342
16,1–8	679	7,1–10	401, 405, 637
16,7	681	7,2	540
16,9	689	7,11–17	639
16,9–20	197, 433, 516	7,18–35	342
		7,22	639
Lukas	127, **368–378**	7,23	625
1–2	367, 501, 521, **610–613**	7,31f.	195
1,1–4	22, 78, 127, 134, 665	7,33f.	634
1,5	550, 607, 672	7,36–50	322
1,6	88	8	318
1,46–55	164, 371, 611	8,19–21	140, 323
1,68–79	164, 611	9,46–48	140
1,80	607	9,57–62	140, 193
2	490	9,58	628, 634, 636
2,1	547, 607, 672	10,1–16	194
2,1–7	607	10,3–12	636
2,2	551	10,7	605
2,14	19	10,13–15	616
2,29–32	611	10,18	627
3,1f.	548, 550f., 608	10,21–24	632
3,1–9,17	329	10,25–37	557
3,2	553	10,27	633
3,7–9	338, 619	10,30–35	642, 646
3,16	380	10,38–42	402
3,19f.	619	11,2–4	49, 338
3,23	608	11,3	25
4,1–13	95, 338, 627	11,5	644
4,16–30	193, 630	11,9–13	633
4,23	146, 150	11,11f.	148, 644
4,38f.	161f.	11,13	455
5,10f.	388	11,14–23	637
5,24	106	11,20	625, 641
6,1–9	54	11,27f.	638
6,5	388	11,39–52	194
6,20	341, 625	12,8f.	628
6,20–49	194, 337	12,16–21	643

12,22–31	636	2,11	158
12,35–40	203, 645	2,12	615
12,39f.	114f.	2,19–22	652
13,1	552	3,3.5	605, 624
13,10–21	101, 626	3,16–18	632
13,11	639	3,22–24	605, 608
13,18f.	101, 103f., 111, 149, 331	4,1f.	605, 608
13,20f.	101, 626	4,19f.	556
13,28f.	625	5,5	639
13,31–34	203, 550	5,24f.	423, 735
13,34	203	6,40	735
14,8	148	6,51–58	654
14,16–24	65, 103, 338, 625	7,3	615
15,4–7	103, 191, 338, 644	7,37f.	442
15,11–32	148, 746	7,39	50, 89
15,27	87	7,53–8,11	410, 605
16,1–8	643	8	424
16,18	648f.	8,12	423
16,19–31	643	9,22	740
17,20f.	625f.	10,1–5	148
18,15–17	140	10,6	147
19,11–27	645	10,11–15	658
19,12–27	338	11,1–45	639
22,14–38	402	11,25	735
22,15–20	184	11,50	656
22,19	653	12,24	496
24	680	13,34	424
24,1–35	689	14,26	423
24,13–32	659	16,2f.	738
24,13–35	181, 197	16,7	658
24,29	379	17,1	632
24,34	679	18,5	613
24,40–43	659	18,12–27	89
24,50–53	379, 680	18,13	553
		18,15–24	553
Johannes	147, 158, **394–419**	20	197, 659, 680
1,1	23	20,1–18	689
1,1–18	87, 188f., 420	20,30f.	78, 158, 425
1,14	427	20,31	420
1,32f.	620	21	197, 432, 493, 516, 680f.
1,45	613	21,9–13	659
2,1–10	641	21,15–17	659

Apostelgeschichte

	134f., 158, **379–392**, 669
1–7	682
1–11	699
1,1	373
1,1–3	134
1,1–11	375, 680
1,4f.	659
1,7f.	735
1,8	375, 659, 665
1,9–14	680
1,15	662
2–5	375
2,9–11	563
2,29–36	678
2,38	661, **685**
2,42	481
2,42–47	686
2,44	662, 687
2,44f.	455
3,1	686
4,6	553
4,32–5,11	568
4,34f.	455
4,36f.	687
5	687
5,11	662
5,34	492
6	663
6,1–15	652, 692, 698
6,2–5	691
6,9f.	686, 692
7,1–53	692, 699
7,58	711
8	498, 504, 693f., 737
8,1	682f.
8,3	683, 693
9,1f.	662, 693
9,3–9	87, 679, 714
9,14	662
9,20–30	715
9,26–29	675
9,31	681
11,1–18	705
11,19–21	693
11,19–26	536, 691, 698
11,20	662, 690
11,26f.	463, 630, 662, 740
11,28	548
11,29f.	707
12,1–4	454, 672, 684
12,21–23	672
13f.	204, 244–246, 296, 536, 715
13,4–12	732
13,9	716
13,13	350
13,38f.	373
13,42–52	716
15	729
15,1f.	702
15,1–35	669, 701, 704–706, 708
15,10	556
15,13–21	688
15,20	709
15,29	706, 709
15,30–35	704
15,35–41	706
15,37–39	350
16,1–4	706
16,5	683
16,9–12	540, 718
16,12–40	219
16,12–17,9	719
16,13–16	559
17,2	201, 719
17,5–15	201
17,14–31	719
17,15–34	204, 374, 522
17,18	374, 584
17,18–20	738
18	204
18,1–18	206f.
18,2	296, 548, 602, 673
18,3	713f.
18,5	201f., 204

Neues Testament

18,12	135	26,9–18	679
18,12–17	673, 720	26,28	463, 630, 662
18,13	739	27,1–28,16	675, 720
18,17	208	27,7–23	296
18,19–21	285	28	296
18,24	309	28,13–15	732
18,24f.	211, 535, 718	28,16–31	134, 223
19	522, 720	28,23–28	716
19f.	262	28,30f.	713
19,1–22	285		
19,8	216	*Römerbrief*	181, **252–265**
19,13–16	640	1,1	131
19,21	217	1,1–5	721
19,23–40	224, 378	1,2	112
19,23–20,1	285	1,3f.	181, 184, 613, 631
19,31–40	540	1,8–11	297
20,1–6	217, 295	1,16f.	66, 569, 695, 721
20,4	296, 720	1,18–31	167, 301
20,17–38	297, 374, 721	3,10–18	112
20,29–31	735	3,21–31	568
20,31	217	3,27	456
20,35	605	3,30	183, 456
21	263	4	242, 734
21–23	729	4,1–25	253, 458
21,18–20	454	4,3–8	456, 558
21,25	709	4,9–12	251
21,27–30	720	4,24	658
21,27–23,22	675	4,25	181
21,29	296	5,1	696
21,39	539	5,9f.	558
22–26	223	5,12–21	301
22,3	492, 557	6	579
22,3–16	679	6,1–5	697
22,4	662	6,1–11	276
23,2	553	8,1–17	250
23,6	616, 696	8,11	658
23,8	556	8,15	686
23,24–24,27	552	8,35	238
24,1	553	9–11	204
24,17	707	10,9	182, 686, 696
24,25f.	552	10,13	696
24,27–26,32	675	11,14	204
25f.	551f.	11,33–36	**164**

12,1–15,13	253	8,9–13	258
12,3–8	290	9,1	400, 679, 714
12,4f.	276	9,1–18	238
13,1–7	725	9,14	113, 605
13,8–10	250	9,20f.	204
14,1–15,13	707	10,11	273
14,14	114	10,14–33	697, 738
15	297	10,16	654
15,18–24	729	10,25f.	724
15,22–29	387, 675	11,2–16	107, 723
15,23f.	721	11,18	683
15,30f.	729	11,20	685
15,31	688	11,23	113f., 180, 653
16,1	722	11,23–25	180, 184, 214, 605, 686, 695
16,1f.	218, 723		
16,3–5	296, 673, 724	11,24f.	579, 653
16,5	683	12	262
16,6	724	12,3	696
16,23	296	12,4–31	722
		12,12–27	276, 290
1. Korintherbrief		12,13	264
	206–217	12,27	722
1,1	130	12,28	685, 697, 722
1,2	202, 313, 662	13	70, **165**
1,4–9	132	13,3	48
1,10–17	111, 264, 480	14,23	683
1,26–31	724	14,26	163
4,11–13	238	14,34f.	107, 303, 724
4,12	713f.	15	262, 493
5–7	724	15,1–11	75
5,3	111	15,1–57	696
5,6	144	15,3	113, 180, 630
6,1–8	724	15,3–5	180f., 277, 658, 661, 679, 695
6,11	264		
7,10	113, 605, 649	15,3–7	689
7,10–16	725	15,5	49, 684
7,19	701	15,6–8	568
7,29	273, 721	15,8	679, 714
8–10	726	15,9f.	297, 714
8,1–6	738	15,20–28	137, 203
8,1–11,1	727	15,25	678
8,4	183	15,32	224
8,6	183, 213, 696	15,37–44	496

Neues Testament

16	217	2,1–14	536, 702f.
16,1	250, 683	2,9	454, 475, 684, 708
16,1–4	728	2,10	707, 727
16,3f.	720	2,11–14	545, 662, 705, 708, 716
16,8f.	675, 720	2,15–5,12	253
16,21	271, 273, 278	3,6	456
16,22	182f., 686	3,6–18	255
		3,10–14	569
2. Korintherbrief		3,19–21	255
	230–239	3,26–29	264
1,15–17	720	3,28	228, 277, 279, 701, 723
2,17	585	3,29	723
4,14	568	4,3	279
8f.	703	4,6	686
8,1–6	728	4,9	279
8,18–21	720	4,21–31	154
9	728	5,3	456
10,10	76	5,5f.	457
11,22–12,10	726	5,6	701
11,24	204	5,9	144
11,32f.	387, 715	5,13–6,10	166, 253
12,1–5	500, 679	6,11	271, 273, 278
13,13	132	6,15	701
		6,18	219
Galaterbrief	**240–251**	10,16	258
1	390, 705		
1,1	131, 658	*Epheserbrief*	267, **283–290**, 669
1,3	208	1,1	267
1,6–9	238	1,3	132
1,12	714	1,15f.	132
1,13	299, 683, 695	2,4–10	277
1,13–16	297, 693, 714	2,22	290
1,14	556	3,5–11	260, 298
1,15–17	675, 679, 702, 714	4,5f.	183
1,17–20	387	4,15	290
1,18	684	5,8	67
1,18–2,1	675	5,21–6,9	167, 294, 462, 583
1,19	454, 688	5,23	290
1,21	204, 715		
1,22	693, 713	*Philipperbrief*	**218–225**
1,22–24	693	1,1	131, 697, 722
2,1–5	292	1,2	208
2,1–10	669, 675, 701, 708	2,5f.	299

2,6–11	165, **185–187**, 222, 695	5,6–10	734
2,24	228		
3,3–6	556	*2. Thessalonicherbrief*	
3,5–9	679, 713		267, **268–273**, 669
3,9	257	2,1–12	137, 293, 734
3,20	453, 696	3,15	734
4,5	273		
4,10–20	713	*1. Timotheusbrief*	
4,12	238		267, **292–294**, 669
4,16	201	2,1f.	741
4,22	662	2,8–15	735
		2,11–15	107
Kolosserbrief	267, **274–282**, 669	3,1–13	735
1f.	283	3,16	165, 184f.
1,15–20	165, 187f., **280**, 282, 287	4,1–5	735
1,18	290	4,13f.	736f.
1,24–26	298	6,20	501
1,26f.	260		
2,8	522	*2. Timotheusbrief*	
2,10.19	290		267, **294f.**, 669
3f.	283	2,18	272
3,16	163	4,11	373
3,18–4,1	167f., 290, 294, 462, 583		
4,7f.	285	*Titusbrief*	267, **294–296**, 669
4,14	373	1,5	732
4,16	313, 495, 736	3,5	697
1. Thessalonicherbrief		*Philemonbrief*	76f., **226–229**
	199–205, 268–273	2	683
1,1	130, 132, 269, 461	9	712
1,2–5	269	10	278, 281
1,4–10	721	15f.	723
1,9f.	182, 390	23	278, 281
2,7	48	24	278, 281, 350, 373, 461
2,9	713f.		
3,1f.	719	*Hebräerbrief*	133f., **304–312**
4,13–18	137, 216, 262, 268, 273, 696	1,1–13	632
		6,4–8	485, 735
4,14	182, 661	7f.	734
4,16f.	217	9,9	147
4,17	734	10,37–39	569
5,1–11	114f.	11,17–19	458
5,3	740	11,19	147

11,31	458	*3. Johannesbrief*	
13	133		**427–430**
13,23f.	292, 516		
		Judasbrief	**465–468**
Jakobusbrief	134, **451–458**		
1,1	460, 466	*Johannesapokalypse*	
1,19	81		135–137, 165, **436–449**, 670
1. Petrusbrief	**459–464**, 670	1,1–3,22	78
1,1	251, 453, 732	1,6	463
2,13–3,7	167f.	1,11	732
4,16	630, 662	1,14	628
5,13	350	2,1–7	285
		3,2f.	115, 203
2. Petrusbrief	**468–473**	5,6	154
1,17	362	13	549
1,20f.	105	13,15–18	740
2,22	144	14,14	628
3,1–16	115, 203, 272, 736	16,15	115, 203
		17,5	154
1. Johannesbrief		18	463
	134, **420–425**	19,1–8	165
5,16–18	735	22,6–21	78
		22,20	686
2. Johannesbrief			
	425–427		

Antike christliche Apokryphen

Apokalypse des Adam
136

Apokalypse des Paulus (Visio Pauli)
500

Apokalypse des Petrus (äth./griech.)
136, 472, 487, **498–500**, 535

Apokalypse des Petrus (kopt., NHC VII,3)
136

Apokryphon des Johannes
488, 507f., **509f.**, 512

3. Korintherbrief
267, 475, 496

Brief an die Laodicener
495

Briefwechsel zwischen Seneca und Paulus
495

Evangelium nach den Hebräern
487

Evangelium des Judas
488, 508

Evangelium nach Maria
    492, 494f., 507f.

Evangelium nach Nikodemus
    491f.

Evangelium nach Petrus
    87, 605, 678

Evangelium nach Thomas
    488, **494f.**, 501, 507
20   333
21,5–7   115

Himmelfahrt des Jesaja (Ascensio Jesaiae)
    136, 499

Martyrium des Paulus
    497

Melchisedek (NHC IX,1)
    310

Paulusakten   496

Petrusakten   497

Protevangelium des Jakobus
    475, **490f.**, 501

Theklaakten   497

Apostolische Väter

Barnabasbrief **483**
6,10   147
18–20   482

1. Clemensbrief
    314, **479f.**, 670
5–7   485
5,5–7   297, 721
9–12   734
21,7   302
24–26   485
35   734
36,2–5   310
42,4f.   302
43   734
44,5   302
59–61   737
59,2–61,3   741

2. Clemensbrief
    484

Didache   362, **481f.**, 670
1–6   481
8,2   736
9   737
9f.   654
10   737
10,6   182f.
14   737

Diognetbrief (Schrift an Diognet)
    453, 479, **484**

„Hirt" des Hermas
    136f., 147, 479, **484f.**, 487, 513f., 664, 735

visiones
1,1,1   485
2,4,3   243, 479

mandata
4,3,1–7   485
4,3,4–6   735

similitudines
2   485

Ignatius
An die Epheser 285
1,3   228

2,2	736
4f.	737
13,1	686

An die Philadelphier
10,2	736

An die Römer 741

An die Smyrnäer
1,1	362

Polykarpbrief **481**, 670
praescr.	736
3,2	221
7,1	425

Martyrium des Polykarp
481, 670

Weitere antike christliche Autoren

Eusebius
Historia ecclesiastica
	670
2,16	350
2,23	474, 670
3,1,2	497
3,5,3	688
3,25,3	474
3,36,3–11	480
3,39	142, 425, 474
6,14,1	474
6,25	474, 514

Irenäus
Adversus haereses
	503
1,11,1	506
1,26,2	689
1,29	504, 506, 509
3,3,3	479
3,11,7–9	432

Justin
1 Apologia
65–67	686
66,3	125

Dialogus cum Tryphone
47	689
65,3	57
77,4	147
81,4	449
90,2	147
110,1	57

Origenes
Contra Celsum
1,63	474

Commentarii
In Matt. 17,19	474
In Rom. 6	474

Tertullian
De baptismo
17,5	496

Nichtchristliche antike Autoren

Alkinoos
Didaskalikos
10	512

Cassius Dio
Historia Romana
60,6,6	673

Stellenregister (in Auswahl)

Cicero
Epistulae ad familiares
2,9,2   129

Tusculanae disputationes
4,16   166

Diogenes Laertius
Vitae philosophorum
6,37   138
6,40   138

Epiktet
Enchiridion
1   584

Plinius d. Ä.
Naturalis historia
13,21[68]–26[83] 527

Plinius d. J.
Epistulae
10,96f.   602, 671, 736

Sueton
Claudius
25   601

25,4   671, 673, 739

Domitianus
13,2   549

Nero
16,2   602

Tacitus
Annales
14,44,1–15   604
15,44   204, 671
15,44,2f.   601

Historiae
2,4–9   549
5,1–13   204, 552, 566

Theon
Progymnasmata
               138f.
99   138

Vergil
Eclogae
1,1–63   547

Namen- und Sachregister

Fett gedruckte Seitenzahlen verweisen auf Begriffseinführungen, nähere Erläuterungen etc.

Abendmahl 49, 177, **183**, 209, 214, 217, 409, 419, 481 f., 625, 652–655, 658 f., **685 f.**, 695, **697**, **737**
Abraham 242, 248 f., 251, 253, 255, 312, 441, 456 f., 458, 610 f., 734
Achaia 201, 204, **206**, 236, 522, 541, 673, 676
Adam 107, 216, 254 f., 301
Agrippa I. 383, 546, **551 f.**, 672, 675
Agrippa II. 385, **551**
Ägypten 14 f., 17, 484, 494, 507, 526, 556, 560, 578, 612
Alexander d. Gr. **523**, 537 f., 542, 575, 610, 698
Alexandria 154, 309, 381, 467, 472, 483, 499, **535**, 537, 548, 563 f.
Allegorese **154**, 309, 483, 565
Allegorie 145, **153 f.**, 320–322, 484
Altes Testament 3 f., 27, 202, 231, 237, 480, **518**, 736 (vgl. Schriften Israels, Septuaginta)
Amen **183**, 281, 407, 440, 615
Anakoluth 81, 95, 106
Analepse 89 f.
Antiochia am Orontes 43, 177, 351, 382–384, 467, 480, **536**, 541, 662, 693, **698 f.**, 701–709, **715 f.**, 732, 740
„antiochenischer Zwischenfall" 242, 249, 706–709
Antiochia in Pisidien 383, 390, 716
Aphorismus 140, **142 f.**, 146, 150, 152, 494
Apokalypse (Gattung) **135–137**, 441, 449, 484, 489, **498–501**, 506, 528

Apokalyptik **137**, 216, 441, 549, **560–562**, 624, 627 f.
Apokryphen 45, **486–501**, 513 f., 595, 670, 733
apokryphe Evangelien 125, **490–495**, 604, 606, 618, 670
Apollos 211, 216, 308 f., 384, 535, 718
Apophthegma 139 f., 159
Apostelakten 489, 495–498
„Aposteldekret" 384, 388, 706–709
„Apostelkonzil" 241, 244, 250, 381, 384, 389 f., 669, 674 f., 684, 688, **701–709**, 716, 727, 729
„Apostolische Väter" 45, **478–485**, 597, 664, 670, 733
Aquila 207, 258, 260, 263, 296, 602, 664, 673, 714, 719, 724
Aramäisch 12, 24, 182, 442, 532, 615, 682
Archelaus 550, 614
Aristoteles 79, 129, 565, 582 f., 585
Aristoteliker 583
Asklepios 206, 574 f.
Athanasius 487, 513 f.
Athen 201, 204, **206**, 374, 384, 522, 578, 674, 719, 738
Auferstehung der Toten 137, 203, 209, 215 f., 222 f., 295, 347, 418, 444 f., 480, 492, 496, 556, 561, **696**
Auferstehung Jesu 113, 180, 203, 215 f., 280, 348, 354, 631, 658, 661, **678–681**
Augustus 490, 521, 542, **547 f.**, 573, 575, 607, 611, 672
Augustinus 78, 358

Ausgangstext der Überlieferung 11, 18, **19**, 46, 48 f., 51–54, 97

Babylon 154, 439 f. 446, 449, 463, 505, 531 f., 555, 558, 611
Bar-Kochba-Aufstand 448, 484, 499, 523, 542
Barnabas 204, 241, 244–246, 383 f., 392, 536, 674 f., 698, 704–708, **715 f.**, 738
Bekenntnisse **179–184**, 353, 679, 695
Bengel, Johann Albrecht 12, 49
Bergpredigt 57, 127, 328 f., **358**, **365–367**, 482, 586, 643, 648
Beschneidung 225, 241, 247 f., 384, 494, 558, 563 f., 686, 701–703
Betlehem 416, 550, 607 f., 611–613, 672
Bibelsoftware 27, 34 f.
Bibelübersetzung s. Übersetzung
Bildfeld **68 f.**, 146, 149, 238
Bildwort 151 f.
Binnenerzählung 84 f., 87, 148, 155
Bousset, Wilhelm 43, 505
Brief **128–134**, 137, 437, 441, 443 f., 479–481, 495–498
Buchform s. Codex
Bultmann, Rudolf 118 f., 139, 141 f., 151 f., 158 f., 317, 405, 409–411, 416, 425, 594 f., 666
Bürgerrecht 385, **539**, 563, 712–714, 720
byzantinischer Text **18**, 47 f., 51, 54, 260, 410

Caesar 206, 219, 526, 542 f., 575
Caesarea maritima 223, 384, 543, 597, 694, 720
Caligula (Gaius) 546, 548, 551, 565
Calvin, Johannes 78, 308
Canon Muratori 308, 314, 373, 433, 475, 495, 499, 515–517
Charakterisierung 77, 85 f., **90 f.**, 94 f., 126, 318
Chrie **138–140**, 162, 192 f., 494
Christen (χριστιανοί) 383, 463, 630, 662

Christologie 43, 261, 288 f., 300, 310 f., 367, 415 f., 445, 462, 591, 593, **658 f.**, 697
„Christologische Hoheitstitel" **627–632**
Christus 94, 181, 211, 222, 347, 354, 398, 422–424, 509, 561, 603, **629–631**, 650 (vgl. Messias)
Christushymnus 165, **184–189**, 222 f., 280, 292, 299
Cicero 78 f., 129, 580, 582
Claudius 207, 225, 546, **548**, 551, 671–673, 676
Claudius-Edikt 260, **601 f.**, **673**, 739
Clemens von Alexandria 308, 433, 467, 475, 483, 499, 508, 516, 518, 605, 689
Codex (Buchform) **14**, 20, 308, 314, 434, 475, 492
Codex Alexandrinus 16, 18, 52
Codex Berolinensis Gnosticus 492 f., 498, 507 f.
Codex Bezae Cantabrigiensis 16, 19, 52, 387
Codex Claromontanus 16, 19
Codex Ephraemi rescriptus 16, 18
Codex Sinaiticus 5, 15, 18, 53, 286, 487, 513
Codex Tchacos 507 f.
Codex Vaticanus 16–19, 52, 286, 513
Corpus Hermeticum 508
Corpus Paulinum 107, 267, 296 f., 301, 304, **313 f.**, 476, 515, 517

Damaskus 362, 380, 383, 537, 545, 669, 674, 694 f., 714 f., 717
David 84, 127, 164, 181, 611, 624, 629, 633, 650, 678
Davidsohn 347, 357, 363, 367, 611 f., **613**
Deissmann, Adolf 129 f., 133, 527
Dekapolis 345 f., 359, 369, 543, 545, 616 f., 637, 732
„Diachronie" 316
Diasporajudentum 4, 382, **411**, 453, 555, 557, **563–566**, 690–692

Diatribenstil 253, 263, 712
Dibelius, Martin 118f., 125f., 158f., 168, 317, 386f., 594
Dionysius Exiguus 607
Dittographie 48
Dodd, Charles H. 145, 626
Domitian 439, 448, 479, **549**, 575, 663, 739
„D-Text" 19, 48, 387f.

Editio critica maior 13, 18, 26, **51–54**
Ehe/Ehescheidung 113, 212f., 217, 346, 526, **538**, **648f.**
Einleitungswissenschaft 9f.
Einsetzungsworte 177, **183**, 209, 482, 653, 686, **737**
Ekklesiologie 262, 276, 284, 287, 289, 357, 359, 364f., 367, 667, **682f.**, **722**
Eleusis 578
Elia 85, 88, 94, 257, 344f., 499, 620
Enkomion 126, 162–165, 184–189
Ephesus 207f., 216f., 224f., 228, 235, 244, 250, 259, 267, 281, 283, **285f.**, 384, 391, 415, 425, 427, 448, 522, 541, 577, 675, 718, 720, 738
Epiktet 22, 527, 584
Epikur 582–584
Erasmus von Rotterdam 12, 41, 78, 308
Erastus 263, 296
Erzählebenen 84, **87**, 90, 92f., 155
Erzählfigur 57, 77f., 83, **85**, 87, 90–95, 103, 148, 160f., 318
Erzählperspektive 86, **87–89**, 90, 93f.
Erzählstimme („Erzähler") 82f., 86–89, 93, 95
Erzähltextanalyse **82–95**, 148, 154f., 317f.
Eschatologie 66, 137, 203, 215f., 221f., 231, 237, 262, 268f., 272f., 277, 310, 364, 371, 376, 388, 417f., 423, 472, **556**, **561f.**, 568f., 669, 686, 725, **734f.**
Essener 412, **546**, 555, **566–569**, 616
Ethik/Ethos 225, 249, 264, 305, 341, 362–366, 473, 482, 494, 511, 522, 557,
568, 583–585, **642–644**, 725 (vgl. Paränese)
Eulogie 231, 238, 283, 285, 459
Euseb von Caesarea 99f., 425, 474, 480, 483, 497, 517, **670**, 688
Evangelium (Begriff) **125**, 202, 241, 246–248, 254, 261, 297, 319, 344f., 369, 434, 445, 463, 516, 639, 661, 695, 701–703, **721**
Evangelium (Gattung) **124–128**, 316–318, 343, 434, 516, 604f.
Exegese 10, 39–45, 171–173
Exorzismus 85, 140, 156–162, 194, 219, 319, 345f., 353, 403, 605, 625, **638–642**
Exorzismuserzählung **156–162**

Fabel 123, 146, **149**, 152
Feldrede 143, 194, 329, 337, 340, 358, 370
Felix 384f., **551f.**, 720
Festus 385, **551f.**, 720
fiscus Judaicus 544, 663
Fokalisierung 87f., 93f.
Formgeschichte 44, 98, 106, 109, **118–121**, 125, 141, 150, 158f., 191, 316f., 594

Galatien **243–246**, 250f., 718
Galiläa 196, 197, 343, 345–347, 351, 357–360, 369, 388, 396f., 542, 601, **613–617**, 680f.
Gallio 135, 204, 673, 676, 720, 739
Gamaliel 388, 391, 492, 687, 713
Garizim 552, 556, 570f.
Gattungen (literarisch) 9, 117–170, 192, 227, 339, 381, 489, 494
Gattungen (Rhetorik) **79**, 163, 243
Gefangenschaftsbriefe 218, 223–225, 228, 267, 277, 281, 720
Geist Gottes 14, 92, 132, 215, 237, 243, 249–251, 330, 375, 388, 399, 413, 418f., 422f., 430, 437, 611, 620, 625, 630, 680, 694, 697, 722, 737
Gemara 531f.

Gerechtigkeit 24, 233, 242, 357, 364f., 456, 522, 713
Gerechtigkeit Gottes 202, **222f.**, 248–250, 253–257, 261, 277, 561f., 708, 713
Gesetz **24**, 242, 247–252, 254–258, **261f.**, 264, 300f., 311, 363, 453, 455–457, 522, **556–558**, 562, **581**, **647f.**, 692 (vgl. Tora)
Gleichnis 101, 114f., 123, **144–156**, 191, 195f., 318–324, 347, 370f., 402, 485, 499, 501, 615, 626, **644–646**
Gnome **141f.**, 150, 152
Gnosis 43f., 288f., 293, 297, 407, 410f., 492, 495, **502–512**, 594
„Goldene Regel" 388; 557, 706
Gottesdienst 107, 119, 137, 163, 182f., 209, 214f., 302, 453, 559, 602, 671, 683, **686**, 696, 726, **736f.**
Gottesfürchtige 201, 219, 373, **564**, 694, 698f., 719
Gottesherrschaft 155, 195, 319f., 366, 403, 620, **623–626**, 628f., 636f., 641f., 644–646, 650, 652, 654f., 658f.
„Götzenopferfleisch" 213f., 573, 707, 726f.
grammatisch-syntaktische Analyse **58–60**, 69, 81, 95, 123
Griechisch s. Koine

Hadrian 439, 444, 448, 550
Haggada 532
Halacha 532, 559
Hananias (Hohepriester) **553**
Hannas (Hohepriester) 89, 400, **553**
hapax legomena 106, 470
Haplographie 48
Harnack, Adolf von 340, 385f., 429, 505, 593, 666
Hasmonäer 546, 571, 614, 620
Haustafel **167–169**, 275, 277, 280, 284, 290, 462, 583
Heilungen 345–347, 353f., 397f., 575, 636f., **638–641**

Heilungserzählung 66, 106, 123, **156–162**, **194**, 328, 405
Hellenismus 21, 505, **523**, **534–538**, 565, 581, 682
„Hellenisten" 25, **382**, 390, 663, 682, **690f.**, 698f.
Hengel, Martin 125, 404, 407, 412f., 424, 442
Henoch 136, 441, 463, 466f., 561
Henochliteratur 105, 136, 463, 467, **528**, 531, 561f.
Hermeneutik 237, 145f., 447, 733f. (vgl. Textverstehen)
Herodes d.Gr. 490f., 521, 540, 543, **550**, 552, 558, 607, 614, 672
Herodes Agrippa I./II. s. Agrippa I./II.
Herodes Antipas 89, 371, 540, **550f.**, 600f., **614f.**, 619
Herrscherkult 538, 542f., 549
Hierapolis 278, 281, 483
Hillel 557f.
Hippolyt von Rom 308, 487, 508
„historischer Jesus" 42, 44, 181, 590–596
Historisch-kritische Exegese 41, **55f.**, 97
Historisch-kritische Forschung 334, 590–592, 605f., 622f., 641
Historische Monographie **134f.**, 381
Hohepriester 305, 310–312, 398, 400, **544**, **553**, 559f., 599, 602, 650, 656, 687, 734
Hoher Rat s. Synhedrium
Homoioteleuton 48
Hymnen **162–165**, **184–189**, 299, 378, 443, 602, 611

Ignatius von Antiochia 302, **430f.**
Imperium Romanum s. Römisches Reich
Irenäus von Lyon 308, 314, 373, 412, 432f., 474, 479, 483, 487, **503f.**, 508, 515f., 689
Isiskult 206, 578
Israel 131, 143, 153, 183, 256–258, 261, 265, 342, 357, 360, 362–365, 375, 389, 445, 462, 555, 558–562, 567f., 611, 619,

Namen- und Sachregister 767

624, 634–637, 650 f., 677, 682, 712 f., 733, 741
Itazismus 22, 48

Jabne/Jamnia 547
Jakobus, Bruder Jesu 177, 242, 247, 384, 392, **454**, 456 f., 466, 490 f., 602 f., 663 f., 670 f., 674, 685, 688, 705, 709
Jakobus, Sohn des Zebedäus 161, 345, **383, 672**, 684
Jeremias, Joachim 145, 149 f., 633
Jerusalem 43 f., 223, 296, 346 f., 357, 375, 381–384, 386, 390 f., 396–398, 440, 543, 617, **650–657**, 674 f., 680 f., **682–687**, 690–693, 701, 715, 720
Johannes der Täufer 188 f., 395 f., 401, 568 f., 607 f., **618–621**, 627, 661, 672, 674, 685, 687, 703
Johannes, Sohn des Zebedäus 177, 412, 422, 442, 684
Jom Kippur 559, **560**
Jordan 23, 93, 543, 614, **618 f.**
Josephus 164, 381, 526, 528, 550–552, 564, **602–604**, 619–621, 655, 671
Judäa 346, 351, 357, 369, **542–544**, 550 f., 601, 614, 693
Judas, Bruder Jesu 466 f.
Judas Iskariot 49, 360, 397, 399, 488, 635, **655**, 684
Judenchristentum 382, 390, 414 f., 453, **688 f.**, 723, 733
Jüdische Bibel s. Schriften Israels
Jüdischer Krieg 4, 351, 374, 528, **540**, 543, **547**, 548 f., 551–553, 662, 688
Jülicher, Adolf 145 f., 150–153
Jupiter 540, 544, 574, 663
Justin 125, 135, 433, 449, 484, 686, 688 f.

Kafarnaum 318, 337, 339, 341 f., 345, 357, 375, 396 f., **616**, 637
Kähler, Martin 343 f., 594
Kaiserkult 206, 447 f., 547–550, **575–577**, 740

Kajaphas 398, **553**, 599, 656
Kanon 3–5, 7 f., 44 f., 432, 458, 487, **513–518**, 665 f.
Käsemann, Ernst 257, 376, 429, 594, 622
Katholische Briefe 4 f., 18, 51, 304, 432, 450, **474–476**, 513, 516 f.
Kindheitsevangelien 488, **490 f.**
Kirche s. Ekklesiologie
Kohärenz 58 f., 62, 69–72, 106
Kohäsion 58–60, 106
Koine-Griechisch **21 f.**, 40, 48, 59, 148, 171, 413, 461
Koine-Text s. byzantinischer Text
Kollekte (für Jerusalem) 216, 231–233, 250, 258, 390, 703, 707, 720, **727–730**
Kolonie 206, 521 f., **540**
Kolossä 228, 267, 274 f., **278**, 281, 313
Konjektur 50
Konkordanz 26–28, 205
Konnotationen **61 f.**, 65, 72, 91, 94, 111
Kontextanalyse **56–58**, 60, 101, 103 f., 161, 196, 259, 318 f., 361, 367
Korinth 76, 201 f., 204 f., **206 f.**, 208–217, 225, 230, 232–238, 262 f., 296, 384, 387, 479 f., 522, 540, 575, 602, **673–675**, **719 f.**, 724, 726, 736
Kreta 294, 296, 537, 732
Kreuzigung 403, 497 f., 544, **599**, 609, 656
Kreuzigung Jesu 185 f., 212, 347, 400, 403, 492, **548**, 603, 608 f., **655 f.**
Kyniker 238, 536, 585, 602

Laodicea 275, 281, 495
Laubhüttenfest (Sukkot) 397, **560**
Lektionar 17
Lexem **61**, 62 f., 69–71, 73
Liebe 23, 165, 209, 214 f., 251, 258, 421, 423, 425, 430
Lied **162–165**, 184–188, 611, 736
Literarkritik **97–107**, 172, 191, 209–211, 220 f., 232–237, 259 f., 302 f., 371 f., 405–410, 425

Logienquelle Q 100, 102 f., 142, 193 f.,
 321, **336–342**, 360, 368, 372, 592, 688
Logos 188 f., 395, 411, 584, 591
Lukian von Samosata 585, 602
Luther, Martin 4, 12, 19, 96, 167, 253, 304,
 308, 419, 455, 458, 469, 487

Machttaten **157 f.**, 195, 346, 352–354, 358,
 370, 397, 405, 603, 605, **638–640**, 705
Magdala 599–601, 614–616
Magie 580, 603, 693 f., 716
Majuskelcodex 13, **15–17**, 47–49, 52 (vgl.
 Codex)
Majuskelschrift **14**, 47–49, 56
Makarismus s. Seligpreisung
Makedonien **200 f.**, 204, 219, 235, 251,
 293, 295, 384, 540 f., 675, 716, 718, 720,
 724, 728 f.
Makkabäer **543**, 546, 558, 614, 620
Mandäer 505, 508
Manichäismus 504, 508
maranatha 182, 686, 696
Maria (Mutter Jesu) 164, 367, 371, 444,
 446, 475, 490 f., 603, 610–613, 635
Maria Magdalena 180, 400, 492 f., 616,
 635, 658 f., 678, 680 f., 689
Markion 17 f., 297 f., 314, 495, 504, 515
„Mehrheitstext" s. byzantinischer Text
Melanchthon, Philipp 78, 253, 308
Menschensohn 114 f., 140, 162, 354, 365,
 367, 439, 522, **561**, **628 f.**, 631, **634**
Messias 181, 363, 367, 377, 416, 561,
 568 f., 603, 613, **629–631**
„Messiasgeheimnis" 352 f., 593
Metapher **66–69**, 70, 72, 81, 90, 110 f.,
 115, 145 f., 151–155, 195, 217, 276, 290,
 419, 463, 644
Midrasch 309, 532
Milet 297, 384, 386, 391, 537, 541, 720 f.
„minor agreements" 102, 330 f.
Minuskelcodex 14 f., 17, 48, 52–54, 410,
 430 (vgl. Codex)
Minuskelschrift 14

Mischna 531–533, 547, 557
Missionsreisen 204, 206, 243–246, 383 f.,
 391, 704, 715–720
Mithraskult 527, 579
Monotheismus 509, 542, 559, 565, 582,
 584, 632 f.
Mose 88, 237, 242, 362, 413, 441, 465, 467,
 499 f., 556, 571, 610, 654, 704
Motiv 98, 108, **110–112**, 114 f., 160–162,
 165, 172
Münzen 350, 521, 597, 600 f., 608, 614,
 671
Mysterienkult 526 f., 542, **577–579**, 683

Nag-Hammadi-Schriften 136, 310, 472,
 494, **507 f.**, 595, 605
Narratologie 44, 77, 82–84, 87
narratologische Analyse **82–95**, 148,
 154 f., 317 f.
Nazaret 93, 95, 193, 329, 346, 357, 369 f.,
 416, 612, **613 f.**, 615 f.
Nero 225, 444, 447 f., 479, 496 f., **548 f.**,
 601, 671, 739
Nerva 484
„New Perspective on Paul" 264
nomina sacra 14, 20, 54
Novum Testamentum Graece 12 f., 17–19,
 26 f., 51–54, 100, 116, 517, 564

Onesimus 76 f., 226–228, 278, 281, 723
Origenes 433, 474, 514, 516, 535, 605, 689

pagane Religiosität **572–580**
Palästina 351, 371, 467, 523, 531, **542 f.**,
 545, 547, 555
Palimpsest 16
Papias von Hierapolis 142, 341 f., 351,
 425, **483**, 516
Papyri **14 f.**, 47, 526
 – $\mathfrak{P}^{38}$ 19
 – $\mathfrak{P}^{45}$ 15, 18, 54, 434, 475, 516
 – $\mathfrak{P}^{46}$ 15, 18 f., 54, 286, 297, 308, 314,
 475, 515

Namen- und Sachregister

- $\mathfrak{P}^{47}$ 15
- $\mathfrak{P}^{48}$ 19
- $\mathfrak{P}^{52}$ 14, 54, **414**
- $\mathfrak{P}^{66}$ 15, 18 f.
- $\mathfrak{P}^{72}$ 475
- $\mathfrak{P}^{75}$ 15, 18, 434

Parabel 67, 101, 123, **144–156**, 195 f., 319, 323 f., 334, 402, 494, 501, 615, **644–646**
paradigmatische Relationen **62 f.**, 69 f., 72
Paraklet 399, 418 f., 423
parallelismus membrorum **143**, 165
Paränese 202 f., 222, 251, 253, 257, 261 f., 275, 280, 284 f., 289, 305 f., 454–456, 585, 736
„Parting of the Ways" 663, 667
Parusie 203, 222 f., 268 f., 277, 295, 300, 376, 380, 388, 418, 427, 447, 452, 457, 471 f., 734 f.
Passafest 371, 395, 399, 403, **560**, 608, 614, 652 f., 686
Pastoralbriefe 16, 43, 267, **291–303**, 313 f., 515, 669, 735
Paulus 135, 432, 456 f., 479, 485, 495–497, 500, 515, 522, 536, 539, 649, 662–664, 668–671, **673–676**, 678 f., 684, 693, 695, 701, **710–730**, 738
Pergamon 448, 575, 577
Peristasenkatalog 231, 237, **238 f.**, 277, 712
Peschitta 52, 476
Petrus 177, 241 f., 381, 389 f., **395**, 400 f., 432 f., 461, 470, 472, 479, 485, 497–499, **616**, 655, 658 f., **661**, **663 f.**, 669–671, 674, 677–680, 684, 687, 694, 701, 703
Pfingsten 379, 381, 388, 560, 678 f., 686 (vgl. Wochenfest)
Pharisäer 112, 398, 521, **544–547**, 555 f., 566, 616, 647, 687 f., 693, 696, 713
Philippi **219 f.**, 225, 235, 374, 384, 386, 481, 540, 674, 718 f., 738
Philippus (Evangelist) 381 f., 392, 669, **693 f.**, 699

Philippus (Tetrarch) **551**, 614, 616
Philo von Alexandria 126, 154, 164, 411, 483, 526, 535, 548, **565**, 582
Phöbe 218, 258, 664, 722 f.
Pilatus 376, 400, 544, 546, **551 f.**, 571, 597 f., 601, 614, 656 f., 672
Platon 565, 582 f.
Platonismus 309, 508 f., 511 f., 582
Plinius d. Ä. 526 f., 566
Plinius d. J. 480, 577, **602**, 671, 731, 736, 739, 741
Plutarch 126, 526 f., 582
Polykarp von Smyrna 221, 314, 463, 480, **481**, 736
Pompeius 380, 543
Popularphilosophie 522, **585 f.**, 725
pragmatische Analyse 67, 71, **73–78**, 79, 123, 148, 311, 342
Präexistenz 86, 128, 186, 188, 222, 280, 300, 311, 395, 411, 415, 419
Präskript **130**, 199 f., 207, 218, 226, 230, 253, 268, 274, 283, 292, 294, 427, 441, 451, 459, 465, 468
Prinzipat 539, 548
Priska/Priszilla 207, 258, 260, 296, 308, 602, 664, 673, 719, 724
Prolepse 89
Proömium 130, **132**, 200, 202, 218, 226, 230, 240, 253, 268, 274, 283, 292, 294, 427, 459, 468
Proselyten 358, 364, 382, **555**, **564**, 693 f., 698
Pseudepigraphie 9, 43, 105, **266 f.**, 273, 292, 297, 306, 441, 454, 461, 515 f.

Quellen (historisch) 6, 10, **525**, 526–533, 591, 595, 597–606, 668–671, 688, 731
Quirinius 85, **551**, 607
Qumran 28, 136, 412, 528, **529–531**, 544, **566–569**, 619, 630

rabbinisches Judentum 112, 146, 363, 531–533, 546 f., 557, 564, 616, 663

Rechtfertigung 181, 225, 242, **248-251**, 253-255, **261**, **365**, 373, 452, 456 f., 462, 708
Redaktionsgeschichte 44, **98 f.**, 120, 317
Redegattungen **79**, 163, 243
Reich Gottes s. Gottesherrschaft
Reimarus, Hermann Samuel 42, 592, 595
„religionsgeschichtliche Schule" 43, 505, 579
Rezeptionsgeschichte 46, 172
Revelationsschema 185, 260
Rhetorik 22, 44, 73, **78-81**, 110 f., 138 f., 163 f., 455, 712
Ricœur, Paul 68, 145
Rom (Stadt) 223, 260, 302, 311, 374, 380 f., 385 f., 389, 391 f., 439, 446 f., 463, 479 f., 484, 495-498, 535, **539-542**, 573, 575, 578, 602, 668, 671, 673, 675, 713, 720 f., 740
Römisches Reich 444, 447, 521, **538-542**, 563, 575-577, 740 f.

Sabbat 84, 192, 194, 247 f., 359, 363, 397, **557-559**, 563, **648 f.**
Sadduzäer 112, 521, **544**, 555 f., 570, 616, 687, 696
Samaria 382, 390, 415, 542, 550 f., 614, 617, 669, 684, 693 f., 738
Samaritaner 383, 396, 413, 418, 556, **570 f.**
Schammai 557
Schema (kognitiv) 65 f., 84 f., 90
Schmidt, Karl Ludwig 118 f., 317, 594
Schriften Israels 3 f., 27, 109, **112 f.**, 116, 142, 202, 307, 309, 357, 364, 389 f., 462, 517, 651 (vgl. Septuaginta, Tora, Zitat)
Schriftgelehrte 347, 365, 521, 544, **555**
Schriftrolle 14, 567
Schweitzer, Albert 221, 366, 593, 626
scriptio continua 14, 47, 56
Sebaste 543, 545, 550
See Genezareth 85, 318, 324, 343, 345, 369, 397, 543, 599-601, **614**, 616, 636

Seligpreisungen **143**, 341, 364, 400, 437, 440, 625, **636 f.**
Semantik/semantische Analyse 29, **60-73**, 85 f., 95, 109, 123, 145, 155
Semitismen **24 f.**, 413, 442
Seneca 495 f.
Sepphoris 545, **601**, 614-616
Septuaginta **4**, 12, 22, 24, **27**, 112 f., 147, 163, 309, 373 f., 461, 487, 528, 535, **564**, 733
Sibyllinische Orakel 136
Silas/Silvanus 199, 201, 244, 384, 460 f., 463, 715, 718 f.
Simon Magus 498, 504, 694, 738
„Sitz im Leben" 119 f., 177, 182, 408
Sklaverei 168, 227 f., **229**, 284, 293, 536, 577, 580, 723
Skript (kognitiv) 65, 84
Smyrna 481, 577, 736
Sohn Gottes 22, 352 f., 358, 424, 590, 604, 611, **631 f.**
Sokrates 582, 602
„Sondergut" 103, 322, 337, 340, 356, 360, 371 f.
Sozialgeschichte 10, 65, 155, 168, 229, 265
Sprichwort 138, **141-144**, 146 f., 150, 152
Stammbaum Jesu 127, **358**, 364, 372, 611
Statthalter 135, 201, 204, 223, 385 f., 388 f., 480, **539 f.**, **551 f.**, 598, 602, 676, 720
Stephanus 381 f., 391 f., 683, 685 f., **690-693**, 695, 699, 711
Steuern 347, 521, 536, 552, **600 f.**, 607, 725
Stoa 22, 166, 168, 527, 582, **584**, 585, 602
Strauß, David Friedrich 42, 195, 592, 594, 641
Sueton 126, 526, 547 f., **601 f.**
Synagoge 204, 207, 216, 245, 369, 373, 389, 391, 414 f., **559**, 615, 683, 692, 704, 716, 719
„Synagogenausschluss" 407, 414 f., 738, 740

"Synchronie" 56, 316
Synhedrium 350, 352, 398, 400, 414, **544**, 547, 638, 655 f., 692
Synopse 26, 43
synoptische Evangelien 26, 49, 97, 99–104, 119 f., 140, 157, 190, 316–378, 401–404, 431–433, 516, 592, 604 f.
synoptische Frage 43, 100, 325–335
syntagmatische Relationen 62, 72
syntaktische Analyse **58–60**, 81, 95, 98, 106, 123, 345
Syrien 19, 204, 241, 244, 362, 415, 482, 539, 543, 551, 674 f., 715

Tacitus 204, 526, 540, 548 f., 566, **601 f.**, 604, 656, 671
Talmud 32, **531 f.**, 557, 563, 603
Targum 12, 531–533
Tarsus 383, 539, 712, 715
Tatian 433
Taufe 183, 249, 251, 255 f., 261 f., 264, 276 f., 568 f., 619 f., 661, 680, **685**, **696 f.**, 701, 735
Teilungshypothesen s. Literarkritik
Tempel (Jerusalem) 128, 311, 351, 375, 391, 415, **540**, 544, 553, 556, **558–560**, 617, 624, **650–652**, **662 f.**
Tempel (pagan) 206, 208, 573–577
Tempelsteuer **544**, 651, 663
Tertullian 18, 308, 433, 487, 495, 563
Textkritik 9, **11–20**, **46–54**, 97, 107, 259, 410, 430
Textsemantik **69–72**
textus receptus 12, 19 (vgl. byzantinischer Text)
Textverstehen 6 f., 10, 39–45, 171–173
Theologie des Neuen Testaments 8, 42, 317, 458
Thessaloniki **200 f.**, 220, 235, 384, 674, 719
Thomas 143, 399 f., 494, 498, 680
Tiberias 543, 545, 547, 600 f., 614–616
Tiberius 521, **548**, 598, 601, 608, 740

Timotheus 199, 201 f., 204, 216, 218, 226, 228, 274, 292–298, 306, 311, 706, 719, 724
Titus (Kaiser) 547, **549**
Titus (Mitarbeiter des Paulus) 232 f., 235, 292, 294, 296, 664, 701 f., 709, 718
Toledot Jeschu 603
Topoi 98, 110–112, 172, 300 f., 441
Tora 248, 256, 261 f., **554–558**, **646–649**, 695, 700, 733
Tosefta 532
Tradition 99, **108 f.**, 113, 116, 118–120, 141, 172, 180 f., 531, 613, 679–681, 689, 695 f., 735
Trajan 444, 448, 480, 550, 671, 731, 736, 739, 741
"Trennung der Wege" 663, 667
Tugend- und Lasterkataloge **166 f.**, 243, 275, 471, 585

Überlieferungskritik **97 f.**, **108–116**, 172, 177, 191, 431, 498
Überreste (historisch) **525**, 573, **597–601**
Übersetzung (exegetisch) 28–30, 40, 66, 70, **95 f.**, 145, 182, 640
Übersetzungen (antike) 4, 12, **17**, 19, 25, 27, 52, 387, 476, 489, 507, 509, 532, 564 (vgl. Septuaginta, Vulgata)
Übersetzungen (neuzeitlich) 4, 12 f., 19, 26, 66, **96**, 110, 308, 419, 476, 487

Valentinus/Valentinianer 44, 504, **506**, 508 f., 511 f.
Vaterunser 25, 49, 337 f., 360, **367**, 482, **633 f.**, 642, 736
Vereine **577–579**
Versöhnungstag 559, **560**
Vespasian 439, **549**, 663
Vulgata 4, 12 f., 25, 41, 42, 268, 410, 430, 495, 514, 733

Weherufe 142, **143**, 341, 616
Weisheit 194, 211, 280, 411, 451, 510, 556

Weisheitsliteratur 411, 528
„Werke des Gesetzes" 112, 242, 247–250, 255, 453, 457, 707
„westlicher Text" 19, 48, 387 f.
Wettstein, Johann Jakob 12, 32, 527
Wirkungsgeschichte 7, 20, 40, 46, **172**
Wochenfest (Schavuot) 207, 210, **560** (vgl. Pfingsten)
Wortfeld 62–64
Wortsemantik 61 f.
Wrede, William 43, 352, 593
„Wundererzählung" **156–162**, 195, 638 (vgl. Machttaten)

Zauberpapyri 527, 580
Zeichen (σημεῖα) 158, 195, 396 f., 400, 403, 405 f., 419, 605, 691, 705
Zeitgeschichte 10, 30, 446–448, **519–586**
Zeloten **546 f.**, 552, 555, 688
Zenon 582
Zeus 578, 738 (vgl. Jupiter)
Zitat 94, 98, **109 f.**, 112 f., 202, **357**, 361, 389, 402, 467, 510, **564**, 612, 630, 651
Zweiquellentheorie 43, 100, 102, **330–335**, 592
Zwölferkreis 180, 361, 397, **634–636**, 658, 661, **677**, 684, 693
Zypern 135, 383, 698, 715, 732